"Um produto maciço de erudição exata e bem-informada ... com significância exemplar... Dou a este livro nota máxima por sua excelência acadêmica, seus argumentos irrefutáveis, estilo afetuoso e, finalmente, por seu zelo pela genuína glória de Deus. Eu o recomendo o máximo que posso."

J. I. Packer (1926 - 2020), Foi Professor Emérito de Teologia, Regent College

"Não consigo imaginar este livro sendo publicado vinte e cinco anos atrás: naquele tempo havia menos teólogos tão bem-informados trabalhando na herança reformada a fim de produzir um livro com tanta clareza e competência. Seja qual for o lado que você ocupe neste debate, não ouse, a partir de agora, a aventurar-se à discussão sem ler reflexivamente este livro inteiro, que, de maneira misericordiosa, torna a discussão, em grande medida, mais fácil através de estereótipo e reducionismo. Acima de tudo, este livro inspirará adoração quando seus leitores mais uma vez ponderarem sobre o que Jesus conseguiu na cruz."

D. A. Carson, Professor pesquisador de Novo Testamento, Trinity Evangelical Divinity School

"O tema é muito precioso. Todavia, o elenco de colaboradores para este volume faz desta, em minha opinião, a mais impressionante defesa da expiação definida em mais de um século. Além de reformular argumentos tradicionais de eminentes teólogos históricos, bíblicos e sistemáticos, eles trazem às claras novos ângulos e exegeses. Este livro é uma bênção que sem dúvida continuará agraciando as gerações futuras."

Michael Horton, Professor de Teologia Sistemática e Apologética, Westminster Seminary, California

"Este é o estudo definitivo. É criterioso, abrangente, profundo, pastoral e minuciosamente persuasivo."

David F. Wells, Professor pesquisador senior, Gordon-Conwell Theological Seminary

"Há uma sabedoria convencional que parece crer que a expiação definida é a doutrina mais fraca dos cinco tópicos confessados no Sínodo de Dort. Mas você pode terminar este livro crendo que ela é a mais forte em sua atestação histórica, base bíblica e bênção espiritual. Escrito por exegetas e teólogos de primeira linha, esta obra cobre todos os problemas difíceis e emerge com uma questão bastante persuasiva e atraente. Altamente recomendado!"

John M. Frame, Catedrático de Teologia Sistemática e Filosofia, Reformed Theological Seminary, Orlando

"Por quem Cristo morreu? Este volume formula uma nova e impressionantemente compreensiva defesa da expiação definida como genuína resposta à Escritura. Ele mostra convincentemente, por meio de contribuições de grande gama de autores, (1) que os resultados da extensão da expiação e sua natureza não podem ser separados — substituição penal, no cerne do motivo pelo qual Cristo tinha de morrer, fica em pé ou cai com a expiação definida; e (2) mostra como a expiação definida é a única que provê uma oferta evangélica de salvação do pecado genuinamente gratuita. Ao envolver vários pontos de vista opostos sobre este tópico tão disputado, os editores buscam fazer, num espírito construtivo e conciliador, um esforço no qual eles e outros autores têm sido admiravelmente bem-sucedidos."

Richard B. Gaffin, Jr., Professor Emérito de Teologia Bíblica e Sistemática, Westminster Theological Seminary

"Este livro é formidável e persuasivo. Os que estão familiarizados com o terreno reconhecerão que os editores conhecem exatamente as questões-chave e figuras neste debate. E nenhum dos autores envolvidos deixa a desejar. O teor da obra é sereno e elegante; a erudição, rigorosa e persistente; a discussão, clara e motivadora. Essa penetrante discussão leva em conta as críticas acadêmicas mais expressivas e modernas da expiação definida (Barth, os Torrances, Armstrong, Kendall, entre outros), bem como os críticos populares (Clifford, Driscoll e Breshear). Uma equipe impressionante de estudiosos adorna esse tema e almeja ajudar os cristãos a alcançarem uma gratidão mais profunda a Deus e à sua graça, uma maior certeza da salvação, uma comunhão mais carinhosa com Cristo; afetos mais fortes em sua adoração a ele; mais amor pelo povo; coragem elevada, bem como sacrifício no testemunho e serviço; e, mais do que isso, para impelir-nos à obra global de missões com compaixão e confiança."

Ligon Duncan, Presidente e Professor de Teologia Histórica e Sistemática, Reformed Theological Seminary

"Se você simpatiza com a expiação definida ou suspeita dela, este livro o surpreenderá. Temos aqui detalhes históricos, elos exegéticos, observações teológicas e perspectivas pastorais que são atuais e fascinantes, mesmo quando há também muito que se provará controversa. Bem sei que este livro oferece o tratamento mais pleno da expiação definida e com mais variação, além de acrescentar ricamente à substância e qualidade dos diálogos futuros sobre a intenção da expiação. Se você concorda ou discorda dos autores, vale a pena o tempo gasto se digladiando com estes ensaios."

Kelly M. Kapic, Professor de Estudos Teológicos, Covenant College

DO CÉU CRISTO VEIO BUSCÁ-LA

A EXPIAÇÃO DEFINIDA
na PERSPECTIVA HISTÓRICA,
BÍBLICA, TEOLÓGICA
e PASTORAL

Editado por
DAVID GIBSON & JONATHAN GIBSON

Apresentado por J. I. Packer

D631   Do céu Cristo veio buscá-la : a expiação definida na perspectiva histórica, bíblica, teológica e pastoral / editado por David Gibson e Jonathan Gibson ; apresentado por J. I. Packer ; [tradução: Valter Graciano Martins]. – São José dos Campos, SP: Fiel, 2017.

862 p.
Tradução de: From heaven he came and sought her.
Inclui bibliografia: p. [809]-818 e índices.
ISBN 9788581324074

1. Expiação – Igrejas reformadas. 2. Igrejas reformadas – Doutrinas. I. Gibson, David, 1975-. II. Gibson, Jonathan, 1977-.

CDD: 234.5

Catalogação na publicação: Mariana C. de Melo Pedrosa – CRB07/6477

Do céu Cristo veio buscá-la:
Expiação Definida na Perspectiva Histórica, Bíblica, Teológica e Pastoral,
traduzido do original em inglês
From Heaven He Came and Sought Her: Definite Atonement in Historical, Biblical, Theological, and Pastoral Perspective

Copyright © 2013 por David Gibson e Jonathan Gibson

■

Publicado originalmente por Crossway
1300 Crescent Street
Wheaton, IL 60187 USA

Copyright © 2014 Editora Fiel
Primeira edição em português: 2017

Todos os direitos em língua portuguesa reservados por Editora Fiel da Missão Evangélica Literária

PROIBIDA A REPRODUÇÃO DESTE LIVRO POR QUAISQUER MEIOS, SEM A PERMISSÃO ESCRITA DOS EDITORES, SALVO EM BREVES CITAÇÕES, COM INDICAÇÃO DA FONTE.

■

Diretor: Tiago J. Santos Filho
Editor: Tiago J. Santos Filho
Tradução: Valter Graciano Martins
Revisão: Translíteres
Diagramação: Rubner Durais
Adaptação da Capa: Rubner Durais

ISBN: 978-85-8132-407-4

Caixa Postal, 1601
CEP 12230-971
São José dos Campos-SP
PABX.: (12) 3919-9999
www.editorafiel.com.br

*O único fundamento da igreja é Jesus Cristo, seu Senhor;
ela é sua nova criação por intermédio da água e da Palavra.
Do céu Cristo veio buscá-la para ser sua santa esposa;
com seu próprio sangue, ele a comprou
e por sua vida ele morreu.*

Samuel J. Stone (1839-1900)

CONTEÚDO

Apresentação 13
Prefácio 19
Abreviaturas 23
Colaboradores 27

INTRODUÇÃO

1. Teologia sacra e a leitura da palavra divina 37
   Mapeando a doutrina da expiação definida
   David Gibson e Jonathan Gibson

I – EXPIAÇÃO DEFINIDA NA HISTÓRIA DA IGREJA

2. "Confiamos no sangue salvador" 65
   A expiação definida na igreja antiga
   Michael A. G. Haykin

3. "Suficiente para todos, eficiente para alguns" 87
   Expiação definida na igreja medieval
   David S. Hogg

4. Calvino, linguagem indefinida e expiação definida 113
   Paul Helm

5. Culpando Beza 143
   O desenvolvimento da expiação definida na tradição reformada
   Raymond A. Blacketer

6. O sínodo de Dort e a expiação definida............... 169
   Lee Gatiss

7. Controvérsia sobre a graça universal 197
   Um exame histórico do brief traitté de la predestination de Moïse Amyraut
   Amar Djaballah

8. A expiação e a aliança da redenção 241
   John Owen sobre a natureza da satisfação de cristo
   Carl R. Trueman

II – EXPIAÇÃO DEFINIDA NA BÍBLIA

9. "Porque ele amou vossos pais"..................... 271
   Eleição, expiação e intercessão no Pentateuco
   Paul R. Williamson

10. "Ferido pela transgressão do meu povo"............... 295
    A obra expiatória do servo sofredor de Isaías
    J. Alec Motyer

11. Para a glória do pai e a salvação de seu povo 319
    A expiação nos Sinóticos e na literatura joanina
    Matthew S. Harmon

12. Por quem Cristo morreu? 345
    Particularismo e universalismo nas epístolas paulinas
    Jonathan Gibson

13. A gloriosa, indivisível, trinitária obra de Deus em Cristo 399
    A expiação definida na teologia de Paulo sobre a salvação
    Jonathan Gibson

14. "Textos problemáticos" para a expiação definida nas epístolas pastorais e gerais 453
   Thomas R. Schreiner

III – EXPIAÇÃO DEFINIDA NA PERSPECTIVA TEOLÓGICA

15. A expiação definida e o decreto divino 485
   Donald MacLeod

16. O Deus triúno, encarnação e expiação definida 527
   Robert Letham

17. A intenção definida da expiação penal substitutiva. 557
   Garry J. Williams

18. A punição divina não pode ser infligida duas vezes 583
   O argumento do duplo pagamento redivivo
   Garry J. Williams

19. A nova aliança – Obra de Cristo 625
   Sacerdócio, expiação e intercessão
   Stephen J. Wellum

20. Jesus Cristo, o homem 653
   Para uma teologia sistemática da expiação definida
   Henri A. G. Blocher

IV – EXPIAÇÃO DEFINIDA NA PRÁTICA PASTORAL

21. Morto pelo mundo? 707
   O "desconforto" dos "não evangelizados" para uma expiação definida
   Daniel Strange

22. "Bendita certeza, Jesus é meu"? 733
    Expiação definida e a cura das almas
    Sinclair B. Ferguson

23. "Minha glória não darei a outrem". 763
    Pregando a plenitude da expiação definida para a glória de deus
    John Piper

Reconhecimento 807
Bibliografia selecionada 809

APRESENTAÇÃO

Já foi dito com plena verdade que, se quiser aprofundar-se na plena substância da fé da igreja, você tem de recorrer aos seus hinos, precisamente como para apreciar a plenitude da fé do AT, você deve imergir-se no Saltério. É principalmente nos hinos que você aprende as afirmações específicas, não só das afirmações doutrinais da igreja, mas também da intimidade do Pai e do Filho para a qual o Espírito Santo conduz os crentes. Os colaboradores deste volume evidentemente concordam, e até desejam que seus ensaios sejam lidos como elucidações do que é dito sobre a amorosa ação do Senhor Jesus Cristo no verso do hino que tomaram como sua epígrafe:

> Do Céu Cristo veio buscá-la
> para ser sua santa noiva;
> com seu próprio sangue ele a comprou
> e por sua vida ele morreu.

Ao decifrar a amorosa iniciativa e o empreendimento do Salvador nesses termos biblicamente justificados, os ensaístas argumentam, mais ou menos explicitamente, em prol da tese global do livro, a saber, que, como a fé reformada e seus corolários pastorais constituem a verdadeira viga mestra intelectual do Cristianismo, assim a crença na redenção definida, particular e soberanamente eficaz — o que as linhas acima expressam — é o seu verdadeiro centro intelectual. Suas amplas demonstrações de que esse é o único modo genuinamente coerente de integrar todos os dados bíblicos sobre Jesus se tornam crescentemente comoventes quando argumentadas de forma tão esmerada contra alternativas como se faz aqui.

Considero uma honra ser solicitado a fornecer uma apresentação a este produto maciço de erudição exata e bem-informada. O propósito de uma apresentação, como o entendo, é indicar o que os leitores acharão no livro e sintonizá-los com a onda apropriada para apreciá-lo. Essa solicitação particular me lembra inevitavelmente de uma ocasião similar no passado quando recebi a incumbência de um compromisso comparável. Mais da metade de um século atrás, nos dias de sua juventude, a Banner of Truth me pediu que compusesse um ensaio introdutório para a reimpressão do clássico de John Owen de 1648, *Salus Electorum, Sanguis Jesu*; ou, A Morte da Morte na Morte de Cristo. Lembro-me da emoção que essa solicitação me causou, visto que, de um lado, eu sabia que muitos, começando pelo próprio Owen, viam-na como uma composição marcante (de fato, foi a primeira de várias outras produzidas por Owen no curso de seu ministério); e, do outro lado, ele me deu a oportunidade de não renunciar minha própria convicção reformada, por assim dizer, e recomendar o raciocínio de Owen, como um dos que têm se beneficiado grandemente dele. Então a porção que escrevi, explicando e afirmando a essência da posição de Owen, causou-me tanto impacto que me senti surpreso; estou contente de poder dizer desta vez que nada vejo nela que precise ser modificado ou retratado à luz de obra mais recente, minha ou de outros, e estou feliz que ela ainda faça parte de minha anunciada identidade em Cristo. Desde então, estou certo, as explorações acadêmicas do pensamento puritano do século dezessete se tornaram colmeias em plena atividade, das quais algumas contribuíram em partes deste livro. Agora a roda completou seu giro, e uma vez mais sou solicitado a introduzir um volume sobre a morte reconciliadora de Cristo, o qual, em meu parecer, com a bênção de Deus, por si só tem a máxima importância de promover o que John Gill, mais de dois séculos atrás, chamou de "a causa de Deus e da verdade". Estou muito feliz em fazer isso.

O cerne do Cristianismo Reformado é seu cristocentrismo trinitário, expresso em relação ao homem na proclamação evangelística e pastoral em harmonia com a necessidade humana, em conformidade com a Grande Comissão de Cristo, e em relação a Deus no oferecimento de seu culto, tanto corporal quanto individualmente, do louvor responsivo: oração, ação de graças e cântico. Caminhando nesta rua de mão dupla, a comunhão com Deus e o serviço dele, a ininterrupta presença pessoal do Senhor crucificado, ressurreto, reinante e que voltará, com seu povo, e sua constante e pessoal mensagem através da Escritura ouvida, lida e pregada, tanto aos que são seus quanto aos que ainda não lhe pertencem, são integrais e centrais. Desde o século dezessete, o vínculo relacional no qual o Pai, por meio do Filho, atrai pecadores para que recebam o selo da *aliança da graça* tem sido visto como que cingido por um plano e vínculo superiores entre o Pai e o Filho, os quais têm sido o selo da *aliança da redenção*. Ambas as alianças são testificadas amplamente na Escritura, seja implícita ou explicitamente. O mais pleno relato da aliança da graça (a nova e eterna aliança) é encontrado na carta aos Hebreus, e a evidência-chave da aliança da redenção (a agenda mediadora de Cristo, estabelecida pelo Pai) está contida no Evangelho de João. Nessa compreensão do Cristianismo, o empreendimento de Cristo por meio de sua cruz da redenção coletiva de toda a igreja — passado, presente e futuro — como a Trindade santa a conhece e a ama, e desse modo a redenção individual de todo aquele a quem o Pai deu ao Filho para salvar, é tanto o ápice da glória, no sentido primário de Deus exibir-se plenamente, como o manancial da glória, seja no sentido secundário do incentivo à interminável doxologia, seja no sentido terciário da ação divina a glorificar os redimidos em, com e por meio de Cristo, de modo que portem sua imagem e semelhança em um sentido pleno. Esse é o Cristianismo focalizado por este excelente livro.

Infelizmente, a apreciação do Cristianismo Reformado em seus próprios termos, ao menos no mundo de fala inglesa, há muito tem sido dificultada pelo hábito formado no conflito com o revisionismo arminiano de chamar a redenção definida de *expiação limitada*. Tudo indica que esse hábito foi canonizado há cerca de um século, quando o mnemônico TULIP passou a ser usado como uma síntese do que se supõe transformar o Cristianismo Reformado no que essencialmente é. De fato, as teses mnemônicas cobrem as cinco antiarminianas que o Sínodo de Dort afirmou em 1619 para fazer frente à agenda revisionista arminiana. A expiação limitada está no centro da TULIP, flanqueada por depravação total e eleição incondicional de um lado; de outro, graça irresistível e perseverança dos santos. Ora, é verdade que a redenção definida é central à compreensão reformada do evangelho e que a *expiação*, palavra que significa *reconciliação*, é uma alternativa aceitável para a *redenção*; mas *limitada* é uma ênfase inapropriada que realmente soa ameaçadora. É como se os cristãos reformados se preocupassem primariamente com anunciar que há pessoas por quem Cristo não morreu para salvar, portanto a quem é inútil convidar que se convertam do pecado e confiem nele como Salvador. Se fosse assim, a lógica da prática pastoral reformada pareceria ser: convites evangelísticos abrangentes a auditórios ordinários não têm resultado indiscriminadamente. Este não é o lugar para argumentar que restringir assim, fazendo o que é chamado de "a bem-intencionada oferta de Cristo", pregando, testificando e aconselhando pessoalmente, é falso para com o Cristo bíblico, com o apóstolo Paulo e com a prática dos mais eminentes evangelistas reformados da história (por exemplo, George Whitefield, Charles Spurgeon e Asahel Nettleton, como ponto de partida) e, portanto, é simples e dolorosamente errôneo. Os leitores deste livro logo perceberão isso. Mas talvez eu possa dizer que, em minha visão, é tempo de deixar de lado a TULIP, já que meio-termo causa mais dano do que benefício.

Em suma, dou a este livro nota máxima para sua classificação de erudição sólida, de argumento irrefutável, de estilo ardoroso e zelo pela verdadeira glória de Deus — eu o recomendo ao máximo que posso. Para ele e para a fé bíblica que delineia, ao Filho de Deus, nosso Redentor-Senhor, com o Pai e o Espírito, sejam sinceras a adoração e as ações de graças. Amém.

J. I. Packer
Vancouver

PREFÁCIO

Não crescemos crendo na expiação definida. Fomos privilegiados por termos crescido numa tradição eclesiástica piedosa que nos alimentou em Cristo, porém nosso amor pela doutrina não é o resultado de uma hermenêutica reformada herdada que tem moldado o único mundo que já conhecemos. Nem chegamos a crer na expiação definida da mesma maneira. Um de nós estudou Teologia em três diferentes universidades britânicas e tem se especializado na história da interpretação bíblica; o outro estudou no Moore Theological College, em Sydney, e perseguiu a pesquisa de doutorado nos estudos do hebraico numa universidade britânica. Por rotas separadas, e em tempos diferentes, chegamos a ver nas Escrituras que a morte de Cristo por seu povo não contradiz seu mandato de proclamar o evangelho no mundo.

Este livro é oferecido com a oração de que ele pinte um quadro irresistível de beleza e poder da expiação definida, e assim revitalize a confiança nessa compreensão profundamente bíblica da cruz de Cristo. A expiação definida é bela porque conta a história do Filho guerreiro que vem à terra para matar seu inimigo e resgatar o povo de seu Pai. Ele é o bom pastor que renuncia a própria vida por suas ovelhas, o noivo amoroso que se dá por sua noiva e o Rei vitorioso que distribui prodigamente os despojos de sua conquista com os cidadãos de seu reino. A expiação definida é poderosa porque exibe a glória da divina iniciativa, do empreendimento, da aplicação e da consumação na obra da salvação. O Pai enviou o Filho, que levou em seu corpo no lenho os nossos pecados, e o Espírito selou nossa adoção, garantindo nossa herança no reino da luz. A doutrina habita o drama poético e as proposições didáticas da Escritura. E a expiação definida é não só bíblica, ela vem a nós com uma história contextualizada, integridade teológica e riquezas pastorais.

Todavia, muitas vezes se acha ausente a confiança jubilosa na expiação definida. Mesmo para os que se comprometeram com a teologia reformada, essa doutrina algumas vezes pode ser considerada como o embaraçoso parente que é incluído na família mais por dever do que por deleite. Mas não há necessidade de qualquer estranheza. Ela pertence ao coração da vida familial. Este volume almeja tornar isso claro, provendo profundidade e largura de perspectiva usualmente só reunidas a partir de muitas fontes díspares.

Alguns dos que abrirem estas páginas suspeitarão da expiação definida e lerão ou convencidos de que ela é errônea, ou aturdidos em vista de que alguns creem que ela é verdadeira. Os ensaios estão escritos conciliatoriamente. Vozes dissidentes estão firmemente engajadas, mas não existe em nossas respostas tonalidade estridente. Não há animosidade de conteúdo na crítica de indivíduos e os movimentos associados com eles. Embora não nos refiramos à nossa posição como "calvinistas" (por razões que explicaremos), deve-se admitir a designação de John Newton como sendo uma crítica justa de alguns que representam a teologia que desejamos defender:

> E eu temo haver calvinistas que, enquanto consideram prova de sua humildade a disposição para diminuir com palavras a criatura e dar ao Senhor toda a glória da salvação, não sabem de que estilo de espírito são.

Tudo o que nos torna confiantes em nós mesmos, de que somos comparativamente sábios ou bons, a ponto de tratarmos os que menosprezam quem não adere a nossas doutrinas ou não segue nosso partido, é prova e fruto de um espírito egocêntrico. A autojustiça pode fomentar tanto doutrinas quanto obras; e um homem pode ter o coração de um fariseu, enquanto sua cabeça está saturada de noções ortodoxas da indignidade da criatura e riquezas da livre graça. Sim, eu adicionaria, o melhor dos homens não se livra totalmente desse fermento e, portanto, é tão apto a aprazer-se com tais representações que ridiculariza nosso adversário e, consequentemente, bajula nossos próprios juízos superiores. Controvérsias, em sua maior parte, são de tal modo manejadas que se deleitam mais em reprimir essa errônea disposição; assim, falando em termos gerais, são produtoras de pouco bem. Provocam aqueles a quem deveriam convencer e ensoberbecem aqueles a quem deveriam edificar.[1]

Precisamente porque ele é articuladamente o evangelho de Deus, este volume busca abolir toda autojustiça da parte dos que amam a expiação definida quando a ensinam para o bem da igreja. É um convite a explorar os fundamentos históricos da doutrina e pensar de novo sobre a vitalidade de suas expressões exegéticas, teológicas e pastorais. Talvez seja justo ao leitor tanta caridade quanto a que foi oferecida pelos diversos autores.

David Gibson, Old Aberdeen
Jonathan Gibson, Cambridge
Epiphany, 2013

---

[1] John Newton, "On Controversy", in *The Works of John Newton*, 6 vols. (Nova York: Williams & Whiting, 1810), 1:245.

ABREVIATURAS

AACM   *Ad Acta Colloquii Montsbelgardensis Tubingae edita Theolori Bezae responsio*, Tubingae edita, 2 vols. (Genebra: J. Le Preuz, 1587-1588)

BAGD   W. Bauer, *A Greek-English Lexicon of the New Testament and Other Early Christian Literature*, ed. W. F. Arndt, F. W. Gingrich, and F. W. Danker (Chicago: University of Chicago, 1979)

BDB   F. Brown, S. R. Driver, and C. A. Briggs, *Hebrew and English Lexicon of the Old Testament* (Oxford: Oxford University Press, 1929)

BECNT   Baker Exegetical Commentary on the New Testament

BSac   *Bibliotheca Sacra*

BTP   Moïse Amyraut, *Brief Traité de la Predestination et de ses principales dependances* (Saumur, França: Jean Lesnier & Isaac Debordes, 1634; 2ª ed. rev. e cor., Saumur, França: Isaac Debordes, 1658)

CAH   Brian G. Armstrong, *Calvinism and the Amyraut Heresy: Protestant Scholasticism and Humanism in Seventeenth-Century France*

	(Madison: University of Wisconsin Press, 1969; reimp. Eugene, OR: Wipf & Stock, 2004)
CD	Karl Barth, *Church Dogmatics*, ed. G. W. Bromiley and T. F. Torrance, 14 vols. (Edimburgo: T. & T. Clark, 1956-1975)
CO	*Ioannis Calvini Opera quae supersunt omnia*, ed. J. W. Baum, A. E. Cunitz, and E. Reuss, 59 vols. (Braunschweig, Alemanha: Schwetschke, 1863-1900)
CNTC	Calvin's New Testament Commentaries, ed. David W. Torrance and Thomas F. Torrance (vários tradutores), 12 vols. (Grand Rapids, MI: Eerdmans, 1959-1972)
CRT	Richard A. Muller, *Calvin and the Reformed Tradition: On the Work of Christ and the Order of Salvation* (Grand Rapids, MI: Baker Academic, 2012)
CTCT	Ian McPhee, "Conserver or Transformer of Calvin's Theology? A Study of the Origins and Development of Theodore Beza's Thought, 1550-1570" (tese de doutorado, University of Cambridge, 1979)
CTJ	*Calvin Theological Journal*
CTS	*Calvin Translation Society*
EQ	*Evangelical Quarterly*
FRR	Jeffrey Mallinson, *Faith, Reason, and Revelation in Theodore Beza 1519-1605* (Oxford: Oxford University Press, 2003)
ICC	International Critical Commentary
JBL	*Journal of Biblical Literature*
JETS	*Journal of the Evangelical Theological Society*
JTS	*Journal of Theological Studies*
KD	Karl Barth, *Die kirchliche Dogmatik* (Munique: Chr. Kaiser, 1932; Zurique: Evangelischer Verlag Zürich, 1938-1967)
LXX	Septuagint
MT	Masoretic Text
NICNT	New International Commentary on the New Testament

NICOT   New International Commentary on the Old Testament
NIGTC   New International Greek Testament Commentary
NPNF¹ *Nicene and Post-Nicene Fathers*, A Select Library of the Christian Church, ed. Philip Schaff, First Series, 14 vols. (repr. Peabody, MA: Hendrickson, 1994)
NPNF² *Nicene and Post-Nicene Fathers*, A Select Library of the Christian Church, ed. Philip Schaff and Henry Wace, Second Series, 14 vols. (repr. Peabody, MA: Hendrickson, 1994)
NSBT   New Studies in Biblical Theology
NTS   *New Testament Studies*
PG   Patrologia Graeca, ed. J.-P. Migne et al. (Paris: Centre for Patristic Publications, 1878-1886)
PL   Patrologia Latina, ed. J.-P. Migne et al. (Paris: Centre for Patristic Publications, 1878-1890)
PNTC   Pillar New Testament Commentary
PRRD   Richard A. Muller, *Post-Reformation Reformed Dogmatics*, 4 vols. Vols. 1-2, 2ª ed. (Grand Rapids, MI: Baker Academic, 2003)
RTR   *Reformed Theological Review*
SBET   *Scottish Bulletin of Evangelical Theology*
SJT   *Scottish Journal of Theology*
TB   *Tundale Bulletin*
TDNT   *Theological Dictionary of the New Testament*, ed. Gerhard Kittel (Grand Rapids, MI: Eerdmans: 1965)
TOTC   Tyndale Old Testament Commentaries
TT   Theodore Beza, *Tractationes Theologiae*
WBC   Word Biblical Commentary
WCF   Westminster Confession of Faith
WTJ   *Westminster Theological Journal*

COLABORADORES

RAYMOND A. BLACKETER é pastor titular na First Cutlerville Christian Reformed Church, Grand Rapids, Michigan. Escreveu seu Ph.D. em Teologia Histórica sob a orientação de Richard A. Muller no Calvin Theological Seminary. Tem escrito artigos sobre João Calvino, William Peerkins e Henry Ainsworth. Atualmente está trabalhando em *The Reformation Commentary on Scripture*. Volume 3: *Exodus — Deuteronomy* (Downers Grove, IL: InterVarsity Press, já disponível). Sua obra sobre Calvino inclui "No Escape by Deception: Calvin's Exegesis of Lies and Liars in the Old Testament", *Reformation and Renaissance Review* 10.3 (2008); 267-89, e *The School of God. Pedagogy and Rhetoric in Calvin's Interpretation of Deuteronomy*, Studies in Early Modern Religious Reforms 3 (Dordrecht, Holanda: Springer, 2006).

HENRI A. G. BLOCHER foi Professor Gunter H. Konedler de Teologia Sistemática, na Wheaton College Graduate School of Biblical and Theological

Studies, e é *doyen honoraire* na Faculté Libre de Théologie Évangélique em Vaux-sur-Seine, França, onde foi anteriormente Professor de Teologia Sistemática e ainda ensina em alguns cursos. Foi também Presidente do Fellowship of European Evangelical Theologians. Tem contribuído com artigos para muitos periódicos e volumes de vários autores. Seus livros em inglês incluem *Original Sin: Illuminating the Riddle* (Leicester, UK: Apollos, 1997); *Evil and the Cross* (Leicester, UK: Apollos, 1994); e *In the Beginning: The Opening Chapters of Genesis* (Leicester, UK: InterVarsity Press, 1984).

AMAR DJABALLAH é Professor de Estudos Bíblicos e Deão da Faculté de Théologie Évangélique (afiliada à Acadia University) em Montreal, Canadá. Djaballah recebeu seu M.Th. da Faculté Libre de Théologie Évangélique, Vaux-sur Seine, e seu Ph.D. da l'Université Paris I-Panthéon Sorbonne. É autor de numerosos livros e artigos na França, incluindo uma gramática do Novo Testamento Grego. Djaballah escreveu um livro sobre as parábolas em francês (*Les paraboles aujourd'hui*), que logo aparecerá em inglês (Eerdmans, já disponível), uma breve monografia em inglês sobre o Islamismo e um volume já disponível sobre hermenêutica publicado por les Éditions Excelsis. É também o autor de "Calvin and the Calvinists: An Examination of some Recent Views", *Reformation Canada* 5.1 (1982): 7-20.

SINCLAIR B. FERGUSON, Foi Ministro da First Presbyterian Church, Columbia, Carolina do Sul, atualmente serve como Professor de Teologia Sistemática no Redeemer Theological Seminary, bem como é Eminente Professor Visitante no Westminster Theological Seminary, Filadélfia. Graduado da Universidade de Aberdeen, tem contribuído com diversos volumes de autores variados, incluindo *The New Dictionary of Theology* (Leicester, UK: InterVarsity Press, 1998) e *The New Bible Commentary* (Leicester, UK: InterVarsity Press, 1994). Suas obras próprias incluem *By Grace Alone: How the Grace of God Amazes Me* (Lake Mary, FL: Reformation Trust, 2010); *In Christ Alone: Living the Gospel-Centered Life*

(Lake Mary, FL: Reformation Trust, 2007); e *The Holy Spirit* (Leicester, UK: InterVarsity Press, 1997).

Lᴇᴇ Gᴀᴛɪss é Diretor da Church Society e Preletor Adjunto em Church History na Wales Evangelical School of Theology. Estudou História e Teologia em Oxford e Cambridge e tem Th.M. em Teologia Histórica e Sistemática do Westminster Theological Seminary, Filadélfia. Preparou-se para o ministério na Oak Hill Theological College, Londres, e tem servido em várias igrejas anglicanas. Suas publicações mais recentes incluem uma nova edição comentada em dois volumes de *The Sermons of George Whitefield* (Wheaton, IL: Crossway, 2012); *For Us and for Our Salvation: 'Limited Atonement' in the Bible, Doctrine, History, and Ministry* (Londres: Latimer Trust, 2012); e *The True Profession of the Gospel: Augustus Toplady and Reclaiming Our Reformed Foundations* (Londres: Latimer Trust, 2010). Ele é um dos editores da edição crítica em diversos volumes de *The Acts of the Synod of Dordt 1618/19* (Göttingen, Alemanha: Vandenhoeck & Ruprecht, já disponível).

Dᴀᴠɪᴅ Gɪʙsᴏɴ é ordenado na International Presbyterian Church e Ministro da Trinity Church, Aberdeen, Escócia. Estudou Teologia na Nottingham University and King's College London e completou o doutorado em Teologia Histórica e Sistemática na Universidade de Aberdeen. Ele tem contribuído para *"But My Words Will Never Pass Away": The Enduring Authority of the Christian Scriptures*, ed. D. A. Carson, 2 vols. (Grand Rapids, MI: Eerdmans, já disponível), é o autor de *Reading the Decree: Exegesis, Election and Christology in Calvin and Barth* (Londres/Nova York: T. & T. Clark, 2009) e coeditou, com Daniel Strange, *Engaging with Barth: Contemporary Evangelical Critiques* (Nottingham, UK: Apollos, 2008; Nova York: T. & T. Clark, 2009).

Jᴏɴᴀᴛʜᴀɴ Gɪʙsᴏɴ é candidato a Ph.D. em Estudos Hebraicos na Cambridge University. Estudou Bacharelado em Ciência na University of Ulster, Jordanstown, Irlanda do Norte, e trabalhou como fisioterapeuta por vários anos antes de receber o grau de Bacharel em Divindade na Moore Theological

College, Sydney, Austrália. Atualmente é pesquisador em exegese bíblica interior na Bíblia Hebraica, com referência específica ao livro de Malaquias. É o autor de '"Cutting off Kith and Kin","Er and Onam"?': Interpretando uma Frase Obscura em Malaquias 2.12", *JBL* (disponível); "Obadiah" na *NIV Proclamation Bible* (Londres: Hodder & Stoughton, 2013); e "Jonathan Edwards: A Missionary?", *Themelios* 36.3 (2011): 380-402.

MATTHEW S. HARMON é Professor de Estudos no Novo Testamento no Grace College and Theological Seminary. Além do grau em comunicações da Ohio University, ele mantém um Master of Divinity da Trinity Evangelical Divinity School e um Ph.D. do Wheaton College em Teologia Bíblica. É o autor de *She Must and Shall Go Free: Paul's Isaianic Gospel in Galatians* (Berlim: deGruyter, 2010); "Philippians" na *NIV Proclamation Bible* (Londres: Hodder & Stoughton, 2013), e *Philippians, A Mentor Commentary* (Ross-shire, UK: Christian Focus, disponível). Contribuiu com numerosos artigos para *The Baker Illustrated Bible Dictionary*, ed. Tremper Longman III (Grand Rapids, MI: Baker, 2013) e atualmente está trabalhando em *Galatians, Biblical for Christian Proclamation* (Nashville: B&H, já disponível).

MICHAEL A. G. HAYKIN é Professor de História da Igreja e Espiritualidade Bíblica no The Southern Baptist Theological Seminary. Recebeu seu M.Rel. e Th.D. da Universidade de Toronto. É autor e editor de livros sobre Patrística e História Batista Inglesa, inclusive *Rediscovering the Church Fathers: Who They Were and How They Shaped the Church* (Weaton, IL: Crossway, 2011); *"At the Pure Fountain of Thy Word": Andrew Fuller as an Apologist* (Carlisle, UK: Paternoster, 2004); *The Spirit of God: The Exegesis of 1 and 2 Corinthians in the Pneumatomachian Controversy of the Fourth Century* (Leiden, Holanda: Brill, 1994); *One Heart and One Soul: John Sutcliff of Olney, His Friends, and His Times* (Darlington, UK: Evangelical Press, 1994).

PAUL HELM é um colega de ensino no Regent College, Vancouver. Estudou no Worcester College, Oxford University. Suas publicações recentes incluem

Calvin at the Center (Oxford: Oxford University Press, 2009); *Calvin: A Guide for the Perplexed* (Londres: Continuum, 2008); e John Calvin's Ideas (Oxford: Oxford University Press, 2004).

David S. Hogg é Deão Associado de Atividades Acadêmicas e Professor Associado de História e Doutrina na Beeson Divinity School, Samford University. Ele detém graus da Universidade de Toronto; Westminster Theological Seminary, Filadélfia; e University of Andrews. Tem contribuído com um grande número de volumes editados, incluindo *Great Is Thy Faithfulness? Reading Lamentations as Sacred Scripture* (Eugene, OR: Pickwick, 2011); *The Lord's Supper, Remenbering and Proclaiming Christ until He Comes* (Nashville: B&H Academic, 2010); *The Dictionary of Historical Theology* (Grand Rapids, MI: Eerdmans, 2000). Tem escrito sobre Anselmo de Cantuária em muitos lugares, porém mais notavelmente em seu *Anselm of Canterbury: The Beauty of Theology* (Aldershot, UK: Ashgate, 2004).

Robert Letham é Diretor de Pesquisa e Preletor Sênior em Teologia Sistemática e Histórica na Wales Evangelical School of Theology; Professor Adjunto no Westminster Theological Seminary, Filadélfia; e Ministro Presbiteriano com vinte e cinco anos de experiência pastoral. Detém graus de instituições como University of Exeter; Westminster Theological Seminary, Filadélfia; e University of Aberdeen (Ph.D.). É o autor de *A Christian's Pocket Guide to Baptism* (Ross-shire, UK: Christian Focus, 2012); *Union with Christ* (Phillipsburg, NJ: P&R, 2011); *The Westminster Assembly: Reading Its Theology in Historical Context* (Phillipsburg, NJ: P&R, 2009); *Through Western Eyes* (Ross-shire, UK: Mentor, 2007); *The Holy Trinity* (Phillipsburg, NJ: P&R, 2004); *The Lord's Supper* (Phillipsburg, NJ: P&R, 2001); e *The Work of Christ* (Downers Grove, IL: InterVarsity Press, 1993). Tem contribuído com capítulos para diversos livros, incluindo *Shapers of Christian Orthodoxy* (Nottingham, UK: Apollos, 2010).

Donald Macleod é Ministro ordenado da Igreja Livre da Escócia. Desde 1978, foi Professor de Teologia Sistemática na Igreja Livre da Escócia,

Edimburgo, até sua recente aposentadoria. Graduou-se MA pela Universidade de Glasgow em 1958 e recebeu o título honorífico DD pelo Westminster Theological Seminary, Filadélfia, em 2008. Seus muitos livros incluem *Jesus Is Lord: Christology, Yesterday and Today* (Ross-shire, UK: Christian Focus, 2000); *A Faith to Live By* (Ross-shire, UK: Christian Focus, 2000); e *The Person of Christ* (Leicester, UK: InterVarsity Press, 1998).

J. ALEC MOTYER é Ministro aposentado da Igreja da Inglaterra, tendo servido nas paróquias de Wolverhampton, Bristol, Londres e Bournemouth. Em seu trabalho pastoral, serviu como Tutor, Vice-Presidente e Presidente, respectivamente, do Tyndale Hall, Clifton Theological College e da Trinity College, Bristol. Foi educado na Dublin University e no Wycliffe Hall, Oxford, detendo os graus de BA, MA, BD (Dublin) e DD (Lamberth/Oxford). Suas publicações mais recentes são *Preaching for Simpletons* (Ross-shire, UK: Christian Focus, 2013) e *Isaiah by the Day: A New Devotional Translation* (Ross-shire, UK: Christians Focus, 2011). Ele é mais conhecido por seu comentário em *The Prophecy of Isaiah* (Leicester, UK: InterVarsity Press, 1993), tanto quanto como editor da série dos comentários do Antigo Testamento na série *Bible Speaks Today*.

JOHN PIPER é fundador e mestre do site desiringGod.org. e Chanceler do Bethlehem College and Seminary, Mineápolis. Ele recebeu seu BA da Wheaton College; BD do Fuller Theological Seminary; e doutorado em Teologia (Novo Testamento) da Universidade de Munique. Serviu trinta e três anos como Pastor Sênior da Bethlehem Baptist Church, Mineápolis. Seus livros incluem *Desiring God* (Colorado Springs: Multnomah, revisado e expandido, 2011); *What Jesus Demands from the World* (Wheaton, IL: Crossway, 2006); *God Is the Gospel* (Wheaton, IL: Crossway, 2004); e *Don't Waste Your Life* (Wheaton, IL: Crossway, 2003).

THOMAS R. SCHREINER é Pastor pregador na Clifton Baptist Church e Professor James Buchanan Harrison de Interpretação do Novo Testamento no Southern Baptist Theological Seminary. Recebeu seu doutorado em

Novo Testamento do Fuller Theological Seminary. É autor de muitos livros, inclusive *The King in His Beauty: A Biblical Theology of the Old and New Testaments* (Grand Rapids, MI: Baker, 2013); *Galatians, Zondervan Exegetical Commentary on the New Testament* (Grand Rapids, MI: Zondervan, 2010); e *New Testament Theology: Magnifying God in Christ* (Grand Rapids, MI: Baker, 2008).

DANIEL STRANGE é Vice-Presidente Acadêmico e Tutor em Cultura, Religião e Teologia Pública na Oak Hill Theological College, Londres. Recebeu seus graus, BA e Ph.D., da Universidade de Bristol, Inglaterra. Com Gavin D'Costa e Paul Knitter, ele é coautor de *Only One Way? Three Christian Responses to the Uniqueness of Christ in a Pluralistic World* (Londres: SCM, 2011); coeditor com David Gibson de *Engaging with Barth: Contemporary Evangelical Critiques* (Nottingham, UK: Apollos, 2008; Nova York: T. & T. Clark, 2009); e autor de *The Possibility of Salvation among the Unevangelized: An Analysis of Inclusivism in Recent Evangelical Theology* (Carlisle, UK: Paternoster, 2001).

CARL R. TRUEMAN é Professor Paul Woolley de História da Igreja no Westminster Theological Seminary, Filadélfia, e Pastor da Igreja Presbiteriana de Cornerstone (OPC), Ambler, Pensilvânia. Tem MA da Universidade de Cambridge e Ph.D. da Universidade de Aberdeen. Suas publicações recentes incluem *The Creedal Imperative* (Wheaton, IL: Crossway, 2012) e *Histories and Fallacies* (Wheaton, IL: Crossway, 2010).

STEPHEN J. WELLUM é Professor de Teologia Cristã no The Southern Baptist Theological Seminary e editor do *The Southern Baptist Journal of Theology*. Recebeu seu M.Div. e Ph.D. em Teologia Sistemática da Trinity Evangelical Divinity School. É coautor com Peter J. Gentry de *Kingdom through Covernant: A Biblical-Theological Understanding of the Covenates* (Wheaton, IL: Crossway, 2012). Além de ter publicado vários artigos em periódicos, ele tem contribuído com capítulos para muitos livros, incluindo *The Church: Jesus' Covenant Community* (Nashville: B&H Academy, 2013); *Whomever He Wills: A Surprising Display of Sovereign Mercy*

(Cape Coral, FL: Founders Press, 2012); *The Deity of Christ* (Wheaton, IL: Crossway, 2011); *Faith Comes by Hearing: A Response to Inclusivism* (Downers Grove, IL: IVP Academic, 2008); *Believer's Baptist: Sign of the New Covenant in Christ* (Nashville: B&H Academic, 2007); *Reclaiming the Center: Confronting Evangelical Accommodation in Postmodern Times* (Wheaton, IL: Crossway, 2004); e *Beyond the Bouds: Open Theism and the Undermining of Biblical Christianity* (Wheaton, IL: Crossway, 2003).

GARRY J. WILLIAMS é Diretor do John Owen Centre for Theological Study no London Theological Seminary e Professor Visitante de Teologia Histórica no Seminário Westminster, Filadélfia. Ele estudou Teologia na Universidade de Oxford, onde completou o doutorado sobre a compreensão que Hugo Grotius tinha da expiação. Tem publicado sobre temas como a história do evangelicalismo e a expiação, além de estar escrevendo uma exposição bíblica, histórica e sistemática da expiação penal substitutiva.

PAUL R. WILLIAMSON é Preletor de Antigo Testamento na Moore Theological College, Sydney. Estudou Teologia no Irish Baptist College, Belfast, e recebeu seu doutorado da Queen's University, Belfast. É coeditor de *Exploring Exodus* (Nottingham, UK: InterVarsity Press, 2008) e autor de *Sealed with an Oath: Covenant in God's Unfolding Purposes* (Nottingham, UK: InterVarsity Press, 2007). Tem contribuído com artigos para a série *Dictionary of the Old Testament* (Downers Grove, IL: InterVarsity Press, 2003-2008).

INTRODUÇÃO

CAPÍTULO I

TEOLOGIA SACRA E A LEITURA DA PALAVRA DIVINA

MAPEANDO A DOUTRINA DA EXPIAÇÃO DEFINIDA

David Gibson e Jonathan Gibson

É muito comum pessoas, assim que descobrem um tema muito discutido, especialmente se aqueles que discutem são considerados pessoas boas, concluírem imediatamente que este seria de bem pouca importância, uma mera questão de especulação. Nessas pessoas, as controvérsias religiosas exercem um efeito muito ruim: acham difícil apreciar a presença da verdade e, ao mesmo tempo, dispõem-se a negligenciá-la e sair em busca de outras coisas; prontamente se valem do que lhes parece ser uma desculpa plausível, põem de lado o questionamento enquanto assentam-se e entregam-se a um espírito de ceticismo. ... Mas, se todos os temas disputados devessem ser tidos como questões de mera especulação, nada teríamos de algum proveito real deixado na religião.[1]

---

1   Andrew Fuller, *Reply to the Observations of Philanthropos*, in *The Complete Works of the Rev. Andrew Fuller* (Londres: Henry G. Bohn, 1848), 233b. "Philanthropos" era o pseudônimo de Daniel Taylor, um general e teólogo batista com quem Fuller dialogou sobre a natureza da expiação de Cristo. Somos gratos a Henri Blocher por essa referência.

INTRODUÇÃO

A doutrina da expiação definida declara que, na morte de Jesus Cristo, o Deus trino tencionava redimir cada pessoa dada ao Filho pelo Pai no passado eterno e aplicar as metas de seu sacrifício a cada um deles pelo Espírito. A morte de Cristo tinha o propósito de conquistar a salvação somente do povo de Deus.

A expiação definida diz o essencial sobre a morte de Cristo, porém não diz tudo o que há para dizer. Há muitos aspectos da expiação que necessitam ser afirmados lado a lado com sua intenção e natureza definidas: a suficiência da morte de Cristo por todos; a livre e indiscriminada proclamação do Evangelho a todos; o amor de Deus pelos não eleitos e sua postura salvífica para com um mundo apóstata; as implicações da expiação para o universo inteiro, e não simplesmente para a igreja. A expiação definida não esvazia o significado da cruz.

Não obstante, os ensaios neste livro afirmam que a expiação definida está no centro do significado da cruz. Comumente chamada de "expiação limitada" ou "redenção particular", essa é uma doutrina das igrejas reformadas tratada carinhosamente como uma profunda explicação da morte de Cristo. Ao revelar a natureza trinitária da obra de Cristo na cruz, a expiação definida desenvolve uma rica explicação de como sua morte sacrificial tem objetivo e direção voltados para Deus. Ela exibe a salvação, em todas as suas partes, como a intenção partilhada e a realização do Pai, Filho e Espírito. A expiação definida nos mostra que nossa salvação é um empreendimento divino, tornando a redenção plenamente consumada pelo pagamento da penalidade do pecado por nosso Salvador em nosso favor. Esses pontos se combinam para sugerir que a doutrina é um resultado apropriado e necessário da expiação penal substituta.

Para vincular a expiação definida à substituição penal, expõe-se imediatamente o debate que acompanha a doutrina. Alguns, no seio do evangelicalismo, negariam que a natureza da expiação é penal e definida, respectivamente. A explanação oferecida no início deste capítulo vê a expiação através das lentes da eleição e, portanto, como tenciona salvar um grupo específico de pessoas, sugere que a expiação é completa como um ato salvífico e afirma que a consumação e a aplicação da vontade divina andam juntas. Dentro e fora do evangelicalismo e da Teologia reformada, cada um desses aspectos da expiação definida tem controvérsia garantida.

Muitos cristãos protestam que a expiação definida simplesmente desafia o ensino claro da Bíblia: "Porque Deus amou o mundo de tal maneira que deu seu Filho" (Jo 3.16); "[Jesus Cristo] é a propiciação pelos nossos pecados, e não somente pelos nossos mas também pelos pecados do mundo inteiro" (1 João 2.2); "[Jesus Cristo] deu-se a si mesmo como resgate por todos" (1 Timóteo 2.6). Em 1610, quarenta e seis seguidores de Armínio (1559/1560-1609) desafiaram a ortodoxia reformada de seus dias acerca da doutrina da expiação — pondo em movimento eventos que levariam ao Sínodo de Dort e à clássica afirmação da expiação definida — e citaram João 3.16 e 1 João 2.2 como prova de que "Jesus Cristo, o Salvador do mundo, morreu por todos os homens e por cada homem".[2] Mais de um século depois, John Wesley pregou que "todo o conteúdo do Novo Testamento" era "terminantemente contrário" à expiação definida e que a doutrina continha "blasfêmias horríveis". Ela apresentava Cristo como "um hipócrita, um enganador do povo, um homem destituído de sinceridade comum", que representava Deus "como mais cruel, falso e injusto do que o diabo!".[3] Na era moderna, D. Broughton Konx fala por muitos quando alega que a expiação definida é simplesmente "uma doutrina sem texto".[4] Nenhum texto bíblico declara que Cristo morreu *somente* por seus eleitos, mas vários textos declaram que ele morreu por *todos*. Em termos vívidos, "a doutrina da expiação limitada trunca o Evangelho, serrando os braços da cruz bem junto à estaca".[5]

---

2   Texto em Gerald Bray, ed. *Documents of the English Reformation* (Cambridge: James Clarke & Co., 1994), 454. Cf. Philip Schaff, *The Creeds of Christendom*. Vol. III: *The Evangelical Protestant Creeds*, 45ª ed., rev. e amp. (1877; repr., Grand Rapids, MI: Baker, 2000), 546.

3   John Wesley, "Sermon CXXVIII: 'Livre Graça' (Romanos 8.32). Pregado em Bristol no ano de 1740", in *The Works of John Wesley. Vol. VII: Second Series of Sermons Concluded Also Third, Fourth and Fifth Series* (Londres: Wesley Conference Office, 1872; reimp. Grand Rapids, MI: Zondervan, n. d.), 380-83.

4   D. Broughton Knox, "Some Aspects of the Atonement", in *The Doctrine of God, vol. I of D. Broughton KJnox Selected Works* (3 vols.), ed. Tony Payne (Kingsford, NSW: Mathias Media, 2000), 260-66 (263).

5   Jack McGorman em conversação pessoal com David L. Allen, "The Atonement: Limited or Universal?", in *Whosoever Will: A Biblical-Theological Critique of Five-Point Calvinism*, ed. David L. Allen e Steve W. Lemke (Nashville: B&H Academic, 2010), 107. Para uma resposta a esse volume editado, ver Matthew M. Barrett e Thomas J. Nettles, Eds., *Whomever He Wills: A Surprising Display of Sovereign Mercy* (Cape Coral, FL: Founders Press, 2012), esp. David Schrock, "Jesus Saves, No Asterisk Needed: Why Preaching the Gospel as Good News Requires Definite Atonement" (77-119).

Surgem também objeções além do domínio exegético. R. T. Kendall se admira que "tantos cristãos nunca adotariam o conceito da expiação limitada meramente lendo a Bíblia". Eis parte de sua alegação: "A doutrina tradicional da expiação limitada é alcançada pela lógica e a necessidade de procurá-la, e não pela leitura direta das Escrituras".[6] A sugestão é que essa doutrina fomenta esquemas de precisão analítica estranha à textura da narrativa bíblica. Para Karl Barth, a "doutrina inflexível da expiação limitada segue logicamente a doutrina de Calvino da dupla predestinação",[7] cuja implicação, naturalmente, é que o que segue e tão árido como o que precede.

As afirmações sobre o papel deturpado da lógica na expiação definida são comuns, porém são elaboradas de diferentes maneiras. No século dezenove, John McLeod Campbell, Ministro da Igreja da Escócia, foi deposto do cargo sob acusações de heresia por ensinar que Cristo fez uma expiação universal, e essa afirmação é da essência da fé e necessária à salvação. Na sua obra *The Nature of the Atonement* (1856), Campbell argumentou que teólogos reformados como John Owen e Jonathan Edwards começaram erroneamente seu pensamento sobre a expiação com axiomas teológicos como "Deus é justo".[8] Ao começar por aí, a vinda de Cristo ao mundo é considerada como a revelação da justiça de Deus, visto que Cristo morre somente pelos eleitos, e não pelos excluídos. A proclamação universal do Evangelho a todos e a revelação de que "Deus é amor" são ambas eliminadas.

Como resultado, segundo Campbell, a expiação definida desfigura a doutrina de Deus. Quando Owen e Edwards "apresentam a justiça como um atributo necessário da natureza divina, de modo que deve tratar *todos os homens* segundo seus requerimentos, representam compaixão e amor como não necessários, mas sim arbitrários, e que, portanto, podem achar sua expressão

---

6   R. T. Kendall, *Calvin and English Calvinism to 1649* (Carlisle, UK: Paternoster, 1997), viii.
7   Karl Barth, *Church Dogmatics*, ed. G. W. Bromiley e T. F. Torrance, 14 vols. (Edinburgh T. & T. Clark, 1956-1975), IV/1, 57 (disponível em CD).
8   John McLeod Campbell, *The Nature of the Atonement*, com uma nova introdução por J. B. Torrance (Edimburgo: Handsel, 1856; repr., Grand Rapids, MI: Eerdmans, 1996), 67.

na história de apenas *alguns homens*".⁹ Deus é necessariamente justo para com todos, porém só seletivamente amoroso para com alguns. Campbell alegou que tudo isso é pastoralmente desastroso, pois a expiação definida "remove a justificativa que a universalidade da expiação dá a cada homem que ouve o Evangelho de contemplar Cristo com a apropriação pessoal das palavras do apóstolo:'que me amou e se deu por mim'".¹⁰ Aqui, a acusação é que a expiação definida destrói não apenas as bases do apelo aos não convertidos mas também as bases da garantia para o crente. Realmente posso estar certo de que Cristo morreu por *mim*?¹¹

A obra de Campbell tem provado ser influente. Ambos, J. B. Torrance e T. F. Torrance, valem-se do pensamento de Cambpell para argumentar que a expiação definida representa o pior tipo de necessidade lógica na Teologia. J. B. Torrance argumenta que Cristo, vicariamente, tomou para si o juízo que encara toda a humanidade. Negar isso é "um pecado contra o amor encarnado de Deus" e, para Torrance, é paralelo ao pecado contra o Espírito Santo.¹² Isso revela o resultado-chave em suas objeções: na encarnação, Jesus Cristo se une a *toda* a humanidade, não meramente aos eleitos, de modo que tudo o que ele empreende em sua expiação necessariamente empreende por todos. Especificamente, Torrance desenvolve a ênfase de Campbell sobre Deus como amor em seu ser mais recôndito: "Em Deus, amor e justiça são uma só coisa e são uma só coisa em *todos* os tratos com suas criaturas, na criação, providência e redenção."¹³

As palavras iniciais de nosso capítulo veem a expiação através das lentes da eleição e, para Torrance, isso simplesmente confirmaria nosso cativeiro à lógica aristotélica. Ela faz a eleição divina anterior à graça divina, assim encarnação e expiação são formuladas simplesmente como "o modo de Deus executar

---

9 Ibid., 73 (grifo nosso).
10 Ibid., 71.
11 Bruce L. McCormack, "So That He Might Be Merciful to All: Karl Barth and the Problem of Universalism", in *Karl Barth and American Evangelicalism*, ed. Bruce L. McCormack e Clifford B. Anderson (Grand Rapids, MI: Eerdmans, 2011), 240, comenta que, se a expiação limitada fosse procedente, então "mui provavelmente perderíamos nossa esperança na salvação".
12 J. B. Torrance, "The Incarnation and 'Limited Atonement'", *EQ* 55 (1983): 83-94 (85).
13 Ibid., 92. Torrance expressara anteriormente sua dívida para com Campbell sobre esses pontos em "The Contribution of McLeod Campbell to Scottish Theology", *SJTS* 26 (1973): 295-311.

os decretos eternos — e assim, logicamente, ensinando que Cristo morreu somente pelos eleitos, a fim de assegurar infalibilidade à salvação destes".[14]

Por todo este livro, cabe aos escritores individualmente o comprometimento com a substância dos argumentos, tanto quanto com outras críticas dirigidas à expiação definida ainda não delineadas. Não obstante, neste estágio queremos ponderar sobre a que propósito tais críticas servem em nossa articulação da doutrina.

EM DIREÇÃO A UMA NOVA ABORDAGEM

Algumas abordagens da expiação definida a entendem erroneamente, outras a caricaturam, porém muitas são de peso e coerentes, surgidas de um fiel desejo de ler a Escritura sabiamente, além de honrar a bondade e o amor de Deus. Entre elas, tratam de quatro aspectos inter-relacionados da doutrina: suas controvérsias e nuances na história da igreja, sua presença ou ausência na Bíblia, suas implicações teológicas e suas consequências pastorais. Isso indica que a expiação definida tem profunda significação e um escopo todo-abrangente que requer tratamento compreensível.

Mas os ensaios neste volume buscam fazer mais do que simplesmente cobrir quatro áreas distintas em que existem objeções. Nosso objetivo é mostrar que a História, a Bíblia, a Teologia e a prática pastoral se combinam para prover uma estrutura dentro da qual a doutrina da expiação definida é mais bem articulada para hoje. Não são quatro janelas separadas através das quais vemos a doutrina; mas sim quatro mezaninos da única casa onde vive a expiação definida. Ao começarmos com a história da igreja, reconhecemos que toda leitura contemporânea da Bíblia sobre a expiação está localizada historicamente. Não somos reféns de antigas interpretações, nem precisamos fingir acreditar em exegeses do tipo *tabula rasa* (que não contam com experiências prévias). Ao avaliarmos cuidadosamente a Escritura, buscamos nos submeter ao que Deus disse. Ao nos movermos da exegese para a teologia, alegamos que as diversas partes bíblicas demandam o

---

14 Torrance, "Incarnation", 87. O capítulo de Robert Letham neste volume se ocupa em detalhe dos pontos de vista de J. B. Torrance e T. F. Torrance.

paciente trabalho de síntese para interpretar-se o todo teológico. Ao concluirmos com prática pastoral, almejamos mostrar as implicações do ensino da Bíblia para o ministério e a missão da igreja. Assim, enquanto a disciplina do pensamento doutrinal nunca é menos que a ordenação de tudo o que a Bíblia tem a dizer sobre um dado tema, ela é também muito mais.

Sugerimos que articular a expiação definida é semelhante a articular doutrinas como a Trindade ou as duas naturezas de Cristo. A abordagem tem de ser bíblica, mas não biblicista. Nem sequer um texto "prova" a expiação definida, por mais que "prove" a Trindade ou a comunhão dos atributos na cristologia. No caso dessas doutrinas, numerosos textos são estudados, suas implicações são sintetizadas e seus termos-chave explorados em contextos bíblicos e uso histórico, de modo que, *tomadas como um todo*, as doutrinas da Trindade ou das duas naturezas descrevem "um padrão de julgamento presente *nos* textos".[15] Com a expansão de um padrão coerente, essas doutrinas emergem como as formas mais compelidoras de nomear o Deus cristão ou entender a pessoa de Cristo. Embora nenhum prove as doutrinas, diversos textos ensinam suas partes constituintes.

Assim se dá com a expiação definida. Ela não é por si mesma meramente uma doutrina "bíblica"; tampouco é um constructo "sistemático" baseado em premissas lógicas ou racionais destituídas de amarrações bíblicas. Antes, a expiação definida é uma doutrina *bíblico-sistemática* que surge da cuidadosa exegese de textos e das sínteses sobre a expiação com doutrinas internamente relacionadas, tais como escatologia, eleição, união com Cristo, cristologia, trinitarianismo, doxologia, aliança, eclesiologia e sacramentologia. Quando ambos os "domínios do discurso" são respeitados como tais *e* tomados juntos,[16] en-

---

15 A frase é parte da opinião de David S. Yeago de que os teólogos nicenos tiveram razão para seu discernimento de que o Filho é um só ser com o Pai. Cf. "The New Testament and the Nicene Dogma: A Contribution to the Recovery of Theological Exegesis", *Pro Ecclesia* 3.2 (1994): 152-64 (153). Muito do argumento de Yeago sobre método exegético e teológico poderia se aplicar à formulação da expiação definida.
16 Ver D. A. Carson, "The Vindication of Imputation: On Fields of Discourse and Semantic Fields", in *Justification: What's at Stake in the Current Debates*, ed. Mark Husbands e Daniel J. Treier (Downers Grove, IL.: Apollos, 2004), 46-80, esp. 47-50, sobre a importância de respeitar "campos de discurso" quando se discutem doutrinas teológicas como santificação, reconciliação e justiça imputada de Cristo.

tão as objeções reducionistas para a expiação definida perdem sua força e essa leitura do significado da morte de Cristo emerge como profunda e fiel. Essa abordagem bíblico-sistemática pode ser vista pictoricamente de dois ângulos.

Primeiro, a construção doutrinal lembra a produção de uma *rede*. A doutrina da expiação definida surge da tentativa de entretecer cada fio canônico relacionado com a expiação e a formação dos fios em uma estrutura coerente de pensamento que fielmente mantém as partes e lhes possibilita serem vistas em seu prisma mais verdadeiro quando vistas em relação com o todo. Em grande medida, da mesma maneira que cada fio de uma teia de aranha é uma só coisa quando tomado por si próprio, mas outra quando visto em sua relação com os demais fios, assim os diferentes aspectos da doutrina da expiação podem ser integrados para exibir poderosa coerência. Kevin Vanhoozer capta o conceito excelentemente em sua sugestão de que as teologias construtivas da expiação a conceberiam como "mediação pactual trina".[17] Para ele, três fios bíblicos (doutrina de Deus, teologia pactual, cristologia) combinam para formar uma teia teológica. Este volume, na soma total de suas partes, almeja ser apenas essa teia.

Segundo, ao mostrar a relação entre resultados históricos, exegéticos, teológicos e pastorais, este volume é um *mapa* para a doutrina da expiação definida e através dela. Alguns dos pensamentos teológicos mais perenes que a igreja tem produzido nos últimos séculos são tidos como um mapa doutrinal do terreno bíblico produzido a fim de ser um guia para este. As *Institutas da Religião Cristã* são amplamente consideradas como um tipo de livro-texto teológico ou como uma teologia sistemática pré-crítica. Mas essa definição não capta bem a própria intenção de Calvino. Em uma nota introdutória ao leitor de *as Institutas*, ele escreve:

> Meu propósito neste trabalho tem sido preparar e instruir candidatos à teologia sacra para a leitura da divina Palavra a fim de que sejam aptos tanto a ter fácil acesso a ela como a progredir nela sem impedimento. Pois

---

17 Kevin J. Vanhoozer, "Atonement", in *Mapping Modern Theology: A Thematic and Historical Introduction*, ed. Kelly M. Kapic e Bruce L. McCormack (Grand Rapids, MI: Baker Academic, 2012), 175-202 (201).

creio que de tal modo abarquei então a religião em todas as suas partes e a tenho organizado em tal ordem que, se alguém apreendê-la corretamente, não lhe será difícil determinar o que deve especificamente buscar na Escritura e a que fim deve relacionar seu conteúdo. Se, depois que essa estrada, por assim dizer, estiver pavimentada, publicarei algumas interpretações da Escritura, sempre as condensarei, porque não precisarei empreender longas discussões doutrinais e desviar-me para banalidades. Dessa maneira, o leitor devoto será poupado de grande aborrecimento e tédio, contanto que examine a Escritura armado com um conhecimento da presente obra como ferramenta necessária.[18]

É óbvio que Calvino propõe suas *Institutas* para pavimentar uma estrada através das Escrituras na qual outros possam transitar quando as lerem. Note que Calvino não diz que destina sua obra para a instrução na doutrina de candidatos teológicos. Certamente as *Institutas* se constituem em um texto doutrinal. Mas ele tenciona instruir candidatos teológicos para sua "leitura da divina Palavra". Extraídas da Bíblia, formadas pela Bíblia, as *Institutas* são um mapa para a Bíblia.[19]

A obra de Calvino ilustra como a cartografia teológica funciona e se desenvolve. Não é um guia conceitualmente aleatório para a Bíblia, nem pretende ser uma grade hermenêutica imposta sobre esta. Onde ela funciona bem, um mapa doutrinal se desenvolve organicamente a partir das partes bíblicas e possibilita uma visão de cima do todo canônico.[20] Mas ela é sempre limitada pelo que traça. Além disso, a exegese é sempre apta a acomodar a configuração do mapa. Atenção renovada para problemas difíceis, cuidadosamente analisados no atual

---

18 João Calvino, "John Calvin to the Reader", in *Institutes of the Christian Religion*, ed. John T. McNeill, trad. Ford Lewis Battles, 2 vols. (Filadélfia: Westminster, 1960), I:4-5.

19 Para discussões mais extensas sobre a relação orgânica entre as edições sucessivas das *Institutas*, da pregação e dos comentários bíblicos de Calvino, ver Stephen Edmondson, "The Biblical Historical Structure of Calvin's *Institutes*", SJT 59.1 (2006): 1-13; David Gibson, *Reading the Decree: Exegesis, Election, and Christology in Calvin and Barth* (Londres/Nova York: T. & T. Clark/Continuum, 2009), 17-27.

20 Cf. Gerald Bray, "Scripture and Confession: Doctrine as Hermeneutic", in *A Pathway into the Holy Scripture*, ed. P. E. Satterthwaite e D. F. Wright (Grand Rapids, MI: Eerdmans, 1994), 221-36.

terreno e detidamente estudados em qualquer mapa dado, seria sempre passível de reconfiguração do mapa e alteração da rota para seguir-se em frente.[21] Essa abordagem estabelece uma cuidadosa e abrangente relação, uma em que a doutrina, emergindo dos textos, seja constantemente examinada contra textos para ver se todo o desenvolvimento é realmente consistente em relação às partes individuais. Onde o avanço para a síntese doutrinal é feito depressa demais, ocorre distorção.

Tome, por exemplo, a questão do que significa "Porque Deus amou o mundo" (João 3.16). O tratamento que A. W. Pink dá à soberania de Deus na salvação segue de modo inadequado com a sugestão de que o amor de Deus que se doa pelo "mundo", em João 3.16, refere-se ao seu amor pelos eleitos.[22] Tal interpretação não só dá um significado a uma palavra específica claramente diferente do que o texto realmente diz mas também a natureza do amor de Deus e a oferta universal de Cristo a todos que igualmente se encurvam sob o peso do paradigma. De forma semelhante, Mark Driscoll e Gerry Breshears entendem que a expiação definida vincula um amor de Deus que se limita aos eleitos. Argumentando em prol de "ilimitada expiação limitada ou calvinismo modificado", perguntam: "Se os cinco pontos do calvinismo são corretos, e não se faz nenhuma quitação pelos não eleitos, então, como Deus pode genuinamente amar o mundo e desejar a salvação de todos?".[23] Para Pink, a provisão efetiva da salvação para os eleitos requer uma limitação do amor de Deus aos eleitos; para Driscoll e Breshears, a quitação efetiva da pena do pecado para todos requer a expansão do amor

---

21 As analogias da rede e do mapa permitem que as reivindicações do volume sejam ouvidas como provisórias, no sentido próprio, em vez de aparatoso. Dando um exemplo, Stephen Wellum apresenta um argumento em prol da natureza sacerdotal da obra expiatória de Cristo que reflete discernimentos da teologia da nova aliança, da natureza da aliança, eleição e eclesiologia. Seu rico pensamento teológico leva o leitor a ver a realidade da expiação definida nas Escrituras, mas a rota particular que ele toma no terreno bíblico é diferente da nossa compreensão classicamente reformada da natureza da aliança, eleição e eclesiologia. O livro mapeia diferentes rotas para o mesmo destino, e nem todos os leitores vão querer percorrer todos os caminhos para alcançar o objetivo. Para ser usado como ferramenta, ele é servo, e não senhor.

22 A. W. Pink, Deus é Soberano (São José dos Campos, SP: Editora Fiel, 1977). Para Pink, "o amor de Deus é uma verdade somente para os santos e apresentá-lo aos inimigos de Deus equivale tomar o pão dos filhos e lançá-lo aos cães".

23 Mark Driscoll e Gerry Breshears, *Death by Love: Letters from the Cross* (Wheaton, IL. Crossway, 2008), 173.

de Deus identicamente por todos. Em nenhum caso, as diversas maneiras com que a Bíblia descreve o amor de Deus permitem manter-se unidas em relação a diferentes objetos (seu mundo, seu povo) e expressões (intratrinitária, providente, universal, particular, condicional). Para esses escritores, uma concepção da expiação demanda ou é demandada; é uma concepção singular do amor de Deus.[24]

Esses mapas são mal alinhados com os textos bíblicos que os criam. O movimento rumo à síntese precisa ser mais paciente e cuidadoso, mas atento aos diversos elementos do testemunho bíblico. Composto de quatro seções, esperamos que este volume de alguma maneira supra a necessidade a qual se destina. A questão da integração é suficientemente importante para que o capítulo de Henri Blocher seja inteiramente dedicado a ela. Naturalmente, os leitores vão querer volver-se às partes específicas para focar as questões de interesse particular, e cada ensaio constitui um argumento independente que pode ser lido dessa maneira. Não obstante, o efeito global do projeto se destina a ser cumulativo. Tomados juntos, cada ensaio, dentro de cada seção, e então cada seção dentro do livro, oferece uma estrutura alinhavada do pensamento teológico que mapeia o estudo da expiação definida na Bíblia.

A EXPIAÇÃO DEFINIDA NA HISTÓRIA DA IGREJA

Richard Muller sugere que uma questão pertinente à igreja patrística, medieval e reformada antiga e moderna era "o significado daquelas passagens bíblicas nas quais lemos que Cristo já pagou um resgate por todos, ou lemos que Deus quer a salvação de todos, ou do mundo inteiro, dado o grande número de passagens bíblicas que indicam uma limitação da salvação a alguns, a saber, aos eleitos ou crentes".[25] Isso não só identifica a perplexidade que a

---

24 Para uma abordagem mais satisfatória, ver Geerhardus Vos, "The Biblical Doctrine of the Love of God", in *Redemptive History and Biblical Interpretation: The Shorter Writings of Geerhardus Vos*, ed. Richard B. Gaffin (Phillipsburg, NJ: P&R, 1980), 425-57; e D. A. Carson, *The Difficult Doctrine of the Love of God* (Leicester, UK: InterVarsity Press, 2000).

25 Ver Richard A. Muller, "Was Calvin a Calvinism?", in *Calvin and the Reformed Tradition: On the Work of Christ and the Order of Salvation* (Grand Rapids, MI: Baker Academic, 2012), 51-69(6).

doutrina da expiação definida busca consignar mas também mostra que as questões históricas estão intimamente conectadas entre si exegeticamente. Como Barth o expressa: "A história da igreja é a história da exegese da Palavra de Deus".[26]

Portanto, os ensaios históricos neste livro exploram a questão em momentos significativos da história da igreja. Fornecem um resumo de abordagens passadas para a expiação definida na Bíblia, introduz-nos os artistas-chave no debate e nos encaminha com a consciência de quão cruciais termos têm sido definidos e entendidos até então. Esses ensaios criam diversos pontos periféricos para o mapa, três dos quais podem ser focalizados aqui.

Primeiro, as terminologias competitivas de "calvinistas *vs.* arminianos", tão prevalecentes no debate popular sobre a expiação definida, precisam ser descartadas em favor de compreensões mais ricas e sofisticadas da história da doutrina. Mesmo onde os parâmetros são expandidos para incluir as perspectivas extras de universalismo e amiraldismo, a realidade é que, vendo o tema através das lentes de rótulos derivados de nomes pessoais proeminentes na história da Reforma, logo se introduz distorção.

De um lado, os debates dos séculos dezesseis e dezessete sobre a expiação não produziram ideias teológicas e terminologia *novas*, mas contaram com a tradição e buscaram desenvolvê-la e aplicá-la, embora não sem alguma controvérsia, no contexto específico do início da era moderna. A jornada da Patrística e medieval até a Reforma e pós-Reforma, traçados nesta seção, revela que esta é a verdade: "calvinismo vs. arminianismo" simplesmente lobotomiza a história. Do outro lado, nenhum dos principais "ismos" existiu por longo tempo como entidades monolíticas com apenas uma única expressão. Certa vez, J. C. Ryle notou que "a ausência de definições acuradas é a própria vida da controvérsia religiosa",[27] e esses ensaios nos inclinam a reconhecer posições e nuances distintas na extensão e no escopo da expiação — universalismo, semipelagianismo, arminianismo, amiraldismo e

---

26 Barth, *CD* I/2, 681.
27 J. C. Ryle, *Knots Untied* (1878; repr., Moscow, ID Charles Nolan, 2000), 1.

abordagens variantes para o universalismo hipotético — sempre a serviço do pensamento teológico disciplinado.²⁸

Segundo, a cuidadosa aproximação da história da expiação definida explica por que o termo "calvinista" está tão ausente das subsequentes discussões exegéticas, teológicas e pastorais da doutrina neste volume. Não só as questões que giram em torno da expiação definida antecedem maciçamente a vida e o pensamento de João Calvino, há não pouca ironia envolvida em qualificar a expiação definida como doutrina "calvinista" quando sua própria relação com ela — como todos os lados têm de admitir — é uma questão de debate. Mais que isso, agora fica muito claro que o termo expressa uma confiança na pessoa que era tão insultante a Calvino quanto é historicamente enganoso em virtude da falha em explicar sua própria localização numa tradição em desenvolvimento.²⁹ Portanto, cada um dos escritores neste livro trabalha com uma preferência pelo termo "reformado" ou "Teologia reformada", seja para a descrição histórica, seja como um meio de localizar-se dentro da trajetória particularista.³⁰

Em terceiro lugar, segue-se que este volume não é uma apresentação de "os cinco pontos do calvinismo" ou uma defesa do acrônimo "TULIP" amplamente usado como um sumário dos Cânones de Dort e, consequentemente, da Teologia reformada. Não significa que não haja valor em tal linguagem. Mas pode haver uma tendência para o uso de tal terminologia como o *próprio* mapa soteriológico, sem compreender que tais termos simplesmente se sobressaem como

---

28 Richard A. Muller, "Calvin on Christ's Satisfaction and Its Efficacy: The Issue of 'Limited Atonement'", em Calvin and the Reformed Tradition, 77 n. 22, argumenta que "uma vez que a linguagem esteja apropriadamente ajustada, há pelo menos seis padrões distintos de formulação [da santificação de Cristo] em meio aos primeiros Reformados modernos."

29 Carl R. Trueman, "Calvin and Calvinism", em The Cambridge Companion to John Calvin, ed. Donald K. McKim (Cambridge: Cambridge University Press, 2004), 226, sugere que o termo "calvinismo" é "de nenhuma utilidade para a história intelectual". Ver o capítulo de Raymond A. Blacketer, no presente volume, para conhecer algo da literatura sobre essa questão.

30 A discussão deste livro é que, enquanto historicamente o universalismo e amiraldismo hipotéticos vieram sob a proteção da comunidade reformada no século dezesseis, essas posições são, exegética e historicamente, os parentes inconvenientes na família. Isso não visa remover-lhes a ortodoxia reformada, e sim aplicar ao debate o princípio reformado de *semper reformanda*, buscando admitir o *sola Scriptura* ao ato como a autoridade final.

marcos históricos *no* mapa.³¹ A linguagem que emerge em pontos particulares no tempo, em contextos particulares, em resposta a desafios particulares, e essas causas subjacentes, bem como as próprias questões perenes, é que os ensaios históricos tentam provar. No processo, emprestam peso ao *insight* de J. I. Packer de que, historicamente, a fé reformada não pode ser reduzida a simplesmente cinco pontos, enquanto ao mesmo tempo, teologicamente, os cinco pontos permanecem ou caem como simplesmente um só: *Deus salva pecadores*.³²

EXPIAÇÃO DEFINIDA NA BÍBLIA

Se os debates históricos sobre a expiação se originam de certos textos bíblicos, assim também nossa contribuição pessoal requer o mesmo arranjo com a Escritura como a *norma normans* (norma normativa) da discussão.

Aí existe correntemente algo de um impasse exegético que, de um lado, parece apontar para a particularidade da expiação, e textos que, do outro lado, implicam uma expiação universal. Os ensaios bíblicos neste volume não se identificam como uma solução mágica para conseguir um consenso satisfatório sobre por que todas essas passagens devam ser concatenadas para afirmar a expiação definida. Aliás, os capítulos simplesmente operam indutivamente por meio do material relevante e a tentativa de prover leituras convincentes de textos importantes em seus próprios termos. Sem dúvida, o debate ainda continuará.

Não obstante, os capítulos exegéticos descrevem uma relação particular entre textos sobre a expiação individual e uma estrutura teológica global que, esperamos, aprofunde a discussão. Basta-nos que essa estrutura não seja imposta sobre as partes, mas, ao contrário, as próprias partes forneçam lentes através das quais nos convidem a visualizá-las apropriadamente. Dois pontos explicam o que temos em mente.

Primeiro, não começamos com textos contestados, e sim com a trama que desdobra a linha da história redentora, de modo que a progressão dos capítulos

---

31 Cf. Richard A. Muller, "How Many Points?", *CTJ* 28 (1993): 425-33.
32 J. I. Packer, "Introduction Essay", em John Owen, *The Death of Death in the Death of Christ* (Londres: Banner of Truth, 1959), 5-6.

case com a narrativa bíblica. Essa é uma abordagem muito simples, mas que por si só começa expondo o fato de que as doutrinas, tais como a eleição, não constituem categorias teológicas abstratamente conectadas às teologias da expiação, por meio de agendas predeterminadas da hermenêutica reformada. A eleição é, antes, uma categoria redentiva-histórica da mesma forma que é dogmática. A escolha que Deus faz de um povo lhe pertence, tão formativa no Pentateuco e dele, e claramente circunscreve o desdobramento da Teologia bíblica do sacrifício e expiação de tal modo que a eleição seja sempre uma expressão da graça de Deus moldando seus tratos pactuais com seu povo. A exegese de textos significativos que então segue,[33] juntamente com a discussão de questões contestadas (o significado de "muitos", "todos" e "mundo"), naturalmente os localiza dentro desse contexto.

Segundo, algumas das partes exegéticas por si só indicam o conteúdo do todo teológico. A análise de Efésios 1.3-14 e 2 Timóteo 1.9-11 revela que a soteriologia bíblica é pintada em telas escatológicas que consistem em quatro "momentos-chave" da salvação: redenção predestinada, redenção concretizada, redenção aplicada e redenção consumada. Esses quatro textos oferecem uma visão panorâmica da salvação e, por causa de seu escopo, inevitavelmente apontam para estruturas teológicas globais. Ajudam a estabelecer um diálogo hermenêutico da parte e do todo no qual aprendemos a ler cada uma das diferentes partes da narrativa bíblica como um desenvolvimento dentro do próprio modo bíblico de visualizar a totalidade de sua história. Nossa salvação é eterna em origem e em movimento inexoravelmente escatológico; é predestinada, concretizada, aplicada e consumada, e diversos textos bíblicos lançam luz sobre os aspectos desse espectro. Por exemplo, Tito 3.3-7 expande dois movimentos distintos da salvação na história (o aparecimento de Cristo e o ato do Espírito Santo na regeneração), juntamente com um movimento antecipatório da salvação no futuro (vida interminável com Deus). O mesmo se pode dizer de Romanos 5.9-11 e 8.29-34, com a adição

---

[33] Isaías 5.3; Mateus 20.28; Marcos 10.45; Mateus 26.28; Lucas 22.20; João 3.16; Romanos 5.9-11, 12-21; 6.1-11; 8.1-15, 29-34; 14.15; 1 Coríntios 8.11; 2 Coríntios 5.14-15, 19; Gálatas 1.4; 4.4-5; Efésios 1.3-14; 5.25-27; Colossenses 1.20; 1 Timóteo 2.4-6; 4.10; 2 Timóteo 1.9-11; Tito 2.11-14; 3.3-7; Hebreus 2.9; 2 Pedro 2.1; 1 João 2.2; 4.10, 14; Apocalipse 5.9-10.

de outro movimento da salvação (o preordenar e o predestinar de Deus). O que se torna claro de todos esses textos é que a escatologia não é meramente o "alvo" da soteriologia "mas também a abarca, constituindo sua própria substância desde o começo".[34]

EXPIAÇÃO DEFINIDA NA PERSPECTIVA TEOLÓGICA

Recentemente, John Webster argumentou que a principal tarefa da soteriologia cristã é explicar como Deus, salvificamente, está agindo na aflição de Jesus. Uma exposição dogmática "se estende, respectivamente, para trás e para frente a partir desse evento central. Ela faz a obra da salvação recuar à vontade de Deus e avança para a vida dos muitos que, por meio dela, tornam-se justos".[35] Os ensaios exegéticos no volume revelam que Webster está certo em identificar esse fluxo bidirecional nos textos bíblicos, e os ensaios teológicos e pastorais são elaborados com a exposição de ambos os movimentos. O que mais se pode dizer sobre a "pré-história" da história da salvação nos propósitos do Deus trino? O que significa dizer que nossa salvação é a obra do Pai, do Filho e do Espírito? O que significa dizer que Jesus é o servo moído e o Sumo Sacerdote intercessor? Que tipo de sacrifício e pagamento pelo pecado ele ofereceu? Os capítulos teológicos neste volume se fundem para formar quatro pontos-chave; cada um deles forma um mapa de maneiras diferentes.

Primeiro, a obra salvífica de Deus é invisível. Isso se expressa numa única afirmação dos quatro movimentos da salvação esboçados acima[36] e tem profundas implicações teológicas. Cada um desses quatro movimentos é distinto, eles nunca se colidem, porém nunca se separam uns dos outros. Em um movimento, nossa salvação em Cristo foi predestinada; em dois movimentos, toda a nossa

---

34 Richard B. Gaffin, *Resurrection and Redemption: A Study in Paul's Soteriology*, 2ª ed. (Phillipsburg, NJ: P&R, 1987), 59.
35 John B. Webster, "'It Was the Will of the Lord to Bruise Him': Soteriology and the Doctrine of God", in *God of Salvation: Soteriology in Theological Perspective*, ed. Ivor J. Davidson e Murray A. Rae (Farnham, Surrey, UK: Ashgate, 2011), 15-34 (15).
36 Ibid., 19-20, constrói a forma global da soteriologia em três movimentos unificados: "O eterno propósito do Deus perfeito; o estabelecimento desse propósito na história que culmina no ministério do Filho encarnado; e a consumação desse propósito no Espírito".

salvação foi produzida e assegurada por Cristo, mesmo quando sua redenção ainda tem de ser experimentalmente aplicada por seu Espírito (movimento três) e escatologicamente consumada em sua presença (movimento quatro). A nenhum dos movimentos da salvação pertence separar os trajetos teológicos, como se a obra redentora de Cristo fosse de certa forma desconectada da eleição de seu povo. Na obra salvífica de Deus, há unidade em distinção e distinção em unidade. Os propósitos de Deus em Cristo são um só. Esse tipo de perspectiva ajuda a evitar o erro de colidirem-se os movimentos da redenção aplicados à redenção consolidada (como visto na teologia de Karl Barth), ou o erro de romper o vínculo entre esses movimentos (como visto nas apresentações da expiação universal).

Segundo, a obra salvífica de Deus é circunscrita pela graça e propósito eletivos dele. Isto é, seu amor redentor e iniciativa formam e guiam os outros movimentos da salvação. O amor de Deus para com os seus, na eleição e predestinação, é a fonte mestra da qual flui a salvação. Nesse aspecto, há uma *ordo* inescapável dentro do decreto divino.[37] O argumento apresentado neste livro é que, antes do tempo, o Deus trino planejou a salvação, de modo que o Pai escolheu para si um povo dentre a humanidade caída, escolha que envolveria o envio de seu Filho para comprá-los e o envio de seu Espírito para regenerá-los. Na mente de Deus, a escolha logicamente precedeu a concretização e a aplicação da obra redentora de Cristo, enquanto, na história, circunscreveu ambas. Louis Berkhof pergunta: "O Pai, ao enviar Cristo, e Cristo, ao vir ao mundo para fazer expiação pelo pecado, *fazem isso com o desígnio ou para o propósito de salvar somente os eleitos ou todos os homens?* Eis a questão, e essa é a única questão".[38]

Essa *ordo* divina dentro do decreto, a base bíblica para a qual é apresentada neste volume, levanta uma questão sobre tentativas que tornariam a eleição não determinante para a salvação, ou que colocariam o decreto da eleição depois do decreto da redenção, ou que subordinariam o amor eletivo de Deus por seus

---

37 Para uma visão geral proveitosa das várias posições da ordem dos decretos, veja a tabela de B. B. Warfield no final do capítulo de Donald Macleor, neste volume.
38 Louis Berkhof, *Systematic Theology* (Edimburgo: Banner of Truth, 1958), 394 (grifo do autor).

eleitos às custas de seu amor universal por toda a humanidade — problemas que resultam do semipelagianismo e arminianismo, amiraldismo e universalismo hipotético, respectivamente. Nas Escrituras, ao amor eletivo de Deus são dadas ênfases mais distributivas — não são "reflexão tardia".[39]

Terceiro, a obra salvífica de Deus tem seu centro na união com Cristo. A união pessoal entre Cristo e os crentes concentra os quatro movimentos da salvação. John Murray sintetiza os diferentes aspectos dessa misteriosa união:

> A união com Cristo é a verdade central de toda a doutrina da salvação. Toda a razão pela qual o povo de Deus foi predestinado na eterna eleição de Deus, tudo o que lhes foi assegurado e conquistado na realização da redenção uma vez para sempre, tudo o que se tornarão como participantes na aplicação da redenção e tudo o que se tornarão, pela graça de Deus, no estado de bem-aventurança consumada, está circunscrito pela união e comunhão com Cristo.[40]

Assim, jamais poderemos pensar na redenção realizada por Cristo como abstração da união com seu povo no momento da eleição; tampouco poderemos destacar a realização redentora de Cristo — e o morrer e ressurgir de seu povo com ele — da união vital com Cristo que ocorre por meio da fé, ou da união ainda a ser experimentada quando os crentes, finalmente, estiverem na presença de Cristo. Como salienta Sinclair Ferguson:

> Se estamos unidos a Cristo, então estamos unidos a ele em todos os pontos de sua atividade em nosso favor. Participamos de sua morte (fomos batizados em sua morte), de seu sepultamento (fomos sepultados com ele no batismo), de sua ressurreição (somos ressuscitados com Cristo), de sua ascensão (nos assentamos com ele nas regiões celestiais, de modo que nossa vida está oculta com Cristo em Deus) e participaremos de seu

---

39 A crítica feita por Vos ao amiraldismo ("Biblical Doctrine of the Love of God", 456).
40 John Murray, *Redemption Accomplished and Applied* (Grand Rapids, MI: Eerdmans, 1955), 210.

prometido retorno (quando Cristo, que é nossa vida, manifestar-se, também nos manifestaremos com ele em glória).[41]

Segue-se que, se os movimentos da redenção estão reunidos como atos distintos, todavia inseparáveis, de Deus *em Cristo*, então certas concepções da *natureza* e *eficácia* da expiação começam a emergir.

Dentro de certos esquemas de pensamento, o sacrifício de Cristo não garante a salvação de ninguém em particular, visto que sua eficácia é ocasionada por algo fora da expiação, a saber, a fé — seja fé sinergística (como nas formas semipelagianas e arminianas),[42] seja Deus-eleito ou fé monergística (como no universalismo hipotético amiraldiano). Esses relatos introduzem contingência na expiação, que se põe em estrito contraste com a eficácia da cruz defendida aqui. O poder salvífico da cruz não "depende de ser-lhe acrescida fé; seu poder salvífico é tal que a fé flui dele".[43] E, precisamente por Cristo não conquistar uma salvação hipotética para crentes hipotéticos, mas, antes, uma salvação real para seu povo, a eficiência da expiação flui de sua natureza penal substitutiva.[44] Está em debate aqui o significado preciso da cruz como *punição* pelo pecado, e os dois ensaios complementares de Garry William oferecem relatos atuais e vigorosos que servem para aprofundar significativamente nossa compreensão da penalística. Sugerimos que a própria natureza da expiação seja radicalmente redefinida quando seu escopo se estende como sendo para todos, sem exceção. Packer declara a tese com exatidão:

---

41 Sinclair B. Ferguson, "The Reformed View", in *Christian Spirituality: Five Views of Sanctification*, ed. Donal L. Alexander (Downers Grove, IL.: IVP Academic, 1989), 58.

42 Essa fé sinergística ocorre (a) por meio de igual cooperação entre Deus e o *livre-arbítrio* do homem (como no semipelagianismo), ou (b) por meio de igual cooperação entre Deus e a vontade do homem que *já está liberto* como resultado da graça preveniente (como no arminianismo clássico). Em ambos os casos, o livre-arbítrio humano pode resistir à graça de Deus; inversamente, a escolha do homem é finalmente decisiva para a fé. Para essa importante distinção, ver Roger E. Olson, *Arminian Theology: Myths and Realities* (Downers Grove, IL.: IVP Academic, 2006), 158-78, especialmente 164-66.

43 Parcker, "Introductory Essay". 10.

44 John Owen, *Salus Electorum, Sanguis Jesu*: Or *The Death of Death in the Death of Christ*, in *The Works of John Owen*, ed. W. H. Goold, 24 vols. (Edinburgh Johnstone & Hunter, 1850-1853; reimp. Edimburgo: Banner of Truth, 1967), 10:235, expressando-o bem: "Cristo não morreu com base em alguma condição: *se creem*; mas morreu por todos os eleitos de Deus *para que creiam* e, crendo, tenham a vida eterna".

> Se porventura afirmarmos que a substituição penal é estritamente para todos, temos de deduzir a salvação universal, ou então, para escapar a essa inferência, negar a eficácia salvífica da substituição por alguém; e, se porventura afirmarmos a substituição penal como um ato salvífico eficaz de Deus, temos de inferir a salvação universal, ou então, para escapar dessa inferência, restringir o escopo da substituição, fazendo-a uma substituição por alguns, não por todos.[45]

É a união com Cristo que assegura a eficácia da expiação dele, porque sua morte é um tipo de morte "em-união-com". Aqueles por quem Cristo morreu não podem senão ser afetados por sua morte. A união com Cristo também define os "alguns" em prol de quem sua morte é eficaz. Ela nos resgata de um empobrecido conceito da morte de Cristo como uma mera "em lugar de" expiação penal substitutiva por todos, mas, ao invés disso, presentea-nos com uma *representativa* expiação penal substitutiva: Cristo morre como *alguém* por algumas *pessoas*. Ele morre por seu povo como rei; por sua noiva, como esposo; por seu corpo, como cabeça; por suas ovelhas, como pastor; por seus amigos, como senhor; por seus irmãos e irmãs, como primogênito; por uma nova humanidade, como o segundo e último Adão.[46] Eis por que a particularidade da expiação não pode ser introduzida no ponto de aplicação,[47] pois fomos unidos a Cristo em sua morte e ressurreição *anterior* à apropriação dos benefícios de sua expiação pela fé — o que significa que o escopo da redenção realizada e aplicada é necessariamente coexistente.

Quarto, a obra salvífica de Deus em Cristo é trinitária. A obra eficaz e indivisível de Deus centrada na união com Cristo assegura que ele morreu por um grupo definido de pessoas; a forma trinitária dessa soteriologia nos permite avançar e dizer que essa é a própria *intenção* de sua morte.

---

45 J. I. Packer, "What Did the Cross Achieve? The Logic of Penal Substitution", in *Celebrating the Saving Work of God: Collected Shorter Writings of J. I. Packer, Volume I* (Carlisle, UK: Paternoster, 2000), 85-123 (116).
46 Henri A. G. Blocher, "The Scope of Redemption and Modern Theology", *SBET* 9.2 (1991): 102.
47 Contra Knox, "Some Aspects of the Atonement", 265.

A Trindade orquestra a sinfonia da salvação em todos os seus movimentos: o Pai elege e envia; o Filho encarna e morre; o Espírito atrai e vivifica. Mas, enquanto suas obras são distintas, não são independentes: o Pai elege em Cristo; o Filho encarnado se oferece na cruz através do eterno Espírito do Pai; e o Espírito é enviado pelo Pai e pelo Filho a atrair e selar os eleitos. Com base na habitação mútua de suas pessoas, o Pai, o Filho e o Espírito, conjuntamente, servem ao objetivo partilhado de nossa salvação. "O Espírito serve ao Filho, aplicando o que este realizou; e o Filho serve ao Espírito, tornando possível sua habitação. Ambos, Filho e Espírito, juntos em sua dupla missão do Pai, servem ao Pai e nos ministram."[48]

Entretanto, como é possível alguém argumentar, se a obra expiatória de Cristo só se limita aos que creem pelo poder do Espírito, então, ponderamos, introduz-se uma disjunção fatal. A disjunção não é apenas conceitual; é também pessoal. Aspectos da união com Cristo estão desconectados: a redenção realizada está separada da redenção aplicada, e as pessoas divinas se dividem entre si em suas intenções salvíficas. O Filho morre por todos, todavia o Pai elege somente alguns, e o Espírito sela somente alguns.[49] Não obstante, sugerimos que a natureza das operações trinitárias desenvolve uma construção definida da expiação como parte do quadro maior da glorificação que o próprio Deus faz a si:

> Pois quando Deus designou a grande e gloriosa obra de recuperação do homem caído e a salvação de pecadores, para o louvor da glória de sua graça, ele designou, em sua infinita sabedoria, dois grandes meios para isso. Um foi *a salvação adquirida por seu Filho*; o outro foi *a doação de*

---

48 Fred Sanders, *The Deep Things of God: How the Trinity Changes Everything* (Wheaton, IL.: Crossway, 2010), 149.

49 As disjunções em uma expiação universal são muitas. "Esta introduz conflito entre o propósito de Deus que deseja a salvação de todos e a vontade ou o poder de Deus que realmente não quer ou não pode conceder salvação a todos. Ela dá precedência à pessoa e obra de Cristo sobre a eleição e aliança, de modo que Cristo é isolado desses contextos e não pode fazer expiação vicária por seu povo, visto que não há comunhão entre ele e nós. Denigre a justiça de Deus dizer que ele permite que o perdão e a vida sejam adquiridos para todos e então deixa de distribuí-los a todos" (Herman Bavinck, *Sin and Salvation in Christ*, vol. 3 of *Reformed Dogmatics*, ed. John Bolt, trad. John Vriend, 4 vols. [Grand Rapids, MI: Baker Academic, 2006], 469-70).

seu Espírito a eles. E isso foi feito pela manifestação da glória de toda a bendita Trindade, que é o objetivo principal de todas as obras de Deus.[50]

Essas são tentativas dos universalistas hipotéticos de evitar a acusação de desarmonia trinitária, argumentando que cada pessoa da Trindade quer, respectivamente, limitação e universalismo em diferentes níveis, limitando assim qualquer divisão entre eles.[51] Entretanto, sua posição não é isenta de problemas para a Teologia trinitária, visto que introduz uma divisão dentro da vontade de *cada* pessoa quando busca realizar a salvação. A posição concederia que, no nível universal, a pessoa e obra de Cristo são divididas quando ele realiza a expiação por cada um sem referência à sua pessoa, aos seus papéis ou ofícios. Portanto, por um lado, ele morre por seu povo como *representante* substituto, todavia, por outro lado, como *mero* substituto do povo a quem ele sabe que o Pai nunca elegeu e por quem ele nunca enviará seu Espírito para atrair a si. O esquema hipotético não só sugere que Deus tem duas economias de salvação *in tandem* mas, inadvertidamente, apresenta-nos a um Cristo confuso. Tal posição vai de encontro à descrição bíblica da obra e pessoa de Cristo (e seus ofícios), estando inter-relacionada, e sua morte substitutiva, sendo realizada representativamente em união com o seu povo.

Colocar questões como a intenção, natureza e eficácia da expiação em um contexto plenamente trinitário nos permite entender a relação entre elas. Justamente como a eficácia da expiação flui de sua natureza penal, assim podemos dizer que sua natureza flui de sua intenção divina. O servo é esmagado, sofre e vem a ser uma oferta pela culpa *porque* essa era a vontade do Senhor (Isaías

---

[50] John Owen, Πνευματολογια ou *A Discourse Concerning the Holy Spirit*, in *Works*, 3:23 (grifo do autor).
[51] Por exemplo, John Davenant, em "Dissertação sobre a morte de Cristo, quanto a sua extensão e benefícios especiais: contendo uma breve história do pelagianismo e mostrando a Concordância das Doutrinas da Igreja da Inglaterra sobre a Redenção Geral, Eleição e Predestinação, com os Pais Primitivos da Igreja Cristã e, acima de tudo, com as Santas Escrituras", in *An Exposition of the Epistle of St. Paul to the Colossians*, trad. Josiah Allport, 2 vols. (Londres: Hamilton, Adams, 1832 [tradução inglesa de 1650, ed. latina]), 2:398 e 2:542, argumentou que a intenção do Filho era de caráter universal, "conformado à ordenação do Pai", no entanto, ao mesmo tempo, Cristo afirmou a vontade particular de Deus quando morreu, pois como de outro modo Cristo poderia ter "exibido sua conformação com a eterna designação de seu Pai, se, em sua paixão salvífica, não aplicasse seus méritos de uma maneira peculiar infalivelmente para efetuar e completar a salvação dos eleitos?".

53.10). Tencionando salvar a todos os que lhe foram dados pelo Pai, o Filho se oferece através do Espírito como um sacrifício ungido e empreende a salvação de seu povo (Hebreus 9.14).

Isso ajuda a explicar por que os termos "expiação definida" ou "particular" ou "redenção eficaz" são preferíveis a "expiação limitada", a qual é comumente usada para a doutrina. Há não só uma negatividade inata anexada à linguagem de limitação que obscurece o que a doutrina de forma consistente inclui (tal como a suficiência da morte de Cristo por todos ou as implicações cósmicas da expiação), ela também confunde, dado que outros pontos de vista da expiação necessariamente a "limitam" de alguma maneira. Seguramente, John Murray está certo: "A menos que creiamos na restauração de todo o gênero humano, não podemos ter uma expiação ilimitada. Sobre a premissa de que alguns perecem eternamente, somos confinados a uma de duas alternativas — uma eficácia limitada, ou uma extensão limitada; não existe aquilo que se chama expiação ilimitada".[52] Neste livro, comumente adotamos o termo "expiação *definida*", posto que o adjetivo "definido" pode passar a ideia de que a expiação é específica em sua *intenção* (Cristo morreu para salvar seu povo) e efetiva em sua *natureza* (ela realmente expia).[53]

EXPIAÇÃO DEFINIDA NA PRÁTICA PASTORAL

O alvo de qualquer mapa doutrinal seria mostrar a glória de Deus na face de Jesus Cristo como revelado nas páginas da Escritura. O objetivo deste volume, por sua vez, é mostrar o lugar vital que a expiação definida ocupa

---

[52] John Murray, *The Atonement* (Filadélfia: P&R, 1962), 27.
[53] De modo semelhante, referindo-se à "extensão" da expiação, é menos que ideal, dado que a palavra pode qualificar diferentes aspectos da expiação: intenção, realização ou aplicação. Segundo o argumento de Robert Letham, *The Work of Christ* (Leicester, UK: InterVarsity Press, 1993), 225, "extensão" dá a impressão de que a expiação está sendo calculada matematicamente ou espacialmente. "Traduzido para debate sobre a expiação, o foco se torna o *número*: quantos ou quais benefícios a morte de Cristo proporciona? Cristo fez expiação pelos pecados de todos ou simplesmente pelos pecados dos eleitos? Ele fez expiação pelos pecados de todos em um sentido provisório? Ou, totalmente em outra direção, a expiação é de valor limitado ou ilimitado? Todavia, se a ideia de *extensão* é o tema central, o ponto principal em pauta se torna o de *propósito* ou *designio*. Em suma, a questão se cristaliza quanto ao lugar da expiação no plano global de Deus para a redenção humana. A questão espacial e matemática cede lugar à teleológica."

justamente em uma exposição da glória de Deus. E é essa ambição global que fundamenta nossa compreensão da conexão entre a expiação definida e o cuidado pastoral do povo de Deus. Os três capítulos que concluem o volume não são propriamente ensaios em prática pastoral; antes, buscam prover profundos fundamentos sobre os quais a prática pastoral possa construir e vicejar. Porque, se o objetivo principal da salvação é "a reiteração da majestade de Deus e a glorificação de Deus por todas as criaturas",[54] então nossa maior necessidade humana é dar glória a Deus com gratidão e louvor, estruturando criativamente nossa vida pela divina sabedoria do Messias crucificado.

Sua morte e ressurreição expiatórias proveem o Filho encarnado de Deus com a plena exibição da glória deste (Fp 2.5-11), e assim proveem o povo de Deus com as mais profundas razões para o louvor a Deus. Uma compreensão definida da expiação de Cristo flui da visão dos estágios sucessivos de sua humilhação e exaltação como partes unificadas de uma realização completa.[55] A glória que Jesus recebe como o Filho de Deus em poder, em sua exaltação, é sua *porque triunfou* sobre o pecado e a morte, e o inferno, e não perdeu nenhum daqueles que o Pai lhe deu (Jo 17). Como nosso grande Sumo Sacerdote, ele está sentado, *porque abriu* um novo e vivo caminho para Deus, e por seu único sacrifício "aperfeiçoou para sempre os que estão sendo santificados" (Hebreus 10.14, NIV). A glória de Deus resplandece com fulgor na cruz de Cristo porque, de sua morte que leva o pecado advém a recriação do mundo e a reconciliação de todas as coisas com Deus (Cl 1.20). A expiação assegurou a salvação, um mundo novo e um *shalom* eterno.

Alega-se com frequência que, no domínio pastoral, a fraqueza da expiação definida se torna muito aguda. Não é verdade. Nossa disputa é que, precisamente por ser uma expiação definida dá maior glória a Deus, daí essa compreensão

---

54 Webster, "It Was the Will of the Lord", 20.
55 Bavinck explica a estrutura dessa unidade em *Sin and Salvation in Christ*, 323-482, e explora lindamente seu escopo cósmico (ver esp. 473-74). De maneira muito interessante, ele inclui sua discussão sobre a expiação como uma exaltação de Cristo, não sua humilhação. Para Bavinck, quando Cristo ressuscitou dentre os mortos e ascendeu ao céu, "Ele levou consigo um tesouro de méritos que havia adquirido por sua obediência", principalmente, entre elas, a reconciliação que conquistou em sua morte expiatória (447). Portanto, a reconciliação é um dom dado a seu povo pelo Rei ressurreto e ascendido (450).

da expiação propiciar à igreja e ao mundo um bem maior. O drama do Filho-
-Rei que foi prometido às nações como herança (Sl 2.8) adiciona motivação
para a evangelização dos povos. O Cordeiro tem *adquirido* pessoas para Deus
(Ap 5.9-11). Inversamente, os não evangelizados vêm a ser uma desconfortável "pedra no sapato" por defender uma expiação universal: Cristo proveu uma
salvação, *de jure* [de direito], para todos, porém, *de facto* [de fato], ela não é
acessível a todos e, inadvertidamente, acaba sendo, na realidade, limitada em
seu escopo. A expiação definida assegura que o oferecido na proclamação do
Evangelho é a realização real da redenção. Proclamar o Evangelho é proclamar
um *Salvador* que, por seu sangue, *estabeleceu* a aliança da graça à qual todos são
chamados a unir-se. Os proponentes de uma expiação geral e universal de fato
não podem, caso queiram ser consistentes, manter a crença na sincera oferta da
salvação para cada pessoa. Tudo o que se pode oferecer é a oportunidade ou a
possibilidade de salvação — e, na realidade, nem mesmo a todos.

Uma expiação simbolizada pelo bom pastor que dá a vida por suas ovelhas provê riquezas pastorais de motivação, jubilosa obediência e perseverança
para o pastor e igualmente para o povo. A expiação que se irradia da união de
Cristo com seu povo e a qual é posta dentro do paradigma mais amplo das
operações trinas não pode senão dar segurança ao crente. Se Deus — Pai, Filho
e Espírito — tem trabalhado indivisivelmente por nós em Cristo, então, quem
pode ser contra nós? Os modelos da expiação que fazem a salvação meramente
possível fracassam em prover essa robusta segurança e conforto. A segurança da salvação se torna, necessariamente, desconectada da segura fonte do que
Cristo tem feito e se aloja na instável esfera de nossa resposta. A expiação já foi
feita, sim — mas o conhecimento dela, suficiente para acalmar nossos temores
e assegurar-nos de nossa salvação, está fundada na ação humana, não na divina.
Somos os doadores decisivos da salvação.

Se John Piper está certo em seu ensaio conclusivo, de que a morte de Cristo é o clímax da glória da graça de Deus, que é o ápice da glória de Deus, então
as questões da intenção e natureza da expiação não são temas de "pouca importância" ou "questões de mera especulação" — tocam o próprio nervo central

da glória de Deus. Ele não é glorificado quando sua salvação é reduzida a uma mera oportunidade. Ele não é glorificado quando sua redenção de pecadores perdidos se resume como simplesmente uma possibilidade. Deus é glorificado quando é visto, degustado e desfrutado pelo que realmente outorga: graça *salvífica*. Nessa glorificação, nós, suas criaturas, somos feitos íntegros e saudáveis, adoradores e felizes, e comissionados como seus embaixadores em seu mundo — *soli Deo gloria*.

EXPIAÇÃO DEFINIDA NA HISTÓRIA DA IGREJA

CAPÍTULO 2

"CONFIAMOS NO SANGUE SALVADOR"[1]

A EXPIAÇÃO DEFINIDA NA IGREJA ANTIGA

Michael A. G. Haykin

INTRODUÇÃO

Quando o erudito calvinista do século dezoito John Gill (1697-1771) decidiu defender publicamente algumas das doutrinas cardinais da fé reformada, o resultado foi *The Cause of God and Truth* [A Causa de Deus e da Verdade] (1735-1738), uma monumental obra de erudição devotada a uma explanação do que era popularmente conhecido como "as doutrinas da graça". Gill se preocupou especialmente em responder aos argumentos do clérigo de Salisbury, Daniel Whitby (1538-1726), cujo *A Discourse on the Five Points* [Um Discurso Sobre os Cinco Pontos] (1710), como é conhecido, foi reimpresso no início dos anos 1730 e causou total agitação, pois foi tido como uma crítica irrefutável destas convicções centrais do calvinismo inglês.[2] Compreensivelmente, as

---

1   Citado de Justino Mártir, *Dialogue with Trypho* 24.1.
2   Ver John Gill, "preface" ao seu *The Cause of God and Truth* (repr. Londres: W. H. Collingridge, 1855), iii (publicado originalmente em quatro partes entre 1735 e 1738).

Escrituras foram centrais nesse debate, mas a perspectiva da igreja antiga foi também considerada extensamente. A cobertura detalhada de Gill da evidência patrística pode ser encontrada especialmente na parte quatro de *The Cause of God and Truth*. Na verdade, Gill tinha consciência de que a discussão das doutrinas da graça ainda não se tornara explícita até o século cinco, quando veio a público a heresia pelagiana. Como os autores reformados mais antigos, tais como François Turretini (1623-1687) e John Owen (1616-1683),[3] Gill convenceu-se de que havia traços significativos dessas doutrinas detectáveis em autores patrísticos.[4] A discussão que ele faz dos Pais sobre esse tema foi baseada em diferentes leituras de várias fontes primárias e continha sua recente tradução pessoal de muitos dos textos que citou. Tendo laborado detalhadamente com base em uns poucos dos textos que Gill discutiu, é possível sentir-se impressionado pela profundeza de seu conhecimento sobre os Pais da Igreja.

É digno de nota que o número de Pais citados por Gill em apoio à doutrina da redenção particular foi maior do que os citados em prol de qualquer um dos outros quatro pontos. Ele cita ao todo trinta e três autoridades patrísticas, enfileirando desde o italiano Clemente de Roma do século primeiro (fl. 96) ao tradutor latino, Jerônimo, no final do quarto século e início do quinto (c. 347-420).[5] De propósito, Gill deixou fora Agostinho de Hipona (354-430), bem como Próspero de Aquitânia (c. 388-c. 455) e Fulgentius de Ruspe (c. 462-c. 527), dois dos mais proeminentes defensores de Agostinho, uma vez que sua posição sobre o tema era bem conhecida.[6] Esse costume de usar "textos-prova" está fora da forma acadêmica hoje, primariamente em razão do perigo que se corre de deixar de observar

---

3 Ver, por exemplo, a breve discussão de Raymond A. Blacketer da citação que Turretini faz das autoridades patrísticas, "Definite Atonement in Historical Perspective", em *The Glory of the Atonement: Biblical, Historical, and Practical Perspectives. Essays in Honor of Roger Nicole*, ed. Charles E. Hill e Frank A. James III (Downers Grove, IL.: InterVarsity Press, 2004), 308, e o adendo de cinco páginas de John Owen ao seu magisterial *Salus Electorum, Sanguis Jesu: Ou The Death of Death In the Death of Christ* (Londres: Philemon Stephens, 1648), 322-26.

4 Gill, *Cause of God and Truth*, 220-22.

5 Ibid. 241-65.

6 Ibid., 221-22. Ver a discussão de Owen, *Death of Death*, 325, onde, depois de citar um texto de Agostinho que revela sua convicção da redenção particular, comenta: "É bem conhecido de todos seu juízo sobre essas coisas".

o contexto do texto original e, assim, construir equivocadamente o significado da passagem em discussão. Todavia, dado o fato de que a doutrina da redenção particular não era tema de controvérsia nem centro de discussão detalhada na era patrística, nem ainda na controvérsia pelagiana do quinto século,[7] a esse escritor parece que qualquer tratamento do tema na "igreja antiga", como Gill denomina o período patrístico,[8] seguiria o padrão geral do exame feito pelo teólogo batista. De fato, o rol que Gill faz dos testemunhos patrísticos provê um excelente ponto de partida para qualquer ensaio sobre esse tema. Daí, no que segue, um número dos textos que ele cita será reexaminado, com a devida atenção aos seus contextos, a ver se somos autorizados a dizer que há uma testemunha dessa doutrina na igreja antiga e qual é a natureza dessa testemunha.[9]

Textos de cinco dos autores examinados por Gill, ainda que só uma pequena amostra representativa, foram escolhidos para extensa discussão neste ensaio: Clemente de Roma e Justino Mártir (c. 100-165), ambos pertencentes ao período mais antigo do testemunho cristão após a era apostólica; e Hilário de Poitiers (310/315-367/368), Ambrósio (c. 340-397) e Jerônimo — três significativos teólogos do quarto século. Em adição, Agostinho e Próspero de Aquitânia também serão examinados brevemente. Por meio do emprego dessa seção de *The Cause of God and Truth*, este ensaio não se destina a ser um estudo do pensamento de Gill; antes, as citações de Gill estão sendo empregadas como trampolim para o pensamento do cristianismo primitivo. Isso sem dizer que a discussão de todos os autores cristãos primitivos que figuram em *The Cause of God and Truth* requereria uma monografia. Esperançosamente, ainda assim este breve estudo indicará que esse tipo de monografia seria uma valiosa adição à cultura sobre as doutrinas da graça.

---

7   W. H. Goold, "Prefatory Note" a *Salus Electorum, Sanguis Jesu: Or The Death of Death in the Death of Christ*, in *The Works of John Owen*, ed. W. H. Goold, 24 vols. (Edimburgo: Johnstone & Hunter, 1850-1853, reimp. Edimburgo: Banner of Truth, 1967), 10:140.
8   Gill, *Cause of God and Truth*, 241.
9   O desafio maior no uso das citações que Gill faz a esse respeito é que ele está consultando edições do século sete dos Pais, as quais de modo algum são mais facilmente acessíveis aos leitores do século vinte e um.

Não obstante, introdutório a esta discussão, é preciso fazer-se algumas observações gerais com respeito à doutrina da expiação definida no pensamento cristão primitivo. Primeiro, como já se indicou, esta não é uma questão controversa na igreja antiga, nem ainda na primeira controvérsia pelagiana do quinto século. Como tal, o que se pode coligir sobre a doutrina nessa era é principalmente de comentários implícitos em vez de afirmação direta. Mas não significa que não haja evidência da doutrina. Como Raymond A. Blacketer corretamente comenta: "Há uma trajetória de pensamento na tradição cristã percorrendo da era patrística à Idade Média que enfatiza um propósito específico, particular e definido de Deus na salvação; mas esta é uma posição minoritária e, muitas vezes, ambígua".[10] Então, no próprio início da era patrística, os Pais tiveram de lidar com o elitismo de diversos grupos gnósticos, o que os levou a enfatizar o universalismo do evangelho cristão e, compreensivelmente, a minimizar a particularidade da obra da cruz de Cristo. Igualmente, a necessidade de evitar o fatalismo greco-romano, em grande parte como resultado do estoicismo popular, terminou na preocupação de frisar a liberdade da vontade humana, e isso, por sua vez, serviu para diminuir qualquer desejo de discutir a extensão da expiação. Finalmente, a ausência de discussão no pensamento cristão primitivo sobre por quem Cristo morreu não nos surpreenderia dado o fato de que, enquanto a pessoa de Cristo era o tema de discussão "vívida" na era patrística e, em última análise, nos pronunciamentos dogmáticos vitais, "a obra salvífica de Cristo permaneceu dogmaticamente indefinida".[11] Não significa, porém, que os Pais não nutrissem interesse por esse tema global — na verdade, o exato oposto: meditação e pensamento sobre a expiação constituíram um aspecto central da piedade, da exegese e do culto na igreja antiga.[12]

---

10 Blacketer, "Definite Atonement in Historical Perspective", 313.
11 Jaroslav Pelikan, *The Christian Tradition, A History of the Development of Doctrine. Volume 1: The Emergence of the Catholic Tradition* (100-600) (Chicago: University of Chicago Press, 1971), 141.
12 Pelikan, *Emergence of the Catholic Tradition*, 142-43. Ver também os comentários de Sinclair B. Ferguson, "Christus Victor et Propitiator: The Death of Christ, Substitute and Conqueror", in *For the Fame of God's Name: Essays in Honor of John Piper*, ed. Sam Storms e Justin Taylor (Wheaton, IL.: Crossway, 2010), 173-74. Brian Daley tem formulado uma tese argumentativa de que a soteriologia dos Pais, em última análise, preocupava-se com as implicações da união de Deus e humanidade de Cristo, e que a morte de Jesus foi apenas parte desse quadro maior. Ver "'He Himself Is Our Peace' (Ephesians 2:14). Early Christian Views of Redemption in Christ", in *The Redemption: An Interdisciplinary Symposium on Christ as Redeemer*, ed. Stephen T. Davis, Daniel Kendall e Gerald O'Collins (Oxford: Oxford University Press, 2004), 149-76.

CLEMENTE DE ROMA

Ainda que poucos detalhes sejam conhecidos sobre a vida de Clemente de Roma, é bem provável que sua carta à igreja de Corinto seja o texto cristão mais antigo depois dos escritos canônicos do NT.[13] Escrito para retificar um cisma que havia dividido a comunidade coríntia,[14] o principal propósito da carta é bem sumariado por uma série de alusões a 1 Coríntios 13 em *1 Clemente* 49.5:

> O amor nada sabe de divisão; o amor não fomenta rebelião; o amor faz tudo em harmonia. No amor, todos os eleitos de Deus são aperfeiçoados. Sem o amor, nada é aprazível a Deus. No amor, o Senhor nos recebe; por causa do amor que ele tem para conosco, nosso Senhor Jesus Cristo deu seu sangue por nós (ὑπὲρ ἡμῶν) em concordância com a vontade de Deus: sua carne em favor de nossa carne; sua vida por nossas vidas (τὴν ψυχὴν ὑπὲρ τῶν ψυχῶν ἡμῶν).[15]

Os crentes coríntios são admoestados a agirem com amor, porquanto esse é o modo com que seu Senhor os tratou — com amor. Sem causar surpresa, pois sendo um autor cristão, Clemente emprega o morrer de Cristo

---

13   Para um estudo de sua identidade, ver Peter Lampe, *From Paul to Valentinus: Christians at Rome in the First Two centuries*, ed. Marshall D. Johnson, trad. Michael Steinhauser (Minneapolis Fortress, 2003), 206-17. Para os detalhes de *1 Clemente*, ver Andrew Louth, "Clement of Rome", in Early Christian Writings: The Apostolic Fathers, trad. Maxwell Staniforth (1968 repr., Harmondswrth, Middlesex: Penguin Books, 1987), 20; Michael W. Holmes, "First Clement", in The Apostolic Fathers: Creek Texts and English Translations, ed. e trad. Michael W. Holmes, 3ª ed. (Grand Rapids, MI: Baker, 2007), 35-36; Andreas Lindemann, "The First Epistle of Clement", in *The Apostolic Fathers: An Introduction*, ed. Willhelm Pratscher (Waco, TX: Baylor University Press, 2010), 65. Vênia a Thomas J. Herron, que tem argumentado em prol de uma data mais antiga, em torno de 70 AD. Ver seu "The Most Probable Date of the First Epistle of Clement to the Corinthians", in *Studia Patristica*, ed. Elizabeth A. Livingston (Leuven, Belgium: Peeters, 1989), 21:106-21. Para um quadro geral da carta e bibliografia seleta, ver Hubertus R. Drobner, *The Fathers of the Church: A Comprehensive Introduction*, trad. Siegfried S. Schatzmann e William Harmless (Peabodyt, MA: Hendrickson, 2007), 47-49.

14   Ver, por exemplo, *1 Clemente* 1.1; 3.1-4; 46.5. Para uma discussão desse cisma, ver especialmente Andrew Gregory, "*1 Clement*: An Introduction", in *The Wiritings of the Apostolic Fathers*, ed. Paul Foster (Londres/Nova York: T. & T. Clark, 2007), 24-28; e A. Lindemann, "First Epistle of Clement", in *Apostolic Fathers: An Introduction*, 59-62. Ver também Davorin Peterlin, "Clement's Answer to the Corinthian Conflict in AD 96", *JETS* 39 (1996): 57-69.

15   Trans. Michael A. G. Haykin. A não ser que seja indicado, as traduções são minhas. Para saber mais sobre a discussão de Gill sobre este texto, ver *Cause of God and Truth*, 241.

"por nós" — o que ele amplia como Cristo derramando o próprio sangue por nós, sacrificando o próprio corpo pelo nosso e a própria alma/vida pela nossa — como exemplo do que constitui o verdadeiro amor e como age altruisticamente. A equação contextual de "os eleitos de Deus" com o "nos" por quem Cristo morreu, uma equação que Gill sugere, parece inteiramente justificável.[16] Essa equação é corroborada por uma leitura tipológica mais antiga na carta sobre o cordão escarlate que Raabe pendurou de sua janela (ver Jo 2.15-21): era um "sinal" (σημεῖον) de que "através do sangue do Senhor haverá redenção para todos os que creem e esperam em Deus".[17] O derramamento do sangue de Cristo efetua redenção não por todo mundo, mas, Clemente especifica, por "todos os que creem e esperam em Deus". Alinhado com tal compreensão da morte de Cristo, Clemente mais adiante ora para que "o Criador de todas as coisas guarde intacto o número específico de seus eleitos no mundo inteiro",[18] uma passagem que ecoa a oração de Jesus especificamente por aqueles a quem o Pai lhe deu (Jo 17.9).

No entanto, bem no início de sua carta, Clemente faz um comentário que tem sido tomado como uma afirmação de uma redenção geral. Em 1 Clemente 7.4, ele insiste com seus leitores que "olhem fixa e atentamente para o sangue de Cristo e entendam quão precioso ele é ao Pai, porque, tendo seu sangue sido derramado em prol de nossa salvação, fez disponível/conquistou [ὑπήνεγκεν] a graça do arrependimento para o mundo inteiro".[19] No trecho que segue essa

---

16 Ver também uma série similar de argumento em *1 Clemente* 50.3-7. Charles Merritt Nielsin, "Clement of Rome and Moralism", *Church History* 31 (1962): 135, notou que o termo "eleito" era o favorito de Clemente.
17 Clemente, *1 Clemente* 12.7. Ver a interpretação similar desse texto bíblico por Justino Mártir, *Dialogue with Trypho* 111.4.
18 Clemente, 1 Clemente 59.2, trad. Holmes, *Apostolic Fathers: Greek Texts and English Translations*, 123.
19 Clemente, *1 Clemente* 7.4. Para a tradução de ὑπήνεγκεν como "fez disponível", ver Frederick William Danker, rev. e ed., *A Greek-English Lexicon of the New Testament and Other Early Christian Literature*, 3ª ed. (Chicago: University of Chicago Press, 2000), 1042-43. Para a tradução "conquistou", ver J. B. Lightfoot, ed. e trans., *The Apostolic Fathers: Clement, Ignatius, and Polycarp* (1889-1890, repr., Grand Rapids, MI: Baker, 1981), ½:37; e Holmes, *Apostolic Fathers: Greek Texts and English Translations*, 55.
Um bom número de edições inglesas de *1 Clemente* leu o termo grego ὑπήνεγκεν, como acima. Ver Lightfoot, *Apostolic Fathers: Clement, Ignatius, and Polycarp*, ½:36-37; Holmes, *Apostolic Fathers: Greek Texts and English Translations*, 54; Bart D. Ehrman, ed. e trans., *The Apostolic Fathers*, 2 vols. The Loeb Classical Library (Cambridge, MA: Harvard University Press, 2003), 1:46. Mas, realmente há uma variante neste

afirmação, Clemente nota que Deus tornou possível a graça do arrependimento — o soberano governante da história, ou δεσπότης, como ele o chama (7.5) — para as gerações passadas que ouviram a pregação de Noé e de Jonas (7.6-7). Dado esse contexto e à luz da preocupação global da carta de conduzir a igreja coríntia ao arrependimento pelo pecado de cisma, 1 Clemente 7.4 seria vista como a enfatizar que o escopo dessa graça foi ampliado na nova aliança, estabelecido como é pelo sangue derramado de Cristo que abarca o mundo inteiro.[20] Em outras palavras, Clemente está enfatizando que há abundante graça disponível para levar os coríntios ao arrependimento. Ora, o meio que Clemente insiste em usar para que os coríntios cheguem ao arrependimento é fixarem seus olhos no sangue derramado de Cristo, o que pode muito bem representar a morte dele.[21] Por meio da meditação sobre o sacrifício de Cristo e seu valor aos olhos de Deus, o Pai, ambos contribuindo para sua significação universal, Clemente espera que seus primeiros leitores sejam levados a renunciar seus pecados.

---

ponto, ἐπήνεγκεν, a qual deve ser traduzida como "concedido" ou "dado" (Danker, A Greek-English Lexicon, 386), e que é seguido por recentes edições francesas e alemãs. Ver Annie Jaubert, ed. e trans., *Clément de Rome: Épitre aux Corinthiens*, Sources chrétiennes 167 (Paris: Ls Éditions du Cerf, 197), 110; Gerhard Schneider, trad. e introd., *Clemens von Rom: Brief on die Korinther*, Fontes Christiani 15 (Freiburg: Herder, 1994), 80. Todavia, veja Horacio E. Lona, trad. e anotações, *Der erste Clemensbrief*, Kommentar zu den Apostolischen Vätern, 2 vols. (Göttingen, Alemanha: Vandenhoeck & Ruprecht, 1998), 2:177, que aceita ὑπήνεγκεν como a redação peculiar.

Há dois manuscritos-chave gregos de 1 Clemente: Codex Alexandrinus (A) do quinto século, que também contém quase toda a Bíblia grega, e o Codex Hiersolymitanus graecus 54 (H), datado de 1056. Há, ainda, uma tradução latina copiada no século onze, Codex Latinus (L), cuja versão do texto parece ser uma tradução feita nos séculos segundo e terceiro. Como tal, o Codex Latinus algumas vezes é mais confiável do que qualquer um dos dois manuscritos gregos. Há dois manuscritos Cópticos (Co) e um em Siríaco (S). Para as fontes textuais de 1 Clemente, ver Schneider, *Clemens von Rom: Brief an die Korinther*, 56-61. A redação uphngken se encontra em A com o endosso de S e Co, enquanto ejphnegken é a redação de H, a qual é endossada por L.

20 Odd Magne Bakke, "Concord and Peace": *A Rhetorical Analysis of the First Letter of Clement with an Emphasis on the Language of Unity and Sedition* (Tübingen: Mohr [Paul Siebeck], 2001), 332. Ver o significativo comentário de Adolf von Harnack, "The universalism of God's mercy first of all became a death of Christ" (tradução minha), in *Einführung in die alte Kierchengeschichte Das Schreiben der römischen Kirche an die korinthische aus der Zeit Domitions* (J. Clemensbrief), ed. Adolf von Harnack (Leipzig: J. C. Hinrichs, 1929), 78.

21 Na carta não há menção da palavra "cruz" (staurov). Para outras referências ao "sangue de Cristo", ver 1 Clement 12.7; 21.6; 49.6. Ver também Schneider, *Clemens von Rom: Brief an die Korinther*, 46. Edmund W. Fisher, "'Let Us Look upon the Blood-of-Christ' (1 Clement 7.5)", *Vigiliae Christianae* 34 (1980): 218-36, argumenta não convincentemente que este versículo é uma referência à Ceia do Senhor.

Grande parte dos estudiosos dessa carta salienta que a soteriologia não é um de seus temas primordiais.[22] Sem a menor dúvida, isso procede. No entanto, as passagens de *1 Clemente* que temos examinado fornecem vislumbres de perspectivas soteriológicas, uma das quais parece estar claramente em linha com a ênfase do NT sobre a morte de Cristo visando aos eleitos.

JUSTINO MÁRTIR

O teólogo norte africano Tertuliano (fl. 190-220), lembrava-se de Justino Mártir como "filósofo e mártir",[23] e, como Paul Parvis recentemente observou, esses dois epítetos "refletem, de diferentes maneiras, os dois perenes aspectos de seu legado", muito embora Parvis também saliente corretamente que em Justino há muito mais do que o sintetizado por tais termos.[24] Sara Parvis tem argumentado que foi Justino Mártir quem "forjou o gênero de apologética cristã".[25] No que segue, visualizamos alguns aspectos de Justino, o teólogo da cruz.

L. W. Barnard observou que, mais que qualquer outro apologista do segundo século, Justino "afirma reiteradamente que Cristo nos salva por sua morte na cruz e por sua ressurreição".[26] Por exemplo, em sua *Apologia*, Justino citou a profecia messiânica de Gênesis 49.10-11 e interpretou a frase "lavará suas vestes no vinho", proclamando "de antemão o sofrimento que ele (isto é, Cristo) suportaria, purificando com seu sangue os que nele cressem".[27] Justino especificou que o termo "vestes" se referia a "os seres humanos que creem" em Cristo. Em outras palavras, a obra purificadora de Cristo é especificamente direcionada para os crentes. Justino dá a mesma interpretação no *Diálogo com*

---

22 Ver, por exemplo, Lona, *Der erste Clemensbrief*, 177 n. 6.
23 Tertuliano, *Against the Valentinians* 5.
24 Paul Parvis, "Justin Martyr", in *Early Christian Thinkers: The Lives and Legacies of Twelve Key Figures*, ed. Paul Foster (Downers Grove, IL: InaterVarsity Press, 2010), 1. Esta é uma introdução extremamente proveitosa para a vida e significação de Justino. Ver também Drobner, *Fathers of the Church*, 77-82.
25 Sara Parvis, "Justin Martyr and the Apologetic Tradition", in *Justin Martyr and His Worlds*, ed. Sara Parvis e Paul Foster (Mineápolis: Fortress, 2007), 117. Ver todo seu artigo para conhecer seu argumento (115-27).
26 Barnard, Justin Martyr, 124. Peter Ensor, "Justin Martyr and Penal Substitutionary Atonement", *EQ* 83 (2011): 220, faz um comentário similar com referência específica ao *Dialogue with Trypho* de Justino: ele é "saturado de referências à cruz".
27 Justino, *First Apology* 32.1, 5, 7, in *Justin, Philosopher and Martyr*, 171.

Trypho, onde ele afirmou que Gênesis 49.11 era profético com base no fato de que Cristo "purificará em seu sangue os que creem nele. Pois o Espírito Santo chamou de seu manto os que recebem dele o perdão de pecados, em quem ele está sempre presente em poder e entre os quais estará visivelmente presente em sua segunda vinda".[28]

O *Diálogo com Trypho* está saturado de referências ao Cristo crucificado. Através do Cristo crucificado, homens e mulheres se voltam para Deus.[29] Os que se arrependem de seus pecados são purificados "pela fé através do sangue de Cristo e sua morte".[30] Para todos os que se aproximam do Pai através do sofrimento de Cristo, há cura.[31] Cristo suportou seus sofrimentos na cruz "por amor [ὑπὲρ] daqueles seres humanos que estão purificando suas almas de todo pecado".[32] Por meio de sua crucificação, Cristo "nos resgatou [ἐλυτρώσατο], nós que estávamos imersos sob os mais pesados dos pecados [βεβαπτισμένους ταῖς βαρυτάταις ἁμαρτίαις]" e "nos fez uma casa de oração e adoração".[33] O livramento do ferrão de Satanás veio por meio da cruz e se refugia naquele que enviou seu Filho ao mundo para ser crucificado.[34] Numa palavra, o sangue de Cristo salvou "dentre todas as nações os que uma vez foram sexualmente imorais e perversos — têm recebido o perdão de seus pecados e já não vivem no pecado".[35] Todas essas referências implicam uma especificidade na extensão da expiação.[36]

Em um só texto, é como se Justino falasse em termos mais gerais sobre a morte expiatória de Cristo. Trifo expressou sua incredulidade que aquele Messias a quem ele e seu povo viveram esperando fosse Jesus de Nazaré, visto que foi crucificado e, assim, experimentou tão "vergonhosa e desonrosa

---

28 Justino, *Dialogue with Trypho* 54.1. Cf. também 76.2 e a interpretação similar de, entre outros autores patrísticos, Irineu, *Demonstration of the Apostolic Preaching* 57, e Amphilochius de Icônio, *Homily 6: In Illud: Pater si possibile est*, in *Amphilochii Iconiensis Opera*, ed. Carnelis Datema, Corpus Christianorum, série Graeca, 72 vols. (Turnhout: Brepols/Leuven University Press, 1978), 3:150-51.
29 Justino, *Dialogue with Trypho* 11.4, 5.
30 Ibid., 13.1.
31 Ibid., 17.1. Ver também *Second Apology*, 13.4.
32 Justino, *Dialogue with Trypho* 41.1.
33 Ibid., 86.6.
34 Ibid., 91.4.
35 Ibid., 111.4.
36 Aqui concordo com a opinião de Gill, *Cause of God and Truth*, 242.

[αἰσχρῶς καὶ ἀτίμως] morte" que a lei chamava especificamente "[morte] maldita".[37] Evidentemente, Trifo está pensando em Deuteronômio 21.22-23.[38] Em sua resposta, Justino antes de tudo renumerou o que considerava ser um número de predições do AT de que o Messias seria crucificado.[39] Então especificou que, embora os homens que morreram por crucificação de fato são, em conformidade com a lei, malditos, Cristo mesmo nada tinha que merecesse a maldição de Deus.[40] Se a verdade for dita, toda a humanidade, à parte de Jesus, está sob a maldição de Deus: nenhum judeu jamais guardou inteiramente a lei; e, quanto aos gentios, evidentemente são malditos, porquanto são idólatras, corruptores sexuais dos jovens e praticantes de todas as formas de mal.[41] "Portanto, se o Pai do universo determinou que seu próprio Cristo, em favor dos seres humanos de cada raça, havia de assumir a responsabilidade [ἀναδέξασθαι] pelas maldições de todos", arrazoou Justino, "por que vocês o citariam como um maldito que suportou esse sofrimento em conformidade com a vontade do Pai em vez de se lamentarem?".[42] Cristo sofreu, não pelos pecados que ele mesmo cometeu, e sim "no lugar da espécie humana [ὑπὲρ τοῦ ἀνθρωπείου γένους]" — a maldição deles que tomou sobre si, e nesse sentido morreu como se morre um maldito.[43] Segundo o comentário correto de Steve Jeffery, Michael Ovey e Andrew Sach, "equivale a uma clara afirmação da substituição penal".[44] O sólido suporte para o critério se encontra no fluxo do argumento de Justino e seu uso do verbo ἀναδέχομαι em relação à morte de Cristo.[45] Nos papiros gregos,

---

37 Justino, *Dialogue with Trypho* 89 1-2; 90.1. Ver também 32.1.
38 Steve Jeffery, Michael Ovey e Andrew Sach, *Pierced for Our Transgressions: Rediscovering the Glory of Penal Substitution* (Wheaton, IL: Crosswaqy, 2007), 164-65. Justino cita essa passagem de Deuteronômio em *Dialogue with Trypho* 96.1.
39 Ibid., 90-91 e 94. Entre essas está a que o próprio Cristo menciona, a saber, a serpente de bronze a qual Moisés foi instruído a colocar numa haste (Nm 21.6-9). Ver João 3.14-15.
40 Justino, *Dialogue with Trypho* 94.5.
41 Ibid., 95.1.
42 Ibid., 95.2.
43 Ibid.,
44 Jeffery, Ovey, Sach, *Pierced for Our Transgressions*, 166.
45 Ensor, "Justin Martyr and penal substitutionary atonement", 222-25. Para o recente debate sobre esse texto, ver Derek flood, "Substitutionary Atonement and the Church Fathers: A Reply to the Authors of *Pierced for Our Transgressions*", *EQ* 82.2 (2010): 142-59 (144-45), e a resposta de Garry J. Williams, "Penal Substitutionary Atonement in the Church Fathers", *EQ* 83.3 (2011): 195-216 (196-99).

o verbo ἀναδέχομαι normalmente é usado com um significado legal, a saber, "tornar-se fiador de", e G. W. H. Lampe catalogou seu uso com esse significado na literatura patrística que trata da expiação.[46]

Estes textos do *Diálogo com Trypho* 89-96 constituem a mais extensa discussão em torno da cruz nos escritos de Justino, mas não proveem uma afirmação inequívoca com respeito à extensão da expiação. Justino encerrou afirmando que Cristo morreu pela "raça humana", ainda que um pouco antes, no texto, afirmasse que Cristo morreu por "seres humanos de cada raça". Se tais passagens forem alinhadas com outras afirmações de Justino sobre a cruz, então com razão podem ser interpretadas afirmando uma particularidade na extensão da expiação. Em contrapartida, a posição filosófica básica, a qual, entre outras coisas, focalizou a liberdade de escolha dos seres humanos com respeito à salvação oferecida no Evangelho cristão[47] — uma rejeição explícita do repugnante fatalismo em muitos setores da cultura greco-romana —, teria causado tensão com um conceito que considerasse a morte de Cristo como sendo pelos eleitos de Deus. É digno de nota que ambos, Barnard e Henry Chadwick, tivessem notado uma tensão global entre as convicções filosóficas de Justino e suas afirmações sobre a obra redentora de Cristo. Argumentaram que suas afirmações sobre a cruz representam uma parte fundamental da "fé tradicional da igreja" que era corrente em seus dias. Justino aceitou de todo o coração essa fé, ainda que nem sempre ela adequasse bem às suas perspectivas filosóficas.[48]

HILÁRIO DE POITIERS

Hilário, um líder campeão do trinitarianismo bíblico no auge da controvérsia ariana do quarto século e uma "ponte teológica" entre o ocidente latino e o oriente grego, nasceu entre 310 e 315 em um lar cristão em Poitiers (latim:

---

46 H. G. Meecham, *The Epistle to Diognetus* (Manchester, UK: Manchester University Press, 1949), 129; G. W. H. Lampe, *A Patristic Greek Lexicon* (Oxford: Clarendon, 1961), 101.

47 Ver, por exemplo, Justino, *First Apology* 43-44.

48 Barnard, Justin Martyr, 124-25; Henry Chadwick, "Justin Martyr's Defence of Christianity", *The Bulletin of the John Rylands Library* 47 (1965): 293. Sobre o ponto de vista que Justino tinha da expiação e da igreja de seus dias, ver também Ensor, "Justin Martyr and Penal Substitutionary Atonement", 231-32.

Pictavis), Segunda Equitânia, e morreu ali, em 367 ou 368.[49] É bem provável que tenha se tornado cristão nos seus vinte e poucos anos.[50]

À medida que Hilário ia lendo o NT, compreendia o propósito por detrás da vinda do Senhor Jesus Cristo a este mundo, especialmente o que Cristo haveria de empreender por meio de sua morte:

> ... Ele recebeu a carne do pecado para que, ao assumir nossa carne, pudesse perdoar nosso pecado; mas, enquanto toma nossa carne, ele não partilha de nosso pecado. Por sua morte, destruiu a sentença a fim de que, ao criar na pessoa dele nossa nova raça, viesse a abolir a sentença do primeiro decreto. Ele permite ser cravado na cruz a fim de que, pela maldição da criação, todas as maldições de nossa condenação terrena fossem cravadas nela e obliteradas. Finalmente, ele sofre como homem a fim de envergonhar os poderes. Embora Deus, segundo as Escrituras, tenha de morrer, ele deve triunfar com a confiança em si de um vencedor. Embora ele, o Imortal, não fosse vencido pela morte, morreria pela nossa vida eterna, por nós, mortais.

Portanto, esses feitos de Deus estão além da compreensão de nossa natureza humana e não estão adequados ao nosso processo natural do pensamento, porque a obra da Eternidade Infinita demanda uma faculdade infinita de apreciação.[51]

Hilário está bem ciente de que a razão humana não pode, em última análise, compreender tais "feitos de Deus" como a encarnação e a expiação. Afirmações como "Deus se fez homem", "o Imortal morre" e "o Eterno é sepultado" têm de ser aceitas pela fé — "a obediência de fé nos leva para além

---

49 Para a vida e obras de Hilário e bibliografia seleta, ver Drobner, *Fathers of the Church*, 253-61. A frase citada é de George Morrel, "Hilary of Poitiers: A Theological Bridge between Christian East and Christian West", *The Anglican Theological Review* 44 (1962): 313-16.

50 Para [saber] mais sobre a vida de Hilário, ver meu livro, *The Empire of the Holy Spirit: Reflecting on Biblical and Historical Patterns of Life in the Spirit* (Mountain Home, AR: BorderStone, 2010), 63-65.

51 Hilário, *On the Trinity* 1.13, in *Saint Hilary of Poitiers: The Trinity*, trad. Stephen McKenna (Nova York: Fathers of the Church, Inc., 1954), 14-15, alterado. Para o latim desta passagem, ver *Sancti Hilarii Pictaviensis Episcopi: De Trinitate: Praefatio, Livri I-VII*, ed. Pierre Smulders, Corpus Christianorum Series Latina 62 (Turnhout, Bélgica: Brepols, 1979), 14-15.

do poder natural da compreensão "meramente humana", como ele observou mais adiante nesse tratado.⁵² Ora, imediatamente antes dessa passagem, Hilário citou Colossenses 2.8-13, e o delineamento do que Cristo realizou por meio de sua morte é traçado por essa passagem paulina. A morte de Cristo, a crucificação do sem pecado, é o meio pelo qual os humanos mortais recebem o perdão dos pecados. O mecanismo de como isso ocorre é aludido na sentença extraída de Colossenses 2.14: Cristo foi cravado na cruz maldita para que as maldições que caíram sobre nós fossem removidas por ele na cruz, o que pressagia uma compreensão da morte de Cristo como uma expiação vicária. Então, sua morte abre a via para a vida eterna aos que são mortais. Finalmente, sua morte é a vitória sobre os poderes do mal — o tema familiar da igreja antiga, *Christus Victor*. Este texto é um bom exemplo do fato de que qualquer análise da doutrina patrística da expiação não pode descartar os Pais por simplesmente manterem um, e somente um, ponto de vista da expiação.⁵³ Aqui, Hilário enunciou, respectivamente, um conceito da cruz como triunfo sobre os poderes do mal — *Christus Victor* — e de sua morte como um sofrimento vicário pelos pecadores — *Christus Vicarius*.⁵⁴

Em outro texto, o comentário de Hilário sobre a passagem do Velho Latim do Salmo 130,⁵⁵ há uma meditação sobre a necessidade da obra expiatória de Cristo em razão do pecado humano. Refletindo sobre a afirmação "porque contigo há perdão [*propiciação*]", no Salmo 130.4, Hilário notou que, em última análise, a razão para o salmista dizer isso é porque

> O unigênito Filho de Deus, Deus, a Palavra, é a nossa redenção, a nossa paz, em cujo sangue somos reconciliados com Deus. Ele veio tirar [*tollere*] os pecados do mundo e, ao fixar o manuscrito da lei à sua cruz [*cruci suae*

---

52 Hilário, *On the Trinity* 1.37, in *Saint Hilary of Poitiers: The Trinity*, 34.
53 Williams, "Penal Substitutionary Atonement", 215.
54 Ver também a exegese similar de Hilário sobre Colossenses 2.14 in *On the Trinity* 9.10, em *Saint Hilary of Poitiers: The Trinity*, 330-31.
55 Salmo 129 na Bíblia do Velho Latim.

chirographum legis adfigens], aboliu o antigo edito de condenação. ... "Porque contigo há perdão": porque o Filho está no Pai em conformidade com a [própria] semelhança de sua glória, e o próprio Filho é o perdão dos pecados, a redenção e a suplicação por nossos pecados [*pro peccatis nostris et propitiatio et redemption et deprecatio*], por isso ele não mais se lembra de nossas iniquidades, porque ele mesmo é o seu [iniquidades] perdão.[56]

Hilário usou outra vez Colossenses 2.14 para explicar como Cristo redime homens e mulheres, estabelece paz entre eles e Deus e lhes concede perdão. Ele remove pecados, os quais os condenam perante o Deus justo, sendo fixado à cruz por esses mesmos pecados. Dessa maneira, o próprio Cristo se torna o perdão. E o Pai pode perdoar, porque o Filho está nele, e ele no Filho, e o Filho crucificado é, assim, seu perdão. Ao argumentar nesses termos, Hilário pressupôs, implicitamente, um modelo de expiação substitutiva penal, como fazem outros textos de seu comentário sobre os Salmos.[57]

O frequente uso que Hilário faz do pronome da primeira pessoa plural para referir-se à expiação nesses textos é indicativo de que o conceito de uma redenção particular não está fora de alcance de seu pensamento. De fato, em algumas observações que fez sobre o Salmo 55[56], forneceu uma clara afirmação sobre a redenção particular. Mencionou o fato de que "toda carne foi redimida por Cristo para que ela ressuscite, e seja necessário que todos compareçam perante o seu tribunal; todavia, nessa ressurreição nem todos têm glória e honra comuns". Como Hilário explicou, na verdade alguns ressuscitarão, sim, mas para a ira e punição divinas. Entretanto, esse não é o futuro dos crentes:

---

56 Hilário, *On Psalm* 129.9. Para o texto latino, ver *Sancti Hilarii Pictaviensis Episcopi: Tractatus Super Psalmos: In Psalmos CXIX-CL*, ed. Jean Doignon e R. Demeuleneare, Corpus Christianorum Series Latina 61B (Turnhout, Bélgica: Brepols, 2009), 105.

57 Para outros textos em seu comentário sobre os Salmos que contêm um conceito de expiação substitutiva penal, ver Hilário, *On Psalm* 53.13; 54.13; 69.9; 135.15: "Ele nos redimiu quando se deu por nossos pecados, nos redimiu por meio de seu sangue, de seu sofrimento, de sua morte, de sua ressurreição: esses são o grande preço de nossa vida" (*Tractatus Super Psalmos*, 170). Para uma discussão do ensino de Hilário sobre a substituição penal em seu comentário sobre o Salmo 53[54], ver Jeffery, Ovey e Sach, *Pierced for Our Transgressions*, 167-69.

De que ira o apóstolo promete que seremos resgatados, dizendo: "Mas Deus prova seu próprio amor para conosco pelo fato de ter Cristo morrido por nós, sendo nós ainda pecadores. Logo, muito mais agora, sendo justificados pelo seu sangue, seremos por ele salvos da ira" (Romanos 5.8-9)? Ele morreu, portanto, pelos pecadores para que tenham a salvação da ressurreição [*salutem resurrectionis*], mas salvará da ira os que têm sido santificados por seu sangue [*sanctificatos in sanguine suo saluabit ab ira*].[58]

Aqui, Hilário fez distinção entre "pecadores" que ressuscitarão para enfrentar a ira de Deus e "os que têm sido santificados" pelo sangue de Cristo, os quais serão isentos do juízo divino. O uso que Hilário faz do termo *salus* para referir-se à ressurreição dos perversos é um tanto confuso e ele evidentemente leu equivocadamente Romanos 5.8-9. Fez distinção entre dois grupos de seres humanos com base nesta passagem paulina — pecadores e os "que têm sido justificados por seu sangue" — ainda que uma leitura mais direta desse texto deixaria claro que os dois [grupos] são um só. Seja como for, o texto provê uma indicação de que na mente de Hilário a morte de Cristo tem uma implicação especial para os crentes.

Todavia, a insistente preocupação de Hilário tem mais a ver com a *pessoa* do Filho do que com sua *obra*. Em seu comentário sobre o Salmo 130 já citado, o fato de Hilário atar a obra do Filho na cruz à relação pericorética entre o Filho e o Pai revela a principal preocupação que vem à tona cada vez mais na exegese de Hilário, a saber, sua preocupação em demonstrar a plena deidade do Filho. Um bom exemplo é *Da Trindade 10*, o segundo livro mais extenso no *magnum opus* de Hilário e inteiramente devotado a uma discussão de textos centrais no relato evangélico do sofrimento e da morte de Cristo: Mateus 26.38-39, a confissão que Cristo faz da tristeza da alma e a súplica para que o cálice do sofrimento passasse dele; Mateus 27.46: o grito de abandono; e Lucas 23.46: o ato final

---

58 Hilário, *On Psalm* 55.7. Para o texto latino, ver *Sancti Hilarii Pictaviensis Episcopi: Tractatus Super Psalmos: Instructio Psalmorum. In Psalmos I-XCI*, ed. Jean Doignon, Corpus Christianorum Series Latina 61A (Turnhout, Bélgica: Brepols, 1997), 157-58. Gill, *Cause of God and Truth*, 253, cita esse texto como "uma passagem notável", na qual Hilário "distingue a salvação de alguns da de outros, pela virtude da redenção de Cristo".

da sua fé enquanto morre. Em toda essa discussão, Hilário fala muito pouco que possa ser usado para delinear sua compreensão das dinâmicas da expiação. Seu foco resoluto é a demonstração de que esses textos não implicam que o Filho seja absolutamente inferior ao Pai.[59] Dada a crise que a igreja de seus dias enfrentou com a investida ariana, tal preocupação é muito compreensível. E, de sua perspectiva, isso estava acima de toda e qualquer questão soteriológica: se o Filho não é plenamente igual ao Pai, não pode ser nosso Salvador.[60] Assim, Hilário exortou seus leitores: "Segurem firme a Cristo, o Deus que realizou as obras de nossa salvação quando estava morrendo!".[61]

A TRADIÇÃO PATRÍSTICA LATINA DEPOIS DE HILÁRIO

A doutrina da expiação, como desenvolvida pelos pensadores ocidentais depois de Hilário, foi uma parte crítica do plano de fundo da reflexão protestante sobre a expiação definida no tempo da Reforma e além dela.[62]

Ambrósio

A chave entre os pensadores ocidentais foi Ambrósio, cujo papel na formação do Cristianismo Latino foi, respectivamente, "notável e complexo".[63] Governador provincial antes de ser designado bispo de Milão em 374, assim usado para o exercício do poder, Ambrósio não achou fácil conciliar sua nova função. Suas relações com pessoas como a ariana imperatriz Justina (d. 388) ou

---

59 Ver Mark Wendman, *The Trinitarian Theology of Hilary of Poitiers*, suplementos para Vigilae Christianae 89 (Leiden/Boston: Brill, 2007), 166-73.
60 Weedman, *Trinitarian Theology of Hilary of Poitiers*, 174.
61 Hilário, *On the Trinity* 9.10. Para o texto latino, ver *Sancti Hilarii Pictaviensis Episcopi: De Trinitate: Libri VIII-XII*, ed. Pierre Smulders, Corpus Christianorum Series Latina 62A (Turnhout, Bélgica: Brepols, 1980), 381.
62 Gill faz referência a alguns dos Pais Latinos depois do tempo de Hilário, inclusive Marius Victorinus, Ambrósio, Rufinus de Aquileia e Jerônimo (*Cause of God and Truth*, 254-65).
63 Ivor Davidson, "Ambrose", in *The Early Crhistian World*, ed. Philip F. Esier, 2 vols. (Londres/Nova York: Routledge, 2000), 2-1175. Sobre a vida e o pensamento de Ambrósio, ver Neil B. McLynn, *Ambrose of Milan: Church and Court in a Christian Capital* (Berkeley: University of California Press, 1994); e Daniel H. Williams, *Ambrose of Milan and the End of the Nicene-Arian Conflicts* (Oxford: Clarendon/Nova York: Oxford University Press, 1995). Para seleções de seus escritos, ver Boniface Ramsey, *Ambrose* (Londres/Nova York: Routledge, 1997). O estudo clássico é de F. Holmes Dudden, *The Life and Times of St. Ambrose*, 2 vols. (Oxford: Clarendon, 1935).

o ortodoxo Teodósio I (347-395), que fez do trinitarianismo niceno a religião oficial do Império Romano, ilustram os perigos enfrentados pelos influentes líderes eclesiásticos em uma sociedade recém compromissada com a fé cristã.

Uma análise conclusiva das afirmações de Ambrósio sobre a cruz revela as sementes de certas explanações textuais e argumentos teológicos que mais tarde seriam empregados na defesa da expiação definida do século dezesseis para o dezessete. Por exemplo, Ambrósio emprega o argumento do "duplo risco" muitas vezes associado com os puritanos do século dezessete, tais como John Owen na defesa da expiação definida. Em seu tratado, *Sobre Jacó e a Vida Bem-Aventurada* (387), Ambrósio argumentou: "Acaso você condenaria aquele a quem ele redimiu da morte [*quem redemit a morte*], por quem ele se ofereceu, cuja vida sabe ser a recompensa de sua própria morte?".[64]

Jerônimo

Outro dos teólogos ocidentais mais influentes é Jerônimo, mais lembrado por sua tradução da Bíblia para o latim, conhecida hoje como a Vulgata. Neste capítulo, ocupa nosso interesse em razão de um comentário feito por ele sobre as palavras de Cristo em Mateus 20.28 ("e dar sua vida como resgate por muitos"): "Isto aconteceu quando ele assumiu a forma de escravo para que pudesse derramar seu sangue pelo mundo. E ele não disse: 'dar sua vida como redenção por todos', e sim 'por muitos', isto é, por aqueles que quisessem crer [*pro omnibus, sed pro multis, id est pro his qui credere voluerunt*]".[65] Aqui Jerônimo define os "muitos" como sendo "os que queriam crer". Embora aqui possa haver alguma ambiguidade na afirmação, as palavras ao menos sugerem que o teólogo via a morte de Cristo como sendo em favor de um grupo particular de pessoas — os crentes.

---

64 Ambrósio, *Jacob and the Blessed Life* 1.6.26, in *Ambroise de Milan et la view heureuse*, Sources chrétiennes 534 (Paris: Les Éditions du Cerf, 2010), 386. A tradução aqui é baseada na de Gill, *Cause of God and Truth*, 260.

65 Jerônimo, *Commentary on Matthew* 3.20, in *St. Jerome: Commetary on Matthew*, trad. Thomas P. Scheck, *The Fathers of the Church*, 125 vols. (Washington, DC: Catholic University of America Press, 2008), 117:228-29. Sobre Jerônimo, ver especialmente J. N. D. Kelly, *Jerome: His Life, Writings, and Controversies* (San Francisco: Harper & Row, 1975).

Agostinho

Com o aparecimento da controvérsia pelagiana, novas questões sobre o cenário soteriológico então surgiram para dominar o horizonte. Respondendo à negação feita por Pelágio (fl. 400) do pecado original e ousada afirmação que a natureza humana em sua essência é boa e apta a fazer tudo o que Deus ordena que faça, Agostinho insistiu na prioridade da graça de Deus em cada estágio da vida humana, desde seu primórdio até seu fim. Conquanto meditasse na Escritura e especialmente no livro de Romanos, ele chegou à convicção de que os seres humanos não têm o poder ou a liberdade necessários para dar sequer um passo em direção à salvação. Longe de possuir algo como "liberdade da vontade", os humanos têm uma vontade corrupta e maculada pelo pecado, a qual os inclina para o mal e para longe de Deus. Somente a graça a Deus poderia contrabalançar esta forte tendência para o pecado. E assim a resposta de Agostinho a Pelágio enfatizava a escravidão da vontade humana e a necessidade da intervenção radical de Deus com a graça para salvar pecadores perdidos:

> O livre-arbítrio só é capaz de pecar se o caminho da verdade permanecer oculto. E, quando o que devemos fazer e o alvo que devemos alcançar começam a ficar claros, a menos que encontremos deleite nele e o amemos, não agimos, não começamos, não vivemos vidas boas. Mas, para que o amemos, "o amor de Deus" é derramado "em nossos corações", não pelo livre-arbítrio que vem de nós mesmos, mas "pelo Espírito Santo que nos foi outorgado" (Romanos 5.5).[66]

Para Agostinho, a redenção só é possível como um dom divino. É o Deus vivo que inicia o processo da salvação, não os homens ou as mulheres.

Esse ponto de vista monergístico da salvação logicamente legou a redenção particular, e há um bom número de passagens no *corpus* agostiniano que

---

66 Agostinho, *The Spirit and the Letter* 3.5, in Augustine: Answer to the Pelagians, trad. Roland J. Teske, The Works of Saint Augustine: A Translation for the 21st Century (Hyde Park, NY: New City Press, 1997), 1/23:152, alterado.

implicam esse conceito da obra expiatória de Cristo.[67] Uns poucos exemplos de seus comentários sobre o Evangelho de João e a primeira epístola joanina serão suficientes para comprovar isso. Ao discutir o termo "ovelhas" em João 10.26, Agostinho notou que os que são ovelhas de Cristo "desfrutam a vida eterna", mas Cristo descreve aqueles de quem fala como não estando entre elas. Por quê? Agostinho continuou explicando que "Ele viu que elas eram predestinadas para a destruição eterna, não lhes adquiriu a vida eterna pelo preço de seu sangue [*ad sempiternum interitum praedestiantos, non ad vitam aeternam sui sanguinis pretio comparatos*]".[68] Como Blacketer corretamente nota, o comentário de Agostinho claramente dá a entender que o sangue de Cristo foi o preço pago por aqueles predestinados para a vida eterna.[69] Então, comentando sobre as "muitas moradas" de João 14.2, Agostinho argumenta que, no último dia, "aqueles a quem ele [Cristo] redimiu com seu sangue também serão entregues a seu Pai".[70] Em outras palavras, especificamente, aqueles por quem Cristo morreu é que serão salvos.

É bem provável que a tendência particular de Agostinho, em relação à obra expiatória de Cristo, seja mais claramente vista em sua discussão sobre 1 João 2.2: "E ele é a propiciação pelos nossos pecados, e não só pelos nossos mas também pelos pecados do mundo inteiro". Se Agostinho cria numa expiação universal, aqui estava sua oportunidade de declarar tal crença. Não obstante, ele não interpreta a frase "mundo inteiro" como "todos sem exceção", mas, ao contrário, como a "igreja de todas as nações" e a "igreja que abrange o mundo inteiro".[71] Além do mais, depois de 418, ele rejeita a interpretação universalista

---

67 Para umas poucas delas, ver Blacketer, "Definite Atonement in Historical Perspective", 308-10.
68 Augustine, *Tractatuys in Ioannis Evangelium* 48.4 (PL 35:1742; NPNF[1] 7:267). Essa obra é datada de aproximadamente 406-420, coincidente com as batalhas de Agostinho contra os pelagianos. Para afirmações similares, ver também Augustine, *On the Trinity* 4.3.17; 13.5.19.
69 Blacketer, "Definite Atonement in Historical Perspective", 308-309.
70 Augustine, Tractate on the Goespel of John 68.2, in *St. Augustine: Tractate on the Gospel of John 55-111*, trad. John W. Rettig, Fathers of the Church, 125 vols. (Washington, DC: Catholic University of America Press, 1994), 90:64.
71 Augustine, *Tractate on the First Epistle of John* 1.8, in *St. Augustine: Tractates on the Gospel of John 112-24; Tractates on the First Epistle of John*, trad. John W. Rettig, Fathers of the Church, 125 vols. (Washington, DC: Catholic University of America Press, 1995), 92-132.

de 1 Timóteo 2.4, favorecida pelos pelagianos, de que Deus "deseja que todas as pessoas sejam salvas e venham a conhecer a verdade". Ao contrário, esse texto paulino deve ser entendido no sentido de "que ninguém é salvo, a menos que ele [Deus] queira que seja salvo". A implicação do texto não é que "não haja alguém cuja salvação Deus não deseje, mas que ninguém é salvo, a menos que ele o queira".[72] Para Agostinho, ninguém é salvo à parte da vontade proposital de Deus; e, visto que nem todos são salvos, não é possível que ele tenha determinado salvar todos.

Próspero de Aquitânia

Tornaram-se ainda mais claras quais são as fortes alusões de uma expiação definida em Agostinho, nos primeiros escritos de seu contemporâneo mais jovem, Próspero de Aquitânia. Em sua carreira cristã inicial, Próspero foi um ardoroso discípulo de Agostinho. Ao polemizar com os pelagianos, ele admitiu a possibilidade de se dizer que Cristo morreu "por todos", pois assumiu a natureza humana e em razão da "grandeza e valor" de sua morte expiatória. Todavia, ao mesmo tempo, Próspero argumenta que Cristo "foi crucificado somente por aqueles para quem sua morte derivava proveito", isto é, somente os eleitos.[73] Em uma carta a Agostinho, ele também desafiou o conceito do assim chamado semipelagiano de que "a propiciação que se encontra no mistério do sangue de Cristo foi oferecida por todos os homens sem exceção".[74] À luz da

---

72 Augustine, Enchiridion 27.103, in *Saint Augustine: Christian Instruction; Admonition and Grace; The Christian Combat: Faith, Hope and Charity*, trad. Bernard M. Peebles (Nova York: CIMA publishing Co., 1947), 456. Esse texto foi escrito em torno de 421, em meio à controvérsia pelagiana. Agostinho citou 1 Timóteo 2.4 umas doze vezes em seu *corpus*. Nas cinco passagens que ocorrem nos escritos depois de 418, ele a interpreta da maneira supranotada. Ver Roland J. Teske e Dorothea Weber, Eds., *Prosper: De Vocatione Omnium Gentium*, Corpus Scriptorum Ecclesiasticorum Latinorum, 99 vols. (Viena: Verlag der Österreichischen Akademie der Wissenschaften, 2009), 97.11 n. 5.

73 Prosper, *Prosper de Aquitânia: Defense of St. Augustine*, trad. P. De Letter, Ancient Christian Writers, 66 vols. (Nova York: Newman, 1963), 32:149-51. Para a fascinante carreira de Prosper, ver Alexander Y. Hwang, *Intrepid Lover of Perfect Grace: The Life and Thought of Prospero f Aquitaine* (Washington, DC: Catholic University of America Press, 2009).

74 Prosper, Letter 225.3, in *Saint Augustine: Four Anti-Pelagian Writings*, trad. John A. Mourant e William J. Collinge, The Fathers of the Church: A New Translation, 125 vols. (Washington, DC: The Catholic University of America, 1992), 86-201. Ver também Prosper, Letter 225.6.

carta, fica claro que Prosper não concorda com essa afirmação, e Agostinho não o refuta em sua réplica. No final de sua carreira, Prosper parece ter abrandado o comprometimento com a expiação definida,[75] ou até mesmo a rejeitado em favor de uma defesa da vontade salvífica universal de Deus com base em sua leitura de 1 Timóteo 2.4.[76] Não obstante, no final da era da igreja antiga e através da resposta de Agostinho e seus seguidores aos erros do pelagianismo e semipelagianismo, sucedeu que a expiação definida penetrou a esfera das investigações teológicas.

CONCLUSÃO

Concluindo, volto ao contexto do impressionante arranjo do material que John Gill fez da igreja antiga no qual ele estava respondendo o *A Discourse on the Five Points* de Daniel Whitby. Whitby alegou: "Certamente não encontro uma nas primeiras oito eras do Cristianismo que dissesse absolutamente, e em termos claros, como comumente se afirma, que Cristo morreu somente pelos eleitos".[77] Entretanto, Gill estava confiante de que "alguns poderiam falar, em outros termos e palavras equivalentes, da mesma significação o que equivale ao mesmo sentido", e que "os antigos muitas vezes descrevem as pessoas por quem Cristo morreu com caracteres tais que não podem concordar com todos os homens".[78] A discussão precedente tem demonstrado que a afirmação de Gill leva significativo peso à luz de toda a evidência.

Às passagens da igreja antiga que Whitby, entre outros como o erudito huguenote francês Jean Daillé (1590-1674), empregou como prova de uma "redenção geral", Gill respondeu explicando que sua linguagem simplesmente reflete a "todo/mundo" na Escritura sem significar necessariamente cada pessoa no mundo. Ele apresentou várias interpretações que os Pais da Igreja fizeram

---

75 Francis X. Gumerlock, "The 'Romanization' of Prospero f Aquitaine's Doctrine of Grace" (escrito não publicado apresentado no Annual Meeting of the North American Patristics Society, 2001; disponível em http://francisgumerlock.com/wp-content/uploads/Romanization-of-Prosper-Doctrine-of-Grace-NAPS-paper.pdf), acessado em 4 de maio de 2013.
76 Teske e Weber, Eds., *Prosper: De vocatione omnium Gentium*.
77 Citado por Gill, Cause of God and Truth, 241.
78 Ibid., 241.

desses textos, argumentando que o pretendido significado possivelmente seja: (1) todos os tipos, as posições e os graus;[79] (2) judeus e gentios;[80] (3) a suficiência da morte de Cristo por todos;[81] (4) a vontade de Deus de salvar todos;[82] (5) o mundo dos eleitos/salvos/crentes;[83] ou (6) o benefício geral para todos, como a ressurreição dentre os mortos que a morte e ressurreição de Cristo asseguram para todos, como distinto da vida eterna para os crentes[84] — nenhum milita contra a expiação definida.

Enquanto os pais da igreja antiga não esposaram uma doutrina da expiação definida plenamente desenvolvida, a análise neste capítulo demonstrou que, no entanto, há um "propósito particular e definido na salvação divina"[85] presente em seus escritos. Além do mais, alguns dos argumentos-chave usados pelos reformadores do final do século dezesseis para o dezessete em defesa da expiação definida estão presentes de forma seminal na igreja antiga. Se a interpretação de "todos" for "todos os tipos de pessoas", o "mundo" se referindo, em alguns casos, à "igreja" ou a "toda a igreja no mundo inteiro", o emprego do "duplo risco" lógico em relação à morte de Cristo e à punição final, as afirmações particularistas sobre aqueles por quem Cristo morreu e a linguagem sobre a natureza definida da expiação — tudo isso preparava a base para as apresentações finais e mais maduras da doutrina da expiação definida na história da igreja.[86]

---

79 Justino Mártir (ibid., 243); Irineu (ibid., 244); Ambrósio (ibid., 258); Jerônimo (ibid, 265).
80 Eusébio (ibid., 250); Cirilo de Jerusalém (ibid., 256); João Crisóstomo (ibid., 262).
81 Atanásio (ibid., 252); Basílio de Cesaréia (ibid., 254); Ambrósio (ibid., 260); João Crisóstomo (ibid., 261); Jerônimo (ibid., 263).
82 Hilário o Diácono (ibid., 258).
83 Eusébio (ibid., 250); Cirilo de Jerusalém (ibid., 255-56).
84 Hilário de Poitiers (ibid., 253).
85 Blacketer, "Definite Atonement in Historical Perspective", 313.
86 Pela ajuda em relação a certos elementos deste ensaio, sinto-me endividado para com meus assistentes de pesquisa, Ian Clary e Joe Harrod, bem como Paul Smythe, estudante no The Southern Baptist Theological Seminary.

CAPÍTULO 3

"SUFICIENTE PARA TODOS, EFICIENTE PARA ALGUNS"

EXPIAÇÃO DEFINIDA NA IGREJA MEDIEVAL

David S. Hogg

INTRODUÇÃO

Tem-se assumido com frequência que a expressão e defesa da expiação definida careceram de clareza ou suporte até os séculos dezesseis e dezessete. Com respeito à igreja medieval, essa presunção é inexata e equivocada. Com certeza, houve teólogos na Europa medieval que discordaram da ideia de que Cristo tivesse morrido somente pelos eleitos que estavam predestinados desde antes da fundação do mundo. Não obstante, em sua maioria, os teólogos medievais, inclusive gigantes como Pedro Lombardo e Tomás de Aquino, escreveram sobre a predestinação, a presciência divina, o livre-arbítrio e a morte expiatória de Cristo de tal maneira que é não só consistente com as expressões posteriores da Reforma sobre a expiação definida mas também preparatório e fundamental para tal doutrina.[1]

---

1   Raymond A. Blacketer, "Definite Atonement in Historical Perspective", in *The Glory of the Atonement: Biblical Historical and Practical Perspectives: Essays in Honor of Roger Nicole*, ed. Charles E. Hill e Frank A. James III (Downers Grove, IL: InterVarsity Press, 2004), 304-23 (313), argumenta em prol de uma visão dessa posição,

Para esse fim, Guido Stucco tem mostrado que houve continuidade entre os teólogos do primeiro período medieval e o pensamento agostiniano. Recorrendo às obras de Fulgentius de Ruspe (primeira parte do sexto século), do papa Gregório, o Grande (final do sexto século) e de Isidoro de Sevilha (início do sétimo século), bem como alinhando evidências de Sacramentais antigos, Stucco tem demonstrado que as ideias e os desenvolvimentos teológicos consistentes com uma parte do que mais tarde se tornaria a expiação definida como definitiva foram em grande medida parte do antigo adorno teológico medieval.[2] Em adição, Francis Gumerlock tem demonstrado persuasivamente um caso similar com respeito ao discurso teológico no século VIII em particular.[3] Certamente isso ajuda a explicar como questões de expiação definida e predestinação se tornaram um tópico de debate acalorado durante o período carolíngio (meados do século VIII até final do X) no ensino e escrito de Gottschalk de Orbais (século IX). Os detalhes da disputa que começou entre Gottschalk e Rabanus Maurus, arcebispo de Mainz, em meados do século IX, são bem documentados, e assim não precisamos nos alongar sobre eles, especialmente porque o foco de atenção para a doutrina da expiação definida necessita de ser posto em Pedro Lombardo. Mesmo assim, os debates carolíngios focalizam a vibração decorrente de uma obrigação para com a predestinação e expiação definida da parte de proeminentes teólogos e líderes da igreja.[4]

GOTTSCHALK DE ORBAIS (808-867)

Embora Gottschalk fosse o principal protagonista nessa disputa, é importante reconhecer que ele não estava sozinho na publicação e no ensino de

---

afirmando que, "Há uma trajetória do pensamento na tradição cristã que vai da era Patrística, através da Idade Média, que enfatiza um propósito específico, particular e definido de Deus na salvação, mas é uma posição minoritária e, muitas vezes, ambígua".

2   Guido Stucco, *The Colors of Grace: Medieval Kalidoscopic Views of Grace and Predestination* (Bloomington, IN: Xlibris, 2008).

3   Francis X. Gumerlock, "Predstination in the Century before Gottschalk (Parte 1)", *EQ* 81.3 (2009): 195-209. Também, "Predestination in the Century before Gottschalk (Parte 2)", *EQ* 81.4 (2009): 319-37.

4   Para saber mais sobre esse debate, ver Jaroslav Pelikan, *The Christian Tradition: A History and Development of Doctrine, volume 3: The Growth of Medieval Theology (600-1300)* (Chicago: University of Chicago Press, 1978). Um expediente mais técnico, embora proveitoso, pode ser encontrado em G. R. Evans, "The Grammar of Predestination in the ninth century", in *JTS* (1982) 33:134-45.

suas convicções. Seus aliados na questão incluíam intelectuais e notáveis como Ratramnus de Corbie, Florus de Lyons, Prudentius, bispo de Troyes, que era membro da corte do Imperador Luís o Pio e Servatus Lupus, abade de Ferrières.[5] Juntos, esses protagonistas menos conhecidos da predestinação agostiniana estrita argumentaram que Cristo morreu pelos eleitos. Admite-se que nenhum deles usou os termos ora comumente empregados, tais como expiação limitada ou definida, mas a ideia de que o sangue de Cristo foi derramado pelos escolhidos e predestinados por Deus, desde antes da fundação do mundo, está nitidamente presente.[6]

Examinando através do resultado

Ao chegarmos à posição específica de Gottschalk, devemos ter em mente que nenhum relato compreensível permanece entre as obras que nos são deixadas.[7] Com isso em mente, parece que a essência da disputa está no peso relativo posto sobre a operação da graça e do livre-arbítrio. Gottschalk cria que estava seguindo Agostinho, ensinando que a vontade humana não possui a capacidade de escolher a retidão à parte da graça. Hincmar, bispo de Reims e um dos oponentes mais ferozes de Gottschalk, cria que tal posição era problemática, porque entrava em conflito com o livre-arbítrio. E Gottschalk dizia que isso era dar à natureza prioridade sobre a graça.[8] Ora, conquanto os dois e seus respectivos colegas discordassem sobre tal questão, para Hincmar, o problema mais sério era Gottschalk ter ido aonde Agostinho relutava ir: a dupla predestinação. Gottschalk afirmava que os eleitos e os réprobos, respectivamente, foram escolhidos e designados por Deus aos seus respectivos fins antes da criação. O ato singular de predestinação, aplicado de duas maneiras, era exclusivamente uma questão da própria vontade de Deus.

---

5   Pelikan, *Growth of Medieval Theology*, 81.
6   Jonathan H. Rainbow, *The Will of God and the Cross: An Historical and Theological Study of John Calvin's Doctrine of Limited Redemption* (Allison Park, PA: Pickwick, 1990), 30.
7   Victor Genke e Francis X. Gumerlock, eds. e trads., *Gottschalk and a Medieval Predestination Controversy: Texts Translated from the Latin* (Milwaukee, WI: Marquette University Press, 2010), 54.
8   Pelikan, *Growth of Medieval Theology*, 82-83.

Em sua *Breve Confissão*, Gottschalk declara que Deus predestinou "os anjos santos e os seres humanos eleitos para a vida eterna" e igualmente predestinou "o próprio diabo, o líder de todos os demônios, com todos os seus anjos apóstatas e também com todos os seres humanos réprobos, a saber, seus membros, justamente à morte eterna".[9] Reitera também essa ideia em muitos outros lugares, como em sua *Resposta a Rabanus Maurus*, o *Confissão Maior*, seu *Sobre a Predestinação* e *Outros Tratados sobre Predestinação*.[10] Para ele, a predestinação não pode ser aplicada a apenas uma parte da criação (os que recebem a vida eterna); do contrário, Deus seria inconsistente na forma de lidar com toda a criação. Assim, a maneira como a predestinação é aplicada aos eleitos não pode ser diferente da maneira como a predestinação é aplicada aos réprobos. O ato da eleição ou predestinação (para Gottschalk, os termos parecem ser sinônimos) é um só ato, que é aplicado de uma maneira dupla. Em sua *Confissão Maior*, citando e comentando Isidoro em apoio de seu argumento, diz que "'a predestinação é dupla, ou dos eleitos para o descanso, ou dos réprobos para a morte'. Pois ele não diz que haja duas predestinações, porque não há".[11] Eis o ponto: Deus não prové diretriz a uma parte da criação e deixa a outra parte à deriva, visto que isso poria em xeque sua soberania e seu providente cuidado. Isso suscita a óbvia questão sobre como os réprobos podem ser justamente condenados se Deus primeiramente predestinou seu estado final.

A resposta que Gottschalk dá é inconsistente. Como Francis Gumerlock salienta, é como se Gottschalk inicialmente cresse que Deus baseou sua predestinação de alguns à condenação em sua presciência da rebelião e desobediência que cometeriam no futuro.[12] Só mais tarde ele mudou seu conceito e passou a crer que a predestinação divina dos réprobos não era relacionada com suas próprias decisões, ações e obras como a escolha dos eleitos era para eles.[13] Não obstante,

---

9   Genke e Gumerlock, *Gottschalk*, 54.
10 Genke e Gumerlock, *Gottschalk*.
11 Ibid., 55.
12 Em sua *Breve Confissão*, Gottschalk declara que todos os que são réprobos foram predestinados à morte eterna, "em razão de seu próprio futuro, com toda certeza seus méritos conhecidos de antemão" (ibid., 56).
13 Ibid., 58.

Gumerlock admite que, por não se poder determinar uma sólida cronologia das obras de Gottschalk, uma compreensão definitiva da posição deste permanece um tanto indefinível. Mesmo assim, é digno de nota que a maior parte do que Gottschalk escreveu ou aponta para o simples fato de que os réprobos estão predestinados à condenação com nenhuma explicação da base da decisão de Deus, ou ele chama a atenção de seus leitores para Efésios 1.11, onde a escolha de Deus está baseada em seu beneplácito. Qualquer que fosse o modo de Gottschalk finalmente se expressar, ficaria em evidência que a predestinação e eleição eram aspectos formativos de sua soteriologia. Aliás, isso se torna ainda mais evidente quando nos voltamos para o tratamento que ele deu a textos bíblicos específicos.

Gottschalk, o exegeta

Nos anos 840, Gottschalk foi convocado por Rabanus Maurus, um dos mais eminentes teólogos daqueles dias, a defender sua teologia da dupla predestinação. Em sua defesa, Gottschalk se valeu de 1 Timóteo 2.4, o qual diz que Deus quer que todos os homens sejam salvos e cheguem ao conhecimento da verdade. Entretanto, desde o início Gottschalk deixou claro que o "todos" a que Paulo se refere diz respeito a todos os eleitos, e não a todas as pessoas. Em suma, ele diz: "Portanto, todos são salvos — todos aqueles a quem Deus quer que sejam salvos".[14] Aqui, a doutrina da predestinação defendida por Gottschalk se insinua na tela de fundo. Em virtude de Deus ter predestinado quem ele quis salvar desde antes da criação do mundo, Paulo não quis dizer que Deus deseja a salvação de todos. A predestinação forma as lentes através das quais Gottschalk entende a vontade salvífica de Deus. A implicação no tocante à expiação, que se torna explícita no final da carta de Gottschalk a Rabanus Maurus, é que "Deus, o criador e modelador de todas as criaturas, dignou-se a ser o gracioso reparador e restaurador somente de todos os eleitos, porém não quis ser o perpétuo Salvador de nenhum dos réprobos, o redentor e glorificador de nenhum deles".[15]

---

14 Ibid., 66.
15 Ibid., 67.

Em numerosas outras passagens, Gottschalk afirma sua posição de que Cristo morreu somente pelos eleitos. Em sua seleção de textos bíblicos que falam de predestinação e eleição (*Sobre a Predestinação*), ele declara inequivocamente que, "por certo que cremos corretamente, esperamos e confiamos corretamente que o corpo e sangue de Cristo foram entregues e derramados unicamente pela Igreja de Cristo".[16] Ele avança um pouco mais e enfatiza que "[o salmista] declara que os réprobos não foram redimidos nem libertados por Deus pelo sangue da cruz de Cristo".[17]

Contra isso, pode-se citar 2 Pedro 2.1, onde os hereges são mencionados como os que foram comprados pelo Senhor. Obviamente, Gottschalk estava ciente da existência desse texto, e provavelmente este chamara a atenção dele mais de uma vez, o que podia explicar por que o descobrimos sendo citado e interpretado em diversos e diferentes lugares. Em cada caso, Gottschalk argumenta que o comprar, nessa passagem, se refere ao batismo, e não ao que Cristo realizou na cruz.[18] Ele segue afirmando que o batismo é eficiente para perdoar os pecados passados, porém não para perdoar os pecados futuros.[19] Infelizmente, Gottschalk nunca elaborou sobre o que pretendia dizer com isso, mas, muito provavelmente, tivesse a ver com a ideia popular de que o batismo remove, respectivamente, o pecado original e a culpa original, contudo não é um sinal de salvação garantida. Assim, nada há no batizado que impeça essa pessoa de ir ao encontro de Deus se morresse naquele momento. Não obstante, se vivessem em pecado e eventualmente negassem aquele em cujo nome foram batizados, seriam responsáveis por rejeitar Cristo e, dessa forma, não seriam salvos.

Alguns poderiam querer fazer exceção à interpretação que Gottschalk faz de Paulo e Pedro, mas meu propósito aqui não é analisar minuciosamente sua exegese, e sim salientar que ele mantinha uma posição consistente com nossa

---

16 Ibid., 59 (cf. também 127-31, 134-40). Gottschalk também fez afirmações explícitas de que Cristo não sofreu pelos réprobos ou por todos (ver 69-70, 131-181).
17 Ibid.
18 Gottschalk diz em seu *Tomo a Gislemar*, por exemplo, "Pois ele os comprou pelo sacramento do batismo, porém não sofreu a cruz, nem suportou a morte, nem derramou seu sangue por eles" (ibid., 70).
19 Cf. o breve tratado de Gottschalk, *Sobre os diferentes modos de se falar sobre a Redenção* (ibid., 156).

noção contemporânea da expiação definida, agiu assim ao alinhar evidência da Escritura e Teologia e não estava sozinho nas convicções que mantinha. Vale também salientar que ele não cria que sua posição era nova e incomum, mas que estava totalmente radicada na tradição agostiniana.

O debate nunca foi propriamente resolvido durante o período carolíngio. Admite-se que o Concílio de Quiercy condenou os pontos de vista de Gottschalk em 849, mas isso tinha mais a ver com o fato de que o concílio estava sob forte direção e controle de seu inimigo, Hincmar, do que com a veracidade de suas reivindicações teológicas. Nos anos que se seguiram, uma onda de produção literária irrompeu-se, fazendo com que os defensores de ambos os lados apresentassem suas posições e atacassem seus oponentes. Eventualmente, o Imperador Lothair convocou um concílio em Valença, em 855, o qual condenou a condenação de Quiercy![20]

Compreensivelmente, o debate sobre a predestinação e a expiação definida experimentou um período tranquilo, ao mesmo tempo que os *Vikings* começaram a barbarizar toda a Europa. Todavia, essa questão não desapareceu do cenário teológico. Quando avançamos rumo a período de tempo mais estável, quando as estruturas educacionais formais estavam começando a desenvolver-se com um pouco mais de seriedade, descobrimos que a ideia de expiação definida está se recompondo outra vez, mas agora sem debates calorosos e discordância. Em vez disso, descobrimos que a expiação definida era apresentada aos estudantes de teologia como o ponto de vista dominante. Essa situação é mais bem exemplificada na obra magisterial de Pedro Lombardo, *Os Quatro Livros de Sentenças* (*Libri Quatuor Sententiarum*).

PEDRO LOMBARDO (1100-1160)

Pedro Lombardo foi um clérigo do século XII na catedral de Notre Dame, em Paris, cuja contribuição mais significativa para o discurso teológico foi sua Teologia Sistemática conhecida como as *Sentenças*.[21] É pelas *Sentenças* de Pedro

---
20 Para um relato mais completo, ver Stucco, *Colors of Grace*, 239-42.
21 Para bibliografia e discussão completas da Teologia de Pedro, ver Marcia Colish, *Peter Lombard* (Nova York: Brill, 1994).

terem saído de uso que quase todo corpo de leitura requerida entre os protestantes em geral, e os evangélicos em particular, que ele acabou sendo negligenciado ou mal interpretado na cultura evangélica recente, a despeito de ser uma influência seminal no desenvolvimento teológico em toda a Idade Média e além dela.

O CERNE DA QUESTÃO

Nos debates sobre a extensão da expiação, é comum ouvir alguém dizer acreditar que a morte de Cristo foi "suficiente para todos e eficiente para alguns". Essa afirmação é com frequência associada ao amiraldismo e ao universalismo hipotético, mas de fato deriva de Pedro Lombardo. Em seu terceiro livro, *Sobre a Encarnação do Verbo*, Pedro afirma que

> [Cristo] se ofereceu no altar da cruz não ao diabo, mas ao Deus trino, e fez isso por todos pela suficiência do preço, mas só pelos eleitos pela sua eficácia, porque ele realizou a salvação somente pelos predestinados.[22]

O que Pedro diz com respeito à extensão da expiação está em grande medida de acordo com a teologia agostiniana. Cristo morreu pelos predestinados. No entanto, alguns têm inquirido se Pedro foi muito longe. Jonathan Rainbow, por exemplo, afirma que, enquanto Pedro provê espaço para a teologia agostiniana, ele não é estritamente agostiniano. A possibilidade de quem faz parte do grupo dos predestinados é mal definida.[23] Por exemplo, é possível que os predestinados sejam os que Deus conheceu de antemão e escolheu para crerem? Neste caso, a expiação definida não é muito limitada. Ela é aberta a todos

---

22   Pedro Lombardo, *Sentenças, Livro 3: Sobre a Encarnação do Verbo*, trad. Giulio Silano (Toronto: Pontifical Institute of Mediaeval Studies, 2008), 86 (3.20.5). A observação na sentença inicial sobre Cristo não se oferecendo ao Diabo é uma referência a um debate na Idade Média sobre aquele a quem foi pago o resgate do Cordeiro de Deus (compare, por exemplo, Mc 10.45). A resposta, que provavelmente se tornou popular por Orígenes, foi que Jesus estava se oferecendo como resgate ao Diabo em troca da libertação das almas mantidas em sua servidão. Anselmo de Cantuária rejeitou por completo esta perspectiva particular sobre a expiação no final do século onze e início do doze.

23   Rainbow, *Will of God and the Cross*, 34. Blacketer, "Definite Atonement in Historical Perspective", 311, segue a mesma linha de pensamento em seu capítulo "This distinction, while a significant move toward the concept of definite atonement, still leaves room for ambiguity".

os que creem, e os que creem o fazem por um exercício de seu livre-arbítrio, não pelo poder da graça de Deus decretado antes da fundação do mundo. Mas essa é a posição de Pedro? Ele deixa a questão bastante ambígua ou, ao menos, insuficientemente definida a ponto de permitir a possibilidade de uma menor ênfase sobre a necessidade da graça? Enquanto uma visão míope de sua máxima poderia ser construída como ambígua, o contexto de sua discussão mais ampla da expiação, como veremos, mitiga contra qualquer ambiguidade. Para Pedro, Cristo morreu pelos eleitos, e os eleitos são determinados pelo livre-arbítrio de Deus à parte do exercício da vontade humana.

Discernindo o contexto

Consistente com seu modo de pensar e escrever, Pedro não mergulha diretamente na questão de quais limites podem ou não ser aplicados à extensão da obra expiatória de Cristo. De fato, a discussão que informa a afirmação previamente citada do livro três se encontra no livro um sobre a Trindade. Ali, no meio de uma discussão sobre a natureza e o caráter de Deus, Pedro volta a considerar a sabedoria de Deus em relação ao futuro. Isso em si constitui uma curiosa noção. Muitas vezes o debate sobre a expiação definida, a predestinação ou temas similares tem sido expresso em termos de sabedoria de Deus? Muito embora seja apenas uma conjetura neste estágio, o fundamento do pensamento de Pedro sobre a expiação está em grande medida radicado na natureza de Deus como revelada na Escritura. Por conseguinte, quando passa a definir os termos relevantes, ele assevera claramente que "a predestinação diz respeito a todos os que hão de ser salvos, bem como às coisas boas pelas quais estes são libertados nesta vida e serão coroados no futuro. Pois Deus, desde toda a eternidade, predestinou homens para as coisas boas elegendo[-os] e os predestinou, preparando-lhes coisas boas".[24] Seguindo imediatamente essa contenda, Pedro cita um número de passagens bíblicas que ele crê darem suporte à sua posição.[25]

---

24 Pedro Lombardo, *Sentenças, Livro 1: O Mistério da Trindade*, trad. Giulio Silano (Toronto: Pontifical Institute of Medieval Studies, 2007), 194 (1.35.2). Todas as citações adicionais das *Sentenças* de Pedro serão tomadas dessa tradução.

25 Ibid.: Romanos 8.29: "Porquanto aos que de antemão conheceu, também os predestinou para serem conforme

Tal afirmação deixa razoavelmente clara a crença de Pedro, para o qual pessoas específicas foram predestinadas por Deus à salvação. Note que não basta afirmar simplesmente que os salvos foram predestinados; é preciso afirmar que Deus predestinou também a *maneira* como serão salvos. Em outras palavras, as circunstâncias — "as coisas boas" — e os resultados são as duas partes necessárias da predestinação. Mas, alguém pode ainda insistir, não é possível que "as boas coisas" pelas quais os predestinados são salvos incluam também o livre-arbítrio? Equivale dizer, uma das boas dádivas de Deus é a capacidade de escolha em relação à salvação. Para responder a essa réplica, voltemos com Pedro à questão da presciência de Deus.

A presciência divina e o livre-arbítrio

Haveria a possibilidade de Pedro crer que a predestinação divina tenha por base o fato de Deus conhecer previamente os escolhidos? Como ponto de partida, tal interpretação não seria consistente com a insistência de Pedro, cuja convicção é que o conhecimento do futuro se fundamenta na sabedoria de Deus. Eis um raro, porém significativo ardil teológico. Pedro baseia a presciência de Deus na sabedoria deste. Não é tanto o que Deus sabe do que acontecerá no sentido de ele ver tudo, ou saber de todas as possíveis contingências, ou ter planejado cada momento de cada dia, mas sim saber, através de sua inefável sabedoria, o que acontecerá. Isso põe o debate sobre a presciência em uma posição completamente diferente. Presciência não é sobre o conhecimento em si mesmo, mas sobre o conhecimento no contexto da sabedoria. Deus não está orquestrando cada evento, nem vigiando para ver o que acontece em um oceano de possibilidades; antes, por sua sabedoria, ele sabe e conhece de antemão. Essa sabedoria não é baseada em observação; é baseada no próprio Deus. Justamente como a verdadeira sabedoria através do temor do Senhor como a apresentada em Provérbios é contrastada com a falsa sabedoria baseada na observação e na criação em geral em Eclesiastes,

---

à imagem de seu Filho"; Efésios 1.4: "assim como nos escolheu, nele, antes da fundação do mundo, para sermos santos e irrepreensíveis perante ele"; Isaías 64.4: "Porque desde a eternidade não se ouviu, nem com ouvidos se percebeu, nem com os olhos se viu Deus além de ti, que trabalha para aquele que nele espera".

assim Pedro se apressa em situar a presciência de Deus dentro da sabedoria de Deus de uma maneira que afete a criação, porém aquela não é afetada por esta.

Eu poderia acrescentar o argumento de Pedro que, justamente como uma parelha de capítulos mais adiante, o "conhecimento ou a sabedoria" de Deus é de todas as coisas, passageiras e eternas, de modo que, "desde a eternidade, Deus conheceu a eternidade e tudo o que ela viria a ser, e a conheceu imutavelmente".[26] Por si só, isso certamente não nega a possibilidade de Deus ter predestinado à salvação quem ele sabia que escolheria crer; entretanto, como parte do contexto e argumento maiores que Pedro formula, fecha a brecha na medida em que o conhecimento de Deus do que acontecerá não pode ser de outra forma senão ocorrer exatamente como ele bem sabe que acontecerá.

Falar da sabedoria e do imutável conhecimento de Deus é muito agradável, mas como nós, ou Deus, podemos estar certos de que o conhecimento divino se harmoniza com os eventos futuros com precisão? A resposta mais direta que Pedro dá é citar o *Enarrationes in Psalmos* de Agostinho, afirmando que para Deus não existe passado nem futuro. Para Deus, todas as coisas são presentes. E daí haver "certa cognição inefável da sabedoria divina".[27] Em outras palavras, Pedro se apressa a continuar afirmando a onisciência de Deus, todavia igualmente se apressa em posicionar-se contra fazer-lhe um tirano que predestinou todos os eventos. Tentando situar-se entre as pontas desse dilema, Pedro formulou a pergunta que tem permanecido no segundo plano de vários capítulos; a saber, a presciência de Deus é a causa dos eventos, ou os eventos futuros são a causa da presciência de Deus? À luz do que já notei sobre a sabedoria divina, Pedro demonstra sua consistência teológica, confirmando a convicção de que a presciência de Deus é a causa dos eventos, pois o que Deus não sabe de antemão não pode vir a concretizar-se. Mais ainda, é impossível que algo conhecido de antemão por Deus possa deixar de concretizar-se, já que isso significaria que a presciência de Deus é falível.[28]

---

26 Peter, *Sentences, Book 1*, 196 (1.35.8).
27 Ibid., 197 (1.35.9).
28 Ibid., 213 (1.38.1).

Embora tal linha de argumentação possa ser útil na afirmação de que nada ocorre fora da vontade, do conhecimento ou da sabedoria de Deus, ela levanta, também, uma questão problemática. Se nada pode vir à existência sem a presciência de Deus, aliás, se as coisas só podem vir à existência em razão da presciência de Deus, então Deus é o autor do mal? A despeito da explicação um tanto extensa que Pedro dá, sua resposta é um claro não: Deus não é o autor do mal. Como assim?

A PRESCIÊNCIA DIVINA E O MAL

Deus não é o autor do mal, porque existe diferença entre a presciência de Deus como consciência e a presciência de Deus como "beneplácito ou disposição".[29] Vemos aqui Pedro modificando ou explanando mais sua posição sobre a relação entre presciência e causalidade. Quando Deus conhece anteriormente algo como uma questão de beneplácito ou disposição, então a presciência de Deus é causativa; todavia, quando a presciência de Deus é simples consciência do que acontecerá, não há elo causal entre o que ele sabe e a ação que se concretiza. Dessa maneira, ele ainda conhece todas as coisas, porém não é a causa de todas elas.

Aqui se pode provar a utilidade de explicar a distinção de Pedro em termos mais familiares à nossa discussão contemporânea. O primeiro ponto que se deve ter em mente é, uma vez mais, o contexto. Pedro não está argumentando de forma genérica ou geral pela natureza e pelo conteúdo da presciência de Deus. Esse não é um argumento no vácuo. Seu argumento tem a ver muito especificamente com o ato de Deus criar ou recriar nossa salvação. Podemos dizer que a distinção de Pedro é entre providência particular e providência geral. A primeira se dirige ao envolvimento direto de Deus em cuidar de sua criação, enquanto a segunda aponta para o fato de que Deus provê as fronteiras ou o espaço no qual sua criação pode vicejar, mas não afeta diretamente cada evento dentro desse espaço.

Tomemos, por exemplo, os sapatos que eu decidi usar esta manhã. De acordo com Pedro, Deus sabia de antemão que eu escolheria usar meus sapatos marrons em vez de meus sapatos pretos? Sim, Deus sabia de antemão qual seria

---

29 Ibid., 215 (1.38.1).

a cor dos sapatos que eu usaria, mas essa consciência não foi causativa. Deus não me fez usar sapatos marrons; eu os escolhi livremente. Certamente, Deus criou as fronteiras e o espaço dentro dos quais eu poderia prosperar e avançar até o ponto onde eu tinha uma escolha entre dois pares de sapatos. Entretanto, ele não guiou e dirigiu minha vida em todas as minúcias, de modo que o uso de sapatos marrons hoje fosse diretamente causado por Deus. Essa é a providência geral. Quando se pensa nela, é vital que não negligenciemos evocar a insistência de Pedro de que conhecimento e presciência operam no contexto da sabedoria de Deus e em relação a ela. Por Deus ser sábio, ele sabe que escolherei livremente. Na verdade, tal sabedoria é inescrutável.

O ponto desta discussão como se relaciona com o argumento de Pedro sobre a expiação definida é que a presciência de Deus pode ser causativa, mas nem sempre é necessário que seja causativa. Em questões de importância, entre as quais a salvação seguramente é uma, a presciência de Deus é causativa porque a humanidade, deixada às suas próprias disposições, jamais poderia ser salva. Em questões de menos importância, entre as quais minha escolha de sapatos seguramente é uma, ou em questões que envolvem o mal e o pecado, a presciência de Deus não é causativa, mas ainda é correta e completa. Portanto, dizer que os propósitos eletivos de Deus na predestinação são causativos e, assim, efetuam a salvação em pessoas particulares equivale não só a dizer que Deus realiza o que decreta na presciência mas implica também que, se não o declarar explicitamente, Cristo morreu pelos eleitos. "Disto se dá a entender que Deus inversamente conhece de antemão as boas coisas que lhe pertencem, como aquelas que ele quer fazer, de modo que, ao conhecê-las de antemão, sua consciência e o beneplácito da autoria se concatenam."[30]

Deus é justo?

Uma resposta comum a um argumento em prol da eleição particular e expiação, tanto em nossos dias como também nos dias de Pedro, é que Deus está agindo injustamente. Para exprimir o desafio forjado nas linhas do

---

30   Ibid., 216 (1.38.1).

próprio argumento de Pedro: o número de redimidos é fixo? Em outras palavras, poderia alguém que não foi predestinado desde a fundação do mundo decidir crer e assim entrar no reino de Deus?[31] Depois de examinar alguns dos diferentes lados desse debate, Pedro sendo, ao mesmo tempo, cômico e humilde, diz que "preferiria ouvir outros a ensinar"![32] Não obstante, a despeito de si mesmo, ele prossegue.[33]

A resposta de Pedro é direta. Deus tomou suas decisões, por assim dizer, desde antes da criação do mundo e o que ele determinou acontecer, acontecerá. Em outras palavras, o que ocorre em algum dado momento ou numa série de momentos, no tempo, não desfará o que foi determinado desde a eternidade passada. Para concluir esta parte da discussão, Pedro reforça sua tese afirmando que "quando lidamos com a presciência ou predeterminação de Deus, sua possibilidade ou impossibilidade é referida ao poder divino, que era e é sempre o mesmo, porque, em Deus, a predestinação, a presciência, o poder são uma só coisa".[34] Vemos aqui não só que o que constitui o fundamento da teologia de Pedro é a doutrina de Deus mas também que é a doutrina da simplicidade de Deus que guia seu método teológico. A doutrina da simplicidade de Deus declara que ele é tudo o que é em cada maneira e em todos os tempos. Essa definição se aplica unicamente a Deus. Por exemplo, se meu braço fosse examinado em todos os detalhes, tanto quanto se poderia aprender sobre mim a partir

---

31 Ibid., 221 (1.40.1).
32 Ibid., 222 (1.40.1).
33 Pode-se indagar como é possível tal questão ainda ser suscitada. Embora não possamos estar inteiramente certos sobre que debates ou discussões teriam inspirado Pedro a incluir essa consideração em seu argumento, não parece inteiramente plausível que esse seja um segmento de um diálogo popular medieval sobre a perfeição relacionada à população da cidade escatológica de Deus. Na época de Pedro, o tópico foi discutido por séculos, mas o relato mais famoso dele vem no *Cur Deus Homo*, de Anselmo de Cantuária. No Livro 1, capítulos 16-18, Anselmo é pressionado por seu interlocutor, Boso, a explicar se o número dos redimidos se igualará ou não ao número dos anjos caídos, ou se o número dos redimidos formará um número maior do que o número dos anjos criados. O resultado da questão, na opinião de Anselmo, é que o número dos redimidos não se igualará meramente ao número dos anjos caídos, mas excederá o número total de anjos numa quantidade perfeita predeterminada. Nesse aspecto, Lombardo está continuando a mesma linha de pensamento, argumentando que o número dos redimidos é fixo em conformidade com o plano predeterminado de Deus. Pode-se encontrar a obra de Anselmo em *Anselm of Canterbury: The Major Works*, ed. Brian Davies e G. Rm Evans, Oxford World's Classics (Oxford: Oxford University Press, 1998).
34 Lombardo, *Sentences, Book I*, 222 (1.40.1).

de meu braço, isso não é tudo o que eu sou. Há não só outras partes em meu corpo, mas há também outras características em meu ser. Tudo o que eu sou não está contido em meu braço. Nesse sentido, sou um ser complexo, porque eu sou formado de muitas partes. No entanto, Deus não é complexo, é simples. Se fosse possível examinar apenas uma parte de Deus, e não a totalidade dele, essa parte seria tudo o que Deus é. Pondo isso em termos mais concretos, muito embora jamais possamos compreender tudo o que Deus é, mesmo o pouco que sabemos é suficiente para justificar confiança e convicção, porque Deus não é diferente em alguma outra parte de seu ser que ainda não encontramos. Por exemplo, não descobriremos um dia que Deus tem um lado mau para ele que não poderíamos ter predito.

Voltando à teologia de Pedro da expiação, da predestinação e da presciência, isso significa que ele considera não apenas impróprio, mas teologicamente dúbio na melhor parte — e errado na pior — separar questões da presciência de Deus, seja de seu poder salvador, seja de sua vontade de escolher. Deus é tudo o que sempre é. Ele não predestina alguém para a salvação para depois desistir, porque isso seria tanto uma negação de sua soberana onipresença como também uma negação de que ele sempre opera em harmonia, sem divisão ou separação. Embora Pedro nunca use o termo *graça irresistível*, ele definitivamente pensa nisso ao longo dessas linhas. O que Deus se propôs fazer ele não pode deixar de concretizar. E ele propôs que alguns entre a humanidade apóstata serão salvos enquanto outros serão abandonados à reprovação. Em todo o tempo, Pedro é cuidadoso em sustentar que Deus não causou o pecado ou a queda, ainda quando o soubesse de antemão; assim ele não leva nenhuma culpa por aqueles que perecem. É sobre essa base que Pedro está avançando cada vez para mais perto da afirmação com que começou — a saber, Cristo morreu pelos eleitos a quem Deus predestinara para a salvação.

Um aspecto dos pensamentos de Pedro que merece mais atenção é a equanimidade com que ele busca aplicar à humanidade as ações de Deus, seja para a salvação, seja para a reprovação. Como esperaríamos de alguém que segue a teologia de Agostinho tão de perto, Pedro deixa claro que a graça nunca é merecida. Não há obra, quer passada, quer presente ou futura, da qual dependa a extensão ou recepção da graça. Além do mais, a graça já não seria graça se fosse merecida ou ganha.[35] Tal graça é aplicada como resultado da presciência e predestinação de Deus de acordo tão somente com sua divina vontade. Não obstante, de modo semelhante, nos réprobos, não há ações de sua parte que efetuasse ou causasse a presciência e predestinação de Deus, operando como fez em conformidade com sua divina vontade. Uma vez mais, o que importa a Pedro é que a escolha e ação de Deus são exercidas livremente.[36] Deus age livremente na *aplicação* da graça salvífica tornada possível pela morte e ressurreição do Filho aos homens e mulheres que de modo algum a merecem. Da mesma forma, Deus age livremente ao *subtrair* a graça salvífica tornada possível pela morte e ressurreição do Filho aos homens e mulheres que não a merecem.

Dessa maneira, Pedro busca remover o estigma de injustiça dos contra-argumentos, pois se nisso houvesse alguma injustiça, ela não poderia estar radicada na humanidade, visto que ambos, crentes e descrentes, não têm merecimento algum. A injustiça estaria em Deus, mas isso é impossível. Cremos não só que Deus é simples mas também que ele sempre, e em cada caso, é justo e reto. Isso nos faz recuar até onde Pedro começou essa discussão no livro 1 de suas *Sentenças*. Ele discutiu bem no início da obra que a questão da predestinação e das doutrinas concomitantes que se deduzem dela — por exemplo, a expiação definida — estão radicadas na sabedoria de Deus. Eis por que Pedro se apoia com tanta confiança sobre os ombros do apóstolo Paulo em Romanos 11 e declara que não tem todas as respostas.[37]

Começando no fim

No início de meu exame do que Pedro Lombardo tinha a dizer sobre a expiação definida, focalizei sua conhecida linha de que, embora a morte de Cristo fosse suficiente para todos, ela só foi eficiente para os eleitos. Enquanto, na força

---

35 Ibid., 224 (1.41.1).
36 Ibid., 225 (1.41.1).
37 Ibid., 224 (1.40.1).

desta afirmação somente, alguém poderia argumentar que os eleitos abarcam todos os que decidem crer, o corpo da teologia de Pedro, como claramente delineada no resto de suas *Sentenças*, deixa claro que a eleição é determinada por Deus segundo sua inefável sabedoria. Os eleitos certamente são os que creem, mas não estão exercendo o livre-arbítrio à revelia; antes, estão respondendo à graça divina introduzida em suas vidas pelo poder de Deus em conformidade com sua presciência e predestinação.

Pedro estreitou consideravelmente a possibilidade da expiação ilimitada, asseverando que Cristo morreu pelos eleitos e que, porque os eleitos foram especificamente enumerados antes da fundação do mundo, a aplicação de sua obra expiatória lhes foi destinada intencionalmente. Como Pedro argumentou já no final do livro 1 de suas *Sentenças*, a vontade de Deus não pode ser frustrada. Assim, tudo o que Deus busca realizar como um ato da própria vontade inevitavelmente é concretizado no tempo.[38] Cristo não só morreu pelos eleitos mas cada um desses eleitos foi conhecido à parte de qualquer escolha ou ação da parte deles. E a vontade e o poder de Deus operam em harmonia com sua presciência e propósitos predeterminantes de salvar, através de seu Filho, os escolhidos. Quando considerada como um todo, a teologia de Pedro é consistente com as últimas articulações da expiação definida, a despeito de os termos e linguagem técnicos usados para expressar a teologia da expiação definida jazerem no futuro.

O importante para se compreender tudo isso, particularmente na comunidade evangélica contemporânea, é que a expiação definida não constituía um conceito minoritário na igreja medieval. As *Sentenças* de Pedro foram não apenas uma obra, na longa fileira de teologias sistemáticas, sendo agitada durante o desenvolvimento das escolas das catedrais no século onze; ela foi, antes, adaptada como a melhor e mais eficiente. Por séculos, as *Sentenças* de Pedro foram a leitura requerida de todos os estudantes de teologia. Assim, Pedro não só sistematizou e sumariou as posições populares de teologia nos séculos que sucederam até o fim de sua vida terrena mas ele se tornou um provedor

---

38   Ibid., 255 (1.47.1).

espantosamente eficiente daqueles conceitos para gerações futuras. Portanto, quando chegamos à última parte da Reforma e ao seu clímax teológico, testemunhamos uma continuidade entre as eras. A teologia da Reforma sobre este tópico não ressuscitou o que fora perdido, porém deu continuidade ao que lhes fora passado por Pedro, entre outros. Com certeza havia os que tiraram proveito da teologia dele sobre a expiação, mas dado que todo estudante, por centenas de anos, lia as *Sentenças*, que inúmeros teólogos comentavam sobre essa grande obra por igualmente muito tempo, e que nenhum outro texto teológico, salvo a *Glossa Ordinaria*, pode reivindicar o tipo de longevidade e abrangência que ocorreu nas *Sentenças*, e que sua obra não foi substituída como leitura padrão até muito depois da Reforma, devemos cuidar em compreender que, longe de serem afastadas da discussão teológica durante a Idade Média, as sementes da doutrina da expiação definida estiveram presentes nas escolas e igrejas.[39]

TOMÁS DE AQUINO (1225-1274)

A evidência da continuidade do pensamento de Pedro Lombardo, do século XII, a partir de meados e até o final do século XIII, é mais bem exemplificada nas obras de Tomás de Aquino. Lendo nas suas duas obras mais famosas, *Summa Theologiae* e *Summa Contra Gentiles*, fica evidente que, enquanto foi claramente influenciado por Aristóteles, ele não foi menos inspirado e afetado pela *opus magnum* de Pedro.

SUFICIENTE PARA TODOS, EFICIENTE PARA MUITOS

Notavelmente, Aquino não se dirige diretamente à questão de por quem Cristo morreu da maneira como Pedro fez e na mesma extensão. Não obstante, há muitos lugares onde Aquino fala sobre a extensão da expiação; onde eles são

---

39 Cf. Alister E. McGrath, *Institia Dei: A History of the Christian Doctrine of Justification*, 3ª ed. (Cambridge: Cambridge University Press, 2005), 164-65. Enquanto o propósito de McGrath, nesse livro, não é abordar a extensão da expiação *per se*, ele nota que a maioria dos teólogos que seguiram Pedro Lombardo, inclusive os pertencentes ao Alto Escolasticismo, e os primeiros dominicanos, argumentava em prol da predestinação e da presciência divina da maneira que tenho delineado aqui nas *Sentenças*. Uma vez mais, temos de enfrentar o fato de que o teor da teologia medieval preparou o terreno para o que mais tarde viriam a ser articulações da doutrina da expiação definida.

justapostos entre si, vemos um padrão que segue a trajetória que conduz na direção da doutrina da expiação definida. Entretanto, uma cuidadosa leitura inicial da teologia de Aquino poderia conduzir a alguma dúvida sobre tal compatibilidade, sem falar em consistência, entre sua teologia e a expiação definida. Por exemplo, tomem-se os comentários de Aquino sobre a eficácia da paixão de Cristo. Ele defende a tese de que o sofrimento e a morte de Cristo de fato foram uma expiação suficiente para os pecados da humanidade. Aqui ele cita 1 João 2.2, onde Jesus é a expiação para os pecados do mundo inteiro.[40] Essa ideia poderia transparecer que Aquino discorda de Pedro e adota o conceito de que a morte expiatória de Cristo foi por todas as pessoas. Essa averiguação poderia ser endossada pelo que ele continua a dizer umas poucas páginas depois, quando reitera que "a paixão de Cristo foi uma satisfação suficiente e superabundante para os pecados de toda a espécie humana."[41]

No entanto, tal conclusão seria prematura, já que Aquino retorna ao tema da extensão da expiação um pouco mais adiante quando volta à questão da adequação das palavras de consagração do vinho na celebração da Eucaristia.[42] Enquanto examina as várias partes dessa proclamação, ele cita uma objeção para a afirmação de que o sangue de Cristo é "por vós e por muitos", a qual poderia ser melhorada dizendo-se: "por todos e por muitos". A razão para isso é que a morte de Cristo é suficiente para todos, "embora, quanto à eficiência, ela foi proveitosa para muitos".[43] A resposta de Aquino foi manter a fórmula da consagração como estava ("para vós e para muitos"), enquanto endossa a ideia de que o sangue de Cristo foi derramado somente pelos eleitos. Ele argumentou que a distinção entre "por vós" e "por muitos" (refletindo as diferentes leituras nos Evangelhos) é extraída a fim de chamar a atenção para os diferentes grupos a quem o sangue de Cristo

---

40 Tomás de Aquino, *Summa Theologiae*, trad. Fathers of the English Dominican Province, 5 vols. (Notre Dame, IN: Ave Maria, 1948), 3.48.2.
41 Ibid., 3.49.3.
42 As palavras da consagração, como citadas por Aquino: "Isto é o cálice de meu sangue, do Novo e Eterno Testamento, o Mistério da Fé, que será derramado por vós e por muitos para o perdão de pecados" (Ibid., 3.78.3).
43 Ibid.

se aplica. Em outras palavras, Jesus estava dizendo que o sangue dele seria derramado pelos judeus eleitos ("por vós"), bem como pelos gentios eleitos ("por muitos").[44] A posição de Aquino pode não ser tão vigorosa ou elegante como seriam as posições dos últimos proponentes da expiação definida, mas ele professa que o sangue de Cristo foi derramado para cobrir os pecados de um grupo eleito.

Além dessa breve análise das relações entre eleição e expiação, Aquino discute temas como a natureza da vontade, a capacidade de escolher, a soberania de Deus na predestinação e sobre em que a presciência divina estava baseada (por exemplo, a própria bondade ou escolha de alguém afeta a presciência divina?) — temas que iluminarão ainda mais nosso estudo de sua doutrina da expiação.

Do arbítrio à predestinação

Em *Summa Theologiae*, Aquino chega à predestinação muito precocemente. A razão para isso é simplesmente que Aquino começa com Deus, e o contexto próprio para a doutrina da predestinação em seus dias estava embutida na doutrina divina. Em outras palavras, Aquino não vê a predestinação vinculada primariamente à soteriologia ou à antropologia teológica. Mais especificamente, ele vincula a predestinação mais estreitamente à providência de Deus. Eis por que, imediatamente antes de introduzir sua discussão da predestinação, Aquino dá atenção à dúvida sobre a providência divina impor ou não alguma necessidade ao que é previsto.[45] Se a providência acarreta a imposição da necessidade, então isso tem implicações significativas para a preocupação soteriológica mais ampla. Inicialmente, os argumentos parecem estar em favor de Deus impor a necessidade ao que ele conhece de antemão. Por exemplo, se Deus sabe de antemão que algo há de acontecer, e o que ele sabe de antemão não pode deixar de acontecer, então parece razoável que Deus impõe seu poder a fim de cumprir seus propósitos providenciais.

---

44 Ibid.
45 Ibid., 1.22.4.

No entanto, Aquino ressalta uma exceção. Ele argumenta que a necessidade certamente se aplica a algumas coisas, porém não a todas. De forma típica, Aquino é cuidadoso em traçar distinções. Há o que Deus faça por necessidade, isto é, por imposição de seu poder e vontade mas também há o que "possa acontecer por contingência, segundo a natureza de suas causas próximas".[46] Isso significa que Deus pode realizar seus propósitos diretamente pelo uso de seu poder ou indiretamente por meio de fatores que circundam um evento ou uma decisão que ocasionam um fim desejado. Se compararmos essa afirmação de Aquino em *Summa Contra Gentiles*, vamos descobrir que ele é sempre muito intencional em manter, respectivamente, os soberanos propósitos providenciais de Deus e a liberdade da vontade humana. Ele escreve que "a operação da providência, pela qual Deus opera, não exclui as causas secundárias, mas, antes, ela se cumpre por meio delas, conquanto elas ajam pelo poder de Deus".[47] Deus pode até não fazer com que algo aconteça diretamente, mas isso não significa que Deus não controla a ocorrência.

Evidentemente, há vários meios pelos quais poderíamos assumir tal linha de pensamento, mas, como isso pertence à expiação definida, devemos notar que Aquino é direto em aplicá-la mais especialmente ao livre-arbítrio humano. Se a providência divina não necessita que tudo o que Deus conhece de antemão aconteça como resultado de seu poder direto, então a vontade humana permanece livre. O que é muito conveniente porque é "próprio à providência divina usar as coisas em conformidade com o próprio modo delas".[48] Se a natureza da vontade humana é ter o poder de buscar resultados múltiplos, então Deus limitar esses resultados a uma só opção seria agir de forma contrária ao modo de operação do arbítrio humano como ele o criou. Além do mais, Aquino crê ser axiomático que ser criado à imagem de Deus acarrete livre-arbítrio, já que a vontade de Deus é livre (ainda que de uma maneira superior à nossa).[49] Mas não é colorário disso que a salvação venha pelo exercício do livre-arbítrio

---

46 Ibid.
47 Tomás de Aquino, *Summa Contra Gentiles*, trad. Vernon J. Bourke (Notre Dame Press, 1975), 3a.72.2.
48 Ibid., 3.1.73.3.
49 Ibid., 3a.73.3.

humano, significando que Aquino, ao menos implicitamente, desenvolveu sua teologia a partir de uma linha de pensamento que seria incompatível com a expiação definida? Em uma palavra: não.

Voltando à *Summa Theologiae*, Aquino se move da providência para a predestinação, onde ele declara com toda a clareza e ênfase que "é conveniente Deus predestinar seres humanos. Pois tudo está sujeito à sua providência, como já se mostrou".[50] O teólogo elabora que a obtenção da vida eterna está além da capacidade de toda e qualquer pessoa e, portanto, tem de ser dirigida por Deus. Além disso, a base sobre a qual a predestinação é feita está inteiramente no interior do próprio Deus, em seus propósitos providenciais, e não em algo inerente à humanidade.[51] Quando Aquino replica as diferentes objeções a isso, argumenta que a predestinação requer preparação no indivíduo. Tal preparação é das paixões, "no que é preparado".[52] Deus não força um indivíduo a tomar uma decisão particular, mas prepara as "paixões" deste.

Na *Summa Contra Gentiles*, Aquino indaga se certos textos da Escritura requerem a crença de que Deus força os predestinados a escolherem a fé. João 6.44, por exemplo, fala que ninguém vai ao Pai senão aqueles a quem ele atrai. Romanos 8.41 declara que todos os que são guiados pelo Espírito de Deus são filhos de Deus. Em 2 Coríntios 5.14, é dito que o amor de Cristo nos governa.[53] Aquino contesta que essas passagens são mais bem entendidas não como a remover nosso livre-arbítrio, mas a operar com ele, todavia não de uma maneira que nos tornamos meramente recipientes passivos sem uma função ativa. Ele diz que "a primeira causa provoca a operação da segunda causa de acordo com a medida da última".[54] Isso está em plena harmonia com o que ele disse sobre as paixões sendo preparadas dentro dos predestinados. Deus opera em nós de tal maneira que nós escolhemos nossas paixões e a capacidade de escolher o que

---

50 Aquino, *Summa Theologiae*, 1.23.1. A referência ao que "foi mostrado acima" é à seção anterior, onde ele falava da providência divina como eu delineei.
51 Aquino, *Summa Theologiae*, 1.23.2.
52 Ibid.
53 Aquino, *Summa Contra Gentiles*, 3b.148.1.
54 Ibid.

é virtuoso, de modo que a decisão que tomamos por meio do nosso próprio arbítrio é ainda plenamente nossa escolha pessoal. Como Aquino diz em outro lugar, é impossível que alguém creia por sua própria conta, à parte da atividade preparatória do Espírito de Deus que capacita alguém a escolher livremente a salvação.[55] De fato, na questão sobre a necessidade da graça divina preveniente estar em ação a fim de que a salvação se faça possível, Aquino dá um passo a mais argumentando que a humanidade no estado de pré-queda, bem como em nosso estado pecaminoso corrente, requer o auxílio divino. "[Em] ambos os estados, o homem necessita do auxílio divino para ser levado a agir bem."[56] Em uma afirmação adicional de sua posição, Aquino continua argumentando que somos incapazes de preparar-nos para a graça, à parte do auxílio externo da graça aplicada pelo poder de Deus; ele diz: "É evidente que o homem não pode preparar-se para receber a luz da graça exceto pelo gracioso auxílio divino movendo-o interiormente".[57] Eis por que Aquino afirma com convicção que quem Deus predestina à salvação não pode deixar de vir à fé.[58]

Mas é possível que a porta do livre-arbítrio fosse deixada semicerrada? E se os predestinados o são em conformidade com a escolha deles? Essa posição é completamente alheia ao pensamento de Aquino. Primeiro, ele argumenta clara e energicamente em prol do fato de que nada na humanidade possibilita a predestinação divina. Segundo, assume a mesma posição de Pedro Lombardo de que o número de predestinados foi fixado desde antes da fundação do mundo.[59] Terceiro, e mais convincentemente, elabora a questão da predestinação de Cristo no final de *Summa Theologiae*, e ali ele faz duas afirmações significativas. A primeira é que o exercício da graça e providência divinas, pelas quais Cristo foi predestinado, é o ato idêntico pelo qual os eleitos foram predestinados.

---

55 Sobre a questão do pecado afetando a vontade e o intelecto, ver Aquino, *Summa Theologiae*, 2a.83-86.
56 Ibid., 2a.109.2.
57 Ibid., 2b.109.6.
58 Ibid., 1.23.6.
59 Ibid., 1.23.7. Aqui, alguns podem protestar que o universalismo hipotético, como identificado dentro da teologia amiraldiana, milita contra delinear uma correspondência entre a eleição definida, com base na graça, e a expiação definida. Tal noção é não só anacrônica mas também falha em apreciar que o conceito de Aquino acerca da eleição é o mesmo de Pedro e não chega a nutrir a ideia do universalismo hipotético, como é evidente no próximo ponto: que a predestinação de Cristo e dos eleitos constitui o mesmo ato.

Em outras palavras, a predestinação de Cristo e a de sua igreja podem ser subentendidas como um só ato. No entanto, a predestinação pode ser também vista como uma dupla ação a partir do ponto de vantagem do tempo. Há uma predestinação na eternidade passada que se aplica no escrutínio da história humana. Nesse sentido, Aquino diz que a predestinação vem à fruição por meio do ato redentor de Cristo.[60]

1 Timóteo 2.4

Como vimos no tocante a Gottschalk e Pedro, assim agora vemos no tocante a Aquino: que há certas passagens da Escritura as quais não parecem adequar-se tão concisamente com sua teologia. Entre as passagens mais comuns da Escritura a serem citadas, está 1 Timóteo 2.4, onde Paulo declara que Deus quer a salvação de todos. Em resposta, Aquino identifica três importantes considerações.[61] Primeira: o que Deus quer ele não deixa de realizar. Como se dá com muitas outras teologias medievais, o primeiro movimento de Aquino é defender o caráter de Deus. Deus não é fraco; ele não falha. Segunda: ninguém é salvo à parte do arbítrio de Deus. Juntando isso ao primeiro ponto, o argumento de Aquino é que todos os que são salvos, o são porque é da vontade de Deus. Isso introduz sua terceira consideração: que "todos", nessa passagem, está se referindo a todos os tipos ou todas as categorias de pessoas. Deus quer que todos os tipos de pessoas, pessoas de cada categoria da humanidade, sejam salvas. Essa linha de raciocínio leva Aquino a afirmar que a vontade de Deus não é genérica ou indiscriminada, mas considera qualificações e circunstâncias. Logo, quando Deus quer que todos sejam salvos, a vontade dele concorda com a presciência e predestinação, assim como com o conhecimento de que todos têm pecados e por isso são filhos da ira. Uma vontade divina irrestrita, que leva

---

60 Ibid., 3.24.4. "Respondo que, se considerarmos a predestinação da parte do próprio ato de predestinar, então a predestinação de Cristo não é a causa da nossa, porque, por um e o mesmo ato, Deus predestinou, respectivamente, Cristo e nós. Mas, se considerarmos a predestinação da parte de seu termo, então a predestinação de Cristo é a causa da nossa: pois Deus, ao predestinar desde a eternidade, assim decretou a nossa salvação, que ela seria efetuada através de Jesus Cristo. Pois a predestinação eterna comunica não só aquilo que deve ser efetuado no tempo mas também o modo e a ordem em que ela deve ser realizada no tempo."
61 Ibid., 1.19.6.

a um "todos" irrestrito em 1 Timóteo 2.4, não leva suficientemente em conta a natureza de Deus, bem como o resto da revelação.

JUNTANDO TUDO

À luz da discussão aqui estabelecida, seria evidente que a teologia de Aquino está mantendo a doutrina da expiação definida. Nisto, ele estava seguindo uma longa e bem estabelecida tradição na igreja em geral, e na igreja medieval em particular, mesmo quando claramente desenvolve questões relacionadas à expiação definida a seu próprio modo distintivo.

O que mais importava aos teólogos medievais, na luta pela eficácia da morte de Cristo, era localizar a predestinação, a eleição e a presciência na doutrina de Deus, porque contavam com e recorriam muito aos atributos dele: sabedoria, soberania providencial, poder, graça, misericórdia e amor, para nomear poucos. Vista sob essa luz, a salvação não é apenas do indivíduo, mas uma ação de Deus condizente com a natureza dele. Compreender a soteriologia medieval a partir dessa perspectiva nos ajuda a apreciar por que Pedro Lombardo, Tomás de Aquino e especialmente Gottschalk concebiam a extensão da expiação nesses termos particulares. O plano de Deus é redimir para si um povo particular, um povo reservado desde antes da criação, por quem o Filho de Deus morreria. Uma vez mais, os teólogos medievais enfatizaram que a sabedoria de Deus e os propósitos providenciais, embora extensos e difíceis de compreender, não estão à deriva nem entregues à ação ou escolha humana. É verdade que esses teólogos não definem uma articulação abrangente da expiação definida, mas é também verdade que, quando vieram os Reformadores do final do século XVI e XVII, eles não se puseram a preparar novo solo, mas continuaram a regar as sementes já plantadas muito antes deles.

CAPÍTULO 4

CALVINO, LINGUAGEM INDEFINIDA E EXPIAÇÃO DEFINIDA

Paul Helm

Nos escritos de João Calvino, a presença da linguagem indefinida ou indiscriminada em relação ao escopo e à eficácia da expiação é muitas vezes tida como uma forte evidência de que ele negava a expiação definida.[1] A seguir, afirmo que isso não é assim, pois Calvino mantinha uma visão sobre tal linguagem que é totalmente consistente com seu comprometimento com a expiação definida, a qual não pode ser usada como evidência convincente de que ele a negava.

---

1   Embora a escolha de "indefinida" seja minha, Raymond Blacketer me assegurou que Teodoro Beza usava essa mesma palavra. Por exemplo, "Pergunta: *Mas, seguramente, o chamado e a promessa são universais?* Resposta: Compreenda-os como indefinidos [*indefinatam*] (e em vista de certas coisas que tenho discutido, com respeito às circunstâncias) e você terá uma melhor cena dela" (Teodoro Beza, *Quaestionum et responsionum Christianarum libellus, in quo praecipua Christianae religionis capita* κατά ἐπιτομήν *proponuntur* [Genebra, 1570; Londres: H. Bynneman, 1571]). Esse livro foi traduzido como *A Booke of Christian Questions and Answers*, trad. Arthur Goldin (Londres: Wm. How, 1578), retraduzido por Raymond Blacketer (não publicado).

Primeiro, sublinharei uma distinção que formulei há algum tempo e ainda considero importante para esse debate sobre se Calvino comprometeu-se ou não com um conceito definido da expiação. Escritores como Charles Bell, Brian Armstrong e R. T. Kendall argumentam em prol do ponto de vista indefinido,[2] enquanto outros, tais como Jonathan H. Rainbow e Roger R. Nicole, argumentam em prol da admissão de Calvino à expiação definida.[3] Minha visão pessoal é que, enquanto Calvino não *se comprometeu pessoalmente* com nenhuma versão da doutrina da expiação definida, seu pensamento é consistente com essa doutrina; isto é, ele não a negou em termos expressos, mas por meio de outras coisas que ele sustentou muito definidamente é possível dizer que *aderiu* a essa doutrina. A distinção é muito importante a fim de evitar-se a acusação de anacronismo. Calvino viveu antes que esses debates fossem levados à formulação explícita da doutrina da expiação definida na Teologia Reformada, e o mesmo se aplica ao amiraldismo.[4] Ele não a confessou em termos expressos, mas tampouco a negou. Note que tal conclusão não equivale a uma resposta afirmativa à pergunta: se Calvino estivesse presente no Sínodo de Dort, ele teria dado seu aval à doutrina da expiação definida? Responder sim requer perguntar se, no intervalo entre a última palavra publicada de Calvino e os primeiros anos do

---

2   Charles Bell, "Calvin and the Extent of the Atonement", *EQ* 55.2 (1983): Brian G. Armstrong, *Calvinism and the Amyraut Heresy; Protestant Scholasticism and Humanism in the Seventeenth-Century France* (Madison: University of Wisconsin Press, 1969); R. T. Kendall, *Calvin and English Calvinism to 1649*, Studies in Christian History and Thought (Nova York: Oxford University Press, 1979). Outros incluem: Paul M. van Buren, *Christ in Our Place: The Substitutionary Character of Calvin's Doctrine of Reconciliation* (Edimburgo: Oliver Boyd, 1957); Baseil Hall, "Calvin against the Calvinists", in *John Calvin*, ed. G. E. Duffield (Grand Rapids, MI: Eerdmans, 1966), 19-37; James W. Anderson, "The Grace of God and the Non-Elect in Calvin's Commentaries and Sermons" (Ph.D. diss., New Orleans Baptist Theological Seminary, 1976); Alan C. Clifford, *Calvinus: Authentic Calvinism. A Clarification* (Norwich, UK: Charenton Reformed, 1996); idem, *Atonement and Justification* (Oxford: Oxford University Press, 1990); Kevin D. Kennedy, *Union with Christ and the Extent of the Atonement in Calvin* (Nova York: Peter Lang, 2002).
3   Jonathan H. Rainbow, *The Will of God and the Cross: An Historical and Theological Study of John Calvin's Doctrine of Limited Redemption* (Allison Park, PA: Pickwick, 1990); Roger R. Nicole, "John Calvin's View of the Extent of the Atonement", *WTJ* 47 (1985): 197-225. Ver também S. Leahyt, "Calvin and the Extent of the Atonement", *Reformed Theological Journal* 8 (1992): 54-64.
4   Nem mesmo Rainbow, que argumenta que a expiação definida era um conceito medieval deficitário da expiação com o qual Calvino concorreu, sempre aponta para o uso que este fez da doutrina em debate. Tivesse Calvino *se comprometido* com a expiação definida (como Rainbow alega), então isso quase certamente teria emergido em vários contextos polêmicos, por exemplo, em seus debates com Sebastian Castellio.

século XVII, seus comentários doutrinais teriam mudado.⁵ Isso pode ou não ser um pressuposto razoável a fazer.

Faço essa distinção em "Calvino e os Calvinistas", publicado há trinta anos,⁶ e o presente capítulo pode ser considerado como uma obra adicional sobre esse tema. Depois de citar dados do apoio de Calvino à substituição penal, de passagens como *Institutas*, 2.16.2.3.5 e 3.22.7.10, sobre o escopo definido da expiação, formulou-se a distinção entre Calvino *estar comprometido* com a expiação definida e *estar se comprometendo* com esse conceito.⁷ Podem ser úteis mais uma ou duas palavras explicando tal distinção.

Uma pessoa pode estar comprometida a uma doutrina sem se comprometer com ela. Como assim? Em razão da proposição ou das proposições em que alguém crê, pode-se ter consequências lógicas que tal pessoa não compreende (mesmo quando as consequências possam, para estudantes futuros, ser tão claras como a luz do dia). Nenhum de nós conhece todas as implicações lógicas do que cremos. Por que é assim? Basicamente, por causa de nossa finitude — talvez expressa através de uma simples falha de percepção lógica, por não notarmos que p e q implicam r, ou aceitando que a verdade de p e q levanta a possibilidade de r a um grau elevado. Ou talvez porque as consequências lógicas não foram trazidas à nossa atenção. Seja qual for a explicação, para usar a linguagem dos filósofos, a crença não está limitada à implicação: posso ter a crença verdadeira de que p implica q, ou de que p e q podem implicar r, porém isso não quer dizer que creio que p e q impliquem r.

Um resultado da controvérsia pode ser que os envolvidos nela, e igualmente os espectadores, são forçados a admitir algumas das consequências lógicas das posições a serem discutidas. Pense na conexão que Cristo fez entre "Deus

---

5   Por exemplo, mais se poderia dizer sobre aqueles conceitos de Calvino que coexistem com a ideia da expiação definida, mesmo que ele não abraçasse essa ideia. Em seu escrito contra Sebastian Castellio, *A Providência Secreta de Deus*, publicado em 1558, vemos a hostil atitude de Calvino para com a rejeição de Castellio de seu discernimento da doutrina das duas vontades, à incondicionalidade da antevisão divina e à ideia da mera permissão divina. Rejeitar essas doutrinas tornou-se parte da perspectiva arminiana. Ver João Calvino, *The Secret Providence of God*, ed. Paul Helm, trad. Keth Goad (Wheaton, IL: Crossway, 2010), 30-31.
6   Paul Helm, *Calvin and the Calvinists* (Edimburgo: Banner of Truth, 1982).
7   Ibid., 18.

é o Deus vivo" e "Abraão, apesar de ter morrido, ainda vive e ressuscitará" (ver Mateus 22.29-32). Ou considere os antigos debates teológicos e o papel que exerceram na compreensão definidora da pessoa e da natureza de Jesus Cristo.[8]

Perceber que p implica q pode levar uma pessoa a afirmar q, ou pode fornecer uma razão para ela negar p. A dúvida em relação ao comprometimento de Calvino com a expiação definida pode levar-nos a formular outra questão: é plausível crer que, se a doutrina da expiação definida, plenamente desenvolvida, estivesse-lhe disponível, ele a teria abraçado? Ou teria se voltado prontamente a um ponto de vista mais em voga ou até mesmo contrário? Mas, ao formular e tentar responder a questões tão absurdas, o nevoeiro do anacronismo começa a descer.[9]

É possível ter em mente uma coleção de frases nas quais Calvino escreve em termos universais sobre Cristo ser o Salvador do mundo e ter morrido por todos os homens e mulheres, bem como uma segunda coleção que vai a outro extremo, enfatizando o escopo particularista focalizado na expiação de Cristo.[10] Cada uma dessas coleções pode então ser usada como "texto prova" por aqueles que mantêm uma ou outra posição. Mas é impossível estabelecer qual era a visão de Calvino sobre sua própria linguagem subdesenvolvida em relação à extensão da expiação, ou mesmo fazer muito progresso sem examinar mais amplamente o pensamento dele.[11]

---

8   Kennedy, *Union with Christ*, 74, alega que a distinção entre comprometer-se alguém com p e ser comprometido com p é um "mistério", enquanto P. L. Rouwendal, "Calvin's Forgotten Classical Position on the Extent of the Atonement: About Sufficiency, Efficiency e Anacronism", *WTJ* 70 (2008): 33, considera como uma "conclusão fraca". Deixo aos leitores a responsabilidade de formar um juízo desses vereditos sobre uma distinção que obviamente é válida.

9   Note que Richard A. Muller, "A Tale of Two Wills?", *CTJ* 44.2 (2009): 212, evita usar o termo "expiação" relacionado ao nosso tópico, porque ele é "altamente anacrônico". Eu usarei o termo, mas a prudência de Muller permanece.

10 Para expressões da linguagem universal de Calvino, ver apêndice 1 da nova edição de R. T. Kendall, *Calvin and English Calvinism to 1649* (Carlisle, UK: Paternoster, 1997). Para exemplos da linguagem não universalista de Calvino, ver sua exegese de 1 João 2.2 in *Commentaries on the Catholic Epistles*, Comentários de Calvino, vol. 22, ed. e trad. John Owen (Grand Rapids, ML: Baker, 1979, reimpressões das traduções dos comentários em CTS). Todas as referências subsequentes aos comentários de Calvino são para a edição da CTS.

11 O jogo de opor linguagem definida contra indefinida parece sumir aos poucos, só para que os mesmos dados sejam revisitados mais uma vez. Ver, por exemplo, Paul Hartog, *A Ward for the World: Calvin on the Extent of the Atonement* (Schaumburg, IL: Regular Baptist Press, 2009).

A linguagem indefinida ou universalista de Calvino é notada amplamente pelos participantes deste jogo de pingue-pongue evidencial, pois eles rebatem os dados de um lado para o outro na mesa à medida que a pequena bola branca é rebatida. Embora eu tenha prazer no jogo de pingue-pongue, repudio tal sistema de "texto prova", ou quaisquer outras formas dela.[12] Essa não é uma ferramenta apropriada para acumular e acessar evidências em prol da posição de Calvino, de uma maneira ou de outra. Pois provas textuais desse tipo nos abstraem da perspectiva teológica mais profunda.

Os que alegam que ele sustentava uma expiação indefinida, de modo algum concordam entre si sobre suas consequências. G. Michael Thomas aponta para um "dilema" na teologia de Calvino, a existência de "pontos de tensão", apresentando a posição global de Calvino "inerentemente instável".[13] R. T. Kendall mantém que, enquanto Calvino tinha um conceito ilimitado da expiação, as intercessões de Cristo eram definidas em favor unicamente dos eleitos.[14] Kevin D. Kennedy alega que, segundo Calvino, enquanto a expiação é universal, a união com Cristo é particular.[15] A dificuldade com os últimos dois pontos de vista, os quais se inclinam na direção do pós-redencionismo ou amiraldismo, é que estes põem em risco a unidade do decreto divino e as operações divinas *ad extra* que Calvino enfatizava. O propósito do Filho em fazer uma expiação universal é diferente em escopo de seu propósito na intercessão, ou diferente daquele do Espírito que introduz um grupo particular de homens e mulheres na união com Cristo. Essa é uma fraqueza séria, pois Calvino trabalha com muito empenho para frisar, respectivamente, a unidade da vontade divina e sua singularidade, que é uma única vontade.[16]

---

12 Para a analogia do pingue-pongue, ver Basil Mitchell, *How to Play Theological Ping Pong: Collected Essays on Faith and Reason*, ed. William J. Abraham e Robert W. Prevost (Londres: Hodder & Stoughton, 1990).
13 G. Michael Thomas, *The Extent of the Atonement: A Dilemma for Reformed Theology from Calvin to the Consensus* (Carlisle, UK: Paternoster, 1997), 34.
14 Kendall, *Calvin and English Calvinism to 1649*, 17-21.
15 Kennedy, *Union with Christ*.
16 A proposição de Kennedy leva ao problema adicional, que tende a desacreditar a opinião de Calvino de que a união com Cristo seja baseada na eleição eterna de Deus (*Commentary on Ephesians*, 187-98, em 1.4).

Faríamos melhor não buscando uma resposta à dúvida sobre o comprometimento de Calvino com a expiação definida, tentando fornecer uma "prova textual" decisiva, de uma maneira ou de outra. Em vez disso, deveríamos formular a questão proposta por Roger Nicole, a saber, se a expiação definida é mais adequada do que a graça universal ao padrão do ensino calvinista.[17] Pode-se imaginar este capítulo como uma tentativa de corroborar mais uma resposta a esse tipo de indagação, chamando a atenção para os aspectos da perspectiva global de Calvino, particularmente sua antropologia, a qual, até onde posso dizer, não tem sido discutida nesta conexão.

E assim o leitor não esperaria que o que segue seja uma recitação de todo o caso defendendo que Calvino se comprometeu com a expiação definida. Tampouco viso argumentar que o conceito substitutivo da expiação defendido por Calvino, seu conceito de que as operações divinas que efetuam e aplicam a redenção são altamente unificadas e a importância que ele deu à consistência lógica são todos relevantes para estabelecer que ele se comprometera com a expiação definida, embora eu creia que sejam. Em vez disso, os argumentos adicionais a serem apresentados constituem uma tentativa de oferecer corroboração adicional às conclusões de argumentos dogmáticos oferecidos por outros. No restante deste capítulo, irei me concentrar nos que negam que o conceito de Calvino é consistente com a expiação definida, os quais normalmente usam como base de seu argumento a *linguagem indefinida* de Calvino, mas extrairei deles conclusões diferentes.

O que segue constitui três argumentos em apoio à interpretação de que Calvino (ou algum outro) pode usar (e talvez usasse) consistentemente a linguagem indefinida e universalista sobre o escopo da expiação de Cristo mesmo estando comprometido com a expiação definida. Os argumentos se ocupam da providência e do futuro em relação à oração aspiracional e aos termos indiscriminados nos quais o Evangelho pode ser oferecido. Concentrando-se na teologia de Calvino, os debatedores da questão sobre a atitude de Calvino para com a extensão da expiação negligenciaram de modo um tanto estranho sua

---

17 Nicole, "John Calvin's View of the Extent of the Atonement".

antropologia. E assim, o argumento geral, enquanto evita o pingue-pongue, deve guardar estritamente os contornos do pensamento de Calvino como expresso em vários contextos. Se essa estratégia tiver sucesso, então se seguirá que não há necessidade de os proponentes do ponto de vista de que Calvino era comprometido com a expiação definida tentarem a desagradável tarefa de deturpar sua linguagem universalista. Sua presença não precisa causar estranheza ou embaraço. A força da questão repousa na seriedade com que trata a linguagem de Calvino *como ela é*.

Nossa principal preocupação será oferecer uma avaliação de tal linguagem; argumentarei levando-a em conta e adicionarei força à conclusão de que Calvino é comprometido com a expiação definida, uma trajetória já estabelecida pelo uso que ele faz da linguagem definida, sua noção da expiação substitutiva, a unidade do decreto divino, sua rejeição pela ideia de que a referência às duas vontades de Deus é uma referência a dois decretos, a negação da mera antevisão de Deus, e assim por diante.

(1) A PROVIDÊNCIA E O FUTURO

O primeiro fio de evidência é de caráter geral, e assim pode parecer estar mais distante dos debates sobre a extensão da expiação. Sabe-se bem que Calvino tem um conceito fortemente decretal da providência divina: ele alega que todos os eventos, descendo aos mais diminutos, são ordenados por Deus, sustentados por sua vontade e governados por ele em conformidade com sua aprovação. Mas ele se mostra ansioso de que, se crermos nisso, como ele mostra que a Escritura assim nos impele, não devemos nos tornar fatalistas em nossas atitudes quanto ao futuro. Portanto, ele crê ser importante não só distinguir a doutrina da providência cristã do destino estoico mas também distinguir propriamente as atitudes cristãs para com aquela doutrina das atitudes fatalistas para com ela. Ele é hábil em promover exatamente a moderação oposta: não *Que sera, sera*, mas um conceito de providência que não enerve os crentes, e sim os energize.

Qual é o argumento dele sobre isso? Entre outras coisas, Calvino frisa a estreita conexão entre meios e fins. A ordem providente não é cegamente fatalista, mas sim inteligentemente propositiva, é a vontade do sapientíssimo Criador e Redentor, e há uma estreita conexão entre os fins que Deus escolheu para seu povo e os meios pelos quais eles devem conquistar esses fins. Assim:

> Pois aquele que fixou as fronteiras de nossa vida, ao mesmo tempo nos confiou o cuidado dela, provendo-nos com os meios de preservá-la, advertindo-nos dos perigos a que estamos expostos e provendo-nos de cautelas e remédios, para que não sejamos esmagados inadvertidamente. Ora, nosso dever é claro, a saber, visto que o Senhor nos confiou a defesa de nossa vida, defendê-la; visto que ele oferece assistência, usá-la; visto que ele nos adverte do perigo, não nos mostrarmos desatentos; visto que ele fornece remédios, não os negligenciarmos. Mas é dito que um perigo não fatal não nos causa dano, e um fatal não pode ser impedido por nenhuma precaução. Porém, o que dizer dos perigos que não são fatais, meramente porque o Senhor muniu você com os meios de se precaver deles e de suplantá-los? Veja até que ponto o seu raciocínio concorda com a ordem do procedimento divino. Você infere que não deve se guardar contra o perigo porque, se ele não é fatal, você escapará sem precaução; enquanto o Senhor ordena que você se guarde dele, justamente porque ele não quer que isso seja fatal.[18]

Portanto, a fim de sermos membros inteligentes e sábios da ordem providencial de Deus, devemos tomar as precauções e adotar os planos de ação que, até onde podemos dizer, conectem os meios e os fins.

Mas esse é um aspecto adicional da atitude antifatalista que desejo enfatizar. Pois Calvino diz de modo um tanto surpreendente, ou parece dizer, que ao levarmos a cabo nossos próprios planos, e enquanto retrocedemos nossas mentes ao conhecimento de que *todas as coisas estão decretadas por Deus*, deveríamos

---

18 João Calvino, *Institutes of the Christian Religion*, trad. Henry Beveridge (Peabody, MA: Hendrickson, 2008), 1.17.4. A não ser que se indique de outra maneira, a tradução de Henry Beveridge (várias edições) é usada amplamente.

encarar o futuro *como se Deus não o decretasse*. Deveríamos considerar o futuro como epistemologicamente aberto, mesmo que, da perspectiva metafísica e da perspectiva dos eternos propósitos de Deus, o futuro estivesse fechado; fechado por virtude do que Deus já decretou infalivelmente. Então temos de crer no que não é verdadeiro — que Deus não decretou o que é futuro, quando a Escritura ensina que ele o fez? Não exatamente, pois, já que (em geral) para nós o futuro está fechado, pressupor que ele está decretado por Deus, de uma maneira ou de outra, é operacionalmente equivalente a não estar absolutamente decretado. Pois ou Deus decretou que viverei até os noventa anos, ou decretou que eu não viverei até essa idade. Um desses futuros nos é desconhecido — talvez desconhecível — e, portanto, não seria razoável crer mais num do que no outro na tentativa de guiar nossas vidas. Não devemos crer no que é falso, mas suspender nosso juízo com respeito à forma do futuro:

> Assim como para o futuro, porque o resultado de todas as coisas nos está oculto, cada um deveria aplicar-se ao seu ofício *como se nada fosse determinado acerca de nenhuma parte*. Ou, para falar com mais propriedade, deveria esperar pelo sucesso que resulta do mando de Deus em todas as coisas, a ponto de conciliar em si a contingência das coisas desconhecidas e a infalível providência de Deus.[19]

Há nas *Institutas* uma passagem paralela:

> Entretanto, uma vez que a lerdeza de nossa mente se põe muito aquém da altura da providência divina, é preciso aplicar uma distinção que a nivele. Portanto, direi que, por mais que todas as coisas sejam ordenadas pelo conselho e pela firme dispensação de Deus, para nós são meramente fortuitas. Não porque pensemos que a fortuna regule o mundo e os homens, e aleatoriamente revire as coisas (que esteja ausente tal insipiência do peito de cada

---

19   João Calvino, *Concerning the Eternal Predestination of God*, trad. J. K. S. Reid (1552; reimp. Londres: James Clarke, 1961), 171 (grifo nosso).

cristão). Entretanto, uma vez que a ordem, a razão, o fim e a necessidade desses eventos estão em sua maior parte ocultos no conselho de Deus, embora seja certo que são produzidos pela vontade de Deus, eles têm a aparência de fortuitos, dada a forma que se apresentam a nós, quer considerados em sua natureza, quer estimados segundo nosso conhecimento e juízo.[20]

Aqui encontramos Calvino se referindo às duas vontades em Deus, mas com uma peculiaridade um pouco diferente. Não é a distinção rotineira entre a vontade secreta e a vontade revelada, mas a vontade a qual somos ordenados a seguir como contra a vontade aparentemente fortuita de Deus que não podemos querer seguir. Assim, é apropriado agir ignorando o que Deus decretou para o futuro.

(2) A LINGUAGEM DE ASPIRAÇÃO

O segundo argumento é concernente à compreensão de Calvino do que chamarei de "linguagem de aspiração". O que se segue parece ser o aspecto regular de seu pensamento: *que uma pessoa pode corretamente esperar por algo sem levar em conta se é ou não o que desejava ou aspirava estar decretado por Deus, e mesmo que não fosse possível saber se é decretado por Deus. Não saber se é ou não decretado por Deus não torna o desejo ou a aspiração imoral ou não espiritual ou de qualquer outra maneira defectiva.* Ofereço três exemplos disso, dois nos comentários de Calvino sobre a atitude do apóstolo Paulo e um em sua compreensão da oração de Cristo no Getsêmani.

Primeiro, em relação à oração de Cristo: "Meu Pai, se possível, passe de mim este cálice! Todavia, não seja como eu quero, e sim como tu queres" (Mateus 26.39). Aqui, Calvino faz os seguintes comentários sobre a propriedade da oração de Cristo de que o cálice passasse dele:

> Eis minha resposta: não haveria absurdo em presumir que Cristo, conformando-se ao costume dos santos e deixando de visualizar seu

---

[20] Calvino, Institutas 1.16.9.

divino propósito, depositasse no seio do Pai o desejo que o atormentava. Pois os crentes, ao derramarem suas orações, nem sempre ascendem à contemplação dos decretos de Deus, ou deliberadamente perguntem o que é possível ser feito, mas algumas vezes se deixam levar, precipitadamente, pela solicitude de seus desejos. Assim Moisés ora: "ou, se não, risca-me, peço-te, do livro que escreveste" [Êxodo 32.32]; assim é o desejo de Paulo: "porque eu mesmo desejaria ser anátema, separado de Cristo, por amor de meus irmãos" (Romanos 9.3). ... Em suma, não há impropriedade se a oração que fazemos nem sempre dirige nossa imediata atenção para cada coisa, a ponto de preservar uma ordem distinta.

Calvino prossegue:

Ainda que a verdadeira retidão seja regular nossos sentidos pela aprovação de Deus, há certo tipo de desacordo indireto com ela que não é faltoso, tampouco considerado pecado; por exemplo, se uma pessoa desejar vir a igreja numa condição serena e florescente, desejar que os filhos de Deus sejam libertados das aflições, que todas as superstições sejam removidas do mundo e que a fúria dos ímpios seja de tal modo restringida que não cause dano. Essas coisas, sendo em si mesmas corretas, com propriedade podem ser desejadas pelos crentes, ainda que a Deus seja agradável ordenar um estado diferente das coisas: pois ele decide que seu Filho reine entre os inimigos; que seu povo seja educado sob a cruz; e que o triunfo da fé e do Evangelho se torne ainda mais glorioso pelas oponentes maquinações de Satanás. Vemos como essas orações são santas, as quais parecem ser contrárias à vontade de Deus; pois Deus não deseja que sejamos sempre exatos ou escrupulosos em inquirir o que tem designado, mas nos permite indagar o que é desejável segundo a capacidade de nossos sentidos.[21]

---

21 João Calvino, *Harmonia dos Evangelhos*, 3:230-32.

Notemos umas poucas coisas sobre isso. É permissível rogar a Deus pelo que é desejável "segundo a capacidade de nossos sentidos", isto é, de acordo com a nossa atual posição epistêmica. Segundo, as palavras de Calvino, "deixando de lado o ponto de vista do propósito divino", claramente se referem à interceptação da vontade secreta e a vontade revelada de Deus. Terceiro, devemos notar a referência que Calvino faz à "obliquosidade". O que ele quer dizer com isso? Sua intenção é dizer que pode haver um conflito *prima facie* entre o que é desejado e o que pode ser decretado, bem como a necessidade de relacionar tudo o que fazemos pela aprovação de Deus. Mas tal obliquosidade é "não defeituosa". Quarto, há o "costume dos santos" de dizer certas coisas, inclusive de orar por certas questões, enquanto deixam fora de pauta, ou fora de consideração, o decreto divino. Muito embora se deixem arrebatar por seus ardentes desejos, Calvino não os culpa por isso. E não pode haver nenhuma culpa anexa a uma oração desse tipo pronunciada pelo Cristo imaculadamente santo. E assim Cristo está justificado em deixar fora do cenário o propósito divino, não ascendendo aos segredos de Deus, mas permanecendo preocupado com seus conflitos imediatos. Não existe nisso nenhuma impropriedade.[22]

A segunda passagem é Atos 26.29: "Assim Deus permitisse que, por pouco ou por muito, não apenas tu, ó rei, porém todos os que hoje me ouvem se tornassem tal qual eu sou, exceto estas cadeias". Calvino comenta:

> Esta resposta testifica com que zelo, para difundir amplamente a glória de Cristo, o peito desse santo homem se inflamara, quando pacientemente, carregando aqueles grilhões postos nele pelo governador, deseja que viesse a escapar às mortíferas redes de Satanás, e fizesse dele e de seus companheiros participantes da mesma graça, contentando-se, ao mesmo tempo, com sua própria condição incômoda e ignominiosa.

---

22 O que Calvino quer dizer com deixando o decreto "fora de pauta"? Presumivelmente, ele tem em vista que em certas circunstâncias é razoável não tentar considerar, em nossas ações, qual seria o resultado do decreto. Podemos levar em conta *que* há um decreto, porém não *qual* é. Para um exame da compreensão global de Calvino sobre a oração, ver Oliver D. Crisp, "John Calvin and Petitioning God", in *Engaging with Calvin: Aspects of the Reformer's Legacy for Today*, ed. Marck D. Thompson (Nottingham, UK: Apollos, 2009), 136-57.

> Deve-se notar que ele não formula um simples desejo, e sim da parte de Deus, quando nos separa para seu Filho; porque, a menos que ele nos ensine interiormente por seu Espírito, a doutrina externa sempre se tornará fria.[23]

Aqui, Calvino formula a mesma tese sobre o desejo como fez anteriormente, mas, nesse caso (ele crê), o desejo é explicitamente abrandado pela referência à vontade divina ("Eu gostaria que Deus", isto é, "eu desejo isto, se estiver em conformidade com a vontade de Deus, e espero que esteja").

Seu comentário sobre Romanos 9.3 está em harmonia com isso, como em seu terceiro exemplo: "Porque eu mesmo desejaria ser anátema, separado de Cristo, por amor de meus irmãos":

> Assim, pois, tal atitude era uma prova do mais ardente amor, a saber: que ele nem mesmo hesitou em evocar sobre si a condenação que via pendente sobre os judeus, visando a que viesse, de alguma forma, livrá-los. Não há contradição no fato de que ele sabia que sua salvação se achava radicada na eleição divina, a qual não podia de forma alguma ser desfeita. As emoções mais profundas irrompem impetuosamente sem levar em conta, ou sem considerar nada, senão o objeto sobre o qual se fixaram. Paulo, assim, não adicionou a eleição divina à sua oração; ao contrário, deixou-a fora de suas cogitações, volvendo sua atenção tão somente para a salvação dos judeus.[24]

Uma vez mais, Calvino chama a atenção para a presença de sentimentos profundos que se focalizam no objeto que está imediatamente em pauta, desconsiderando tudo mais. Naturalmente, o desejo de Paulo foca em seus compatrícios judeus, e nesse sentido ele é definido, porém expressa aquele desejo por toda e qualquer classe de judeus, sem referência ao decreto de Deus:

---

23 João Calvino, *Commentary on the Acts of the Apostles*, 2:390.
24 João Calvino, *Commentary on Romans*, 335.

Uma vez que não sabemos quem pertence, e quem não pertence, ao número dos predestinados, cabe-nos sentir profundo desejo de que todos sejam salvos. Então sucederá que, seja quem for que passe por nós, tudo faremos para que este participe da paz.[25]

Aqui, em uma obra sobre a predestinação, contra Pighius, Calvino formaliza a posição que a atitude profundamente aspiracional expressa. A presença desse tipo de atitude é tida por ele como uma marca de piedade, seja por parte de Cristo, seja por parte de Paulo. Mas por trás da atitude que temos identificado jaz um ponto mais geral expresso por Calvino: em virtude de nossa ignorância de quem é ou não é predestinado e do anseio pelo bem de nosso próximo, podemos desejar que todos sejam salvos.[26] Em certas circunstâncias, uma pessoa, inclusive a pessoa do Mediador, pode ser distraída da vontade revelada de Deus e, no lugar, expressar sua aspiração imediata pela salvação dos que podem ou não ser eleitos para a salvação.

Isso é endossado por um ponto teológico mais amplo. Pois no seu sermão em 1 Timóteo 2.4 Calvino vê as palavras de Paulo como parte do padrão teológico que este articula em Romanos e Gálatas. Deus escolheu todos os que descenderam de Abraão como filhos da promessa, os circuncisos, os filhos de Abraão. Todavia, "não há uma graça especial para algumas dessas pessoas? ... Nem todos os que procedem da linhagem de Abraão segundo a carne são verdadeiros israelitas". Assim, ainda que a promessa feita da semente prometida a Abraão fosse indefinida, sua implementação era definida. "Portanto, eis que essa vontade de Deus, que visava ao povo de Israel, hoje se revela para conosco."[27]

---

25 Calvino, *Concerning the Eternal Predestination of God*, 138.
26 De tempo em tempo, o próprio Calvino usava linguagem universal em suas orações. Assim, nos seus sermões em Gênesis, em João Calvino, *Sermons on Genesis Chapters 1-11*, trad. Rob Roy McGregor (Edimburgo: Banner of Truth, 2009), por exemplo, 72, 88, 124, Calvino termina abruptamente suas orações após o sermão com a aspiração: "Que ele conceda aquela graça [renovação "à imagem de seu Filho, nosso Senhor Jesus Cristo"] não só a nós mas a todas as pessoas e nações da Terra" (72).
27 João Calvino, *John Calvin's Sermons on Timothy and Titus*, trad. J. T., *facsimile* ed. (Edimburgo: Banner of Truth: 1983), 157 col. 1. Eu modernizei a linguagem da tradução original e retive a palavra "ordem".

De maneira similar, os seres humanos, eminentes e santos tais como o apóstolo Paulo, inclusive o próprio Deus-Homem, podem ter aspiração para si e para outros que seja perfeitamente legítima, muito embora sejam formados na ignorância do que Deus decretou com respeito a eles, ou ainda, no calor do momento, sem qualquer ponderação sobre o decreto de Deus — ainda que no caso de Cristo, naturalmente, não houvesse tal ignorância, posto que a vontade de seu Pai, concernente à sua morte, lhe fosse plenamente revelada. Algumas vezes, ao expressarem suas aspirações, os crentes podem diferir explicitamente da vontade de Deus; algumas, porém, não.

Calvino expressa esse ponto de vista em termos gerais em diversos lugares; por exemplo, na seguinte passagem:

> Como, pois, fugimos para Deus sempre que a necessidade nos insta, assim também lhe recordamos, como um filho que deposita todos os seus sentimentos no seio de seu pai. Assim, em oração, os fiéis arrazoam e protestam junto a Deus, bem como apresentam todas aquelas coisas pelas quais Deus pode ser pacificado para com eles; em suma, discutem com ele segundo a maneira dos homens, como se o persuadissem daquilo que já fora decretado antes da criação do mundo. Mas, como o eterno conselho de Deus nos é oculto, devemos, neste sentido, agir sabiamente e segundo a medida de nossa fé.[28]

Então, sumariando, aqui existe um importante fio do pensamento de Calvino sobre a condição humana, sobre a condição do Cristo encarnado e a do piedoso apóstolo Paulo, a qual frisa a legitimidade de uma expansiva aspiração pelo eterno bem de todos, expressa em situações de ignorância humana sobre qual é a vontade de Deus. O segundo constrangimento epistêmico é uma parte da condição humana, por isso é partilhado pelos ministros do Evangelho e pelos evangelistas, os quais no fundo de seus corações e no cumprimento de

---

28 Ver João Calvino, *Commentary on Jeremiah and Lamentations*, comentando Jeremias 14.22 (1:244). Sou grato a Jon Balserak por essa referência.

sua vocação podem chamar homens e mulheres a Cristo, tendo ou não razão, e com um ardoroso anseio por sua salvação, enquanto o tempo todo permanecem ignorando quais são os propósitos de Deus com respeito a esses homens e mulheres.

(3) PREGAÇÃO UNIVERSAL

Mantendo em mente as conclusões de nossos dois primeiros argumentos, finalmente passamos a considerar a linguagem indefinida do pregador, a linguagem do convite universal ou indiscriminado. Aqui estão algumas citações representativas de Calvino sobre a pregação:

> Alguns objetam que Deus seria inconsistente consigo mesmo, convidando todos sem distinção enquanto elege somente uns poucos. Assim, segundo eles, a universalidade da promessa destrói a distinção da graça especial. ... O modo como a Escritura concilia as duas coisas, a saber, que pela pregação externa todos são chamados à fé e ao arrependimento, e que, todavia, o Espírito de fé e arrependimento não é dado a todos, já explanei e reiterarei sucintamente outra vez. ... Mas é por meio de Isaías que ele demonstra mais claramente como destina as promessas da salvação especialmente aos eleitos (Isaías 8.16); pois ele declara que seus discípulos consistiriam somente destes, e não indiscriminadamente a toda a espécie humana. Daí se faz evidente que a doutrina da salvação, a qual se diz estar separada exclusivamente para os filhos da igreja, é mal usada quando representada como eficazmente disponível a todos. Para o presente, que seja suficiente observar que, embora a palavra do Evangelho seja dirigida a todos em geral, o dom da fé é raro. Isaías assinala a causa quando diz que o braço do Senhor não é revelado a todos (Isaías 53.1).[29]

A preocupação de Calvino é estabelecer que a chamada externa para crer e arrepender-se, bem como a restrição da verdadeira fé e do arrependimento

---
29 Calvino, *Institutas*, 3.22.10.

somente para os eleitos, não são cursos de ação conflitantes. Uma chamada universal não implica uma chamada que esteja "eficazmente disponível a todos".[30]

A expressão de nosso Salvador, "Muitos são chamados, mas poucos escolhidos" (Mateus 22.14), é também interpretada de forma muito imprópria.[31] Não haverá ambiguidade nisso se atentarmos para o que nossas observações anteriores devem ter deixado claro, a saber, que há duas espécies de vocação: uma universal, pela qual Deus, através da pregação externa da palavra, convida todos os homens igualmente, mesmo aqueles para quem planeja a chamada como tendo o aroma de morte e a causa de uma condenação mais severa. Além dessa, há uma vocação especial, a qual, para a maioria, Deus concede somente aos crentes, quando, pela iluminação interior do Espírito, faz a palavra pregada criar profunda raiz nos corações deles.[32]

Há duas chamadas da parte do Evangelho, cada uma com um propósito e efeito distinto:

> Ora, pois (você dirá), se é assim, as promessas do Evangelho oferecem bem pouca certeza e, testificando da vontade de Deus, declaram que ele quer aquilo que contrapõe o seu decreto inviolável. De modo algum, respondo; por mais que as promessas de salvação sejam universais, em nada diferem da predestinação dos réprobos, desde que dirijamos a mente para sua eficácia. Sabemos que, afinal, as promessas nos são eficazes quando as recebemos com fé; quando, ao contrário, a fé é aniquilada, a promessa foi, ao mesmo tempo, abolida. Se essa é a natureza das promessas, então vejamos se porventura estas duas teses discordam entre si: diz-se que Deus, por meio de uma ordem eterna, decidiu a quem quer acolher com amor, bem como a quem ele tem o prazer de demonstrar sua ira, e que oferece a salvação a todos indiscriminadamente. Defendo que elas se harmonizam

---

30 Battles traduz assim: "Daí fica claro que a doutrina da salvação, a qual lemos ser reservada exclusiva e individualmente aos filhos da igreja, é falsamente aviltada quando apresentada como eficazmente disponível a todos" (Calvino, *Institutas*, 3.22.10).
31 Ver *Institutas*, 3.2.11.1.
32 Ibid., 3.24.8.

perfeitamente, pois, assim prometendo, não pretende outra coisa senão que sua misericórdia seja oferecida somente a todos os que a buscam e imploram, o que outros não fazem, a não ser aqueles a quem ilumina. Entretanto, Deus ilumina aqueles a quem predestinou para a salvação. A estes, afirmo, evidencia-se a veracidade certa e inabalável das promessas, de modo que não se pode dizer que houve alguma discrepância entre a eterna eleição de Deus e o testemunho que oferece aos fiéis de sua graça. Mas por que menciona *todos*? Na verdade, para mais seguramente tranquilizar as consciências dos piedosos, enquanto compreendem que não há nenhuma diferença entre os pecadores, desde que a fé esteja presente; e aos ímpios, porém, para que não aleguem faltar-lhes um refúgio em que se abriguem da servidão do pecado, visto que, por sua ingratidão, rejeitam o asilo a eles oferecido. Portanto, uma vez que a uns e outros desses dois grupos seja oferecida a misericórdia de Deus pelo Evangelho, é a fé, isto é, a iluminação de Deus, que estabelece distinção entre os pios e ímpios, de sorte que aqueles sintam a eficácia do Evangelho, porém esses não obtêm daí nenhum fruto. A própria iluminação também tem como elemento regulador a eterna eleição de Deus.[33]

O escopo da vocação, "a todos os homens" ou "ao mundo", não determina a extensão das intenções salvíficas de Deus. Como estamos vendo, Calvino tem algum trabalho para argumentar que a universalidade do convite é consistente com a particularidade ou exclusividade das intenções salvíficas.

Como se observou mais no início, alguns estudiosos têm se inclinado a ver na linguagem indefinida da pregação que Calvino endossa alguma versão ou outra do pós-redencionismo; isto é, têm visto a linguagem como se referindo aos primeiros de dois passos ou estágios diferentes na aplicação divina da redenção, duas vontades divinas distintas. A primeira fase, a indefinida, descreve Deus como querendo, desejando ou aspirando a salvação de todas as pessoas, ou do mundo, ou de homens e mulheres indiscriminadamente. E então há

---

33   Ibid., 3.24.17.

uma segunda fase, uma segunda eterna disposição divina, a qual é interpretada como uma resposta à presciência de Deus do fracasso da intenção universalista de produzir fruto. Note que a decretação dessas fases não deve ser entendida como eventos temporais, mas como distinções lógicas na mente divina. A segunda fase é a decretação da aplicação definida de uma expiação que tinha (inicialmente, em sua primeira fase) um escopo universal. Essa segunda fase é acompanhada pela intercessão de Cristo (Kendall) ou pela provisão da união com Cristo (Kennedy).

Uma objeção ao meu argumento deste ponto pode ser tomada de Kevin D. Kennedy.[34] Kennedy mantém que, quando se trata de "todos" e "muitos" como usados no NT para caracterizar o escopo da obra de Cristo, Calvino emprega duas "regras" hermenêuticas para sua interpretação. Primeiro, segundo Kennedy, naquelas passagens bíblicas que afirmam que Cristo veio para dar a própria vida como resgate de "muitos", Calvino entende tais passagens no sentido de que Cristo morreu por todas as pessoas, e não por algumas. A segunda regra é que "todos" nem sempre significa "todos sem exceção", ou "cada um e todos". A alegação de Kennedy tem uma aparência mais paradoxal: "muitos" às vezes pode significar "todos", e "todos" às vezes pode significar "não todos". E assim ele prossegue mantendo que Calvino não era calvinista no que diz respeito à extensão da expiação.

Enquanto tenho argumentado por uma versão mais fraca da tese da "continuidade" do que alguns, a saber, que Calvino estava comprometido com a expiação definida sem se comprometer com o conceito, a defesa dessa reivindicação mais fraca requer que eu negue que Calvino opera com duas dessas regras. A primeira linha de tal defesa é que não há evidência para mostrar Calvino formulando ou adotando tais regras. Além do mais, Kennedy reconhece que a prática real de Calvino às vezes está em discrepância com tais regras, como pode indicar o uso que Kennedy faz da citação que circunda as "regras". Kennedy pensa, ainda, que há importância no fato de que alguns desses dados

---

34 Kevin D. Kennedy, "Hermeneutical Discontinuity between Calvin and later Calvinism", *SJT* 64.3 (2011): 299-312.

extraídos do "todos" de Calvino se referem ao escopo da salvação mais do que ao escopo da eleição. Nem eleição nem salvação se relacionam, em termos explícitos, com a expiação. Temos notado que Calvino dispõe de uma variedade de meios possíveis de justificar o costume dos escritores do NT de linguagem indiscriminada. Tal linguagem pode referir-se ao escopo da obra de Cristo que abarca, respectivamente, o gentio e o judeu, ou o mundo como um todo, em vez de cada indivíduo no mundo, ou pode ser a linguagem justificável de aspiração e expressa em necessária ignorância humana do resultado dos modos de Deus.

O desfecho da primeira parte de meu argumento, se ele é adequado, é que as hipóteses pós-redencionistas oferecidas como meios para entender a natureza da teologia de Calvino são desnecessárias, além de serem anacrônicas. Eu usarei dois estudos de caso para estabelecer o ponto.

Estudo de Caso (A): Ezequiel 18.23

Um interessante teste da situação para a posição de Calvino é sua atitude para com o conhecimento e a vontade de Deus em Ezequiel 18.23. Temos evidência da atitude de Amyraut em relação ao mesmo texto, onde ele expressa sua convicção de que poderia admitir Calvino como um aliado. Em um artigo fascinante, "A Tale of Two Wills?" [Uma Fábula de Duas Vontades?], Richard Muller mostra que Amyraut analisa o texto em termos de propor duas vontades de Deus: a primeira, de acordo com a qual Deus quer a salvação universal com base na obediência pactual; e que, visto que o propósito de salvar teria sido frustrado se Deus não quisesse também, absolutamente, salvar os eleitos, um segundo e eficaz decreto de salvar um número de eleitos foi feito. Amyraut crê que ele tem em Calvino um aliado, dada sua compreensão das próprias observações de Calvino sobre esse versículo. Em concordância com Muller, é digna de nota a discussão que Calvino faz do texto em suas *Preleções em Ezequiel*, porque elas constituem um dos poucos lugares em que este discute a universalidade da oferta do Evangelho explicitamente à luz do decreto eterno.

Enquanto na visão de Amyraut o profeta fala da misericórdia que é universal em seu escopo, porém implícita e tacitamente condicional, Muller argumenta que esse não é o conceito de Calvino. Ao contrário, segundo Muller, Calvino sustenta que

> As palavras do profeta de promessa universal não se referem ao eterno conselho de Deus, tampouco põem a promessa universal do Evangelho contra o conselho eterno como uma vontade diferente. Antes, Deus sempre quer a mesma coisa, presumivelmente, a salvação dos eleitos, ainda que de modos diferentes, a saber, em seu conselho eterno e pela pregação do Evangelho.[35]

Muller cita as palavras de Calvino: "Se alguém outra vez objeta que desta maneira Deus age de dois modos, a resposta é pronta: que Deus sempre deseja a mesma coisa, ainda que por vias diferentes e de uma maneira incompreensível para nós".[36] Calvino entende que há um só decreto divino, porém, diversos meios de trazê-lo à concretização. Alguns desses meios envolvem as ações dos que escarnecem da vontade revelada de Deus, tais como as ações dos que crucificaram Cristo, enquanto outros envolvem a preservação da vontade revelada, os mandamentos. Portanto, não há duas vontades separadas, mas unicamente uma vontade. A distinção é entre a vontade secreta e a revelada, a vontade revelada estando subordinada à vontade secreta, não entre uma vontade divina antecedente e uma consequente.[37]

Assim, aqui Calvino está tomando uma linha "não amiraldiana", aquela que é consistente com outros escritos seus, enquanto que, naturalmente, ele não tem consciência dos desdobramentos amiraldianos que virão, e rejeita a tentativa de Amyraut de tê-lo em seu time. No ponto de vista de Calvino, em Deus não existem duas vontades, e sim diferentes elementos da única vontade, operando através de várias fases. Não há (nesse caso) as fases pactuais tão discutidas ou as fases histórico-redentoras, mas períodos nos quais ambos, eleitos

---

35 Muller, "A Tale of Two Wills?", 218.
36 Ibid., citando Calvino sobre Ezequiel 18.23, em John Calvin, *Commentaries on Ezekiel*, 2:247.
37 Ibid., 2:222, citando Ezequiel 18.5-9.

e réprobos, vivem através de diferentes estágios epistêmicos em que certos resultados antes de tudo estariam ocultos daqueles que os desfrutam, se hão de recebê-los com entendimento e, então, subsequentemente, revelados a eles ou lhe tornado evidente. Graça discriminada, mas pregação indiscriminada.

Nas observações de Calvino sobre Ezequiel 18.23, encontramos também estas palavras:

> Mas outra vez argumentam tolamente: visto que Deus não quer que todos se convertam, ele está se iludindo, e nada pode afirmar-se com certeza concernente à sua benevolência paterna. Mas este nó é facilmente desatado; pois ele não nos deixa em suspenso quando diz que deseja a salvação de todos. Por que assim? Porque se ninguém se arrepende sem encontrar Deus propício, então esta sentença é completada [cumprida]. Mas devemos observar que Deus se reveste de um duplo caráter: pois aqui ele deseja ser tomado em sua palavra. Como eu já disse, aqui o profeta não disputa com sutileza acerca de seus planos incompreensíveis, mas deseja chamar nossa atenção detidamente para a palavra de Deus. Ora, quais são os conteúdos dessa palavra? A lei, os profetas e o Evangelho. Ora, todos são chamados ao arrependimento, e a esperança da salvação lhes é prometida quando se arrependem; isto é procedente, visto que Deus não rejeita a conversão de nenhum pecador: ele perdoa a todos sem exceção.[38]

Por que no conceito de Calvino Deus decide trazer sua graça aos pecadores por meio do anúncio de que todo aquele que se afasta de seu pecado será recebido, ou dizer que Cristo morreu pelo mundo?[39] Em parte, diz Calvino, para que o crente se torne humilde e para que o perverso fique sem desculpas.[40] E, em parte, naturalmente, porque isso é verdadeiro! Todos quantos queiram

---

38 Calvino, *Commentaries on Ezekiel*, 2:248.
39 Ele "oferece salvação a todos. ... Todos são igualmente chamados ao arrependimento e à fé, o mesmo Mediador é apresentado a todos para que sejam reconciliados com o Pai" (Calvino, *Providência Secreta*, 103).
40 Ibid., 71.

podem vir. Deus recebe com prazer o retorno de qualquer pecador arrependido. Na passagem supracitada, Calvino frisa que são sinceros os convites do Evangelho para que todos os chamados se arrependam. Eles não são ilusórios ou dúplices. Mais que isso, porém, nossa condição epistêmica requer tais convites a fim de realçar a graciosidade do Evangelho.

Estudo de Caso (B): 1 Timóteo 2.4

O convite indefinido do Evangelho surge vividamente do extenso sermão de Calvino em 1 Timóteo 2.4. Por que os pregadores do Evangelho podem fazer afirmações indefinidas ou universais com respeito à morte de Cristo? Por causa da situação epistêmica de ambos, ouvintes e pregadores. Pois entre as razões que Calvino oferece para tal linguagem universalista é que o vocabulário de Paulo, aqui, é um sinal ou emblema do amor de Deus para com os gentios, e chama a atenção para nossa ignorância sob outros aspectos:

> Pois não podemos conjeturar e inferir qual é a vontade de Deus, a menos que ele a revele a nós e nos dê algum sinal ou emblema, pelo qual possamos ter alguma perseverança nele. E é uma questão elevada demais, para nós, conhecer qual é o conselho de Deus, mas, a não ser que ele a revele pelo efeito, jamais o compreenderemos.[41]

Quando se diz que Deus quer receber pecadores com misericórdia, como ir a ele em busca de perdão, em nome de Cristo, seria esta doutrina para dois ou três? Não, não, é uma doutrina geral. Assim, pois, afirma-se que Deus quer que todos os homens sejam salvos, sem levar em conta o que inventamos ou imaginamos, isto é, até o ponto que nossa acuidade seja capaz de compreendê-lo, pois esta é aquela medida à qual devemos sempre recorrer.[42]

Aqui, Calvino está adotando o ponto de vista dos ouvintes da pregação do Evangelho, mas isso é facilmente transposto aos pregadores e mestres.

---

[41] Calvino, *Sermons on Timothy and Titus*, 155 col. 1. O original foi levemente modernizado.
[42] Ibid.

Pondere sobre esta ilustração: uma maneira pela qual um banco pode demonstrar sua sinceridade ao afirmar que cumprirá todas as suas obrigações para com os depositantes é realmente honrá-las. Outra maneira é sinceramente fazer a declaração porém evitar cumpri-la, mas essa falha é ainda compatível com sua sinceridade. Segundo Calvino, Deus mostra sinceridade oferecendo graça aos pecadores, recebendo qualquer um e todos os que responderem.[43] Honra a tantos quantos vão a ele.

Aqui Calvino está formulando esta tese de modo menos formalmente teológico e mais pastoral:

> Assim também, quando lemos na Santa Escritura que esta é uma afirmação verdadeira e indubitável, que Deus enviou seu Filho unigênito para salvar a todos os míseros pecadores, devemos incluir nessa mesma categoria, digo, que qualquer um de nós aplique a si essa mesma particularidade, sempre que ouvirmos essa sentença geral de que ele é compassivo. Temos ouvido isso? Então podemos invocá-lo ousadamente e inclusive dizer: embora eu seja uma criatura miserável e desamparada, visto ser dito que Deus é compassivo para com aqueles que o têm ofendido — eu correrei para ele e sua mercê, rogando-lhe que me faça senti-la. Uma vez dito *que Deus amou o mundo de tal modo que não poupou seu Filho unigênito, mas o entregou à morte por nós*, então se requer que eu olhe para Ele. Pois é muito necessário que Jesus Cristo me arranque dessa condenação, na qual me encontro, uma vez que o amor e a bondade de Deus são declarados ao mundo nisso que [sic] seu Filho Jesus Cristo se ofereceu à morte, devo apropriar-me disso a fim de saber que é por mim que Deus falou, a fim de que eu tome posse dessa graça e nela me regozije.[44]

---

43 Ver também Calvino, *Secret Providence*, 100.
44 João Calvino, *John Calvin's Sermons on the hundred and Nineteenth Psalm* (Audubon, NJ: Old Paths, 1996), 133-34. Sou grato a Jon Balserak por essa referência. Um interessante aspecto é que Calvino expressa seu argumento em termos de um silogismo prático. O argumento é: Deus é compassivo para com os que o têm ofendido (a "sentença geral"), "eu o tenho ofendido"; (a "aplicação particular") "portanto, eu o invocarei por misericórdia".

Suponhamos por um momento que não houvesse essa fase de ignorância, mas, em vez disso, uma economia de pregação que fosse conduzida em todos os seus estágios sob condições epistêmicas uniformes, seja em termos intencional e uniformemente dirigidos aos eleitos, seja em termos intencional e uniformemente dirigidos aos réprobos. Se isso aconteceu (como a tendência é que aconteça em alguns cenários hipercalvinistas), os ouvintes não poderiam ser convidados a ir a Cristo, mas, antes de tudo (pelos termos da pregação), cada um se veria forçado a indagar: O que eu sou? Estou entre os eleitos ou entre os réprobos? Acaso cumpro os requerimentos, as condições ou os estados para estar entre os primeiros ou entre os últimos? Nessas circunstâncias, não poderia haver nenhum convite completo e livre. O Evangelho não poderia ser recebido "somente por convite", mas somente através do cumprimento de algum estado ou condição anterior juntamente com a certeza de que tal condição foi cumprida.

Em outras palavras, sob tais termos, "pregação do Evangelho" não teria o efeito de converter homens e mulheres para receberem as boas notícias de um Cristo que convida livre e graciosamente, mas de entregar os ouvintes a si mesmos em uma busca por sinais seguros de eleição ou reprovação. E essa entrega a si mesmo é nada além de um passo muito curto para uma pessoa preocupada se está qualificada para ir a Cristo, em cujo caso há o prospecto de desespero sobre o que se deve levar em conta como marcas da retribuição, ou pretensão no tocante à eleição. Em qualquer caso, em vez de olhar para Cristo com os braços abertos, uma pessoa se tornaria introspectiva. Nesse ponto, a "graça" do Evangelho da livre justificação, como vê Calvino, se tornaria legalista pela necessidade do cumprimento de certos pré-requisitos.

Por isso sugiro que o que Calvino está identificando em seu uso de linguagem indiscriminada e universalista é o aspecto necessário da pregação da livre graça de Deus em Cristo como ele o entendia. Esta é uma necessidade pastoral, talvez até mesmo uma necessidade lógica. Há uma sólida base pastoral para manter essa indistinção, bem como, naturalmente, importantes bases dogmáticas para sustentá-la.

Ao concluir esta discussão, desejo notar mais três questões. Uma é que, quando dada a oportunidade de tornar o escopo da obra de Cristo universal em intenção, Calvino não faz isso, como o mostra sua exegese de 2 Coríntios 5.14.[45] Cristo é também retratado como somente o "Salvador de todo o seu povo".[46] Dificilmente se pode negar a presença de linguagem particularista. O contexto é uma discussão da relação entre eleição e certeza. É também interessante comparar Calvino com seus comentários sobre 1 João 2.2. Aqui ele é feliz com a distinção escolástica do suficiente-eficiente aplicado ao sofrimento de Cristo, contudo não é aplicável aos crentes neste texto, "pois o desígnio de João não era outro senão tornar esse benefício comum a toda a igreja. Então, sob a palavra "todos" ou "todo", ele não inclui os réprobos, mas designa os que creriam, bem como os que estavam então dispersos em várias partes do mundo".[47] Portanto, se por seu uso de linguagem indefinida Calvino pressupõe uma expiação universal (como sugerem alguns proponentes), por que, quando passa às passagens padrão em prol da "expiação universal", tais como 1 João 2.2, ele não aproveita a oportunidade de declarar inequivocamente que é um proponente da expiação universal?

Segundo, na linguagem universalista que Calvino endossa, Deus ordena a homens e mulheres que vão a Cristo, e ordena com a mesma autoridade divina de quando diz: "Não furtarás". Usando as palavras de Paulo, "Ele ordena a todas as pessoas em todos os lugares que se arrependam" (Atos 17.30). A linguagem de ordem chama a atenção para o escopo da obrigação ou responsabilidade humana. Mas é a universalidade da ordem que, de uma maneira "inefável", realmente se presta ao cumprimento do decreto de Deus, seus propósitos particulares. Pois, em resposta a isso, homens e mulheres irão a Cristo como ele é livremente oferecido no Evangelho. Dessa maneira, o decreto de Deus de eleição se cumprirá. Por contraste, seus mandamentos poderiam ser frustrados e seus convites, rejeitados. Homens e mulheres na verdade não podem arrepender-se e crer no

---

45 João Calvino, *Commentary on 2 Corinthians*, 230.31.
46 Calvino, *Institutas*, 3.24.6.
47 João Calvino, *Commentary on 1 John*, 173.

Evangelho, mesmo quando convidados a fazê-lo. Em termos mais gerais, essa é uma aplicação do ensino de Calvino sobre a providência, que é (como notamos a princípio) uma ordem de meios-fins: no caso da eleição, entre os meios de se assegurar que alguém seja escolhido estão os convites que são universalistas ou indiscriminados em sua lógica, um convite indiscriminado para ir a Cristo. No caso de alguns, o convite será aceito seguido de arrependimento e fé, uma base para a certeza de que alguém é o escolhido do Senhor.

É possível que surja a questão: essa linguagem indiscriminada autorizaria um pregador a asseverar a todo mundo que "Cristo morreu por você"? Só se o fundamento fosse tomado como uma inferência extraída de "Cristo morreu por todos" ou "Cristo morreu pelo mundo", mas não de se "Cristo morreu por cada um em particular". Calvino manteria que a primeira premissa é genuína, enquanto a segunda é falsa. Isto é, deve-se fazer uma distinção entre o mundo compreendido como classes de indivíduos e o mundo compreendido como indivíduos de uma classe. Tomada no primeiro caso, a linguagem não seria autorizada, mas no segundo sentido a linguagem é claramente justificada. Cristo morreu pelo mundo.[48]

Terceiro, essa pregação universal e indiscriminada pode ser entendida como uma elaboração do bem conhecido ensino de Calvino de que Cristo é o espelho da eleição. Ele suscita esta questão: se a graça de Deus é decretada somente para os eleitos, e os ouvintes do Evangelho podem saber disso, como uma pessoa a quem se diz isso saberá se ela está entre aqueles para quem a graça de Deus virá efetivamente? Eis a resposta: Cristo é o espelho da eleição.

---

48   Em observações sobre 1Timóteo 2.4, Martin Foord levanta uma questão de que Calvino simplesmente segue o conceito de Agostinho de que o versículo nada ensina senão que Deus quer que todos os *tipos* de pessoas sejam salvas ("Deus Quer que Todas as Pessoas Sejam Salvas — Ou Ele Salva? A Redação que Calvino Faz de 1 Timóteo 2.4", in *Engaging with Calvin*, 179-203). Certamente Calvino se refere a todas as ordens de homens e mulheres. O conceito de Agostinho era que esta é a vontade de Deus decretada de que (algumas de) todas as ordens de homens e mulheres sejam salvas. Mas a alegação que Foord faz, de que Calvino de fato está se referindo a *todas* as pessoas de todos os tipos (uma alegação ausente em Agostinho) é menos óbvia. Faz igual, se não mais sentido, que Calvino seja entendido como que interpretando o texto como sendo indefinido com respeito aos indivíduos, porém definido com respeito a todas as classes e a todas as nações: alguns homens e mulheres de todas as nações. O espaço não permite uma discussão mais detalhada do interessante escrito de Foord.

Nada podemos saber de nossa eleição em Cristo por algum apelo direto ao próprio Deus para notificar o fato de que somos eternamente eleitos, senão unicamente quando isso é refletido em nós (por inferência) através de nossa comunhão com Cristo:

> Mas, se somos eleitos nele, em nós mesmos não podemos encontrar a certeza de nossa eleição, e nem mesmo em Deus, o Pai, se olharmos para ele à parte do Filho. Cristo, pois, é o espelho no qual buscamos e no qual, sem erro, podemos contemplar nossa eleição. Porque, posto que é no corpo dele que o Pai decretou enxertar aqueles que desde a eternidade ele quis que fossem dele, a fim de que ele considere como filhos todos a quem reconhece serem seus membros; se estivermos em comunhão com Cristo, temos prova suficientemente clara e forte de que estamos escritos no Livro da Vida.

Ele prossegue:

> A aplicação prática dessa doutrina deve vigorar também em nossas orações. Ora, ainda que a fé baseada em nossa eleição nos anime a invocar Deus, quando formulamos nossas orações, seria absurdo impô-la a Deus, ou impor um acordo com esta condição: "Senhor, se fui eleito, então que me ouças". Ele quer que fiquemos contentes com suas promessas, e não que perguntemos se ele está ou não disposto a nos ouvir. A prudência nos desvencilhará de muitos laços, se soubermos acomodá-la ao uso certo do que foi corretamente escrito, porém não arrastemos inconsideradamente para aqui e para ali o que deveria ser restringido.[49]

---

49 Calvino, *Institutas*, 3.24.5. Compare a linguagem de Calvino em seu sermão sobre 1 Timóteo 2.4, supramencionado: "Somos enxertados, por assim dizer, no corpo de nosso Senhor Jesus Cristo. E este é o verdadeiro penhor de nossa adoção; esta é a garantia que nos é dada, para despir-nos de toda dúvida que Deus nos toma e nos sustenta quando pela fé somos feitos um em Cristo, o Filho unigênito, a quem pertence a herança da vida. Visto, pois, que Deus nos dá um certificado tão seguro de sua vontade, vemos como ele nos despe da dúvida de nossa eleição, da qual nada sabemos nem podemos percebê-la e, ainda mais, como se ele tirasse de sua vontade uma cópia e nos dá" (Calvino, *Sermons on Timothy and Titus*, 253 col. 2).

Note que, uma vez mais, evidentemente Calvino relaciona toda essa questão à ignorância humana. Aqui, porém, nossa ignorância não é quanto ao nosso futuro, e sim quanto à vontade secreta de Deus. Não podemos saber diretamente se somos eleitos, ou se não o somos. Mas podemos conhecer a promessa de Deus e confiar nela, e assim, estando em comunhão com Cristo, faremos um uso certo do que foi corretamente escrito.

CONCLUSÃO

E assim Calvino tem uma vívida apreciação de três fatores sobre a condição humana, cada um deles tendo a ver com nossa ignorância. Um é o nosso limitado conhecimento do futuro, e então nossa ignorância do eterno decreto de Deus relativo ao futuro. Ele adverte que, embora confiando na meticulosa providência de Deus, devemos viver como se o futuro não fosse decretado e, de uma maneira paralela, que devemos buscar nossa certeza da eleição através da consciência da comunhão com Cristo. O segundo é a justificativa de Calvino de usar linguagem indiscriminada ou universal na oração aspiracional, mesmo quando os que oram, no calor do momento, negligenciem mencionar o decreto de Deus. Calvino pensa que esse tipo de atitude é perdoável, até mesmo recomendável. O terceiro são os termos universais da pregação, adotados em razão da ignorância dos pregadores e dos ouvintes, não obstante a eleição incondicional e sua provisão da graça eficaz àqueles a quem escolheu. Em adição, Calvino mantém que, sem esse elemento na pregação do Evangelho, a tendência dos ouvintes é de olharem para si mesmos em vez de olharem somente para Cristo.

Resumindo o argumento, podemos dizer que Calvino, enquanto se preocupa em crer na providência meticulosa, é consistente em planejar para o futuro, como se o futuro fosse aberto. Nada há de inconsistente em manter o caráter definido da providência e agir como se o futuro fosse indefinido. De modo semelhante, no caso da oração aspiracional, aquele que ora, sabendo que existe um decreto divino de eleição, não obstante é justificado, segundo Calvino, por sua ignorância sobre quem exatamente Deus elegeu e o amor que demonstra para com seu semelhante, orando pela salvação de homens e mulheres que estão no mundo. Finalmente, em razão da ignorância do pregador sobre quem é e quem não é eleito, e seu desejo de ver o reino de Deus alargado em concordância com os termos da Grande Comissão, um pregador pode chamar a vir a Cristo homens e mulheres em termos universais e irrestritos. Esses três casos mostram que, em circunstâncias apropriadas, a definição de convicção pode aliar-se à indefinição de expressão.

Se esse é o caso, então temos estabelecido que as opiniões definidas podem coexistir consistentemente com certos tipos de indefinição. Acaso não podemos concluir, pois, que o uso de linguagem indefinida é consistente com o compromisso com a doutrina da expiação definida? Ainda que, como tenho afirmado, Calvino não se comprometa com essa opinião. O uso de linguagem indefinida não pode, portanto, ser um argumento contra tal adesão.

O caso de Calvino estar comprometido com a expiação definida é de caráter cumulativo, abrangendo seu ponto de vista unitário e singular do decreto divino; suas opiniões sobre a expiação substitutiva, eleição incondicional e graça eficaz; e sua negação da mera presciência, tanto quanto suas afirmações explícitas relativas ao escopo definido da expiação. Entretanto, tem-se afirmado amplamente que seu uso de linguagem indefinida apresenta um obstáculo insuperável ao término dessa trajetória. Neste capítulo, tem-se afirmado que a atitude de Calvino em relação à linguagem indefinida, que pode imaginar-se favorecer uma rejeição da expiação definida, de fato é perfeitamente consistente com uma adesão a ela, e pode ser integrada a ela. Isso corrobora ainda mais o argumento geral de que Calvino era adepto da expiação definida. De forma correspondente, o caso em prol da rejeição de Calvino da expiação definida se torna sempre mais fraco.[50]

---

50 Agradeço a Jon Balserak, Oliver Crisp, Richard Muller, e outros leitores, pelo auxílio de vários tipos com um delineamento anterior do capítulo.

CAPÍTULO 5

CULPANDO BEZA

O DESENVOLVIMENTO DA EXPIAÇÃO DEFINIDA NA TRADIÇÃO REFORMADA

Raymond A. Blacketer

UM LABIRINTO HISTÓRICO

João Calvino ensinou a "expiação limitada", ou mais tarde os pensadores reformados, como Teodoro Beza, elaboraram esta doutrina alegadamente rígida ao substituir a exegese bíblica restrita de Calvino por um sistema determinista, racionalista e dedutivo? A dificuldade que estudiosos encontram para responder a essa questão vem do fato de que ela em si está dividida em uma série de níveis. Estudos desse problema estão às vezes infestados de caminhos tortuosos e princípios falsos, introduzindo os estudantes num labirinto metodológico, para usar um dos termos favoritos de Calvino.

Primeiro, o termo "expiação limitada" é enganoso,[1] derivado do inadequado e malfadado acrônimo TULIP, que se originou na virada do século vinte

---

1 "Os termos 'expiação universal' e 'expiação limitada' não representam o conceito reformado dos séculos dezesseis e dezessete — ou, quanto a isso, o conceito de seus oponentes" (Richard A. Muller, *After Calvin: Studies in the Development of a Theological Tradition* [Nova York: Oxford University Press, 2003], 14). Veja também o *Dictionary of Latin and Greek Theological Terms* de Muller (Grand Rapids, MI: Baker, 1985), s.v. *satisfactio*; e cf. a discussão em Roger R. Nicole, "Particular Redemption", in *Our Savior God: Man, Christ, and the Atonement*, ed. James Montgomery Boice (Grand Rapids, ML: Baker, 1980), 165-78.

para resumir o ensino dos Cânones de Dort.² Em adição, o termo inglês *atonement* [traduzido por *expiação*] não corresponde diretamente aos termos que os teólogos continentais empregaram; e seria difícil insistir em achar um pensador reformado no início do século XVII que limitasse o valor ou a suficiência dos pagamentos dos pecados por Cristo, ou, quanto a isso, qualquer pensador do cristianismo naquele tempo que não limitasse sua eficácia aos crentes.³

As tentativas de determinar se Calvino ensinou a "expiação limitada", talvez mais apropriadamente denominada "expiação definida",⁴ ignoram de modo anacrônico o fato de que essa questão recebeu um esclarecimento e uma definição crescentes nas décadas após a morte de Calvino.⁵ O Sínodo de Dordrecht (ou Dort, 1618-1619) formulou as fronteiras doutrinais do pensamento reformado sobre o tema, porém deixou considerável espaço para variação na formulação doutrinal.⁶ Assim, enquanto as igrejas reformadas excluíam os pontos de vista

---

2   Veja Richard A. Muller, "Was Calvin a Calvinist?", em seu *Calvin and the Reformed Tradition: On the Work of Christ and the Order of Salvation* (Grand Rapids, MI: Baker Academic, 2012), 51-69, a partir daqui citado como *CRT*; e Kenneth J. Stewart, "The Five Points of Calvinism: Retrospect and Prospect", *SBET* 26.2 (2008): 187-203. O acrônimo TULIP parece ter se originado em uma preleção em torno de 1905 feita por um pastor presbiteriano de Nova York, Cleland Boyd McAfee, registrada por William H. Vail, "The Five Points of Calvinism Historically Considered", no periódico semanal nova-iorquino *The New Outlook* 104 (1913): 394.

3   Os pontos de vista de Johannes Piscator e mais tarde os de Herman Witsius constituíram exceções, e os Cânones de Dort podem ser vistos como uma "serena réplica" ao ponto de vista de Piscator em particular, como Muller observa, *CRT*, capítulo 3 nn. 22 e 49.

4   O termo "expiação definida" pode refletir mais precisamente os ensinos dos Cânones, tópico 2, rejeição de erros 1, com a advertência de que *redemptio* pode ser usado tanto em um sentido objetivo indefinido quanto em um sentido definido enquanto aplicado aos eleitos. Cf. Muller, *CRT*, capítulo 3 n. 66.

5   Para uma visão geral, veja Raymond A. Blacketer, "The Doctrine of Limited Atonement in Historical Perspective", em *The Glory of the Atonement: Biblical, Theological, and Practical Perspectives: Essays in Honor of Roger Nicole*, ed. Charles Hill e Frank A. James III (Downers Grove, IL: InterVarsity Press, 2004), 304-23. Sobre a terminologia usada para referir-se à tradição teológica reformada, veja Richard A. Muller, "Was Calvin a Calvinist?", supracitado. Sobre a diversidade dentro da tradição reformada, veja os ensaios em Michael A. G. Haykin e Marc Jones, eds., *Drawn into Controversie: Reformed Theological Diversity and Debates within Seventeenth-Century British Puritanism* (Göttingen, Alemanha: Vandenhoeck & Ruprecht, 2011).

6   Veja Muller, *CRT*, capítulo 3 n. 22. Sobre o Sínodo, veja Donald W. Sinnema, "The Issue of Reprobation at the Synod of Dordt (1618-1619) in Light of the History of This Doctrine" (Ph.D. diss., University of St. Michael's College, Toronto, 1985); W. Robert Godfrey, "Tensions within International Calvinism: The Debate on the Atonement at the Synod of Dort, 1618-1619" (Ph.D. diss., Stanford University, 1974); e idem, "Reformed Thought on the Extent of the Atonement to 1618", *WTJ* 37 (1975-1976): 133-71. Veja também Sinnema, "The Canons of Dordt: From Judgment on Arminianism to Confessional Standard", in *Revisiting the Synod of Dordt (1618-1619)*, ed. Aza Goudriaan e Fred A. van Lieburg (Leiden, Netherlands: Brill, 2011), 313-33.

de Jacob Armínio e Simon Episcopius em Dort, os sínodos posteriores apenas censuraram o Universalismo Hipotético de Moïse Amyraut. Desse modo, não houve algo como "a heresia Amyraut".[7]

Embora haja precedentes dessa doutrina claramente identificáveis em toda a tradição cristã, é preciso ter prudência quanto à leitura dos resultados dos últimos debates confrontados com o pensamento de Calvino.[8] Este transmitiu a detalhada exposição e a defesa da doutrina reformada da predestinação ao seu sucessor, Teodoro Beza, a quem os estudiosos de meado do século XX tendiam a culpar como sendo aquele que alegadamente distorceu os conceitos de Calvino.[9] Esse é um cenário extremamente improvável, dada a elevada estima de Calvino por Beza e o fato de que, durante a vida de Calvino, Beza comentou mais explicitamente que Calvino sobre os limites da intenção e da aplicação do pagamento dos pecados por Cristo. Em vez de um afastamento radical do ensino de Calvino, os comentários de Beza sobre a questão representam um refinamento e desenvolvimento do que já estava presente não só nos

---

7   Contra Brian G. Marmstrong, *Calvinism and the Amyraut Heresy: Protestant Scholasticism and Humanism in Seventeenth-Century France* (Madison: University of Wisconsin Press, 1969), a partir daqui citado como *CAH*. Veja Richard A. Muller, *Post-Reformation Reformed Dogmatics*, 4 vols., 2ª ed. (Grand Rapids, MI: Baker Academic, 2003), 1:76-77; a partir daqui citado como *PRRD*.

8   Os que afirmam que Calvino ponderava uma redenção universal incluem: Paul M. van Buren, *Christ in Our Place: The Substitutionary Character of Calvin's Doctrine of Reconciliation* (Edimburgo: Oliver Boyd, 1957); Basil Hall, "Calvin against the Calvinists", in *John Calvin*, ed. G. E. Duffield (Grand Rapids, MI: Eerdmans, 1966), 19-37; Charles M. Bell, "Calvin and the Extent of the Atonement", *EQ* 55.2 (1983): 115-23; Alan C. Clifford, *Calvinus: Authentic Calvinism* (Norwich, UK: Charenton Reformed, 1996). Os proponentes da redenção definida em Calvino incluem Jonathan H. Rainbow, *The Will of God and the Cross: An Historical and Theological Study of John Calvin's Doctrine of Limited Redemption* (Allison Park, PA: Pickwick, 1990); e Roger R. Nicole, "John Calvin's View of the Extent of the Atonement", *WTJ* 47.2 (1985): 197-225. Cf. a discussão equilibrada em Hans Boesma, "Calvin and the Extent of the Atonement", *EQ* 64.4 (1992): 333-55, ainda que falhe em distinguir os termos *universal* e *indiscriminado*. P. L. Rouwendal de certa forma simplifica demais o problema em seu "Calvin's Forgotten Classical Position on the Extent of the Atonement: About Sufficiency, Efficiency, and Anachronism", *WTJ* 70.2 (2008): 317-35. Muller elabora a questão detalhadamente em *CRT*, 66-101. Para precedentes, veja, por exemplo, Rainbow, *Will of God and the Cross*, 8-22; e Blacketer, "Definite Atonement", 307-13.

9   Em adição a Armstrong, *CAH*, veja Johannes Dantine, "Das christologische Problem in Rahmen der Prädestinationslehre von Theodore Beza", *Zeitschrift für Kirchengeschichte* 77 (1966): 81-96; idem, "Les Tabelles sur la doctrine de la prédestination par Théodore de Bèze", *Revu de théologie et de philosophie* 16 (1996): 365-67; Walter Kickel, *Vernunft und Offenbarung bei Theodor Berza: Zum Problem der Verhältnisses von Theologie, Philosophie und Staat* (Neukirchen, Alemanha: Neukirchener Verlag, 1967); e John S. Bray, *Theodore Beza's Doctrine of Predestination* (Nieuwkoop, Netherlands: DeGraaf, 1975), 111-18.

escritos de Calvino mas em um número considerável de outros pensadores por toda a tradição exegética e teológica cristã. Beza faz suas próprias contribuições originais e pessoais para o desenvolvimento do pensamento reformado sobre a questão, mas elas estão completamente alinhadas aos padrões reformados mais antigos da exegese, o que continuou a ser refletido como a codificação confessional da doutrina recebida.[10]

Alguns estudiosos têm falhado em avaliar criticamente as afirmações feitas pelo teólogo do século XVII Moïse Amyraut, o qual tentou elaborar uma ruptura entre Calvino e Beza com o intuito de defender suas próprias formulações doutrinais particulares.[11] Os estudos de Calvino no século XX foram particularmente infestados por uma tendência de lê-lo através do filtro da neo-ortodoxia,[12] mas outros grupos reformados também têm reivindicado Calvino como um proponente de suas preocupações distintamente modernas.[13]

Outro beco sem saída metodológico a ser evitado é o chavão de opor o Calvino bíblico e humanista ao Calvino tardio, não tão bíblico, "escolástico" e (portanto) racionalista, representado por tipos como Beza e os teólogos de

---

10 Sobre o desenvolvimento desta doutrina de Beza, veja Paul Archbald, "A Comparative Study of John Calvin and Theodore Beza of the Extent of the Atonement" (Ph.D. diss., Westminster Theological Seminary, 1998).

11 Veja, por exemplo, os trabalhos de Alan C. Clifford, que não faz nenhuma tentativa de distinguir sua própria agenda teológica de sua análise do registro histórico em *Atonement and Justification: English Evangelical Theology 1640-1790 — An Evaluation* (Oxford: Oxford University Press, 1990), e essencialmente sua autopublicação *Amyraut Affirmed: Or, "Owenism, a Caricature of Calvinism"* (Norwich, UK: Charenton Reformed, 2004). Note as refutações dos argumentos de Clifford por Richard A. Muller, "A Tale of Two Wills? Calvin and Amyraut on Ezekiel 18.23", *CTJ* 44.2 (2009): 211-25, e Carl R. Trueman, *The Claims of Truth: John Owen's Trinitarian Theology* (Carlisle, UK: Paternoster, 1998), 233-40.

12 Sobre este viés confessional, veja, por exemplo, o estudo bem-documentado de Jeffrey Mallinson, *Faith, Reason, and Revelation in Theodore Beza 1519-1605* (Oxford: Oxford University Press, 2003), 6-10, a partir daqui citado como FRR; Muller, *PRRD*, 2:17-18. Esse viés continua a aparecer nos estudos sobre Calvino; veja o recente *Cambridge Companion to John Calvin*, ed. Donald K. McKim (Cambridge, 2004), em que certo autor alega, anacronicamente, que Calvino "nunca confundiu o conteúdo do evangelho — o Cristo — com as palavras da Escritura" (258). Essa distinção moderna não faz sentido antes do Iluminismo e reflete a influência não reconhecida de Barth. Não reflete nem poderia refletir o ensino concreto de Calvino. Teólogos dos séculos dezesseis e dezessete assumem universalmente que seus pensamentos eram centrados em Cristo, a despeito da crítica bartiana anacrônica de que a alguns deles faltou uma metodologia "cristocêntrica".

13 Veja, por exemplo, Keith C. Sewell, "Theodore Beza — The Man Next to John Calvin: A Review Essay", *Pro Rege* 33.3 (2005): 15-19. Em razão de seu excessivo compromisso com a assim chamada filosofia "reformacional", Sewell é incapaz de ver o escolasticismo essencialmente como um método, e continua a manter a mitologia histórica de que Beza e a recente tradição reformada, ainda que involuntariamente, traíram as ideias fundamentais de Calvino.

Dort.¹⁴ De acordo com essa mitologia historiográfica, Calvino é o único que representa a prístina pureza da tradição reformada,¹⁵ e qualquer desenvolvimento no pensamento reformado é tido como uma distorção.¹⁶ Os fundamentos desse mito têm sido desfeitos com as muitas pesquisas contextuais sobre o humanismo e o escolasticismo.¹⁷ O escolasticismo já não pode ser caricaturado como um empreendimento especulativo de conteúdo dedutivo, muitas vezes associado a um lastimável vício na filosofia aristotélica.¹⁸ No século XVI, estudiosos de mentalidade reformada podiam usar o termo "escolástico" como um epíteto pejorativo a

---

14   Veja, por exemplo, a definição de escolasticismo muitas vezes citada por Armstrong (*CAH*, 32) e cf. a caricatura em Edward A. Dowey, *The Knowledge of God in Calvin's Theology*, 3ª ed. (Grand Rapids, MI: Eerdmans, 1994), 218.

15   Note o título sugestivo de R. T. Kendall, "A Modificação Puritana na Teologia de Calvino", em *John Calvin: His Influence in the Western World*, ed. W. Stanford Reid (Grand Rapids, MI: Zondervan, 1982), 197-214; cf. seu *Calvin and English Calvinism to 1649* (Nova York: Oxford University Press, 1979). A abordagem deste "grande pensador" é observável em obras tais como Hall, "Calvin against Calvinists", 19-37; Armstrong, *CAH* e Holmes Rolston III, *John Calvin versus the Westminster Confession* (Richmond, VA: John Knox, 1972). Sobre o conceito de mitologias historiográficas, veja Quentin Skinner, "Meaning and Understanding in the History of Ideas", *History and Theory* 8.1 (1969): 3-53.

16   Veja, por exemplo, J. B. Torrance, "A Encarnação e a Expiação Limitada", *EQ* 55 (1983): 83-94; idem, "O Conceito de Teologia Federal — Foi Calvino um Teólogo Federal?", em *Calvinus Sacrae Scripturae Professor*, Fourth International Congress on Calvin Research, 1990, ed. Wilhelm H. Neuser (Grand Rapids, MI: Eerdmans, 1994): 15-40. J. Todd Billings demonstra que esse ato de isolar Calvino da tradição confessional é mais uma autoproteção da erudição do que uma realidade ("The Catholic Calvin", *Pro Ecclesia* 20.2 [2011]; 120-34).

17   Veja os ensaios em Carl R. Trueman e R. Scott Clark, eds., *Protestant Scholasticism: Essays in Reassessment* (Carlisle, UK: Paternoster, 1999). A obra de Richard A. Muller nesta área é pioneira; em adição ao seu *PRRD*, veja, por exemplo, "The Myth of 'Decretal Theology'", *CTJ* 30.1 (1995): 159-67, e "Calvin and the 'Calvinists': Assessing Continuities and Discontinuities between the Reformation and Orthodoxy", partes I e II, em *CTJ* 30.2 (1995): 345-74 e 31.1 (1996): 125-60, mais tarde publicado em *After Calvin*, capítulos 4-5. Muitos estudiosos têm chegado a conclusões similares; por exemplo, Martin I. Klauber, "O Contexto e Desenvolvimento dos conceitos de Jean-Alphonse Turrettini (1671-1737) sobre Autoridade Religiosa" (Ph.D. diss., University of Wisconsin-Madison, 1987); Paul Helm, *Calvin and the Calvinists* (Edinburgh: Banner of Truth, 1982); Willem J. van Asselt e P. L. Rouwendal, eds., *Inleiding in de Gereformeerde Scholastiek* (Zoetermeer: Boekencentrum, 1998); e cf. o ponto de vista tradicional de Beza reinterpretado na primeira edição de David C. Steinmetz, *Reformers in the Wings* (Filadélfia: Fortress, 1971), 162-71, com a perspectiva substancialmente revisada na 2ª edição (Oxford: Oxford University Press, 2001), 114-20.

18   Note a muitas vezes citada definição de escolasticismo por Armstrong (*CAH*, 32); e cf. as observações depreciativas em Edward A. Dowey, *The Knowledge of God in Calvin's Theology*, 3ª ed. (Grand Rapids, MI: Eerdmans, 1994), 218. Esse ponto de vista é representado por H. E. Weber, *Reformation, Orthodoxie, und Rationalismus*, 2 vols. Em 3 (Gütersloh, C. Bertelsmann 1937-1951); e Ernst Bizer, *Frühorthodoxie und Rationalismues*, Theologische Studien 71 (Zürich:EVZ-Verlag, 1963). Veja a discussão em Muller, *PRRD*, 1:135-46; 2:382-86, e note Richard A. Muller, "Found (No Thanks to Theodore Beza): One 'Decretal' Theology", *CTJ* 32.1 (1997): 145-53. A teologia decretal descoberta é a de Pierre Poiret (1646-1719), cujo sistema racionalista não deriva de Aristóteles, mas sim de Descartes.

ser arremessado contra os inimigos, indicando uma hiperconfiança na razão ou uma ignorância a respeito de formas mais novas de pensamento. O próprio Calvino fez uso de terminologia, distinções e métodos escolásticos (e aristotélicos),[19] enquanto ao mesmo tempo empregava o termo pejorativamente, como muitas vezes fez quando se referia aos teólogos parisienses, os *sorbonistas*.[20]

O último beco sem saída é abstrair os pensadores da tradição reformada de seu contexto intelectual. Muitos pensadores, não apenas Calvino, contribuíram para a formação de uma tradição teológica claramente identificável, ainda que internamente diversa. Como outros capítulos neste volume demonstram, há uma trajetória identificável de pensamento na tradição cristã que pode ser descrita como particularista, isto é, uma linha de pensamento que identifica aqueles a quem Deus tenciona outorgar as bênçãos do pagamento dos pecados por Cristo como sendo os únicos eleitos.

Os conceitos de Calvino sobre a eleição e a soberania de Deus na salvação dão continuidade a essa linha específica de pensamento, e excluem uma redenção e um pagamento pelos pecados que sejam universais e indefinidos obtidos de algum modo por Cristo e que potencialmente (não apenas hipoteticamente) estariam ao alcance de cada ser humano. Em vez de uma desditosa ruptura entre Calvino e os reformados posteriores, a evidência endossa um desenvolvimento contínuo da doutrina dentro de uma claramente identificável, ainda que cada vez mais diversa, trajetória de reflexão sobre a predestinação e a extensão da redenção em Cristo.

BEZA EM CONTEXTO, OU O HOMEM DO CHAPÉU PRETO

Um retrato de 1597 de Teodoro Beza ilustra o sucessor pessoalmente escolhido por Calvino em sua velhice: sua barba é longa e grisalha, e ele usa

---

19 Veja David C. Stenmetz, "The Scholastic Calvin", in idem, *Calvin in Context*, 2ª ed. (Nova York: Oxford, 2010), 247-61, que nota, por exemplo, a discussão de Calvino sobre a necessidade e contingência em suas *Institutas*, 1.16.9; cf. Richard A. Muller, "Scholasticism, Reformation, Orthodoxy, and the Persistence of Christian Aristotelianism", *Trinity Journal* 19.1 (1998): 81-96.

20 Veja Richard A. Muller, "Scholasticism in Calvin: A Question of Relation and Disjunction", in *The Unaccommodated Calvin: Studies in the Foundation of a Theological Tradition* (Nova York: Oxford, 2000), 39-61.

um chapéu preto.²¹ Curiosamente, teólogos históricos da era moderna têm retratado Beza como o primeiro vilão na história do pensamento reformado, distorcendo rapidamente o cristocentrismo dinâmico de Calvino nas formas estáticas e rígidas da ortodoxia escolástica reformada.²² Armstrong alega que "alguém pode pôr a seus pés muito da culpa pelo escolasticismo".²³ O resultado é uma caricatura distorcida do humanista, pastor, filólogo, exegeta, conselheiro político e diplomata, bem como o teólogo e líder intelectual da Reforma que foi Teodoro Beza.²⁴ Isso leva também ao quadro distorcido do desenvolvimento do conceito de redenção definida.

De fato, o humanista convertido em reformador de Vézelay era ao menos tão dotado em relação ao humanismo francês quanto era Calvino; de fato, provavelmente era mais.²⁵ Eles partilharam muito da mesma linhagem acadêmica, estudando em Orléans, obtendo formação em direito e aprendendo grego com Melchior Wolmar. Beza pôs em uso sua formação humanista, escrevendo uma bem-sucedida coleção de poemas de amor (que mais tarde

---

21 Este retrato é de propriedade de La Société de l'Histoire Du Protestantisme Français e pode ser visto *online*, htttp://www.museeprotestant.org, acessível na data da publicação.
22 A ortodoxia reformada não substituiu a cristologia com predestinação como o *principium cognoscendi* (embora certa cristologia possa funcionar como tal na neo-ortodoxia moderna); antes, a Escritura forneceu o fundamento do pensamento teológico, contra Kickel, *Vernunft und Offenbarung*, 167-69; cf. Muller, *PRRD*, 1:126.
23 Armstrong, *CAH*, 38. O método de Amyraut era tão escolástico como o de qualquer teólogo da época, e suas alegações de simplesmente reproduzir Calvino não suportam escrutínio. Veja seu *Defense de la Doctrine de Calvin sur le suiet d'election et de la reprobation* (Saumur, France: Isaac Desbordes, 1644), e cf. Armstrong, *CAH*, 158-60, e Bray, *Predestination*, 17. O estudo de Bray (12-17) segue a visão preconceituosa de Armstrong quanto ao calvinismo tardio. Sobre a leitura equivocada que Amyraut faz de Calvino, veja Richard A. Muller, "A Tale of Two Wills?". O ponto mais baixo dos estudos anti-Beza é representada por Philip C. Holtrop, *The Bolsec Controversy on Predestination, from 1551 to 1555*, 2 vols. (Lewiston, NY: Edwin Mellon, 1993), esp. 830-78. Note a devastadora crítica de Brian G. Armstrong (que não é ele mesmo admirador de Beza) em *The Sixteenth Century Journal* 25.3 (1994): 747-50; e a crítica de Muller em *CTJ* 29.2 (1994); 581-89.
24 Richard A. Muller, *Scholasticism and Orthodoxy in the Reformed Tradition: An Attempt at Definition*, discurso inaugural como professor de Teologia Histórica no P. J. Zondervan, 7 de setembro de 1995 (Grand Rapids, MI: Calvin Theological Seminary, 1995), 29.
25 Veja Jill Raitt, *The Eucharistic Theology of Theodore Beza: Development of the Reformed Doctrine* (Chambersburg, PA: American Academy of Religion, 1972); Scott M. Manetsch, "Psalms before Sonnets: Theodore Beza and the *Studia Humanitatis*", in *Continuity and Change: The Harvest of Late Medieval and Reformation History* (Festschrft for Heiko A. Oberman), ed. Robert J. Bast e Andrew C. Gow (Leiden, Netherlands: Brill, 2000), 400-416; Ian McPhee, "Conserver or Transformer of Calvin's Theology? A Study of the Origins and Development of Theodore Beza's Thought, 1550-1570", (tese de doutorado, University of Cambridge, 1979), v-xiii, a partir daqui citado como *CTCT*; Mallinson, *FRR*.

lhe causou algum embaraço) e, subsequentemente, compondo tratados teológicos, uma sátira mordaz, uma tragédia dramática baseada no sacrifício de Isaque que Abraão estava prestes a fazer, além de Salmos para o canto congregacional. Como Erasmo, ele produziu edições anotadas do NT grego e ajudou a preservar um importante códice grego que traz seu nome.[26] Ele publicou sermões e meditações sobre a vida cristã. Acima de tudo, Beza foi pastor, pregador e provedor de cuidado pastoral para suas congregações em Lausanne e Genebra.[27] Mesmo em seu *Tabula Praedestinationis*, que a cultura mais antiga tendia a confundir como sendo um sistema dedutivo racionalista, o alvo de Beza era demonstrar que a predestinação era uma doutrina prática que os pastores deveriam pregar do púlpito, desde que fizessem isso de maneira correta.[28]

Como Calvino, Philip Melanchthon, entre outros estudiosos humanistas, Beza se preocupava com o método apropriado em suas obras. Sua precisão retórica e dialética de modo algum constitui racionalismo.[29] Ironicamente, a atitude de Beza para com os "escolásticos", no sentido retórico pejorativo, é, de qualquer forma, ainda mais severa do que o mesmo uso que Calvino fazia do termo. Ambos tinham em mente, primariamente, os doutores da Sorbonne.[30] Beza inclusive recorre aos termos escatológicos para referir-se à teologia acadêmica

---

26 Sobre os estudos de Beza sobre o NT, veja Irena Backus, *The Reformed Roots of the English New Testament: The Influence of Theodore Beza on the English New Testament* (Pittsburgh: Pickwick, 1980); Jan Krans, *Beyond What Is Written: Erasmus and Beza as Conjectural Critics of the New Testament* (Leiden e Boston: Brill, 2006).

27 Um eminente estudioso de Beza se refere a ele como "pastor de almas preocupado com seu crescimento em Cristo" (Jill Raitt, "Beza, Guide for the Fiathful Life", *STJ* 39.1 [1986]: 83-107 [aqui 83]; veja também Shawn D. Wright, *Our Sovereign Refuge: The Pastoral Theology of Theodore Beza* [Carlisle, UK: Paternoster, 2004]).

28 Teodoro Beza, *Tabula istributivoonis. Summa totius christianismi, sive descriptio et istributivo causarum salutis electorum.* ... (Genebra, 1555), reimpresso em idem, *Volumen tractationum theologicarum*, 3 vols, 2ª ed. (Genebra: E. Vignon, 1570-1582), a partir daqui citado como TT. 1:170-205. Sobre a *Tabula* e a caricatura dela feita pelos estudos mais antigos, veja Muller, "The Use and Abuse of a Document: Beza's *Tabula Praedestinationis*", in *Protestant Scholasticism*, 33-61. Até mesmo Karl Barth discordava dos que alegavam que Beza fez da predestinação um "dogma central" que se tornou um tipo de "chave especulativa... da qual podiam deduzir todos os demais dogmas" (*Church Dogmatics*, ed. G. W. Bromiley e T. F. Torrance, 14 vols. [Edimburgo: T. & T. Clark, 1956-1975], II/2, 77-78).

29 A acusação comum é que o vício pela razão aristotélica de Beza o desviou do alegado biblicismo de Calvino; veja, por exemplo, Armstrong, *CAH*, 32, 38.

30 Veja Muller, *Unaccommodated Calvin*, 50-52.

tradicional. De um modo humanista tipicamente francês, Beza compara as *Decretais* de Graciano a uma latrina.³¹

A insistência de Beza quanto à coerência conceitual nada tinha de incomum.³² Todos os reformadores (inclusive Lutero, a despeito de sua predileção por paradoxos) buscaram implementar argumentos racionais coerentes em prol de seus conceitos e contra seus oponentes. As reflexões de Beza sobre a predestinação e a extensão da redenção de Cristo estão baseadas não em especulação (falha que ele encontra antes em seus oponentes), mas em sua exegese de textos bíblicos.³³ É possível alguém impugnar a exegese de Beza, mas a acusação de racionalismo é infundada. De fato, uma apropriação crítica e seletiva de Aristóteles era uma característica do humanismo francês do século XVI.³⁴

Beza era um "escolástico" no sentido de que estava engajado no treinamento acadêmico de pastores e em sua contínua defesa e desenvolvimento acadêmico, além do refinamento do pensamento reformado em face de ataques polêmicos, sem os quais o pensamento reformado do século dezesseis não poderia sobreviver. É um equívoco identificar esse refinamento como uma

---

31 Como Mallinson observa, *FRR*, 43-44, Beza joga toda a biblioteca teológica de St. Victor na mesma privada.

32 Bray, *Predestination*, 81 n. 71, confunde insistência quanto a coerência com racionalismo. Calvino e outros da tradição reformada insistem que o conceito que Lutero tinha do *communicatio idiomatum* era não só contrário aos concílios e credos ortodoxos mas também incoerente; Beza formula a mesma tese contra o conceito que Andreae tinha da expiação universal. Desde os tempos de Beza, a tendência luterana para com o paradoxo dialético tem-se sujeitado à crítica reformada de que ela é uma cobertura para a incoerência. O conceito reformado tem sido tipicamente mal-entendido e interpretado equivocadamente por muitos teólogos confessamente luteranos, por exemplo, David P. Scaer, "The Nature and Extent of the Atonement in Lutheran Theology", *Bulletin of the Evangelical Theological Society* 10.4 (1967): 179-87.

33 Assim, por exemplo, Beza acusa Sebastian Castellio por ser especulativo e chama a atenção para os limites do conhecimento humano dos propósitos de Deus, enquanto que ao mesmo tempo salienta os absurdos lógicos da posição de Castellio. Originalmente intitulado *Ad sycophantarum quorundam calumnias... responsio* (Genebra: C. Badius, 1558), mais tarde Beza identifica o sicofanta em questão com Castellio: *Responsio ad defensiones et reprehensiones Sebastiani Castellionis*, in *TT*, 1:337-424 (aqui 340).

34 "Se alguém apontar para o fato de que Beza geralmente tinha uma visão aristotélica do mundo, isso é pouco para diferenciá-lo da maioria dos homens do século dezesseis" (Mallinson, *FRR*, 55, cf. 57; veja também Eugene F. Rice, "Humanist Aristotelianism in France: Jacques Lefèvre d'Étaples and His Circle", in *Humanism in France at the End of the Middle Ages and in the Early Renaissance*, ed. A. H. T. Levi [Manchester, UK: University of Manchester, 1970], 132-49). Muller, "Persistence of Christian Aristotelianism", 90-91, coloca sob contexto os antigos ataques de Lutero a Aristóteles, os quais são mais bem-entendidos em termos da rejeição de Lutero de um conceito de salvação eticamente baseado, tal como o defensor pela teologia medieval semipelagiana posterior.

corruptela de uma mera revelação primitiva e descartar aqueles que refinaram e desenvolveram o pensamento reformado como se fossem tolos ou tratantes. O rótulo "escolástico" é inútil como uma expressão de conteúdo doutrinal. O termo "escolasticismo" descreve uma abordagem acadêmica que empregava cuidadosas distinções conceituais e focava um método apropriado. Para dizer do modo mais simples possível, "escolástico" significava simplesmente "acadêmico", com todas as várias implicações positivas, neutras ou pejorativas que vieram mais tarde.[35]

EXEGESE AGOSTINIANA

Como é típico na erudição mais antiga, John Bray alega que Beza abandonou a "cautelosa restrição" que Calvino demonstrou ao aderir estritamente ao revelado e acomodado autoconhecimento de Deus. Beza "desviou-se de Calvino" ao inventar a doutrina da "expiação limitada".[36] O argumento de Bray é que uma comparação da respectiva exegese de certas passagens tornará isso óbvio.

Ao contrário disso, os pensamentos de Beza sobre a extensão da redenção de Cristo provam ser mais afins com os de Calvino, e com os de Agostinho antes deste. Em seu comentário sobre 1 Timóteo 2.4, Calvino zomba, como sendo uma alucinação infantil, da ideia de que a referência do apóstolo à vontade universal de Deus de que todos sejam salvos contradiz a doutrina da predestinação. O argumento de Calvino é de que Paulo não está se referindo a indivíduos (*de singulis hominibus*), e que a passagem nada tem a ver com predestinação. Antes, ela se refere ao fato de que Deus chama pessoas de cada povo e posição, e igualmente à obrigação de se pregar o Evangelho a todas as pessoas indiscriminadamente. Calvino reitera que essa passagem é sobre classes de pessoas, não sobre cada indivíduo[37] — um ponto que tem sentido evidente no contexto.

---

35 Veja Muller, *Scholasticism and Orthodoxy*; cf. *PRRD*, 1:34-37.
36 Bray, *Predestination*, 111-12. Bray baseia sua afirmação de que se deve culpar Beza pela "expiação limitada" primariamente em fontes secundárias, incluindo Armstrong e Hall (Armstrong, *CAH*, 41).
37 "At de hominum generibus, non singulis personis, sermo est" (João Calvino, *Ioannis Calvini Opera quae supersunt omnia*, ed. J. W. Baum, A. E. Cunitz e E. Reuss, 59 vols [Braunschwig, Alemanha: Schwetschke, 1863-1900], a partir daqui citado como CO, 52:268). As traduções dos comentários são da Calvin Translation Society (Edimburgo, 1844-1856), revisado pelo autor e citado como CTS.

Calvino conclui observando que é dever dos cristãos orar pela salvação todos, visto que Deus chama pessoas de todas as posições e nações.[38]

Essa é a estratégia exegética típica que Agostinho empregava quando se deparava com textos de cunho universal. "Todos" significa todas as classes e nacionalidades, não cada indivíduo.[39] Calvino usa essa hermenêutica com muita frequência, como faz Beza. De fato, enquanto Beza discute essa passagem em maior extensão em suas anotações sobre o NT (as quais foram publicadas durante a vida de Calvino), seus comentários mantêm continuidade substancial com os de Calvino.

Beza inicia seus comentários sobre esse texto notando que Deus congrega sua igreja de todos os gêneros (*genus*) de pessoas. Para deixar isso mais claro, Beza decide traduzir παντας como *quosvis* em vez de *omnes*, preferindo "indefinido" a "universal". Então, o dever do cristão é orar por todos, e não "julgar a quem ainda não ingressou na igreja como abandonado por Deus".[40] Essa é uma interpretação um tanto indulgente para um homem acusado de ser um racionalista frio. Um sentimento similar, de que nunca se pode julgar uma pessoa como sendo réproba, ocorre em seu *Tabula Praedestinationis*.[41] Beza argumenta, com uma falta de originalidade intencional, que o texto se refere aos tipos ou classes de pessoas, não a cada indivíduo. Tampouco essa passagem está se referindo à causa de nossa fé: esta repousa exclusivamente na demonstração gratuita de Cristo a nós, recebida através do dom gracioso da fé.[42] Isso vai além da alegação de que falta um foco cristocêntrico em Beza. Tampouco essa passagem fala da causa de condenação, que não é o decreto de

---

38 "tam ordinibus quam nationibus" (CO, 52:269).
39 Veja, por exemplo, *Enchiridion* 3, in J. P. Migne, ed., *Patrologia Cursus Completus*, série Latina, 217 vols. (Paris, 1844-1855), a partir daqui citado como *PL*, 40:280-281; *De civ. Dei*, 22.2.2, *PL* 41:753; *Tract. in Ev. Joan.*, 52.11, *PL* 35:1773; *De corr. et Grat.*, 44, *PL* 44: 943.
40 "... qui Ecclesiam suam ex quorumvis hominum genere congregat. Nostrum est igitur pro quibusvis precari non autem indicare abjectos a Deo quicunque nondum ad Ecclesiam accesserunt" (Teodoro Beza, *Novum D. N. Iesu Christi Testamentum. A Theodoro Beza versum... cum eiusdem annotationibus....* [Basel: Johan Oporinus, Genebra: Nicolas Barbier e Thomas Courteau, 1559]: 697, a partir daqui citado como *Annotations*).
41 Beza, Cap. 7, *TT* 1:198. Ministros "ab extrema illa sententia abstineant, cui nulla addita sit conditio. Nam haec jurisdictio ad unum Deum pertinet."
42 "Non agimus de salutis causa: illam enim constat uno Christo niti gratuito nobis exhibito, et per gratiutum fidei donum apprehenso" (*Annotations*, 698).

Deus de reprovação, mas, mais importante que isso, da corrupção humana e dos frutos que advêm dela.

E assim Beza expande algo que Calvino meramente mencionou de passagem: a distinção entre o decreto de Deus e seus efeitos visíveis. Calvino havia notado que, enquanto os "sinais externos" do juízo secreto de Deus podiam não ser um indicador perfeito de sua eterna vontade, não significa que Deus não havia determinado o destino de cada indivíduo.[43] Beza estende essa discussão a um *locus communis* sobre a predestinação e o livre-arbítrio. Em sua forma usual, ele fala de ascender dos efeitos do decreto de Deus até o próprio decreto, que é um meio pelo qual um indivíduo pode se assegurar de que é eleito.[44] Além do mais, Beza nega que essa linha de raciocínio seja especulativa. Aliás, fazer tal alegação é algo blasfemo, porque o Espírito Santo revelou essas coisas na Escritura. De fato, sem o sólido fundamento da eleição, nossa fé seria solapada e a "justificação pela fé seria pregada em vão".[45] Beza continua a trabalhar sobre questões da livre escolha humana e a refutar o pelagianismo e o semipelagianismo, bem como a ideia medieval tardia de uma graça inicial (*gratia prima*) que permitiria que as pessoas exercessem um papel decisivo em sua própria salvação. Nenhuma dessas discussões difere substancialmente do pensamento de Calvino sobre tais questões, nem constituem uma invenção de redenção particular que vai além dos avanços exegéticos que Agostinho já havia feito numerosas vezes antes.

O próprio Lutero interpretou esse texto num estilo similar, agostiniano: "Pois esses versículos devem ser sempre entendidos como pertinentes exclusivamente aos eleitos, como diz o apóstolo em 2 Timóteo 2.10: 'tudo pelo bem dos eleitos'. Pois, em um sentido absoluto, Cristo não morreu por todos, porque

---

43 "Nam etsi Dei voluntas non ex occultis ipsius iudiciis aestimanda est, ubi externis eam nobis patefacit: non tamen propterea sequitur quin constitutum intus habeat quid de singulis hominibus fieri velit" (CO, 52:268).

44 "Quia huc usque nos subvehit Spiritus sanctus, rempe quoties ita facere necesse est, ab inhaerentibus causis ad ipsum usque Dei propositum conscendens, tum in electis, tum in reprobis" (*Annotations*, 698). Sobre a continuidade entre Calvino e Beza sobre este ponto, veja Muller, "Use and Abuse", 47-49.

45 "Apertae vero blasphemae fuerit existimare curiosas, spinosas, inutiles quaestiones a Spiritu sancto nobis explicari, quia frustra praedicatur iustificatio ex fide, nisi fidei substernatur electio certa et constans" (*Annotations*, 698).

ele diz: 'Isto é o meu sangue que é derramado por vós' e 'por muitos' — Ele não diz: por todos — 'para o perdão de pecados.'"⁴⁶ Em grande medida, Calvino fez a mesma conexão entre a eleição e o propósito de Cristo de derramar seu sangue em uma resposta ao luterano Tilemann Heshusius: "Eu gostaria de saber como os perversos podem comer a carne de Cristo que não foi crucificada por eles? E como podem beber o sangue que não foi derramado para expiar seus pecados?"⁴⁷ Os comentários de ambos os reformadores são reminiscentes da explanação que Agostinho fez das palavras de Jesus aos fariseus em João 10.26: "Ele os viu predestinados à destruição eterna, e não conquistadores da vida eterna pelo preço de seu próprio sangue."⁴⁸

Bray alega que Beza foi "impelido para além dos limites da teologia de Calvino pela irresistível força lógica latente em sua doutrina da predestinação", evidenciada por uma comparação de sua exegese de 2 Pedro 3.9 com a de Calvino. Mas isso é também enganoso. Calvino declara de modo específico que esse texto não está se referindo ao "propósito oculto de Deus, segundo o qual os réprobos estão condenados à sua própria ruína, mas somente de sua vontade como se nos torna revelada no Evangelho". O convite do Evangelho é indiscriminado, contudo Deus "se assenhoreia somente daqueles que os atraem a si, os quais ele escolheu antes da fundação do mundo."⁴⁹ A exegese de Beza concorda com isso, mas se aprofunda em mais detalhes para refutar os que se opõem à doutrina da predestinação. Beza nota que um número de intérpretes distorce essa passagem a fim

---

46 "Quia haec dicta intelliguntur de electis tantum, ut ait Apostolus 2. Tim.: 'Omnia propter electos.' Non enim absolute pro omnibus mortuus est Christus, quia dicit, 'Hic est sanguis, qui effundetur pro vobis' et 'pro multis' — non ait: pro omnibus — in remissionem peccatorum'" (Martinho Lutero, *Scholia in Romans* 8.2, in *Werke*, Weimarer Ausgabe [Weimar: Böhlau, 1883-2009] 56:385, *Luther's Works*, ed. H. T. Lehmann et al., 55 vols. [St. Louis: Concordia, 1955-1986], 25:376). Sobre as afirmações algumas vezes inconsistentes de Lutero, sobre universalidade e particularidade na salvação, veja Archbald, "Extent of the Atonement", 40-43.

47 "Et quando tam mordicus verbis adhaeret, scire velim quomodo Christi carnem edant impii, pro quibis non est crucifixa, et quomodo sanguinem bibant, qui expiandis eorum peccatis non est effusus" (CO, 9:484; tradução inglesa em *Tractus and Treatises*, trad. Henry Beveridge [Edimburgo: Calvin Translation Society, 1849], 2:527). Veja a discussão de Muller sobre este texto crucial, *CRT*, 91-93.

48 "Quia videbat eos ad sempiternum interitum praedestinatos, non ad vitam aeternam sui sanguinis pretio comparatos" (*Tract. in Ev. Joan*, 48, *PL* 35:1742).

49 CTS *Catholic Epistles*, 419-20. O editor, John Owen, nota que Calvino sustenta o mesmo ponto de vista do católico-romano Willem Hessels van Est (Estius), Johnannes Piscator e Beza!

de remover a distinção entre eleição eterna e reprovação, não compreendendo no ínterim que se deixam apanhar por Caríbdis[50] enquanto buscam escapar de Cila. Pois se esse é o caso, as pessoas pereceriam contra a vontade de Deus. Uma permissão que é indiferente e se separa do decreto é mais epicurista do que cristã.[51] Em contrapartida, os que afirmam que, na realidade, a vontade de Deus pode ser totalmente convertida proferem uma impiedade ainda maior do que Epicuro.[52] Assim, enquanto Beza elabora sobre a eleição, ele não inventa repentinamente nenhuma nova doutrina de redenção definida.

VIRANDO A MESA

Estudiosos têm identificado particularmente a doutrina de Beza da predestinação, especialmente como apresentada em seu *Tabula Praedestinationis*,[53] como uma volta a um sistema racionalmente dedutivo, afastado de interesses exegéticos e pastorais.

Mas essa obra foi produto de uma tarefa polêmica que o próprio Calvino delegou a Beza com vistas a responder a Jerônimo Bolsec.[54] Se ela constituía um desvio substancial dos próprios sentimentos de Calvino, e não um refinamento intelectual deles, alguém esperaria alguma resposta corretiva de Calvino, o qual, juntamente com Bullinger e Vermigli, entre outros, trocava correspondências com Beza ao longo do projeto. Ao contrário, Calvino recomendou a Castellio que lesse a *Tabula* de Beza.[55]

---

50 N.do E: Caríbdis e Cila são monstros marinhos da mitologia grega.
51 Compare as observações de Calvino em seu sermão sobre 1 Timóteo 2.3-5, citado abaixo, n. 85.
52 "Hunc etiam locum nonnulli depravant, ut aeternae electionis et reprobationis discrimen tollant; nec interim considerant sese in Charybdin incidere, dum Syllam volunt effugere. Nam si ita res est, ut ipsi volunt, certe invito Deo perimus, adeo ut eum omnipotentem esse negent. Nam permissio otiosa et separata a decreto, Epicureorum est potius quam Christianorum. Mutari autem revera Dei voluntatem qui dixerit, magis etiam impie de Deo loquatur quam Epicurus" (*Annotations*, 802).
53 Veja, por exemplo, o verbete sobre Beza no *Oxford Dictionary of the Christian Church*, 3ª ed. (Oxford: Oxford University Press, 2005), 199.
54 Em contraste aos estudos de Kichel e Bray, veja Joel Beeke, "The Order of the Divine Decrees at the Genevan Academy: From Bezan Supralapsarianism to Turretinian Infralapsarianism", in *The Identity of Geneva: The Christian Commonwealth, 1564-1864*, ed. John B. Roney e Martin I. Klauber (Westport, CT: Greenwood, 1998), 57-75.
55 McPhee, CTCT, 78-81, Muller, "Use and Abuse", 37; Donnelly, *Calvinism and Scholasticism*, 134-35; Archbald, "Extent of the Atonement", 88 n. 37.

A despeito do grandioso subtítulo, *Summa Totius Christianismi*, este pequeno tratado lida somente com a corrente da salvação, e não a extensão completa da doutrina cristã.⁵⁶ É a "soma total" do cristianismo da mesma maneira que se pode dizer que João 3.16 é a soma total da fé. Representa as causas completas da salvação, do decreto divino à execução desse decreto na história — e mesmo aí, apenas como um esboço.⁵⁷ Esse é primeiro, e não o mais completo, tratamento de Beza à doutrina da predestinação; ele continuou defendendo essa doutrina enquanto ainda percebia que ela era ensinada por seu colega Calvino, enquanto também a protegia, a refinava e a desenvolvia em resposta aos ataques de seus oponentes.⁵⁸

A *Tabula Praedestinationis* de Beza não contém uma doutrina explícita da redenção definida; alguém teria de deduzi-la do capítulo 4, o qual, excelentemente, diz respeito à execução do decreto. Essa distinção entre o decreto e sua execução era crucial para entender o ensino relativo à predestinação de ambos, Calvino e Beza.⁵⁹ Muito embora seja óbvio que Beza vê a obra de Cristo como particular em efeito ("com um só sacrifício e oferta de si mesmo, Cristo santificará todos os eleitos"⁶⁰), Beza não formula explicitamente na *Tabula* a indagação que William Ames mais tarde proporia: *An mors Christi omnibus intendatur?*

---

56 Veja Bray, *Predestination*, 75.
57 Contraste McPhee, CTCT, 301, e Donald W. Sinnema, "God's Eternal Decree and Its Temporal Execution: The Role of This Distinction in Theodore Beza's Theology", in *Adaptations of Calvinism in Reformation Europe: Essays in Honour of Brian G. Armstrong*, ed. Mack P. Holt (Aldershot, UK: Ashgate, 2007), 55-78 (60 n. 15). A obra de Beza não é de nenhum modo uma *Summa Theologiae* nem há nela um "caráter teológico amplo" para este tratado focado de maneira tão estreita. Cf. Muller, "Use and Abuse", 34; Bray, *Predestination*, 72.
58 Sobre os escritos de Beza, veja Frédéric Gardy e Alain Dufour, *Bibliographie des oeuvres théologiques, littéraires, historiques et juridiques de Théodore de Bèze*, Travaux d'Humanisme et Renaissance 41 (Genebra: Librairie Droz, 1960). Outras obras de Beza sobre ou incluindo a predestinação incluem *Quaestionum et responsionum Christianarum libellus, in quo praecipua Christianae religionis capita* κατά ἐπιτομήν *proponuntur* (Genebra, 1670; Londres: H. Bynneman, 1571); tradução inglesa de Arthur Golding, *A Booke of Christian Questions and Answers* (Londres: W. How, 1578); *De Praedestinations doctrinae et vero usu tractatio absolutissima. Ex Th. Bezae praelectionibus in nonum Epistolae ad Romanos* etc., 2ª ed. (Genebra: E. Vignon, 1583). Sobre a obra posterior, veja a caracterização extremamente negativa de Bray, *Predestination*, 73.
59 Cf. Donald W. Sinnema, "Beza's Doctrine of Predestination in Historical Perspective", in *Théodore de Bèze (1519-1605): Actes du Colloque de Genève (Septembre 2005)*, Travaux d'Humanisme et Renaissance 424, ed. Irena Backus (Genebra: Librairie Droz, 2007), 219-39.
60 "Denique ut una sui ipsius oblatione eligendos omnes sanctificaret..." (Beza, *Tabula* 4.5, in *TT*, 1:181).

(A morte de Cristo visava a todos?)[61] E, mesmo então, a pergunta de Ames podia, concebivelmente, ser analisada e interpretada de diferentes maneiras. A questão da intenção divina viria a ser mais focada e explícita no contexto da controvérsia teológica, ainda mais depois do tempo de Beza como um pensador reformado liderante. Enquanto talvez se possa ver algum desenvolvimento menor no debate de Beza com o polemista luterano Jacobus Andreae no Colóquio de Montbéliard de 1586,[62] o debate sobre a extensão da redenção de Cristo se tornaria mais claro e mais refinado na controvérsia remonstrante posterior.

DEFESA E DESENVOLVIMENTO

Da mesma maneira que as assembleias reformadas circunscreveriam o ensino reformado sobre a redenção definida em resposta ao desafio da teologia remonstrante, assim o próprio esclarecimento de Beza e seu desenvolvimento do conceito vieram em resposta aos ataques polêmicos, particularmente os de Andreae no Colóquio de Montbéliard. A conferência foi convocada em favor dos refugiados huguenotes na cidade que resistiu submeter-se às doutrinas e práticas luteranas. O tópico da disputa veio a ser cristologia e a presença de Cristo na Ceia do Senhor. A predestinação nem mesmo fazia parte da agenda, porém Beza, sob pressão, relutantemente concordou, no último momento do debate, com a matéria.[63] O colóquio alcançou pouca concordância e só serviu para intensificar os ânimos entre os principais oponentes. É duvidoso se Andreae, tendo já lutado por uma confissão luterana universalmente aceitável, tinha alguma intenção real de achar com Beza uma base comum. A teologia de Ge-

---

61 William Ames, *De Arminii Sententia qua electionem omnem particularem, fidei praevisae docet inniti, Disceptatio Scholastica*. ... (Amsterdã: J. Janssonius, 1613), 1, citado em Godfrey, "Reformed Thought", 163. Ames concluiu que o escopo da intenção, aplicação e concretização de Deus estão em completa harmonia; assim, Deus tinha em mente que a redenção ou o pagamento dos pecados por Cristo visasse somente aos eleitos.

62 Veja o artigo substancial sobre Andreae elaborado por Robert Kolb in *The Oxford Encyclopedia of the Reformation*, 4 vols. (Oxford: Oxford University Press, 1996), 1:36-38.

63 Veja Jill Raitt, *The Colloquy of Montbéliard: Religion and Politics in the Sixteenth Century* (Nova York: Oxford University Press, 1993), 134. Em sua resposta em volume único, em francês, *Response de M. Th. De Beze aux Actes de la Conference de Mombelliard Imprimes à Tubingue* (Genebra: Jean Le Preux, 1587), Beza limita sua discussão sobre a predestinação primariamente ao prefácio e em excertos apensos de *De Servo Arbitrio* de Lutero.

nebra proveu um inimigo comum unificador; e o pensamento de Beza estava muito longe da afinidade com o de Flacius Illyricus, o qual o acordo luterano rejeitou. Além do mais, por ora a batalha era de domínio político-eclesiástico, e Montbéliard representava mais um território a ser conquistado ou perdido. Os dias em que Melanchthon pôde escrever um poema em honra de seu cobeligerante Beza agora não passavam de uma memória distante.[64]

As edições que Beza publicou do Colóquio de Montbéliard demonstram, mesmo quanto às polêmicas, um método que deriva seus argumentos primariamente da exegese bíblica, dos credos antigos e dos escritos dos pais da igreja, a despeito do fato de Andreae acusá-lo de argumentar unicamente com base na razão e ignorar a Escritura.[65] A retórica no debate foi intensa. Andreae alegava que os conceitos de Beza constituíam uma nova religião; Beza alegava que os luteranos distorciam Lutero. Beza se preocupava em contestar o que considerava afirmações extremas que punham em risco a doutrina da eleição, particularmente afirmações de luteranos posteriores de que Cristo morreu por cada indivíduo, que sua morte remove o pecado original e que o único pecado pelo qual alguém poderia ser condenado é o da incredulidade. Sua afirmação é de que a cristologia sacramental de Andreae e Johannes Brenz era contrária à Escritura, ao credo atanasiano e aos pais da igreja, bem como que ela representava uma nova forma de eutiquianismo e outras antigas heresias cristológicas; Beza ainda devolveu a acusação luterana de nestorianismo reformado contra seus acusadores.[66] A causa da fúria de Andreae foi o pungente emprego que Beza fez de uma estratégia que colocava Lutero contra os luteranos, citando,

---

64 Etienne Trocmé, "L'Ascension de Théodore de Bèze (1549-1561), au miroir de sa correspondance", *Journal des savants* 4 (1965): 607-24 (613); texto in Gardy, *Bibliographie*, 80-81. Sobre a controvérsia sinergística, veja Kolb, *Bound Choice, Election, and Wittenberg Theological Method: From Martin Luther to the Formula of Concord* (Grand Rapids, MI: Eerdmans, 2005), 109-69.

65 A resposta de Beza à *Acta* publicada em Tübingen foi rapidamente considerada por Andreae, *Kurtzer Begriff des Mümpelgartischen Colloquii oder Gesprächs... sampt angehenckter gründtlicher Widerlegung der Antwort D. Bezae auff die Acta gedachtes Colloquii...* (Tübingen: G. Gruppenbach, 1588), 72. Cf. também folio):( ):(iii v° e 153, onde Andreae demonstra sua extrema antipatia para com Beza e a posição reformada, recusando oferecer a Beza o "*Hand auff Bruderschafft*" no colóquio, porquanto tinha Beza como inimigo da fé cristã. Sobre o lado de Andreae na disputa a respeito da predestinação e as intenções de Deus no pagamento dos pecados por Cristo (*genug machen*), veja 128-40, 143-46.

66 Beza, *Response de M. Th. De Beze aux Actes*, 225.

por exemplo, a obra "A Escravidão da Vontade" do reformador.⁶⁷ O acordo da posição luterana incorporada no *O Livro de Concórdia* de 1580, compilado por Andreae e Martin Chemnitz, confirmava a eleição, porém não a reprovação, e propiciou um papel mais substancial ao livre-arbítrio humano na salvação do que os reformados. Beza via este desenvolvimento como um afastamento do ensino de Lutero; para ele, isso comprometia uma visão-chave da Reforma, a saber, que a salvação é exclusivamente um dom da graça de Deus. Beza chegou ao ponto de satirizar essa compilação das confissões luteranas como "O Livro da *Discórdia*".⁶⁸

Para Beza, o argumento de Lutero sobre a incapacidade humana de querer o que é bom ou de abraçar Deus ou o Evangelho era um fator-chave para a compreensão da obra de Cristo pela Reforma. Tornar a salvação meramente disponível ou potencial não teria nenhum efeito sobre a limitação das vontades, tampouco pôde Beza permitir qualquer alegada graça universal que permitiria, mas que não levaria à escolha humana de crer. De acordo com Beza, isso minaria todo o ensino bíblico da eleição incondicional de Deus e faria da escolha humana o ponto extremo da salvação de um indivíduo. Ele afirmava que os reformados eram melhores luteranos do que os luteranos tardios que hiperenfatizavam o papel da escolha humana na salvação. Andreae, por sua vez, lamentou que os conceitos predestinacionistas minassem a segurança de pessoas que lamentavam muito que não fossem eleitas.

Enquanto Beza e Andreae discutiam um com o outro na disputa, uma coisa ficou clara para Beza, se não estava já clara antes. A velha distinção de Pedro Lombardo entre eficiente e suficiente se tornara sem efeito.⁶⁹ Em seu comentário sobre 1 João 2.2, Calvino descartou as "caduquices dos fanáticos"

---

67 Luteranos tardios contenderiam que Lutero, ao final de sua vida, alterou seus conceitos sobre esse assunto. Sobre os desenvolvimentos luteranos nessa área, veja Kolb, *Bound Choice*.

68 Beza, *Response de M. Th. De Beze aux Actes*, 177. Mais tarde, Rudolf Hospinian faria uma comparação similar em seu *Concordians Discors: De origine et progressu Formulae Concordiae Bergensis* (Zurique: Wolph, 1607).

69 Contraste Rouwendal, "Calvin's Forgotten Classical Position". A distinção de Pedro Lombardo redunda-se nisto: "Christus ergo est sacerdos, idemque et hostia pretium nostrae reconciliationis; qui se in ara cruces non diabolo, sed Trinitati obtulit pro omnibus, quantum ad pretii sufficientiam; sed pro electis tantum quantum ad efficaciam, quia praedestinatis tantum salutem effecit" (*Sententiae in IV Libris Distinactae*, 3.20.3, in *PL*, 192:799).

e o "monstruoso" argumento de que essa passagem de alguma maneira oferece salvação aos réprobos. Calvino faz menção à distinção de Lombardo, e por mais que aceite sua validade, não crê que ela se aplica à presente passagem. Ao contrário, a intenção de João era fazer este benefício, o sacrifício expiatório (ἱλασμός) de Cristo, "comum a toda a igreja". Isso é uma forte evidência de que Calvino não ensinou uma redenção universal que incluía cada indivíduo, mas uma que era particular aos eleitos. Aqui, o "mundo inteiro" "não inclui os réprobos, mas indica aqueles que creem, bem como os que viviam dispersos por todas as regiões do mundo".[70]

Mas enquanto outros, como Zacharias Ursinus, usavam a distinção para ensinar formas primitivas da redenção definida, Beza julgou que isso já não era adequado ao debate corrente.[71] Andreae, com base em 1 João 2.2, argumentou que Cristo morreu para apaziguar Deus pelos pecados do mundo inteiro, a saber, de cada indivíduo. Beza respondeu que "o benefício do apaziguamento se aplica necessariamente só aos eleitos, e, porque são eleitos, aos crentes". Além do mais, *o mundo inteiro*, nessa passagem, significa todas as nações, em cumprimento da promessa feita a Abraão em Gênesis 12, e deve ser interpretada como os eleitos do mundo inteiro, segundo o argumento de Agostinho (e de Calvino).[72]

Beza não rejeitou inteiramente a distinção de Lombardo, se propriamente entendida; todavia, ele pensava ser ela uma expressão sem desenvolvimento, que não atingia o âmago da questão em disputa.[73] No contexto do ataque de Andreae à doutrina da predestinação como ensinada em Genebra, Beza achou

---

70 "Ergo sub omnibus, reprobos non comprehendit: sede os designat, qui simul credituri erant, et qui per varias mundi plagas dispersi erant" (CO, 55:310).

71 Zacharias Ursinus, *Explicationum Catecheticarum* etc., ed., David Pareus (Neustadt, Alemanha: Matteus Harnisch, 1593), 2:33-39. Pareus (33) nota que originalmente Ursinus não tratou da questão nesse lugar, mas colecionou os pensamentos de Ursinus sobre a questão em razão das controvérsias recentes — um fato omitido pelo tradutor G. W. Willard no século XIX.

72 Teodoro Beza, *Ad Acta Colloquii Montisbelgardensis Tubingae edita Theodori Bezae responsio, Tubingae edita*, 2 vols. (Genebra: J. le Preuz, 1587-1588), 2:215-16, a partir daqui citado como *AACM*. Beza se refere a Agostinho, *Contra Julian*, 6.24-80.

73 "Distinctionem autem illam inter SVFFICIENTER & EFFICIENTER, quam sane recte intellectam non nego, duris & ambiguis verbiis conceptam esse, nec ad quaestionem quae inter nos agitata est proximè praecedente responsione ostendi" (AACM, 2:22).

a distinção ambígua demais para ser útil; e, para este humanista francês, era também retoricamente abominável.[74] Além do mais, Beza observou ainda que a palavra "para" é ambígua quando alguém alega que a morte de Cristo é suficiente para todos os pecadores. Isso se refere à intenção e ao propósito de Deus no sofrimento de Cristo, ou ao efeito da paixão de Cristo, ou a ambas? Beza declara que, em qualquer caso, ela pode referir-se somente aos eleitos.[75] Seguramente, ele admitiu que o valor da oferta que Cristo fez de si seria suficiente "para pagar pelos pecados por um número infinito de mundos, se houvesse mundos múltiplos, e se a todos os habitantes desses mundos fosse dada fé em Cristo, que fosse dada a cada pessoa individualmente de um mundo, sem exceção, se Deus quisesse ter misericórdia de todos eles".[76] Beza não explora se tal suficiência seria inerente à morte de Cristo, da forma que pensadores reformados como Zacharias Ursinus afirmavam,[77] ou se ela era uma "suficiência instituída", como mais tarde os universalistas hipotéticos proporiam.[78] Em qualquer caso, a intenção divina é coexistente com o efeito.

Beza apresenta uma evidência bíblica para a doutrina de que Deus elege e reprova desde a eternidade, e que Deus tenciona salvar os eleitos, e não os réprobos. Alegar que Deus quer salvar os réprobos seria incoerente. Ele apela para João 17.9, em que Jesus não ora pelo mundo inteiro, mas somente pelos discípulos, os quais o Pai lhe deu. Cristo não se ofereceria por aqueles pelos quais não intercedeu. Calvino fizera observações notavelmente similares sobre esse texto, afirmando que Cristo orou pelos eleitos, não pelos réprobos. Os cristãos devem orar por todos indiscriminadamente, porque não podem, diferentemente de Deus, distinguir os eleitos dos

---

74 "Illud enim, *Christus mortuus est pro omnium hominum peccatis Sufficienter, sed non Efficienter*, et si recto sensu verum est, dure tamen admodem et ambigue non minus quam barbare dicitur" (AACM, 2:217).
75 "Illud enim PRO, vel consilium Patris ex quo passus est Christus, vel ipsius passionis effectum, vel potius utrumque declarat, quorum neutrum ad alios quam ad electos spectat..." (AACM, 2:217, cf. 221).
76 "quamvis negandum non sit tanti esse hanc oblationem ut potuerit etiam pro infinitis mundis satisfacere, si plures essent mundi, et mundani omnes fide in Christum donarentur, nedum pro singulis unius mundi, nullo excepto, hominibus, si Deus eorum omnium vellet misereri" (AACM, 2:217).
77 Veja Rainbow, *Will of God and the Cross*, 133 e n. 1.
78 Veja Jonathan D. Moore, "The Extent of the Atonement: English Hypothetical Universalism versus Particular Redemption", in *Drawn into Controversie*, 147-48.

réprobos nesta vida; mas sua intenção, segundo Calvino, é ainda orar por qualquer um que seja eleito.[79]

Beza desvia o uso que Andreae faz da distinção de Lombardo como sendo nada mais que uma manobra evasiva (*tergiversatio*) e uma dissimulação estratégica. Todo seu debate sobre a predestinação não é sobre se apenas os crentes serão salvos; somente os originistas diabólicos duvidam disso. Em vez disso, o argumento real que Beza emprega centra-se em dois pontos: primeiro, se Deus realmente decreta eleger e reprovar pessoas desde a eternidade (o que Beza confirma e Andreae nega); e, segundo, se a intenção de Deus é salvar cada indivíduo (o que Andreae afirma e Beza nega).[80] O que Beza acha repreensível é a contenda de Andreae de que "Cristo sofreu pelos condenados e foi crucificado, e morreu, e pagou pelos pecados deles não menos que pelos pecados de Pedro, Paulo e de todos os santos".[81] Beza não nega a suficiência da redenção de Cristo, ou seu valor (instituído ou inerente), mas apenas sua eficácia para os réprobos. Como Calvino, Beza nega que Deus quer efetivamente a salvação dos réprobos; tal conceito seria incoerente.

Além disso, Beza demonstra aversão à visão de Andreae de que as pessoas só são condenadas por não crerem em Cristo, quando de fato são condenadas — não porque são réprobas — em razão de seu pecado, e não exclusivamente por incredulidade. Para Beza, essa se trata de uma doutrina abominável, monstruosa e nova que Andreae ousa impudentemente introduzir na igreja.[82]

Beza tocou previamente nessa questão em seu "Livro de Perguntas e Respostas", de 1570. Ali (como em sua exegese de 1 Timóteo 2.4) ele formulou a notável distinção de que o chamado externo do evangelho não é *universal*,

---

79 CO, 47:380-81. Note especialmente o seguinte: "Respondeo, preces, quas pro omnibus concipimus, restringi tamen ad Dei electos. Hunc et illum et singulos optare debemus salvos esse, atque ita complecti totum humanum genus, quia nondum distinguere licet electos a reprobis: interea tamen adventu regni Dei optando simul precamur, ut hostes suos perdat" (380).

80 *AACM*, 2:217-18.

81 "hoc etiam ausus totidem verbis (proh scelus) scribere, et aeternum ac immutabilem veritatem vocare, quod Christus NON MINUS pro DAMNATIS SIT PASSUS', crucifixus et mortuus et pro ipsorum peccatis satisfecerit, quam pro Petri, Pauli, et omnium Sanctorum peccatis" (*AACM*, 2:218).

82 *AACM*, 2:218-19.

mas, antes, *indefinido*.[83] Existem muitos que nunca ouvem o Evangelho; o chamado não os alcança. Tampouco pode a revelação de Deus, em sua natureza, ser constituída como um chamado universal, visto que algumas pessoas morrem na infância, antes mesmo de terem a capacidade racional de reflexão sobre a realidade criada. Alegar que "todos são chamados universalmente, sob a condição de que creiam" é verdadeiro até certo ponto (*aliquatenus*), contudo, isso pode ser enganoso. O chamado não só não alcança cada indivíduo: "o decreto não depende da condição, mas, antes, da condição sobre o decreto, visto que este precede todas as causas subordinadas". Tampouco é inteiramente correto que "esta vocação não é universalmente eficaz, não por conta de Deus, mas por conta da obstinação dos incrédulos que rejeitam o bem que é posto diante eles". Aqui Beza pode estar antecipando um argumento como o de Andreae, de que as pessoas só são condenadas por rejeitarem a Cristo. Ao contrário, Beza insiste que em alguns "não se acha obstinação contra o evangelho oferecido, mas meramente corrupção original, a qual, não obstante, de fato por si só é suficiente para a condenação dos réprobos".[84]

Os comentários de Beza refletem substancialmente os ensinos de Calvino sobre esses pontos, como se pode demonstrar comparando-os com o sermão deste sobre 1 Timóteo 2.3-5. Aqui, Calvino formula a tese — reiteradamente — de que Deus não quer a salvação de cada indivíduo, e sim de pessoas de cada nação e classe, judeus e gentios, quer seja grande, quer seja pequeno.[85] Deus se apresenta a todo o mundo, mas isso não mina a eleição e a reprovação, ou implica que a vontade dele é indiferente.[86] Tampouco Deus quer que

---

83 "Qu. *At certe universalis est vocatio, et promissio*. Re. Indefinitam intellige, (et quidam certarum, de quibus diximus, circumstantiarum respectu), et rectius senseris" (Beza, *Quaestionum et Responsionum*, 122).

84 Ibid., 123-24.

85 "Cependant notons que sainct Paul ne parle point ici de chacun en particulier, mais de tous estats et de tous peuples. ... Pourtant sainct Paul n'entend pas que Dieu vueille sauver chacun homme, mais il dit que les promesses qui avoyent este donnees à un seul peuple, ont maintenant leur estendue par tout" (CO, 53:148). Calvino nega que se segue da afirmação de Paulo que esteja no poder da livre vontade de cada indivíduo decidir ser salvo, "... que sainct Paul ne parle point ici de chacune personne (comme nous avons declaré), mais il parle de tous peuples, et des estats..." (CO, 53:150). Nosso dever é orarmos por todos em geral, "car sainct Paulo nous monstre comme Dieu veut que tous soyent sauvez, c'est à dire de tous peuples et nations" (CO, 53:159).

86 "... Dieu se presente à tout le monde... Car voilà qu'ils disent, Si Dieu veut que tous soyent sauvez, il s'ensuit

o Evangelho alcance cada pessoa.[87] Além do mais, Deus não provê uma graça universal que se estende aleatoriamente; a graça divina visa somente àqueles a quem ele escolheu.[88] A igreja deve apresentar a promessa do Evangelho a todos, mas somente porque os seres humanos não podem determinar quem é eleito e quem é réprobo. Isso não implica duas vontades em Deus (o que violaria a doutrina da simplicidade divina); antes, em virtude de a capacidade humana ser limitada, é possível falar de duas maneiras de considerar a vontade divina.[89] No que diz respeito à pregação do Evangelho, Deus quer a salvação de todos, o que simplesmente significa que, na pregação do Evangelho, ninguém pode fazer discriminação.[90] Calvino está se referindo ao que os teólogos distinguiam como a *voluntas praecepti*, a vontade do preceito, que indica obrigação humana, mas não decreto divino.[91] Mas a respeito do eterno conselho de Deus, este não quer que todos sejam salvos e não outorga conhecimento salvífico a cada indivíduo.[92] Além do mais, aqui Calvino baseia a certeza não no próprio Cristo, ou

---

qu'il n'a point eleu certain nombre du genre humain, et qu'il n'a point reprouvé le reste, mais que sa volonté est indifferente" (CO, 53:149-50).

87 "Et mesmes encores depuis l'Evangile il n'a pas voulu que du premier coup tous cognussent l'Evangile" (CO, 53.151).

88 "Et puis tant souvent il nous est monstré que Dieu ne iette point comme à l'abandon sa grace, mais qu'elle est seulement pour ceux qu'il a eleus, et pour ceux qui sont du corps de son Eglise et de son troupeau" (CO, 53:154-55. Cf. Calvin's *Institutes*, 3.22.10).

89 "... l'Escriture saincte nous parle de la volonté de Dieu en deux sortes: non point que ceste volonté-là soit double, mais c'est pour s'accommoder à nostre foiblesse, d'autant que nous avons l'esprit grossier et pesant" (CO, 53:15-52, ef. 155, 156).

90 "Mais nous disons ce que chacun voit, c'est que selon nostre regard Dieu veut que nous soyons tous sauvez toutesfois et quantes qu'il ordonne que son Evangile nous soit presché" (CO, 53.155).

91 Veja Muller, *Dictionary*, 331-33.

92 Contraste Martin Foord, "God Wills All People to Be Saved — Or Does He? Calvin's Reading of 1 Timothy 2:4", in *Engaging with Calvin: Aspects of the Reformer's Legacy for Today*, ed. Mark D. Thompson (Nottingham, UK: Apollos, 2009), 179-203. Foord alega, de modo não convincente, que Calvino produz "seu próprio e único fundamento", e que Calvino se aproxima mais do semipelagiano medieval Robert Holkot (202) em sua ênfase sobre a vontade revelada de Deus. A alegação de Foord de que Calvino ensina que Deus quer a salvação de "todos de todos os tipos" é incoerente, talvez baseado em sua leitura equivocada de *tous peuples* como "todas as pessoas", em vez de "todas as nações" (198). Ele faz Calvino escolher a vontade revelada como uma alternativa para a vontade oculta, quando de fato Calvino, displicentemente, sugere ambas as distinções sucessivamente. De forma óbvia e evidente, Calvino limita o uso do termo "todos", restringindo-o a classes com respeito à *voluntas beneplaciti* de Deus, e referindo "todos" à vontade revelada de Deus, não sua vontade secreta. Dificilmente isso é "único". A obra de Foord retém um resíduo das tendências problemáticas mais antigas, inclusive um desejo de afastar Calvino dos "escolásticos" e de suas rendições "servis" de escolas particulares de pensamento, como ele preconceituosamente alega contra Vermigli (cujo uso das *voluntas signi* identifica

em alguma experiência de Cristo, mas na doutrina da eleição, na qual o Pai dá a Cristo os eleitos.[93]

Para ambos, Beza e Calvino, era crucial manter uma doutrina da salvação que fosse, em última análise, dependente da graça divina, não da escolha humana ou de uma combinação delas. Enquanto Andreae se mostrava ansioso de que o medo de ser réprobo retardasse a fé no fraco, Beza se preocupava que a igreja retrocedesse a um conceito pré-reforma da salvação que fizesse da escolha humana o pivô. Em seu juízo, os desenvolvimentos entre os teólogos luteranos, de modo um tanto irônico, colocavam em risco a salvação pela graça somente.

A EXTENSÃO DA SATISFAÇÃO DE CRISTO COMO UMA QUESTÃO EMERGENTE

Os pontos de vista de Beza sobre esse tema não eram excepcionais. Pedro Mártir Vermigli (1499-1562), um antigo monge agostiniano convertido em reformador, asseverou que "Deus declarou que daria seu próprio Filho à morte, e de fato uma morte ignominiosa, a fim de livrar os eleitos do pecado".[94] Vermigli era mentor de outro monge agostiniano, Jerônimo Zanchi (1516-1590), que propôs a questão em seu comentário aos Efésios: por quem Cristo se ofereceu? Zanchi respondeu: "Por nós, os eleitos, que não obstante somos pecadores". Zanchi afirmou que o sacrifício de Cristo é eficaz para a salvação dos eleitos, ainda que fosse completamente suficiente para a redenção do mundo inteiro.[95] Formulações similares podem ser encontradas em Wolfgang Musculus e nos

---

erroneamente e a quem ele acusa de não ser original, a despeito do fato de os primeiros teólogos modernos considerarem a novidade como sendo característica de heterodoxia). Ele também põe o "humanismo" (indefinido) de Calvino contra os "pequenos sinais da influência escolástica", a despeito do fato de que as próprias análises que Foord faz de Calvino confiam nas distinções escolásticas relativas à vontade divina (203). Para uma clara e precisa análise, veja Muller, *CRT*, capítulo 3.

93 "Ainsi nous voyons combien ceste doctrine de l'election nous est utile. ... Et n'est-ce point aussi le vray fondement sur lequel toute la certitude de nostre salut s'appuye?" (CO, 53.152-53).

94 "... decreverit Filium suum dare in mortem, et quidem ignominiosam, ut a suis electis peccatum depelleret" (Pedro Mártir Vemigli, *Loci Communes* [Londres: Thomas Vautrollerius, 1583], 607).

95 "Pro quibus obtulerit: Pro nobis, electis, scilicet, sed peccatoribus. Efficaciter enim pro Electorum tantum salute oblatum esse hoc sacrificium: quanquam ad totius mundi redemptionem sufficientissimum sit" (Jerome Zanchi, *Commentarius in Epistolam Sancti Pauli ad Ephesios*, ed. A. H. De Hartog, 2 vols. [1594, reimp., Amsterdã: J. A. Wormser, 1888], 2:266).

teólogos de Heidelberg: Ursinus, Caspar Olevianus e o menos conhecido Jacob Kimedoncius, o qual escreveu um tratado sobre o tema que foi traduzido para o inglês.[96] Kimedoncius não avançou muito além de Calvino ou Beza, ou mesmo de Lutero e Agostinho, quando alegou que "a redenção é peculiar à igreja e, todavia, universal, segundo aquele tipo de igreja que confessamos ser universal".[97] Kimedoncius ainda alegaria que Cristo morreu por todos, porém não eficazmente por todos.[98]

Em última análise, o mito historiográfico de que Beza distorceu o ensino de Calvino sobre a extensão da redenção de Cristo não pode ser sustentado. De fato, nem Calvino nem Beza disponibilizam uma doutrina plenamente elaborada da extensão da redenção de Cristo, ainda que partilhem de uma tendência discernível para com o particularismo. Os ensinos de Beza são mais claros e mais refinados do que os de Calvino não porque tenha inventado a doutrina da redenção definida, mas porque ele — juntamente com muitos outros — desenvolveu e refinou seus ensinos no contexto dos ataques sobre a predestinação semelhantes aos de Castellio e Andreae. Como a extensão do pagamento dos pecados por Cristo se tornou o centro de ainda mais controvérsias, e assim uma doutrina discreta, os pensadores reformados posteriores continuariam a desenvolver o conceito. Outros eventualmente proporiam formulações alternativas, tais como os decretos múltiplos de Amyraut, ou o Universalismo Hipotético de certos teólogos ingleses, destinados a demonstrar alguma sorte de intenção salvífica universal da parte de Deus sem se transpor para o território semipelagiano ou remonstrante.

Na época de Dort, a distinção tradicional entre suficiência e eficiência do sacrifício de Cristo não podia mais suportar o peso das controvérsias que se

---

96 Veja Roger R. Nicole, "The Doctrine of Definite Atonement in the Heidelberg Catechism", *Gordon Review* 3 (1964): 138-45. A obra principal de Kimedoncius sobre o tema (entre outras) foi *De redemptione generis humani Libri tres* (Heidelberg: Abraham Smesmannus, 1592); *The Redemption of Mankind in Three Bookes*, trad. Hugh Ince (Londres: Felix Kingston, 1598). Sobre Kimedoncius, veja Jonathan D. Moore, *English Hypothetical Universalism: John Preston and the Softening of Reformed Theology* (Grand Rapids, MI: Eerdmanns 2007), 67-68.

97 *De redemptione*, 324; *Redemption of Mankind*, 180.

98 *De redemptione*, 323; *Redemption of Mankind*, 179. Isso representa uma forma de Universalismo Hipotético não amiraldiano ou não especulativo similar àquele de Pierre Du Moulin; veja Muller, *CRT*, capítulo 5.

desenvolveram no final do século XVI, ao menos não sem considerável esclarecimento. Já nos dias de Calvino essa ferramenta não era adequada para tal empreendimento. Assim, a maioria dos pensadores reformados deixava cada vez mais explícito o que estava latente no fio particularista do pensamento cristão, de que a intenção divina do sacrifício de Cristo era pagar pelos pecados especificamente para os eleitos. Um estudo histórico pode mapear o desenvolvimento do pensamento e as variações sobre esse tópico, mas não pode avaliar os julgamentos sobre a validade de tais desenvolvimentos. Pode ainda menos contar a história confiável de um indivíduo desprezível que se deixou seduzir pelo lado escuro do racionalismo escolástico. Antes, há um padrão de continuidade com variações numa emergente tradição reformada que refinou suas concepções teológicas em um contexto apologético e polêmico e que, através de suas confissões, definiu seus limites doutrinários de uma maneira que privilegiou o particularismo, mas que ainda assim deixou às posições menores algum espaço para respirar.[99]

---

99 Por exemplo, representantes ingleses do Universalismo Hipotético, tais como John Davenant e Samuel Ward, puderam aderir aos Cânones de Dort em razão da inclusão do termo *efficaciter* aplicado à morte de Cristo em 2.8. Veja Moore, "The extent of the Atonement", e idem, *English Hypothetical Universalism*. Enquanto os universalistas hipotéticos podem preferir ver sua formulação como uma "atenuante" da teologia reformada, os que se opõem a essa visão dificilmente concederiam que seus pontos de vista eram rígidos ou carentes de atenuação.

CAPÍTULO 6

O SÍNODO DE DORT E A EXPIAÇÃO DEFINIDA

Lee Gatiss

A expiação definida atingiu *status* confessional no Sínodo de Dort. Esse primeiro sínodo ecumênico das igrejas reformadas aconteceu entre novembro de 1618 e maio de 1619 na cidade holandesa de Dordrecht (também conhecida como Dordt ou Dort). Era composto pela nata dos teólogos reformados holandeses, representantes da Grã-Bretanha (incluindo o bispo de Llandaff, no País de Gales, e um escocês), de diversas cidades alemãs importantes e de delegações separadas representando Genebra e o resto da Suíça. Convites foram expedidos também ao Estado então recentemente combinado de Brandemburgo-Prússia, ainda que por várias razões nenhum representante tenha podido comparecer. Uma fileira de cadeiras vazias foi arrumada em honra dos delegados das igrejas reformadas da França, os quais foram proibidos de participar pelo governo francês (católico-romano). A importância desse conclave internacional de teólogos reformados não pode ser subestimada, uma vez que foi aqui que os assim chamados "cinco pontos do calvinismo" foram cuidadosamente definidos pela primeira vez.

Nas últimas décadas, diversos estudos foram examinados com profundidade nos debates e pronunciamentos do Sínodo sobre o tema da expiação.[1] Visto que os delegados britânicos estavam particularmente envolvidos nessa questão, os estudos de seu papel são especialmente úteis.[2] Neste capítulo, meu objetivo não é necessariamente repetir o que eles já disseram, ou mesmo fazer uma exposição completa das deliberações do Sínodo.[3] Para evitar uma discussão dos Cânones de Dort numa forma meramente abstrata, colocarei o Sínodo no contexto histórico e farei algumas observações quanto à diversidade entre os delegados. Entretanto, o impacto de mais longo alcance do Sínodo foi sentido não apenas por meio de seus cânones doutrinais mas também, e talvez mais profundamente, por meio da tradução e do comentário da Bíblia encarregado a ele. Já que estes foram indevidamente negligenciados pelos estudiosos até hoje em dia, examinarei as anotações bíblicas juntamente com seus parceiros e rivais de debate para entender melhor o que o legado de Dort se tornou em termos de facilitar o ensino da Bíblia. Focalizarei particularmente a clássica distinção suficiente-eficiente como foi empregada em Dort a fim de mostrar que foi cuidadosamente matizada e esclarecida numa direção particular como resultado da discordância o arminianismo. Todavia, também notarei que, embora houvesse ampla concordância entre os reformados, não havia homogeneidade monolítica, mas um grau de diversidade em suas respostas à ameaça teológica.

---

1   Por exemplo, W. Robert Godifrey, "Tensions within International Calvinism: The Debate on the Atonement at the Synod of Dort" (Ph.D. diss., Stanford University, 1974); Stephen Strehle, "The Extent of the Atonement and the Synod of Dort", *WTJ* 51.1 (1989): 1-23; Michael Thomas, *The Extent of the Atonement: A Dilemma for Reformed Theology* (Carlisle, UK: Paternoster, 1997).

2   Nicholas Tyacke, *Anti-Calvinists: The Rise of English Arminianism* (Oxford: Clarendon, 1987); Peter White, *Predestination, Policy, and Polemic* (Cambridge: Cambridge University Press, 1992); Anthony Milton, *The British Delegation and the Synod of Dort* (Woodbridge, UK: Boydell, 2005).

3   Comentários simpatizantes incluem Homer Hoeksema, *The Voice of Our Fathers: An Exposition of the Canons of Dordrecht* (Grand Rapids, MI: Kregel, 1980); Cornelis Venema, *But for the Grace of God: An Exposition of the Canons of Dort* (Grand Rapids, MI: Reformed Fellowship, 1994); Peter Feenstra, *Unspeakable Comfort: A Commentary on the Canons of Dort* (Winnipeg: Premier Publishing, 1997); e Cornelis Pronk, *Expository Sermons on the Canons of Dort* (St. Thomas, ON: Free Reformed, 1999); Matthew Barrett, *The Grace of Godliness: An Introduction to Doctrine and Piety in the Canons of Dort* (Kitchener, ON: Joshua, 2013).

I. CONTEXTO HISTÓRICO

As Províncias Unidas dos Países Baixos eram notoriamente tolerantes, até certo ponto, com a diversidade religiosa. Tendo se libertado do domínio católico-romano espanhol, elas se reuniram na União de Utrecht em 1579, a qual concordou que "ninguém será perseguido ou investigado por razões religiosas".[4] Quase um século depois, um observador estrangeiro escreveu sobre "quantas religiões havia neste país, as quais têm liberdade total de celebrar seus mistérios e servir a Deus como lhes agrada", incluindo luteranos, arminianos, anabatistas, socinianos e até mesmo judeus e turcos (mulçumanos), uma vez que "os Estados deram liberdade ilimitada a todos os tipos de religiões; na Holanda, você achará mais seitas, abertas e reconhecidas, do que no resto da Europa".[5] Um delegado suíço que foi a Dort teve a inusitada experiência de hospedar-se com uma família cuja mãe e irmã eram reformadas; pai e filho, católico-romanos; avó, menonita; tio, jesuíta.[6]

No entanto, essa cultura religiosa diversificada existiu sob uma cobertura protestante reformada; a igreja politicamente dominante da República aderiu aos padrões reformados da Confissão Belga e do Catecismo de Heidelberg. O catolicismo romano, tão estreitamente associado ao domínio espanhol e à Inquisição, foi banido. No entanto, esse estado oficialmente reformado e confessional mais provavelmente visava a encorajar um refreamento conivente da divergência religiosa do que uma imposição estrita ou uma lassidão libertina. Já no final do século XVII isso resultou no que Jonathan Israel descreve como "uma ambivalente semitolerância ... fervilhando com tensão teológica e política".[7] É importante reconhecer que esse é o cenário do Sínodo de Dort e também, em parte, seu legado.

---

4   C. Berkvens-Stevelinck, J. Israel, e G. H. M. Posthumus Meyjes, eds., *The Emergence of Tolerance in the Dutch Republic* (Leiden, Holanda: Brill, 1997), 41.

5   Jean-Baptiste Stouppe, *La Religion des Hollandois* (Cologne, 1673), 32, 79. As traduções de textos não ingleses são minhas, a menos que eu declare o contrário.

6   Veja J. Pollmann, "The Bond of Christian Piety", in *Calvinism and Religious Toleration in the Dutch Golden Age*, ed. R. Po-Chia Hsia e Henk van Nierop (Cambridge: Cambridge University Press, 2002), 56.

7   Jonathan Israel, *The Dutch Republic: Its Rise, Greatness, and Fall* (Oxford: Clarendon, 1998), 676. Cf. J. Spaans, "Religious Policies in the Seventeenth-Century Dutch Republic", in *Calvinism and Toleration*, 72-86.

A união entre Holanda e Zelândia em 1575 incluía um acordo para manter "a prática da religião evangélica reformada".[8] Entretanto, o que essa religião de fato era se tornou ponto de disputa quando Jacobus Armínio teve seu primeiro embate com as autoridades em 1592.[9] Depois de pregar um conceito não ortodoxo de Romanos 7, lhe foi ordenado que deixasse cair no esquecimento a disputa que teve com outro pregador sobre o assunto e não permitisse que fosse difundido para além de suas congregações em Amsterdã.[10] Contudo, a controvérsia arminiana estava destinada a causar grandes problemas ao longo dos anos e se tornou parte de uma disputa política entre os oligarcas patricianos da república, representados pelo defensor da Holanda, Johan van Oldenbarnevelt, e o popular, militarmente bem-sucedido, Maurício, chefe de várias províncias e filho de William de Orange, que havia liderado a revolta contra a Espanha. Por um tempo, partilharam o poder numa relação complexa e forçada. As paixões políticas e religiosas chegaram ao ápice especialmente quando Oldenbarnevelt tentou, em 1607, convencer os líderes reformados a permitir um sínodo nacional, o qual reformaria seus padrões doutrinais e tornaria a igreja pública teologicamente mais abrangente.

Os líderes reformados insistiram que a Confissão Belga não deveria ser alterada. Sob a liderança de Johannes Uytenbogaert, aqueles que se sentiam inspirados por Armínio (que morreu em 1609) emitiram um vigoroso protesto, ou "Remonstrance", em 1610, no qual detalharam suas objeções à doutrina reformada oficial.[11] Esse documento, segundo um teólogo holandês,

---

8 Israel, *Dutch Republic*, 362.
9 Há um debate entre historiadores sobre se a teologia de Armínio pode ser considerada como geralmente reformada mas idiossincrática, ou como algo fundamentalmente diferente. Carl Bangs, *Arminius: A Study in the Dutch Reformation* (Nashville: Abingdon, 1971), como um representante da primeira posição, é contestado por Richard A. Muller, "Arminius and the Reformed Tradition", *WTJ* 70.1 (2008): 19-48, que defende a segunda posição. Cf. Keith D. Stanglin e Thomas H. McCall, *Jacob Arminius: Theologian of Grace* (Oxford: Oxford University Press, 2012), 201-204.
10 Bangs, *Arminius*, 140-46.
11 O Protesto estava em harmonia com o ensino de Armínio, embora não inspirado unicamente por ele, e a teologia arminiana se desenvolveu ainda mais assim que ele morreu. Sobre Armínio, veja Theodoor van Leeuwen, Keith Stanglin e Marijke Tolsma, eds., *Arminius, Arminianism, and Europe: Jacobus Arminius* (Leiden, Holanda: Brill, 2009); e William den Boer, *God's Twofold Love: The Theology of Jacob Arminius* (Göttingen, Alemanha: Vandenhoerck & Ruprecht, 2010), esp. 185-86.

deu o exemplo de "liberalismo" mais geral[12] e formulou cinco pontos doutrinais clássicos concernentes à predestinação, à extensão da expiação, ao livre-arbítrio, à graça resistível e à perseverança cristã. Eles afirmaram que Deus decretou salvar os que, por sua graça, cressem e perseverassem em obediência até o fim, e

> Que, em conformidade com isso, Jesus Cristo, o Salvador do mundo, morreria por todos, cada indivíduo, de modo que ele merecesse a reconciliação e o perdão dos pecados por todos por meio da morte na cruz; todavia, de tal modo que realmente ninguém desfrutaria desse perdão dos pecados senão os que cressem.[13]

João 3.16 e 1 João 2.2 foram citados em defesa disso.

Um ano depois, na Conferência de Hague, entre líderes de ambos os lados, os reformados emitiram um "Contra-Remonstrância".[14] Eles se queixaram que o Protesto era deliberadamente ambíguo e desonesto.[15] Insistiam que Deus decretou primeiramente o fim e depois os meios:

> Que para este fim [salvar seus eleitos] ele, antes de tudo, lhes apresentou e lhes deu seu Filho unigênito, Jesus Cristo, a quem entregou à morte na cruz a fim de salvar seus eleitos, de modo que, embora o sofrimento de Cristo como o do Filho de Deus, unigênito e sem igual, seja suficiente para a expiação dos pecados de todos os homens, o mesmo, segundo o conselho e decreto de Deus, tem sua

---

12 L. Van Holk, "From Arminius to Arminianism in Dutch Theology", in *Man's Faith and Freedom: The Theological Influence of Jacobus Arminius*, ed. Gerald McCulloh (Eugene, OR: Wipf & Stock, 2006), 41.
13 Philip Schaff, *The Creeds of Christendom. Volume III: The Evangelical Protestant Creeds* (Nova York: Harper & Brothers, 1877), 546 (tradução minha).
14 Os relatos rivais foram publicados por Henricus Brandus, *Collatio Scripto Habita Hagae Comitis* (Middelburg, 1615), e por Petrus Bertius, *Scripta Adversaria Collationis Hagiensis* (Leiden, 1615). Veja Milton, *British Delegation*, 62 n. 40, 218 n. 110.
15 Cf. a avaliação de Jan Rohls, "Calvinism, Arminianism, and Socinianism in the Netherlands until the Synod of Dort", in *Socinianism and Arminianism: Antitrinitarians, Calvinists, and Cultural Exchange in Seventeehth-Century Europe*, ed. Martin Mulsow e Jan Rohls (Leiden, Holanda, Brill, 2005), 19.

eficácia para a reconciliação e o perdão de pecados somente do eleito e do verdadeiro crente.[16]

Como William den Boer salienta, "para os remonstrantes, suficiência pressupõe obtenção efetiva, bem como a vontade da parte de Deus de estender a todos o que é suficiente para todos".[17] Para os contra-remonstrantes, a vontade, o decreto e o conselho de Deus estavam focados na eficácia mais do que na suficiência da redenção. Assim, a reunião se interrompeu sem acordo. Quando Mauricio finalmente saiu por cima da disputa política, a situação ocasionou que os reformados convocassem um sínodo para esclarecer a situação eclesiástica. Como um sínodo nacional, ele reforçaria o processo de unificação nacional envolvendo regiões e estados que até então tinham permanecido relativamente independentes. Mas outros que não eram provenientes dos Países Baixos também seriam convidados a participarem. O cenário estava montado para a maior reunião internacional de teólogos reformados já vista.

II. OS CÂNONES DE DORT SOBRE A MORTE DE CRISTO

Podemos aprender muito sobre a maneira e o método do Sínodo indo de seus documentos oficiais e não oficiais até os relatos contemporâneos de seus trabalhos de rotina. A respeito disso, as cartas de John Hales, capelão do Embaixador Britânico nos Países Baixos, são frequentemente citadas.[18] Cada delegação preparou sua própria posição em documento sobre as cinco doutrinas escolhidas pelos arminianos para discussão, as quais foram lidas no

---

16 Peter Y. De Jong, *Crisis in the Reformed Churches: Essays in Commemoration of the Great Synod of Dort* (Grand Rapids, MI: Reformed Fellowship, 1968), 247-50.
17 Den Boer, *God's Twofold Love*, 234. Cf. James Arminius, *The Works of James Arminius*, trad. James Nichols e William Nichols, 3 vols. (Londres: 1825; reimp. Grand Rapids, MI: Baker, 1956), 3:345-46.
18 Estou editando a relevante correspondência de Hales e Balcanquhall para uma edição crítica em multivolume dos documentos do Sínodo, que deve ser publicada em seu aniversário de 400 anos, em 2018. Veja Anthony Milton, "A Distorting Mirror: The Hales and Balcanquhall Letters and the Synod of Dordt", in *Revisiting the Synod of Dort*, ed. Aza Goudrian e Fred van Lieburg (Leiden, Holanda: Brill, 2011), 135-61, sobre o cuidado particular necessária no uso de Hales, e sem exagerar o envolvimento britânico. Veja também Donald Sinnema, "The Drafting of the Canons of Dordt: A Preliminary Survey of Early Drafts and Related Documents", no mesmo volume, documentos remanescentes.

Sínodo reunido. Depois da discussão desses documentos, mais tarde reunidos e publicados,[19] os cânones ou julgamentos do Sínodo foram redigidos.[20] Os britânicos exerceram um grande papel nessa discussão, com Walter Balcanquhall em certo momento falando por mais de uma hora sobre o tema da morte de Cristo aos doutores reunidos,[21] e a delegação mostrou resistência a certos aspectos dos cânones rascunhados sobre esse ponto.[22] A posição dos ingleses, como veremos, era diferente da maioria, mas exerceu alguma influência significativa sobre a redação final.

Os próprios remonstrantes falaram diversas vezes no Sínodo e foram repetidamente solicitados a fornecer um relatório de suas discordâncias da doutrina oficialmente aceita. Eles tinham impugnado a Confissão Belga e buscado emendá-la por muitos anos; mas, em vez de aceitar a oportunidade de defender sua causa, eles se envolveram numa postura política e numa manobra obstrutiva. Em razão daquilo que Balcanquhall chamou de sua "incrível obstinação",[23] eventualmente eles foram exonerados em janeiro de 1619. Um crítico afirma que isso "prova que todos os procedimentos contra o partido arminiano foram os de uma facção disputando por hegemonia sem levar em conta a justiça."[24] Às vezes Balcanquhall se queixava do tratamento dado a eles nas mãos de alguns delegados.[25] No entanto, suas opiniões eram muito bem conhecidas e uma questão de registro público, sendo claramente relatadas no *Remonstrance*, nos registros extensos da Conferência de Hague, na *Sententia Remonstrantium* — oficialmente apresentada em duas sessões, em dezembro de 1618 —,[26] e nas obras publicadas de seus líderes, tais como Simon Episcopius. A estes foi dada

---

19 *Acta Synodi Nationalis* (Leiden, 1620), 1.78-126; 3.88-153.
20 Sobre o acrimonioso debate quanto ao procedimento corrente, veja Milton, *British Delegation*, 295-97, e John Hales, *Golden Remains of the Ever Memorable Mr. John Hales of Eton College, &c* (Londres, 1673), ii.146-50.
21 *Acta*, 1.196; Hales, *Golden Remains*, ii.93.
22 Ibid., ii.144-45; Sinnema, "Drafting", 299-307.
23 Hales, *Golden Reimains*, ii. 73; Tyacke, *Anti-Calvinism*, 95.
24 Frederick Calder, *Memoirs of Simon Episcopius* (Nova York, 1837), 327.
25 Mark Ellis, *The Arminian Confession of 1621* (Eugene, OR: Pickwick, 2005), xii-xiii n. 36, coleta algumas de suas afirmações.
26 *Acta*, 1.113, 116-18.

uma audiência justa,²⁷ longe de ser uma reunião internacional homogênea, que não se pode dizer representar imparcialmente uma mera "facção" dentro da igreja holandesa. Os que escreveram os Cânones de Dort e aderiram a eles estavam muito bem-informados sobre o ensino remonstrante, e o registro oficial celebra a "diversidade em questões menores" (*in minutioribus diversitas*) que podia ser vista entre eles, como a indicar a liberdade de discurso e de julgamento que exerceram embora permanecessem solidamente antiarminianos.²⁸

Quando finalmente se passou a tratar das questões doutrinais, o Sínodo não discutiu os pontos na ordem que poderíamos esperar. É verdade que o acrônimo TULIP foi depois inventado como um recurso mnemônico para as cinco áreas na disputa em Dort.²⁹ Entretanto, a pétala central, o "L" da assim chamada "expiação limitada", realmente foi o segundo tópico da doutrina coberta pelo Sínodo, refletindo seu lugar no *Remonstrance* arminiano.³⁰ Como Alan Sell nos adverte, a natureza dos "cinco pontos", como respostas, deveria "nos fazer tomar cuidado ao pensar que representem a *totalidade* do calvinismo",³¹ ou mesmo seu cerne. As doutrinas da Reforma foram também confiadas à teologia reformada, tais como a salvação *sola fide* e *sola gratia*, para distingui-las do catolicismo romano, por exemplo, bem como uma sacramentologia que a distinguia do luteranismo, e um trinitarianismo que o distinguia do socinianismo — todos eles, pode-se argumentar, sendo de mais importância do que a expiação limitada. Todavia, não equivale dizer que esses cinco pontos são insignificantes, já que foram os elementos que a igreja defendeu em um momento vital.

---

27 Diversas sessões do Sínodo foram usadas para leitura de páginas. Veja, por exemplo, Hales, *Golden Remains*, ii.108, 113. Os delegados tinham conhecimento detalhados dos escritos arminianos, segundo Goudriaan, "The Synod of Dort on Arminian Antropology", in *Revisiting the Synod of Dort*, 84-86.
28 Veja o final de "Præfatio ad Ecclesias", *Acta*, 1.
29 William Aglionby, *The Present State of the United Provinces* (Londres, 1669), 283, fala de um tempo em que "o desejo por tulipas reinava em todos os Países Baixos". Portanto, essa não é uma flor inteiramente inapropriada para ser associada a um sínodo holandês!
30 A expiação definida não foi conhecida pelo nome "expiação limitada" nos séculos dezesseis, dezessete ou dezoito, embora a palavra "limitada" algumas vezes fosse usada, como em William Troughton, *Scripture Redemption, Restrayned and Limited* (Londres, 1652).
31 Alan Sell, *The Great Debate: Calvinism, Arminianism, and Salvation* (Eugene, OR: Wipf & Stock, 1998), 14; Richard A. Muller, "How Many Points?", *CTJ* 28 1993): 425-33.

A SUFICIÊNCIA DA CRUZ

volto-me agora para os debates de Dort sobre a suficiência e a eficácia da expiação, bem como a diversidade das respostas reformadas ao uso arminiano dessa fórmula. Entretanto, o primeiro ponto elaborado pelos cânones no segundo tópico de doutrina diz respeito à real necessidade da expiação. A suprema justiça de Deus, dizem eles, requer que nossos pecados mereçam punições temporais e eternas (*temporalibus [et] æternis pœnis*). Somos inerentemente incapazes de fazer algo sobre isso, no entanto, "Deus, em sua infinita misericórdia, nos deu seu Filho unigênito como um fiador, o qual, ao pagar por nossos pecados, foi feito pecado e se tornou uma maldição na cruz, por nós e em nosso lugar" (*pro nobis seu vice nostra*).[32] Essa é uma descrição clássica da necessidade e realização da expiação penal substitutiva.[33]

A posição arminiana em Dort continuava a ser que

> O preço da redenção que Cristo ofereceu a Deus, seu Pai, é não só em si e por si suficiente para redimir toda a humanidade (*toti generi humano*) mas também foi pago por todas as pessoas, cada indivíduo (*pro omnibus et singulis hominibus*),[34] segundo o decreto, a vontade e s graça de Deus, o Pai.[35]

Essa posição faz uso da primeira parte da fórmula lombardiana ("suficiente para todos, efetivo para os eleitos"), mas a desenvolve mais. A cruz foi não só suficiente mas realmente efetiva em pagar por cada pessoa e por todas elas, e de

---

32 As traduções dos Artigos II.1-II.2 são do latim em *Acta*, 1.241-71. Minhas traduções de todos os Artigos e Rejectio Errorum (rejeição de erros) sobre este tópico podem ser encontradas em Lee Gatiss, *For Us and for Our Salvation: "Limited Atonement" in the Bible, Doctrine, History, and Ministry* (Londres: Latimer Trust, 2012).
33 Cf. O Catecismo de Heidelberg, Q. 10-13.
34 Aqui, estou lendo *et* como epexegético.
35 *Acta*, 1.116. O Catecismo de Heidelberg, Q. 37, fala de Cristo suportando "a ira de Deus contra o pecado de toda a espécie humana" (*peccatum universi generis humani*), embora Gisbertus Voetius argumentasse que isso não foi uma referência à extensão da *expiação*. Veja Roger R. Nicole, "Moyse Amyraut (1596-1664) e a Controvérsia sobre a Graça Universal, Primeira Fase (1634-1637)" (Ph.D. diss., Harvard University, 1966), 142; Pronk, *Expository Sermons*, 126.

fato foi designada por Deus para fazer isso. Como disseram na Conferência de Hague, Cristo morreu não apenas pelos eleitos ou pelos que finalmente serão salvos, mas obteve reconciliação por todos, e isso pela intenção e pelo decreto de Deus.[36] Assim a posição arminiana sobre a expiação elaborou uma reivindicação explícita não apenas sobre sua extensão mas também sobre seu propósito e intenção na vontade de Deus.

Em resposta, os delegados em Dort prepararam as duas questões de suficiência e intencionalidade. Como os representantes de Groningen e Omlands disseram nos documentos que submeteram, a questão, na realidade, de modo algum era sobre a suficiência da morte de Cristo, pois não tinham dúvidas de que seu sacrifício tivesse tal poder e valor que fosse infinitamente suficiente para expiar os pecados de todos. Não havia defeito ou insuficiência na cruz que pudesse ser culpada pela perdição dos réprobos. Em vez disso, disseram eles, a questão era sobre a *intenção* (singular) de Deus, o Pai e Deus, o Filho, e se juntos destinaram a morte de Cristo para realmente obter perdão e reconciliação para mais do que apenas os eleitos.[37] Outros, do Palatinado, de Hesse, da Bélgica e de Utrecht, por exemplo, também relacionaram a suficiência de Cristo às suas duas naturezas e à perfeita obediência.[38]

Todavia, a delegação genebrina não se utilizou do conceito de suficiência. Só escreveram sobre o infinito valor da morte de Cristo, à qual é acrescentada uma intenção eficaz pelos eleitos.[39] Com isso, estavam seguindo Teodoro Beza, que considerou a distinção lombardiana como potencialmente confusa.[40] Os do norte da Holanda foram um tanto ambivalentes sobre a suficiência,[41] e os ministros de Emden consideraram a questão do uso do termo *adæquate* em vez de *sufficienter*.[42] No entanto, a afirmação final aprovada elaborou os seguintes pontos:

---

36 *Collatio Scripto Habita Hagae Comitis*, 139.
37 *Acta*, 3.139.
38 *Acta*, 2.86, 3.88, 117; Catecismo de Heidelberg, Q. 14-18.
39 *Acta*, 2.101.
40 W. Robert Godfrey, "Reformed Thought on the Extent of the Atonement to 1618", *WTJ* 37.2 (1975): 142.
41 *Acta*, 3.107-108.
42 Ibid., 2.120. Cf. *adæquate* in *Acta*, 2.100.

> Esta morte do Filho de Deus é o único e perfeitíssimo sacrifício e pagamento pelos pecados, e é de valor e excelência infinitos, abundantemente suficiente para expiar os pecados do mundo inteiro.

Portanto, essa morte é de tão grande valor e excelência porque a pessoa que se submeteu a ela não só é realmente homem e perfeitamente santo mas também o unigênito Filho de Deus, do mesmo eterno e infinito ser com o Pai e o Espírito Santo, o que era necessário para ser o nosso Salvador.[43]

Os escolásticos medievais discutiram se o mérito de Cristo em sua vida e morte era infinito, em razão de sua natureza divina, ou finito, por ser obtido por meio de sua natureza humana.[44] Os Cânones de Dort baseiam o mérito infinito de Cristo em ambas: sua natureza divina e sua perfeita obediência humana.[45] Diferente dos pensadores medievais, os teólogos reformados do século XVII consideravam que Cristo agiu como mediador em ambas as suas naturezas, não apenas em sua natureza humana,[46] e pode ser que isso esteja por detrás de suas conexões aqui. Naturalmente, no entanto, a igreja primitiva, a medieval e a reformada concordavam com o fato de que Cristo não podia *ser* mediador a menos que fosse ambos, Deus e homem,[47] razão por que o Artigo IV acresce: "... o que era necessário para ser o nosso Salvador."

A delegação britânica não usou a distinção suficiente-eficiente, porque não puderam chegar a um acordo em relação a isso entre eles.[48] No entanto, associaram o "resgate de Cristo pelos pecados do mundo inteiro" com a proclamação sincera e universal do Evangelho.[49] Outros foram mais felizes em basear a pregação indiscriminada no que Michael Thomas chama de "incapacidade

---

43 Artigo II.3-4.
44 Veja Richard A. Muller, *Dicitionary of Latin and Greek Theological Terms* (Grand Rapids, MI: Baker, 1985), 190-91.
45 Os britânicos falaram do *thesaurus meritorum*, "tesouro de méritos", de Cristo (*Acta*, 2.79), o que soa positivamente medieval, mas trata-se de uma maneira alternativa de discutir a suficiência.
46 Lombardo, *Sentences*, 3.19.6-7; Aquino, *Summa Theologiae*, 3.26.2, Westminster Confession, 8.7; John Owen, χριστολογία (Londres, 1679), 312-13.
47 Cf. Agostinho, *Enchiridion*, 108; Lombardo, *Sentences*, 3.2.3.2.
48 Veja Milton, *British Delegation*, 215; Hales, *Golden Remains*, ii.130-31.
49 *Acta*, 2.78-79. O último foi baseado (*fundatur*) nos méritos do primeiro.

ministerial de distinguir eleitos de réprobos".[50] Thomas também faz uma leitura de duas das delegações como a prefigurar o "hipercalvinismo", se afastando da ideia de que há uma estrita obrigação de evangelizar a todos. Todavia, o Artigo V finalmente acordado afirmava de modo mais contundente que,

> Além do mais, a promessa do Evangelho é que todos que creem no Cristo crucificado não perecerão, mas terão a vida eterna. Essa promessa deve ser declarada e publicada sem distinção a todas as nações e pessoas a quem Deus, segundo seu consentimento, envia o Evangelho, juntamente com a ordem de que se arrependam e creiam.

A palavra conectiva no início deste artigo não é *ergo* ("portanto"), ou *proinde* ("por conseguinte/consequentemente), a qual teria feito a mesma conexão que o inglês. O latim é *coeterum*, que simplesmente significa "demais, além do mais, em adição".[51] Isto é, os Cânones colocam a abundante suficiência do sacrifício de Cristo lado a lado com a necessidade de evangelismo indiscriminado, mas sem fazer explicitamente uma conexão lógica entre elas. Isso permitiu aos britânicos (e àqueles que pensavam como eles) juntar os próprios pontos caso quisessem, porém não o decifraram por causa daqueles que baseiam a proclamação universal de outra maneira (por exemplo, simples obediência a Mateus 28.18-20). Tudo isso dá crédito à afirmação de Godfrey, e a esta minha tese de que "a história do Sínodo, quando analisada detalhadamente, revela que o calvinismo em Dort não era irrelevante, monolítico nem inflexível".[52]

No entanto, uma coisa ficou clara: se alguém deixasse de crer e por isso não herdasse a promessa de vida eterna por meio de Cristo, o dedo de acusação não poderia ser apontado para Jesus na cruz. Sua perdição, o Artigo II.6 adverte, se dá "não por causa de algum defeito no sacrifício oferecido por Cristo na cruz, ou, de fato, por alguma insuficiência nisso" (como afirmaram os de Groningen), "mas é deles mesmos a culpa particular" (*propria ipsorum culpa*).[53]

---

50 Thomas, *Extent of Atonement*, 149.
51 Cf. Artigos I.15, III.11.
52 Godfrey, "Tensions", 268.
53 Cf. Artigos I.5, III/IV.9.

A EFICÁCIA INTENCIONAL DA CRUZ

Sobre essa nota moderada, os Cânones voltam a discutir o outro lado da clássica distinção: a eficiência da cruz para os eleitos. Nos Cânones, a eficácia da obra de Cristo para salvar concretamente aqueles que lhe foram dados pelo Pai (João 10.25-30) é finalmente relacionada à vontade divina. O que a obra de Cristo efetuou é o que Deus designou, propôs e tencionou fazer. Os remonstrantes tinham afirmado não só a suficiência universal mas também que o preço da redenção foi "pago por todas as pessoas, cada indivíduo, *em conformidade com o decreto, a vontade e a graça de Deus, o Pai*" (ênfase acrescida). Isso significava que ninguém era excluído da participação na morte de Cristo por um decreto anterior de Deus, mas somente por seu próprio e incrédulo mau uso das dádivas de Deus.[54] Entretanto, os reformados se recusaram a permitir que a eterna vontade de Deus de salvar a quem bem quisesse fosse frustrada pela suposta liberdade humana. Ele decretou eleger determinadas pessoas mediante sua graça incondicional e, consequentemente, enviou Cristo para salvá-las, inclusive lhes dando a fé de que necessitavam para se apropriarem dessa salvação.[55] Como Richard Muller perfeitamente resumiria:

> Enquanto a doutrina reformada da vontade de Deus tende a reduzir todas as distinções em uma única, simples e eterna vontade de Deus para realizar certas possibilidades e não outras, a doutrina arminiana tende a enfatizar as distinções no interesse de comprovar a interação entre Deus e os eventos genuinamente livres ou contingentes.[56]

Daí os arminianos ressaltarem a contingência e as condições onde os reformados viam soberania e certeza. Os últimos reconheciam a livre oferta do evangelho a todos; como expressa o Artigo II.7, "tantos quantos realmente creem ... são, pela morte de Cristo, libertados e salvos do pecado e da destruição",

---

54 *Acta*, 1.113-14, 116.
55 *Rejectio Errorum* 2.3.
56 Richard A. Muller, *God, Creation, and Providence in the Thought of Jacob Arminius* (Grand Rapids, MI: Baker, 1991), 189.

não só potencialmente mas concretamente. Para eles, a expiação *fez* algo, em vez de simplesmente tornar algo possível. Todavia, lado a lado com essa proclamação temporal, no nível humano, os reformados discerniam (na Escritura) a revelação de um eterno propósito divino. Muitos são chamados, mas poucos são escolhidos. A história da salvação, afirmavam, foi divinamente ordenada desde o princípio para realizar o objetivo último de Deus, o qual não pode ser incerto ou duvidoso sem prejudicar a soberania de Deus.

O Artigo VIII, o mais longo dos artigos positivos sobre esse tópico, expõe o desígnio particular de Deus:

> Pois este foi o mais livre propósito e a mais graciosa vontade e intenção de Deus, o Pai: que a eficácia salvífica e geradora de vida da preciosíssima morte de seu Filho se estenderia a todos os eleitos, para outorgar exclusivamente a eles a fé justificadora, com isso conduzindo-os infalivelmente à salvação; isto é, Deus quis que Cristo, pelo sangue da cruz (pelo qual confirmou a nova aliança), redimisse eficazmente dentre cada povo, tribo, nação e língua todos os que, e somente os que, foram escolhidos desde a eternidade para a salvação e dados a ele pelo Pai; que ele lhes outorgaria fé (a qual, juntamente com os demais dons salvíficos do Espírito Santo, lhes adquiriu por meio de sua morte); que os purificaria por seu sangue de todos os pecados, quer originais quer atuais, quer cometidos depois ou antes de crerem; e, tendo-os fielmente protegido até o fim, finalmente os poria gloriosos diante dele, livres de toda mancha e mácula.

Portanto, no que diz respeito a Dort, a distinção suficiente-eficiente de Lombardo tinha de ser clarificada à luz do erro arminiano. Mesmo os arminianos podiam afirmar que a cruz, em última análise, só era "eficiente para alguns".[57] Mas, ao agirem assim, fizeram da vontade humana de cada indivíduo

---

57 Raymond A. Blacketer, "Definite Atonement in Historical Perspective", in *The Glory of the Atonement: Biblical, Historical, and Practical Perspective: Essays in Honor of Roger Nicole*, ed. Charles E. Hill e Frank A. James (Downers Grove, IL: InterVarsity Press, 2004), 311.

o fato decisivo, em vez da vontade de Deus. Então o Sínodo afirmou, mais criteriosamente, que de certo modo a cruz foi eficiente para todos, mas *visava* ser eficaz somente aos eleitos. Ao focalizar o propósito e desígnio divino por detrás da vinda de Cristo (ele não veio fazer-nos redimíveis, e sim redimir), os reformados puseram as decisões humanas no que viam ser a perspectiva bíblica própria. Daí rejeitarem o conceito daqueles

> Que ensinam: que Deus, o Pai, ordenou seu Filho à morte da cruz sem um determinado e definido propósito de salvar alguém em particular, de modo que a necessidade, a utilidade e o valor do que Cristo obteve por sua morte permanecessem em bom estado, perfeito em todas as suas partes, completo e intacto, mesmo que a redenção obtida nunca fosse de fato aplicada a qualquer indivíduo. Pois essa afirmação insulta a sabedoria de Deus, o Pai, e os méritos de Jesus Cristo, bem como é contrária à Escritura.[58]

Houve concordância quase unânime entre as delegações sobre a vontade de Deus estar por detrás da eficácia da cruz para os eleitos. Havia também ampla concordância sobre o elo coexistente entre a aquisição da redenção feita por Cristo e sua aplicação, o que os remonstrantes negavam ao tornar a aquisição mais ampla do que a aplicação.[59] Os de Nassau-Wetteravia, por exemplo, falaram de Cristo sendo entregue "pela vontade e intenção do Pai" tanto para adquirir como para aplicar a salvação aos que lhe foram entregues, e que seriam entregues ao Espírito de regeneração simultaneamente com o perdão.[60] Assim, nessa visão trinitária, o Pai entrega os eleitos ao Filho, que morre por eles, e então lhes concede o Espírito de fé.

---

58 Rejectio Errorum 2.1.
59 Veja Rejectio Errorum 2.6 sobre o uso que os arminianos fizeram dessa distinção como a introduzir "o pernicioso veneno do pelagianismo". Contra White, *Predestination*, 192, o Sínodo não condenou a própria distinção como pelagiana, apenas sua usurpação.
60 *Acta*, 2.96-97. Outros também associaram o sacrifício e a intercessão de Cristo, excluindo os réprobos de ambos, usando João 17.9.

Variações reformadas

Duas delegações se dividiram entre si quanto a essas questões. Os da Grã-Bretanha e de Bremen deram pareceres menores ao Sínodo, e daí surgiram algumas paixões muito fortes. A delegação britânica teve de enviar uma carta para casa e solicitar ajuda na conciliação de suas divisões domésticas, mas John Davenant declarou que preferiria ter sua mão direita decepada a mudar de ideia, e assim se fazia inevitável algum acordo.[61] Quando Matthias Martinius, de Bremen, expressou indelicadamente algumas de suas mais profundas opiniões arminianas sobre esse tema, Franciscus Gomarus ficou tão irado que jogou sua luva e o desafiou a um duelo! O presidente do Sínodo tentou acalmar os ânimos, mas após as orações Gomarus fez um novo pedido de combate.[62] Os dois se digladiariam outra vez (verbalmente) no Sínodo de uma maneira indigna e que não deixou boa impressão nos outros delegados estrangeiros, e ainda que os demais integrantes da delegação de Bremen não concordassem com Martinius, eles quase foram embora em virtude dessa falta de civilidade.[63]

Qual a razão do estardalhaço? Martinius tinha inclinações pelos conceitos remonstrantes, particularmente sobre a expiação,[64] e não teve medo de dizer isso ou de criticar veementemente ambos os lados. No entanto, Davenant se dedicou obstinadamente à causa da moderação, se esforçando para achar um meio-termo sobre essa doutrina. Recebendo a incumbência de não prejudicar as relações com as igrejas luteranas (particularmente ofendidas pelos conceitos contra-remonstrantes mostrados aqui), de não ser excessivamente preciso e de levar em conta os formulários anglicanos,[65] ele e Samuel Ward conseguiram

---

61 Hales, *Golden Remains*, ii.101, 182.
62 O pedido nunca foi concedido. Hales, pregando no Hague sobre duelo, mostrou hostilidade contra "a excessiva disposição em muitos jovens que desejam ser tidos como homens de valor e resolução, de mostrar sua destreza em ocasião de disputa, e de não admitir outros meios de apaziguá-la e terminá-la senão pela espada e pelo combate individual" (ibid., i.71).
63 Ibid., ii.109. Veja também G. Brandt, *History of the Reformation in the Low-Countries* (Londres, 1722), 3.7-8, sobre a primeira briga com os de Bremen.
64 Hales, Golden Remains, ii.131; *Acta*, 2.103-108. O delegado britânico, Samuel Ward, falou sobre a cruz tornando todas as pessoas "redimíveis", mudando assim a natureza da expiação de definida em indefinida, seguindo a diretriz de Martinius. Veja Milton, *British Delegation*, 201-203.
65 Milton, 216-22.

usar suas posições na delegação britânica para dissipar a opinião minoritária. Eventualmente, isso triunfou sobre os outros delegados britânicos. Davenant se ateve a uma forma sofisticada do que agora é conhecido como Universalismo Hipotético,[66] e isso causou um impacto na bancada britânica. Para começar, era afirmado claramente que "Cristo morreu pelos eleitos com base em um amor e uma intenção especiais da parte de Deus, o Pai, e de Cristo, respectivamente, a fim de que realmente obtivessem e infalivelmente lhes conferissem o perdão de pecados e a salvação eterna". Para tornar isso eficaz, Deus também confere fé e perseverança a esses eleitos; são salvos não "se estiverem dispostos" (*si velint*), mas "porque Deus o quer" (*quia Deus vult*).[67] Até aqui, uma afirmação um tanto antiarminiana.[68]

Todavia, no auge disso, o documento britânico propunha uma segunda intenção na cruz: Cristo também

> Morreu por todos, para que todos e cada um, mediante a fé, obtivessem remissão dos pecados e vida eterna em virtude desse resgate.[69] Mas então Cristo morreu por todos os eleitos, para que, pelo mérito de sua morte, de uma maneira especial ... infalivelmente obtivessem ambos, fé e vida eterna.[70]

E assim, da mesma forma, morrendo eficazmente pelos eleitos, Cristo também tencionou morrer, condicionalmente, por todos. Como Davenant mais tarde explicou, "a vontade ou intenção divina algumas vezes denota meramente a designação de meios para um fim, embora não haja em Deus vontade

---

66 Veja seu *Dissertationes Duæ: Prima de Morte Christi* (Cambridge, 1650), e Jonathan D. Moore, *English Hypothetical Universalism: John Preston and the Softening of Reformed Theology* (Cambridge: Eerdmans, 2007), 187-213.
67 *Acta*, 2.78.
68 O primeiro destes três "heterodoxæ" rejeitados pelos britânicos também refuta a ideia de que a única intenção de Deus, ao enviar Cristo, "dependia do ato contingente da fé do homem".
69 *The Collegiat Suffrage of the Divines of Great Britaine* (Londres, 1629), 47, acresce "pago uma vez por toda a humanidade".
70 *Acta*, 2.79.

determinada de produzir esse fim por meio desses meios".[71] Isso parece combinar a insistência reformada de uma vontade divina única e simples com as distinções arminianas concernentes à contingência, e é em linhas gerais a mesma construção intermediária sugerida pelo bispo anglicano John Overall num influente periódico em que ele falou também de uma segunda "intenção condicional" de Deus por detrás da graça geral da promessa evangélica.[72]

Além disso, como explicou uma carta dos doutores britânicos ao arcebispo de Cantuária, há "alguns frutos da morte de Cristo não incluídos no decreto da Eleição, mas propiciados mais geralmente, ainda que confinados à Igreja Visível (a saber, graças verdadeiras e espirituais acompanhando o evangelho e conferidas a alguns *non-electi*)".[73] Isto é, há pequenos benefícios de conversão (tais como os mencionados em Hebreus 6.4-5) que são merecidos pela cruz e dispensados aos não eleitos.[74] Todavia, deve-se notar que estes estão disponíveis somente "na Igreja" (a igreja visível), de acordo com os britânicos.[75] Eles alegavam que a Palavra e o Espírito estão inseparavelmente combinados no ministério da Palavra; então, quando o Evangelho é proclamado, ali o Espírito está em ação, inclusive entre os não eleitos. A Palavra "se insinua nos recônditos mais secretos da alma" para despertar os crentes ou eventualmente endurecer os obstinados.[76]

Muitos têm visto os britânicos como exercendo um papel importante no abrandamento dos Cânones de Dort sobre esse tópico, especialmente sobre a suficiência e o chamado do Evangelho.[77] Evidentemente, seus conceitos foram bastante respeitados[78] e exerceram um papel útil em mediar muitas disputas

---

71 Milton, *British Delegation*, 399.
72 Cambridge University Library, MS Gg/1/29, fo. 6v. Oldenbarnevelt recomendara Overall, conhecido por favorecer os remonstrantes, como delegado no Sínodo (Milton, *British Delegation*, xxviii-xxxi).
73 Hales, *Golden Remains*, ii.185.
74 Ibid., ii.187.
75 *Acta*, 2.79.
76 *Collegiat Suffrage*, 52. Esse conceito parece estar refletido no Artigo III/IV.9 de Dort, onde é dito que "vários dons" são conferidos por Deus aos que são chamados pelo ministério da Palavra, porém não vão a Cristo.
77 White, *Predestination*, 191; Godfrey, "Tensions", 263-64; Moore, *English Hypothetical Universalism*, 213.
78 O conceito britânico é sempre posto primeiro na posição estrangeira nos relatos da *Acta*, o que indica certa prioridade de honra.

pessoais. Todavia, as afirmações sinódicas finais, ao menos sobre a suficiência, podem ser adequadamente explicadas como um reflexo do conceito majoritário do Sínodo, sem presumir que um contrapeso britânico fosse necessário para equilibrar os genebrinos insatisfeitos com o conceito. É possível que o *Rejectio Errorum* tivesse incluído uma rejeição de "suficiência ordenada" ou "intencionalidade condicional" se Davenant não tivesse exposto a última ideia, mas isso é meramente uma pressuposição. Os britânicos estavam divididos entre si sobre se a língua universal nos versículos, tais como 1 João 2.2 (parcialmente ecoado em seu Livro de Oração), deveria ser restringida somente aos eleitos.[79] Talvez isso fosse também deixado indefinido nos Artigos como resultado das preocupações britânicas, mas, novamente, isso é especulativo.[80]

É bem provável que as preocupações britânicas estivessem por detrás da afirmação da promessa evangélica no Artigo II.5. No entanto, isso não estende a graça para além dos eleitos *per se*, como Davenant teria desejado, ou apresenta uma nova aliança incondicional para os eleitos juntamente com uma aliança evangélica condicional para todos,[81] ou inclusive liga a suficiência teórica com a proclamação universal. Entretanto, o que Davenant esperava proteger por meio de sua teoria da dupla intenção era a ideia de que, se as pessoas não são salvas, "isso se dá tão somente em razão delas mesmas e à dureza de seu coração repelindo os meios de salvação".[82] Os Cânones, como se dá com as várias delegações, formularam com exatidão essa tese no Artigo II.6, sem a necessidade de propor contingência ou condicionalidade na vontade eterna de Deus. O Artigo II.8 afirmou que Deus "quis que Cristo ... redimisse *eficazmente* (*efficaciter*) ... todos os que, e somente os que, fossem escolhidos desde a eternidade", mas isso deixou uma porta entreaberta para Davenant e outros que tecnicamente não negam uma redenção universal *ineficaz* e final em adição a isso.[83] Outras afirmações

---

79 Hales, *Golden Remains*, ii.101, 130-31; Milton, *British Delegation*, 215.
80 Tyacke, *Anti-Calvinists*, 98. Aguardamos da parte de Sinnema e Milton um estudo definitivo dos documentos esparsos relativos à formação dos Cânones que derramem luz sobre estas questões.
81 O esquema pactual de Davenant como visto em Milton, *British Delegation*, 398-99.
82 Ibid., 397, 401.
83 Jonathan D. Moore, "The Extent of the Atonement", in *Drawn into Controversie: Reformed Theological Diversity and Debates within Seventeenth-Century British Puritanism*, ed. Michael A. G. Haykin e Mark Jones

reformadas sobre o tema foram formuladas de tal maneira que excluem esse conceito, mas Dort impediu que isso fosse feito.[84] Sem que os britânicos pressionassem o Sínodo sobre tais pontos, pode ser que os Cânones não tivessem sido tão cuidadosamente declarados.

O delegado genebrino Giovanni Diodati se queixou de que os ingleses foram "excessivamente escrupulosos e especulativos" sobre essas questões e que tiveram tantas dificuldades que isso levou a um desperdício de tempo e um excessivo trabalho gasto para se encontrar "o ponto central".[85] Entretanto, ele não via seu Universalismo Hipotético como uma grave ameaça à unidade reformada.[86] Balcanquhall se reportou ao Embaixador Britânico, no final de toda a disputa, e afirmou que, no tocante à expiação,

> não há um consenso totalmente uniforme, seja com respeito às frases e às formas de falar, seja com respeito a algumas proposições, como se deu no primeiro Artigo: ainda que certamente houvesse uma enorme [concordância], mais do que se poderia esperar de um número tão grande de homens eruditos em um Artigo tão difícil e controverso.[87]

III. APÓS O SÍNODO

No curso imediato do Sínodo, por volta de duzentos remonstrantes foram privados pelas autoridades de seu direito de pregar. Um quinto destes se conformou em seguida e foi reinstalado, enquanto que aproximadamente setenta concordaram em deixar de pregar ou ensinar e passaram a levar vidas tranquilas como cidadãos privados. O restante que se recusou a seguir esses cursos foi banido das Províncias Unidas, as quais mal podiam suportar um embate interno ou uma potencial guerra civil quando a Trégua dos Doze

---

(Göttingen, Alemanha: Vandenhoeck & Ruprecht, 2011), 145-46.
84 *Synopsis Purioris Theologiae* (Leiden, 1625), XXIX.xxix, diz que "o fim, objeto, e 'para quem' (ᾧ ou *cui*) da satisfação é exclusivamente os eleitos e crentes genuínos".
85 MS Lullin 53, fols. 55ʳ-55ᵛ.
86 Nicolas Forneod, "A Reappraisal of the Genevan Delegation", in *Revisiting the Synod of Dort*, 211.
87 Hales, *Golden Remains*, ii.132.

Anos com a Espanha chegou ao fim e a Europa deu início ao que veio a ser a Guerra dos Trinta Anos.[88] Para completar sua consolidação de poder nas Províncias fragmentadas, o príncipe de Orange se assegurou de que seu rival (e patrono dos arminianos), van Oldenbarnevelt, fosse executado antes que o sangrento conflito religioso pudesse começar. Hugo Grotius foi aprisionado, mas logo fez uma famosa fuga para a França católico-romana, onde os líderes arminianos Uytenbogaert e Episcopius também acharam refúgio.[89] Quando as delegações estrangeiras partiram, incentivaram a brandura e a paz sobre a Holanda, e de fato a Irmandade Remonstrante se tornou abertamente tolerante dentro de uns poucos anos, muito embora não mais dentro do território da igreja nacional oficial.

A igreja reformada francesa, cujos delegados foram afastados do Sínodo, adotou para si os Cânones como obrigatórios para as igrejas e universidades.[90] Houve também tentativas na Inglaterra, quando o arminianismo começou a surgir ali, de trazer paz à igreja adotando oficialmente os Cânones juntamente com os *Trinta e Nove Artigos*, mas, em última análise, houve insucesso.[91] Todavia, em 1646, a Assembleia de Westminster discutiu a questão da extensão da expiação, e as divisões dortianas lançaram sua sombra sobre os procedimentos, com uma gama de opiniões reformadas outra vez sendo reconhecida.[92] Os Cânones de Dort, desde então, têm feito parte da composição confessional de muitas denominações e instituições ao redor do mundo, e, dada sua origem numa assembleia tão honrada, às vezes são tidos como a pedra de toque da ortodoxia reformada.

---

88   Israel, *Dutch Republic*, 462-63; Spans, "Religious Policies", 78; Archibald Harrison, *Beginnings of Arminianism to the Synod of Dort* (Londres: University London Press, 1926), 287-88.
89   Cerca de cem patrícios remonstrantes se converteram ao catolicismo romano por volta de 1625, de acordo com R. Po-Chia Hsia, *The World of Catholic Renewal, 1540-1770* (Cambridge: Cambridge University Press, 1998), 85.
90   *Articles Agreed On in the Nationall Synod of the Reformed Churches of France. Held at Charenton* (Oxford, 1624).
91   Milton, *British Delegation*, 383. Tyacke, *Anti-Calvinism*, 152, 170, 176-77.
92   Lee Gatiss, "'Shades of Opinion within a Generic Calvinism': The Particular Redemption Debate at the Westminster Assembly", *RTR* 69.2 (2010): 101-18; e "A Deceptive Clarity? Particular Redemption in the Westminster Standarts", *RTR* 69.3 (2010): 180-96.

As anotações holandesas

Em novembro de 1618, o Sínodo gastou uma semana discutindo um plano para uma nova tradução holandesa da Bíblia.[93] Os britânicos explicaram como a obra na Versão King James (1611) foi organizada, e notou-se que esta deliberadamente não tinha nenhuma anotação marginal, diferentemente da Bíblia de Genebra (1560). Todavia, o Sínodo decidiu que sua versão autorizada teria notas para esclarecer as passagens difíceis, mas supostamente não seriam tão doutrinais.[94] Essa difícil obra finalmente foi completada pelos membros do Sínodo e por outros em 1637. Sob a insistência do arcebispo Ussher e da Assembleia de Westminster, foi publicada também em inglês como *As Anotações Holandesas*.[95] Mais ou menos na mesma época, as *Pias Anotações* do delegado genebrino para Dort, Giovanni Diodati, italiano de nascimento, foram também publicadas em inglês,[96] bem como as assim chamadas *Anotações Inglesas*, comissionadas pelo Parlamento e associadas com vários membros da Assembleia de Westminster.[97] Estas podem ser proveitosamente comparadas com as obras contemporâneas sobre o grupo arminiano de autoria de Hugo Grotius e Henry Hammond.[98]

Pode ser surpreendente para alguns compreenderem que os Cânones de Dort, teologicamente sofisticados, foram compilados por um grupo que não estava meramente interessado em polêmicas ou "sistemática", mas intensamente preocupado com a Bíblia e sua apropriada exegese.[99] As anotações autorizadas do Sínodo nos dão um *insight* de como os estudiosos bíblicos de Dort entendiam certos versículos que eram importantes no debate sobre a expiação. Ao

---

93 *Acta*, 121-27.
94 Ibid., 1.23; Milton, *British Delegation*, 135.
95 Theodore Haak, *The Dutch Annotations upon the Whole Bible... Ordered and Appointed by the Synod of Dort* (Londres, 1657).
96 Giovanni Diodati, *Pious Annotations upon the Holy Bible* (Londres, 1643).
97 *Annotations upon All the Books of the Old and New Testament* (Londres, 1645). Veja Richard A. Muller e Rowland S. Ward, *Scripture and Worship: Biblical Interpretation and the Directory for Public Worship* (Phillipsburg, NJ: P&R, 2007), 4-5.
98 Os comentários de Grotius foram publicados pela primeira vez em Amsterdã e em Paris (1641-1650); Hammond, *A Paraphrase and Annotations upon all the Books of the New Testament* (Londres, 1659).
99 Veja também W. Robert Godfrey, "Popular and Catholic: The *Modus Docendi* of the Canons of Dordt", in *Revisiting the Synod of Dort*, 243-60, na apresentação pastoral dos Cânones.

lado de outras anotações reformadas, elas também ilustram a variedade de respostas à exegese arminiana dentro família reconhecidamente reformada. Mostrarei sucintamente quatro textos-chave para ilustrar isso, notando que as *Anotações Holandesas*, ainda que não destituídas de teologia, às vezes ficam mais perto do texto do que outras.

Quatro textos-chave

Vemos a variedade no comentário reformado sobre Isaías 53.10-12. Diodati ressaltou que o propósito da obra do Servo sofredor era executar "o eterno decreto de Deus concernente à salvação dos eleitos". As *Anotações Inglesas*, neste capítulo, falavam mais da salvação de "nós", "a igreja", do que dos eleitos. As *Anotações Holandesas* geralmente eram mais sutis teologicamente. Ecoando o Catecismo de Heidelberg, diziam que Cristo sofreu "quando a pesada ira de Deus em razão dos pecados da humanidade foi posta sobre ele", e que ele "sofreu profundamente pela humanidade".[100] Todavia, o versículo 10 falava de Cristo, respectivamente, "adquirindo e buscando por eles o perdão para o pecado" a fim de "libertar seus eleitos". E assim uma leitura confessional era matizada à luz do julgamento de Dort contra a distinção arminiana entre adquirir e buscar.

João 3.16 era citado pelos remonstrantes como apoio de seu ponto de vista da expiação. "Para isto minha missão da parte de Deus, meu Pai, foi designada ... com o propósito de que todos os homens sejam resgatados da punição."[101] Um desígnio e propósito ilimitados parecem ter sido introduzidos aqui. De forma semelhante, Grotius escreveu sobre esse versículo que Deus tinha uma aliança não apenas com os judeus, mas que cobriu os pecados de cada pessoa,[102] embora o versículo em si nada diga de aliança ou cobertura. No entanto, as *Anotações Holandesas* interpretaram o amor de Deus pelo mundo como sendo "não unicamente pelos judeus, mas também pelos gentios, dispersos por todo o mundo" recolhendo temas do próprio Evangelho. Isso se alinhava às *Anotações*

---

100 Isto é, a humanidade como uma espécie, não o gênero angélico, o gênero animal, o gênero espectral.
101 Hammond, *Paraphrase*, 274. Veja seus comentários parecidos de João 3.16 sobre "desígnio", João 1.29 e 1 João 2.2 sobre a "obtenção" condicional da salvação.
102 Hugo Grotius, *Annotationes in Novum Testamentum*, 9 vols. (Groningen, 1826-1834), 4:44.

Inglesas, as quais interpretaram o versículo 16 como referência à "humanidade", mas particularmente aos crentes. Diodati disse que o amor de Deus é para a "humanidade de forma geral, muito embora com uma distinção de seus eleitos". Então, entre os reformados, as *Anotações Holandesas* aderiram ao texto de uma forma um tanto mais estrita, muito embora não tão doutrinariamente expansiva ou específica como poderia ter sido.

Os remonstrantes usaram também 1 João 2.2 em sua tese em prol da expiação indefinida. Aqui, Grotius falou em termos gerais da propiciação oferecida por Cristo como o benefício que será dado a todos os que decidirem seguir a Cristo,[103] pressupondo que a expiação universal coinquistada para todos apenas aguarda ser buscada por tantos quantos a queiram. No entanto, as *Anotações Holandesas* afirmavam que Cristo foi a reparação por nossos pecados, e não somente pelos nossos, "a saber, os apóstolos e outros crentes que agora vivem", mas também pelos pecados "de todos os homens, no mundo inteiro, de todas as nações, que ainda crerão nele". Para embasar essa leitura, citavam João 11.52 e Apocalipse 5.9, textos tidos como vindos do mesmo apóstolo João que escreveu a Epístola, com a implicação de que Cristo não morreu por cada pessoa em particular, mas somente por alguns "dentre" (ἐκ) todas as nações. Prosseguiram então para explicar que a leitura alternativa arminiana não podia ser correta, "Pois ele não reconcilia com Deus a todos e a cada pessoa no mundo inteiro, e parece isso tanto pela experiência como também por isto: que em João 17.9 ele não orou ao Pai por todos e por cada um, mas somente por aqueles que creriam nele, como em João 17.20". Diodati o fez de modo semelhante, enquanto as *Anotações Inglesas* também adicionaram um possível contraste judeu-gentio, ainda que sobre João 17.9 simplesmente tenham comentado que Cristo orou "não pelos réprobos". Uma vez mais, as *Anotações Holandesas* focaram mais de perto o versículo em seu contexto imediato e joanino para chegar à sua conclusão.

Finalmente, 1 Timóteo 2 se refere ao desejo de Deus de que todos fossem salvos e de Cristo se desse como "resgate por todos". Sobre esse texto, Grotius

---

103 Ibid., 8:156.

disse que o desejo de Deus de salvar a todos é sua vontade precedente (*voluntas præcedens*), que vem antes de qualquer limitação da salvação aos eleitos.[104] Ele concebeu Deus como a enviar Jesus com o plano e o propósito de salvar a todos. O resgate [que veio] da cruz trouxe benefícios gerais a toda a espécie humana (*ad totius humani generis*).[105] As *Anotações Holandesas*, em contrapartida, foram inteligentes em ressaltar que "todos" significa "todas as sortes" de pessoas, como faz nos versículos 1 e 2, posto que, se Deus quisesse que todas as pessoas fossem salvas, estas seriam salvas, "pois Deus faz tudo que desejar". Tudo fizeram para refutar o sinergismo, acrescentando: "Se alguém disser que Deus quer isto, se os homens também o quiserem, a saber, que a salvação em parte depende da vontade de Deus, e em parte da vontade do homem, isso contraria o ensino do apóstolo". As *Anotações Inglesas* chegam ao mesmo ponto acerca de "todos" como uma referência a cada classe de indivíduos (*pro generibus singulorum*), "a ninguém excluindo quer pelo nome, quer pela nação ou condição". Ele adicionaram que Cristo "adquiriu sua igreja por meio de seu sangue", e então qualificaram a salvação de todos como sendo por todos os que creem, citando uma série de passagens que associam a expiação à fé. Isso seguia bem de perto a abordagem de Diodati,[106] mas as anotações genebrinas deixaram bem claro que, embora Paulo aqui estivesse discutindo a vontade revelada de Deus, "sua vontade secreta era de fazer distinção de seus eleitos" (citando Atos 13.48, entre outras passagens).

Tudo indica, pois, que havia cuidadosa e sólida obra exegética por detrás das formulações doutrinais do Sínodo. Suas anotações resumiam essa tradição interpretativa de longa duração e davam o mandato bíblico à concepção que Dort formulou da expiação definida e intencional, enquanto tentavam demonstrar a inconsistente base exegética das interpretações arminianas. As anotações eram claras, textualmente sensitivas e interpretavam Escritura contra Escritura, mas talvez não como se Diodati ou Grotius pudessem ser acusados de forçar

---

104 Ibid., 7:221.
105 Ibid., 222.
106 Houve acusações de que as *Anotações Inglesas* haviam plagiado grandes seções de Diodati (Muller e Ward, *Scripture and Worship*, 17-19, 66-69).

as questões doutrinais e polêmicas.[107] Portanto, simplesmente não imaginarão que os teólogos de Dort nunca tentaram digladiar-se com a plenitude da Escritura, que só estivessem interessados em teorização abstrata ou consistência lógica às custas da própria Bíblia, ou que a maioria deles impusesse uma grade sistemática à Palavra de Deus. Entretanto, uma vez mais, das diferenças entre as anotações inglesas, holandesas e genebrinas, vemos que havia uma variedade de respostas às interpretações arminianas, no seio de uma reconhecível família de estudos bíblicos reformados.

Atravessando a tulip na ponta dos pés

É significativo o fato de que os Cânones de Dort deixaram criteriosamente certas questões sem solução e foram compostos para facilitar a subscrição de Davenant e Ward. Tem-se sugerido que Davenant mantinha um conceito amiraldiano da ordem dos decretos de Deus, antes de Amyraut. Não há evidência real disso,[108] mas é claro que Davenant esposava uma variedade de universalismo hipotético reformado. Não é verdade que a posição Overall-Davenant (em grande medida partilhada por outros, como o arcebispo Ussher) foi a palavra definitiva da igreja da Inglaterra sobre o tema, como alega Peter White.[109] Os outros delegados britânicos não pensavam assim, e muito menos o arcebispo da Cantuária.[110] Muitas lutas sobre qual era o ponto de vista anglicano oficial ainda estavam por vir.[111] Todavia, por razões táticas, políticas, entre outras, admitiu-se que o universalismo hipotético reformado prevalecesse entre a delegação britânica e exercesse alguma influência sobre o Sínodo.

---

107 Marten H. Woudstra, "The Synod and Bible Translation", in *Crisis in the Reformed Churches*, 141, contudo é demasiado positivo alegar que *não* havia tendências nas passagens "universalistas". Talvez seja assim em termos de *tradução*, mas isso não é exato com respeito às *anotações*.
108 Moore, *English Hypothetical Universalism*, 188 n. 74, contra Thomas, *Extent of Atonement*, 151, 165.
109 White, *Predestination*, 191.
110 Milton, *British Delegation*, 215. George Carleton tinha ciência de que alguns bispos sustentavam um conceito mais arminiano sobre a expiação, porém confessou: "Nunca pensei que suas opiniões fossem a doutrina da igreja da Inglaterra" (Hales, *Golden Remains*, ii.180).
111 Veja Henry Hickman, *Historia Quinq-Articularis Exarticulata* (Londres, 1673). A partir do século seguinte, Augustus Toplady, *Historic Proof of the Doctrinal Calvinism of the Church of England* (Londres, 1774) é uma clássica defesa das credenciais anglicanas reformadas sobre esse e outros pontos.

Os que desde então têm mantido as variedades reformadas do universalismo hipotético algumas vezes têm se referido a si como "calvinistas de quatro pontos ou quatro pontos e meio". Não obstante, é bem provável que isso seja tecnicamente inexato para alguns. A despeito das discordâncias entre outras delegações, felizmente Davenant e Ward aderiram à antiga afirmação original do "calvinismo de cinco pontos". Pode ser, pois, que outros que assumem um conceito menos "estrito", não genebrino, sobre a questão também possam reivindicar, historicamente falando, todas as cinco pétalas da TULIP (ainda que não da maneira hipersimplificada com que isso algumas vezes é definido). Decerto Richard Baxter considerava concordar plenamente com Dort, apesar de sua famosa discordância com John Owen sobre a questão.[112] Aliás, ele afirmou que "os simples *Decretos Doutrinais* do Sínodo de Dort são tão moderados e saudáveis que, onde a violência foi controlada e a razão empregada, muitos foram pacificados por eles".[113] No entanto, a questão seria se hoje ele ou os universalistas hipotéticos seriam tão cuidadosos em evitar o escorregadio declive do arminianismo como fizeram os britânicos em Dort, e se os reformados estão agora tão dispostos quanto estavam em Dort a tolerar certa diversidade dentro de seus robustos debates internos.[114]

---

112 Em *Richard Baxter's Confession of his Faith* (Londres, 1655), 25, Baxter escreve: "no artigo sobre a extensão da expiação, em que sou mais suspeito e acusado ... me submeto ao Sínodo de Dort, sem qualquer exceção, limitação ou exposição de qualquer palavra como duvidosa ou obscura". Veja Hans Boersma, *A Hot Pepper Corn: Richard Baxter's Doctrine of Justification in Its Seventeenth-Century Context of Controversy* (Vancouver: Regent College Publishing, 1993), 209-19.

113 Richard Baxter, *The True History of Councils* (Londres, 1682), 184. Cf. as visões de Baxter sobre Dort em *Catholick Theologie* (Londres, 1675), I.i.124-26; ii.51-54; iii.67-69; II.57-59, 61, e *Universal Redemption of Mankind* (Londres, 1694).

114 Desejo agradecer especialmente a Raymond Blacketer, Martin Foord, Jonathan Moore e Anthony Milton por comentar os projetos deste capítulo.

CAPÍTULO 7

CONTROVÉRSIA SOBRE A GRAÇA UNIVERSAL

UM EXAME HISTÓRICO DO *BRIEF TRAITTÉ DE LA PREDESTINATION* DE MOÏSE AMYRAUT

Amar Djaballah

INTRODUÇÃO

Em 1634, Moïse Amyraut publicou um livro intitulado *Brief Traitté de la Predestination et de ses principales dependances* [Breve Tratado da Predestinação em suas principais dependências].[1] Dezoito meses depois, em 1636, ele defendeu sua principal tese em *Six Sermons* and *Eschantillon de la Doctrine de Calvin Touchant la Predestination*, sendo a última um argumento em prol de sua lealdade a João Calvino.[2] As obras de Amyraut geraram muita controvérsia,

---

1 Moïse Amyraut, *Brief Traitté de la Predestination et de ses principales dependances* (Saumur, França: Jean Lesnier & Isaac Debordes, 1634; 2ª ed., revisado e corrigido; Saumur, France: Isaac Desbordes, 1658). Doravante a obra será mencionada como *BTP*.

2 Moïse Amyraqut, *Six Sermons: De la natvre, estendve, necessite, dispensation, et efficace de l'Euangile* (Saumur, França: Calude Girard & Daniel de Lerpiniere, 1636); publicado com *Exchantillon de la Doctrine de Calvin Touchant la Predestination*. Os *Six Sermons* de Amyraut foram publicados em um volume contendo diversos sermões de sua autoria em 1653; *Sermons svr divers textes de la Sainte Ecritvre pronocés en divers lieux* (Saumur, França: Isaac Desbordes, 1653). O *Eschantillon* foi publicado com umas poucas mudanças juntamente com a segunda edição de *BTP* em 1658. N.B.: ao citar Amyraut e outros textos antigos, tenho mantido a linguagem e gramática peculiares como entradas nas fontes, sem tentar trazê-los a uma uniformidade ou

vindo a ser o tópico central para um número de sínodos nacionais nas Igrejas Reformadas da França. Embora inicialmente evitassem o ônus de heresia, os ensinos de Amyraut foram eventualmente rejeitados pelas Igrejas Reformadas Suíças na *Formula Consensus Helvetica* (1675), mas continuaram a exercer influência na Europa e em regiões mais distantes.³ Os debates em torno da apresentação que Amyraut faz da predestinação e sua relação com a expiação de Cristo — hoje conhecidos como "amiraldismo" — têm prosseguido nos dias atuais.⁴ Aliás, não seria falso dizer que os evangélicos, em geral, têm sido impactados pela discussão: conscientemente ou não, uma forma de amiraldismo (universalismo hipotético ou condicional) algumas vezes é a posição disfarçada

---

conformidade com o uso contemporâneo. Ainda que as referências à literatura secundária sobre o tema sejam feitas, este artigo se concentra nos documentos primários relevantes.

3   A contribuição teológica de Amyraut, especialmente em relação às doutrinas da predestinação e expiação, foi estudada com muita regularidade; ela apareceria nos séculos XVIII e XIX, como demonstrado pelo número de teses nas escolas protestantes e não em poucos livros. Veja Charles Edmond Saigey, "Moïse Amyraut. Sa vie et ses écrits" (Faculté de Theologie protestante de Strasbourg, 1849); Ernest Brette, "Du système de Moïse Amyraut, désigné sous le nom d'universalisme hypothétique" (Faculté de théologie protestante de Montauban, 1855); André Sabatier, "Etude historique sur l'universalisme hypothétique de Moïse Amyraut" (Faculté de théologie protestante de Montauban, 1867); Théodore-Ernest Roechrich, "La doctrine de la prédestination et l'école de Saumur" (Faculté de théologie protestante de Strasbourg, 1867); e Marc Fraissinet, "Essai sur la morale d'Amyraut" (Faculté de théologie protestante de Montauban, 1889).

4   No século XX, foram investigadas exaustivamente algumas das principais contribuições: Jürgen Moltmann, "Gnadenburnd um Ginadenwahl: Die Prädestinationslehre des Moyse Amyraut, dargestellt im Zusammenhang der heilsgeschichtlich-foederal theologischen Tradition der Akademie von Saumur" (tese de doutorado, Universidade de Göttingen, 1951); idem, "Prädestination und Heilgeschichte bei Moyse Amyraut", *Zeitschrift für Kirchensgeschichte* 65 (1953-1954): 270-303; Lawrence Proctor, "The Theology of Moïse Amyraut Considered as a Reaction against Seventeenth-Century Calvinism" (tese de doutorado, Universidade de Leeds, 1952); François Laplanche, *Orthodoxie et prédication: L'œuvre d'Amyraut et la querelle de la grâce universelle* (Paris: PUF, 1965; versão revisada de uma tese de doutorado, University Grace First Phase (1634-1637)" (Ph.D. diss., Universidade de Harvard, 1966; a partir daqui citado como "Moyse Amyraut"); a obra contém uma bibliografia bem completa que foi atualizada em *Moyse Amyraut: A Bibliography: With Special Reference to the Controversy on Universal Grace*, Garland Reference Library of the Humanities, vol. 258 (Nova York e Londres: Garland, 198); Brian G. Armstrong, *Calvinism and the Amyraut Heresy: Protestant Scholasticism and Humanism in Seventeenth-Century France* (Madison: University of Wisconsin Press, 1969), a partir daqui citado como *CAH*; a obra também contém uma importante bibliografia e apêndices onde o autor interage com as obras mais importantes publicadas na época ; Frans P. van Stam, *The Controversy over the Theology of Saumir, 1635-1650: Disrupting Debates among the Huguenots in Complicated Circumstances* (Amsterdã e Maarsen: APA-Holland University, 1988). Apresentações mais recentes incluem G. Michael Thomas, *The Extent of the Atonement* (Carlisle, UK: Paternoster, 1997); Alan C. Clifford, *Atonement and Justification: English Evangelical Theology, 1640-1970. An Evaluation* (Oxford, Clarendom, 1990); idem *Amyraut Affirmed* (Norwich, UK: Charenton Reformed, 2004). Richard A. Muller, especialista reconhecido da teologia reformada pós-Reforma, tem contribuído com um número de escritos da área; serão mencionados abaixo.

em relação à expiação por parte da maioria dos evangélicos com culturas reformadas.[5] Não obstante, mesmo entre os que mantêm as posições "amiraldianas" sobre a predestinação e a expiação, muitos não têm familiaridade com as teses de Amyraut sobre as doutrinas. Isso se deve principalmente ao fato de que sua tese principal, *Brief Traitté*, e suas obras concomitantes foram escritas no século XVII, em francês, e não foram traduzidas para o inglês.

O propósito deste capítulo não é prover uma crítica abrangente do ensino de Amyraut sobre a predestinação e a expiação, mas, antes, apresentar uma visão histórica de Amyraut e de seus escritos e a controvérsia que se seguiu como resultado de sua publicação. Para constar, não há nenhuma apresentação detalhada e publicada das principais teses de Amyraut em inglês, e, assim, este capítulo se propõe a prover justamente isso.[6] Os que desejam envolver-se com Amyraut e o amiraldianismo a partir de perspectivas históricas, bíblicas, teológicas ou pastorais terão de buscar isso em outros lugares.[7] Este capítulo se propõe a ser um valioso recurso para introduzir a posição de Amyraut enquanto evita a hagiografia, de um lado, e a caricatura e a falsa representação, do outro.

---

5   Embora partilhe de várias similaridades com o universalismo hipotético britânico, a diferença entre as duas posições se centra principalmente na ordem dos decretos. Como bem se sabe, Amyraut cria que, logicamente falando, o decreto da eleição vem depois do decreto da redenção. Os universalistas hipotéticos do molde britânico afirmavam a expiação universal de Cristo para todos sob a condição de fé, porém não colocavam necessariamente a eleição depois da redenção na ordem dos decretos. Sobre o Universalismo Hipotético britânico, veja Jonathan D. Moore, *English Hypothetical Universalism: John Preston and the Softening of Reformed Theology* (Grand Rapids, MI: Eerdmans, 2007); idem, "The Extent of the Atonement: English Hypothetical Universalism versus Particular Redemption", in *Drawn into Controversie: Reformed Theological Diversity and Debates within Seventeenth-Century Bristish Puritanism*, ed. Michael A. G. Haykin e Mark Jones (Göttingen, Alemanha: VAndenhoeck & Ruprecht, 2011), 124-61.

6   Nicole, "Moyse Amyraut", 37-66, contém um sumário muito útil da obra de Amyraut, porém não foi publicado. Amstrong, em *CAH*, se esforça em prover um esboço dos princípios das principais teses de Amyraut: "Por essa razão não darei uma análise sistemática do *Brief Traitté*, mas utilizarei de seu conteúdo, relacionando-os com a apresentação mais completa de seu pensamento encontrado nas várias respostas que Amyraut deu aos críticos de seu *Brief Traitté*" (171). Outras duas obras têm buscado sumariar o *Brief Traitté*, mas foram escritas em alemão e francês (Alexander Schwizer, *Die Protestantischen Centraldogmen in ihrer Entwicklung innerhalb der reformierten Kirche*, 2 vols. [Zurique, 1854-1856], 2:279-97; e Laplanche, *Orthodoxie et prédication*, 87-108).

7   Para uma breve crítica geral, veja Roger R. Nicle, "Brief Survey of the Controversy on Universal Grace (1634-1661)", *Standing Forth: Collected Writings of Roger Nicole* (Ross-shire, UK: Mentor, 2002), 313-30 (322-25). Veja também Donald Macleod, "Definite Atonement and the Divine Decree", capítulo 15 deste volume.

MÉTODO

Proponho apresentar a doutrina do "Universalismo Hipotético" como exposta por Amyraut no *Brief Traitté*. Tem-se afirmado que a doutrina proposta por Amyraut foi a mais séria discussão que agitou as igrejas protestantes na França na primeira metade do século XVII.[8] Visto que as obras de Amyraut têm provocado um número de debates acalorados, tanto naquela época quanto mais recentemente, parece prudente adotar a seguinte perspectiva metodológica: (I) entender o próprio Amyraut: seu contexto e sua criação, sua educação e seu treinamento teológico; (II-III) apresentar os principais dogmas das teses de Amyraut sobre a predestinação como contidos no *Brief Traitté*; (IV) traçar a subsequente controvérsia histórica sobre a graça na França e além; e, finalmente, (V) prover alguns exemplos breves do amiraldianismo na teologia evangélica no último século.

Ao longo disso, devemos ter em mente que Amyraut escreveu na qualidade de professor de teologia em uma academia reformada confessional, e que ele foi eximido de acusações de heresia por um sínodo nacional e permitido ensinar teologia até sua morte. Daí, não obstante a *Wirkungsgeschichte* (recepção da história) de suas teses na história do pensamento reformado, ele deve ser estudado como membro da comunidade teológica reformada, com quem se pode diferir, e não como um adversário a ser reduzido ao silêncio.[9] Esse pressuposto está na base da apresentação que se segue.

I. BIOGRAFIA DE MOÏSE AMYRAUT (1596-1664)[10]

Moïse Amyraut, como é conhecido na França[11] nasceu em 1596, em Bourgueil, em Touraine, no mesmo ano e região de René Descartes, uma coincidência interessante

---

8   As questões debatidas foram estabelecidas no contexto, com inigualável sucesso, nas várias publicações referidas na nota 4.
9   Veja Richard A. Muller, "Diversity in the Reformed Tradition: A Historiographical Introduction", in *Drawn into Controversie*, 11-30; e Carl R. Trueman, *John Owen: Reformed Catholic, Renaissance Man* (Aldershot, UK: Ashgate, 2007), 29-31.
10 Veja Pierre Bayle, "Amyraut (Moïse)", in *Dictionnaire historique et critique de Pierre Bayle*, new augmented ed. (Paris: Désoer, Libraire, 1820[1679]), 507-19, fonte de muito que se acha contido neste parágrafo. Veja também o verbete devotado a ele em John Quick, "Amyraut", in *Icones sacrae Gallicanae*, 2 vols. (MS transcript, Dr. William's Library, Londres, 1700), 1:958-1028. Este texto foi escrito por volta de 1695, em 1863 foi feita uma cópia manuscrita, segundo Nicole, *Moyse Amyraut. A Bibliography*, 178. Tanto o manuscrito original quanto a cópia manuscrita estão disponíveis na Dr. William's Library, Gordon Square, Londres.
11 É possível encontrar diversas grafias do nome: Amyraut, Amiraut, Amyrault, Amyraud, Amyrauld. Tenho mantido aquela usada pelo próprio Amyraut, o qual sempre assinou seus escritos "Amyraut".

à luz da acusação de racionalismo lançado contra Amyraut.[12] Primeiramente, ele começou seus estudos em direito e teve êxito na obtenção de sua licenciatura dentro de um ano (1616) ao estudar quatorze horas por dia. Depois, sob a influência de um compatriota, ministro reformado de Saumur, Samuel Bouchereau, que ficou impressionado com seus grandes pendores intelectuais, Amyraut foi persuadido a considerar a vocação eclesiástica e, assim, a se ocupar de estudos teológicos. A leitura das *Institutas da Religião Cristã* de Calvino o convenceu a seguir esse caminho. No começo, ele sentiu a oposição de seu pai, que o preparava para suceder seu tio na função de senescal, porém mais tarde seu pai concordou com o pedido dele de abandonar a jurisprudência para estudar teologia. Amyraut se transferiu para a Academia Reformada de Saumur, fundada por um sínodo nacional de igrejas reformadas da França em 1598 (muito embora a escola iniciasse suas operações só em 1604), sob a influência de Philippe Duplessis-Mornay (1549-1623), um líder protestante e governador de Saumur.

Em Saumur, Amyraut estudou sob a influência de John Cameron (1579-1625) da Escócia, famoso teólogo na época, de quem veio a se tornar discípulo.[13] Amyraut declarou que, segundo as Santas Escrituras, aprendeu tudo o que vale a pena em teologia com Cameron.[14] John Cameron pensava que a teologia reformada em si carecia

---

12 Armstrong, *CAH*, 177-82 e apêndice 1: "Uma nota sobre o racionalismo de Amyraut", 273-75.

13 Sobre John Cameron, veja o artigo padrão de Eugène Haag e Emile Haag, *La France protestante* (Paris e Genebra: Cherbuliez, 1852), 3:174-78. As principais obras sobre Amyraut em geral devotam uma seção a Cameron; daí Laplanche, *Orthodoxie et prédication*, 50-57; Nicole, "Moyse Amyraut", 29-32; Armstrong, CAH, 42-70; Thomas, *Extent of Atonement*, 162-86; veja também a recente contribuição ao debate de Richard A. Muller, "Divine Covenants, Absolute and Conditional: John Cameron and the Early Orthodox Development of Reformed Covenant Theology", *Mid-American Journal of Theology* 17 (2006): 11-56; vastas bibliografias se encontram ali. Nascido e educado em Glasgow, Cameron foi à França em 1600, onde ensinou latim e grego no Protestant Collège de Bergerac. Após ensinar filosofia na Academia de Sedan, servindo no pastorado de Bordeaux, e empreendendo estudos ulteriores em Paris, Genebra e Heidelberg entre 1608 e 1618, Cameron foi chamado para ocupar a cadeira de teologia na Academia de Saumur por três anos (1618-1621), antes de se ver constrangido a deixar a França. Ao retornar à sua Escócia nativa, ele foi designado doutor-presidente do Colégio de Glasgow, onde permaneceu por dois anos antes de retornar à França em 1623, onde resumiu sucintamente seu ensino em Saumur, terminando sua carreira teológica como professor de teologia na Academia de Montauban.

14 "... tout ce peu que ie puis en l'explication de la saincte Theologie, ie le dois apres la lecture de l'Escriture, aux ouuertures que ce grand homme m'y a données" (Amyraut, "Réplique à Monsieur de L. M.", in *BTP*, 2ª ed., 302). Quase todos os estudiosos de Cameron (Moltmann, Laplanche, Nicole, Armstrong, Thomas) sublinham sua influência sobre Amyraut e o consideram "o originador da maioria dos elementos distintivos na teologia de Amyraut" (Thomas, *Extent of Atonement*, 163), ainda que, obviamente, é Amyraut que lhes deu o ímpeto e desenvolvimento que serão discutidos na história da teologia. Para Moltmann, "Gnadenbund", 285,

de ser reformada (desejo claramente alinhado com o princípio *semper reformanda*), e não hesitou em denunciar o que percebia nela como estreiteza, intolerância e despotismo. Ainda que ele mesmo escrevesse muito pouco,[15] sua intenção era treinar mentes jovens e brilhantes para que concretizassem a desejada reforma no futuro. De sua extensa influência sobre Amyraut, faz-se menção de sua nova doutrina de três alianças, a qual impactaria profundamente seu pupilo.[16]

Sobre a questão da redenção particular, Cameron deixou quatro cartas nas quais ele respondeu a objeções suscitadas de uma perspectiva arminiana, e elas lançaram alguma luz sobre a posição dele.[17] Ele rejeita claramente o arminianismo; apresenta, em conexão com a morte de Cristo, a distinção "suficiente para todos, eficiente para os eleitos"; e, com base em seu *foedus hypotheticum*, sustenta a proposição de que Cristo morreu por todos os homens, porém não igualmente.[18] Ele ilustra seu conceito com uma comparação com o sol: ainda que ele brilhe sobre todos, nem todos se beneficiem de sua luz (alguns podem estar dormindo, enquanto outros fecham seus olhos etc.). "Ora, isso não se dá por alguma deficiência no sol; antes, se deve à culpa daquele que não faz uso desse benefício. Por conseguinte, Cristo morreu por todos, mas sua morte só é uma bênção para os que tomam posse dele pela fé."[19] Nicole opina que Cameron

> deve ter desenvolvido seus conceitos muito consideravelmente na direção de uma ênfase sobre a vontade salvífica universal de Deus. De outro modo, seria difícil entender como vários de seus alunos que se

---

a teologia pactual de Amyraut é uma "absolut treve Kopie" de Cameron.

15 Um grande número de obras de Cameron tem sido convenientemente reunido em *Joannis Cameronis Scoto-Britanni Theologi eximij [τὰ Σψξοηέυα], sive Opera partim ab auctore ipso edita, partim post eius obitum vulgata, partim musquam hactenus publicata, vel è Gallico idiomate nunc primum in Latinan linquam translata. In unum collecta, & variis indicibus instructa*, ed. Friedrich Spanheim (Genebra: Chouet, 1642, e outra vez em 1659).

16 Veja Armstrong, *CAH*, 47-59, e a literatura ali citada: "... carece de ser enfatizado que nesta explanação das alianças encontramos muitos dos aspectos distintivos da teologia Salmuriana" (47-48). As doutrinas de diferentes expressões do amor de Deus (pela humanidade como um todo e pelos eleitos) e a *foedus hypotheticum* (aliança hipotética) são encontradas nos escritos de Cameron.

17 As referidas cartas, escritas entre 1610 e 1612, podem ser encontradas na edição das obras de Cameron já citadas na nota 15.

18 Sumário conveniente em Armstrong, *CAH*, 47-59.

19 Carta escrita em dezembro de 1611, como traduzida em ibid., 59.

consideravam seus devedores nesse aspecto teriam concordado precisamente sobre essa questão.[20]

Todavia, para Muller, a obra teológica de Cameron "não se pôs em oposição às tendências da ortodoxia reformada inicial, mas de fato é um completo representante desse desenvolvimento".[21] A afirmação de Muller aqui é consistente com sua tese de uma diversidade e fluidez da teologia reformada nos séculos XVI e XVII.

Após passar uns poucos anos no pastorado, primeiramente em Saint-Aignan e, de 1626 em diante, em Saumur, onde substituiu John Daillé, Amyraut foi chamado a ocupar a cadeira de teologia na Academia de Saumur em 1633 ao mesmo tempo que dois íntimos e hábeis amigos dele, Louis Cappel (1585-1658) e Josué de la Place (1596-1655). Sua tese inaugural para ser aceito como professor de teologia, articulada em suas *Theses theologicae de sacerdotio Christi* [Teses teológicas sobre o sacerdócio de Cristo],[22] foi muito apreciada por seus examinadores e pelos que a ouviram.[23] A despeito das dificuldades que ele encontrou nos anos seguintes, em razão da maioria de seus conceitos sobre predestinação e expiação, Amyraut continuou como professor em Saumur até sua morte, em 1664, ocupando o cargo de diretor da Academia de 1641 em diante. Ele exerceu uma profunda influência sobre gerações de estudantes de teologia ali e em outros lugares.

Vale a pena narrar uns poucos episódios da vida de Amyraut antes de focarmos nosso tópico principal. Durante seu pastorado em Saumur, Amyraut foi comissionado pelo Sínodo Nacional de Charenton em 1631 para apresentar uma lista de queixas e agravos na violação do Edito de Nantes ao rei de França. Ele se propôs a comparecer perante o rei sem ajoelhar-se, como os protestantes eram obrigados a fazer naquele tempo. Ainda que a princípio o rei recusasse seu pedido, a paciência (levou quinze

---

20 Nicole, "Moyse Amyraut", 32. Entre os alunos de Cameron, Nicole se refere a Amyraut, Daillé, La Milletière, La Place e Testard. Este escreveu um tratado muito similar ao *BTP* de Amyraut, ainda que não exercesse uma influência histórica similar. Em sua resposta aos conceitos de Cameron, André Rivet não achou neles fundamentações claras de uma intenção universal da morte de Cristo (*contra* Testard e Amyraut). Corretamente, Nicole mantém que, sobre esse ponto, os primeiros alunos de Cameron (que se tornaram muito afins a ele) teriam sido mais bem-informados da teologia de seu professor do que Rivet ("Moyse Amyraut", 104).
21 Muller, "Divine Covenants, Absolute and Conditional", 13.
22 Amyraut, *Theses theologicae de sacerdotio Christi* (Saumur, França: Jean Lesnier & Isaac Desbordes, 1633).
23 Bayle, "Amyraut", 508.

dias) e os argumentos de Amyraut conquistaram a simpatia do próprio e poderoso cardeal Richelieu, que convenceu o rei a conceder ao teólogo reformado audiência segundo o procedimento eclesiástico normal, e não curvado sobre seus joelhos. Pode ainda ser de interesse lembrar que Amyraut foi o primeiro pregador a citar Calvino do púlpito e por isso foi censurado pela prática.[24] Ainda que tenha sido em tempos de servilismo, de um lado, isso mostra que, a despeito de sua pesada confiança em Cameron e sua conhecida repugnância por Beza, Amyraut queria ser percebido como fiel a Calvino; do outro lado, isso mostra que para os "ortodoxos" (bem-representados na época por Pierre Du Moulin, que criticava a prática), a Santa Escritura é que era decisiva, muito acima do próprio Calvino.

Alguns comentaristas têm focalizado o espírito "conciliador" e "ecumênico" de Amyraut. Salientam sua tolerância e apoio aos conceitos teológicos divergentes do seu, exemplificado por um episódio narrado no artigo de Bayle e Aymon sobre Amyraut. No Sínodo Nacional Reformado de Charenton, em 1644-1645, os conceitos de La Place sobre o pecado original — ele negava a doutrina da imputação direta do pecado de Adão[25] — enfrentaram merecida crítica; muito embora Amyraut alegasse não partilhar dos conceitos de seu colega, ele defendeu seu direito de sustentá-los.[26] A segunda característica, ecumenismo (Richard Stauffer se referiu a Amyraut como o "precursor do ecumenismo"[27]), foi documentada ao expresso desejo e esforços de

---

24 O que Pierre Du Moulin achou exasperante talvez não fosse tanto a simples referência do púlpito a Calvino *per se* quanto à magnitude e ao alvo da prática do servilismo. Veja Pierre Du Moulin, *Esclaircissement Des Controuerses Salmvriennes: Ou Defense de la Doctrine des Eglises Reformees svr l'immutabilité des Decrets de Dieu, l'efficace de la Mort de Christ, la grace universelle, l'impuissance à se convertir: et sur d'autres matieres* (Genebra: Imprimerie de Pierre Aubert, 1649), 197, onde ele se queixa de que Amyraut cita passagens de Calvino em seus sermões "iusqu'à en reciter cinq pages d'vne halaine" ("recitar cinco páginas em um só fôlego"). Du Moulin se queixa não só que Amyraut cita Calvino demasiado copiosamente (muitas páginas de uma só vez), mas também que faz referência a ele em termos excessivamente laudatórios (198). Amyraut se refere a Calvino como "incomparável, excelente, grande"; seu nome é mencionado como sendo uma "bênção"; suas palavras são dignas de "imortalidade" (veja Amyraut, *Sermons svr divers textes de la Sainte Ecritvre prononcés en divers lieux*, já no prefácio, x, e então 15, 19, 20, 24, 49, 60, 69, 74, 76, 79, 90, 94, 101, 153, 207, 242).

25 La Place promoveu a ideia de que o pecado de Adão não foi imputado a seus descendentes; no entanto, por causa de seu pecado, nascem corruptos e incorrem no desprazer e condenação de Deus em decorrência de sua corrupção.

26 Bayle, "Amyraut", 509, Jean Aymon, *Actes ecclésiastiques et civils de tous les synods nationaux des Eglises réformées de France*, 2 vols (The Hague: Charless Delo, 1710), 2:663.

27 Richard Stauffer, *Moïse Amyraut: un précurseur françaqis de l'œcuménisme* (Paris: Libraire protestante, 1962); cf. também seu "Amyraut, Advocate of Reconciliation between Reformed and Lutherans", in Richard Stauffer,

Amyraut em uma reaproximação e unidade da Igreja Reformada e a Comunhão de Augsburg, quando não via nenhuma diferença irreconciliável entre elas. Como ele expressou, ainda que houvesse algumas diferenças importantes entre as duas igrejas, as quais ele procurou delinear, "calvinistas" e luteranos eram concordes sobre "os pontos fundamentais da religião legítima".[28] Em contrapartida, ele considerava as diferenças com a Igreja Católica Romana como sendo de tal vulto que não se podia imaginar nenhuma reconciliação: o ecumenismo tem seus limites, determinados pela doutrina e práticas eclesiásticas. Todavia, Amyraut era mais do que aberto ao diálogo com os indivíduos católico-romanos sobre questões teológicas: como veremos, o *Brief Traitté* é um tipo de *apologia*, escrita como resultado de um diálogo com um paroquiano católico-romano.

As circunstâncias por detrás da publicação do *Brief Traitté* são dadas por Amyraut no "Prefácio ao leitor" do *Eschantillon de la Doctrine de Calvin Touchant la Predestination*, publicado pouco depois do *Brief Traitté*. Durante o encontro com um nobre católico-romano ("homme de qualité"[29]) no lar do bispo católico-romano de Chartres, a doutrina calvinista da predestinação foi atacada como abrupta, tacanha e indigna de Deus. Para Amyraut, tal incompreensão era totalmente difundida e poderia obstruir o desejo do povo de Deus de abraçar a fé reformada. Depois de uma longa e cordial discussão com o bispo de Chartres e o encontro com o nobre católico-romano no dia seguinte, quando Amyraut expressou seu discernimento da doutrina da predestinação, a fim de aliviar as pedras de tropeço percebidas, o teólogo salmuriano empreendeu compor um tratado sobre o tema.[30] Percebendo que esse sentimento não era dubiamente partilhado por outros conversos potenciais à fé reformada, católico-romanos ou arminianos, Amyraut empreendeu escrever um tratado que persuadisse a ele e a outros da aceitabilidade de uma doutrina que era tanto de Calvino como da

---

The Quest for Church Unity: From John Calvin to Isaac d'Huisseau (Allison Park, PA: Pickwick, 1986), 25-51.
28 Amyraut, *Eirenikon sine de rationepace in religionis inter Evangelicos construendae consilium* (Saumur, França: Isaac Desbordes, 1662), 1:32-33, 40; 2:341; como citado em Stauffer, *Quest for Church Unity*, 29.
29 Bayle, *Dicitionnaire critique*, 512.
30 *BTP*, 1st ed., "Au Lecteur", 1: "Mon intention a seulement esté de rendre ceste doctrine qu'on estime communément si difficile & espineuse, capable d'estre comprise de tous..." ("Minha intenção tem sido apenas de fazer esta doutrina, a qual comumente se pensa ser tão difícil e espinhosa, capaz de ser entendida por todos..."). Isso muito provavelmente explica a decisão de Amyraut de escrever em francês, não em latim, e discutir o tema de forma não técnica.

Bíblia.³¹ Em seus escritos deste período, Amyraut deixa a forte impressão de que ele vê as doutrinas que expressa não só como consoantes com a Escritura mas também como fiéis a Calvino e à primeira geração de reformadores, e realmente como compatíveis com os Cânones de Dort. Todavia, a influência de seu primeiro mestre e mentor, Cameron, é evidente no tratado; de fato, Pierre Bayle comenta que, ali, Amyraut "explanou o mistério da predestinação e da graça em conformidade com as hipóteses de Cameron".³²

II. OS PRINCIPAIS PRINCÍPIOS DO *BRIEF TRAITTÉ* DE AMYRAUT (1634; 2ª ED., 1658)

Agora apresentarei as principais teses contidas no Brief Traitté de Amyraut na ordem em que aparecem em seu livro.

CAPÍTULO 1: O QUE É A PREDESTINAÇÃO EM QUESTÃO?³³

Antes de definir "predestinação", Amyraut apresenta o cenário teológico em que isso deve ser feito: Deus não produz suas ações sem ordem e propósito; e já que o homem é sua criatura mais excelente, Deus tomou especial cuidado em criá-lo com um propósito. Nesse contexto, a palavra "predestinação", geralmente definida, se refere à providência de Deus, "o cuidado que Deus, o Criador do universo, em sua sabedoria, mostra pela conservação e a conduta de todas as coisas que existem e as que são feitas no mundo" (Salmos 115.3; Efésios 1.11; Atos 4.28).³⁴ Mais precisamente, como Paulo deixa claro, a palavra se refere à ordenação que Deus dá à sua criação e criaturas, ao propósito específico que ele

---

31 Nicole, "Brief Survey", 313-14, menciona o desejo de Amyraut de destruir a acusação de que a fé reformada apresentava "Deus como arbitrário, injusto e insincero, criando os réprobos para pecarem e então os punindo por pecarem; oferecendo no Evangelho uma salvação a qual não tinha a intenção de comunicar, "removendo assim a causa que poderia ter propiciado os reformados a se converterem ao catolicismo romano. O tratado poderia também ter sido escrito para prover uma base aceitável para a união que ele aspirava com os luteranos.
32 Bayle, *Dictionnaire critique*, 508.
33 *BTP*, 1-9/1-8 (numeração das páginas na primeira e segunda edição, respectivamente): "Que c'est que la Predestination dont il s'agist." N.B.: há um número de variações na grafia entre as duas edições do *Brief Traitté*; tenho tirado citações da edição de 1634 e mantido a grafia como se encontra nesta fonte.
34 Ibid., 7/6 "[L]e soin que Dieu Createur de l'Vniuers prend en sa sapience de la conseruation & de la conduite de toutes lês choses qui sont & qui se font au monde." A referência das Escrituras naquela ordem; e doravante.

lhes pôs (Romanos 8.29-30; Efésios 1.11, 5).³⁵ O capítulo termina com uma nota discordante: entre o ato de criação e o propósito de Deus em fazer os crentes se conformarem com a imagem de Cristo, o pecado entrou no mundo e radicalmente alterou a situação, com consequências dramáticas; o pecado de Adão "parece não só ter mudado toda a face do universo mas inclusive todo o propósito de sua primeira criação e, caso se possa dizê-lo, induziu Deus a fazer novos conselhos".³⁶

Capítulo 2: Por que Deus criou o mundo?³⁷

Para responder à pergunta do título, Amyraut sublinha, respectivamente, a sabedoria ("sapience") de Deus e sua bondade ("bonté"), de um lado, e a perfeita ordem de sua criação, do outro.³⁸ Se Deus a desse a nós como um ato de inteligência, a criação responderia ao Criador, glorificando-o.³⁹ Pois Deus criou o mundo para exibir sua glória e manifestar nele sua bondade e poder infinito. Dentro da criação, o homem tem sido distinguido por ser dotado com uma alma racional, uma fagulha da inteligência de Deus e uma integridade que lhe permitiu, desde o início, contemplar o Criador em sua criação. Esse é o princípio de virtude no homem que lhe permitiria viver em conformidade com a santidade e a bondade de Deus. Ao criar o homem, a intenção de Deus era que a prática dessas virtudes assegurasse sua felicidade ("félicité"). Isso se relaciona com a ideia de Amyraut sobre como Deus manifesta sua glória: é não tanto a exibição direta de sua glória que é o primeiro alvo da criação, "quanto o exercício de suas virtudes, do qual ... sua glória resulta".⁴⁰ A principal entre as virtudes de Deus é sua bondade, como toda criação de Deus, dotada ou não de inteligência,

---

35 Ibid., 8/7: A palavra *predestinação* "a esté appliqué a denoter non pas seulement ceste prouidence... mais celle particulierement selon laquelle Dieu les a ordonnés à leur but."
36 Ibid., 9/8: O pecado de Adão "semble auoir changé non seulement toute la face de l'vniuers, mais mesmes tout le dessein de sa premiere creation, & s'il faut ainsi parler, induit Dieu à prendre de nouueaux conseils."
37 Ibid., 10-22/9-19: *"Pourquoy Dieu a creé le monde."*
38 Ibid., 10-12/9-10.
39 Ibid., 11-12/10.
40 Ibid., 17/15: "... la principale fin à laquelle Dieu aura visé en la creation Du monde, à la considerer ainsi precisément , n'aura pas tant esté sa propre gloire, comme l'exercice de ses vertus, desquelles comme nous auons dit cy dessus, resulte necessairement la gloire."

declararia (Salmos 145.9).[41] A bondade de Deus, por sua natureza, é exibida em Deus *dá-la* a outro, com nenhum outro propósito senão ela própria. De fato, da perspectiva de Deus, sua glória não deve ser considerada como o fim primário da criação; Deus exibe livremente sua bondade às suas criaturas sem, por assim dizer, esperar alguma retribuição.[42] Como se pode ver, permanecem ambiguidades na apresentação de Amyraut: se a glória de Deus é apresentada como o fim principal da criação, é mantida uma ênfase forte sobre sua bondade, um atributo preeminente posto acima de seu poder e sabedoria.[43]

Capítulo 3: Por que Deus criou o homem em particular?[44]

O homem foi criado de uma forma muito singular; foram-lhe concedidos privilégios como nenhuma outra criatura recebeu: um corpo e emoções; uma vontade e, acima de tudo, uma razão ou entendimento ("intelligence" e "entendement") que o fizeram qualificado a conhecer e glorificar seu Criador de uma maneira singular. Deus buscou ser glorificado por uma criatura a quem dotou com santidade e razão, e que, assim, entendesse que sua felicidade está em ver a impressão de Deus em toda a criação. Amyraut uma vez mais enfatiza a bondade de Deus como vista particularmente na prerrogativa singular que Deus concedeu à humanidade, criando-a à sua própria imagem.[45] A imagem de Deus no homem é vista especialmente no discernimento que ele lhe deu, como uma fagulha da própria inteligência de Deus.[46] Há em Deus duas qualidades ("choses") distintas e conjuntas: sua extrema vontade e santidade, de um lado; sua felicidade e bem-aventurança, do outro. Ao criar o homem à sua imagem,

---

41 Ibid., 17-18/15-16.
42 Ibid., 21-22/18: "La fin donc à laquelle Dieu a principalement visé en la creation de l'Vniuers, est qu'il a voulu estre bon & en nature & en ses effects, en faisant que les choses qui n'estoyent point fussent, & fussent en vn estat extremement conuenable & heureux, autant comme chacune d'elles pouuoit desirer de bon-heur selon na nature."
43 Ibid., 22/19: "... est la gloire de celuy qui en leur creation a desployé vne puissance infinie, vne sapience incomprehensible, & vne bonté qui semble encore ie ne sçay comment les surpasser & l'vne & l'autre."
44 Ibid., 22-30/19-26: "*Pourquoy particulierement Dieu à creé l'homme.*"
45 Ibid., 24-26/21-22.
46 Ibid., 25-26/22: "... mais luy auoit donné en ceste excellente faculté par laquelle il est homme, vn rayon de son intelligence, & par ce moyen le principe des vertus qui le representent."

Deus lhe concedeu o que era necessário para ambas as qualidades: santidade e virtude, e as condições próprias para a felicidade (Salmos 8; 45.6-7). Para que o homem seja sua imagem, ambos esses aspectos foram exigidos pela bondade e sabedoria de Deus. Como em Deus a santidade e a bênção são associadas e inseparáveis, da mesma forma devem estar no homem. Assim, o homem não poderia experimentar a felicidade de Deus sem ser santo; tampouco a justiça de Deus, nem sua sabedoria, suportariam tal estado de coisas. A revolta do homem contra seu Criador acarretou sua queda e miséria, proporcional à gravidade de uma falha cometida contra a infinita glória e majestade de Deus.[47]

Capítulo 4: Por que Deus permitiu que o primeiro homem pecasse?[48]

A principal questão no título deste capítulo é consequência lógica do capítulo anterior. Se a Escritura e nossa experiência claramente mostram que o homem decaiu de seu criado estado de bem-aventurança, isso decorre de uma questão difícil: por que Deus, que exibiu uma bondade tão superior ao criar o homem, permitiu que Satanás o tentasse sucessivamente e provocasse uma situação em que o homem apostatou de Deus em pecado e revolta, e caiu no mísero estado que atualmente é seu? Se Deus poderia tê-lo impedido de fazer isso, por que não tomou tal atitude? Se não podia, como se poderia dizer que é todo-poderoso?[49] Como alternativa, como é possível que o Criador todo-poderoso permitisse que a humanidade criada e Satanás, também um ser criado, resistissem e vencessem sua vontade? Amyraut rejeita uma primeira resposta simples: explicando o pecado do homem mediante sua liberdade. Apelando para o conselho de Deus, Amyraut observa com razão que as decisões livres do homem não foram excluídas da presciência de Deus.[50] Além do mais, Deus

---

47   Ibid., 29-30/24-26.
48   Ibid., 31-47/26-39: *"Pourquoy Dieu a permis que le premier homme pechast."*
49   Ibid., 32/27. Na formulação que Amyraut faz da questão, alguém pode reconhecer a futura formulação que Leibniz fez do problema do mal (veja Gottfried W. Leibniz, *Theodicy: Essays on the Goodness of God, the Freedom of Man, and the Origin of Evil*, 1710).
50   BTP, 33/28.

poderia ter criado o homem de uma maneira tal que, sem violar sua vontade, o homem poderia ter satisfeito perfeitamente a vontade de Deus.[51] Tendo rejeitado este motivo, Amyraut considera o papel exercido pelo entendimento ("entendement") do homem: este teria se apresentado à vontade, o qual é submisso a ela, razões para sugerir-se que os atos maus propostos são úteis e vantajosos (por exemplo, o fruto era bom para se comer, era desejável aos olhos e lhe concederia uma ciência que o faria igual a Deus; Gênesis 3.6). E assim o pecado se deve a uma viciosa debilitação do entendimento do homem que resultou em ser ele enganado por Satanás (cf. 2 Coríntios 11.3). A vontade do homem não deve ser responsabilizada, pois ela seguiu a liderança de uma razão defectiva. Mas, no fim, isso também foi permitido por Deus. Outras possibilidades são evocadas: Deus poderia ter iluminado o entendimento do homem sem violar sua liberdade; Adão teria descoberto a fraude de Satanás, mantendo assim o conhecimento da verdade, a fundamental e muito excelente função de sua mente. Ou não teria sido preferível para Deus não ter dado ao homem tal liberdade (ou tê-la removido depois que foi dada) do que ter permitido que ele a usasse para sua perdição? É possível ver que a liberdade do homem era defectiva em algum sentido, já que ela provocou as más decisões contra a vontade de Deus e foi prejudicial à felicidade do homem.[52] Não é possível ir além destas explanações tentadas: devido às debilitantes deficiências de seu entendimento e perversões de sua vontade, o homem pecou; e Deus o permitiu. A Escritura não nos permite sondar esse mistério além da compreensão de sua realidade; a humildade humana própria deveria inclinar-nos a compreendermos que nossas mentes finitas não serão aptas para compreender tal mistério.[53] Os procedimentos providentes de Deus, narrados na Escritura, mostram que Deus não só permite que o mal ocorra mas o usa para sua glória: José sendo vendido

---

51 Ibid., "... Il ait sçeu truuer le moyen de leur donner des facultez qu'il peust regir & gouuerner, pour executer au monde tout ce qu'il luy plaist sans leur faire aucune contrainte & sans les despoüiller des conditions & des inclinations qu'il leur a dónnees..."
52 Ibid., 35/29-30.
53 Ibid., 37-38/31-32: "Comme si expressement le S. Esprit auoit voulu tirer le rideau dessus, & nous apprendre qu'il y a là dedans des abysmes qu'il est impossible que l'on sonde."

por seus irmãos; o perverso faraó do Egito elevado ao poder; os pecados repreensíveis dos filhos de Eli; Judas traindo seu Senhor; nada disso prejudica o soberano governo de Deus — ele exibe também seu domínio endurecendo o coração dos pecadores.[54] Não existe explicação além desta: o Espírito assim nos anuncia que existe um mistério insondável que não podemos resolver.

Não obstante, em vista da forte declaração bíblica do amor e da bondade de Deus, Amyraut se sente constrangido em voltar à sua questão fundamental: por que Deus não mantém Adão, criado à sua imagem, numa condição de bem-aventurança? Ele apresenta uma explanação plausível (e talvez racionalista): a perfeição criada de Adão era *natural*, e daí sua bem-aventurança ser também *natural*. Deus decretou criar o homem numa condição *tão perfeita quanto permitiria sua natureza*, um passo necessário *en route* a um estado supernatural que Deus lhe destinara. Criando-o diretamente com capacidades supernaturais teria sido contra sua sabedoria.[55]

Capítulo 5: Quais são as consequências do pecado do primeiro homem?[56]

Este capítulo trata da dupla consequência da queda do homem: sua incapacidade de se recuperar ao seu estado original (devido ao obscurecimento de seu

---

54 Ibid., 36-37/31-32.
55 Ibid., 43-44/37: "[La nature a] touiours cela de defectueux qu'elle est muable. ... Si donc Dieu eust creé l'hôme tel qu'il eust esté impossible qu'il pechast, il ne l'eust pas mis en l'estat de la nature, mais en vne condition surnaturelle. [... Faire passer Adam] du non estre, dont il auoit esté tiré, a vn estat surnaturel, sans esprouuer le milieu de la condition de la nature, n'eust pas esté chose conuenable a ceste intelligence qui conduit tout auec vne si merueilleuse sapience." Esta distinção é importante para Amyraut, pois ele volta a ela nos últimos capítulos: ibid., 62/53, e 68-69/58.

A distinção suporta um oneroso argumento de Amyraut; seus comentaristas o têm relacionado com sua teologia *heilsgeschichtlich* e a doutrina das três alianças que em parte ele herdou de Cameron. Nicole, "Moyse Amyraut", 42, comenta sobre este fracasso: "a distinção entre uma ordem ou aliança da natureza implícita na criação original, e uma ordem supernatural ou aliança à qual o homem deve graduar-se segundo o desígnio de Deus", é uma perspectiva que se relacionava com a doutrina de Amyraut das três alianças. Para Moltmann, "Prädestination und Heilsgeschichte bei Moyse Amyraut", 275, esta doutrina assinalava afinidades entre a teologia de Amyraut e a teologia federal. Além do mais, alguém pode discernir aqui elementos racionalistas percebidos por Armstrong e outros: como se, a despeito de sua recusa, Amyraut não pôde resistir o impulso de explicar o que não pode ser explicado. Como o pecado se fez possível?

56 BTP, 47-61/40-51: "*Quelles sont les suites du peché Du premier homme.*"

entendimento e ao egoísmo que ele desenvolveu de seu estado pecaminoso) e a transmissão da corrupção e miséria a todos os seus descendentes, transmissão tão inevitável como a da própria vida, que afeta corpo e alma.⁵⁷ A condição pecaminosa do homem está tão corrompida que a Escritura a chama de "escravos" do pecado (Romanos 6.16-17). Evidentemente, Amyraut ensina uma depravação universal do homem, e esse reconhecimento mostra, de sua parte, "uma decidida separação da linha arminiana de pensamento".⁵⁸ Todavia, sua compreensão do pecado transmitido de Adão principalmente em termos de corrupção herdada pode ter preparado o caminho para os conceitos de Josué de *la Place* da imputação mediata que seriam condenados no Sínodo de Charenton em 1644-1645. Explicitamente, o Sínodo "condenou a dita doutrina em que ela restringiu a natureza do pecado original somente à corrupção hereditária da posteridade de Adão, sem imputar-lhe o primeiro pecado pelo qual Adão caiu".⁵⁹

Capítulo 6: Qual foi o propósito de Deus ao enviar seu Filho ao mundo⁶⁰

O foco deste capítulo, expresso em seu título, é fundamental para nosso tema. Por mais radical e radicalmente má que seja, a condição pecaminosa da

---

57 Ibid., 47/40: "L'vne que de soy-mesme il ne s'en pouroit releuer: L'autre, qu'en ceeste condamnation il enuelopperoit toute sa race." Sobre o estado de pecado, Amyraut escreve: "... le premier effect du peché est de laisser de si espaisses tenebres en l'entendement, que desormais il ne puisse estre esclairci que par vne lumiere surraturelle" (48/41). Até o fim deste capítulo, ele reitera a gravidade da corrupção do homem e sua condição pecaminosa (58-59/49-50). Em 1647, ele desenvolve plenamente sua compreensão em *De libero Hominis Arbitrio Disputatio* (Saumur, França: Lesnier, 1647). A ênfase de Amyraut sobre a preeminência do entendimento sobre a vontade e emoções, e sua explanação da queda principalmente em termos do entendimento do homem sendo totalmente obscurecido (*BTP*, 48/40-41), tem sido interpretada como evidência de racionalismo em seu pensamento, talvez para conter o fideísmo católico-romano. Veja David W. Sabean, "The Theological Rationalism of Moïse Amyraut", *Archiv für Reformationsgeschichte* 55 (1964); 204-16, e especialmente Armstrong, *CAH*, 101-102, 179-80, 273-75. Nicole, "Moyse Amyraut", 44, considerou esta abordagem "muito parecida com a filosofia cartesiana que exerceria um considerável domínio em Saumur", uma irônica situação em vista da acusação de racionalismo que Armstrong lança frequentemente contra os adversários de Amyraut.

58 Nicole, "Moyse Amyraut", 44.

59 Aymon, *Tous les Synodes*, 2:680 (cap. 14, art. 1). Laplanche, *Orthodoxie et prédication*, 108, chega ao ponto de dizer "... sobre o problema da transmissão do pecado original, Amyraut adota a doutrina de seu colega e amigo Josué de la Place."

60 *BTP*, 61-77/52-65: "*Quel a esté le dessein de Dieu en l'enuoy de son Fils au monde.*"

humanidade não escapou ao soberano controle de Deus. Desde toda a eternidade, ele previu que Adão não resistiria à tentação de Satanás; ele conheceu de antemão e, permissivamente, quis que a humanidade se revoltasse contra ele, caísse em pecado e corresse o risco de enfrentar seu julgamento.[61] Entretanto, se a justiça de Deus requeria que a humanidade e o mundo fossem deixados a perecer, sua compaixão buscou sua salvação.[62] De fato, Deus resolveu pôr o homem numa condição melhor, supernatural, superior à primeira, em que ele não pudesse trair seu Criador. Mas a ofensa do homem foi cometida contra um Deus infinito: somente um preço infinito poderia pagar por ela, e o próprio homem era e é totalmente incapaz de satisfazer tal demanda. Resolvendo restaurar a natureza do homem à sua integridade e restaurar sua bem-aventurança, poupando-o do justo juízo que seu pecado merecia, Deus ordenou que seu Filho assumisse a natureza humana: daí a encarnação do Filho de Deus. O Senhor teve dois propósitos em vista: o primeiro era sofrer a morte por nossos pecados e desobediência, a fim de satisfazer a infinita justiça de Deus como nosso Abonador e Fiador.[63] O Filho, sendo o Deus eternamente bendito, foi capaz, pelo "infinito valor" de seus sofrimentos, de satisfazer a infinita justiça de Deus.[64] O pagamento pelos pecados é pressuposto sob a base de substituição, e a própria substituição foi possível sob o cumprimento destas três condições: o Filho assumiu nossa natureza humana, o Pai ordenou explicitamente a ação redentora contemplada, e Cristo, voluntariamente, se submeteu à vontade de seu Pai. Por quem a morte de Cristo satisfaz a justiça de Deus?

Neste capítulo, Amyraut não é muito explícito: se a encarnação capacitou o Filho "a obter a salvação para a *espécie humana* [du genre humain]", seus sofrimentos são em decorrência de "*nossas* ofensas [pour nos offenses]".[65] O segundo alvo da encarnação e dos sofrimentos de Cristo foi para provê-lo com "o direito e a honra

---

61 Ibid., 64/54.
62 Ibid., 65/55.
63 63 Ibid., 72/61: "en se constituant nostre pleige."
64 Ibid., 72/61-62: "Et en ce qu'il estoit Dieu benit eternellement, il estoit capable de faire que ceste sienne souffrance en qualité de peine pour nos offences, equipollast à leur demerite, & par ce moyen satisfist par sa valeur infinie à la iustice diuine."
65 Ibid., 73/61, ênfase acrescida. Amyraut já tinha se referido, no parágrafo anterior, a Cristo como o realizador da "redenção dos outros" ("la redemption des autres").

de ele mesmo realizar a obra da salvação deles e ser seu modelo" em santo viver, em relação com o Pai, na vida no Espírito, em união com ele, nesta vida e na vida por vir.[66] A promessa da Escritura é que os crentes estarão unidos com Cristo e se conformarão ao seu "glorioso corpo [corps glorieux]".[67] Nossa salvação será levada à sua concretização com nossa ressurreição dentre os mortos, como o Senhor prometera (João 6.39-40; 1.12), e os apóstolos confirmaram de diferentes modos (2 Pedro 1.4; 1 João 3.9; 4.7; Romanos 8.16-17).[68] Amyraut agrupa todas essas graças sob as legendas de "adoção", pois esta é uma graça da redenção sem qualquer contribuição da natureza humana; e "adoção em Cristo", pois as temos por seus méritos e mediação.[69] Neste capítulo, Amyraut mantém enfaticamente uma expiação penal e substitutiva: ao aceitar voluntariamente o plano de Deus para sofrer vicariamente pelos pecadores, Jesus tomou seu lugar; ele tomou em sua pessoa crimes que ele mesmo não cometeu; os pecados deles foram transferidos para ele.[70] Além do mais, de sua obra redentora lhes advêm ricas bênçãos. Não obstante, a questão permanece: qual é a intenção e a extensão da obra redentora de Cristo?

Capítulo 7: Qual é a natureza do decreto pelo qual Deus ordenou a concretização deste propósito, quer por sua extensão ou pela condição da qual depende?[71]

Este capítulo é central no tratado de Amyraut. Ao apresentar seu ponto de vista sobre a intenção e a extensão da expiação conquistada por Cristo, ele busca responder à sua indagação básica: como pode alguém conciliar em Deus uma intenção universal de salvação e o decreto da predestinação como expresso

---

66 Ibid., 73/62: "il eust le droit & l'honneur d'accomplir luy mesme l'oeuure de leur salut & d'en estre le modele."
67 Ibid., 74/62.
68 Escrituras citadas nesta ordem (ibid., 75-76/64).
69 Ibid., 76-77/64-65.
70 O ponto é enfatizado por Armstrong, *CAH*, 174: "Amyraut ensinou que os sofrimentos e a morte de Jesus foram vicários em que Jesus tomou o lugar dos pecadores, que a culpa e punição deles foram transferidas para ele".
71 *BTP*, 77-90/65-76: "*Quelle est la nature du decret [conseil ou de la volonté] par lequel Dieu a ordonné d'accomplir ce dessen, soit pour son estendué, soit pour la condition dont il depend [qui y est annexée: que lhe é apensa]*." Nesta seção, indico entre colchetes as mudanças introduzidas na edição de 1658 do *Traitté*. Essas mudanças devem ser levadas em consideração, seja que fossem constrangidas somente pela necessidade de satisfazer as demandas das autoridades da época (especialmente o Sínodo de Alençon), para remover linguagem ofensiva aos "calvinistas" radicais do momento, ou/e (alguém indagaria) se representam as convicções de Amyraut.

na teologia reformada? Sendo vital a questão da formulação, citarei o texto de Amyraut por extenso:

> A miséria dos homens sendo igual e universal [igual omitido], e o desejo que Deus nutria de livrá-los dela através dos meios de um Redentor tão imenso procedente da compaixão que sentia por eles, como suas criaturas caídas em tão imensa miséria, e visto que somos igualmente [indiferentemente] suas criaturas, a graça da redenção que ele lhes ofereceu e obteve para eles teria de ser igual e universal [igual omitido], sob a condição de que se achassem igualmente [todos] prontos para recebê-la. E até este ponto [E nisto e até este ponto], não há diferença entre eles. O Redentor foi tomado de sua espécie e feito participante da mesma carne e do mesmo sangue que todos eles, isto é, da mesma natureza humana combinada nele com a divina numa unidade de pessoa. O sacrifício que ele ofereceu para a propiciação das ofensas deles foi igualmente por todos [igualmente omitido]; e a salvação que ele recebeu de seu Pai a fim de comunicá-la aos homens através da santificação do Espírito e a glorificação do corpo igualmente se propõe a todos [igualmente omitido], contanto que eu diga que a disposição necessária de recebê-la também seja igual [em todos].[72]

Amyraut afirma claramente a universalidade da salvação sob a condição da fé. Ele estabiliza essa convicção sobre a base de três proposições: (1) Os

---

[72] Ibid., 77-78/65-66: "La misere des hommes estant egale & vniuerselle [egale omitted], & le desir que Dieu a eu de les en deliurer par le moyen d'vn si grand Redempteur, procedant de la compassion qu'il a euë d'eux, comme de ses creatures tombées en vne si grande ruine, puis qu'ils sont ses creatures egalement [egalement replaced by indifferemment], la grace de la redemption qu'il leur a offerte & procurée a deu estre egale & vniuerselle [egale omitted], pourueu qu'aussi ils se trouuassent egalement [mudado para tous] disposés à la receuoir. Et iusques là il n'y a nulle [Et en cela, ny iusques là, il n'y a point de] difference entr'eux. Le Redempteur a este pris de leur race, & fait participant de mesme chair & de mesme sang auec eux tous, c'est à dire, d'vne mesme nature humaine coniointe en luy auec la diuine en vnité de personne. Le sacrifice qu'il a offert pour la propitiation de leurs offenses, a esté egalement [omitido] pour tous; & le salut qu'il a recue de son Pere pour le communiqué aux homes en la sanctification de l'Esprit & en la glorification du corps, est destiné egalement [omitted] à tous, pourueu, di-je, que la disposition necessaire pour le receuoir soit egale [egale substituído por en tous] de mesmes." na citação supra da segunda edição, cinco casos das palavras "igual" ou "igualmente" foram removidos, e dois foram mudados, porém não removidos (e em muitos outros lugares no *Brief Traitté*). Em cada caso, não alteram substancialmente os conceitos de Amyraut.

homens, que são iguais na criação, participaram igualmente da miséria do pecado. (Amyraut demonstrou previamente a realidade universal do pecado, da corrupção e do sofrimento.) (2) A compaixão de Deus em livrar a humanidade das amarras do pecado tem de ser a mesma: universal. (3) Na encarnação, o Filho de Deus participou da natureza humana como tal; daí o sacrifício que ofereceu tem de ser igualmente para todos. A conclusão segue: a salvação que o Filho recebeu de seu Pai para comunicar aos pecadores se destina a todos, contanto que a recebam pela fé. (Não há Escrituras citadas neste longo parágrafo.)

Sendo assim, Amyraut introduz uma breve narrativa da história da salvação para mostrar que as promessas de Deus de triunfar sobre o mal se cumpriram através de suas promessas e das alianças com Abraão e Isaque: as limitações da manifestação da graça salvífica de Deus no AT eram, respectivamente, temporárias (a economia do NT lhe põe fim) e os meios pelos quais Cristo se torna o Salvador do mundo (através da posteridade de Abraão, a salvação se estende dos judeus aos gentios).[73]

É possível que neste ponto se suscitou na própria mente de Amyraut uma objeção mais séria ao inserir seu universalismo. De fato, Nicole presume que Amyraut teria ficado

> singularmente impressionado pela força da objeção que se levantou do seu conceito de intenção salvífica universal: "Se Deus desejava salvar todos os homens, por que não providenciou que todos os homens seriam confrontados com o chamado do Evangelho?". As manifestas limitações do chamado externo demandam uma vontade particular mais do que uma vontade salvífica universal.[74]

Pois o simples fato é que há pessoas e nações que nunca ouviram o Evangelho. Como, pois, pode alguém manter a universalidade da intenção salvífica de Deus? A resposta de Amyraut a essa objeção é seu conceito de dois métodos

---

73 Ibid., 79-80/67-68, com citações de Romanos 1.14 e Atos 10.34-35; 13.46-47.
74 Nicole, "Moyse Amyraut", 51.

de pregação, com dois tipos de fé que lhes correspondem. Em princípio, há duas maneiras possíveis de salvação: a pregação do Evangelho, que dá origem à fé no contexto do conhecimento salvífico de Cristo; e a revelação natural, que é suficiente para conduzir pessoas a Cristo sob a condição de que estejam prontas a aceitar os testemunhos que Deus dá de sua compaixão.[75] Em princípio, ninguém é excluído, nem mesmo aquelas nações e indivíduos que nunca ouviram falar de Cristo nem tiveram acesso a qualquer conhecimento revelado de Deus; sua paciência e bênçãos temporais constituem uma "pregação suficiente, se atentarem bem para ela";[76] então devem entender que há salvação sobre o arrependimento e fé.[77] Amyraut avança ainda mais afirmando que, mesmo que tal "pessoa não conhecesse distintamente o nome de Cristo e nada soubesse da maneira como ele nos obteve a redenção, não obstante ela seria participante na remissão de seus pecados, na santificação de seu espírito e na gloriosa imortalidade".[78] Aqui, Amyraut cita 1 João 2.2, 1 Timóteo 2.4-5 (citado erroneamente como 4.4-5) e Tito 2.11.[79]

Neste contexto, Amyraut escreve uma longa digressão sobre João 3.16.[80] Ainda que, na superfície, esse texto pareça limitar a salvação de Deus aos que creem, na verdade é coerente, segundo Amyraut, com as propostas que ele acaba de fazer. Ele desenvolve uma teoria de duas fés diferentes, as quais correspondem às duas diferentes sortes de pregação. A pregação apostólica da Palavra resulta na fé baseada no conhecimento; a outra só é dependente da providência de Deus e de sua paciência; mas, se não fosse pela cegueira dos homens, essa pregação providente, ainda que destituída do conhecimento distinto no

---

75 BTP, 80-81/68: "Et bien qu'il y ait plusieurs nations vers lesquelles peut-estre la Claire predication de l'Euangile n'est point encore paruenuë par la bouche des Apostres, ni de leurs descendans, & qui n'ont aucune distinct cognoissance du Sauueur du monde, il ne faut pas penser pourtant qu'il y ait ni aucun peuple, ni mesmes aucun homme exclus par la volonté de Dieu, du salut qu'il a acquis au genre humain, pourueu qu'il face son profit des testemoignages de misericorde que Dieu luy donne."
76 Ibid., 81/68: "vne predicatión suffisante, s'ils y estoyent attentifs."
77 Ibid., 80-82/68-69. Veja as observações sobre os *Six Sermons* de Amyraut abaixo (sermão 2).
78 BTP, 82/69: "... qu'il ne congnust pas distinctement le nom de Christ, & qu'il n'eust rien appris de la maniere en laquelle il nous a obtenu la redemption, il ne laisseroit pas pourtant d'en estre participant en la remission de ses pechez, en la sancification de son esprit, & en l'immortalité glorieuse."
79 Ibid., 82-83/70.
80 Ibid., 83/70.

anunciado Redentor no Evangelho, não obstante seria suficiente para permitir aos homens o desfruto da salvação da qual ele é o autor.[81]

A preocupação apologética de Amyraut é dominante aqui, pois ele quer evitar uma concepção na qual Deus poderia ser concebido como injusto; daí seu desejo de mostrar que não pode haver nações nem indivíduos que possam, *a priori*, pensar em si como excluídos da salvação por Deus. Deus não só não exclui da salvação a ninguém como convida o mundo inteiro e deseja ("il serait bien aise"; literalmente, "ele se deleitaria") que o mundo se converta a ele para a salvação.[82] A propiciação é para todos, a salvação é apresentada a todos, se crerem. Assim, na superfície das coisas, depende da decisão do homem aceitar a salvação oferecida: "Tudo depende desta condição: que provem não serem indignos dela."[83] Deus deseja a salvação de todos, contanto que não a recusem, mas creiam. Essa é uma parte-chave da posição de Amyraut sobre a expiação.

Para Amyraut, a compaixão de Deus e a esperança da salvação são possíveis porque a justiça de Deus já foi satisfeita na cruz: o pecado tem sido tratado sob a condição de que os homens não se mostrem indignos dela.[84] Antes que o Redentor pudesse concretizar a salvação em nós, era necessário que os homens o recebessem e viessem a ele (João 3.14-16; 1 João 5.9-10). A graça de Deus em prover a salvação, enviando seu Filho ao mundo — e tudo o que ele sofreu — é universal e apresentada a todos.[85] Mas a condição de crer em seu Filho significa que, por maior seja o amor de Deus para com a humanidade, todavia ele oferece a salvação aos homens sob a condição de que não a recusem: "... estas palavras,

---

81 Ibid., 84-85/71: "Esta pregação é "par l'entremise de la prouidence de Dieu seulement, qui conserue le monde nonobstant son iniquité, & l'inuite à repentance par sa longue patience, laquelle, si les hommes n'estoyent point naturellement aueugles & obstinez en leur aueuglement, seroit capable d'engendrer en eux vne foy en [persuasion de] la misericorde de Dieu, destituee à la verité de la distincte cognoissance de ce Redempteur que l'Euangile nous presche, neantmoins suffisante pour rendre les hommes iouyssans du salut duquel il est autheur."

82 Ibid., 83/70: "[I]l seroit bien aise que tout le monde s'en approchast, voire il y conuie tout le monde, comme estant vne grace laquelle il a destinee à tout le genre humain, s'il ne s'en monster point indigne [se provam não ser indignos dela]" (referência a Tito 2.11: "por cuja razão São Paulo a chama uma *graça salvífica para todos os homens [grace salutaire à tout hommes]*"; ênfase original).

83 Ibid., 85/72: "Mais tout cela depend de ceste condition, qu'ils ne s'en monstrent pas indignes."

84 Ibid., 85/72: "s'ils ne s'en móstrent point indignes."

85 Ibid., 89/75-76.

Deus deseja a salvação de todos os homens, necessariamente recebem esta limitação: *contanto que creiam*. Caso não creiam, ele não a deseja."[86]

Em suma, a afirmação de uma dupla vontade de Deus constrange o teólogo salmuriano a concluir que a maravilhosa caridade de Deus ("merveilleuse charité") por si só não pode produzir a salvação; é efetivamente limitada pela decisão e ação do homem de crer ou recusar agir assim: "Esta vontade que torna a graça da salvação universal e comum a todos os seres humanos é tão condicional que, sem o cumprimento da condição, é inteiramente ineficaz."[87] O que conduz Amyraut à próxima consideração.

Capítulo 8: Após o pecado, qual é a incapacidade do homem para o cumprimento desta condição?[88]

Este capítulo é dedicado a uma exposição da depravação radical do homem, doutrina que é tratada sob uma perspectiva reformada clássica, e que também exerce um importante papel no esquema particular de Amyraut. A depravação total do homem não lhe permite receber a graciosa dádiva da redenção oferecida por Deus: sua mente obscurecida provoca uma cegueira espiritual que rejeita a graça de Deus; tanto a experiência como a Escritura mostram que o coração do homem está corrompido (Romanos 6.20; 8.7; Ezequiel 36.26; Efésios 2.2); ele é voluntariamente escravo do pecado, se recusa ver a luz do testemunho de Deus, está morto em seus pecados, incapaz de receber a salvação de Deus operada por Cristo; esta recusa em si é um pecado que exacerba a culpa do homem diante de Deus.[89] A redenção universal de Deus realizada por Cristo na cruz não pode tornar-se efetiva porque o homem não quer cumprir as condições da salvação: crer. Esta incredulidade é "ordinária" e universal. Pois se alguns creem, sua fé se deve à graça eficiente de Deus neles: somente ele pode

---

86 Ibid., 89/76: "... ces paroles, *Dieu veut le salut de tous les hommes*, reçoiuent necessairement ceste limitation, *pourveu qu'ils croyent*. S'ils ne croyent point, il ne le veut pas."
87 Ibid., 90/76: "Ceste volonté de rendre la grace du salut vniuerselle & cómune à tous les humains estant tellement conditionnelle, que sans l'accomplissement de la condition, elle est entierement inefficacieuse."
88 Ibid., 90-102/77-86: "*Quelle est depuis le peché l'impuissance de l'homme pour l'accomplissement de ceste condition.*"
89 Ibid., 93-98/80-83.

atraí-los a si (por exemplo, João 6.44).⁹⁰ A incapacidade do homem de crer está profundamente radicada nele, não em alguma coação externa; daí ele ser culpado de sua incapacidade de voltar-se para Deus com fé. A culpabilidade do homem é agravada pela compreensão de que isso se deve não a uma dificuldade na mensagem nem à ausência nele de faculdades adequadas de receber a mensagem: deve-se tão somente ao seu pecado.⁹¹ Aqui, Amyraut está em linha com o ensino da Escritura, com Calvino e os Cânones de Dort.

Capítulo 9: O que é a eleição e a predestinação de Deus pelas quais ele ordenou que se cumprisse essa condição em alguns e deixasse os outros entregues a si mesmos, e qual é sua causa?⁹²

Amyraut começa assim o capítulo 9: "A natureza da humanidade era tal que, se Deus, ao enviar seu Filho ao mundo, tivesse apenas determinado oferecê-lo como Redentor igualmente [omitido] e universalmente a todos ... os sofrimentos de seu Filho [teriam sido] inteiramente em vão".⁹³ Então Amyraut apresenta a solução para o apuro do homem: movido por sua misericórdia, Deus determinou conceder seu Espírito a alguns dentre a humanidade apóstata; de sua misericórdia, Deus elege alguns para que creiam. Ele vence neles toda resistência à manifestação de sua verdade, domina a corrupção de sua vontade e os conduz à fé voluntariamente, abandonando os demais à sua corrupção e decorrente perdição.⁹⁴ Ao fazer isso, Deus permanece justo: se cria em alguns a condição necessária à salvação (fé), não causa a incredulidade nos demais: a causa está em sua cegueira e seu coração pervertido.⁹⁵ No entanto, resta uma

---

90   Ibid., 95-96/81-82.
91   Ibid., 100-101/85-86. O caráter universal da aliança da graça, a qual exerce papel preponderante em outros lugares nos escritos de Amyraut, não é mencionado aqui.
92   Ibid., 102-119/87-100: "*Quelle est l'Eslection & predestination de Dieu par laquelle il a ordonné d'accomplir en quelques-uns ceste conditions, & laisser les autres à eus mesmes, & quelle en est la cause.*"
93   Ibid., 102-103/87: "*La nature de l'homme etant telle, si Dieu n'eust pris autre conseil en ordonnant d'enuoyer son Fils au monde, que de le proposer pour Redempteur egalement [omitido] & vniuersellement à tous... les souffrances de son Fils [eussent été] entierement frustratoires.*"
94   Ibid., 103-104/88.
95   Ibid., 109/93.

pergunta: os homens são igualmente miseráveis em sua perdição e culpados em sua corrupção; não há diferença neles, nada em sua natureza ou comportamento que traga favor a alguns e não a outros; portanto, sobre que base Deus escolheu alguns à fé e à salvação, deixando os demais na perdição eterna? A Escritura não responde senão dizendo que "depende absolutamente de Deus usar sua compaixão com plena liberdade, à qual podemos atribuir nenhuma outra causa senão sua vontade".[96] O decreto de Deus e a ação decorrente se devem somente à sua vontade e aprovação.[97] Todavia, os procedimentos de Deus não são arbitrários: aqui, como em outros lugares, Deus age em conformidade com sua sabedoria. Este capítulo termina com uma bela doxologia: os que creem devem reconhecer que devem sua salvação inteiramente à compaixão de Deus; os incrédulos devem depositar a responsabilidade na dureza de seu próprio coração; em vez de inquirirmos sobre a causa da fé de alguns e a incredulidade de outros, adoremos a Deus, que é soberano e livre na dispensação de sua graça.[98]

Capítulo 10: Que, em conformidade com esta doutrina, Deus não pode ser acusado de predileção por certas pessoas, nem de ser o autor do pecado, nem a causa da perdição dos homens[99]

A tese deste capítulo é convenientemente expressa em seu título. Amyraut revisita a razão básica de haver escrito o tratado: conter as acusações de que a doutrina reformada da predestinação implica que Deus mostra favoritismo, é o autor do pecado e se glorifica cruelmente no sofrimento eterno dos homens. De fato, Deus não faz predileção por pessoas com base em aspectos como riqueza, poder ou beleza e coisas similares. Ele sempre age em total conformidade com sua justiça e com o que é certo. Em seu procedimento com a humanidade, Deus

---

96 Ibid., 111-12/94-95, para a pergunta formulada e para a resposta: "la chose depend absolument de ce que Dieu vse de sa mercy auec vne libeerté toute entiere, & dont nous ne pouuons fonder autre cause que sa volonté" (117/99).
97 Ibid., 118/100.
98 Ibid., 118-19/100.
99 Ibid., 119-31/101-11: "Que selon ceste doctrine Dieu ne peut estre accusé d'acception de personnes, ni d'estre autheur de peché, ni cause de la perdition des hommes."

não age injustamente contra ninguém. Ele criou todos os homens; todos eles igualmente caíram em pecado e corrupção; e são igualmente culpados diante dele como o Juiz justo.[100] Mas Deus encontrou "em sua sabedoria o meio de manifestar sua clemência sem prejudicar sua justiça. Daí, ele oferece graça igualmente a todos esses pecadores; demanda deles somente que não a recusem e não se mostrem indignos dela".[101] Este é o decreto geral de Deus: Todavia, "todos a recusam com igual obstinação e a calcam desprezivelmente sob os pés".[102] A fé de um grupo não diminui a incredulidade e culpa do outro. Ao conceder fé a alguns, Deus não põe os demais numa posição de queixa sobre sua decisão.[103]

Na predestinação, como em seu providente controle da criação e da humanidade, Deus exibe sua bondade e nunca contribui, diretamente ou não, para o pecado e a corrupção do homem: ele não é o autor do pecado; os humanos são responsáveis por sua incredulidade e perdição. O duplo propósito de Amyraut demanda este desenvolvimento para persuadir a seus leitores da justiça de um Deus que predestina alguns à fé e salvação, mas também para continuar estendendo a estrutura para sua tese de um duplo decreto e o que vem a ser um dom hipotético e universal da graça.

Capítulo 11: Dos meios pelos quais Deus cumpre esta condição de fé em seus eleitos, e torna sua predestinação de um evento certo e infalível, e do conhecimento que podemos ter dela[104]

Ao apresentar os meios divinos de conversão, Amyraut introduz sua teoria de dois decretos ("conseils absolus") em Deus. Um é condicional, e

---

100 Ibid., 121-22/102-103.
101 Ibid., 123/104: "*Mais Dieu... a trouué en sa sapience de moyen de faire voye à sa clemence sans endommager la iustice. Il offre donc la grace à tous ces criminels egalement ; requiert seulement d'eux qu'il [sic] ne la refusent pas & ne s'en monstrent pas indignes.*"
102 Ibid., 123]104: "*Ils la refusent tous auec vne egale obstination, & la foulent aux pieds auec outrage.*" Sem se referir a ela explicitamente, Amyraut pode estar aludindo aqui a Hebreus 10.29. Caso seja positivo, ele equivoca a leitura da passagem, aplicando-a à recusa universal da graça universal de Deus.
103 Ibid., 123-24/105. Em outro lugar: "*Car s'il ne leur donne pas d'y croire, ce n'est pas à dire pour cela qu'il leur donne de n'y croire pas. Si, di-je, il n'engendre pas la foy en eux, il ne s'ensuit pas qu'il y engendre le cótraire*" (126/107).
104 Ibid., 131-47/111-24: "*Du moyen par lequel Dieu accomplit ceste condition de la Foy en ses Esleus, & rend sa predestination d'un euenement certain & infallible, & de la cognoissance qu'on en peut auoir.*"

para sua execução ou falta dela depende da condição imposta por Deus: Adão mantendo integridade perfeita antes de sua queda; a obediência de Israel à lei a fim de desfrutar das bênçãos de Deus em Canaã; e a salvação concedida a todos na morte de Cristo sob a condição de fé.[105] O outro decreto, incondicional ou absoluto, se refere ao que Deus determinou por sua mera vontade e por sua aprovação: "... Deus, movido por sua pura vontade, resolveu fazer algo sem levar em conta qualquer condição, sem dúvida o evento se concretizará."[106] Uma vez estabelecida essa dualidade ao pagamento pelos pecados, Amyraut se esforça por explicar os meios que Deus usa para conduzir aqueles a quem predestinou absolutamente à fé salvífica. Muito embora sejamos ignorantes dos mecanismos precisos (o *como*), podemos estar certos da eficácia da ação: os eleitos de Deus buscam a fé e a salvação.[107] Todavia, Amyraut pensa que pode localizar um duplo processo: [108] um externo, o qual se relaciona com a pregação do Evangelho e a verdade absoluta para a salvação e a vida que ela traz aos que o ouvem; e o outro interno, que se relaciona com a obra do Espírito Santo que ilumina a mente do homem ("entendement"), o qual, por sua vez, afeta sua vontade e outras disposições para trazê-lo à fé salvífica.[109] Esse processo dual traz infalivelmente aqueles a quem ele é aplicado à fé e daí à salvação; e, no entanto, eles creem voluntariamente e não constrangidamente (João 6.45; 1 Coríntios 2.4; Efésios 1.17-19; 3.18-19), a vontade e os afetos necessariamente seguindo a mente iluminada.[110]

---

105 A condicionalidade do evento não altera seu conhecimento certo da parte de Deus, o qual conhece infalivelmente o cumprimento ou falta dele das condições que ele impôs (ibid., 135-36/115). Veja sumário em Nicole, "Moyse Amyraut", 57.

106 *BTP*, 134/114: "... Dieu meu de sa pure volonté a resolu de faire quelque chose sans auoir égard à condition quelconque, l'euenement en est absolument indubitable."

107 Ibid., 137-38/116-17.

108 Vital a este duplo movimento no processo de adquirir fé salvífica é a definição que Amyraut formula da fé como uma persuasão da verdade. "Car croire, comme chacun le peut entendre, n'est rien sinon estre persuade de la verité de quelque chose. Et pour ester digne de l'excellence de la nature de l'homme, cestre persuasion doit estre accompagnée voire proceder de la cognoissance de la nature de la chosse que l'on croit" (ibid., 149/118). Esta compreensão intelectualista de fé exerce um papel central em sua doutrina do universalismo hipotético.

109 Ibid., 142-44/120-22.

110 Ibid., 144-47/122-24.

Capítulo 12: Que, ao agir dessa maneira, Deus não destrói a natureza da vontade do homem[111]

A questão que Amyraut aborda neste capítulo decorre imediatamente da tese expressa no anterior: como Deus pode infalivelmente trazer à salvação aqueles a quem predestinou? Resposta: através da pregação do Evangelho. Quando alguém o ouve, Deus ilumina seu entendimento, o que os leva a receber a verdade do Evangelho. A atividade salvífica de Deus é irresistível: ninguém pode entender a verdade de Deus sem recebê-la com fé. Como isso se harmoniza com a liberdade de escolha do homem? Se a ação de Deus é irresistível, como o homem pode ser livre? Se Deus considera a liberdade do homem, como a eleição pode ser imutável? Amyraut vê o problema, articula-o, porém recusa tentar resolver o que ele considera um mistério. Ele afirma a obra soberana de Deus em seus eleitos sem violar a livre agência deles, ilustrando a veracidade de sua afirmação com os exemplos dos anjos celestes e os salvos na eternidade: nem sequer um comete qualquer mal, ainda que permaneçam livres. No entanto, ele enfatiza a importância prática de ser apto a receber a salvação mesmo na ausência da liberdade de escolha. Pois de que interesse nos seria a liberdade se ela pode levar-nos a rejeitar Cristo e sua salvação? É muito preferível que o crente experimente em si a eficácia da graça de Deus.[112]

Quanto à fé propriamente dita, Amyraut apresenta a tese de que Deus não nos constrange, porém age por meio de persuasão: "Confiança é uma persuasão. Ninguém é persuadido pela força. Os homens são induzidos a receber uma dada verdade por meio de razões, não por constrangimento ou violência. Daí recebermos a verdade do Evangelho quando a percebemos, e é natural para o homem que a mente [entendement] que percebe clara e certamente uma verdade aquiesça a ela."[113] Da mesma maneira, não se pode amar alguém ou

---

111 Ibid., 147-62/125-37: "*Que par ceste maniere d'agir Dieu ne ruine point la nature de la volonté de l'homme.*"
112 Ibid., 148-49/125-26: "*Or n'estime ie pas qu'il fust beaucoup nécessaire aux Chrestiens de s'enquerir quelle est la nature de la volonté de l'homme & de sa liberté, poureu qu'ils sentissent par experience vne telle efficace de la grace de Dieu en eux, que non seulement ils creussent en Christ, mais mesmes qu'il leur fust impossible de ne pas croire. Car quel interest auons nous à la conseruation de ceste liberte, si son Office est de nous maintenir en tel estat que nous soyons audant portes a rejetter Iesus Christ comme a le receuoir, à nous priuer nous mesmes de l'esperance Du salut, comme a l'embrasser quand l'Euangile le nous presente?*"
113 Ibid., 156-57/132-33: "*La croyance est vne persuasion. Et on ne persuade personne par la force. Ce sont les raisons qui induisent les homes à receuoir quelque verité, non la contrainte & la violence. ... Ce donc que nous*

algo contra sua vontade. "O amor é o movimento da vontade. Portanto, amar é querer o bem para aquilo que amamos, ou querer o bem para nós mesmos por meio de seu desfrute."[114] A operação do Espírito Santo no crente "interage maravilhosamente" ("merveilleusement convenable") com nossa natureza e em consequência com a própria sabedoria divina.[115] A ênfase que Amyraut põe sobre a preeminência da mente, que já foi mencionada, deve ser sublinhada aqui: quando sua mente é iluminada pelo Espírito, o homem discerne a graça de Deus que lhe é mostrada; na presença de tal revelação, sua vontade e afetos se exibem em um processo que é ao mesmo tempo necessário e livre.[116]

Capítulo 13: Que essa doutrina não induz uma [falsa] segurança, e nem extingue a preocupação de viver bem, mas é justamente o oposto[117]

Este capítulo procura responder a uma objeção mais geral direcionada para a doutrina da predestinação; ela pode ser expressa nas palavras de Laplanche: "Se o destino do homem está fixado *ab aeterno* [na eternidade], por que alguém se

---

receuons la verité de l'Evangile est que nous l'apperceuons, & qu'il est naturel à l'homme que l'entendent qui apperçoit clairement & certainement vne verité y acquiesce."

114 Ibid., 156-57/132-33: "Et l'amour est vn mouuement de la volonté. Aimer donc est ou vouloir du bien à ce que nous aimons, ou nous vouloir à nous mesmes Du bien par sa iouissance."

115 Ibid., 157/133: "conuenablement à leur nature/condition."

116 Veja ibid., 157/133, 159/135; e 161/136: "naturellement & necessairement les hommes desirent leur souuerain bien", ("natural e necessariamente, os homens desejam seu bem soberano") e o Evangelho oferece aos crentes em Cristo "vn souuerain bien qui excelle infiniment par dessus tout ce que les Philosophes en ont iamais peu penser" ("um bem soberano que excede infinitamente tudo o que os filósofos possivelmente já perceberam"). O resumo de Laplanche merece ser citado aqui: "L'action irrésistible de la grace divine dans la conversion des élus ne fait donc pas violence à la nature humaine, mais au contraire comble ses voeux au-delà de tout ce qu'elle pouvait esperes" ("Assim, a ação irresistível da graça divina na conversão dos eleitos não faz violência à natureza humana; ao contrário, ela cumpre seu desejo além de tudo o que se poderia esperar") (*Orthodoxie et prédication*, 102). Nicole, "Moyse Amyraut", 59, sugere uma influência de Cameron aqui, a qual poderia ter posto Amyraut mais em linha com a ênfase arminiana sobre *suasio moralis* (suasão moral) do que com a ênfase sobre a eficácia da graça de Deus agindo através do Espírito Santo. Essa tendência foi condenada nos Cânones de Dort (3-4, erro 7). Armstrong, *CAH*, 256, discorda desta avaliação, apontando para uma definição de fé mais profunda em Amyraut: "A ação [da fé que abraça o Evangelho] é tão dinâmica que certamente é menos que justo chamá-la de uma simples suasão moral, e certamente é muito mais que uma persuasão racional." Muito embora Armstrong enfatize em particular o papel interno do Espírito Santo na concepção de Amyraut que o exime da acusação de Nicole, não estou certo de que ele teve êxito.

117 *BTP*, 163-82]138-54: "Que ceste doctrine n'induit point à securité & n'esteint point le soin de bien vivre, au contraire."

atormentaria em viver com propriedade?".[118] Aqui Amyraut enfatiza a distinção entre os dois tipos de predestinação pelos quais ele é conhecido. Em suas palavras, "devemos distinguir cuidadosamente entre predestinação para a salvação e predestinação para a fé."[119] A primeira é condicional; a segunda, absoluta. Muito embora Amyraut seja cônscio de que sua linguagem não esteja em harmonia com a Escritura (Romanos 8.28, por exemplo), nem a linguagem comumente usada na teologia reformada, ele avança em grandes extensões, especialmente na segunda edição do *Traitté*, para justificar seu emprego peculiar:[120]

> A predestinação para a salvação, sendo condicional, e considerando toda a espécie humana em pé de igualdade, e a espécie humana sendo universalmente corrompida pelo pecado e inapta para o cumprimento desta condição da qual a salvação depende, ocorre necessariamente, não por qualquer falha na própria predestinação, mas pela dureza do coração e da obstinação da mente humana é que esta predestinação é vã para os que não têm parte na segunda.[121]

Como nota Laplanche, aqui Amyraut

> reconhece a fragilidade da distinção entre predestinação absoluta e predestinação condicional, o fundamento de toda sua teoria. Ele confessa ... que o universalismo da predestinação condicional é completamente ilusório: não há predestinação real senão a particular, posto que a fé é de fato dada somente aos eleitos.[122]

---

118 Laplanche, *Orthodoxie et prédication*, 102.
119 BTP, 163/138: "[I]l faut soigneusement distinguer la predestination au salut d'auec [l'eslection ou] la predestination à la foy."
120 Ibid., 163-66/138-41 (164/138-39).
121 Ibid., 16465/138-40. Há considerável variação na edição de 1658: "[L]a raison de cela [de seu uso peculiar] est que la prédestination au salut [la volonté de Dieu qui concerne de salut] estant conditionnelle & regardant tout le genre humain egalement [omitido], & le genre humain estant vniuersellement corrompu de peché & incapable d'accomplir ceste condition dont le salut depend, il arriue necessairement, npar aucun vice de la predestination en elle mesme [de cette volonté de Dieu, à la cósiderer en elle mesme], mais par la dureté du cœur & l'obstination de l'esprit humain, que ceste premiere predestination [volonté de Dieu, que quelques uns, comme i'ay dit, appellent predestination, contgre le stile de l'Escriture] est frustratoire [2ª ed., infrustueruse; o significado básico não é afetado] pour ceux qui n'ont point de part en la seconde [l'autre]."
122 Laplanche, *Orthodoxie et prédication*, 103.

O que Amyraut realmente está dizendo é que a Escritura ignora a distinção que ele busca promulgar. A eleição é um decreto absoluto, e se aplica, respectivamente, à doação da fé e à salvação, sem distinção. O resto do capítulo é dedicado a responder à pergunta proposta no título: se de alguma maneira a eleição não lesa aos que permanecem em seu estado de perdição (a consequência de sua recusa voluntária do Evangelho), aos crentes é dada não só fé para a salvação; são também chamados a uma vida de amor (1 João 2.10-11) e santidade, pois "a predestinação para a salvação é primordialmente predestinação para a santidade", o que Deus realiza em nós pela iluminação de nossas mentes e reformando nossas vontades.[123]

Capítulo 14: Que esta doutrina enche a consciência dos fiéis com alegria e consolação[124]

O último capítulo do livro sublinha a consolação trazida pela doutrina reformada da predestinação: não especulação, mas a ação do Espírito Santo no crente lhe assegura que Deus o elegeu. A iluminação de sua mente, a paz da consciência dada pela certeza do perdão dos pecados, o amor para com Deus e para com os semelhantes que são operados em sua vontade e afetos, a esperança pela vida por vir — essas são as marcas da vida de Cristo nele.[125] Mesmo aqui, ainda que o intelectualismo de Amyraut seja evidente como visto em algumas de suas afirmações.[126] Essa certeza traz consigo três ingredientes vitais: a compreensão certa de que Deus tem produzido uma conversão radical na alma do crente, a certeza da vida eterna e a certeza de que o dom da salvação recebida é imutável: Deus, que já concedeu seu dom

---

123 BTP, 176/149: "Car puis que la predestination au salut est principalement la predetination à la saincteté, comment voulons-nous que Dieu nous amene au but auquel il nous a destinez qu'en nous sanctifiant?") (2º edição refraseada: "Car pus que le conseil de Dieu qui concerne le salut, regarde principalement à la saincteté, comment voulons nous que Dieu execute son conseil en nous sinon en nous sanctifiant?")
124 Ibid., 182-96/155-66: "Que ceste doctrine remplist la conscience des Fideles de ioye & de consolation."
125 Ibid., 184/156.
126 Ibid., 184/156-57: "... trouunt, dis-je, en soy toutes ces marques de la vie de Christ, il [o crente] raisonnera, que puis qu'il ne la peut auoir d'ailleurs que de la grace de Dieu, comme l'Escriture l'enseigne, ... il faut necessairement qu'il y ait part, & que Dieu l'ait aimé des auparauant la fondation du monde. Or, n'y a il personne qui ne iuge aisement combien grande consolation ceste consideration est capable de Donner a vrie bonne ame."

livremente, decorrente do amor e da compaixão pelos pecadores imerecidamente, sem levar em consideração suas disposições pessoais, não lhes virará as costas.[127] As últimas páginas do tratado constituem uma celebração da graciosa e segura salvação de Deus, dada livremente aos pecadores sem nenhum merecimento.[128]

III. SÍNTESE DAS TESES BÁSICAS DE AMYRAUT SOBRE A PREDESTINAÇÃO

O *Brief Traitté* de Amyraut revela seu afastamento de um número de ensinamentos ortodoxos nas igrejas reformadas da época. São sucintamente sumariados por Du Moulin em sua carta sobre Amyraut e Testard ao Sínodo de Alençon. Ele os acusa de ensinarem

> que não é absolutamente necessário à salvação ter um claro conhecimento de Jesus Cristo ... que Jesus Cristo morreu igual e indiferentemente por todas as pessoas ... que os réprobos poderiam ser salvos caso o queiram, ou que *Deus* tem Conselhos e Decretos que jamais produzirão seu efeito ... que *Deus* já removeu a Incapacidade Natural da pessoa que vai crer, e se volta para ele ... que ele faz com que a eficácia do Espírito de regeneração dependa de um Conselho que pode mudar.[129]

A bifurcação da vontade de Deus (revelada e secreta) é a chave para se compreender a doutrina de Amyraut da predestinação e da expiação. Para Amyraut, a vontade revelada de Deus diz respeito ao desejo de salvar todos os homens sob a condição de que creiam. Deus quis que seu Filho fizesse expiação por todos sob a condição de que creiam. A extensão dessa salvação era universal, porque o Redentor foi tomado dentre a espécie dos homens, sendo da

---

127 Ibid., 188-89/159-60.
128 Ibid., 193-94/163-64.
129 Pierre du Moulin, *Lettre de Monsieur du loulin*, in Aymon, *Tous les Synodes*, 2:618.

mesma carne e sangue. Todas as pessoas são igualmente apóstatas; a compaixão de Deus em livrar a humanidade dos grilhões do pecado deve ser a mesma para todos; o Filho partilhou da natureza humana — portanto, a extensão da obra de Cristo tem de ser universal. Entretanto, se a condição de fé não for satisfeita, então a vontade salvífica de Deus se torna ineficaz. Em outras palavras, a aquisição de Cristo permanece *in suspenso* até que se cumpra a condição. Como Armstrong comenta sobre o esquema de Amyraut,

> não há relação de causa e efeito necessária entre a salvação como conquistada por Cristo e sua aplicação. ... Estritamente falando, enquanto ele mantém reiteradamente que nenhuma salvação teria sido possível sem a morte e ressurreição de Cristo, nesta compreensão econômica da obra de Cristo de pagamento pelos pecados, ninguém pode ser salvo simplesmente através de sua obra.[130]

Portanto, este é o "universalismo hipotético" de Amyraut: satisfazendo a vontade de Deus para a salvação, Cristo conquistou expiação para todos. Mas ela é hipotética, pois a salvação só é eficaz *quando e se* a condição de fé for cumprida.[131] Todavia, para salvar Deus de ser inteiramente frustrado por um decreto que não é concretizado, em seu eterno conselho ele ordenou outro decreto (sua vontade secreta), pelo qual ele, em sua misericórdia, predestinaria um grupo de pecadores para receber seu Espírito e, assim, ser capacitado a crer na obra expiatória de Cristo. Neste decreto não há condição da parte do homem, já que Deus elege pessoas à fé e então garante que a condição é satisfeita. Se a obra do Filho é o cumprimento de uma expiação universal igual para todos, então a obra do Espírito é o cumprimento da aplicação dessa expiação para alguns. A distinção-chave a se notar aqui na teologia de Amyraut é a *ordem dos decretos*: o decreto da eleição é posterior ao da redenção, e só entra para resgatar o primeiro do fracasso.

---

130 Armstrong, *CAH*, 210.
131 Ibid., 212.

IV. CONTROVÉRSIA SOBRE A GRAÇA UNIVERSAL CAUSADA PELOS ESCRITOS DE AMYRAUT

Seguindo os estudos de François Laplanche e Roger Nicole, podemos distinguir três fases primordiais na controvérsia causada pelos escritos de Amyraut sobre a predestinação e a graça universal: 1634-1637, 1641-1649 e 1655-1661.[132]

A primeira fase (1634-1637) é tida corretamente como o ponto de partida da publicação do *Brief Traitté* de Amyraut (1634)[133] e chega a uma primeira resolução no Sínodo Nacional de Alençon (1637). Embora o *Traitté* de Amyraut recebesse alguns ecos favoráveis de alguns de seus colegas, outros imediatamente fizeram objeção a suas teses principais (especialmente a dois livros anônimos que foram considerados maliciosos e atribuídos a Amyraut e seus amigos).[134] Em parte para responder a essas acusações, em parte para satisfazer objeções e más interpretações dos católico-romanos, Amyraut pregou a doutrina explanada no *Traitté* em seis sermões que publicou mais tarde sob o título *Six Sermons: De la nature, estendue, necessite, dispensation, et efficace de l'Euangile*. Os *Seis Sermões* foram precedidos por um extenso (setenta e cinco páginas) *Eschantillon de la Doctrine de Calvin touchant la Predestination*.[135] Embora o *Eschantillon* tivesse sido impresso primeiro, tudo indica que os sermões foram pregados e escritos antes, servindo o *Eschantillon*, por assim dizer, como um prefácio teológico e histórico aos *Seis Sermões* publicados.[136]

---

132 Laplanche, Orthodoxie et prédication, ad loc.; e Nicle, "Brief Survey", in *Standing Forth*, 313-20; idem Moïse Amyraut: *A Bibliography*, 9-21.

133 A publicação de Amyraut foi precedida por uma do mesmo tema da autoria de seu colega Paul Testard, um ano antes: *Eirenikon seu Synopsis doctrinae de natura et gratia*. Pierre Courthial, "The Golden Age of Calvinism in France: 1533-1633", in *John Calvin: His Influence on the Western World*, ed. W. Stanford Reid (Grand Rapids, MI: Zondervan, 1982), 75, escreveu: "Esta foi a primeira obra de um teólogo das igrejas reformadas na França que mina, de um modo velado, a fé dessas igrejas como declarado em sua Confissão de 1559 e nos Cânones de Dordrecht aceitos e ratificados por seu Sínodo Nacional em Alès em 1620." Sobre a obra de Amyraut, Courthial opina que ela "se inclinou mais fortemente para o arminianismo".

134 John Quick, *Synodicon in Gallia Reformata, ou the Acts, Decisions, Decrees, and Canons of those famous National Councils of the Reformed Churches in France*, 2 vols. (Londres: T. Parkhurst & J. Robinson, 1692), 2:362, sobre o Sínodo de Alençon, XVI, 11.

135 Veja nota 2.

136 Falta espaço para qualquer discussão destes, veja, porém, os sumários em Laplanche, *Orthodoxie et prédication*, 111-17, e especialmente Nicole, "Moyse Amyraut", 67-84. Os textos do sermão foram Ezequiel 18.23;

Os pontos de vista publicados por Amyraut foram defendidos por alguns de seus colegas em Saumur e pelos pastores da influente Igreja Reformada de Charenton, mas receberam imediata oposição de um número de teólogos reformados que os acharam sem fundamento e insatisfatórios. Por mais que a afirmação de Pierre Bayle — "uma guerra civil entre os reformadores" — seja um óbvio exagero, os adversários de Amyraut responderam ao que detectaram como numerosas falhas: apontaram que algumas de suas teses violavam as afirmações do Sínodo de Dort e de fato constituíam um retrocesso às posições arminianas. Sua discussão sobre Calvino foi tida como insuficiente e equivocada. Seus três principais oponentes foram Pierre Du Moulin (1568-1658), um professor de teologia muito influente e respeitado então na bastante rival Academia Reformada de Sedan; André Rivet (1572-1651), também teólogo de vanguarda na época, que vivia então nos Países Baixos, o qual fora professor de Amyraut; e Friedrich Spanheim (1600-1649), professor em Genebra e mais tarde em Leiden.[137] Esses três teólogos, de diferentes modos, tencionavam mostrar que Amyraut ou não entendia ou fazia uma falsa representação de Calvino, e, mais seriamente, não era fiel ao ensino bíblico sobre esse tópico.[138]

O Sínodo Nacional de Alençon (1637) começou com uma pausa momentânea para o debate: a matéria foi levada a sério pela Assembleia, a qual organizou um comitê especial para examinar a questão e fornecer relatórios. Os escritos de Amyraut e de seu colega Testard (cujos pontos de vista eram

---

Romanos 1.19-20; 1 Coríntios 1.21; 2 Coríntios 3.6; Romanos 11.33; e João 6.45.

137 Du Moulin era o mais franco dos três teólogos. Sua resposta primeiramente foi plagiada e publicada sem seu consentimento ou conhecimento; mais tarde, porém, consentiu com sua publicação. O título resume adequadamente o conteúdo: *Esclaircissement Des Controverses Salmvriennes: Ou Defense de la Doctrine des Eglises Reformees svr l'immutabilité des Decrets de Dieu, l'efficace de la Mort de Christ, la grace universelle, l'impuissance à se convertir et sur d'autres matieres* ("Esclarecimento das controvérsias salmurianas: ou defesa da doutrina das Igrejas Reformadas concernente à imutabilidade dos decretos de Deus, a eficácia da morte de Cristo, da graça universal, da incapacidade de alguém se converter e outras matérias") (veja nota 24). O próprio Rivet tinha publicado um livro sobre a expiação em 1631, pontilhando algumas vantagens universais da morte de Cristo na cruz; Amyraut esperara achar nele um aliado. Sobre seu relacionamento, veja Nicole, "Moyse Amyraut", 96-99. Sobre a contribuição de Spanheim ao debate, veja Roger R. Nicole, "Friedrich Spanheim (1600-1649)", in *Through Christ's Word. A Festschrift for Philip E. Hughes*, ed. W. Robert Godfrey e Jesse L. Boyd III (Phillipsburg, NJ: P&R, 1985), 166-79.

138 Para referências completas, veja Roger R. Nicole, "John Calvin's View of the Extent of the Atonement", *WTJ* 47.2 (1985): 197-225 (reimpresso, com adições, em *Standing Forth*, 283-312); Armstrong, *CAH*, 298-317.

semelhantes aos de Amyraut) e os de seus críticos (os mais importantes foram os escritos de Du Moulin e Rivet, mas houve outras acusações mais polêmicas), juntamente com cartas de faculdades teológicas reformadas, foram cuidadosamente examinadas. Aos professores de Saumur foi dado tempo amplo e ocasião para responderem às suas críticas. Ambas as respostas, de Testard e de Amyraut, mostram que mantiveram sua posição básica sobre a graça universal (refletindo a de Cameron):

> ... explicando suas opiniões sobre o Objetivo Universal da Morte de Cristo, declararam que Jesus Cristo morreu por todos os homens suficientemente, mas que morreu eficientemente somente pelos eleitos: e que, consequentemente, sua intenção era morrer por todos os homens com respeito à suficiência de seu pagamento pelos pecados, mas somente pelos eleitos com respeito à sua virtude e eficácia vivificantes e salvíficas; equivale dizer que a vontade de Jesus Cristo era que o sacrifício da cruz seria de um valor e preço infinitos e abundantemente suficientes para expiar os pecados do mundo inteiro; e que, no entanto, a eficácia de sua morte pertenceria unicamente aos eleitos.[139]

A Assembleia ficou satisfeita e os professores foram "honrosamente dispensados para o exercício de seus respectivos encargos", com repreensão branda.[140] Além do mais, o Sínodo proibiu qualquer publicação ou discussão

---

139 Quick, Synodicon in Gallia Reformata, 2:353; Aymon, Tous les Synodes, 2:572-732: "... touchant le But Universel de la Mort de Jésus-Christ, ils [Amyrayt e Testard] declarerent, que Jesus-Christ étoit mort pour tous les Hommes sufisamment, mais qu'il étoit Mort Eficacement pour les Elus seulement: & que par consequent son Intention étoit de mourir pour tous les Hommes, quant à la Sufisance de sa Satisfaction, mais pour les Etus seulement quant à sa Vertu & Eficace Vivifiante & Sanctifiante, c'est-à-dire, que la Volonté de Jesus-Christ étoit, que le Sacrifice de la Croix fût d'un Prix & d'une Valeur Infinie, & trés abondamment sufisant pour expire les Pêchís de tout le Monde; que cependant l'Eficace de sa Mort apartient seulement aux Elûs."

140 Quick, *Synodican in Gallia Reformata*, 2:357; o registro dos procedimentos se encontra em 2:352-57; 397-411; veja também Aymon, *Tous les Synodes*, 2:576. O Sínodo requereu de Amyraut e Testard que se abstivessem de falar da morte de Cristo "igualmente" por todos, suprimissem as expressões como "condicional, decreto frustrado ou revogável", evitassem antropomorfismos e evitassem chamar conhecimento derivado da revelação e fé gerais. Os procedimentos e decisões do Sínodo são tratados por Nicole, "Moyse Amyraut", 106-18; idem,

ulterior do tema, o que pode ter sido a prudente via para assumir uma perspectiva pragmática, mas que dificilmente ajudou a causa da verdade no longo percurso. Nicole salienta acertadamente que "isso implicava erroneamente que a discussão sobre esses tópicos era algo errado, e não que certas opiniões sobre essas questões eram falsas".[141] Entretanto, umas poucas observações devem ser feitas: deve-se notar que, embora o Sínodo eximisse Amyraut e Testard de qualquer arminianismo ou pelagianismo, ele censurou as expressões indiscriminadas (explanadas por Amyraut e Testard ou como antropomorfismos ou como acomodações à linguagem dos adversários da fé reformada). Ao fazer isso, podem ser considerados como tendo condenado as doutrinas expressas por esse tipo de linguagem. Deve-se notar, além do mais, que Du Moulin e Rivet não foram criticados nem culpados.

As explanações de Amyraut e Testard devem ser tomadas com precaução. Seus protestos em contrário, publicações posteriores (por exemplo, o *Specimen Animadversionum* de Amyraut), mostram que "Sua linguagem era, indubitavelmente, um índice de seu pensamento".[142] E ainda que suas intenções fossem conhecidas somente por Deus, publicações futuras e o desenvolvimento do movimento mostram que ou não foram inteiramente francos em sua apresentação, ou, colocando em termos mais generosos porém condescendentes, não entenderam

---

"Brief Survey", 314-16; Armstrong, *CAH*, 93-96. A concordância de Amyraut com os conceitos de Cameron pode ter levado o Sínodo a ser clemente com os professores salmurianos; pode ter parecido injusto em condená-los por conceitos que ele esposara e empanar a memória de alguém que prestara precioso serviço à causa da Reforma. Note a estranha conclusão de Armstrong, derivada da ordem de exame das teses de Amyraut pelo Sínodo. Ainda que observasse que ele seguia a discussão de Du Moulin em seu *Examen*, ele conclui que "[Sua] ordem sugere que o Sínodo concorda que Cristo foi enviado por todos" (91). Evidentemente, isso nada exibe do gênero.

141 Nicole, "Moyse Amyraut", 114.
142 Ibid., 115-16; Armstrong, *CAH*, 95-96, explicam o resultado, surpreendentemente em favor dos professores salmurianos, por razões de prudência (o desejo de evitar um possível cisma ou consequências danosas para a Academia de Saumur) e o que ele chama de "French Motil": as igrejas de França se uniram em defesa de um teólogo francês contra ataques vindos em grande parte de fora do reino francês. É antes estranho descobrir o estudo de Armstrong frequentemente citado sem muita apreciação crítica. A despeito de investigação muito séria por detrás dele (particularmente numa época em que as obras estudadas eram de acesso muito difícil), sua apresentação do debate é seriamente omitida. Para uma crítica perceptiva, veja a revisão de John M. Frame do livro de Armstrong em *WJT* 34.2 (1972): 186-92, republicado em *The Doctrine of God: A Theology of Lordship* do autor (Phillipsburg, NJ: P&R, 2002), 801-806.

plenamente as implicações de seus conceitos expressos, ou simplesmente mudaram seus conceitos.[143] De qualquer forma, lendo os próprios escritos de Amyraut, é difícil manter seriamente sua conformidade com os Cânones de Dort aos quais ele aderiu, ou que mais tarde se conformou às regulamentações de Alençon.[144]

A segunda fase da controvérsia (1641-1649) foi provocada pela publicação, em 1641, da *Doctrinae J. Calvini de Absoluto Reprobationis Decreto Defensio* de Amyraut (com uma tradução francesa ampliada pelo autor publicada em 1644),[145] uma obra em defesa do conceito de Calvino sobre a reprovação. Se a obra é fundamentalmente uma resposta aos ataques e interpretações errôneas dos pontos de vista de Calvino, de uma perspectiva arminiana (por um autor anônimo), Amyraut aproveitou a ocasião para relançar seus pontos de vista sobre a predestinação. Spanheim, Rivet, entre outros, produziram um número de repostas a Amyraut, às vezes em grande extensão, e algumas vezes tão detalhadas que os principais argumentos ficavam obscurecidos.[146] O calor e a paixão da controvérsia se intensificaram consideravelmente.[147] No Sínodo Nacional de Charenton (1644-1645), Amyraut foi outra vez acusado de heresia; mais tarde, porém, foi absolvido. A intervenção de um príncipe protestante, Henri-Charles de la Trémouille, pôs fim a esse segundo assalto: em 1649, ele reuniu os principais protagonistas da disputa (Amyraut, Guillaume Rivet, entre outros)[148] numa reunião privada em seus domínios e exigiu deles que desistissem de qualquer polêmica pública sobre essa matéria e se abstivessem de escrever sobre ela. Em 16 de outubro de 1649 foi assinado um acordo conhecido como o "Acte de Thouars". Se essa ação política entrou em cena com congelantes expressões

---

143 Nicole, "Moyse Amyraut", 117.

144 É quase divertido notar que Armstrong, que defende Amyraut tão vigorosamente, aqui concede que os escritos incriminados (*Defensio* e *Dissertationes*) "provavelmente violou estas regulamentações" [do Sínodo] (Armstrong, *CAH*, 104). Laplanche, *Orthodoxie et prédication*, 163, atribui o sucesso de Amyraut e Testard a "a habilidade de suas explanações [e] ao apoio dos ministros parisienses."

145 Moïse Amyraut, *Defense de la Doctrine de Calvin svr le Sviet de l'Election et de la Reprobation* (Saumur, France: Isaac Desbordes, 1644).

146 Nicole, "Brief Survey", 316-19. Um relato detalhado dese segundo estágio da controvérsia pode ser encontrado em Laplanche, *Orthodoxie et prédication*, 211-34.

147 Ibid., 211-29, Armstrong, *CAH*, 113-15, sobre a possibilidade de um cisma na Igreja da França, que a controvérsia sobre a graça universal pudesse ter provocado, daí a intervenção do príncipe.

148 Mais tarde, André Rivet se juntou ao acordo; Spanheim ficou fora aquele ano.

públicas da polêmica (em 1655 houve uma reconciliação pessoal mesmo entre Amyraut e Du Moulin), isso não resolveu o debate teológico.

A terceira fase da controvérsia (1655-1661)[149] não envolveu diretamente o próprio Amyraut; ela foi promovida por Davi Blondel (1590-1665) e Jean Daillé (1595-1670) em defesa de suas teses contra Amyraut, com Samuel Demarest (1599-1673) em apoio da confissão ortodoxa; houve várias contribuições escritas vindas de uma geração mais jovem de pastores e teólogos (filhos, respectivamente, de Pierre Du Moulin e Friedrich Spanheim participaram do debate). Oficialmente, essa fase terminou com o Sínodo Nacional de Loudun, em 1659, quando Daillé foi eleito moderador e a ortodoxia de Amyraut e Daillé foi reconhecida. Como Nicole concluiu, "era evidente que o espírito de Saumur estava ganhando terreno".[150]

E posteriormente (1661-1675 e depois), se a doutrina de Amyraut a princípio foi simplesmente tolerada nas igrejas reformadas francesas, ela ganhou pronta influência na parte final do século XVII: um crescente número de graduados em Saumur, um aparente desinteresse no debate por parte dos ortodoxos, o receio de provocar um cisma, e o "fator francês", tudo isso pode ter contribuído para essa influência. Seja como for, as ideias de Amyraut "foram lentamente minando o respeito pelos padrões confessionais e romperam a unidade e a coesão internas".[151] Talvez o melhor exemplo disso possa ser visto no ensino de Claude Pajon, sucessor de Amyraut em Saumur, que ensinou que nem a obra do Espírito Santo nem a graça especial se requeriam no processo da conversão: a simples persuasão intelectual era suficiente para iluminar a mente em questões de fé bem como em outras questões.

É possível que a igreja suíça fosse a mais alerta em resistir ao movimento, seja advertindo e encorajando os da França a manter as convicções ortodoxas,

---

149 Sumário em Nicole, "Brief Survey", 319-20.
150 Nicole, *Moyse Amyraut: A Bibliography*, 16, "Brief Survey", 320. Armstrong, *CAH*, 115-19, é muito simpatico a esses avanços.
151 Nicole, "Brief Survey", 326: "A doutrina do universalismo hipotético atuou como um fator corrosivo na Igreja Reformada Francesa. ... As vantagens [da doutrina] que Amyraut tinha visualizado deixaram de se materializar, e o perigo contra o qual seus oponentes tinham advertido do fato e eventualidade." Laplanche, *Orthodoxie et prédication*, 308, veja em Amyraut um "precursor da teologia libertal".

seja assegurando que os ministros influenciados pelo amiraldianismo não fossem aceitos no ministério suíço. Em 1675, diversos teólogos de Zurique e de Genebra, inclusive Johan Heinrich Heidegger e François Turretini, redigiram uma declaração de fé que buscou sustar os conceitos de Saumur: a *Formula Consensus Ecclesiarum Helveticarum* (a maior parte de seus artigos é dirigida contra a doutrina de Amyraut da graça universal e algumas das doutrinas de La Place). Apesar da Fórmula, as novas ideias ganharam terreno, e mais tarde a Fórmula foi ab-rogada como um teste de fé, sob a influência de, entre outros, J. A. Turretini, filho de François Turretini, um de seus principais arquitetos!

Os Países Baixos, onde os Cânones de Dort foram elaborados, à primeira vista tiveram força para resistir às influências amiraldianas. Alguns dos principais críticos das novas ideias — Du Moulin, André Rivet e Spanheim — residiam e exerciam seu ministério ali. Todavia, depois da Revolução do Edito de Nantes (1685), um influxo de refugiados franceses importou seus conceitos salmurianos. Além do mais, a liberdade de imprensa deu aos adeptos da graça universal a oportunidade de publicarem e disseminarem seus pontos de vista.

Mais difícil é reconstituir a influência de Amyraut na Alemanha, uma vez que os conceitos, com considerável similaridade, já eram sustentados por alguns em Bremen (Crocius, Martinius), Hesse e Nassau.[152]

Nas Ilhas Britânicas, o ensino de Amyraut não exerceu influência direta, visto que suas obras nunca foram traduzidas para o inglês. Os pontos de vista de proeminentes universalistas hipotéticos, tais como John Davenant na Inglaterra e James Ussher na Irlanda, embora exibissem algumas similaridades conceituais com a posição de Amyraut, não devem ser igualadas a ela de modo simplista, nem de longe, uma vez que esses homens escreveram antes de Amyraut.[153] Além do mais, houve várias abordagens do universalismo hi-

---

152 Nicole, "Brief Survey", 328.
153 Por exemplo, Richard Baxter conectou os conceitos de John Davenant com os de James Ussher, Arcebispo de Armagh, ambos eles proveram antecedentes para sua própria posição sobre a extensão do pagamento dos pecados por Cristo. Na avaliação de Baxter, os pontos de vista de Davenant e Ussher foram distintos dos de Amyraut. Veja Richard Baxter, *Certain Disputations of Right to the Sacraments, and the True Nature of Visible Christianity* (Londres: William Du Gard, 1657), fol. b2 verso.

potético pelas Ilhas Britânicas e pela Europa. A principal diferença entre as abordagens do universalismo hipotético de Davenant e de Ussher (e de Du Moulin na França), de um lado, e de Amyraut, do outro, estava na ordem dos decretos da redenção: Davenant e Du Moulin, por exemplo, defendiam seus esquemas universalistas hipotéticos enquanto ainda mantinham uma posição infralapsariana da ordem dos decretos.[154] Esses homens também diferiam de Amyraut em sua formulação da graça universal.

V. AMYRAUT *REDIVIVUS*? AMIRALDISMO HOJE

Nos círculos evangélicos de hoje, o amiraldismo afirmado de modo consciente não é comumente observado. A única exceção é a Grã-Bretanha, onde é representado por Alan Clifford e pela Associação Amiraldiana, fundada por ele. Clifford defende a teologia de Amyraut como uma fiel expressão da genuína teologia calviniana e reformada, biblicamente sólida, pastoralmente útil, respondendo aos extremos do arminianismo, de um lado, e à rígida ortodoxia calvinista, do outro.[155] Clifford se viu envolvido em debates com alguns "calvinistas clássicos" (J. I. Packer, Iain Murray, Paul Helm) que defendem a expiação definida como o ensino próprio da Escritura.

No entanto, entre os evangélicos de cultura reformada, uma forma de amiraldismo pode ser a posição deficitária sobre a expiação, mesmo quando o teólogo francês às vezes não seja explicitamente reconhecido ou diretamente responsável pela influência.[156] Bruce Demarest, em seu *The Cross and Salvation*,

---

[154] Veja, por exemplo, John Davenant, *Animadversions written bu the Right Reverend Father in God John, Lord Bishop of Salisbury, upon a Treatise in titled Gods, Love to Mankind* (Cambridge: Roger Daniel, 1641). Para valiosa supervisão dos pontos de vista de Davenant sobre a ordem dos decretos e a extensão da expiação, veja Moore, *English Hypothetical Universalism*, 187-214.

[155] Veja nota 4.

[156] Veja, por exemplo, D. Broughton Knox, "Some Aspects of the ATonement", in *The Doctrine of God, vol. I of D. Broughton Knox. Selected Works* (3 vols.), ed. Tony Payne (Kongsford, NSW: Mattias Media, 2000), 265: "o decreto da eleição é logicamente posterior ao decreto da expiação, onde também, de fato, faz parte da elaboração da aplicação da salvação." (Knox foi mais que um universalista hipotético sobre a natureza da expiação, mas sobre este ponto ele se afinava com Amyraut.) Lewis Sperry Chafer, *Systematic Theology*. Volume III (Dallas: Dallas Seminary Press, 1948), 187: "A via da eleição divina é totalmente separada da via da redenção." A. H. Strong, *Systematic Theology* (Londres: Pickring & Inglis, Limited, 1907), 771: "Portanto, a expiação não é limitada, e sim a aplicação através da obra do Espírito Santo."

pode servir de exemplo. Embora o autor alegue apresentar uma tese que é um melhoramento do arminianismo e do calvinismo, de fato ele defende uma tese que é indistinta do amiraldianismo clássico;[157]

Preferimos formular a pergunta: *Por quem Cristo se propôs prover expiação através de seu sofrimento e sua morte?* Por conseguinte, dividiremos a questão em duas partes. Antes de tudo, averiguamos a *provisão* que Cristo fez via sua morte na cruz. E, segundo, exploramos a *aplicação* dos benefícios conquistados para os pecadores no Calvário.[158]

Com a questão estabelecida, Demarest provê esta solução:

> Em suma, com respeito à questão, Por quem Cristo morreu?, encontramos justificativa bíblica para dividir a questão entre o propósito de Deus com respeito à *provisão* da expiação e seu propósito concernente à *aplicação* dela. ... Cristo morreu para prover salvação a todos. O lado da *provisão* da expiação é parte da vontade geral de Deus que deve ser pregada a todos. O lado da *aplicação* da expiação é parte da vontade especial partilhada com os que se aproximam da fé. Esta conclusão — que Cristo morreu para fazer expiação por todos a fim de que seus benefícios sejam aplicados aos eleitos — se harmoniza com a perspectiva do calvinismo sublapsariano.[159]

Aqui, Demarest nada apresenta de novo ou particularmente inovador, não menos porque, ao chamá-lo de "calvinismo sublapsariano", ele está colocando o decreto da eleição após o decreto da redenção — exatamente o que Amyraut fez. *Mutatis mutandis*, uma tese similar é defendida por Stephen Lewis (que distingue provisão e aplicação)[160] e P. L. Rouwendall (que a oferece como uma solução à inquietante questão da convicção de Calvino sobre a matéria).[161]

---

157 Bruce Demarest, *The Cross and Salvation: The Doctrine of Salvation*. Fundamentos da Teologia Evangélica (Wheaton, IL: Crossway, 1997), 189-95.
158 Ibid., 189 (ênfase original).
159 Ibid., 193.
160 Stephen Lewis, "Moïse Amyraut 1596-1664: Predestination and the Atonement Debate", *Chafer Theological Seminary Journal* 1.3 (1995): 5-11.
161 P. L. Rouwendall, "Calvin's Forgotten Classical Position on the Extent of the Atonement: About Sufficiency,

CONCLUSÃO

Este capítulo expôs os conceitos de Amyraut sobre a predestinação e a expiação como contidas em seu *Brief Traitté* e fez um apanhado da controvérsia histórica que se seguiu em seu despertar. Meu objetivo foi o de informar mais do que buscar um argumento, já que os conceitos de Amyraut são tão raramente assimilados desde suas fontes primárias. Pesquisas futuras sobre Amyraut trariam benefícios a partir da estreita comparação entre o *Eschantillon* e os *Six Sermons* com o *Brief Traitté* e então avaliando sua continuidade ou descontinuidade com Calvino.[162] Espera-se que este capítulo forneça um sólido fundamento e uma clara base para uma futura obra crítica sobre Amyraut. Deixo as implicações bíblicas, teológicas e pastorais de seu pensamento para tal obra e para os demais capítulos neste volume.

Efficiency, and Anachronism", *WTJ* 70 (2008): 317-35.

162 Sobre esse aspecto, Richard A. Muller já fez um excelente ponto de partida em sua meticulosa análise comparativa da compreensão que Calvino e Amyraut tiveram da vontade divina ("A Tale of Two Wills? Calvino e Amyraut sobre Ezequiel 18.23", *CTJ* 44.2 [2009]: 211-25). O artigo de Muller é um modelo de texto de estudo.

CAPÍTULO 8

A EXPIAÇÃO E A ALIANÇA DA REDENÇÃO

JOHN OWEN SOBRE A NATUREZA DA SATISFAÇÃO DE CRISTO

Carl R. Trueman

INTRODUÇÃO

Embora seja óbvio que qualquer entendimento da expiação que se propõe a ser cristão deve, em última análise, se manter ou ser refutado por sua conformidade ou falta dela com o ensino da Escritura, estudos históricos e teológicos também têm sua parte nessa discussão. A história serve a numerosos propósitos pedagógicos na igreja, sobretudo ao permitir, no presente, que se entenda como a igreja passou dos textos da Escritura para as sínteses na forma de doutrina e credos, e, portanto, por que ela pensa e fala do modo como faz hoje. O que, por sua vez, leva a outro ponto que às vezes é esquecido: estudos históricos e teológicos também nos permitem explorar a complexidade da formulação doutrinal e a inter-relação de um lócus doutrinal com outro. Um exemplo óbvio seria a conexão entre a nossa compreensão da encarnação e a da Trindade. Em última análise, ninguém pode entender a Fórmula de Calcedônia de 451 sem compreender o Credo Niceno-Constantinopolitano de 381 com seus detalhes e discussões associados.[1]

O mesmo é válido no tocante à questão da "expiação limitada". De fato, o próprio termo é problemático, porque pressupõe a abstração de um aspecto da obra de Cristo como Mediador (sua morte) de sua obra global como Salvador. Proponentes competentes da infelizmente chamada "expiação limitada" geralmente argumentam em prol da posição com base em umas poucas passagens isoladas ou textos-prova na Bíblia. Antes, é baseado nas implicações de uma série de elementos do ensino bíblico, desde os fundamentos da redenção na relação intratrinitariana de Pai, Filho e Espírito Santo até o ensino bíblico sobre a eficácia da morte de Cristo e a natureza da supremacia representativa.[2]

Sendo assim, o termo "expiação limitada" é infeliz — e isso não simplesmente por causa de sua ênfase desequilibrada sobre a morte de Cristo. Ele também coloca a linguagem de restrição e limitação no centro da discussão, em vez de na eficácia e suficiência soteriológicas. Como tal, deve-se esperar que ele seja recolocado no devido curso, usando a gíria teológico-reformada comum, com um termo mais apropriado, como expiação definida, redenção particular, ou talvez redenção eficaz.[3]

É com isso em mente que chego à obra de John Owen sobre a expiação. Historicamente, seu tratado de 1647, *The Death of Death in the Death of Christ* [A Morte da Morte na Morte de Cristo], às vezes é considerado por amigos e inimigos como a afirmação definida da assim chamada "expiação limitada".[4] Certamente, ele representa uma exposição muito completa da natureza da obra redentora de Cristo, o produto de sete anos de estudo exaustivo, como o

---

1   Veja Carl R. Trueman, *The Creedal Imperative* (Wheaton, IL: Crossway, 2012), especialmente cap. 3.
2   As obras recentes de Lee Gatiss e Jarvis J. Williams são bons exemplos dessa abordagem: Lee Gatiss, *For Us and for Our Salvation: "Limited Atonement" in the Bible, Doctrine, History, and Ministry* (Londres: Latimer Trust, 2012); Jarvis J. Williams, *For Whom Did Christ Die? The Extent of the Atonement in Paul's Theology* (Milton Keynes, UK: Paternoster, 2012).
3   Para os propósitos deste volume, geralmente usarei "expiação definida".
4   Igualmente J. I. Packer o considera como o tratado pelo qual a doutrina da expiação definida se mantém ou é refutada: veja seu "Introductory Essay", a John Owen, *The Death of Death in the Death of Christ* (Londres: Banner of Truth, 1959).

próprio Owen alega em sua nota ao leitor.⁵ Contudo, é problemático abordar o livro através das lentes de "expiação limitada" pelas razões já comentadas e porque, consequentemente, ele se presta a oposições que simplesmente são muito focadas em fazer justiça aos argumentos nele contidos.

Assim, enquanto popularmente J. I. Packer caracterizou o tratado de Owen como uma afirmação definitiva, seus críticos não se deixam convencer. Todavia, as respostas críticas têm sido revertidas facilmente para oposições baseadas em linhas únicas de raciocínio focadas no aspecto da limitada intenção salvífica e eficaz. Por exemplo, Alan Clifford refuta Owen com base em seu alegado uso da teleologia aristotélica, o que ele considera uma compreensão distorcida de Owen do material bíblico e, portanto, o impede de apreciar o ensino bíblico sobre os amplos laços da mercê divina.⁶ Nisso, Clifford tem sido seguido por Hans Boersma em seu estudo maior da doutrina da justificação de Richard Baxter.⁷ Mais recentemente, Tim Cooper, autoridade em teologia do século dezessete em contexto social e político, argumentou que a posição de Owen foi errônea porque falhou em ser fiel à Escritura em momentos-chave e também deformou a redação de certos textos universalistas a fim de ajustar-se às convicções sistemáticas de Owen.⁸

Neste capítulo, minha intenção não é revisitar esses críticos específicos de Owen em qualquer extensão. Em vez disso, quero trazer à tona a forma com que o tratado de Owen indica as inter-relações existentes entre vários pontos soteriológicos. Para fazer isso, quero usar como ponto de partida uma questão que talvez pareça um tanto obscura hoje, mas que se provou altamente duvidosa

---

5   John Owen, *Salus Electroum. Sanguis Jesu: Or The Death of Death in the Death of Christ*, in *The Works of John Owen*, ed. W. H. Goold, 24 vols. (Edinburgo: Johnstone & Hunter, 1850-1855, reimp. Edimburgo Banner of Truth, 1967), 10:149. A edição reimpressa por Banner of Truth omite o volume 17. Assim, as referências neste ensaio ao volume 17 e 19 serão à edição da mesma série do século dezessete.
6   Alan C. Clifford, *Atonement and Justification: English Evangelical Theology, 1640-1790: An Evaluation* (Oxford: Clarendon, 1990). Discordo da tese de Clifford e trato de seu argumento por extensão em Carl R. Trueman, *The Claims of Truth: John Owen's Trinitarian Theology* (Carlisle, UK: Paternoster, 1998).
7   Hans Boersma, *A Hot Peppercorn: Richard Baxter's Doctrine of Justification in Its Seventeenth-Century Context of Controversy* (Zoetermeer Boekencentrum, 1993).
8   Tim Cooper, *John Owen, Richard Baxter, and the Formation of Nonconformity* (Aldershot, UK: Ashgate, 2011), 67, 72.

na própria época de Owen e deu o pretexto para o desafio mais significativo para o seu entendimento da redenção, suplantado por seu contemporâneo e rival ao longo da vida, Richard Baxter. A questão, como Owen a encarou, foi esta: se Cristo na cruz sofre a própria punição devida pelos nossos pecados, e se essa punição traz satisfação plena e eficaz, precisamente pelos pecados dos eleitos, então, por que os eleitos não são justificados nesse momento, ou mesmo na eternidade?[9] Mais ainda, o momento em que o indivíduo vem para a fé em Cristo tem qualquer significação real, ou esse é simplesmente um momento de iluminação espiritual, em que a pessoa compreende que sempre foi justificada? Estes foram pontos suscitados contra a obra de Owen por Richard Baxter, o qual, em um apêndice para sua obra em 1649, *Aphorismes of Justification*, criticou duramente a posição de Owen sobre a redenção como se envolvesse um claro antinomianismo e como se preparasse, assim, uma teologia com potencial de ser extremamente perigosa, quer social, quer politicamente.

Essa questão específica pode bem parecer antiga e de pouco interesse hoje ou de um interesse apenas histórico, mas o desafio de Baxter a Owen o forçou a refletir sobre e a elaborar os fundamentos conceituais de seu ponto de vista da redenção de uma maneira que permanecesse minimamente instrutivo para a percepção que ela dá da elegante natureza da construção doutrinal cristã.

O CONTEXTO HISTÓRICO

Para que se entenda a razão para a resposta crítica de Baxter à obra de Owen, é necessário saber algo do plano de fundo imediato, histórico e teológico, da discussão. Os anos de 1640 constituíram um tempo de aparente desordem social e política na Inglaterra. A guerra entre a Coroa e o Parlamento causara estragos na zona rural. O surgimento do New Model Amy [Novo Exército Modelo] sob o comando de Thomas Fairfax e Oliver Cromwell trouxera destaque ao poder das seitas religiosas. Havia significativa preocupação entre

---

9   Owen define o conceito de satisfação como "um termo emprestado da lei, aplicado propriamente às coisas, daí ser traduzido e acomodado às pessoas, e é *uma plena compensação da parte do credor ao devedor*" (*Death of Death*, in *Works*, 10:265, ênfase original). Então ele prossegue distinguindo-a em dois tipos: o pagamento da própria coisa na obrigação e o pagamento de um equivalente em outro tipo.

clérigos reformados mais conservadores de que o surgimento da independência como uma força política estivesse conduzindo à anarquia social. Aliás, o presbiteriano Thomas Edwards, em sua obra *Gangraena* (Londres, 1646), delineou as práticas exóticas de várias seitas, tanto as reais quanto as provavelmente imaginárias.[10] O medo do antinomianismo também se tornara o pesadelo de vários protestantes e fomentou, inclusive, discussões na Assembleia de Westminster.[11]

Richard Baxter tinha experiência pessoal desse sectarismo durante seu período como capelão militar, e seu ministério a partir dos anos 1640 teria sido marcado por um temor sempre presente que o levaria a reformular a doutrina da justificação que veio a ser fonte de controvérsia até hoje, referente à sua ortodoxia e relação com a Reforma de outrora.[12] Aliás, foi no contexto da discussão sobre a justificação que Baxter lançou seu desafio sobre a expiação contra John Owen.

O ponto central de Baxter tinha por base uma distinção um tanto mística: entre pagamento equivalente (*solutio tantidem*) e pagamento idêntico (*solutio eiusdem*), a qual teve sua origem na lei romana, mas que veio à tona no século XVII para ser aplicada à obra de Cristo na cruz. Discutiremos essa distinção no contexto de Baxter e, por último, no de Owen; primeiro, é importante entender as origens e o significado da distinção na natureza do pagamento e, assim, entender algo do plano de fundo europeu contra o qual Baxter e Owen estavam operando.

No final do século XVI, os desafios teológicos mais significativos para a ortodoxia reformada não vieram dos católicos ou dos luteranos; antes, surgiram

---

10 Sobre Edwards e a função política de sua obra, veja Ann Hughes, *Gangraena and the Struggle for the English Revolution* (Nova York: Oxford University Press, 2004).
11 Sobre o antinomianismo na Inglaterra no início do século dezessete, veja Theodore Bozeman, *The Precisianist Strain: Disciplinary Religion and Antinomian Backlash in Puritanism to 1638* (Chapel Hill: University of North Carolina Press, 2004); David R. Como, *Blown by the Spirit: Puritanism and the Emergence of an Antinomian Underground in Pre-Civil-War England* (Stanford, CA: Stanford University Press, 2004). Sobre antinomianismo e a Assembleia de Westminster, particularmente como ela fomentou o debate sobre a justificação, veja Robert Letham, *The Westminster Assembly: Reading Its Theology in Historical Context* (Phillipsburg, NJ: P&R, 2009), 251-76.
12 Sobre a teologia de Baxter, veja J. I. Packer, *The Redemption and Restoration of Man in the Thought of Richard Baxter* (Vancouver: Regent College Publishing, 2003); Clifford, *Atonement and Justification*; Boersma, *A Hot Peppercorn*. Sobre Baxter e o Antinomianismo, veja Tim Cooper, *Fear and Polemic in Seventeenth-Century England: Richard Baxter and Antinomianism* (Aldershot, UK: Ashgate, 2001).

de um grupo reformado radical conhecido como socinianos. Os socinianos foram os seguidores de uma dupla de teólogos italianos, Laelius e Fausto Socino que, como tio e sobrinho, se tornaram a família herética mais notória da Europa. Desses dois homens, Fausto sem dúvida era o mais brilhante e influente. Em seu *De Jesu Christo Servatore* [De Jesus Cristo o Salvador], lançou o que permanece como o ataque mais significativo contra a doutrina que hoje é conhecida como o ponto de vista da substituição penal da expiação.[13]

No centro da crítica de Fausto Socino estava um ponto enganosamente simples: as noções de perdão e satisfação penal são fundamentalmente opostas entre si. Se Deus perdoa o pecado, então seguramente não há necessidade de que ele o puna. Aliás, se Deus punisse o pecado, isso tornaria toda a noção de perdão inteiramente um equívoco. Acima de tudo, se um pai terreno perdoa seu filho por mau comportamento, mas ainda o espanca pela transgressão, com toda a razão é possível indagar se porventura "perdão" significa algo em tal contexto.[14]

O desafio sociniano à ortodoxia foi poderoso e levado muito a sério por todos os principais teólogos protestantes. De fato, o socinianismo — como incorporado em seu documento primário confessional, o Catecismo Racoviano — representava uma reconstrução radical de toda a teologia cristã, defendendo, como fez a rejeição da doutrina da Trindade, a reconstrução da cristologia ao longo de linhas adocianitas, e a transformação da salvação em algo essencialmente pedagógico.[15]

---

13 Socino escreveu a obra em Basileia, em 1578, porém não foi publicada até 1594 na Polônia. Sobre o socinianismo, veja Alan W. Gomes, "*De Jesu Christo Servatore*: Faustus Socinus on the Satisfaction of Christ" *WTJ* 55 (1993): 209-31. Sobre o socinianismo no contexto inglês, a obra de H. J. McLachlan é ultrapassada, porém ainda útil: *Socinianism in Seventeenth-Century England* (Oxford: Oxford University Press, 1951). Um estudo mais recente que examina a função dos escritos socinianos na forma de debates teológicos do século dezessete é o de Sarah Mortimer, *Reason and Religion in the English Revolution: The Challenge of Socinianism* (Cambridge: Cambridge University Press, 2010).

14 Para uma exposição completa, veja Gomes, "*De Jesu Christo Servatore*".

15 O Catecismo Racoviano foi publicado em Cracow, Polônia, 1594, onde o protestantismo reformado sempre teve uma margem radical e, assim, provou ser solo fértil para os desvios da ortodoxia reformada. Esta obra foi traduzida para o inglês no século dezessete pelo sociniano inglês John Biddle, contra quem John Owen foi contratado para escrever por um comitê parlamentar nos anos 1650. Veja John Owen, *Vindiciae Evangelicae: Or, the Mystery of the Gospel Vindicated*, in *Works*, 12:1-590. Essa obra é uma refutação dos próprios escritos

Talvez a resposta mais significativa à crítica sociniana da expiação tenha vindo do teólogo remonstrante holandês e teórico legal Hugo Grotius (1583-1645). Em sua obra de 1617, *A Defense of the Catholic Faith* [Defesa da Fé Católica], Grotius adotou a distinção *solutio tandidem/solutio eiusdem* da lei romana e a aplicou à expiação. Em resposta à reivindicação sociniana de que o pagamento da pena pelo pecado feito por Cristo tornaria incoerente qualquer noção de perdão, Grotius argumentou que Cristo pagou por nossos pecados a pena equivalente, não a idêntica. Sobre essa base, ele pôde então argumentar que se fazia necessária uma ação imediata de Deus — a de aceitar graciosamente o equivalente como pagamento. Para ele, isso permitia um lugar para o perdão gracioso e, assim, respondia à objeção sociniana.[16]

Uma analogia pode tornar esse ponto mais claro. A pessoa A deve à pessoa B certa quantia. Se A der a B uma quantia literal (um pagamento idêntico: *solutio eiusdem*), então a dívida é imediatamente quitada como um ato de justiça pura e simples. Aliás, B não pode recusar tal pagamento, porque ele é exatamente o devido, na forma e no valor; assim B não exibe misericórdia em aceitar o dinheiro e liberar a dívida. Ele é legalmente obrigado a fazer isso. No entanto, se A oferece a B um carro no valor x no lugar do dinheiro (um pagamento equivalente: *solutio tantidem*), então B ainda tem de concordar em aceitar o carro como um pagamento equivalente. Uma vez feito isso, a dívida é liberada; mas, de modo crucial, B deve concordar com a quantia. Ao agir assim, constitui-se um ato de compaixão para com A. E assim ambas, misericórdia e justiça, são mantidas juntas. Para tornar a analogia ainda mais limitada à de Grotius: se A fez algo com o intuito de subverter o governo de um soberano, ela mesma pode receber a punição ou o soberano pode concordar em receber algo mais como equivalente. Reiterando, a chave é que se requer um ato separado, um ato da vontade do rei, para o aceite do equivalente à penalidade apropriada que não é idêntica a penalidade original.[17]

---

catequéticos de Biddle e do Catecismo Racoviano.
16   Hugo Grotius, *Opera omnia theologica* (Amsterdã, 1679), 3:319.
17   Para discussão adicional de Grotius e a expiação, veja Garry J. Williams, "Punishment God Cannot Twice Inflict: The Double Payment Argument Redivivus", capítulo 18 neste volume. Sua análise traz uma particular

Se a distinção corroborou a resposta de Grotius ao desafio sociniano sobre a relação de justiça e misericórdia, nas mãos de Baxter ela se tornou um meio de evitar qualquer insinuação de antinomianismo ou justificação eterna. Acima de tudo, se realmente Cristo tem os pecados de A imputados a ele na cruz, e se os pecados de A são punidos ali, então A é imediatamente justificado a partir daquele momento, seja qual for seu comportamento. No primeiro momento, a fé que A exerce é então a primeira vez que ele entende, conscientemente, o que realmente tem sido o tempo todo: justificado.

É bem provável que o ponto pareça um tanto confuso, se não irrelevante, para as discussões modernas da extensão da expiação, mas uma exploração dos argumentos de Owen sobre esse ponto e sua resposta à crítica de Baxter realmente ajudam na compreensão tanto da natureza dos pontos de vista da ortodoxia reformada da expiação no século XVII como também dos problemas perenes associados ao isolamento de um aspecto da obra de Cristo como Mediador dos outros aspectos de sua obra. Aliás, o termo problemático, "expiação limitada", é em si uma função de tais questões, isolando, por assim dizer, a morte de Cristo de sua vida, ressurreição e intercessão. Além do mais, embora a linguagem grotiana possa parecer antiquada, ela é clara à luz do próprio ensino de Paulo de que existe no NT uma estreita conexão entre o sangue de Cristo e o ato divino de justificar o ímpio (Romanos 3.21-26). Portanto, esse é um ponto que deve ser refletido na estrutura da teologia sistemática quando se conecta a expiação à justificação.[18]

JOHN OWEN E OS DOIS TIPOS DE *SOLUTIO*

Owen teima na distinção entre os dois tipos de *solutio* no livro 3, capítulo 7, de seu *Death of Death*.[19] Citando Grotius como o principal arquiteto da distinção, ele também nota que a negação de Grotius do *solutio eiusdem* tem por base duas objeções. A primeira é de que tal *solutio* traz consigo "liberdade

---

observação do ponto de vista de Owen sobre a satisfação como contendo ambos os elementos, comercial e judicial.
18 Por exemplo, veja Williams, *For Whom Did Christ Die?*, 202-205.
19 Owen, *Death of Death*, in *Works*, 10:265-73.

objetiva da obrigação", onde ele usa o termo "objetiva" no sentido de "real e imediata". Em outras palavras, Grotius entende que o *solutio eiusdem* coloca aqueles cujo pecado já foi punido imediatamente em um estado de graça. A segunda é de que tal *solutio* remove qualquer necessidade de clemência ou perdão.[20] Podemos sumariar as duas objeções, dizendo que Grotius considera que *solutio eiusdem* dá ao pecador eleito, num instante, o direito legal a um estado de graça imediato, o qual Deus tem uma obrigação legal de conceder.

A resposta de Owen é dupla. À primeira objeção, ele traça uma analogia entre o *status* de um pecador por cujo pecado Cristo já pagou na cruz e o de um homem se debilitando na prisão de um país estrangeiro. Pode ser que um amigo pague o resgate por esse homem; mas, até a chegada dele na prisão com os documentos legais relevantes, o prisioneiro não tem conhecimento de seu perdão nem liberdade concreta.[21]

Quanto à segunda, a de um *solutio eiusdem* eliminando a necessidade ou mesmo a possibilidade de qualquer noção de graça, misericórdia ou perdão no ato salvífico de Deus, Owen responde pondo a morte de Cristo no contexto do plano da salvação como um todo. Primeiro, ele aponta para o ato de Cristo da imputação dos pecados como sendo uma decisão livre e graciosa que Deus mesmo fez sem qualquer coerção ou necessidade de fazê-lo. Segundo, ele aponta para a imputação da justiça de Cristo ao crente também como um ato da graça e misericórdia. Resumindo, a graça e a misericórdia de Deus não são opostas aos méritos de Cristo; são opostas, sim, aos méritos dos seres humanos apostatados.[22]

Sublinhando a preocupação de Owen, temos aqui dois pontos adicionais, um exegético e o outro sistemático. Quanto ao ponto exegético, Owen vê o *solutio eiusdem* como uma boa e necessária consequência do ensino bíblico sobre a eficácia objetiva da morte de Cristo. Seja imediatamente antes, seja depois da discussão das duas formas de *solutio*, Owen afirma que a morte de Cristo tem

---

20 Ibid., 10:268.
21 Ibid.
22 Ibid., 10:268-69.

um objetivo eficaz e apoia a opinião trazendo um arsenal de textos bíblicos.[23] Se a morte de Cristo, *em si*, teve eficácia, como esses textos ensinam, então o pressuposto de um ato ou decisão seguinte da parte de Deus é desnecessário e, na verdade, teologicamente especulativo.[24]

Segundo, a resposta de Owen a Grotius também depende de outro ponto central para se compreender plenamente o ofício de Cristo como Mediador: os atos individuais da mediação de Cristo devem ser, em última análise, entendidos como partes de uma unidade. Essa unidade tem por base o conceito da aliança da redenção, ao qual voltaremos depois de observar a crítica de Richard Baxter.

RICHARD BAXTER SOBRE OWEN, A EXPIAÇÃO E O ANTINOMIANISMO

Embora fosse um ano mais velho que Owen, com certeza Baxter era seu aprendiz em termos de estatura eclesiástica teológica no final dos anos 1640. Ademais, a teologia de Baxter era um enigma. Incomum para um escolástico do século XVII, Baxter não teve uma educação universitária, por isso sua teologia tinha tudo do brilhantismo vívido que alguém esperaria de um intelecto penetrante, com um voraz apetite por livros, combinado com as idiossincrasias do autodidata.

Como foi notado inicialmente, Baxter se deixou levar por uma particular parcela de preocupações. Ele se preocupava com prolífico sectarismo dos anos 1640 e, acima de tudo, com o antinomianismo que parecia ser a marca registrada de muito disto. Esses dois temores fizeram dele um ecumênico em ambição, a saber, ele estava sempre tentando achar uma ponte ou posição média entre dois extremos e era zeloso em seu compromisso de formular sua compreensão da salvação de uma maneira que acentuou os imperativos morais da vida cristã.

---

23   1 Pedro 2.24; Isaías 53.10,11,12; Efésios 5.2; Hebreus 9.13,14; Levítico 5.1; 7.2; 1 João 2.2; Jó 19.25; 2 Coríntios 5.21; Romanos 3.25,26; 8.3 (Owen, *Death of Death*, in *Works*, 10: 266-67, 269).

24   A eficácia objetiva da expiação de Cristo é o perene centro de argumentos para se inferir a limitação da intenção por detrás de sua morte; veja J. I. Packer, "What Did the Cross Achieve? The Logic of Penal substitution", in *Celebrating the Saving Work of God: The Collected Shorter Writings of J. I. Packer: Volume 1* (Carlisle, UK: Paternoster, 1998), 85-123.

Quando Baxter leu o *Death of Death* de Owen, convenceu-se de que os argumentos deste sobre a expiação foram diretamente para mãos antinomianas. Aliás, ao defender o *solutio eiusdem*, a teologia de Owen lhe pareceu levar adiante uma doutrina da justificação eterna; se não isso, ao menos uma justificação que ocorreu na cruz e cuja objetividade e efetividade ficou assim independente de qualquer necessidade do arrependimento e da fé individuais, bem como de uma vida cristã disciplinada.

Por essa razão, Baxter envolveu Owen no apêndice ao seu *Aphorismes of Justification* [Aforismos da Justificação] (1649). A preocupação franca de Baxter com Owen é que, em sua afirmação do *solutio eiusdem*, ele propõe uma situação em que o sacrifício não pode ser recusado por Deus, o Pai, e que, por isso, ele é vulnerável à crítica sociniana de que misericórdia e justiça são opostas entre si. Baxter objeta esse ponto sobre várias bases, mas uma de suas principais preocupações é o fato de que ele encadeia uma doutrina de justificação eterna. Dado que o objetivo eficaz da morte de Cristo é um conjunto de argumentos a favor da expiação definida, o desafio proposto por Baxter tem importância contemporânea.[25]

Dois aspectos da resposta de Baxter são de particular interesse. Primeiro, ele insiste que um *solutio eiusdem* deve, por definição, ser um pagamento não recusável e por isso é vulnerável à crítica dos socinianos. Além disso, ele é vulnerável à acusação de que nenhuma condição adicional pode ser-lhe anexada. Isso tem implicações óbvias por conceber a salvação de uma maneira antinomiana: se a dívida do pecador é paga completamente, Deus nada mais pode exigir do dito pecador.[26]

Segundo, Baxter focaliza em particular a analogia que Owen faz do prisioneiro que é perdoado pelo pagamento de um resgate, mas que permanece na prisão até o momento em que o mensageiro chega à cadeia para fornecer o certificado que lhe permite ser solto. Ele suscita uma série de objeções contra essa analogia. Primeiro, seu argumento é que a distinção entre ser libertado e ser concretamente solto da prisão é enganosa. Se alguém não é realmente solto

---

25 Sobre a justificação eterna, veja Trueman, *Claims of Truth*, 207-209.
26 Richard Baxter, *Aphorismes of Justification* (Londres: 1649), 149-51.

no momento da libertação, o que exatamente significa libertação? Segundo, ele salienta que chegar ao conhecimento do *status* de alguém é algo comparativamente pequeno. Terceiro, consequentemente, a fé é reduzida a um mero ponto epistemológico, não o momento de transição da ira para a graça. Quarto, pareceria estranho Deus nos negar concretamente, por tanto tempo, aquilo que temos direito a partir do momento da morte de Cristo.[27]

Em relação à posição relativamente desconhecida de Baxter nesse ponto, sua obra evidentemente irritou Owen, que respondeu com um tratado escrito durante sua estada na Irlanda como capelão de Cromwell: *Of the Death of Christ* (1650).[28] Enquanto *Death of Death* é o tratado mais famoso de Owen sobre a redenção, a segunda obra é muito instrutiva na perspectiva da teologia sistemática. Ela deixa bem claro que o problema que Baxter percebe na distinção entre os dois tipos de *solutio* é em grande parte uma função do isolamento da morte de Cristo de seu sacerdócio e ofício meritório como um todo. Isso é algo que o infeliz termo "expiação limitada" tem canonizado, abstraindo, por assim dizer, os eventos da cruz da vida de Cristo como um todo e gerando uma porção de questões e problemas lógicos pelo caminho.

PESSOA E PENALIDADE

Uma das discussões que Owen formula em *Death of Death*, e da qual Baxter subsequentemente se apodera em seu *Aphorismes*, foi sua alegação de que, na expiação de Cristo, a penalidade foi diminuída em relação ao sofredor, porém não em relação à penalidade sofrida.[29] Uma das objeções de Baxter à afirmação de Owen do *solutio eiusdem* foi que ela era incoerente com base no fato de que Cristo não sofreu eternamente, mas somente por um período finito. Sobre o esquema grotiano, Baxter pôde argumentar que a morte de Cristo foi tomada como um equivalente; ele argumentou que Owen não teve tal luxo.[30]

---

27 Ibid., 155-57.
28 John Owen, *Of the Death of Christ, the Price He Paid, and the Purchase He Made*, in *Works*, 10:430. (Não confundir com outra obra sua, intitulada *Of the Death of Christ, and of Justification*; veja a seguir.)
29 Owen, *Of the Death of Christ*, in *Works*, 10:442.
30 Baxter, *Aphorismes*, 144-46.

Em *Death of Death*, Owen falou que Deus afrouxou a lei ao permitir que outro tomasse o lugar dos que eram os verdadeiros devedores.[31] Isso nada tinha a haver com qualquer rebaixamento do padrão requerido por Deus. Então, ao responder a Baxter em *Of the Death of Christ*, Owen formula a tese de que a penalidade requerida pelo pecado era a morte.[32] Este é um ponto importante: o perigo é iminente quando se pensa na expiação de Cristo para o pagamento de uma dívida que alguém pode ser levado a pensar em termos grosseiramente quantitativos: pecado acumulado x quantia da dívida; portanto, a penalidade deve ser paga em termos de x, onde x é análogo a dinheiro ou propriedade. Esse não é o modelo com que Owen está operando: a penalidade não é quantitativa nesse molde; antes, talvez, seja mais bem descrita como qualidade. Não significa que Cristo fez uma pilha de sofrimento para equiparar a ofensa que os seres humanos têm feito a Deus; é que ele tinha de morrer. A morte é a penalidade. Assim, Owen tem como manter o *solutio eiusdem*: Jesus Cristo morre e paga exatamente a mesma penalidade que se requer de um pecador. Existem aqui ricas e óbvias implicações para a conexão entre expiação e encarnação.

A ANALOGIA DO PRISIONEIRO REVISITADA

Owen ainda responde à crítica de Baxter sobre seu uso da analogia do prisioneiro. Aqui é importante pôr no contexto o uso original que ele faz dela em *Death of Death*. Antes da introdução, ele escreve:

> Por meio da morte ele nos livra da morte, e isso concretamente, embora sejamos informados de que os eleitos já morreram e ressuscitaram com ele. Ele fez isso concretamente, ou *ipso facto*: nos livra da maldição, fazendo-se ele mesmo maldição por nós; e o manuscrito que era contra nós, inclusive contra toda a obrigação, foi removido do caminho e cravado em sua cruz. É verdade que todos por quem ele fez isso realmente não o apreendem e o percebem instantaneamente, o que é impossível; mas, na

---

31 Owen, *Death of Death*, in *Works*, 10:270.
32 Owen, *Of the Death of Christ*, in *Works*, 10:44.3.

verdade, isso não impede que tenhamos todos os frutos de sua morte por direito concreto, muito embora não como posse atual, cuja permanência não podem ter até que ao menos ela se faça conhecida deles.[33]

A objeção de Baxter é ao uso que Owen faz do termo *ipso facto*, aparentemente porque ele o vê como a demandar o perdão temporal imediato do pecador cuja dívida é paga.[34]

Em sua resposta a Baxter, em *Of the Death of Christ*, Owen admite que poderia ter falado mais claramente sobre este ponto.[35] Apesar disso, oferece uma série de esclarecimentos que podem tornar o contexto da analogia bem mais clara. Primeiro, nega que crê na justificação anterior à fé.[36] Segundo, explica que usou o termo *ipso facto* especificamente para repudiar o argumento de Grotius de que a expiação de Cristo só é benéfica aos indivíduos sobre a base da consecução de uma condição adicional. Em outras palavras, ela não só faz da expiação o pagamento do preço pelo pecado mas também conquista as condições necessárias pela aplicação da morte de Cristo naquele que crê no tempo. Como Owen o expressa:

> Que o Senhor Jesus, por meio da satisfação e do mérito de sua morte e oblação, feita para todos os seus eleitos, e somente por eles, real e absolutamente comprou e conquistou para eles todas as suas bênçãos espirituais de graça e glória; isso foi feito para eles e concedido a eles, nos moldes e no tempo de Deus, sem dependência de qualquer condição a ser por eles cumprida, não conquistada para eles desse modo absolutamente; por meio do que voltam a ter direito às boas coisas adquiridas por ele, para que no devido tempo sejam possuídas, segundo o meio, o método e a designação de Deus.[37]

---

33 Owen, *Death of Death*, in *Works*, 10:268.
34 Por exemplo, Baxter, *Aphorismes*, 140, 150.
35 Owen, *Of the Death of Christ*, in *Works*, 10:450.
36 Ibid., 10:449.
37 Ibid., 10:450.

Para usar linguagem de causalidade, a morte de Cristo é a causa essencial da salvação de indivíduos; assim, seu uso do termo *ipso facto* dever ser visto como referência à causalidade, não à cronologia. O que muda no Calvário não é o *estado* dos eleitos crentes, e sim seu *direito*: como eleitos, eles não são imediatamente justificados,[38] mas têm imediatamente o pleno direito de desfrutar todos os benefícios da morte de Cristo, quando são unidos a ele no tempo que ele mesmo designou.[39] Isso, em suma, aponta para a base causal da economia da redenção no estabelecimento intratrinitariano de Cristo como Mediador por meio da aliança da redenção.

O FUNDAMENTO DA REDENÇÃO: A ALIANÇA DA REDENÇÃO

O peso da resposta de Owen a Baxter está em sua afirmação da aliança da redenção (*pactum salutis*). A aliança da redenção emergiu como um conceito terminológico separado por volta de 1645, muito embora suas raízes estejam na Reforma e nas discussões pós-Reforma da reivindicação protestante (e negação católico-romana) de que Jesus Cristo é o Mediador de acordo com ambas as naturezas.[40] É possível encontrar conjeturas da noção na coleção de disputas holandesas conhecida como o *Synopsis Purioris Theologiae*, e também na obra de Jacob Armínio.[41] Todavia, enquanto suas origens jazem em debates teológicos específicos sobre a união hipostática e a natureza da subordinação do Filho encarnado do Pai, nos anos 1630 e 1640 a questão da designação do Filho como Mediador foi levada em conta para discutir o mérito ou a eficácia de sua obra.

A primeira vez que a linguagem pactual aparece no contexto da discussão sobre as relações intratrinitarianas voluntárias relativas à salvação ocorre na

---

38 Ibid., 10:456-67.
39 Ibid., 10:465-67.
40 Carl R. Trueman, *John Owen: Reformed Catholic, Renaissance Man* (Aldershot, UK: Ashgate, 2007), 80-81; também idem, "The Harvest of Reformation Mythology? Patrick Gillespie and the Covenant of Redemption", in *Scholasticism Reformed: Essays in Honour of Willem J. van Asselt*, ed. Maarten Wisse, Marcel Sarot, and Willemien Otten (Leiden, Netherlans: Brill, 2010), 196-214. Ver também Carol A. William,"The Decree of Redemption Is in Effect a Covenant" (Ph.D. diss., Calvin Theological Seminary, 2005).
41 Herman Bavinck, ed., *Synopsis Purioris Theologiae* (Leiden, Netherlans: Donner, 1881), XXVI.xvi; Jacob Arminius, *Private Disputation 33*, in *Disputationes Publicae et Privatae* (Leiden, 1614), 76-78.

Assembleia Geral da Igreja da Escócia, em 1638, no discurso de David Dickson referente aos males do arminianismo.[42] Historicamente é interessante que a linguagem pactual nesse contexto não parece atingir a imaginação teológica geral até cerca de 1645, quando de repente ela começa a proliferar em obras de divindade, quer nas Ilhas Britânicas, quer no continente.[43]

O próprio Owen testifica em seus escritos das inovações terminológicas dos anos 1640: em sua obra inicial, *A Display of Arminianism*, ele não usa linguagem pactual para descrever a relação entre Pai e Filho na redenção, mas em torno de 1647 ele tem sucesso ao fazer isso. A teologia das duas obras é consistente; o que a nova linguagem faz é trazer clareza conceitual a tudo o que antes estava obscuro.[44]

O PROPÓSITO DA ALIANÇA DA REDENÇÃO

O propósito teológico da linguagem da aliança da redenção é fundamentar a economia histórica da obra de Cristo na vida particular da Trindade. Em outro lugar, argumentei sobre como integrar a compreensão trinitariana de Deus com uma cristologia ortodoxa e uma soteriologia antipelagiana.[45] Central a isso é a aliança da redenção.

Em uma breve definição, a aliança da redenção estabelece Cristo como Mediador, define a natureza de sua mediação e assinala papéis específicos a cada membro da Deidade. O Pai designa o Filho como Mediador para os eleitos e põe os termos de sua mediação. O Filho voluntariamente aceita a função de Mediador e a execução da tarefa na história. O Espírito concorda em ser o agente da concepção na encarnação e sustentar Cristo na bem-sucedida execução de sua função de mediador.

---

42 Alexander Peterkin, ed., *Records of the Kirk of Scotland. Containing the Acts and Proceedings of the General Assemblies. From the Year 1638 Downwards* (Edinburgo: Peter Brown, 1843), 159.
43 Veja, por exemplo, Edward Fisher, *The Marrow of Modern Divinity* (Londres, 1645), Peter Bulkeiley, *The Gospel-Covenant: or The Covenant of Grace Opened* (Londres, 1646). Willem J. Van Asselt oferece uma discussão do desenvolvimento do conceito e terminologia no continente, veja seu *The Federal Theology of Johannes Conceitus* (Leiden, Netherlands: Brill, 2001), 227-47.
44 Por exemplo, Owen, *Death of Death*, in *Works*, 10:168.
45 Ver Trueman, *Claims of Truth*, passim.

É importante entender neste ponto que a aliança da redenção, e não alguma outra consideração teológica, determina a natureza e significação de qualquer ato que Cristo realiza como Mediador. Por exemplo, isso é diretamente relevante para qualquer discussão do valor da expiação de Cristo. Tomando uma discussão clássica mais antiga sobre a expiação, a de Anselmo em *Cur Deus Homo*, o valor ou a potência da morte de Cristo é uma função de sua existência como o Deus-Homem. Deus é infinito, e, portanto, porque Cristo é Deus, sua morte tem valor infinito. Nos Cânones de Dort, formula-se uma tese similar:

> Essa morte é de poder e valor tão grande porque quem se submeteu a ela era não penas homem verdadeiro e perfeitamente santo, mas também o Filho único de Deus. Ele é Deus eterno e infinito junto ao Pai e ao Espírito Santo. Assim, deveria ser nosso Salvador. Além disso ele sentiu, ao morrer, a ira e a maldição de Deus que nós merecemos pelos nossos pecados. (Art. II.4)[46]

No entanto, discussões sobre o valor da expiação de Cristo isoladas de toda sua obra como Mediador são problemáticas e um tanto especulativas. Durante o tempo em que Owen escrevia, nos anos 1640, as dificuldades com tal terminologia eram óbvias: como a linguagem da suficiência universal se conecta às noções da intenção divina na constituição de Cristo como Mediador? O que significa a morte de Cristo ser suficiente para todos, se seu significado está radicado na intenção divina de estabelecer Cristo como Mediador de toda a economia da salvação?[47] Para Owen, argumentos em prol da suficiência universal com base na ontologia do Filho são de valor muito limitado e provavelmente provoquem a óbvia e comum resposta de "E então?". Certamente ele admite que nada há na morte de Cristo, considerada isoladamente, que a impeça de ser suficiente para todos; a questão é se tal suficiência tem algum significado

---

46 Em Philip Schaff, *The Creeds of Christendom. Volume III: The Evangelical Protestant Creeds* (Nova York: Harper & Brothers, 1877), 586.

47 Para uma interessante discussão da crescente complexidade de debates sobre a expiação e o particularismo no início do século dezessete, ver Jonathan D. Moore, *English Hypothetical Universalism: John Preston and the Softening of Reformed Theology* (Grand Rapids, MI: Eerdmans, 2007).

real na atual economia da salvação. Isto é óbvio em suas reflexões sobre a noção lombardiana da universal suficiência/eficácia particular:

> "Que o sangue de Cristo foi suficiente para se pagar um preço por todos" ... é bem verdade, como já se declarou previamente: pois ele ser um preço por todos ou por alguns não advém de sua própria suficiência, valor ou dignidade, mas da intenção de Deus e de Cristo usá-lo para esse propósito, como já se declarou; e, portanto, nega-se que o sangue de Cristo foi um preço e resgate suficientes por todos e cada um, não porque ele não fosse suficiente, mas porque não foi um resgate.[48]

Este ponto é extremamente importante: para Owen, discussões abstratas da suficiência universal não passam de abstratas e irrelevantes. Não é uma questão se a morte do Filho de Deus poderia ser suficiente para todos; é uma questão do que essa morte tencionava realizar. Essa intenção foi determinada por Deus no estabelecimento da aliança da redenção.[49]

A ALIANÇA DA REDENÇÃO E A NATUREZA DO MÉRITO

Subjacente à posição de Owen é a noção de que o mérito é determinado na forma de aliança. Conectar criaturas finitas com um Deus infinito tem

---

48 Owen, *Death of Death*, in *Works*, 10:296. Cf. Francis Turretin, *Institutes of Elenctic Theology*, ed. James T. Dennison, Jr., Trad. George Musgrave Giger, 3 vols. (Phillipsburg, NJ: P&R, 1993), 2:458-59: "Não se pergunta sobre o valor e a suficiência da morte de Cristo — se ela foi em si suficiente para a salvação de todos os homens. Pois todos confessam que, visto que seu valor é infinito, ela teria sido inteiramente suficiente para a redenção de cada um e de todos, se Deus visse ser oportuno estendê-la ao mundo inteiro. ... Mas a questão propriamente dita diz respeito ao propósito do Pai em entregar seu Filho e a intenção de Cristo em morrer."

49 Owen é muito claro em dizer que a constituição de Cristo e o sofrimento que suportou seriam totalmente suficientes para a redenção de todos: "Ora, tal como foi o sacrifício e a oferta de Cristo, em si, tal teria sido a intenção de seu Pai. Portanto, o propósito e a intenção de Deus foi que seu Filho oferecesse um sacrifício de mérito, valor e dignidade, suficiente em si para a redenção de todos e de cada homem. Se fora do agrado do Senhor empregá-lo para esse propósito? Sim, e também de outros mundos, se o Senhor os fizesse e os redimisse. Portanto, dizemos que o sacrifício de Cristo foi suficiente para a redenção do mundo inteiro, e para a expiação de todos os pecados de todos e de cada homem no mundo. Essa suficiência de seu sacrifício tem um duplo progresso — primeiro, a dignidade da pessoa que ofereceu e foi oferecida. Segundo, a grandeza da dor que ela suportou, pela qual ela foi capaz de suportar, e suportou toda a maldição da lei e da ira de Deus decorrente do pecado" (*Death of Death*, in *Works*, 10:295-96).

sido uma constante preocupação da teologia cristã, e discussões sobre o mérito tiveram profundas raízes desde o período medieval. Na Idade Média, por exemplo, os teólogos argumentavam que Adão, no jardim, desfrutou de "um dom superadicionado" (*donum superadditum*) de graça que o capacitou a realizar obras de mérito real.[50] Embora mais tarde os protestantes repudiassem a noção católico-romana de graça, não obstante tiveram que se digladiar precisamente com a questão de como o infinito e o finito podem se conectar, e de fato como o finito pode merecer recompensas eternas. A teologia reformada do final do século XVI em diante tipicamente articulou isto em termos de pré-queda de Adão, usando o conceito da aliança das obras: depois da criação, Deus entrou em acordo com Adão (como representante de sua posteridade) no qual Deus recompensaria a obediência de Adão, dando-lhe vida eterna, e puniria a desobediência com morte. O ponto-chave é que o valor da obediência de Adão, embora merecedora de vida eterna, não era intrínseco, mas foi o resultado da determinação extrínseca de Deus.[51] Assim, em sua grande obra em latim, *Theologoumena Pantodapa*, Owen salientou que foi somente a aliança das obras, livremente constituída, que proveu a estrutura pela qual Adão, uma mera criatura, poderia ter alcançado um fim sobrenatural. Deus concordou em estabelecer uma aliança com Adão; e então este estava apto a reivindicar uma dívida da parte de Deus, mas somente por virtude da aliança divinamente iniciada e determinada.[52]

---

50   Por exemplo, Tomás de Aquino, *Summa Theologiae*, 1 a 95.1.

51   Sobre as origens e o desenvolvimento da aliança das obras na teologia reformada, ver Lyle D. Bierma, *German Calvinism in the Confessional Age* (Grand Rapids, MI: Baker, 1996); R. Scott Clark, *Caspar Olevian and the Substance of the Covenant* (Edinburgo: Rutherford, 2005), Robert Letham, "The Foedus Operum: Some Factors Accounting for Its Development", *Sixteenth Century Journal* 14 (1983): 457-67; Richard A. Muller, "The Covenant of Works and the Stability of Divine Law in Seventeenth-Century Reformed Orthodoxy: A Study in the Theology of Herman Witsius and Wilhelmus A. Brakel", in idem, *After Calvin: Studies in the Development of a Theological Tradition* (Nova York: Oxford University Press, 2003); Willem Van Assel, *The Federal Theology of Johannes Coceius (1603-1669)*, Monographs of the Peshitta Institute Leiden (Leiden, Holanda: Brill, 2001), 254-87.

52   John Owen, *Theologoumena Pantodapa*, in *Works*, 17:40. Turretine, *Institutes*, 1:578, faz uma excelente distinção entre tipos de dívida com referência a Adão e o primeiro pacto: "Portanto, não houve dívida (propriamente dita) da qual o homem pudesse obter direito; somente uma dívida de fidelidade, oriunda da promessa pela qual Deus demonstrou sua infalível e imutável constância e verdade".

O conceito de aliança das obras não é livre das consequentes críticas dentro da tradição reformada, mais notavelmente de John Murray, em parte porque a linguagem de aliança está ausente do relato de Gênesis.[53] De uma perspectiva histórica, tal crítica perde um importante ponto: a aliança das obras não se desenvolveu simplesmente por meio de uma exegese de Gênesis 1 e 2; esta noção surgiu mais da reflexão sobre as epístolas paulinas do que do relato da criação, e muito menos do linguisticamente ambíguo Oseias 6.7.[54] Isso é importante, porque aponta para a estreita conexão, nas dogmáticas reformadas, entre a aliança com Adão e a obra de Cristo. A supremacia representativa é pactualmente fundamentada e determinada, e a discussão de tal supremacia deve estar, portanto, radicada na discussão da natureza e dos termos do pacto.

Alguém poderia engajar-se em um pensamento-prova iluminista neste ponto: para Owen, teria sido possível o Logos se fazer carne, viver uma vida impecável, morrer na cruz, ressuscitar dentre os mortos e ascender à destra do Pai — e todo esse processo ser destituído de qualquer valor salvífico. A mera constituição ontológica de Cristo como o Deus-Homem não teria significação mais ampla não fosse ele designado como o representante federal de seu povo sob termos de um pacto. A eficácia, o valor, a própria natureza da mediação de Cristo é inteiramente determinada pelos termos da estrutura pactual da salvação.

A ALIANÇA DA REDENÇÃO E A UNIDADE DO OFÍCIO DO MEDIADOR

A importância da aliança da redenção em determinar o mérito da morte de Cristo é significativa, porque ela focaliza um ponto de maior divergência entre Baxter e Owen: em seu desejo de defender uma vontade salvífica universal

---

53 Por exemplo, John Murray, "The Theology of the Westminster Confession of Faith", in *Collected Writings of John Murray: Volume 4: Studies in Theology* (Carlisle, PA: Banner of Truth, 1982), 261-62.

54 Cf. o comentário de Richard Muller: "De interesse aqui é que todos estes escritores [doutores em teologia pré-Assembleia Westminster] entenderam a base primária da aliança das obras, à parte de Gênesis 2.17, como paulina e como encontrada em Romanos e Gálatas. Nenhum desses escritores olhou para Oseias 6.7, embora, seguramente, tivessem ciência de sua longa tradição da interpretação pactual" (Richard A. Muller e Rowland S. Ward, *Scripture and Worship: Biblical Interpretation and the Directory for Worship* [Phillipsburg, NJ: P&R, 2007], 71-72).

em Deus, Baxter tem de separar a discussão da morte ou salvação de Cristo de qualquer discussão de particularidade prévia na vontade de Deus de salvar. Sobre esse ponto, ele está sempre em convergência com o pensamento Universalista-Amiraldiano Hipotético. No entanto, para Owen, essa particularidade prévia é crucial, não por causa de alguma lógica simplista na qual Deus elege somente alguns e, portanto, só se pode dizer que Cristo morreu por alguns; a tese de Owen é mais elaborada do que essa. Antes, a própria base causal de Cristo encarnar-se e exercer o papel de Mediador deve ser tida inicialmente como sendo movida pelo desejo de Deus de salvar, particularmente. Isso significa que Owen insistiria que as ações de Cristo como Mediador não devem ser entendidas isoladamente uma da outra. São atos separados, mas que têm significado derivado do seu único ofício de Mediador, um ofício que é definido pela aliança da redenção. Essa aliança não só designa a morte dele mas determina o valor ou significação dessa morte e fortalece a integridade de sua função de Mediador, desde a concepção até a intercessão à destra do Pai.

Assim, em *Death of Death*, a resposta de Owen à ideia grotiana de que o *solutio eiusdem* frustra qualquer noção da liberdade de Deus em perdoar é correspondida por um apelo implícito aos termos da aliança da redenção:

> *Primeiro*, a vontade de Deus designa livremente esta satisfação de Cristo: João 3.16; Romanos 5.8; 1 João 4.9. *Segundo*, em uma aceitação graciosa dessa satisfação decretada em nosso lugar; até aí, não mais. *Terceiro*, numa aplicação livre da morte de Cristo em nós.[55]

Em suma, Owen responderia à objeção sociniana de que a morte penal de Cristo frustra qualquer noção da misericórdia do perdão, apontando para a decisão anterior de Deus como Trindade para estabelecer a economia da salvação e para o fato de que tal decisão era livre e sem coerção. Não significa que a graça seja introduzida no momento em que o Pai aceita o sacrifício do Filho como expiação por seu povo; a graça se encontra no ato divino, na eternidade,

---

55 Owen, *Death of Death*, in *Works*, 10:269.

pelo qual o Pai designa o Filho como Mediador e o Filho, voluntariamente, aceita a função. Deus não tinha que estabelecer Cristo como Mediador, como não tinha que estabelecer uma aliança de obras com Adão no jardim; e como o prêmio de Adão teria sido, respectivamente, merecido e resultado de divina condescendência, assim a salvação em Cristo é, respectivamente, merecida por Cristo, porém estabelecida por um ato da misericórdia de Deus.

Owen volta a esse tema reiteradamente em *Of the Death of Christ*. Como já se notou, uma das principais preocupações de Baxter era o fato de que um *solutio eiusdem* é um pagamento não recusável e frustra a misericórdia. Em outras palavras, Deus, o Pai, não pode recusar a oferta do Filho; e, portanto, segundo Baxter, permanece a objeção sociniana sobre o conflito entre justiça e misericórdia.

Tal objeção é problemática de várias maneiras. Como ponto de partida, ela parece propor uma relação quase adversária entre Pai e Filho, e seguramente perde o ponto de que Pai e Filho são um só em suas intenções salvíficas. Acima de tudo, dizer que a oferta é recusável não implica simplesmente algo sobre a natureza da oferta; logicamente, implica algo também sobre o Pai: que ele poderia desejar hipoteticamente recusar a oferta que seu Filho está fazendo. Em outras palavras, o Filho poderia oferecer ao Pai uma expiação que este poderia recusar, com isso pondo-se em conflito com seu Filho. Por certo isso é problemático da perspectiva da teologia ortodoxa trinitariana, com sua adesão ao *homoousian*. Se Pai e Filho são da mesma substância, ambos igualmente Deus e um único Deus, então tal conflito potencial entre eles é impossível mesmo no nível hipotético.[56]

Em adição aos problemas ontológicos que a refutabilidade criaria, há uma questão conectada dos termos do pacto ou aliança:

> Nada, possivelmente, pode servir para a consecução e apreensão de qualquer fim, à maneira de pagamento, junto ao Senhor, senão o que é

---

56 Alguém poderia responder dizendo que o Pai aceitará a oferta ainda que possa fazer de outra maneira; mas se o conflito é até mesmo possível dentro da deidade, as implicações para a doutrina da Trindade seguramente são catastróficas.

edificado sobre algum gracioso pacto, promessa ou obrigação por conta própria. Agora, porém, considere-o como uma questão que flui da divina constituição, fazendo-lhe um pagamento, e assim de modo algum era refutável quanto à extensão do fim designado.[57]

O pagamento não pode ser recusado, porque Deus já estipulou na eternidade que esse é um pagamento que será aceito. Embora Owen não saliente os fundamentos trinitários disso, também deve ficar claro que o próprio conceito da aliança da redenção reflete a comunhão da vontade que existe entre pessoas de mesma natureza e é uma tentativa de conceituar o plano de Deus para a salvação de uma maneira que respeite a natureza de Deus como Trindade. Alguém pode retroceder o argumento contra Baxter neste ponto: se o pagamento é recusável, então é necessário que Deus, o Pai, seja capaz de quebrar a aliança anterior que ele mesmo fez, ou se pode admitir que Pai e Filho se ponham em oposição entre si com respeito à salvação. Nenhuma opção parece consistente com a doutrina bíblica trinitária de Deus.

Em outra parte do tratado, Owen relaciona isso à aliança da redenção, fazendo distinção entre o sofrimento de Cristo como concebido no abstrato e como concebido em relação ao pacto. No abstrato, o sofrimento de Cristo não pode ser considerado um pagamento recusável pela simples razão de que ele de fato não é absolutamente um pagamento, recusável ou não. Só se pode considerar um pagamento se alguém pressupõe a existência da aliança estabelecida como tal.[58] Todavia, com referência a este pacto, o sofrimento de Cristo é constituído como um pagamento não recusável por causa de "a sabedoria, a verdade, a justiça e o condizente propósito de Deus sendo empenhados ao contrário.[59] A aliança como um ato do Deus trino não pode criar relações adversas entre os membros da deidade.

Além do mais, uma vez que a aliança determina o valor e significado da morte de Cristo, ele também é o fator determinante em como, quando e sob

---

57 Owen, *Of the Death of Christ*, in *Works*, 10:441.
58 Ibid., 10:458.
59 Ibid.

quais condições os benefícios da morte serão aplicados ao indivíduo.⁶⁰ É difícil não ver aqui o fruto do tipo de discussão que ocorria da Idade Média em diante relativo à dialética do poder absoluto e ordenado de Deus, que essencialmente salvaguardava a liberdade de Deus enquanto também garantia a estabilidade do mundo concreto que ele decidiu estabelecer.⁶¹

À objeção de Baxter de que a adesão ao *solutio eiusdem* requer que os pecadores eleitos sejam justificados antes de crer (e, assim, como que abrindo o caminho ao antinomianismo), Owen responde fazendo distinção entre diferentes tipos de causas e uma vez mais apontando para a necessidade de ver o ato da redenção de Cristo como um todo.

De acordo com Owen, a morte de Cristo é a causa meritória da salvação. Como causa meritória, ela não requer a existência cronológica imediata do efeito a que ela está determinada. Assim, não é como o piso que apoia a cadeira sobre a qual estou sentado: aqui e agora; a existência do piso é a causa imediata do fato de que neste momento não estou sendo sugado para o centro da terra. A morte de Cristo é de um tipo diferente de causalidade: é a razão por que os indivíduos são perdoados nesse momento e sob aquelas condições que Deus decidiu estabelecer através do pacto. Os efeitos de uma causa moral são mediados através da estrutura legal ou pactual que estabelece sua causalidade; e, como uma causa moral, os efeitos da morte de Cristo são determinados pela

---

60 "Por isso, a desobrigação do devedor não segue imediatamente o pagamento da dívida feito por Cristo; não porque esse pagamento é recusável, mas porque, nessa mesma aliança e ajuste do qual a morte de Cristo é pagamento, Deus reserva para si o direito e a liberdade de desobrigar o devedor quando e como lhe apraz" (ibid.).

61 A dialética do poder absoluto de Deus e seu poder ordenado era uma distinção feita na Idade Média. Em síntese, argumentou-se que Deus, sendo onipotente, podia fazer tudo de acordo com seu poder absoluto, só estando sujeito à lei da não contradição (por exemplo, ele não podia querer que A existisse e não existisse ao mesmo tempo). Todavia, de acordo com seu poder ordenado, Deus decidira criar um mundo que só contivesse uma subsérie das possibilidades disponíveis a ele em termos de seu poder absoluto. Todavia, tendo criado essa subsérie, ele se comprometeu de mantê-la como bem quis. A ordem criada era assim finita e contingente, mas estável e confiável. Era essencialmente uma distinção epistemológica que de forma crescente entrou em cena no final da Idade Média como uma delimitação da competência da lógica humana para predizer como Deus agiria. Nesse contexto, pareceria que Owen estava formulando a tese de que os problemas lógicos que parecem surgir da defesa da *solutio eiusdem* não se sustentam por não levarem em conta que Deus pode transcender os limites que a lógica humana pode querer impor sobre ele. A respeito dessa distinção, veja Heiko A. Oberman, *The Harvest of Medieval Theology: Gabriel Biel and Late Medieval Nominalism* (Durham, NC: Labyrinth, 1983), 42-47.

aliança da redenção.⁶² Isso, por sua vez, conduz ao segundo ponto de Owen: a morte de Cristo é aquilo que não só paga o preço pelo pecado mas que também provê a base causal para todas as condições anexadas à salvação para os eleitos. Aliás, enquanto a fé é a condição de receber os benefícios da morte de Cristo, ela mesma é conquistada pela morte de Cristo.⁶³

Um aspecto adicional da articulação de Owen da redenção efetiva é a crucial unidade que ele vê entre o sacrifício e a intercessão de Cristo. Isso também é vital porque uma vez mais focaliza os problemas teológicos sistemáticos gerados pela tentativa de separar a morte de Cristo e tratá-la isoladamente. Se alguém fosse procurar por um tema único que preocupava Owen em toda sua carreira, provavelmente ele não fizesse melhor do que apontar para o ofício sacerdotal de Cristo.⁶⁴ Este domina seu comentário e, na verdade, presumivelmente influenciou sua escolha do livro de Hebreus, o qual ocupou muito de energia cultural dele nos últimos anos da vida. Todavia, ele foi também essencial para o argumento de seu livro mais antigo, *A Display of Arminianism*. Aqui, por exemplo, está um comentário sobre como construir a relação entre a morte e intercessão de Jesus Cristo:

> Sua intercessão no céu nada é senão uma contínua oferta de si mesmo. De modo que tudo que Cristo impetrou, mereceu, ou obteve por sua morte e paixão, deve ser infalivelmente aplicado e outorgado àqueles por quem ele tencionou obtê-lo; ou, do contrário, sua intercessão é vã; ele não ouviu na oração de sua mediação.⁶⁵

---

62   Owen, *Of the Death of Christ*, in *Works*, 10:459-60.
63   Ibid., 10:464. Em outra obra de Baxter, *Of the Death of Christ, and of Justification*, publicada na forma de apêndice à sua obra de 1655 contra os socinianos, *Vindicae Evangelicae*, Owen aprimora sua compreensão do tempo da justificação, conectando-a à união com Cristo pela fé e também destacando o fato de esta fé que forja a união ser em si um efeito da morte e intercessão de Cristo. Nessa obra, fica claro que Owen considera os tipos de problemas lógicos que Baxter adotou contra sua posição como sendo, eles mesmos, o resultado do isolamento especulativo entre um aspecto do trabalho sacerdotal de Cristo e todos os demais (in *Works*, 12:606-608).
64   Isso torna surpreendente o silêncio virtual de Clifford sobre essa questão em seu *Atonement and Justification*, dado que o foco de seu estudo sobre Owen seja a expiação, uma doutrina que não pode ser apropriadamente asseverada sem ser posta no contexto do sacerdócio de Cristo.
65   Owen, *Death of Death*, in *Works*, 10:90.

Devemos ter em mente que, em 1642, Owen ainda não tinha em mãos a terminologia conceitualmente precisa da aliança da redenção. Mesmo assim, suas obras, aqui, claramente indicam a convicção de que o ofício sacerdotal de Cristo deve ser visto como uma unidade, fundamentada na vontade particular de salvar que o estabeleceu como Mediador. Owen argumenta ser impossível alegar que Cristo intercede por aqueles por quem morreu, mas que, em última análise, não são salvos. Para ser claro, isso criaria uma relação adversa entre Pai e Filho, e, de fato, presta-se diretamente ao tipo de caricaturas da substituição penal que imagina um Filho compadecido adulando um Pai contrariamente irado e relutante em ser compassivo para com os pecadores. Reforçando, as implicações em prol do trinitarianismo ortodoxo seriam catastróficas.[66]

Em essência, a mesma posição é articulada em maior extensão já no fim da vida de Owen, em seu comentário sobre Hebreus. Na dissertação preliminar sobre o sacerdócio de Cristo, Owen enfatiza o caráter inseparável entre a morte de Cristo na cruz e seu acesso ao Santo dos Santos na presença de Deus para defender a causa de seu povo.[67] Então, ao abordar o texto-chave de Hebreus 7.25, ele faz referência a toda a ação na aliança da redenção tanto no tocante à sua base causal como no tocante àquilo que define estritamente e circunscreve o escopo do sacerdócio de Cristo como um todo.[68] Isso prejudica o tipo de distinção entre a universalidade da intenção por detrás da morte de Cristo e a particularidade da aplicação na intercessão. Ambas, a morte e a intercessão, são dois lados da mesma moeda, uma moeda cujo propósito e valor é determinado pela aliança da redenção.

À luz disto, é preciso admitir que a analogia original de Owen sobre prisioneiro que é resgatado, porém não imediatamente liberado, tem suas inconveniências dramáticas, como Baxter não hesita em ressaltar. Todavia, certamente esse é um problema com todas as analogias. É uma obviedade que

---

66 Owen também extrai a implicação óbvia da natureza não eficaz da expiação universal em prol das noções de substituição: "[Ainda que os arminianos pretendam, tão absurdamente, que Cristo morreu por todos os homens, na verdade, fizeram-no morrer absolutamente por ninguém" (ibid., 10:93).
67 John Owen, *An Exposition of the Epistle to the Hebrews*, in *Works*, 19:194-97.
68 Ibid., 19:524.

falta identidade a qualquer analogia por definição, e por isso apenas possui similaridade com aquilo que é designado a elucidar. Similaridade pressupõe diferença, diferença que pode ser maior ou menor, dependendo do caso em questão. Todavia, a veracidade da doutrina não se mantém ou é refutada com a adequação da analogia. Evidentemente, a analogia do prisioneiro realmente não ajuda a esclarecer a conexão crucial entre a morte de Cristo e sua intercessão celestial; ela não oferece quaisquer *insights* para o embasamento do todo numa aliança anterior. Aliás, ela é também insuficiente, porque Cristo não está, estritamente falando, oferecendo resgate a um poder estrangeiro hostil, mas, ao contrário, está executando a vontade de seu Pai, aquele a quem a oferta deve ser feita. Todavia, quando posto no contexto, Owen nunca propôs a analogia como algo muito mais que uma ilustração de seu ponto prévio sobre causalidade meritória, um ponto que em si é totalmente coerente.

PENSAMENTOS CONCLUSIVOS

A divergência entre Owen e Baxter sobre a questão da expiação é instrutiva por muitas razões. Primeiro, ela focaliza o fato de que a limitação da expiação é não só o resultado que tem provado ser controverso nessa matéria durante anos. A conexão entre expiação e justificação, tocando como faz em questões da natureza da imputação, do sofrimento de Cristo e da disposição de Deus, o Pai, é também uma parte-chave do debate. Nisso ela reflete, em um nível sistemático, as conexões que o apóstolo Paulo faz entre o sangue de Cristo e a justificação no NT.

Segundo, o debate ressalta como questões sobre a morte de Cristo não podem ser separadas de questões maiores sobre seu papel como Mediador e, portanto, de questões sobre a economia trinitária da salvação. Uma formulação da expiação deve respeitar o ensino católico sobre a natureza de Deus como Trindade, particularmente a consubstancialidade do Pai e do Filho. Qualquer formulação da expiação que coloque Pai e Filho em funções adversas (ou mesmo hipoteticamente admite para tal) transgride as fronteiras doutrinais, que vão muito além do Calvário e do próprio ser de Deus.

Terceiro, o debate dá alguns bons exemplos de como o isolamento da morte de Cristo de seu contexto, na economia mais ampla da salvação, pode gerar questões e problemas lógicos que podem jogar uma vida contra si, e que só podem ser resolvidos recusando tal isolamento e insistindo que a obra mediadora de Cristo é posta em um contexto maior: o contexto bíblico do sacrifício e da intercessão radicados no AT, bem como no contexto teológico da economia trinitária da salvação. A súbita questão "Por que Cristo morreu?" é perfeitamente legítima, mas a resposta é obtida de um grande volume de temas bíblicos teológicos desconexos.

Finalmente, devemos notar que essa discussão está longe de ser abstrata para Owen. Em *Death of Death* ele nota seis consequências naturais que fluem de seu compromisso com *solutio eiusdem*, tudo o que tem importância prática, implicações existenciais para o crente: a dívida plena do pecador já foi paga; Deus cancela todos os processos e ações judiciais contra o pecador; o pagamento não foi feito por este ou aquele pecado, mas por todos os pecados daqueles por quem Cristo morreu; Deus já não pode demandar pagamento adicional; ele mesmo se obrigou a conceder perdão àqueles cujas dívidas ele mesmo já quitou; a lei é silenciada, porque em Cristo ela já se cumpriu de uma maneira plena e final.[69] Na verdade, essas são boas notícias; boas notícias que merecem ser proclamadas.

---

69 Owen, *Death of Death*, in *Works*, 10:273.

EXPIAÇÃO DEFINIDA NA BÍBLIA

CAPÍTULO 9

"PORQUE ELE AMOU VOSSOS PAIS"

ELEIÇÃO, EXPIAÇÃO E INTERCESSÃO NO PENTATEUCO

Paul R. Williamson

INTRODUÇÃO

Deve-se prontamente admitir que o Pentateuco pode parecer um solo infértil para o campo da doutrina da expiação definida. Afinal, a expiação não parece exercer papel significativo em Gênesis, e há pouca conexão explícita entre sacrifício e expiação até a legislação ritual no início de Levítico.[1] Além do mais, o Dia da Expiação (Levítico 16) envolve toda a comunidade, ao fazer provisões similares tais como o incensário de Arão (Números 16), a água

---

1   Em Gênesis, o verbo-chave (Piel כפר) é usado somente em relação à intenção de Jacó de apaziguar Esaú com suas ofertas de gado (32.20); em Êxodo, o verbo é usado em relação à "expiação" associada com a ordenação e consagração dos sacerdotes (29.33, 36-37), a expiação anual do altar do incenso (30.10, a expiação associada com o imposto do censo (30.15-16) e a oferta de Moisés para expiar, de alguma maneira, a apostasia de Israel durante o incidente do bezerro de ouro (32.30). A falta de espaço não permite uma investigação detalhada do significado desse importante termo. Enquanto Qal comunica a ideia de "cobrir" (cf. Gênesis 6.14), o Piel parece conotar ou "resgatar" (cf. Êxodo 30.11-16, Números 35.29-34) ou "esfregar para limpar" (isto é, "purgar"; cf. Jeremias 18.23, onde ele é usado em paralelo com "apagar"). Para uma discussão detalhada, ver Richard E. Averbeck, "כפר" in *New International Dictionary of Old Testament Theology and Exegesis*, ed. Willem A. VanGemeren, 5 vols. (Grand Rapids, MI: Zondervan, 1997), 2:689-710.

da purificação (Números 19) e a serpente de bronze (Números 21). Aliás, até mesmo o sacrifício pascal (Êxodo 12) e a intercessão de Moisés (Êxodo 32-34) parecem ter um foco geral, mais que particular, em que estes beneficiam a comunidade israelita como um todo, e não algum subgrupo dentro dela (como um remanescente eleito).

Todavia, tendo dito isso, uma olhada mais de perto neste *corpus* bíblico, incluindo os textos específicos mencionados acima, demonstrará que, enquanto a expiação definida é mencionada explicitamente em outros lugares, certamente há insinuações do conceito embutidas nesse corpo literário. Em vez de sugerir algum tipo de expiação geral, todos os textos relevantes apontam para um foco mais definido — seja se referindo a Israel como o povo escolhido de Deus, seja se referindo a indivíduos cujas ações os separam da comunidade como um todo.

Antes de visualizar mais de perto textos particulares relativos à expiação e à intercessão sacerdotal, é importante colocá-los todos dentro de seu contexto bíblico-teológico. Afinal, não foi qualquer nação que desfrutou dos privilégios e das bênçãos especiais descritas aqui, mas o povo de Israel, a personificação nacional da promessa de Deus a Abraão. Assim, qualquer consideração das experiências de Israel tem de levar em conta seu *status* singular como o povo eleito de Deus. As relações especiais de Deus com Israel, as quais o Pentateuco reiteradamente atesta, estão solidamente radicadas na ideia da eleição divina de Israel. É dentro dessa construção teológica maior que qualquer teologia do AT sobre a expiação deve ser entendida.

STATUS DE ISRAEL COMO ELEITO DE DEUS

O *status* singular de Israel como a nação à qual Deus pessoalmente escolhera é sublinhado explicitamente em várias ocasiões no Pentateuco, mais notavelmente em Deuteronômio (cf. 4.37; 7.6-7; 10.15; 14.2). Como o primeiro desses textos focaliza, a salvação de Israel do Egito e subsequentes bênçãos fluíram do amor que Iavé nutriu pelos ancestrais de Israel: "Porquanto amou teus antepassados e escolheu a sua descendência depois deles, e te tirou do

Egito, ele mesmo presente e com a sua grande força" (Deuteronômio 4.37, NVI). Ora, admiravelmente — como é evidente de uma comparação de várias traduções inglesas —, não há consenso sobre onde a prótase termina e a apódose começa. Consequentemente, algumas traduções começam com a última, depois da primeira sentença: "Porquanto amou teus pais, ele escolheu a sua descendência depois deles, e te tirou do Egito, ele mesmo presente e com a sua grande força" (HCSB). Em vista da série de construções infinitivas no versículo 38, a ESV começa a sentença com apódose com a chave para o *weqatal* no começo do versículo 39:[2]

ותחת כי אהב ... ויבחר ... ויוצאך ...	prótase estendida
וידעת...	apódose

Seja qual for a compreensão correta, o versículo 37 assume uma sequência lógica dos eventos: a saber, a experiência que Israel teve do livramento em última análise se deriva do fato de que Iavé amou seus ancestrais. Aliás, o amor de Iavé foi também uma expressão da eleição divina (Gênesis 18.19; cf. Neemias 9.7). É com base nisso, e tão somente nisso, que Israel é o recipiente da misericórdia de Deus e o beneficiário dos atos salvíficos de Deus (cf. Deuteronômio 7.7-8; 9.4-6). Enquanto os benefícios certamente podem envolver a todos — como claramente algumas vezes fazem (cf. Êxodo 12.38; Números 11.4) — as ações salvíficas de Deus, no Pentateuco, são primariamente focadas em seu povo escolhido, a nação que ele escolheu dentre todas as demais haveria de ser sua "propriedade peculiar" (Êxodo 19.5; Deuteronômio 7.6). Assim entendido, qualquer expiação que envolva toda a comunidade de Israel realmente não pode ser interpretada num sentido geral ou universal; antes, tem de ser

---

2   O MT do versículo 37 tem uma série de sentenças *wayyiqtol* depois da abertura, a sentença sem especificação, X-*qatal*, ותחת כי אהב ("em razão de que ele [Iavé] amou"). Embora qualquer desses *wayyiqtols* pudesse constituir a sentença com apódose, parece mais provável que cada uma dessas expansões na sentença inicial X-qatal para formar uma prótase alongada, com a apódose introduzida pela sentença *weqatal* e sujeito reapresentado (Iavé) do versículo 39. Tal redação seria mais bem-atada com a retórica teológica da perícope (vs. 35-39), a qual enfatiza a unicidade do Deus de Israel.

vista como tendo um foco definido ou particular. A comunidade que ela abarca é uma comunidade especial — o objeto do amor e favor especial de Deus, um povo evidentemente distinguido de todos os demais (cf. Deuteronômio 4.32-35; 32.8-9).[3] E assim seria inapropriado inferir algum tipo de expiação geral da experiência coletiva de *Israel* da expiação. Qualquer expiação desse gênero é realizada e aplicada com base na eleição divina de Israel — o último é a fonte da qual flui o primeiro; por Israel se faz expiação *como* o povo eleito de Deus.[4]

Todavia, isso não implica que cada indivíduo israelita foi assim igualmente expiado e assim "eternamente perdoado". Evidentemente, isso não foi assim, como é evidente dos juízos experimentados, respectivamente, por indivíduos regenerados e gerações apóstatas.[5] Expiação nacional provida para a purificação e sobrevivência da nação como *uma nação*; aparentemente, isso não garante a permanente purificação e sobrevivência de cada indivíduo ou geração que ela incorporava. Ao contrário, enquanto não se evocasse o juízo de Deus ou sobre o indivíduo ou sobre a comunidade como um todo, as transgressões pessoais tinham ainda de ser expiadas. Portanto, é evidente que qualquer expiação que Israel experimentasse e apropriasse em um nível nacional ou coletivo deve ser cuidadosamente distinguida daquela experimentada e apropriada em um nível mais pessoal ou individual. Em outras palavras, quando se discute a expiação no AT, tem de se ter em mente a distinção pacto-eleito. Enquanto todos os israelitas podiam desfrutar externamente dos benefícios assegurados pela comunidade pactual através da expiação nacional, em última análise tais benefícios pertenciam exclusivamente ao remanescente — àqueles israelitas cuja

---

3   Enquanto esses textos apresentam desafios exegéticos significativos, não há dúvida de que servem para ilustrar e enfatizar o fato da unicidade de Israel *versus* as nações.

4   Além do mais, contrário ao que alguns têm sugerido, aqui, eleição claramente circunscreve expiação, não vice-versa. Admitidamente, os que têm sugerido de outro modo geralmente têm tido em vista a ordem lógica dos decretos eternos de Deus, e não sua supervisão da história; não obstante, seguramente é significativo que na experiência de Israel (e, assim, dentro do plano redentor-histórico em linha com a Bíblia), eleição precede expiação e é seu pré-requisito teológico. Como o último ensaio neste volume demonstrará, o mesmo é verdade no tocante a todos os que foram escolhidos em Cristo "antes da fundação do mundo" (Efésios 1.4).

5   Naturalmente, tal juízo "temporal" não necessariamente implica juízo eterno. Não obstante, é difícil imaginar de outro modo em casos em que israelitas são "eliminados" (seja o que isso signifique) como consequência de pecado de despotismo.

circuncisão era mais que um ritual externo e cujo *status* pactual era mais que meramente físico.[6]

SACRIFÍCIO E EXPIAÇÃO EM GÊNESIS

Enquanto o conceito de sacrifício substitutivo algumas vezes tem sido inferido de Gênesis 3.21,[7] provavelmente essa redação seja mais para o texto do que é exegeticamente justificada. Como John H. Walton observa, "a instituição de sacrifício é uma ocorrência significativa demais para ser entregue inteiramente à inferência."[8] Além disso, o ponto primário aqui parece relacionar-se com a inadequação das vestes produzidas por Adão e Eva, e não com a necessidade de morte violenta (que uma vez mais deve ser inferida) para a provisão de coberturas adequadas. Assim, seja qual for seu potencial como ilustração da expiação definida, o elo entre esse texto e o sacrifício substitutivo parece tênue na melhor das hipóteses.

Na narrativa seguinte, oferendas individuais fornecem o cenário para o ato de Caim matar Abel; todavia, uma vez mais, nada se diz em termos de alguma significação substitutiva ou expiatória (Gênesis 4). Na história subsequente do dilúvio, os sacrifícios pós-dilúvio de Noé certamente possuem significação expiatória, o "aroma suave" propiciando a compassiva resposta de Deus à pecaminosidade humana inerente (Gênesis 8.20-21). É razoável inferir algum tipo de associação teológica intencional do uso de tal linguagem com respeito às oferendas levíticas (cf. Levítico 1.9; 2.2; 3.5; 4.31).[9] Além disso, seria possível argumentar que esses sacrifícios expiatórios em Gênesis tinham um foco bem definido — fazer substituição por aqueles que tinham acabado de escapar da inundação do dilúvio e que formavam o núcleo da nova humanidade.

---

6 Por exemplo, todo o Israel foi redimido do Egito, mas Coré, Datã e Abirão morreram sob a ira de Deus (Números 16; cf. 2 Timóteo 2.19).
7 Igualmente Bruce K. Waltke, *Genesis: A Commentary* (Grand Rapids, MI: Zondervan, 2001), 95.
8 John H. Walton, *Genesis*, New International Version Application Commentary (Grand Rapids, MI: Zondervan, 2001), 229.
9 Igualmente Gordon J. Wenham, "The Theology of Old Testament Sacrifice", in *Sacrifice in the Bible*, ed. Roger T. Beckwith e Martin J. Selman (Carlisle UK: Paternoster, 1995), 80-81; também Christopher J. H. Wright, "Atonement in the Old Testament", in *The Atonement Debate*, ed. Dereck Tidball et al. (Grand Rapids, MI: Zondervan, 2008), 76.

O conceito de substituição é introduzido explicitamente pela primeira vez no relato da iminente morte de Isaque, em que o carneiro preso na ramagem exerce um significativo papel substitutivo (Gênesis 22.13). Embora aqui não haja nenhuma sugestão explícita de uma expiação pelo pecado, seguramente Gordon Wenham está certo em sua conclusão "de que Gênesis 22, como muitas histórias em Gênesis, é também paradigmático e elucida a compreensão do AT do sacrifício em geral".[10] Em qualquer caso, pode-se extrapolar deste incidente que ao menos alguns sacrifícios do AT envolviam um elemento substitutivo e tinham um foco muito específico (neste caso, Isaque é o beneficiário primário, embora Abraão e Sara também fossem beneficiados em alguma medida).

Afora esses poucos exemplos, Gênesis contém pouca explicação para a teologia, o sacrifício ou a expiação. Além disso, o que ele contém requer que se faça uma abertura sob a luz do subsequente ensino no Pentateuco e além dele. O livro do Êxodo, contudo, parece muito mais promissor, com seu foco no ritual da Páscoa.

O RITUAL DA PÁSCOA (ÊXODO 12-13)

O ritual da Páscoa, o primeiro exemplo de sacrifício comunitário no Pentateuco, não é expressamente associado ou com o pecado ou com a expiação.[11] E assim sua relevância para a presente discussão poderia sem dúvida levantar uma questão. Não obstante, o fato de que a Páscoa é descrita aqui como um "sacrifício", o qual desvia o juízo de Deus das casas dos israelitas,[12] e que é explicitamente ligado à morte de Jesus no NT (por exemplo, João 19.36; 1 Coríntios

---

10 Wenham, "Theology of Old Testament Sacrifice", 80.
11 Se esse fosse o principal ponto do autor, a conexão entre o sangue do animal pascal e o pecado de Israel discutivelmente teria sido omitido no livro de Êxodo. No entanto, o livro não retrata primariamente os israelitas no Egito como transgressores carentes de reconciliação, mas, antes, como escravos carentes de emancipação. Assim, enquanto o primeiro caso certamente é verdadeiro e não deve ser negado (ver abaixo), esse não parece ser o principal foco no livro do Êxodo anterior à experiência de Israel no Sinai.
12 Enquanto o juízo é explicitamente mencionado só em relação a "todos os deuses do Egito" (Êxodo 12.12), é evidente que a morte dos primogênitos do Egito constituía primariamente juízo sobre Faraó e o populacho egípcio, não só por sua tola confiança em tais deidades que eram impotentes para proteger, mas também para sua recusa de ceder às exigências de Iavé (4.23; 11.1; cf. 5.3) e seu mau uso dos descendentes de Abraão (cf. 12.3; 15.14). Esse mesmo juízo recairia sobre qualquer israelita cuja casa não fosse coberta pelo sangue.

5.7; 1 Pedro 1.19),[13] certamente o torna pertinente. Dada sua clara significação tipológica, seus aspectos peculiares demandam exame e reflexão mais detidos.

Os seguintes aspectos se destacam imediatamente. A quantidade de animais consumida tinha de ser diretamente proporcional ao número em cada casa (Êxodo 12.4), pressupondo que cada animal morto fazia provisão só para um número limitado de indivíduos.[14] Seus efeitos apotropaicos foram assim restringidos a um grupo cuidadosamente qualificado de pessoas dentro de cada casa. Cada cordeiro servia a um grupo específico de pessoas e redimia uma casa prescrita. Além disso, somente os que realmente participavam da refeição pascal podiam achar refúgio por detrás das ombreiras da porta borrifada com sangue (12.7-13, 21-23).[15] E assim aqui não existe nenhuma ideia de sacrifício todo-abrangente, mas, ao contrário, um que serviu de objetivo específico para um grupo específico. Enquanto o texto menciona explicitamente só os egípcios, presumivelmente o mesmo juízo havia de visitar toda casa do Egito que à noite não fosse protegida pelo sangue pascal (12.13). O mesmo desastre evidentemente teria recaído também sobre as casas israelitas, não tivessem seguido as instruções de Iavé com respeito ao ritual da Páscoa (12.21-28).[16] Portanto, a Páscoa não pode ser concebida como algum tipo de sacrifício geral que fazia provisão por todos; antes, evidentemente é retratado como tendo um objetivo definido e um foco particular. Como se notou a princípio, esse foco particular se deriva da eleição divina de Israel. No Êxodo, a razão de Deus libertar seu povo se deve à aliança que ele fez com seus antepassados a quem havia escolhido (2.24; 3.10; 6.1-8).

---

13   Ver também as alusões nas narrativas da Última Ceia.
14   Para a tradução de .... como "animal de rebanho", em vez do tradicional "cordeiro", ver John I. Durham, *Exodus*, WBC (Waco, TX: Word, 1987), 151. Como observa Douglas K. Stuart, *Exodus*, New American Commentary (Naschville: B&H, 2006), 273 n. 15, a convenção de traduzir a palavra "cordeiro" refletida na maior parte das traduções inglesas é simplesmente devido ao fato de que uma versão mais acurada tal como "cordeiro ou cabrito novo" seria literalmente estranha de se empregar continuamente.
15   Uma detida leitura do texto sugere que uma vez o sangue do animal fosse borrifado na ombreira da porta, cada um tinha que permanecer no interior da casa até que a praga destrutiva passasse.
16   Com T. Dessmond Alexander, "The Passover Sacrifice", in *Sacrifice in the Bible*, ed. Roger T. Beckwith e Matin J. Selman (Carlisle, UK: Paternoster, 1995), 17, é possível inferir razoavelmente disso que o primogênito israelita não fosse diferente daqueles de seus concidadãos egípcios, e assim foram expiados pelo sangue do sacrifício pascal.

Isso é sublinhado mais extensamente pelas várias regulamentações para sua subsequente comemoração. Os "estranhos" eram excluídos. Somente aos que realmente se tornaram parte da comunidade israelita (ou seja, via circuncisão) era permitido comer a Páscoa (12.43-45, 48-49). Além disso, somente o primogênito de cada ventre *entre os israelitas* pertencia a Iavé (13.2) e, como tal, tinha de ser entregue a Iavé exceto o redimido (13.12-13). De maneira significativa, quando mais tarde Iavé colocou os levitas no lugar dos filhos primogênitos de Israel (cf. Números 3.40-51; 8.5-19), cálculos mais precisos foram envolvidos, com um preço de redenção requerido para cada um dos 273 primogênitos israelitas excedentes (Números 3.46-50). Assim, os beneficiários primários da Páscoa evidentemente era a comunidade israelita em geral e o primogênito israelita em particular.[17] Consequentemente, são os israelitas que são retratados como o povo redimido de Iavé (cf. Êxodo 15.13), e, não surpreendentemente, é essa mesma comunidade que é o foco da intercessão de Moisés após terem colocado em risco seu futuro no episódio que envolve o bezerro de ouro.

INTERCESSÃO SACERDOTAL DE ISRAEL (ÊXODO 32)

A seriedade da apostasia de Israel em Êxodo 32 não pode ser exagerada. Iavé estava irado o suficiente para aniquilar Israel e começar de novo com Moisés (v. 10). Enquanto esse desastre imediato foi afastado só porque isso seria mal-entendido por outros (v.12) e minaria as promessas pactuais do próprio Iavé (v. 13), as tristes consequências do "grande pecado" de Israel são sublinhadas com todas as cores: tinham quebrado a aliança de Iavé (v. 19), e inclusive as execuções sumárias efetuadas pelos levitas (vs. 25-29) não tinham aplacado a ira de Deus (vs. 30-35). Sua única esperança estava na misericórdia de Deus, e foi sobre essas bases que Moisés intercedeu junto a Iavé em seu favor.[18] Após

---

17 Enquanto o primeiro (todo o Israel) prefigura a redenção coletiva dos eleitos de Deus, o segundo (o primogênito de Israel) prefigura sua redenção individual.

18 Enquanto algumas vezes tem-se sugerido que Moisés estava oferecendo sua própria vida em troca da de Israel (v. 30), essa interpretação parece antes improvável. O contexto imediato tem Iavé ameaçando aniquilar Israel e cumprir a ancestral promessa através de Moisés (v. 10). Em tal cenário, as palavras de Moisés são mais bem-entendidas como

fracassados seus primeiros esforços para garantir perdão, Moisés continuou a implorar o favor de Iavé até que, finalmente, suas petições foram respondidas e a aliança de Iavé com Israel foi restaurada.

Enquanto essa seção de Êxodo contém um número de desafios exegéticos,[19] uma coisa é clara: em todo esse intercâmbio divino-humano, o foco primário da preocupação de Moisés era Israel; Moisés rogou que essa nação, como escolhida de Deus, ainda que o povo não fosse merecedor, continuasse sendo o objeto de sua graça e misericórdia. Era o povo de Deus por quem ele intercedia, e foi como povo de Deus que Israel experimentou a misericórdia de Iavé e foi reconduzido à relação pactual com ele. A intercessão sacerdotal de Moisés foi focada em Israel como eleito de Deus. Não surpreende que um foco restrito e semelhante seja refletido no ritual de purificação anual da nação no Dia da Expiação.

O DIA DA EXPIAÇÃO (LEVÍTICO 16)

Por mais obscuros que alguns dos detalhes permaneçam,[20] os elementos-chave desse ritual são plenamente claros. Sobre esse dia significativo no calendário religioso de Israel, o sumo sacerdote "fazia expiação por si e por sua casa e por toda a assembleia de Israel" (v. 17). Isso é explicado em termos de purificar o Lugar Santíssimo, a tenda de reunião e o altar (v. 20) dos efeitos poluidores do pecado de Israel (v. 16), bem como limpar toda a comunidade israelita de todos os seus pecados (v. 30; cf. vs. 33-34). O último é simbolicamente retratado pela transferência de "todas as iniquidades do povo de Israel, e

---

um descartar explícito de tal opção: se Iavé não estivesse pronto a poupar Israel, então Moisés se dispõe a partilhar do destino de Israel. Um sentimento análogo parece ser expresso em Números 11.15.

19 Esses são discutidos nos comentários padrão. Nenhum deles é particularmente relevante para a presente discussão.

20 Por exemplo, o significado e significação precisos de עֲזָאזֵל é impuro. As versões antigas o interpretaram como "bode expiatório", um composto de עֵז ("bode") e אָזַל ("ir embora"), daí, "o bode que parte". Outros o tomam como referência ao destino do bode, identificando isso como ou localidade física (por exemplo, "um precipício rochoso" ou "solo abrupto"), ou algum tipo de entidade espiritual (um demônio ou o próprio Diabo). Os paralelos entre לַעֲזָאזֵל ("para/a ʿăzāʾzēl") e לַיהוה ("para/a Iavé") em Levítico 16.8-10 pode emprestar suporte à última interpretação. Assim entendido, o ritual significava a remoção dos pecados de Israel à sua fonte, mas por certo não o pagamento de um resgate a um "bode demônio" (cf. Levítico 17.7) ou algum outro ser espiritual malévolo. Nunca lemos que o segundo bode fosse sacrificado.

todas as suas transgressões, todos os seus pecados" para o bode vivo, que então os carrega para o lugar remoto onde é solto (vs. 21-22).[21] Daí, por meio desse ritual especial, a purificação de todos os efeitos poluidores do pecado eram eloquentemente proclamados.

Um foco particular (isto é, israelita) do Dia da Expiação em um sentido é inquestionável.[22] Não obstante, um conceito mais geral de expiação tem sido extrapolado do fato de que este ritual particular envolvia todos os israelitas, quer eleitos quer não eleitos.[23] Duas respostas se fazem necessárias.

Primeiro, configura *non sequitur* argumentar sobre uma expiação por um Israel "misto" a uma expiação geral e universal por todos, porque mesmo a expiação no AT era limitada pela aliança e pela eleição. O *status* de Israel como uma nação escolhida de Deus não deve ser descuidado aqui. Era exclusivamente para Israel, a nação eleita de Deus, que o sumo sacerdote assegurava essa purificação ritual anual. Tampouco essa purificação ou perdão de pecados se originou para as nações adjacentes (não israelitas). O Dia da Expiação beneficiava somente os que pertenciam fisicamente à comunidade israelita — a nação com quem Deus estabelecera uma relação pactual única. Foi essa comunidade pactual — "o povo de Israel" (vs. 16, 17, 19, 21, 24, 33, 34) — que era o foco tanto da expiação ritual como da intercessão sacerdotal que era efetuada anualmente.[24] E assim a expiação e a intercessão tinham um foco particular e efeito definido para a nação de Israel. Aliança e eleição

---

21 Como se argumentará mais adiante, o ato do sumo sacerdote colocar *ambas* as mãos sobre o bode (v. 21) reflete o fato de que tanto os seus pecados pessoais como os pecados da comunidade estão sendo transferidos para esse bode condenado.

22 Em alguns aspectos, esse dia era totalmente inclusivo (ou seja, todos no acampamento israelita, quer os naturais ou os estrangeiros residentes em seu meio, tinham de participar de alguma maneira, v.29); não obstante, no aspecto mais significativo, ele era estritamente exclusivo (lemos que somente os pecados dos israelitas eram expiados; v. 34). Além disso, dado o modo como os forasteiros residentes em Israel são incluídos nas regulamentações do culto de Israel em outros trechos (por exemplo, 22.18), mais provavelmente são concebidos aqui como os que foram incorporados plenamente em Israel. Isso é aparentemente confirmado pela pena imposta em Levítico 23.29.

23 Por exemplo, ver Mark Driscoll e Gerry Breshears, *Death by Love: Letters from the Cross* (Wheaton, IL: Crossway, 2008), 179.

24 De um modo significativo, a intercessão do sumo sacerdote era coextensiva com a expiação assegurada a todo o Israel. Como sua antítese do NT (a intercessão sumo-sacerdotal de Cristo em favor de seus eleitos), aqui não há ideia de intercessão (ou expiação) se estendendo para além do povo de Deus.

circunscreviam a expiação. Então uma expiação particular pode ainda ser mantida para uma comunidade pactual "mista".

Segundo, isso deixa de fora a explicação sobre como a expiação no AT operava em relação com a comunidade israelita, composta de indivíduos eleitos e não eleitos. Dado que somente os primeiros eram finalmente redimidos, em algum sentido a medida de purificação obtida e o perdão experimentado pelos indivíduos dentro dessa comunidade pactual têm de ser diferenciados. Fora isso, como uma expiação para um Israel "misto" se relaciona com a expiação de Cristo no NT requer explicação. Isso nos conduz à área da tipologia. A questão é complexa, mas, com o risco de simplificação exagerada, duas abordagens principais podem ser discernidas daquelas que defendem a expiação definida.

O Dia da Expiação e as Estruturas Pactuais
Um Vislumbre da Teologia do Novo Pacto

Com respeito à tipologia do sacrifício do AT, Barnes argumentou que "os sacrifícios expiatórios e os atos redentores de Iavé no Antigo Testamento são simplesmente tipológicos. ... quando se trata do perdão pelos pecados e da salvação eterna, era sempre e somente o remanescente, um grupo menor dentro de Israel, que estava em vista disso".[25] Enquanto isso reduz o campo mais amplo da purificação ritual e o perdão temporal que parecem ter sido experimentado por toda a comunidade (ver supra), Barnes diferencia o propósito de Deus para Israel como nação e seu propósito para o remanescente crente (parte do verdadeiro Israel como nação de que fala Paulo) dentro dessa nação. Para Barnes, enquanto a expiação para toda a comunidade israelita *tipificava* o que Cristo finalmente realizaria através da cruz e da ressurreição (isto é, a purificação de todo *o verdadeiro* Israel), somente o remanescente dentro do Israel do AT concretamente *experimentava* os benefícios salvíficos (ou seja, purificação e perdão) da obra de Cristo, prefigurados nos rituais de sacrifício e expiação do AT. Assim, como ele conclui,

---

25 Tom Barnes, *Atonement Matters: A Call to Declare the Biblical View of the Atonement* (Darlington, UK: Evangelical Press, 2008), 78.

Quando lemos sobre os atos eletivos ou os atos efetivos expiatórios e redentores particulares de Deus em favor de todo o Israel (maior que o remanescente), devemos ter em mente que isso era tipológico a fim de pôr em contexto como a salvação seria realizada através de Jesus Cristo. O fôlego dessa obra tipológica com toda a nação nunca pretendeu definir a extensão da expiação através de Jesus Cristo. Como Paulo esclarece em Romanos 4 e 9, o propósito de Deus quando preenche sua salvação graciosa e soberana de indivíduos sempre foi mais particular do que o propósito tipológico concretizado para com [sic] todo o Israel.[26]

Em suma, por mais que toda a comunidade experimentasse a purificação *ritual* no Dia da Expiação, isso ficava muito aquém da realidade última que a purificação e o perdão anuais meramente prefiguravam: limpeza espiritual e perdão eterno.[27] Essa realidade última não podia ser garantida "pelo sangue de bodes e bezerros" (seja no Dia da Expiação ou em qualquer outro período), mas somente através do "sangue de Cristo" (cf. Hebreus 9.11-28). E, assim, os que têm construído um foco geral no ritual do Dia da Expiação têm, inadvertidamente, confundido o simbolismo com a realidade espiritual.

Abordagem Pactual Reformada

Enquanto concordam em parte com a nova teologia pactual, é bem provável que os teólogos de uma persuasão pactual reformada encontrem algum problema na abordagem de Barnes. Há concordância de que a expiação no AT, oferecida através de sacrifícios de animais, não podia propriamente expiar o pecado. Aquele para quem esses sacrifícios apontavam é a única base suficiente para o perdão dos crentes no AT (Romanos 3.25-26). Não obstante, diferenças afloram no nível da tipologia. Para Barnes,

---

26 Ibid., 82.
27 O mesmo se pode dizer da circuncisão, um sinal externo posto em todo o Israel, mas a realidade interna só experimentava o verdadeiro Israel, o remanescente eleito.

Deus estava agindo em dois níveis no AT. Em um nível, estava agindo com todos os israelitas, toda a nação ... a fim de prover a lição concreta, visual, sobre como a salvação se concretiza. ... No segundo nível, estava realmente salvando indivíduos — os que confiavam nele para a salvação, o remanescente (Gênesis 15.6; Salmos 32.1-2; Romanos 9.6-13).[28]

Nesta leitura, a expiação para o Israel *nacional* é *meramente* tipológica.[29] Isso dá a impressão de que não havia no AT benefícios para Israel como uma nação, ou que os israelitas não eleitos de modo algum se beneficiavam da expiação nacional, quer fisicamente como nação (no Êxodo) ou mesmo no sentido de perdão temporal, quer seja ela nacional ou individual (Dia da Expiação ou sacrifícios pessoais). A redenção do Egito assegurou uma real liberdade da servidão para Israel como nação, como o próprio Barnes nota,[30] mas também culminou em uma relação pactual com Iavé, uma que incorporou perdão temporal de pecados feita anualmente através do Dia da Expiação, como salientam os teólogos pactuais reformados. Barnes parece deduzir o segundo: a purificação ritual e o perdão temporal eram aplicados a *todo* o Israel, quer eleitos quer não eleitos, através da expiação anual pelos pecados de Israel e também através dos sacrifícios oferecidos por indivíduos por seus pecados pessoais (eleitos e igualmente não eleitos). Os teólogos pactuais reformados concordariam com Barnes quanto ao fato de que o sacrifício nacional — ou na Páscoa ou no Dia da Expiação — é um tipo do sacrifício de Cristo por seus eleitos: Cristo é nosso Cordeiro Pascal (1 Coríntios 5.7), cujas pernas não foram quebradas (João 19.36; cf. Êxodo 12.46), quando derramou seu sangue por aqueles a quem o Pai lhe dera (João 17); Cristo é o sacrifício do Yom Kippur [Dia da Expiação] final e perfeito, oferecido de uma vez por todas pelos pecados de todo o seu povo (Hebreus 2.17; 9.11-14, 23-28; 10.1-14).

---

28 Barnes, *Atonement Matters*, 66.
29 Ibid., 78: "os sacrifícios expiatórios e os atos redentores de Iavé, no AT, são simplesmente tipológicos."
30 Ibid., 65-66.

Entretanto, a teologia pactual tradicional pressupõe que a tipologia do AT da expiação é mais complexa do que Barnes o admite, discernindo uma distinção pacto-eleito que labora em relação à expiação no AT e no NT. Observar a distinção Israel-dentro-do-Israel significa que os benefícios da expiação para o Israel nacional (expiação feita por Israel *como um todo*) pode aparecer aos israelitas não eleitos por virtude de sua associação com o pacto. Mas isso não significa que todos os indivíduos eram plenamente participantes *da* expiação e, assim, *verdadeiros* membros do pacto.[31] O que era externo e ritual para todos era interno e espiritual somente para alguns, como se deu com a circuncisão. O primeiro benefício da expiação nacional era temporário e exibe todos os sinais de participação nela, mas com o tempo se afastam da fé e se tornam apóstatas (por exemplo, Coré, Datã e Abirão em Números 16); não são verdadeiros membros da expiação para quem a realidade se torna interior. A expiação e a provisão no AT eram então para o verdadeiro Israel, mas os israelitas não eleitos desfrutavam de alguns benefícios, a despeito do caráter temporal.

Segundo a abordagem pactual reformada, o mesmo é verdadeiro no NT: a expiação de Cristo é para sua igreja (Efésios 5.25), os eleitos, mas, como se deu com Israel, deve-se fazer uma distinção entre a igreja visível (mista) e a invisível (verdadeira). Com isso em vista, a igreja visível é sinônima da nova comunidade pactual, enquanto a igreja invisível (verdadeira) constitui os eleitos, por cujos pecados a morte de Cristo fez plena expiação. No entanto, mesmo os primeiros podem experimentar por algum tempo certos benefícios da morte de Cristo. E assim há trechos do NT onde lemos que Cristo morreu pelos membros não eleitos da comunidade pactual. Lemos que tais membros visíveis da igreja são parte da "igreja", a qual Cristo "obteve com seu próprio sangue" (Atos 20.28-30),[32] mas são aqueles que estão "negando o Senhor que os comprou" (2 Pedro 2.1). São descritos como os que têm "provado do dom celestial" (Hebreus 6.4), que têm "calcado aos pés o Filho de

---

31 Os teólogos pactuais reformados argumentam em prol de uma distinção entre membros *na* aliança e membros *da* aliança. Ver, por exemplo, Louis Berkhof, *Systematic Theology* (Edinburgh Banner of Truth, 1958), 284-90. Não importa o que alguém pense de tal distinção, o ponto principal — que alguns benefícios da redenção/expiação se estenderam a israelitas não eleitos — não depende dela.

32 Note como Paulo diz algo dos falsos mestres que surgirão de dentro da própria igreja.

Deus" e "profanado o sangue da aliança" (Hebreus 10.29); são os que "escaparam das contaminações do mundo mediante o conhecimento de nosso Senhor e Salvador Jesus Cristo" (2 Pedro 2.20). Em suma, segundo os teólogos pactuais reformados, enquanto esses membros não eleitos da comunidade pactual experimentam os benefícios da expiação,[33] com o passar do tempo demonstram que não foram os beneficiários ou parte permanente da igreja no sentido mais pleno.

Resumo

A questão de uma comunidade pactual "mista", na forma de Israel/igreja/novo pacto, e sua relação com a expiação colidem com questões maiores e que estão fora do escopo deste capítulo, a saber, as diferenças entre teologia na nova aliança e teologia pactual reformada, e os leitores terão de formular seus próprios critérios sobre qual abordagem é mais bem-adaptada ao material bíblico em ambos os Testamentos.[34] É suficiente dizer que o que é visto em ambas as leituras é que não é conveniente deduzir uma expiação geral e universal no NT de uma expiação para um Israel "misto" a partir do AT. A expiação no AT é circunscrita por aliança e eleição, e, portanto, é necessariamente particular.

OUTROS EXEMPLOS DE PURIFICAÇÃO COLETIVA OU EXPIAÇÃO NO PENTATEUCO

Em adição aos já considerados, há ao menos outros cinco exemplos no Pentateuco nos quais está envolvida purificação ou expiação coletiva.

Expiação pelos Pecados Não Intencionais (Números 15.22-31; cf. Levítico 4.13-21)

Uma vez mais, a "expiação" garantida aqui parece envolver a comunidade israelita como um todo.[35] O pecado não intencional — que falha em guardar

---

33   Ver os comentários de John Murray em seu ensaio, "The Atonement and the Free Offer of the Gospel", in *Collected Writings of John Myrray. Volume 1: The Claims of Truth* (1975), 62-65.
34   O espaço também proíbe um pleno acesso à teologia da expiação no AT e a relação entre tipo e antítipo no NT.
35   Se aqui "congregação" abarca toda a nação (como sugere o v. 26; cf. Números 20.1-2) ou se refere somente aos

os mandamentos de Iavé — é uma inadvertência coletiva,[36] através da qual "toda a congregação do povo de Israel" incorre em culpa e carece de expiação e perdão (v. 25).[37] Além disso, a expiação e o perdão conquistados pela oferta sacerdotal pelo pecado abarca "toda a congregação do povo de Israel, ... e o estrangeiro que peregrina entre eles" (v. 26).

Admitidamente, nesse caso, a distinção feita entre "toda a congregação do povo de Israel" e "o estrangeiro que peregrina entre eles" é mais difícil de conciliar com a ideia de um Israel coletivo que inclui toda a comunidade, quer nativa ou estrangeira. Isso pode ser um problema menor se aqui "congregação" (hdu) for interpretada com mais restrição, em termos dos representantes legais da comunidade israelita — se concebidos como os anciãos tribais ou como homens fisicamente capazes acima dos vinte anos de idade (cf. 14.29). Não obstante, o que a passagem parece estar enfatizando é a aplicação da mesma lei a todos indistintamente; não há uma regra para o nativo e uma diferente para o estrangeiro que reside em seu meio (cf. 15.29). Assim, a ênfase não é sobre o estrangeiro como não israelita (isto é, excluído de Israel como o povo de Deus), mas, antes, sobre seu *status* como israelita não nativo. Seja o nativo ou um imigrante estrangeiro, o pecado não intencional deve ser expiado para que a comunidade não sofra.

Neste caso, particularmente interessante é a distinção entre o pecado não intencional (e a expiação subsequente) da comunidade e o do indivíduo (vs. 27-31). Cada um é tido como culpável, seja como uma comunidade ou como um indivíduo. A expiação por um evidentemente não servia para o outro; cada caso tinha de ser tratado de acordo com suas circunstâncias particulares. A expiação coletiva não servia para o indivíduo, e algo mais do que expiação individual era requerido para a comunidade como um todo.

Talvez ainda mais significativo seja o fato de que a expiação por pecado não intencional não assegurava o perdão por qualquer pecado intencional.

---

adultos masculinos (assim Wenham, *Numers*, TOTC [Downers Grove, IL: InterVarsity Press, 1981], 102 n. 2), é esse corpo que está em pauta e por isso deve ser expiado e perdoado.

36 "se pecardes [plural] não intencionalmente e não observardes estes mandamentos que o Senhor ordenou..." (v. 22).

37 Os anciãos são representantes de toda a comunidade; assim, eles são os únicos identificados com a vítima sacrificial, colocando suas mãos sobre sua cabeça (cf. Levítico 4.15).

Antes, era por isso que o pecador rebelde — quer estrangeiro ou nativo — pagava o preço máximo (vs. 30-31). Assim, por mais que a expiação fosse eficaz por pecado(s) não intencional(is), pelo indivíduo ou pela comunidade, havia certos pecados (e daí certos pecadores) que não eram expressamente expiados por meio do culto de sacrifícios e ofertas do AT.[38] Isso ao menos nos leva a questionar se o mesmo é verdade no seu contrário no NT: havia certos pecados e/ou certos pecadores por quem o sacrifício de Jesus foi também ineficaz — no sentido de que ele não tencionava cobri-lo?[39]

O Incensário de Arão (Números 16.41-50)

O contexto desse incidente, como o último em Números 25, é uma irrupção da ira de Deus na forma de praga devastadora. Tal juízo divino resultou da ânsia da comunidade em decorrência das mortes dos 250 homens que tentaram usurpar a função de Arão no oferecimento de incenso a Deus (cf. vs. 35-40). Ironicamente, é através do oferecimento autorizado de incenso a Deus que Arão é habilitado a fazer expiação pelo povo e, assim, impedir a propagação da praga mortal (vs. 46-50).

Claramente neste episódio, como o do capítulo 25, o escopo da expiação se restringiu a alguma extensão — há uma aguda distinção entre os que caíram vítimas da ira de Deus (isto é, os 14.700 que morreram da praga) e os que foram libertados da punição através da queima de incenso no meio do acampamento. Somente os últimos foram estritamente expiados; os outros tiveram de pagar pelas terríveis consequências por seu próprio comportamento pecaminoso.

A Água da Purificação (Números 19)

Do ritual peculiar envolvido na manufatura dessa água especial, muito provavelmente se deve inferir alguma forma de sacrifício substitutivo.[40] Em qualquer caso, é a cinza dessa oferta queimada de purificação que dá à resul-

---

38 Os filhos de Eli oferecem um exemplo disso no AT (1 Salmos 2.22-34); suas transgressões de culto e morais não foram expiadas por meio do culto no AT, sobre o qual eles mesmos oficiavam.
39 Isso não implica que o sacrifício de Jesus fosse incapaz de expiar (isto é, que de certo modo foi deficiente ou ineficiente), mas, ao contrário, que nunca teve tal desígnio ou propósito.
40 Seja qual for a significação da madeira de cedro, hissopo e lã escarlate, a morte da novilha vermelha e a aspersão de seu sangue se ajusta à imagem de outros sacrifícios do gênero que tinham um efeito expiatório.

tante conotação suas propriedades de purificação ritual (v. 17). Enquanto tal "purificação em um vaso" inicialmente pode parecer um remédio um tanto geral, as prescrições seguintes sugerem algo diferente. A menos que esses sejam meramente exemplares na natureza, parece que essa provisão "emergencial" tinha uma aplicação muito limitada: ela foi prescrita para a purificação dos que se tornaram impuros através de contato direto com a morte (vs. 11-22). De maneira significativa, suas propriedades purificantes só eram eficazes no caso dos que realmente a aplicavam da maneira prescrita; e, mais uma vez, fazê-lo de modo errado levava à condenação (vs. 13, 20). Assim, enquanto uma graciosa provisão para todo aquele que precisasse de purificação, esse meio de purificação nunca se destinou àqueles que desprezavam espontaneamente as leis de Iavé e maculavam seu santuário.

A Serpente de Bronze (Números 21.4-9)

Uma vez mais, a provisão feita por Moisés aqui parece envolver toda a comunidade israelita — pecadores rebeldes e também qualquer remanescente justo. Não obstante, visto que a rebelião do povo precipitara essa deflagração de serpentes venenosas, a provisão de um remédio seria prefaciada pelo arrependimento comunitário (v. 7). Disso se pode inferir que a serpente de bronze tinha um foco particular em vez de geral; ela foi designada para o benefício dos israelitas penitentes, não dos rebeldes impenitentes. Além disso, os beneficiários reais foram somente os que na verdade olharam para a serpente de bronze e assim exerceram fé na promessa de cura feita por Iavé (vs. 8-9). Ora, enquanto se poderia argumentar que essa, portanto, é uma provisão geral só qualificada pela fé pessoal (isto é, a serpente de bronze era suficiente para todos, mas eficiente para alguns — os que creram), é preferível — em vista da maneira como esse incidente é tomado e aplicado por Jesus no NT — concluir que a provisão foi feita especificamente e destinada exclusivamente aos que *cressem*. Jesus restringe os beneficiários visados do "levantamento" do "Filho do Homem" a "todo aquele que crê" (João 3.14-15), e isso está também implícito no fato de que "todo aquele" mencionado em João 12.32 de fato é atraído a Jesus. Aliás, a construção prótase-apódose de João 12.32 deixa claro que a morte de Jesus é a *causa* da atração eficaz de todos a ele: "E eu, quando for levantado da terra, atrairei todos a mim". Assim, Números 21 não deve ser usado de forma isolada para substanciar a ideia de uma expiação geral, mas deve ser lido em conjunção com os textos do NT que aludem a ela e elucidem sua significação tipológica.

A Ação de Fineias em Baal Peor (Números 25)

Esse incidente é particularmente significativo em vista de que realmente tem sido empregado para desacreditar a noção da substituição penal da qual a expiação definida depende tão profusamente.[41] O cenário para a ação de Fineias foi a sedução física e espiritual da parte dos moabitas.[42] Isso evocou a ira de Deus contra a nação — manifestada por outra devastadora praga no acampamento (vs. 8b-9, 18; cf. Salmos 106.29) — que só seria apaziguada pela execução sumária dos líderes da nação (Números 25.3-4).[43] É difícil averiguar se a execução dos ofensores reais subsequentemente ordenada por Moisés (v. 5) estava em conservar o espírito da instrução de Iavé (cf. o elo explícito entre os ofensores e os líderes nos vs. 14 e 15), ou foi algum tipo de "solução conciliadora" (como outros têm argumentado).[44] Em qualquer caso, a única execução explicitamente registrada é aquela efetuada por Fineias, a qual provou ser efetiva em aplacar a ira de Deus e sustar a praga (vs. 7-9).[45] Presumivelmente, foi essa praga que evocou o lamento da comunidade

---

41 John McLeod Campbell, *The Nature of the Atonement and Its Relation to Remission of Sins and Eternal Life*, 1st ed. (Cambridge: Macmillan, 1856), 118-20. Enquanto a preocupação imediata de Campbell é com a substituição penal, a expiação definida é algo que ele acha igualmente ofensivo.

42 Balaão foi o arquiteto primário dessa sedução, como é revelado subsequentemente (cf. Números 31.16).

43 Não fica bem claro por que somente os "chefes" são distinguidos: ou eram em algum sentido culpáveis, tendo fracassado em restringir ou censurar os ofensores reais, ou como líderes tiveram algum tipo de papel representativo. Tentativas antigas e modernas para identificar os "chefes" do versículo 4 com os ofensores reais do versículo 5 provavelmente são deslocadas.

44 Por exemplo, Gordon J. Wenham, *Numbers: An Introduction and Commentary*, TOTC (Downers Grove, IL: InterVarsity Press, 1981), 186; Roland K. Harrison, *Numbers: An Exegetical Commentary* (Grand Rapids, MI: Baker 1992), 337; e Timothy R. Ashley, *The Book of Numbers*, NICOT (Grand Rapids, ML: Eerdmans, 1993), 519.

45 Alguns argumentam que a praga só começou depois das ações registradas no v. 5, mas isso parece improvável, dada sua associação com a ira de Deus, aqui e em outros lugares. Em qualquer caso, a praga persistiu até a decisiva ação de Fineias (v. 7).

aludido no versículo 6 ("toda a congregação do povo de Israel ... pranteando na entrada da tenda do encontro"). Dadas essas circunstâncias, o impudente comportamento de Zimri e de Cozbi de todos foi o mais ultrajante,[46] provocando Fineias a agir como fez (vs. 7-8) e, assim, "fazer expiação por" e "desviar a ira de Deus do" povo de Israel (ver vs. 11, 13). A despeito da sugestão contrária de Campbell, não foi meramente o zelo de Fineias que justifica esta expiação, mas a punição (de morte) desses dois indivíduos. Aliás, indiscutivelmente Campbell entendeu erroneamente a significação da praga em si — isso foi a pena pelo pecado suportada pela comunidade enquanto manteve impunes os que permaneciam culpáveis; somente a morte dos responsáveis por essa intolerável situação, como representada por Zimri e Cozbi, desviaria a ira de Deus da comunidade como um todo. Portanto, a morte de Zimri e de Cozbi expressou o juízo de Deus sobre as partes culpadas, enquanto simultaneamente a ira de Deus era desviada de uma comunidade israelita penitente. Além disso, enquanto os israelitas eram expiados por meio dessa ação de Fineias, nem todos foram tão afortunados (por exemplo, Zimri). Uma inferência semelhante poderia também ser extraída das instruções de fazer-se expiação nos versículos 4 e 5, onde a morte de alguns foi também considerada necessária para assegurar expiação pela comunidade como um todo.

Até este ponto, o foco tem sido posto em grande escala nas passagens que se relacionam com a comunidade israelita como um todo. Não obstante, tratando da purificação da comunidade como um todo, o Pentateuco também trata da purificação de indivíduos. A última é particularmente significativa para nossa compreensão da expiação no Pentateuco, como a discussão seguinte sucintamente o demonstrará.

EXPIAÇÃO INDIVIDUAL NO PENTATEUCO

Um bom número de textos indica que a expiação foi requerida não só para a comunidade israelita como um todo mas também para indivíduos dentro da

---

46 Enquanto a natureza precisa de seu comportamento ofensivo é discutível, ele obviamente é retratado como um "pecado arrogante" e justamente punível com a morte.

comunidade (cf. Números 5.7-8). Enquanto isso está implícito para qualquer uma das ofensas pessoais não capitais mencionadas nos códigos legais de Israel,[47] se torna explícito nas regulamentações que governam o oferecimento de sacrifícios *pessoais*. Um dos aspectos mais notáveis deste é o requerimento de identificação pessoal com a vítima sacrificial. Como era o caso da consagração dos sacerdotes (Êxodo 29.10, 15, 19), o culto litúrgico regular, envolvendo sacrifício de animal (Levítico 1.4; 3.2, 8, 13; 4.4, 24, 29, 33), requeria identificação do adorador com a vítima: todo aquele que era expiado tinha de identificar-se com a vítima, colocando uma mão sobre sua cabeça antes que o animal fosse morto. Como se notou acima, um requerimento similar (a imposição das mãos sobre a cabeça da vítima sacrificial) estava também envolvido no ritual do Dia da Expiação (Levítico 16.21), onde tal ação estava expressamente associada com a confissão dos pecados coletivos de Israel. Admitidamente, tal confissão de pecados não é notada explicitamente nesses outros casos. Não obstante, parece razoável inferir que uma transferência simbólica de culpa era tencionada pelo adorador individual que impunha uma mão sobre a vítima tencionada.[48] Entendida assim, a culpa do adorador era figuradamente transferida para o animal sacrificial pela imposição das mãos. Tal ato simbólico implica uma estreita identificação do adorador com a vítima, e assim um sacrifício expiatório que tinha um foco bem definido (isto é, os pecados desse adorador particular, e nenhum outro). A vítima morta expiava e assim assegurava perdão para uma pessoa em particular.[49]

---

47   Relativamente poucas dessas ofensas realmente são discutidas; a maior parte se constitui de transgressões pelas quais o ofensor tinha de ser "eliminado" da comunidade.

48   Contra Notker Füglister, "Sühne durch Blut — Zur Bedeutung von Leviticus 17.11", in *Sudien zum Pentateuch*, ed. Georg Braulik (Wien: Herder, 1977), 146. A interpretação de Füglister — que a imposição de uma mão simplesmente caracterizava a posse pessoal da oferta — pode ser rejeitada com base no fato de que, como insiste Emil Nicole, "Atonement in the Pentateuch", in *The Glory of the Atonement: Biblical, Historical and Practical Perspectives*, ed. Charles E. Hill e Frank A. James III (Downers Grove, IL: InterVarsity Press, 2004), 44, tal posse teria existido além de dúvida mesmo sem esse ritual de imposição das mãos. Com bastante cautela, Nicole conclui que "por este gesto o animal era apresentado como substituto do ser humano que o oferecia". De modo semelhante, Wenham, "Theology of Old Testament Sacrifice", 79. Mas, mesmo que isso fosse tudo, o ritual de "identificação" ainda aponta para a expiação definida: o sacrifício era por um indivíduo específico.

49   Em vista de Hebreus 10.1-4, é mais acertado dizer que essa expiação e esse perdão realmente não eram assegurados pelo "sangue de novilhos e bodes", e sim pela morte de Jesus, que aquela simplesmente antecipava e

Isso é ilustrado ainda mais pelo fato de que quanto mais de uma pessoa era incorporada nesse ato simbólico, mais de uma mão tinha de se estender sobre a vítima. Assim, no caso de um pecado não intencional da parte da comunidade, os anciãos, representando a comunidade, coletivamente impunham as mãos sobre a vítima sacrificial (Levítico 4.15). De modo semelhante, no Dia da Expiação, quando os pecados de ambos, o sacerdote e o povo, eram simbolicamente expiados pelo segundo bode, o sumo sacerdote impunha ambas as mãos (uma representando a si mesmo e a outra representando a comunidade) sobre o animal condenado (Levítico 16.21). E assim a necessidade dessa identificação tão estreita, entre o(s) adorador(es) e a vítima sacrificial se correlaciona bem com o conceito de uma expiação definida (isto é, uma expiação designada para um indivíduo particular ou, como nesses outros casos, uma comunidade ou um grupo particular).

Isso também pode estar implícito na distinção que se faz no Pentateuco entre expiação comunitária e individual (cf. Levítico 4.3-35). Evidentemente, a expiação por toda a comunidade não era suficiente para os pecados de um indivíduo, nem a expiação pelo indivíduo era suficiente para os da comunidade. Cada uma dessas serve como tipo distintivo. A primeira é um tipo da purificação que Cristo oferece a todo o povo de Deus (os eleitos) entendido organicamente, enquanto a segunda é um tipo dessa purificação pelo crente individual. Como se notou previamente, seria um equívoco fundir um desses tipos no outro, ou superestimar um às expensas do outro.

CONCLUSÃO

A discussão anterior tem argumentado que a ideia da expiação definida, embora não desenvolvida plenamente, está presente no Pentateuco em inúmeras formas. De modo muito significativo, a eleição é o pré-requisito teológico crucial para a expiação. A experiência que Israel teve da expiação repousa de modo evidente na escolha que Iavé fez deles e de seus ancestrais como o povo escolhido. Expiação e intercessão foram feitas exclusivamente pelo povo de Israel, representante dos eleitos de Deus. Numerosos exemplos de sacrifício e expiação

prefigurava.

no Pentateuco têm um foco mais específico do que geral. A vítima pascal fazia provisão somente para certo número de indivíduos nos recessos de cada casa. No sistema sacrificial do AT, alguns pecados (e, portanto, alguns pecadores) não eram absolutamente expiados. A provisão para a purificação, a recuperação ou o perdão não se tornaram necessariamente uma realidade interior para cada um em Israel, mas, antes, para uma subseção da comunidade, o remanescente crente. A identificação pessoal com a vítima sacrificial pela imposição das mãos implica uma expiação particular como oposta à geral. O fato de que a expiação coletiva e individual tinha de ser assegurada pressupõe que uma delas, sob algum aspecto, era insuficiente para a outra, e que ambas servem como tipos distintivos da obra sacrificial de Jesus Cristo: expiação coletiva simbolizava o sacrifício de Cristo pelos eleitos como um todo orgânico, enquanto a expiação individual simbolizava o sacrifício de Cristo pelo crente como indivíduo.

Na discussão precedente notou-se também que a expiação no AT é limitada pela aliança e pela eleição, e, assim, mesmo que ela cobrisse um grupo "misto" de eleitos e não eleitos dentro do pacto, configura um falso movimento hermenêutico deduzir a partir disso uma expiação geral e universal. O máximo que se pode argumentar é que a expiação no AT e na morte de Cristo no NT algumas vezes abarca aqueles que não são eleitos, mas que, não obstante, são visíveis, bem como membros professos da igreja e/ou da comunidade pactual. Os que desejam afirmar mais descontinuidade entre o antigo e a nova aliança preferem falar de textos tais como linguagem fenomenológica,[50] enquanto os que enfatizam a continuidade pactual distinguem nitidamente a comunidade pactual e os eleitos. Mas em nenhum caso se pode deduzir uma expiação geral e universal.

Enquanto esses argumentos para se achar a expiação definida no primeiro corpo maior na Bíblia podem se mostrar persuasivos somente para os já convencidos, a discussão acima certamente pode inspirar o leitor a refletir cuidadosamente sobre os textos bíblicos relevantes — não só aqueles dentro do Pentateuco mas também aqueles que nos últimos capítulos deste volume retomarão e explorarão o tema com profundidade.

---

50 Barnes, *Atonement Matters*, 221.

CAPÍTULO 10

"FERIDO PELA TRANSGRESSÃO DO MEU POVO"

A OBRA EXPIATÓRIA DO SERVO SOFREDOR DE ISAÍAS

J. Alec Motyer

PRESSUPOSIÇÕES

O sábio ensinamento de Aslan é o de que nunca podemos saber o que teria acontecido, mas, com todo o devido respeito ao Grande Leão, algumas vezes não podemos deixar de imaginar. Apenas imagine que a descoberta dos pais fundadores do século XIX daquilo que se pensa ser um estudo científico do AT tivesse sido picado pelo mosquito da harmonização bíblica — e uma visão holística — em vez de uma paixão por fragmentação, múltipla autoria, remendos editoriais... imagine... apenas imagine...! No caso de Isaías, Bernhard Duhm teria exercido seus vastos talentos para mostrar como os "Cânticos do Servo" pertencem exatamente ao lugar em que estão, e devemos ver a literatura de Isaías como uma obra ordenada e bem-planejada — e que abençoados coelhinhos todos nós seríamos! Infelizmente, as coisas não são bem assim; mas se pelo menos nos convencêssemos de que é um bom método ver Isaías como um autor que escreveu um livro — não fragmentos magnéticos a atrair disparates —, então, a força real, por exemplo, de Isaías 40-55, começaria a emergir.

É correto declarar as pressuposições de alguém, e essas poucas frases deixam claro de onde este capítulo está vindo e para onde se dirige. O que segue é uma exploração indutiva de Isaías 53[1] em seu contexto literário, com uma visão dos recursos que isso fornece à doutrina da expiação definida.

CONTEXTO DE ISAÍAS 53

A fim de entendermos Isaías 53 corretamente, temos de vê-lo em seu contexto, captando toda a extensão do pensamento de Isaías, ao menos a partir de 40.1.

INCLUSÃO DOS GENTIOS NA SALVAÇÃO MUNDIAL DE IAVÉ

Foi a horrível previsão do povo de Deus sendo absorvido pelo dominante superpoder gentílico (39.6) que levou Isaías a digladiar-se pelo futuro de Israel e a digladiar-se igualmente pelo futuro dos mundos gentílicos? Quem sabe? Em qualquer caso, descobrimos que quanto mais Isaías exalta a grandeza de Iavé como o único Deus, mais ele enfrenta a questão quanto a esse Criador ter algum plano para a maior parte de sua criação. A tensão entre esses dois temas domina Isaías 40-41, culminando na consciência do profeta de uma gigantesca necessidade gentílica que espera ser satisfeita (41.21-29).

O MUNDO GENTÍLICO E A OBRA DO SERVO[2]

O elo simultâneo de Isaías 41.29 e 42.1 pela repetição de "Eis" (הֵן), focaliza a relação entre a obra do Servo e as nações gentílicas. Espiritualmente falando, o mundo gentílico é vazio de significação — são iludidos (אָוֶן), incapazes de realização, seus esforços (מַעֲשֵׂיהֶם) em parte alguma vigoram (אֶפֶס) e seus recursos espirituais são um vácuo (רוּחַ; 41.29). Neste palco

---
1 Estritamente falando, Isaías 52.13-53.12. As citações bíblicas neste capítulo são tradução do autor.
2 O que aqui só pode ser esboçado é elaborado com detalhe em J. Alec Motyer, *The Prophecy of Isaiah* (Leicester, UK: InterVarsity Press, 1993), 25-30.

transita "meu servo" (עַבְדִּי; 42.1), equipado para a tarefa de estabelecer o מִשְׁפָּט sobre a terra em toda sua verdade (42.4) e de trazer o מִשְׁפָּט às nações (42.12). Nossa compreensão da tarefa do Servo depende, pois, do significado que dermos a מִשְׁפָּט.

Seu significado mais contundente, "justiça", faz coro com o entusiasmo de nossos dias por "liberdade", igualdade social e equidade, porém perde por uma ampla margem o que Isaías vê: um mundo necessitado. Ele necessita de partilhar a verdade de Deus revelada até então somente a Israel. Naturalmente, essa é a fundamental significação de מִשְׁפָּט no AT. Radicado na noção de uma figura de autoridade tomando uma decisão autoritativa (√שׁפט),[3] estabelecendo decisões, "dando veredito", מִשְׁפָּט é o "juízo" resultante, uma decisão autoritativa para pensamento e conduta (cf. Deuteronômio 5.1). É disso que o mundo necessita, e o que o Servo vem fornecer.

Que Servo É Esse?

Quando se lê Isaías 40 e seguintes, surge a indagação quanto a quem é este Servo que anunciará os propósitos cósmicos de Deus. Em 41.8, Israel é chamado "meu Servo" e devemos levar isso adiante, até 42.1, pois esse é o destino coletivo do povo do Senhor que será a luz do mundo. Mas quando Isaías desenvolve seu argumento, 42.18-25 prontamente nos desilude de qualquer pensamento de que, considerado nacionalmente, Israel, como Isaías bem sabia, é ou adaptado ou apto para a tarefa. Essa linha raciocínio continua até seu clímax nas condenações quase estridentes de 48.1-22. Um povo de flagrante apostasia desse tipo, que tem rejeitado o caminho de paz do Senhor, já não pode, com credibilidade, reivindicar mesmo o título "Israel" (48.1). Portanto, há tanto júbilo quanto tristeza na previsão do retorno de Babilônia para o lar. A "voz que clama" (קוֹל רִנָּה) sobre essa redenção autêntica é de repente silenciada pela percepção de que a mudança de discurso não equivale a mudança de coração, e que "para o perverso ... não há paz" (48.20-22).

---

3   √ se refere à raiz do verbo.

Uma Nova Descrição de Trabalho

É nesse palco reordenado que o Servo agora caminha com uma nova descrição de trabalho. A tarefa mundial de 42.1-4 é, por si mesma, insuficiente; ele é também o restaurador do Israel apóstata, pois a nação já perdeu o direito ao honrado título (48.1), e agora ele é unicamente o Servo que é "Israel" (49.3). Portanto, isso significa que o Servo tem de ser concebido como uma entidade "coletiva"?

Entidade Coletiva ou Individual?

O testemunho do terceiro Cântico do Servo é decisivo (49.1-50.11). Do princípio ao fim, o delineamento do Servo é posto em termos de um indivíduo. O vocabulário de nascimento e a imagem da flecha de 49.1-2 são fortemente individualistas, mas, à espera de mais luz, deve-se manter em tensão com o fato de que o Servo porta o título "Israel" (49.3). Todavia, o profeta consegue com êxito nos impedir de ver o Servo como ou Israel como totalmente nacional ou Israel considerado em sua genuína identidade como um remanescente crente e temente a Deus. Primeiro, em contraste com o abatimento (49.14) e a insensibilidade (50.1-3) de Sião — aqui simbolizando o Israel real em sua ruína prevista —, há a obediência do Servo e sua jubilosa fé em meio ao pavoroso sofrimento (50.4-9). Portanto, ele não é o Israel nacional, mas se põe em oposição à massa da nação (cf. 42.18-25). Segundo, o comentário conclusivo sobre o terceiro Cântico (50.10-11) apresenta o Servo como o exemplo a se seguir (cf. 50.4-9), distanciando-o do remanescente como uma entidade coletiva. Suas marcas distintivas devem ser as do remanescente crente dentro do Israel professo. O Servo é "para" o remanescente dessa maneira fundamental.

O Servo e o Salvífico "Braço de Iavé"

Essa distinção e relação de "Servo/remanescente" controla o pensamento do profeta quando ele se move rumo ao seu clímax em 52.13-55.13. Em 51.1-52.12, três vezes "Ouvi-me" "clamai" (שִׁמְעוּ אֵלַי; 51.1, 4, 7) são contrabalançados pelas três vezes "Desperta ... desperta ... Desperta ... desperta ... Retirai-vos ... retirai-vos" "clamai" (הִתְעוֹרְרִי הִתְעוֹרְרִי ... עוּרִי עוּרִי ... סוּרוּ סוּרוּ; 51.17; 52.1, 11), enquanto o terreno central é ocupado principalmente por uma intimação ao "braço de Iavé" (זְרוֹעַ יְהוָה) para que aja de maneira redentora como no êxodo (51.9-11).

O convite inicial vai para os "que seguem a justiça, que buscam a Iavé" (רֹדְפֵי צֶדֶק מְבַקְשֵׁי יְהוָה; 51.1) — numa palavra, ao remanescente crente. Eles é que são a semente de Abraão (51.2), os que desfrutarão da Sião consolada (51.3). É esta Jerusalém/Sião que é intimada a desfrutar da paz com Deus (5.17, 22), santidade (52.1) e separação (52.11), a verdadeira Sião como se destinara a ser, a cidade do remanescente cuja membresia consiste dos que perseguem a justiça e buscam o Senhor (51.1), "meu povo ... minha nação" (עַמִּי וּלְאוּמִי; 51.4), e os que têm a lei de Deus em seus corações (51.7). Eles é que são chamados a "Olhai!" (הִנֵּה; 52.13), pois a salvação vindoura se destina a eles.

Como é que essa salvação seria concretizada ainda não fomos informados, salvo que é prevista como um ato do "braço de Iavé" (זְרוֹעַ יְהוָה) operando como no êxodo (51.9-11). O "braço" (זְרוֹעַ) como tal é usado no AT como o símbolo de força pessoal. Emparelhado com "mão" (יָד), simbolizando intervenção pessoal, é uma imagem abrangente do Êxodo (Êxodo 6.6; 15.6) e, particularmente, a "mão forte e braço estendido" (וּבְיָד חֲזָקָה וּבִזְרוֹעַ נְטוּיָה) de Deuteronômio (por exemplo, 4.34). Em Isaías, "braço de Iavé" (40.10-11) é o modo como o próprio Senhor age com poder (cf. 51.5), mas em 51.9-11 Isaías transforma a metáfora em personificação, e o "braço" vem a ser o próprio Iavé, que vem pessoalmente para efetuar o livramento e a redenção de seu povo como no êxodo. Ele segue em frente nesse mesmo estilo em 52.10: com a vivacidade tipicamente isaiana, mensageiros chegam a Sião e os sentinelas lhes dão as boas-vindas e se unem em proclamar que o Senhor tem feito sua obra régia, redentora e restauradora não através de alguma agência,[4] mas em sua própria pessoa: "Iavé desnudou

---

4   Como através de Moisés no Egito (cf. 63.12).

seu santo braço" (חָשַׂף יְהוָה אֶת־זְרוֹעַ) — ou, como poderíamos dizer, "arregaçou suas mangas", o ato de alguém empreender direta e pessoalmente uma tarefa. Portanto, o "braço de Iavé" não é uma mera metáfora ou floreio literário; é o *alter ego* de Iavé.

No contexto dessas frequentes ocorrências do "braço de Iavé", o Servo volta à cena: "Olhai! Meu Servo será bem-sucedido!" (הִנֵּה יַשְׂכִּיל עַבְדִּי; 52.13). É o Servo que empreende a salvação universal de 51.1-8 e as realidades individuais e coletivas de 51.17-52.12. Eis o Servo do Senhor como realmente ele é: aos olhos exteriores, um homem entre os homens (53.2-3), impressionante somente em rejeição e tristeza, mas aos olhos sobrenaturalmente abertos, o "braço de Iavé", o Senhor de 51.9-10 e 53.10, o divino Iavé vem pessoalmente salvar.

O Êxito do Servo

O Servo é verdadeiramente humano e verdadeiramente divino; e, como tal, o que ele empreende será "bem-sucedido" (יַשְׂכִּיל).[5] Numa palavra, o "Olhai! Meu Servo será bem-sucedido" de Isaías se equipara ao grande clamor: "Está consumado" (τετέλεσται) no Calvário (João 19.30) e nos força, no ponto de partida de nosso estudo de Isaías 53, a inquirir o que em João significa "consumado" e o que em Isaías significa "bem-sucedido". Em qualquer conceito "indeterminado" da afirmação — isto é, que a obra de Cristo apenas tornou possível a salvação, e não realmente assegurou a salvação —, "consumado" apenas significa "começou", e "bem-sucedido" apenas significa "talvez, em alguma data futura, e contingente à contribuição de outros". "Consumado" já não é "finalizado" e "bem-sucedido" já não é um resultado garantido. Isso está longe tanto da impressão quanto dos termos concretos da previsão de Isaías, como veremos.

---

5   √שׂכל em Qal, "comportar-se sabiamente" (cf. 1 Salmos 18.30), mas, contextualmente, "ter êxito na batalha", o Hiphil combina agir com prudência e agir efetivamente/bem-sucedidamente (por exemplo, Josué 1.7-8). √שׂכל em 52.13 é contrabalançado com "com seu conhecimento" em 53.11. O Servo sabe exatamente o que fazer, o faz e é bem-sucedido no que empreende.

A GRANDE REALIZAÇÃO DO SERVO: AS DIMENSÕES DA SALVAÇÃO

(1) O Alvo: O Mundo Inteiro, Salvação Triunfante

Em seu ponto de partida (52.13-15), o Cântico capta e dá expressão poética à salvação universal proclamada na promissora seção precedente (51.4-5). De fato, esse tema é a inclusão de todo o Cântico, sendo reiterado e desenvolvido no fim (53.12). O termo "muitas nações" (גּוֹיִם רַבִּים; 52.15) é combinado, e mais estreitamente definido, por "os muitos" (הָרַבִּים; 53.12); os "reis" (מְלָכִים; 52.15) são revisitados como "o forte" (עֲצוּמִים; 53.12), e seu "silêncio" subserviente (יִקְפְּצוּ מְלָכִים פִּיהֶם; 52.15) torna metáfora de derrota e espólio mais enfática (יְחַלֵּק שָׁלָל; 53.12).

(2) O Meio: A Morte do Servo

O retrato central de Isaías é que essa submissão é produzida pelo sofrimento do Servo, e isso também forma uma inclusão. A estrofe de abertura (52.14) nota o extremo do sofrimento do Servo: mutilação de sua forma física, excedendo aquela infligida sobre qualquer outro; e, então, o tormento mental, psicológico e espiritual feito de tal forma que os que viram o resultado se sentiram forçados a indagar: "Isso é ao menos humano?". Todavia, como 53.12 desenvolve o tema, a mutilação e a desumanização não foram causadas pelo desgaste e pelo dilaceramento de uma vida estressante, mas exclusivamente pela natureza de sua morte, o derramar autoimposto de sua alma.

Resumindo, o Cântico começa como pretende continuar, e termina confirmando as mesmas verdades que enfatizou do começo ao fim:

(1) Uma tarefa universal está para ser realizada com êxito (52.13).

(2) Ela será executada pelo sofrimento, e o sofrimento e seu resultado se emparelharão um ao outro com exatidão. Como a estrutura de Isaías 52.14 demonstra:

"Como pasmaram muitos à vista dele (כַּאֲשֶׁר שָׁמְמוּ עָלֶיךָ רַבִּים) —
pois seu aspecto estava muito desfigurado,
mais do que o de outro qualquer (כֵּן־מִשְׁחַת מֵאִישׁ מַרְאֵהוּ),
e sua aparência, mais do que a dos outros filhos dos homens (וְתֹאֲרוֹ מִבְּנֵי אָדָם).
— exatamente assim ele aspergirá[6] muitas nações (כֵּן יַזֶּה גּוֹיִם רַבִּים)."

O versículo se equipara aos que se sentem aturdidos ante o sofrimento do Servo com os que se tornam beneficiários de seu sangue derramado, e assim o versículo nos introduz ao conceito da expiação substitutiva do Servo.

(a) Uma Expiação Substitutiva Perfeita

Isaías se contenta em produzir do princípio da substituição a peça central de seu perfil da obra do Servo, e em Isaías 53 encontramos todas as quatro essências do substituto perfeito.

(i) Identificado conosco em nossa condenação. Os tradutores se sentem estranhamente satisfeitos em dizer-nos que o Servo de Iavé foi "trespassado 'pelas' [מִן] nossas transgressões ... moído 'pelas' [מִן] nossas iniquidades" (53.5).[7] A preposição hebraica מִן é basicamente a preposição de causa e efeito. Assim, "ele foi ferido *por causa de* nossas transgressões, moído *por causa de* nossas iniquidades". Havia uma causa e havia um efeito: de um lado, nossos pecados; do outro, o golpe de morte, pois aqui, como em todo o capítulo 53 de Isaías, os sofrimentos que ele suportou não se referem, de uma maneira geral, às dores da vida, e sim à aflição da morte, de modo que podemos falar incisivamente, dizendo que nosso pecado *causou* sua morte. Uma tradução possível — aliás, preferível — de 53.8 formula a mesma tese de uma maneira precisa: "foi cortado da terra dos viventes; por causa da [מִן] transgressão do meu povo, foi ele ferido!"

---

6 Deve-se ler "aspergir" (√יזה) ou "causará admiração" (de cognato árabe)? Dado seu uso no AT com o significado de "aspergir" (vinte e duas vezes), a despeito de uma sintaxe diferente, o equilíbrio da probabilidade fica esmagadoramente do lado de "aspergir". Ver Motyer, *Prophecy of Isaiah*, 425-26.

7 BDB, 577-83, dedica doze colunas e meia a uma discussão abrangente sobre a ambivalência de מִן, mas não inclui o significado vago de "por". Para o uso causativo, veja BDB, 580, 2f (por exemplo, Isaías 6.4; 28.7).

(ii) Sem a mácula de nosso pecado. Começando com Êxodo 12.5, a exigência percorre todo o sistema levítico de "vosso cordeiro será sem defeito". Ainda quando não pareça ser declarado diretamente, a razão para tal requerimento não é difícil de ser encontrada: somente o sem defeito pode aceitar e dispensar as obrigações espirituais/religiosas de outro; uma imperfeição incorre em obrigação pessoal e desqualifica o imperfeito da graciosa tarefa de substituição.

Isaías tem seu próprio modo sucinto, porém penetrante, de trazer o Servo do Senhor dentro dessa categoria do perfeito. Ele nos diz que "ele não fez violência, e nenhum engano saiu de sua boca" (53.9). Esse versículo usa a expressão idiomática hebraica de "totalidade expressa por meio de contraste". Assim, a ação ("fez"; עָשָׂה) se contrasta com discurso ("boca"; פֶּה); exterior ("violência"; חָמָס) com interior ("engano"; מִרְמָה); ação para com outros ("violência"; חָמָס)[8] com domínio de si mesmo ("boca"; פֶּה). Mas a simples afirmação de 53.9 não está sozinha; somos conduzidos passo a passo. A perfeição do Servo estava longe de ser uma "virtude fugitiva e enclausurada". Antes, foi testada e provada de muitas direções: ele estava sujeito a perseguição, mas retinha sua língua, mesmo quando a perseguição podia iminentemente terminar nos cadafalsos (53.7); ele suportou a ilegalidade e a perversão do devido processo da lei (מֵעֹצֶר וּמִמִּשְׁפָּט לֻקָּח), e morreu destituído de compreensão em seus dias (53.8; cf. 1 Pedro 2.21-25).[9] Suas virtudes foram testadas à destruição, muito embora ele permanecesse sem pecado (cf. Hebreus 4.15).

iii. Perfeitamente aceitável ao Deus ofendido. Esse terceiro requerimento de uma substituição perfeita nos conduz ao cerne da matéria. Não pode haver salvação a menos que Deus seja satisfeito. Dentro da experiência humana, o pecado é um fato lastimável, desconfortável e danoso. Ele avilta nossos ideais, diminui nossas realizações morais, corrompe nossas práticas, ameaça e às vezes destrói nossos relacionamentos e destroça nossas esperanças. Em outras palavras, ele é uma lástima! Mas o que torna o pecado um problema — uma

---

8 חָמָס, especificamente, significa comportamento socialmente destruído; dano causado a outra pessoa (por exemplo, Gênesis 6.11; Isaías 59.6; Obadias 10).

9 "Tirado da prisão e do juízo" (NKJV) ou "levado sem restrição e sem justiça".

crise eterna — é a natureza de Deus. Fosse Deus moralmente indiferente, ainda deploraríamos o pecado, mas, em um sentido último, ele não nos importaria. Entretanto, Deus é santo; santidade é seu estado essencial; tudo relativo a ele é "santo". Seu nome é santo; seu amor é santo.[10] Na Bíblia, santidade é o fato constitutivo de Deus. Muito bem, então: até que a santidade seja satisfeita, não pode haver salvação para o pecador.

Como o ensino de Isaías no capítulo 53 preenche este requisito? O versículo 6 conta toda a história: algo verdadeiro de todos ("todos nós"; כֻּלָּנוּ), algo verdadeiro de cada um ("cada um"; אִישׁ) e, finalmente, algo verdadeiro do Senhor ("e Iavé"; וַיהוָה). No hebraico, a sentença final acentua a agência divina: "E Iavé — sim, Iavé! — fez cair sobre ele..." (וַיהוָה הִפְגִּיעַ בּוֹ). Como tradução, isso não mereceria nenhum prêmio; como representação da ênfase de Isaías, nota dez! Por detrás de todas as operações que perseguiram tenazmente o Servo até sua morte (53.l7-9), havia uma operação divina: Iavé mesmo agindo como seu próprio sumo sacerdote para satisfazer sua própria santidade (cf. Levítico 16.21); literalmente, "Iavé fez cair sobre ele a iniquidade de todos nós" (53.6).[11] De fato dramático! A morte do Servo é o ponto de intersecção de todo o espaço e de todo o tempo. De norte, sul, leste e oeste, do passado, presente e futuro, a mão divina se concentra nos pecados de todos os pecadores que se propõe salvar, e pessoalmente os conduz a um ponto solene e santo — a cabeça de seu Servo.

Uma vez mais, encontramos "Iavé" como um agente enfático em 53.10, onde lemos (com as mesmas ênfases): "Iavé — sim, Iavé! — se deleitou por moê-lo" (וַיהוָה חָפֵץ דַּכְּאוֹ); "o fez ficar enfermo" (הֶחֱלִי).[12] A referência a "enfermidade" naturalmente nos faz voltar a 53.4, onde "tristezas" (חֳלִי) se

---

10 O adjetivo "santo" é usado para o nome de Deus com mais frequência do que outros exemplos de seu uso enfeixados.
11 Hiphil de √פגע, "fazer cair sobre, interpor".
12 Esta interpretação toma דַּכְּאוֹ em seu sentido claro como um constructo infinitivo Piel, "moer" (√דכא). Alguns preferem tratá-lo como o adjetivo דכא, "moído" (57.15; Salmos 34.10); "Iavé se deleitou por seu moído". Isso evita a clara dificuldade de Iavé deleitar-se em moer seu Servo, mas seguramente Isaías omitiu esse discernimento de דַּכְּאוֹ quando acrescentou a palavra de definição mais próxima, הֶחֱלִי: "ele o fez ficar enfermo" (Hiphil de √חלל).

equipara a "enfermidades", isto é, metafórico dos efeitos pessoais e debilitantes do pecado. É fácil a expressão "Iavé se deleitou" ser mal-entendida e usada equivocadamente, mas a Escritura insiste que o Pai enviou o Filho para ser o Salvador do mundo, e que o Pai ama o Filho porque ele deu sua vida (João 10.17; 1Jo 4.14). Sem dúvida, Isaías usa palavras fortes; e, também sem dúvida, ele foi inspirado a pisar em solo sagrado, onde podemos segui-lo apenas obscuramente. Mas, por exemplo, tomemos um pai humano que se deleita que seu filho seja obediente ao chamado de Deus para um ministério de tempo integral, e que ele não se esquivou de um papel sacrificial, impositivo e inclusive perigoso. Tal pai poderia dizer com razão que se deleitava com o que seu filho está empreendendo. Todavia, por mais humanos que sejamos, podemos chegar a um ponto de sacrifício em que "deleitar-se" estaria além de nossa capacidade — mas, diz Isaías, não além do Senhor. Tão intensa era sua determinação de tratar salvificamente com os pecadores e seu pecado, que até mesmo o sacrifício lhe era um deleite. Não significa que devamos dar passos incertos em tal território, mas prostrar-nos com admiração, amor e adoração. Esse é o nosso Deus, e é essa extensão que faz o coração parar que mostra que o que seu Servo fez é aceitável.

iv. Aceitando voluntariamente a função de substituto. Agora se completam os quatro pontos da substituição. Desde os tempos mais antigos, o princípio da substituição era conhecido e praticado e, cremos, era uma matéria de revelação divina. As regulamentações pascais enfatizavam vividamente equivalência entre o cordeiro que estava para morrer e os israelitas que entravam nas casas manchadas de sangue. Seu número ("segundo o número") e suas necessidades ("segundo a necessidade de cada um") eram levados cuidadosamente em conta na escolha do cordeiro, e a exigência de que tudo o que sobrasse tinha de ser queimado, abastecido para a inadequação humana e erro de cálculo, de modo que, de fato, a equivalência viesse a ser exata (Êxodo 12.4, 10). Além do mais, quando Moisés estabeleceu o sistema levítico, o requerimento comum em todas as categorias de sacrifício foi que o ofertante estendesse sua mão sobre a cabeça do animal, um ato explicado no ritual do Dia da Expiação como a transferência do pecado do culpado para o "sem defeitos" (Levítico 1.4; 3.2; 4.4; 16.21-22).

Coube ao eminente gênio de Isaías ver e ensinar que, em última análise, somente um humano poderia substituir humanos — e mostrar a razão para seu delineamento do Servo. Isaías 53.1-3 pretende mostrar que o divino "Braço de Iavé" era real e verdadeiramente humano: sua ancestralidade e seu crescimento (v. 2a), seu aparecimento e as reações provocadas (v. 2b) e as provações que ele experimentou (v. 3). Mas o pensamento-chave é reservado para 53.7-9. No versículo 7, os verbos estão no modo *Niphal*, muitas vezes usados, como aqui, para expressar o que os gramáticos chamam um sentido "tolerativo"[13] — "ele mesmo se deixou ser brutalizado" (נִגַּשׂ):[14] até onde lhe dizia respeito, "ele mesmo se deixou tiranizar — e ele não abriu sua boca!" (וְהוּא נַעֲנֶה וְלֹא יִפְתַּח־פִּיו). Nada alterou sua aquiescência silenciosa. Todavia, ele era o Braço de Iavé! Portanto, devemos ir além da "aquiescência" e falar da aceitação, deliberada, constante e espontânea de seu papel. Os animais, através dos séculos, não sabiam o que nem o porquê; tampouco, se interrogados, poderiam responder; nem tinham uma vontade pela qual pudessem voluntariamente aceitar seu papel. Eles podiam prover um corpo em lugar de um corpo humano, sua "perfeição" em lugar da corrupção e fracasso humanos, mas uma coisa que não podiam fazer era representar e substituir os humanos no próprio centro da pecaminosidade humana — a vontade que escarneceu a vontade de Deus. Sua substituição constituiu um quadro genuíno, "mas o sangue de bezerros e bodes jamais pôde remover o pecado". Essa tarefa teve de aguardar Aquele que pôde dizer: "Eis aqui estou, para fazer, ó Deus, a tua vontade." (Hebreus 10.4-7).

Com a vinda do Servo, pois, veio também uma expiação substitutiva perfeita.

---

13 W. Gesenius, E. Kautzsch e A. E. Cowley, *Gesenius' Hebrew Grammar* (Oxford: Oxford University Press, 1910), § 51c.
14 Cf. o Niphal tolerativo no versículo 12, "que ele mesmo seja contado" (נִמְנָה).

(b) Uma Expiação Completa

Nossa presente tarefa é seguir Isaías quando ele explica como o Servo do Senhor, em sua obra substitutiva, lidou total e positivamente com o nosso pecado.

i. A natureza multifacetada do pecado. Em Isaías 53 encontramos o vocabulário do AT completo do pecado. No versículo 12, a palavra חֵטְא ("pecado") focaliza o fato do pecado como deficiência. O verbo relacionado, √חטא, "pecar", ocorre em Juízes 20.16 em relação a não perder um alvo. Em seu emprego moral, "pecado" é a questão específica que cremos ter de confessar — quer pensamento, palavra ou ato, imaginação interior ou ato exterior. "Perdemos", não alcançamos o alvo do mandamento do Senhor.

Em Isaías 53.5, a palavra é עָוֹן, "iniquidade". O verbo parente, √עוה, significa "vergar, torcer" (por exemplo, Isaías 21.3[15]), fazendo o substantivo significar "comportamento desonesto, perversão". No vocabulário completo de pecaminosidade, é a palavra "interna" — portanto, estritamente falando, a natureza humana deformada da qual toda má ação se deriva, ainda que no uso o termo se estenda aos feitos iníquos, suas consequências e a culpa resultante.

Terceiro, há a palavra ameaçadora פֶּשַׁע, "rebelião" (53.5, 8). Por que "ameaçadora"? Porque é uma palavra de assassino. Não importa o quanto nos desculpemos pela natureza caída que inspira e efetua pecado concreto, permanece o fato de que, em casos tão numerosos que podemos evocar, uma escolha nos foi apresentada e escolhemos o caminho da rebelião deliberada, consciente, espontânea. Pecamos porque quisemos.[16]

ii. O pecado em toda sua abrangência. Portanto, mediante o vocabulário que ele escolheu, Isaías mostrou que o Servo tratou o pecado em sua totalidade. Nenhum débito ficou por pagar, ou nenhuma falha sem cobrir. Ele é igualmente abrangente com respeito às consequências do pecado. Isaías nos apresenta com

---

15 NKJV: "atormentado"; NVI: "atordoado", alguém "duplamente vergado" em desgraça.
16 Segundo Reis 3.7; 8.20 ilustra a ideia (cf. Isaías 1.3; Jeremias 3.13, para a rebelião religiosa).

três áreas maiores do dano do pecado que a obra do Servo toca: em direção ao interior, em direção a Deus e em direção ao homem.

Em direção ao interior (α): "Ele levou nossas dores". Isaías diagnostica o estado em que nos encontramos sob as palavras "doenças" e "tristezas" (חֳלִי), "dores" e "aflições" (מַכְאֹב). Pecado é uma enfermidade que debilita o pecador, se espalha como uma infecção maligna, agiganta seu domínio sobre as funções da alma como alguma doença implacável, cujo apetite não se satisfaz enquanto não tiver destruído cada função e levado o pecador à morte. Pecado é também uma praga que toca e diminui cada esplendor que daria longevidade à vida, fazendo ruir toda a esperança de seu cumprimento e fazendo nossa felicidade converter-se em cinzas. Quando Isaías fala do Servo como um "homem de dores" (v. 3), ele usa a mesma palavra (מַכְאֹב).[17] O Servo entrou na plena realidade da sorte humana como a experimentamos (cf. Hebreus 4.15). Mas, em particular, ele "foi tirado" de nós (√נשׂא)[18] e "fez seu" (√סבל)[19] o pleno peso, de enfermidade e praga, de nosso pecado. A primeira palavra é o ato de "levantar" o fardo, a segunda é o ato de "ombrear" o fardo — primeiro, "aceitação"; então, "tolerância". Isaías está usando a imagem do "bode expiatório" em Levítico 16 (cf. vs. 21-22), onde ocorrem todas as palavras principais do vocabulário do pecado, incluindo √נשׂא.

Em direção ao interior (β): "Ele proveu justiça para muitos". O excedente do pecado inclui o fato de que cada ato pecaminoso, externo ou interno, "paga na mesma moeda" ao pecador. Somos conspurcados e aviltados por nossas ações, pensamentos e palavras. Isso também foi tratado pela morte do Servo. No entanto, para ver isso, carecemos de chegar mais perto do hebraico de 53.11 do que o tradicional "justificar a muitos" (NJKV; NIV), ou "levar muitos a serem contados como justos" (ESV). Aqui, o hebraico é יַצְדִּיק צַדִּיק עַבְדִּי לָרַבִּים.

---

17 De √כאב, "sentir dor" (por exemplo, Gênesis 34.25; Jó 14.22, de dor física, mas também de dor mental, Provérbios 14.13; Ezequiel 13.22).
18 "Ele portou" (NKJV; ESV; NRSV); "levou" (NVI).
19 "Carregou" (NKJV; ESV; NRSV; NVI).

Contém um aspecto não encontrado em outro lugar no AT,[20] dando o significado "prover justiça para". É uma afirmação forte. O Servo "conhece" a necessidade que deve ser satisfeita e como ser satisfeita; o que ele realmente tem feito é compartilhar-se com (literalmente) "os muitos": ele é "o justo, meu Servo" e "provê justiça" — sua justiça, como podemos dizer à luz de toda a Bíblia,[21] nos é imputada em nossa necessidade.

Em direção a Deus (α): "o castigo de nossa paz". As palavras no versículo 5 nos ensinam que os efeitos de nosso pecado em relação a Deus também se relacionam com a morte do Servo. Ambos, o verbo (יסר√) e seu substantivo (מוּסָר) se movem dentro de uma gama semântica de "disciplina, castigo, correção, admoestação", com o contexto que determina o significado em cada caso. No presente caso, somos ajudados comparando as palavras "o castigo de nossa paz" (מוּסַר שְׁלוֹמֵנוּ; v. 5) com "o pacto de minha paz" (בְּרִית שְׁלוֹמִי; 54.10). O último significado, "meu pacto legalmente garantindo paz", daí 53.5, "a pena legal que assegura paz".[22] Isso satisfaz a ênfase penal que anima esses versículos bem como a igualmente persuasiva "concretude" do benefício assegurado.

O que era assim, por merecimento e culpabilidade, "nossos", de fato estava "sobre ele". Uma frágil equivalência, se porventura houver uma — substituição e transferência legal.

Em direção a Deus (β): das ovelhas extraviadas aos membros da família. Um segundo aspecto de nosso pecado em relação a Deus do qual Isaías trata é nossa alienação de Deus. Que o Servo viria para o nosso

---

20 O Hiphil de צדק√, "ser justo", usualmente é seguido de um objeto direto como em Deuteronômio 25.1; 2 Samuel 15.4. Somente aqui é seguido de um objeto indireto com ל prefixado.
21 Por exemplo, Gênesis 15.6; Isaías 54.17 etc.
22 "Paz" (שָׁלוֹם) se deriva de שלם√, "ser integral, inteiro", e é usado do começo ao fim do AT, como revela uma concordância, do estabelecimento de uma inteireza todo abrangente, uma totalidade do bem-estar em nossa relação com Deus, com as pessoas e no seio de nossas próprias personalidades. Em Isaías 40–55, é possível inclusive pensar em "paz" como um dos fios de ouro que unem os capítulos — a paz que foi perdida, e por que (48.18) a paz que não pode ser [perdida] (48.22), paz vindoura proclamada (52.7), consumada (53.5), assegurada pela aliança (54.10) e desfrutada na fruição do que o êxodo prefigurou (55.12).

meio e deixaríamos de notá-lo é evidência do quanto a mente humana se separou da mente de Deus. Prova adicional da alienação mental vem quando os expectadores veem seu sofrimento, mas não sua verdadeira explicação (v. 8), aplicando somente a "luz" da lógica humana equivocada (v. 4). Não admira, pois, que o versículo 6 reze que todos nós temos nos extraviado. Mas quando "pôs sobre ele a iniquidade de todos nós" (וַיהוָה הִפְגִּיעַ בּוֹ אֵת עֲוֹן כֻּלָּנוּ) aconteceu um milagre genuíno: os que se extraviaram como ovelhas são trazidos ao lar como filhos, porque, "quando der ele a sua alma como oferta pelo pecado verá a tua posteridade" (נַפְשׁוֹ יִרְאֶה זֶרַע אִם־תָּשִׂים אָשָׁם; v. 10). A construção prótase-apódose revela que as dores de sua alma criam membros da família, eliminando para sempre qualquer alienação anterior.

Em direção ao homem: a culpa de prejudicar outros. Isaías mostra como o Servo do Senhor fez provisão pelo dano infligido interiormente a nós mesmos, a ofensa feita ao Senhor e, finalmente, o prejuízo causado a outras pessoas.

Isaías 53.10 usa a importante palavra אָשָׁם.[23] O significado primário da raiz é "culpabilidade", o ato que incorre em culpa, a condição de culpado e a penalidade/restituição que a culpa requer. Entre as ofertas, as regulamentações do אָשָׁם incluem fazer recompensa pelo dano infligido a outra pessoa. Há três traduções possíveis da linha 3 no versículo 10 (אִם־תָּשִׂים אָשָׁם נַפְשׁוֹ), cada uma com seu próprio elemento da verdade:

(a) "Quando tu (Senhor) sua alma/dele designaste como uma oferta pela transgressão..."
(b) "Quando ele/sua alma fizer uma oferta pela transgressão..."
(c) "Quando tu (o indivíduo) ofereceres/fizeres sua alma/dele uma oferta pela transgressão..."

---

23 NKJV: "oferta pelo pecado"; NVI: "oferta pela culpa". Cf. Levítico 5-6, "oferta pela transgressão".

Isaías, o supremo escritor, teria sido consciente das múltiplas possibilidades no que escreveu, e seguramente sua intenção era que abraçássemos plenamente todas as três: (a) o Senhor era o agente "real" por detrás da morte do Servo, como no versículo 6, e por isso podemos estar certos tanto da eficácia quanto da aceitabilidade da oferta; (b) o próprio Servo se ofereceu voluntariamente, como nos versículos 7-9, como oferta pela transgressão, portanto provendo uma completa substituição pelo pecador; (c) busca-se a resposta individual — como Isaac Watts o expressa em seu excelente hino "Not All the Blood of Beasts" [Não basta o sangue de todos os animais]:

> Pela fé eu estendo a mão
> Sobre a tua querida cabeça,
> Enquanto, como penitente, fico em pé
> E ali confesso meu pecado.

Mas, seja qual tradução escolhamos, a noção do אָשָׁם permanece a mesma: que os efeitos de nossos pecados se estendem como pequenas ondulações, afetando nossos colegas humanos. O pecado é mais amplo e de mais longo alcance do que o próprio ato. O Senhor, fazendo seu Servo o אָשָׁם, conhece a plena extensão de toda essa ondulação, e, colocando nosso pecado sobre seu Servo, põe-no todo (v. 6). O Servo, oferecendo-se voluntariamente, também tem esse conhecimento (בְּדַעְתּוֹ; v. 11), e aceita a pena completa pela realidade completa de nosso pecado. Nós que viemos fazer de sua alma nosso אָשָׁם conhecemos de nosso pecado somente uma porção de cada minuto, mas, impondo nossas mãos sobre sua cabeça, reconhecendo-o como nosso substituto, agimos pela fé: todo o nosso pecado em sua plena extensão foi levado pelo Servo em sua morte, sem resto, saldo ou excedente.

Em suma, Isaías nos deu um quadro abrangente da obra do Servo — é uma expiação completa e que abarca todos os aspectos do pecado —, mas o que dizer de sua eficácia, sua objetividade? A morte do Servo poderia ter realizado a redenção plenamente, mas qual é sua aplicação? E qual a conexão entre as duas?

(3) O Resultado: Expiação Realizada e Aplicada
(a) Uma expiação eficaz

Isaías não usa palavras pomposas como salvação, redenção ou reconciliação em seu perfil do Servo; mas, mesmo sem usar a palavra, ele recorre ao vocabulário da expiação e declara ou por afirmação direta ou por implicação que a obra expiatória completa jaz no passado, empreendida e completada pela morte do Servo.

Não obstante, Isaías fala também por aqueles a quem foram dados olhos para verem. O "nós", que uma vez olha para o Servo do Senhor e nada vê para voltar os olhos para ele uma segunda vez (53.2b-3), de algum modo vem a ser o "nós" que tem uma notícia a dar, uma revelação a partilhar (5.1), o "nosso", o "nós" e o "meu" que vieram a tornar-se confiantemente informados da natureza, significado e efeito de sua morte (53.4-9). É uma questão de considerável importância traçar a sequência de 53.4-6:

> O versículo 4 descreve nosso estado inicial de cegueira. O Servo morreu e sua morte teve nele, objetivamente, toda a plenitude de sua inerente significação substitutiva, mas, subjetivamente, ela foi recebida pela incompreensão e interpretação equivocada.
>
> No versículo 5 não se oferece nenhuma explicação, mas a cegueira foi substituída pelo testemunho da realidade objetiva da substituição, e a realidade subjetiva da cura (isto é, da "doença" do pecado) — um equivalente do AT de "eu era cego, mas agora vejo" (João 9.25).
>
> O versículo 6 desenvolve a nova autoconsciência do que é verdadeiro de toda a companhia abraçada pelo "nós", e da culpabilidade individual, e de uma correta compreensão do lugar e da ação do Senhor na morte do Servo — uma inclusão corretiva à interpretação equivocada do versículo 4b.

Evidentemente, a conversão pessoal tem tomado lugar, todavia nada se diz sobre ouvir e responder à verdade; não há referência a decisão pessoal, comprometimento ou fé. É totalmente uma história dos pecadores necessitados na mão de Deus. É a história secreta de cada conversão, a história real, a contraparte do AT de "Não fostes vós que me escolhestes a mim; pelo contrário, eu vos escolhi a vós outros" (João 15.16). É também a morte melancólica de qualquer compreensão indeterminada da expiação, a qual busca propor uma disjunção entre redenção consumada e aplicada. Não importa como a questão é formulada. Poderia alguém, cujas iniquidades o Senhor pôs sobre seu Servo, deixar de ser salvo? Tal distribuição poderia se mostrar ineficaz? Quaisquer iniquidades foram postas sobre o Servo, salvo com o divino propósito de salvação eterna? Uma vez que o universalismo é excluído pela insistência de Isaías sobre "os muitos" (ver abaixo), 53.4-6 obriga o intérprete destituído de preconceito a uma compreensão efetiva e particularista da expiação. O cerne da questão é ousadamente expressa: o "nós" desses versículos cruciais foram atados à impossibilidade de apreender o que o Servo era por toda parte, mas nossas iniquidades foram postas por Iavé sobre seu Servo; e *isto* é o que guiou nosso "olhar". As implicações teológicas são profundas: a expiação *propriamente dita*, e não algo fora da expiação, é a causa para qualquer conversão. Os recursos para a conversão se encontram na morte do Servo; eles fluem dela. Assim, é a expiação que ativa a conversão, não vice-versa (cf. Tito 3.3-5).

Esse elemento de definição, da expiação operada e eficaz, a qual é o âmago de 53.4-6, é também o pensamento diretivo da última seção do Cântico (53.10-12). A relação entre a primeira e a última estrofe desse Cântico final do Servo (52.13-15; 53.10-12) é a de enigma e explanação. O enigma é a equivalência exata entre o sofrimento do Servo e a resposta do espanto e submissão que ele evoca, e como tudo isso se relaciona com a exaltação única que aguarda o Servo.[24] Em 53.10-12, encontramos a mesma relação entre sofrimento e resultado,[25] mas ago-

---

24 A exaltação é tríplice: "exaltado ... enaltecido ... altíssimo" (NKJV); com mais exatidão, NVI: "elevado ... levantado ... muito exaltado" — prefigurando a ressurreição, ascensão e assento celestial.
25 As estrofes entre colchetes formam paralelo entre si com exatidão: "Meu Servo" (עַבְדִּי; 52.13) é balanceado por "o justo, meu Servo" (צַדִּיק עַבְדִּי; 53.11); e o sofrimento de 52.14-15 é paralelo com 53.10. Precisamente como 52.14-15 expressou a relação entre causa e efeito por "justamente como ... assim" (כַּאֲשֶׁר ... כֵּן), e assim 53.12 usa a preposição de exatidão causativa: "precisamente porque" (תַּחַת אֲשֶׁר).

ra tudo é explicado. Os espantosos frutos do sofrimento provêm do fato de que o Senhor mesmo está em ação: ele é o Agente por detrás da ferida (53.10), e o Fiador e Distribuidor dos resultados (53.12), não de qualquer modo artificial ou fictício, e sim tornando infalível que o Servo seja galardoado como bem merece. Além disso, o galardão do Servo não provém de sua justiça nem mesmo de seu chocante sofrimento, mas unicamente de sua morte que carrega o pecado: em 53.10, sua vida ("alma") é uma oferta de recompensa (אָשָׁם); em 53.11, ele provê justiça para os muitos (יַצְדִּיק צַדִּיק עַבְדִּי לָרַבִּים), carregando suas iniquidades (הוּא יִסְבֹּל וַעֲוֹנֹתָם), e em 53.12 Seu lucro de "os muitos" como seu prêmio (וְאֶת־עֲצוּמִים יְחַלֵּק שָׁלָל) e seu ato de despojar o forte (בָּרַבִּים אֲחַלֶּק־לוֹ) provém exatamente de (תַּחַת אֲשֶׁר) derramar sua vida ("alma") à morte (הֶעֱרָה לַמָּוֶת נַפְשׁוֹ), seu ato voluntário de enumerar-se com os rebeldes (וְאֶת־פֹּשְׁעִים נִמְנָה), levando o pecado deles (וְהוּא חֵטְא־רַבִּים נָשָׂא), e intercedendo pelos transgressores (יַפְגִּיעַ וְלַפֹּשְׁעִים)[26] — numa palavra, sua morte, isso e nada mais, garante os resultados da redenção aplicada.

(b) O Servo Administrador

O Servo não é apenas o Produtor dos resultados de sua morte; é também o Administrador deles. Em conformidade com 53.7-9, o Servo do Senhor se submeteu voluntariamente à injustiça e à morte — ainda quando o próprio sepultamento contradisse misteriosamente as expectativas de seus executores.[27] Agora, porém, Isaías revela o Servo vivo após sua paixão. Entretanto, ele não é como os outros que morreram experimentando a meia vida do Sheol; ele é ativo, dominante, com os dias prolongados, outorgando as bençãos pelas quais ele morreu e desfrutando os frutos de sua morte voluntária e vitoriosa. Isaías não usou a palavra "ressurreição", mas poderia muito bem tê-lo feito.

---

26 √פגע no Qal (ativo simples), "encontrar, alcançar, chegar em". No Hiphil (ativo causativo), "fazer encontrar, interpor" (53.6); mas também (possivelmente com o sentido de levar duas partes a se encontrarem), "interpor, mediar" (cf. 59.16); "fez intercessão" (NKJV; NVI).

27 Mais "misteriosamente" do que os tradutores o admitem, também para os escritores hebreus de "os perversos" (רְשָׁעִים) (plural) e "um homem rico" (עָשִׁיר) (singular). Como se dá com a tríplice exaltação de 52.13, as circunstâncias do sepultamento do Servo constituem uma chave isaiana que, em seu devido tempo, identificará o Servo (Mateus 27.38, 57).

Isaías ata a administração pós-ressurreição do Servo à vontade de Iavé com o verbo "se deleitou" (חָפֵץ) entre parênteses e seu substantivo "deleitar" (חֵפֶץ) em 53.10. O deleite/vontade de Iavé preparou e se cumpriu na obra de expiação, mas também continua através do Servo, o qual vive para administrar a expiação que ele consumou com sua morte. A mão do Servo — o órgão da intervenção e ação pessoais —, agora dispensa a expiação, aplicando-a a quem ele quer. O Servo não está engajado em auto-oferta ulterior; ele está administrando os frutos de um ato passado e histórico. A decisão de outorgar é dele; não há outra mão ou agência que possa salvar.[28] É preciso que tenhamos em mente, quando relembramos que o único significado possível de 53.10b é "quando fizeres de sua alma uma oferta pela culpa". Realmente, essa decisão e resposta pessoal não é um elemento contributivo na obra da salvação; é abraçado na função administrativa da mão dispenseira do Servo.

Em suma, pois, duas verdades se sobressaem nessa seção final do Cântico. A primeira é que a expiação foi efetuada, em sua totalidade, pela morte do Servo, e é aplicada pelo próprio Servo, o qual ativamente distribui e aplica a grandeza salvífica do que Hebreus chamará "um sacrifício pelos pecados, para sempre" (Hebreus 10.12). A segunda, o deleite do Senhor, que preparou a morte salvífica, inclui também seu deleite concernente ao usufruto de seus benefícios. É a "mão" do Servo que traz os benefícios da expiação àqueles a quem o Senhor quer. Assim, o Senhor quer a obra e a recepção da salvação, e o Servo espontaneamente assegura ambas. A vontade de Deus de salvar, a obra expiatória do Servo e sua subsequente administração dessa obra, tudo pertence à mesma "trajetória" teológica. Isaías não admite qualquer disjunção ou desacordo entre qualquer destes três elementos: todos se sincronizam em perfeita harmonia, produzindo uma salvação completa e efetiva — redenção consumada *e* aplicada.

Um aspecto final da obra do Servo necessita de atenção: a quem se destinava essa expiação efetiva e aplicada?

---

28 É também importante voltar a 53.1, o qual ensina que o Servo só pode ser reconhecido como um resultado da revelação divina. O "Braço de Iavé" tem de ser revelado, senão ele continuará a ser visto em termos meramente humanos.

OS RECIPIENTES A QUEM SE DESTINAVA A SALVAÇÃO CONCRETIZADA PELO SERVO

O começo e o fim do Cântico estão ligados por referências a "muitos" ou "os muitos": "muitos" (רַבִּים) ficaram consternados/horrorizados (52.14); "muitas nações" (גּוֹיִם רַבִּים) beneficiadas pela aspersão (52.15); o Servo "proveu justiça para muitos" (לָרַבִּים); "Eu lhe darei os muitos"/lhe dei os muitos como sua porção" (בָּרַבִּים);[29] Ele mesmo suportou o pecado de muitos" (רַבִּים; 53.12). Como devemos entender esta palavra obviamente significativa?

Seu uso geral no AT não ajuda. Pois, em sua maior parte, é usada de uma maneira não específica — "muitos" (1 Samuel 14.6) contrasta com "poucos" (Números 13.18) — ou para expressar a ideia geral de "numeroso" (Êxodo 5.5). Uma porção de casos exemplifica o adjetivo plural com o artigo definido, como em 53.11 (cf. 8.7; Jeremias 1.15; Daniel 11.33, 39; 12.3), mas não dá a diretriz de que precisamos. Portanto, é preferível olhar para os versículos individualmente.

Em 52.14-15, à luz da prometida salvação universal que o Servo está para empreender (42.1-4; 49.6-9; 51.4-5), as "muitas nações" a serem aspergidas se referem à numerosa companhia envolvida mundialmente; isto é, muitas nações em contraste com uma nação que tinha, até então, desfrutado da revelação divina.

A referência a "muitos" e a "os muitos" em Isaías 53.11-12 suscita todo um diferente grupo de questões, simplesmente porque propõe a eficácia da morte salvífica do Servo por indivíduos. No versículo 11, "os muitos" são aqueles cujas iniquidades o Servo ombreou e a quem as bênçãos de sua morte expiatória realmente introduziram o dom da justiça. No versículo 12a, o sujeito é o galardão do Senhor que o Servo bem mereceu. Ele "ganhou" (לָכֵן אֲחַלֶּק־לוֹ) "os muitos" como sua porção dividida (cf. João 6.37). Isaías 53.12b volta outra vez ao como o Servo obteve este galardão — "no despojo exato por" (תַּחַת אֲשֶׁר), derramando sua alma na morte, permitindo ser contado com os rebeldes e carregando o pecado de "muitos".

---

29 Aqui, a preposição prefixada é a *beth essentiae*: "Eu lhe darei sua porção em termos de muitos".

Como tudo isso deve ser entendido? Em 52.15, "muitos é implicitamente todas as nações fora de Israel, agora trazidas para dentro do círculo da salvação, um número que excede a tudo. Não obstante, isso não nos compromete com o universalismo ("todos sem exceção"), pois a analogia requer que as nações sejam salvas como Israel é salvo, e sabemos que, tanto no AT como no NT, "nem todos os de Israel de fato são israelitas" (Romanos 9.6), de modo que, mesmo quando "muitos" parecem implicar "todos", contudo, efetivamente, se aplica somente ao nível individual — a alguns em contraste com todos.

Então diremos que "muitos" em 53.11-12 simplesmente nos assegura de numerosidade e deixar a questão nesse ponto? De certo modo, isso tem de ser verdadeiro, pois somente o transcurso do tempo evidencia as imensas dimensões da assembleia mundial resultante da expiação uma vez por todas (45.14.25; 51.4-5). Mas se tomarmos isso no sentido de que a morte expiatória vai mais longe do que tornar a salvação possível a "muitos", e carece da contribuição da fé individual para completar o que a morte do Servo só iniciou, então nos extraviamos do que Isaías ensina. O Cântico é muito preciso em ligar de volta 53.10-12 a 53.4-6. O clímax dos versículos 4-6 é notavelmente enfático: "E Iavé" (וַיהוָה); é aqui onde os versículos 10-12 começam (וַיהוָה). Nas mãos de um mestre tão habilidoso como Isaías, coincidência tão forte de expressão vocálica tem de ser deliberada. Além disso, os dois grupos de três versículos cada um têm sete palavras significativas em comum, todas portando a natureza e o significado da morte do Servo, partilhando a imagem de doença, de carregar o pecado (Dia da Expiação) e mediação.[30] Além disso, em cada grupo há a mesma combinação da operação do Servo e da operação de Iavé. A implicação disso é que "os muitos", que são o objeto tanto da obra salvífica do Servo quanto de sua implicação nos versículos 10-12, são as ovelhas extraviadas do versículo 6, cujas iniquidades Iavé pôs sobre o Servo, e que são convertidas (miraculosamente!) por sua morte. "Muitos", pois, têm em si certa especificidade, enquanto também

---

30 Em cada caso, a primeira linha envolve √חלל, "ficar doente", e a última linha √פגע (no Hiphil), "satisfazer, interpor"; os verbos que carregam o sentido de pecado √נשׂא, "levantar, suportar, carregar", e √סבל, "ombrear"; o verbo de sofrer √דכא, "esmagar", é comum a ambos os grupos, como são as palavras "pecado" עָוֹן, "iniquidade" e פֶּשַׁע, "rebelião".

retêm sua numerosidade inerente: se refere àqueles por quem o Servo fez expiação e a quem ele aplica essa mesma expiação (cf. Apocalipse 7.9).

Isaías usa simultaneamente outros termos com "os muitos" que endossam esse ponto. "Meu povo" (עַמִּי; 53.8), e a "descendência" (זֶרַע; 53.10) do Servo[31] são o produto da vontade e do deleite de Iavé e do ofício salvífico e administrativo do Servo; ser uma oferta pela culpa é uma consequência em sua vida: foi por eles que ele suportou "as dores de sua alma". Os recipientes em pauta e os reais beneficiários da morte expiatória do Servo são um e o mesmo grupo.

Combinando todos esses elementos juntos, podemos concluir que o referencial de רַבִּים é uma família inumerável de cada nação, inclusive Israel, o qual constitui os eleitos de Deus, por quem a redenção é, respectivamente, consumada e aplicada.

Concluindo, para que não busquemos extrair nossas próprias conclusões "lógicas" de que uma posição "particularista" da obra do Servo necessariamente negaria a proclamação universal da salvação e o convite de Iavé a todos, vemos que o universo mais amplo de Isaías 53 nos proíbe (cf. 54.1-55.13). A completude e a eficácia da morte do Servo, destinada aos seus inumeráveis eleitos de cada nação, não inibe a proclamação e o convite universal para receber a salvação de Deus, como Isaías 55 revela; antes, o que se vê de fato é que a expiação definida do Servo forma a base para a proclamação e para o convite.

---

31 Assim, com exatidão, NKJV, NVI e ESV "prole" naturalmente é correto, mas infelizmente obscurece o que é especialmente uma palavra-chave na história da salvação.

CAPÍTULO 11

PARA A GLÓRIA DO PAI E A SALVAÇÃO DE SEU POVO

A EXPIAÇÃO NOS SINÓTICOS E NA LITERATURA JOANINA

Matthew S. Harmon

Sem dúvida, a morte e a ressurreição de Jesus são o principal destaque dos Evangelhos. Mas os Evangelhos não se atêm a meramente descrever os eventos que cercam a morte e a ressurreição de Jesus, eles também explicam o sentido desses eventos. Como parte disso, os livros bíblicos abordam direta e indiretamente o propósito da expiação de Cristo. Aliás, há na Escritura poucos *corpora* com mais a dizer sobre esse tema do que os Evangelhos Sinóticos e a Literatura Joanina.[1]

Ao analisar esse material, discutirei três coisas. Primeira, Jesus morreu para manifestar a glória do Pai. Segunda, Jesus morreu para concretizar a salvação de seu povo. Terceira, Jesus morreu pelos pecados do mundo. Então concluirei resumindo minhas descobertas e oferecendo algumas reflexões finais. Juntar essas três verdades é essencial para construir uma compreensão bíblica do propósito da expiação de Cristo.

---

1 Há tanto material que este capítulo não terá como discutir cada passagem relevante ao tema.

I. JESUS MORREU PARA MANIFESTAR A GLÓRIA DO PAI

Antes de determinar por quem Cristo morreu, é necessário, sobretudo, estabelecer o objetivo principal de sua morte.[2] Fazer isso dá um ponto de partida para se avaliar outros propósitos e benefícios da morte de Cristo como declarada na Escritura. De acordo com os sinóticos e a Literatura Joanina, o objetivo principal da morte de Cristo é a manifestação definitiva da glória de Deus. O Filho glorifica o Pai realizando a obra deste, a qual é salvar eficazmente aqueles que o Pai lhe deu.

O Objetivo Principal Da Expiação: A Glória Do Pai

Os Evangelhos enfatizam reiteradamente que tudo o que Cristo faz visa à glória do Pai. Segundo João 1.14, um dos resultados da encarnação é que "vejamos sua glória, a glória do Unigênito do Pai, cheio de graça e de verdade".[3] Ao referir-se a Êxodo 33,34, João afirma que a mesma glória exibida a Moisés é agora visível no Verbo encarnado.[4] Apenas uns poucos versículos depois, João explica mais que o mesmo Verbo na carne "O [Deus] fez conhecido" (1.18). O verbo grego usado aqui (ἐξηγέομαι) significa "prover informação detalhada de uma maneira sistemática — 'informar, relatar, contar plenamente'".[5] O ponto importante formulado por João é que, como Verbo que se fez carne, Jesus Cristo é a mais plena revelação de Deus. Como tal, João pretende que o leitor veja que tudo que Jesus diz e faz é uma manifestação da glória de Deus.

Assim, não surpreende quando os sinais miraculosos de Jesus são entendidos como uma exibição de sua glória. Após Jesus converter água em vinho durante as bodas em Caná, João explica: "Com este, deu Jesus princípio a seus

---

2   Mesmo alguns que defendem a "expiação universal" reconhecem que essa é a questão central. Por exemplo, Robert P. Lightner, *The Death Christ Died: A Case for Unlimited Atonement* (Des Plaines: Regular Baptist Press, 1967), 33: "Não há dúvida sobre isto; a questão entre a expiação limitada e universal se centra no desígnio ou propósito da obra redentora de Cristo".
3   Compare Lucas 2.14, onde os anjos proclamam "Glória a Deus nas maiores alturas!", os quais anunciam o nascimento de Jesus aos pastores no campo.
4   Ver D. A. Carson, *The Gospel According to John*, PNTC (Grand Rapids, MI: Eerdmans, 1991), 129.
5   Johannes E. Louw e Eugene A. Nida, *Greek-English Lexicon of the New Testament: Based on Semantic Domains* (Nova York: United Bible Societies, 1989), 1:410.

sinais em Caná da Galileia; manifestou a sua glória, e os seus discípulos creram nele" (2.11). Essa afirmação é mais que cronológica; ela indica que, em algum sentido, esse primeiro sinal é paradigmático para todos os milagres de Jesus.[6] Repetidamente, nos Evangelhos, o povo responde aos milagres de Jesus (Lucas 5.25,26; 7.16; 13.13, 17; 17.15, 18; 18.43; 19.38) e inclusive ao seu ensino (Lucas 4.15), glorificando a Deus. Todavia, em relação ao número de sinais que Jesus realizou, muitos se recusaram a crer nele (João 12.37-40). Então, mesmo Jesus Cristo sendo a expressão definitiva da glória de Deus, a maioria não creu nele em razão da dureza de seu coração.

A exibição mais clara da glória de Deus é a morte, ressurreição e ascensão de Cristo.[7] Do começo ao fim dos Evangelhos, a glória de Deus é especialmente ligada a esses eventos distintos na vida de Jesus. A transfiguração é apresentada como uma visão prévia da glória que Jesus terá uma vez que seu êxodo se cumpra em Jerusalém (Lucas 9.28-36). Em seu Evangelho, frequentemente João usa o verbo "glorificar" (δοξάζω) como uma forma concisa para morte e ressurreição de Jesus (7.39; 12.16, 23, 28; 13.31-32; 17.1, 4-5). Dois textos claros se destacam. Em João 12, em resposta a alguns gregos que procuravam vê-lo, Jesus responde: "Vem a hora em que o Filho do Homem será glorificado" (12.23). O contexto deixa claro que Jesus tem em vista a própria morte e ressurreição. Primeiro, a analogia do trigo caindo na terra, morrendo e produzindo fruto retrata sua morte e ressurreição (12.24). Segundo, em 12.28, Jesus pede ao Pai: "Glorifica o teu nome". O Pai responde: "Eu o glorifiquei e ainda o glorificarei". Vários versículos depois, Jesus responde: "Eu, quando for levantado da Terra, atrairei todos a mim" (12.32). João explica que Jesus "disse isso para mostrar que tipo de morte estava para morrer" (12.33). Em João 13.31-32, Jesus faz uma conexão similar entre a

---

6   Compare a conclusão de Carson, *John*, 175: "É bem possível que João esteja dizendo que esse *primeiro* sinal é também *primário*, porque aponta para a nova dispensação da graça e cumprimento que Jesus está inaugurando".

7   Embora a crucifixão, ressurreição e ascensão de Jesus sejam eventos distintos, elas compreendem (ainda que complexo) o ato redentor de Cristo em nosso favor. Assim, enquanto a Escritura algumas vezes atribui certo benefício a um desses eventos, esse evento específico careceria de sua verdadeira significação se separado dos outros dois (ver mais em Michael S. Horton, *The Christian Faith: A Systematic Theology for Pilgrims on the Way* [Grand Rapids, MI: Zondervan, 2010], 521-47.

vinda da hora e Deus sendo glorificado. Assim que Judas o trai, Jesus diz aos seus discípulos restantes: "Agora o Filho do Homem é glorificado, e Deus é glorificado nele. Se Deus é glorificado nele, Deus também o glorifica nele, e o glorifica imediatamente". Ao dispensar o traidor, Jesus põe em movimento a cadeia de eventos que levarão à expressão máxima a glória de Deus — sua morte sacrificial e ressurreição triunfante. Assim, o último sinal que exibe a glória de Deus é a morte, ressurreição e ascensão de Cristo.

O Meio De Glorificar O Pai: Fazendo A Obra Do Pai

A Escritura faz mais do que simplesmente apresentar a morte de Jesus como glorificação do Pai — ela põe sua morte dentro da estrutura maior do Filho glorificando o Pai, realizando a obra de que o Pai o encarregou antes de assumir definitivamente a carne. O Filho concorda em manifestar a glória do Pai, redimindo o povo que o Pai lhe deu.[8] Como resultado, essas pessoas redimidas participarão da comunhão intratrinitariana partilhada pelo Pai e o Filho por toda a eternidade. Diversas passagens na literatura joanina descrevem esse acordo, mas três são particularmente importantes.

A primeira está no discurso do Pão da Vida (João 6.22-58), em que Jesus explica a obra de que o Pai o encarregou. Depois de identificar-se como o Pão da Vida, Jesus afirma:

> Todo aquele que o Pai me dá, esse virá a mim; e o que vem a mim, de modo nenhum o lançarei fora. Porque eu desci do céu, não para fazer a minha própria vontade, e sim a vontade daquele que me enviou. E a

---

8 Esse acordo é mencionado às vezes como a aliança da redenção, ou o *pactum salutis*. Para discussões proveitosas, veja o seguinte: Louis Berkhof, *Systematic Theology* (Grand Rapids, MI: Eerdmans, 1996), 265-71; Richard A. Muller, "Toward the *Pactum Salutis*: Locating the Origins of a Concept", *Mid-American Journal of Theology* 18 (2007): 11-65; Herman Bavinck, *Sin and Salvation in Christ*, vol. 3 of *Reformed Dogmatics*, ed. John Bolt, trad. John Briend, 4 vols. (Grand Rapids, MI: Baker, 2011), 212-16; John B. Webster, "It Was the Will of the Lord to Bruise Him": Soteriology and the Doctrine of God", in *God of Salvation: Soteriology in Theological Perspective*, ed. Ivor J. Davidson e Murray Rae (Farnham, Surrey, UK: Ashgate, 2011), 15-34. Mesmo que alguém não se conforme com a expressão "pacto da redenção", não pode haver dúvida de que a Escritura fala de um acordo na eternidade passada, entre Pai e Filho, que estabelece o plano da história da redenção.

vontade de quem me enviou é esta: que nenhum eu perca de todos os que me deu; pelo contrário, eu o ressuscitarei no último dia. Ninguém pode vir a mim se o Pai, que me enviou, não o trouxer; e eu o ressuscitarei no último dia. (6.37-40, 44)

Várias vezes nessa seção Jesus enfatiza que desceu do céu para realizar a vontade do Pai. A partir dessa passagem, o plano estabelecido pelo Pai e o Filho pode ser resumido assim: (1) o Pai dá ao Filho um grupo de pessoas; (2) o Filho desce do céu para fazer a vontade do Pai; (3) a vontade do Pai é que o Filho não perca nenhum deles, mas os ressuscite no último dia; (4) essas pessoas vão ao Filho, olhando para ele e crendo nele; (5) o Filho lhes dá a vida eterna; (6) o Filho os ressuscitará no último dia; (7) ninguém pode ir ao Filho, a menos que o Pai, que enviou o Filho, os atraia. Assim é a eleição que o Pai fez de um grupo específico que define quem vai ao Filho e é ressuscitado no último dia.[9]

Essa progressão prejudica seriamente a discussão de que "o decreto da eleição é logicamente posterior ao da expiação, em que também, de fato, pertence à elaboração da aplicação da salvação. Ou seja, a expiação é geral; sua aplicação, particular".[10] Segundo João 6.37-44, o Pai não planeja enviar o Filho para salvar todo mundo, então elege apenas alguns, sabendo que fora dessa eleição ninguém creria. Tal opinião pressupõe que a redenção limita a eleição; em outras palavras, a generosidade geral de Deus para com toda a humanidade finalmente conduz à expiação, e a eleição só se faz necessária porque sem ela ninguém creria. Mas João 6 indica que o Pai dá ao Filho um grupo específico de pessoas em favor de quem, *a seguir*, ele morre a fim de dar-lhes a vida eterna. O particularismo acompanha o planejamento e a elaboração da expiação, não apenas sua aplicação.[11] Assim, é a eleição que limita a expiação, não o contrário.

---

9 Note que no final do mesmo capítulo Jesus retorna ao mesmo tema quando, depois de observar que alguns não creem, declara: "Por causa disto, é que vos tenho dito: ninguém poderá vir a mim, se, pelo Pai, não lhe for concedido" (6.65). Isso ajuda a explicar como Judas era parte dos Doze e, no entanto, traiu Jesus (6.70-71).

10 D. Broughton Knox, "Some Aspects of the Atonement", in *The Doctrine of God*, vol. 1 de *D. Broughton Knox, Selected Works* (3 vols.), ed. Tony Payne (Kingsford, NSW: Matthias Media, 2000), 265.

11 Contra Knox, ibid.

A segunda passagem-chave é a oração sumo sacerdotal (João 17.1-26), a qual deixa ainda mais claro que o Filho glorifica o Pai, realizando a obra de que o Pai o encarrega. Depois de anunciar que a hora já chegou, Jesus ora: "glorifica o teu Filho para que o Filho possa glorificar-te" (17.1). A combinação de "hora" (ὥρα) e "glorificar" (δόξασόν) lembra a passagem 12.23,24, onde Jesus falou sobre sua morte e ressurreição. Essa conexão esclarece o que Jesus quer dizer quando ora: "Eu te glorifiquei na terra, completando [τελειώσας] a obra [τὸ ἔργον] que me deste para fazer" (17.4, NVI). Que ele se refere à sua morte e ressurreição iminente é confirmado ainda mais pelo uso que João faz do verbo teleiovw ("completar"),[12] o qual é similar ao verbo τελέω em 19.30, onde Jesus clama "Está consumado [τετέλεσται]", nos instantes antes de sua morte.[13] O particípio em 17.4, τελειώσας ("ao completar"), indica que a consumação da obra é o meio pelo qual Jesus glorifica o Pai.[14] Assim, a conexão é clara: o Filho glorifica o Pai, completando a obra de que o Pai o encarregou, o que envolve sua morte e sua ressuscitação.

Mas, enquanto o foco "(n)a obra" (τὸ ἔργον) em pauta evidentemente é a cruz, o contexto maior de João 17 indica que está em vista mais que isso. Jesus afirma que manifestou o nome do Pai "àqueles a quem me deste [εδωκάς[15]] do mundo" (17.6). Ele lhes deu as palavras que o Pai lhe dera (17.8), e os guardou no nome do Pai (17.22). A glória que teve junto ao Pai, agora tem dado a seus discípulos (17.22). Por isso agora ora para que o Pai os proteja (17.11, 15), os unifique (17.11, 20-23), cumpra a alegria deles (17.13), os santifique (17.17-19) e permita que vejam e participem da glória do Filho (17.22-24). No intervalo, os envia ao mundo justamente como o Pai o enviara (17.17-19). Assim "a obra" (τὸ ἔργον) que Jesus realiza a fim de glorificar o Pai, embora

---

12 Para uma conclusão similar, ver, por exemplo, Andreas J. Köstenberger, *John*, BECNT (Grand Rapids, MI: Baker, 2004), 489; e Carson, *John*, 556-57.
13 Duas vezes antes disso, Jesus usa o verbo τελειόω com o substantivo ἔργον ("obra") para denotar a totalidade do ministério de Jesus (4.34; 5.36). Mas, enquanto nessas duas ocorrências prévias ἔργον é plural, em 17.4 é singular, o que provavelmente enfatiza a totalidade da obra de Jesus (Köstenberger, *John*, 489).
14 Assim também explica J. Ramsey Michaels, *The Gospel of John*, NICNT (Grand Rapids, MI: Eerdmans, 2010), 860.
15 Esse é o mesmo verbo usado em 6.37.

com certeza foque a cruz, abarca tudo o que Jesus faz para garantir que as pessoas que o Pai lhe deu estejam com o Filho e partilhem da glória que eles partilham (17.20-26).

Essa é a totalidade dessa obra que Cristo afirma ter consumado — expiando os pecados daqueles a quem o Pai lhe deu *e* orando por eles como seu Sumo Sacerdote, a fim de conduzi-los à glória. E a totalidade dessa obra (expiação *e* intercessão) é aplicada àqueles a quem o Pai deu ao Filho; aliás, é com base na obra do Filho que o Pai os atrairá (cf. 12.32). Alegar que Cristo faz expiação pelos pecados de todos, mas aplica essa expiação somente aos eleitos, vai de encontro à totalidade da obra que Cristo realiza para glorificar o Pai. Essa alegação também apresenta as pessoas da Trindade atuando com propósitos cruzados entre si: o Pai destina a expiação a cobrir os pecados dos eleitos; o Filho faz expiação por todos, mas a aplica mediante o Espírito somente aos eleitos. Por contraste, João 17 enfatiza não só a totalidade da obra que Cristo eficazmente realizou para a glória do Pai, mas também a harmonia trinitária em planejar, realizar e aplicar essa glória aos eleitos.[16]

A terceira passagem-chave é a Sala do Trono na visão de Apocalipse 4.1 e 5.14. João dá um quadro adicional de Cristo glorificando o Pai, realizando a obra de que este o encarregou. Como "o Leão da tribo de Judá" (5.5) e o "Cordeiro em pé, como se fora morto" (5.6), Cristo é o único digno de tomar o "livro escrito por dentro e por fora, selado com sete selos" (5.1-7). Embora debatido, parece preferível entender esse livro inusitado como um "tábua celestial contendo o propósito e fim da história da redenção".[17] Como o Leão e o Cordeiro, o Filho é digno de abrir este livro, porque somente ele tem a autoridade de executar o plano divino de redenção.[18] Essa autoridade é confirmada pelo cântico de louvor dos anciãos:

---

16 Outro exemplo de harmonia trinitária é que ambos, Pai e Filho, atraem pessoas ao Filho (6.44; 12.32, respectivamente). Aliás, o Filho ser levantado numa cruz é *base* suficiente para atrair pessoas a si (12.32; note a construção prótase-apódose). Contribui para essa harmonia o fato de que Jesus dá seu Espírito aos que creem, seus eleitos, depois de ser glorificado através de sua morte (7.39; 14.16,17; 16.7-11; 20.19-23).
17 Grant R. Osborne, *Revelation*, BECNT (Grand Rapids, MI: Baker, 2002), 249.
18 G. K. Beale, *The Book of Revelation: A Commentary on the Greek Text*, NIGTC (Grand Rapids, MI: Eerdmans 1999), 340.

> Digno és de tomar o livro
> e de abrir-lhe os selos,
> porque foste morto e com o teu sangue compraste para Deus
> os que procedem de toda tribo, língua e nação
> e para o nosso Deus os constituíste reino e sacerdotes;
> e reinarão sobre a Terra. (Apocalipse 5.9,10)

Dois fatores particulares desse cântico são dignos de nota. Primeiro, a morte sacrificial de Cristo é o foco do que o Cordeiro fez para consumar o plano redentor de Deus;[19] como tal, ele é o meio pelo qual o Filho traz a glória do Pai. Segundo, sua morte resgatou pessoas *para Deus* (τῷ θεῷ); em outras palavras, a salvação deles foi primeiramente a promoção de seus próprios propósitos — sendo o principal propósito que, pela morte de Cristo, ele é agora digno de participar da única glória e louvor que pertencem exclusivamente a Deus. Isso é inicialmente percebido quando as miríades de anjos (5.11,12) e toda a criação (5.13-14) se unem para atribuir dignidade ao Cordeiro que foi morto, mas que aguarda a consumação para seu cumprimento final.

Dessa passagem emerge um severo esquema do plano redentor de Deus. (1) O Pai determina exibir sua glória. (2) O Filho executa o plano dando sua vida em resgate de pessoas para o Pai de cada tribo, e língua, e povo, e nação. (3) O Filho faz dessas pessoas resgatadas reino e sacerdotes para Deus, que reina sobre a Terra. (4) O resultado é que toda a criação enaltece a glória do Pai e do Filho. Esse é o alvo rumo ao qual Deus está dirigindo toda a história da redenção. Uma vez mais, é óbvio que o Filho glorifica o Pai concretizando a obra de que este o encarregou.

Resumo

Outros textos (João 10.18; 12.49,50; 14.30-31) testificam o acordo redentor entre o Pai e o Filho. Mas os textos considerados previamente são

---

19 Esse ponto é ainda mais reforçado se de fato o livro (5.1) for retratado como uma vontade romana que requereu a morte do testador para que a herança fosse executada. Sobre essa possibilidade, ver Beale, *Revelation*, 344-46.

suficientes para mostrar não só que tal acordo existe mas que também é um quadro geral pelo qual encarnação, vida, ministério, morte, ressurreição e ascensão devem ser entendidas.[20] O objetivo último desse acordo era exibir a glória do Pai a toda a criação, de modo que ele fosse adorado. O Filho executa esse plano, redimindo aqueles a quem o Pai lhe dera através de sua vida, morte, ressurreição e ascensão. Porque o Filho realiza toda a obra que o Pai o enviara a fazer, seu povo será um com o Pai e o Filho, vendo a glória da qual partilham. Como resultado, ambos, Pai e Filho, recebem incessante louvor no céu, agora em antecipação ao dia em que toda a criação reconhecerá a glória de Deus exibida na redenção de seu povo habitando em um universo transformado.

Quando entendida contra esse plano de fundo, torna-se claro que a exibição da glória de Deus depende de que o Filho realize eficazmente tudo que for necessário para a redenção de seu povo. Jesus afirma com toda a clareza: "E eu, quando for levantado da terra, *atrairei* todos a mim mesmo" (João 12.32). A construção prótase-apódose mostra que há um elo necessário entre o evento da redenção e a sua aplicação. Assim, quando chega a redenção, "não nos encontramos numa esfera do fugaz ou condicional, e sim na esfera da história sob a fiel promessa de Deus feita a si mesmo e, portanto, a nós".[21] Se ainda um daqueles a quem o Pai deu ao Filho se perder, então Deus não recebe toda a glória que merece, porque a exibição de sua glória depende de os eleitos serem um com o Pai e o Filho na glória futura. Visto, porém, que o Filho realiza eficientemente tudo o que se faz necessário, Deus é glorificado como a fonte, agente e objetivo de nossa salvação.

Assim, elaborar a questão do propósito da expiação como uma diferença entre a intenção de salvar todos (arminiano) ou os eleitos (reformado) perde seu foco maior.[22] Como John Webster nota:

> A salvação de criaturas é um grande feito, porém não o maior, que é a majestade de Deus e sua promulgação. ... A salvação ocorre como parte da

---

20 Para uma conclusão similar, ver especialmente Webster, "It Was the Will of the Lord", 15.34.
21 Ibid., 30.
22 Ver, por exemplo, Lightner, *Death Christ Died*, 33-56.

autoexposição divina; seu objetivo principal é a reiteração da majestade de Deus e a glorificação dele por todas as criaturas. Portanto, a soteriologia tem seu lugar dentro da teologia do *mysterium trinitatis*, isto é, as riquezas inerentes e comunicadas da vida de Deus como Pai, Filho e Espírito Santo.[23] Assim, quando a Escritura fala do propósito de Deus na expiação em termos de pessoas salvas do pecado ou da demonstração do amor dele pelo mundo, essas afirmações devem ser avaliadas à luz do objetivo principal de Deus de exibir sua glória. Em outras palavras, a salvação da humanidade não foi o propósito primário da expiação, mas, antes, o meio essencial pelo qual o objetivo último de glorificar o Pai foi alcançado.

II. JESUS MORREU PARA SALVAR SEU POVO

Mateus indica desde o início de seu Evangelho que a obra de Jesus é em prol de seu povo. O anjo do Senhor fala a José que Maria "dará à luz um filho, e o chamarás de Jesus, porque ele salvará seu povo dos pecados deles" (1.21). Mais que simplesmente explicar a etimologia do nome de Jesus, o anúncio angélico indica que a salvação que Jesus realizará é especificamente para o seu povo. O recado de Mateus faz destacar-se a identidade de "seu povo", frequentemente com resultados surpreendentes.[24] Duas passagens em particular são cruciais para determinar o referente de "seu povo".

(1) Mateus 20.28

Um pouco antes de sua entrada final em Jerusalém, Jesus responde à solicitação de Tiago e João pelos lugares de honra no reino messiânico (20.20-28).

---

23 Webster, "It Was the Will of the Lord", 20.
24 D. A. Carson, "Matthew", in *The Expositor's Bible Commentary*, ed. Frank E. Gaebelein (Grand Rapids, MI: Zondervan, 1994), 77, comenta: "Ainda que para José 'seu povo' fosse o judeu, mesmo ele entenderia, a partir do AT, que alguns judeus incorreram ao juízo de Deus, enquanto outros vieram a ser piedosos remanescentes. Em qualquer caso, já não compete a Mateus dizer que ambos, João Batista (3.9) e Jesus (8.11), retratam os gentios se unindo ao santo remanescente para se tornarem discípulos do Messias e membros de 'seu povo' (ver sobre 16.18; cf. Gênesis 49.10; Tito 2.13-14; Apocalipse 14.4). As palavras 'seu povo' são, portanto, plenas de significado que é progressivamente desenrolado como o Evangelho revela. Elas se referem a 'o povo do Messias'". R. T. France, *The Gospel of Matthew*, NICNT (Grand Rapids, MI: Eerdmans, 2007), 53, nota que é também possível usar a conexão entre "seu povo" e "minha igreja" em 16.28.

Ao contrastar a grandeza do reino com a grandeza dessa era, Jesus aponta para seu próprio exemplo quando afirma que "o Filho do Homem não veio para ser servido, mas para servir e dar sua vida em resgate de muitos [ἀντὶ πολλῶν]" (20.28). Embora seja possível tomar "muitos" como sinônimo de "todos",[25] há razões para ver uma referência mais estreita. Primeiro, é bem provável que Jesus ecoe a linguagem de Isaías 52.13-53.12, em que o Servo morre em favor dos muitos.[26] Dentro daquela passagem, "os muitos" (הָרַבִּים [MT]/ οἱ πολλοί [LXX]) se referem àqueles a quem a obra salvífica do Servo *realmente* é aplicada, incluindo não só os judeus, mas também as "muitas nações" (52.15).[27] Segundo, a linguagem de resgate (λύτρον) indica o pagamento de um preço específico (a vida de Jesus) pela libertação de um povo específico (muitos).[28] Sua vida é dada em troca da (ἀντί) dos muitos, não de todos sem exceção.

(2) Mateus 26.28

Durante a Última Ceia (26.26-29), Jesus oferece a seus discípulos o cálice e explica: "Isto é o meu sangue da aliança, que é derramado por muitos para o perdão de pecados" (26.28). Assim como a aspersão de sangue selou um

---

25 Talvez o exemplo mais influente seja Joachim Jeremias, "πολλοί", TDNT 6:543-45, o qual argumenta que πολλοί é usado inclusivamente (= "todos") baseado na evidência do Antigo Testamento. Mas, embora Jeremias discuta Isaías 52.13-53.12, não leva em conta que a obra do Servo por muitos seja realmente *aplicada* aos muitos (ver J. Alec Motyer, "'Ferido pelas transgressões de Meu povo': A Obra Expiatória do Servo Sofredor de Isaías", capítulo 10 neste volume). Além do mais, a afirmação de Jeremias de que, com exceção de Mateus 24.12 e 2 Coríntios 2.17, polloiv sempre significa "todos", é muito exagerada; para toda uma série de textos paulinos onde polloiv quer dizer "muitos" ou "a maioria", mas não "todos", ver Douglas J. Moo, *The Epistole to the Romans*, NICNT (Grand Rapids, MI: Eerdmans, 1996), 336 n. 100.

26 Para as conexões entre Marcos 10.45/Mateus 20.28 e Isaías 53, ver especialmente Rikki E. Watts, *Isaiah's New Exodus in Mark*, Biblical Studies Library (Grand Rapids, MI: Baker, 2000), 257-90.

27 Há também evidência de que em Qumran o termo "os muitos" (הָרַבִּים) às vezes se refere à comunidade eleita em contraste com os que ainda não são plenamente iniciados na comunidade (1 QS 6:11-27) (Hanns Walter Huppenhauer, "Rb, rwb, rbym in der Sektenregel", *Theologische Zeitschrift* 13 [1956]: 136-37, e Ralph Marcus, "Mebaqqer e rabbim in the manual of Discipline 6:11-13", *JBL* 75 [1956]: 298-302). Embora a interpretação de Qumran não prove que "muitos" equivale "os eleitos" em Isaías 53, ela demonstra a clara precedência para essa interpretação.

28 O pagamento de um preço para assegurar livramento é fundamental para esse grupo de palavras (Leon Morris, *The Apostolic Preaching of the Cross*, 3ª ed. [Grand Rapids, MI: Eerdmans, 1965], 12-13). Em adição à referência de comprar a liberdade de escravos ou prisioneiros de guerra, esse grupo de palavras poderia também se referir aos sacrifícios feitos para pagar pelos pecados contra os deuses (Adela Yarbro Collins, "The Signification of Mark 10:45 among Gentile Christians", *Harvard Theological Review* 90 [1997]; 371-82).

povo particular na antiga aliança (Êxodo 24.1-8), também aqui a inauguração da nova aliança requer que Jesus derrame seu sangue por um povo específico. Esse povo particular é os "muitos" por quem Jesus dá a vida em resgate (Mateus 26.28). A combinação de "muitos" e "perdão de pecados" em 26.28 forja um elo de volta ao anúncio angélico em 1.21 de que Jesus "salvará seu povo de seus pecados". Além do mais, essa combinação provavelmente aluda outra vez à obra do Servo Sofredor de Isaías 53.[29]

Assim "seu povo", em Mateus 1.21, fica ainda mais claro pelos "muitos" em 20.28 e 26.28 por quem Jesus morre para perdoar seus pecados. Como o cumprimento da esperança do Antigo Testamento, Jesus sela a nova aliança com o resgate de um povo particular, de sua servidão ao pecado, através de sua morte e ressurreição.

Esses textos enfatizam a morte de Jesus por um grupo particular de pessoas, e não pela humanidade em geral. Mesmo sem levar em conta se o termo usado é "muitos" ou "seu povo", o ponto permanece o mesmo: Jesus deu a vida como resgate do povo escatológico de Deus, composto de judeus e gentios que creem nele.

Literatura Joanina

Encontramos na literatura joanina o mesmo tipo de afirmações particularistas. Mas, diferente dos sinóticos, João também inclui muitas afirmações sobre a eleição que Deus fez de um povo particular para receber os benefícios da morte de Jesus. Além de João 6, o qual foi discutido previamente, as seguintes passagens são particularmente significativas.

Em João 10.11-18, Jesus se apresenta como o bom pastor que dá a vida pelas ovelhas (10.11). Jesus descreve essas ovelhas como "minhas", as quais o conhecem "assim como o Pai me conhece e eu conheço o Pai" (10.15). Mas, quem são as ovelhas? São o povo escatológico de Deus, tirado igualmente dentre os judeus e os gentios (10.16). Os líderes religiosos não creem porque não fazem

---

29 Sobre a alusão a Isaías 53, ver Douglas J. Moo, *The Old Testament in the Gospel Passion Narratives* (Sheffield, UK: Almond, 1983), 127-32.

parte do rebanho de Jesus (10.26). Por contraste, as ovelhas de Jesus ouvem a voz dele, seguem-no e a elas é dada a vida eterna (1.27,28). São suas ovelhas porque o Pai as deu ao Filho (10.29). Note que Jesus não diz que os líderes religiosos não fazem parte de seu rebanho porque não creem. Ao contrário, deixa claro que a incredulidade dos líderes religiosos é uma manifestação do fato de que não são suas ovelhas. À luz dessa passagem, vemos que as ovelhas de Jesus são um grupo particular de pessoas que existem antes mesmo de exercerem fé nele, e que os que não fazem parte desse grupo divinamente selecionado não creem (cf. 8.47). Como o bom pastor, Jesus dá sua vida por um grupo particular de pessoas (suas ovelhas) em distinção de outros (os que não são suas ovelhas).[30]

João descreve, ainda, os inimigos de Jesus como testemunhas de que a morte dele foi dirigida a um grupo particular de pessoas. No ato de Jesus ressuscitar Lázaro dentre os mortos, o Sanedrin se reúne em sessão de emergência para discutir o que fazer com Jesus (11.47-53). O sumo sacerdote Caifás afirma que "vos é melhor que um homem morra pelo povo, e assim toda a nação não pereça" (11.50). João segue explicando que Caifás involuntariamente estava profetizando "que Jesus morreria pela nação, e não somente pela nação, mas também para reunir em um os filhos de Deus dispersos pelo mundo" (11.51-52). Enquanto Caifás quis dizer claramente que a morte de Jesus pouparia o povo judaico de um confronto com Roma, João vê o significado teológico da afirmação. A morte de Jesus é "pela nação" (o povo judaico), bem como outros que se uniriam aos filhos de Deus.[31] Seguindo os passos da discussão sobre as ovelhas de Jesus no capítulo 10, devemos entender isso como uma reiteração

---

30 Simplesmente se deixa afirmar que um texto como esse não diz explicitamente "que Cristo *só* morreu pela igreja ou que ele não morreu pelos não eleitos", como faz David I. Allen, "The Atonement: Limited or Universal?", in *Whosoever Will: A Biblical-Theological Critique of Five-Point Calvinism*, ed. David I. Allen e Steve W. Lemke (Nashville: B&H Academic, 2010), 79. De fato, a alegação de que Jesus deu a vida por suas ovelhas não *demanda logicamente* que tenha morrido somente pelos eleitos. Mas deve-se ressaltar que essa alegação não existe num vácuo, ela parte de uma matriz maior de ideias na passagem em que descrevem o propósito de Cristo vir ao mundo, o meio de concretizar esse propósito e a distinção específica entre suas ovelhas e os que não são suas ovelhas. Assim, "tirar a fórmula 'dando sua vida por' da relação em que ela ocorre e aplicar aos que finalmente perecerão é fazer uma distinção que o próprio ensino de Jesus proíbe" (John Murray, *Volume 1: The Claims of Truth* [Carlisle, PA Banner of Truth, 1976], 76).

31 Note que esse grupo de pessoas ("filhos de Deus") existe antes mesmo de crerem em Jesus, outra indicação de sua eleição divina.

da ideia de que o verdadeiro povo de Deus, composto igualmente de judeus e gentios, são as pessoas por quem Jesus morre.

Enquanto Jesus prepara seus discípulos para sua morte iminente, uma vez mais ressalta que ela visa a um grupo particular de pessoas. Após ordenar que seus discípulos amem uns aos outros como ele os amou (15.12), Jesus descreve a natureza de seu amor: "Ninguém tem maior amor do que este: de dar alguém a própria vida em favor dos seus amigos" (15.13).[32] Assim como o Bom Pastor dá sua vida pelas ovelhas, também aqui Jesus dá a vida pelos amigos em razão do amor por eles. Esse amor particular por seus amigos se baseia na eleição divina: "Não fostes vós que me escolhestes, mas eu vos escolhi" (15.16).[33]

Embora não haja uma ênfase maior nas epístolas joaninas, há uma dupla de textos que se referem à obra do Filho como especificamente dirigida a seu povo (1 João 3.16; 4.10). Mas Apocalipse 5.9-10 é particularmente significativo em razão de claramente combinar o objetivo último da glória de Deus, a morte de Cristo, e a redenção de um povo particular. As criaturas celestiais cantam que com o próprio sangue o Cordeiro resgatou um povo particular, não o mundo inteiro. São comprados *de* (ἐκ) "cada tribo, e língua, e povo, e nação". O texto não diz que Cristo resgatou toda tribo, e língua, e povo, e nação, mas, ao contrário, *dentre* cada tribo, e língua, e povo, e nação. Assim Beale está certo em notar que: "Esta não é uma redenção de todas as pessoas sem exceção, mas de todos sem distinção (pessoas *dentre* todas as raças), como deixa claro 14.3,4-6."[34] A

---

32 É comum falar do amor de Deus de uma maneira que apague qualquer distinção de como a Bíblia fala dele. Mas, seguindo Carson, é possível identificar ao menos cinco diferentes modos que a Bíblia fala do amor de Deus: (1) O amor especial entre o Pai e o Filho; (2) o amor providente de Deus por sua criação; (3) a postura salvífica de Deus para com o mundo apóstata; (4) o amor particular, eficaz, selecionador para com seus eleitos; e (5) o amor provisório e condicional para com seu povo (D. A. Carson, *The Difficult Doctrine of the Love of God* [Wheaton, IL: Crossway, 2000], 16-24, e também Murray, "Atonement and the Free Offer of the Gospel", 69-74). Geerhardus Vos, "The Biblical Doctrine of the Love of God", in *Redemptive History and Biblical Interpretation: The Horter Writtings of Geerhardus Vos*, ed. Richard B. Gaffin (Phillipsburg, NJ: P&R, 1980), 456, está certo em salientar que (4) se dá uma ênfase mais distributiva na Escritura. Em outras palavras, o amor de Deus pelos os eleitos não é mera reflexão tardia, como seria no esquema amiraldiano. Essa abordagem é muito mais fiel à Escritura do que simplesmente dizer: "O crucial da questão é: 'Deus ama ou não a todos os homens?'" (Lightner, *Death Christ Died*, 111).
33 Aqui eu lembraria o leitor do inseparável elo entre aqueles por quem o Filho morre e aqueles por quem ele intercede, como descrito em João 17 (ver discussão prévia).
34 Beale, *Revelation*, 359.

alusão a Êxodo 19.5,6 deixa claro que essas pessoas em particular são feitas reino e sacerdotes para Deus.

Resumo

Essa coleção de textos, extraída primariamente dos escritos joaninos e também corroborada por textos dos Evangelhos sinóticos, demonstra que, quando Jesus viveu, morreu, ressuscitou, ascendeu e intercedeu, fez isso por um grupo particular de pessoas. Esse grupo é mencionado variadamente como seu povo, a igreja, os muitos, suas ovelhas, os filhos de Deus e seus amigos. São aqueles a quem o Pai deu ao Filho antes que este viesse à terra, e a quem o Pai atrai de modo que venham ao Filho, que então lhes concede vida eterna. Atraídos de cada tribo, e língua, e povo, e nação constituem as ovelhas pelas quais o bom pastor dá a vida e que participarão do amor e da glória intratrinitários.

III. JESUS MORREU PELOS PECADOS DO MUNDO

Lado a lado com numerosos textos notados até aqui, há outros que enfatizam o escopo universal da obra de Cristo. Esses textos "universalistas" enfatizam que aqueles a quem o Pai deu ao Filho não são limitados a um só grupo étnico particular, mas, ao contrário, são atraídos de toda a humanidade.

Sinóticos e Atos

Há nos sinóticos e em Atos diversos textos nos quais a oferta de perdão, através do Evangelho, é feita a todos (por exemplo, Mateus 11.28; 24.14; 28.18-20; Lucas 2.30-32; Atos 1.8). Os defensores da expiação universal reivindicam que esses textos excluem a expiação definida. Por exemplo, Norman Douty indaga:

> Como pode Deus autorizar a seus servos que ofereçam perdão aos não eleitos, se Cristo não o comprou para eles? ... Os defensores da Expiação Limitada atribuem o problema a *Deus*, que, dizem, lhes disse em sua palavra que Cristo morreu somente pelos eleitos, e que devem oferecer

salvação a todos. Eles o honram crendo docilmente, sem qualquer tentativa de conciliá-los.[35]

Que o evangelho deve ser pregado a todos indiscriminadamente é claro e inegável. Entretanto, esses textos nada têm a dizer diretamente sobre a extensão da expiação. Simplesmente enfatizam a necessidade de se pregar o evangelho a qualquer um e a todos que ouvirem. Não há contradição, bíblica ou lógica, em dizer que Cristo morreu por um grupo particular de pessoas enquanto, ao mesmo tempo, afirmar que essas boas notícias devem ser pregadas a todos sem distinção. O que Douty e outros deixam de apreciar é que Deus ordenou que os meios pelos quais os eleitos creriam em Cristo seria a pregação indiscriminada do Evangelho (Romanos 8.29-30; 10.14-17). Visto que ninguém, senão Deus, conhece quem são os eleitos antes de sua conversão, o Evangelho é pregado a todos sem distinção na confiança de que as ovelhas de Jesus ouvirão sua voz e crerão (João 10.27).[36]

Além do mais, em muitos desses textos há indicações no contexto de que a ênfase está na oferta do Evangelho a todos sem levar em conta etnias. Esse é claramente o destaque em Mateus 24.14 e 28.18-20, onde a frase "todas as nações" (πάντα τὰ ἔθνη) é usada explicitamente. O mesmo é verdade em Lucas 2.30-32 e Atos 1.8. Nesses textos, o ponto é que o Evangelho não deve limitar-se ao povo judaico, mas deve ser proclamado a todos os povos da Terra.

Adicionalmente, Mateus 11.28 e seu contexto adjacente entrelaçam particularidade e oferta indiscriminada do Evangelho. Um pouco antes de convidar a todos os que estavam cansados a irem a ele (11.28), Jesus diz: "Todas as coisas me foram entregues por meu Pai, e ninguém conhece o Filho senão o Pai, e ninguém conhece o Pai senão o Filho, e aquele a quem o Filho quiser revelá-lo"

---

35 Norman F. Douty, *The Death of Christ: A Treatise Which Answers the Question: "Did Christ Die Only for the Elect?"* (Swengel, PA: Feiner, 1972), 41.
36 Isso é mais satisfatório do que alegar que "uma expiação universal realmente honra a graça de Deus e isenta Deus da acusação de que ele é responsável, através da eleição, por excluir alguns de seu reino" (Donald M. Lake, "He Died for All. The Universal Dimensions of the Atonement", in *Grace Unlimited*, ed. Clark H. Pinnock [Minneapolis: Bethany Fellowship, 1975], 43). Para um proveitoso tratamento dessa questão, ver Roger R. Nicle, "Covenant, Universal Call, and Definite Atonement", JETS 38 (1995): 405-411.

(11.27). É evidente que essa revelação não é dada a todos à luz do versículo 25, onde Jesus louva o Pai "por haver ocultado estas coisas aos sábios e entendidos e as revelado aos pequeninos". Particularismo e universalismo são realidades complementares, não contraditórias.

A Literatura Joanina

Ao argumentar que a extensão da expiação é "universal", frequentemente se faz apelo à literatura joanina. Isso é muito compreensível quando há um número de textos que enfatizam o escopo universal da obra redentora de Deus através de Cristo. Entretanto, quando entendidos dentro do contexto maior dos escritos de João, esses textos são mais bem entendidos como uma ênfase de que a expiação se estende para além dos judeus e inclui pessoas de cada tribo e língua.

O uso da palavra κόσμος ("mundo") é fundamental na discussão. Das 186 ocorrências no NT, 105 estão na literatura joanina.[37] Como se espera, κόσμος é usada de várias e diferentes maneiras, e somente o contexto pode determinar qual sentido ela tem num versículo particular. Uma maneira comum de categorizar os usos é dividindo-os nas ocorrências entre as nuances positivas, neutras ou negativas.[38] Mas essa abordagem só tem valor limitado, porque (1) não há ocorrências positivas sem ambiguidade[39] e (2) mesmo quando uma ocorrência possa ser classificada como neutra, com muita frequência há ocorrência mais estrita.[40] Aliás, Carson está certo quando nota que

> embora uma das passagens compendiadas preserve uma ênfase neutra, a vasta maioria é decididamente negativa. O "mundo", ou frequentemente "este mundo" (por exemplo, 8.23; 9.39; 11.9; 18.36), não é o universo, mas a ordem criada (especialmente dos seres humanos e das atividades

---

37 O contexto é como segue: o Evangelho de João (78x); 1 João (23x); 2 João (1x); Apocalipse (3x).
38 Ver, por exemplo, N. H. Cassem, "Grammatical and Contextual Inventory of the Use of *kosmos* in the Johannine Corpus with Some Implications for a Johannine Cosmic Theology", *NTS* 19 (1972): 81-91.
39 Algumas tentativas de colocar textos como João 1.29 e 3.16 aqui, mas, como argumentarei mais adiante, o contexto sugere outra coisa.
40 Mesmo os que defendem por esse método de categorização reconhecem a frequente confusão que ocorre; ver, por exemplo, Stanley B. Marrow, "*Kosmos* in John", *CBQ* 64 (2002): 96.

humanas) em rebelião contra seu Criador (por exemplo, 1.10; 7.7; 14.17, 22-27-30; 15.18,19; 16.8, 20,33; 17.6-9-14).[41]

Para organizar nossa discussão, visualizaremos três diferentes categorias do uso de κόσμος na literatura joanina. Mas, ao fazermos isso, devemos lembrar que alguns exemplos poderiam adequar-se a mais que uma só categoria; como resultado, devemos precaver-nos de não as ver como mutuamente exclusivas.

A primeira categoria se encontra onde κόσμος se refere ao mundo como o palco da obra redentora de Deus por meio de Cristo. Este é introduzido como a verdadeira luz que vem ao mundo (João 1.9,10; cf. 9.5). Ele é aquele "a quem o Pai santificou e enviou ao mundo" (10.36) e, como sua Páscoa final se aproximava, "sabendo Jesus que era chegada sua hora de partir deste mundo para o Pai, tendo amado os seus que estavam no mundo" (13.1; cf. 16.28). Diversos outros textos poderiam ser catalogados,[42] mas o ponto é suficientemente claro — o mundo é o palco onde Deus realiza seus propósitos redentores em Cristo e por meio dele. Todavia, deve-se notar que, mesmo nessas passagens, onde kovsmo" parece ter um sentido neutro, as nuances negativas nunca são completamente ausentes. Por exemplo, mesmo o sentido aparentemente neutro de kovsmo" em João 1.9,10 introduz a rejeição que a palavra experimenta. Como resultado, "Quando [João] diz do κόσμος que não conhece o Filho de Deus, que não conhece a Deus, que não crê, que o odeia, em algum sentido kovsmo" é personificado como o grande oponente do Redentor na história da salvação".[43] Ou, como Marrow o expressa, "κόσμος se porá como o poder opositor da revelação, a soma de todos e de tudo o que põe sua face de forma inflexível contra ela e se torna, em consequência, o objeto de juízo".[44]

A segunda categoria é mais pertinente ao nosso tema. Na literatura

---

41 Carson, *John*, 122-23; ver Bill Salier, "What's in a World? *Kosmos* in the Prologue of John's Gospels", *RTR* 56 (1997): 106-107.
42 Ver, por exemplo, João 6.14; 8.26; 9.39; 11.27; 12.46; 16.21-28; 18.37; 1 João 1.3-9-17; 2 João 1.7; Apocalipse 11.15; 13.8; 17.8.
43 Hermann Sasse, "κοσμέω, κόσμος, κόσμιος, κοσμικός", TDNT, 3:894.
44 Marrow, "*Kosmos* in John", 98.

joanina, frequentemente κόσμος é usado para enfatizar o escopo da obra redentora de Deus. Em outras palavras, a ênfase cai na obra de Cristo abarcando todas as pessoas sem distinção, não apenas o povo judaico.⁴⁵ Algumas vezes, essa ênfase é clara no contexto imediato, enquanto outras vezes ela não o é. Mas, em cada um dos textos seguintes, João ressalta a verdade de que a redenção de Cristo transcende fronteiras étnicas para incluir não simplesmente os judeus, mas também os gentios.

O primeiro exemplo é João 1.9-13.⁴⁶ Após afirmar que "o mundo não conheceu" a Palavra, João distingue entre "seu próprio povo" (os judeus), que não o recebeu e os que o fizeram (1.11-12). Essa distinção pavimenta o caminho para João salientar que todos, quer judeus, quer gentios, que receberam Jesus são filhos de Deus (τέκνα θεοῦ). Assim, João conecta κόσμος a uma distinção entre judeus e não judeus como um meio de ressaltar o escopo universal da obra redentora de Cristo.

João 4.42 deve ser entendido de uma maneira similar. Após Jesus dialogar com a mulher samaritana (4.7-26), o testemunho dela aos seus vizinhos samaritanos leva muitos a crerem nele (4.39). Mas, depois que falam pessoalmente com Jesus, o que ouvem os leva a concluir: "Este é verdadeiramente o Salvador do mundo" (4.42). Em outras palavras, creem que Jesus é não meramente o Salvador do povo judaico, mas, antes, do mundo inteiro, incluindo samaritanos. Reconhecem que sua salvação transcende até mesmo a aguda divisão entre judeus e samaritanos para abarcar todos os que creem, sem distinção.⁴⁷

O escopo da redenção de Cristo se estende não apenas aos samaritanos, mas inclusive aos gregos.⁴⁸ Em resposta a alguns gregos que desejam ver Jesus

---

45 O conceito reforçado aqui deve ser distinguido da alegação de que κόσμος realmente significa "eleitos" nesses contextos. Ao contrário, o ponto é que o amor salvífico de Deus não se limita a uma etnia particular, mas se estende a todos os seres humanos sem distinção.
46 Para uma proveitosa discussão sobre kovsmo", neste texto, ver Salier, "What's in a World?", 110-14.
47 Na verdade, a ordem do material pressupõe isto: no capítulo 3, Jesus oferece salvação a um homem judeu religioso; no capítulo 4, a oferece a uma mulher samaritana imoral.
48 Enquanto alguns têm argumentado que os gregos em pauta aqui na verdade são judeus de fala grega, faz muito mais sentido, no contexto, considerá-los gentios (Carson, *John*, 435-36).

(João 12.20,21),[49] Jesus afirma: "E eu, quando for levantado da terra, atrairei todos [pavnta"] a mim mesmo" (12.32). É nesse contexto que a afirmação de Jesus em 12.47 deve ser entendida — "Eu não vim para julgar o mundo [οὐ γὰρ ἦλθον ἵνα κρίνω τὸν κόσμον], e sim para salvá-lo [ἀλλ ἵνα σώσω τὸν κόσμον]". Vinda como faz no final do Livro dos Sinais, essa ênfase sobre o escopo universal da obra redentora de Cristo se torna ainda mais significativa.

Tais exemplos facilitam a compreensão sobre outros textos em que κόσμος ocorre sem esclarecimento explícito no contexto imediato. Em João 1.29, João Batista identifica Jesus como "o Cordeiro de Deus, que tira o pecado do mundo [τὴν ἁμαρτίαν τοῦ κόσμον]!". Embora seja fato que no contexto nada há que indique o significado de κόσμος, os outros numerosos usos "restritos" devem ser levados a sério. Como tal, é levianamente equivocado alegar que no contexto nada há que indique essa distinção;[50] o contexto relevante é como kovsmo" é usado em outros lugares em João. Assim, o ponto dessa afirmação não é que Jesus removerá o pecado de cada pessoa do mundo, sem exceção, mas que a morte dele redimiria a todos sem exceção, não meramente Israel. Essa conclusão é confirmada pelo fato de que o Cordeiro de Deus *realmente* remove o pecado em vez de meramente fazê-lo *potencialmente*.

Uma dinâmica similar está presente em João 3.16. Como explanação seguinte ao diálogo de Jesus com Nicodemos ("um líder dos judeus"), João afirma: "Porque Deus amou o mundo de tal maneira que deu seu Filho unigênito, para que todo o que nele crê não pereça, mas tenha a vida eterna."[51] Em contraste com o particularismo judaico que caracterizava muitos que habitavam Israel na época,[52] Jesus ressalta que a intenção dos propósitos redentores de Deus se estende para além do povo judeu para incorporar o mundo inteiro.[53] Essa

---

49 Note que este incidente segue imediatamente a afirmação dos fariseus de que "o mundo inteiro" segue Jesus (João 12.19).

50 Igualmente Lightner, *Death Christ Died*, 68.

51 Quer sejam essas palavras de Jesus, quer sejam de João, isso não é determinante ao nosso tópico; a insistência aqui está em uma ou outra direção.

52 Sobre esse ponto, veja Adolf von Schlatter, *Der Evangelist Johannes*, 2ª ed. (Stuttgart Calwer, 1948), 48-49; e Köstenberger, *John*, 67-68.

53 Uma confirmação adicional de que essa compreensão de kovsmo" é correta se encontra em como a palavra é usada em João 3.17. Caso se insista que kovsmo" em 3.16 deva ser entendida como todos, sem exceção, então

conclusão é reforçada pelo contexto maior. De fato, a próxima vez que κόσμος é usado depois de 3.16-19 é em 4.42, onde enfatiza claramente a intenção da obra de Jesus (ver acima). E assim Jesus está enfatizando a esse líder *judaico* que *todo* o que crê, quer judeu, quer gentio, tem a vida eterna. Isso de modo algum diminui a espantosa natureza do amor de Deus descrita aqui. Como Carson nota, "o amor de Deus deve ser admirado, não porque o mundo é muito grande e inclui tantas pessoas, mas porque o mundo é muito mau: essa é a costumeira conotação de κόσμος.[54] A despeito da rebelião do mundo contra seu Criador, Deus dá seu Filho para que todo aquele que crê tenha a vida eterna.[55]

Esse contexto maior esclarece 1 João 2.2. Depois de referir-se a Cristo como nosso Defensor, João diz que Cristo "é a propiciação pelos nossos pecados, e não somente pelos nossos próprios, mas ainda pelos do mundo inteiro". O contexto mais amplo da carta deve ser mantido em pauta aqui. João escreve aos crentes que estão lidando com falsos mestres que reivindicam ser tão espirituais que já não pecam (1.6-10), a despeito de sua óbvia desobediência aos mandamentos de Deus (2.3-6-9-11). Embora fossem originalmente parte da comunidade, o fato de que a abandonaram demonstra que na verdade não eram parte da comunidade (2.19-27). "Eles são do mundo; por isso falam do mundo, e o mundo os ouve" (4.5). Então, na face dos oponentes que se consideravam um marco espiritual acima de qualquer outro, João responde, ressaltando que, quando Cristo morreu, "Ele não fez isso somente por causa dos judeus, ou,

---

o mesmo é verdadeiro de 3.17, o que resulta em universalismo (Murray, "Atonement and the Free Offer of the Gospel", 80). Ao argumentar que kovsmo" deve referir-se a todos, sem exceção, Laurence M. Vance, *The Other Side of Calvinism*, rev. ed. (Pensacola, FL: Vance, 1999), 435-36, põe peso na referência a Números 21.6-9 em João 3.14,15. Todavia, ele não consegue entender que Jesus usa esse exemplo como um ponto de contato com a estrutura judaica de Nicodemos para fazer um ponto maior sobre a salvação igualmente de judeus e gentios. O ponto, pois, é que, assim como a serpente, ao ser levantada, veio a ser o meio de salvação para os israelitas no deserto, assim também o levantar do Filho do Homem é o meio de salvação tanto para judeu como para gentio.

54 Carson, *John*, 205.
55 Passagens como João 6.35-51; 8.12; 9.5-12-46 devem ser entendidas também dessa maneira. Com respeito a João 3.16, os comentários de John Murray são dignos de nota: "Além de tudo, nada há nesse texto que endosse o que é frequentemente levado a afirmar, a saber, a expiação universal. O que ele realmente diz é semelhante à expiação definida. Algo se faz infalivelmente certo e seguro — todos os crentes terão a vida eterna" ("Atonement and the Free Offer of the Gospel", 80).

agora, de algum grupo, gnóstico ou algo mais, que se põe como sendo intrinsecamente superior. Longe disso. Ele fez isso não só por causa de nossos pecados mas também pelos pecados do mundo inteiro".⁵⁶ Essa conclusão é confirmada pelo estreito paralelo com João 11.50-52, onde usa linguagem similar para salientar que a morte de Jesus se aplica a todos "os filhos de Deus que se acham dispersos pelo mundo":

João 11.52:
... καὶ **οὐχ** ὑπὲρ τοῦ ἔθνους **μόνον ἀλλ'** ἵνα **καὶ** τὰ τέκνα τοῦ θεοῦ τὰ διεσκορπισμένα συναγάγη εἰς ἕν.
... e **não somente** pela nação, **mas também** para reunir em um só corpo os filhos de Deus, que andam dispersos.

1 João 2.2:
καὶ αὐτὸς ἱλασμός ἐστιν περὶ τῶν ἁμαρτιῶν ἡμῶν, **οὐ** περὶ τῶν ἡμετέρων δὲ **μόνον ἀλλὰ καὶ** περὶ ὅλου τοῦ κόσμου.
E ele é a propiciação pelos nossos pecados e **não somente** pelos nossos próprios, **mas ainda** pelos do mundo inteiro.

João Calvino resume de forma excelente o ponto: "o desígnio de João não era outro senão tornar esse benefício comum a toda a igreja. Então, sob a palavra *todos* ou totalidade, ele não inclui os réprobos, mas designa os que creriam, bem como os que estavam então dispersos por várias partes do mundo".⁵⁷ O ponto, pois, é que a morte de Cristo — retratada aqui como uma propiciação concreta pelos pecados do mundo, não uma [propiciação] *potencial*⁵⁸ — é para todos, sem exceção, não todos, sem exceção.⁵⁹

---

56 Carson, *Difficult Doctrine of the Love of God*, 76.
57 João Calvino, *Commentaries on the Catholic Epistles*, Comentários de Calvino 22, ed. e trad. de John Owen (Grand Rapids, MI: Baker, 1996; reimp. das traduções CTS dos comentários), 173.
58 Ver os proveitosos comentários de Henri Blocher sobre a piegas lógica da linguagem de "potencialidade" com respeito à expiação ("Jesus Christ *the* Man: Toward a Systematic Theology of Definite Atonement", capítulo 20 neste volume).
59 Para outros possíveis modos de entender como κόσμος é usado em 1 João 22, veja Roger R. Nicole, "Particular

Essa ênfase sobre o escopo universal da expiação aparece outra vez em 1 João 4.7-14. A expressão máxima do amor de Deus é que ele "enviou seu Filho para ser a propiciação pelos nossos pecados" (4.10). O amor de Deus por seu povo é a razão de os crentes amarem reciprocamente (4.11), e, ao agirem assim, demonstram que Deus habita neles por meio de seu Espírito (4.12-13). Como resultado, os crentes "testificam que o Pai enviou seu Filho para ser o Salvador do mundo [σωτῆρα τοῦ κόσμου]" (4.14). Uma vez mais, vemos o escopo universal da expiação afirmado lado a lado com o amor particular que Deus nutre por seu povo.

A terceira categoria do uso que João faz de κόσμος consiste em lugares onde se faz uma aguda distinção entre o povo de Deus e o mundo.[60] Embora haja muitos textos que traçam essa distinção, nosso foco será João 14-17. Em diversos pontos nesses capítulos, Jesus distingue coisas que são verdadeiras em relação aos seus seguidores, porém não em relação ao mundo. Enquanto os crentes recebem o Espírito da verdade, o mundo não o pode [receber] (14.16-17). Logo o mundo não mais verá Jesus, mas os discípulos o [verão] (14.18-24). Eles devem esperar ódio da parte do mundo, porque não são no mundo, mas, antes, foram escolhidos do mundo (15.18-19). Embora os discípulos chorem quando Jesus morre, o mundo se alegrará (16.20).

Esse contraste é mais evidente em João 17. Depois de descrever o que ele fez por aqueles a quem o Pai lhe deu (17.6-8), Jesus diz: "É por eles que eu rogo; não rogo pelo mundo, mas por aqueles que me deste, porque são teus" (17.9). Porque Jesus não mais estará no mundo, mas seu povo ainda estará [nele], ele roga ao Pai que os vele (17.10-13). O mundo odiará os seus, porque eles não são do mundo, assim como Jesus não é deste mundo (17.14-16). Mas, da mesma forma que Jesus foi separado e enviado ao mundo, assim também se dá com

---

Redemption", *in Our Savior God: Man, Christ, and the Atonement*, ed. James Montgomery Boice (Grand Rapids, MI: Baker, 1980), 176-77; e George M. Smeaton, *The Apostles' Doctrine of the Atonement: with Historical Appendix* (Grand Rapids, MI: Zondervan, 1957 [1870], 459-60. João notifica que a propiciação de Cristo "não era somente para ele e aqueles a quem ele escrevia, mas os redimidos de cada período, lugar e povo — isto é, prospectiva e retrospectivamente" (460).

60 Essa distinção, naturalmente, está radicada no fato de que Jesus frequentemente contrasta a si mesmo, seus métodos, seu reino etc. com o mundo; ver, por exemplo, João 7.7; 8.23; 18.36; 1 João 3.1; 4.4.

seu povo (17.17-19). Jesus continua rogando por aqueles que crerão através do testemunho de seus discípulos, para que sua unidade demonstre ao mundo que o Pai enviou o Filho (17.20-23). Enquanto o mundo não conhece o Pai, o Filho e seu povo o conhecem (17.25).

Assim, em todos esses textos (e outros, tais como 1 João 2.15-17; 3.1, 13; 4.4,5; 5.4,5-19), há uma aguda distinção entre aqueles a quem o Pai deu ao Filho e o mundo. Ao orar explicitamente por seu povo e não pelo mundo, Jesus deixa claro que sua obra redentora — incluindo encarnação, vida, ministério, morte, ressurreição e exaltação — é feita particularmente para seu povo em contraste com o mundo. As ovelhas de Jesus experimentam as benesses de sua obra de uma maneira que o mundo não receberia (aliás, nem pode).

Assim, à luz de nosso breve exame de como κόσμος é usado nos escritos joaninos, simplesmente não se afirmará, como alguns defensores da "expiação universal" fazem, que "o mundo significa mundo", como se fosse autoevidente que kovsmo" se refere a todos, sem exceção, em vez de todos, sem distinção.[61] Quando os fariseus exclamam "Vede que nada aproveitam! Eis vai o mundo após ele" (João 12.19), certamente não querem dizer que cada pessoa, sem exceção, seguiu Jesus. Ou quando Jesus diz ao sumo sacerdote "Eu tenho falado francamente ao mundo" (João 18.20), evidentemente não quer dizer que falava a cada pessoa, sem exceção. Como resultado, quando textos como João 1.29 falam de Jesus como "o Cordeiro de Deus que tira o pecado do mundo", não é verdade que isso deve e só pode significar que Jesus faz a expiação possível para cada pessoa. Só o contexto pode determinar o que kovsmo" significa, não pressupostos *a priori*.

Resumo

A reiterada insistência de que a morte de Cristo não é meramente para o povo judeu, mas se estende a todas as pessoas, sem distinção, é uma gloriosa verdade. Jesus não é meramente o Messias judaico, mas, em última análise, o

---

[61] Ver, por exemplo, Terry L. Miethe, "The Universal Power of the Atonement", in *The Grace of God and the Wil of Man*, ed. Clark H. Pinnock (Mineápolis: Bethany, 1995), 80.

"Salvador do mundo" (João 4.42). Em razão disso, o Evangelho pode ser livre e indiscriminadamente oferecido a todos na confiança de que aqueles a quem o Pai deu ao Filho são tomados dentre os judeus e os gentios igualmente, e que o Pai os atrairá a Cristo.

Conclusão

Quando o Pai enviou o Filho ao mundo, seu objetivo principal foi exibir a glória de Deus. O meio escolhido para glorificar o Pai foi a morte do Filho pelas pessoas a quem o Pai lhe deu antecipadamente. Esses eleitos são tirados de toda tribo, e língua, e povo para constituir o único povo de Deus. O Filho intercede por seu povo a fim de assegurar que de fato experimentasse tudo o que Deus lhe destina. Essa conclusão não exclui as bençãos não salvíficas que os não eleitos experimentam como resultado da morte de Cristo. Tampouco nega que Deus ama sua criação apóstata ou invalida a genuína oferta do Evangelho a todas as nações. Simplesmente afirma que o objetivo principal da expiação está centrado em Deus, e não centrado no homem: *o Filho desceu do céu a fim de glorificar seu Pai, fazendo sua vontade, a qual era salvar aqueles a quem o Pai lhe dera*. A única resposta apropriada de nossa parte é adorar, uma realidade que é captada nestas estrofes do hino de Bridge, "Crown Him with Many Crowns" [Coroai-o com Muitas Coroas]:

> Coroai-o com muitas coroas, o Cordeiro em seu trono.
> Ouvi! Como o hino celeste inunda toda música, mas é sua.
> Acorda, minha alma, e canta àquele que morreu por ti,
> E aplaude-o como teu incomparável Rei por toda a eternidade.
> Coroai-o, o Senhor da vida, que triunfou da sepultura,
> E ressurgiu vitorioso da luta por aqueles que ele veio salvar.
> Agora cantamos suas glórias, quem morreu e se elevou às alturas,
> Quem morreu para oferecer vida eterna, e vive para fazer a morte morrer.

CAPÍTULO 12

POR QUEM CRISTO MORREU?

PARTICULARISMO E UNIVERSALISMO NAS EPÍSTOLAS PAULINAS[1]

Jonathan Gibson

INTRODUÇÃO

É bastante óbvio que o apóstolo Paulo não responde diretamente à pergunta "Por quem Cristo morreu?". Suas epístolas são cartas ocasionais escritas a diversas igrejas na Ásia Menor na última metade do primeiro século d.C. Não obstante, a questão vem à tona quando alguém tenta unir diversos textos do *corpus* paulino que se relacionam com sua teologia da expiação. Por exemplo, na teologia paulina da expiação há uma tensão entre particularismo e universalismo. De um lado, lemos que Cristo morreu por "mim" (Gálatas 2.20), pela "igreja" (Atos 2.28;[2] Efésios 5.25), por "seu povo" (Tito 2.14), por "nós" crentes (Romanos 5.8; 8.32; 1 Coríntios 5.7; Gálatas 3.13; Efésios 5.1; 1 Tessalonicenses 5.10; Tito 2.14). Do outro lado, lemos que Cristo morreu por "muitos" (Romanos 5.15, 19), por "todos" (2 Corín-

---
1 Sou grato a Dirk Jongkind e Peter Orr por seus valiosos comentários sobre um rascunho prévio deste capítulo.
2 Incluído aqui, visto que Lucas registra que Paulo falou essas palavras aos anciãos efésios.

tios 5.14-15; 1 Timóteo 2.6), pelo "mundo" (2 Coríntios 5.19); Deus terá misericórdia de "todos" (Romanos 11.32); ele deseja que "todos" cheguem ao conhecimento da verdade (1 Timóteo 2.4); ele é o Salvador de "todos" (1 Timóteo 4.10); a salvação de Deus se manifestou a "todas as pessoas" (Tito 2.11); a intenção de Deus é, através de Cristo, reconciliar consigo mesmo "todas as coisas, fazendo a paz pelo sangue de sua cruz" (Colossenses 1.20). Em adição a esses fortes elementos universalistas, Paulo fala da morte de Cristo por aqueles que são considerados falsos mestres (Atos 20.28-30) ou que podem finalmente perecer (Romanos 14.15; 1 Coríntios 8.11). Assim, a questão "por quem Cristo morreu?" naturalmente surge quando alguém lê Paulo sincronicamente. Esse breve exame de textos revela que existe na teologia de Paulo sobre a expiação, à primeira vista, uma tensão entre particularismo e universalismo.

No entanto, esses não são os únicos textos que se relacionam com a teologia paulina da expiação; há outros textos na esfera mais ampla de sua doutrina da salvação que se colidem diretamente com sua teologia da expiação.[3] Denomino esses textos de "doctrinal loci". Eles se ocupam de várias doutrinas — tais como escatologia, eleição, união com Cristo, cristologia, trinitarianismo, doxologia, aliança, eclesiologia e sacramentologia — as quais são fios interconectados na teia da doutrina da salvação paulina, provendo influência significativa e importante na intenção e natureza da expiação.

Em suma, diante do risco de simplificação exagerada, entendo a teologia paulina da expiação como sendo composta de ao menos quatro grupos de textos (com alguma lacuna entre eles): (1) textos particularistas que

---

3 Estou ciente de que há definições concorrentes da palavra "soteriologia". Por exemplo, E. D. Morris, "Soteriology", in *Encyclopedia of Religious Knowledge* (Schaff-Herzog), 13 vols. (Londres/Nova York: Funk & Wagnalls, 1908), 11:9b, restringe o termo a "a obra do Salvador", e exclui "de um lado, o propósito e amor eletivos do Pai, ou, do outro, o ministério inferior do Espírito na aplicação da graça salvífica". Depois ele faz distinção entre soteriologia objetiva (a obra do Salvador) e a soteriologia subjetiva (regeneração e santificação pelo Espírito) (11.11a). Louis Berkhof, *Systematic Theology* (Grand Rapids, MI: Eerdmans, 1941), 415, em contraste, restringe o termo à aplicação da obra da redenção. Para os propósitos deste capítulo e do capítulo seguinte, soteriologia consiste dos atos salvíficos de Deus, que têm início na eternidade passada por Deus, o Pai, revelada em Jesus Cristo e aplicada pelo Espírito. Portanto, abarca tudo da eleição e predestinação até a glorificação final.

se ocupam da morte de Cristo por um grupo particular ("me", "igreja", "seu povo", "nós"); (2) textos universalistas que se ocupam da morte de Cristo por um grupo indefinido, ambíguo ("muitos", "todos", "mundo"); (3) textos de "perecimento" (por falta de um termo melhor) que se ocupam da morte de Cristo por pessoas que finalmente podem perecer, ou porque se expõem como falsos mestres, ou porque tropeçam no pecado por fraqueza de consciência; e (4) textos do "doctrinal loci", que se ocupam de importantes doutrinas que afetam diretamente questões, como a intenção e a natureza da expiação (tais como escatologia, eleição, união com Cristo, cristologia, trinitarianismo, doxologia, aliança, eclesiologia e sacramentologia).[4] Esses quatro grupos de textos constituem importantes componentes de lentes teológicas unificadas através das quais se podem ver a intenção e a natureza da expiação.

Este capítulo analisa com detalhe minucioso os primeiros três grupos de textos; o capítulo seguinte apresentará o quarto grupo de textos, onde proponho uma nova abordagem à questão da expiação definida em Paulo. Nesse segundo capítulo, argumentarei que as discussões sobre a intenção e a natureza da expiação muitas vezes produzem um *quid pro quo* textual, que então resulta em um impasse. Entretanto, enquanto se requer uma nova abordagem — uma que entenda a doutrina paulina da expiação através das lentes mais amplas de sua doutrina da salvação —, ainda se faz necessária uma exegese de textos particularistas, universalistas e de "perecimento", posto que tais textos são em si importantes partes constituintes dessas lentes.

Neste capítulo, analisarei nas epístolas de Paulo (1) textos particularistas; (2) textos universalistas; (3) textos de "perecimento"; (4) importantes qualificações na interpretação dos termos "todos" e "mundo"; e (5) a relação prática entre sua teologia da expiação e evangelismo. Ao fazer isso, demonstrarei que elementos universalistas na teologia paulina da expiação complementam, em vez de comprometer, a possibilidade de se interpretar a morte de Cristo como uma expiação definida.

---

4 A lista não pretende ser exaustiva.

I. TEXTOS PARTICULARISTAS: CRISTO MORREU POR "MIM", PELA "IGREJA", POR "SEU POVO", POR "NÓS"

Atos 20.28; Romanos 5.8; 8.32; Gálatas 2.20; Efésios 5.25; Tito 2.14

Do começo ao fim em suas epístolas, Paulo descreve a expiação em termos particularistas: Cristo morreu por sua "igreja" (ἐκκλησία; Atos 20.28; Efésios 5.25), "por mim" (ὑπὲρ ἐμοῦ; Gálatas 2.20), por "um povo" (λαόν; Tito 2.14), "por nós" (ὑπὲρ ἡμῶν) (Romanos 5.8; 8.32; cf. 8.34; Gálatas 3.13; Efésios 5.2; 1 Tessalonicenses 5.10; Tito 2.14). Os textos particularistas em Paulo demandam pouca discussão de muitas maneiras, visto que os semipelagianos e arminianos, amiraldianos e universalistas hipotéticos, todos, reconhecem sua existência. Para esses proponentes, a realidade da morte de Cristo por um grupo mais particular do que o mundo geralmente é resolvido no nível da aplicação: Cristo morreu universalmente por cada um, mas isso só é aplicado aos que creem; ou é resolvido no nível de intenções duplas: Cristo proveu expiação por cada um dependendo de sua fé, mas assegurou expiação real somente por seus eleitos. Sob esse aspecto, os textos particularistas podem ser afirmados de todos os lados.

Todavia, o argumento proposto pelos proponentes da expiação definida é que os textos particularistas em si mesmos não excluem o fato de que Cristo fez expiação pelos não eleitos.[5] Extrair tal inferência é cometer a falácia da inferência negativa. O fato de Paulo poder dizer "o Filho de Deus que me amou e se deu por mim" (Gálatas 2.20) não milita contra Paulo, que também afirma a morte de Cristo pela igreja (Atos 20.28; Efésios 5.25). Por sua vez, a afirmação que Paulo faz de que a morte de Cristo pela igreja não cancela as afirmações relativas à morte de Cristo por "muitos", por "todos", ou pelo "mundo (por exemplo, Romanos 5.15; 1 Timóteo 2.6; 2 Coríntios 5.19, respectivamente). Em parte alguma a Escritura afirma que Cristo morreu *unicamente*

---

5   Por exemplo, ver Robert P. Lightner, *The Death Christ Died: A Biblical Case for Unlimited Atonement*, 2ª ed. (Grand Rapids, MI: Kregel, l1998), 62; D. Broughton Knox, "Some Aspects of the Atonement", in *The Doctrine of God, vol. 1 of D. Broughton Knox, Selected Works* (3 vols.), ed. Tony Payne (Kingsford, NSW: Mattias Media, 2000), 263; e Terry L. Miethe, "The Universal Power of the Atonement", in *The Grace of God and the Will of Man*, ed. Clark H. Pinnock (Minneapolis: Bethany, 1995), 73.

pelos eleitos ou por eles *somente*.⁶ Esse tipo de argumentação é, *prima facie*, inteiramente honesto.⁷

Não obstante, num exame mais detido, o argumento é simplista demais para ter tanto peso pelas seguintes razões. Primeiro, deduzir a expiação universal a partir desse argumento é um *non sequitur*. Só porque a palavra "somente" ou "unicamente" não aparece em textos relativos à morte de Cristo por uma pessoa particular isso não significa que sua morte, portanto, também teve relação com aqueles fora do grupo particular que é mencionado. Para ilustrar: a palavra "exclusivamente" não aparece nas promessas que Deus fez a Abraão, mas isso não significa que tais promessas sejam de algum modo também aplicáveis a pessoas fora da família de Abraão. O contexto deixa claro que somente Abraão e seus descendentes foram os recipientes de tais promessas, por mais que a palavra "somente" ou "exclusivamente" esteja ausente. O mesmo se mantém verdadeiro para os textos particularistas em Paulo. Como François Turretini comentou: "Todas as passagens [particularistas] apresentadas, se não explicitamente, contudo implicitamente, incluem uma exclusão na descrição daqueles por quem Cristo morreu (o que não pode pertencer a outros)".⁸ Assim, por exemplo, em Efésios 5.25, a descrição que Paulo faz de Cristo como a Cabeça e Esposo de seu corpo e esposa, a igreja, assume uma união orgânica tal que, quando morre, ele morre unido ao seu corpo e esposa de uma maneira que, necessariamente, exclui outras pessoas ou outra entidade orgânica — a menos que alguém queira cogitar o pensamento de poligamia.⁹ Além disso, o propósito da autodoação sacrificial de Cristo é para a santificação e salvação final da igreja, algo que não

---

6 Knox assim diz: "Some Aspects of the Atonement", 263: "Certamente a Bíblia afirma que Cristo deu sua vida por suas ovelhas, e que ele comprou sua igreja com seu sangue, mas em parte alguma o sentimento é expresso negativamente, isto é, que ele morreu somente por suas ovelhas ou que a redenção tem a ver somente com os eleitos…".

7 O argumento é baseado na lógica aristotélica: se todo S é P, então se pode inferir que algum S é P, inversamente, não se pode inferir do fato de que, se algum S é P, então o restante de S não é P (essa observação é salientada por Robert L. Reymond, *A New Systematic Theology of the Christian Faith* [Nashville: Thomas Nelson, 1997], 674). Ironicamente, uma das acusações muitas vezes apresentadas aos proponentes da expiação definida é o uso injustificado da lógica aristotélica. Não tenho problema com isso aqui.

8 François Turretini, *Institutes of Elenctic Theology*, ed. James T. Dennison, Jr., trad. George Musgrave Giger, 3 vols. (Phillipsburg, NJ: P&R, 1993), 2:460.

9 "Notifica-se uma exclusão, com suficiente clareza, pelas próprias palavras e a natureza da coisa" (ibid., 462).

pertence aos não eleitos. "E visto que ele se entregou por nada mais senão para este fim, pode-se dizer que ele não se entregou por ninguém mais que não obtenha tal fim".[10] Como em Gálatas 2.20, Paulo não está falando de "um privilégio peculiar a si, mas como um que é comum a si e aos outros eleitos ou pessoas crentes a quem ele se apresenta como um exemplo para que desfrutem da mesma coisa concernente a eles mesmos no mesmo estado".[11]

Segundo, se Paulo quisesse falar sem ambiguidade sobre a universalidade da expiação, ele possuía o mecanismo para tanto, por meio do uso de negativos absolutos, algo que ele empregou em outros lugares em seus escritos. Paulo enfatiza a universalidade do pecado pelo uso de negativas absolutas: "como está escrito: 'Não há justo, nem um sequer' [οὐδὲ εἷς]; ... não há quem faça o bem, nem um sequer [(οὐκ ἔστιν) ἕως ἑνός]'" (Romanos 3.10-12). Indiscutivelmente, a linguagem é destituída de ambiguidade,[12] e facilmente poderia ter sido usada por Paulo quando passou a falar da expiação de Cristo, se ele quisesse enfatizar que ela foi destinada a cada pessoa: "não houve sequer um por quem Cristo não morreu".[13] Todavia, quando Paulo passa a "universalizar" o público-alvo da expiação de Cristo, ele emprega, deliberadamente, linguagem *ambígua*: "muitos", "todos" e "mundo", e pode significar "todos, sem exceção", mas os termos podem igualmente significar "todos, sem distinção". O contexto deve determinar o significado em cada caso particular.[14]

Finalmente, enquanto os reformados têm de explicar os textos universalistas, indiscutivelmente o ônus está com os proponentes de uma expiação universal para explicar por que razão Paulo empregaria linguagem limitada ou definida se realmente não houvesse limitação no pretendido objeto da ex-

---

10 Ibid.
11 Ibid., 460.
12 Um exemplo no AT seria 2 Samuel 13.30: "Absalão feriu todos os filhos do rei, e nenhum deles foi deixado (וְלֹא־נוֹתַר אֶחָד מֵהֶם)".
13 Tenho uma dívida com Andrew D. Naselli, "John Owen's Argument for Definite Atonement in *The Death in the Death of Christ*: A Brief Summary and Evaluation", *Southern Baptist Journal of Theology* 14:4 (2010): 75-76, para este ponto.
14 De modo interessante, referências a "todos" em relação à cruz são tão frequentes quanto as afirmações similares de "todos" em relação à aplicação e destino último.

piação.¹⁵ Se o amor de Deus é demonstrado em sua melhor forma e em seu melhor esplendor numa expiação universal em que Cristo morre por todos (que é argumentado no esquema semipelagiano, arminiano e amiraldiano universalista hipotético), que vantagem se obtém ao falar de sua morte em termos particulares? Particularizar a expiação não faz o amor de Deus mais intenso nem mais precioso.

Por fim, como observa A. A. Hodge:

> Expressões particulares e definidas devem limitar a interpretação das expressões gerais, e não o contrário. Evidentemente, é muito mais fácil assinalar razões plausíveis por que, se Cristo morreu particularmente por seus eleitos, vivendo ainda entre todas as nações e gerações, e indistinguível por nós dentre a massa da humanidade apóstata à qual o evangelho é indiscriminadamente oferecido, se diria que ele, em certas conexões, morreu pelo mundo ou por todos, do que assinalar qualquer razão plausível por que, se ele morreu para tornar possível a salvação de todos, não obstante se diria que ele, em qualquer conexão, morreu certamente com o propósito de salvar seus eleitos.¹⁶

Os textos particulares que tenho mencionado acima endossam a expiação definida, mas há um texto paulino que geralmente que muitas vezes passa batido e que parece endossar mais uma referência particularista à morte de Cristo.

Romanos 3.24-26

> ... sendo justificados gratuitamente, por sua graça, mediante a redenção que há em Cristo Jesus; a quem Deus propôs, em seu sangue, como propiciação, mediante a fé, para manifestar sua justiça, por ter Deus, em sua

---

15 William Cunningham, *Historical Theology: A Review of the Principal Doctrinal Discussions in the Christian Church since the Apostolic Age*. Volume 2 (1862; reimp. Edimburgo: Banner of Truth, 1960), 340.
16 A. A. Hodge, *The Atonement* (1867, reimp. Londres: Evangelical Press, 1974), 425.

tolerância, deixado impunes os pecados anteriormente cometidos; tendo em vista a manifestação de sua justiça no tempo presente, para ele mesmo ser justo e o justificador daquele que tem fé em Jesus.

Nesta passagem, Paulo projeta a justiça de Deus ao apresentar Cristo como a propiciação (ἱλαστήριον). A expiação propiciatória de Cristo justifica a justiça de Deus, retrospectiva e prospectivamente (vs. 25-26). Com respeito ao passado, Paulo declara que a punição divina do pecado, na cruz, justifica passar ele por alto (πάρεσιν) os pecados cometidos anteriormente (τῶν προγεγονότων ἁμαρτημάτων; v. 25). Mas pecados de quem? Frédéric Godet argumenta que tem uma referência universal,[17] enquanto para Douglas Moo a referência é a "os pecados da aliança do AT".[18] Seguramente está em pauta a fé da comunidade do antigo pacto, visto que Paulo segue falando da justiça de Deus no tempo presente (ἐν τῷ νῦν καιρῷ; v. 26) em justificar os que têm fé em Jesus — a fé da comunidade do novo pacto. Aliás, em Romanos 4, para firmar bem seu argumento em prol da justificação pela fé somente, Paulo fala daqueles pecados que foram *definitivamente* passados por alto até que fossem punidos em Cristo. Se os "pecados anteriores" têm uma referência universal, então é necessário indagar o que a morte propiciatória de Cristo realizou, por exemplo, pelos pecados do Faraó e dos egípcios. Faz mais sentido entender os "pecados anteriores" como sendo os da comunidade fiel do AT, e, assim, neste aspecto, a expiação que Cristo ofereceu já teve um foco particular. Parece razoável, pois, que também tivesse uma referência definida no "tempo presente".

II. TEXTOS UNIVERSALISTAS: CRISTO MORREU POR "MUITOS", POR "TODOS", PELO "MUNDO"

Um bom número de textos paulinos concernentes à obra salvífica de Deus em Cristo tem uma referência universal.

---

17 Frédéric Godet, *Commentary on St. Paul's Epistle to the Romans*, Clark's Foreign Theological Library, 2 vols. (Edimburgo: T. & T. 1892), 2:263-64.
18 Douglas J. Moo, *The Epistle to the Romans*, NICNT (Grand Rapids, MI: Eerdmans, 1996), 240.

Romanos 5.12-21

Portanto, assim como por um só homem entrou o pecado no mundo, e pelo pecado, a morte, assim também a morte passou a todos os homens, porque todos pecaram. Porque até ao regime da lei havia pecado no mundo, mas o pecado não é levado em conta quando não há lei. Entretanto, reinou a morte desde Adão até Moisés, mesmo sobre aqueles que não pecaram à semelhança da transgressão de Adão, o qual prefigurava aquele que havia de vir.

Todavia, não é assim o dom gratuito como a ofensa; porque, se, pela ofensa de um só, morreram muitos, muito mais a graça de Deus e o dom pela graça de um só homem, Jesus Cristo, foram abundantes sobre muitos. O dom, entretanto, não é como no caso em que somente um pecou; porque o julgamento derivou de uma só ofensa, para a condenação; mas a graça transcorre de muitas ofensas, para a justificação. Se, pela ofensa de um e por meio de um só, reinou a morte, muito mais os que recebem a abundância da graça e o dom da justiça reinarão em vida por meio de um só, a saber, Jesus Cristo.

Pois assim como, por uma só ofensa, veio o juízo sobre todos os homens para condenação, assim também, por um só ato de justiça, veio a graça sobre todos os homens, para a justificação que dá vida. Porque, como, pela desobediência de um só homem, muitos se tornaram pecadores, assim também, por meio da obediência de um só, muitos se tornarão justos. Sobreveio a lei para que avultasse a ofensa; mas onde abundou o pecado, superabundou a graça, a fim de que, como o pecado reinou pela morte, assim também reinasse a graça pela justiça para a vida eterna, mediante Jesus Cristo, nosso Senhor.

Neste extenso parágrafo, Paulo pressupõe uma união entre Adão e todos os seus descendentes e uma união entre Cristo e todos os seus descendentes: "Existe aí uma união geradora de vida entre Cristo e os seus que é semelhante, porém mais poderosa do que a união que produz morte entre Adão e os seus".[19] A união é vista pela conexão de Adão e Cristo a "os muitos" (οἱ πολλοί; vs. 15b, c, 19a, b) e o "todos" (πάντες; v. 18a, b) por todo este parágrafo. Requer-se um cuidadoso manuseio desses termos para fazer-lhes justiça dentro de seu contexto, mas também dentro do contexto da teologia mais ampla do NT.

De início, a palavra πολλοί ("muitos") nem sempre denota "todo mundo" ou "todos" num sentido inclusivo.[20] Em Paulo, a maioria das ocorrências de οἱ πολλοί é restritiva, designativa de "muitos" ou "maioria", mas não "todos".[21] Aqui em Romanos 5 a palavra πολλοὶ contém tanto um sentido inclusivo quanto um sentido restritivo: isto é, quando é usada em relação àqueles a quem a obra de Adão afeta, se refere inclusivamente a "todos", como em "todo mundo" (v. 15; cf. v. 12); mas quando é usada em relação àqueles a quem a obra de Cristo afeta, se refere àqueles que recebem (λαμβάνοντες) o dom da justiça (v. 17).

O mesmo se dá com o uso que Paulo faz de πᾶς ("todos"); ela também precisa ser interpretada dentro de seu contexto.[22] Em muitas passagens paulinas, é necessariamente limitada pelo contexto (Romanos 8.32; 12.17, 18; 14.2; 16.19). No caso particular de Romanos 5.18, onde ela ocorre duas vezes, existe debate quando à referência própria de πάντες, primeiro em relação à obra de Adão e então em relação à obra de Cristo:

---

19 Moo, *Romans*, 318.
20 Contra J. Jeremias, "πολλοί", *TDNT* 6:536-41.
21 Para (οἱ) πολλοί, ver Romanos 16.2; 1 Coríntios 1.26 [2x]; 11.30; 16.9; 2 Coríntios 2.17; 6.10; 11.18; Gálatas 3.16; Filipenses 3.18; Tito 2.10. Para πολύς, ver 1 Coríntios 10.5; 15.6; Filipenses 1.14 (articular); 2 Coríntios 2.6; 4.15; 6.10. Para πάντες, ver 1 Coríntios 9.19; 10.1-4 (passim); 15.6; Filipenses 1.13. Embora um número destes pudessem ser inclusivos, Moo, *Romans*, 336 n. 100, considera corretamente a alegação de Jeremias de que "οἱ πολλοὶ é sempre usado inclusivamente" no NT, exceto em Mateus 24.12 e 2 Coríntios 2.17 (TDNT 6:540). Ver Romanos 12.5 e 1 Coríntios 10.17 para lugares onde Paulo usa οἱ πολλοὶ inclusivamente, mas onde o contexto limita o grupo pretendido.
22 J. William Johnston, *The Use of Πᾶ in the New Testament*, Studies in Biblical Greek (Nova York: Peter Lang, 2004), 35, delineia quatro escopos básicos de πᾶς no NT. (1) "todos, sem exceção"; (2) "tudo o que acaba de ser o tema de discussão"; (3) "todos os tipos" ou "tudo, sem distinção"; (4) "tudo no sentido mais elevado ou mais puro". Mais amplamente, Johnston argumenta que πᾶς pressupõe quantificação ou num sentido somativo ("todos, sem distinção" ou "um grupo de itens tomado como um todo") ou num sentido distributivo ("todos, sem exceção" ou "cada um e todos em um grupo").

Ἄρα οὖν᾽ ὡς δι᾽ ἑνὸς παραπτώματος εἰς **πάντας** ἀνθρώπους εἰς κατάκριμα, οὕτως καὶ δι ἑνὸς δικαιώματος εἰς **πάντας** ἀνθρώπους εἰς δικαίωσιν ζωῆς.

Portanto, como um só delito levou condenação a **todos** os homens, assim um só ato de justiça leva justificação e vida a **todos** os homens.[23]

Baseado em alegados paralelos com Romanos 11.32 e 1 Coríntios 15.22, Ernst Käsemann conclui que πάντες em Romanos 5.18b é da mesma extensão que pavnte" no versículo 18a: "é impensável uma graça todo-poderosa sem universalismo escatológico".[24] Bruce L. McCormack crê que o paralelo com 1Coríntios 15.22 não se encaixa bem,[25] mas, não obstante, sobre outras bases, argumenta de modo semelhante a Käsemann sobre Romanos 5.18: a Escritura não confirma o universalismo escatológico como um fato, mas nos permite esperar por ele.[26] Certamente o δικαιο de Paulo — linguagem sempre empregada para conferir um *status* ao indivíduo, de modo que não é meramente uma provisão objetiva que ele tem em mente,[27] ou redenção "potencial",[28] mas salvação atual, real. Todavia, ambos, Käsemann e McCormack, perdem o ponto do texto: o interesse de Paulo é demonstrar "não a extensão numérica dos que são justificados como idêntica com a extensão numérica dos condenados, mas o paralelo que obtém entre o modo de con-

---

23 Romanos 5.18 provê a apódose da comparação expressa em 5.12: "Portanto, assim como por um só homem entrou o pecado no mundo, e pelo pecado, a morte — ... [Portanto, como uma só transgressão levou a condenação a todos os homens.], assim também a morte passou a todos os homens, porque todos pecaram".
24 Ernst Käsemann, *Commentary on Romans*, trad. Geoffrey W. Bromley (Grand Rapids, MI: Eerdmans, 1980), 157.
25 Bruce L. McCormack, "So That He Might Be Merciful to All; Karl Barth and the Problem of Universalism", in *Karl Barth and American Evangelicalism*, ed. Bruce, L. McCormack e Clifford B. Anderson (Grand Rapids, MI: Eerdmans, 2011), 231-32, argumenta que o fraseado de 1 Coríntios 15.22 mostra que cada "todos" tem uma referência diferente. O segundo "todos" se restringe a "os que pertencem a Cristo" (v. 23).
26 Ibid., 238-39.
27 Contra R. C. H. Lenski, *The Interpretation of St. Paul's Epistle to the Romans* (1936; reimp. Minneapolis Augsburg, 1961), 383: "O que Cristo obteve para todos os homens, nem todos os homens recebem". Cf. também Lightner, *Death Christ Died*, 135-47.
28 Udo Schnelle, *Apostle Paul: Life and Theology*; trad. M. Eugene Boring (Grand Rapids, MI: Baker Academic, 2005), 579, comentando sobre 1 Coríntios 15.23.

denação e o modo de justificação. O que está em vista é o *modus operandi*".[29] O escopo de cada πάντες é necessariamente constrangido pelo escopo de cada ἑνός e sua obra.[30] Como Moo afirma, "O ponto de Paulo não é tanto que os grupos afetados por Cristo e Adão, respectivamente, são coextensivos, mas que Cristo afeta os que são seus tão certamente como Adão faz àqueles que são seus".[31] Argumentar em prol de uma denotação exata entre os dois grupos relacionados com Adão e Cristo é optar pela posição do universalismo, o qual, à luz de outros textos paulinos, parece insustentável (por exemplo, Romanos 2.12; 2 Tessalonicenses 1.8-9). De fato, contrário à contenda de McCormack, mesmo o contexto imediato nos restringe de ir por esse caminho. A vida não reina em tudo pelo mero fato da obra de Cristo; antes, a vida reina "[n]aqueles que recebem" (οἱς λαμβάνοντες) a abundante provisão da graça de Deus (Romanos 5.17).[32] McCormack (e Käsemann) tem falhado de ver a comparação *desequilibrada* do apóstolo no versículo 17. Como Calvino notou:

---

29 John Murray, *The Epistle to the Romans*, 2 vols., NICNT (Grand Rapids, MI: Eerdmans, 1959), 1:203. McCormack, "So That He Might Be Merciful to All", 233, parece concorrer em um só ponto. Comentando sobre Romanos 5.17, ele diz: "Aqui, o contraste é entre o efeito do ato do primeiro homem e o efeito do ato do Segundo". Mas, ver abaixo, onde McCormack também se atrapalha com o texto.

30 Compare também a relação de οἱ πολλοί com ἑνός nos versículos 15 e 19.

31 Moo, *Romans*, 343. Isso não equivale a deixar-se impressionar por um *particularismo da graça* pelos termos "muitos" ou "todos" — tal movimento seria injustificado, mas é igualmente injustificado concluir que os termos denotam um universalismo absoluto.

32 Contra McCormack, "So That He Might Be Merciful to All", 233, que afirma que "o contexto literário [de Romanos 5.18] requer que o segundo 'todos' seja tão universal em seu escopo como o primeiro ['todos']". Mas o versículo 17 demonstra que o contexto literário não requer tal conclusão. O que surpreende é que McCormack prossegue citando o versículo 17. A ênfase que McCormack faz é incorreta, por causa do simples fato de que a igual *extensão* da obra de Cristo com a obra de Adão não é o que faz sua obra "tão mais" efetiva do que a de Adão; antes, é o *efeito* da obra de Cristo que há uma *abundância* de graça e que a vida reina outra vez. Mesmo Ulrich Wilckens, *Römer*, Der Brief an die Römer (Rom 6-11), 3 vols., Evangelisch-Katholischer Kommentar zum Neuen Testament VI/2 Studienausgabe (Neukirchen, Germany Neukirchener Verlag, 1980), 1:325, admite que οἱ ... λαμβάνοντες são cristãos, ainda que ele então circunde seu caminho fora de um referente específico de "todos", sugerindo que são meramente representantes da totalidade das pessoas que são por Cristo libertadas do pecado e da morte ("die Gesamtheit der durch Christus von Sünde und Tod befreiten Menschen"). O argumento de M. Eugene Boring, "The Language of Universal Salvation in Paul", *JBL* 105.2 (1986), 287, de que a vasta maioria dos usos que Paulo faz de λαμβάνοντες é passiva, pode ajudar a temperar o entusiasmo de Bultmann por "a necessidade de decidir" de ser lido no texto, mas não milita contra o fato de que a obra de Cristo reina somente nos que a recebem.

A maldição de Adão é subvertida pela graça de Cristo, e a vida que Cristo outorga toma para si a morte que veio de Adão. Todavia, *as partes dessa comparação não correspondem*. Paulo deveria ter dito que a bênção da vida reina e viceja mais e mais através da abundância da graça, em vez disso ele diz que os *crentes* "reinarão". Entretanto, o sentido é o mesmo, pois o reino dos crentes está na vida, e o reino da vida está nos crentes.[33]

Isso ajuda a rebater a alegação de M. Eugene Boring de que em Romanos 5.12-21 Paulo demonstra que "em Jesus Cristo assevera-se o poder régio de Deus, e o quadro final é o de Deus-o-Rei que *substituiu* o reinado do pecado e da morte pelo reinado da justiça e da vida, e que ele fez isso *por todos os seres humanos*".[34] Boring falha em ver a comparação desproporcional que Calvino faz. A obra de Cristo em Romanos 5 se relaciona com os crentes, com aqueles que recebem sua graça (v. 17); a obra de Adão se relaciona com toda a humanidade sem exceção (v. 12).

---

33   Calvino, *Romans and Thessalonians*, CNTC (Grand Rapids, MI: Eerdmans, 1960), 116 (ênfase acrescida).
34   Boring, "Universal Salvation in Paul", 283-84 (ênfase acrescida na última frase). O artigo seminal de Boring apresenta o ponto de vista de que a "conflitante" linguagem soteriológica de Paulo se deve às imagens abrangentes que sua própria lógica inerente possui, mas que não são necessariamente conciliáveis entre si. Assim, segundo Boring, "Assim como a imagem abrangente de Deus-como-Juiz tem dois grupos de pensamento construídos nela, então um grupo de pensamento é inerente à imagem de Deus-como-Rei" (280). Meu protesto aqui não é com o ponto de Boring de que Paulo, em sua soteriologia, trabalha com várias imagens — admitido que Romanos 5.12-21 comunique a imagem régia com seu uso da terminologia reinado — ou que tais imagens têm sua própria "lógica inerente" — isso tem muito de verdade —, antes, meu protesto é que Boring não decifrou com propriedade a lógica inerente da imagem régia em 5.12-21: Não se diz que a subversão que Cristo fez da transgressão de Adão foi feita por "todos os seres humanos", e sim por todos "os que recebem" a abundante graça (v. 17). Enquanto Boring reconhece frase no versículo 17, ele falha em apreender a "conciliadora implicação" (para suas próprias palavras) dele de que há, portanto, *dois* grupos e não um só *dentro das imagens régias*: os que recebem o livre dom de Deus e os que não o recebem. Além disso, parece que Paulo veria de modo diferente, abarcando imagens soteriológicas como *complementares* (e, portanto, certamente também "conciliáveis" e compatíveis), posto que a imagem régia de 5.12-21 é empregada em um argumento mais amplo de Paulo a fim de provar sua tese em 5.1-11, de que Deus é um *Juiz* que salvará os crentes no dia de sua ira, sendo que a "conciliável implicação" de que há os que não crerão e não serão salvos. Em outras palavras, a imagem régia de 5.12-21 serve para endossar a imagem judicial de 5.1-11, pressupondo uma relação compatível entre as duas em vez de uma "irreconciliável". Como Boring mesmo admite, mesmo 5.12-21 contém terminologia judicial (κρίμα, κατάκριμα, κλτ), e, como Richard H. Bell, um universalista, salienta, mesmo em Romanos 11 há terminologia da justificação, criando problemas para a imagem régia de Boring naquele capítulo ("Rom 5:18-19 and Universal Salvation", *NTS* 48 [2002]: 432 n. 97). (A participação de Bell não traz nenhum progresso ao debate.)

McCormack reconhece o aspecto de "recepção" do versículo 17, mas então o segue com uma réplica: "Mas *como* ela é recebida e *quando* questões são deixadas sem solução nesse estágio do argumento de Paulo em Romanos".[35] Essa afirmação é confusa à luz do número de vezes que Paulo fala do *como* e *quando* receber a graça de Deus até este ponto em Romanos. A fé, o mecanismo pelo qual a pessoa recebe a graça de Deus, é mencionada umas trinta vezes até Romanos 5.12,[36] e, em cada caso, seja implícita ou explicitamente, a fé ocorre durante a experiência na vida da pessoa em pauta — é dificilmente algo "não resolvido" nesse estágio do argumento de Paulo em Romanos.

Naturalmente, o argumento de McCormack é mais matizado: simplesmente deseja temperar a conclusão de que "'receber' é um ato que só pode se concretizar dentro dos limites da história".[37] É possível que a fé não ocorra *após* o fim da história e do tempo? McCormack pergunta. Para ele, isso é um "mistério" do qual Paulo fala: não rejeitando a condição da fé, mas, antes, como essa fé pode ser engendrada assim que a história estiver consumada.[38] Ele baseia tal esperança em afirmações que Paulo faz em Romanos 9-11, especialmente 11.25b: "o endurecimento parcial veio a Israel, até que viesse a plenitude dos gentios". Para McCormack, "isso seguramente se refere ao fim, o ato final da história".[39] De acordo com McCormack, a escatologia de Paulo sofreu um "desenvolvimento conspícuo", de modo que Deus está disposto e apto a salvar o Israel étnico e nacional, além dos limites da história. Isso não inclui apenas *alguns* do Israel nacional, mas "todo o Israel" (11.26), o que significa "cada indivíduo judeu, vivo ou morto".[40] Isso explica por que Paulo torna a abertura mais ampla em 11.32: "Porque Deus a todos encerrou na desobediência, a fim de usar de misericórdia com todos".

---

35 McCormack, "So That He Might Be Merciful to All", 233.
36 Romanos 1.5, 8, 12, 16, 17; 3.22, 25, 27, 28, 30, 31; 4.3, 5, 9, 11 (2x), 12, 13, 14, 16 (2x), 17, 18, 19, 20, 22, 24; 5.1, 2. (Alguns leem διὰ πίστεως Ιησοῦ Χριστοῦ em 3.22 como um subjuntivo genitivo — "através da fidelidade de Jesus Cristo" —, mas isso dificilmente conflita com as estatísticas.)
37 McCormack, "So That He Might Be Merciful to All", 233.
38 Ibid., 236-37.
39 Ibid., 236.
40 Ibid., 238.

Em suma, a proposta de McCormack para a esperança de salvação universal é que, se Deus quer salvar cada judeu, além dos limites de tempo e da história, não é razoável manter firme a esperança de que ele pode fazer isso por cada um?

Crítica De McCormack

Em resposta, pode-se apresentar um bom número de pontos: (1) a proposta de McCormack de que "este mistério" [τὸ μυστήριον τοῦτο] se refere a como a fé pode ser engendrada assim que a história estiver consumada é nova entre os comentaristas (antigos e recentes). Isso não equivale a negar a validade do argumento, e sim suscitar a pergunta quanto ao que no contexto pressupõe que Paulo tem a criação da fé além dos limites do tempo e da história em seu alcance. A lógica do texto aponta mais na direção de que o "mistério" se refere à sequência pela qual Israel será salvo: "Israel é endurecido *até que* [ἄχρι] os gentios venham, e *desta maneira* [οὕτως] todo o Israel será salvo".[41] (2) J. William Johnston, em seu estudo de πᾶς no NT, afirma que do ponto de vista da sintaxe-semântica, os substantivos geográficos (políticos ou raciais) sem adjetivos, modificados por pa'", geralmente comunicam um sentido somativo.[42] "Todo o Israel" (πᾶς Ισραηλ, כל־ישראל) era uma expressão idiomática bem conhecida no AT e em fontes judaicas,[43] tendo aqui uma significação coletiva mais do que um sentido "cada um e todos". Certamente, no contexto, a imagem da oliveira (11.16-24) é mais de natureza coletiva do que individualista. (3) Em relação ao "todos" de 11.32, McCormack negligenciou o elemento distintivo no chamado de Paulo para o ministério do evangelho: "Apóstolo aos gentios" (ver 11.13). Do começo ao fim de Romanos, Paulo ressalta que *judeu e gentio* estão inclusos no plano de Deus da salvação,[44] e

---

41 Moo, *Romans*, 716. As outras propostas para o que é o "mistério" são: (1) o endurecimento veio a Israel; (2) o endurecimento parcial e temporário de Israel; (3) todo o Israel será salvo.
42 Por exemplo, Mateus 2.3; 3.5; Lucas 6.17; Atos 1.8. E, mesmo que alguns desses textos do NT tenham uma referência mais geográfica do que populações, há numerosos exemplos da LXX (Juízes 3.3:1 Samuel 18.16; 2 Reis 22.13; 2 Crônicas 23.8; Neemias 13.12).
43 Para fontes judaicas, ver *Jub.* 50.9; *T. Levi* 17.5; *T. Ben.* 10.11; *Ps. Philo* 22.1; 23.1.
44 Ver também Romanos 1.5, 7, 13-14, 16; 2.11, 26-29; 3.23, 29-30; 4.9-12, 16-17; 9.24-26, 30; 10.11-13, 20;

que aqui seu tema tem estado nos versículos precedentes: que depois que a plenitude dos judeus chegar, todo o Israel, como uma entidade orgânica (ainda que não necessariamente cada judeu) será salvo. Atentar para esse aspecto da teologia e missão de Paulo permite uma explicação mais razoável do porquê de ele ter usado em 11.32 uma linguagem todo-inclusiva.[45] (4) Segue-se desses três pontos que as conclusões que McCormack faz dos vários aspectos do esquema de Paulo da salvação histórica em Romanos estão ausentes do próprio pensamento de Paulo. Em parte alguma Paulo extrai tais conclusões, o que até mesmo McCormack admite; e quisesse ele que vivêssemos com tal esperança, então por que não neste ponto crucial da epístola, ou em qualquer outro lugar, formular uma tese tão óbvia? (5) Mesmo que se admita, sob a inspiração do Espírito Santo, que houve algum "desenvolvimento" na soteriologia de Paulo, o que não se pode admitir é a clara incompatibilidade de que a salvação universal está presente nos outros textos em que Paulo fala da condenação dos perdidos, ainda não menos aqui em Romanos 9-11.[46]

Em suma, a menos que alguém opte pelo universalismo absoluto, o uso de οἱ πολλοί e πάντες, em Romanos 5.12-21, devem ser interpretados à luz do ἑνός ao qual estão conectados.

2 Coríntios 5.14-15

> Pois o amor de Cristo nos constrange, julgando nós isto: um morreu por todos; logo, todos morreram. E ele morreu por todos, para que os que vivem não vivam mais para si mesmos, mas para aquele que por eles morreu e ressuscitou.

11.12, 15, 17, 19-20; 15.9-12; 16.26.
45 Ver Thomas R. Schreiner, *Paul: Apostle of God's Glory in Christ* (Downers Grove, IL: Apollos, 2001), 184. Ver também Johnston, *Use of* Πᾶς *In the New Testament*, 143-48, sobre o "todos" de Romanos 11.26 e como ele não tem que ser tomado no pleno sentido implicativo de "cada indivíduo dentro do Israel nacional". Johnston corretamente afirma: "Todo o Israel poder ser salvo como um grupo mesmo que uns poucos israelitas étnicos individuais não participem deste destino" (148).
46 Por exemplo, Romanos 9.3, 6-7, 13, 18, 21-22, 31-33; 10.2-4; 11.7-10, 20-23, 28. Inclusive Boring, "Universal Salvation in Paul", 288, contesta a tese de McCormack: o particularismo ocorre tanto nos primeiros como nos últimos textos paulinos.

A questão controversa neste texto é a palavra "todos". T. F. Torrance, comentando sobre a universalidade dessa passagem, observou que ela deve "ser tomada com plena seriedade e não gradualmente reduzida".[47] Concordo. O principal *crux* para os intérpretes é o referente de cada caso de pavnte" nos versículos 14 e 15, e o referente de οἱ ζῶντες no versículo 15. Os comentaristas têm apresentado quatro principais interpretações:[48]

(1) Leitura universalista: o tríplice uso de pavnte" e de οἱ ζῶντες se refere a todas as pessoas, sem exceção — toda a humanidade.[49]

(2) Leitura "universal-particular": os três usos de pavnte" denotam todas as pessoas, sem exceção, enquanto οἱ ζῶντες descreve aqueles "em Cristo". Nessa leitura, a morte (ἀπέθανον) de todos é real: "Quando Cristo morreu, todos morreram; mais ainda, sua morte envolveu a morte deles".[50] A morte ocorre em sincronia com a morte de Cristo (ἀπέθανεν)[51] e "a morte deles é bem-merecida em virtude do pecado, ou uma morte 'étnica' objetiva que fosse subjetivamente apropriada pela fé individual, ou uma participação coletiva no evento da morte de Cristo pela qual o poder do pecado foi destruído".[52] Mas, "enquanto todas as pessoas 'morreram' quando Cristo morreu, nem todas ressurgiram para a nova vida quando ele ressurgiu dos mortos".[53] Embora Murray J. Harris desencoraje falar de morte "potencial" por todos, como na opção (3) abaixo, não obstante ele termina numa posição similar quando escreve: "Há um universalismo no escopo da redenção, já que ninguém é excluído da oferta da salvação feita por Deus;

---

47 T. F. Torrance, *The Atonement: The Person and Work of Christ* (Downers Grove, IL: IVP Academic, 2009): 161-209.
48 Os títulos para cada interpretação são minha própria descrição das posições.
49 J. Lambrecht, "'Reconcile Yourselves...': A Reading of 2 Cor 5.11-21", *Benedictina* (1989): 161-209.
50 Murray J. Harts, *The Second Epistle to the Corinthians*, NIGTC (Grand Rapids, MI: Eerdmans, 2005), 421-22.
51 Visto que ambos os verbos aparecem no aoristo, não há razão para distinguir a regulagem dessas mortes (ibid., 42).
52 Ibid., 422.
53 Ibid., 421.

mas há uma particularidade na aplicação da redenção, uma vez que ninguém se apropria dos benefícios propiciados por essa salvação universalmente oferecida".[54]

(3) Leitura "potencial-real": visualizando o tema εἰς-πάντες como reminiscente de Romanos 5.12 e 5.18, a morte de Cristo permanece potencialmente inclusiva por "todos" os que estão "em Adão", mas é real para aqueles "em Cristo" que têm se apropriado dela pela fé.[55] E assim em 2 Coríntios 5.14 a distinção potencial-real é aplicada à palavra pavnte": potencialmente, Cristo morreu por todos (em Adão), mas (em Cristo) somente todos realmente morreram: "O 'todos' que morreram 'em Cristo' não são coextensivos com o 'todos' que pecaram e morreram 'em Adão'".[56]

(4) Leitura "todos-reais": o tríplice referente de πάντες é coextensivo com ζῶντες; e a morte de Cristo por todos e a morte de todos é visualizada como real.[57] A diferença entre essa interpretação e a leitura "universalista" é que aqui "todos" se refere a um grupo indefinido de pessoas, mas um que não é igual a todas as pessoas, sem exceção; em outras palavras, "todos", nesse contexto, significa todas as pessoas, sem distinção — não toda a humanidade.

Ao chegar a uma conclusão sobre o referente de πάντες, um bom número de pontos deve ser mantido em mente. A alusão retroativa a Romanos 5.12, 15-19, através do tema πάντες, não tem de interpretar εἰς πάντες como se referindo a cada um, visto que na passagem de Romanos πάντες é circunscrita por ou Adão ou Cristo: em relação ao primeiro, certamente toda a humanidade

---

54 Ibid., 423.
55 Paul Barnett, *The Second Epistle to the Corinthians*, NICNT (Grand Rapids, MK: Eerdmans, 1997), 290 n. 10: "a morte e ressurreição de Cristo é por todos, cancelando os efeitos do pecado e da morte e, assim, provendo a potencialidade, objetiva e subjetivamente, do fim da morte e o começo da vida para todos".
56 Ibid., 290.
57 Charles Hodge, *Commentary on the Second Epistle to the Corinthians* (Grand Rapids, MI: Eerdmans, 1953), 135-37: "Cristo morreu pelos todos que morreram quando ele morreu" (136). Cf. também John Murray, *Redemption Accomplished and Applied* (Edimburgo: Banner of Truth, 1955), 81.

está incluída — todos pecaram e morreram por causa de sua união com Adão — mas não é assim com relação ao último, a menos que se opte pelo universalismo. Isso exclui a opção (1). Aliás, as palavras Χριστός ὑπεὶρ ἡμῶν ἀπέθανεν, em Romanos 5.8, são igualmente afins com 2 Coríntios 5.14 e têm os crentes em mente. Segundo, a maioria dos comentaristas admite que a leitura mais sensível é tomar pavnte" nas três ocorrências como sendo coextensiva (à parte da leitura potencial-real). O artigo definido (οἱ) antes de πάντες, no versículo 14b, é anafórico, retrocedendo a pavnte" do versículo 14a; e, caso alguém tome καί como epexegético ou conjuntivo no versículo 15a, a frase seguinte ὑπὲρ πάντων ἀπέθανεν é idêntica em sentido ao versículo 14a. E assim faz sentido tomar cada pavnte" como tendo referência igual. Certamente o contexto não prove indicadores para diferentes escopos.[58] Isso sugeriria que a opção (3) não é digna de suporte. Terceiro, um foco indevido na palavra πάντες pode negligenciar o importante conjuntivo a{ra. De muitas maneiras, o significado do versículo se reverte nesta única palavra: Cristo morreu por todos, *portanto* todos morreram. O ponto que Paulo deseja fazer, entre outras coisas, é que a morte de Cristo *efetua* a morte espiritual de outros, de modo que (καί) ele morreu por todos para que (ἵνα) os que vivem (tendo morrido em Cristo), não mais vivam para si, mas para Aquele que morreu e ressuscitou por eles (v. 15).[59] Em outras palavras, a

---

58 Harris, *Second Corinthians*, 421, concorda com este ponto, mas toma o referente de "todos" como sendo cada um, antes de continuar concordando que οἱ ζῶντες pressupõe que está sendo introduzida uma nova categoria distinta, "isto é, os crentes. Ele sugere que se Paulo tivesse em mente οἱ ζῶντες como sendo coextensivo com πάντες, teríamos esperado que Paulo simplesmente escrevesse καὶ ὑπὲρ πάντων ἀπέθανεν ἵνα μηκέτι ἑαυτοῖς ζῶσιν κτλ, ou ... ἵνα ζῶντες μηκέτι κτλ. Mas isso equivale a pôr palavras na boca/pena de Paulo. A introdução de οἱ ζῶντες não requer necessariamente a introdução de uma nova categoria de pessoas, se observarmos que Paulo está agora falando do mesmo grupo, mas de uma nova maneira: πάντες se refere aos que morreram como resultado da morte de Cristo, οἱ ζῶντες, a todos os que vivem (ζῶντες) para Cristo. Assim, a introdução de uma nova frase para o mesmo grupo é inteiramente apropriada, dado o que Paulo segue dizendo sobre eles.

59 Contra as pessoas que do lado oposto da expiação combatem quem sugere que a morte de "todos" se referem ao *estado* das pessoas por quem Cristo morreu. Ver, por exemplo, John Owen, *Salus Electorum, Sanguis Jesu: Or The Death of Death in the Death of Christ*, in *The Works of John Owen*, ed. W. H. Goold, 24 vols. (Edimburgo: Johnstone & Hunter, 1850-1855; reimp., Edimburgo: Banner of Truth, 1967), 10:350-51, de um lado, e John F. Walvoord, "Reconciliation", *BSac* 120 (janeiro-fevereiro 1963): 10, do outro. Mas o verbo é ativo, não passivo: "todos morreram", não "todos foram mortos" (por quem Cristo morreu)". Contra também Norman F. Douty, *The Death of Christ: A Treatise Which Answers the Question: "Did Christ Die Only for the Elect?"* (Swengel, PA: Reiner, 1972), 70: "todos por quem ele morreu naquela tarde de sexta-feira, morreu *na lei* quando ele

morte de Cristo é tanto efetiva quanto propositiva e revela que há uma união implícita entre Cristo e aqueles por quem ele morreu, algo que Paulo deixa mais explícito em Romanos 6.1-11.

Enquanto Harris afirma a eficácia da morte de Cristo em 2 Coríntios 5.14, sua explicação do que exatamente essa morte acarreta é menos específica.[60] Ele propõe umas poucas explicações, mas cada uma não é convincente. A "merecida morte deles em razão do pecado" faz pouco sentido porque Cristo morre a morte que "eles mesmos mereciam"; a morte de "todos" é a morte que morrem para si mesmos. A segunda e terceira opções de Harris se movem na direção certa — "uma morte objetiva 'ética' que seria subjetivamente apropriada pela fé individual" ou "uma participação coletiva no evento da morte de Cristo pela qual o poder do pecado foi destruído" — mas em cada caso ele falha em captar algumas das consequências de sua própria interpretação do versículo. Se a "morte 'ética' objetiva" tem de ser apropriada subjetivamente pela fé, imediatamente ele reduziu o referente de πάντες para *todos os que creem*, o que é inconsistente com seu ponto de vista de que pavnte" se refere a cada um, e que somente no versículo 15 há redução com a introdução da nova categoria οἱ ζῶντες.

Quanto à sua terceira opção, Harris é inconsistente em jogar com as implicações de "uma participação coletiva no evento da morte de Cristo pela qual o poder do pecado é destruído". Se isso é assim, e o poder do pecado é destruído — e penso que é, a morte de Cristo por todos *efetua* a morte de todos —, então todos (cada um) seguramente devem morrer para si mesmos, e assim ou faz do universalismo uma verdade, se πάντες significa cada um, ou restringe o escopo de πάντες para significar οἱ ζῶντες. Além disso, como o versículo 15 segue explicando, Cristo morreu e *ressuscitou* para os crentes (τῷ ὑπὲρ αὐτῶν ἀποθανόντι καὶ ἐγερθέντι).[61] Se sua morte por todos resultou na morte espiritual por todos, então

---

expirou — não que cessaram de pecar. Em outras palavras, sua morte foi de caráter *legal*, não espiritual; foi *objetiva*, não subjetiva; foi *judicial*, não moral (ou ética)".

60 Harris, *Second Corinthians*, 420-21. Barnett, Second Corinthians, 290-91, só fala para quem a morte de Cristo "foi conquistada", e perde este ponto principal sobre a eficácia real. Ele afirma a objetividade da morte de Cristo para todos, mas há somente uma vez um comprometimento de fé em Cristo (290). Isso implica que a objetividade da expiação é assim contingente da fé humana.

61 Visto que o artigo singular τῷ modifica tanto ἀποθανόντι quanto ἐγερθέντι, parece que ὑπὲρ αὐτῶν pode ser

seguramente, por implicação, sua ressurreição resultaria na ressurreição espiritual de todos, algo que Paulo deixa explícito em outro lugar (Romanos 6.1-11). Para que Harris mantenha sua posição, ele deve argumentar que "Enquanto todas as pessoas morreram, em um sentido (presumivelmente, um dos três sentidos acima), quando o Homem que os representou morreu, nem todos ressuscitaram para a nova vida quando ele ressuscitou".[62] Mas isso requer que perguntemos "por que não?", visto que Harris no começo argumenta que ὑπὲρ αὐτῶν significa que Cristos os representou,[63] e assim sua representação seguramente funcionaria *tanto* em sua morte como em sua ressurreição. Aqui parece haver uma inconsistência da parte de Harris. Às vezes ele parece sugerir uma união implícita com Cristo em ambas as fases da morte e ressurreição de Cristo, e outras vezes ele quer admitir uma disjunção entre elas: união com Cristo em sua morte, mas não em sua ressurreição. Mas, como Paulo diz em Romanos, "Porque, se fomos unidos com ele na semelhança de sua morte, certamente, o seremos também na semelhança de sua ressurreição" (6.5). Note o argumento do apóstolo aqui: se a união com Cristo ocorreu em sua morte, então necessariamente segue a união com Cristo em sua ressurreição. Não pode haver disjunção.

Para Paulo, a redenção realizou (morte *e* ressurreição de Cristo) as *condições* da redenção aplicada.[64] A perspectiva redentiva-histórica não prove meramente a base para uma analogia que explique o que se segue da experiência existencial dos crentes; é "tanto dominante quanto determinativo"[65] de tal modo que todos aqueles por quem Cristo morreu também morreram em Cristo, e todos os que morreram em Cristo também certamente ressuscitarão com ele; assim, "para que, os que vivem, já não vivam para si mesmos, mas para Aquele que morreu e ressuscitou por eles". Tudo isso é assim por causa do vínculo indestrutível entre Cristo e aqueles por quem ele morreu e ressuscitou.

---

construído com ambos os particípios.
62 Harris, *Second Corinthians*, 423.
63 Ibid., 422.
64 John Murray, "Definitive Sanctification", *CTJ* 2 (1967): 5-21 (19): "Algo ocorreu no passado histórico que faz necessário que seja realizado e exemplificado na história da vida real".
65 Richard B. Gaffin, *Resurrection and Redemption: A Study in Paul's Soteriology*, 2. ed. (Phillipsburg, NJ: P&R, 1987), 59.

Em suma: parece que a única posição consistente a assumir exegética e teologicamente é a opção (4). Os que desejam argumentar em prol de "todos" sendo cada um, com o versículo 15 então introduzindo um grupo mais reduzido (Harris), ou com o versículo 14 denotando potencialidade e o versículo 15 realidade (Barnett), devem tratar da consequência de dizer que a morte de Cristo efetuou a "morte" de cada um, mas então falharam em efetuar sua nova vida (Harris), ou que sua morte realmente não efetuou a morte de cada um em primeiro plano (Barnett).

2 Coríntios 5.19

> ... a saber, que Deus estava em Cristo reconciliando consigo o mundo, não imputando aos homens suas transgressões, e nos confiou a palavra da reconciliação.

Compreender o ponto teológico básico em 2 Coríntios 5.14-15 ajuda quando se interpreta o referente de "mundo" (κόσμος) no versículo 19. Tomando a combinação de ὡς ὅτι como epexegética ("isto é"[66]), o versículo 19 explica e expõe o pensamento do versículo 18: "Ora, tudo provém de Deus, que nos reconciliou consigo mesmo por meio de Cristo e nos deu o ministério da reconciliação. Existe discussão sobre qual a melhor tradução para o versículo 19, mas um número de considerações pesa os pratos da balança em favor de "Deus estava em Cristo, reconciliando consigo o mundo".[67] Sobre esta tradução, θεὸς ἦν ἐν Χριστῷ não se refere à encarnação, ainda que certamente a inclua mas, antes a vida inteira de Cristo, e em particular, dado o contexto (vs. 14-15), à morte de Cristo pela qual Deus reconciliou consigo o mundo. E assim temos nessa breve expressão uma profunda afirmação cristológica: ontologicamente, Deus estava em Cristo e agiu através de Cristo para assegurar a divina redenção do mundo.

---

66 As outras opções viáveis, porém menos convincentes, são as de tomar a frase como comparativa ou causal. Ver Harris, *Second Corinthians*, 438-40, para a avaliação de cada opção.
67 Ver ibid., 440-42, para esses. A tradução ESV é também aceitável.

Esse ato de reconciliação, "Deus estava em Cristo", tem como seu foco o κόσμος, um termo que pode referir-se à totalidade da criação (cf. Romanos 1.20; 1 Coríntios 3.22), mas, mais provavelmente, no contexto, o mundo dos seres humanos (cf. Romanos 3.6; 5.12-13; 2 Coríntios 1.12), como exigido pelos pronomes αὐτοῖς ε αὐτοῶν, e como indicado por παραπτώματα. Mas, quem exatamente está incluído na palavra κόσμος? Certamente nenhum exegeta duvidaria da conotação todo-abrangente e todo-inclusiva que κόσμος leva em si. Seu pleno peso e sua natureza coletiva não devem de modo algum ser diminuídos (ver abaixo). Não obstante, como se dá com os outros usos do termo em Paulo (cf. Romanos 11.12, 15), a palavra não significa à revelia "todos, sem exceção", ou "cada pessoa no singular". Reflexão sobre o contexto imediato e cuidadosa atenção para o que exatamente 2 Coríntios 5.19 afirma faz alguém hesitante em extrair tal conclusão. Inicialmente, se ὡς ὅτι for tomado corretamente como epexegético, então κόσμος explica e expande o ἡμᾶς do versículo 18, que, evidentemente, são os crentes. Além disso, a primeira das duas cláusulas participiais sucessivas (μὴ λογιζόμενος αὐτοῖς τὰ παραπτώματα αὐτῶν) causa constrangimento de igualar o "mundo" com "cada um".[68] "O mundo" constitui aqueles contra quem (αὐτοῖς[69]) Deus não imputa seus pecados (τὰ παραπτώματα αὐτῶν).[70] A menos que alguém esteja disposto a adotar o universalismo, então o "mundo" no versículo 19 simplesmente não pode significar "cada um".[71] O mundo é perdoado por Deus, o que significa que o que Paulo tem em mente seria um mundo *crente*[72].

---

68 Ambas as cláusulas participiais expressam duas implicações ou consequências do ato de Deus de reconciliação através de Cristo.
69 Um dativo de desvantagem.
70 O mero uso do tempo participial presente, καταλλάσσων, não significa que esse ato de reconciliação estava em avanço ou incompleto. O contexto deve determinar o significado aqui. Se, como se argumentou, o versículo 19 expande o versículo 18, então o ato completo de reconciliação está na pauta de Paulo. S. E. Porter, Καταλλάσσω in *Ancient Greek Literature, with Reference to Pauline Writings* (Cordoba: El Amendro, 1994), 138-39, argumenta sobre as bases aspectivais que o versículo 19 deve ser traduzido, "O ato de Deus de reconciliação", com a construção perifrástica usada para ênfase.
71 Comentando sobre esse versículo, David I. Allen, "The ATonement: Limited or Universal?", in *Whosoever Will: A Biblical-Theological Critique of Five-Point Calvinism*, ed. David L. Allen e Steve W. Lemke (Nashville B&H Academic, 2010), 64, escreve: "O plano de Deus na expiação era prover uma punição e uma satisfação pelo pecado como uma base para a salvação de toda a humanidade e assegurar a salvação de todos os que creem em Cristo". Mas em parte alguma no texto Paulo afirma uma intenção num nível dividido na expiação. Allen tem de escrever isso para esse texto particular.
72 Aqui, uma alusão possível ao Salmo 32.2 endossa este ponto de vista: que os que compõem o "mundo" são

Parece preferível, pois, ver "mundo" em 2 Coríntios 5.19 como uma referência a pessoas em um sentido geral ("todos, sem distinção"), como oposto a um sentido distributivo e exclusivo ("todos, sem exceção"). Quando Paulo usa o termo, ele tem em vista judeus e gentios.[73] "A graça de Deus abarca todo um cosmo em sua capacidade orgânica, incluindo os gentios; não um ramo, mas toda a árvore da espécie humana é o objeto de seu ato reconciliador".[74]

COLOSSENSES 1.20

> ... e que, havendo feito a paz pelo sangue de sua cruz, por meio dele, reconciliasse consigo mesmo todas as coisas, quer sobre a terra, quer nos céus.

Em 2 Coríntios 5.19, a palavra "mundo" denota a humanidade. Cristo salvará o mundo no sentido de que ele salvará uma nova humanidade: judeu e gentio unidos como um só homem (Efésios 2.15). Entretanto, há outros textos paulinos, tais como Colossenses 1.20, que demonstram que a morte de Cristo impactará "o universo", toda a ordem criada. Paulo afirma claramente que através de Cristo (δι αὐτοῦ) Deus reconciliará (ἀποκαταλλάξαι) consigo mesmo todas as coisas (τὰ πάντα) fazendo a paz (εἰρηνοποιήσας[75]) através do sangue de sua cruz (διὰ τοῦ αἵματος τοῦ σταυροῦ αὐτοῦ). Sobre a base do impacto universal da morte de Cristo, alguns têm argumentado retrospectivamente em prol de uma expiação universal: seguramente, se a morte de Cristo leva à reconciliação de todas as coisas sobre a terra e no céu, então ele teria morrido por cada um? Assim argumenta Shultz: "Para que Cristo reconcilie todas as coisas com o Pai, ele teve de pagar por todo pecado, incluindo os pecados dos não elei-

---

crentes. A frase μὴ λογιζόμενος mais provavelmente lembra as palavras de Davi no Salmo 32.2 na LXX: "μακάριος ἀνήρ οὗ οὐ μὴ λογίσηται κύριος ἁμαρτίαν" (cf. Jr 31.34).
73 Stanley E. Porter, "Reconciliation as the Heart of Paul's Missionary Theology", in *Paul as Missionary: Identity Activity, Theology, and Practice*, ed. Trevor J. Burke e Brian S. Rosner, Library of New Testament Studies 420 (Londres: T. & T. Clark, 2011), 175.
74 Geerhardus Vos, "The Biblical Doctrine of the Love of God", in *Redemptive History and Biblical Interpretation: The Shorter Writings of Geerhardus Vos*, ed. Richard B. Gaffin (Phillipsburg, NJ: P&R, 1980), 450.
75 Um particípio de meios.

tos. De outro modo, algum pecado estaria fora de sua obra expiatória e, assim, fora de seu triunfo cósmico".[76] Na discussão abaixo se mostrará que essa é uma dedução errônea. As repercussões universais para a ordem criada estão de fato pressupostas na expiação definida, não na universal.

Desde o tempo de Orígenes, alguns intérpretes têm empregado Colossenses 1.20 como um argumento em prol da salvação universal. O raro verbo ἀποκαταλλάξαι ocorre somente duas vezes no NT (aqui e em Efésios 5.10 [2x]; 1 Coríntios 7.11; 2 Coríntios 5.18, 19, 20), como também seu substantivo cognato (Romanos 5.11; 11.15; 2 Coríntios 5.18, 19). Em cada um destes casos (com 1 Coríntios 7.11 como uma exceção), "reconciliar/reconciliação" se refere à "restauração da comunhão entre Deus e os pecadores".[77] Mas o objeto de ἀποκαταλλάξαι, aqui τὰ πάντα, sugere que o escopo dessa "reconciliação" é mais amplo do que humanidade. A frase τὰ πάντα ocorre cinco vezes no contexto (cf. esp. Colossenses 1.16), e cada vez ela se refere ao universo criado. Paulo inclusive especifica τὰ πάντα como coisas sobre a terra (τὰ ἐπὶ τῆς γῆς) e coisas no céu (τὰ ἐν τοῖς οὐρανοῖς; v. 20). Em 2.15, ele fala de "governadores e autoridades" (τὰ ἀρχὰς καὶ τὰς ἐξουσίας) sendo desarmados através da cruz. Assim, o que é "reconciliado" com Deus não é apenas a humanidade, mas todo o cosmo criado. E isso não nos surpreende, já que do ponto de vista bíblico-teológico, o plano-mestre da Bíblia revela uma relação integral entre redenção e criação: "Deus não cria o mundo da redenção sem levar em conta o mundo antecedente da natureza";[78] e visto que a criação abarca tudo — "o céu e a terra" —, é compreensível que a obra redentora de Cristo terá um impacto *universal* restaurativo. O sangue de Cristo penetrará cada canto e fresta de todo esse universo criado.

Não obstante, a questão vem a ser o que exatamente está em pauta pelo termo "reconciliar" (ἀποκαταλλάξαι). Das várias possibilidades,[79] os evangélicos têm apresentado duas propostas primordiais.

---

76 Gary L. Shultz, Jr., "God's purposes in the Atonement for the Nonelect", *BSac* 165 (abril-junho, 2008): 157.
77 Douglas J. Moo, *The Letters to the Colossians and to Philemon*, PNTC (Nottingham, UK: Apollos, 2008), 134.
78 Geerhardus Vos, *Biblical Theology: Old and New Testament* (Edimburgo: Banner of Truth, 1948), 21.
79 Para isso, ver a penetrante cooperação de T. O'Brien (Colossians, Philemon, WBC 44 [Waco, TX: Word, 1982], 54-55); e Robert A. Peterson, "To Reconcile to Himself All Things: Colossians 1.20", *Presbyterion* 36 1 (Spring 2010): 37-46.

1. "Reconciliar" Significa "Pacificar"

F. F. Bruce e Peter T. O'Brien propõem que, no contexto, ajpokatalla-vxai significa "pacificação".[80] Isso é, a terra e o céu têm sido restaurados à sua ordem divinamente criados e determinados, o universo está outra vez sob sua justa Cabeça, e reina a paz cósmica.[81] Através de sua morte na cruz (διὰ τοῦ αἵματος τοῦ σταυροῦ αὐτοῦ), Cristo adquiriu essa paz (εἰρηνοποιήσας) para o universo, uma paz que era a esperança escatológica dos profetas do AT (Isaías 52.6; Jeremias 29.11; Ezequiel 34.25; Miqueias 5.5; Ageu 2.9; Zacarias 9.10). Isso não significa que todos os seres humanos são levados a uma *amorosa* relação com Deus na qual se submetem espontaneamente ao seu governo sobre suas vidas; ao contrário, a paz gerada por Cristo pode ser "aceita livremente, ou ... imposta compulsoriamente" (Filipenses 2.10-11).[82] Mas há, não obstante, uma reordenação, uma restauração e renovação do universo previamente fraturado.[83] Moo concorda: o que está na mira de Paulo aqui não é a salvação ou redenção cósmica, mas, antes, a restauração cósmica.[84]

2. "Reconciliar" Significa "Paz com Deus"

I. Howard Marshall propõe que ajpokatallavxai "tem o sentido da restauração atual das boas relações", mas que o pensamento em Colossenses 1.20 é simplesmente de "provisão de Deus de reconciliação para o mundo".[85] A realiza-

---

80 F. F. Bruce, *Commentary on the Epistles to the Ephesians and Colossians*, NICNT (Grand Rapids, MI: Eerdmans, 1957), 210; O'Brien, *Colossians, Philemon*, 55-56.

81 Para parafrasear Eduard Lohse, *Colossians and Philemon*, trad. W.R. Poehlmann e R. J. Karris da 14ª edição alemã (Filadélfia: Fortress, 1971), 59.

82 Bruce, *Ephesians and Colossians*, 210. Ver também A. G. Blocher, "Everlasting Punishment and the Problem of Evil", in *Universalism and the Doctrine of Hell*, ed. Nigel M. de S. Cameron (Grand Rapids, MI: Baker, 1992), 282-312, que argumenta em prol da cessação do pecado, mas um remorso eterno por esse pecado.

83 Herman Bavinck, *Sin and Salvation in Christ*, vol. 3 de *Reformed Dogmatics*, ed. John Bot, trad. John Vriend, 4 vols. (Grand Rapids, MI: Baker Academic, 2006), 472, entende isso no sentido de que os demônios e os perversos serão lançados no inferno, mas toda a criação, com seus habitantes, será restaurada no novo céu e na nova terra.

84 Moo, *Colossians and Philemon*, 136.

85 I. Howard Marshall, "The Meaning of 'Reconciliation,'" in *Unity and Diversity in New Testament Theology Essays in Honor of George E. Ladd*, ed. Robert A. Guelich (Grand Rapids, MI: Eerdmans, 1978), 126.

ção dessa reconciliação depende da aceitação do evangelho e da fé, e, "portanto", para Marshall, "é muitíssimo improvável que aqui se ensine algum tipo de salvação universal de toda a criação".⁸⁶ A ênfase de Paulo não é tanto sobre o *fato* da reconciliação de "todas as coisas", o que Marshall toma como sendo os governantes e as autoridades do versículo 16, quanto sobre suas próprias *necessidades* de reconciliação. Essa interpretação evita "tentativas desesperadoras de dar ao 'reconciliar' outro sentido além do que usualmente comporta".⁸⁷

O argumento de John Piper é semelhante. Tomando seu ponto da linguagem de "paz" em Efésios 2.14-15, ele argumenta que ἀποκαταλλάξαι não pode conter o significado de pacificação.⁸⁸ Os interlocutores de Piper são Bruce Ware e Mark Driscoll, os quais argumentam que as pessoas no inferno estão "reconciliadas" com Deus; eles também compreendem τὰ πάντα. A fim de refrear-se do que ele crê ser uma posição antibíblica, necessariamente Piper restringe o significado de τὰ πάντα para "todas as coisas no novo céu e na nova terra".⁸⁹ Ele pensa que tal perspectiva explica por que Paulo talvez omita o termo καταχθονίων ("debaixo da terra"; cf. Filipenses 2.10) quando diz que Cristo "reconciliará consigo mesmo todas as coisas, quer na terra, quer no céu" (Colossenses 1.20). Para Piper, haverá "trevas exteriores" e "debaixo da terra" que não se reconciliam com Deus. "Na nova realidade, todas as coisas são reconciliadas por seu sangue".⁹⁰

Colossenses 1.20 e a Expiação Definida

A posição de Marshall e Piper leva algum peso, ainda que cogitemos se foram eles culpados de uma restrição injustificada do campo semântico de ajpokatallavxai. Não obstante, qualquer interpretação que alguém adote desse versículo, o texto não tem qualquer consequência para a doutrina da expiação definida. O impacto universal da morte de Cristo não é sinônimo de expiação

---

86 Ibid.
87 Ibid.
88 John Piper, "'My Glory I Will Not Give to Another'": Preaching the Fullness of Definite Atonement to the Glory of God", capítulo 23 neste volume.
89 Sobre esse ponto, ele se deixa influenciar por H. A. W. Meyer, *Critical and Exegetical Hand-Book to the Epistles to the Philipians and Colossians, and to Philemon* (1883; reimp., Winona Lake, IN: Alpha, 1980), 241-42.
90 Piper, "'My Glory I Will Not Give to Another'", capítulo 23 neste volume.

universal. A distinção é muito importante. Nesse texto, Paulo não está argumentando que Cristo propiciou a ira de Deus para cada ser humano, como não está argumentando que Cristo propiciou a ira de Deus para as rochas, as aves e os astros, ou inclusive para os anjos apóstatas. Ao contrário, Paulo está simplesmente afirmando que uma das consequências escatológicas da morte de Cristo é uma paz universal entre todas as coisas sobre a terra e no céu. Por sua morte, Jesus é o *Christus Victor* que traz de volta todas as coisas do universo ao seu lugar e ordem corretos. Aqui, a visão periférica de Paulo não é o escopo da redenção consumada; seu foco é o impacto escatológico da cruz de Cristo, não a extensão substitutiva dela. É uma falsa dedução argumentar retrospectivamente a partir dos efeitos escatológicos da morte de Cristo de volta a uma expiação universal. Aliás, a passagem paralela, Romanos 8.19-23, mostra que o que está por detrás da renovação cósmica não é uma provisão universal feita pela expiação de Cristo, e sim a redenção consumada de um grupo *particular* de pessoas — "os filhos de Deus".

Expiação Definida e Restauração da Criação (Romanos 8.19-23)
Uma cuidadosa análise de Romanos 8.19-23 revela que na soteriologia de Paulo há uma conexão integral entre os crentes humanos físicos, "os filhos de Deus", e o universo físico criado. A criação (ἡ κτίσις) aguarda (ἀπεκδέεται) com profundo anseio (ἀποκαραδοκία) pela revelação (τὴν ἀποκάλυψιν) dos filhos de Deus (τῶν υἱῶν τοῦ θεοῦ; v. 19); a própria criação será redimida (ἐλευθερωθήσεται) de sua servidão à corrupção (ἀπὸ τῆς δουλείας τῆς φθορᾶς) para obter a liberdade da glória dos filhos de Deus (τὴν ἐλευθερίαν τῆς δόξης τῶν τέκνων τοῦ θεοῦ; v. 21); toda a criação (πᾶσα ἡ κτίσις) geme juntamente (συστενάζει), como fazemos, esperando pela adoção como filhos (υἱοθεσίαν), a redenção (τὴν ἀπολύτρωσιν) de nossos corpos (τοῦ σώματος ἡμῶν; vs. 22-23).

Deus tem submetido (ὑπετάγη) a criação à futilidade (τῇ ματαιότητι; v. 20) por causa do pecado humano (cf. Gênesis 3.17-19), mas ela foi sujeitada "em esperança" (ἐφ ἐλπίδι; Romanos 8.20), a esperança que de que um dia ela seria renovada. O que antecipa e inaugura a renovação deste mundo criado é a redenção consumada de um grupo particular de pessoas, "os filhos de Deus". Há uma relação integral entre as duas: a primeira depende da segunda: isto é, "é somente com e por causa da glória dos filhos de Deus que a criação experimenta seu próprio livramento, pleno e final".[91] Assim, contrário a alguns argumentos, não é uma expiação *universal, potencial* que efetua uma recriação universal, mas, antes, uma redenção *particular, realizada* dos filhos de Deus — expiação definida. Assim, quando se aplica o princípio de *analogia fidei*, e Colossenses 1.20 e Romanos 8.19-23 são lidos juntos, a expiação definida, e não expiação universal, emerge como a melhor explicação para a causa da renovação cósmica.

1 Timóteo 2.4-6

> ... o qual deseja que todos os homens sejam salvos e cheguem ao pleno conhecimento da verdade. Porquanto há um só Deus e um só mediador entre Deus e os homens, Cristo Jesus, homem, o qual a si mesmo se deu em resgate por todos: - testemunho que se deve prestar em tempos oportunos.

Essa passagem é comumente empregada no arsenal de opositores da expiação definida.[92] Apesar disso, desejo mostrar que uma leitura detida de 1 Timóteo 2.4-6 é compatível com a doutrina da expiação definida. Um bom número de pontos ajudará a elucidar o texto.

Primeiro, à luz de uma leitura de 1 Timóteo como um espelho, a maioria dos comentaristas reconhece que Paulo escreveu a Timóteo em um contexto eclesiástico do falso ensino, cujos aspectos incluíam um exclusivismo/elitismo influenciado pelo esoterismo (mitos, genealogias; 1.4-6), lei judaica (1.7) e as-

---

91 Moo, *Romans*, 517.
92 Assim, por exemplo, I. Howard Marshall, "Universal Grace and Atonement in the Pastoral Epistles", in *Grace of God and the Will of Man*, 61-63. Bruce Demarest, *The Cross and Salvation: The Doctrine of Salvation, Foundations of Evangelical Theology* (Wheaton, IL: Crossway, 1997), 191, argumenta que "a citação de Paulo no v. 4, de que Deus 'que todos os homens sejam salvos', indica que cada última pessoa está em pauta" no v. 6: "e deu a si mesmo em resgate por todos os homens".

cetismo (abstenção do casamento e de certos alimentos etc.; 4.3). Quanto a isso, uma das preocupações primordiais de Paulo, na epístola, é a focalização do escopo universal do evangelho contra este exclusivismo e estreiteza heréticos. As afirmações "todos" (2.2, 4, 6; 4.10) e "mundo" (3.16) fazem assim bom sentido quando lidas nesse contexto. De modo interessante, as afirmações de "todos" do capítulo 2 vêm depois das referências ao elitismo herético (1.4-7); e, igualmente, o "todos" de 4.10 vem depois das referências ao ensino de abstenção (4.1-8). Como Philip Towner conclui:

> a razão por detrás da justificativa de Paulo dessa missão universal é quase certamente o falso ensino, com sua abordagem centrada na Tora à vida que incluía ou uma inclinação exclusivista ou que fazia pouco caso da missão gentílica. ... o foco de Paulo está em edificar um povo para Deus que incorpore todas as pessoas sem levar em conta contextos étnicos, sociais ou econômicos...[93]

Segundo, o contexto literário demonstra que as referências de Paulo a "todos" devem ser entendidas em termos de categorias ou subgrupos de pessoas. Assim, em 2.1, Paulo solicita orações "por todas as pessoas" (ὑπὲρ πάντων ἀνθρώπων) — dificilmente uma tarefa realizável, caso ele tenha em mente "cada pessoa individual sobre a terra". No versículo 2, a repetição de ὑπὲρ, juntamente com a especificação do subgrupo de reis e governantes civis (βασιλέων καὶ πάντων τῶν ἐν ὑπεροχῇ ὄντων), acresce suporte ao ponto de vista de que "todas as pessoas" significa "todos os tipos de pessoas"; isto é, "indivíduos de todos os tipos de grupos diversos". No versículo 4, o desejo de Deus que "todas as pessoas" (πάντας ἀνθρώπους) sejam salvas está fundado na verdade do monoteísmo ("Pois há um só Deus"; Εἷς γὰρ θεός) e na obra medianeira exclusiva de Cristo ("e um só mediador entre Deus e os homens"; εἷς καὶ μεσίτης θεοῦ καὶ ἀνθρώπων; v. 5) — algo que fundamenta a disponibilidade do evangelho tanto para o judeu como para o gentio em outros lugares em Paulo

---

[93] Philip H. Towner, *The Letters to Timothy and Titus*, NICNT (Grand Rapids, MI: Eerdmans, 2006), 177.

(Romanos 3.21-31). Além disso, o testemunho do resgate de Cristo para todos" (ἀντίλυτρον ὑπὲρ πάντων) — seja no próprio evento, seja no ensino subsequente dele — agora foi revelado (1 Timóteo 2.6), o que endossa a ideia de "todos" se referindo à salvação sendo oferecida aos gentios tanto quanto aos judeus neste ponto da história. O "todos" é, portanto, redentivo-histórico: a morte de Cristo é *agora* todo-inclusiva: é para judeu e gentio. Essa leitura é endossada no versículo 7: "Para isto fui designado pregador e apóstolo (afirmo a verdade, não minto), mestre dos *gentios* na fé e na verdade" (AT).[94]

À luz do contexto literário imediato, parece inteiramente razoável ver a leitura de "todos", nos versículos 4 e 6, no sentido de "todos os tipos de pessoas": indivíduos das diversas etnias (judeus e gentios), dentre as diferentes classes da sociedade normalmente tidas como fora dos limites da salvação (reis e autoridade civil), e inclusive dos diferentes antecedentes morais (principal dos pecadores, como foi Paulo; 1.15). Essa posição é também corroborada pela ausência de qualquer referência ao indivíduo. Em parte alguma, no texto, Paulo escreve como se estivesse argumentando no nível do indivíduo, fazendo assim menos plausível a posição de que "todos" se refere a "cada pessoa individual".

Terceiro, lado a lado com os contextos literários eclesiásticos e imediatos, o contexto mais amplo do chamado de Paulo para o ministério nos aponta na direção da leitura "todos" como "todos, sem distinção".[95] Em Atos 22.15, Paulo afirma que seu chamado da parte de Deus para o ministério se relaciona com seu chamado para ser testemunha a "todas as pessoas" — outra vez endossando a ideia de judeu e gentio.

Quarto, a teologia de Paulo endossa essa leitura. Em outros lugares no NT, Paulo usa o monoteísmo e a morte de Cristo como base para a salvação como sendo "todo-inclusiva": disponível tanto a judeu como a gentio (Romanos 3.21-31).

Quinto, atentando para conexões interbíblicas entre 1 Timóteo 2.6, de um lado, e Mateus 20.28 e Marcos 10.45, do outro, corroboram minha leitura

---

94 Em 1 Timóteo 3.16, o uso que Paulo faz de "mundo" é evidentemente uma referência a "judeus e gentios", porém não cada um, a menos que se adote uma posição universalista.

95 Por exemplo, o uso que Paulo faz de "todos" em outras partes inclui diferentes chamadas categorias da humanidade (Gálatas 3.8; Colossenses 3.11).

de 1 Timóteo 2.6. A frase "deu a si mesmo como resgate por todos" ecoa a frase em Mateus e Marcos "O Filho do Homem veio ... para dar sua vida como resgate por muitos":[96]

> 1 Timóteo 2.6: ... ὁ **δοὺς** ἑαυτὸν **ἀντίλυτρον ὑπὲρ πάντων**...
> ... o qual a si mesmo se **deu em resgate por todos**...

> Mateus 20.28: ... ὥσπερ ὁ υἱὸς τοῦ ἀνθρώπου οὐκ ἦλθεν διακονθῆναι ἀλλὰ διακονῆσαι καὶ **δοῦναι** τὴν ψυχὴν αὐτοῦ **λύτρον ἀντὶ πολλῶν**.
> ... tal como o Filho do homem, que não veio para ser servido, mas para servir e **dar** sua vida **em resgate por muitos**.
> Marcos 10.45: καὶ γὰρ ὁ υἱὸς τοῦ ἀνθρώπουκ ἦλθεν διακονηθῆναι ἀλλὰ διακονῆσαι καὶ **δοῦναι** τὴν ψυχὴν αὐτοῦ **λύτρον ἀντὶ πολλῶν**.
> Pois o próprio Filho do homem não veio para ser servido, mas para servir e **dar** sua vida em **resgate por muitos**.

A maioria dos comentaristas concorda que os dois textos evangélicos levam consigo uma alusão a Isaías 53,[97] e assim 1 Timóteo 2.6 pode ter em seu âmago um eco latente de Isaías 53. Certamente, isso estaria de acordo com o uso explícito que Paulo faz de Isaías 52.13-53.12 em outro lugar, sempre no

---

96 F. Buschel, "ἀντίλυτρον", *TDNT* 4:349, diz que 1 Timóteo 2.6 "está claramente baseado em Marcos 10.45". Em concordância com James R. Edwards, *The Gospel according to Mark*, PNTC (Leicester, UK: Apollos, 2002), 327 n. 65, e George W. Knight III, *The Pastoral Epistles: A Commentary on the Greek Text*, NIGTC (Grand Rapids, MI: Eerdmans, 1992), 123: "Aqui, as palavras [de Paulo] são tão idênticas com os relatos evangélicos quanto uma objetivação reafirmada de uma afirmação pessoal pode ser". Marshall, "Universal Grace and Atonement in the Pastoral Epistles", 59, argumenta que uso que Paulo faz de "todos" é uma paráfrase apropriada dos textos sinóticos: "É a palavra natural para se usar no movimento de uma tradução grosseiramente literal do hebraico ["muitos"] a um grego mais idiomático". O apóstolo alterna os termos "muitos" e "todos" em Romanos 5.1-12.
97 À parte da palavra conectiva πολύς ("muitos"), a alusão às obras principalmente no nível conceitual mais do que no nível linguístico (assim a maioria dos comentaristas sobre Mateus e Marcos, contra Morna D. Hooker, *Jesus and the Servant* [Londres: SPCK, 1959]. Para um argumento detalhado em resposta a Hooker, ver Rikki E. Watts, "'Jesus' Death, Isaiah 53, e Marcos 10.45", in *Jesus and the Suffering Servant Isaiah 53 and Christian Origins*, ed. William H. Bellinger, Jr., e William R. Farmer (Harrisburg, PA: Trinity Press International, 1998), 125-51. Cf. também, O. Betz, "Jesus and Isaiah 53", 70-87, no mesmo volume.

contexto da livre oferta do evangelho a todas as pessoas.⁹⁸ Se essa conexão interbíblica é válida, então a observação de "todos" em 1 Timóteo 2.6 restringe o significado de "todos" àqueles que são finalmente salvos, visto que em Isaías 53 "os muitos" são não só aqueles por quem o Servo faz expiação, mas são coextensivos com "os muitos" que são justificados pelo Servo (v. 12).

Não vale argumentar que por "muitos" Isaías tinha em vista "muitos crentes" ou que por "todos" Paulo tem em vista "todos os crentes". Em ambos os casos, devem-se criar tautologias: por que o Servo necessita justificar "muitos crentes", e por que Deus quer que "todos os crentes" sejam salvos e cheguem ao conhecimento da verdade?⁹⁹ Em ambos os textos, o grupo almejado da obra salvífica são pecadores que necessitam de salvação. E assim aqui não estou argumentando em prol de uma correlação direta no significado de "muitos" e "todos" com "crentes". Meu argumento é que "muitos" e "todos", em ambos os textos, são restringidos por seus contextos e, portanto, não podem significar "cada um". Além disso, os termos são deliberadamente deixados indefinidos e ambíguos.

Outros fatores no texto endossam a ideia de uma expiação definida por "todos": (1) o hápax ἀντίλυτρον aponta para um resgate "real", não um resgate "potencial".¹⁰⁰ Dos dois significados possíveis para possíveis para ἀντίλυτρον — "pagamento" ou "livramento da servidão" —, o último deve ser preferido (cf. Tito 2.14). Além disso, o modo como o *lutr* — palavras desse grupo são usadas no NT (por exemplo, Mateus 20.28; Marcos 10.45) não propicia exemplo de uma "potencialidade" para um resgate por parte de Cristo. (2) A frase "deu-se a si mesmos" (ὁ δοὺς ἑαυτόν) é um modo tipicamente paulino de referir-se ao autossacrifício definido de Cristo na cruz (Romanos 8.32; Gálatas 1.4; 2.20; Efésios 5.2; Tito 2.14). De modo interessante, esses textos falam de Cristo "dando-se a si mesmo por *nós*", isto é, os crentes que já foram salvos através da fé

---

98 Ver Romanos 15.14-21; cf. vs. 16, 20, 21 com Isaías 52.13; Romanos 10.11-20; cf. v. 11 com Isaías 28.16 e v. 16 com Isaías 53.1 (Knight, *Pastoral Epistles*, 123).
99 As tautologias devem ser evitadas se alguém substitui os "crentes potenciais" ou "os eleitos", mas, mesmo então, meu argumento é que nem Isaías nem Paulo têm em mente "os eleitos"; eles simplesmente têm em mente um grande número de pecadores de todos os diferentes tipos, mas não todos os pecadores sem remanescentes.
100 Leon Morris, *The Apostolic Preaching of the Cross*, 3. ed. (Grand Rapids, MI: Eerdmans, 1965), 51, a traduz "resgate-substitutivo".

na autodoação do "resgate" de Cristo. Por que, pois, Paulo usa a palavra "todos" em 1 Timóteo 2.6, em vez de "nós"? Isso é facilmente explicado quando se recorre ao contexto histórico, onde em Efésios ele aborda uma heresia exclusivista e elitista. Às vezes Paulo fala da morte de Cristo com estrito particularismo (por "mim"; pela "igreja"; por "seu povo"; por "nós"); outras vezes, com franco universalismo (por "todos"). A razão para sua mudança é sempre contextual.

Tomados juntos, os pontos acima demonstram que o "todos" de 1 Timóteo 2.4-6 é mais bem entendido como "todos, sem distinção", e não "todos, sem exceção". Essa compreensão se ajusta melhor aos contextos eclesiásticos, literários, redentivo-históricos, teológicos e interbíblicos.

1 Timóteo 4.10

> Ora, é para esse fim que labutamos e nos esforçamos sobremodo, porquanto temos posto nossa esperança no Deus vivo, Salvador de todos os homens, especialmente dos fiéis.

Lado a lado com 1 Timóteo 2.6, os proponentes de uma expiação universal muitas vezes empregam 1 Timóteo 4.10 como um dos textos mais impressionantes em defesa da morte de Cristo por cada um.[101] Para alguns, esse texto serve como justificativa para um duplo propósito na morte de Cristo. Assim, por exemplo, E. H. Johnson representa muitos quando escreve: "O NT declara com igual distinção que Cristo morreu por todos os homens, e que ele morreu em um sentido especial por alguns homens. ... Ambos os aspectos do caso são apresentados juntos em 1 Timóteo 4.10; o Deus vivo... é Salvador de todos os homens, especialmente dos crentes".[102] Dos textos "problemáticos" para uma expiação definida, 1 Timóteo 4.10 é com certeza um dos textos mais difíceis e, portanto, merece cuidadoso manuseio.

---

101 Miethe, "Universal Power of the Atonement", 80: "Assim, muito obviamente, esse versículo está dizendo que, embora Cristo tenha morrido por *todos os homens* — isto é, o dom gracioso foi estendido a todos — finalmente é efetivo somente aos que o aceitam".

102 E. H. Johnson, *An Outline of Systematic Theology* (Filadélfia, 1895), 239-40. Semelhantemente, Knox: "Some Aspect of the Atonement", 262; e Demarest, *Cross and Salvation*, 191-93.

1 Timóteo 4.10 Lido em Paralelo com 2.4?

Towner ajuda muito quando nos lembra de "ler atentamente essa afirmação da seção [1 Timóteo 4.6-10] com a batalha polêmica em mente". Ele provê três razões: primeira, os requerimentos ascéticos de 4.4-5 "devem se amoldar à presença de um exclusivismo judaizante agindo na comunidade"; segunda, a "piedade" era afirmada como a vida autêntica associada com o evangelho de Paulo (2.2 e 4.7-8); terceira, essa realidade e a rejeição do evangelho paulino por parte dos oponentes levaram Paulo, em 2.7 e 4.10, a insistir na autoridade de sua missão (universal) aos gentios. Towner conclui: "Esse padrão de temas pressupõe que a afirmação potencialmente confusa ('Que é o Salvador de todas as pessoas, especialmente dos que creem') deve ser lida à luz de 2.1-7 e especialmente 2.4".[103] Para Towner, 4.10 "replica quase perfeitamente a afirmação de 2.4",[104] como este paralelismo o demonstra:

1 Timóteo 4.10:
εἰς τοῦτο γὰρ κοπιῶμεν καὶ ἀγωνιζόμεθα, ὅτι ἠλπίκαμεν ἐπὶ θεῷ ζῶντι, **ὅς ἐστιν σωτὴρ πάντων ἀνθρώπων** μάλιστα πιστῶν.
Ora, é para esse fim que labutamos e nos esforçamos sobremodo, porquanto temos posto nossa esperança no Deus vivo, **Salvador de todos os homens**, especialmente dos fiéis.

1 Timóteo 2.4:
... **ὅς πάντας ἀνθρώπους** θέλει **σωθῆναι** καὶ εἰς ἐπίγνωσιν ἀληθείας ἐλθεῖν.
... **o qual deseja que todos os homens sejam salvos** e cheguem ao pleno conhecimento da verdade.

A vontade/desejo universal de Deus em 2.4 (ὅς πάντας ἀνθρώπους θέλει σωθῆναι) faz paralelo com 4.10 pela frase "que é o Salvador de todos os homens" (ὅς ἐστιν σωτὴρ πάντων ἀνθρώπων), enquanto "cheguem ao pleno conhecimento

---
103 Towner, *Timothy e Titus*, 311.
104 Ibid., 312.

da verdade" (εἰς ἐπίγνωσιν ἀληθείας ἐλθεῖν) corresponde a "especialmente dos que creem" (μάλιστα πιστῶν). A primeira parte de cada texto se refere à postura salvífica de Deus, enquanto a segunda parte de cada texto diz respeito à realidade dessa salvação nos crentes. Em outras palavras, a vontade universal de Deus está conectada a uma resposta ao evangelho. Como Towner conclui: "O ponto feito dessa maneira é que a vontade salvífica universal de Deus é realizada 'particularmente' através da proclamação de e convicção no evangelho".[105] Essa interpretação se ajusta bem ao contexto imediato do extremo exclusivismo e ascetismo, que estavam produzindo elitismo dentro da igreja efésia (4.3-5, 7). Paulo deseja lembrar à igreja que Deus é o Salvador de todas as pessoas, não apenas da elite asceta.

Ainda que certamente eu concorde com o encorajamento de Towner para se ler 1 Timóteo 4.10 em seus contextos eclesiásticos e literários, o problema com sua interpretação é que o paralelismo com 2.4 não é tão bem-arrumado quanto ele sugere. Em 2.4, não há distinção aguda entre a vontade universal de Deus e a resposta provisória ao evangelho (na leitura de Towner), como há em 4.10. O conjuntivo kaiv em 2.4 liga dois infinitivos que complementam o verbo principal qevlw: Deus deseja (θέλω) que todas as pessoas sejam salvas (σωθῆναι) e (καί) que venham (ἐλθεῖν) ao pleno conhecimento da verdade. A segunda sentença infinitiva não introduz uma nova realidade diferente de ser "salvos", mas a mesma realidade expressa de maneira diferente. Em outras palavras, as duas sentenças infinitivas não podem ser divididas para equiparar as duas partes diferentes de 4.10 — ambas as partes são de uma só vontade universal de Deus. Nesse aspecto, a comparação com 2.4 é enfraquecida.

Μάλιστα Significa "Isto é"?

Reconhecendo que swthvr significa "Salvador", no sentido soteriológico que em outros lugares existe em 1 Timóteo e nas Epístolas Pastorais (1 Timóteo 1.1; 2.3; 2 Timóteo 1.10; Tito 1.3, 4; 2.10, 13),[106] alguns estudiosos tentam evitar o desafio potencial de definir expiação mediante o argumento de que

---

105 Ibid.
106 "O foco sobre a promessa de ζωῆς τῆς νῦν καὶ τῆς μελλούσης, e sobre uma esperança posta em θεῷ ζῶντι, demanda que a compreensão de σωτήρ aqui" em 1 Timóteo 4.10 (Knight, *Pastoral Epistles*, 203).

mavlista significa "isto é", em vez de "especialmente".¹⁰⁷ Em outras palavras, o versículo reza "o Deus vivo, que é o Salvador de todas as pessoas, isto é, os que creem". Entretanto, essa interpretação de mavlista parece improvável, já que o meio comum de expressar "isto é" ou "a saber" é τοῦτ ἔστιν, a qual Paulo emprega em outros lugares (por exemplo, Romanos 7.18; 9.8; 10.6, 7, 8; Filemon 12).¹⁰⁸ Toma-se a questão por que Paulo usaria mavlista para essa expressão, quando μάλιστα tem o significado comum de "especialmente, acima de tudo".¹⁰⁹ Fazer isso equivaleria a criar um novo significado para o advérbio.

Σωτήρ Contém Dois Sentidos: Preservar (Fisicamente) e Preservar (Espiritualmente)

Outra opção é que σωτήρ contém dois sentidos no versículo: primeiramente é usado no sentido mais amplo para Deus como "Preservador e Doador da vida" para todas as pessoas (cf. 1 Timóteo 6.13; cf. Atos 14.15-17; 17.28, com possível alusão ao Salmo 36.6 na LXX: σῴζω), e então em um sentido espiritual para os crentes.¹¹⁰ Que todos os outros usos de σῴζω e seus substantivos cognatos (σωτήρ e σωτηρία) e adjetivo (σωτήριος) nas Epístolas Pastorais é usado em um sentido soteriológico pode parecer, à primeira vista, dissuadir

---

107 Por exemplo, Knight, *Pastoral Epistles*, 203-204. Surpreendentemente, Marshall, "Universal Grace and Atonement", 55, concorda com a intepretação, enquanto mantém a expiação universal. Knight é influenciado por T. C. Skeat, "'Especialmente os pergaminhos': Uma nota sobre 2 Timóteo 4.13", *JTS* 30 (1979): 174. R. A. Campbell, "KAI MALISTA OIKEIWN — Uma nova visão de 1 Timóteo 5.8", *NTS* 41 (1995): 157-60, adicionou suporte à posição de Skeat.

108 Vern S. Poythress, "The Meaning of μάλιστα in 2 Timothy 4.13 and Related Verses", *JTS* 53 (2002): 523-32, que disputa cada um dos exemplos de Skeat, mostrando que sua compreensão do termo é defeituosa em ambos os papiros gregos e os exemplos no NT. Segundo Poythress, as leituras de Skeat ou são ambíguas (e, portanto, não prováveis) ou equivocadas.

109 BAGD.

110 Essa é uma interpretação com uma longa tradição desde os Pais da igreja primitiva (Crisóstomo, Oecumnius, Primasius e Ambrósio) através dos comentaristas medievais (Aquino) até os reformadores (Calvino) e os teólogos pós-Reforma (Turretini). Aquino interpretou o versículo, "que o Salvador da vida presente e futura, porque ele salva com uma salvação física a todos, e assim ele é chamado o Salvador de todos os homens. Ele salva mediante uma salvação espiritual também no tocante aos bons, e aí se diz ser ele o Salvador especialmente dos que creem" (*Angelici Doctoris Divi Thomae ... Commentaria in Epistolas omnes D. Pauli*, II/V [1856], 34, citado em Turretini, *Institutes*, 2:461), e João Calvino, *2 Corinthians and Timothy, and Philemon*, CNTC (Grand Rapids, MI: Eerdmans, 1964), 245: "Pois aqui σωτήρ é um termo geral, significando alguém que guarda e preserva". Mais recentemente, W. Foerster, "σωτήρ", TDNT 7:1017, interpreta o versículo como "Sendo Deus o Benfeitor de todos os homens nesta vida e dos crentes na vida por vir".

alguém dessa interpretação. Mas Paulo usa tanto o verbo σῴζω quanto o substantivo cognato swthriva no sentido de vida física em Atos 27.31 e 34, respectivamente, quando pede insistentemente aos soldados para que permanecessem nos navios à deriva para salvar suas próprias vidas. O sentido de "Preservador e Doador da vida" é, portanto, inteiramente plausível e não fora da gama semântica do apóstolo para esse grupo de palavra. Aliás, como Henri Blocher comenta neste volume, o contexto de 1 Timóteo o endossa:

> O contexto imediato, do versículo 7b, introduz a dualidade: exercício físico traz algum proveito — poderíamos falar da "salvação" temporal —, mas o exercício da piedade é frutífero em ambos os níveis, terreno e (Paulo poderia ter dito) celestial — mavlista. Paulo não restringe os benefícios da piedade ao nível superior, visto que alguns também afetam a vida no corpo. A dualidade obtém junto a Deus a obra salvífica do Pai: assegura os bens da presente vida *para todos* (graça comum radicada na cruz), e vida da era por vir *somente para os crentes*. O advérbio mavlista não pode significar a diferença entre potencial e concreto.[111]

Essa última interpretação certamente é plausível e evita algumas das dificuldades que acompanham as outras interpretações.

1 Timóteo 4.10 e a Expiação Definida

Seja qual for a interpretação que alguém adote — e sou muito simpático à última —, uma visão mais detida do texto revela que de fato não há dilema para a doutrina reformada da expiação definida. Muito embora eu discorde de towner de que "não há necessidade de duas nuances de significado para o termo "salvador", ele está certo em observar: "aqui não há divisão baseada em expiação limitada e ilimitada".[112] Ele pode dizer isso porque o texto não é explicitamente sobre a obra

---

111 Henri A. G. Blocher: "Jesus Christ *the Man*: Toward a Theology of Definite Atonement", capítulo 20 neste volume. Ver o envolvimento de Blocher com a interpretação de Thomas R. Schreiner neste volume.
112 Towner, *Timothy and Titus*, 312.

expiatória de *cristo*. Certamente há conexões, e aqui "salvador" contém um sentido soteriológico para os que creem, mas em 4.10 Deus o *pai* é o referente de θεός ζῶντος (cf. 1.1; 2.3) E assim é o referente de swthvr — não o filho.[113] É bem provável que a frase "deus vivo" seja "um lado polêmico almejado na falsa veneração de homens que já não viviam, todavia que eram publicamente honrados como deuses e salvadores nas inscrições efésias".[114] Assim, o que paulo pode também estar enfatizando aqui é a unicidade de deus, em que para todos os indivíduos de todo tipo há somente um salvador — deus, quem preserva as vidas de todas as pessoas ora na presente era, e especialmente os crentes na vida por vir.

Tito 2.11-14

> Porquanto a graça de Deus se manifestou salvadora a todos os homens, educando-nos para que, renegadas a impiedade e as paixões mundanas, vivamos, no presente século, sensata, justa e piedosamente, aguardando a bendita esperança e a manifestação da glória do nosso grande Deus e Salvador Cristo Jesus, o qual a si mesmo se deu por nós, a fim de remir-nos de toda iniquidade e purificar, para si mesmo, um povo exclusivamente seu, zeloso de boas obras.

Essa passagem é similar a 1 Timóteo 2.4-6 ao apresentar uma possível objeção à doutrina da expiação definida. Paulo escreve que "Porquanto a graça de Deus se manifestou salvadora a todos os homens" (Ἐπεφάνη γὰρ ἡ χάρις τοῦ θεοῦ σωτήριος πᾶσιν ἀνθρώποις; Tito 2.11). Como se deu com a discussão anterior, a questão se centra no significado de "todos".

Um bom número de fatores pressupõe que "todos, sem distinção" é a leitura mais plausível. Primeiro, semelhante a 1 Timóteo, uma leitura bem ponderada de Tito indica que Paulo está criticando alguns mestres judeus que estavam

---

113 Bruce Demarest, portanto, exagera sua tese quando comenta: "Assim 1 Timóteo 4.10 ensina que Cristo é Salvador universal em que faz provisão redentiva por todas as pessoas, mas ele é o Salvador eficaz dos que creem" (*The Cross and Salvation*, 191).

114 Stevem M. Bangh, "'Savior of All People': 1 Tim. 4:10 in Context", *WTJ* 54 (1992), 338.

construindo genealogias a fim de excluir alguns da salvação (Tito 1.10, 14-15; 3.9). A ênfase de Paulo é, portanto, que a graça salvífica de Deus se manifestou por todas as pessoas, não apenas alguns da elite judaica. Segundo, a palavra "porquanto" (γάρ) de 2.11 mostra que a graça de Deus serve como a base para o material exortatório de Paulo a vários tipos de cristãos: nos versículos 1-10, Paulo se dirige a homens e mulheres mais idosos, mulheres e homens mais jovens e escravos. Dada a relação sintática que gavr cria entre o material dos versículos 1-10 e o versículo 11, faz sentido πᾶσιν ἀνθρώποις referir-se a "todos, sem distinção". Terceiro, Paulo não tem em mente "todos, sem exceção", algo que se faz mais claro pela sentença do versículo 14. Cristo "a si mesmo se deu por nós" (ὃς ἔδωκεν ἑαυτὸν ὑπὲρ ἡμῶν) a fim de "remir-*nos*" (ἵνα λυτρώσηται ἡμᾶς) "de toda iniquidade e purificar, para si mesmo, *um povo* exclusivamente seu" (καὶ καθαρίσῃ ἑαυτῷ λαὸν περιούσιον). Como Robert Reymond conclui:

> Assim, no próprio contexto em que alguns forçariam uma universalidade distributiva para a obra expiatória de Cristo, a *particularidade* da intenção por detrás da obra de Cristo na cruz, e a *especialidade* da comunidade redimida resultante dessa obra na cruz recebe a ênfase.[115]

Observar as conexões interbíblicas entre Tito 2.14 e a LXX de Ezequiel 37.23 reforça o ponto ainda mais:

> LXX de Ezequiel 37.23:
> ... ἵνα μὴ μιαίνωνται ἔτι ἐν τοῖς εἰδώλοις αὐτῶν, καὶ *ῥύσομαι* αὐ-
> τοὺς ἀπὸ **πασῶν** τῶν **ἀνομιῶν** αὐτῶν, ὧν ἡμάρτοσαν ἐν αὐταῖς, καὶ
> **καθαριῶ** αὐτούς, καὶ ἔσονταί **μοι εἰς λαόν**, καὶ ἐγὼ κύριος ἔσομαι
> αὐτοῖς εἰς θεόν.
> ... de modo que nunca mais se contaminarão com os seus ídolos. *E eu os resgatarei* de **todas** as suas **iniquidades**, em que têm pecado, e **os purificarei**, e eles serão **para mim um povo**, e eu, o Senhor, lhes serei por Deus.[116]

---

115 Reymond, *Systematic Theology*, 694 (ênfase original).
116 Tradução minha.

Tito 2.14:

... ὃς ἔδωκεν ἑαυτὸν ὑπὲρ ἡμῶν, ἵνα *λυτρώσηται* ἡμᾶς ἀπὸ **πάσης ἀνομίας** καὶ **καθαρίσῃ ἑαυτῷ λαὸν** περισούσιον, ζηλωτὴν καλῶν ἔργων.

... o qual a si mesmo se deu por nós, a fim de *remir*-nos de **toda iniquidade** e **purificar, para si mesmo, um povo** exclusivamente seu, zeloso de boas obras.

A similaridade em propósito existe não só em (a) *o que* Deus, no AT, e Cristo, no NT, pretendiam fazer — resgatar, remir e purificar —, mas também em (b) *para quem* se destinava. (a) O propósito de Deus na nova aliança como apresentada em Ezequiel: resgatar (ῥύσομαι) pessoas de todas as suas iniquidades (ἀπὸ πασῶν τῶν ἀνομιῶν αὐτῶν) e purificá-las para serem para si um povo (καὶ καθαριῶ αὐτούς, καὶ ἔσονταί μοι εἰς λαόν), é apresentado em Tito como sendo o propósito do Filho encarnado, o qual se deu para resgatar (λυτρώσηται) um povo de toda sua iniquidade (ἀπὸ πάσης ἀνομίας) e purificar para si um povo para si mesmo (καὶ καθαρίσῃ ἑαυτῷ λαὸν περιούσιον). (b) Em Ezequiel, Deus prometeu redimir um povo particular (um Israel reconstituído); em Tito, a intenção do Filho é redimir um povo particular para si mesmo (o povo de Deus de um novo pacto). Nesse aspecto, a vontade de Deus, no AT, e a vontade do Filho, no NT, são uma só.

III. TEXTOS DO "PERECIMENTO": FALSOS MESTRES "OBTIDOS COM SEU PRÓPRIO SANGUE"; DESTRUINDO O IRMÃO "POR QUEM CRISTO MORREU"
Atos 20.28-30

Atendei por vós e por todo o rebanho sobre o qual o Espírito Santo vos constituiu bispos, para pastoreardes a Igreja de Deus, a qual ele comprou com seu próprio sangue. Eu sei que, depois da minha partida, entre vós penetrarão lobos vorazes, que não pouparão o rebanho. E que, dentre vós mesmos, se levantarão homens falando coisas pervertidas para arrastar os discípulos atrás deles.

Romanos 14.15 e 1 Coríntios 8.11

Se, por causa de comida, teu irmão se entristece, já não andas segundo o amor fraternal. Por causa da tua comida, não faças perecer aquele a favor de quem Cristo morreu.

E assim, por causa do teu saber, perece o irmão fraco, pelo qual Cristo morreu.

Além dos textos universalistas comumente conhecidos, oponentes à expiação definida muitas vezes veem Atos 20.28-30, Romanos 14.15 e 1 Coríntios 8.11 como sendo problemáticos para a intenção limitada na expiação de Cristo. Em cada texto, lemos que Cristo morreu por pessoas que podem perecer, seja porque mais tarde são expostos como um falso mestre, ou porque, como os crentes fracos com uma consciência tenra se escandalizam vindo a pecar. Isso não prova que Cristo morreu por alguns que, finalmente, se perdem?

Responderei a essa pergunta começando com os dois últimos textos: Romanos 14.15 e 1 Coríntios 8.11. Os textos partilham de contextos afins: eles dizem respeito a um cristão mais forte que possivelmente abusa de sua liberdade em questões alimentares de tal modo que leva um irmão (ἀδελφός) "mais fraco" a perecer. Paulo afirma ser possível que um cristão coma de tal maneira que leve outro irmão ou irmã com uma consciência mais fraca acerca de comidas que são consumidas a tropeçarem e a serem destruídos (ἀπόλλυμι). Em cada caso, Paulo descreve o cristão mais fraco como alguém "por quem Cristo morreu" (οὗ Χριστὸς ἀπέθανεν; Romanos 14.15); ὃν Χριστὸς ἀπέθανεν; 1 Coríntios 8.11). O argumento dos oponentes da expiação definida é que os textos afirmam que Cristo morreu por alguns que podem finalmente perecer.¹¹⁷ O argumento pareceria depender do significado de ἀπόλλυμι. O termo poderia referir-se à tristeza espiritual ou autocondenação,¹¹⁸ mas quando Paulo usa o verbo ἀπόλλυμι com um objetivo pessoal, muitas vezes ele se refere à ruína espiritual final — destruição eterna (Romanos 2.12; 1 Coríntios 1.18; 8.11; 15.18; 2 Coríntios 2.15; 4.3; 2 Tessalonicenses 2.10).¹¹⁹ Se alguém optar por essa interpretação, então parece que o argumento contra a expiação definida ganha alguma atração.

Entretanto, seguir esta linha de raciocínio é um falso movimento hermenêutico. Ainda que alguém opte pela interpretação de "destruição eterna" em ambos os textos, o argumento perde sua força quando se vê que Paulo (e também outros escritores do NT) pode estar se referindo aos que finalmente podem perecer, por certo tempo, possuindo visivelmente todas as descrições dos crentes genuínos. Assim, por exemplo, João se refere a Judas como um dos "discípulos" de Jesus (João 12.4), e Pedro pode falar dos que uma vez tiveram "conhecimento do caminho da justiça" (2 Pedro 2.21) e, portanto, os que foram "conduzidos" por Cristo (2 Pedro 2.1). Atos 20.28 apresenta um exemplo comparativo: Paulo exorta os anciãos de Éfeso que cuidassem da "igreja de Deus, a qual Cristo obteve com seu próprio sangue", e então prossegue dizendo que os falsos mestres surgiram *de dentro* daquela mesma igreja (v. 30). Isto é, os que uma vez foram membros *visíveis* da comunidade da aliança são descritos como os comprados por Cristo. Mas isso não equivale dizer que necessariamente eram *genuínos*, membros *eleitos da* comunidade da aliança; antes, embora membros da comunidade da aliança, são descritos com todas

---

117 Por exemplo, Knox, "Some Aspects of the Atonement", 263. Fritz Guy, "The Universality of God's Love", in *Grace of God and the Will of Man*, 49 n. 31, argumenta que esse par de afirmações paulinas pressupõe "que em algum sentido é possível que uma pessoa limite a eficácia da expiação, fracassando com respeito às suas convicções religiosas".

118 Igualmente Judith M. Gundry-Wolf, *Paul and Perseverance: Staying in and Falling Away*, Wissenschaftliche Untersuchungen zum Neuen Testament 2/37 (Tübingen Mohr, 1990), 1:96. De modo semelhante, John R. W. Stott, *The Message of Romans: God's News for the World* (Leicester, UK: InterVarsity Press, 1994), 365-66; Robert A. Peterson, *Salvation Accomplished by the Son: The Work of Christ* (Wheaton, IL: Crossway, 2011), 572; e Craig L. Blomberg, *1 Corinthians* (Grand Rapids, MI: Zondervan, 1994), 163.

119 Três concepções possíveis são 1 Coríntios 10.9, 10, 10; 2 Coríntios 4.9. O significado majoritário de "ruína espiritual" não necessita desse significado aqui, mas, em consideração ao argumento, suponhamos que essa é a melhor interpretação.

as descrições abrangentes dos membros eleitos: neste caso, aqueles "conquistados por seu próprio sangue".

O mesmo se deve aplicar aqui em Romanos 14.15 e 1 Coríntios 8.11: se o "irmão" mais fraco foi levado a pecar e pereceu, então a questão seria se ele, à primeira vista, era um irmão genuíno.[120] Mas, mesmo isso é forçar demais o texto. Paulo não diz que o irmão realmente *será* destruído; ao contrário, ele está usando linguagem direta de uma realidade escatológica que *ocorreria se* o cristão mais forte não mudar seu comportamento. A advertência é real, todavia não concretizada.[121] A advertência sobre um irmão por quem Cristo morreu possivelmente perecer serve de motivação ao cristão mais forte viver uma vida de sacrifício para Cristo, justamente como Cristo fez por ele em sua morte. O fundamento para a exortação de Paulo é então de fato a linguagem da expiação definida: Cristo morreu por *este irmão*. Aqueles que, desejando admitir o cenário de um irmão por quem Cristo morreu, e que finalmente perece como prova da expiação universal, vão se deparar com a questão maior no ensino de Paulo sobre a segurança do povo de Deus (por exemplo, Romanos 8.29-39; Filipenses 1.6; 2 Timóteo 2.13; Judas 24).

IV. CRISTO MORREU POR "TODOS", PELO "MUNDO": QUALIFICAÇÕES IMPORTANTES E VERDADEIRO OTIMISMO

Qualificando o Significado de "Todos"

Ao argumentar que "todos", nesses tipos de textos, não significam "todos, sem exceção", não quero dar a impressão de que a outra única alternativa é que o apóstolo tem em mente "todos os crentes" ou "todos os crentes potenciais" ou "todos os eleitos". Essa não é uma escolha ou/ou. Há uma terceira catego-

---

120 Ver Moo, *Romans*, 854-55 n. 28. Moo diz incorretamente que o crente, na expiação limitada, deve chegar à conclusão de que, à primeira vista, o irmão foi genuinamente regenerado (ver abaixo).

121 O NT pode falar de apostasia (e subsequente eterna destruição) como uma possibilidade real e genuína para os crentes a fim de adverti-los de caírem em pecado (cf. Hebreus 6.1-12; 10.26-31). Para comentário adicional, ver Peter T. O'brien, *The Letter to the Hebrews*, PNTC (Grand Rapids, MI: Eerdmans, 2010), ad loc. O problema em discutir tais advertências como hipotéticas é que a *realidade* da advertência muitas vezes é *pressuposta* na advertência. Judas e Demas realmente apostataram.

ria: "todos" significa "todos os *pecadores* sem *distinção*". Concordo com Marshall neste ponto, em seus comentários sobre 1 Timóteo 2.4-6: o texto "não se preocupa com os crentes, mas com aqueles que necessitam, respectivamente, de um mediador que se ofereça como resgate em favor deles e de um apóstolo que lhes proclame o evangelho".[122]

No entanto, Marshall é culpado de caricaturar a posição da expiação definida quando sugere que a interpretação reformada, portanto, significa necessariamente "todos os eleitos/crentes".[123] Tenho lutado em vão para encontrar um exegeta reformado de calibre que interprete "todos" como Marshall sugere.[124] Calvino é um exemplo de alguém que evita a falsa dicotomia na interpretação da palavra "todos", nos versículos 4-6. Em seu comentário, Calvino se ocupa dos que têm uma "ilusão infantil" de que essa passagem contradiz a predestinação. Depois de dar-lhes um breve expediente, ele sai do tópico da predestinação, porque "não é relevante ao presente contexto":

> aqui a intenção do apóstolo é simplesmente que nenhuma nação da terra e nenhuma categoria da sociedade é excluída da salvação, uma vez que Deus quer oferecer o evangelho a todos sem exceção. Visto que a pregação do evangelho traz vida, ele conclui corretamente que Deus considera todos os homens como sendo igualmente dignos de participar da salvação. Mas ele está falando de classes e não de indivíduos, e sua única preocupação é incluir neste número príncipes e nações estrangeiras.[125]

Sobre os versículos 5 e 6, Calvino escreve,

> esse Mediador não é dado unicamente a uma nação, ou a uns poucos homens de uma classe particular, mas a todos, pois o benefício do sacrifício,

---

122 Marshall, "Universal Grace and Atonement", 57-58.
123 Ibid.
124 Mesmo um exegeta reformado conservador, tal como William Hendriksen, *1 and 2 Thessalonians, 1 and 2 Timothy and Titus*, New Testament Commentary (1955; reimp., Edimburgo: Banner of Truth, 1991), 95-99, que deseja defender a "expiação limitada", não argumenta dessa forma.
125 Calvino, *2 Corinthians and Timothy, Titus and Philemon*, 208-209.

pelo qual ele tem expiado nossos pecados, se aplica a todos. Visto que naquele tempo uma grande parte do mundo havia se alienado de Deus, ele menciona explicitamente o Mediador através de quem aqueles que estavam longe agora se aproximaram. O termo universal 'todos' deve referir-se sempre a classes de homens, mas nunca a indivíduos. É como se ele dissesse: 'Não somente os judeus mas também os gregos; não somente pessoas de classe humilde mas também príncipes têm sido redimidos pela morte de Cristo'. Visto, pois, que ele destina o benefício de sua morte para ser comum a todos, os que sustentam um ponto de vista que exclua alguém da esperança da salvação lhe faz injúria.[126]

Em suma, em parte alguma Calvino sugere que "todos" se refere a "todos os eleitos" ou "todos os crentes", mas tampouco ele pensa que "todos" se refere a "cada um individualmente". Para Calvino, "todos" se refere a "todas as categorias de pessoas no mundo alienado".[127]

A interpretação de "todos" em 1 Timóteo 2.4-6 apresentada aqui é que "todos" se referem a "*todos os pecadores, sem distinção*". Cristo se deu em resgate por pecadores individuais de todos os tipos de antecedentes, sem levar em conta etnia, classe, condição econômica ou passado moral.

Qualificação no significado de "mundo"

Enquanto a morte de Cristo por "todos, sem distinção" envolve indivíduos, diz-se ainda que ele morreu pela "igreja" e pelo "mundo" como um todo orgânico.[128] Isso quer dizer que Cristo não morre apenas por indivíduos que

---

126 Ibid., 210.
127 Contra Martin Foord, "God Wills All People to Be Saved — or Does He? Calvin's Reading of 1 Timothy 2:4", in *Engaging with Calvin: Aspects of the Reformer's Legacy for Today*, ed. Mark D. Thompson (Nottingham,m UK: Apollos, 2009), 179-203, o qual alega que Calvino significa que Deus quer a salvação de "todos de todos os tipos" (198). Ver a crítica que Muller faz a Foord sobre esse ponto em Richard A. Muller, "Calvin on Christ's Satisfaction and Its Efficacy. The Issue of 'Limited Atonement'", in *Calvin and the Reformed Tradition: On the Work of Christ and the Order of Redemption* (Grand Rapids, MI: Baker Academic, 2012), 85 n. 55.
128 R. B. Kuiper, For Whom Did Christ Die? (Grand Rapids, MI: Eerdmans, 1959), 96: "Os eleitos não são apenas tantos indivíduos, mas, coletivamente, constituem a igreja. E os homens não são tantas partículas separadas umas das outras como unidades isoladas. Ao contrário, são membros daquele organismo que é

são reunidos em um grupo agregado chamado de "os eleitos". Certamente Paulo fala da morte de Cristo por indivíduos (Gálatas 2.20), mas também vê sua morte organicamente: Cristo morreu por sua noiva, a igreja (ἐκκλησίαν); como uma Cabeça (κεφαλή) para seu corpo (σώματος) (Efésios 5.23-25); ele comprou a igreja de Deus (ἐκκλησίαν τοῦ θεοῦ) com seu sangue (Atos 20.28); Deus estava em Cristo, reconciliando o mundo (κόσμον) consigo (2 Coríntios 5.19). Esses não são termos coletivos para um grupo de indivíduos; são termos orgânicos, compreendidos em relação a quem Cristo é como Noivo, Cabeça e Salvador cósmico. A essa dimensão orgânica se deve admitir seu pleno peso em relação aos textos de Paulo sobre o "mundo". Como R. B. Kuiper escreve:

> Cristo de fato salva indivíduos, mas, através da salvação de indivíduos e por meio dela, ele salva o mundo. Aquele que se esquece disso nunca pode fazer justiça às passagens universalistas das Escrituras. Cristo é o Salvador do mundo.[129]

Para ver isso mais claramente, volto sucintamente à analogia que Paulo usa entre Adão e Cristo em Romanos 5.12-21. Se a analogia procede, então Cristo é apresentado como o último Adão e, portanto, como a Cabeça de uma nova humanidade. Como Herman Bavinck comenta:

> a igreja não é uma agremiação acidental e arbitrária de indivíduos que podem tão facilmente ser menores ou maiores, porém forma com ele um todo orgânico que está incluído nele como o segundo Adão, precisamente como a totalidade do gênero humano surge do primeiro Adão. A aplicação da salvação, portanto, deve estender-se até onde vai sua aquisição.[130]

---

conhecido como a espécie humana".
129 Ibid., 95.
130 Bavinck, *Sin and Salvation in Christ*, 467.

Todos aqueles que se acham conectados a ele são parte de uma nova humanidade; pertencem a uma nova era; já foram salvos para um novo mundo: "isto é, Deus estava em Cristo reconciliando consigo o *mundo*" (2 Coríntios 5.19). Que grande verdade! Ao salvar pessoas, Cristo veio para salvar a humanidade — judeu e gentio unificados para formarem um novo homem (Efésios 2.15). Como B. B. Warfield escreve:

> Assim a espécie humana do homem atinge o objetivo para o qual ela foi criada, e o pecado não mais a arrebata das mãos de Deus: com ela se cumpre o propósito original de Deus; e através de Cristo a espécie do homem, ainda que caída em pecado, é recuperada para Deus e cumpre seu destino original.

Abraham Kuyper faz uma bela analogia que complementa a teologia de Romanos 5:

> Se equipararmos a humanidade, assim como saiu de Adão, a uma árvore, então os eleitos não são folhas que foram arrancadas da árvore e que se poderia trançar com elas um diadema para a glória de Deus, enquanto a própria árvore seria derrubada, erradicada e lançada ao fogo; mas, precisamente ao contrário, os perdidos são como ramos, galhos e folhas que se soltaram do caule da humanidade, enquanto os eleitos são os únicos que permanecessem fixos a ela. ... o que está perdido é arrancado do caule e perde sua conexão orgânica.[131]

Como Agostinho disse dos eleitos, comentando 1 Timóteo 2.4: *omne genus hominum est in eis* ("Todo o gênero humano está neles").[132]

---

131 Abraham Kuyper, *E Voto dordraceno II*, 178, citado (e muito provavelmente traduzido) por B. B. Warfield, "Are They Few that Be Saved?", in *Biblical and Theological Studies*, ed. Samuel G. Craig (reimp., Filadélfia, P&R, 1952), 336.

132 Agostinho, *On Rebuke and Grace*, in *NPNF* 5:489.

Verdadeiro otimismo: Universalismo escatológico

À luz do que foi dito, a tradução de "todos" e "mundo" em certos contextos como "todos, sem distinção" não se iguala a um pequeno número de pessoas. Não devemos gastar tempo demais qualificando esses textos de modo que acabamos por minimizá-los. Há algumas discussões em torno da expiação definida que comunicam o sentido de que Cristo morreu "somente por uma porção da humanidade" ou que "a maior parte do mundo" se perderá.[133] Infelizmente, Pascal falou do "*pequeno número* dos eleitos por cuja salvação Jesus morreu".[134] Em Paulo, porém, tal pessimismo está ausente (e no resto do NT) — a *paucitas salvandorum* é uma categoria antibíblica. Particularismo e parcimônia não são concepções equivalentes.[135] "Sejam poucos, sejam muitos seu povo hoje ou amanhã, no fim esse mesmo povo será o mundo".[136] Conquanto Paulo não creia em um universalismo "cada um e todos", ele não crê que os eleitos sejam todos farinha de um mesmo saco — dele é um "universalismo escatológico", que é genuinamente universal no sentido correto da palavra. O Deus do apóstolo é o mesmo Deus de Abraão a quem se prometeu uma "semente" tão numerosa quanto a areia nas praias dos mares e as estrelas no céu (Romanos 4.17-18; cf. Gênesis 22.17; 32.12; Êxodo 32.13; Deuteronômio 1.10-11; Jeremias 33.22; Oseias 1.10; Gálatas 3.8; Hebreus 11.12; Apocalipse 5.9; 7.9). "A Escritura não se preocupa que *tantas* pessoas sejam salvas".[137] A Abraão se prometeu que seria "o herdeiro do *mundo*", e Paulo crê nisso (Romanos 4.13).

---

133 Igualmente R. A. Morey, *Studies in the Atonement* (Southbridge, MA: Crowne, 1989), 60, se reporta a Deus elegendo "*somente uma porção do gênero humano*" (ênfase original), in *The MacArthur Study Bible* (Nashville: Word, 1997), 1955, comentando 1 João 2.2, escreve: "*A maior parte do mundo* será eternamente condenada ao inferno a pagar por seus próprios pecados, pois não poderiam ter sido pagos por Cristo" (ênfase acrescida). O fraseado em ambos os casos é infeliz no melhor e pessimista no pior.

134 Citado por Lucien Goldmann, *Le Dieu caché: Etude sur la vision tragique dans les Pensées de Pascal et dans le théatre de Racine* (Bibliothèque des idées; Pardis: NRF Gallimand, 1955), 324, de *Deux pièces imparfaites sur la Grâce et le concile de Trente* (Paris: Vrin, 1947), 31, citado em (e traduzido por) Blocher, "Jesus Christ the Man", capítulo 20 neste volume (ênfase acrescida). Comentando sobre o "ponto de vista mais comum da salvação escatológica de Paulo", Boring, "Universal Salvation in Paul", 281, o resume como "a maior parte da humanidade é deixada no túmulo", ou a obra de Cristo afeta "uma maioria dos seres humanos" (285).

135 B. B. Warfield, *The Plan of Salvation* (Grand Rapids, MI: Eerdmans, 1935), 97.

136 Kuyper, *For Whom Did Christ Die?*, 95-96.

137 Bavinck, *Sin and Salvation in Christ*, 465.

É nesse sentido que os termos "todos" e "mundo", quando corretamente definidos em cada contexto particular, devem receber seu pleno peso *universal*. Teólogos reformados têm "como importante uma missão em preservar o verdadeiro universalismo do evangelho ... como fazemos em preservar o verdadeiro particularismo da graça".[138] Nosso universalismo não é um universalismo "espúrio" no molde semipelagiano, arminiano, amiraldiano ou universalista hipotético — que, se os proponentes são consistentes, podem oferecer, no máximo, só a esperança da *possível* salvação do mundo, tampouco nosso universalismo é a esperança injustificada imposta a nós por Barth ou McCormack —, cuja trajetória de pensamento, nesse aspecto, é contrária a um número de textos paulinos —, antes, a teologia reformada no máximo defende um universalismo escatológico verdadeiro, genuíno e realizável.[139] "Pois a terra se encherá do conhecimento da glória do Senhor como as águas cobrem o mar" (Habacuque 2.14).

V. EVITANDO UM *NON SEQUITUR*: EXPIAÇÃO DEFINIDA E EVANGELISMO

Uma das acusações muitas vezes imputada contra os reformados que defendem uma expiação definida é que a doutrina necessariamente desestimula o zelo pelo evangelismo.[140] Mas isso é *non sequitur*. Tendências patrísticas e universalistas dentro da teologia de Paulo vivem lado a lado. Ele é o apóstolo aos gentios que pode falar de converter todas as coisas para todos para que, por todos os meios, ele possa salvar alguns (1 Coríntios 9.22), enquanto que, ao mesmo tempo, declara que suporta todas as coisas por amor dos eleitos (Atos 18.10; 2 Timóteo 2.10; Tito 1.1). Em Romanos, Paulo pode dizer com toda honestidade que gostaria que ele mesmo fosse anátema e eliminado de Cristo em favor de seus compatriotas (9.3); todavia, ao mesmo tempo, um desejo tão ardente não ofusca

---

138 Warfield, *Plan of Salvation*, 125.
139 Isso é verdadeiro tanto do amilenismo otimista como do pós-milenismo. Proveitosamente, Warfield, *Plan of Salvation*, 128.31, e Kuyper, *For Whom Did Christ Die?*, 96-97, ambos enfatizam a necessidade de ver a salvação do mundo como um processo.
140 Por exemplo, Knox, "Some Aspects of the Atonement", 266: a expiação definida "remove a base de uma oferta genuína do evangelho para o mundo inteiro e neutraliza o ponto do evangelismo ao impedir a força das reivindicações de Cristo sobre as consciências do ouvinte (sic), interditando frases tais como 'Cristo morreu por você', 'Deus o amou tanto...'".

sua perspectiva da soberana eleição de Deus "porque nem todos os de Israel são, de fato, israelitas" (9.6). É razoável pressupor que o apóstolo mantém a mesma perspectiva quando se trata da obra expiatória de Cristo e do evangelismo. Dentro da soteriologia de Paulo, a expiação de Cristo tem um foco particular: a igreja, sua noiva (Atos 20.28; Efésios 5.25-27), os eleitos como uma nova humanidade de todas as nações; no entanto, tal perspectiva não impede ou empana o desejo do apóstolo de pregar o evangelho a cada criatura debaixo do céu (Colossenses 1.23). Assim, a sugestão de que a expiação definida conduz necessariamente a um entrave no evangelismo razoavelmente pode receber a réplica comum do apóstolo: μὴ γένοιτο! Ao contrário, a expiação definida fundamenta e motiva a causa do evangelismo, pois o que é oferecido ao povo não é a oportunidade ou a possibilidade de salvação, mas a própria salvação.

Resumo

Em suas epístolas, Paulo fala da morte de Cristo em ambas as formas: particularismo e universalismo. O argumento deste capítulo é que esses textos apresentam elementos compatíveis na teologia de Paulo sobre a expiação. Os textos universalistas não contrariam a possibilidade da expiação definida em Paulo; antes, são complementares a ela. Uma atenção detida aos próprios textos universalistas revela que o significado de "muitos", "todos" e "mundo" não pode ser interpretado de uma maneira simplista em cada caso como "todos, sem exceção" ou "cada pessoa individualmente".

Minha análise revela um número de pontos importantes ao considerar a linguagem universalista em Paulo. Primeiro, ainda que Paulo tivesse o arsenal linguístico para declarar sem ambiguidade que não existe sequer um por quem Cristo não morreu, ele prefere não usá-lo. Os termos "muitos", "todos" e "mundo" permanecem indefinidos e ambíguos, dependendo do contexto para seu significado.

Segundo, o significado dos termos universalistas "muitos", "todos" e "mundo" é influenciado por vários fatores contextuais: (1) uma união implícita com Cristo (Romanos 5.12-21; 2 Coríntios 5.14-15); (2) um contexto escatológico no qual o apóstolo está confrontando o falso ensino que promovia na igreja uma cultura elitista e exclusivista (1 Timóteo 1.4-7; 4.1-8; Tito 1.10, 14-15; 3.9); (3) um contexto literário onde o foco está em "todos os *tipos* de pessoas" (1 Timóteo 2.4-6; 4.10; Tito 2.11-14); (4) um contexto histórico-redentivo em que Paulo é apresentado como apóstolo dos gentios (Atos 22.15); (5) um contexto teológico em que o monoteísmo é a base para o evangelho ser para todas as pessoas (1 Timóteo 2.5-6; cf. Romanos 3.27-31); e (6) conexões interbíblicas com textos no Novo e Antigo Testamento (1 Timóteo 2.6; cf. Mateus 20.28//Marcos 10.45; cf. Isaías 53; Tito 2.14; cf. Ezequiel 37.23). A atenção a esses fatores nos leva à conclusão de que Paulo tem um significado distributivo para sua terminologia universalista.

Terceiro, um texto como Colossenses 1.20, no qual o impacto universal da obra expiatória de Cristo é projetado, acaba se mostrando irrelevante para discussões sobre a extensão da morte substitutiva de Cristo: argumentar retrospectivamente do impacto universal da morte de Cristo para uma extensão universal em sua morte é uma dedução ilegítima. Como Romanos 8.19-23 o demonstra, a restauração universal de toda a criação é dedutiva de uma redenção particular — a adoção dos filhos de Deus.

Quarto, os textos de "perecimento" em Romanos 14.15 e 1 Coríntios 8.11 (cf. Atos 20.28) foram demonstrados no final em suporte da expiação definida e não da expiação universal; e os que desejam empregá-los em defesa de uma expiação universal devem responder às repercussões da perseverança dos santos: alguns por quem Cristo morreu são salvos e então, finalmente, se perdem.

Com esses pontos em mente, agora é razoável ver como a linguagem universalista de Paulo é mais que compatível com seu particularismo. Não obstante, fazem-se necessárias duas importantes qualificações. Primeira, ao argumentar em prol de um significado não distributivo para os termos "muitos", "todos" e "mundo", não desejo sugerir que por esses termos Paulo tem em mente "muitos eleitos", "todos os eleitos" ou o "mundo dos eleitos". Se tem havido alguns intérpretes reformados que têm argumentado nesses termos, então sua exegese é infeliz. Calvino tem provado ser um melhor exemplo a se seguir: ele não se deixa enredar pela interpretação do termo "todos" em 1 Timóteo 2 no sentido de "todos os eleitos", de um lado, ou pela argumentação de que o apóstolo acalenta o significado "todos, sem exceção", do outro lado. Antes, há uma terceira opção: "todos os pecadores, sem distinção". Como Calvino argumentou, a discussão da predestinação é irrelevante ao contexto, mas isso não o leva à conclusão de que "muitos" e "todos" devem, portanto, necessariamente significar "cada um". A linguagem de Paulo é deliberadamente indefinida e ambígua, e todos os lados do debate devem respeitar isso.

A razão de Paulo às vezes empregar linguagem universalista em relação à expiação é porque em tais contextos ele está confrontando heresia na igreja: Cristo morreu por *todos*, pelo *mundo*, por *judeu e gentio*. Os termos são histórico-redentivos: Paulo vê o evangelho como o fim das eras em que a graça e o amor de Deus devem ser proclamados a todas as pessoas do mundo. Ele é o "grande universalizador do evangelho".[141] Nesse aspecto, o significado de "todos, sem distinção" deve ser visto pelo que realmente ele é: todo-inclusivo, todo-abrangente — nem sequer um deixado de fora: nem gentio, nem mulheres, nem escravos, nem bárbaros, nem crianças, nem anciãos, nem pobres, nem brancos, nem negros — ninguém!

Segunda, não se deve negligenciar na teologia de Paulo sobre a expiação a dimensão orgânica daqueles por quem Cristo morreu. Paulo apresenta a morte de Cristo por indivíduos (Gálatas 2.20), mas também pelo todo orgânico (Atos 20.28; Efésios 5.25; 2 Coríntios 5.19). Como Esposo e Cabeça, Cristo morreu por sua noiva e corpo; como Salvador Cósmico, ele morreu pelo mundo; e como o Último Adão, ele morreu por uma nova humanidade. A respeito disso, realmente Cristo é o Salvador do *mundo* — uma soma inumerável de pessoas de todas as tribos, línguas e nações.

---

141 Vos, "Biblical of the Love of God", 448.

CAPÍTULO 13

A GLORIOSA, INDIVISÍVEL, TRINITÁRIA OBRA DE DEUS EM CRISTO

A EXPIAÇÃO DEFINIDA NA TEOLOGIA DE PAULO SOBRE A SALVAÇÃO[1]

Jonathan Gibson

INTRODUÇÃO

No capítulo anterior, argumentei, correndo o risco de simplificar demais, que a teologia de Paulo sobre a expiação compreende ao menos quatro grupos de textos (com alguma lacuna entre eles): (1) textos particularistas que se ocupam da morte de Cristo por um grupo particular ("eu", "igreja", "seu povo", nós); (2) textos universalistas que se ocupam da morte de Cristo por um grupo indefinido, duvidoso ("muitos", "todos", "mundo"); (3) textos sobre "perecimento" que se ocupam da morte de Cristo por pessoas que podem, finalmente, perecer, seja porque são expostas como falsos mestres, seja porque são levadas a pecar por causa de uma consciência fraca; e (4) textos do "*loci* doutrinal" que se ocupam das doutrinas importantes que violam diretamente a intenção e natureza da expiação (tais como escatologia, eleição, união com Cristo, cristologia,

---

[1] Sou grato a Henri Blocher, Richard Gaffin e Jonathan Moore por seus valiosos comentários como reforço inicial deste capítulo.

trinitarianismo, doxologia, aliança, eclesiologia e sacramentologia). Esses quatro grupos constituem importantes componentes de uma lente teológica unificada através da qual a morte de Cristo pode ser visualizada.

Em discussões sobre a intenção e natureza da expiação, textos particularistas, universalistas e sobre "perecimento" usualmente são empregados em um *quid pro quo* textual com cada lado defendendo sua posição. Em meu último capítulo, quis demonstrar que os textos universalistas e sobre o "perecimento", na teologia paulina da expiação, complementam mais que comprometem a possibilidade de interpretar a morte de Cristo como uma expiação definida. Entretanto, uma exegese isolada de textos individuais não prova nem desaprova a doutrina da expiação definida em Paulo — é preciso respeitar uma estrutura soteriológica maior.

UMA NOVA ABORDAGEM

Embora um tratamento de todo abrangente da intenção e natureza da expiação em Paulo certamente demande uma cuidadosa e exaustiva exegese dos textos particularistas, universalistas e sobre o "perecimento", aqui apresento uma abordagem diferente, a qual busca vencer o impasse que às vezes surge quando todos os lados se engajam no debate. Neste capítulo, proponho uma abordagem bíblico-sistemática. A expiação definida, cuidadosa e propriamente entendida, não é uma doutrina *bíblica* por si só, nem é uma doutrina *sistemática* por si só; antes, é uma doutrina *bíblico-sistemática*. Equivale dizer que a doutrina da expiação definida surge de vários textos soteriológicos que se juntam *enquanto* sintetizam internamente doutrinas relacionadas, tais como escatologia, eleição, união com Cristo, cristologia, trinitarianismo, doxologia, aliança, eclesiologia e sacramentologia.[2] Expiação definida é uma conclusão teológica que abarca o outro lado da síntese completa.[3] Quando a exegese se presta ao domínio da teologia construtiva — ou melhor, quando há

---

[2] Como David Ford, *Theology: A very Short Introduction* (Oxford: Oxford University Press, 1999), 103, comenta: "A salvação é um tópico em que a maioria das questões teológicas fundamentais pode ser vista se convergindo". Como mencionei no capítulo anterior, a lista não pretende ser exaustiva.

[3] Para uma recente tentativa, ver Jarvis J. Williams, *For Whom Did Christ Die? The Extent of the Atonement in Paul's Theology*, Paternoster Biblical Monographs (Milton Keynes, UK: Paternoster, 2013).

uma relação simbólica entre exegese e teologia construtiva —, alguém pode argumentar não só que a teologia de Paulo admite uma expiação definida mas também que isso pode não apontar noutra direção. Minha abordagem entende a doutrina paulina da expiação através da lente de sua soteriologia, isto é, através da estrutura mais ampla da obra salvífica de Deus em Cristo. Como R. A. Morey tem comentado corretamente, "A confusão que cerca essa doutrina [da extensão da expiação] costuma resultar da falha de vê-la à luz de todo o plano da salvação."[4]

Isso não é impor uma grade "sistemática" aos textos universalistas ou de "perecimento", que "domina" ou "minimiza" os elementos universalistas da teologia de Paulo sobre a expiação enquanto privilegia os textos particularistas. Uma formulação acurada e compreensível da soteriologia de Paulo *incluirá* seus textos universalistas e de "perecimento" como componentes significativos dessa lente. No entanto, esses textos são apenas dois de vários componentes na estrutura soteriológica de Paulo e não devem ser privilegiados nem prejudicados quando postos lado a lado com textos particularistas e do "*loci* doutrinal". Estes se ocupam de várias doutrinas que interferem diretamente na teologia da expiação, tais como escatologia, eleição, união com Cristo, cristologia, trinitarianismo, doxologia, aliança, eclesiologia e sacramentologia. Esses últimos *loci* às vezes são negligenciados, e o objetivo deste capítulo é deixar a voz deles ser ouvida no debate sobre a intenção e natureza da expiação.[5] Aliás, eu argumentaria que os textos do *loci* doutrinal podem ter um papel mediador no *quid pro quo* textual: de um lado, nos guardam das interpretações brandas e reducionistas dos textos particularistas; do outro, nos refreiam de interpretações ingênuas e simplistas dos textos universalistas e de "perecimento".

O Paradigma Soteriológico De Paulo

Começando com uma análise de Efésios 1.3-14, diferencio cinco componentes-chave da soteriologia de Paulo, os quais ajudam a formar as principais

---

4   R. A. Morey, *Studies in the Atonement* (Southbridge, MA: Crowne, 1989), 57.
5   O espaço impede uma análise das últimas três doutrinas — aliança, eclesiologia e sacramentologia —, mas eu argumentaria que elas também emprestam argumentos que endossam a trajetória particularista na teologia de Paulo sobre a expiação.

seções deste capítulo. Esses componentes são então extraídos por meio de cuidadosa exegese de vários textos paulinos. Meu argumento é que em Paulo a obra salvífica de Deus é (1) indivisível; (2) limitada pela graça eletiva de Deus; (3) abarcada pela união com Cristo; (4) trinitária; e (5) doxológica. Cada uma das quatro primeiras seções exegéticas é concluída com várias posições sobre a intenção e natureza da expiação, tais como semipelagianismo, arminianismo, amiraldianismo, universalismo hipotético e a teologia de Karl Barth.[6] Minha confiança é que a abordagem da questão da intenção e natureza da expiação, do ponto de vantagem do *loci* doutrinal no paradigma soteriológico de Paulo, oferece recursos valiosos para fazer o debate progredir.

A OBRA SALVÍFICA DE DEUS EM CRISTO

A principal tarefa da soteriologia cristã é explicar a obra salvífica de Deus em Cristo.[7] Soteriologia, às vezes referida como a "economia da salvação", pode parecer ser uma categoria "sistemática", porém não tem raízes bíblicas. A palavra "economia" é usada em Efésios 1.10: "como uma economia [οικονομιαν] da plenitude do tempo, para unir em Cristo todas as coisas, as coisas no céu e as coisas na terra."[8] O versículo é o ponto alto do parágrafo *berakah* de Paulo em 1.3-14. A palavra οικονομια descreve a maneira como o plano de Deus está sendo desenvolvido na história humana.[9] Como Fred Sanders escreve: "Quando Paulo fala da economia de Deus, seu ponto é que Deus é um administrador supremamente sábio, que tem disposto os elementos de seu plano com grande cuidado".[10] Não causaria surpresa, pois, encontrar na teologia de Paulo um

---

6 Como a introdução deste livro deixa claro, e será visto a seguir, é importante apreciar as várias posições sobre a intenção e natureza da expiação, bem como suas diversificadas diferenças — daí por que tenho distinguido cinco escolas de pensamento, além da apresentada neste capítulo. Às vezes algumas delas combinam na maneira como se desviam da teologia bíblica da expiação; outras vezes se desviam por razões e maneiras diferentes.

7 John B. Webster, "'It Was the Will of the Lord to Bruise Him': Soteriology and the Doctrine of God", in *God of Salvation: Soteriology in Theological Perspective*, ed. Ivor J. Davidson e Murray A. Rae (Farnham, Surrey, UK: Ashgate, 2011), 15.

8 Tradução minha.

9 Peter T. O'Brien, *The Letter to the Ephesians*, PNTC (Leicester, UK: Apollos, 1999), 113-28.

10 Fred Sanders, The Deep Things of God: How the Trinity Changes Everything (Wheaton, IL: Crossway, 2010), 130.

padrão ordenado para sua apresentação da obra salvífica de Deus em Cristo. E isso é exatamente o que encontramos em Efésios 1.3-14.

Efésios 1.3-14

> Bendito o Deus e Pai de nosso Senhor Jesus Cristo, que nos tem abençoado com toda sorte de bênçãos espirituais nas regiões celestiais em Cristo, assim como nos escolheu, nele, antes da fundação do mundo, para sermos santos e irrepreensíveis perante ele; e em amor nos predestinou para ele, para a adoção de filhos, por meio de Jesus Cristo, segundo o beneplácito de sua vontade, para louvor da glória de sua graça, que ele nos concedeu gratuitamente no Amado, no qual temos a redenção, pelo seu sangue, a remissão dos pecados, segundo a riqueza da sua graça, que Deus derramou abundantemente sobre nós em toda a sabedoria e prudência, desvendando-nos o mistério de sua vontade, segundo seu beneplácito que propusera em Cristo, de fazer convergir nele, na dispensação da plenitude dos tempos, todas as coisas, tanto as do céu, como as da terra; nele, digo, no qual fomos também feitos herança, predestinados segundo o propósito daquele que faz todas as coisas conforme o conselho da sua vontade, a fim de sermos para louvor de sua glória, nós, os que de antemão esperamos em Cristo; em quem também vós, depois que ouvistes a palavra da verdade, o evangelho da vossa salvação, tendo nele também crido, fostes selados com o Santo Espírito da promessa; o qual é o penhor da nossa herança, até o resgate de sua propriedade, em louvor de sua glória.

Esse parágrafo de uma só sentença longa (no grego) delineia cinco componentes principais da soteriologia de Paulo.

(1) *A obra salvífica de Deus é indivisível.* Paulo pinta sua soteriologia numa tela escatológica na qual ele descreve a salvação de Deus em quatro "momentos" distintos, porém inter-relacionados, estendendo-a desde a eternidade passada,

através da história, até a eternidade futura.[11] Momento um: redenção predestinada (pré-temporal), quando o Pai nos elegeu em Cristo, antes da fundação do mundo, e nos predestinou para a adoção como filhos (vv. 4,5). Momento dois: redenção concretizada, comunicada pela frase enfática "através de seu sangue" (v. 7), uma referência à morte de Cristo na cruz. Momento três: redenção aplicada, momento em que a redenção e o perdão de pecados vieram a ser realizados pessoalmente em nossas vidas (v. 7) e fomos selados com o Espírito Santo (v. 13). E momento quatro: redenção consumada (pós-temporal); nossa herança futura que adquiriremos um dia (v. 14). Esse quarto momento da redenção é a consumação dos momentos dois e três.[12]

(2) *A obra salvífica de Deus é limitada pela graça salvífica de Deus*. A eleição e a predestinação põem em ação o plano de Deus para a salvação. Expresso de forma diferente, o momento da redenção predestinada serve como o início e a fonte mestra dos outros três momentos da redenção. É o que alavanca e molda os outros.

(3) *A obra salvífica de Deus é compreendida pela união com Cristo*. A obra salvífica de Deus foi realizada "em" e "por meio de Cristo". Onze vezes nesse parágrafo aparece a frase "nele", "em quem" ou "por meio de Cristo". Para mencionar umas poucas: fomos escolhidos "nele" (v. 4) e predestinados "por meio de Jesus Cristo" (v. 5); "nele" temos a redenção (v. 7), "nele" obtivemos herança (v. 11) e fomos selados com o Espírito Santo (v. 13). Para Paulo, a salvação ocorre "por meio de Cristo" e "em união com" Cristo.

---

11 Geerhardus Vos, *The Pauline Eschatology* (Grand Rapids, MI: Eerdmans, 1953), 42-61: "a forma de soteriologia por meio da escatologia não está tanto na terminologia; ela procede das próprias realidades atuais, e a linguagem simplesmente é ajustada a isso" (46).

12 Roger R. Nicole, "The Nature of Redemption", in *Standing Forth: Collected Writings of Roger Nicole* (Ross-Shire, UK: Mentor, 2002), 245-46, apresenta seis maneiras como o termo redenção pode ser entendido: (1) um termo abrangente para o plano divino, incluindo pressuposições e implicações desse plano; (2) o propósito e a atividade salvíficos de Deus; (3) bases objetivas para a restauração dos pecadores como encontradas na pessoa e obra de Cristo; (4) a obra de Cristo como distinta de sua pessoa; (5) aplicação da salvação, por exemplo, a comunicação subjetiva dos benefícios salvíficos de Cristo; (6) a consumação final do plano da graça e o acesso dos crentes à glória futura. Quando nestes capítulos falo dos "momentos da redenção", estou usando o termo "redenção" como uma referência a (2): o propósito e a atividade salvíficas de Deus — redenção predestinada, concretizada, aplicada e consumada. Em outras palavras, a redenção é empregada aqui como um termo geral para salvação.

(4) *A obra salvífica de Deus em Cristo é trinitária.* A bênçãos que nos têm vindo são a obra do Deus trino: Pai, Filho e Espírito Santo. O Pai é ativo no primeiro momento da redenção, elegendo-nos e predestinando-nos (vv. 4,5); o Filho garante o segundo momento, a redenção e o perdão de pecados (v. 7); e então o Espírito, no terceiro e no quarto momento, aplica-nos essa redenção e serve como garantia de nossa herança futura (vv. 13,14).

(5) *A obra salvífica de Deus em Cristo é doxológica.* O propósito da obra salvífica de Deus em Cristo é para o "louvor de sua glória", frase que é reiterada três vezes nesse parágrafo (vv. 6-12-14).[13]

Efésios 1.3-14 não é a *suma* da soteriologia de Paulo, porém estabelece uma matriz, um paradigma dentro do qual alguém pode continuar explorando. O que aqui está na forma de esboço pode ser preenchido com maior clareza por meio de uma análise de vários textos paulinos. Os cinco pontos citados servirão heuristicamente quando exploramos o *corpus* paulino.

I. A OBRA SALVÍFICA DE DEUS É INDIVISÍVEL
Tito 3.3-7

> Pois nós também, outrora, éramos néscios, desobedientes, desgarrados, escravos de toda sorte de paixões e prazeres, vivendo em malícia e inveja, odiosos e odiando-nos uns aos outros. Quando, porém, se manifestou a benignidade de Deus, nosso Salvador, e o seu amor para com todos, não por obras de justiça praticadas por nós, mas segundo sua misericórdia, ele nos salvou mediante o lavar regenerador e renovador do Espírito Santo, que ele derramou sobre nós ricamente, por meio de Jesus Cristo, nosso Salvador, a fim de que, justificados por graça, nos tornemos seus herdeiros, segundo a esperança da vida eterna.

Em Tito 3, Paulo localiza temporalmente a salvação de Deus nos três momentos da redenção concretizada, aplicada e consumada. O momento

---

13 O versículo 6 é ligeiramente diferente: "para o louvor da glória de sua graça" (εἰς επαινον δόξης τῆς χάριτος αὐτοῦ).

da redenção concretizada é explícito e denotado pelo advérbio temporal ote ("quando"; v. 4), o qual qualifica o verbo principal ἐπεφάνη ("se manifestou").[14] "A benignidade e o amor de Deus" (χρηστότης καὶ φιλανθρωπία[15]) aqui se referem à primeira manifestação de Cristo, quando ele "se deu por nós, a fim de redimir-nos de toda iniquidade" (2.13,14). Sintaticamente, o verbo eswsen em 3.5 é o ponto central dos versículos 3-7: "tudo o que conduz ao verbo e flui dele entra na compreensão do que é tencionado por ele".[16] A sentença precedente, ote, é ligada sintaticamente a esse verbo principal numa relação prótase-apódose: quando Cristo se manifestou pela primeira vez a fim de morrer e ressuscitar, Deus nos salvou (ἔσωσεν; v. 5).[17]

Paulo introduz o próximo (implícito) momento da redenção aplicada numa frase preposicional conectada ao verbo principal eswsen: Deus nos salvou "pela lavagem da regeneração e renovação do Espírito Santo" (διὰ λουτροῦ παλιγγενεσίας καὶ ἀνακαινώσεως πνεύματος ἁγίου).[18] O primeiro par de genitivos focaliza a necessidade de lavagem; o segundo, a necessidade de renovação. Juntos, o banho da regeneração e da renovação do Espírito Santo visa à existência humana transformada, um ponto no tempo que só pode ter ocorrido durante nossa experiência pessoal na vida terrena.

No versículo 7, Paulo menciona o momento final da redenção consumada: eswsen é ligado sintaticamente a uma sentença de propósito no versículo 7, a qual nos orienta rumo ao futuro. O propósito do ato salvífico de Deus em Cristo e da regeneração do Espírito é "a fim de que [ἵνα], justificados por sua graça [δικαιωθέντες τῇ ἐκείνου χάριτι], nos tornemos herdeiros [κληρονόμοι],

---

14 Exceto em Atos 27.20, o verbo ἐπιφαίνω ocorre em contextos soteriológicos (Lucas 1.79; Tito 2.11; aqui).

15 Χρηστότης se refere à "benignidade, generosidade de Deus" (BAGD) em relação à salvação de Deus (Romanos 2.4; 11.22 [3x]; Efésios 2.7); φιλανθρωπία se refere à filantropia de Deus para com a humanidade (BAGD). Juntas, as palavras podem ser entendidas como a "bondade-e-amor-de-Deus-para-com-a-humanidade", que se manifestou no primeiro aparecimento de Cristo (George W. Knight III, *The Pastoral Epistles: A Commentary on the Greek Text*, NIGTC [Grand Rapids, MI: Eerdmans, 1992], 338).

16 Ibid., 341.

17 Interpostas entre as duas sentenças, as duas sentenças proposicionais (postas em antítese) fornecem as bases motivadoras para o ato salvífico de Deus, não por obras feitas com justiça de nossa parte (οὐκ ἐξ ἔργων τῶν ἐν δικαιοσύνῃ ἃ ἐποιήσαμεν ἡμεῖς), mas segundo sua própria misericórdia (ἀλλὰ κατὰ τὸ αὐτοῦ ἔλεος).

18 Διά com o genitivo é usada com σῴζω nove vezes no NT, mas em nenhuma outra parte o NT fala tão plena e explicitamente dos meios de salvação como faz aqui.

segundo a esperança da vida eterna [ἐλπίδα ζωῆς αιωνίου]". "Herdeiro" sugere uma "posição antecipatória", e "esperança da vida eterna" fala de "uma vida futura interminável junto a Deus".[19]

Assim, em Tito 3, Paulo localiza a salvação de Deus em três momentos: o da redenção concretizada, quando Cristo se manifestou na história; o da redenção aplicada, quando o Espírito Santo nos regenera e nos renova em nossa experiência pessoal ao longo da vida terrena; e o da redenção consumada, a esperança da vida eterna.

Continuando com o texto de Tito, observamos que esses três momentos da salvação de Deus são distintos, porém integralmente conectados. Paulo defende uma distinção entre os três momentos e não permite que eles se choquem. Nossa salvação não é uma "porção feita" no "quando" da cruz; antes, é um "quando" e "agora" específicos em nossa salvação. De fato, o versículo 3 evita colidirmos a redenção aplicada com a redenção concretizada, porque (γάρ), diz Paulo, "outrora [ποτε] éramos insensatos, desobedientes" etc. (cf. Efésios 2.1-3; 12,13). O estado dos crentes antes de serem regenerados no tempo, antes da conversão, assegura a distinção entre os momentos da redenção concretizada e da redenção aplicada, se movendo contra quaisquer reivindicações de uma "justificação eterna". Adicionalmente, Tito 3.5 nos restringe de ver a redenção já plenamente consumada, falando da "esperança" (ἐλπίδα) da vida eterna. A "ainda não" obtenção da vida eterna dos crentes mantém uma distinção entre os momentos da redenção aplicada e da redenção consumada, assim nos poupando de uma "escatologia a ser concretizada".

Embora os três momentos da salvação de Deus sejam distintos, eles são também *integralmente conectados*. Paulo se move com muita facilidade do momento da redenção concretizada para o da redenção aplicada, apesar de haver um significativo lapso entre os dois, especialmente para os crentes que vivem hoje. A conexão é ainda mais estreita: o abundante derramar do Espírito na regeneração (v. 5) vem por meio (διά) da pessoa de Cristo em sua obra

---

19 Knight, *Pastoral Epistles*, 347.

expiatória como Salvador (v. 6).²⁰ Para afirmá-lo em termos sistemáticos: a redenção aplicada vem da redenção concretizada. Assim, os dois momentos da salvação são distintos, porém integralmente conectados: o momento da redenção concretizada não só conduz ao da redenção aplicada mas o primeiro também é a *fonte* do segundo. Há mais do que mera sequência cronológica acontecendo aqui; há causa e efeito. Finalmente, esses dois momentos da salvação de Deus são também conectados ao momento futuro da redenção consumada: Deus nos salvou a fim de que (ἵνα) tivéssemos a esperança da vida eterna (v. 7).

Os outros dois textos paulinos trazem à tona, com mais detalhe, a relação entre os momentos da redenção predestinada, concretizada, aplicada e consumada.

Romanos 5.9,10

> Logo, muito mais agora, sendo justificados pelo seu sangue, seremos por ele salvos da ira. Porque, se nós, quando inimigos, fomos reconciliados com Deus mediante a morte de seu Filho, muito mais, estando já reconciliados, seremos salvos pela sua vida.

Em Romanos 5, Paulo junta os momentos da redenção concretizada e da redenção aplicada quando fala do presente estado dos crentes diante de Deus. O momento da redenção aplicada é visto em nossa justificação (δικαιωθέντες; v. 9) e nossa reconciliação (κατηλλάγημεν; v. 10).²¹ Referências ao momento da redenção concretizada ocorrem em frases preposicionais que servem como explicação dos meios pelos quais Deus nos aplicou a redenção: agora (νῦν) já

---

20 Embora o texto não mencione explicitamente a obra expiatória de Cristo como tal, ele é descrito aqui como Salvador (σωτῆρος), um título que só pode derivar-se de sua definição do que ele realmente fez.
21 Douglas J. Moo, *The Epistle to the Romans*, NICNT (Grand Rapids, MI: Eerdmans, 1996), 311-12, pensa que reconciliação, aqui, se refere à realização de Cristo da reconciliação por Cristo na cruz bem como a aceitação dos crentes dessa reconciliação. Em qualquer caso, a redenção aplicada cobre o resultado final aqui.

fomos justificados "por seu sangue" (ἐν τῷ αἱματι αὐτοῦ)²² e já fomos reconciliados com Deus "pela morte de seu Filho" (διὰ τοῦ θανάτου υἱοῦ αὐτοῦ). O terceiro momento da salvação futura (redenção consumada) é comunicado pelo verbo no tempo futuro swqhsovmeqa ("seremos salvos"), uma referência ao dia do juízo final.

Como se dá com as outras passagens paulinas que tenho analisado, as similaridades são superficiais: (1) cada momento é mantido como distinto, porém integralmente conectado aos outros; e (2) a salvação não é vista como plenamente completada nos momentos da redenção concretizada ou da redenção aplicada, mas resta uma esperança escatológica. Em adição a essas similaridades, Romanos 5.9,10 revela um novo elo, um vínculo inquebrável. Todo o argumento de Paulo a favor da segurança da salvação dos crentes no juízo final repousa na conexão entre redenção concretizada e aplicada de um lado e redenção consumada do outro. Como em Tito 3.3-5, a redenção aplicada ocorre por meio da redenção concretizada, mas agora a sinergia da redenção concretizada e da aplicada, juntas, *garante* a redenção consumada: se Deus já fez o mais difícil — reconciliar-nos e justificar-nos pela morte de Cristo —, *quanto mais* (πολλῷ ουν μᾶλλον) ele nos resgatará no último dia de sua ira. Paulo enfatiza seu ponto usando duas vezes esse argumento do maior para o menor.²³

Romanos 8.29-34

> Porquanto aos que de antemão conheceu, também os predestinou para serem conformes à imagem de seu Filho, a fim de que ele seja o primogênito entre muitos irmãos. E aos que predestinou, a esses também chamou; e aos que chamou, a esses também justificou; e aos que justificou, a esses também glorificou.

---

22 O marcador temporal νῦν localiza o tempo de nossa justificação em nossa experiência ao longo da vida.

23 Ambos os argumentos são exibidos pelos particípios temporais (δικαιωθέντες e καταλλαγέντες, respectivamente), os quais estabelecem a prótase, antes que σωθησόμεθα introduza a apódose: "tendo sido justificados... quanto mais seremos salvos; ... tendo sido reconciliados... quanto mais seremos salvos".

Que diremos, pois, à vista destas coisas? Se Deus é por nós, quem será contra nós? Aquele que não poupou o seu próprio Filho, antes, por todos nós o entregou, porventura não nos dará graciosamente com ele todas as coisas? Quem intentará acusação contra os eleitos de Deus? É Deus quem os justifica. Quem os condenará? É Cristo Jesus quem morreu ou, antes, quem ressuscitou, o qual está à direita de Deus e também intercede por nós.

Em Romanos 8.29,30, Paulo apresenta uma "corrente de ouro" da salvação de Deus que volta aos primórdios do tempo, se move através do tempo e avança para o fim do tempo. Três momentos da salvação de Deus em Cristo estão presentes na corrente: redenção predestinada (προέγνω ... προώριεσεν), redenção aplicada (ἐκάλεσεν ... ἐδικαίωσεν) e redenção consumada (ἐδόξασεν).[24] A redenção predestinada serve de "fonte mestra" que inicia o processo da salvação de Deus na eternidade passada e que se consuma em glorificação na eternidade futura. O pronome demonstrativo τούτους ("estes"), o uso contínuo de καί ("também") e a repetição dos verbos-chave (προώρισεν, ἐκάλεσεν, ἐδικαίωσεν) apontam para uma correspondência exata entre os que são conhecidos de antemão, predestinados, chamados, justificados e glorificados. A extensão da salvação, em cada estágio, é a mesma. É interessante notar, ainda, o modo conciso com que Paulo se refere a cada um desses elos, especialmente os últimos três: Deus é o único apresentado como o agente na operação, sem qualquer contribuição do homem em qualquer um dos pontos da corrente.[25] Para Paulo, a salvação, do começo ao fim, é "do Senhor".

Embora não esteja presente na "corrente da salvação" dos versículos 29 e 30, o momento da redenção concretizada vem à tona no versículo 32, quando Paulo responde à sua própria pergunta retórica do versículo 31: "Se Deus é por

---

24 Entendo ἐδόξασεν como um aoristo proléptico, o qual é usado para expressar a certeza de um evento como já ocorrido. John Murray, *The Epistle to the Romans*, 2 vols. NICNT (Grand Rapids, MI: Eerdmans, 1959), 1:320, se refere às primeiras duas ações como pré-temporais e a última como temporal.

25 Naturalmente, ambas, vocação e justificação, para Paulo não ocorrem aleatoriamente da fé — a primeira é uma pré-condição para a fé; a segunda é o resultado dela —, mas, falando com exatidão, esses atos de Deus não são definidos pela atividade humana (Murray, *Romans*, 321).

nós, quem será contra nós?". Paulo fala da morte de Cristo em termos opostos: "Aquele que não poupou o seu próprio Filho (ος γε τοῦ ἰδίου υἱοῦ οὐκ ἐφείσατο), antes (ἀλλά), por todos nós o entregou (ὑπὲρ ἡμῶν πάντων παρέδωκεν αὐτόν)". A sentença comprimida é cheia de ricas verdades para a doutrina da expiação. O adjetivo ἰδίου ("próprio") agrega drama ao poupar: foi o *próprio* Filho *amado* de Deus a quem ele não poupou.[26] Deus não só não poupou o próprio Filho, mas "o entregou" (παρέδωκεν αὐτόν), uma expressão paulina para a morte substitutiva de Jesus.[27] Octavius Winslow escreve de maneira comovente: "Quem entregou Jesus para morrer? Não Judas, por dinheiro; não Pilatos, por medo; não os judeus, por inveja — mas o Pai, por amor!".[28]

O foco sobre a redenção concretizada, no versículo 32a, serve como prótase ("se") na sentença condicional de Paulo "quase", e o versículo 32b se torna a apódose ("então"). Juntas, as sentenças se combinam para produzir um argumento *a maiori ad minus* [do maior para o menor] para Romanos 5.9,10. A partícula interrogativa πῶς lado a lado com a partícula negativa enfática oujci e a conjuntiva καί intensificam a lógica: se Deus, de fato (γε), deu seu Filho por nós, *como também não* (πῶς οὐχὶ καί) nos dará, com ele, todas as coisas? "Todas as coisas" (τὰ πάντα) são todas as benesses de que necessitamos na trilha rumo à glorificação final,[29] o que faz sentido dada a referência à glorificação em Romanos 8.30. Assim, Paulo não só conecta o momento da redenção concretizada, no versículo 32a, ao momento da redenção consumada, no versículo 32b, mas apresenta também a conexão como um vínculo inquebrável. Para Paulo, é inconcebível que Deus concretize a redenção para pessoas e não leve essa redenção concretizada ao seu fim consumado em glorificação. Para ele, a primeira não só se liga à segunda, ela *garante* a segunda. Na mente de Paulo, como isso seria *possível*? Pois, se Deus já deu Cristo por nós, como também não nos daria graças

---

26 Moo, *Romans*, 540, entre outros (ver n. 18), crê que aqui há uma alusão (e, portanto, um contraste) ao ato de poupar Isaque, o próprio filho de Abraão (mesmo verbo em Gênesis 22.16 da LXX: φείδομαι).
27 Algumas vezes παραδίδωμι é passivo, referindo-se ao Pai que "o entrega" (Romanos 4.25), e outras vezes se refere ao próprio Filho que "se dá" (Gálatas 1.4; 1 Timóteo 2.6; Tito 2.14).
28 Octavius Winslow, *No Condemnation in Christ Jesus* (Londres, 1857), 358 (citado em Murray, *Romans*, 324).
29 Moo, *Romans*, 541.

de menor proporção?³⁰ Como John Murray escreve: "Visto que ele é a expressão suprema e a incorporação do dom gratuito, e visto que ser entregue pelo Pai é a suprema demonstração do amor do Pai, qualquer outra graça deve seguir na posse de Cristo e com ela".³¹

Em Romanos 5.9,10, a redenção concretizada e aplicada *garante* a redenção consumada. Romanos 8.32 dá, ainda, um novo *insight* para a estrutura soteriológica de Paulo: a redenção concretizada *em si mesma* assegura a redenção consumada, sem qualquer referência à redenção aplicada. O que Paulo apresenta aqui é a *eficácia* da obra expiatória de Cristo (sem referência à sua aplicação): ela não pode *senão* produzir seu efeito pretendido. Expresso de outra maneira, todos aqueles por quem Cristo morreu não podem senão receber todas as coisas a fim de alcançar a glorificação final.

Outro importante *insight* para a expiação definida existe em relação àqueles por quem o Filho foi entregue. Como vimos anteriormente, o pronome demonstrativo τούτους mostra que os momentos da redenção predestinada, aplicada e consumada têm todos a mesma extensão. No versículo 32, Paulo mostra que a redenção concretizada tem a mesma extensão que os demais momentos da salvação. Ele apresenta a redenção concretizada e a redenção consumada como coexistentes: se Cristo foi entregue "por todos nós" (ὑπὲρ ἡμῶν πάντων), como Deus também, graciosamente, com Cristo (σὺν αὐτῷ), não "nos" daria (ἡμῖν) todas as coisas a fim de sermos glorificados? Isso significa que, a menos que alguém deseje afirmar a salvação universal, a palavra "todos" deve ser de alguma maneira limitada. O contexto fornece o referente correto para "todos nós" (ἡμῶν πάντων): o "nos" do versículo 32 é o mesmo "nos" do versículo 31 e os referidos nos versículos precedentes: aqueles a quem Deus conheceu de antemão, predestinou, chamou, justificou e um dia glorificará (vv. 29,30). Os versículos seguintes também apoiam um referente tencionado e definido: o "todos nós" são os eleitos de Deus (ἐκλεκτῶν θεοῦ; v. 33) e aqueles por quem Cristo intercede (ὃς καὶ ἐντυγχάνει ὑπὲρ ἡμῶν; v. 34). Murray leva o ponto a

---

30 Possivelmente, isso ajuda a explicar a difícil frase σὺν αὐτῷ.
31 Murray, *Romans*, 326.

uma conclusão proveitosa: "A contínua identificação das pessoas, nesses termos, mostra que essa passagem não oferece suporte à noção de expiação universal. É 'por todos nós' que ela pertence à categoria definida no contexto que Cristo foi entregue".[32]

Resumo

Resumiremos a estrutura soteriológica de Paulo até aqui. Primeiro, ele apresenta quatro momentos-chave da obra salvífica de Deus em Cristo: redenção predestinada, concretizada, aplicada e consumada. Ponhamos em um quadro temporal — para Paulo, a salvação é escatológica do começo ao fim: desde o momento da predestinação, os propósitos redentores de Deus se movem implacavelmente rumo ao momento final, quando a redenção estiver plenamente consumada.[33] Segundo, cada um desses quatro momentos está integralmente conectado, porém sempre distintos, nunca colidindo entre si, no entanto nunca separados uns dos outros. Para Paulo, no momento um, nossa salvação foi predestinada; no momento dois, toda a nossa salvação foi conquistada e assegurada, ainda quando a redenção seria experimentalmente aplicada (momento três) e escatologicamente consumada em sua presença (momento quatro). Paulo compila esses quatro momentos de tal modo que o momento um (redenção predestinada) põe em movimento a salvação de Deus, enquanto o momento dois (redenção concretizada) é a fonte da qual deriva o momento

---

32 Ibid., 325. Moo, *Romans*, 540, está certo em observar que o texto não diz que Cristo morreu "*somente* por todos vós crentes"; e Norman F. Douty, *Did Christ Die Only for the Elect? A Treatise on the Extent of Christ Atonement* (1978; repr., Eugene, OR: Wipf & Stock, 1998), 92, está certo quando escreve: "Ler [Paulo] como se dissesse que Deus entregou Cristo por todos nós que cremos e *por ninguém mais* é injetar sentido nas palavras que não estão ali". Mas a mera proposição de que o texto não contém a palavra "somente" não pode ser usada para contestar a tese a favor da expiação definida em Romanos 8, visto que o texto tem sua própria lógica inerente, a qual demonstra claramente que (1) aqueles por quem Cristo morreu são os eleitos e (2) a morte de Cristo é uma expiação substitutiva *eficaz* que não pode senão produzir seu efeito pretendido. A natureza da expiação está na pauta de Paulo aqui, e sua natureza é a de eficácia última: aqueles por quem Cristo morreu o levarão para a glória. A tendência do argumento de Paulo, portanto, visa à expiação definida e não pode apontar para outra direção.

33 Richard B. Gaffin, *Resurrection and Redemption: A Study in Paul's Soteriology*, 2ª ed. (Phillipsburg, NJ: P&R, 1987), 59: "a escatologia é não só o objetivo da soteriologia, mas também a abrange, constituindo sua própria substância desde o começo".

três (redenção aplicada) e a garantia de que o momento quatro (redenção consumada) é inevitável. Esses quatro momentos da salvação não pertencem às "pegadas" teológicas separadas, como se a obra redentora de Cristo fosse de certo modo desconectada da obra eletiva de Deus; antes, Paulo apresenta uma só "corrente", cujos "elos" se unem para apresentar os propósitos redentores de Deus em Cristo como um todo, uma salvação integrada. A obra salvífica de Deus é indivisível.

Reflexões teológicas:
A obra salvífica de Deus e a expiação

Afirmar que a obra salvífica de Deus é indivisível, que os momentos da redenção são distintos, porém inseparáveis, nos protege de cair em um de dois erros:

(1) *Há o erro de colidir o momento da redenção aplicada com o da redenção concretizada, como se dá na teologia de Karl Barth.* Para Barth, o ato de Deus na reconciliação é uma graça que não pode "decompor-se em uma graça objetiva que não é tão forte e efetiva para o homem, mas simplesmente se põe diante dele como uma possibilidade e uma graça subjetiva que, ocasionada e preparada pela primeira, é a realidade correspondente como realmente chega ao homem".[34] Escrevendo sobre a justificação e a santificação, Barth se esforça em evitar o estabelecimento de "um dualismo entre uma busca esporádica e objetiva pela salvação e uma obtenção subjetiva da salvação aqui e agora".[35] Tal dualismo, segundo ele, não abrange "a simultaneidade daquela obra de salvação, cujo sujeito é o único Deus por meio do único Cristo através do único Espírito — 'sendo mais estreitamente ligado do que um ponto matemático'".[36] Sobre a base desse

---

34 Karl Barth, *Church Dogmatics*, ed. G. W. Bromiley e T. F. Torrance, 14 vols. (Edimburgo: T. & T. Clark, 1956-1975), IV/1, 87-88 (futuramente em *CD*).
35 Barth, *CD* IV/2, 502-503: "Uma é feita total e imediatamente com a outra" (502).
36 Ibid., 503. Não significa que Barth colide os dois atos numa extensão tal que perdem sua identidade: "... temos aqui, neste evento, dois momentos genuinamente diferentes. ... Os dois se pertencem indissoluvelmente. ... Mas é uma conexão, não identidade. Um não pode assumir o lugar do outro" (503).

caráter unitário da obra de Deus em Cristo, Barth rejeitava o conceito de uma *ordo* temporal na *salus* divina, se por isso se entende "uma sequência temporal [de atos] na qual o Espírito Santo demonstra seus efeitos nos homens ... aqui e agora".³⁷ McCormack capta sucintamente a posição de Barth:

> Sua insistência sobre o caráter unitário da obra de Deus em Cristo e no Espírito Santo significa que a obra de Cristo é, como tal, efetiva, que a obra do Espírito Santo não se completa nela nem lhe dá uma eficácia que de outra maneira não teria. A obra de Cristo e a obra do Espírito pertencem a um movimento singular de Deus rumo à criatura, um movimento que acarreta tanto a concretização da obra de Cristo como o despertar de indivíduos para essa concretização.³⁸

Muito embora Barth fosse bem-intencionado, seu ponto de vista é seriamente prejudicado por uma série de razões. Ao trocar *temporal* por *simul*, Barth colidiu redenção aplicada com redenção concretizada. O que Paulo defende como momentos *temporalmente* distintos-mas-inseparáveis no quadro escatológico de sua soteriologia Barth une como momentos *simultaneamente* distintos-mas-inseparáveis. O desejo deste de evitar apresentar o que Cristo fez como "oportunidade e possibilidade proferidas" é recomendável, mas a troca de *temporal* por *simul* se choca com a redenção concretizada e aplicada em *um só* ato temporal. Ao fazer isso, Barth não só elimina a distinção paulina da obra aqui-e-agora do Espírito da obra lá-e-então de Cristo mas também apaga na experiência existencial do homem o estado uma-vez-caído do estado agora-renovado. Isso está em oposição a diversos textos paulinos. Paulo fala de estarem "mortos em delitos e pecados" e "filhos da ira" em um tempo (ποτε) no passado (Efésios 2.1-3), anteriormente insensatos, desobedientes e carentes da lavagem da regeneração (Tito 3.3-5). Ressurreição, recriação, regeneração são esferas

---

37 Ibid., 502.
38 Bruce L. McCormack, "*Justitia Aliena*: Karl Barth in Conversation with the Evangelical Doctrine of Imputed Righteousness", in *Justification in Perspective: Historical Developments and Contemporary Challenges*, ed. Bruce L. McCormack (Grand Rapids, MI: Baker, 2006), 181 (grifo do autor).

transferidas — essas eram nossas necessidades, não nossas posses (ignoradas), *durante nossas vidas*. A posição de Barth reduz a obra do Espírito a um mero "despertar" de pessoas para uma realidade que *já* é delas,[39] o que subestima seriamente o papel dele em nos lavar e renovar (Tito 3.5).

(2) *Em contraste com Barth, há o erro oposto de forçar uma separação entre os momentos da redenção (como é o caso do semipelagianismo, arminianismo, amiraldianismo e universalismo hipotético)*. Nesses esquemas, a redenção concretizada é separada da redenção aplicada, de modo que a primeira não influencia necessariamente a segunda. Assim, por exemplo, do lado arminiano, Roger Olson escreve: "Os arminianos creem que a morte de Cristo na cruz proveu salvação possível para cada um, mas ela só é *efetivada* quando os humanos a aceitam através do arrependimento e da fé".[40] Para Amyraut, "não há necessariamente relação de causa e efeito entre a salvação como obtida por Cristo e sua aplicação".[41] E, sobre o universalista hipotético, Gary Shultz escreve: "Todas as pessoas são objetivamente reconciliadas com Deus, mas nem todas são subjetivamente reconciliadas com Deus, por isso nem todas as pessoas são salvas".[42] Em tais afirmações, a morte expiatória de Cristo por cada um não a leva necessariamente a ser apropriada por cada um; esses pontos de vista falham em ver as conexões integrais entre os momentos distintos-porém-inseparáveis da redenção na soteriologia paulina. Como já vimos em Paulo, se Cristo garantiu a reconciliação objetiva, como também não garantirá a reconciliação subjetiva?

Essas abordagens alternadas — associação e dissociação dos momentos da redenção concretizada e da redenção aplicada — apresentam erros de um

---

39 Ver Barth, CD IV/1, 751: A fé, pois, "não altera nada. Como um ato humano, ela é simplesmente a confirmação de uma mudança que já ocorreu, a mudança em toda a situação humana que ocorreu na morte de Jesus Cristo, e foi revelada em sua ressurreição, e atestada pela comunidade cristã". Cristãos são "aqueles que se despertam" para a realidade que já pertence a todo o gênero humano (CD IV/2, 554); eles somente veem o que há para todos na morte de Cristo (CD IV/3:2, 486-97).
40 Roger E. Olson, *Arminian Theology: Myths and Realities* [Downers Grove, IL: IVP Academic, 2006], 222.
41 Assim, a avaliação que Armstrong faz da formulação de Amyraut (*Calvinism and the Amyraut Heresy: Protestant Scholasticism and Humanism in Seventeenth-Century France* [Madison: University of Wsconnsin Press, 1969], 210).
42 Gary L. Shultz, Jr, "The Reconciliation of All Things", BSac 167 (october-december 2010): 449.

ou outro lado da soteriologia de Paulo. Karl Barth elimina as distinções temporais, vendo somente um ato unificado em um só ponto da história, enquanto os semipelagianos e arminianos, bem como os amiraldianos e universalistas hipotéticos, mantêm as distinções temporais, porém não as conexões. Em contraste com ambos, Paulo apresenta distinções entre cada um dos momentos da salvação de Deus, todavia nunca permite disjunções entre elas. A obra salvífica de Deus é indivisível.

II. A OBRA SALVÍFICA DE DEUS É LIMITADA PELA GRAÇA ELETIVA DE DEUS TRÊS TEXTOS PAULINOS ILUMINAM O PONTO.

EFÉSIOS 1.4,5 E 5.25-27

> ... assim como nos escolheu, nele, antes da fundação do mundo, para sermos santos e irrepreensíveis perante ele; e em amor nos predestinou para ele, para a adoção de filhos, por meio de Jesus Cristo, segundo o beneplácito de sua vontade.
>
> Maridos, amai vossa mulher, como também Cristo amou a igreja e a si mesmo se entregou por ela, para que a santificasse, tendo-a purificado por meio da lavagem de água pela palavra, para a apresentar a si mesmo igreja gloriosa, sem mácula, nem ruga, nem coisa semelhante, porém santa e sem defeito.

A eleição e a predestinação divinas formam e guiam seus propósitos redentores na história. É possível ver isso na reutilização da terminologia-chave em sua epístola. No capítulo 1, Paulo explica que o propósito de Deus em eleger-nos "em Cristo" foi para que fôssemos "santos e imaculados perante ele" (ειναι ἡμᾶς ἁγίους καὶ ἀμώμου κατενώπιον αὐοῦ; v. 4). Então, no capítulo 5, reitera a mesma terminologia, descrevendo o propósito da autodoação sacrificial de Cristo pela igreja: para que ela fosse "santa e imaculada" (ινα η ἁγία καὶ ἀμωμος; v. 27, NVI). E, assim, o propósito eletivo de Deus, o Pai (1.4), e o propósito redentor de Deus, o Filho encarnado (5.27), são o mesmo: apresentar os eleitos como a noiva do Filho, santa e imaculada, no último dia.[43] Mais especificamente, a morte de Cristo é o *meio* para concretizar o propósito eletivo do Pai. Em suma, a eleição limita a expiação.

Gálatas 1.4

> ... o qual se entregou a si mesmo pelos nossos pecados, para nos desarraigar deste mundo perverso, segundo a vontade de nosso Deus e Pai...

Esse texto endossa a proposição anterior. Cristo "entregou a si mesmo" (τοῦ δόντος ἀαυτός) por um grupo particular de pessoas — por "nossos pecados" (ὑπέρ τῶν ἁμαρτιῶν ἡμῶν) — segundo a vontade de Deus, o Pai (κατὰ τὸ θέλημα τοῦ θεοῦ καὶ πατρὸς ἡμῶν). Em Efésios, Cristo entregou-se pela igreja a fim de apresentar-nos santos e imaculados; em Gálatas, o propósito da autodoação de Cristo é libertar seu povo da presente era perversa (οπῶ ἐξέληται ἡμᾶς ἐκ τοῦ αἰῶνος τοῦ ἐνεστῶτος πονηροῦ). Em ambos os casos, o propósito e a vontade de Deus limitam a expiação a um grupo particular de pessoas.

2 Timóteo 1.9-11

> ... que nos salvou e nos chamou com santa vocação; não segundo as nossas obras, mas conforme a sua própria determinação e graça que nos foi dada em Cristo Jesus, antes dos tempos eternos, e manifestada, agora, pelo aparecimento de nosso Salvador Cristo Jesus, o qual não só destruiu a morte, como trouxe à luz a vida e a imortalidade, mediante o evangelho, para o qual eu fui designado pregador, apóstolo e mestre...

---

43 Naturalmente, há outros propósitos redentores na morte de Cristo (Tito 2.14).

Essa passagem contém conexões similares às já vistas em Efésios e Gálatas. Nos versículos 9-11, de um "lado" doxológico, Paulo apresenta todos os quatro momentos da salvação, estendendo-se de eternidade a eternidade — alguns mais explícitos que outros — com vários elos entre eles. No versículo 9, duas cláusulas relativas explanatórias descrevem as ações de Deus para conosco em nossa experiência ao longo da vida: ele nos salvou (τοῦ σώσαντος ἡμᾶς) e nos chamou (καλέσαντος).[44] Em geral, os teólogos localizam essas ações na categoria soteriológica da redenção aplicada, um ato salvífico da parte de Deus que ocorre em nossa experiência ao longo da vida.[45] A base para essa vocação divina e salvífica é explicada em termos opostos: não segundo as nossas obras (οὐ κατὰ τὰ ἔργα ἡμῶν), mas segundo os próprios propósitos e graça de Deus (κατὰ ἰδίαν πρόθεσιν καὶ χάριν). Paulo, pois, desembrulha cavrin em duas cláusulas relativas explanatórias (τὴν δοθεῖςσαν ... φανερωθεῖσαν), ambas sendo acompanhadas por marcadores temporais que projetam mais dois momentos do plano de Deus na salvação. Na primeira cláusula, a graça de Deus nos foi dada "antes dos tempos eternos" (ESV mg.) (πρὸ χρόνων αἰωνίων; cf. Tito 1.2) — o momento da redenção predestinada (2 Timóteo 1.9); na segunda cláusula, a graça de Deus foi manifestada (ἐπιφάνεια) "agora" (νῦν), na presente era, uma referência ao tempo do primeiro aparecimento de Cristo — o momento da redenção concretizada (v. 10a).[46] A referência à "imortalidade" implica um elemento temporal final no texto: vida e imortalidade (ζωὴν καὶ ἀφθαρσίαν) foram inauguradas através do primeiro aparecimento de Cristo, mas seus efeitos acarretariam o futuro — o momento da redenção consumada (v. 10b).

---

44   Em Paulo, essa é uma vocação efetiva (cf. Romanos 8.30; 9.11 [2x], 24; 1 Coríntios 1.9; Gálatas 1.6; 5.8; 1 Tessalonicenses 5.23).

45   John Murray, *Redemption Accomplished and Applied* (Edimburgo: Banner of Truth, 1955), identifica nove componentes para essa categoria soteriológica da redenção aplicada: vocação eficaz, regeneração, fé e arrependimento, justificação, adoção, santificação e perseverança, união com Cristo e glorificação. Para os propósitos deste capítulo, coloco glorificação dentro de uma nova categoria soteriológica da redenção consumada, por se relacionar com um novo "momento" distinto da salvação de Deus na história, embora o fim resulte da redenção aplicada.

46   Entre os escritores do NT, ἐπιφάνεια é usada somente por Paulo e se refere exclusivamente ao aparecimento de Jesus em sua primeira vinda (aqui) ou segunda vinda (2 Tessalonicenses 2.8; 1 Timóteo 6.14; 2 Timóteo 1.10; 4.1, 8; Tito 2.13).

Dando um passo atrás, podem-se distinguir as conexões teológicas. A redenção aplicada (a salvação e a vocação de Deus em nossa experiência ao longo da vida) tem por base a graça da redenção predestinada (o propósito e a graça de Deus que nos foi dada antes que o tempo tivesse início), a qual se manifestou na redenção concretizada (a obra de Cristo em seu primeiro aparecimento), a qual, por sua vez, assegura a redenção consumada (a vida imortal que tem sua continuação no futuro). Como em Romanos 8.29-34, o momento da redenção predestinada age como a "fonte mestra" dos outros momentos da redenção: ela constitui as "bases meritórias" (κατά) para se aplicar a redenção (2 Timóteo 1.9), e limita a revelação (φανερωθεῖσαν) da redenção concretizada (v. 10). Este último ponto é significativo para nossa discussão. Para Paulo, o evangelho de Jesus Cristo é a manifestação não primária da filantropia universal de Deus, nem mesmo de sua atitude salvífica para com o mundo mas de sua graça para com *os eleitos*. Em outras palavras, a eleição limita a obra salvífica de Deus — não o contrário.

Reflexões teológicas: Eleição e expiação

Essas observações sobre 2 Timóteo 1.9-11 reforçam as conexões que já notei em Efésios 1.4,5; 5.25-27 e Gálatas 1.4, e servem para contrariar qualquer tentativa que (1) *torne a eleição não determinativa para a salvação* (como mera presciência, como no semipelagianismo e no arminianismo),[47] que (2) *coloque o decreto da eleição depois do decreto da redenção* (como no amiraldianismo),[48] ou que (3) *subordine o amor eletivo de Deus por seus eleitos a uma aliança universal*

---

47 Por exemplo, James Arminius, "A Declaration of the Sentiments of Arminius", in The Works of James Arminius, trad. James Nichols e William Nichols, 3 vols. (Londres, 1825; reimp. Grand Rapids, MI: Baker, 1956), 1:653: "[Deus] conheceu desde toda a eternidade aqueles indivíduos que, através de sua prevenção [graça preveniente], *creem* e, através de sua graça subsequente, *perseveraram*" (grifo do autor; citado em Olson, *Arminian Theology*, 1841).

48 Por exemplo, D. Broughton Knox, "Alguns aspectos da expiação", in The Doctrine of God, vol. 1 de *D. Broughton Knox: Selected Works* (3 vols.), ed. Tony Payne (Kingsford, NSW: Matthias Media, 2000), 265: "o decreto da eleição logicamente vem depois do decreto da expiação, que também, de fato, pertence à elaboração da aplicação da salvação". Seria incorreto chamar Knox de "amiraldiano" em cada sentido do termo — sobre a natureza da expiação ele foi mais um universalista hipotético britânico. Sobre esse ponto, contudo, ele estava em linha com Amyraut.

(como no universalismo hipotético).⁴⁹ Em cada caso, o amor geral e universal de Deus induz seu amor especial pelos eleitos àquela extensão que o último se torne uma mera "reflexão tardia".⁵⁰ Ao contrário, na dianteira e no centro da estrutura soteriológica de Paulo, está o propósito e a graça eletivos para seu povo. O Evangelho é a manifestação dessa graça.

III. A OBRA SALVÍFICA DE DEUS É COMPREENDIDA PELA UNIÃO COM CRISTO

Muitos textos em Paulo que se ocupam da obra da redenção falam, quer implícita, quer explicitamente, sobre a morte e ressurreição de Cristo ocorrer em união com seu povo. Quando o conceito está presente, a obra salvífica de Deus é descrita em termos eficazes.

ROMANOS 5.12-21

Portanto, assim como por um só homem entrou o pecado no mundo, e pelo pecado, a morte, assim também a morte passou a todos os homens, porque todos pecaram. Porque até ao regime da lei havia pecado no mundo, mas o pecado não é levado em conta quando não há lei. Entretanto, reinou a morte desde Adão até Moisés, mesmo sobre aqueles que não pecaram à semelhança da transgressão de Adão, o qual prefigurava aquele que há de vir.

Todavia, não é assim o dom gratuito como a ofensa; porque, se, pela ofensa de um só, morreram muitos, muito mais a graça de Deus e o dom pela

---

49 Por exemplo, John Davenant, "Uma dissertação sobre a Morte de Cristo, quanto a sua extensão e seu benefício especial: contendo uma breve história do pelagianismo e mostrando a concordância das doutrinas da Igreja da Inglaterra sobre a redenção geral, a eleição e a predestinação, com os Pais primitivos da Igreja Cristã, e, acima de tudo, com as Santas Escrituras", in *An Exposition of the Epistle of St. Paul to the Colossians*, trad., Josiah Allport, 2 vols. (Londres: Hamilton, Adams, 1832 [tradução inglesa de 1650, ed. latina]), 2:555-56, disse que o amor especial de Deus em salvar os eleitos é "um tipo de desígnio especial que subordina o cumprimento infalível dessa aliança universal. ... Portanto, para que essa aliança universal não leve o efeito da salvação a qualquer um, Deus, por uma intenção especial e secreta, cuidou para que o mérito da morte de Cristo fosse aplicada a alguns pela obtenção infalível da verdade e da vida eterna".

50 Geerhardus Vos, "A Doutrina Bíblica sobre o Amor de Deus", in *Redemptive History and Biblical Interpretation: The Shorter Writings of Geerhardus Vos*, ed. Richard B. Faffin (Phillipsburg, NJ: P&R, 1980), 456.

graça de um só homem, Jesus Cristo, foram abundantes sobre muitos. O dom, entretanto, não é como no caso em que somente um pecou; porque o julgamento derivou de uma só ofensa, para a condenação; mas a graça transcorre de muitas ofensas, para a justificação. Se, pela ofensa de um e por meio de um só, reinou a morte, muito mais os que recebem a abundância da graça e o dom da justiça reinarão em vida por meio de um só, a saber, Jesus Cristo.

Pois assim como, por uma só ofensa, veio o juízo sobre todos os homens para condenação, assim também, por um só ato de justiça, veio a graça sobre todos os homens para a justificação que dá vida. Porque, como, pela desobediência de um só homem, muitos se tornaram pecadores, assim também, por meio da obediência de um só, muitos se tornarão justos. Sobreveio a lei para que avultasse a ofensa; mas onde abundou o pecado, superabundou a graça, a fim de que, como o pecado reinou pela morte, assim também reinasse a graça pela justiça para a vida eterna, mediante Jesus Cristo, nosso Senhor.

O argumento de Romanos 5.12-21 é posto no contexto dos versículos 1-11, onde Paulo assegura aos crentes a glória futura de Deus apesar das provações e tribulações que enfrentam.[51] Os crentes podem ter certeza da salvação no dia da ira de Deus (vv. 9-11), porque (διὰ τοῦτο; v. 12) o ato de obediência de Cristo é muito mais poderoso do que o ato de desobediência de Adão (vv. 12-21). A comparação entre Adão e Cristo é exibida nas comparações positivas "assim como [ωσπερ] ... assim também [ουτως καί]" (vv. 12-18,19-21), bem como nas comparações negativas "não como [οὐχ ὡς] ... assim é [ουτως καί] (vv. 15-17).[52] Nos versículos 15-17, Paulo apresenta três contrastes entre a obra de Adão e a de Cristo.[53] O versículo 15

---

51 Mais provavelmente, Paulo tem um olho na suspeita judaica sobre a justificação diante de Deus no presente, visto que os judeus relegavam o veredito da justificação para o último dia (Moo, *Romans*, 293).
52 No versículo 16, ουτως καί se perdeu por causa da elipse, mas a comparação entre aquele que pecou (ἑνὸς ἁμαρτήσαντος) e o dom (τὸ δώρημα) ainda estão presentes.
53 Moo, *Romans*, 334.

apresenta um contraste de *grau*: a obra de Cristo aqui como um dom gracioso (χάρισμα), é tão superior, em cada forma, à obra de Adão: onde a transgressão (παραπτώματι) de Adão trouxe morte a muitos (οἱ πολλοὶ ἀπέθανον), a obra de Cristo tem trazido a graça de Deus (ἡ χάρις τοῦ θεοῦ) e o livre dom (ἡ δωρεά). A potência da graça de Cristo sobre o pecado de Adão é uma "superabundância"[54] (πολλῷ μᾶλλον), a qual tem "o poder não só de cancelar os efeitos da obra de Adão, mas de criar, positivamente, vida e paz".[55] Os versículos 16 e 17 consistem em dois contrastes: o primeiro é o da *consequência*, enfatizando o *poder* de cada ação do homem: o pecado de Adão (ἁμαρτήσαντος) trouxe condenação (κατάριμα) e morte (θάνατος); Cristo trouxe justiça (δικαίωμα) e vida (ζωή). O outro contraste é numérico, enfatizando a graça de Deus: o veredito judicial da condenação seguiu o pecado (ἐξ ἑνός) de Adão, mas a justificação trazida por Cristo seguiu após muitos pecados (ἐκ πολλῶν παραπτωμάτων). O versículo 17 atua como clímax ao contraste dessas duas figuras-chave na história do mundo: Adão introduziu no palco do mundo o reinado da morte (ὁ θάνατος ἐβασίλευσεν), enquanto Cristo introduziu o reinado da vida (ἐν ζωῇ βασιλεύσουσιν).

Nos versículos 18 e 19, Paulo leva sua comparação global a uma conclusão: a todas as pessoas veio a condenação por meio de uma só transgressão (κατάκριμα) de Adão; a justificação que conduz à vida (δι ἑνὸς παραπτώματος) veio a todas as pessoas por meio de um só ato justo (δικαίωσιν ζωῆς) de Cristo (v. 18). Paulo reitera e elabora outra vez o mesmo ponto no versículo 19: o resultado dos atos de Adão e de Cristo iniciando época são afirmados em termos mais pessoais: por meio de um só ato de desobediência de Adão (διὰ τῆς παρακοῆς), muitos foram feitos pecadores (ἁμαρτωλοὶ κατεστάθησαν οἱ πολλοί); por um só ato de obediência (διὰ τῆσ ὑπακοῆσ) de Cristo,[56] muitos foram feitos justos (δίκαιοι κατασταθήσονται οἱ πολλοί).

---

54 Murray, *Romans*, 193.
55 Moo, *Romans*, 337.
56 Mais provavelmente uma referência ao seu ato último de obediência à morte (ibid., 344).

Tudo dito, a fim de prover as bases para a certeza dos crentes da salvação futura, Paulo recorre a uma grande comparação entre as duas figuras que elaboram a história de Adão e Cristo. Como Henri Blocher escreve:

> O grande paralelo com Adão serve como o fundamento dessa certeza: se o papel de Adão era tão dramaticamente eficaz em assegurar a condenação nele de todas as pessoas, e, portanto, o reinado da morte, quanto mais a obra de Cristo é eficaz para os que estão nele, levando-os à vida eterna![57]

Todo o argumento implícito de Paulo é a união entre Adão e todos os descendentes dele e uma união entre Cristo e todos os seus descendentes: "aí existe uma união geradora de vida entre Cristo e os seus que é similar, porém mais poderosa, do que a união que produz morte entre Adão e os seus."[58] A união é vista pela conexão de Adão e Cristo com "os muitos" (οἱ πολλοί; vv. 15b,15c-19a,19b) e o "todos" (πάντες; v. 18a,18b) espalhada por todo este parágrafo. O uso de oiJ polloiv e pavnte", nos versículos 12-21, deve ser interpretado com base no ἑνός ao qual estão conectados. Argumentar em prol de uma denotação exata entre os dois grupos relacionados a Adão e Cristo equivale a optar pela posição do universalismo, o qual, à luz de outros textos paulinos (Romanos 2.12; 2 Tessalonicenses 1.8,9) é insustentável. Como Doug Moo afirma: "O ponto de Paulo não é que os grupos afetados por Cristo e Adão, respectivamente, são coexistentes, mas que Cristo afeta os que são seus, justamente como Adão faz aos que são dele."[59]

Respeitar essa cuidadosa distinção ajuda a evitar a posição injustificada do universalismo[60] ou a confusa interpretação do "paradoxo".[61] Cristo garantiu os

---

57 Henri A. G. Blocher, *Original Sin: Illuminating the Riddle*, NSBT (Leicester, UK: Apollos, 1997), 80.
58 Moo, *Romans*, 318.
59 Ibid., 343.
60 Igualmente A. J. Hulgren, *Christ and His Benefits: Christology and Redemption in the New Testament* (Philadelphia Fortress, 1987), 54-55. Bruce L. McCormack, "So That He Might Be Merciful to All: Karl Barth and the Problem of Universalism", in *Karl Barth and American Evangelicalism*, ed. Bruce L. McCormack e Clifford B. Anderson (Grand Rapids, MI: Eerdmans, 2011), 227-49, argumenta que Paulo nos permite ao menos esperar pela salvação universal.
61 Igualmente C. K. Barrett, *A Commentary on the Epistle to the Romans* (Londres: A & C. Black, 1957), 108-11; C. E. B. Cranfield, *The Epistle to the Romans*, 2 vols., ICC, (Edimburgo: T. & T. Clark, 1975), 1:294-95, que

benefícios da justificação e da vida para todos os que se acham unidos a ele — não para cada um. O argumento de Paulo em Romanos 5 também se torna inadequado ao ponto de vista de que Cristo fez da justificação "disponível" e "possível" para cada um que crer,[62] ou que o benefício da obediência de Cristo "se estende a todos os homens potencialmente", mas "[é] tão só o egoísmo humano que põe limites à sua operação".[63] Essas opções amenizam a linguagem de 5.12-21. A obra de Cristo não pode ser reduzida a mera potencialidade: a linguagem de justificação em Paulo é sempre usada para o *status* real conferido ao indivíduo.[64] Assim, todo aquele que fala que vontade humana resiste ao poder da expiação de Cristo seguramente evita enfrentar o argumento do apóstolo. Um só ato de obediência da parte de Cristo é *muito mais poderoso* do que um só ato de desobediência da parte de Adão.

Naturalmente, pode-se argumentar que Romanos 5.12-21 apresenta a obra de Cristo como eficaz somente *para os que creem*, e dentro da passagem isso certamente é real — ela é para os que "recebem" (λαμβάνοντες) o dom da justiça (v. 17). Sobre essa base, alguns concluem que a eficácia da obra de Cristo só ocorre no ponto da fé, e não antes. Embora isso possa, à primeira vista, parecer real, ignora-se o fato de que a união com Cristo (fortemente assumida em todo o parágrafo de Paulo aqui) *precede* qualquer recepção da obra de Cristo pela fé. Como demonstrarei adiante, é a união com Cristo que leva à eficácia potente da obra dele para os que lhe pertencem e recebem o dom da justiça.

Romanos 6.1-14

> Que diremos, pois? Permaneceremos no pecado, para que seja a graça mais abundante? De modo nenhum! Como viveremos ainda no pecado,

---

reconhece a dívida com Karl Barth, *Christ and Adam. Man and Humanity in Romans 5* (Nova York: Collier, 1962), 108-109. M. Eugene Boring "The Language of Universal Salvation in Paul", *JBL* 105 (1986): 269-92, fala de "jogos de linguagem".

62 Igualmente R. C. H. Lenski, *The Interpretation of St. Paul's Epistle to the Romans* (1936; repr., Mineápolis: Augsburg, 1961), 383: "O que Cristo obteve para todos os homens, todos os homens não recebem". P. E. Hughes, *True Image: The Origin and Destiny of Man in Christ* (Grand Rapids, MI: Eerdmans, 1989), 174-75.

63 Igualmente J. B. Lightfoot, *On a Fresh Revision of the English New Testament*, 3ª ed. (Londres e Nova York: Macmillan, 1891 [1872], 108, citado em suas *Notes on the Epistles of St. Paul* (Londres, 1895), 291.

64 Moo, *Romans*, 343.

nós os que para ele morremos? Ou, porventura, ignorais que todos nós que fomos batizados em Cristo Jesus fomos batizados em sua morte? Fomos, pois, sepultados com ele na morte pelo batismo; para que, como Cristo foi ressuscitado dentre os mortos pela glória do Pai, assim também andemos nós em novidade de vida.

Porque, se fomos unidos com ele na semelhança de sua morte, certamente o seremos também na semelhança de sua ressurreição, sabendo isto: que foi crucificado com ele o nosso velho homem, para que o corpo do pecado seja destruído, e não sirvamos o pecado como escravos; porquanto quem morreu está justificado do pecado. Ora, se já morremos com Cristo, cremos que também com ele viveremos, sabedores de que, havendo Cristo ressuscitado dentre os mortos, já não morre; a morte já não tem domínio sobre ele. Pois, quanto a ter morrido, de uma vez para sempre morreu para o pecado; mas, quanto a viver, vive para Deus. Assim também vós considerai-vos mortos para o pecado, mas vivos para Deus, em Cristo Jesus.

Não reine, portanto, o pecado em vosso corpo mortal, de maneira que obedeçais às suas paixões; nem ofereçais cada um os membros do seu corpo ao pecado, como instrumentos de iniquidade; mas oferecei-vos a Deus, como ressurretos dentre os mortos, e os vossos membros, a Deus, como instrumentos de justiça. Porque o pecado não terá domínio sobre vós; pois não estais debaixo da lei e sim da graça.

A união com Cristo sugerida em Romanos 5.12-21 se torna explícita em 6.1-11. Serve para embasar por que os crentes não devem mais viver em pecado, mas, antes, viver para a justiça, Paulo se refere à participação dos crentes nos eventos redentores da morte e ressurreição de Cristo. Usando o batismo como símbolo de nossa "conversão-iniciação" na vida cristã,[65] ele faz uma correspondência exata entre os que foram batizados em Cristo e os

---

65 Um termo emprestado de James Dunn, *Baptism in the Holy Spirit*, SBT 15 (Londres: SCM, 1970), 145.

que foram batizados na morte dele: οσοι ἐβαπτίσθημεν ... ἐβαπτίσθην (v. 3; cf. 3.27). Paulo fala dos crentes sendo sepultados com Cristo (συνετάφημεν ... αὐτῷ) por meio do batismo para a morte (διὰ τοῦ βαπτίσματος εἰς τὸν θάνατον), de modo que, justamente como Cristo ressuscitou dentre os mortos, também podemos andar em novidade de vida (καινότητι ζωῆς; Romanos 6.4).[66] Por quê? Porque nossa união com Cristo enquadra sua morte e ressurreição, versículo 5: "Porque, se fomos unidos com ele na semelhança da sua morte [εἰ γὰρ σύμφυτοι γεγόναμεν τῷ ὁμοιώματι τοῦ θανάτου αὐτοῦ], certamente, o seremos também na semelhança de sua ressurreição [ἀλλὰ καὶ τῆς ἀναστάσεως ἐσόμεθα]". E Paulo nota que nossa união com Cristo em sua morte (εἰ δὲ ἀπεθάνομεν σὺν Χριστῷ) leva à esperança de viver com ele no futuro (καὶ συζήσομεν αὐτῷ; v. 8).

Em suma: para Paulo, os crentes foram unidos com Cristo em sua morte e ressurreição. Nossa união com ele é o que efetua nossa própria morte e ressurreição espirituais. Paulo reitera isso em outro relevante texto para nossa discussão.

2 Coríntios 5.14-21

> Pois o amor de Cristo nos constrange, julgando nós isto: um morreu por todos; logo, todos morreram. E ele morreu por todos, para que os que vivem não vivam mais para si mesmos, mas para aquele que por eles morreu e ressuscitou.
>
> Assim que, nós, daqui por diante, a ninguém conhecemos segundo a carne; e, se antes conhecemos Cristo segundo a carne, já agora não o conhecemos deste modo. E, assim, se alguém está em Cristo, é nova criatura; as coisas antigas já passaram; eis que se fizeram novas. Ora,

---

66 O "tempo" desse morrer e ressuscitar com Cristo em algum sentido transcende o tempo. A transição da morte para a vida, a velha era para a nova, ocorreu por meio da obra redentora de Cristo na Sexta-Feira Santa e no Domingo da Páscoa, mas a realidade dessa transição só ocorre durante a vida terrena dos crentes individualmente (Moo, *Romans*, 365).

tudo provém de Deus, que nos reconciliou consigo mesmo por meio de Cristo e nos deu o ministério da reconciliação, a saber, que Deus estava em Cristo reconciliando consigo o mundo, não imputando aos homens suas transgressões, e nos confiou a palavra da reconciliação. De sorte que somos embaixadores em nome de Cristo, como se Deus exortasse por nosso intermédio. Em nome de Cristo, pois, rogamos que vos reconcilieis com Deus. Aquele que não conheceu pecado, ele o fez pecado por nós; para que, nele, fôssemos feitos justiça de Deus.

De forma semelhante a Romanos 6.1-11, Paulo se reporta aqui à união dos crentes com Cristo em sua morte e conclui que essa união efetua a morte dos pecadores para si mesmos: "um morreu por todos; logo, todos morreram" (εἷς ὑπὲρ πάντων ἀπέθανεν, ἄρα οἱ πάντες ἀπέθανον; 2 Coríntios 5.14). Posto que a maioria dos comentaristas e estudiosos concorda que os três usos de πάντες nos versículos 14,15 são coextensivos, o referente exato de πάντες não precisa deter-nos por ora.[67] Talvez seja o foco exagerado sobre o referente exato de πάντες, nos versículos 14,15, que perde o significado simples do texto, o qual depende da conjunção ara. Tomando a conjunção em seu sentido consequente, vemos que todos aqueles por quem Cristo morreu[68] também morreram para si mesmos *em virtude da* morte de Cristo por eles (v. 14). Sob foco ético no versículo 15, essa parece a melhor leitura do verbo aoristo ἀπέθανον no versículo 14b. "A morte de um foi a morte de todos"[69] para que todos os que morreram vivam para outro.

Para fazer tal alegação aqui, Paulo *pressupõe* uma união dos crentes com Cristo em sua morte e ressurreição.[70] O propósito da morte de Cristo

---

67 Como notei em meu capítulo anterior, duas observações sugerem que os três usos sucessivos de πάντες são todos coextensivos. O artigo definido (οἱ) antes de πάντες no versículo 14b é anafórico, recuando para πάντες do versículo 14a; e, se alguém toma καί como epexegético ou conjuntivo no versículo 15a, a frase seguinte, ὑπὲρ πάντων, é de sentido idêntico ao do versículo 14a.

68 A preposição ὑπέρ pode ter o sentido geral de representação ("para o benefício de, por amor a") ou substituição ("no lugar de"). Extrair uma distinção estreita demais entre essas opções parece injustificado. Ver Murray J. Harns, *The Second Epistle to the Corinthians*, NIGTC (Grand Rapids, MI: Eerdmans, 2005), 421.

69 Charles Hodge, *Commentary on the Second Epistle to the Corinthians* (Grand Rapids, MI: Eerdmans, 1953), 136.

70 De forma interessante, esse versículo foi negligenciado na discussão um tanto compreensível de Constantine

é para que (ἵνα) aqueles por quem ele morreu já não vivam para si mesmos (ζῶντες μηκέτι ἑαυτοῖς ζῶσιν), mas (ἀλλά) para aquele que morreu e ressuscitou por eles (τῷ ὑπὲρ αὐτῶν ἀποθανόντι καὶ ἐγερθέντι). Admitidamente, ina "introduz um resultado tencionado, não uma consequência automática";[71] mas quando se lê o versículo 15 em correspondência com Romanos 6.4,5, é difícil entender como na soteriologia de Paulo pode haver os que morreram com Cristo, mas que *não* ressuscitaram com ele para andarem em novidade de vida e viverem para ele. Paulo avança ainda mais a ponto de dizer que, se alguém está "em Cristo" (ἐν Χριστῷ), esse é uma nova criação (καινὴ κτίσι): o antigo já passou (τὰ ἀρχαῖα παρῆλθεν), o novo já veio (ἰδοὺ γέγονεν καινά; 2 Coríntios 5.17). Isso é assim precisamente porque os que estão "em Cristo" foram unidos a ele em sua morte e ressurreição.[72] A obra da morte-e-ressurreição de Cristo foi tão potente que fez uma nova criação na história redentora, que é oferecida para aqueles se uniram a ele pela fé durante sua experiência ao longo da vida.[73]

Resumo

Já vimos que a expiação de Cristo é vida-e-morte decisiva para os que estão "nele" como seu representante e como seu substituto: "neste aspecto, 'por nós', 'por nossos pecados' e 'nele', 'com ele' são correlativos e inseparáveis; a primeira função somente dentro do vínculo indicado pela segunda".[74] Equivale dizer, na soteriologia de Paulo, que a morte de Cristo *por* pessoas não pode ser vista separadamente de sua união *com* essas mesmas pessoas: "ὑπέρ não é sem suvn, e suvn não é sem ὑπέρ".[75] Atentar bem para essa união vital entre Cristo

---

R. Campbell sobre a união com Cristo (*Paul and Union with Christ: An Exegetical and Theological Study* [Grand Rapids, MI: Zondervan, 2013]).

71 Harris, *Second Corinthians*, 423.

72 A frase ἐν Χριστῷ não deve ser ignorada e vai de encontro a afirmações como "toda a humanidade está unida nele; ele morreu por toda a humanidade e toda a humanidade morreu nele" (T. F. Torrance, *The Atonement: The Person and Work of Christ* [Downers Grove, IL: IVP Academic, 2009], 183).

73 Vos, *Pauline Eschatology*, 47: "Ali foi criado um ambiente totalmente novo, ou, sendo mais exato, um novo totalmente novo, no qual a pessoa mencionada é um habitante e participante".

74 Richard B. Gaffin, *By Faith, Not By Sight: Paul and the Order of Salvation* (Carlisle, UK: Paternoster, 2006), 36.

75 W. T. Hahn, *Das Mitsterben und Mitauferstehen mit Chrsitus bei Paulus: Ein Beitrag zum Problem der*

e seu povo explica a potente eficácia da morte de Cristo, uma eficácia na qual a redenção concretizada não só garante todos os recursos para a redenção aplicada mas também garante o resultado da redenção consumada.[76]

União com Cristo como chave para a soteriologia de Paulo

A união com Cristo é, "para Paulo, a verdade central da salvação, a chave da realidade soteriológica que compreende todas as outras".[77] Em Paulo, a união com Cristo não só atende ao momento da redenção concretizada; ela percorre os quatro momentos da obra salvífica de Deus. Na redenção predestinada, fomos escolhidos "em Cristo" (Efésios 1.4; 2 Timóteo 1.9); na redenção concretizada, morremos "com Cristo" (Romanos 6.5,6; Gálatas 2.20) e ressuscitamos "com ele" (Romanos 6.5,6; 2 Coríntios 5.14,15); na redenção aplicada, nós, que estamos mortos, fomos revividos juntamente "com Cristo", ressuscitamos "com ele" e assentados "com ele" nos lugares celestiais (Efésios 2.5,6); e, misteriosamente, o Cristo que estava "fora de nós", agora vive em nós pela fé (Colossenses 1.27); na redenção consumada, finalmente estaremos "com Cristo" (2 Coríntios 5.8; Filipenses 1.23; Colossenses 3.4).[78] Essas são dimensões distintas da única união individual com Cristo. As dimensões nunca devem ser separadas umas das outras — indiscutivelmente, é essa única união com Cristo que junta os quatro momentos da redenção —, mas devem também ser mantidas como distintas, sem deixar que uma se choque contra a outra. Por exemplo, embora Paulo afirme que os crentes foram eleitos "em Cristo" (Efésios 1.4), ainda temos que morrer "com Cristo" e ressuscitar "com ele" (Romanos 6.3-5) até que passemos a crer, vivemos fora de Cristo como "filhos da ira" (Efésios 2.3), antes de nos assentarmos "com Cristo" nos lugares celestiais, pela fé (Efésios 2.6); e embora

---

Gleichzeitigkeit des Christen mit Christus (Gütersloh, Germany: C. Bertlsmann, 1937), 147, citado e traduzido em Gaffin, *Resurrection and Redemption*, 58.

76 Quando falo da "eficácia" da expiação, não tenho em mente pressupor que ela é uma potente "substância" ou "força", mas, antes, ela é *pessoalmente* poderosa. Isto é, seu poder reside na pessoa que a realizou.

77 Gaffin, *By Faith, Not By Sight*, 36, nota que o conceito se origina da descrição do Antigo Testamento de Deus como a "porção" de seu povo (Salmos 73.26; 119.57; Jeremias 10.16) e, reciprocamente, sendo eles sua "porção" (Deuteronômio 32.9) (35).

78 Em relação à união com Cristo, Gaffin se refere aos primeiros três momentos como predestinação, histórico-redentivo e existencial (*By Faith, Not By Sight*, 337).

desfrutemos do *status* de "Cristo em nós" (Colossenses 1.27), ainda esperamos pelo dia em que estaremos "com Cristo" pessoalmente (Filipenses 1.23).

Em suma, a soteriologia de Paulo é posta em uma tela escatológica na qual ele apresenta quatro momentos distintos-porém-inseparáveis da obra salvífica de Deus *em Cristo*. A união com Cristo distingue e junta esses quatro momentos, garantindo a eficácia da obra expiatória de Cristo. Tal como se dá com os momentos da redenção, na união com Cristo há distinção em unidade e unidade em distinção.

Reflexões teológicas: a união com Cristo e a expiação

afirmar a união com Cristo como central à soteriologia de Paulo prevê clareza em uma série de aspectos-chave da expiação de Cristo.

(1) *Afirmar as dimensões distintas-porém-inseparáveis da única união com Cristo previne a colisão de um aspecto contra o outro, como no caso da teologia de Karl Barth*. A apresentação que Barth faz da fé como um "despertar" para uma realidade que já pertence ao pecador[79] tem o potencial de eliminar as dimensões paulinas de viver fora de Cristo em um tempo e estar unido com Cristo, por meio da fé, em um ponto futuro no tempo. Nesse aspecto, Barth não conseguiu manter a distinção nas dimensões *temporais* da única união com Cristo. Para Paulo, a fé é o meio instrumental pelo qual o pecador experimenta uma transferência de esfera: aquele que foi eleito em Cristo antes que o tempo tivesse início (Efésios 1.4; 2 Timóteo 1.9) ainda assim estava fora de Cristo em um ponto de sua vida (Efésios 2.1-3; cf. Romanos 16.7, por inferência), antes de estar unido com Cristo pela fé, em sua conversão (Efésios 2.5-8; Colossenses 3.3).

(2) *A união com Cristo previne tentativas de forçar uma disjunção entre redenção concretizada e redenção aplicada, o que, por sua vez, torna necessariamente a eficácia da morte de Cristo contingente da fé*. Porque Cristo se uniu ao seu povo em sua morte, falar de "potencialidade" ou "condicionalidade" em

---

79 Cf. Barth, CD IV/1, 751; CD IV/2, 554; CD IV/3.2, 486-97.

relação à expiação é inteiramente inadequado, uma vez que faz a efetividade da expiação dependente da fé, ou fé sinergística (como no semipelagianismo e arminianismo)[80] ou, Deus elegeu, fé monergística (como no amiraldianismo e universalismo hipotético) — mas, de um ou outro modo, fé *humana*. Na primeira ideia, a fé, por assim dizer, "abre a torneira para" a expiação, ou até mesmo serve de "catalizador" para sua ativação;[81] na segunda, para a fé, a eleição opera numa "trajetória" teológica desconectada da expiação.[82] Seja qual for a opção que alguém escolha, não se pode escapar do fato de que cada esquema, em última análise, torna a expiação impotente para salvar: a conquista de Cristo da salvação é deixada em suspense até que se cumpra a condição *humana*.[83] Tal posição não só tem uma marca de antropocentrismo — "O centro da gravidade foi mudado de Cristo e localizado no cristão. A fé é a genuína reconciliação com Deus"[84] — mas é também contrária ao ponto de vista de que a morte de Cristo é expiação substitutiva *efetiva*. Como visto em Romanos 5.12-21, a obra

---

80 Essa fé sinergética pode ocorrer de duas formas: ou um sinergismo simétrico (cooperação igual entre Deus e o *livre-arbítrio* do homem), como no semipelagianismo, ou um sinergismo assimétrico (sem resistência, cooperação permissiva da vontade do homem que já está livre pela graça preveniente de Deus), como no arminianismo clássico. Para essa importante distinção, ver Olson, *Arminian Theology*, 158-78, esp. 164-66.

81 Igualmente Olson, *Arminian Theology*, 222: "Os arminianos creem que a morte de Cristo na cruz proveu salvação *possível* para cada um, mas ela só é concretizada quando os humanos a aceitam mediante arrependimento e fé". Não estou acusando Armínio de fundamentar a salvação *na* fé; antes, a questão é se a fé é o que *faz* a expiação efetiva. Há uma distinção.

82 Igualmente Lewis Sperry Chafer, *Systematic Theology*, Volume III (Dallas Seminary Press, 1948), 187: "A trajetória da eleição divina é totalmente separada da trajetória da redenção".

83 Assim, por exemplo, Amyraut escreveu: "Esta vontade de tornar a graça da salvação universal e comum a todos os seres humanos é tão condicional que sem o cumprimento da condição ela é inteiramente ineficaz" ("ceste volonté de rendre la grace du salut vuniuerselle & cómune à tous les humains estant tellement conditionnelle, que sans l'accomplissement de la condition, elle est entierement inefficacieuse") (Moïse Amyraut, *Brief Traitté de la Predestination et de ses principales dependances* [Saumur France: Jean Lesnier & Isaac Debordes, 1634], 90). Embora o arminianismo clássico proponha a graça preveniente *anterior* à fé, ela também não pode escapar à acusação de que a expiação de Cristo é provisória e contingente e, assim, finalmente impotente, posto que mesmo a vontade liberada do homem pode ainda resistir à eficácia da obra regeneradora de Deus que flui da expiação (ver James Arminius, "Declaration of Sentiments", *Works*, 1:659-60). Cf. também I. Howard Marshall, "Predestination in the New Testament", in *Grace Unlimited*, ed. Clark H. Pinnock (Minneapolis: Bethany Fellowship, 1975), 140: "O efeito da vocação divina é colocar o homem numa posição onde ele possa dizer 'sim' ou 'não' (o que não poderia fazer antes de Deus chamá-lo; até então, ele estava numa contínua atitude de 'não')".

84 Herman Bavinck, *Sin and Salvation in Christ*, vol. 3 de *Reformed Dogmatics*, ed. John Bolt, trad. John Vriend, 4 vols. (Grand Rapids, MI: Baker, 2006), 469.

redentora de Cristo venceu os poderosos efeitos da queda de Adão — pecado e morte; quanto menos, pois, poderia uma vontade humana — quer livre desde o nascimento, quer livre pela graça preveniente — resiste ao dinamismo da obra de Cristo cumprindo seu propósito proposto? Demais, em contraste com o amiraldianismo, como visto anteriormente em alguns textos paulinos (Efésios 1.4; 5.27; Gálatas 1.4; 2 Timóteo 1.9-11), a eleição e a expiação não operam em vias teológicas separadas: a primeira limita a última. E o que Deus juntou, que ninguém separe.

(3) Afirmar a união com Cristo no momento da redenção concretizada previne qualquer separação entre o efeito da morte substitutiva de Cristo e o efeito de sua ressurreição, como se a morte de Cristo levasse à morte espiritual de alguns pecadores mas também sua ressurreição não levasse à nova vida.[85] Sugerir tal separação é causar séria injúria à doutrina de Paulo da redenção concretizada. Como Richard Faffin valiosamente declara: "Estritamente falando, não a morte de Cristo, mas sua ressurreição (isto é, sua exaltação), marca o fechamento da realização da redenção de uma vez por todas".[86] Isso não equipara inseparabilidade com indistinguibilidade. A morte e a ressurreição de Cristo são eventos *distintos* na vida de Cristo e na do crente; mas, para ser leal a Paulo, não pode haver *disjunção* entre elas: "Se já fomos unidos com ele em sua morte, certamente seremos unidos a ele em sua ressurreição" (Romanos 6.5). Aqui está em jogo mais que mera analogia.[87] Como Sinclair Ferguson escreve: "Se estamos unidos a Cristo, então estamos unidos a ele em todos os pontos de sua atividade em nosso favor".[88]

---

85 Contra Harris, *Second Corinthians*, 421: "embora todas as pessoas 'morressem' quando Cristo morreu, nem todas ressuscitaram para nova vida quando ele ressuscitou dentre os mortos". Para Harris, "essa morte pode ser a morte merecida deles, por causa do pecado, ou uma morte objetiva 'ética' que seria apropriada subjetivamente pela fé individual, ou uma participação coletiva do evento da morte de Cristo pela qual o poder do pecado foi destruído" (422).
86 Gaffin, *Resurrection and Redemption*, 116.
87 Gaffin, outra vez: "o laço solidário entre a realização da redenção na história da vida do crente e seu passado, a realização definitiva é tão forte e de uma natureza tal que a primeira só pode ser entendida e expressa em termos da segunda" (ibid., 59).
88 Sinclair B. Ferguson, "The Reformed View", in *Christian Spirituality: Five Views of Sanctification*, ed. Donald L. Alexander (Downers Grove, IL: IVP Academic, 1989), 58.

(4) *Estar unido a Cristo significa que a expiação substitutiva de Cristo é uma expiação representativa, e não meramente um vazio "em vez de" expiação.* Tratar a morte de Cristo como a última é vê-lo como um indivíduo arbitrário — se bem que é o Filho de Deus — que morreu por ninguém em particular, porque tinha nenhuma relação com aqueles por quem morreu. Nesse caso, ele não é diferente de um substituto num jogo esportivo. Respeitar a união com Cristo, contudo, significa que ele morreu como um substituto *representativo*, alguém que associou à sua pessoa aqueles por quem morreu, com todas as suas funções e seus ofícios no jogo. Cristo morreu como um homem público, não como um homem privado. Isto é, ele morreu por seu povo, como Rei; por sua noiva, como Esposo; por seu corpo, como Cabeça; por suas ovelhas, como Pastor; por seus amigos, como Mestre; por seus irmãos e irmãs, como Primogênito; por sua nova humanidade, como o Segundo Adão.[89] Como Murray o expressa: "Cristo Jesus não deve ser contemplado à parte de sua obra nem sua obra à parte dele".[90] É isso que torna a morte de Cristo uma expiação substitutiva eficaz, porque, estando unido com seu povo, Cristo morreu como *outro*, como representante deles.

Esse ponto leva consigo uma reflexão necessária.

(5) *A união com Cristo significa que a particularidade da expiação teria ocorrido antes do momento da redenção aplicada.* Se a união com Cristo percorre os quatro momentos da redenção, então não se pode introduzir particularidade na expiação no ponto da aplicação.[91] A morte expiatória de Cristo é por um grupo particular de pessoas precisamente porque ela é uma morte "em-união-com". O intuito da redenção concretizada e da redenção aplicada é, portanto, necessariamente coextensivo.[92]

---

89 Henri A. G. Blocher, "The Scope of Redemption and Modern Theology", *SBET* 9.2 (1991): 102.
90 Murray, *Romans*, 214.
91 Contra Knox, "Some Aspects of the Atonement", 265.
92 Contra Harris, *Second Corinthians*, 423: "Há universalismo no escopo da redenção, visto que nenhuma pessoa é excluída da oferta de redenção que Deus faz, mas há uma particularidade na aplicação dela, visto que cada um não se apropria dos benefícios propiciados por essa salvação universalmente oferecida"; ou Bruce A. Demarest, *The Cross and Salvation: The Doctrine of Salvation*, Foundations of Evangelical Theology (Wheaton, IL: Crossway, 1997), 193: "Cristo... proveu salvação para mais pessoas do que aquelas a quem ele propôs aplicar seus benefícios salvíficos".

IV. A OBRA SALVÍFICA DE DEUS EM CRISTO É TRINITÁRIA

John Webster escreve que "a soteriologia ... tem seu lugar no seio da teologia do *mysterium trinitatis*, isto é, a riqueza de vida, inerente e comunicada, de Deus como Pai, Filho e Espírito".[93] O comentário de Webster não pode ser subestimado. Uma leitura cuidadosa do *corpus* paulino revela um tácito trinitarianismo que permeia virtualmente todo o pensamento de Paulo. Em particular, ele demonstra uma combinação de Pai, Filho e Espírito na economia da salvação.

A DOUTRINA PAULINA DA TRINDADE

Três textos se sobressaem, em particular, para revelar a doutrina paulina da Trindade, em que o padrão triádico é expresso dentro da realidade da unicidade de Deus. Primeiro, em 1 Coríntios 12.4-6, Paulo explica que a presença do Espírito entre o povo de Deus se manifesta numa rica diversidade de dons, uma diversidade refletida também na própria natureza de Deus: Espírito, Senhor e Deus (o Pai). Essa diversidade serviria à unidade do corpo, já que esta é o mesmo Espírito, Senhor e Deus. Segundo, essa diversidade em unidade e unidade em diversidade é expressa na formulação do credo de Efésios 4.4-6, onde Paulo fala de um só Espírito, um só Senhor e um só Pai. Terceiro, a graça-bênção de 2 Coríntios 13.13 apresenta a atividade das três pessoas divinas combinadas. A graça de nosso Senhor Jesus, vista em sua morte e ressurreição por outros, manifesta o fundamental amor de Deus, o Pai, enquanto o Espírito atualiza continuamente esse amor e graça na vida do crente e da comunidade cristã.[94]

Esse trinitarianismo é fundamental para a soteriologia de Paulo e é corroborado por uma série de textos em que Paulo formula sua doutrina da salvação em termos trinitários tanto implícita quanto explicitamente.[95] Podemos dividir

---

93 Webster, "It Was the Will of the Lord", 20.
94 Gordon D. Fee, *Pauline Christology: An Exegetical-Theological Study* (Peabody, MA: Hendrickson, 2007), 592.
95 Ver passagens soteriológicas, tais como Romanos 8.3,4, 15-17; 1 Coríntios 6.11; 2 Coríntios 1.21,22; Gálatas 4.4-7; 1 Tessalonicenses 1.4-6; 2 Tessalonicenses 2.13-14; Tito 3.4-7. Gordon D. Fee, *God's Empowering Presence: The Holy Spirit in the Letters of Paul* (Peabody, MA: Hendrickson, 1994), 48 n. 39, lista muitos outros textos tais como, soteriológicos ou outros temas: Romanos 5.5-8; 8.9-11; 15.16-19, 30; 1 Coríntios 1.4-7; 2.4,5-12; 6.19,20; 2 Coríntios 3.16-18; Gálatas 3.1-5; Efésios 1.3, 17-20; 2.17-22; 3.16-19; 5.18,19;

esses em textos triádicos (isto é, textos sobre o Pai, o Filho e o Espírito) e textos diádicos (isto é, textos sobre o Pai e o Filho, bem como textos sobre o Espírito). Há lacunas óbvias entre alguns deles.

Textos triádicos: Pai, Filho e Espírito

Gálatas 4.4-6

> ... vindo, porém, a plenitude do tempo, Deus enviou seu Filho, nascido de mulher, nascido sob a lei, para resgatar os que estavam sob a lei, a fim de que recebêssemos a adoção de filhos. E, porque vós sois filhos, enviou Deus ao nosso coração o Espírito de seu Filho, que clama: Aba, Pai!

Essa passagem provê um excelente exemplo da "Trindade-em-unidade" agindo em nossa salvação. A repetição da frase ἐξαπέστειλεν ὁ θεός ("Deus enviou") com as respectivas cláusulas objetivas τὸν υἱὸν αὐτοῦ ("seu Filho") e τὸ πνεῦμα τοῦ υἱοῦ αὐτοῦ ("o Espírito de seu Filho"; vv. 4,6) revela o profundo trinitarianismo na economia da salvação elaborada por Paulo. Deus, o Pai, envia seus dois emissários para realizar e aplicar a redenção: o Filho para redimir-nos sob a lei (ἵνα τοὺς ὑπὸ νόμον ἐξαγοράσῃ) a fim de "recebermos a adoção de filhos" (ἵνα τὴν υἱοθεσίαν ἀπολάβωμεν); e o Espírito para estar *em nosso coração* (εἰς τὰς καρδίας ἡμῶν), de modo que, como filhos, clamemos: "Aba, Pai!" (κρᾶζον, αββα ὁ πατήρ).[96] A obediência do Filho e do Espírito ao Pai assegura harmonia de propósito: o "círculo" da salvação que parte do Pai ao enviar o Filho e o Espírito termina em comunhão com ele, como filhos recém-adotados que clamam: "Aba, Pai!". É também notável que, enquanto o Filho é designado simplesmente como o Filho de Deus (τὸν υἱὸν αὐτοῦ), o Espírito enviado pelo

---

Filipenses 1.19,20; 3.3; Colossenses 3.16. Para uma exposição de alguns desses, ver ibid., 841-42.

96 Embora o particípio κρᾶζον ("clamar") se relacione diretamente com o Espírito (ou como um particípio atributivo explicando o que o Espírito faz, ou como um particípio adverbial indicando o propósito ou o resultado do verbo principal ἐξαπέστειλεν), poucos discutiriam que aqui o clamor do Espírito também se torna o clamor do crente (cf. Romanos 8.15).

Pai é o Espírito do Filho (τὸ πνεῦμα τοῦ υἱοῦ αὐτοῦ), implicando que o ato do Pai de enviar o Espírito é em cooperação com o Filho, de quem ele é Espírito.[97]

Romanos 8.1-11

> Agora, pois, já nenhuma condenação há para os que estão em Cristo Jesus. Porque a lei do Espírito da vida, em Cristo Jesus, te livrou da lei do pecado e da morte. Porquanto o que fora impossível à lei, no que estava enferma pela carne, isso fez Deus enviando o seu próprio Filho em semelhança de carne pecaminosa e no tocante ao pecado; e, com efeito, condenou Deus, na carne, o pecado, a fim de que o preceito da lei se cumprisse em nós, que não andamos segundo a carne, mas segundo o Espírito. Porque os que se inclinam para a carne cogitam das coisas da carne; mas os que se inclinam para o Espírito, das coisas do Espírito. Porque o pendor da carne dá para a morte, mas o do Espírito, para a vida e paz. Por isso, o pendor da carne é inimizade contra Deus, pois não está sujeito à lei de Deus, nem mesmo pode estar. Portanto, os que estão na carne não podem agradar a Deus.
>
> Vós, porém, não estais na carne, mas no Espírito, se, de fato, o Espírito de Deus habita em vós. E, se alguém não tem o Espírito de Cristo, esse tal não é dele. Se, porém, Cristo está em vós, o corpo, na verdade, está morto por causa do pecado, mas o espírito é vida, por causa da justiça. Se habita em vós o Espírito daquele que ressuscitou a Jesus dentre os mortos, esse mesmo que ressuscitou a Cristo Jesus dentre os mortos vivificará também o vosso corpo mortal, por meio do seu Espírito, que em vós habita.

Essa passagem é semelhante a Gálatas 4.4-6, que começa com a iniciativa de Deus, o Pai, de salvar e termina com filhos adotados por Deus a clamar:

---

[97] Atos 2.33 revela um padrão triádico similar em relação ao derramar do Espírito: tendo sido exaltado à destra de Deus, o Pai (τῇ δεξιᾷ οὖν τοῦ θεοῦ ὑψωθείς), o Filho recebe do Pai (λαβὼν παρὰ τοῦ πατέχεεν) a promessa do Espírito Santo (τήν τε ἐπαγγελίαν τοῦ πνεύματος τοῦ ἁγίου), o qual então aparece (ἐξέχεεν) no Pentecostes.

"Aba, Pai!" — e tudo por meio da obra cooperativa do Filho e do Espírito. Em Romanos 8.1-11, a obra do Espírito e do Filho é estreitamente associada quando juntos realizam a salvação de Deus pelos pecadores: a lei do Espírito da vida (νόμος[98] τοῦ πνεύματος τῆς ζωῆς) nos deixa livres (ἠλευθέρωσέν), em Cristo Jesus (ἐν Χριστῷ),[99] da lei do pecado e da morte (ἀπὸ τοῦ νόμου τῆς ἁμαρτίας καὶ τοῦ θανάτου; v. 2). O Filho e o Espírito servem ao Pai na economia da salvação: ao enviar o Filho "em semelhança de carne pecaminosa e no tocante ao pecado" (ἐν ὁμοιώματι σαρκὸς ἁματίας καὶ περὶ ἁμαρτίας), Deus, o Pai, "condenou o pecado na carne" (κατέκρινεν τὴν ἁμαρτίαν ἐν τῇ σαρκί; v. 3) — redenção concretizada. Ele fez isso "a fim de que o requerimento justo da lei se cumprisse em nós, que não andamos segundo a carne, e sim segundo o Espírito" (τοῖς μὴ κατὰ σάρκα περιπατοῦσιν ἀλλὰ κατὰ πνεῦμα; v. 4) — redenção aplicada. Assim vemos o Filho e o Espírito agindo em harmonia com as ordens do Pai em ambos os momentos da redenção. O Espírito é o foco particular nessa passagem, o qual é essencial à salvação: "E, se alguém não tem o Espírito de Cristo, esse tal não é dele [Cristo]" (v. 9). Se, porém, Cristo está em nós (εἰ δὲ Χριστὸς ἐν ὑμῖν), então o Espírito é vida (τοῖς μὴ κατὰ σάρκα περιπατεῖ πνεῦμα ζωή) em nós (v. 10); e, se o Espírito vive em nós (εἰ δὲ τὸ πνεῦμα ... οἰκεῖ ἐν ὑμῖν), então Deus, que ressuscitou Cristo dentre os mortos (ὁ ἐγείρας Χριστὸν ἐκ νεκρῶν), dará vida aos nossos corpos mortais, através de seu Espírito que habita em nós (διὰ τοῦ ἐνοικοῦντος αὐτοῦ πνεύματος ἐν ὑμῖν; v. 11). Tudo isso é assim porque o Espírito é o "Espírito de Deus" (πνεῦμα θεοῦ) e o "Espírito de Cristo" (πνεῦμα Χριστοῦ; v. 9); assim, o Pai e o Filho não podem agir sem o acompanhamento do Espírito.

Tito 3.4-6

Quando, porém, se manifestou a benignidade de Deus, nosso Salvador, e o seu amor para com todos, não por obras de justiça praticadas por

---

98 Aqui, a melhor interpretação de νόμος provavelmente seja "princípio", "vincular autoridade" ou "poder" (Moo, *Romans*, 474).

99 A frase preposicional é lida preferivelmente em relação ao verbo ἠλευθέρωσέν, e não em relação à frase genitiva τῆς ζωῆς, e contém uma função instrumental.

nós, mas segundo sua misericórdia, ele nos salvou mediante o lavar regenerador e renovador do Espírito Santo, que ele derramou sobre nós ricamente, por meio de Jesus Cristo, nosso Salvador...

Esse texto revela, ainda, que todas as três pessoas da Trindade são ativas na salvação de Deus, operando nos momentos da redenção concretizada e redenção aplicada. Parafraseando o texto, quando (οτε) Deus, o Pai, manifestou (ἐπεφάνη) sua benignidade e benignidade para com a humanidade (na morte e ressurreição do Filho; v. 4),[100] ele nos salvou (εσωσεν) por meio da (διά) obra regeneradora e renovadora do Espírito Santo (λουτροῦ παλιγγενεσίας καὶ ἀνακαινώσεως πνεύματος ἁγίου; v. 5), o qual derramou (ἐξέχεεν) sobre nós por meio do (διά) Filho, Jesus Cristo, nosso Salvador (Ιησοῦ Χριστοῦ τοῦ σωτῆρος ἡμῶν; v. 6). Aqui, a obra de regeneração é do Pai, Filho e Espírito, cada um operando em harmonia na realização da salvação. Isso pode ser visto mais claramente em relação à administração do Espírito: como o sujeito de ejxevceen, o Pai é o agente primário no derramamento do Espírito, mas faz isso por meio da (διά) agência intermediária do Filho.[101] As implicações cristológicas são óbvias,[102] mas igualmente profundo é o fato de que o Pai, o Filho e o Espírito são uma só mente na aplicação da redenção.

Texto diádico: Pai e Filho

2 Timóteo 1.9-10

... que nos salvou e nos chamou com santa vocação; não segundo as nossas obras, mas conforme a sua própria determinação e graça que nos foi

---

100 Como já mencionei anteriormente, "quando" e "manifestou" se referem ao primeiro aparecimento de Cristo (cf. Tito 2.13-14); Knight, *Pastoral Epistles*, 339).

101 Que o Filho está envolvido na administração do Espírito não surpreende quando lemos no contexto de nossos textos, quando Paulo se refere ao Espírito como o Espírito de Cristo (Romanos 8.9; 2 Coríntios 3.17; Gálatas 4.6; Filipenses 1.19).

102 Enquanto em outro lugar o Pai é designado com o título de "Salvador" (σωτῆρος; Tito 1.3; 3.4), aqui o Filho que é designado "Salvador" (σωτῆρος).

dada em Cristo Jesus, antes dos tempos eternos, e manifestada, agora, pelo aparecimento de nosso Salvador Cristo Jesus, o qual não só destruiu a morte, como trouxe à luz a vida e a imortalidade, mediante o evangelho...

Eis o exemplo de um texto diádico no qual as obras do Pai e do Filho são combinadas. Deus, o Pai (θεοῦ), nos salvou (σώσαντος) e nos chamou (καλέσαντος) segundo seu próprio (ἰδίαν) propósito e graça (πρόθεσιν καὶ χάριν), uma eleição pré-temporal que nos foi dada em seu Filho, Jesus Cristo (τὴν δοθεῖσαν ἐν Χριστῷ Ιησοῦ; v. 9). Então, na história, o Filho encarnado, Jesus Cristo, nosso Salvador (τοῦ σωτῆρος ἡμῶν Χριστοῦ Ιησου), manifestou (φανερωθεῖσαν) o gracioso propósito eletivo do Pai (v. 10). Portanto, o que o Pai propõe, o Filho manifesta — e, portanto, a obra de ambos tem de levar em si a mesma extensão.

Funções distintas-porém-inseparáveis na Trindade

Enquanto a análise anterior demonstra que a Escritura testifica em prol da *harmonia* de propósito no seio da deidade triúna, é importante respeitar também as funções distintas de cada pessoa da deidade quando concretizam os propósitos salvíficos de Deus. Expressando-o com simplicidade: para Paulo,

> a redenção humana é a atividade combinada de Pai, Filho e Espírito, em que (1) ela é atribuída ao amor de Deus, cujo amor a põe em movimento; (2) é efetuada historicamente por meio da morte e ressurreição de Cristo, o Filho; e (3) é concretizada na vida dos crentes por meio do poder do Espírito Santo.[103]

Muito disso é verdadeiro, mas John Owen provê uma qualificação necessária. Quando uma das pessoas da Trindade age *"principalmente,* imediatamente

---

103 Fee, *Pauline Christology*, 589.

e à guisa de eminência", em seu papel distinto, ela nunca é exclusiva em relação às outras pessoas da Trindade; quando uma pessoa da Trindade age, as outras não estão propriamente ausentes ou passivas, ou são meras expectadoras.[104] As funções de cada pessoa da Trindade não são intercambiáveis, tampouco são independentes.

No momento da redenção predestinada, enquanto éramos eleitos "em Cristo", o Filho de Deus, e predestinados a adoção como filhos "por meio de Cristo Jesus", o Pai era o agente primário ao escolher-nos (Efésios 1.4,5). No momento da redenção concretizada, enquanto o Filho veio na semelhança da carne pecaminosa, foi o Pai quem o enviou (Romanos 8.3) e o Espírito quem justificou sua aparência na carne (1 Timóteo 3.16); e, enquanto o Filho se deu por nossos pecados (Gálatas 1.4; 2.20; Efésios 5.2, 25; 1 Timóteo 2.6; Tito 2.14), foi o Pai quem o enviou como propiciação (Romanos 3.25).[105] O Filho garantiu nossa reconciliação (Romanos 5.9-11), mas a iniciativa veio do Pai (Romanos 5.8) no poder do Espírito, que ressuscitou Cristo dentre os mortos (Romanos 1.4; 8.11). *Ubi Filius, ibi Pater et Spiritus.*

No momento da redenção aplicada, fomos aptos a receber o Espírito prometido através somente da fé, porque o Filho encarnado se fez maldição por nós (Gálatas 3.13,14); a ação regeneradora do Espírito ocorreu por meio da obra do Filho como Salvador (Tito 3.5,6); e, quando o Espírito é ativo em nós, é o amor do Pai que ele derrama em nossos corações quando confiamos no Filho (Romanos 5.1, 5). Elementos da redenção aplicada — lavagem, santificação e justificação — ocorrem por meio da dupla agência de Jesus e do Espírito de Deus (1 Coríntios 6.11). A operação do Espírito em harmonia com o Pai e o Filho em ambas, redenção concretizada e redenção aplicada, faz

---

104 John Owen, *Of Communion with God the Father, Son, and Holy Spirit, Each Person Distinctly in Love, Grace, and Consolation* in *The Works of John Owen*, ed. W. H. Goold, 24 vols. (Edimburgo: Johnstone & Hunter, 1850-1853; repr., Edimburgo: Banner of Truth, 1967), 2:18: "Quando assinalo alguma coisa como peculiar, na qual mantemos distintamente comunhão com qualquer pessoa, não excluo as outras pessoas da comunhão com a alma na mesma coisa".
105 Hebreus 9.14 fala do Filho que se oferece ao Pai por meio do Espírito eterno. Ver Peter T. O'Brien, *The Letter to the Hebrews*, PNTC (Nottingham, UK: Apollos, 2010), 324, para uma defesa de πνεύματος αἰωνίου como uma referência ao Espírito Santo, entre outras opções.

sentido uma vez que ele é o "Espírito de Deus" e o "Espírito de Cristo" (Romanos 8.9): ele é o agente através do qual pertencemos a Cristo (Romanos 8.9) e através do qual Deus dará vida aos nossos corpos mortais (Romanos 8.1). *Ubi Spiritus, ibi Pater et Filius.*

A atividade de Deus, o Pai, abre caminho para os momentos da redenção concretizada e aplicada: em uma, ele envia o Filho para resgatar os que estavam sob a lei (Gálatas 4.4,5); na outra, ele envia o Espírito para garantir nossa adoção como filhos (Gálatas 4.6). Enquanto o Filho é proeminente na redenção concretizada, e o Espírito, na redenção aplicada, nenhum é passivo ou ausente do outro nem no momento da salvação; ambos cumprem suas funções ao mando do Pai. Sanders oferece um excelente resumo que encerra o ponto:

> Cristo, o Filho, realiza a redenção em sua própria obra (criada pelo Espírito e saturada do Espírito). As duas obras são mantidas juntas por uma unidade inerente. O Filho e o Espírito estão ambos em ação em ambas as fases; entretanto, o Filho toma a dianteira na concretização e o Espírito toma a dianteira na aplicação.[106]

E, outra vez,

> Então o Filho é ativo na aplicação da redenção, porém age equipando o Espírito para fazê-la. Eles estão sempre implicados, ainda que em cada fase um deles ponha o outro a assumir o papel principal. Justamente como Cristo (capacitado pelo Espírito) concretizou a redenção, também o Espírito (fazendo Cristo presente na fé) a aplica. Em parte alguma, na dupla economia, há uma simples partida ou ausência completa de um dos agentes. Estamos sempre nas duas mãos do Pai, ao mesmo tempo.[107]

---

106 Sanders, *Deep Things of God*, 142.
107 Ibid., 148. A referência de Sanders às "duas mãos" do Pai é tomada de Irineu.

Resumindo: "O Espírito serve ao Filho, aplicando o que este concretizou, e o Filho serve ao Espírito, tornando sua habitação possível. Ambos, Filho e Espírito, juntos na dupla missão do Pai, servem ao Pai e nos ministram".[108] *Ubi Pater, ibi Filius et Spiritus.*

A Trindade econômica reflete a Trindade imanente

As "processões" vistas aqui na Trindade econômica, em Gálatas 4.4-6, surgem da Trindade imanente (ontológica), de Deus *in se*. Em outras palavras, quem Deus é na história da redenção surge de quem Deus é em si mesmo. Seu ato reflete seu ser. E, se o ser de Deus vive em harmonia — três pessoas em um só Deus e um só Deus em três pessoas mutuamente coesas e complementando umas às outras —, então, quando o mesmo Deus age na história, na economia da salvação, esperamos nada menos que a mesma harmonia de propósito e amor. Como Agostinho o expressou: *opera trinitatis ad extra indivisa sunt*: "o Pai, e o Filho, e o Espírito Santo, como são indivisíveis, assim operam indivisivelmente".[109] Desde a redenção predestinada até a redenção consumada, nossa salvação é envolta pelo Deus trino.

Reflexões teológicas: a Trindade e a expiação

A obra salvífica de Deus em Cristo é trinitária. "A salvação cristã vem da Trindade, se dá através da Trindade e nos conduz à Trindade."[110] Mais especificamente, as obras da Trindade na economia da salvação são indivisíveis. Cada pessoa cumpre funções específicas no plano da salvação, mas nunca isoladamente umas das outras. O que decorre disso é que cada pessoa opera em conjunto rumo a um objetivo comum — salvar pecadores. A intenção de Cristo, ao morrer, era tomar a expiação por todos aqueles a quem o Pai escolheu nele antes da fundação e enviar seu Espírito no tempo aos eleitos individualmente para aplicar-lhes essa redenção.

---

108 Ibid., 149.
109 Agostinho, *On the Trinity*, in NPNF[1] 3:17-228 (20).
110 Sanders, *Deep Things of God*, 10.

A Trindade e a Intenção de Cristo ao Morrer

Afirmar que as pessoas da Trindade agem juntas, em harmonia, na economia da salvação, assim como se relacionam ao Deus *in se* — "A Trindade eterna é a Trindade do Evangelho"[111] —, provê significativa força teológica para o propósito que Paulo afirma em relação à expiação de Cristo. Frequentemente em Paulo, a menção à morte de Cristo é acompanhada por uma cláusula de propósito (ἵνα/ὅπως) para expressar o objetivo pelo qual Cristo morreu. Ele morreu para que pessoas não mais vivessem para si mesmas (2 Coríntios 5.15); para fazer-nos espiritualmente ricos (2 Coríntios 8.9); "para livrar-nos da presente era má" (Gálatas 1.3); para redimir os que estavam sob a lei, "a fim de que recebêssemos a adoção de filhos" (Gálatas 4.5,6); para santificar sua igreja e apresentá-la a si mesmo sem mácula e sem ruga, santa e inculpável (Efésios 5.25-27); para redimir-nos da iniquidade e purificar para si um povo (Tito 2.14). À luz do que o trinitarianismo subentendido observou, as cláusulas de propósito, nesses textos soteriológicos, assumem toda uma nova significação: não estão expressando pensamento voluntarioso na forma de uma cláusula de propósito — um potencial não concretizado; antes, demonstram um objetivo primário, tencionado, que *será* concretizado. Se o Deus trino — Pai, Filho e Espírito Santo — visa a esses fins, quem, então, pode posicionar-se contra eles?

Tal perspectiva ilumina a intencionalidade da expiação e provê alguns recursos para responder ao dilema quanto à possibilidade de a extensão da redenção concretizada ser mais ampla do que a redenção aplicada (como no semipelagianismo, no arminianismo e no amiraldianismo), ou quanto à possibilidade de haver intenções gêmeas da Trindade dentro da economia da salvação (como em algumas formas de universalismo hipotético). Todos os lados afirmam que a obra salvífica de Deus em Cristo é trinitária.[112] Apesar disso, uma coisa é dizer que a Trindade está em ação na economia da salvação; outra

---

111 Ibid., 156.
112 Por exemplo, James Arminius falou do *pactum salutis*; Amyraut e os universalistas hipotéticos (tais como John Davenant) afirmaram uma soteriologia trinitária.

é afirmar que a intenção e o escopo da obra de cada pessoa são os mesmos na economia da salvação. A questão não depende da ação da Trindade; ela depende de os objetivos e propósitos de cada pessoa na Trindade serem os mesmos. Levando isso em conta, uma abordagem trinitária nos move rumo à doutrina da expiação definida, porque, lado a lado com a união com Cristo, ela proíbe qualquer discrepância entre a extensão da redenção concretizada e a da redenção aplicada, suscitando a indagação sobre as intenções gêmeas na economia divina da salvação.

Problemas Trinitários em um Esquema de Expiação Universal
Defender uma expiação universal apresenta vários problemas para a teologia trinitária.

Dissonância na trindade
(semipelagianismo, arminianismo e amiraldianismo)
Um dos principais problemas do semipelagianismo e do amiraldianismo é que introduzem dissonância na Trindade, de modo que o Filho tenciona morrer por todos, mas o Pai elege somente alguns, e o Espírito atrai somente alguns. Quando isso acontece, a expiação é não só separada da eleição (lançando o Pai contra o Filho) mas é também forçada um rompimento entre a redenção concretizada e a redenção aplicada (lançando o Filho contra o Espírito). Optar por essa posição equivale a "separar o Pai e o Espírito Santo do Filho, quando a própria essência de Deus é que há um só propósito no qual eles estão unidos".[113] Isso desvaloriza a obra trinitária indivisível de Deus em Cristo: o Pai e o Filho unidos em suas obras distintas dentro da economia da salvação, como o são o Filho e o Espírito.[114] Apesar dos protestos, essas posições variadas sobre a expiação não podem

---

113 Roger R. Nicole, *Our Sovereign Savior: The Essence of the Reformed Faith* (Ross-shire, UK: Christian Focus, 2002), 65.

114 Essa conexão tardia às vezes é perdida ou negligenciada. Como já notamos, o Espírito é dado por meio da administração competente do Filho à destra do Pai; portanto, a obra do Espírito não pode ser mais estrita ou mais expansiva do que a obra do Filho. Como Paulo diz em 1 Coríntios 15.45, "o último Adão veio a ser Espírito vivificante" — a afirmação mais enfática em Paulo sobre a unidade e inseparabilidade da obra do Cristo exaltado e do Espírito.

evitar a acusação de uma Trindade disfuncional, em que se nota soar mais dissonância do que harmonia.

Desempenho subjacente da parte do espírito;
Confusão no filho (universalismo hipotético)

Os universalistas hipotéticos evitam a acusação mencionada, argumentando em prol de um dualismo harmonioso das funções do Pai, Filho e Espírito na economia da salvação. Assim, por exemplo, John Davenant argumentou que o Filho tinha uma extensão universal que "se conformava com a ordenação do Pai",[115] e, todavia, ao mesmo tempo, Cristo afirmou a vontade particular de Deus quando morreu. Como de outro modo Cristo poderia ter "se exibido como conformado à eterna designação de seu Pai, se, em sua paixão salvífica, não aplicasse seus méritos de uma maneira infalivelmente particular para efetuar e completar a salvação dos eleitos?"[116] Curt Daniel apresenta um exemplo contemporâneo da mesma posição:

> Há aspectos gerais e particulares sobre a obra de cada membro da Trindade. O Pai ama a todos os homens como criaturas, porém só dá um exemplo de amor especial para com os eleitos. O Espírito chama todos os homens, porém chama eficazmente só os eleitos. De modo semelhante, o Filho morreu por todos os homens, porém morreu de uma maneira especial pelos eleitos.[117]

Ao discordar dessa posição, deve-se notar que Paulo afirma haver outras intenções na expiação particular operada por Cristo na cruz (cf. Colossenses

---

115 Davenant, "Dissertation", 2:398.
116 Ibid., 2:542.
117 Curt Daniel, *The History and Theology of Calvinism* (n.p.: Good Books, 2003), 371. Argumentos similares podem ser encontrados em Gary L. Shultz, Jr., "Why a Genuine Universal Gospel Call Requires an Atonement That Paid for the Sins of All People", *EQ* 82.2 (2010): 118-20; idem, "God's Purposes in the Atonement for the Nonelect", BSac 165 (april-june 2008): 152; Robert P. Lightner, *The Death Christ Died: A Biblical Case for Unlimited Atonement*, 2ª ed. (Grand Rapids, MI: Kregel, 1998), 130; Knox, "Some Aspects of the Atonement", 262, 265, e Douty, *Did Christ Die Only for the Elect?*, 60: "A single transaction with a double intention."

1.19-20). Apesar disso, o que ele tem em mente por estas é diferente do significado dado pelos universalistas hipotéticos. Uma análise mais minuciosa de sua posição revela três problemas principais.

(1) *Apesar do que podem alguns universalistas hipotéticos argumentar, a intenção universal do Espírito na realidade não corresponde à intenção universal do Pai e do Filho.* Sobre o eixo universal, o Pai destina a expiação a todos, o Filho morre por todos e faz provisão para todos, mas o Espírito não leva o Evangelho a todos. O não evangelizado deixa um problema para os proponentes de uma expiação universal. Nesse aspecto, o Espírito age secretamente e, ao fazer isso, traz desarmonia à Trindade.

(2) Parece difícil evitar o fato de que, no universalismo hipotético, o Filho sai a campo com uma personalidade "confusa" e "dividida". Nas apresentações dos universalistas hipotéticos, a pessoa e os ofícios de Cristo são inadvertidamente divididos. Forçam a conclusão de que Cristo morreu por cada um como um "Salvador geral" oferecendo uma expiação que jamais realmente fez, todavia, ao mesmo tempo, propõem que Cristo morreu por aqueles que foram unidos a ele em todos os seus ofícios e funções, a fim de concretizar a expiação que realmente fez. Isso introduz não só a questão da definição de "Salvador"[118] mas também apresenta um Cristo confuso. Turretini apresenta o ponto de origem:

> Como se este fosse o desígnio de Cristo — o desejo deobter a redenção para todos até o fim, para que ela lhes seja aplicada, contanto que creiam; e, no entanto, para as multidões, eu resolvi não revelar essa redenção, nem dar àqueles a quem ela é revelada a condição sem a qual nunca pode ser-lhes aplicada (desejo que aconteça o que não só sei que não acontecerá mas também o que não estou disposto a levar a efeito, quando só depende

---

118 Se o termo "Salvador" precisa ter algum significado, *realmente* Cristo salvaria aqueles por quem morreu, de outro modo ele realmente não morreu por eles como seu "Salvador"; o termo em si se torna sem sentido.

de mim). Ora, se isso não seria conveniente em um homem sábio, quanto menos em Cristo, supremamente sábio e bom?[119]

Turretini tem uma peculiaridade. Em outras palavras, "visto que Cristo não podia querer morrer absolutamente pelos eleitos sem envolver (pela lei dos contrários) uma vontade de não morrer pelos réprobos, não se pode conceber em um ato que ele quisesse tanto morrer pelos réprobos quanto não morrer por eles".[120]

Ao dividir a pessoa e os ofícios de Cristo, o universalismo hipotético, inadvertidamente, distorce a cristologia ortodoxa. Em Paulo, Cristo é apresentado como Esposo (2 Coríntios 11.2; cf. Efésios 5.25), Cabeça (Efésios 5.23), Primogênito (Romanos 8.29; Colossenses 1.15, 18) e o Último Adão (Romanos 5.14; 1 Coríntios 15.45). Esse é quem o Filho encarnado é e, portanto, quando morre por pecadores, morre não como um mero indivíduo isolado, mas, antes, como um homem público, como Esposo, Cabeça, Primogênito e Último Adão. A obra de salvação é o ato de sua pessoa.[121] Na vida, morte, ressurreição e ascensão, Cristo não descartou sua pessoa, ou seus ofícios, ou funções em qualquer ponto. Ao morrer por pessoas na cruz, Cristo não poderia deixar de fazer isso por todos aqueles que ele representava.

Em suma, assim como não há separação entre os momentos da obra de Deus em Cristo, ou entre as pessoas da Trindade dentro da economia da salvação, também não há separação entre cristologia e soteriologia, entre a pessoa de Cristo e a obra dele. Ele é pessoa *una* e jamais age, em sua obra salvífica, separadamente de sua pessoa ou de qualquer de seus ofícios ou funções temporariamente extintas.

---

119 François Turretini, *Institutes of Elenctic Theology*, ed. James T. Dennison, Jr., trad. George Musgrave Giger, 3 vols. (Phillipsburg, NJ. P&R, 1993), 2:467. (Nota: essa preciosa obra está vertida para o português, também em 3 vols., com o título: Compêndio de Teologia Apologética.)

120 Ibid., 460.

121 T. F. Torrance, *Atonement*, xliv-xlv, concorda que a soteriologia não pode ser separada da cristologia, mas, para ele, visto que Cristo é Deus e homem, sua obra deve ter referência a toda a humanidade (de forma semelhante defende Knox, "Some Aspects of the Atonement", 260). Mas isso é um *non sequitur*. Como Donald Macleod, *The Person of Christ* (Downers Grove, IL., InterVarsity Press, 1998), 202, notas: "Sua humanidade é a de cada homem. Mas ele não é cada homem. Ele é o homem, Cristo Jesus; e a única humanidade unida a ele, hipoteticamente, é ele mesmo".

(3) *O argumento a favor de níveis duplos da intenção na expiação também possibilita a impressão de que aí existem duas "economias" da salvação*: uma pelos não eleitos, somente a quem Deus deseja proporcionar uma expiação "potencial", se sempre acreditaram; e uma pelos eleitos, por quem Deus provê uma expiação "real", por meio de Cristo, que garante os meios necessários para se apropriar dessa expiação. Isso é não só problemático à luz do fato de que, na soteriologia de Paulo, a eleição limita a expiação, porém falta algum suporte textual na Escritura. Em Efésios 1.10,11, Paulo apresenta Deus como detentor de uma economia da salvação; em nenhum ponto ele nos apresenta com uma economia "hipotética" da salvação que nunca é concretizada.

V. A OBRA SALVÍFICA DE DEUS EM CRISTO É DOXOLÓGICA

Retornando ao *berakah* efésio com que este capítulo teve início, noto um componente final da soteriologia de Paulo. Três vezes o apóstolo declara o propósito último para os atos salvíficos de Deus: "para o louvor de sua glória" (eij" e!painon th'" dovxh" aujtou'). É importante observar onde no parágrafo a frase aparece. Deus, o Pai, nos elege e nos predestina em Cristo "para o louvor de sua gloriosa graça" (eij" e!paainon dovxh" th'" cavrito" aujtou'; 1.6) — redenção predestinada; obtemos uma herança, de modo que nós, os primeiros a esperar em Cristo, fôssemos "para o louvor de sua glória" (eij" e!painon dovxh" ouj aujtou'; 1.12) — redenção aplicada; e somos selados com o Espírito Santo, o qual atua como uma garantia de nossa herança futura "para o louvor de sua glória" (eij" e!painon dovxh" ouj aujtou'; 1.14) — redenção consumada. A glória de Deus acompanha seus atos de predestinar, aplicar e consumar a salvação. Deus salva pessoas — real e verdadeiramente — para o louvor de sua glória. E isso traz um obstáculo final, talvez o maior deles, para os defensores de uma expiação universal: uma salvação tencionada, porém jamais concretizada, não conquista para Deus nenhum louvor. Há uma opção melhor: uma expiação definida que exibe a indivisibilidade, a obra trinitária de Deus em Cristo pela qual pecadores são realmente salvos "para o louvor de sua gloriosa graça".

CONCLUSÃO

Tenho buscado neste capítulo mover-me além do impasse do *quid pro quo* textual que às vezes acontece entre todos os lados do debate sobre a intenção e a natureza da expiação. Tenho perseguido integração e síntese de vários textos que ocupam um pouco do *loci* doutrinal que se intromete diretamente na teologia paulina da expiação, que por tanto tempo tem sido negligenciada. Duas implicações decorrem de minhas descobertas.

Primeiro, nenhuma discussão razoável da intenção e natureza da expiação pode ocorrer sem que o *loci* doutrinal na soteriologia de Paulo seja trazido para a mesa. A análise de várias passagens paulinas revela que escatologia, eleição, união com Cristo, cristologia, trinitarianismo e doxologia são componentes significativos inter-relacionados na lente soteriológica do apóstolo. Para ele, a obra salvífica de Deus é (1) indivisível; (2) limitada pela graça eletiva de Deus; (3) abrangida pela união com Cristo; (4) trinitária; e (5) doxológica. Quando esses cinco *loci* doutrinais são respeitados, *bem como as interconexões entre elas*, a expiação definida emerge como a posição mais plausível para manter-se a intenção e a natureza da expiação em Paulo.[122]

Segundo, a esses *loci* doutrinais na soteriologia de Paulo se deve dar voz e influência em qualquer discussão dos textos universalistas e sobre o "perecimento" no *corpus* paulino. Atentar bem para esses componentes doutrinais na soteriologia de Paulo fornece colorido e nuance para a interpretação dos textos particularistas, enquanto que, ao mesmo tempo, provê alguma restrição teológica para (a) a interpretação ingênua e simplista das passagens universalistas onde "muitos", "todos" e "mundo" são tomadas como "todos, sem exceção" em cada caso; e para (b) a interpretação superficial e apressada dos textos sobre o "perecimento" onde um irmão/irmã "por quem Cristo morreu" pode ser salvo e então se perder. O constrangimento não é imposto externamente por um "escolástico reformado"; antes, está presente na trama da própria teologia do apóstolo. Por exemplo, interpretar os textos universalistas

---

[122] Eu sugeriria que o outro *loci* doutrinal na aliança, eclesiologia e sacramentologia —as quais me falta espaço para analisar aqui — também servem para corroborar ainda mais a tese da expiação definida.

no sentido de "cada um" não só requer exegese forçada nos respectivos contextos[123] mas também introduz incoerência teológica no universo do pensamento de Paulo. Isso privilegia a diversidade às custas da unidade na soteriologia de Paulo. Equivale a insistir que os textos universalistas (e do "perecimento") devem ser lidos *através* das lentes da estrutura apresentada aqui; como se afirmou no início, tais textos são *em si* componentes importantes *da* lente. Todavia, deve-se insistir que as linhas de influência entre exegese de textos individuais (dentro de uma teologia bíblica mais ampla) e um constructo sistemático da soteriologia de Paulo são bidirecionais.[124]

---

123 Ver meu capítulo anterior, "For Whom Did Christ Die?".
124 Para estudo posterior, ver D. A. Carson, "Unity and Diversity in the New Testament: The Possibility of Systematic Theology", in *Scripture and Truth*, ed. D. A. Carson e John D. Woodbridge (Grand Rapids, MI: Zondervan, 1983), 65-95, 368-75; Henri A. G. Blecher, "The 'Analogy of Faith' in the Study of Scripture: In Search of Justification and Guide-Lines", *SBET* 5 (1987): 17-38; e Moisés Silva, "Epilogue", em seu *Expositions in Exegetical Method Galatians as a Test Case* (Grand Rapids, MI: Baker, 1996), 197-215.

CAPÍTULO 14

"TEXTOS PROBLEMÁTICOS" PARA A EXPIAÇÃO DEFINIDA NAS EPÍSTOLAS PASTORAIS E GERAIS

Thomas R. Schreiner

A expiação definida é realmente ensinada nas Escrituras, ou intérpretes condicionados a leem nos textos bíblicos? I. Howard Marshall faz a pergunta certa: "É possível interpretar as afirmações em torno da eleição de modo que sejam consistentes com as afirmações universais sem distorcer o significado de ambas?".[1] Aqui, argumentarei que os que endossam a expiação definida podem responder essa pergunta de modo afirmativo. Uma série de textos nas epístolas pastorais, nas epístolas petrinas e em Hebreus que abordam a expiação definida serão considerados. Muitos dos textos examinados aqui fazem parte do arsenal dos que defendem a expiação ilimitada/geral. Neste capítulo, argumentarei que (1) entender alguns desses textos de uma maneira que endosse a expiação definida é mais persuasivo exegética e teologicamente; e (2)

---

1   Howard Marshall, "Universal Grace and Atonement in the Pastoral Epistles", in *The Grace of God and the Will of Man*, ed. Clark H. Pinnock (Minneapolis: Bethany, 1995), 53.

esses textos que se ocupam da posição salvífica para todos os tipos de pessoas (1 Timóteo 2.4; 4.10) ou para cada um (2 Pedro 3.9) de fato não desaprova a doutrina da expiação definida — o desejo de Deus de que as pessoas sejam salvas e sua intenção de salvar somente os eleitos são elementos compatíveis na soteriologia bíblica.

EPÍSTOLAS PASTORAIS

Contexto de 1 Timóteo

Como a maioria dos comentaristas concorda, uma leitura superficial de 1 Timóteo sugere que nessa epístola o apóstolo Paulo confronta algum tipo de heresia exclusivista. Talvez os oponentes de Paulo se reportassem às genealogias com o fim de limitar a salvação somente a certo grupo de pessoas, excluindo dos propósitos salvíficos de Deus os que eram notoriamente pecaminosos ou aqueles de antecedentes assim chamados inferiores (1.4; cf. Tito 3.9).[2] Paulo escreve para lembrar a Timóteo e à igreja que a graça de Deus é surpreendente: sua graça alcança e resgata todos os tipos de pecadores, inclusive pessoas como Paulo, que pareciam estar além de seu amor salvífico (1.12-17).

O desejo de Deus de salvar a todos em 1 Timóteo 2.1-7

As reflexões de Paulo sobre sua própria salvação funcionam como um importante pano de fundo para a discussão sobre a salvação em 1 Timóteo 2.1-7, uma passagem-chave relativa à expiação definida. Há quem discuta que a ênfase sobre "todos" invalida a expiação definida.[3] Paulo começa exortando seus leitores a que orem "por todos os homens" (ὑπὲρ πάτων ἀνθρώτων; v. 1). Aqui Paulo se refere a cada pessoa, sem exceção, ou cada pessoa, sem distinção?

---

2   Para uma análise completa do falso ensino que Paulo aborda nas Epístolas Pastorais, ver George W. Knight III, *The Pastoral Epistles: A Commentary on the Greek Text*, NIGTC (Grand Rapids, MI: Eerdmans, 1992), 10-12; I. Howard Marshall, *A Critical and Exegetical Commentary on the Pastoral Epistles*, ICC (Edimburgo: T. & T. Clark, 1999), 44-51; e Philip H. Towner, *The Letters to Timothy and Titus*, NICNT (Grand Rapids, MI: Eerdmans, 2006), 41-50. Gordon D. Fee, *1 and 2 Timothy, Titus*, NIBC (Peabody, MA: Hendrickson, 1984), 64, escreve: "A preocupação [em 1 Timóteo 3.2-4] é simplesmente com o escopo universal do evangelho contra alguma forma de exclusivismo e estreiteza heréticos".

3   Ver, por exemplo, Marshall, "Universal Grace and Atonement", 62-63, e Robert P. Lightner, *The Death Christ Died: A Biblical Case for Unlimited Atonement*, rev. ed. (Grand Rapids, MI: Kregel, 1998), 62-73.

A referência imediata a "reis e de todos os que se acham investidos de autoridade" (v. 2) sugere que estão em vista várias classes de pessoas.⁴ Essa leitura de 1 Timóteo 2.1-2 é corroborada pelos versículos subsequentes? Orar por todos é "bom" e "aceitável" (v. 3), pois Deus "deseja que todos os homens sejam salvos e cheguem ao pleno conhecimento da verdade" (ὅς πάντας ἀνθρώπους θέλει σωθῆναι καὶ εἰς ἐπίγνωσιν ἀληθείας ἐλθεῖν; v. 4). No versículo 1 vem à tona outra vez a mesma questão: " todos os homens" (πάντας ἀνθρώπους; v. 4) se referem a cada pessoa, sem exceção, ou a cada pessoa, sem distinção? Os reformados têm defendido tradicionalmente a última opção.⁵ Algumas vezes, essa exegese é descartada como uma defesa especial e atribuída às tendências reformadas. Tal resposta é demasiadamente simplista, pois há boas razões contextuais para tal leitura. Um foco sobre todos os homens, sem distinção, é endossado pelo versículo 7, onde Paulo enfatiza seu apostolado e seu ministério aos gentios: "Para isto fui designado pregador e apóstolo (afirmo a verdade, não minto), mestre dos gentios na fé e na verdade". Portanto, no contexto há bases para se concluir que "todos os homens" se concentram em grupos de pessoas, de modo que Paulo está refletindo sobre sua missão gentílica. Em Atos 22.15 (NVI), quando Paulo fala de ser testemunha "a todos os homens" (πρὸς πάντας ἀνθρώπους), evidentemente ele não tem em vista todos os homens, sem exceção; "todos" se refere à inclusão dos gentios em sua missão (Atos 22.21).⁶

O paralelo com Romanos 3.28-30 prove mais evidência de que Paulo, em 1 Timóteo 2.4, está pensando particularmente em todos os homens, sem distinção.⁷ Segundo Paulo, ambos, judeus e gentios, são incluídos dentro do círculo das promessas salvíficas de Deus. Paulo afirma que ambos são justificados por fé, pois a unicidade de Deus significa que só pode haver um único caminho

---

4   Igualmente Knight, Pastoral Epistles, 115.
5   João Calvino, *Institutes of the Christian Religion*, ed. John T. McNeill, trad. Ford Lewis Batles (Filadélfia, Westminster, 1960), 3.24, 16; John Owen, *The Death of Death in the Death of Christ* (Carlisle, PA: Banner of Truth, 1995), 233-35; e Knight, *Pastoral Epistles*, 119.
6   Se "mundo" em 1 Timóteo 3.16 se refere a seres humanos, o termo se refere a cada pessoa, sem distinção, não a cada pessoa, sem exceção, pois é óbvio que muitos no mundo não creram.
7   Cf. Romanos 11.32, onde "todos" abrange judeu e gentio, mas não cada pessoa (cf. Gálatas 3.28; Colossenses 3.11).

de salvação (cf. 1 Timóteo 2.5). Uma das vantagens na interpretação de um grupo de pessoas é que ela se centra em um tema maior na teologia paulina, a saber, a inclusão dos gentios.

Tal interpretação não parece ser uma defesa especial, pois até mesmo intérpretes não simpáticos à posição reformada detectam uma ênfase na inclusão gentílica em resposta a algum tipo de exclusivismo judaico (1 Timóteo 1.4). Por exemplo, Marshall diz: "Essa tendência universalista provavelmente é mais uma resposta corretiva a uma compreensão elitista exclusivista da salvação relacionada a um ensino falso. ... O contexto mostra que a inclusão dos gentios lado a lado com judeus, na salvação, é a questão primária aqui".[8] E Gordon Fee observa sobre o versículo 7: "Essa última frase, em particular, pareceria sugerir alguma forma de exclusivismo judaico como que repousando no cerne do problema".[9]

Em suma, Paulo lembra a seus leitores uma verdade fundamental de seu Evangelho: Deus deseja salvar todos os tipos de pessoas.[10] Como William Mounce diz, "a universalidade da salvação [é] o tema dominante" no parágrafo.[11] A ideia de salvação é endossada pela frase "cheguem ao pleno conhecimento da verdade" (εἰς ἐπίγνωσιν ἀληθείας ἐλθεῖν; v. 4), que é simplesmente outra maneira de descrever a mensagem evangélica da salvação (cf. 2 Timóteo 2.25; 3.7; cf. Tito 1.1). O alcance universal da salvação flui de um princípio fundamental no AT e no judaísmo: há somente um Deus (cf. Deuteronômio 6.4). Uma vez que há somente um Deus, há somente um caminho para a salvação, pois "há um só Mediador entre Deus e os homens, Cristo Jesus homem" (εἷς καὶ μεσίτης θεοῦ καὶ ἀνθρώπων, ἄνθρωπος Χριστὸς Ἰησοῦς; 1 Timóteo 2.5). As intenções salvíficas de Deus são universais, incluindo a ambos, judeus e gentios.

Marshall faz objeções à interpretação reformada de todos os tipos de pessoas, argumentando que dividir grupos de indivíduos é um erro, "visto que,

---

8   Marshall, *Pastoral Epistles*, 420, 427. Em seu comentário sobre 1 Timóteo 2.4, Marshall diz: "a ênfase sobre 'todos' é, presumivelmente, direcionada para o falso ensino em alguma forma" (425).
9   Fee, *1 and 2 Timothy, Titus*, 67.
10 O foco sobre todos os tipos de pessoas assegura que todo e qualquer gênero, classe, *status* econômico, posição social ou história moral, *ninguém* seja excluído da salvação de Deus. A posição "todos, sem distinção" é de caráter expansivo, todo-inclusivo e não deve ser entendido de outra maneira.
11 William D. Mounce, *Pastoral Epistles*, WBC (Nashville: Thomas Nelson, 2000), 78.

em última análise, as divisões entre indivíduos e classes da espécie humana se aglutinam".[12] Mas o ponto de vista reformado não exclui indivíduos dos propósitos salvíficos de Deus, pois grupos de pessoas são formados de indivíduos. A questão exegética se centra na referência de Paulo a cada pessoa, sem exceção, ou a cada pessoa, sem distinção. Já vimos que há forte evidência (mesmo em Marshall) de que o foco está na salvação de indivíduos de diferentes grupos de pessoas. Por exemplo, em sua publicação, "Graça e expiação universais nas epístolas Pastorais", Marshall afirma:

> O pastor [Paulo] está enfatizando que a salvação é para todos, judeu e gentio, respectivamente. ... Mas isso não ajuda o defensor da expiação limitada, não mais que o ponto de vista de que "todos" se refere a "todos os tipos de pessoas", pois o que o Pastor está dizendo a seus leitores é que orem por "judeus e gentios, respectivamente", não pelos "eleitos entre judeus e gentios".[13]

Marshall falha em ver que, ao argumentar que se fizessem orações por "judeus e gentios", inadvertidamente afirma o que previamente nega: a posição reformada de "todos os tipos de pessoas". Além disso, Marshall realmente confunde aqui o ponto de vista reformado, o qual *não* é que Paulo ensina que nossas orações se limitem aos eleitos. A posição reformada tem mantido consistentemente que devemos orar por judeus e gentios, armênios e turcos, tutsis e hutus, sabendo que Deus deseja salvar indivíduos de cada grupo de pessoas. Ter ciência disso não significa que sabemos quem são os eleitos, de modo que limitemos nossas orações por eles.

A interpretação de "todos, sem distinção" deve continuar em 1 Timóteo 2.6. Aqui, Cristo é designado como sendo aquele "que se deu a si mesmo em resgate [ἀντίλυτρον] de todos".[14] Evidentemente, temos a ideia de sacrifício

---

12 Marshall, *Pastoral Epistles*, 427.
13 Marshall, "Graça e Expiação Universais nas Epístolas Pastorais", 63.
14 Leon Morris, The Apostolic Preaching of the Cross, 3ª ed. rev. (Grand Rapids, MI: Eerdmans, 1965), 51, traduz ajntivlutron como "resgate-substituto".

substitutivo de Cristo, quando ele dá sua vida em resgate no lugar de outros.[15] Parece preferível tomar o "todos" (πάντων) no mesmo sentido que vimos anteriormente (vs. 1, 4), significando todos os tipos de pessoas, já que Paulo enfatiza particularmente sua missão gentílica no próximo versículo (v. 7). Além do mais, Paulo mais provavelmente alude aqui ao ensino de Jesus de que ele "a si mesmo se deu em resgate [λύτρον] por todos [πολλῶν]" (Mateus 20.28; Marcos 10.45), o que por sua vez ecoa Isaías 53.11-12. Como Alec Motyer o demonstra em outro lugar neste volume, o referente de "muitos", em Isaías 53, ainda que compreenda um grupo indefinido, porém numeroso de pessoas, é ainda necessariamente limitado — se refere àqueles a quem a redenção é, respectivamente, concretizada e aplicada — e, portanto, não pode referir-se a cada pessoa individualmente.[16] Se essas conexões intertextuais estiverem corretas, então se exclui o ato de Cristo dar-se em resgate de "todos, sem exceção".[17]

O texto de 1 Timóteo 2.6 endossa a noção de que Cristo comprou a salvação para todos os tipos de indivíduos de vários grupos de pessoas. O versículo e o contexto nada dizem sobre Cristo ser o resgate *potencial* de cada um. A linguagem do versículo 6 — "o qual se deu a si mesmo" (ὁ δοὺς ἑαυτόν) — é tipicamente a maneira paulina de se referir à cruz, e sempre se refere ao *real* autossacrifício de Cristo pelos *fiéis* (Romanos 8.32; Gálatas 1.4; 2.20; Efésios 5.2; Tito 2.14). Ressalta que Cristo se deu a si mesmo em resgate, de modo que, às custas de sua morte, realmente ele comprou os que seriam seu povo. A razão de Paulo, em 1 Timóteo 2.6, poder falar da morte de Cristo em termos expansivos e autoinclusivos é porque ele vê seu ministério como mundial (2.7; cf. Atos 22.15), sua soteriologia é universal no sentido correto (2.5; cf. Romanos 3.28-30), e está confrontando uma heresia elitista que estava excluindo da salvação de Deus certos tipos de pessoas (1 Timóteo 1.4). Paulo deseja deixar

---

15 Cf. Marshall, *Pastoral Epistles*, 432; Mounce, *Pastoral Epistles*, 89-90.
16 Ver J. Alec Motyer, "'Stricken for the Transgression of My People': The Atoning Work of Isaiah's Suffering Servant'", capítulo 10 neste volume.
17 Daí a principal tese de Gary L. Shultz, Jr., "A Biblical and Theological Defence of a Multi-Intentional View of the Extent of the Atonement" (Ph.D. diss., The Southern Baptist Theological Seminary, 2008), que se deve rejeitar que Cristo realmente pagou pelos pecados de todos os homens, sem exceção.

bem claro que Cristo morreu por todos os tipos de pessoas, não apenas algum grupo da elite.[18]

1 Timóteo 4.10

Intérpretes têm discutido longamente o significado da afirmação paulina de que o "Deus vivo, [é] Salvador de todos os homens, especialmente dos fiéis" (ὅς ἐστιν σωτὴρ πάντων ἀνθρώπων μάλιστα πισῶν; 1 Timóteo 4.10). Um aspecto do debate se centra no significado da palavra μάλιστα. A ESV traduz a palavra por "especialmente" [*especially*], como virtualmente fazem as traduções inglesas. Entretanto, em 1979, T. C. Skeat argumentou que μάλιστα deve ser traduzida por "a saber" ou "isto é". Skeat defendeu sua tese citando alguns exemplos de cartas gregas em papiros e com uns poucos exemplos do NT. Por exemplo, segundo Skeat, quando Paulo solicita a Timóteo que lhe traga "os livros e, acima de tudo, todos os pergaminhos" (τὰ βιβλία μάλιστα τὰς μεμβράνας; 2 Timóteo 4.13), os "pergaminhos" definem quais livros lhe seriam trazidos. De modo semelhante, "os palradores e enganadores" (ματαιολόγοι καὶ φρεναπάται) são identificados como "o partido da circuncisão" (οἱ ἐκ τῆς περιτομῆς), usando a palavra mavlista em Tito 1.10. Ou, quando Paulo diz que se fizesse provisão "para seus parentes", ele os define como "membros de sua casa" (εἰ δέ τις τῶν ἰδίων καὶ μάλιστα οἰκείων οὐ προνοεῖ; 1 Timóteo 5.8). Assim, aqui em 1 Timóteo 4.10, segundo Skeat, o texto deve ser traduzido "Deus, que dá salvação a todos os homens — equivale dizer, a todos os que creem nele".[19] A alegação de Skeat de que mavlista significa "isto é" ou "a saber" certamente produz uma redação coerente e plausível de alguns versículos.

Além disso, a noção de que mavlista significa "isto é" ou "a saber" tem de ser rejeitada. Vern Poythress disputa cada um dos exemplos de Skeat, mostrando que sua compreensão do termo é falha tanto ao usar os papiros gregos quanto

---

18 Alguns poderiam dizer que Jesus realmente é o resgate de todos e optar pelo universalismo, mas, como saliento adiante na discussão sobre 1 Timóteo 4.10, há sérios problemas com a leitura universalista.

19 T. C. Skeat, "'Especially the Parchments': A Note on 2 Timothy iv. 13", *JTS* 30 (1979): 174. R. A. Campbell, "KAI MALISTA OIKEIWN — A New Look at 1 Timothy 5:8", *NTS* 41 (1995), 157-60, adicionou apoio à posição de Skeat. Igualmente Knight, *Pastoral Epistles*, 203-204.

ao usar os exemplos do NT.[20] Ele mostra que as leituras de Skeat são imprecisas e, portanto, não provadas, ou são equivocadas. Os textos confusos, que possivelmente poderiam apoiar a hipótese de Skeat, não devem ser introduzidos para favorecer sua interpretação. Poythress, de modo correto, objeta que não se deve aceitar um novo significado para uma palavra em textos ambíguos se um significado estabelecido para a palavra faz sentido no texto sob consideração. Ele argumenta que o significado "especialmente" ou "particularmente", um sentido elevado de mavlista, se ajusta a cada exemplo. Em outras palavras, o termo mavlista deve ser traduzido por "especialmente" ou "particularmente"; ele intensifica adverbialmente a palavra que modifica.

Por razão de espaço, não enumeraremos aqui a evidência extrabíblica fornecida por Skeat. É suficiente dizer que Poythress demonstra em cada caso que a tradução de Skeat não convence. A palavra mavlista se encontra seis vezes em 2-4 de Macabeus e nunca significa "isto é" ou "a saber" (2 Macabeus 8.7; 3 Macabeus 5.3; 4 Macabeus 3.10; 4.22; 12.9; 15.4). Nos dois exemplos em Atos, ela deve ser também traduzida por "especialmente". Atos 20.38 descreve que os que acompanhavam Paulo no navio estavam "especialmente entristecidos" (ὀδυνώμενοι μάλιστα) por não o verem outra vez. Atos 25.26 é particularmente útil. Festo, ao introduzir Paulo aos seus convidados, explica que ele "o trouxe à vossa presença e, mormente, à tua, ó rei Agripa" (προήγαγον αὐτὸφ ὑμῶν καὶ μάλιστα ἐπὶ σοῦ βασιλεῦ Αγσίππα; Atos 25.26). Qualquer noção de que aqui mavlista significa "isto é" é obviamente errônea, pois o plural "vós" se refere aos convidados, e Agripa é distinguido deles como o convidado especial da ocasião.

Há alguns casos em que a interpretação de Skeat é contextualmente possível. Os santos que saúdam os fiéis filipenses poderiam ser identificados como aqueles que são parte da casa de César (Filipenses 4.22). Mas é muito mais provável que os santos e os da casa de César não sejam coextensivos. Daí os santos que, juntamente com Paulo, saúdam os filipenses e, em particular ou especialmente (μάλιστα), "os da casa de César" (δὲ οἱ ἐκ τῆς Καίσαρος οἰκίας). Semelhantemente, se encaixa melhor com o significado léxico de μάλιστα se,

---

20 Vern S. Poythresss, "The Meaning of μάλιστα in 2 Timothy 4.13 and Related Verses", *JTS* 53 (2002): 523-32.

em Tito 1.10, "os [do grupo] da circuncisão" são um subgrupo dos "palradores e enganadores". Todos os do grupo da circuncisão são palradores e enganadores, mas há também palradores e enganadores que não pertencem ao grupo da circuncisão.[21] Semelhantemente, 2 Timóteo 4.13 se encaixa bem com o que mavlista significa em outros lugares, pois faz perfeito sentido solicitar por livros, em geral, e então especificar que Timóteo trouxesse particularmente os pergaminhos.

Outros usos em Paulo confirmam que mavlista significa "especialmente" ou "particularmente". Por exemplo, Paulo manda que os gálatas fizessem "o bem a todos, e especialmente [μάλιστα] aos que são de "a família da fé" (Gálatas 6.10). "Todos" é uma categoria mais ampla do que "a família da fé", pois inclui os que são incrédulos. Assim, Paulo admoesta a igreja a fazer o bem a todos os homens, mas especialmente aos companheiros fiéis. Semelhantemente, em Filemon 16, Paulo admoesta Filemon que receba Onésimo como um irmão no Senhor, acrescendo "especialmente a mim" (μάλιστα ἐμοί). Reiterando, a tradução de Skeat aqui de modo algum se adequaria. Em 1 Timóteo 5.8, fazer provisão a alguém, "e especialmente [μάλιστα] dos da própria casa [de alguém]" naturalmente deve ser lido como a dizer que o segundo é um subgrupo do primeiro. Os que têm parte na casa de alguém têm prioridade especial. Assim também, em 1 Timóteo 5.17, "os presbíteros que presidem bem" (οἱ καλῶς προεστῶτες πρεσβύτεροι) devem receber "dobrados honorários" (διπλῆς τιμῆς); e então Paulo adiciona, "especialmente os que afadigam na pregação e no ensino" (μάλιστα οἱ κοπιῶντες ἐν λόγῳ καὶ διδασκαλίᾳ). Dado o significado de mavlista em outros lugares, é provável que Paulo recomenda uma subcategoria de anciãos — os que se devotam à pregação e ao ensino da Palavra.

Em conclusão, pois, há pouca dúvida de que em 1 Timóteo 4.10 mavlista significa "especialmente", em vez de "isto é" ou "a saber". Naturalmente, a tradução "isto é" pareceria adequar-se excelentemente com a expiação definida, pois

---

21 Hong Bom Kim, "The Interpretation of mavlista in 1 Timothy 5.17", *Novum Testamentum* 46 (2004): 360-68, mostra que μάλιστα nunca significa "isto é" ou "a saber" nas Epístolas Pastorais, e que a tradução "especialmente" é correta. De forma surpreendente, Kim mostra não ter ciência do artigo de Poythress sobre o tema.

então o versículo ensinaria que Deus é o Salvador de todos os homens, isto é, os fiéis. O "todos os homens" seria definido como os fiéis, e assim não faria sentido Deus salvar universalmente a todos os homens. Entretanto, segundo os léxicos, essa interpretação é muito pouco provável e por isso deve ser rejeitada.

Ora, em um relance, 1 Timóteo 4.10 poderia ser interpretado para endossar o universalismo, já que o versículo reza que Deus "é o Salvador de todos os homens". Mas um significado universalista é excluído pela adição das palavras "especialmente os fiéis", as quais são supérfluas se todos são salvos, pois é difícil ver como os fiéis são salvos de uma maneira especial se todos os homens, sem exceção, são salvos. Se o universalismo é verdadeiro, todos, sem exceção, são salvos, e não há uma salvação singular para os fiéis. Além do mais, mesmo em 1 Timóteo, Paulo ensina uma destruição final dos impenitentes, o que não se ajusta a uma leitura universalista (por exemplo, 6.9).

Mas o que o versículo significa se a tradução for exata? A frase "todos os homens" (πάντων ἀνθρώπων) poderia ser traduzida por "todas as sortes de homens", e então o foco estaria sobre vários grupos de pessoas.[22] Naturalmente, isso está bem ajustado ao que temos visto anteriormente em 1 Timóteo 2.1-7 e Tito 2.11.[23] Não obstante, isso ainda admite a questão de como Deus pode ser o *Salvador* de todos os tipos de homens, e especialmente os fiéis.

Steven Baugh propõe uma interpretação que parece resolver qualquer dilema para uma posição reformada sobre a expiação definida. Ele argumenta que aqui a palavra "Salvador" não se refere à salvação espiritual, "mas às graciosas bençãos para toda a humanidade",[24] ou, "o cuidado de Deus para com toda a humanidade durante nosso tempo sobre a terra."[25] Baugh nota muitos exemplos na literatura greco-romana, e especialmente nas inscrições efésias, onde Salvador se refere à proteção e preservação outorgadas por reis, imperadores,

---

22 Assim, por exemplo, Louis Berkhof, *Systematic Theology*, 4ª ed. (Grand Rapids, MI: Eerdmans, 1941), 396-97; e Knight, *Pastoral Epistles*, 204.
23 Steven M. Baugh, "'Savior of All People': 1 Tim 4.10 in Context", *WTJ* 54 (1992): 333. Ainda que o reformado Baugh rejeite esta interpretação aqui, mas ele a abraça em 1 Timóteo 2.4.
24 Ibid., 331. Igualmente João Calvino, *Commentaries on the Epistles to Timothy, Titus, and Philemon*, trad. William Pringle (reimpr., Grand Rapids, MI: Baker, 2005), 112.
25 Baugh, "Savior of All People: 1 Tim 4:10 in Context", 333.

patronos e outros líderes. Paulo contesta a ideia, segundo Baugh, de que os que haviam morrido eram deuses e salvadores. Daí identificar Deus como Salvador denota o que às vezes é chamado sua graça comum, a qual é concedida a todos os homens. Baugh entende o versículo como a afirmar que Deus concede sua graça comum sobre todos os homens sem exceção. Talvez possamos pensar aqui na provisão de alimento e os tempos de alegria (cf. Atos 14.17). A bondade de Deus tem se manifestado especialmente àqueles que são fiéis, pois a eles se têm dado tanto bênçãos materiais quanto espirituais.

A interpretação de Baugh resolve o problema diante de nós, pois se o versículo não se refere à salvação espiritual, não há necessidade de pressupor que Deus assegure a salvação de todos os homens. Não obstante, é muito improvável que a interpretação de Baugh seja correta, pois há nela um problema crucial. Um dos temas principais nas epístolas Pastorais é a salvação. Paulo se refere tanto a Deus quanto a Cristo como "Salvador" (σωτήρ) e usa o verbo "salvar" (σώζω) sete vezes (1 Timóteo 1.15; 2.4, 15; 4.16; 2 Timóteo 1.9; 4.18; Tito 3.5). Deus é identificado como "Salvador" seis vezes nas Pastorais (1 Timóteo 1.1; 2.3; 4.10; Tito 1.3; 2.20; 3.4) e Cristo quatro vezes (2 Timóteo 2.10; Tito 1.4; 2.13; 3.6). O substantivo "salvação" (σωτηρία) é usado duas vezes (2 Timóteo 2.10; 3.15), e o adjetivo "trazer salvação" (σωτήριον) uma vez (Tito 2.11). O notável é que não há nas Pastorais sequer um caso onde o grupo da palavra salvação se refere a algo mais além da salvação espiritual.[26] Em outras palavras, o termo nunca significa preservação, tampouco focaliza benesses materiais. Um exame de alguns exemplos confirmará este juízo.

Em 1 Timóteo 1.1, Deus como Salvador é relacionado à esperança que pertence aos fiéis em Cristo, o que deixa claro que está em pauta a salvação espiritual. É ainda mais claro que o que em 1 Timóteo 2.3-4 se pretende é a salvação espiritual, pois Deus "nosso Salvador" (τοῦ σωτῆρος ἡμῶν; v. 3) é

---

26 Fee, *1 and 2 Timothy; Titus*, 110, diz corretamente que tal interpretação de Salvador "se encontra em nenhuma outra parte do NT". Igualmente Knight, *Pastoral Epistles*, 203; e Shultz, "Multi-Intentioned View of the Extent of the Atonement", 138-39.

aquele "o qual deseja que todos os homens sejam salvos" (ὃς πάντας ἀνθρώπους θέλει σωθῆναι; v. 4). Então Paulo segue avante falando de Cristo como o "Mediador" (μεσίτης; v. 5), e assim não há dúvida de que a salvação do pecado é o tema. Uma referência à salvação espiritual é evidente em 1 Timóteo 1.15: "Cristo Jesus veio ao mundo para salvar os pecadores" (Χριστὸς Ἰησοῦς ἦλθεν εἰς τὸν κόσμον ἁμαρτωλοὺς σῶσαι). Semelhantemente, em 2 Timóteo 1.10, Cristo é identificado como Salvador (σωτῆρος), como aquele "o qual não só destruiu a morte como trouxe à luz a vida e a imortalidade, mediante o evangelho" (καταργήσαντος μὲν τὸν φωτίσαντος δὲ ζωὴν καὶ ἀφθαρσίαν διὰ τοῦ εὐαγγελίου). As referências à conquista da morte e a aurora da vida que o evangelho trouxe confirmam uma referência à salvação espiritual. Em 2 Timóteo 2.10, "salvação" (σωτηρίας) é ligada à obtenção com "eterna glória" (δόξης αἰωνίου). As Escrituras conduzem à "salvação pela fé em Cristo Jesus" (σωτηρίαν διὰ πίστεως τῆς ἐν Χριστῷ Ἰησοῦ; 2 Timóteo 3.15). Da mesma forma, o Senhor "salvará" (σώσει) Paulo em "seu reino celestial" (εἰς τήν βασιλείαν αὐτοῦ τὴν ἐπουράνιον; 2 Timóteo 4.18).[27] Ambos, Deus e Cristo, são identificados como Salvador (σωτῆρος) na introdução a Tito (1.3-4), e evidentemente está em pauta a salvação espiritual, já que no contexto Paulo se refere a "os eleitos de Deus" (ἐκλεκτῶν θεοῦ), "conhecimento da verdade" (ἐπίγνωσι ἀληθείας; v. 1), "vida eterna" (ζωῆς αἰωνίου; v. 2), sua "pregação" (κηρύγματι; v. 3) e "a fé comum" (κοινὴν πίστιν; v. 4). Em Tito 2.10, Deus como "Salvador" (σωτῆρος) está associado com o fato de ele trazer "salvação a todos os homens" (σωτήριος πᾶσιν ἀνθρώποις; v. 11) e "aguardando a bendita esperança" (τὴν μακαρίαν ἐλπίδα; v. 13) pela vinda de Cristo como "Deus e Salvador" (θεοῦ καὶ σωτῆρος). Em Tito 3.4-6, ambos, Deus e Cristo, são identificados como Salvador (σωτῆρος), e isso está associado à verdade de que Deus "nos salvou" (ἔσωσεν ἡμᾶς; v. 5).

Em relação ao vocábulo, pois, há pouca dúvida de que em 1 Timóteo 4.10 Paulo se refere à salvação espiritual. Surpreendentemente, Baugh não considera como [os termos] "salvação" e "Salvador" são empregados em outros lugares nas

---

27 Estudiosos disputam o significado de "salvar" em 1 Timóteo 2.15 e 4.16, mas a salvação espiritual talvez seja o objetivo nesses casos também.

Pastorais, e erroneamente se vale de como a palavra é usada em inscrições em Éfeso, em vez de confiar no contexto mais próximo e mais importante — o uso paulino nas Epístolas Pastorais. Uma referência à salvação espiritual é confirmada pelo contexto em que o versículo 10 aparece. Especificamente, Paulo contrasta exercício espiritual e físico (vs. 7-8), valorizando o primeiro acima do segundo. Aliás, o exercício do espírito é preeminente, pois ele provê benefício, respectivamente, para a "vida que agora é e da que há de ser" (ζωῆς τῆς νῦν καὶ τῆς μελλούης; v. 9). A referência a "a vida que há de ser" indica que está em pauta a salvação espiritual.

Em conclusão, a interpretação de Baugh é criativa e resolve o problema diante de nós, mas falha lexicamente e não explica bem o significado de "salvação" e "Salvador" nas Epístolas Pastorais, e por isso deve ser rejeitada.

Qual, pois, é a melhor interpretação de 1 Timóteo 4.10? Já vimos até aqui: (1) que a palavra mavlista significa "especialmente"; (2) que o universalismo é excluído; (3) que provavelmente "todos os homens" focaliza grupos de pessoas (judeus e gentios, respectivamente); e (4) que "Salvador" se refere à salvação espiritual.

Pode-se derramar mais luz sobre este difícil versículo, visualizando seu paralelismo com 1 Timóteo 2.3-4:[28]

> ... Deus, nosso Salvador, **o qual deseja que todos os homens sejam salvos** e <u>cheguem ao pleno conhecimento da verdade</u> (2.3-4)
>
> ... τοῦ σωτῆρος ἡμῶν θεοῦ, **ὅς πάντας ἀνθρώπους θέλει σωθῆναι** καὶ <u>εἰς ἐπίγνωσιν ἀληθείας ἐλθεῖν</u>
>
> ... o Deus vivo, **Salvador de todos os homens**, <u>especialmente dos fiéis</u> (4.10)
>
> ... θεῷ ζῶντι, **ὅς ἐστιν σωτὴρ πάντων ἀνθρώπων** <u>μάλιστα πιστῶν</u>

A frase "Deus, nosso Salvador, o qual deseja que todos os homens sejam salvos" (2.3b-4a), partilha o mesmo horizonte conceitual com "o Deus vivo, Salvador

---

28 Temos também de manter em mente o contexto do exclusivismo judaico (1 Timóteo 1.4), o qual Paulo estava abordando.

de todos os homens" (4.10b-c) e se refere ao desejo salvífico de Deus para com todos os tipos de pessoas — neste sentido, Deus se apresenta como Salvador de todos os tipos de indivíduos de diversos grupos de pessoas. A frase "cheguem ao pleno conhecimento da verdade" (2.4b) reflete "especialmente ... os fiéis" (4.10d), mostrando que a salvação só é uma realidade para os que chegam ao conhecimento da verdade através da fé. Parece, pois, que aqui Paulo está dizendo que Deus é *potencialmente* o Salvador de todos os tipos de pessoas — isto é, como o Deus vivo não há outro Salvador disponível às pessoas —, mas que ele é *realmente* o Salvador somente dos fiéis. O comentário adicional, "especialmente dos fiéis", intensifica o significado da salvação. Existe a possibilidade de Deus ser salvador para todos os tipos de homens porque existe um só Deus vivo (4.10b) e um só mediador acessíveis às pessoas (2.5,6), mas essa possibilidade se torna uma *realidade* para os que creem. A frase esclarece que os fiéis são um subgrupo de todos os homens; são uma categoria especial porque realmente são salvos.

Mas tal interpretação invalida a expiação definida? Em primeiro lugar, essa interpretação não deve ser confundida com a que sugere dois níveis de expiação: Cristo morre por cada um para fazê-los redimíveis, e ele morre pelos eleitos para realmente redimi-los.[29] Isso introduz vários níveis injustificados na expiação. A questão em 1 Timóteo 4.10 não é que haja dois níveis na expiação, mas, antes, as verdades indivisíveis de que Deus (o Pai) é o Salvador *acessível* a todos os tipos de homens — postura salvífica de Deus —, enquanto, ao mesmo tempo, é o Salvador *real* somente para os que creem (em Cristo).

Segundo, 1 Timóteo 4.10 ilustra que a expiação definida pode ser afirmada lado a lado com outras verdades bíblicas, tais como a postura salvífica de Deus para com o mundo e a possibilidade de pessoas serem salvas se crerem em Cristo. Os que sustentam uma intenção definida na expiação de salvar somente os eleitos também creem que Deus deseja que pessoas sejam salvas (1 Timóteo 2.3-4; cf. Ezequiel 18.32), que ele é acessível como Salvador a todos os homens (1 Timóteo

---

29 Ver, por exemplo, D. Broughton Knox, "Some Aspects of the Atonement", in *The Doctrine of God, vol. 1 of D. Broughton Konx, Selected Works* (3 vols.), ed. Tony Payne (Kingsford, NSW: Matthias Media, 2000), 260-66.

4.10), que a morte de Cristo é suficiente para a salvação de cada homem,[30] e que todos são convidados a ser salvos sobre a base da morte de Cristo pelos pecadores (1 Timóteo 1.15). Mas é um *non sequitur* sugerir que afirmar qualquer destas verdades bíblicas de certo modo nega a verdade de que a intenção de Cristo era morrer somente por seus eleitos, realmente pagando somente por seus pecados. Na soteriologia bíblica, esses elementos teológicos se põem lado a lado.

Tito 2.11-14

Outro texto que faz parte da expiação definida nas Pastorais é Tito 2.11-14. O versículo 11 é particularmente notável: "Porquanto a graça de Deus se manifestou salvadora a todos os homens" (Επεφάνη γὰρ ἡ χάρις τοῦ θεοῦ σωτήριος πᾶσιν ἀνθρώποις). Temos de encarar outra vez a questão que tem nos ocupado em 1 Timóteo. Alguns mantêm que "todos os homens" (πᾶσιν ἀνθρώποις) se refere a todos os homens, sem exceção, porém é mais provável que Paulo se refira outra vez a todos os homens, sem distinção. É possível formular uma boa tese para tal juízo, porque previamente, ainda no capítulo 2, Paulo se refere a pessoas de vários grupos: homens mais velhos (v. 2), mulheres mais velhas (vs. 3-4), mulheres mais jovens (vs. 4-5), homens mais jovens (v. 6) e escravos (vs. 9-10). Aliás, o versículo 14 focaliza particularmente a obra redentora de Cristo pelos fiéis: Cristo "o qual se deu a si mesmo por nós [ὑπέρ ἡμῶν], a fim de redimir-nos [λυτρώσηται ἡμᾶς]". O uso repetido do pronome plural da primeira pessoa "nos" (ἡμῶν, ἡμᾶς) no texto (2.12, 14) ressalta que Cristo assegura a salvação para os seus. Além do mais, a conjunção ἵνα mostra que a intenção de Cristo era não meramente tornar a salvação possível a cada um, mas realmente redimir (λυτρώσηται) e purificar (καθαρίσῃ) um povo especial para si (ἑαυτῷ λαὸν περιούσιον).

EPÍSTOLAS PETRINAS

Introdução

A falta de espaço impossibilita aqui uma avaliação exaustiva da soteriologia

---

30 A suficiência da morte de Cristo é uma afirmação de seu valor intrínseco não relacionado ao seu desígnio.

de Pedro em suas epístolas,³¹ mas um rápido exame revela que elas são ricas na teologia da eleição e expiação (por exemplo, 1 Pedro 1.1-2, 8-9, 20; 2.24; 3.18).³² Para os propósitos deste capítulo, entretanto, meu foco visa aos dois textos petrinos que são muitas vezes apresentados para refutar a expiação definida: 2 Pedro 2.1 e 3.9.

2 Pedro 2.1

Para alguns, é como se 2 Pedro 2.1 apresentasse uma tese que fosse contrária à expiação definida, pois ao falar dos falsos mestres, os quais inicialmente abraçaram o evangelho, porém agora o negavam, Pedro diz que estão "renegando o Soberano Senhor que os resgatou".³³ O que é tão notável é que Pedro diz que Cristo "os resgatou" (ἀγοράσαντα αὐτούς). O que Pedro tem em mente aqui tem sido interpretado de maneiras diferentes. Alguns argumentam que aqui o resgate não é soteriológico, e daí Pedro não ensinar que Cristo redimiu os falsos mestres.³⁴ E assim se evita o problema de Cristo realmente ter resgatado os fiéis que então perderam o benefício de serem resgatados. Não temos exemplo no NT onde o grupo de palavras relacionadas com ἀγοράζω, quando associada com a morte de Cristo, tem significado não soteriológico (cf. 1 Coríntios 6.20; 7.23; 4.5). Então essa interpretação parece ser uma defesa especial em que a palavra "resgatou" é redefinida para proteger a teologia da expiação definida. Gary D. Long defende outro ponto de vista não soteriológico. Seu argumento é que aqui δεσπότης se refere a Cristo como Criador, e que ἀγοράζω é também

---

31 Aqui me ponho a pressupor que 1 e 2 Pedro foram escritas pelo apóstolo Pedro. O texto de 2 Pedro é particularmente controverso. Para uma defesa da autoridade petrina, ver Thomas R. Schreiner, *1 e 2 Peter and Jude*, New American Commentary (Nashville: B&H Academic, 2003), 255-76.

32 Para uma proveitosa discussão sobre 1 Pedro, ver Martin Williams, *The Doctrine of Salvation in the First Letter of Peter*, Society for New Testament Studies Monograph Series 149 (Cambridge: Cambridge University Press, 2010).

33 Por exemplo, R. C. H. Lenski, *The Interpretation of the Epistles of St. Peter, St. John and St. Jude* (Minneapolis: Augsburg, 1966), 305, "Temos aqui uma resposta adequada à expiação limitada de Calvino: o Soberano, Cristo, comprou com seu sangue não só os eleitos mas também os que se encaminham à perdição".

34 Wayne Grudem, *Systematic Theology: An Introduction to Biblical Doctrine* (Grand Rapids, MI: Zondervan, 1994), 600; Owen, *Death of Death*, 250-52, enfatiza a solução não soteriológica, mas também reconhece que a linguagem pode ser fenomenológica.

um termo de criação, se referindo à propriedade de Cristo sobre os falsos mestres.[35] Mas o ponto de vista de Long falha pela mesma razão do ponto de vista examinado anteriormente, pois já vimos que o grupo de palavras relacionadas a ἀγοράζω é soteriológico no NT.[36]

Outra possibilidade é que a palavra "resgatou" contém seu significado usual, mas os que foram resgatados ou redimidos apostataram da fé. Os falsos mestres foram realmente redimidos pelo sangue de Cristo, mas apostataram e negaram a fé que inicialmente abraçaram. Naturalmente, esta é outra maneira de dizer que se perderam ou abandonaram sua salvação.[37] Sobre esta leitura, alguns daqueles a quem Cristo redimira ou resgatara acabaram sendo condenados. O ponto de vista da apostasia tem a vantagem de ser uma leitura direta e clara do texto. Alguns daqueles a quem Cristo redimira voltaram atrás e negaram a fé. Falta espaço para interagir com detalhes, seja exegeticamente, seja teologicamente, com a noção de que alguns dos que são redimidos por fim sejam eternamente condenados.[38] Meu argumento seria o de que há muitos textos que ensinam que os que verdadeiramente pertencem ao Senhor jamais apostatarão final e terminantemente, uma vez que o Senhor prometera guardá-los (ver, por exemplo, João 10.28-29; Romanos 8.28-39; 1 Coríntios 1.8-9; Filipenses 1.6; 1 Tessalonicenses 5.23-24). Por esse motivo, o ponto de vista que endossa a perda da salvação tem de ser rejeitado.

D. W. Kennard propõe outra solução ao texto diante de nós.[39] O termo "resgatou", diz Kennard, é soteriológico. Os falsos mestres, portanto, foram genuinamente resgatados ou redimidos por Cristo. No entanto, Kennard se afasta dos pontos de vista tanto arminianos quando reformados em explicar aqui a

---

35 Gary D. Long, *Definite Atonement* (Phillipsburg, NJ: P&R, 1977), 67-79. Como Owen, Long reconhece a possibilidade do ponto de vista fenomenológico. Cf. Também Baugh, "Savior of All People": 1 Tim 4:10 in Context", 331, e Calvino, *Epistles to Timothy and Philemon*, 112.

36 Para a crítica de Long, ver Andrew D. Chang, "Second Peter 2:1 and the Extent of the Atonement", *BSac* 142 (1985): 52-56.

37 Igualmente, por exemplo, I. Howard Marshall, *Kept by the Power of God: A Study of Perseverance and Falling Away* (Minneapolis: Bethany, 1969), 169-70.

38 Ver Thomas R. Schreiner e Ardel B. Caneday, *The Race Set Before Us: A Biblical Theology of Perseverance and Assurance* (Downers Grove, IL: InterVarsity Press, 2001).

39 D. W. Kennard, "Petrine Redemption: Its Meaning and Extent", *JETS* 39 (1987): 399-405.

natureza da redenção, pois ele mantém que alguns dos que são redimidos não serão salvos no dia final. Num relance, pode-se concluir que essa interpretação se ajusta ao arminianismo, posto que alguns dos que são realmente redimidos perderão sua redenção, e daí não serão salvos no dia do juízo. Não obstante, Kennard introduz um detalhe que o distingue do arminianismo clássico, pois em seu esquema todos os eleitos certamente serão salvos e jamais perderão seu *status* de eleitos. Segundo Kennard, entretanto, alguns dos que são redimidos não são eleitos.

Como a proposta de Kennard deve ser avaliada? Cabe-nos também sair a campo para considerar sua proposta em detalhes, pois em outro lugar no NT teremos de investigar a natureza da redenção e da eleição. É suficiente dizer que sua leitura, a qual separa a eleição da redenção, não convence e carece de suporte exegético e teológico do restante do NT. Os estudiosos arminianos e reformados tradicionais oferecem leituras mais plausíveis quando propõem, respectivamente, que ou os que são eleitos e redimidos podem apostatar, ou os que são eleitos e redimidos seguramente serão, por Deus mesmo, guardados da apostasia.

Ainda outra leitura possível tem sido proposta. Aqui, o termo "resgatou" se refere ao que Andrew Chang chama "redenção espiritual".[40] A expiação é ilimitada em sua natureza; o problema com os falsos mestres é sua recusa em aceitar a salvação resgatada para eles. Esse ponto de vista deve ser distinguido da noção da perda da salvação apresentada anteriormente, pois Chang insiste que nenhum crente genuíno pode apostatar. A interpretação arminiana reza que alguns foram realmente redimidos, porém repudiaram sua salvação. Mas Chang mantém que Pedro descreve os falsos mestres "resgatados" em termos de potencialidade. Teologicamente, essa interpretação termina dizendo que Cristo resgatou todos potencialmente, mas o resgate não tem efeito, a menos que alguém creia.

A interpretação de Chang, ainda que pareça atraente à primeira vista, deve ser rejeitada. Quando abordamos um texto, é vital lê-lo no contexto. Devemos atentar bem para o que o texto que estamos investigando está tentando fazer, de

---

40 Chang, "Second Peter 2:1 and the Extent of the Atonement", 60.

modo que o lemos em seus próprios termos. A interpretação de Chang falha em convencer, porque ele separa o que Pedro diz sobre os falsos mestres sendo redimidos por Cristo do que Pedro diz sobre a apostasia deles em 2 Pedro 2.20-22. Os falsos mestres são descritos como os que "escaparam das contaminações do mundo mediante o conhecimento do Senhor e Salvador Jesus Cristo" (v. 20).[41] O versículo 21 reza que "conheceram o caminho da justiça". Assim, é muito chocante o que Chang diz: "O texto não apresenta evidência de que esses falsos mestres professavam ser crentes".[42] Pedro observa que depois de terem escapado, agora se deixam "enredar" e serem "vencidos" (v. 20), de modo que "tornou-se o seu último estado pior que o primeiro" (v. 20). Eles também se volveram "para trás, apartando-se do santo mandamento que lhes fora dado" (v. 21). Assim, são como cães e porcos imundos, que volveram à sua imundícia. Pedro descreve os falsos mestres como sendo resgatados por Cristo (v. 1), como conhecendo Jesus como Senhor e Salvador (v. 20, e como conhecendo o caminho justo (v. 21). É precisamente aqui onde se faz evidente que a solução de Chang não resolve, pois Pedro não está dizendo que os falsos mestres conheciam *potencialmente* Cristo como Senhor e Salvador, ou que *potencialmente* conheciam o caminho justo. Da linguagem de Pedro se faz evidente que os falsos mestres, inicialmente, deram toda indicação de que realmente eram cristãos. O ponto de vista de Chang carece de coerência e consistência interior, pois ele falha em integrar o que Pedro diz sobre os falsos mestres sendo comprados por Cristo (v. 1) com seu conhecimento de Cristo como Senhor e Salvador (v. 20) e o conhecimento do caminho da justiça (v. 21).

Há uma leitura que trate desse texto de forma plausível e que interprete consistentemente o que Pedro diz sobre os falsos mestres tanto no versículo 1 como nos versículos 20-22? Sugiro que há: a linguagem de Pedro é fenomenológica. Em outras palavras, *era como se* o Senhor tivesse resgatado os falsos mestres com seu sangue (v. 1), ainda que, em termos concretos, realmente não

---

41 Na verdade, o que Pedro diz procede, tanto dos falsos mestres como de seus "conversos", que também apostataram. Em defesa desse ponto de vista, ver Schreiner, *1 and 2 Peter and Jude*, 360-61.
42 Chang, "Second Peter 2:1 and the Extent of the Atonement", 56.

pertencessem ao Senhor.⁴³ Semelhantemente, os falsos mestres *deram toda a aparência* de conhecerem Jesus Cristo como Senhor e Salvador (v. 20) e *pareciam* ter conhecido o justo caminho salvífico (v. 21).⁴⁴ Tal interpretação deve ser preferida à leitura de Chang, pois a mesma interpretação é proposta pelos versículos 1 e 20-21. Em ambos os casos, uma leitura fenomenológica faz bom sentido do texto, enquanto ela não força falar de uma redenção potencial (v. 1) e um conhecimento potencial de Cristo (vs. 20-21), pois Pedro diz que *conheceram* o Senhor, e daí não se referir a potencialidade nos versículos 20-21. A questão é se a linguagem de ser resgatado por Cristo e conhecer o Senhor deve ser interpretada como fenomenológica.

Por que Pedro usaria linguagem fenomenológica se os falsos mestres não eram realmente salvos? Acaso essa é uma interpretação artificial introduzida em apoio às tendências teológicas? Eu já disse que a leitura arminiana do texto é direta e clara. Alguém pode entender por que razão ela tem apelado a tantos comentaristas ao longo da história. Entretanto, é melhor dizer que os falsos mestres davam toda a aparência de serem salvos. *Pareciam* ser parte da comunidade redimida, mas sua apostasia demonstrava que realmente nunca pertenceram a Deus. As palavras de 1 João 2.19 se encaixam bem a eles: "Eles saíram de nosso meio; entretanto, não eram dos nossos; porque, se tivessem sido dos nossos, teriam permanecido conosco;

---

43 Ibid., 60, descarta esse ponto de vista, o qual ele identifica como o "ponto de vista cristão da caridade", dizendo que "o texto não endossa esse ponto de vista". Mas ele falha em ver que os versículos 20-22 endossam este ponto de vista quando esses versículos são integrados com o versículo 1. Aliás, o último não deve ser separado dos primeiros, pois ambos os textos se referem aos falsos mestres.

44 Shultz, "Multi-Intentional Views of the Extent of the Atonement", 150 n. 180, se contradiz em sua exposição de 2 Pedro 2. Quando se refere ao versículo 1, e à noção de que os falsos mestres eram crentes professos, ele diz: "Não há no texto suporte para este ponto de vista, e há boa razão para crer que os falsos mestres não eram crentes professos". Logo a seguir ele diz sobre os versículos 20-22: "Os falsos mestres não são cristãos apóstatas ou cristãos antes de perderem sua salvação" (151). Mas por fim ele diz sobre os versículos 20-22: "Esses falsos mestres são incrédulos que uma vez fizeram falsas profissões de fé sem jamais experimentarem a regeneração" (182). Contrário a Shultz, os falsos mestres eram "cristãos apóstatas", no sentido que tinham se desviado de sua primeira profissão de fé. Shultz, como tantos outros, falha em considerar o papel dos versículos 20-22 e o que diz sobre os falsos mestres em seus comentários sobre o versículo 1. Daí sua afirmação dogmática sobre não haver suporte para a interpretação fenomenológica ser falsa e contrariada por suas próprias palavras, pois se alguém crê que os falsos mestres não perderam sua salvação (como faz Shultz), eles tinham, no mínimo, renunciado à profissão de fé que fizeram anteriormente.

todavia, eles se foram para que ficasse manifesto que nenhum deles é dos nossos". Semelhantemente, Jesus disse sobre os que profetizavam em seu nome, exorcizavam demônios e realizavam milagres, porém viviam vidas iníquas: "Nunca vos conheci" (Mateus 7.23). Ele não diz que os conheceu outrora, mas que nunca os conheceu. Ao contrário, realmente nunca foram membros do povo de Deus, ainda que por certo tempo dessem a impressão de que o fossem. Há outros textos que ensinam que aqueles que realmente pareciam ser crentes mais tarde revelam que sua fé era espúria (Marcos 4.1-20; 1 Coríntios 11.19; 2 Timóteo 2.19).[45] Além do mais, o uso que Pedro faz de uma linguagem fenomenológica faz sentido, pois os falsos mestres estavam vitalmente envolvidos na igreja. Não significa que os estranhos que nunca reivindicavam ser cristãos chegassem e começassem a propagar ensinos contrários ao Evangelho. Ao contrário disso, os falsos mestres eram parte do grupo e se apartaram daquilo que anteriormente aprenderam. Daí Pedro destacar a gravidade do que ocorria. Os que estavam fomentando o falso caminho eram, por assim dizer, "cristãos". Mantinham toda a aparência de que foram "resgatados" por Cristo (2 Pedro 2.1) e pareciam "conhecê-lo" como Senhor e Salvador (v. 20). Pedro não está alegando que realmente fossem cristãos, que realmente foram redimidos (v. 1), ou que realmente conheciam Jesus como Senhor e Salvador (v. 20), mas que inicialmente deram aos observadores todas as razões para pensarem que esse era o caso. Sua subsequente separação mostrou que realmente não passavam de cães e porcos (v. 22). Em outras palavras, realmente nunca sofreram transformação e, assim, eventualmente revelavam sua verdadeira natureza.

Resumindo, 2 Pedro 2.1 não falsifica a expiação definida, pois Pedro não pretendia ensinar que Cristo realmente ou potencialmente redimira os falsos mestres. Em vez disso, ele usa linguagem fenomenológica, que é a mesma maneira de interpretarmos a linguagem de que conheciam Cristo como Senhor e

---

45 Ver aqui D. A. Carson, "Reflections on Assurance", in *Still Sovereign: Contemporary Perspectives on Election. Foreknowledge, and Grace*, ed. Thomas R. Schreiner e Bruce A. Ware (Grand Rapids, MI: Baker, 2000), 260-69, onde ele apresenta um argumento muito persuasivo em prol de uma categoria de pessoas, na Escritura, com fé espúria.

Salvador (v. 20). Inicialmente, os falsos mestres *davam toda a impressão* de serem crentes, e, assim, por sua vez, *aparentavam* ter sido "resgatados" (em um sentido fenomenológico) por Cristo. Daí sua subsequente apostasia se tornar ainda mais surpreendente.

Uma compreensão correta de 2 Pedro 2.1 realmente endossa a expiação definida, posto que Cristo *concretamente* não resgatou esses falsos mestres — pois se o tivesse feito, teriam perseverado. A expiação definida se refere não só ao alvo *pretendido* da expiação — a saber, os eleitos — mas também à sua *eficácia*: a expiação atinge seu propósito: completar e finalizar a salvação dos eleitos. O que alguns deixam de apreender, em seu uso de 2 Pedro 2.1, em sua tentativa de endossar uma expiação geral[46] e afirmar aqui uma expiação geral, é que comprometem a doutrina da perseverança dos santos. Pois já vimos em 2 Pedro 2 que o que Pedro ensina sobre a expiação (v. 1) não pode separar-se do que ele ensina sobre a perseverança (vs. 20-22). Nenhuma doutrina é uma ilha, e sugerir expiação geral neste versículo é distorcer a doutrina da perseverança cristã.[47] Portanto, dizer que Cristo morreu pelos falsos mestres fenomenologicamente se ajusta exegética *e* teologicamente.

2 Pedro 3.9

Outro versículo que exerce um papel preponderante na discussão da expiação definida é 2 Pedro 3.9. Deus "não querendo que nenhum pereça, senão que todos cheguem ao arrependimento" (μὴ βουλόμενός τινας ἀπολέσθαι ἀλλὰ πάντας εἰς μετάνοιαν χωρῆσαι). Aqui, Pedro explica que a paciência de Deus provê a razão por que a vinda de Jesus é delongada. Então se explica a razão para sua paciência: ele não quer que ninguém pereça, mas que todos venham ao arrependimento. A ideia de que Deus é paciente para que as pessoas se arrependam é comum nas Escrituras (Joel 2.12-13; Romanos 2.4). A lentidão de Deus "para irar-se" constitui um refrão que se repete com frequência no AT (Êxodo

---

46 Por exemplo, Knox, "Some Aspects of the Atonement", 263; e Mark Driscoll e Gerry Breshears, *Death by Love: Letters from the Cross* (Wheaton, IL: Crossway, 2008), 172.

47 Ou, para evitar isso, os proponentes revertem a linguagem para "potencialidade", a qual, como vimos, carece de coerência no contexto mais amplo.

34.6; Números 14.18; Neemias 9.17; Salmos 86.15; 145.8; Joel 2.13; Jonas 4.2; Naum 1.3), mas Ele não reterá Sua ira para sempre.

Devemos notar, no ponto de partida, que perecer (ἀπολέσθαι) se refere ao juízo eterno, como é típico do termo. Arrependimento (μετάνοιαν), correspondentemente, envolve o arrependimento que é necessário para a vida eterna. Pedro não discute meramente os galardões que alguns receberão se viverem fielmente. Ele dirige sua atenção para isto: se as pessoas serão salvas da ira de Deus. Indaguemos também quem está em vista quando ele fala de "alguns" (τινας) que perecem e "todos" (πάντας) que chegam ao arrependimento. Note que o versículo reza "longânimo para *convosco*" (μακροθυμεῖ εἰς ὑμᾶς). O "alguns" e "todos", no versículo, podem ser uma expansão de "vós" (ὑμᾶς) no início do versículo. Pedro não reflete, segundo certa interpretação, sobre o destino de todos os homens no mundo, sem exceção. Ele considera aqueles na igreja que têm vacilado sob a influência dos falsos mestres. Deus deseja que cada um deles se arrependa.[48]

Certamente é possível um significado restringente de "convosco". Mas parece mais provável que as palavras "alguns" e "todos" se refiram ao desejo de Deus de que todos, sem exceção, sejam salvos. John Murray afirma corretamente que não há no contexto nenhuma referência definida aos eleitos, que o chamado ao arrependimento pressupõe que alguns dos envolvidos pereceriam se deixassem de arrepender-se, e daí Pedro, indiscriminadamente, intimar a todos a que se arrependessem.[49]

Naturalmente, é evidente que nem todos são salvos. Assim, como explicaremos que um desejo de Deus é em parte frustrado? Teólogos às vezes têm apelado corretamente aqui para dois diferentes sentidos na vontade de Deus: há em Deus uma vontade decretiva e uma vontade permissiva. Deus deseja a salvação de todos, em um sentido; mas não ordena e decreta finalmente que todos sejam salvos. Todavia, há uma contradição em dizer que Deus deseja a

---

48 Igualmente Owen, *Death of Death*, 236-37.
49 John Murray, "The Free Offer of the Gospel", in *Collected Writings of Jhon Murray. Volume 4: Studies in Theology* (Edinburgh: Banner of Truth, 1982), 129-30.

salvação de todos mas decreta ou determina a salvação de apenas alguns? Propor uma contradição não convence, pois as Escrituras nos ensinam que há "complexidade" na vontade divina.[50] Por exemplo, em Romanos 9, Paulo afirma explicitamente a vontade decretiva de Deus para com alguns eleitos (Jacó, e não Esaú), e, todavia, em 10.21, Deus estende suas mãos a todo o Israel em convite, porque ele deseja que sejam salvos. A dimensão bilateral da vontade de Deus é também expressa no ministério do apóstolo. Em 2 Timóteo 2.10, Paulo diz suportar todas as coisas por amor dos eleitos; todavia, em 2 Coríntios 9.22, ele retorna todas as coisas a todos os homens a fim de salvar algumas. A "complexidade" na vontade divina é, portanto, aparente.[51]

Se a interpretação proposta aqui é correta, 2 Pedro 3.9 deve ser entendido como a ensinar que Deus deseja a salvação de cada um. Além disso, é óbvio, à luz de muitos textos, que ele decreta a salvação somente de alguns. A noção de que Cristo morreu para garantir a salvação de alguns e realmente pagou pelos pecados daqueles a quem ele escolheu se ajusta bem à eleição divina e à aplicação da obra do Espírito aos corações dos crentes. O Pai, o Filho e o Espírito operam juntos para garantir a redenção do povo de Deus (cf. 1 Pedro 1.1-2). Desde a eternidade passada, Deus decretou que a morte de Cristo seria efetiva pelos eleitos. Ao mesmo tempo, aos pecadores é indiscriminadamente oferecido o pleno perdão, porquanto Deus deseja que todos sejam salvos.

---

50 João Calvino, *Commentaries on the Catholic Epistles*, ed. John Owen, trad. John Owen (reimpr., Grand Rapids, MI: Eerdmans, 1948), 22:419-20, defendia a noção de que a vontade de Deus é "complexa". Calvino diz: "Mas, pode-se indagar, se Deus não deseja que alguém pereça, por que é que tantos perecem? A isto minha resposta é que aqui não se faz nenhuma menção do propósito oculto de Deus, pelo qual os réprobos são condenados à sua própria ruína, mas somente de sua vontade como nos é conhecida no Evangelho. Pois Deus ali estende sua mão sem qualquer deferência, mas retém somente aqueles que, para conduzi-los a si, escolheu antes da fundação do mundo" (420). É importante qualificar que a vontade de Deus é apenas "complexa" segundo nossa ótica. Calvino é novamente uma ajuda aqui: "A vontade de Deus é nele uma e simples", mas nos "parece múltipla em razão de nossa incapacidade mental" (*Institute*, 1.18-3.). Temos de nos reportar à "complexidade" para nossa percepção, e não para a volição divina *per se*.

51 A "complexidade" na vontade de Deus não depende de se propor uma distinção entre qevlw e bouvlomai, como se este termo se referisse à vontade decretada de Deus e aquela à sua preferência. Ver especialmente os comentários oportunos de Marshall, "Universal Grace and Atonement in the Pastoral Epistles", 55-57. Cf. também Mounce, *Pastoral Epistles*, 86. Mas, contra Marshall, a distinção entre a vontade decretada e desejada repousa sobre uma perspectiva maior do que a leitura individual de palavras particulares, e daí ser ainda uma conclusão teológica legítima.

HEBREUS

O principal texto em Hebreus que se relaciona com a expiação definida é Hebreus 2.9, onde o autor diz que Jesus sofreu "pela graça de Deus" (χάριτι θεοῦ) a fim "de provar a morte por todos" (ὑπὲρ παντὸς γεύσηται θανάτου). De modo compreensível, esse texto tem sido muitas vezes apresentado em apoio à expiação ilimitada. Entretanto, meu argumento é que tal leitura do texto, ainda que superficialmente atraente, não se encaixa bem no contexto de Hebreus 2.

Antes de abordar o significado de Hebreus 2.9, é oportuno um rápido exame de Hebreus relativo à expiação. Em Hebreus, Jesus é o Sacerdote Melquisedeque que, em cumprimento do Salmo 110.1, "se assentou à direita da Majestade nas alturas" depois de ter feito a "purificação dos pecados" (1.3). Jesus, contrastando o sacerdócio levítico, trouxe "perfeição", pela qual agora "nos achegamos a Deus" (7.19) através de seu sacrifício. Seu sacrifício é permanentemente efetivo, visto que ele intercede pelos crentes com base em sua morte como aquele que vive e reina para sempre (7.24-25). A relação entre a morte de Jesus e sua ressurreição é crucial. Evidentemente, a intercessão de Jesus como aquele que ressuscitou é invariavelmente efetiva uma vez que ele intercede com base em sua morte (cf. Romanos 8.31-34). Mas seria ilegítimo propor uma separação entre sua morte e intercessão. Em outras palavras, Jesus intercede especial e exclusivamente por aqueles por quem ele morreu. Justamente como ele não intercede por todos, assim, da mesma maneira, ele morreu, num único sentido, por aqueles por quem veio salvar, pleiteando com base em Sua morte pela salvação deles.

O autor de Hebreus desejava que seus leitores se enchessem de certeza. Daí ele lhes recorda que o sangue de Cristo purifica suas consciências (Hebreus 9.14). O sacrifício de Cristo é o sacrifício final e definitivo (9.25-28), e daí não ser necessário nenhum sacrifício adicional. Cristo efetivamente suportou "os pecados de muitos" (9.28). Seu sacrifício único torna supérflua a necessidade de outros sacrifícios (10.1-4). Os crentes são "santificados, mediante a oferta do corpo de Jesus Cristo, uma vez por todas" (10.10; cf. 10.14). Visto que a obra de Cristo na cruz é completa, ele se assenta à destra de Deus (10.12). O pecado foi completa e merecidamente perdoado na cruz de Cristo (10.14).

Os textos sobre intercessão e santificação apontam para a verdade de que Cristo morreu especialmente pelos que são seus. Não obstante, Hebreus 2.9 poderia facilmente ser entendido como que apontando em outra direção, visto que ele reza que Jesus provou a morte por todos, e o Salmo 8, presumivelmente, inclui uma referência a cada ser humano (cf. Hebreus 2.5-8).[52]

Todavia, quando examinamos objetivamente o contexto de Hebreus 2, descobrimos evidência sugerindo que a morte que Jesus provou "por cada um" (ὑπὲρ παντός) não se refere, nesse contexto, a cada um sem exceção, mas a cada um sem distinção.[53] Primeiro, nos versículos 5-8, se bem que o autor tenha em vista os seres humanos em geral, ele não põe nenhuma ênfase em todos os seres humanos sem exceção. Em vez disso, ele focaliza Jesus Cristo e ensina que somente os que lhe pertencem desfrutarão do governo sobre todas as coisas descrito no Salmo 8. Segundo, o versículo 10 fala de "conduzindo muitos filhos à glória" (πολλοὺς υἱοὺς εἰς δόξαν ἀγαγόντα). O sofrimento de Jesus foi efetivo em seu desígnio e propósito, em que realmente conduziu "filhos à glória". Evidentemente, o foco repousa sobre o que Jesus efetivamente realizou através de sua morte. Terceiro, os redimidos são descritos como "irmãos" (ἀδελφούς) de Jesus (vs. 11-12).[54] Os que são os beneficiários da morte de Jesus são identificados como membros de sua família. Daí o fato de o autor não chamar atenção para o benefício da morte de Jesus por todos os homens em geral, e sim para a vantagem que existe para os que fazem parte de sua família. Quarto, a particularidade na família de Jesus é ainda mais clara no versículo 13, onde o autor, ao citar Isaías 8.18, descreve Jesus como dizendo: "Eis aqui estou eu e os filhos que Deus me deu" (ἰδοὺ ἐγώ καὶ τὰ παιδία ἅ μοι ἔδωκεν ὁ θεός). Aqui não está em pauta qualquer ou todos os filhos, mas filhos específicos — os filhos que Deus deu a Jesus. Parece, então, que os irmãos de Jesus são equivalentes aos filhos que Deus lhe deu. Jesus sofreu para

---

52 Assim, Lightner, *The Death Christ Died*, 71-72; e Shultz, "Multi-Intentioned View of the Extent of the Atonement", 144.
53 Corretamente, Owen, *Death of Death*, 238; e John Murray, *Redemption Accomplished and Applied* (Grand Rapids, MI: Eerdmans, 1955), 61.
54 William L. Lane, *Hebrews 1-8*, WBC (Waco, TX: Word, 1991), 59, diz que são parte da "família da aliança".

conduzir estes à glória, sugerindo que no contexto sua morte "por cada um" se refere àqueles irmãos a quem Deus ordenara que fossem parte de sua família. Quinto, no versículo 16, o autor de Hebreus observa que Jesus não socorre a anjos, "mas socorre a descendência de Abraão". A frase "descendência de Abraão" (σπέρματος Αβραάμ) é muito interessante. Se o autor tinha em vista uma expiação geral ou ilimitada, esperaríamos uma referência à "descendência de Adão" ou "os filhos de Adão". Tal designação enfatizaria a universalidade da obra de Jesus por todos os seres humanos. Mas esse não é o propósito do autor de Hebreus aqui. Ele focaliza a "descendência de Abraão", de modo que a ênfase está no povo escolhido de Deus — os filhos de Abraão. Como vemos em outros lugares no NT, a igreja de Jesus Cristo é considerada como sendo a semente de Abraão (cf. Gálatas 3.6-9).[55] Muitos leitores poderiam interpretar o texto superficialmente e ser culpados de pensar que a "descendência de Abraão" é equivalente à "descendência de Adão". Evidentemente, o foco não está no amor indiferenciado de Cristo, e sim na preocupação particular pela semente escolhida de Abraão.

Quando colocamos essa descrição da descendência de Abraão com a ênfase nos filhos de Deus dados a Jesus e o uso da palavra "irmãos", temos evidência significativa de que a morte de Jesus "por cada um" (v. 9) é mais particular do que geral. Daí ela endossar a expiação definida, e não a expiação geral. Tudo isso se ajusta bem ao versículo 17, o qual fala do ministério Sumo Sacerdotal de Jesus "para fazer propiciação pelos pecados do povo" (εἰς τό ἱλάσκεσθαι τὰς ἁμαρτίας τοῦ λαοῦ). Dado o foco sobre os eleitos de Deus e a família de Jesus no contexto, parece justo concluir que aqui a ênfase está no pagamento pelos pecados de modo objetivo concretizado na morte de Jesus pelos que seriam parte de sua família.[56]

---

[55] Cf. aqui Harold W. Attridge, *The Epistle to the Hebrews*, Hermeneia (Filadélfia: Fortress, 1989), 94; e Philip E. Hughes, *A Commentary on the Epistle to the Hebrews* (Grand Rapids, MI: Eerdmans, 1977), 119.

[56] Em apoio de interpretar iJlasthvrion como "propiciação" aqui, ver Lane, *Hebrews 1-8*, 66, e Hughes, *Hebrews*, 121-23; contra Attridge, *Hebrews*, 96 n. 192, o qual argumenta em prol de "expiação". Shultz, "Multi-Intentional View of the Extent of the Atonement", 144, diz que todas as coisas não podem ser sujeitadas a Jesus se ele não pagou pelos pecados de todos, mas tal condução teológica não é autorizada pelo argumento de Hebreus 2.

Para concluir, ainda que Hebreus 2.9, à primeira vista, endosse a expiação geral, uma olhada mais atenta ao contexto sugere que o que está em vista é a expiação definida.

CONCLUSÃO

Este capítulo se concentrou nos textos que muitas vezes são citados como a refutar a expiação definida. Nas Pastorais, 1 Timóteo 2.1-7, 4.10 e Tito 2.11 focalizam a salvação sendo realizada por todos, sem distinção, judeus e gentios, respectivamente. Os propósitos salvíficos de Deus não se restringem aos judeus, mas se estendem ao mundo inteiro. Além do mais, a salvação que Cristo realizou é efetiva; realmente ele resgatou alguns para que fossem salvos (1 Timóteo 2.6; Tito 2.11, 14). Ele não fez a salvação meramente possível; ele realmente salvou aqueles a quem escolhera.

O texto de 2 Pedro 2.1, que fala da redenção de Jesus em favor dos falsos mestres, é muitas vezes citado em apoio à expiação geral. Todavia, tenho tentado mostrar que, quando comparamos 2.1 com 2.20-22, a linguagem de redenção é fenomenológica. Os falsos mestres tinham a aparência de ser crentes em decorrência de que, inicialmente, abraçaram a fé cristã. Sua apostasia posterior revelou que não eram crentes genuínos, e, portanto, realmente não foram resgatados por Cristo. Daí o fato de que 2 Pedro 2.1 não endossa a expiação geral, e afirmar que endossa potencialmente equivale a comprometer a perseverança cristã. O texto de 2 Pedro 3.9, que fala do desejo de Deus de que todos se arrependam, tem de ser interpretado como a expressar a vontade desejada de Deus, mas a vontade de Deus de desejar não nega o fato de que ele decretou que somente alguns seriam salvos. Já vimos neste capítulo que devemos distinguir entre a vontade desejada de Deus (seu desejo de que todos sejam salvos) e sua vontade decretiva (sua determinação de que somente alguns seriam salvos).

Finalmente, Hebreus 2.9 é regularmente citado em defesa da expiação geral, visto que o texto fala da morte de Jesus "por cada um". Quando consideramos Hebreus como um todo, o autor enfatiza a eficácia da morte de Jesus, especialmente em unir a intercessão de Jesus com seu sacrifício expiatório.

Além do mais, há no texto de Hebreus 2 indicações significativas de que "todo homem" se refere ao povo escolhido de Deus, pois o autor fala dos filhos que são conduzidos à glória (v. 10), dos irmãos de Jesus (vs. 11-12), dos filhos que Deus deu a Jesus (v. 13) e a descendência de Abraão (v. 16). No contexto, o foco está na família de Abraão — o povo escolhido de Deus — que exclui uma expiação geral. A propiciação de Jesus (v. 17), pois, é especificamente para seu povo.

EXPIAÇÃO DEFINIDA NA PERSPECTIVA TEOLÓGICA

CAPÍTULO 15

A EXPIAÇÃO DEFINIDA E O DECRETO DIVINO

Donald Macleod

O foco deste capítulo é o elo entre a intenção divina da expiação e sua extensão. O desígnio eterno de Deus era que a cruz redimisse cada ser humano? Ou seu desígnio era redimir os eleitos, uma multidão tão vasta que ninguém pode contar (Apocalipse 7.9), mas, mesmo assim, somente uma parte da humanidade?

Wayne Grudem demonstrou certa apreensão sobre essa abordagem, sugerindo ser um equívoco declarar a questão de uma maneira que focalize o propósito do Pai e do Filho, e não realmente o que aconteceu na expiação: "Se confinarmos a discussão ao propósito da expiação, então ela se torna apenas outra forma da disputa maior entre calvinistas e arminianos". Em vez disso, ele propõe que devemos focalizar a expiação propriamente dita: "Cristo pagou pelos pecados de todos os incrédulos que serão eternamente condenados, e pagou por seus pecados plena e completamente na cruz? Parece que temos de responder a essa pergunta de forma negativa".[1]

---

1 Wayne Grudem, *Systematic Theology: An Introduction to Biblical Doctrine* (Leicester, UK: InterVarsity Press, 1994), 601.

É difícil ver como "o que realmente aconteceu na expiação" pode, por si só e independente da intenção divina, oferecer alguma resposta quanto a ela ter visado o benefício último de todos ou o benefício de apenas alguns. A narrativa da crucificação, como tal, não dá uma resposta, nem mesmo da natureza essencial da morte de Cristo como sacrifício. O sacrifício se destinava a todos ou a alguns? Não podemos achar uma resposta nem mesmo nos *efeitos* do sacrifício de Cristo. Ele expiou pecado, mas de quem? Ele propiciou a Deus, mas por quem? Ele fez a paz com Deus, mas por quem?

Como uma matéria de teologia histórica, a questão da extensão da expiação sempre foi formulada em termos do decreto divino. O próprio Grudem cita Berkhof com este objetivo:

> A questão se relaciona com o desígnio da expiação. O Pai, ao enviar Cristo, e Cristo, ao vir ao mundo para fazer expiação pelo pecado, fizeram isso com o desígnio ou para o propósito de salvar somente os eleitos ou todos os homens? Eis a questão, e essa é a única questão.[2]

Ao declarar a questão nesses termos, Berkhof estava meramente seguindo seu precedente. Tampouco essa era a maneira de afirmar a questão confinada aos que defendem a expiação definida. Os Cinco Artigos dos Remonstrantes (1610) fixaram de modo parecido a discussão em um "propósito eterno imutável" (Art. I), convenientemente com o que "Jesus Cristo, o Salvador do mundo, fez por todos os homens e para cada homem" (Art. II).[3] A resposta do Sínodo de Dort foi igualmente formulada em termos de "o soberano conselho e a muito graciosa vontade e intenção de Deus, o Pai" (Art. II.8).[4]

Como entendido na ortodoxia reformada, o decreto divino abrange tudo: Deus livre e imutavelmente ordenou "tudo o que acontece" (CFW, 3.1). Isso inclui o eterno destino dos seres humanos. Alguns são predestinados para a vida

---

2   Louis Berkhof, *Systematic Theology* (Edimburgo: Banner of Truth, 1958), 394 (ênfase original).
3   Ver Philip Schaff, *The Creeds of Christendom. Volume III: The Evangelical Protestant Creeds*, 3ª ed. rev. e exp. (Nova York: Harper & Brothers, 1882), 545-546.
4   Ibid., 587.

eterna, e outros são preordenados para a morte eterna (CFW, 3.3). Aqui, a ideia central é discriminação, um fato aceito de uma forma ou de outra por todas as tradições cristãs, exceto a universalista. Há "alguns" e há "outros". A questão é: em que ponto se estabelece essa discriminação?[5]

ARMINIANISMO

Segundo o arminianismo como representado pelos artigos remonstrantes, o eterno conselho de Deus não fez distinção entre homem e homem. A discriminação se dá no tempo, quando alguns seres humanos escolhem aceitar o evangelho e outros escolhem rejeitá-lo. Deus elege os primeiros e rejeita os últimos. Não há discriminação entre alguns predestinados à fé e outros preordenados a serem deixados na incredulidade. Nem há qualquer discriminação decretada com respeito ao resultado da expiação. Segundo o "propósito eterno e imutável" de Deus, Cristo "morreu por todos os homens e por cada homem, de modo que ele ordenou para todos eles, por meio de sua morte na cruz, a redenção e o perdão de pecados".[6] John Wesley endossou ousadamente essa posição declarando que "Cristo morreu não só pelos que são salvos mas por todos os que perecem".[7] Mais recentemente, Donald Bloesch reiterou a contenda de Wesley de que cada ser humano é "uma alma comprada por sangue".[8]

Mas como é possível que almas compradas por sangue pereçam? Pois, segundo o escocês arminiano do século XIX James Morison, enquanto os obstáculos objetivos legais para sua salvação foram removidos, outros obstáculos eternos permanecem. Esses obstáculos podem ser resumidos em uma palavra: *incredulidade*, "a qual é agora, portanto, a única barreira entre os pecadores humanos e o gozo do perdão, justificação, redenção e reconciliação".[9] Morison parece considerar superficialmente esses restos de obstáculos internos. Na realidade,

---

5   Para um exame minucioso e proveitoso das várias posições, ver tabela 15.1, de B. B. Warfield, no final deste capítulo.
6   Schaff, *Evangelical Protestant Creeds*, 546.
7   John Wesley, *Sermons on Several Occasions*, 5 vols. (Londres: Wesleyan Conference Office, 1876), 3:428.
8   Donald G. Bloesch, *Jesus Christ: Savior and Lord* (Carlisle, UK: Paternoster, 1997), 168.
9   James Morison, *The Extent of the Atonement* (Londres: Hamilton, Adams & Co., 1882), 2.

eles são extremamente formidáveis, e, segundo o arminianismo, Deus não se comprometeu em removê-los. Isso faz a questão retornar à doutrina remonstrante do decreto divino: Deus determinou, por um decreto eterno e imutável, salvar dentre a humanidade apóstata os que, pela graça do Espírito Santo, crerem em Cristo. Isso estabelece claramente uma doutrina da eleição condicional: uma eleição dos que vierem à fé, não uma eleição à fé. Morison afirma sem ambiguidade: "Os pecadores são eleitos por Deus justamente sobre o mesmo princípio que são justificados por ele. É como crentes que são justificados; e é como crentes que são eleitos, e não tenho mais escrúpulo de alegrar-me na eleição condicional do que na glória da justificação condicional".[10]

Sobre essa construção, não há comprometimento da parte de Deus em vencer a incredulidade humana. Na verdade, os remonstrantes falam da graça do Espírito Santo (*gratia praeveniens*), mas essa graça não está ligada a nenhuma determinação de renovar a vontade do indivíduo; nem é, como no agostinianismo, invencível. Ao contrário (Art. IV dos Artigos Remonstrantes), muitos têm resistido e vencido essa graça, a qual equivale não mais que o que os reformados têm chamado "graça comum" ou "geral". Morison nega que haja, "além do mais, influência universal, um tipo peculiar de influência que Deus soberanamente se apraz conceder somente a uns poucos".[11] Tampouco essa graça especial é necessária, visto que Deus, graciosamente, dotou cada homem com ampla capacidade de crer em seu evangelho: "Nada pode ser mais claro do que o fato de que todos os homens são aptos a valer-se da propiciação quando ela lhes é apresentada".[12]

Isso é puro pelagianismo, ainda que nem todo arminiano chegue a falar tão inadvertidamente como fez Morison. O arminianismo tem tido sua própria versão do debate "Calvino *versus* calvinistas" ("Armínio contra os arminianos") e alguns, como Philip Limborch e Charles Finney, têm sido acusados de afastamento radical do ensino de seu mestre. É óbvio que o próprio Armínio

---

10 Ibid., 104.
11 Ibid., 100.
12 Ibid., 97.

(seguido de Episcopius, Wesley, Watson e Pope)[13] insistia de modo firme sobre a necessidade da graça: "Atribuo à graça", escreveu, "o começo, a continuação e a consumação de tudo que é bom — e numa extensão tal que levo comigo sua influência, que um homem, ainda que já regenerado, não pode conceber, nem fazer bem algum, nem resistir qualquer má tentação, sem essa graça preveniente e excitante, essa graça seguinte e cooperante".[14]

Isso significa que, sempre que haja fé, a graça a segue adiante (graça *preveniente*) como sua condição indispensável; e essa graça é *suficiente* para capacitar-nos a nos achegarmos à fé. Mas em si mesma ela não é eficaz, porque cada um de nós é livre para resistir a ela. O próprio Armínio é claro sobre isso: "Eu creio, segundo as Escrituras, que muitas pessoas resistem ao Espírito Santo e rejeitam a graça que é oferecida".[15] Mais recentemente, Howard Marshall o expressou assim: "O efeito do chamado de Deus é colocar o homem numa posição em que possa dizer 'Sim' ou 'Não' (o que ele não poderia fazer antes de Deus o chamar; até então, ele vivia numa atitude contínua de 'Não')".[16]

Uma vez mais, isso focaliza as dificuldades inerentes na doutrina arminiana do decreto divino e sua associada rejeição da doutrina da expiação definida. Deus predestina os crentes para a salvação; ele não predestina indivíduos para se tornarem crentes. E Cristo garante a redenção universal, porém não garante esse ministério da graça como garante que a resistência do coração humano é vencida. A graça tem de ser "aperfeiçoada" ou "corroborada". De outro modo, ela não vencerá nossa resistência. Cabe a nós, socorridos pela graça, dizer sim.

É difícil conciliar isso com o quadro que o NT pinta do estado espiritual da humanidade. Estamos mortos em pecado (Efésios 2.1), totalmente hostis a Deus (Romanos 8.7) e congenitamente incapazes de ver o evangelho como

---

13 Ver Roger E. Olson, *Arminian Theology: Myths and Realities* (Downers Grove, IL. InterVarsity Press, 2006), 166-73.
14 James Arminius, "A Declaration of the Sentiments of Arminius", in *The Works, of James Arminius*, trad. James Nichols e William Nichols, 3 vols. (Londres, 1825; reimp. Grand Rapids, MI: Baker, 1956), 1:664 (citado em Olson, *Arminian Theology*, 162).
15 Ibid.
16 I. Howard Marshall, "Predestination in the New Testament", in *Grace Unlimited*, ed. Clark H. Pinnock (Minneapolis: Bethany Fellowship, 1975), 140.

algo senão ridículo (1 Coríntios 2.14). Se Deus não nos regenerar por um ato recriador monergista, no qual nós mesmos somos "totalmente passivos", permaneceremos mortos; e se ele não nos der o dom da fé, nem sequer um ser humano jamais será apto a livrar-se dos grilhões da incredulidade. Que vantagem há em nos fazer uma oferta graciosa se não podemos fazer outra coisa senão resistir e rejeitar a oferta? E que vantagem há que os obstáculos externos e legais sejam removidos se os obstáculos internos nos impedirem de tirar proveito da salvação proferida? Como B. B. Warfield salienta, é precisamente o tipo de influência especial e íntima, negada por Morison, que subjaz no cerne do particularismo reformado.[17] É Deus que nos toca o âmago mais profundo de nosso ser e nos dá a fé. Toda graça que porventura mereça a eleição é em si um resultado desta graça divina: uma graça a que de fato podemos resistir, mas que no caso dos eleitos sempre prova ser invencível (o verdadeiro significado do latim *irresistibilis*). O amor que provê um Salvador também garante que nos achegaremos a ele.

O universalismo arminiano pressupõe uma completa falta de coordenação dentro do decreto divino. Deus decreta que seu Filho deve morrer para redimir o mundo inteiro, porém não faz provisão para aplicar essa redenção a uma única alma. Além disso, jaz uma tensão ainda mais profunda. A obra do Filho na cruz é universal e indiscriminada; a obra do Espírito na renovação é limitada e particular. Todavia, o Espírito não menos que o Filho foi o autor do decreto divino; e acima de tudo isso, a obra da redenção é em cada estágio a obra do Deus trino. O Pai, o Filho e o Espírito estão envolvidos juntos na cruz, ainda que cada um a seu próprio modo; e o Pai, o Filho e o Espírito semelhantemente estão envolvidos na renovação da alma individual. O decreto que cobre a obra de cada um tem de ser coextensiva com o decreto que cobre a obra de cada um dos outros.

A obra da redenção, como revelada no NT, é um todo orgânico, com um só intuito em vista: conformar os eleitos de Deus à imagem de seu Filho. É com esse intuito em vista que somos predestinados, chamados, justificados e

---

17 B. B. Warfield, *The Plan of Salvation* (Grand Rapids, MI: Eerdmans, 1935), 98.

glorificados (Romanos 8.28-30). Isso deixa claro que dentro do plano da salvação há um elo indissolúvel entre o forense e o ontológico. Todos os envolvidos pelo amor eletivo serão assentados à direita de Deus; e todos os assentados à direita de Deus serão santificados e glorificados.

A peculiaridade do arminianismo é que, enquanto ele parece prover uma redenção universalista para a culpa do pecado, ele não faz provisão para a redenção do poder deste. Todavia, biblicamente, uma é tão importante quanto a outra. Corruptos e depravados tanto quanto culpados, temos de ser transformados tanto quanto perdoados. Mas, segundo os proponentes da redenção universal, isso não é parte da "determinação" de Deus. A cruz foi focada exclusivamente em nossa culpa, ignorando nossa escravidão.

Tudo isso é ainda mais notável em vista dos sentimentos expressos no grande hino de Charles Wesley "And Can It Be?" ["E isso é possível?"]. Na estrofe final, Wesley afirma, em termos inequívocos, o elo entre a cruz e a justificação: "Agora não temo nenhuma condenação". Mas antes disto ele diz ainda:

> Meu espírito há muito aprisionado
> Atado ao pecado e à noite da natureza;
> Teus olhos lançaram um rápido raio,
> Acordei, a masmorra iluminada com luz;
> Minhas correntes se soltaram, meu coração se fez livre;
> Eu me levantei, saí e segui a ti.

Isso desafia cada elemento da teologia arminiana. A alma se encontra numa masmorra, em cadeias. O coração, em trevas. Mas, de repente, a masmorra se enche de luz! De repente, as correntes são soltas! Acaso isso não é graça invencível? E não é graça discriminatória? Quem ordena aos raios repentinos, e por que ele ilumina somente algumas masmorras e não outras? E por que as correntes de todas as pessoas não são quebradas? Só pode haver uma resposta: "Quando, porém, ao que me separou antes de eu nascer e me chamou pela sua graça" (Gálatas 1.15, KJV).

PREDESTINAÇÃO ETERNA

Contra as posições do arminianismo, a doutrina das Confissões Reformadas, de que a discriminação entre os salvos e os não salvos, em última análise, é uma questão do conselho eterno de Deus. Alguns homens e alguns anjos são predestinados para a vida eterna, e outros são passados por alto (CFW, 3.3; 3.7).

Aqui temos de notar, antes de tudo, que a eleição (predestinação soteriológica) é posta no contexto da predestinação cósmica. Deus elabora tudo em concordância com seu propósito (Efésios 1.11), inclusive eventos passageiros, as ações livres das pessoas e até mesmo as ações pecaminosas das pessoas. Todavia, temos de nos acautelar quanto à relação entre estas duas ordens de predestinação. É na salvação de seu povo que Deus decretou achar satisfação pessoal, e, portanto, a predestinação cósmica é a serva da predestinação soteriológica. Isso tem uma relação direta com a questão da extensão da expiação. Se o propósito de "todas as coisas" é conformar seu povo à imagem de Cristo (Romanos 8.28-29), a cruz dificilmente pode ser uma exceção. Igualmente, ela teria sido ordenada como um meio para seu fim específico. Não equivale negar que, pelo decreto de Deus, alguns benefícios também se destinam aos não eleitos como resultado da cruz. Mas os grandes benefícios soteriológicos (reconciliação e redenção) os ignoram; e quando indagamos por quê, não podemos ir além das próprias palavras de Jesus: "Sim, ó Pai, porque assim pareceu bem aos teus olhos" (Mateus 11.26, KJV).

É também digno de nota que a eleição é "em Cristo". Parte do significado disso é imediatamente óbvio: por exemplo, Cristo é o *autor* da eleição. Como o Filho eterno, *homoousios* com o Pai, ele é um parceiro completo e idêntico ao decreto. A predestinação é adaptada em Cristo. Mas, pelo mesmo emblema, o "passar por alto" (*preterition*) outros também se harmoniza com a mente de Cristo. Limitar os benefícios salvíficos da expiação para definir os objetos especiais do amor de Deus não constitui uma violação da mente de Cristo, e sim uma expressão dela. Inversamente, quando chegarmos ao último juízo, quando os "passados por alto" enfrentarem a condenação final, isso também é adaptado em Cristo. É o Filho do Homem que pronuncia a sentença de morte, "Afastai-vos de mim" (Mateus 25.41). Muito embora isso seja esmagadoramente solene, leva a certeza de que o juízo não será sem misericórdia. Em última análise, é aquele que carregou o pecado que julgará.

É também evidente que Cristo é o *executor* da eleição. Ele é o redentor designado e detém plena responsabilidade para garantir que o plano da salvação não falhará. Fundamental a isto é a responsabilidade de fazer expiação pelos pecados de seu povo, mas sua responsabilidade não termina aí. Ele tem o encargo de efetuar uma salvação completa. Ele deve conduzir-nos a Deus (1 Pedro 3.18). Eis por que o Cristo pós-ressurreição continua a manter uma redenção ativa, usando sua glória para dar vida eterna a todos os que o Pai lhe deu (João 17.2). A aplicação, bem como a concretização da redenção, é de sua responsabilidade; as duas são parte do único propósito divino, e são de igual equilíbrio. Todos foram concordes no céu antes que ele viesse; e o que foi acordado é que, como o Bom Pastor, ele poria as ovelhas sobre seus ombros e as conduziria ao lar.[18]

Mas, acaso Cristo é também a *base* da eleição? Primeiro, estamos em Cristo; e, então, eleitos; eleitos porque estamos em Cristo? Isso nos leva às extremas fronteiras da revelação; mas, se somos eleitos porque estamos em Cristo, então a eleição cessa de ser incondicional. Ela se torna condicional de estarmos em Cristo. Isso significa que o amor não é final, enquanto, biblicamente, o amor é a fonte de tudo. Deus amou o mundo de tal maneira que deu seu Filho. O impulso de redimir, nascido do amor, vem primeiro, e dele flui o plano da salvação, incluindo, supremamente, a provisão de um Redentor. Somos eleitos (amados) para estarmos em Cristo; e ele faz sua obra como o Mediador de um eleito. É como Redentor deles que ele morre; ele sofre em seu lugar e em seu lugar ele é abandonado pelo Pai. E é a eles, precisa e especificamente, que ele redime da maldição da lei, vindo a ser maldito em seu lugar (Gálatas 3.13); e como um elemento inerente nessa redenção, ele assegurou-lhes, uma vez mais precisamente,

---

18 John Owen, *Salus Electorum Sanguis Jesu: Or The Death of Death in the Death of Christ*, in *The Works of John Owen*, ed. W. H. Goold, 24 vols. (Edimburgo: Johnstone & Hunter, 1850-1853; reimp. Edimburgo: Banner of Truth, 1967), 10: 209.

o Espírito prometido (Gálatas 3.14). Como sempre, o forense e o ontológico estão inseparavelmente ligados. O amor de Deus está em garantir a ambos; e de fato são garantidos, indissoluvelmente, a cada objeto de seu amor eletivo.

Todavia, a ortodoxia reformada não tem que sentir embaraço quando confrontada com a doutrina arminiana de um amor universal estendido igualmente a cada membro da espécie humana. Os arminianos creem que Deus provisionou um Salvador adequado às necessidades de cada ser humano e então comissionou seus embaixadores a rogar a cada ser humano que aceite os serviços desse Salvador. Isso é tudo em que os arminianos creem; e os reformados creem em tudo isso — cada til e partícula dele. Mas também creem que há um amor divino que vai além de mera boa vontade universal. Há um amor que não só assegura uma justificativa para a soltura do prisioneiro mas que realmente abre as portas da prisão e empurra o prisioneiro para a liberdade. O arminiano, ao contrário do reformado, não crê que esse tipo de amor seja universal; antes, ele crê que não existe tal amor: não, não por uma alma só. Deus não ama tanto alguém que busca vencer sua resistência e o atrai irresistivelmente para seus braços. Mas isso é exatamente aquilo em que os reformados creem. Deus decretou que seu amor redentor fará tudo quanto precisa para atrair à sua própria glória uma multidão que ninguém pode contar; e é precisamente por causa deles que ele ordenou para si mesmo a dor de sacrificar seu próprio Filho como uma expiação pelo pecado deles.

SUPRA E INFRALAPSARIANISMO

Todavia, tem havido interessantes diferenças de opinião até mesmo entre os que creem que a discriminação entre os salvos e os não salvos é, em última análise, uma matéria do conselho eterno de Deus. Essas diferenças têm surgido porque os teólogos têm se aventurado a inquirir sobre a ordem dos decretos divinos e têm tentado averiguar em que ponto nessa ordem se situa a discriminação. O decreto para distinguir os eleitos dos não eleitos veio *antes* do decreto de permitir a queda (a posição supralapsariana)? Ou ele veio *depois* do decreto de permitir a queda (a posição infralapsariana)?

William Cunningham certa vez fez menção a esse debate como sendo "aquela controvérsia desnecessária e agora obsoleta".[19] Karl Barth a via diferentemente e devotou à questão oitenta pequenas páginas antes de identificar-se com um supralapsarianismo seriamente modificado.[20] A questão-chave, como Barth, salienta, é o *objetum praedestionis*. Quando Deus elege, seu olho está sobre o homem caído ou sobre o homem antes de cair?[21]

Em conformidade com o ponto de vista supralapsariano, o objeto da eleição é o homem como ainda não caído, ou mesmo decretado a cair. Evidentemente, esse ponto de vista requer uma doutrina da expiação definida. O decreto de salvar alguns (ignorando os demais) se põe absolutamente dominante no topo da ordem dos decretos divinos, não deixando no plano divino lugar algum para nenhuma intenção de redimir, em qualquer sentido, cada membro da espécie humana. Como Barth salienta, explicando a posição supralapsariana clássica, "Para essa vontade e decreto divinos perfeitos de Deus, tudo o que Deus quer é subordinar, como um meio inter-relacionado para sua concretização".[22] Se mesmo a criação e a queda são decretadas como meio de promover o propósito básico de Deus de salvar seus eleitos, a cruz cairia sob a mesma rubrica. Cristo morre por aqueles a quem Deus predestinou para a salvação.

Todavia, a posição supralapsariana nunca foi amplamente aprovada na teologia reformada. O Sínodo de Dort, por exemplo, parece admitir que ela pode ser mantida como uma opinião privada, mas, evidentemente, endossa o ponto de vista infralapsariano de que o objeto da eleição é o homem como já criado, caído e corrompido: os eleitos são escolhidos "dentre toda a humanidade decaída, por sua própria culpa, de seu estado primitivo de retidão, em pecado e destruição" (I:VII).[23]

---

19 William Cunningham, *The Reformers and the Theology of the Reformation* (Edimburgo: T. & T. Clark, 1862), 363.
20 Kal Barth, *Church Dogmatics*, ed. G. W. Bromiley e T. F. Torrance, 14 vols. (Edimburgo: T. & T. Clark, 1956-1975), II/2, 127-45 (a partir daqui citado como *CD*).
21 Ibid., II/2, 127.
22 Ibid., II/2, 128.
23 Schaff, *Evangelical Protestant Creeds*, 582.

Em concordância com isso, Turretini e a maioria dos dogmáticos reformados do século dezessete foram austeramente críticos do supralapsarianismo. Uma das críticas foi que ele era inerentemente ilógico. Parecia óbvio aos infralapsarianos, como Barth salienta, que "a revelação da *misericordia Dei* [a compaixão de Deus para com o miserável] pressupõe um *miser* [miserável] já existente, e a revelação da *iustitia Dei* [a justiça de Deus] pressupõe uma *iniustitia* [injustiça] já existente".[24] Se o primeiro na ordem dos decretos divinos era que Deus manifestasse sua misericórdia na salvação dos eleitos e sua justiça na condenação dos réprobos (o vocabulário usual desse debate), então ambas, eleição e reprovação, evidentemente pressupõem a degradação do homem. Esse ponto já era defendido por Turretini: tanto a manifestação da misericórdia como a manifestação da justiça "requerem a condição de pecado no objeto, pois nem a misericórdia pode ser exercida sem miséria prévia, nem a justiça, sem pecado prévio".[25]

Algumas vezes há uma perturbadora simetria na maneira como a teologia reformada declara o objetivo do decreto divino, como se Deus resolvesse glorificar-se igualmente na revelação de sua graça perdoadora e na revelação de sua justiça retributiva. Tal simetria não é inerente na doutrina da predestinação. Pode muito bem ser, ao contrário, que toda a verdade esteja expressa na afirmação de que Deus resolveu glorificar seu nome pela revelação de sua misericórdia na salvação dos eleitos. Isso reflete um amor incondicional e determinativo comprometido a garantir que todos os eleitos viriam participar da glória do Filho eterno (João 17.5). Mas não há nenhum paralelo efetuando o decreto com respeito aos não eleitos. Eles não são excluídos; são ignorados. Não são chamados à incredulidade; são deixados nela. De fato existe aqui um elemento soberano, mas é uma soberania passiva, não uma soberania ativa. Seus nomes *não* foram inscritos no livro da vida; seus olhos *não* estão abertos; seus corações *não* estão renovados.

---

24 Barth, CD II/2, 130.
25 François Turretini, *Institutes of Elenctic Theology*, ed. James T. Dennison, Jr., Trans. George Musgrave Giger, 3 vols. (Phillipsburg, NJ: P&R, 1992), 1:346.

Portanto, toda a verdade está presente na afirmação de que da massa dos pecadores culpados Deus resolveu salvar seus escolhidos.

Eis por que a teologia reformada, ao definir *reprovação*, traçou uma clara distinção entre *preterição* e *condenação*. A primeira (do latim, *præterire*, passar por alto) corresponde a eleição. Ao eleger alguns, Deus *passou por alto* os demais, e este *passar por alto* é totalmente soberano e incondicional. A *condenação*, porém, a destinação final dos impenitentes à punição eterna, não é um ato soberano, e sim judicial: são condenados à desonra e à ira *por seu pecado* (CFW, 3.7). Mas essa condenação é uma obra "estranha" (Isaías 28.21) que não produz em Deus prazer algum (Ezequiel 18.23) e não causa no céu nenhum júbilo. Não é feito com satisfação, não mais que no caso do juízo de Deus sobre Israel: "Como te deixaria, ó Efraim? Como te entregaria, ó Israel?" (Oseias 11.8). O que trará alegria a Deus é o momento em que apresentar seus eleitos inculpáveis na presença de sua glória (Judas 24-25). Essa é a satisfação que ele decretou para si, ainda que às custas de sua própria dor. A condenação de algumas de suas criaturas é parte dessa dor? Vemos através de um espelho, obscuramente. Mas se Deus é glorificado na condenação dos pecadores, parte dessa glória é que ele se esquiva dela; e outra parte dela é que, ainda quando se esquive dela, ele a faz, porque o juiz de toda a terra age com justiça. É um ato de equidade, não de malícia.

Uma crítica posterior contra o supralapsarianismo era a de que ele expunha a teologia reformada à acusação de que ele representava Deus como criando alguns homens meramente para condená-los. Foi assim que Wesley construiu a doutrina reformada da livre graça, como se a causa da condenação repousasse simplesmente na vontade de Deus: "Eles nascem para isto — ser destruídos corpo e alma no inferno ... pois o que a graça de Deus dá, ele a dá somente para isto: aumentar, não prevenir a condenação deles".[26] A construção supralapsariana da predestinação certamente está aberta à acusação de Wesley. Ela parece fazer o decreto de criar os homens e permiti-los cair um meio de cumprir o decreto

---

26 Wesley, *Sermons on Several Occassions*, 3:421.

de ordenar alguns para a morte eterna.²⁷ Isso deixou Turretini profundamente inquieto. Era como se Deus reprovasse os homens antes mesmo que fossem "réprobos" mediante o pecado, e destinasse o inocente à punição antes mesmo que se visse neles algum crime. Significaria não que Deus quisesse condená-los porque fossem pecadores, mas que lhes permitiu se tornarem pecadores a fim de condená-los; inclusive que decretou criá-los com o fim de destruí-los.²⁸

Contra isso, Turretini protestou que a criação e a queda não foram ordenadas como meios de dar efeito à predestinação, mas pressupostas como sua condição antecedente: "A doença no enfermo é a condição prévia sem a qual ele não é curado, mas ela não é o meio pelo qual ele é curado".²⁹ O médico não faz o paciente doente simplesmente com o fim de curá-lo.

Na mente de Turretini, isso estava ligado a outra dificuldade. Segundo o supralapsarianismo, os objetos da eleição são abstrações: não seres humanos reais que necessitam de amor e redenção, mas meras potencialidades, criáveis, porém ainda não criados, passíveis de queda, porém ainda não decaídos. Uma nulidade. Turretini objetou que esse não pode ser o objeto da predestinação.³⁰ E como, sem pecado no objeto, poderia tal eleição ser uma eleição de misericórdia? A Escritura consistentemente radica nossa salvação não em uma soberania divina fria, abstrata, mas no ardente amor e na compaixão de Deus; e igualmente consistente é o quadro desse amor como dirigido especificamente aos já perdidos e necessitados de um Salvador. Em seu próprio fundamento, esse é um amor que proveu um sacrifício expiatório (*hilasmos*; 1 João 4.10); e se essa era a condição do mundo em geral, uma *massa corrupta* sem esperança, essa não era a condição de cada indivíduo entre os eleitos. Segundo Romanos 5.6-11, por exemplo, o amor de Deus visava aos que eram "impotentes", "ímpios", "pecadores" e "hostis"; e em Romanos 8.29, os objetos da predestinação são os que perde-

---

27 Cf. William Perkins, *A Golden Chain*, capítulo 7: "Os meios de realizar a predestinação de Deus são duplos: a criação e a queda". Ver *The Work of William Perkins*, ed. Ian Breward (Appleford, UK: Sutton Courtenay, 1970), 186.
28 Turretini, *Institutes*, 1:344.
29 Ibid.
30 Ibid., 1:343.

ram a imagem divina e necessitam de ser reconformados à semelhança de seu Filho. Foi precisamente para efetuar isso que Cristo morreu.

Mas, ainda que proeminentes defensores da expiação definida tenham sido supralapsarianos (muito notavelmente Beza), a doutrina não é refutada ou afirmada com esse ponto de vista particular da ordem dos decretos divinos. Como Muller salienta, os resultados das duas posições são idênticos:

> a forma infralapsariana não argumenta que mais seres humanos são conduzidos ao reino, nem deixa qualquer abertura para a vontade humana em questões de salvação. Meramente identifica os objetos humanos do decreto divino diferentemente — como criados e decaídos, e não como criáveis e disponíveis.[31]

Em concordância com isso, o Sínodo de Dort, por exemplo, esposou claramente a expiação definida infralapsariana. Admitido, o decreto de redimir os eleitos, no ponto de vista infralapsariano, não mais se acha no topo da ordem dos decretos divinos, como ocorre no supralapsarianismo. Mas os eleitos ainda constituem um número definido, se bem que os escolhidos do seio da espécie humana são concebidos como apóstatas, e o plano de Deus da salvação é que eles, e somente eles, serão salvos. Além do mais, essa determinação divina de salvar seus escolhidos é ainda o foco primário controlando plenamente o propósito divino. Deus opera todas as coisas juntamente para garantir que todos esses eleitos da *massa corrupta* um dia sejam conformados à imagem de seu Filho. É rumo a este resultado que toda a história se move, e se o decreto salvífico é supralapsariano ou infralapsariano, não faz diferença para a dimensão dos eleitos e da comunidade redimida. Quando (na ordem do pensamento divino) os nomes foram inscritos no livro da vida, cada nome constante no Livro terá seus pecados expiados e sua alma transformada.

---

31 Ver Richard A. Muller, "The Use and Abuse of a Document: Beza's Tabula Praedestinationis, the Bolsec Controversy, and the Origins of Reformed Orthodoxy", in *Protestant Scholasticism: Essays in Reassessment*, ed. Carl R. Trueman e R. Scott Clark (Carlisle, UK: Paternoster, 1999), 59.

O "SUPRALAPSARIANISMO PURIFICADO" DE BARTH

No século XX, Karl Barth emprestou o lustre de seu nome ao que ele chamava um "supralapsarianismo purificado".[32] No entanto, a purificação foi tal que produziu uma doutrina que nenhum dos protagonistas, de ambos os lados do debate do século XVII, reconheceria, porque Barth elaborou sua posição só depois de despi-la das pressuposições comuns a ambas as partes. Isso significa que a predestinação já não fazia qualquer referência à eleição eterna ou não eleição dentre os descendentes individuais de Adão; nem implicava que Deus elaborara um "sistema fixo" dentro do qual os seres humanos vivenciassem suas histórias temporais; reiterando, nem significava um equilíbrio exato entre a eleição final de Deus de alguns e sua rejeição final de outros. Acima de tudo, a eleição não era um *decretum absolutum* no qual Deus, por um ato soberano e totalmente inescrutável de sua aprovação, fixou eternamente o número dos salvos e dos perdidos.

Resta então pouco ou nada dos termos sobre os quais o debate entre supra e infralapsarianos foi originalmente conduzido. A discriminação entre os salvos e os não salvos, o regenerado e o não regenerado, já não é uma questão da vontade divina (se, deveras, há qualquer discriminação); e a doutrina da eleição não tem nada a ver com a eleição de alguns e a não eleição de outros. De fato, toda a doutrina agostiniana reformada da predestinação é descartada como um equívoco e necessita de correção radical, uma correção que, ao menos, um estudioso de Barth sugeriu situar-se perenemente como sua maior contribuição para o desenvolvimento da doutrina da igreja.[33]

Barth tinha plena consciência de que sua doutrina era descontínua com a tradição teológica anterior. Mas o que era este "supralapsarianismo purificado" afinal? Era supralapsarianismo no sentido que Barth colocou a soteriologia no topo da ordem dos decretos divinos, à extensão de dar à ordem da redenção a primazia sobre a ordem da criação. O plano de Deus para o destino final

---

32 Barth, CD II/2, 142.
33 Ver Bruce L. McCormack, "Grace and Being: The Role of God's Gracious Election in Karl Barth's Theological Ontology", in *The Cambridge Companion to Karl Barth*, ed. John B. Webster (Cambridge: Cambridge University Press, 2000), 92.

da humanidade vem antes de sua vontade de criar, e antes de sua vontade de permitir a queda e a existência do mal. A determinação quanto aos eleitos vem antes de todo o resto.

Mas então, tendo colocado a soteriologia no topo da ordem, Barth continua a transferir a eleição da soteriologia para a cristologia. O homem eleito é Cristo, e como tal ele é o verdadeiro objeto da predestinação. Entretanto, isso em si envolve duas ideias distintas. No nível mais fundamental, Deus se elege, o que significa que antes da criação do mundo ele ordenou que ele se tornasse o homem Jesus Cristo. Aliás, sua própria razão de criar o mundo era que ele viesse a ser esse homem, definindo-se como o Deus que é *por nós*, e que é por nós desta maneira: sobrecarregado com nossos pecados e afligido por nossa maldição e miséria.

No entanto, há também uma eleição subsequente. Deus não só predestina seu Filho para vir à existência como o Filho de Davi mas também o faz encarnado como o Filho de Davi, "um novo objeto do decreto divino, distinto de Deus".[34] É este homem eleito, Jesus Cristo, que é preordenado para a glória e a honra. Ele é o objeto, o único objeto, da aprovação de Deus. Aliás, ele é sua aprovação. Ele é o seu decreto, a testemunha da afirmação divina do homem e da preordenação do homem à vitória sobre a morte e o pecado. Deus é glorificado não na salvação ou condenação de indivíduos, mas neste homem, Jesus Cristo.

Mas Cristo não é só o Eleito. Ele é também predestinado para ser o Rejeitado, o objeto do Não! de Deus, mas também do Sim! de Deus. Essa é a versão de Barth da doutrina da dupla predestinação. Cristo, o eleito, é também preordenado a suportar a penalidade divina devida ao pecado: "E ele faz isso. Mas não o faz na pessoa do eleito homem Jesus. ... A ira de Deus, o juízo e a penalidade então caem sobre ele".[35]

Lado a lado com a eleição "deste homem, Jesus Cristo", há, contudo, outra eleição: a eleição da comunidade. Essa comunidade é a humanidade, criada por

---

34   Barth, CD II/2, 162.
35   Ibid., 124.

Deus e apostatada de Deus: "É para esse homem, para a pluralidade desses homens, a cada um e a todos, o amor de Deus é convertido em Jesus Cristo".[36] Essa é "a eleição dos muitos (da qual ninguém é excluído) a quem o Deus que elege encontra desta maneira".[37] Aqui Barth parece abraçar a doutrina explícita da redenção universal:

> se você é amigo de Deus como Moisés, ou inimigo dele como Faraó, se seu nome é Israel ou Ismael, Jacó ou Esaú, você é o homem em razão de cujo pecado e por esse pecado Jesus Cristo morreu na cruz para a justificação divina, e por cuja salvação e bênção, e por cuja justificação, ele ressuscitou dentre os mortos.[38]

Isso fica no polo oposto da ideia de uma predestinação eterna que discrimina indivíduos, alguns eleitos para a vida eterna, alguns ignorados. Segundo Barth, toda a humanidade é eleita em Cristo; e tendo também sido rejeitados (reprovados?) em Cristo, morremos, um e todos, com ele, ressuscitamos com ele e fomos justificados com ele.

Barth via sua formulação como uma "correção" da doutrina "clássica" da predestinação.[39] Não obstante, é difícil ver como uma eleição focada tão exclusivamente na pessoa de Cristo possa ser conciliada com o conceito do NT de uma eleição da graça. No supralapsarianismo de Barth, o objeto da eleição é o Filho de Deus. Mas ser ele o Filho de Deus não o impossibilita de ser, em algum sentido, o objeto de uma eleição fundada na misericórdia? Como pode o Deus que elege fazer-se o objeto de uma incondicional eleição da graça?

É igualmente difícil ver como, permanecendo fiéis à Escritura, podemos prescindir da ideia de uma eleição de indivíduos e substituí-la pela ideia da eleição da "comunidade", se essa comunidade é Israel, a igreja, ou toda a humanidade. Obviamente, é isso que Barth advoga: "Temos que remover

---

36 Ibid., 195.
37 Ibid.
38 Ibid.,223.
39 Ibid., 325.

completamente de nossas mentes o pensamento de um propósito individual na predestinação".[40] Todavia, o que Barth repudia é seguramente o que a Escritura apresenta. Existe não só uma eleição dentro do Israel eleito mas um indivíduo, Jacó, é eleito, enquanto o outro indivíduo, Esaú, não o é (Gênesis 25.23). Iavé "conheceu" Jeremias antes que fosse formado no ventre o separou antes que nascesse (Jeremias 1.5). A imagem de Apocalipse 20.15 pertence à mesma ordem: são "nomes", não comunidades, que estão registrados no livro da vida.

Em concordância com isso, é na *ordo salutis* que a Escritura, caracteristicamente, coloca a doutrina da predestinação. Isso é particularmente óbvio em Romanos 8.29,30: "Porquanto aos que antemão conheceu, também os predestinou para serem conformes à imagem de seu Filho, a fim de que ele seja o primogênito entre muitos irmãos. E aos que predestinou, a esses também chamou; e aos que chamou, também justificou; e aos que justificou, também glorificou" (NVI). Um cenário soteriológico semelhante para a predestinação pode ser visto em Efésios 1.3-14, onde lemos que Deus "nos" escolheu, e nos escolheu para "toda bênção espiritual nos lugares celestiais em Cristo" — bênçãos que o apóstolo segue enumerando como sendo santidade, adoção, redenção, perdão e o selar de seu Espírito. Em amor, Deus *nos* escolheu; ele nos escolheu para partilharmos das bênçãos essenciais da religião pessoal, e passou a intervir direta e intimamente em nossas vidas, garantindo que essas bênçãos realmente nos alcancem. Isso nos remete de volta à questão-chave suscitada pela controvérsia arminiana. Há uma ação divina direta no coração humano, radicada na própria discrição e iniciativa de Deus, o que explica o fato de que alguns se achegam à fé e outros, não? Paulo não nos deixa em dúvida. Deus nos vivifica juntamente com Cristo; ele nos ressuscitou; nos fez assentar nas esferas celestiais (Efésios 2.4-6).

Uma dificuldade adicional com a doutrina de Barth é que, uma vez mais, nos deparamos aqui com uma fratura da unidade entre a Trindade imanente e a econômica. A Trindade imanente, o Deus que elege como é em si mesmo, não faz distinção entre pessoa e pessoa. A eleição é universal: ninguém é passado

---
40 Ibid., 143.

por alto. Deus "tem misericórdia do homem Jesus e, nele, de todos os homens, tornando-se homem, tomando cada fardo do homem a fim de vestir o homem com sua própria glória".[41] Todavia, na execução do decreto, pela Santa Trindade na economia da redenção, há clara discriminação. Aliás, foi este fato que Calvino tomou como ponto de partida para sua discussão da predestinação: "Mas, já que a aliança de vida não é pregada entre todos os homens igualmente, e entre aqueles a quem é pregado não acha a mesma receptividade, quer em nível de constância ou de igualdade, nessa diversidade se manifesta a admirável profundeza do juízo divino".[42] A base factual da abordagem de Calvino é indisputável. Mas como é possível que na aliança eterna a autodeterminação divina tenha como seu objeto a salvação de todos os homens[43] enquanto na administração da aliança não há provisão para a salvação de todos os homens?

A resposta de Barth é que não podemos, com o supralapsarianismo tradicional, ver o plano da salvação como um sistema de "monoteísmo teísta consistente",[44] ou como "um sistema fixo que antecipou a vida-história e o destino de cada indivíduo como tal".[45] A força retórica dessa sentença depende da palavra "fixo", sugerindo que a doutrina tradicional implica um esquema determinista no qual cada evento, incluindo cada decisão humana, é ligado em um nexo causal inexorável. Todavia, essas afirmações reformadas clássicas, como a Confissão Westminster (3.1), desconhecem tal determinismo, estabelecendo que a preordenação divina não oferece violência à vontade da criatura; tampouco remove a liberdade ou a casualidade, antes, as estabelecem.

Esse respeito pela liberdade e pela casualidade não diminui o fato de que a preordenação é todo-abrangente (Efésios 1.11). Diminui ainda menos à luz do fato de que Deus, sem violar nossas vontades, se envolveu na aplicação da redenção, não meramente no sentido remoto em que ele se envolveu no flutuar

---

41 Ibid., 219.
42 João Calvino, *Institutes of the Christian Religion*, ed. John T. McNeill, trad. Ford Lewis Battles (Filadélfia: Westminster, 1960), 3.21.1.
43 Barth, CD II/2, 116.
44 Ibid., 129.
45 Ibid., 134.

das asas de uma borboleta, mas no sentido direto de que ele é o Autor e Doador da fé. Barth nega isso, repudiando a ideia de que os eleitos são, pela graça de Deus, libertados da impotência e da depravação a que foram sujeitados pela natureza.[46] Essa é essencialmente a mesma negação da graça invencível como foi afirmada pelo arminianismo. Todavia, é precisamente de tal graça que a Escritura fala, e em sua própria natureza ela é particularista, implicando uma intervenção divina específica nas vidas dos seres humanos individuais.

Mas isso ainda nos deixa, nos termos de Barth, com a tensão entre o decreto e a Trindade imanente e a obra da Trindade econômica. Por que, se Deus elege todas as pessoas para a salvação, a obra da Trindade econômica não é coextensiva com a vontade da Trindade imanente? Eis a dificuldade que assombra toda a teoria da redenção universal.

Quanto mais alguém reflete sobre a doutrina da eleição esposada por Barth, mais cresce a suspeita de que ela não é, além de tudo, tão original, e que até certo ponto ele está meramente brincando com diferentes jogos de palavras com a terminologia tradicional. Isso é particularmente real de seu ponto de vista de Cristo como o Rejeitado. À primeira vista, parece que Barth adota a posição paradoxal de que Cristo é, respectivamente, eleito e réprobo, e a linguagem assusta, porque presumimos que "réprobo" leva sua conotação usual de "filho da perdição", que negou toda a graça, se fez insensível e condenado ao tormento eterno por seus pecados. Se esse fosse o caso, a doutrina de Barth sem dúvida seria novidade e paradoxal. Mas isso não é o que Barth tem em mente. Com efeito, se não em intenção, o que ele oferece é uma exposição de 1 Pedro 1.19-20, com seu perfil de Cristo como o preordenado para ser o Cordeiro de Deus antes da criação do mundo. Estava implícito em sua reivindicação do ofício de Mediador que Cristo não só *ofereceria* mas *seria* o *hilasmos* de nossos pecados; ou, na linguagem de Barth, Deus "elege Jesus, pois, como cabeça e no lugar de todos os outros. A ira de Deus, o juízo e a penalidade, caíram sobre ele".[47] No paradoxo supremo, Deus se faz o objeto de sua própria ira.

---

46 Ibid., 328.
47 Ibid., 124.

Todavia, Cristo não é designado um eterno réprobo. Aliás, há uma obra que lhe foi dada a fazer, a saber, dar sua vida em resgate de muitos; há um ponto terminal para essa obra, tal que ele mesmo pode clamar triunfantemente: "Está consumado!" (João 19.30); e em seu término não jaz uma reprovação, e sim a glória da ressurreição e hiperexaltação (Filipenses 2.9). Foi para tal júbilo que o Messias é predestinado: para ter a preeminência em todas as coisas. E em vista de tal resultado, ele é enfaticamente o Eleito, não o Réprobo.

Todavia, Barth é original quando segue argumentando que a rejeição de Cristo é a rejeição de cada homem. Deus elegeu todos para a salvação, e Deus elegeu todos para a rejeição (em Cristo); e em vista dessa rejeição, agora já não há condenação para qualquer ser humano. Com base na rejeição de Cristo, todos são salvos e não pode haver lugar para nenhuma doutrina de expiação definida (limitada).

Essa é, ao menos, a posição lógica de Barth. Por detrás dos detalhes, como Geoffrey Bromiley salienta, assoma um "universalismo iniciante".[48] Todavia, Barth se recusa a dar o próximo passo e adotar explicitamente a doutrina da *apokatastasis*. Essa doutrina, no conceito de Barth, é uma inferência injustificada de uma avaliação otimista do homem em conjunção com a potencialidade infinita da graça.[49] A extensão final do círculo da eleição diz respeito a Deus:

> Se temos de respeitar a liberdade da graça divina, não podemos aventurar-nos a afirmar que ela deve ser e que será finalmente coincidente com o mundo dos homens como tais (como na doutrina da assim chamada *apokatastasis*). Não se pode deduzir legitimamente esse direito ou necessidade. Justamente como o Deus gracioso não carece de eleger ou chamar sequer um homem, e assim ele não precisa eleger ou chamar toda a humanidade.[50]

---

48 Geoffrey W. Bromiley, *Introduction to the Theology of Karl Barth* (Edimburgo: T. & T. Clark, 1979), 97.
49 Barth, CD II/2, 295.
50 Ibid., 417.

Como Berkouwer salienta, é impossível harmonizar a recusa de Barth de aceitar a *apokatastasis* com a estrutura fundamental de sua doutrina da eleição.[51] Se a eleição é universal, por que não também a salvação? Esse não é o lugar para uma avaliação completa de tal tensão, mas é o lugar para notar que a rejeição de Barth da *apokatastasis* o faz recuar ao mesmo ponto que desejava evitar: a ideia de que o decreto divino é, em última análise, uma matéria da "inescrutável aprovação" de Deus. Barth insiste que, posto que o decreto é o decreto de Jesus Cristo, ele não pode ser um *decretum absolutum*. Ao contrário, tudo é revelado na face de Jesus Cristo, e aí não resta nenhum mistério: "Fé na predestinação é fé na não rejeição do homem".[52]

Entretanto, transparece que os eleitos podem ser desobedientes à sua eleição, e para os que são desobedientes "existe aí uma esfera definida de condenação".[53] Portanto, ainda somos deixados com o obscuro mistério da reprovação: a condenação de alguns à desonra e à ira por seus pecados (neste caso, o pecado de rejeitar sua eleição). Isso significa que já não podemos dizer, como Barth deseja dizer, que a escolha do ímpio é fútil.[54] Nem podemos dizer que a ira de Deus já não tem qualquer relevância para ele.[55] Por trás do Deus que elege, e por trás do Deus que se designa para ser rejeitado no lugar do homem, há, depois de tudo, outro Deus que, no Grande Julgamento, pronunciará a terrível sentença: "Apartai-vos de mim, malditos" (Mateus 25.41).

E, ainda assim, do ponto de vista da Escritura, não existe *outro* Deus, pois é Jesus Cristo, o Filho do Homem, o Deus que elege, quem agora congrega as nações e faz o que Barth insiste na doutrina da eleição que ele jamais faria: separar pessoas em os benditos e os malditos, as ovelhas e os bodes. A reprovação também é Cristo moldado.

A doutrina bartiana da eleição não oferece solução para o problema do mal. O mal permanece uma *anomia*: a iniquidade sem razão; trevas sem luz; uma força

---

51 G. C. Berkouwer, *The Triumph of Grace in the Theology of Karl Barth* (Londres: Paternoster, 1956), 116.
52 Barth, CD II/2, 167.
53 Ibid., 27.
54 Ibid., 306.
55 Ibid., 125.

vil e virulenta que Deus incorpora em uma tapeçaria, mas que ele nunca termina. A doutrina da eleição universal ainda nos deixa com um universo do qual o mal nunca será finalmente erradicado. A despeito do fato de que todos os homens sejam eleitos em Cristo, e todo pecado seja expiado por seu sangue, aí permanece uma humanidade remanescente à qual se permite dizer um Não! Final ao Sim! de Deus. Diante de tal permissão, ficamos sem palavras, e Barth nada mais tem a dizer além que já disseram os proponentes das doutrinas "clássicas" da predestinação e da expiação definida. Ele simplesmente pode citar, uma vez mais, as palavras do Eleito: "Sim, ó Pai, porque assim foi do teu agrado" (Mateus 11.26).

O DEUS QUE ELEGE: *INCARNANDUS* OU *INCARNATUS*?

Aí está o aspecto mais distinto da doutrina de Barth: a capacidade com que Cristo age como o Deus que elege. Brunner atribuiu a Barth o conceito de que o Deus-Homem preexistente foi a base da eleição, e salientou que, se de fato houvesse uma preexistência eterna do Deus-Homem, a encarnação teria sido totalmente desnecessária: "A ideia da preexistente *Humanidade Divina* é uma teoria *ad hoc* artificial do pensador teológico, que só pode levar avante seu argumento de que o Homem Jesus é o único ser humano eleito por meio dessa teoria".[56] McCormack descarta isso como "um mal-entendido completamente drástico",[57] mas é fácil ver como o mal-entendido pôde surgir. Barth corrobora sua concepção de Cristo como o Deus que elege com uma exegese do prólogo do Evangelho de João, enfatizando a identidade do Logos *asarkos* (João 1.1) com o Logos *ensarkos* (João 1.14). À luz disso, o Logos preexistente que estava "com Deus" (por exemplo, no decreto da predestinação) é a mesma pessoa que o Jesus da história; e Barth parece mudar desta para a ideia de que este é o Jesus da história que é, em algum sentido, o Deus que elege. Obviamente, é assim que McCormack entende Barth: Jesus Cristo, o Deus-Homem em sua unidade humano-divina, é o sujeito (autor) da eleição.[58]

---

56 Emil Brunner, *The Christian Doctrine of God* (Londres: Lutterworth, 1949), 347.
57 McCormack, "Grace and Being", 92.
58 Ibid., 94.

McCormack neste ponto recorre a uma distinção, claramente reconhecida por teólogos reformados do século dezessete, entre o Logos *incarnatus* (já encarnado) e o Logos *incarnandus* (a ser encarnado). Evidentemente, não foi o Logos encarnado o autor da eleição. Mas teria sido o Logos *incarnandus*?

Em conformidade com a ortodoxia reformada, Cristo se tornou *incarnandus* somente como o objeto da eleição. Foi-lhe ordenado que se encarnasse pelo decreto de Deus. Isso torna a eleição anterior ao *incarnandus* e postula (na ordem do pensamento) um estado anterior do Logos em que não só ele não fora encarnado mas lhe fora ordenado que se encarnasse; e isso significa um modo de ser independente de seu ser como Redentor. McCormack enfaticamente rejeita tal ponto de vista. Ele alega que isso implica que a decisão de Deus de volver-se para a humanidade é casual e não reflete o que Deus é essencialmente. Ontologicamente, Deus já não se define como o Deus cujo próprio ser é tido como objetivo na decisão de encarnar-se e morrer em favor da humanidade.[59]

Em tais águas relativamente inexploradas, corre-se o risco de drasticamente entender mal tanto Barth como McCormack (que não estão necessariamente perseguindo a mesma agenda). Mas o ponto em questão é de muito peso: se a encarnação era arbitrária ou se (do ponto de vista do supralapsarianismo mais elevado) o impulso de tornar-se encarnado é a própria essência de Deus.

Presuma-se que, em vez de argumentar com base no prólogo joanino, Barth argumentasse com base em Filipenses capítulo 2: ele teria chegado à mesma conclusão? O momento-chave na passagem de Filipenses é a decisão do Cristo preexistente anular-se (v. 7, NVI). Evidentemente, *era* uma decisão; decisão essa que envolvia adicionar à forma de Deus a forma de servo, e obscurecer sua glória divina por detrás do véu da humanidade. Isso era voluntário e discricional, a ponto de o apóstolo recomendá-lo como um exemplo aos crentes filipenses: "Seja a atitude de vocês a mesma de Jesus Cristo" (v. 5, NVI). Aliás, deveriam não só imitar sua atitude (e sua ação) mas também seus motivos: ele desconsiderou seus próprios interesses e focou os dos outros.

---

59   Ibid., 97.

É verdade que essa decisão foi tomada por Cristo desde toda a eternidade. Justamente como Deus nunca existiu sem ser por amor ao seu povo, assim o Filho de Deus nunca existiu sem ter a intenção de tornar-se homem e sofrer e morrer por amor a eles. Todavia, ainda que eterna, essa decisão era casual. Não era, como sua filiação eterna, a forma necessária de seu ser, mas uma forma escolhida, nascida de uma decisão livremente tomada, e em si mesma a primeira de uma sequência de decisões que levariam Cristo eventualmente a Belém, ao Getsêmani e ao Calvário; justamente como, por outra decisão livre, ele escolheu não tomar a natureza dos anjos.

Então, Cristo se encarnou não simplesmente de bom grado (*volens*), mas porque ele o determinou (*voluit*). Isso faz da encarnação algo arbitrário e nos previne de aprender algo dela acerca do que Deus realmente é? Seguramente não; de outro modo, todas as nossas decisões livres seriam arbitrárias, enquanto são precisamente nossas decisões livres que declaram o que realmente somos. A decisão livre de Jesus de esvaziar-se verdadeiramente expressa sua *morphe*; mas sua *morphe* não necessitava disso. Foi uma escolha, uma escolha livre, e não fosse assim, não teria sido para sua glória.

Não obstante, ao mesmo tempo a preordenação que Cristo fez de si mesmo, de encarnar-se, fez com que sua encarnação fosse certa. O mesmo não se pode dizer da eleição universal, como Barth a constrói. Se Deus predestinou todos os homens para a salvação em Cristo, aquele decreto evidentemente não se cumpriu, e isso seguramente poderia pôr em dúvida sua própria existência. Não se pode inferir do ser de Deus a graça salvífica para cada um e todos os descendentes de Adão, mesmo como nos foi desvendado na eleição deste "homem, Jesus". Assim como a encarnação foi um ato da liberdade divina, também a concessão da graça a indivíduos é um ato da liberdade divina. Ela é concedida a todos por quem o Deus trino a propôs e a todos por quem, em concordância com tal propósito, Deus o Filho a resgatou.

UNIVERSALISMO HIPOTÉTICO

Lado a lado com as versões supra e infralapsarianas do predestinarianismo existe uma terceira: o Universalismo Hipotético, o qual tenta proclamar a doutrina da redenção universal enquanto ao mesmo tempo retém a doutrina da eleição incondicional. Há posições variadas dentro do Universalismo Hipotético que têm de ser respeitadas.[60] Alguns universalistas hipotéticos, como John Davenant, por exemplo, poderiam argumentar em prol de uma posição infralapsariana na *ordo decretorum*, vendo a eleição e a reprovação como precedentes ao decreto de dar Cristo como Redentor, enquanto ao mesmo tempo apresentando o decreto da redenção como se referindo aos eleitos e aos réprobos, de modos diferentes, a fim de alcançar fins diferentes. Nesta leitura, Deus decretou que a cruz *resgatasse* a salvação para todos os homens sob a condição de que cressem, mas também decretou que ela fosse *aplicada* somente aos eleitos. Isso significa que a discriminação entre salvos e não salvos continua radicada no decreto divino. Outros universalistas hipotéticos argumentaram que na ordem do pensamento divino a discriminação segue a redenção. Os eleitos são escolhidos não só dentre os apóstatas mas dentre os redimidos: daí a descrição "pós-redencionistas".

Essa última escola de pensamento usualmente é associada a Moïse Amyraut (Amyraldus),[61] cujo *Brief Traitté de la Predestination et de ses principales dépendances* (1634) levou, nas palavras muitas vezes citadas de Peter Bayle, a "um tipo de guerra civil entre os teólogos protestantes da França".[62] Amyraut foi citado para explicar e defender seus pontos de vista no Sínodo Nacional Francês de Alençon em 1637.[63] É óbvio, do relato de Quick, que Amyraut acreditava inequivocamente na predestinação absoluta, mas dentro dessa predestinação ele distinguia dois decretos.[64] Primeiro, houve um decreto condicional de "salvar

---

60 Ver Richard A. Muller, "Davenant e Du Moulin: Variant Approaches to Hypothetical Universalism", em seu *Calvin and the Reformed Tradition: On the Work of Christ and the Order of Salvation* (Grand Rapids, MI: Baker Academic, 2012), 126-60.
61 Warfield, *Plan of Salvation*, 94, por exemplo, usa o termo "amiraldianismo" como uma descrição genérica de Universalismo Hipotético.
62 Brian G. Armstrong, *Calvinism and the Amyraut Heresy: Protestant Scholasticism and Humanism in Seventeenth-Century France* (1969; reimp., Eugene, OR: Wipf & Stock, 2004), 80, a partir daqui citado como *CAH*.
63 Há um resumo útil dos procedimentos em John Quick, *Synodicon in Gallia Reformata; or, the Acts Decisions, Decrees and Canons of Those Famous National Councils of the Reformed Churches in France*, 2 vols. (Londres, 1692), 2:354-57.
64 Ibid., 2:364.

todos os homens através de Jesus Cristo, se porventura cressem nele". Foi nesta conexão que Amyraut falava de Cristo morrendo "également pour tous" (igualmente por todos): um conjunto de palavras que o Sínodo pediu a ele para que não fossem usadas no futuro por poderem causar "uma ocasião de escandalizar a muitos".[65] Mas além desse decreto condicional de redimir o mundo inteiro houve um segundo: o decreto incondicional de "conceder Fé a algumas Pessoas particulares": em outras palavras, *aplicar* a redenção somente a um eleito escolhido dentre os redimidos.[66]

Amyraut tirou tal inspiração de seu amado mentor escocês, John Cameron, que ensinava que "Cristo morreu pelos crentes *absolutamente*, por todos os homens *condicionalmente*".[67] Mas mesmo antes de Cameron e de Amyraut já havia um grupo significativo de universalistas hipotéticos ingleses, sendo o primeiro deles John Davenant, bispo de Salisbury, o membro sênior de uma delegação enviada ao Sínodo de Dort com instruções régias específicas de manter a doutrina da redenção universal apresentada no Artigo 31 dos *Articles of Religion* da Igreja da Inglaterra: "A oferta de Cristo, feita uma vez, é aquela redenção, propiciação e satisfação perfeita por todos os pecados do mundo inteiro, quer originais, quer atuais". Os esforços de Davenant no Sínodo tiveram êxito, ao menos na medida em que ele, Amyraut e recentes universalistas hipotéticos reiteradamente se professavam dispostos a se submeter aos Cânones de Dort. Em uma de suas comunicações do Sínodo, Davenant indicou que, em aquiescência com suas instruções, ele endossava a doutrina da redenção universal ("Nosso Bendito Salvador, por Designação de Deus, ofereceu a si mesmo pela redenção da humanidade"), mas também mantinha que "*a intenção especial de Deus e de Cristo de redimir eficazmente*, e merecer Graça eficaz somente para os Eleitos".[68] Evidentemente, Davenant granjeou amplo respeito, e quando indagado por alguns doutores continentais sobre quais

---

65   Ibid., Amyraut removeu as palavras em sua edição de 1658.
66   Quick, *Synodicon in Gallia Reformata*, 2:354.
67   John Cameron, *Praelectiones*, 3 vols. (Saumur, França: 1628), 3:196.
68   Ver John Davenant, "Letters and Expresses from the Synod of Dort", apensado em John Hales, *Golden Remains of the Ever Memorable Mr. John Hales of Eton College*, S& (Londres, 1688), 587, 590.

eram seus conceitos a respeito da "Controvérsia Galicana", ele respondeu em um tratado intitulado "Sobre a controvérsia entre os Doutores Franceses da Igreja Reformada, concernente à vontade graciosa e salvífica de Deus para com os homens pecadores".[69] Embora crítico de algumas expressões de Cameron, e um tanto mais de sua doutrina da "graça universal", Davenant não negou a essência de sua tese de que "Cristo morreu por todos os homens individualmente, com alguma intenção geral".[70] Em vez disso, ele declarou: "É corretamente dito que Cristo morreu por todos os homens, contanto que sua morte esteja fundada em uma aliança de salvação, aplicável a todos os homens enquanto vivem neste mundo".[71]

O maduro e extenso pronunciamento de Davenant sobre o tema apareceu em seu póstumo "Uma Dissertação sobre a Morte de Cristo quanto à sua Extensão e Benefícios especiais".[72] A tese essencial da "Dissertação" postula duas vontades divinas: "Havia no próprio Cristo uma vontade segundo a qual ele quis que sua morte levasse em conta todos os homens individualmente; e havia também uma vontade segundo a qual ele quis que ela pertencesse somente aos eleitos".[73] Todavia, diferentemente de Cameron, que direcionou suas polêmicas principalmente a Beza e aos "Doutores" (seu nome para a ortodoxia reformada), Davenant manifesta uma real preocupação com o tratado proposto pelo arminianismo, e particularmente a posição do remonstrante holandês Grevinchovius, cujo argumento é o de que a paixão de Cristo foi como o lançamento de dados, deixando aberta a possibilidade de que a oferta

---

69 Ver Morris Fuller, *The Life Letters and Writings of John Davenant* (Londres: Methuen, 1897), 193-200.
70 Ibid., 195.
71 Ibid.
72 John Davenant, "Dissertação sobre a Morte de Cristo, quanto à sua Extensão e Benefícios especiais: contendo uma breve História do Pelagianismo, e mostrando a Concordância das Doutrinas da Igreja da Inglaterra sobre a Redenção, Eleição e Predestinação, com os Pais Primitivos da Igreja Cristã, e, acima de tudo, com as Santas Escrituras", in *An Exposition of the Epistle of St. Paul to the Colossians* (1627), trad. Josiah Allport, 2 vols. (Londres: Hamilton, Adams, 1832). Este é o título da tradução inglesa da edição original em latim publicada em 1650 (Davenant morreu em 1641). Esta tradução (juntamente com o "Tract") foi apensada por Josiah Allport ao comentário de Davenant sobre Colossenses. A "Dissertação" foi reimpressa separadamente (com paginação diferente) por Quinta Press (Oswestry, UK) em 2006. Esta reimpressão inclui também o "Tract" sobre a controvérsia galicana (201-209).
73 Davenant, "Dissertation", 2:380.

do evangelho não fosse apreendida por um único indivíduo: "A redenção pode ser obtida por todos, e, no entanto, não ser aplicada a nenhum".[74] Contra isso, Davenant insistia que Deus decretou, desde a eternidade, infalivelmente, salvar os eleitos; e Cristo teria sido cônscio deste decreto, o qual significava que em sua vontade, quando se ofereceu, havia alguma intenção eficaz e singular de efetivamente salvar tais pessoas, os eleitos: "Portanto, a intenção de Cristo, ao oferecer-se, levava em conta os eleitos de uma maneira especial".[75]

Em que sentido, pois, a morte de Cristo é "a causa universal da salvação da humanidade"?[76] Davenant não oferece sequer uma resposta a isso, e muito do que ele diz demandaria imediato assentimento mesmo entre a maioria dos defensores da expiação definida. Por exemplo, ele fala da morte de Cristo sendo "aplicável a cada homem";[77] das promessas do evangelho "pertinentes" a todos aqueles a quem ele é publicado e dos homens tendo um "direito comum" de crer no evangelho.[78] Mas algumas vezes ele tem uma base menos definida, como quando aceita a ideia de que a paixão de Cristo faz Deus "aplacável" ou "reconciliável".[79] Seguramente, na realidade, Deus já foi aplacável ou reconciliável anterior à cruz, de outro modo ele jamais poderia ter sido reconciliado com o mundo pela morte de seu Filho. Aplacabilidade divina não é uma consequência da cruz, e sim sua pressuposição.

Davenant fala ainda da oblação de Cristo como que ratificando e confirmando a aliança evangélica: "Todo aquele que crê será salvo". Não há razão, entretanto, para que o crente na expiação definida não apresente essa aliança com tanta lucidez e fervor como o crente no universalismo hipotético. Quando o primeiro oferece redenção a todos, ele sabe que ela não foi ordenada para todos; mas, igualmente, quando o segundo chama todos os homens à fé, ele sabe que ela não foi ordenada para todos.

---

74 Ibid., 2:514.
75 Ibid., 2:526.
76 Ibid., 2:401.
77 Ibid., 2:344.
78 Davenant, "Dissertation", 2:411.
79 Ibid., 2:443.

De longe, a parte mais interessante da discussão de Davenant é sua doutrina da "suficiência ordenada". Todos os teólogos reformados têm concordado com a infinita suficiência *inerente* do sacrifício de Cristo: em si mesmo suficiente para redimir o mundo inteiro e muitos mundos além deste. Davenant deseja ir além disso e fala não só de uma suficiência inerente mas também de uma suficiência ordenada. Pela ordenação e intenção deliberada de Deus, Cristo foi oferecido para a redenção de toda a humanidade e *aceito* para a redenção de toda a humanidade.[80] Ele alega que a suficiência não se confina à natureza intrínseca do sacrifício, mas se estende à intenção divina: no ato de oferecer-se, a intenção de Cristo era redimir todos os homens. Mas a intenção era condicional no sentido de que o ato redentor de Cristo tinha de ser completado por um ato adicional, externo ao próprio sacrifício, a saber, a fé; e não era parte da "suficiência ordenada" assegurar essa fé para todos. A "suficiência ordenada", pois, significa apenas que a morte de Cristo foi o meio designado para salvar todos os homens, mas (como ele concedeu em seu "Tratado") essa designação não foi acompanhada por alguma "determinada vontade em Deus de produzir esse fim por esses meios".[81] Na verdade, não houve uma decisão divina de salvar todos os homens, mas somente "uma suficiência geral" de efetuar a salvação de todos.

É difícil distinguir essa "suficiência geral" da "mera" suficiência com que Davenant se declarava insatisfeito. Deus ordenou os meios pelos quais todas as pessoas poderiam ser salvas, porém não ordenou a graça pela qual todos poderiam se valer de tais meios. Em suma, Davenant é sempre mais confiante discutindo o decreto absoluto de salvar os eleitos do que é quando discute o decreto hipotético de salvar cada um.

A influência de Davenant foi refletida na presença da Assembleia de Westminster de um pequeno, porém articulado grupo de universalistas hipotéticos, incluindo Edmund Calamy, John Arrowsmith, Lazarus Seaman e Richard

---

80 Ibid., 2:403.
81 Davenant, "Tract", parte 1.

Vines.[82] O mais falante desses foi Calamy, que expressamente se alinhou com "nossos doutores do Sínodo de Dort", e declarou:

> Cristo pagou um preço por todos, a intenção absoluta pelos eleitos, a intenção condicional pelos réprobos, no caso de crerem; que todos os homens fossem *salvabiles, non obstante lapsu Adami*; que Jesus Cristo não só morreu suficientemente por todos mas a intenção de Deus em dar Cristo e de Cristo em dar a si mesmo pretendia pôr todos os homens em um estado de salvação, caso cressem.[83]

O teólogo leigo Edward Polhill pertencia à mesma tradição,[84] mas a exposição mais completa do universalismo hipotético inglês foi o *Universal Redemption of Mankind, by the Lord Jesus Christ*, de Richard Baxter, postumamente publicado em 1694. Baxter é particularmente explícito em seu pós-redencionismo, argumentando que não houve discriminação entre os eleitos e os não eleitos anterior à satisfação de Cristo. Quando passou à cruz, "Nem a lei, cuja maldição Cristo suportou, nem Deus como o Legislador a ser satisfeito fizeram distinção entre os homens como Eleitos e Réprobos ... e assim impõem a Cristo ou requerem dele satisfação pelos pecados de uma sorte mais do que da outra; mas pela *humanidade* em geral".[85] Além disso, a redenção e a eleição não são da mesma extensão, e nem todos os que [são] eleitos são redimidos, mas a redenção é universal".[86] Mas, ainda que universal, essa redenção é inteiramente hipotética: todos nós somos condicionalmente perdoados, quer creiamos, quer não.[87] Como se dá com Cameron e Amyraut, Baxter está preparado para afirmar que

---

82 Ver Alexander F. Mitchell e John Struthers, eds. *Minutes of the Sessions of the Westminster of Divines* (Edimburgo: Blackwood, 1874), lv. Mitchell, o autor da introdução, os descreve como sendo discípulos de Davenant.
83 Chad Van Dixhoorn, ed., *The Minutes and Papers of the Westminster Assembly 1643-1652*, 5 vols. (Oxford: Oxford University Press, 2012), 3:692. A frase latina, *salvabilis, non ostante lapsu Adami*, "salváveis, a despeito da queda de Adão".
84 Ver Edward Polhill, *The Divine Will Considered in Its Eternal Decrees and Holy Execution of Them*, in *The Works of Edward Polhill* (Londres, 1673; reimp. Morgan, PA: Soli Deo Gloria, 1998), 111-211.
85 Richard Baxter, *Universal Redemption of Mankind by the Lord Jesus Christ* (Londres, 1694), 36.
86 Ibid., 279.
87 Ibid., 40.

"Cristo morreu igualmente por todos os homens", mas imediatamente adiciona: "Todavia, ele nunca pretendeu propriamente ou propôs realmente justificar e salvar a todos".[88] A redenção pode ser universal, mas a eleição soberana de Deus opera dentro da comunidade dos redimidos, conferindo fé segundo "a aprovação de Deus e do Redentor, ao qual chamamos Predestinação".[89]

Evidentemente, o universalismo hipotético apela para os teólogos que creem na predestinação eterna, mas que se esquivam da ideia de que Cristo morreu somente pelos eleitos. Todavia, isso é trabalhado sob sérias dificuldades propriamente do universalismo hipotético. A dificuldade mais séria se relaciona com a divisão do decreto divino em duas partes. Amyraut era obviamente cônscio de um problema aqui, e procurou distanciar-se de qualquer sugestão de que há dois decretos. Na mente de Deus há apenas um, "formado em Deus em um e no mesmo Momento, sem qualquer sucessão de pensamento ou ordem de prioridade e posterioridade".[90] Essa observação é bem- fundamentada. Mas esse único decreto poderia ser simultaneamente absoluto e condicional? Seguramente, se o propósito do único decreto é a salvação de todos os que foram preordenados à vida eterna, tudo mais no plano seria subordinado a isso? Caso a resposta seja positiva, os que defendem o universalismo hipotético assumem a posição paradoxal de que a redenção universal é um meio para a redenção particular.[91] Cristo morreu por todos a fim de salvar alguns. Equivale admitir que a intenção divina desde o princípio era salvar os que, e somente esses, realmente são salvos.

Outra dificuldade jaz no uso que Amyraut, em particular, faz da distinção entre a vontade *secreta* e a vontade *revelada* de Deus. Armstrong vê essa distinção como o "próprio cerne" da tentativa de Amyraut reformular a teologia reformada.[92] Na realidade, como Herman Bavinck salienta, a distinção é tão antiga quanto Tertuliano, ainda que teólogos mais recentes a tenham expressado

---

88   Ibid., 63.
89   Ibid., 42.
90   Citado em Quick, *Synodicon in Gallia Reformata*, 2:355.
91   Cf. D. Broughton Knox, "Some Aspects of the Atonement", in *The Doctrine of God*, vol. 1 de *D. Broughton Knox, Selected Works* (3 vols.), ed. Tony Payne (Kingsford, NSW: Matthias Media, 2000), 261: "Ao tentar conciliar somente os eleitos, o método que Deus escolheu foi tornar todos os homens reconciliáveis".
92   Armstrong, *CAH*, 192.

de diversos modos.⁹³ De um lado, havia a vontade da aprovação de Deus, ou a vontade secreta de Deus, ou a vontade decretiva de Deus; do outro, havia a vontade expressa de Deus, ou sua vontade significada, ou sua vontade preceptiva. A forma mais precisa da distinção é aquela entre a vontade *decretiva* e a vontade *preceptiva*, mas seja qual for a terminologia que usemos, é inteiramente ilegítimo fazer a leitura de uma vontade isolada da outra. A vontade *preceptiva* de Deus ser a redenção que os pregadores oferecem a cada um indiscriminadamente não significa que ela seja, portanto, parte de sua vontade *decretiva* de que cada um seja salvo — nada mais além do fato de que, já que somente os eleitos serão salvos, os pregadores não devem convocar à fé os não eleitos. A lógica não é diferente daquela que se aplica ao sexto mandamento. A vontade preceptiva de Deus é "Não matarás". Evidentemente, isso não é sua vontade decretiva. Todavia, Amyraut (que preferiu falar da vontade secreta e revelada) falou como se a vontade revelada fosse de alguma forma um indicador da vontade secreta — na verdade, quase uma versão alternativa dela.

O problema é que, correta ou erroneamente, é a vontade *secreta* de Deus que está em discussão no debate sobre a extensão da expiação. Deus, ao oferecer seu Filho, tencionava redimir mesmo aqueles que não foram predestinados para a salvação? A resposta da ortodoxia reformada tem sido um categórico não! Mas tem-se afirmado também, não menos categoricamente, que o conselho secreto de Deus nunca pode ser nossa regra pessoal de conduta. Não podemos adiar nossa resposta ao evangelho até que saibamos se, segundo sua vontade secreta, somos eleitos: estamos obrigados por sua vontade revelada, a qual ordena fé e arrependimento imediatos. Nem podemos procrastinar a aquiescência à ordem divina de pregar o evangelho até que tenhamos alguma certeza de que, segundo sua vontade secreta, aqueles que estão diante de nós foram preordenados à vida eterna. Nossas regras de engajamento são dadas na vontade *revelada* de Deus. No entanto, inversamente, a vontade revelada de Deus não pode governar nosso discernimento de seu decreto secreto,

---

93 Herman Bavinck, *God and Creation*, vol. 2 of *Reformed Dogmatics*, ed. John Bolt, trad. John Vriend (4 vols.) (Grand Rapids, MI: Baker, 2004), 242.

como se pudéssemos inferir da oferta universal do evangelho a doutrina da redenção universal.

Todavia, ainda que o decreto de Deus seja secreto, não somos deixados inteiramente no escuro. A revelação bíblica derrama luz sobre seus princípios gerais, se não sobre seus detalhes específicos. Sabemos que a preocupação última de Deus é conformar homens e mulheres à semelhança de Cristo e que seu plano de salvação finalmente incluirá uma multidão tão numerosa que não se pode contar. Não obstante, também sabemos por experiência que essa multidão não incluirá cada um e todos os membros da humanidade. Foi para explicar esse fato que Calvino introduziu nas *Institutas* sua discussão sobre a eleição: "Mas, já que a aliança de vida não é pregada entre todos os homens igualmente, e entre aqueles a quem é pregada não acha a mesma receptividade, quer qualitativa, quer de modo contínuo, nessa diversidade se manifesta a admirável grandeza do juízo divino."[94]

Os universalistas hipotéticos neste ponto provavelmente replicariam que esse é um mau uso da lógica, e é aqui que os estudiosos, tais como Armstrong, suscitam o espectro do "escolasticismo reformado", enaltecendo Amyraut como um exemplo de uma teologia alternativa, humana e ardentemente evangélica. Em sua variedade reformada, segundo Armstrong, o escolasticismo pretendia construir um sistema de teologia mediante dedução lógica partindo de um princípio central, neste caso, a predestinação; e aliado a isso estava a impaciência com antinomias, e uma determinação de harmonizar todas as aparentes contradições dentro do sistema.

O perigo é real, mas o universalismo hipotético por si só não provê um antídoto infalível. Admitido, não se pode acusar de derivar seu sistema da doutrina da predestinação absoluta, mas, não obstante, ele tem seu próprio dogma central: a oferta universal do evangelho. A ideia de um decreto divino limitando a extensão da expiação é rejeitada sobre a base de que, a menos que Cristo em algum sentido morresse por todos, não podemos falar a cada homem "Eu tenho boas notícias para você!". Amyraut mesmo estava convencido de que "a metodologia e a doutrina ortodoxas haviam destruído a eficiência da pregação

---

94 Calvin, *Institutes*, 3.21.1.

reformada".⁹⁵ Richard Baxter declarou categoricamente: "Se Cristo não pagou pelos pecados de todos, então nenhum homem teve motivo suficiente para sua primeira fé justificadora".⁹⁶ A mesma nota se faz soar pelos amiraldianos contemporâneos. Por exemplo, dirigindo a Conferência de 2006 da Associação Amiraldiana, J. E. Hazlett "confessou" que nos dias em que passou a ver o evangelho através do filtro do "escolasticismo owenita", sempre tivera a má consciência da pregação evangelística.⁹⁷ A razão para a má consciência era simples: ele não podia conciliar a comissão de oferecer Cristo a todos com a doutrina de que ele morreu somente pelos eleitos. Mas, sem soltar a doutrina da eleição, ele achou paz no universalismo hipotético: "Nossa mensagem é para todos sem exceção. É para *todos indiscriminadamente*, por causa do que Cristo fez na cruz por *todos indiscriminadamente*".⁹⁸

Armstrong cita como uma das virtudes do universalismo hipotético que, contra a paixão "calvinista" pela consistência lógica, ele aderiu ao preceito de que "não é necessário que tudo na teologia seja perfeitamente conciliado e perfeitamente coerente, já que o homem é, em todos os tempos, incapaz de compreender Deus e suas ações".⁹⁹ Mas a doutrina das duas vontades, uma manifestando um resgate universal e a outra uma aplicação particular, não é precisamente uma tentativa de conciliar a doutrina da eleição incondicional com a oferta universal do evangelho? Foi a ortodoxia reformada que recusou tentar essa reconciliação. Os Cânones de Dort, por exemplo, estabeleceram que a promessa do evangelho juntamente com a ordem de crer e arrepender-se deve ser proclamada a todas as pessoas indiscriminadamente e sem distinção (II:I), mas passou quase imediatamente a declarar que era a vontade de Deus que Cristo, pelo sangue de sua cruz, redimisse eficazmente todos aqueles, e somente esses, "que foram desde a eternidade escolhidos para a salvação" (II:VIII). Não se fez nenhuma

---

95   Armstrong, *CAH*, 167.
96   Baxter, *Universal Redemption*, 168. Cf. Edmund Calamy in *Letters and Papers of the Westminster Assembly*, 3:694: "se a aliança da graça deve ser pregada a todos, então Cristo redimiu, em algum sentido, a todos — quer eleitos, quer réprobos".
97   J. E. Hazlett Lynch, "Evangelistic Preaching — Amyraldian Style", in *Christ for the World: Affirming Amyraldianism*, ed. Alan C. Clifford (Norwich, UK: Charenton Reformed, 2007), 153.
98   Ibid. (ênfase original).
99   Armstrong, *CAH*, 170.

tentativa de conciliar essas verdades aparentemente "irreconciliáveis". Tampouco os grandes evangelistas da ortodoxia reformada se sentiram embaraçados ante a alegada inconsistência. Tinham recebido uma comissão de pregar o evangelho a cada criatura, e não gastaram tempo se intrometendo nos conselhos secretos do Onipotente ou argumentando com ele que não havia nenhum ponto a debater com cada pecador, uma vez que somente os eleitos haviam de ser salvos. Nenhum pregador universalista hipotético jamais poderia exceder a paixão evangelística de, por exemplo, o sermão de C. H. Spurgeon, "Obriga a todos a entrar" (Lucas 14.23).[100] Inversamente, os evangelistas reformados exortavam aos seus ouvintes a não escaparem do evangelho por meio de vãs especulações, como, por exemplo, se seus nomes foram escritos no livro da vida. O dever do ouvinte, seu imperioso dever, foi definido na vontade revelada e preceptiva de Deus, "Crê no Senhor Jesus Cristo". Como isso poderia conciliar-se com a vontade decretiva de Deus não era a tarefa de nenhum dos ouvintes; e mesmo que fosse, o universalismo hipotético não provia solução. Como poderiam depositar sua confiança numa redenção hipotética? Como poderiam absolutamente crer a menos que fossem eleitos para a fé?

Mas o universalismo hipotético enfrentou uma questão ainda mais desafiante. O conteúdo da vontade divina *absoluta* era claro: Cristo, por sua morte, efetiva e infalivelmente redimiria os eleitos. Mas qual era o conteúdo da vontade *condicional*? Se pelo decreto eterno de Deus Cristo morreu igualmente por toda a humanidade, em que sentido ele morreu por Judas? Em que sentido ele redimiu os réprobos?

Já vimos as respostas oferecidas por Davenant e Calamy. Outros meramente repetiram a fraseologia arminiana de que Cristo removeu os obstáculos legais para a salvação de todos os homens, ou que sua morte abriu a porta da misericórdia para todos os homens. Mas tudo isso é hipotético (e um tanto quanto confuso). Um grande obstáculo à salvação de todas as pessoas é o pecado; e a cruz, como tal, não removeu esse obstáculo no caso de cada um. Mais fundamentalmente, o universalismo hipotético não pode escapar à dificuldade de que ele postula um sério deslocamento dentro do decreto divino. De um lado, Deus

---

100 C. H. Spurgeon, *The New Park Street Pulpit*, 63 vols. (Londres: Passmore and Alabaster, 1884), 5:18-24.

decretou redimir todos os homens sob a condição de que recebam o evangelho; do outro, sabendo que cada ser humano é por natureza indisposto a receber o evangelho, ele decretou vencer essa indisposição somente nos eleitos. Ele lhes dará a fé; e o restante ele passa por alto — redimidos, porém réprobos. Com efeito, há dois decretos salvíficos: um de salvar cada um da culpa do pecado pela cruz de Cristo; e o outro, totalmente distinto, de redimir somente alguns do poder dele [o pecado]. Seguramente, isso expõe a falta de coerência na mente divina? Também suscita aqueles outros espectros que perseguem o universalismo *arminiano*: o deslocamento entre a obra do Cristo terreno e a obra do celestial, e o deslocamento entre a obra expiatória de Cristo e a obra santificante do Espírito Santo. Por que, se todos são redimidos, as multidões são deixadas "salváveis", porém não salvas?

O NT, por contraste, insiste sobre um elo divinamente ordenado entre o sacrifício de Cristo e a transformação subjetiva do pecador. Isto é óbvio em passagens como Efésios 5.25-27, onde Paulo liga a morte de Cristo à santificação da igreja: "Cristo amou a igreja e entregou-se a si mesmo por ela para santificá-la ... e apresentá-la a si mesmo como igreja gloriosa, sem mancha nem ruga ou coisa semelhante, mas santa e inculpável" (NVI). Evidentemente, o resultado pretendido pela cruz não foi meramente o perdão, mas santidade; ou, como a CFW (8.5) o expressa, Cristo "adquiriu não só a reconciliação mas também uma herança eterna no reino celestial, para todos aqueles a quem o Pai Lhe deu". Ele morreu para conduzir-nos a Deus (1 Pedro 3.18), não para deixar-nos no limbo.

Richard Baxter ofereceu sua própria variante da significação do decreto *condicional* de redimir todos os homens. Por ele, Deus tencionava lançar o fundamento para um "Pacto Evangélico", oferecendo a cada e todo membro da humanidade um novo e mais fácil caminho de salvação. Deus não mais nos confronta com o princípio de "Fazes e viverás". Em vez disso, ele agora requer apenas obediência evangélica e legal. O termo "pacto evangélico" já ocorre em uma das cartas de Davenant ao Sínodo de Dort, onde ele fala da oblação de Cristo confirmando e ratificando "Pacto Evangélico", o qual pode e deve ser pregado seriamente a toda a Humanidade, sem exceção".[101] Ele usa a mesma

---

101 Hales, *Golden Remains*, 587.

terminologia em sua *Dissertação*, mas também fala de "um novo pacto" no qual a ordem legal, "Faze e viverás", é substituída por "Crê e serás salvo". Essa nova aliança é ligada diretamente à morte de Cristo: "Pelo mérito da morte de Cristo, uma nova aliança foi firmada entre Deus e a humanidade".[102]

Baxter desenvolveu essa ideia. Cristo, tendo salvado todo o gênero humano da necessidade legal de perecer, Deus renunciou seu direito de punir, e libertou toda a humanidade para Cristo como seu Senhor e Soberano, "para ser de agora em diante nos termos de Misericórdia e não dos antigos termos da Lei das Obras no mero rigor da justiça".[103] Esses "termos de Misericórdia", segundo Baxter, equivale uma Nova Lei "adaptada ao seu presente estado de Miséria", e o teor desta Lei é que

> Todo aquele que se arrepender, com gratidão e sinceridade, aceita Jesus Cristo como seu Salvador, Mestre, Rei e Líder, crendo que ele é o Redentor, e o amará (e a Deus nele) acima de tudo, e o obedecerá sinceramente, até a Morte, sob sua primeira aceitação será justificado e adotado, e sob sua perseverança será justificado em juízo, salvo do inferno e Glorificado.

Inversamente, quem quer que rejeite Cristo "levará a Culpa e a punição de todos os seus Pecados contra a Lei, e por sua recusa será punido mais intensamente".[104]

Outros universalistas hipotéticos tangem uma nota semelhante. Edward Polhill, por exemplo, declarou que o desígnio da expiação era obter "salvação nos termos do evangelho".[105] Ligeiramente se faz óbvio, contudo, que esses "termos de misericórdia" em si mesmos são um novo legalismo e que a construção baxteriana merece plenamente o rótulo de "neonomianismo".[106] De relance, de

---

102 Davenant, "Dissertation", 404.
103 Baxter, *Universal Redemption*, 26.
104 Ibid., 53.
105 Polhill, *Divine Will Considered*, 165.
106 Por exemplo, em *The Marow of Modern Divinity* (Londres, 1645), a posição de Baxter é representada por Neomista, um dos quarto parceiros de diálogo, sendo os outros Evangelista, Nomista e Antinomista.

fato pode parecer como se Deus tivesse relaxado seus mandamentos. Na realidade, ele quer mais. A lei moral, em toda sua extensão, foi satisfeita em Cristo, e até onde vai a guarda da lei, isso seria suficiente. Mas não! Há outra lei, e essa também demanda obediência, desta vez pelo próprio pecador. Não é uma lei fácil. É preciso arrepender-se "grata e cordialmente", é preciso amar Jesus "acima de tudo"; é preciso obedecê-lo "sinceramente", "até a morte"; e é preciso "perseverar" nesse arrependimento, amor e obediência até o fim.

Aqui, seguramente, tanto quanto com a Antiga Lei, o princípio tem esta aplicação: "por obras da lei, ninguém será justificado" (Gálatas 2.16, ARA)? Os "termos mais fáceis" de Baxter servirão somente para deixar o pecador perplexo com dúvidas quanto à qualidade de sua fé, amor e obediência. À luz fria do dia, essas graças sempre parecerão inadequadas, e se buscarmos ser aceitos por Deus não *per fidem* (através da fé), mas *propter fidem* (por causa da fé), teremos pouca paz. Nossa fé necessita de uma rocha sólida. Por si só, ela não pode ser essa rocha, e quando a visualizamos, nosso único conforto é que Cristo já expiou as próprias imperfeições da fé. A fé não pode olhar para a fé, ou para o arrependimento, ou para a obediência. Escassamente cônscia de si mesma, ela pode olhar unicamente para o Senhor, Nossa Justiça, e para aquele grande sacrifício que realizou tudo e garantiu tudo.

Mas isso não é tudo. Essa Nova Lei carrega sua própria maldição; e é uma maldição ainda mais terrível do que a maldição da Antiga Lei. Cristo nos livrou da punição devida à Antiga Lei (a lei das obras), porém não morreu para livrar-nos da punição devida à Nova Lei, a lei da obediência evangélica: "Cristo não morreu por alguém que não cumpre as condições da Lei da Graça".[107] Cristo agora a ninguém julgará segundo a lei das obras. Em vez disso, a pessoa será julgada com base em seu compromisso ou não compromisso com os termos da graça; e a conclusão de Baxter é: "Cristo, por sua Lei, tornou a punição muito mais intensa do que antes de lhes pertencer, e chegará a todos os que não creem nele. ... E por rejeitar seu Senhor, serão condenados".[108] A falha em cumprir a

---

107 Baxter, *Universal Redemption*, 33.
108 Ibid., 44.

Nova Lei ("crer no Senhor Jesus Cristo") incorre em maior culpa do que o não cumprimento da lei das obras.

Não é fatalmente incoerente que Deus simultaneamente decrete que a cruz de Cristo redimisse todos os não eleitos e lhe fornecesse as bases para a maior condenação deles?

CONCLUSÃO

DOIS ARGUMENTOS PRINCIPAIS DESTACAM ESTE ENSAIO.

Primeiro, Deus tem um plano de salvação, no qual as três pessoas divinas concordam conjuntamente em salvar uma vasta multidão dos intitulados seres humanos e conformá-los à semelhança do amado Filho. Em concordância com esse plano, Deus fez dessa multidão eleita o centro de sua administração do universo. Ele seria o Deus *deles*, e o Filho seria o Mediador *deles*. Por sua obediência e sacrifício, ele expiaria os pecados deles, reconciliando-os com Deus, livrando-os do poder de Satanás e assegurando-lhes o ministério do Espírito Santo, que, tocando seus corações, os capacitaria a responder ao amor de Deus e a recebê-lo em suas vidas, pela fé. Esse é um plano coerente, orientado por um grande fato: a determinação de Deus de conduzir os seus nomeados à glória.

O segundo argumento subjacente é a unidade orgânica da própria salvação. Cristo veio salvar: não tornar a salvação possível, ou contribuir para ela, ou atentar para algumas partes dela, mas realmente salvar. Essa salvação tem dois aspectos: o forense e o ontológico, e esses dois aspectos são inseparáveis. A cruz assegura, respectivamente, reconciliação e transformação. Seu resultado decretado não é mera salvabilidade, e sim *theosis*, Cristo tornando absolutamente certo que aqueles a quem ele amou "se tornem participantes da natureza divina" (2 Pedro 1.4). Ele não *obteria* meramente a vida eterna para eles: ele a *daria* a eles (João 17.2), garantindo uma salvação completa, inteira, culminando naquele momento em que os apresente "com grande exultação, imaculados diante da sua glória" (Judas 24). Essa é a sua satisfação última, e o prospecto dela foi que o sustentou quando "derramou sua alma na morte" (Isaías 53.12).

Um só decreto: haverá uma igreja de Deus glorificada. Uma só salvação: portando a imagem do divino.

Tabela 15.1: A Ordem dos Decretos[109]

	SUPERNATURALISTA									NATURALISTA	
	EVANGÉLICO						SACERDOTAL				
	PARTICULARISTA		UNIVERSALISTA								
	Consistentemente particularista	Inconsistentemente particularista									
	Supralapsariano	Infralapsariano	Amiraldiano	Luterano	Wesleiano	Universalista Puro	Anglicano	Romano	Ortodoxo Grego	Remonstrante	Pelagiano
	Eleição de alguns para a vida eterna com Deus.										Dom do livre-arbítrio por virtude do qual cada um pode fazer tudo quanto lhe é requerido.
	Permissão da Queda = culpa, corrupção e incapacidade total.	Permissão da Queda = culpa, corrupção e incapacidade total.	Permissão da Queda = corrupção, culpa e incapacidade moral.	Permissão da Queda = culpa, corrupção e incapacidade total.	Permissão da Queda = culpa, corrupção e incapacidade total.	Permissão da Queda.	Permissão do pecado.	Permissão da Queda = perda da justiça sobrenatural.	Permissão da Queda = perda da retidão original, envolvendo a perda do conhecimento de Deus e inclinação para o mal.	Permissão da Queda = deterioração (física) (seguida da moral).	
	Eleição de alguns para a vida eterna em Cristo.	Dom de Cristo para tornar a salvação possível a todos.	Dom de Cristo para pagar pelos pecados do mundo.	Dom de Cristo para pagar pelos pecados do mundo.	Predestinação para a vida.	Dom de Cristo para fazer satisfação pelos pecados de todos os homens.	Dom de Cristo para oferecer satisfação por todos os pecados humanos.	Dom de Cristo para reconciliar com Deus a humanidade pecadora.	Dom de Cristo para tornar possível o dom da graça suficiente.	Dom da lei e do evangelho para iluminar o caminho e persuadir a andar nele.	
	Dom de Cristo para redimir os eleitos e fazer oferta para todos.	Eleição de alguns para o dom da habilidade moral.	Dom dos meios de graça para comunicar graça salvífica.	Remissão do pecado original para todos e dom para todos da graça suficiente.	Dom de Cristo para expiar o pecado de todos.	Estabelecimento de Cristo como agente vivo para comunicar a graça suficiente de Deus.	Instituição da Igreja e dos sacramentos para aplicar a satisfação de Cristo.	Estabelecimento da Igreja para a provisão contínua dos benefícios da cruz.	Dom da graça suficiente (persuasão) para todos.	Dom de Cristo para (expiar o pecado passado e para) dar bom exemplo.	
	Dom do Espírito Santo para salvar os redimidos.	Dom do Espírito Santo para operar capacidade moral nos eleitos.	Predestinação para a vida dos que não resistem aos meios de graça.	Predestinação para a vida dos que melhoram a graça suficiente.	Dom do Espírito Santo para aplicar a expiação de Cristo a todos.	Comunicação desta graça através dos sacramentos como canais indispensáveis.	Aplicação da satisfação de Cristo através dos sacramentos, sob a operação das causas secundárias.	Instrução, justificação e edificação através das ordenanças da Igreja.	Salvação de todos os que livremente cooperam com esta graça.	Aceitação de todos os que andam no caminho certo.	
	Santificação de todos os redimidos e regenerados.	Santificação de todos os redimidos e regenerados.	Santificação pelo Espírito	Santificação através dos meios de graça.	Santificação de todos os que cooperam com a graça suficiente.	Salvação de todos.	Salvação através do sacramento do batismo comunicando vida e da nutrição eucarística.	Edificação de vida santa de todos para quem os sacramentos são contínuos.	Edificação na graça através de todos os sete sacramentos.	Santificação pela cooperação com a graça.	Continuação em agir corretamente por esforço voluntário.

109 Reprodução feita a partir de Warfield, *Plan of Salvation*, 33.

CAPÍTULO 16

O DEUS TRIÚNO, ENCARNAÇÃO E EXPIAÇÃO DEFINIDA

Robert Letham

Em sua raiz, a doutrina da expiação definida afirma que, em concordância com o amoroso decreto eterno do Deus triúno, Cristo, o Filho, assumiu a natureza humana na encarnação e se ofereceu ao Pai através do Espírito Santo para fazer expiação por seu povo eleito. Vinculado a isso está uma conexão indestrutível entre a Santa Trindade, a encarnação do Filho e a expiação. No cerne dessa conexão está a doutrina da indivisibilidade do ser e atos do Deus triúno.

Três modelos proeminentes que se opõem à expiação definida implicam fortemente discórdia nas relações trinitárias ou inversão dos atributos divinos, ou incoerência teológica. O mais significativo dos três é o modelo de T. F. Torrance (1913-2007), que, segundo meu argumento, em última análise é incoerente. Mas antes de considerar sua posição em detalhes, temos de examinar as alegações de seu irmão mais novo, J. B. Torrance (1923-2003),[1] e de Moïse Amyraut (Amyraldus) (1596-1664), teólogo francês do século XVII.

---

1   J. B. Torrance foi meu supervisor de doutorado.

DISCORDÂNCIA — AMYRAUT E O UNIVERSALISMO HIPOTÉTICO

Moïse Amyraut, da escola teológica de Saumur, na França, desenvolveu uma posição sobre os decretos de Deus que teve influência direta sobre a natureza e a intenção da expiação. Sua obra foi construída sobre a de seu predecessor, John Cameron (1579-1625), e surgiu grandemente em resposta à oposição feita pelo Sínodo de Dort (1618-1619) ao arminianismo. Dort havia afirmado a expiação definida sob o segundo tópico da doutrina, porém em um contexto em que sua plena suficiência para o mundo inteiro estava em primeiro plano. Aliás, alguns do Sínodo, inclusive as delegações inglesas e de Bremen, estavam mais que inclinados a enfatizar o escopo e a suficiência universais da morte de Cristo.[2] Amyraut trabalhou sobre esse universalismo hipotético. Sua posição continua sendo influente hoje em dia.[3]

A Teoria Amiraldiana

Segundo Amyraut, Cristo morreu na cruz com a intenção de salvar todas as pessoas. Entretanto, o Pai, prevendo que nem todos creriam, elegeu alguns para a salvação. Por sua vez, o Espírito Santo concede arrependimento e fé aos eleitos. Como Robert Reymond salienta, para o amiraldianismo, "a execução real da discriminação divina não é no tocante à realização redentora de Cristo, e sim no tocante à aplicação redentora do Espírito".[4] Essa construção e outras afins algumas vezes são conhecidas como universalismo hipotético.[5]

---

2 Ver W. Robert Godfrey, "Tensões dentro do calvinismo internacional: Debate sobre a Expiação no Sínodo de Dort", (Ph.D. diss., Stanford University, 1974); Anthony Milton, ed., *The Bristish Delegation and the Synod of Dort (1618-1619): The Church of England Record Society: Volume 13* (Woodbridge, UK: Boydell, 2005); Robert Letham, *Assurance in Theological Context: Reformed Dogmatics 1523-1619* (Edimburgo: Rutherford Studies in Historical Theology, no prelo), chapter 7, uma revisão de minha tese de doutorado, University of Aberdeen (1979).

3 Ver Moïse Amyraut, *Brief Traitté de la Predestination et de ses principales dependances* (Saumur, 1634). Defensores recentes de construções similares têm incluído R. T. Kendall, *Calvin and English Calvinism to 1649* (Oxford: Oxford University Press, 1979); e Alan C. Clifford, *Atonement and Justification: English Evangelical Theology 1640-1790: An Evaluation* (Oxford: Clarendon, 1990).

4 Robert L. Reymond, *A New Systematic Theology of the Christian Faith* (Nova York: Thomas Nelson, 1998), 477.

5 Entretanto, alguns universalistas hipotéticos diferiam de Amyraut em sua ordenação dos decretos, alguns como John Davenant, sendo infralapsarianos, e argumentavam que Cristo morreu condicionalmente por

Essencialmente, o amiraldianismo busca manter a particularidade da eleição e a particularidade correspondente da aplicação da redenção pelo Espírito Santo, enquanto também mantém a expiação universal. Por essa razão, Warfield o classifica como calvinismo inconsistente.[6]

UNIVERSALISMO HIPOTÉTICO

Alguns universalistas hipotéticos ingleses propuseram um argumento ligeiramente diferente.[7] Edmund Calamy (1600-1666), membro da Assembleia de Westminster, mantinha que Cristo morreu absolutamente pelos eleitos e condicionalmente pelos réprobos, caso crerem. Nesse contexto, Calamy foi capaz de preservar a congruência nas obras da Trindade e evitar uma cisão entre a expiação e a intercessão de Cristo. Ele insistia:

> Estou muito distante da redenção universal na essência arminiana, mas defendo a essência de nossos doutores do sínodo de Dor: que Cristo pagou um preço por todos, absoluto pelos eleitos, condicional pelos réprobos, no caso de crerem; que todos os homens seriam *salvabiles, non obstante lapsu Adami*; que Jesus Cristo morreu não só suficientemente por todos mas a intenção de Deus era dar Cristo & Cristo, ao dar-se a si mesmo, tencionava pôr todos os homens um estado de salvação no caso de crerem.

Calamy distinguia sua posição do arminianismo: os arminianos dizem que Cristo pagou um preço colocando todos em lugar de igualdade na salvação. "Dizem que Cristo não adquiriu qualquer impetração." Calamy insistia em seu ponto de vista "não impondo [a] doutrina da eleição especial nem a graça especial". Sua tese era que o arminianismo asseverava que Cristo simplesmente sofreu; todas as pessoas são colocadas em uma situação potencialmente salvável, de modo que

---

todos, se cressem, e incondicionalmente pelos eleitos para a salvação.

6   B. B. Warfield, *The Plan of Salvation*, ed. rev. (1935; reimp. Grand Rapids, MI: Eerdmans, 1973), 89-95.
7   Ver Jonathan D. Moore, *English Hypothetical Universalism: John Preston and the Softening of Reformed Theology* (Grand Rapids, MI: Eerdmans, 2007).

todo aquele que crê será salvo. Em contraste, ele mesmo acreditava que a morte de Cristo salva seus eleitos e concede ao resto uma possibilidade condicional de salvação.[8] Em distinção de Amyraut, Calamy mantinha que a expiação era eficaz para os eleitos. Enquanto os debates sobre o escopo da graça salvífica durou vários dias na Assembleia, e houve um número de doutores que se pôs ao lado de Calamy, nenhum foi expulso. Uma boa razão para isso foi que os conceitos de Calamy não eram vistos como sendo a maior ameaça para o particularismo soberano dos decretos, nem para a natureza ou a intenção da expiação.

Crítica do Amiraldismo e do Universalismo Hipotético

Primeiro, o universalismo hipotético de todos os tipos ilustra o ponto de que a questão sobre a intenção da expiação é inescapavelmente sobre sua natureza. A expiação é o que Deus pretende que seja. A expiação, para Amyraut e para os universalistas hipotéticos, não pode ser intrinsecamente eficaz, visto que, enquanto se diz que Cristo morreu por todas as pessoas, sem exceção, os resultados não aparecem a todos. Portanto, sua eficiência é contingente à resposta humana da fé de uma maneira similar ao arminianismo clássico. Não obstante, há uma diferença crucial do arminianismo. No último, a eleição tem por base a presciência. Deus prevê que alguns responderão com fé à oferta do evangelho e os escolhe para a salvação. Com efeito, sua eleição simplesmente ratifica as escolhas que os homens e as mulheres fazem, se bem que assistidos até certo ponto pela graça preveniente. Com o amiraldianismo, a eleição é mais que um carimbo para uma decisão humana, visto que a decisão é precedida pela graça. Não obstante, ambas têm em comum que a morte expiatória de Cristo em si mesma não assegura a salvação de ninguém em particular, visto que ela é contingente à resposta humana no caso do arminianismo ou à obra particular do Espírito em termos de amiraldismo. Além disso, visto que

---

8 C. Van Dixhoorn, "Reforming the Reformation: Theological Debate at the Westminster Assembly 1643-1652. Volume Seis. Apêndice B. Minutes of the Westminster Assembly, Volume 3. Fólios 1^r-192^r (18 de novembro de 1644 a 31 de dezembro de 1646)" (tese de doutorado, University of Cambridge, 2004), 202-203; Robert Letham, *The Westminster Assembly: Reading Its Theology in Historical Context* (Phillipsburg, NJ: P&R,2009), 177.

a expiação não é intrinsecamente eficaz, ela não pode produzir uma doutrina da substituição penal.[9]

Segundo, o problema-chave com a posição amiraldiana, e com o universalismo hipotético em geral, é que ela postula desintegração na Trindade. O propósito eletivo do Pai e a obra do Espírito estão em conflito com a intenção na morte do Filho na cruz. Isso é contrário à simplicidade de Deus e à indivisibilidade da Trindade.

Um axioma fundamental da teologia trinitária clássica é a doutrina da simplicidade de Deus, partilhada, respectivamente, pelas igrejas ocidentais e orientais. Esse ponto de vista afirma que Deus não é divisível em partes menores do que a totalidade do que ele é. Segue-se que cada uma das três pessoas trinitárias é a totalidade de Deus, e tudo o que se pode dizer ser Deus está presente em cada pessoa. Daí o fato de as três habitarem mutuamente umas nas outras, ocupando o mesmo espaço divino infinito. Deus é três, porém indivisivelmente um só ser.

Disso se segue que, em tudo o que Deus faz, todas as três pessoas estão diretamente envolvidas. As várias ações de Deus, embora particularmente atribuíveis — ou *apropriadas* — a uma das três, todavia são indivisivelmente aquelas das três operando conjuntamente em harmonia. Isso é expresso na fórmula *opera trinitatis ad extra indivisa sunt* (as obras externas da Trindade são indivisíveis). Por exemplo, somente o Filho se encarnou, mas ele foi enviado pelo Pai e sua natureza humana foi concebida pelo Espírito Santo. Somente o Espírito foi enviado no Pentecostes, contudo foi enviado pelo Pai e pelo Filho. Esses pontos são claramente ensinados tanto por Agostinho, o principal teólogo trinitário da igreja latina, como por Gregório de Nissa e Gregório de Nazianzo da igreja grega.

Para Agostinho o fato estabelecido pela controvérsia trinitária do quarto século de que o Filho é da mesma essência que o Pai é crucial.[10] Enquanto para

---

9   Ver Charles Hodge, *Systematic Theology*, 3 vols. (1871-1873; reimp. Grand Rapids, MI: Eerdmans, 1977), 2:726-28; Herman Bavinck, *God and Creation*, vol. 2 of *Reformed Dogmatics*, ed. John Bolt, trad. John Vriend (4 vols.) (Grand Rapids, MI: Baker Academic, 2004), 368-72; idem, *Sin and Salvation in Christ*, vol. 3 de *Reformed Dogmatics*, ed. John Bolt, trad. John Vriend, 4 vols. (Grand Rapids, MI: Baker Academic, 2006), 461-63 e Robert Lethan, *The Work of Christ* (Leicester, UK: InterVarsity Press, 1993), 225-47.
10 Agostinho, *On the Trinity*, 1.6.9, PL 42:825; Agostinho, *On the Gospel of John*, Tractate 6, NPNF[1] 7:39, PL 35:1425-35.

nós as pessoas e obras da Trindade são reveladas sequenciais — pois não podemos entender a verdadeira simultaneidade de ser e ação[11] — visto que eles são unos no ser, a obra do Filho e do Pai é indivisível. Isso é um constante *leitmotiv* [motivo condutor] no pensamento de Agostinho.[12] No importante *Tratado 20 sobre o Evangelho de João*, Agostinho discute isso extensamente. A inseparabilidade das obras da Trindade se segue da inseparabilidade das pessoas, "porque o Pai e o Filho não são dois Deuses, mas um só Deus ... e o Espírito de caridade também é um só, de modo que o Pai, o Filho e o Espírito Santo se fazem a Trindade". Assim, a criação procede do Pai através do Filho no Espírito Santo, e não são três ações separadas.[13] Daí Deus possuir uma só vontade, um só poder e uma só majestade.[14]

Uma questão de Nebridius, amigo de Agostinho, é importante aqui. Nebridius pergunta por que, já que as obras da Trindade são indivisíveis e assim todas as três pessoas estão envolvidas em todas as obras de Deus, somente o Filho se encarnou, e não o Pai e também o Espírito? Em resposta, Agostinho conecta as obras inseparáveis da Trindade com as apropriações. É verdade que as três pessoas estão envolvidas em todas as obras e modos de Deus, Agostinho concorda. As três nada fazem em que todas não tenham uma parte. Não obstante, cada obra é apropriadamente aplicada a uma das pessoas. Em particular, somente o Filho é o sujeito da encarnação, mas não sem o engajamento direto do Pai e do Espírito Santo. As obras das pessoas divinas são inseparáveis, porém distintas. Era mais apropriado que o Filho se encarnasse, embora Agostinho não possa explicar satisfatoriamente por que isso se dá dessa forma.[15] Ele diz praticamente o mesmo em um sermão sobre Mateus 3.13, provando que as obras da criação e a graça são empreendidas pelas três pessoas, mas aplicadas a uma delas em particular. Há "uma distinção de pessoas, e um aspecto

---

11 Agostinho, *Trinity*, 4.21.30, *PL* 42:909-10.
12 Ibid., 1.6.12, 1.8.15-17, 1.12.25-27, *PL* 42:827, 829-32, 838-40; Agostinho, *Letter 169*, 2.5, *NPNF*[1] 1:540, *PL* 33.744; Basil Studer, *The Grace of Christ and the Grace of God in Augustine of Hippo: Christocentrism or Theocentirsm?* (Collegeville, MN: Liturgical Press, 1997), 104.
13 Agostinho, *John*, Tractate 20, *NPNF*[1] 7:131-37, *PL* 35:1556-64.
14 Ibid., Tractate 22, *NPNF*[1] 7:150, *PL* 35:1574-82. Ver Tractate 77, *NPNF*[1] 7:339, *PL* 35:1833-35.
15 Agostinho, *Letter 11*, *NPNF*[1] 1:228-30, *PL* 33:75-77.

inseparável da operação".[16] Daí, quando uma pessoa é mencionada, algumas vezes todas as três estão compreendidas.[17]

Uma geração anterior, Gregório de Nissa argumentou que Deus é um em essência, três em pessoas, divididas sem separação, unidas sem confusão.[18] Em uma obra intitulada *Sobre a Sagrada Trindade da Divindade do Espírito Santo a Eustácio*, ele argumenta que não conhecemos a Deus a partir de sua essência, mas a partir de suas obras. As obras das três pessoas são unas, e assim concluímos que sua natureza é una. Essas obras são inseparáveis, pois é impossível separar o Espírito Santo de qualquer obra do Pai e do Filho. A Trindade é uma Deidade una. Segue-se que o Filho é inseparável do Espírito Santo.[19]

Gregório de Nazianzo, que juntamente como Gregório de Nissa corroborou a resolução da crise trinitária, escreveu:

> Para nós há um só Deus, e tudo o que procede dele é referido a um só, ainda que creiamos em três pessoas. Pois um não é mais e outro menos Deus; nem é um antes e outro depois; ... mas a Deidade não é ... dividida em pessoas separadas. ... Quando olhamos para a Deidade, ou a primeira causa, ou a monarquia, aquilo que concebemos é uno; mas quando olhamos para as pessoas em quem a Deidade habita ... há três a quem adoramos.[20]

Consequentemente, a igreja, através das eras, tem confessado tanto a inseparabilidade das obras de Deus como as apropriações. Visto que Deus é uno, as três pessoas agem conjuntamente em todas as obras de Deus. Mas cada obra é particularmente tributável (apropriada) a uma pessoa. Isso não nega que as outras duas pessoas estivessem também envolvidas nesses atos. A Trindade opera em harmonia, em vez de em uníssono — porém não em discórdia. O Deus trino

---

16 Agostinho, *Sermon on Matthew* 3:13, NPNF[1] 6:259-66, esp. 262, PL 38:354-64.
17 Agostinho, *Trinity*, 1.9.18-19, PL 42:832-34.
18 Gregório de Nisssa, *Against Eunomius*, 2.2-3, 7.4, PG 32: 325-40.
19 NPNF[2] 5:326-30, PG 46:235, PG 32:683-94, onde é listado erroneamente como Carta 189 de Basílio.
20 Gregório de Nazianzo, *Oration* 31.14, PG 36:148-49.

é um ser com uma só vontade indivisível; sugerir uma variedade de propósitos conflitantes na mente de Deus é recair em triteísmo. Isso mina a simplicidade de Deus. Além disso, quando a máxima *opera trinitatis ad extra indivisa sunt* é levada em consideração, o amiraldismo e o universalismo hipotético apresentam toda a Trindade como existindo com duas mentes, a primeira determinando que o Filho encarnado morreria na cruz para a salvação de toda a humanidade, mas então, em contraste, determinando que alguns, não todos, seriam salvos, e continuando a pôr esta última determinação em ação. Warfield pergunta:

> como é possível defender que Deus deu seu Filho para morrer por todos os homens, semelhante e igualmente; e ao mesmo tempo declarar que, quando ele deu seu Filho para morrer, já tinha plenamente por objetivo que sua morte não valeria para todos os homens semelhante e igualmente, mas somente por alguns que ele selecionaria (isto é, os quais, porque ele é Deus e não há subsequência de tempo em seus decretos, já havia selecionado) para ser seus beneficiários?

Warfield prossegue: "é impossível defender que Deus tem em mente o dom de seu Filho para todos os homens semelhante e igualmente e ao mesmo tempo tenciona que nem todos realmente se salvarão, mas somente um grupo seleto que ele mesmo provê para tal". Isso, necessariamente, implica uma sequência cronológica entre os graus, "a admissão de que Deus abole ... e por isso a natureza da expiação é alterada por eles".[21]

Esse problema é focalizado nos escritos de John Davenant (1576-1641), membro da altamente influente delegação da Grã-Bretanha ao Sínodo de Dort. Partindo da premissa da necessidade que a pregação universal do evangelho esteja fundada em uma provisão coextensiva, ele ensinava que a morte de Cristo era a base para a salvação de todas as pessoas em todos os lugares.[22] O chamado

---

21 Warfield, *Plan*, 94.
22 John Davenant, "Mors Christi in sacra Scriptura proponitur ut universal remedium omnibus & singulii hominibus ex ordinatione Dei & natura res ad salute applicabile", in *Dissertationes duae: prima de morte Christi, quatenus ad omnes extendatur, quatenus ad solos Electos restringatur: Altera de praedestinatione & reprobation*

para a fé, feito promiscuamente, pressupõe que a morte ou o mérito de Cristo é aplicável a todos a quem, sob a condição de fé, se prometeu o benefício.[23] Cada pessoa é salvável.[24] Portanto, o escopo e a intenção da expiação são universais. Cristo pagou a pena não pelos pecados de pessoas individualmente particulares, mas por toda a humanidade.[25] Isso tem por base uma aliança evangélica feita por Deus na qual ele promete salvação eterna a todos sob a condição de que creiam em Cristo e se arrependam.[26] Nisso, o ônus recai no ato de fé e arrependimento: se Pedro continuasse a negar Cristo, não teria sido salvo, enquanto a promessa teria sido efetuada se Jesus se arrependesse.[27] Para Davenant, isso significava muito mais do que o *slogan* aceito por muitos particularistas — "suficiente para todos, eficiente para os eleitos" —, que afirmavam que a suficiência da morte de Cristo era simplesmente devida ao seu valor infinito. Por sua vez, Davenant mantinha que, pela morte de Cristo, Deus realmente provê salvação para todos. A suficiência é ordenada por Deus na aliança evangélica.[28]

Para Davenant, essa provisão universal na expiação prefigurava e precedia um decreto no qual Deus determinou salvação para todos os eleitos. Não que a reconciliação ou salvação concreta venha antes de uma pessoa crer.[29] Nisto, Deus, segundo sua vontade, torna disponíveis ou subtrai os meios de aplicação da salvação às nações ou a indivíduos. Somente os eleitos recebem a fé salvífica.[30] Esse decreto, que diferencia eleitos de réprobos, se conflita com a decisão de Deus de que Cristo, por sua morte, fez expiação por cada e toda pessoa. Primeiro, Deus decide uma coisa; depois, outra.[31]

(Cambridge: ex officinal Rogeri Danielis, 1650), 10. Sobre Davenant, ver também Moore, *English Hypothetical Universalism*, 206-209.
23 Davenant, "Mors Christi", 17.
24 Ibid., 11.
25 Ibid., 16.
26 Ibid., 17.
27 Ibid., 11.
28 Ibid., 37.
29 Ibid., 55.
30 Ibid., 69, 87.
31 Ver Jonathan D. Moore, "The Extent of the Atonement: English Hypothetical Universalism versus Particular Redemption", in *Drawn into Controversie: Reformed Theological Diversity and Debates within Seventeenth-Century British Puritanism*, eds. Michael A. G. Haykin e Mark Jones (Göttingen, Alemanha: Vandernhoeck &

Em suma, a posição universalista hipotética, sob qualquer disfarce, é inerentemente incoerente. Além disso, vai contra a teologia trinitária clássica. Deve ser considerado como axiomático que a expiação é uma amorosa provisão das três pessoas da Trindade, operando em harmonia indivisível, em que o Pai envia o Filho, concebido e sustentado pelo Espírito Santo. Por sua vez, na cruz, o Filho se oferece ao Pai no Espírito Santo (Hebreus 9.14). A expiação é a amorosa provisão da Trindade indivisível por nós e dada para nossa salvação. Seu valor é infinito, sua consecução pelo Filho é inseparável da participação ativa de todas as pessoas trinitárias em seus modos distintos.

INVERSÃO — J. B. TORRANCE E OS ATRIBUTOS DE DEUS

J. B. Torrance, o irmão mais jovem de T. F. Torrance, partilhou seus pontos de vista em diversas áreas. Em particular, ele foi também influenciado por John McLeod Campbell (1800-1872). Campbell se opôs fortemente a John Owen e a Jonathan Edwards em seus respectivos argumentos em prol da expiação definida. Em particular, ele rejeitou o ponto de vista deles que faz da justiça um atributo essencial de Deus e da misericórdia um atributo arbitrário; Deus deve ser justo, já que isso constitui sua natureza; enquanto ele exerce misericórdia em concordância com sua soberana vontade. Daí Campbell ter alegado que o argumento deles é o de que Deus trata a pessoa em geral com base na justiça, enquanto seu amor e misericórdia são outorgados àqueles a quem ele selecionou para recebê-los com base em uma decisão de sua vontade.[32]

J. B. Torrance apresentou esses pontos de vista em um artigo em 1983,[33] embora ele já os expressasse numa variedade de contextos. Ele insiste que a expiação limitada, como ensinada por Owen e Edwards, é contrária ao ensino da Bíblia, de que Deus é essencialmente amor. Consequentemente, a doutrina da expiação no calvinismo federal não pode exibir a natureza de Deus. Seu argumento é de que o calvinismo caiu em uma armadilha feita de uma série

---

Ruprecht, 2011), 124-61.

32 John McLeod Campbell, *The Nature of the Atonement and Its Relation to Remission of Sins and Eternal Life* (1856, reimp. Londres: James Clarke, 1959), 51-75.

33 J. B. Torrance, "The Incarnation and 'Limited Atonement'", *EQ* 55 (1983): 82-94.

de dualismos. Primeiramente, ele dividiu natureza e graça, exemplificado pelo contraste entre a aliança pré-queda das obras, no qual Adão se relacionava com Deus pela lei, e a aliança da graça, o qual inclui somente os eleitos. Em segundo lugar, a partir disso, Torrance argumenta, a lei é anterior à graça, quer histórica, quer teologicamente, e assim dá ainda à aliança da graça uma tonalidade legal. Relacionado a esse dualismo arraigado está o duplo decreto esmagador, pelo qual se diz que Deus elegeu somente alguns para a salvação enquanto rejeitou o resto. A doutrina da expiação limitada é um subproduto desse dualismo radical. Ela trai um falso ponto de vista de Deus como um Deus contratual, que trata as pessoas primariamente com base na lei, em vez de ser um Deus pactual, que se comprometeu incondicionalmente em amor. Além disso, ela falha em ver a expiação e a salvação como um todo cristologicamente, pois a encarnação é a suprema revelação de quem Deus é.

Crítica de J. B. Torrance

Paul Helm respondeu aos argumentos de Torrance. Helm protestou contra a alegação de Campbell: visto que, segundo a doutrina calvinista, "alguns experimentam amor, alguns, justiça, e não ambos", pois os eleitos por si só não experimentam justiça quando ela é satisfeita para eles pela expiação de Cristo.[34] No nível filosófico e teológico, Helm declarou que "uma justiça que pudesse ser unilateralmente dispensada não *seria* justiça, e a misericórdia que não pudesse ser unilateralmente dispensada não seria misericórdia".[35] Em suma, a justiça que não é aplicada igualmente a todos não é justiça; ela seria arbitrária e dependente da vontade de um "deus" variável — ironicamente, exatamente o problema que Torrance queria evitar. A justiça, para ser justiça, é aplicada em todos os níveis. Além disso, a misericórdia que é dispensada a cada um e a todas as pessoas, e que não pode ser diferente, não é misericórdia; há sobre a misericórdia algo surpreendentemente inerente. A misericórdia é uma decisão soberana e não pode ser

---

34 Paul Helm, "The Logic of Limited Atonement", *SBET* 3.2 (1985): 47-54 (50).
35 Ibid.

compelida ou utilizada por necessidade. O argumento de Torrance efetivamente inverte a justiça e a misericórdia de Deus. Além disso, como Helm argumenta, se fôssemos supor que Deus exerce misericórdia sobre todos, isso seria tão arbitrário como sua escolha de mostrar misericórdia somente a alguns.³⁶ Garry Williams concorda: "a equidade universal que a justiça requer, demanda o tipo de exercício universal que a própria natureza da misericórdia impossibilita". De um lado, ele cita Owen para estabelecer que o que é requerido para a misericórdia ser uma propriedade essencial de Deus é que ele a exerça para com qualquer pessoa em particular.³⁷

Que a crítica de Torrance sobre o ensino reformado dos atributos de Deus é equivocada, é evidente à luz da discussão clássica de Herman Bavinck sobre a obra de Cristo mais de setenta anos antes. Bavinck estabelece que "não existe tal coisa como conflito entre a justiça de Deus e seu amor. Em nosso estado pecaminoso, pode parecer-nos ser assim, mas em Deus todos os seus atributos são unos e plenamente consistentes entre si". Ele prossegue: "Assim ... devemos rejeitar a noção de que Cristo foi unicamente uma revelação da justiça punitiva de Deus", enquanto que, "por outro lado, Cristo não deve ser visto como unicamente uma demonstração do amor de Deus".³⁸

Virtualmente, Torrance não tem uma exegese bíblica para apoiar suas alegações. Quando se aventura tangencialmente nessa direção, comete sérios erros semânticos. Um de seus principais argumentos repousa sobre uma distinção entre o mero amor incondicional (ἀγάπη) de Deus e o amor como desejo (ἔρος), o último deles, como Aristóteles argumentou, não pode ser atribuído a Deus. Daí o fato de o calvinismo, estando enredado na filosofia aristotélica, não ter podido reconhecer o amor como inerente à natureza de Deus.³⁹ Torrance não enxerga o argumento estabelecido por Robert Joly de que ajgavph era usado intercambiavelmente no NT com outras palavras para amor, como fora no

---

36 Ibid., 51.
37 Garry J. Williams, "Karl Barth and the Doctrine of the Atonement", in *Engaging with Barth: Contemporary Evangelical Critiques*, ed. David Gibson e Daniel Strange (Nova York: T. & T. Clark, 2009), 261.
38 Bavinck, *Sin and Salvation in Christ*, 369.
39 Torrance, "Incarnation and Limited Atonement", 84-85.

uso grego por mais de um século, e que ἀγαπάω era uma palavra comum para "amor" nessa época.[40]

Em contraste com Torrance, entre outras coisas, Romanos 3.21-26 aponta para o caráter complementar do amor e da justiça de Deus na morte expiatória de Cristo. Paulo enfatiza que a fonte da expiação é o amor de Deus (Romanos 5.8). Aqui ele o apresenta como demonstração da graça em face da culpa humana universal (Romanos 3.21-24; cf. 3.19-20). A justificação resultante da morte de Cristo é dada livremente pela graça (v. 24). Contudo, ao mesmo tempo ela demonstra sua justiça e equidade (vs. 25-26). Não há conflito: a graça de Deus é dada livremente por amor, em conformidade com sua lei justa.

A teologia subjacente que aqui dá suporte à alegação de Torrance é explicada detalhadamente por seu irmão, T. F. Torrance, através de todo o *corpus* de seus volumosos escritos.

INCOERÊNCIA — A EXPIAÇÃO DEFINIDA DE T. F. TORRANCE
EXPIAÇÃO SEM SALVAÇÃO UNIVERSAL

T. F. Torrance foi um convicto crítico da expiação definida. Embora suas críticas fossem superficiais em vários pontos em suas vastas obras, ele expande de forma mais clara e extensiva sua teologia da expiação em suas preleções recentemente publicadas.[41]

A Doutrina de T. F. Torrance sobre a Expiação

(1) Há uma congruência inerente entre a encarnação e a expiação. Cristo morreu por aqueles a quem ele se uniu na encarnação. Cristo assumiu nossa natureza, a natureza de todas as pessoas; portanto, ele morreu na cruz por todos os homens e mulheres:

---

40 Robert Joly, *Le vocabulaire chrétien de l'amour, est-il original? filein et Agapan dans le grec antique* (Bruxelles: Presses Universitaires de Bruxelles, 1968). Ver também D. A. Carson, *Exegetical Fallacies* (Grand Rapids, MI: Baker, 1984), 51-54.
41 T. F. Torrance, *Atonement: The Person and Work of Christ*, ed. R. T. Walker (Milton Keynes, UK: Paternoster, 2009).

Entretanto, a expiação e a encarnação não podem ser separadas uma da outra e, portanto, a gama de representação é a mesma em ambas. Em ambas, todas as pessoas estão envolvidas. Na encarnação, Cristo, o Filho eterno, tomou sobre si a natureza do homem, e todos que pertencem à natureza humana estão envolvidos e são representados, todos os homens e mulheres, sem exceção; de modo que, por todos e por cada um, Jesus Cristo representou como substituto e defensor em sua vida e em sua morte. Porque ele é o Verbo ou *Logos*, a quem toda a humanidade adere, pois ter ele tomado para si a natureza humana significa que que toda a humanidade é assumida por sua encarnação; toda a humanidade está unida a ele; ele morreu por toda a humanidade e toda a humanidade morreu nele.[42]

Em suma, tomar como axiomático que na encarnação Cristo assumiu a união da natureza humana como tal, a natureza de cada e toda pessoa humana, significa, para Torrance, que ele fez expiação por cada e por toda pessoa.

(2) *As promessas e os mandamentos da aliança estão ambos cumpridos em Cristo*. Para Torrance, a expiação, no sentido mais pleno, abarca a totalidade da vida encarnada e da obra de Cristo.[43] A vida e a morte de Cristo cumprem a única aliança da graça feita por Deus com toda a criação.[44] Embora isso tomasse expressão na história de Israel e da Igreja, de uma maneira totalmente única e no único Servo: "como tal, se cumpriu por toda a humanidade".[45] Isso focaliza a humanidade vicária de Cristo. Na encarnação, ele tomou a natureza humana decaída, de nossa espécie, e no interior de nossa natureza a santificou, penetrando em seus mais profundos recessos e curando-a interiormente. Isso se deu devido ao *homoousion*, pois o Filho eterno, o Deus vivente, estava presente como homem, vivendo por nós, crendo por nós, sofrendo por nós, morrendo

---

42 Ibid., 182.
43 Ibid., 9.
44 Ibid., 182.
45 Ibid., 183.

por nós e ressuscitando dentre os mortos e ascendendo ao Pai por nós. Ele mesmo é o sacrifício expiatório pelo pecado, em sua humanidade encarnada viveu por nós. Alinhado ao primeiro ponto acima, Torrance considera a encarnação em si como sendo o fator diretivo na expiação.

(3) *A morte expiatória de Cristo foi eficiente*. Ela reconcilia e justifica, como o NT declara consistentemente. Ao fazer isso, Cristo carregou o pecado de todas as pessoas de todos os lugares. Fazendo isso, ele as reconciliou com Deus e efetuou sua justificação, acarretando um reverso completo da situação moral, pois ela é a justificação dos ímpios. Nela, a humanidade, "a despeito do pecado, se poria plenamente em ordem junto a Deus, e é por esse ato, total e final, que não mais se requer dos homens e mulheres que por si mesmos efetuem a justificação. ... Recebem a justificação através da morte de Cristo".[46] Ela é consumada na vida obediente de Cristo em ação completa.

Assim, "Cristo morreu por todos os homens e mulheres, e a justificação envolvida é total". É completa em Cristo e "é concretizada no indivíduo através da incorporação no único corpo de Cristo".[47] "Todos os homens e mulheres já estão envolvidos no ato de Cristo da justificação", enquanto "nada desintegra mais completamente do que a expiação substitutiva e interrompe a totalidade da justificação e a destrói".[48] Eis a chave para a doutrina da expiação pela ótica de Torrance. "A justificação se estende, em sua concretização, entre toda a humanidade através da incorporação em Cristo por meio de seu Espírito."[49] Ao manter essa nota de realização definitiva, a reconciliação se concretizou na pessoa de Cristo; ela permanece uma realidade duradoura e aperfeiçoada para todos nele.[50] Além do mais, "não há um ato positivo de rejeição ou juízo estendido para qualquer ser humano, mas somente o ato de aceitação".[51] Segue-se que

---

46   Ibid., 107.
47   Ibid., 128-29.
48   Ibid., 129.
49   Ibid.
50   Ibid., 150.
51   Ibid., 156.

Cristo realizou, na expiação, a justificação e a reconciliação definitivas junto a Deus por cada e toda pessoa humana.

(4) *A tarefa da igreja é tornar isso conhecido*, mostrar que Deus ama cada e toda pessoa no mundo e que já deu prova disso quando seu Filho tomou sua natureza, curando-a interiormente e assegurando sua salvação em sua morte, ressurreição e ascensão.[52]

(5) *O evangelho revela o pecado, uma vez que ele expõe a necessidade do homem por graça.* A lógica da posição global de Torrance demandaria salvação universal. Entretanto, ele não aceitava que isso fosse assim. Visto que o ato de Deus em justificar, reconciliar e aceitar o pecador é uma afronta à dignidade do homem e às vezes suscita antagonismo feroz, aí resta a possibilidade do inferno.[53] "Se um pecador é reprovado, se um pecador vai para o inferno, isso não se deve em Deus havê-los rejeitado, pois Deus os escolheu somente para amá-los, e só os aceita em Cristo. ... Se uma pessoa vai para o inferno, isso só se dá porque, inconcebivelmente, ela recusa o ato positivo da aceitação divina deles, e recusa reconhecer que Deus tomou sobre si a rejeição dela."[54] Não fica claro se o "se" é condicional ou concessivo, ou mesmo hipotético.

Na realidade, o evangelho muitas vezes se mostra ofensivo pelo fato da aceitação de Deus e de ele tratar do pecado das pessoas acabar por expor homens e mulheres como pecadores que necessitam de sua graça. Muitos não podem aceitar essa mensagem humilhante. Então, no fim, é possível que alguns sofram o inferno. Deus os tem aceitado, porém concebivelmente não podem aceitar a Deus. Para eles, isso seria o inferno: saber que Deus os ama, mas viver conscientes na rejeição disso.[55] Assim, para Torrance, o conhecimento do pecado vem através do conhecimento do evangelho — o evangelho desmascara o pecado mediante o anúncio do perdão.

---

52 Ibid., 342-43, 390-91, 407-408.
53 Ibid., 157-58.
54 Ibid., 156-57.
55 Ibid., 110.

Torrance se refere ao inferno e argumenta que a aniquilação não é possível, porque na encarnação Deus congregou todas as pessoas numa relação de existência com ele. O pecador não pode escapar ao amor de Deus, pois "seu amor se recusa a permitir que o pecador escape de ser amado". Ir para o inferno não é o resultado de Deus escolher condená-lo, mas é o resultado de sua própria decisão de escolher a si mesmo em vez do amor de Deus.[56] Ele vive perenemente prisioneiro de sua própria recusa de ser amado, e "isso é o próprio inferno dela".[57]

E assim Torrance não aceita a salvação universal, a despeito do teor e da direção de seu pensamento. Na encarnação, Cristo se uniu a todas as pessoas, e morreu por todas elas. Mas é possível que pessoas rejeitem seu amor. A condenação no inferno envolve confrontação pelo amor de Deus — isso é inferno.[58]

A Crítica de Torrance à "Espiação Limitada"

Dificilmente se surpreende que para Torrance a expiação limitada, como ele a denomina, é contrária ao argumento de toda a Escritura.

(1) *A expiação limitada nega que Deus ama a humanidade mediante sua doutrina da eleição*, na qual ele seleciona uns poucos e rejeita muitos.[59] Ao fazer isso, ela nega que essencialmente Deus é amor, e eleva sua justiça e vontade, tornando Deus arbitrário.

(2) *Ela se aparta da cristologia clássica, criando uma separação entre a encarnação e a expiação*.[60] Com a expiação limitada, a encarnação de Cristo em si mesma não é suficiente, mas é simplesmente uma preliminar para o objetivo real da cruz, na qual os beneficiários são unicamente os eleitos e, consequentemente, sustenta uma relação legal e contratual com Deus, em vez de uma relação filial.

---

56 T. F. Torrance, *The School of Faith: The Catechisms of the Reformed Church* (Londres: James Clarke, 1959), cxv.
57 Ibid., cxvi.
58 Ibid., cxv-cxvii.
59 Torrance, *Atonement*, 181-83.
60 Ibid., 182-85.

(3) *Ela perde o ponto subjacente de que a expiação é um mistério.* Como o sumo sacerdote no Dia da Expiação desaparecia por detrás do véu — o objetivo real do dia ocorre fora da vista —, assim a expiação ocorria na presença imediata de Deus e, assim, não pode ser descoberta ou espionada. Não pode ser exposta nas formulações doutrinais.[61] Ao asseverar o mistério da expiação e opor-se ao que ele considera como sendo a construção racional da expiação limitada, Torrance alega que não há relação lógica entre a morte de Cristo e o perdão de pecados hoje.[62]

(4) *A expiação limitada é uma doutrina forense que obscurece a natureza centralmente pessoal da expiação.* Aqui Torrance tem especialmente uma dívida, como seu irmão, para com John McLeod Campbell. Este escreveu sobre Cristo se penitenciando vicariamente em favor da humanidade. Ele fez isso em consentimento ao juízo de Deus sobre o pecado humano, submetendo-se a ele em sua mente e vida, e confessando o pecado humano.[63] Assim Torrance afirma que "na penitência e dor vicárias pelo pecado da humanidade, Cristo satisfez e respondeu ao juízo e à vexação do Pai, absorvendo-o em seu próprio ser".[64] Nisso, a relação entre o Pai e o Filho é suprema, uma relação filial, em vez de [uma relação] forense, obrigação contratual. Essa foi a oposição crucial de Campbell ao calvinismo de Owen e Edwards.[65] O argumento de Torrance é que, com a expiação limitada, uma doutrina forense desconexa ignora essa intimidade filial.[66] Ao contrário, a *pessoa* de Cristo expia; não é um ato de expiação *in abstracto*: Cristo é a expiação.[67]

(5) *A oposição crucial de Torrance à expiação limitada se encontra na relação entre encarnação e expiação.* "Porque ele é o Verbo ou Logos eterno a quem toda a humanidade adere, o ato de tomar sobre si a natureza humana significa que toda a humanidade é adotada por sua encarnação; toda a humanidade é

---

61 Ibid., 2-3.
62 Ibid., 4.
63 Campbell, *Nature of the Atonement*, 114-296.
64 Torrance, *Atonement*, 70.
65 Campbell, *Nature of the Atonement*, 51-75.
66 Torrance, *Atonement*, 72.
67 Ibid., 73-75.

absorvida nele; ele morreu por toda a humanidade e toda a humanidade morreu nele."⁶⁸ Portanto, segue-se, diz Torrance, que "repudiamos a ideia de que a humanidade de Cristo foi meramente instrumental nas mãos de Deus e ideia de que a expiação na cruz foi meramente uma transação forense, o cumprimento de um contrato legal".⁶⁹ Ao contrário, a vida e a morte de Cristo cumprem a única aliança da graça feitos por Deus com toda a criação.⁷⁰ Embora tenha se expressado na história com Israel e a Igreja, e de uma maneira totalmente única no único Servo, "como tal se cumpriu por toda a humanidade".⁷¹ Postularemos sucintamente que esse argumento repousa sobre um decreto da eleição em Cristo que em seu escopo é universal.

Unida a essa eleição universal está a alegação de que todo o juízo divino foi requerido em Cristo na cruz por todas as pessoas. Visto ser impossível separar Cristo de Deus com base no *homoousion*, o juízo de Deus foi plenamente sancionado, Cristo suportou exaustivamente a ira de Deus em favor de toda a humanidade. Não há separação, como se dá com a expiação definida, entre o juízo divino requerido em Cristo em favor de alguns e um juízo final sobre o qual um juízo adicional será derramado. Antes, o juízo de Deus foi completamente exaurido na cruz. Não existe nenhum Deus da ira espreitando por trás de Cristo, o qual julgará a humanidade à parte da cruz.⁷²

Entretanto, seria um equívoco considerar aqui a posição de Torrance puramente em categorias lógicas, pois ele considera ser um erro maior agir assim. Repousa na raiz do que ele intitula "a heresia latina", a qual tem fustigado a teologia ocidental. É isso que reduz a expiação a uma transação forense externa. Em vez disso, Torrance considera que a expiação deve ser entendida a partir do centro em Deus, à luz da encarnação e da humanidade vicária de Cristo. Isso tem sua própria lógica, e é necessário submeter-se a ela.⁷³

---

68 Ibid., 182.
69 Ibid.
70 Ibid.
71 Ibid., 183.
72 Ibid., 185.
73 Ver C. D. Kettler, *The Vicarious Humanity of Christ and the Reality of Salvation* (Lanham, MD University Press of America, 1991), 121-42; E. M. Colyer, *How to Real T. F. Torrance: Understanding His Trinitarian and*

Crítica do Argumento de T. F. Torrance

(1) Escolha arbitrária de Textos do Novo Testamento

Torrance toma dois ditos de Jesus como a base para sua doutrina da expiação, Marcos 10.45 e Mateus 20.28, onde Jesus afirma que veio para servir e dar sua vida em resgate de muitos, e Mateus 26.26-28 e paralelos, que é o registro de suas palavras na Última Ceia. Esses são "ditos muito importantes" e, como tais, "tomados em conjunto com tudo o que ele falara previamente, e entendidos no contexto do que ele estava realmente fazendo na última ceia, e evidentemente se apresentando para sofrer, devem formar a base de nossa doutrina da expiação e da redenção".[74] Por certo que esses são ditos importantes. Eles se sobressaem com autoridade na discussão de Jesus a respeito de sua própria morte. Mas por que esses dois ditos devem ser separados do resto do testemunho do NT — de todo o *corpus* paulino, e das afirmações de Pedro e João —, e tomados como base de "nossa doutrina da expiação"? Isso parece arbitrário. Além disso, nessas passagens Torrance perde as conexões intertextuais com Isaías 53, onde "os muitos" são aqueles a quem o Servo aplica a expiação.

(2) Erros Linguísticos

A interpretação de Torrance é rica em exegese bíblica. Muito dela é, respectivamente, profundo e intensamente iluminador. Todavia, suas fontes são anacrônicas, sendo as últimas de meados do último século. Ele se agarra cegamente a G. Gerhard Kittel e a C. H. Dodd.[75] Em toda a coleção de suas preleções, ele não faz referência a Leon Morris, quer sobre a propiciação, quer sobre o sangue de Cristo, onde também ele ignora a obra de Alan Stibbs e Wilfrid Stott.[76] Ele confia demasiadamente na

---

Scientific Theology (Downers Grove, IL: InterVarsity Press, 2001), 81-123; e P. D. Molnar, *Thomas F. Torrance: Theologian of the Trinity* (Farnham: Ashgate, 2009), 101-86.

74 Torrance, *Atonement*, 6-7.
75 Ibid., 99 n. 8, 139.
76 Ibid., 178-79, Leon Morris, *The Apostolic Preaching of the Cross* (Londres: Tyndale Press, 1955), 112-28, 179-213; Alan M. Stibbs, *The Meaning of the Word "Blood" in Scripture* (Londres: Tyndale Press, 1948), 3-32, e W. Stott, "The Conception of 'Offering' in the Epistle to the Hebrews", *NTS* 9 (1962): 65-67.

etimologização e se desentende com as críticas de James Barr,[77] e possivelmente com D. A. Carson.[78]

(3) Matizado por uma Veemente Aversão ao "Calvinismo Federal"

Ao longo dos volumosos escritos de Torrance, um tema recorrente é o argumento de que a teologia de Calvino era, numa grande medida, pervertida pela teologia pactual nos moldes que já exploramos. Enquanto o próprio Torrance devia muito à sua leitura de Atanásio e Cirilo, e não poder simplisticamente ser rotulado como parte de outra escola de pensamento além de sua própria, esse antagonismo[79] às vezes o mostra fazendo uma má interpretação de importantes evidências históricas. Donald Macleod, em um diálogo iluminador com Torrance, aponta para sua incompreensão de Calvino sobre a extensão da expiação em um escrito posterior intitulado Concerning the Eternal Predestination of God [*Sobre a Eterna Predestinação de Deus*]. Torrance alega que Calvino ali rejeitou o slogan "suficiente para todos, eficiente para os eleitos"; Macleod demonstra que isso não procede.[80]

(4) Irracionalismo ou Antirracional?

O argumento de Torrance é que a expiação se dá no mistério de Deus, por detrás do véu, como o sumo sacerdote no AT que entrava no interior do

---

77 James Barr, *The Semantics of Biblical Language* (reimp., Londres: SCM, 1983), 107-60, que distingue Torrance não só neste capítulo sobre etimologias mas em todo o livro, expondo as muitas ocasiões em que Torrance confunde linguagem e pensamento (ver 171-77, 184-87, 191, 193-94, 199, 201-205, 235, 254, 259, 264, 277, 279). Em contrapartida, Torrance está certo, em minha avaliação, em contestar Barr, salientando seu nominalismo, pelo qual as palavras e a linguagem são efetivamente autorreferenciais, em vez de referir-se às realidades além de si mesmas. Ver a discussão em Molnar, *Torrance*, 333-34.
78 Carson, *Exegetical Fallacies*, 25-66.
79 Isso é visto particularmente em seu *Scottish Tehology: From John Knox to John McLeod Campbell* (Edimburgo: T. & T. Clark, 1996).
80 Ver a apresentação feita por Macleod, catalogada como "198 Donald Macleod 'Review of Scottish Theology by Tom Torrance'", www.tapesfromscotland.org/Rutherfordhouseaudio.htm. No mesmo site, ver "199 Torrance 'Reply to Donald Macleod'" e "200 Tom Torrance and Donald Macleod dialogue" (acessado em 18 de abril de 2013). Para as alegações de Torrance em prol de Calvino, ver *Scottish Theology*, 107. Ver comentários de Cavlino sobre 1 João 2.2 em *Concerning the Eternal Predestination of God*, trad. J. K. S. Reid (Cambridge: James Clarke, 1961), 148-49; *Calvin's Commentaries: The Gospel According to St. John 11-21 and the First Epistle of John*, ed. David W. Torrance e Thomas F. Torrance, trad. T. H. L. Parker (Grand Rapids, MI: Eerdmans, 1959), 244; e João Calvino, *Ioannis, Calvini Opera Exegetica: Volumen XX: Commentarii in Epistolas Canonicas*, ed. Kenneth Hagen (Genebra: Librairie Droz, 2009), 154-56.

santuário, fora da vista. Isso leva Torrance a asseverar que, em última análise, isso é um mistério, e o leva também a opor-se aos claros pronunciamentos doutrinais pelos quais sente aversão, sobre a base de que são tentativas racionalistas de explicar o mistério.[81] Enquanto Torrance está certo em enfatizar que essas questões transcendem nosso entendimento, entretanto, até certo ponto, eles foram revelados. Além disso, a alegação de Torrance de que há um mistério se confronta com suas próprias e persistentes tentativas de entendê-lo. Parece subestimar o lugar da lógica de que, embora não de autoridade final, é indispensável para se pensar claramente sobre a revelação de Deus. Às vezes, em sua rejeição das tentativas lógicas de explicar esse mistério, Torrance falaciosamente descarta seus oponentes com o argumento de que seus intelectos não foram crucificados com Cristo.[82] Não pode haver argumentação contra isso! Os defensores da expiação definida careciam de arrependimento! Neste caso, o ato de Torrance recorrer ao mistério parece confinado ao irracionalismo e à ofuscação.

(5) A Aliança como Universal

Torrance está certo em desejar ver a expiação em um contexto pactual.[83] É de fato verdade que as promessas e os mandamentos da aliança já se cumpriram em Cristo. Torrance vê "a expiação no sentido mais pleno [como] a abarcar toda a vida e a obra encarnadas". Entretanto, ele visualiza isso através de uma grade em que a união encarnacional é o foco de toda a soteriologia, da eleição em diante. Como veremos, devido a essas premissas, ele entende a aliança da graça de uma maneira universalizante.

(6) Absolutização da Encarnação

Para Torrance, a pessoa de Cristo expia, mas não através de um ato de expiação *in abstracto*: *Cristo* é a expiação.[84] Isso coloca a expiação dentro de Cristo, já que ele cura por dentro a humanidade decaída. Tudo é fundido na

---

81 Torrance, *Atonement*, 2, 4, 88.
82 Ibid., 188 n. 70.
83 Ibid., 8-9.
84 Ibid., 73-75.

encarnação.⁸⁵ Mas, por que, então, a cruz foi necessária? Certamente, essa foi a obra do Filho de Deus *encarnado*, mas, como Paulo insiste, sua morte e ressurreição são "de primeira importância" (1 Coríntios 15.3). O fundamento da expiação é a pessoa de Cristo, *como se ofereceu ao Pai na cruz e ressuscitou dentre os mortos pelo Pai* — embora, certamente, não em abstração de sua vida, sua obra ou sua obediência, ou de tudo o que ele é. É difícil pensar em alguma passagem no NT onde a afirmação de Torrance de que "não somos salvos pela morte expiatória de Cristo" esteja mesmo remotamente implícita.⁸⁶ Ao contrário, há uma profusão de evidência do NT de que esta é a base da expiação e, de fato, da salvação como um todo.⁸⁷

Torrance está certo sobre a coerência da encarnação e da expiação. A questão envolve o escopo da expiação e, portanto, da encarnação. É óbvio que os eleitos não têm uma natureza distintiva da do resto da humanidade. A doutrina de Torrance sobre a expiação é, não obstante, governada pela encarnação: visto que Cristo assumiu a natureza humana em união, a natureza comum a todos, portanto ele morreu por todos. Com efeito, a expiação ocorre a partir do interior por sua adoção dela. Essa é uma teoria descrita por R. P. C. Hanson, em conexão com Atanásio, cuja posição via Cirilo jaz na raiz do próprio Torrance, como "um tipo de sagrada transfusão de sangue, ou um ato de transferência de massa quase independente de nosso ato de fé".⁸⁸ O dogma de *enhypostasia* mina o argumento de Torrance — ironicamente, visto que ele é de grande importância para sua própria teologia — pois, como salienta Donald Macleod, "a única humanidade unida a ele [Cristo] é *hipostaticamente* a sua".⁸⁹

(7) Tendência Universalista

Sobre esse ponto, o argumento de Torrance pode ser sumariado assim:

---

85 Ibid., 97.
86 Ibid., 73.
87 Por exemplo, Romanos 3.21-26; 1 Coríntios 15.3-4; Gálatas 3.13-14; Hebreus 1.3; e 1 Pedro 1.18-19 e 2.21-25, para listar um mero punhado de lugares.
88 R. P. C. Hanson, *The Search for the Christian Doctrine of God: The Arian Controversy 318-381* (Edimburgo: T. & T. Clark, 1988), 451.
89 Donald Macleod, *The Person of Christ* (Downers Grove, IL: InterVarsity Press, 1998), 202-203.

A. Expiação e encarnação não podem ser separadas uma da outra.

B. Portanto, a gama de representação é a mesma em ambas.

Que a encarnação e a expiação são inseparáveis é óbvio. Entretanto, segue-se necessariamente que a gama de representação é idêntica em ambas? Se Cristo representa seus eleitos, ainda seria encarnado. Deus, sendo justo, requeria-se expiação pelo pecado humano por alguém que assumisse o lugar de Adão. Dificilmente se pode separar a expiação da encarnação. Antes, faz recuar à questão sobre a quem exatamente Cristo representa. Reiterando, o argumento de Torrance corre como segue:

A. Cristo é o eterno Verbo a quem toda a humanidade adere.

B. Consequentemente, na encarnação ele assumiu toda a humanidade, e

C. Na expiação, ele representou todos os homens e todas as mulheres, sem exceção.

Este argumento depende de um decreto da eleição universal, relacionado com a doutrina de Barth de que a eleição é exaustivamente em Cristo, que é tanto o Deus que elege como o homem eleito, tanto réprobo como o eleito.[90] Torrance afirma que "a eleição é idêntica com a vida, a existência e a obra de Jesus Cristo, *e o que ele faz é a eleição entrando em ação*".[91] Como tal, cada e toda pessoa é eleita em Cristo. Todavia, se o decreto é discriminatório, Deus escolhe alguns (quer poucos ou muitos), e não cada e toda pessoa, sem exceção, e representa estes, enquanto que na encarnação ele assume a natureza humana como tal. Em última análise, a doutrina de Torrance quanto à expiação repousa sobre a pressuposição de um decreto universal da eleição, acarretando representação universal por Cristo.

Torrance está certo sobre a eficácia da morte expiatória de Cristo, e sua discussão é notável. Não obstante, visto que ele argumenta que Cristo levou

---

90 Karl Barth, *Church Dogmatics*, ed. G. W. Bromiley e T. F. Torrance, 14 vols. (Edimburgo: T. & T. Clark, 1956-1975), II/2, 1-506.

91 Torrance, *Atonement*, 183.

os pecados de todas as pessoas de todos os tempos, e fez isso eficazmente, *parece inescapável, ante os protestos de Torrance em contrário, que o resultado é a salvação universal*. Dificilmente é crível que Torrance pudesse manter a congruência entre eleição, pacto, encarnação e expiação; a eficácia decisiva da expiação como ato de Deus de justificação e reconciliação por cada e todo membro da humanidade; e ainda reter a possibilidade — mesmo hipotética — da condenação eterna. Para minha mente, seu pensamento leva a uma de duas direções. Primeiro, poderia em teoria apontar para uma expiação condicional como no arminianismo. Todavia, Torrance enfática e corretamente rejeita essa possibilidade sobre a base de que ela põe o ponto de apoio da salvação do lado do homem, na resposta humana de arrependimento e fé.[92] É também contrária às suas persistentes ênfases sobre a realização definitiva da expiação. A outra alternativa, dada a dimensão universal da eleição, o pacto, a encarnação e a expiação juntamente com sua eficácia decisiva, é a salvação universal. Torrance se afastar disso o ajuda, pois revela o consistente testemunho da Escritura de que nem todos serão salvos. Mas é também evidência da incoerência interna da doutrina de Torrance.

(8) Marginalização da Fé
Torrance tem uma doutrina da justificação inflexivelmente objetiva. No entanto, sua finalidade decisiva na pessoa de Cristo por cada e toda pessoa pareceria tornar a fé supérflua. Também erradicaria qualquer transição da ira para a graça na experiência da vida de todos os homens e mulheres, visto que foi refratária na experiência de Cristo. Reiterando, a dialética de Torrance da cruz significa que, seguindo a Barth, Deus não permite nenhuma decisão positiva de rejeitar que o homem recorra ao próprio homem, pois isso ele toma inteiramente sobre si. Assim, "não há ato positivo de rejeição ou juízo direcionado para algum ser humano, mas somente o ato de aceitação".[93] Portanto, se um pecador é reprovado e segue para o inferno, não é porque Deus o rejeitasse, pois Deus

---
92 Ibid., 187.
93 Ibid., 156.

escolheu unicamente amá-lo.[94] É porque, inconcebivelmente, o pecador rejeita o ato positivo da aceitação divina.

(9) Incoerência

Muitas, se não a maioria, das críticas penetrantes dirigidas a Barth por Oliver Crisp são pertinentes aqui. A conclusão de Crisp para Barth é "se toda a humanidade foi eleita (derivativamente) e eficazmente expiada por Cristo ... então seu *status* soteriológico simplesmente não pode ser incerto".[95] É simplesmente incoerente que Torrance diga o que diz sobre a justificação e a reconciliação definitivas para todas as pessoas e, no entanto, negue a salvação universal. Além disso, se é possível que alguém rejeite a Cristo e o que ele fez, então a salvação não pode ser definitiva e eficiente para tais pessoas, e não pode ter sido completada na pessoa de Cristo. Simplesmente nada fará para descartar a crítica sobre esse ponto pela afirmação de que as alegações de Torrance partem de um centro em Deus e que as críticas têm uma epistemologia imperturbada; isso equivale a interromper o discurso racional sobre a base de uma gnose privilegiada e preciosa.

(10) Um Ponto de Vista do Amor de Deus Unidimensional

Torrance tem deficiência na nuance de seu conceito do amor de Deus. Ele afirma que "o amor de Deus é igual para cada e todo ser humano".[96] Isso falha por duas razões. Primeiro, perde as declarações claras e reiteradas da Escritura de que o amor pactual de Deus é discriminatório. Segundo, falha em distinguir entre os modos diferenciais em que o amor de Deus é exercido. Gerald Bray aponta para isso quando nega ser apropriado igualar o amor de Deus que nutre pelo mundo em geral com o que ele exibe para com seu povo escolhido, com quem ele entrou em aliança. Bray escreve:

---

94 Ibid., 157.
95 Oliver D. Crisp, "On Barth's Denial of Universalism", *Themelios* 29.1 (2003): 18-29. Ver também idem, "On the Letter and the Spirit of Karl Barth's Doctrine of Election", *EQ* 79.1 (2007): 53-67; e "Karl Barth and Jonathan Edwards on Reprobation (and Hell)", in *Engaging with Barth*, 300-322.
96 Torrance, *Atonement*, 191.

Consideremos o seguinte: eu amo meus pais; amo minha esposa; amo meus filhos; amo meus irmãos e irmãs; amo meus amigos. Estamos falando sobre a mesma coisa quando usamos a palavra "amar" dessa maneira? Naturalmente não. Tenho relação sexual com minha esposa, o que é perfeitamente apropriado no contexto de amá-la. Mas se eu fosse fazer sexo com minha mãe, minha filha ou minha irmã, isso seria uma abominação — ainda pior do que fazer sexo com um amigo. ... É a natureza da relação que determina o que "amor" significará em qualquer contexto particular.[97]

(11) Obliterando a Urgência da Proclamação do Evangelho

Se a tarefa apostólica era levar pessoas a conhecerem o que já lhes foi feito por Cristo, por que a urgência da proclamação do evangelho como registrada nos Atos e no resto do NT? A argumentação da posição de Torrance parece ser que seria preferível nunca pregar o evangelho. Já que Cristo já fez expiação efetiva por todos, todos serão salvos, a menos que rejeitem as notícias de que isso se dá dessa forma. A pregação do evangelho não mudará algo para melhor no que diz respeito a eles. Entretanto, poderia tornar as coisas infinitamente piores se, tendo ouvido que Cristo já morreu por eles, menosprezam essas boas notícias e, sendo assim, sofrerão o inferno. Em contraste, o imperativo missionário no NT nasceu, entre outras coisas, do ponto de que o conhecimento do pecado vem através da lei, diante da qual o mundo inteiro permanece culpado (Romanos 3.19-20) e, seguindo isso, a necessidade decisiva de arrependimento e fé.[98]

AFIRMAÇÃO POSITIVA

Por mais que cheguemos até este ponto criticando a construção da expiação que Torrance faz e suas objeções à expiação definida ("limitada"), há muito a se aprender de sua brilhante e profunda compreensão do *homoousion*,

---

[97] Gerald Bray, *The Personal God* (Carliste, UK: Paternoster, 1998), 45.
[98] Thomas Smail, *The Giving Gift: The Holy Spirit in Person* (Londres: Hodder and Stoughton, 1988), 109-12, criticou Torrance com base em que ele estava minando a integridade da resposta humana de fé e assim fundindo a obra do Espírito Santo com a obra de Cristo. Kettler, *Vicarious Humanity*, 139-41, argumenta corretamente que isso falha em apreciar o ponto de Torrance de que a genuína resposta humana de fé ocorre *em Cristo*, de modo que a fé humana vicária em Cristo não oblitera a nossa, mas é o lugar onde ela pode ocorrer.

a humanidade vicária de Cristo e a crucial questão da união com Cristo.⁹⁹ Torrance está certo de que precisamos entender a expiação em um contexto trinitário, e em conexão integral com a encarnação. A expiação tem uma relação orgânica com todo o movimento da graça de Deus na salvação.

Como tal, a morte expiatória de Cristo é o fluxo de uma decisão amorosa pela Trindade — o Pai, o Filho e o Espírito Santo. As três pessoas operam juntas em harmonia. Nos conselhos eternos da Trindade, a decisão amorosa e graciosa foi feita para encabeçar a ordem criada em Cristo, o Filho encarnado, que leva em conta a permanente e eterna união com a natureza humana. Dessa maneira, como Christopher Wordsworth o expressa em seu hino de exaltação, "o homem com Deus está no trono". Cristo assumiu nossa humanidade à destra do Pai. Em união com Cristo, estamos agora assentados nos lugares celestiais, feitos, pela graça, participantes da natureza humana. Neste sentido, tudo o que havia de ser realizado para a redenção da humanidade do pecado, inclusive a expiação, foi e é de significação e extensão cósmicas e universais.

Nessa decisão eterna e nesse propósito indivisível das três pessoas trinitárias — alguns têm chamado isso de "pacto da redenção"¹⁰⁰ — é abarcado por todo o panorama da criação da humanidade, caída no pecado, e seu livramento pelo Filho encarnado. Sua encarnação é crucial nisso, pois foi em sua vida encarnada e medianeira que ele se ofereceu na cruz ao Pai pelo mesmo Espírito Santo e nele (Hebreus 9.14). Em todo esse tempo, quando Deus se manifesta na carne, ele tomou o lugar de Adão, vivendo uma vida obediente e imaculada, tal que sua oferta foi sem mancha e mácula, remediando o defeito causado pelo primeiro Adão. Como o Segundo e Último Adão, por sua ressurreição ele introduziu uma nova humanidade, sob a direção do Espírito Santo (1 Coríntios

---

99 Ver meu livro *Union with Christ* (Phillipsburg, NJ: P&R, 2011).
100 Tipicamente, como construído por teólogos na tradição reformada, isso foi aberto à acusação de que inclui a subordinação do Filho, e tende para o triteísmo por tratar a Trindade como envolvida em uma reunião do comitê divino. Além do mais, pode-se razoavelmente indagar se o termo "pacto" salvaguarda adequadamente a unidade da Trindade. Ver Letham, *Work of Christ*, 52-53; e Letham, *Westminster Assembly*, 235-36. Entretanto, se for entendido em termos do trinitarianismo clássico, os três operando com uma só vontade indivisível, a formulação pode ser aceitável. Certamente, a intenção por detrás — que a redenção se origina de um eterno comprometimento do Deus trino — é eminentemente bíblica e correta.

15.20-28, 35-49). O resultado é que todos os que se unem a ele se tornem participantes da natureza divina e vivam e reinem para sempre, na nova criação que é o grande e consumado objetivo de Deus.

A chave para isso é que tudo o que Cristo é e fez está em união com seu povo, ou, mais especificamente, com sua igreja. Desde a concepção até a cruz, desde o túmulo até a eternidade, tudo o que ele fez e faz é não só em nosso lugar como substituto, ou em nosso favor como nosso representante, mas em união conosco, de tal modo que nossos pecados se tornaram seus, e sua justiça é nossa. Ele tomou nosso lugar, levando nossa culpa na cruz. Isso não foi mera ficção legal; por causa da união que ele susteve desde a eternidade conosco, ele levou nosso pecado em seu corpo no madeiro, fazendo-se pecado por nós (2 Coríntios 5.21). Ao mesmo tempo, devido a essa união, tudo o que ele fez é nosso — sua justiça (1 Coríntios 1.30), sua ressurreição (1 Coríntios 15.12-58), sua ascensão (Efésios 2.4-7), sua filiação (Romanos 8.15-16; Gálatas 4.4-6). Levando em mente nossa rebelião pecaminosa e as profundezas da depravação que isso incorreu, esse grande propósito nada menos provém de uma determinação do puro amor que para sempre flui do coração de Deus, na unidade do ser trino (Romanos 5.8; João 3.16; Filipenses 2.6-8). A Bíblia em geral, e o NT em particular, sempre atribui isso como sendo dado aos que creem, às ovelhas de Cristo que o seguem, e adverte exaustivamente sobre os eternos perigos da incredulidade devida ao pecado pelo qual a espécie se arruinou. Essa expiação é gloriosa, e ainda mais gloriosa no conhecimento que ela efetua quando atinge o grande plano que Deus propôs.

CAPÍTULO 17

A INTENÇÃO DEFINIDA DA EXPIAÇÃO PENAL SUBSTITUTIVA

Garry J. Williams

INTRODUÇÃO

Neste capítulo e no seguinte, examino a conexão entre o caráter penal da expiação e sua definição. Este primeiro capítulo delineia como os críticos da expiação definida minam sua natureza penal substitutiva e como o Antigo e o Novo Testamento descrevem a expiação feita pelos pecados específicos de pessoas específicas. O próximo capítulo é uma consideração do duplo pagamento pela expiação definida. A crítica comum de que o argumento estende demais a metáfora da expiação como o pagamento de uma dívida para com Deus leva a uma consideração sobre o papel de Deus na expiação e sobre a natureza da própria punição. Minha tentativa é a de dar início a uma penalística bíblica que produz uma compreensão mais matizada da metáfora do pagamento, e isso justifica, respectivamente, uma dupla punição e sua representação metafórica.

A EXPIAÇÃO PENAL SUBSTITUTIVA É DEFINIDA

A expiação penal substitutiva, quando corretamente entendida, acarreta expiação definida. Inversamente, a insistência sobre uma expiação feita por todos, sem exceção, mina a fé na expiação penal substitutiva. Este capítulo ilustrará essas conexões por meio de um estreito engajamento com dois defensores do ponto de vista de que a expiação, em si mesma, se destinava a todos e foi reduzida somente na limitação de sua aplicação aos crentes. O primeiro é James Ussher (1581-1656), arcebispo de Armagh a partir de 1625. Ussher é uma importante figura na história do debate sobre a intenção da expiação por causa de sua influência sobre outras figuras-chave, especialmente o bispo John Davenant (1572-1641), membro influente da delegação inglesa no Sínodo de Dort. O segundo é D. Broughton Knox (1916-1994), que foi diretor do Moore Theological College, em Sydney, na Austrália, e do George Whitefield College, na Cidade do Cabo, na África do Sul. Knox exerceu e ainda exerce uma significativa influência direta e indireta entre os anglicanos evangélicos na Austrália, na África do Sul e na Inglaterra. Cada um desses dois autores ilustrará um diferente aspecto da conexão entre a expiação penal substitutiva e definida. Ussher ilustrará o efeito da universalização da própria expiação sobre nossa compreensão do *objeto* por quem ou pelo qual Cristo suportou a punição, e Knox ilustrará o efeito sobre nossa compreensão da *natureza* da punição suportada por Cristo.

Como os exemplos de Ussher e Knox mostrarão, os reformados têm concordado entre si sobre a intenção da expiação. Meu argumento em prol da expiação definida não deve ser tomado como uma tentativa de privação de direito de outros que partilham das convicções reformadas centrais, e por quem sou grato a Deus por muitas razões. Sangue reformado o suficiente já foi derramado por fogo amigo. Este capítulo se destina simplesmente a mostrar aos irmãos que neste ponto eles estão errados, e que suas posições, logicamente aplicadas, terão consequências que eles mesmos seguramente acharão alarmantes.

USSHER: EXPOSIÇÃO

Tem havido um debate sobre a posição de Ussher quanto à expiação, mas a evidência nos textos primários é óbvia: ele é corretamente rotulado como sendo um "universalista hipotético", dada sua insistência de que a morte de Cristo teve o propósito de fazer satisfação por cada pessoa, se ele ou ela crer. Seu ponto de vista sobre essa questão se encontra em duas obras breves. A primeira é uma carta que escreveu em 3 de março de 1617, que circulou sem sua permissão. Em sua forma publicada, ela porta o título *Of the True Intent and Extent of Christ Death, and Satisfation upon the Crosse* [Da Verdadeira Intenção e Extensão da Morte de Cristo e Satisfação na Cruz]. A segunda é uma obra breve escrita em defesa da carta, *An Answer of the Said Arch-Bishop of Armagh, to Some Exceptions Taken Against His Aforesaid Letter*[1] [Resposta do Assim Chamado Arcebispo de Armagh a Algumas Exceções Tomadas Contra Sua Carta Supracitada].

Ussher sente a dificuldade desse "ardiloso tema" ("*Lubricus locus*").[2] Ele identifica depressa dois "extremos" inaceitáveis: a indevida extensão ou contração do benefício da satisfação.[3] Os que estendem a expiação em demasia subentendem que Deus realmente tem de perdoar alguém mesmo antes da fé, visto que a expiação universal já foi completada.[4] Os que reduzem a intenção da expiação aos eleitos erram porque fazem a pregação do evangelho falsa em sua demanda a que *todos* confiem que Cristo morreu por eles. Ussher identifica sua própria posição na carta como um "curso *médio*" entre esses extremos.[5]

Três características da doutrina de Ussher são pertinentes aqui. Primeiro, é evidente que a pregação na cruz era sua preocupação subjacente. Ele usa uma analogia para explicar por que uma satisfação que é infinita em valor, mas não universal em intenção, não pode ser uma base para a oferta da esperança na pregação do evangelho: "Levar notícias a um *falido* dizendo que o *rei da Espanha* possui recurso suficiente para pagar mil vezes mais do que ele deve pode ser a plena verdade, mas só produz um frio conforto a ele, um mísero *devedor*: a suficiência é de fato *requerida*, mas é a palavra da *promessa* que produz conforto".[6] Em outras palavras, a satisfação de Cristo deve ser destinada a todos, caso

---

1   As cartas foram publicadas em *The Judgement of the Late Arch-Bishop of Armagh and Primate of Ireland* (Londres: John Crook, 1658), 1-16 e 17-36.
2   Ussher, *Judgement*, 1, a frase "*Lubricus locus*" era classicamente usada, por exemplo, por Cícero (*De Officiis*, i.19) e Plínio (*Letters*, i.8), em referência à dificuldade ou situação incerta. Ussher habilmente faz uso de "locus" para um tópico da teologia cristã.
3   Ibid., 3.
4   Ibid., 2.
5   Ibid., 3.
6   Ibid., 28.

deva ser sincera e poderosamente pregada a todos. Mera suficiência não pode produzir conforto no pecador.

Segundo, o próprio ponto de vista de Ussher é que Cristo, por sua morte, realmente não assegurou o perdão para cada um, mas somente tornou o pecado perdoável: "Unicamente a *satisfação* de Cristo é que torna os pecados da humanidade *abertos ao perdão*".[7] Ele emprega a distinção católico-romana entre pecado venial e mortal para explicar esse ponto. À parte da cruz, todos os pecados são mortais à vista de Deus, já que mesmo o menor pecado demanda punição infinita, mas a satisfação de Cristo torna todos os pecados veniais para que possam ser perdoados.[8] Deus é assim aplacado, mas realmente não apaziguado até que o pecador creia. A satisfação geral é então o "*primeiro* ato" do ofício sacerdotal de Cristo, que torna os pecados de todas as pessoas perdoáveis, pondo "filhinhos dos homens apenas em uma *possibilidade* de serem justificados". O real livramento da ira de Deus depende de intercessão, o "*segundo* Ato" do sacerdócio de Cristo. Esse segundo ato traz a modificação de potencial para o desempenho real. Interessantemente, Ussher busca para esse momento-chave um conceito aristotélico: a aplicação da satisfação "produz essa *potentia in Actum* [de potência à ação]".[9] É digno de nota que encontramos um oponente da expiação definida lançando seu argumento em tais termos; evidentemente, Aristóteles não era a propriedade exclusiva de John Owen.

Terceiro, Ussher ensina que Cristo não pagou pelos pecados para nenhum indivíduo especificamente, e sim para a natureza humana *qua nature*. Ele forma essa tese no contexto da defesa da separação da satisfação da intercessão. Um dos argumentos padrão em prol da expiação definida é a unidade requerida da satisfação e da intercessão de Cristo: como Ussher responde, "ele não *orou* pelo mundo; portanto, ele não *pagou* pelo mundo".[10] Ussher rejeita a unidade de satisfação e intercessão, insistindo que são "partes diversas" do sacerdócio

---

7   Ibid., 4.
8   Ibid.
9   Ibid., 32. Para uso prévio da distinção, cf. Tomás de Aquino, *Summa Contra Gentiles*, 1.16.7.
10 Ibid., 13.

de Cristo.¹¹ Ele explica sua diversidade introduzindo uma distinção entre satisfação pela *natureza* humana e intercessão por *pessoas* humanas: "uma pode pertencer à *natureza comum*, a qual o Filho assumiu, quando a outra é um privilégio especial outorgado somente a pessoas *particulares*, como *o Pai lhe dera*".¹² Então Ussher expande essa distinção: "*o Cordeiro de Deus, oferecendo-se a si mesmo em sacrifício pelos pecadores do mundo inteiro*, destinado a pagar pelos pecados de modo suficiente à Justiça de Deus, para tornar *a natureza do* homem, a qual ele assumiu, um sujeito adequado da misericórdia".¹³ Não obstante, sua intenção não era *aplicar* esse remédio todo-suficiente a cada pessoa em particular para torná-lo *eficaz* à salvação de todos, ou obter com isso o perdão *real* para os pecados do *mundo inteiro*".¹⁴ Ussher compara a universalidade da satisfação com a universalidade do pecado: Cristo é "um *tipo de causa universal* da restauração de nossa natureza, como *Adão* foi da depravação dela".¹⁵ Ussher reitera o ponto na última obra: "ao *fazer Cristo satisfação* a seu Pai, ele tornou a natureza do homem um sujeito apto à misericórdia".¹⁶

USSHER: CRÍTICA SISTEMÁTICA

Nesse ponto de vista de Ussher, Cristo é uma pessoa e pagou pelos pecados como pessoa, mas não pagou pelos pecados *por* pessoas como tais. Crawford Gribben explica: "A implicação do pensamento de Ussher, ainda que não o expresse de um modo tão sucinto, é que Cristo não foi um substituto real de ninguém em sua morte, mas que se tornou um substituto de algum dado indivíduo no momento de sua conversão".¹⁷ O problema central aqui é a ideia que Ussher tinha da natureza *qua* natureza como o objeto da expiação. Para a substituição ter uma natureza como seu objeto, essa natureza teria de pecar e

---

11 Ibid.
12 Ibid., 14.
13 Ibid.
14 Ibid., 14-15.
15 Ibid., 15.
16 Ibid., 30.
17 Crawford Gribben, "Rhetoric, Fiction, and Theology: James Ussher and the Death of Jesus Christ", *The Seventeenth Century*, 20.1 (2005): 70.

de levar a culpa e, ao menos potencialmente, punição. Entretanto, naturezas não podem pecar ou levar culpa ou punição *qua natures*. Pecados são cometidos *em* uma natureza, mas não são cometidos *por* uma natureza. Naturezas nada podem fazer por sua própria iniciativa. São pessoas que agem em uma natureza, pessoas que pecam em uma natureza e pessoas que levam a culpa e punição resultantes nessa natureza. Uma substituição pelo pecado, portanto, requer uma natureza partilhada como um mínimo, mas também requer identificação intencional com as pessoas que pecaram. Além disso, Cristo não pode ter pagado pelos pecados pela natureza humana *in abstracto*, posto que ela não existe *in abstracto*. A menos que nos submetamos a um forte realismo platônico, a natureza humana não existe à parte da pessoa em quem ela é iminente. Mesmo que a natureza exista no abstrato, não é óbvio que a culpa pertença às naturezas abstratas *qua natures*. Muito embora eu concorde com o Artigo 11 do Consenso Helvético de 1675, que prescreve que todas as pessoas adâmicas são culpadas até mesmo pela mera possessão de uma natureza decaída anterior ao seu próprio pecar nessa natureza, isso não se deve a que a natureza tenha pecado e seja culpada como uma natureza: é porque outra *pessoa* tem agido nela como seu representante federal, e porque elas, como pessoas, são concebidas nela. Uma forte ideia tradicionalista da "massa sólida" não individualizada da humanidade existindo em Adão e recebida dele ainda a encontraria existindo somente na *pessoa* de Adão e individualizada através de pessoas geradas dele. É correto falar de natureza humana decaída e culpada, mas a culpa pertence somente a pessoas nessa natureza. Substituição e satisfação, portanto, devem ser feitas por pessoas na natureza humana, não pela natureza humana somente.

Se pecado, culpa e punição realmente não podem ser sofridos por uma natureza humana *qua nature*, então o sofrimento suportado por Cristo, na opinião de Ussher, de forma alguma pode ser corretamente identificado como uma punição. Aqui achamos a consequência lógica, se bem que não intencionada, do universalismo hipotético de Ussher: se Cristo sofreu pela natureza humana, então seu sofrimento poderia ser apenas uma aflição não penal. No vocabulário clássico, a insistência sobre a posição de Ussher resulta logicamente em Cristo suportar *afflictio* (aflição) em vez de *poena* (punição), a despeito da linguagem que ele mesmo usa. A posição de Ussher modifica abertamente o objeto do sofrimento substitutivo de Cristo, mas essa modificação, por sua vez, implica uma mudança em sua própria natureza. Assim, a aplicação consistente do universalismo hipotético de Ussher nega logicamente a expiação substitutiva penal, porque tal expiação não pode ser feita por uma natureza. Qualquer insistência de que Cristo tanto fez expiação pela natureza humana como suportou a punição poria a justiça de Deus em dúvida, porque a conexão entre pecado e punição seria rompida: Cristo suportou punição por uma natureza que não poderia, por definição, ser culpada *qua nature*. Dado que a punição pode ser suportada somente por pessoas, então sobre qual base na justiça divina Cristo sofreu, se sofreu pela natureza humana?

Ironicamente, a aplicação consistente do ponto de vista de Ussher resulta em uma consideração dos sofrimentos de Cristo que é a fim a uma parte particular do arminianismo. Enquanto eu argumentaria que Hugo Grotius não desenvolveu uma nova doutrina da expiação, evidentemente outros arminianos o fizeram.[18] Por exemplo, Philip van Limborch nega o caráter estritamente penal da expiação.[19] Ao relacionar a cruz com os sacrifícios ordenados em Levítico 4 e 5, ele segue a epístola aos Hebreus quando subentende a irrealidade da transferência do pecado sob o antigo pacto: "as mãos eram colocadas sobre a cabeça das vítimas, como se [*quasi*] os pecados dos homens fossem transferidos para eles mediante esse ritual, Levíticos 1:4; 16:21". Isso não é novidade, mas então Limborch enfatiza a identidade do antítipo com o tipo apenas neste aspecto: "Para o tipo corresponder corretamente ao antítipo, é necessário que a morte suportada por Cristo tivesse o caráter de um mal muito sério [*gravis*

---

18 Para essa interpretação de Grotius, ver Alan Gomes, "Hugo Grotius' *Defensio fidei catholicae de satisfactione Christi adversus Faustum Socinum*: An Interpretive Reappraisal", artigo apresentado à Evangelical Theological Society Far West Regional Meeting (1988), online em http://www.tren.com [acesso em 24 de julho de 2002]; e Garry J. Williams, "A Critical Exposition of Hugo Grotius's Doctrine of the Atonement in *De satisfactione Christi*" (tese de doutorado não publicada, University of Oxford, 1999), capítulo 3.

19 A evidência de Limborch é usada por Gomes, ver "Reappraisal", 27, e seu "Faustus Socinus: *De Jesu Christo Servatore*, Part III: Historical Introduction, Translation, and Critical Notes" (Ph.D. diss., Fuller Theological Seminary, 1990), 319-20 n. 34.

mali] infligido sobre Cristo, como se [*quasi*] a merecida punição de nossos pecados fosse transferida para ele". Reiterando: "quando a morte cruel foi imposta a Cristo por conta de nossos pecados, foi como se [*quasi*] a punição por nossos pecados fosse transferida para ele".[20] Aqui, Limborch reitera o *quasi* qualificativo com referência ao próprio Cristo, mostrando que ele pensa que Cristo suportou um grande mal para livrar pecadores, em vez da punição que bem merecia. A posição de Ussher consistentemente aplicada o deixaria bem perto de Limborch, porque a consequência de destacar a punição das pessoas equivale que ela não é nenhuma punição. O universalismo hipotético ussheriano assim se depara com uma escolha. Ele pode proteger um relato universal da expiação, mantendo que Cristo sofreu pela natureza humana, mas apenas às custas de abraçar a negação arminiana de que ele suportou a punição atual. Ou, ainda, ele pode manter que Cristo suportou a punição, mas se rende à ideia de uma expiação universal pela natureza humana. Se essa ideia for abraçada, então o resultado é que Cristo sofreu por pessoas particulares, e deve-se fazer a escolha entre salvação universal e particularismo: ele sofreu por cada pessoa ou somente pelos eleitos?

Outro modo de ilustrar o problema com as implicações do ponto de vista de Ussher é em termos do significado exato da descrição "expiação penal substitutiva". A ideia clássica não é que algo foi substituído pela punição, mas que uma pessoa substituiu outras para suportar sua punição. Cristo mesmo foi o substituto penal; não foi seu sofrimento supostamente não penal que foi substituído pela punição.[21] A abreviação "substituição penal" não deve ser tomada como a significar que a expiação foi a substituição da própria penalidade. Existe a substituição penal nesse sentido, mas a ideia teológica clássica é que foi nossa própria punição que caiu sobre Cristo. O sofrimento de Cristo foi, de certo modo, diferente daquele enfrentado por seu povo, por exemplo, em sua duração

---

20 Philip van Limborch, *Theologia Christiana* (Amsterdã: Henricus Westenius, 1695), 3.20.5, 252a-b (tradução minha).

21 Para uma exploração elaborada dessa distinção, ver John Owen, *Of the Death of Christ, the Price He Paid, and the Purchase He Mode*, in *The Works of John Owen*, ed. W. H. Goold, 24 vols. (Edimburgo: Johnstone & Hunter, 1850-1855; reimp. Edimburgo: Banner of Truth, 1967), 10:430-79.

temporal e em sua falta de desespero, mas tais diferenças surgem porque ele era o eterno Filho de Deus, e não porque ele suportasse algo mais além da punição deles. Esse ponto se torna claro no título do livro de Robert L. Dabney, *Christ Our Penal Substitute* [*Cristo, Nosso Substituto Penal*]. O argumento de Dabney mostra de modo excelente que o substituto foi a pessoa de Cristo, e que sua substituição estava na esfera da penalidade, e não na esfera da punição que foi trocada por alguma outra coisa.[22] Essa observação não é uma afirmação arbitrária de minha parte; ela acha sua base na linguagem da própria Escritura. Em Marcos 10.45, por exemplo, descobrimos que a vida do Filho do Homem substituiu a de outros, e não que a penalidade foi mudada. O Filho do Homem veio "para dar sua vida em resgate de muitos" (δοῦναι τὴν ψυχὴν αὐτοῦ λύτρον ἀντὶ πολλῶν). O resgate foi uma vida por vidas (ψυχὴ ἀτὶ ψυχῶν), não uma punição por punições (τιμωρία ἀντὶ τιμωριῶν).

Um problema final com a posição de Ussher é sua sequência cristológica (sem dúvida não intencionada). Se Cristo sofreu pela natureza humana, então a natureza humana deve ser uma entidade moral capaz de suportar o pecado, a culpa e a punição. Se a natureza humana é uma entidade moral capaz de suportar essas coisas, então ela deve ser um agente moral. A categoria cristológica clássica de uma pessoa agindo numa natureza é desfeita por essa conclusão, porque uma natureza humana assumiu a propriedade de uma pessoa como um sujeito ativo. A cristologia calcedoniana rejeita a ideia de naturezas como agentes, já que ela implica nestorianismo: dois Filhos ontológicos, divino e humano, agindo através de um Cristo unido meramente na aparência. Não é pouca coisa chegar à conclusão de que uma natureza pode ser capaz de suportar o pecado, a culpa e a punição.

KONX: EXPOSIÇÃO

Como se dá com Ussher, a preocupação diretiva de Knox também era a pregação do evangelho:

---

22 Há muito de excelente na abordagem de Dabney, mas no próximo capítulo abordarei o problema que não é inteiramente diferente do problema com Ussher.

> O pregador não se preocupa com a pretendida aplicação da expiação, a qual, no momento da pregação, jaz oculta no conselho de Deus. Assim, do ponto de vista do pregador que apresenta o evangelho (ponto de vista que é o mesmo que o nosso), todos têm igual interesse na morte de Cristo. Não fosse assim, e não fosse verdade que Cristo morreu por todos os homens, não seria possível estender uma oferta universal; pois a oferta, se tem de ser uma oferta genuína, deve repousar sobre bases verdadeiras e adequadas, o que não pode ser menos que a morte de Cristo por aqueles a quem a oferta está sendo feita.

Knox vai mais longe, a ponto de asseverar que o pregador "tem a liberdade, e de fato é obrigado, a insistir na oferta e dizer a cada pecador individualmente que 'Cristo morreu por você'".[23]

Inequivocamente, Knox afirma a expiação substitutiva penal.[24] Todavia, ele é igualmente enfático em dizer que a extensão da obra salvífica de Cristo foi universal: "a obra de Cristo se estende uniformemente a toda a humanidade". Ele afirma isso de Cristo partilhando a humanidade com todos, de sua perfeita justiça cumprindo a demanda moral sobre todos, sua história conquistada por todos e suportando Cristo a maldição que repousava sobre todos.[25] Para Knox, a particularidade da expiação é localizada em sua aplicação, e não em sua natureza: "o particularismo que é característico do calvinismo não deve ser aplicado a ponto de fazer a expiação, mas sim sua aplicação".[26] A passagem em *Everlasting God* mostra que, para Konx, a limitação de fato pode ser localizada somente dentro da aplicação, e não na concretização da redenção:

> Nosso Senhor suportou toda a penalidade do homem, a punição que cada homem merece. É impossível conceber a limitação da obra de nosso

---

23 D. Broughton Knox, "Some Aspects of the Atonement", in *The Doctrine of God*, vol. 1 de *D. Broughton Konx, Selected Works* (3 vols.), ed. Tony Payne (Kingsford, NSW: Matthias Media, 2000), 261.
24 Ver, por exemplo, ibid., 109, 247, 249, 252.
25 Ibid., 260.
26 Ibid., 265.

Senhor na cruz, como se ele tivesse de suportar mais sofrimento, mais punição caso seus méritos fossem aplicados na mente e no propósito de Deus a mais pecadores. A expiação não é quantitativa, como se Deus adicionasse os pecados dos eleitos e colocasse sobre Jesus a penalidade por esses, e tão somente por esses; a expiação é qualitativa. Nosso Senhor experimentou plenamente a penalidade pelo pecado.[27]

Vemos aqui em Konx o elo entre a natureza e a intenção da expiação: a inaplicabilidade das medidas quantitativas para suportar a penalidade cria um obstáculo a qualquer ideia da cruz sendo pretendida para mais ou menos pecadores. Antes, nas palavras de William Cunningham, citadas por Konx: "A expiação, vista em si mesma, é apenas sofrimento vicário, de dignidade e de valor infinitos, e por certo intrinsecamente suficiente para expiar os pecados de todos os homens".[28] Maneiras quantitativas de pensar são pecuniariamente inapropriadas.[29] Para Knox, a rejeição de uma penalística pecuniária mina a ideia de expiação definida.

KNOX: CRÍTICA SISTEMÁTICA

Knox está certo em alegar que a punição suportada por Cristo não foi formada de porções discretas que fossem acrescidas para indicar o que ela era. Considerada internamente, a morte de Cristo foi infinitamente um valioso sofrimento penal, porque foi o Filho infinitamente glorioso que sofreu na natureza humana. Não foi formado de parcelas separadas de punição. Essa não é uma concessão revolucionária: Herman Bavinck, que defende a expiação definida, afirma que "na doutrina da satisfação estamos tratando de outros fatores além daqueles que podem ser medidos e pesados".[30]

---

27 D. Broughton Knox, *Everlasting God*, in *The Doctrine of God*, vol. 1 de *D. Broughton Knox. Selected Works* (3 vols.), ed. Tony Payne (Kingsford, NSW: Matthias Media, 2000), 109.
28 Knox, "Some Aspects of the Atonement", 261.
29 Ibid., 265.
30 Herman Bavinck, *Sin and Salvation in Christ*, vol. 3 de *Reformed Dogmatics*, ed. John Bolt, trad. John Vriend, 4 vols. (Grand Rapids, MI: Baker Academic, 2006), 402.

Entretanto, não se segue que toda a particularidade é reservada somente para a aplicação da redenção, uma vez que há outro modo de averiguar a particularidade da própria punição sem apelar para a divisibilidade interna da punição. Tudo o que é necessário para a punição ser particular é que o Pai tivesse proposto a penalidade suportada por Cristo como a penalidade pelos pecados específicos de pessoas particulares. Foi a intenção do Pai que constituiu os sofrimentos de Cristo da forma que eles foram. Os sofrimentos de Cristo, como os sofrimentos infinitamente preciosos de sua alma e corpo, tiveram as características internas necessárias para expiar qualquer e todo pecado. Mas eles não existiram somente na esfera de sua própria interioridade — nada fazem. Foram constituídos, como todas as coisas criadas, na esfera da vontade divina. Uma ontologia apropriadamente pactual reconhece a vontade primária de Deus na realidade constitutiva, juntamente com seu resultado nas propriedades internas das coisas. Isso não equivale a abordar a questão da relação entre a própria essência e a vontade de Deus que apareceram na história da teologia, nem significa abraçar a resposta voluntarista a essa questão. Aqui não nos preocupamos com a relação entre a essência e a vontade de Deus dentro dele mesmo, mas com a base de todas as essências criadas na vontade e no propósito divinos. Seja qual for o ponto de vista que assumirmos da questão intelectualista-voluntarista em nossa doutrina de Deus, é óbvio que as essências criadas não podem achar sua realidade fora da vontade divina. Os sofrimentos de Cristo foram o que foram por causa da intenção interna de Deus para eles na aliança da redenção. Uma ontologia que aprecia a importância da constituição divina cria, assim, o espaço para a particularidade da expiação que Konx pensa que as propriedades internas da punição excluem. É digno de nota que isso é feito sem qualquer apelo a metáforas pecuniárias, a despeito da insistência de David Allen de que "o argumento de que a rejeição da expiação limitada acarreta a necessidade de negar a substituição penal finalmente repousa sobre uma confusão entre débito *comercial* e débito *penal*".[31] Como temos visto, a ontologia própria da expiação pode estabelecer essa vinculação sem

---

31 David L. Allen, "The Atonement: Limited or Universal", in *Whosoever Will: A Biblical-Theological Critique of Five-Point Calvinism*, ed. David L. Allen e Steve W. Lemke (Nashville: B&H Academic, 2010), 102.

qualquer apoio em linguagem ou conceitos financeiros. No próximo capítulo explorarei se há mais a ser dito para o uso de metáforas comerciais do que muitos permitiriam, mas não há necessidade delas para sustentar o argumento aqui.

Interessantemente, Knox tenta, de modo explícito, separar a natureza da expiação do propósito e da vontade de Deus para ela, tornando a primeira ilimitada e o segundo limitado: "A extensão da obra de Cristo não é limitada em si mesma, mas somente nas intenções e nos propósitos de Deus, e, consequentemente, na aplicação de seus benefícios".[32] Aqui, Knox tenta uma distinção entre três elementos: (1) a própria obra de Cristo, (2) a intenção de Deus para a obra de Cristo, e (3) a aplicação da obra de Cristo. A obra da cruz em si mesma é ilimitada, mas então há uma aplicação limitada. Concordo que a cruz seja, em certo sentido, simplesmente uma penalidade infinita para o pecado, mas não é possível encobrir a intenção do Pai para a obra da cruz (2) de sua natureza (1). A distinção entre a cruz (1) e sua aplicação (3) é viável, mas a distinção entre a cruz (1) e a intenção divina considerando a cruz em si mesma (2) é insustentável. Nada tem sua vida à parte da determinação de Deus de sua natureza. Na raiz, a distinção que Knox faz conta com uma antologia defectiva que separa coisas como são em si mesmas da determinação de Deus com respeito a essas coisas. Wayne Grudem mantém uma separação similar quando argumenta que devemos focar "o que realmente aconteceu na expiação", em vez de "o propósito da expiação".[33] A separação é insustentável: com uma antologia que dá lugar próprio ao papel constitutivo da vontade de Deus, o antecedente, intenção divina determinativa dos sofrimentos de Cristo *faz* deles o que são e assim faz deles definitivos em natureza. Se a intenção de Deus não determina o que uma coisa é, o que faz?

A ESPECIFICIDADE DA EXPIAÇÃO NA ESCRITURA

Tenho identificado mais problemas sistemáticos com os relatos de Ussher e Konx, porém eles partilham uma dificuldade mais fundamental: sua indefinição não pode concordar com o modo como a Bíblia fala da expiação. Em ambos os

---

32 Knox, "Some Aspects of the Atonement", 261.
33 Wayne Grudem, *Systematic Theology: An Introduction to Biblical Doctrine* (Leicester, UK: InterVarsity Press, 1994), 601.

seus pontos de vista, o sofrimento de Cristo em si não é identificável como punição pelo pecado e pecados de pessoas particulares: qualquer redução ocorre somente em sua aplicação. Por contraste, as descrições bíblicas da expiação localizam a particularidade no próprio sacrifício, e não simplesmente em sua aplicação. Quando se fazia um sacrifício, ele era feito pelo pecado e pecados particulares de indivíduos específicos. O efeito desta seção, por fim, será mostrar que as descrições bíblicas criar um obstáculo a quaisquer relatos da expiação que descreve o pecado ou a punição indefinidamente, incluindo, porém não limitando, os de Ussher e Knox.

À parte, explicarei o uso que faço da afirmação de que a expiação bíblica foi feita "pelo *pecado* particular e pelos pecados de indivíduos específicos". A expiação definida, a despeito de insistir que Cristo suportou "pecados" específicos de indivíduos, também concorda com ideias genéricas e singulares de "pecado", e não devem ser tomadas para excluí-los. Teologicamente, é correto falar do "pecado", no singular, que permeia a natureza humana tanto quanto pessoas, porque o pecado pertence a pessoas que existem nessa natureza. O fato de que é uma pessoa que peca não implica que o pecado nada tem a ver com a natureza humana. Além disso, é correto falar do hábito de pecar no singular tanto quanto de seus atos no plural. Ambos estes aspectos do pecado podem e devem ser incluídos na hamartiologia e, portanto, na doutrina da expiação. Por essas razões, refiro-me tanto a "pecado" quanto a "pecados" de indivíduos, e não apenas aos "pecados" deles.

Textos Selecionados do NT

Voltando aos dados bíblicos, descobrimos que o NT fala de pecado no singular. Isso pode ser tomado por um defensor da expiação universal como um argumento para ver o pecado carregado por Cristo como genérico e universal, e *não* específico e individual. João Batista proclama Jesus com as palavras: "Eis o Cordeiro de Deus, que tira o pecado do mundo!" (João 1.29).[34] Aqui, pecado

---

34 Naturalmente, este versículo é usado como um argumento em prol da expiação universal. A interpretação correta do "mundo" joanino — que marca a assombrosa maravilha de Jesus ser o Salvador de samaritanos e gregos, tanto quanto de judeus (como em 4.42) — está além do meu escopo aqui.

é mencionado no contexto da expiação, e é identificado com a frase singular τὴν ἁμαρτίαν τοῦ κόσμου. Paulo, ao descrever a obra de Cristo, usa o singular de ἁμαρτία: "enviando o seu próprio Filho em semelhança de carne pecaminosa e no tocante ao pecado [περὶ ἁμαρτίας]; e, com efeito, condenou Deus, na carne, o pecado [τὴν ἁμαρτίαν]" (Romanos 8.3); "Aquele que não conheceu pecado [τὸν μὴ γνόντα ἁμαρτίαν ὑπὲρ ἡμῶν ἁμαρτίαν ἐποίησεν], ele o fez pecado por nós; para que, nele, fôssemos feitos justiça de Deus" (2 Coríntios 5.21).[35] O escritor de Hebreus faz o mesmo, por exemplo: "se manifestou uma vez por todas, para aniquilar, pelo sacrifício de si mesmo, o pecado [εἰς ἀθέτησιν [τῆς] ἁμαρτίας]" (9.26); "Pois aqueles animais cujo sangue é trazido para dentro do Santo dos Santos, pelo sumo sacerdote, como oblação pelo pecado [περὶ ἁμαρτίας], têm o corpo queimado fora do acampamento" (13.11).

Entretanto, não é possível apelar para tais textos para argumentar que Cristo morreu somente pelo pecado considerado genérica e universalmente, porque o propósito das referências no singular não é excluir o sentido plural dos pecados específicos cometidos por pessoa particular. Por exemplo, mais da metade das ocorrências de aJmartiva nas cartas de Paulo está em Romanos 5-7, onde ele usa o termo para personificar o pecado, em vez de distinguir o universal do individual.[36] Em suas descrições, pecado, como agente ativo, se apossa da oportunidade apresentada pela lei, traz a morte como seu salário, mas é finalmente derrotado por Cristo. A personificação serve também para salientar o papel do Diabo como o agente pessoal ativo por detrás do pecado. Esses são os propósitos de Paulo para seu uso do singular, em vez da exclusão da ideia dos pecados de indivíduos no plural. Aliás, Paulo usa o plural para descrever a obra de Cristo em uma de suas afirmações mais enfáticas: "Antes de tudo, vos entreguei o que também recebi: que Cristo morreu pelos nossos pecados [ὑπὲρ τῶν ἁμαρτιῶν ἡμῶν], segundo a Escritura" (1 Coríntios 15.3). Ele usa também outro termo plural para pecado em um contexto da

---

35 Deve-se notar que, se a segunda ocorrência de ἁμαρτία no grego de 2 Coríntios 5.21 e Romanos 8.3 são traduzidas como "oferta pelo pecado", em vez de "pecado", então tais ocorrências não são pertinentes aqui.
36 Igualmente C. E. B. Cranfield, *The Epistle to the Romans*, 2 vols. (Edimburgo: T. & T. Clark, 1975; reimp. 1990), 1:191.

expiação: Jesus "o qual foi entregue por causa das nossas transgressões" (διὰ τὰ παραπτύματα ἡμῶν; Romanos 4.25).

No Evangelho de João, encontramos Jesus mudando facilmente do singular para o pecado no plural. Em 8.21, Ele adverte: "perecereis no vosso pecado" (ἐν τῇ ἁμαρτίᾳ ὑμῶν). Aqui, a referência pode ser genérica, ainda que a maioria dos comentaristas pense que o singular denota o pecado específico da incredulidade.[37] Mesmo que a interpretação genérica seja correta, não é muito marcante porque, quando Jesus retrocede a essa advertência no versículo 24, ele faz isso usando o plural: "eu vos disse que morrereis nos vossos pecados" (ἐν ταῖς ἁμαρτίαις). Isso mostra que não devemos pensar que os termos para pecado, no singular, excluem qualquer referência às suas manifestações no plural.

Semelhantemente, os singulares em Hebreus não excluem o plural. Logo depois de falar de Cristo tirando o "pecado", em 9.26, por exemplo, o escritor o descreve como "tendo-se oferecido uma vez para sempre para tirar os pecados de muitos" (εἰς τὸ πολλῶν ἀνενεγκεῖν ἁμαρτίας; 9.28), seguindo o plural da Septuaginta de Isaías 53.12. O hebraico traz o singular (חֵטְא־רַבִּים), por mais que o profeta usasse no versículo 11 uma frase paralela no plural: "porque as iniquidades deles levará sobre si" (וַעֲוֺנֹתָם הוּא יִסְבֹּל). Podemos falar do uso do plural em outro lugar na carta que o escritor de Hebreus não o usou somente quando estava seguindo a Septuaginta: "depois de feito a purificação dos pecados [τῶν ἁμαρτιῶν], assentou-se à direita da Majestade, nas alturas" (1.3); "Por isso mesmo, convinha que, em todas as coisas, se tornasse semelhante aos irmãos, para ser misericordioso e fiel sumo sacerdote nas coisas referentes a Deus e para fazer propiciação pelos pecados [τὰς ἁμαρτίας] do povo" (2.17); "Jesus, porém, tendo oferecido, para sempre, um único sacrifício pelos pecados [ὑπὲρ ἁμαρτιῶν], assentou-se à destra de Deus" (10.12). O escritor descreve também a obra típica do sacerdócio aarônico do AT em termos de pecados no plural (5.1, 3; 7.27) e em 9.15 usa paravbasi" no plural: "intervindo a morte para remissão das transgressões que havia sob a primeira aliança". Embora nenhum desses escritores do NT estivessem conscientes de estarem abordando nossa

---

37 Ver mais, Andreas Köstenberger, *John* (Grand Rapids, MI: Baker Academic, 2004), 258 n. 32.

questão, evidentemente mantinham que Jesus morreu levando em si pecados específicos cometidos por pessoas particulares.

Ofertas Levíticas

A linguagem sacrificial nessas e em tantas outras passagens do NT nos faz retroceder à riqueza do material do AT pertinente ao sistema sacrificial mosaico, muito do qual é explorado em outros lugares neste volume. Portanto, minha intenção é tomar apenas três ofertas de Levítico 1-6 como condição de estudos na especificidade das ofertas mosaicas. O argumento decorrente não pretende implicar que a especificidade dessas ofertas é disputada por outros; serve simplesmente para realçar a força deste material tratado nas entrelinhas.

Os capítulos iniciais de Levítico descrevem as ofertas regulares da perspectiva do adorador, começando com a oferta queimada (mais literalmente, "a oferta que exala"). A oferta queimada, como os demais sacrifícios, é descrita como um "aroma agradável ao Senhor" (1.9). Paulo usa a tradução da Septuaginta desta frase (ὀσμὴν εὐωδίας) para descrever o sacrifício de Cristo em Efésios 5.2. E assim ele identifica a oferta queimada como um tipo da morte de Cristo. Em adição, a ideia do NT do Pai enviando o Filho para morrer (Mateus 21.37-39; João 3.16; Romanos 8.32) ecoa a narrativa de Gênesis 22, onde Isaque é mencionado como uma oferta queimada (v. 2).[38]

Há dois aspectos no ritual da oferta queimada que indicam a particularidade do sacrifício. Primeiro, o animal a ser oferecido era trazido por quem ele era oferecido. A menos que estivesse trazendo uma pequena ave, o próprio adorador matava o animal, destripava-o, cortava-o e lavava suas entranhas e pernas, enquanto o sacerdote aspergia o sangue e colocava a carcaça sobre o fogo. Assim, desde o início da oferta, o sacrifício estava conectado ao adorador específico. O segundo aspecto, o ato de estender uma mão sobre o animal, sublinha isso. O significado do ato nos capítulos iniciais de Levítico é disputado. As principais alternativas o veem como indicando a transferência do pecado

---

38 Gordon Wenham argumenta a partir de João e Romanos em *The Book of Leviticus* (Grand Rapids, MI: Eerdmans, 1979), 64.

(como 16.21), ou identificando a oferta com o adorador específico. Para meu presente propósito, não é necessário escolher entre essas interpretações, posto que elas sublinham o fato de que o sacrifício era particular para o adorador.[39]

O vocabulário de Levítico 1 indica mais que o sacrifício granjeia a aceitação do adorador específico: "à porta da tenda da congregação o trará, para que o homem seja aceito [לִרְצֹנוֹ] perante o Senhor" (1.3). John Hartley crê que aqui o terceiro sufixo masculino singular se refere à aceitação da própria oferta ("para que seja aceitável").[40] Isso seria possível gramaticalmente, mas a referência à oferta é endossada pelo uso do segundo sufixo plural em 19.5, 22.19, 29 e 23.11 (לִרְצֹנְכֶם), o qual não pode referir-se à coisa oferecida.[41] Semelhantemente, em 1.4, a forma verbal relacionada é usada com uma preposição indicando que a oferta é o objeto indireto: "será aceita por ele" (וְנִרְצָה לוֹ). Como Jacob Milgron nota, "os dois sufixos dativos anexos e o verbo seguinte, *kipper*, ambos significando 'por, em favor de', com isso enfatizando a indispensabilidade do estender a mão pelo próprio ofertante".[42] Esse tipo da morte de Cristo evidentemente era uma oferta por uma pessoa específica.

A segunda oferta a ser considerada é a oferta da purificação, também um tipo da expiação de Cristo.[43] Também é descrita nas palavras usadas por Paulo como um "aroma suave" (Levítico 4.31), e diz-se que o sangue de Cristo tem um efeito purificador (por exemplo, em Hebreus 9-10; 1 Pedro 1.2; Apocalipse 7.14). A oferta era oferecida por ofensas de inadvertência por impureza tal como o nascimento de uma criança (Levítico 12.6) ou um fluxo fisicamente mais sério (15.15). O capítulo 4 descreve as diferentes ofertas requeridas de diferentes partes: o sacerdote tinha de oferecer um novilho (vs. 3-12), como se dava com a congregação (vs. 13-21), enquanto um líder ofereceria um cabrito (vs. 22-26) e

---

39   Esse ritual marca também a particularidade da oferta pacífica (3.2, 8, 13).
40   John Hartley, *Leviticus*, WBC 4 (Nahville: Thomas Nelson, 1992), 12, 13.
41   Igualmente Hobuyoshi Kiuchi, *Leviticus*, Apollos Old Testament Commentary 3 (Nottingham, UK: Apollos: IVP, 2007), 56.
42   Jacob Milgron, *Leviticus 1-16: A New Translation with Introduction and Commentary*, Anchor Bible 3 (Nova York: Doubleday, 1991), 153.
43   O termo tradicional é "oferta pelo pecado". Para a designação "oferta da purificação", ver Wenham, *Leviticus*, 88-89, e Milgron, *Leviticus 1-16*, 253-54.

um dentre o povo uma cabrita ou cordeira (vs. 27-35). Levítico 5.1-13 descreve as ofertas que tratam da falha em testificar, a despeito de súplica, tocar algo imundo, fazer juramentos temerários, graduadas segundo os meios do adorador.

Como se dá com a oferta queimada, a ação do ritual da oferta da purificação indica a especificidade do sacrifício. Em cada uma das ofertas descritas no capítulo 4, o ato de estender as mãos enfatiza o vínculo entre o adorador e o sacrifício (vs. 4, 15, 24, 29, 33). No capítulo 5, as ofertas graduadas demandavam confissão (v. 5), atando o sacrifício à ofensa.

Novamente, como no capítulo 1, o vocabulário de 4.1-5.13 também sugere a especificidade das ofertas. Cada uma das descrições das quatro categorias de adorador, no capítulo 4, começa com uma referência a uma oferta singular que usa a palavra "alguém" (o feminino de אֶחָד; vs. 2, 13, 22, 27), e a palavra é então usada outra vez com a oferta graduada (5.4, 5). Todas as descrições terminam com uma afirmação concernente ao efeito pretendido da oferta sobre o pecador, e adiciona mais uma referência ao efeito sobre a ofensa. Como Roy Gane argumenta, essas afirmações sobre o ofertante mostram que Milgron está errado ao limitar o efeito das ofertas da purificação à purificação do santuário: as ofertas purificam os adoradores.[44]

Em adição ao vocabulário, discirno vários padrões cuidadosamente elaborados em 4.1-5.13, consistindo de quatro elementos, cada um dos quais serve para sublinhar a especificidade das ofertas. Os quatro elementos são: o uso da palavra "alguém" para a ofensa; a presença ou ausência de referência ao efeito pretendido da oferta sobre o pecado específico; a variação na preposição usada com o substantivo para o pecado (חַטָּאת) e a presença ou ausência da cláusula relativa especificadora "que ele cometeu" modificando o substantivo.[45] O cuidadoso empenho desses quatro elementos produz quatro padrões, os quais são mapeados na fig. 17.1 e então explicados.

---

44 Ver Migrom, *Leviticus 1-16*, 254-58; e Roy Gane, *Cult and Character: Purification Offerings, Day of Atonement, and Theodicy* (Winona Lake: Eisenbrauns, 2005), esp. capítulos 6 e 12. Gane nega qualquer função para esses sacrifícios em purificar o santuário, um papel que ele reserva para o Dia da Expiação.

45 Gane fornece tabelas úteis dos componentes de linguagem governados por כָּפַר em referências pentatêuticas à oferta da purificação, ver esp. *Cult*, 110-11.

§ 1: Levítico 4.1-35

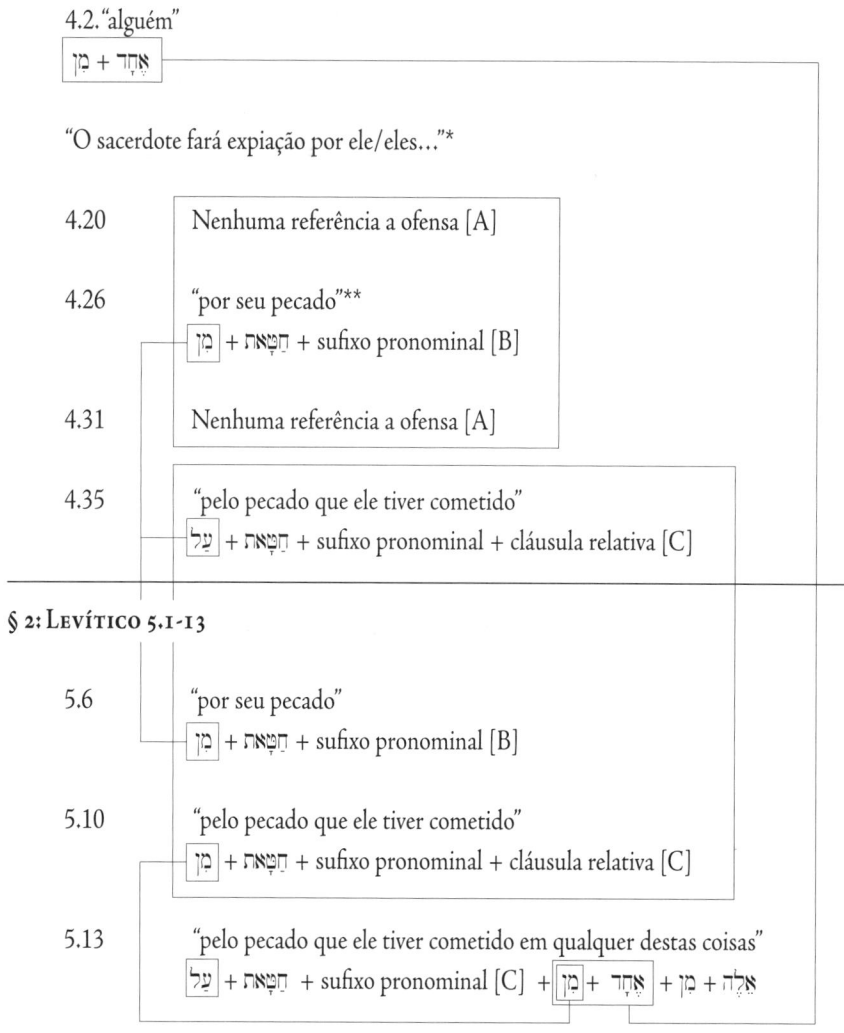

Fig. 17.1

* Sinto-me persuadido pelo argumento de Jay Sklar de que כפר denota resgate e purgação; ver seu *Sin, Impurity, Sacrifice, Atonement: The Priestly Conceptions*, Hebrew Bible Monographs 2 (Sheffield, UK: Sheffield Phoenix, 2005), capítulo 4. Com isso sigo seu último parecer sobre "expiar", porém adicionando uma nota de rodapé para explicar o significado (157 n. 76). Talvez "faz um pagamento purificador" seja uma boa alternativa.

** Aqui eu uso as traduções ESV, veja, porém, sobre o sentido privativo de מִן, "de seu pecado". Considerando isso e o ponto na nota de rodapé anterior, podemos traduzir 4.26 assim: "o sacerdote fará um pagamento purificador por ele para seu pecado".

No primeiro padrão, os modos como a ofensa é mencionada (ou não) formam dois quiasmos que servem de ponte às seções 4.1-35 e 5.1-13, com o padrão A-B-A em 4.20, 26 e 31, e C-B-C em 4.35, 5.6 e 10 (exibido dentro de dois boxes). No segundo padrão, a preposição מִן e עַל são dispostas quiasticamente, também servindo de ponte às duas seções. Milgrom pensa que são equivalentes em seu significado causal e só variam em seu som, para prevenir uma "colisão cacofônica" com tjam em 5.13.[46] Gane, corretamente, contesta que מִן tem um sentido privativo que está ausente em עַל, exibido pelo uso sintaticamente paralelo denotando purificação (טהר) de um fluxo de sangue (12.7) e do pecado (16.30).[47] Mas há uma razão literária ulterior para a alternação aqui, visto que ela cria essa repetição do quiasmo מִן–עַל–מִן. No terceiro padrão, as referências à ofensa crescem em extensão dentro de cada seção com a adição das cláusulas relativas. No quarto padrão, 5.13 fica à parte como um sumário conclusivo. Ele repete o padrão C com עַל, mas também dois usos da preposição מִן. A primeira vez, ele é prefixado à palavra "alguém" (אֶחָד), como foi em 4.2, que tem o efeito de concluir a seção como começou, com uma referência ao pecado no singular.

Essas observações literárias mostram que as referências para especificar ofensas cometidas por pessoas particulares no início e no fim de cada uma das descrições das ofertas de purificação estão longe de acidentais. Empregam deliberada e elegantemente formas variadas de expressão para alcançar o mesmo ponto vez após vez: os sacrifícios eram oferecidos por e eram efetivos para as ofensas específicas por pessoas particulares. Gane nota a marcante conexão entre o adorador e a oferta nesses capítulos:

> O beneficiário (objeto de עַל) é o mesmo que aquele a quem o mal pertence, como indicado pelo sufixo possessivo no termo para o mal (Levítico 4.26 etc.), e/ou o sujeito do verbo חָטָא numa cláusula relativa seguindo מִן (5.10; Números 6.11). Assim, o mal é removido de sua fonte pessoal.[48]

---

46 Milgrom, *Leviticus* 1-16, 251, 307.
47 Ver mais, Gane, *Cult*, 125-26.
48 Ibid., 135.

Semelhantemente, Jay Sklar comenta que a frase כֹּפֶר + עַל + objeto pessoal confirma que "o salvamento ou resgate da parte culpada não é simplesmente um aspecto indireto de כֹּפֶר. Antes, é um כֹּפֶר *por sua vida*, é um כֹּפֶר *por eles*".[49]

A terceira oferta a ser examinada é a oferta de reparação (אָשָׁם), a qual Isaías 53.10 identifica com a morte do servo sofredor. Como Wenham explica, o aspecto distintivo desse sacrifício é satisfação ou compensação.[50] Em 5.14-26[6.7] faço uma distinção clara de um arranjo verbal similar para a oferta de purificação. Isso é evidente na menção introdutória da oferta cometida por "alguém" (5.17, 22) e nas afirmações de finalidade (ver fig. 17.2).

§ 3: Levítico 5.14-26[6.7]

"O sacerdote fará expiação por ele..."

    5.16   Nenhuma referência ao pecado [A]

    5.18   "pelo erro que ele cometeu não intencionalmente"

                עַל + שְׁגָגָה + sufixo pronominal + cláusula relativa [C]

    5.26[6.7]   "diante do Senhor, e será perdoada de qualquer
                de todas as coisas que fez, tornando-se por isso culpada"

                סלח + לְ + sufixo pronominal + עַל + אֶחָד + מִן + כֹּל + cláusula relativa

Fig. 17.2

Aqui encontramos outra vez um resumo altamente detalhado de descrições que fazem a conexão com o adorador, com os dois primeiros padrões estreitamente paralelos A e C. A afirmação final em 5.26[6.7] é diferente,

---

49 Sklar, *Sin*, 75.
50 Wenham, *Leviticus*, 111.

porque a especificação do pecado é movida da cláusula da expiação para a cláusula de resultado que descreve o perdão, talvez para enfatizar a nova afirmação de que a expiação é feita "diante do Senhor". A preposição עַל é usada com "alguém" (אֶחָד), ecoando 5.17 e especialmente 5.22 onde se encontra a mesma combinação, e concluindo a seção como em 5.13. Como se dá com as ofertas de purificação, pois, o vínculo entre o adorador, seu pecado e sua oferta é deliberadamente articulado pelo uso de um padrão literário extraído com elegância. A expiação levítica era expiação definida.

APLICANDO OS DADOS BÍBLICOS A USSHER E KNOX

A evidência dos tipos e antítipos bíblicos assim mostra que a expiação na Escritura pertence, *em sua própria execução*, ao pecado específico e pecados de pessoas particulares. A dificuldade fundamental com Ussher e Knox é que suas posições conflitam com esses relatos bíblicos da expiação. A Escritura não ensina uma expiação feita simplesmente pela natureza humana (Ussher), nem ensina uma expiação geral que é indistinguível, porque ela não é quantitativa (Knox). Antes, ela ensina que, como fez expiação, Cristo suportou a punição do pecado específico e os pecados de pessoas particulares. Ussher e Knox admitem a especificidade e particularidade só na aplicação da expiação, mas as descrições na Escritura localizam a especificidade e a particularidade no sacrifício do próprio Cristo.

CONCLUSÃO

Já vimos os problemas sistemáticos com a expiação indefinida em Ussher e Knox. Ussher conta com uma compreensão insustentável da natureza humana como o objeto pelo qual Cristo fez expiação, enquanto Knox constrói seus argumentos a partir de um relato irregular do sofrimento penal de Cristo como indistinguível porque não é quantitativo. Por contraste, a expiação penal substitutiva na Escritura é expiação definida, feita pelo pecado específico e de pecados de pessoas particulares. Quando medida pela Escritura, somente a expiação definida conta como expiação penal substitutiva.

O problema com os pontos de vista de Ussher e Knox não lhes são únicos nem são de interesse puramente histórico. *Qualquer* tentativa de insistir que Cristo morreu por todos, sem exceção, suscita o espectro de Deus punir o mesmo pecado duas vezes quando pune os perdidos. Um modo de evitar essa consequência é abraçar o universalismo: Cristo morreu levando sobre si o pecado específico e os pecados de todos os indivíduos, e todos serão salvos. Ironicamente, tal universalismo preservaria a natureza da expiação, mas não é uma opção dada ao ensino bíblico sobre o inferno. Para os defensores de uma expiação definida que enxergam isso, a outra única opção, se devem evitar a implicação de que Deus viola os princípios da justiça, é redefinir o objeto ou a natureza da expiação. Talvez foi a consciência desse argumento que impeliu Ussher a limitar a substituição a uma substituição pela natureza humana, e Knox de negar a possibilidade de punição especificamente identificada. É a mesma consciência que deveria logicamente impelir algum outro argumento não universalista em prol de uma expiação indefinida para modificar o objeto ou a natureza da expiação. A teo-lógica permanece a mesma: qualquer tentativa de manter uma expiação indefinida, caso se recuse o universalismo, por fim terá de resultar em redefinições de pecado e punição. Portanto, não me surpreende, em debates, ter-me defrontado com pregadores e teólogos, que, de outro modo, seriam ortodoxos, propondo definições exclusivamente genéricas de "pecado" no singular e negando que Cristo tomou para si a punição por pecados específicos quando buscam evitar a lógica do caso em prol da expiação definida. Mas tais redefinições não podem se sustentar diante do tribunal da Escritura: a evidência bíblica mostra que o Pai enviou seu Filho, o Filho veio para se oferecer e o Espírito intermediou sua oferta pelo pecado específico e os pecados de pessoas particulares. Uma vez estabelecido isso, o caso contra uma expiação definida só pode ser evitado pelo universalismo ou pelo ato de sacrificar a doutrina bíblica da substituição penal.

Note outra vez que não necessitamos recorrer a uma metáfora pecuniária para postular a especificidade da punição e o problema resultante da dupla punição. No próximo capítulo, examinarei se a metáfora tem um papel a exercer, mas, por ora, é suficiente notar que sem qualquer linguagem financeira a identificação da cruz como punição na vontade constitutiva de Deus sustém o argumento da dupla punição. Uma vez que Deus tenha identificado essa punição como a punição por esses pecados, então ele não pode puni-los outra vez. Uma expiação definida deve ou abraçar o universalismo, ou contradizer a doutrina bíblica da substituição penal.

Notei no início como Ussher e Knox são corretamente impelidos pelo desejo de fielmente proclamar a cruz. Fazemos bem em concluir abordando esse tópico tão importante. As consequências de uma expiação definida pela pregação da cruz são graves. Ussher pregou aos pecadores que Cristo morreu por eles: "Os seus pecados o crucificaram".[51] Assim, presumo, fez Knox. Mas ambos os seus pontos de vista implicam que, como Cristo deu sua vida, ele não identificou seu sofrimento com os meus pecados, ou os seus pecados, ou os de qualquer outra pessoa. Na melhor hipótese, Ussher poderia pregar: "Cristo sofreu por sua natureza [a de você]"; ou Konx: "Cristo sofreu uma penalidade indistinguível que talvez possa ser aplicada a você". Naturalmente, não estou dizendo que isso é o que eles pregaram, mas é tudo o que deveriam ter pregado, dado seus pontos de vista. Para expressá-lo francamente, qualquer pregador que consistentemente defenda uma expiação indefinida sem universalismo deveria logicamente recorrer a alguma pregação similarmente modificada da natureza da expiação. Deveriam ter em mente como o Senhor nos protege graciosamente das consequências lógicas desses erros que todos nós, indubitavelmente, mantemos em algum lugar em nossos próprios sistemas teológicos.

É a doutrina da expiação definida que provê um sólido fundamento para se pregar a cruz como a Escritura a descreve. Ussher está certo de que a "mera suficiência" da expiação realmente não pode confortar o pecador, mas é o pecador fora de Cristo que não acharia conforto. A suficiência da cruz mostra ao pecador fora de Cristo o único lugar onde se pode achar o refúgio da ira de Deus. Ela lhe assegura que não há pecado demasiadamente vil que não seja

---

51 Ver, por exemplo, James Ussher, *Eighteen Sermons Preached in Oxford, 1640* (Londres: Joseph Crabb, William Ball, Thomas Lye, 1660), 386.

perdoado, nenhum pecado demasiadamente perverso para o sangue de Cristo. É então, quando o pecador está unido a Cristo e crê, que ele realmente acha o conforto do perdão. O pecador crente pode se assegurar de que Cristo morreu efetivamente por ele, porque tomou para si a punição pelos pecados específicos de sua pessoa particular. A expiação definida não mina das Escrituras a poderosa pregação da cruz. Ao contrário, somente ela pode sustentar a certeza libertadora da expiação penal substitutiva: "Cristo suportou a punição *por seus pecados*".

CAPÍTULO 18

A PUNIÇÃO DIVINA NÃO PODE SER INFLIGIDA DUAS VEZES

O ARGUMENTO DO DUPLO PAGAMENTO REDIVIVO

Garry J. Williams

O ARGUMENTO DO DUPLO PAGAMENTO

É possível achar afirmações do argumento do duplo pagamento em prol da expiação definida que geram a impressão de que ela repousa sobre uma concepção de Deus, o pecado e a obra de Cristo que é inteiramente comercial. Por exemplo, quando John Owen volta a argumentar da natureza da satisfação de Cristo para uma concepção da expiação, ele demonstra compreender a satisfação em termos totalmente financeiros: "*Satisfação* é um termo emprestado da jurisprudência, aplicado apropriadamente a coisas, daí traduzido e aplicado a pessoas; e equivale a *uma plena compensação do credor da dívida*". Depois ele desenvolve essa definição fazendo referência à morte de Cristo:

>Primeiro, o devedor é *homem*; ele deve dez mil talentos (Mateus 18.24).
>Segundo, a *dívida é o pecado*: "Perdoa-nos as nossas dívidas" (Mateus

6.12). Terceiro, aquilo que se requer no lugar de fazer satisfação pelo mesmo é *a morte*: "porque, no dia em que dela comeres, certamente morrerás" (Gênesis 2.17); "O salário do pecado é a morte" (Romanos 6.23). Quarto: a *obrigação* à qual o devedor está submetido e obrigado é a *lei*, "Maldito todo aquele que" etc. (Gálatas 3.10; Deuteronômio 27.26); a justiça de Deus (Romanos 1.32); e a verdade de Deus (Gênesis 3.3). Quinto, o *credor* que requer isso de nós é *Deus*, considerado como a parte ofendida, o Juiz severo e Senhor supremo de todas as coisas. Sexto, aquilo que intervém para a destruição da obrigação é o *resgate* pago por Cristo (Romanos 3.25), "a quem Deus propôs, em seu sangue, como propiciação, mediante a fé".[1]

No final do capítulo, Owen usa esse quadro financeiro para afirmar o duplo pagamento da expiação contra a redenção universal: "É provável que Deus chame certas pessoas para um segundo pagamento e requeira delas satisfação, por quem, por seu próprio reconhecimento, Cristo fez aquilo que é completo e suficiente?".[2] François Turretini pinta um quadro pecuniário semelhantemente quando escreve que a dívida do pecado, sendo "assim removida dos primeiros devedores, torna-se um pagamento que já não pode ser exigido deles".[3] Sendo essas as formulações do argumento do duplo pagamento, não surpreende que ele seja muitas vezes rejeitado com a alegação de que depende, para sua prevalência, dos conceitos comerciais que são, falando com propriedade, inaplicáveis à expiação.

Essa rejeição se encontra na obra tanto de críticos como de defensores da doutrina da expiação definida. Entre os críticos, Alan Clifford comenta que Owen "explana e reforça sua teologia da expiação" ao "tornar os sofrimentos de Cristo coextensivos com os pecados dos eleitos em um sentido quantitativo

---

1   John Owen, *Salus Electorum. Sanguis Jesu: Or The Death of Death in the Death of Christ*, in *The Works of John Owen*, ed. W. H. Goold, 24 vols. (Edimburgo: Johnstone & Hunter, 1850-1855, reimp., Edimburgo: Banner of Truth, 1967), 10:265-66 (ênfase original).
2   Owen, *Death of Death*, in *Works*, 10:273.
3   François Turretini, *Institutes of Elenctic Theology*, ed. James T. Dennison, trad. George Musgrave Giger, 3 vols. (Phillipsburg, NJ: P&R, 1993), 2:466. [Obra já vertida para o português.]

e comercialista". Ele encontra em Owen uma "posição estritamente comercialista".[4] Semelhantemente, David Allen mantém que a doutrina da expiação limitada "confunde uma dívida pecuniária (comercial) com a satisfação penal pelo pecado".[5] Para Allen, Owen "entendia falsamente a redenção ao envolver pagamento literal a Deus, de modo que a expiação em si mesma garante sua própria aplicação", e fez disso o modelo controlador em seu livro *The Death of Death in the Death of Christ*.[6]

No século de Owen, James Ussher defendeu seu próprio universalismo hipotético contra o argumento do duplo pagamento, objetando que ele torna o metafórico algo literal: "Mas se esta *Justiça* (você dirá) for *satisfeita*, como se dá que Deus *requeira outra vez pagamento* de alguém? *Eu respondo*: devemos nos precaver de não estender nossas *similitudes* para além de sua justa extensão". Ussher temia que, se estendermos a similitude, então "seremos forçados a dizer (como alguns têm feito) que não podemos ver como *a satisfação e o perdão possam manter-se juntos*", uma vez que um pagamento completo não deixa espaço para o perdão.[7] Se Deus recebeu o pagamento pelo preço completo do pecado, então ele não desistiu dele, e, portanto, não o perdoou. Vemos nessa ansiedade sobre a concepção comercial da expiação o extraordinário impacto feito por Fausto Socino na história do pensamento reformado. Quando Ussher adverte que alguns têm levado suas similitudes longe demais e se veem forçados a negar a compatibilidade da satisfação com a remissão, muito provavelmente ele está se referindo aos socinianos. Socino argumentou que "perdoar e receber satisfação não podem coexistir, como não o podem dia e noite, luz e trevas".[8] Para Socino, a satisfação envolveria dar Deus o que lhe é devido, não deixando espaço para o perdão. Ussher mantém que qualquer

---

4   Alan C. Clifford, *Atonement and Justification: English Evangelical Theology 1640-1790: An Evaluation* (Oxford: Clarendon, 1990), 112-13.
5   David L. Allen, "The Atonement: Limited or Universal?", in *Whosoever Will: A Biblical-Theological Critique of Five-Point Calvinism*, ed. David L. Allen e Steve W. Lemke (Nashville: B&H Academic, 2010), 83.
6   Ibid., 89.
7   James Ussher, *The Judgement of the Late Arch-Bishop of Armagh, and Primate of Ireland* (Londres: John Crook, 1658), 31.
8   Faustus Socinus, *De Jesu Christo Servatore*, in *Fausti Socini Opera Omnia*, Bibliotheca Fratrum Polonorum 1-2 (Irenopoli [Amsterdã]: [não publicado], pós-1656), iii.2, 1:193 (tradução minha).

pagamento por uma expiação definida, baseada em um pagamento feito por Cristo, demanda essa réplica sociniana.

Na Virgínia do século XIX, tanto quanto na Irlanda do século dezessete, a teologia presumivelmente bíblica de Socino teve um efeito hipnótico. Diferentemente de Ussher, Robert L. Dabney defendeu a crença de que "a obra redentora de Cristo foi, em sua intenção, limitada aos eleitos".[9] Mas ele também temia ceder terreno aos socinianos. Então recusou-se a "agregar qualquer força" ao argumento do duplo pagamento e o tratou como inextricavelmente atado a uma compreensão pecuniária da satisfação:

> A satisfação de Cristo não é um equivalente pecuniário; mas somente algo assim possibilita ao Pai, consistentemente com seus atributos, perdoar, se em sua misericórdia ele acreditar que isso é justo. Todas as vantagens da satisfação a um dado homem dependem de sua convicção. Não haveria injustiça a um homem se ele permanecer incrédulo e depois se sua culpa fosse punida duas vezes, primeiro em seu Salvador e então nele mesmo.[10]

Vemos aqui o que poderia, à primeira vista, parecer ser duas prioridades conflitantes para o defensor reformado da expiação penal substitutiva e definida. De um lado, a necessidade de responder à tentativa sociniana de tornar a satisfação e a remissão incompatíveis poderia levar a uma negação dos conceitos comerciais na doutrina da expiação. Do outro, a refutação de uma expiação universal (e, assim, ineficaz) poderia levar a imaginar que ela requer apenas essas concepções comerciais. Então, o argumento do duplo pagamento é uma poderosa arma e perigosa de se usar? De fato, as ciladas potenciais são ainda maiores, porque um pagamento completo pelo pecado, feito por Cristo, poderia não só ser incompatível com a remissão; poderia também imaginar-se que ela granjeia um livramento imediato do pecado e, portanto, tornar todos os eleitos inocentes, mesmo antes de sua conversão, um pensamento contrário ao

---

9   Robert L. Dabney, *Systematic Theology* (187), reimp. Edimburgo: Banner of Truth, 1985), 527.
10 Ibid., 521. Tenho corrigido o equívoco de grafar em maiúsculas os termos "seu" e "ele".

apóstolo Paulo, para quem os eleitos efésios uma vez foram "por natureza, filhos da ira, como os demais" (Efésios 2.3).

OBJETIVO DESTE CAPÍTULO

Meu propósito, neste capítulo, é reexaminar e reapresentar o argumento do duplo pagamento. Muito da atenção focalizada será se o argumento dos conceitos comerciais é tão inextricável, e suas implicações tão perigosas, que devem ser abandonadas. Demonstrarei que, enquanto o argumento pode ser reelaborado sem os conceitos comerciais, é possível alcançar uma compreensão mais matizada deles que torne a versão do duplo *pagamento* segura para ser usada. Depois de uma discussão geral de como as metáforas funcionam, explorarei a metáfora específica da punição como pagamento a Deus na qualidade de credor. No curso dessa exploração, tentarei desenvolver uma penalística bíblica que mostrará o que devemos e o que não devemos inferir da metáfora. Veremos que Deus deve ser considerado o credor, mas não só credor, e que devemos evitar certas implicações ilegítimas da metáfora do pagamento: as ideias de punição como restauração e restituição, a alegação de que a punição é quantificável e a noção de que ela é um retorno idêntico ao pecado. Os dados bíblicos mostrarão que a punição deve ser definida como *sofrimento infligido como uma resposta adequada ao pecado*. Essa definição estabelecerá contra seus críticos um argumento de dupla punição que poderia prosseguir sem qualquer linguagem comercial, mostrando que o argumento não se vale de uma metáfora extensa demais. Mas também mostrará que a linguagem de pagamento permanece útil, porquanto ela expressa a ideia de punição como uma resposta adequada. Ironicamente, veremos que são os críticos do universalismo hipotético contra a expiação definida que aplicam mal a metáfora do pagamento. Finalmente, em objeção ao argumento do duplo pagamento, feita por teólogos luteranos, isso será discutido.

ORGANIZAÇÃO DAS METÁFORAS

Quando falamos de Deus como credor, do pecado como dívida, do homem como devedor e da expiação como resgate, estamos falando metaforicamente.

Contrário ao que poderíamos esperar, tendo lido alguns de seus críticos, John Owen tinha consciência disto. Ele explica que o pecado é na Escritura considerado uma dívida, Deus é o credor, como na Oração do Senhor (Mateus 6.12) e a parábola do servo inclemente (Mateus 18.23-35). Citando a advertência sobre pagar o último centavo, em Mateus 5.25-26, Owen argumenta que a dívida nos faz "passíveis à prisão pelo não pagamento; e assim faz o pecado (sem que se faça satisfação) à prisão do inferno". Owen faz a dívida recuar ao primeiro homem, Adão, em quem todos nós contraímos nossa grande dívida como em um fiador. Então, antes de voltar à compreensão do pecado como crime, ele comenta: "Mas esse uso das palavras 'dívida' e 'prisão', aplicadas ao pecado e à punição, é metafórico".[11]

O ponto de Owen seria óbvio, mas fomos treinados para ver metáforas com suspeita. Lembro-me de ficar muito chocado quando, como jovem estudante de teologia, li pela primeira vez o argumento de J. I. Packer de que a doutrina da expiação penal substitutiva é um "modelo teológico".[12] Uma afirmação como essa, de um escritor como Packer, me surpreendeu porque ela estalou de repente de uma negação da realidade da expiação. Eu fora infectado pelo sentimento antimetafórico de filósofos como John Locke, que argumentava que "toda a aplicação artificial e figurativa de palavras que a eloquência inventara nada mais é do que insinuar *ideias* errôneas, para agitar as paixões e, com isso, confundir o julgamento". Locke afirma que, em discursos cuja intenção é informar ou instruir, elas "devem ser totalmente evitadas".[13] Naturalmente, eu conseguira apreender que denominar uma descrição de metafórica é simplesmente descrever *como* ela se refere à realidade, não questionar a realidade à qual se refere. Estamos equivocados quando falamos de "meras metáforas" ou descartar algo como "apenas uma metáfora". Maria, por exemplo, não teria extraído corretamente nenhum conforto ao notar que Simeão estava "apenas"

---

11 John Owen, *Vindiciae Evangelicae*, in Works, 12:515.
12 J. I. Packer, "What Did the Cross Achieve? The Logic of Penal Substitution", in *Celebrating the Saving Work of God: Collected Shorter Writings of J. I. Packer, Volume 1* (Carlisle, UK: Paternoster, 2000), 97.
13 John Locke, *An Essay Concerning Human Understanding*, ed. Peter H. Nidditch (1975); reimp. Oxford: Clarendon 1979), III.x.34, 508.

usando uma metáfora quando disse que uma espada traspassaria sua alma (Lucas 2.35). Como Janet Martin Soskice o expressou em sua obra clássica sobre o tema, dizer "que uma elocução é uma metáfora é fazer um comentário sobre sua forma e deixar de dizer que ele tem um 'significado metafórico' particular e questionável".[14]

Como as metáforas funcionam? Elas são figuras de linguagem nas quais uma palavra que denota uma coisa é diretamente — não pela comparação do símile — aplicada a outra. Em uma obra influente, I. A. Richards rotulou a coisa à qual se aplica a metáfora o "teor" e o termo usado para descrevê-la o "veículo".[15] Na metáfora de Simeão, o sofrimento de Maria era o teor, a espada perfurante, o veículo. Básico para a função de metáforas é a ideia de que certos aspectos do veículo se aplicam ao teor, enquanto outros, não. Esses aspectos aplicáveis são intitulados as "bases" da metáfora, e as diferenças são as "lacunas".[16]

Para lermos qualquer metáfora corretamente, temos de distinguir cuidadosamente as bases e as lacunas. A importância de agir assim com metáforas bíblicas surge da importância do tema: compreender mal a metáfora e compreender mal a Deus. Por exemplo, quando Moisés afirma que Deus é um fogo consumidor, não devemos pensar que Deus é um processo químico produzido pela reação em cadeia que resulta da combinação de um oxidante, calor e combustível. Antes, ele é o Deus que pune os que quebram sua aliança, porquanto ele defende seu próprio nome (Deuteronômio 4.23-24). Não equivale sugerir um ponto de vista reducionista das metáforas, como se simplesmente pudéssemos traduzi-las para nosso idioma sem nenhum prejuízo, provendo uma lista não figurativa das bases. Soskice explica o modo como as metáforas são indispensáveis em razão de seu poder generativo: "Uma boa metáfora pode não ser uma referência indireta a predeterminado objeto, mas uma nova visão, o nascimento de uma nova compreensão, um novo acesso referencial. Uma metáfora

---

14 Janet Martin Soskece, *Metaphor and Religious Language* (Oxford: Clarendon, 1985), 69-70.
15 Ver I. A. Richards, *The Philosophy of Rhetoric* (Oxford: Oxford University Press, 1965), chapters 5-6.
16 Para essa distinção, ver Craig Williamson, ed. e trad., *A Feast of Creatures: Anglo-Saxon Riddle-Songs* (Filadélfia: University of Pennsylvania Press, 2011), 27.

forte compele novas possibilidades de visão".[17] A espada de Simeão é um exemplo. Com a frase "uma espada traspassará" — só um substantivo e só um verbo — ele evoca em Maria o senso de vulnerabilidade e da dor penetrante em todo o âmago de seu ser.[18] Para explicar todos os pensamentos e sentimentos que essas palavras evocam em linguagem sem figura seria muito incômodo, e poderia nem mesmo ser possível. Aqui há bases distinguíveis, mas isso não significa que a metáfora possa ser simplesmente eliminada.

ANALISANDO A LINGUAGEM FIGURADA

Com esses esclarecimentos oportunos, voltaremos a considerar a metáfora específica de punição como o ressarcimento de uma dívida. Imediatamente se abre diante de nós uma nova possibilidade: que não temos de rejeitar a descrição metafórica de pagamento como punição nem de abraçar tudo o que ela possivelmente implica. Em vez disso, nossa tarefa é a de exploração teológica: mapear as bases e lacunas da metáfora comercial. Visto ser comum um apelo aos limites da similitude como uma resposta ao argumento do duplo pagamento, é surpreendente que não haja exame mais detido de suas operações interiores. Isso pode ser parte de uma lacuna mais ampla e ainda mais curiosa: a ausência de qualquer tratamento aprovado de penalística entre defensores da expiação penal substitutiva. Existem defesas evangélicas da expiação retributiva como uma pressuposição essencial da doutrina, mas essas tendem a prosseguir demolindo as duas alternativas (utilidade e reforma), em vez de meditar sobre a natureza da própria e verdadeira punição. Como Oliver O'Donovan comenta, isso "encoraja um estilo de argumento que parece uma raça de cavalos coxos: nenhum dos animais é capaz de terminar o curso, de modo que a vitória vai para o jóquei que derruba seus rivais antes que seu próprio cavalo caia no primeiro salto".[19]

---

17 Soskice, *Metaphor*, 57-58.
18 A metáfora é clara, mas o(s) evento(s) a que se refere à tona algum debate; para uma listagem abrangente, ver Darrell Bock, *Luke*, 2 vols. (Grand Rapids, MI: Baker, 1994, reimp. 2002), 1:248-50.
19 Oliver O'Donovan, "Payback: Thinking about Retribution", in *Books and Culture: A Christian Review* <http://www.booksandculture.com/articles/2000/julaug/7.16.html> [acesso em 17 de dezembro de 2012].

É o próprio O'Donovan que prestou uma atenção mais detida à natureza da punição no contexto de sua obra sobre teologia política. Ele é um crítico mordaz quando usa a metáfora da dívida e do pagamento para compreender a punição: "devemos moldar nossas mentes uma vez por todas para sabermos o que fazer com a metáfora".[20] Uma vez que a linguagem da metáfora é bíblica, entendo que seu ponto não é que o vocabulário em si deva ser obliterado, mas que não lhe damos um papel formativo na compreensão da punição. Mas mesmo isso me parece ser um passo longo demais: a metáfora tem a ver com algo. Ela não é meramente decorativa. A necessidade não é negar-lhe *qualquer* papel conceitual, mas dar-lhe o papel correto. Não podemos pensar que as metáforas financeiras sejam usadas para insistir na natureza desconexa do pecado, da punição e da expiação, porque é nesses contextos que os termos-chave do grego (tais como λύτρον, λυτρόω, λύτρσις, ἀπολύτρωσις, ἀντίλυτρον, ἀγοράζω, ἐξαγοράζω, περιποιέομαι, ὀφείλημα, ὀφειλέτης, e ὀψώνιον) são usados.[21] Mais que ser persuadido a abandonar a metáfora, meu objetivo aqui é ouvir as críticas contra ela, especialmente as de Hugo Grotius e de O'Donovan, a fim de distinguir suas bases e lacunas.

DEUS COMO CREDOR E GOVERNANTE

A metáfora da punição como pagamento identifica Deus como credor na expiação, a quem se deve a dívida de punição. Socino usa essa descrição de Deus para argumentar contra o ponto de vista ortodoxo. Se Deus é credor (*creditor*) e a parte ofendida (*pars offensa*), ele pode livremente perdoar o pecado sem satisfação: "não há credor que, segundo a estrita letra da lei, não seja apto a perdoar seu devedor, quer parte da dívida, quer a totalidade dela, sem receber qualquer satisfação".[22] Grotius respondeu argumentando que na doutrina da expiação Deus não deve ser considerado um credor ou uma parte ofendida, e sim como

---

20 Oliver O'Donovan, *The Ways of Judment* (Grand Rapids, MI: Eerdmans, 2005), 112.
21 Para uma discussão clássica da terminologia da redenção, ver Leon Morris, *The Apostolic Preaching of the Cross*, 3. ed. (Grand Rapids, MI: Eerdmans, 1965, reimp. 1992), capítulo 1.
22 Socino, *De Jesu Christo*, iii. 1, 1:186 (tradução minha).

o governante (*rector*).²³ Para um governante, faz-se necessária a satisfação não porque ela lhe é devida, mas porque ele deve agir em todos os casos "em favor de uma comunidade [*causa communitatis alicuius*]".²⁴ Porque Deus é governante, suas leis penais podem ser relaxadas, mas somente por razões compulsivas e de uma maneira particular tal que mantenham sua autoridade, isto é, por meio de satisfação. Ao negar a ideia de Deus como credor e parte ofendida, Grotius é tido por muitos como a substituir a ideia de punição por razões retributivas retrospectivas com a ideia de punição somente para o futuro bem da comunidade. Há uma longa linha de escritores que descreve Grotius como o fundador dessa teoria "governamental" da expiação, com um decrescente nível de atenção dado ao texto de suas obras enquanto os anos passam. A leitura foi disseminada por Ferdinand Christian Baur em um círculo influente na *Bibliotheca Sacra*, onde ele afirma que, para Grotius, "o objeto real de consideração não é o pecado passado, e sim futuro".²⁵ Em um dos poucos livros sobre a teologia de Grotius, Joachim Schlüter assevera que "para Grotius o fim da *satisfactio* é acima de tudo isto: que os homens podem ser advertidos dos pecados futuros".²⁶ Essa interpretação é totalmente errônea, porém instrutiva para os nossos propósitos. Ela nos lembra da necessidade de tratar com cuidado o exame das metáforas: a interpretação equivocada de Grotius surge de inferir uma negação substantiva da retribuição de sua recusa em dar às metáforas uma função teológica construtiva. Por mais que exclua a metáfora do credor, Grotius cataloga a congenuidade da justiça divina como um dos pontos sobre os quais ele discorda de Socino.²⁷ Ele expressa a importância dela como uma causa da punição em uma carta a Antonius Walaeus:

---

23   Hugo Grotius, *Defensio fidei catholicae de satisfactione Christi adversus Faustum Socinum Senensem*, in *Hugo Grotius Opera Theologica*, ed. Edwin Rabbie, trad. Hotze Mulder (Assen/Maastricht: Van Gorcum, 1990), chapter 2.
24   Ibid., ii.16, 142/143.
25   Ferdinand Christian Baur, trad. Leonard Swain, "The Grotian Theory of the Atonement", *BSac* 9 (1852): 262.
26   Joachim Schlüter, *Die Theologie des Hugo Grotius* (Göttingen, Alemanha: Vandenhoeck & Ruprecht, 1919), 43 (tradução minha).
27   Ver Grotius, *De satisfactione*, v.13, 180/181. Para uma interpretação abonada de Grotius sobre a expiação, veja meu "A Critical Exposition of Hugo Grotius's Doctrine of the Atonement in *De satisfactione Christi*" (tese de doutorado não publicada, University of Oxford, 1999).

As causas que demandam punição devem ser não só localizadas fora de Deus [*extra Deum*], mas também no próprio Deus [*in ipso Deo*], conquanto aí reside nele [*in ipso residet*] aquela justiça e o ódio pelo pecado, o que defendo contra Socino em mais de um lugar.[28]

É verdade que em seu grande tratado sobre a guerra justa, *De iure belli ac pacis*, Grotius nega a justiça de qualquer guerra que é causada unicamente por um desejo por retribuição e que não serve a outros fins.[29] Mas ele contrasta explicitamente isso com Deus, porque "as ações de Deus podem ser baseadas no direito do Poder Supremo, particularmente onde diz respeito ao mérito especial do homem, mesmo que tenham em vista nenhum fim fora de si mesmos". Grotius sublinha a unicidade de Deus em punir unicamente para retribuição:

> Diz-se que Deus fez todas as coisas visando a si próprio [*propter se*], e isso pelo direito da mais elevada liberdade, sem buscar ou considerar qualquer perfeição fora dele [*extra se*]; precisamente como dizem ser Deus "autoexistente" [aujtofuhv"] porque ele não nasceu de ninguém. Certamente, a Sagrada Escritura dá testemunho de que as punições dos que estão irrecuperavelmente perdidos não são requeridas por Deus para nenhum outro propósito, quando ela diz que ele deriva prazer [*voluptatem*] de sua dor e que os ímpios são ridicularizados e zombados por Deus.[30]

Deus é o único que cria para si e existe para si, e ele é o único que pode agir por si mesmo. Daí, em sua discussão sobre Romanos 3.25-26, em *De satisfactione*, o argumento de Grotius é que a cruz demonstra tanto a graça como "daquela justiça que é a guardiã da perfeita da boa ordem e igualmente da retribuição

---

28 C. Molhuysen e B. L. Meulenbrock, eds., *Briefwisseling van Hugo Grotius, Rijks Geschiedkundige* Publicatiien 64, 17 vols. (Gravenhage: Nijhoff/Instituut voor Neslerdandse Geschiedenis, 1928-2001), 1:400, n. 412, reproduzido em Grotius, *De satisfactione*, 465, no. 10 (29 de junho de 1615) (tradução minha).
29 Hugo Grotius, *De jure belli ac pacis libri tres*, ed. J. B. Scott, trad. F. W. Kelsey et al; Oxford: Clarendon, 1925 [vol. 2]), I.20.iv.1-2, 1:316-17, 2:466-67.
30 Ibid., II.20.iv.2, 1:317, 2:467.

[ἀνταποδόσεως]."³¹ Há escritores que põem a ênfase sobre bases governamentais para a expiação e negam o papel da justiça inerente e da retribuição de Deus, especialmente entre os arminianos mais recentes e teólogos da Nova Inglaterra, mas Grotius não é um deles.

Em uma contestação adicional aos textos texto papagueados como caricaturas na historiografia, encontramos uma ênfase governamental entre escritores reformados. Como Grotius, Owen apresenta a ideia de que Deus punirá o pecado porque ele, como o Governante moral do universo, é obrigado a agir assim para manter a autoridade de sua lei. Contra o sociniano Crellius, por exemplo, ele argumenta que, se Deus não decidisse punir o pecado, ele teria injuriado não só a si mesmo mas também a criação, visto que a aplicação da punição pertence a Deus, "conquanto ele é o soberano de tudo e o juiz dos pecadores, a quem cabe preservar o *bem de todos* e a dependência que as criaturas têm dele".³²

Esse material de Grotius e Owen ilustra bem o perigo de engavetar posições teológicas com base em sua atitude para com a metáfora do pagamento. Temos sido levados a crer que Deus como credor ou parte ofendida significa retribuição, enquanto Deus como governante significa consequencialismo: as metáforas estão ligadas às conflitantes teorias penais. Todavia, Grotius, que não considera Deus como credor ou parte ofendida, mantém a retribuição; enquanto que Owen, que considera Deus como credor, mantém a punição para fins governamentais. Há importantes argumentos a serem vistos sobre qual teólogo chega a um resultado mais apropriado dos dois conceitos. Mas se tomarmos o denominador comum mais baixo de Grotius e Owen como sustentadores de uma abordagem retributivista e governamental, então ambos nos apontam a direção certa. Ambos poderiam fazer isso, enquanto fazem diferente uso da metáfora de Deus como credor, nos lembrando outra vez de atentar para aquilo que certo autor diz sobre o teor da metáfora, em vez de apenas o veículo.

Não é difícil ver por que uma negação da função construtiva da metáfora tem sido equivocada por uma negação da punição retributiva. A linguagem de

---

31 Grotius, *De satisfactione*, i.43, 118/119.
32 John Owen, *A Dissertation on Divine Justice*, in Works, 10:567.

ressarcimento e ofensa está tão estreitamente conectada à ideia de retribuição que uma recusa do veículo pode ser tomada como uma recusa do teor. A teoria das metáforas sugeriria que, em vez de negar o papel construtivo da metáfora *in toto*, Grotius teria distinguido suas bases de suas lacunas. Dessa maneira ele poderia ainda ter rejeitado a leitura sociniana contrária da satisfação e remissão, porém mais claramente retido a ideia da satisfação à justiça inata de Deus. A metáfora comercial seria retida porque ela ajuda a deixar claro que o pecado não é antes e acima de tudo contra uma ordem externa a Deus, e sim contra seu próprio ser santo, sua *iustitia inhaerens* (justiça inerente), e assim precisa ser tratada em relação a ele. Como uma dívida existe em relação a um credor pessoalmente, assim a punição é merecida a partir do ser pessoal de Deus. Ele é o credor, aquele com quem estamos "em débito". Deus não se relaciona com a lei como um juiz humano se relaciona com ela, como se um interesse pessoal, em qualquer caso, fosse algo ruim. Deus, diferentemente do governante civil, está supremamente interessado no pecado contra a lei, porque ela é sua lei, a expressão de seu próprio ser santo. Os únicos riscos da metáfora do governador é pintar a justiça como meramente para o bem comum e não para Deus; os únicos riscos da metáfora do credor é minar a realidade da remissão. Parece preferível que uma combinação mutuamente informante das metáforas de Deus como soberano e credor seja empregada para expressar a doutrina bíblica da expiação, tal como encontramos em Owen.

A PUNIÇÃO COMO RESTAURAÇÃO

Tendo considerado Deus como credor, agora passamos à ideia de punição como pagamento ou reembolso, e antes de tudo às várias ideias que não devem ser inferidas disso. A metáfora do pagamento pode nos levar a inferir que a punição simplesmente restaura o mundo ao seu estado anterior. O efeito da punição é corrigir tudo, deixando a criação como era antes que o pecado fosse cometido. Justamente como o reembolso de uma dívida pode fazer voltar a balança bancária exatamente à sua quantia prévia, assim punir efetivamente faz voltar os ponteiros do relógio da criação. Como G. W. F. Hegel a descreve, "*a coerção é anulada pela coerção"*, pressupondo um mundo como se nada houvesse acontecido.³³ Essa ideia de punição como a restauração de um estado anterior não se ajusta ao quadro bíblico, porque, como O'Donovan argumenta, "a redenção em si não conduz de volta ao estado daquela inocência anterior ao primeiro pecado".³⁴ A recriação suplantará muito a criação pré-queda, em parte porque ela incorporará o evocado triunfo sobre o pecado. O Jesus ressurreto ainda suporta as feridas da cruz (João 20.27). A Nova Jerusalém tem o Cordeiro como sua luz, vitorioso, porém uma vez morto (Apocalipse 13.8; 21-23), e em seu centro está uma árvore que lembra sua obra curadora (22.2). Não haverá clamor, mas não será como se o pecado jamais existisse. A metáfora comercial não deve ser entendida como se a punição simplesmente apagasse o pecado.

Punição como restituição

A metáfora do pagamento também pende para a ideia de que a punição é uma forma de restituição, uma devolução à vítima do que lhe foi tomado. O'Donovan adverte contra tal identificação: "Se você toma o que o ladrão roubou e o devolve ao seu legítimo dono, isso não é punição, e sim mera restituição".³⁵ A observação é antiga: muito embora Tomás de Aquino classifique a punição humana como um ato de justiça comutativa ou permutativa, ele também a diferencia da restituição.³⁶ A restituição "restaura o saldo quando o arrebatamento de algo o tenha frustrado. Isso é feito pelo reembolso da quantia exata em questão".³⁷ Tomás cita o exemplo de um ladrão: quando alguém rouba, cria uma dupla injustiça: a injustiça da desigualdade na coisa tomada (*inaequalitas ex parte rei*), e a injustiça do pecado (*culpa iniustitiae*). Essas duas

---

33 G. W. F. Hegel, *Outlines of the Philosophy of Right*, ed. Stephen Houlgate, trad. T. M. Konx (Oxford: Oxford University Press, 2008), § 93, 97. Alan White traduz o verbo *aufgehoben* como "suspendido" em sua edição (Newburyport, MA: Focus, 2002), 77. "Anulado" é mais apropriado, dado o argumento de Hegel de que a coerção é "autodestrutiva".
34 O'Donovan, *Ways*, 112.
35 Ibid., 111.
36 Para a classificação, veja Tomás de Aquino, *Summa Theologiae: Latin Text and English Translation, Introductions, Notes, Appendices, and Glossariesi*, ed. Thomas Gilbey, 61 vols. (Londres: Blackfriars com Eyre e Spottiswoode, Nova York: McGraw-Hill, 1964-1981), II-2.80.1, 39.7; 108.2, 41-121.
37 Ibid., II.2.62.3, 37.109.

injustiças não devem ser confundidas, e devem ser tratadas diferentemente. A injustiça da desigualdade na coisa é remediada por restituição exata. Para a injustiça do pecado, "o remédio é aplicado por meio de punição [*per poenam*], cuja imposição cabe a um juiz. E assim, antes de ser judicialmente condenado, um homem não é obrigado a restituir mais do que tomou".[38] E, assim, restituição e punição diferem: a restituição restaura a desigualdade da coisa, mas a punição serve para restaurar a "balança da justiça [*aequalitas iustitiae*]".[39] Punição imposta como resultado de condenação pública, da parte de um juiz, é *poena*, contrastado com *restitutio*.

Quando o socinianismo alega que a satisfação penal conflita com a realidade da remissão e com a necessidade de aplicação, ele se vale da identificação da punição com a restituição financeira. Quando uma soma devida é reembolsada, não há necessidade de perdão e o devedor deve ser liberado imediatamente: ele já não pode ser tratado como devedor. Não necessitamos de reagir à alegação sociniana usando a negação de qualquer ideia de satisfação como pagamento, mas cuidadosamente identificando as bases e as lacunas da metáfora. Especificamente, a distinção entre punição e restituição cria o espaço necessário para resistir a Socino. Quando usamos a metáfora da punição como pagamento de dívida, não a identificamos ponto por ponto como sendo restituição financeira. Punição é sofrimento suportado pelo pecado; não é compensação financeira. A ausência de perdão e a necessidade de permuta imediata são implicações do veículo financeiro que não deve ser aplicado ao teor. Note que não bradamos simplesmente: "Metáfora!" e damos as costas a isso, deixando para trás *todas* as inferências possíveis. Em vez disso, localizamos a metáfora dentro de seu contexto bíblico e teológico sistemático mais amplo. Lemos lado a lado a distinção substantiva conceitual entre restituição financeira e punição, e afirmações bíblicas sobre a realidade da remissão (por exemplo, Colossenses 1.13-14) e o restante não convertido sob a ira de Deus (por exemplo, Efésios 2.1-3). A demarcação de lacunas e bases é assim determinada pela paciente leitura da

---

38 Ibid., II-2.62.3, 37.110/111.
39 Ibid., II-2, 108.4, 41: 126/127.

metáfora no contexto do resto da Escritura, segundo o princípio protestante histórico: *Scripturam ex Scriptura explicandam esse* (A Escritura deve ser explicada pela Escritura).

Punição como quantificável

Vimos previamente como os críticos do argumento do duplo pagamento acham que ele acarreta um ponto de vista quantitativo de punição. A punição é quantificável em algum sentido? Uma quantia de dinheiro pode ser quantificada de diferentes maneiras. Pode ser quantificada como um todo, em que seu valor total pode ser delimitado e medido. Ou pode ser quantificada no sentido de que pode ser subdividida em diferentes quantidades que também são distinguíveis e mensuráveis. Obviamente, as punições humanas são, em certo sentido, quantificáveis; por exemplo, as penas de prisão podem ser medidas em anos. Todavia, O'Donovan mostra que a ideia de mensurabilidade não deve levar-nos a pensar que haja uma escala ideal ou índice de punições que cada sociedade deve partilhar. Porque atos têm diferentes significados em diferentes sociedades, e a correspondência entre crime e punição é "um constructo simbólico de algum tipo".[40] O ponto é importante, porém não obscuro. Por exemplo, em 1546, Pierre Ameaux foi punido por acusar João Calvino de pregar falsas doutrinas, tendo de caminhar ao redor de Genebra vestido somente com sua camisa. No século vinte e um, caminhar por Londres ou Nova York usando apenas uma camisa de modo algum seria vergonhoso, e assim não há sofrimento nisso. Presumivelmente, nem teria sido para algum dos refugiados empobrecidos que enchiam Genebra: a punição granjeou seu significado do fato de Ameaux ser membro da elite do Pequeno Conselho da cidade. Reiterando, imagine-se a diferença entre uma punição de tal exibição pública sendo imposta a uma mulher mulçumana que sempre usa uma burca em público e a um jogador olímpico de vôlei de praia. Mesmo que tenhamos a compreensão mais sofisticada de nossa própria cultura e sua linguagem simbólica, é muito difícil saber quanto sofrimento uma

---

40 O'Donovan, *Ways*, 121.

dada punição produziria em um indivíduo, uma vez que não há correlação fixa entre a imposição externa de punição e o sofrimento interno daquele que é punido. Reações ao sofrimento variam, e um criminoso arrependido suportará uma punição muito diferentemente de um reincidente. Uma sociedade pode medir uma prisão usando anos, mas nunca pode medir com exatidão o grau de sofrimento suportado por qualquer prisioneiro. Nada disso significa que não haja noção de pesos apropriados de punição e, portanto, nenhuma possibilidade de uma punição ser injustamente excessiva; o argumento é simplesmente que, enquanto as punições humanas podem ser quantificáveis, elas não podem ser sempre assim.

Contrastemos isso com Deus: ele sabe exatamente qual sofrimento um indivíduo suporta, porque ele nos conhece melhor que nós mesmos nos conhecemos, significando que as punições divinas podem ter uma perfeição que está ausente das punições humanas. A Escritura revela que a punição eterna dos perdidos será quantificável em seu grau de severidade em um só momento, porque vários textos indicam que haverá para os perdidos diferentes punições, em conformidade com sua culpa (Mateus 11.21-24; Lucas 12.35-48). O sofrimento dos perdidos também será imaginariamente divisível em diferentes períodos de tempo e, portanto, em quantidades, porque tanto o céu como o inferno serão realidades temporais, sendo Deus o único Criador temporal do tempo. Mas, porque sua duração será eterna, a punição dos perdidos não será quantificável como um todo, pensamento diante do qual só podemos estremecer. Segundo o argumento de Jonathan Edwards, isso se dá dessa forma porque o pecado a ser punido é infinitamente hediondo.

> Isso requer que Deus puna todo pecado com infinita punição; porque todo pecado, visto ser contra Deus, é infinitamente hediondo, e tem demérito infinito, por isso lhe é, à luz da justiça, infinitamente odioso, e assim lhe incita infinita aversão e indignação.[41]

---

41 Jonathan Edwards, *The "Miscellanies": 501-832*, in *The Works of Jonathan Edwards*, ed. Ava Chamberlain, 26 vols. (New Haven e Londres: Yale University Press, 2000), Misc. 779, 18:435.

Entretanto, não estamos focalizando a punição dos perdidos, e sim a punição substitutiva de Cristo no lugar deles, a qual apresenta outro tipo de qualidade que impossibilita sua quantificação. Os sofrimentos substitutivos de Cristo não foram idênticos, em cada aspecto, àqueles merecidos por seu povo, em que não eram temporalmente eternos. Owen declara a qualificação: o sofrimento de Cristo era "essencialmente o mesmo em peso e pressão, ainda que não em todos os acidentes de duração semelhantes; pois era impossível que ele fosse detido pela morte".[42] Os sofrimentos de Cristo foram, portanto, quantificáveis em duração temporal, visto que ele sofreu em seu estado de humilhação até vir a clamar: "Está consumado!" (João 19.30). O NT também indica que Cristo experimentou a punição que tomou sobre si de modo diferente daquela dos perdidos, porque ele não se desesperou. Enquanto experimentava os terríveis e obscuros efeitos de ser abandonado por seu Pai, ele suportou a cruz "pela alegria que lhe estava proposta" (Hebreus 12.2). Como Turretini indaga, "se a fé estava fixa em seu coração, como poderia o desespero tomá-lo?".[43] Edwards também explica como a experiência de Cristo teria sido diferente, porque, mesmo abandonado, ainda era amado pelo Pai: "Cristo sofreu a ira de Deus pelos pecados dos homens, de tal modo que foi capaz de, sendo uma pessoa infinitamente santa, sabendo que Deus não estava irado com ele pessoalmente, sabia que não o odiava, porém o amava infinitamente".[44] Cristo suportou a punição, mas sabia que a estava sofrendo sem ser por culpa pessoal: era uma punição imputativa da parte de seu Pai que o amava, que de fato se deleitava especialmente neste ato obediente de oferecer sua vida no lugar de seu povo. Não obstante, os sofrimentos de Cristo foram, como Turretini os descreve, "infernais por conta de sua terribilidade e intensidade".[45] Enquanto sofreu por um período limitado de tempo, e embora nunca se desesperasse, o sofrimento que ele suportou foi, no dizer de Owen, "*solutio*

---

42 Owen, *Death of Death*, in *Works*, 10:269-70.
43 Turretini, *Institutes*, 2:356.
44 Jonathan Edwards, The *"Miscellanies"*: 833-1152, in *The Works of Jonathan Edwards*, ed. Amy Plantinga Pauw, 26 vols. New Haven e Londres: Yale University Press, 2002), Misc. 1005, 20:329.
45 Turretini, *Institutes*, 2:355.

ejusdem, pagamento da mesma coisa que fazia parte da obrigação".[46] Aliás, a humilhação penal de Cristo satisfez e suplantou as punições dos perdidos, porque ele é o Filho de Deus. Ele desceu das infinitas altitudes da glória para assumir a forma humana. Como Edwards o expressa, "ninguém desceu tão baixo como Cristo, se considerarmos ou a infinita altura de onde ele desceu, ou a grande profundidade à qual ele se rebaixou".[47] Sua experiência da humilhação penal foi incomensurável.

Aqui somos lembrados da importância de se compreender a pessoa de Cristo, apreendendo a magnitude de sua obra. A punição temporalmente limitada, suportada por Cristo, foi de valor infinito e incomensurável, por causa da dignidade de sua natureza humana subsistindo em união com sua pessoa divina. Cristo era uno; como a definição calcedoniana afirma: "nosso Senhor Jesus Cristo é para nós Um e o mesmo Filho, o em si mesmo Perfeito na Deidade, em si mesmo Perfeito na Humanidade".[48] Em Cristo há distinção, porém não divisão, de modo que, quando ele morreu, o Filho eterno morreu segundo sua natureza humana. Não podemos dizer que "sua humanidade" morreu, como se lhe fosse atribuída vida à parte do Filho eterno. Sua natureza humana é anipostática [impessoal]: não tem existência pessoal em si mesma. Ela é enipostática [na pessoa de outrem]: o Filho acha sua pessoalidade como a natureza humana de Deus, o Filho. Eis por que Cirilo de Alexandria, cujo papel como alvo de admiração para Calcedônia é enormemente subestimado, escreveu tão enfática e frequentemente sobre a humanidade do Filho como *sua* humanidade: o Verbo "se fez carne, isto é, se fez homem, apropriando-se de um corpo humano numa união de tal modo indissolúvel que tem de ser considerada como exatamente seu próprio corpo, não de outro".[49] Como John McGuckin explica, "o Verbo

---

46 Owen, *Death of Death*, in *Works*, 10:267.
47 Jonathan Edwards, *A History of the Work of Redemption*, in *The Works of Jonathan Edwards*, ed. John F. Wilson, 26 vols. (New Haven, CT: Yale University Press, 1989), 9:322.
48 Citado em T. Herbert Bindley e F. W. Green, eds., *The Oecumentical Documents of the Faith* (Londres: Methuen, 1950), 234.
49 Cirilo de Alexandria, *On the Unity of Christ*, ed. e trad. John Anthony McGuckin (Crestwood, NY: St. Vladimir's Seminary Press, 1995), 63.

divino era o direto e único sujeito pessoal de todos os atos encarnados".[50] O ponto de vista que Cirilo adotara sobre a singular subjetividade de Cristo, que veio a ser o de Calcedônia, significa que tudo o que Cristo fez foi um ato de Deus, o Filho: "inclusive se pode dizer que o sofrimento é seu, porque foi seu próprio corpo que sofreu e o de mais ninguém".[51] E assim podemos — de fato devemos — dizer que "Deus morreu" na cruz. Devemos atribuir as propriedades de uma natureza à outra, porque ambas se uniram numa só pessoa, ou, se não, implicamos uma teologia nestoriana (ao menos, diodoriana) de dois Filhos. Isso não significa que as naturezas são misturadas ou que Deus, literalmente, morreu. Como Turretini explica, as propriedades são partilhadas como as propriedades da pessoa una; não são confundidas: "A comunicação é não só verbal mas é corretamente chamada 'real'; na verdade não com respeito às naturezas (como se as propriedades de uma natureza fossem realmente comunicadas à outra), mas com respeito à pessoa".[52]

É essa comunicação real que explica o valor infinito da morte de Cristo. Quando Cristo morreu, o eterno Filho de Deus morreu em *sua* natureza humana: portanto, essa era sua morte. O sofrimento de Cristo foi de valor infinito, porque ele era o sofrimento de sua humanidade hipostatizada em união com sua pessoa divina. Portanto, o sofrimento de Cristo era tão valioso quanto sua pessoa divina: infinitamente valioso. Sendo infinitamente valioso, ele era de um valor inquantificável. Qualquer momento do sofrimento de Cristo era infinita e inquantificavelmente valioso, porque era o sofrimento do Filho de Deus. Ele era não só inquantificavelmente precioso como um todo temporal, mas inquantificavelmente precioso quando considerado em qualquer porção de tempo. Nisso repousa a maravilha do evangelho que a igreja foi incumbida a pregar até os confins da terra: ele é as boas novas de uma oferta sacrificial tão poderosa que nenhum pecado pode ser tido como imenso demais para sua eficácia de expiar. A metáfora do pagamento não pode ser tomada como a implicar que o

---

50 John McGuckin, *St. Cyril of Alexandra and the Christological Controversy: Its History, Theology, and Texts* (Crestwood, NY: St. Vladimir's Seminary Press, 2004), 154.
51 Cirilo de Alexandria, *Unity*, 118.
52 Turretini, *Institutes*, 2:322.

sofrimento penal substitutivo de Cristo era mensurável em parcelas discretas de valor definido e limitado, transferíveis como porções às diferentes pessoas por quem ele morreu.

Os críticos de Owen concluem que, se a punição suportada por Cristo não era quantificável, então teria sido geral e indefinida. Insistem que enfrentamos uma escolha: quantificável e definida ou inquantificável e indefinida. É verdade que o argumento da dupla punição só é viável se for retida a ideia de definição; se inquantificabilidade significa indefinibilidade, então o argumento fracassa. Mas a escolha é falsa, visto ser tanto possível quanto necessário enfeixar a ideia de uma punição inquantificável e uma expiação inerentemente definida: inquantificabilidade não significa indefinibilidade. Uma consideração sistemática da ideia de devolução na metáfora do pagamento nos capacitará a ver o porquê disso.

Punição como restituição idêntica

A linguagem de punição como forma de "reembolsar" o pecador pode sugerir que o pecado é reparado no sentido de que volta ao próprio pecador como uma devolução idêntica ao seu pecado. O problema com essa ideia de punição como a repetição do pecado sobre o pecador é que o pecado, sendo pecado, não deve ser repetido. Como O'Donovan salienta, há algo muito perturbador na ideia de que o que um criminoso merece é que seu pecado seja revertido contra ele, como se o que a justiça *realmente* requer é que torturemos um torturador ou raptemos um raptor, e somente a decência nos impeça.[53] Seríamos blasfemos ao atribuir a Deus tal "justiça", o qual é "tão puro de olhos, que não pode[s] ver o mal" (Habacuque 1.13).

A inadequação de identificar a punição como pecado devolvido ao pecador há muito tem sido reconhecida. Na *Ética a Nicômaco*, Aristóteles crê na justiça como algum tipo de permuta, porém rejeita a ideia pitagórica de simples "reciprocidade" (τὸ ἀντιπεπονθός) como um sumário adequado.[54] Tomás também

---

53 O'Donovan, *Ways*, 110-11.
54 Aristóteles, *Nichomachean Ethics*, livro 5, seção 5, in *The Complete Works of Aristotle: The Revised Oxford*

discute a ideia de punição como retribuição do pecado, sob o título "retaliação" (*contrapassum*, que ele usa para o τὸ ἀντιπεπονθός de Aristóteles). Ele descreve a retaliação como uma "concordância exata de uma reação com a ação antecedente [æqualem recompensationem passionis ad actionem præcedentem]", tomar a vida por uma vida, ou um olho por um olho, como exemplos dessa restituição estrita.[55] O conceito de *contrapassum* é memoravelmente ilustrado por Dante em seu *Inferno*. O poeta vê Bertrand de Born sendo punido por separar Henrique II da Inglaterra de seu filho tendo sua cabeça separada de seu corpo: "Porque eu separei pessoas tão unidas, eu carrego meu cérebro separado, sim, de sua origem que está neste tronco. E assim observeis em mim o contrassofrimento [*contrapasso*]".[56] O argumento de Tomás é que a justiça nem sempre envolve retaliação. O requisito da justiça comutativa é que "se faz a recompensa equivalente, a saber, que a reação como retribuição [*passio recompensata*] equivale a ação [*æqualis actioni*]".[57] Em outras palavras, o criminoso deve sofrer o que ele infligiu. Mas isso pode requerer que o sofrimento infligido em punição seja uma espécie totalmente diferente do ato pecaminoso. Por exemplo, não será suficiente apenas retomar de um ladrão o que ele roubou. Ao retomar apenas o que foi retirado, a perda original seria maior que o sofrimento infligido, porque "aquele que infligiu a perda a outro não deve sofrer nenhuma perda da propriedade devolvida".[58] Só se o ladrão oferecer diversas vezes o que a restituição tiver requerido, e adicionar à restituição o sofrimento indispensável, o *passio* que responde justamente ao seu *actio*.

Seja qual for o significado da metáfora do reembolso, esses argumentos mostram que a justiça não é satisfeita pelo simples restabelecimento do pecado contra o pecador. Punição não é uma retribuição nesse sentido. Nem é um perfeito "eco" ou "espelho" do pecado. Um eco perfeito nada adiciona nem remove

---

Translation, ed. Jonathan Barnes, Bollingen Series 71.2, 2 vols. (1984; reimp. Princeton, NJ: Princeton University Press, 1995), 2:1787.

55 Aquino, *Summa Theologiae*, II-2.61.4, 37:98-99, citando Êxodo 21.23-24.
56 Dante, *The Divine Comedy of Dante Alighieri, Volume 1: Inferno*, ed. Robert M. Durling e Ronald, L. Martinez, trad. Robert M. Durling (Nova York: Oxford University Press, 1996), Canto 28, II. 139-42, 439.
57 Aquino, *Summa Theologiae*, II-2.61.4, 37:100/101.
58 Ibid., II-2.61.4, 37:101.

do efeito original; em um reflexo perfeito nada se perde ou se altera pela absorção ou difusão da luz. O eco ou espelho perfeito de um pecado seria um pecado.

Punição como uma resposta retribuída ao pecado

Porventura não existe sentido em que punição é uma restituição reembolsada pelo pecado? Nesta seção, explorarei duas linhas da evidência exegética para mostrar que, enquanto punição não é uma retribuição idêntica, ela corresponde ao pecado em algum sentido forte. A primeira se ocupa da *lex talionis*, a qual O'Donovan nota que "parece prometer uma regra objetiva pela correspondência de punição ao crime".[59] Resistindo a essa conclusão, ele argumenta que realmente ela tem uma reduzida função na Escritura: na lei pentatêutica, ela é usada em apenas um número limitado de contextos (Êxodo 21.23-22.15; Levítico 24.20; Deuteronômio 19.21), e sua única explicação prática está na pena de morte.[60]

O'Donovan se detém aqui, mas a evidência vai além do Pentateuco, e de fato sugere que o princípio da *lex talionis* teve uma influência mais considerável. As narrativas de Gênesis a Reis sugerem que a *lex talionis* teve um papel mais extenso na ação divina dentro da história do que teve na lei e prática do próprio Israel. Aliás, o princípio do *talio* não se limita a Israel ou à administração de Sinais do pacto, visto ser estabelecido quando Deus fala a Noé no princípio da nova criação em Gênesis 9. Deus diz a este novo Adão, agora progenitor da espécie sobrevivente: "Se alguém derramar o sangue do homem, pelo homem se derramará o seu" (v. 6). Aqui, a retribuição é sangue por sangue, uma ideia sublinhada pelo padrão quiásmico no hebraico, evidente inclusive na tradução: derrama-sangue-homem / homem-sangue-derrama.

Talvez o caso mais notável do *talio* venha logo depois, na narrativa de Babel em Gênesis 11. J. P. Fokkelman focaliza os dois padrões simétricos no texto. O primeiro é um padrão paralelo com a mesma sequência de elementos repetidos no relato do pecado humano e a resposta de Deus:

---

59 O'Donovan, *Ways*, 120.
60 Ibid., 31.

v. 1 "em toda a terra havia apenas uma linguagem" [A]
    vs. 3, 4 "'Vinde, façamos'" [B]
        v. 4 "'Vinde, edifiquemos'" [C]
            v. 4 "'façamos um nome'" [D]
                v. 4 "'para que não sejamos espalhados por toda a terra'" [E]
v. 6 "todos têm a mesma linguagem" [A']
    v.7 "'Vinde, desçamos'" [B']
        v. 8 "cessaram de edificar" [C']
            v. 9 "Por isso seu nome chamou-se Babel" [D']
                v. 9 "dali o Senhor os dispersou por toda
                a superfície da terra" [E'][61]

O segundo é um padrão ou quiasmo concêntrico, onde a descrição da punição divina espelha a descrição do pecado do povo:

v. 1 "em toda a terra havia apenas uma linguagem" [A]
    v. 2 "habitaram ali" [B]
        v. 3 "disseram uns aos outros" [C]
            v. 3 "'Vinde, façamos tijolos'" [D]
                v. 4 "'Vinde, edifiquemos para nós'" [E]
                    v. 4 "uma cidade e uma torre'" [F]
                        v. 5 "e o Senhor desceu para ver" [X]
                    v. 5 "a cidade e a torre" [F']
                v. 5 "que os filhos dos homens edificavam" [E']
            v. 7 "'Vinde ... confundamos'" [D']
        v. 7 "um não entenda a linguagem de outro" [C']
    v. 8 "dali" [B']
v. 9 "a linguagem de toda a terra" [A'][62]

---

61 Baseado na análise de Fokkelman do hebraico em *Narrative Art in Genesis*, The Biblical Seminar 12, 2. ed. (Sheffield, UK: JSOT Press, 1991), 20.
62 Baseado no hebraico in ibid., 22.

Dentro dessa segunda estrutura há um padrão quiásmico mais detalhado nas consoantes dos verbos imperativos do humano "façamos [נִלְבְּנָה]" (v. 3) e do divino "desçamos e confundamos [וְנָבְלָה]" (v. 7): l-b-n é refletido por n-b-l. Todo esse padrão enfatiza o modo como a punição imposta por Deus deveras corresponde, de alguma maneira, ao pecado do povo. Como Fokkelman o afirma, "a reação de Deus e seus efeitos são minuciosamente sintonizados com a ação do homem e suas causas".[63] Ele mesmo faz a conexão com a *lex talionis*: "A polaridade da história, com seus polos homens-Deus, ação-reação, húbris-nêmesis, articulados tão delicada e completamente pela estrutura duplamente simétrica, é a realização literária de um tipo de *talio*."[64]

Não só em sua estrutura literária mas também em seu conteúdo, a punição infligida por Deus sobre os construtores funciona como uma resposta ponto a ponto ao seu pecado. O desejo do povo de permanecer em um só lugar envolvia rejeição da tarefa adâmica de encher a terra dada a Noé em 9.1. Esse pecado foi respondido pela dispersão do povo. A construção da torre revelava um desejo idólatra de se tornarem deuses, como exibido mais tarde pelo oráculo contra o rei de Babilônia em Isaías 14, onde o rei é descrito como a dizer: "subirei acima das mais altas nuvens e serei semelhante ao Altíssimo" (v. 14). A cessação da construção através da confusão das línguas deu resposta a essa tentativa de alcançar os céus. O anseio por um nome famoso era pecaminoso, porque seria criado pelos próprios homens; não esperaram pelo nome que Deus *daria* a Abraão (Gênesis 12.2). O nome "Babel" respondeu ao desejo de dar-lhes um nome do qual nos lembramos ainda hoje, mas não o nome que teriam escolhido, visto que soa como o hebraico para "confundido" (בָּלַל). Quando Deus desce, ele enfrenta o pecado com uma resposta exata, merecida e compreensiva.

A segunda linha da evidência exegética para a ideia de punição como retribuição é a linguagem usada na Escritura para punição escatológica. Em Romanos 12, o apóstolo Paulo cita Deuteronômio 32.35 e o aplica à ira futura de Deus. Ele usa o verbo ἀνταποδίδωμι (tradução do hebraico שָׁלַם) para

---

63   Ibid., 31.
64   Ibid., 32; para outros exemplos de tal padrão, veja o resto desse capítulo.

referir-se à punição final, um verbo composto que sugere a ideia de retribuição, neste caso retribuição hostil:

> Não torneis a ninguém mal por mal; esforçai-vos por fazer o bem perante todos os homens; se possível, quanto depender de vós, tende paz todos os homens; não vos vingueis a vós mesmos, amados, mas dai lugar à ira; porque está escrito: A mim me pertence a vingança; eu é que retribuirei [ejgwV ajntapodwvsw], diz o Senhor" (vs. 17-19).

Paulo usa o mesmo verbo em 2 Tessalonicenses 1, referindo-se novamente ao juízo final:

> Se, de fato, é justo para com Deus que ele dê em paga tribulação aos que vos atribulam [ἀνταποδοῦναι τοῖς θλίβουσιν ὑμᾶς θλῖψιν] e a vós outros, que sois atribulados, alívio juntamente conosco, quando do céu se manifestar o Senhor Jesus com os anjos do seu poder, em chama de fogo, tomando vingança contra os que não conhecem a Deus e contra os que não obedecem ao evangelho de nosso Senhor Jesus. (vs. 6-8).

A ideia de retribuição é mais ressaltada aqui pela afirmação de Paulo de que Deus retribuirá a aflição aos que afligem (emparelhando o verbo θλίβω com o substantivo θλῖψις).

Por mais que O'Donovan esteja certo de que a punição não pode ser concebida como a retribuição idêntica do pecado ao pecador, essa evidência exegética requer alguma noção de punição como uma retribuição correspondente pelo pecado. A ênfase desses textos é que a punição é uma resposta proporcional e apropriada ao pecado. Como Fokkelman comenta sobre Gênesis 9.6, o padrão "convence o leitor da adequação *desta* punição por *este* crime".[65] Essa é a base central da metáfora do pagamento: a punição como uma resposta adequada retribuída ao pecado.

---

[65] Ibid., 35.

Jonathan Edwards demonstra como a punição não é apenas uma resposta ao pecado, mas a contradiz:

> O pecado lança desdém contra a grandeza e a majestade de Deus. A linguagem disso é que Deus é um ser desprezível, indigno de ser honrado ou temido, não tão grande que seu desprazer seja digno de ser temido; e que suas ameaças de ira são coisas desprezíveis. Ora, a justificação ou defesa própria da majestade de Deus, em tal caso, é que Deus contradiz essa linguagem do pecado em sua providência para com o pecado que fala essa linguagem, ou contradiz a linguagem do pecado e no evento e fruto do pecado.

Ele continua:

> A justificação própria da majestade de Deus disso é que Deus mostra pelo evento que é digno de que o pecador lhe tenha consideração e o tema, por sua manifestação, no imponente e espantoso evento, à pessoa culpada; que ele é um ser infinitamente imponente e terrível. A linguagem do pecado [é] que o desprazer de Deus merece que o pecador o leve em conta. A justificação própria de Deus dessa linguagem é mostrar, pela experiência do evento, a infinita terribilidade desse desprazer desdenhado. Em tal caso, a majestade de Deus requer esta justificação.[66]

O'Donovan, muito embora se abstenha da ideia de punição como permuta ou pagamento, elaborou um trabalho recente e muito significativo sobre a ideia de pagamento como um ato comunicativo:

> Uma vez que um ato de julgamento é verdadeiro pela correspondência ao ato no qual esse julgamento se reflete, a punição é um ato "expressivo", dizendo a verdade sobre uma ofensa. Todavia, a dita verdade é ontologicamente

---

66 Edwards, "*Miscellanies*": 501-832, Misc. 779, 18:439.

distinta da dita realidade. A relação entre elas não pode ser uma permuta, a qual só ocorre entre comensuráveis. Se eu me encontro diante de uma casa e faço a declaração "Isso é uma casa", minha declaração corresponde à coisa que vejo; todavia, a declaração em sentido algum é *permutada* pela casa, uma vez que ela é uma entidade de uma ordem diferente. Ela a *re-presenta*. Da mesma maneira, o ato expressivo que refina e confina, ou até mesmo executa um ofensor convicto, corresponde como uma declaração corresponde; ele é de uma ordem diferente do ato de roubo, sequestro ou homicídio que foi cometido. Materialmente, há uma reciprocidade de coerção para coerção; moralmente, os dois atos são totalmente diferentes.[67]

Essa compreensão da punição como uma resposta ao pecado efetivamente mantém tanto a correspondência como a distinção moral entre elas: a punição responde a *este* pecado, e ela *responde* a este pecado.

Portanto, a punição corresponde a um pecado se ela é a resposta própria a ele. Eis por que a punição muitas vezes significa, materialmente, o mesmo que pecado, porque identidade pode ser a melhor maneira de responder claramente ao pecado. Textos bíblicos sobre homens cavando covas e caindo nelas ou sendo apanhados em suas próprias armadilhas não significam que a punição seja moralmente idêntica ao pecado, porque o que isso diz é oposto ao pecado. Pecado é sempre uma mentira, mas o sofrimento infligido na punição é sempre uma réplica verdadeira. Bens furtados podem ter uma correspondência mais apropriada em bens privados, mas a perda de bens não é furto. A punição assume a forma de sofrimento infligido sobre o pecador porque a pessoa do pecador, corpo e alma, é a esfera apropriada onde o pecado acha correspondência. O pecado adere ao pecador como seu ato, nascendo de sua vontade, e, assim, ele é o local adequado para que seja punido. Como O'Donovan explica, "a punição é assim justificada, em geral, porque a pessoa, a propriedade ou a liberdade da parte condenada é o único *locus* possível, ou o mais apto, para a decretação de um julgamento."[68]

---

67 O'Donovan, *Ways*, 110.
68 Ibid., 109.

A ideia de uma resposta verdadeira mostra por que certas punições seriam injustas mesmo que envolvessem correspondência material. Tome-se o exemplo de uma punição desproporcional infligida por um governo humano. Imagine-se um jovem que pichasse uma obscenidade no muro de alguém tivesse de tatuar a mesma obscenidade em sua testa como forma de punição. Se imaginamos retribuição simplesmente em termos de identidade material, então podemos imaginar ser algo apropriado marcar permanentemente o rosto de um jovem que vandalizou a propriedade de outro, especialmente com a mesma palavra. Mas tomado como um ato comunicativo, a tatuagem seria desproporcional ao crime cometido porque deformaria permanentemente um ser humano criado à imagem de Deus, pressupondo que uma pessoa humana não é mais importante que um muro. A punição, a despeito de sua correspondência material, expressaria erroneamente o crime cometido.

EXPIAÇÃO INQUANTIFICÁVEL E DEFINIDA

Tenho argumentado que a descrição metafórica de punição como reembolso de uma dívida não pode ser rejeitada *tout court*, mas deve ser entendida com muito critério se não quisermos chegar a conclusões equivocadas e enganosas sobre a natureza da punição e, portanto, da expiação. A metáfora não deve ser tomada como um modo de identificar a punição como simples restauração, como restituição ou como uma retribuição pelo pecado. Nem simplesmente uma expiação quantificável: enquanto a punição do perdido é quantificável em termos de seu grau e a travessia de algum período limitado de tempo, ela não é quantificável como um todo, e o sofrimento penal substitutivo de Cristo é inquantificável como resultado de sua divindade. Essas são as lacunas da metáfora. Não obstante, a metáfora pode ser tomada corretamente como um modo de significar, entre outras coisas, que a punição corresponde ao pecado como uma resposta adequada retribuída a ele. Isso pode ou não envolver identidade material, e nunca envolve identidade moral, mas assim como um pagamento completo exime inteiramente uma dívida, uma punição própria refuta conclusivamente um pecado.

Com essas distinções esclarecidas, agora é possível abordar a alegação de alguns críticos do argumento do duplo pagamento de que uma expiação definida acarretaria uma expiação quantificável e, vice-versa, que uma expiação inquantificável por si só seria indefinida. Enquanto esse ponto de vista é mantido por universalistas hipotéticos, como Ussher, defensores da redenção particular, tais como Andrew Fuller, também a afirmam:

> Se a especialidade da redenção for colocada na *própria* expiação, e não na *vontade* soberana *de Deus*, ou no desígnio do Pai e do Filho, com respeito às pessoas a quem ela for aplicada, até onde sou capaz de perceber, isso teria prosseguido no princípio das satisfações *pecuniárias*. Nelas o pagamento é proporcional à quantia da dívida; e, sendo assim, não é de *valor* suficiente mais do que para aqueles que realmente são libertados por ela.[69]

Para Fuller, uma expiação não pecuniária só pode ser *em si mesma* indefinida, sua precisão provém unicamente de sua aplicação pretendida. Para Fuller, não se deve indagar: "Pecados de quem foram imputados a Cristo?".[70] A especificidade da morte de Cristo surge somente de seus resultados, não de sua natureza. Ele deixa claro que, "*em si mesma*, a morte de Cristo foi suficiente para todos, e que qualquer limitação só ocorre na "designação ou desígnio do Pai e do Filho", o que está implícito em sua "soberana aplicação".[71] Portanto, para Fuller a redenção particular é "um ramo da grande doutrina da eleição".[72] Eis o dilema: Fuller separa a natureza da expiação de seu desígnio e aplicação.

Dabney mantém uma identificação similar do argumento do duplo pagamento com a ideia de satisfação quantificável. Ele rejeita o argumento, insistindo que "a satisfação de Cristo não é um equivalente pecuniário".[73] Ele

---

69 Andrew Fuller, "Six Letters to Dr. Ryland", Letter 3, in *The Complete Works of Rev. Andrew Fuller*, ed. Joseph Belcher, 3 vols. (Harrisonburg, VA: Sprinkle, 1988), 2:708.
70 Ibid., Letter 3, in *Works*, 2:708.
71 Ibid., Letter 4, in *Works*, 2:710; Letter 3, in *Works*, 2:708.
72 Andrew Fuller, *Three Conservations: Imputation, Substituiton, and Particular Redemption*, in *Works*, 2:694.
73 Dabney, *Systematic Theology*, 521.

nega que a satisfação seja "uma rede da indumentária da justiça, a ser cortada em pedaços definidos e distribuídos o quanto possível a cada pessoa entre os eleitos". Ele contesta: "Isso é totalmente incorreto. A satisfação foi o ato indivisível de Cristo, e mérito vicário inseparável, infinito em seu valor moral, o todo em sua unidade e completude, imputada a cada crente eleito, sem divisão numérica, subtração ou exaustão". Neste ponto, Dabney contrasta "expiação" com "reconciliação" aplicada, advertindo que a expiação "é sem par, única, completa; e, considerada em si mesma, não tem mais relação com os pecados de uma pessoa mais do que de outra", enquanto a reconciliação limita aos crentes seu escopo: "como ela é aplicada na vocação eficaz, se torna pessoal e recebe uma limitação".[74]

Meu argumento no capítulo anterior se põe contra essa insistência sobre a satisfação penal internamente não especificada só reduzida por sua aplicação: o sacrifício pelo pecado na Escritura em si mesmo é específico. Então adiciono um argumento com base na compreensão da punição esboçada neste capítulo: a natureza da punição como sofrimento imposto por Deus como resposta ao pecado requer uma expiação definida. A noção de uma punição que não é uma resposta real e definida a qualquer pecado cometido por qualquer indivíduo é uma contradição em termos. Se a substituição penal de Cristo não tem relação com o pecado de alguém, então em si mesma não é realmente uma resposta a qualquer pecado e, portanto, de forma alguma é penal. Nessa expiação Deus verbaliza um "Não!" não especificado a nada em particular, o que no decreto paralelo da eleição e em sua aplicação posterior se converte em uma resposta a algo específico. Mas um "Não!" não especificado é uma resposta a nada; é destituído de significado. Pois o sofrimento substitutivo, para ser punição, tem de ser, em si mesmo, uma resposta real aos pecados cometidos por pessoas reais. Uma "punição" sem qualquer pecado particular precedendo-o à vista seria semelhante ao pesadelo em consequência do sonho de Bentham: uma suposta punição, servindo a algum fim, mas sem conexão com qualquer crime; como um inocente

---

[74] Ibid., 528. Dabney usa o termo "expiação" para a reconciliação mais restrita e "expiação" ou "satisfação" para a oferta não diferenciada.

pendurado do cadafalso como uma lição objetiva. Tal punição, em si mesma uma substituição real para nada, realmente não é nenhuma punição. Em vez disso, é apenas o ruído sem significado do sofrimento. É *afflictio*, não *poena*. Essa conclusão se segue não da quantificabilidade dos pagamentos de dívida, mas sim da natureza da punição como uma resposta ao pecado. Certamente, Fuller e Dabney não veem a obra de Cristo como mero castigo. De modo consistente e poderoso, eles muitas vezes afirmam seu caráter penal. Meus próprios estudos iniciais da expiação foram em grande escala corroborados pela leitura do *Christ Our Penal Substitute*, de Dabney. Não obstante, não consigo ver como alguém que exclui a identificação da própria satisfação de Cristo com pecados específicos de indivíduos específicos pode evitar o resultado lógico de negar seu verdadeiro caráter penal.

A única alternativa a esse final de jogo para o oponente do argumento do duplo pagamento é insistir que a cruz foi, depois de tudo, em algum sentido mais forte, realmente uma resposta a pecados específicos. Há nuances disso em Fuller. Por exemplo, em seu relato dos sacrifícios judaicos, ele explica que "todo sacrifício tinha sua designação especial, e foi proposto para expiar os pecados daqueles, e somente daqueles, em cujo favor ele foi oferecido".[75] Nota-se aqui como a expiação e a própria oferta eram específicas. Então Fuller cita a oração de Cristo em João 17.9 e 19, como se essa explanação fosse aplicada também ao seu sacrifício. Ele escreve ainda sobre a "*designação*" dos sacrifícios feitos por Ezequias.[76] Em algumas passagens, Dabney afirma a especificidade da satisfação de Cristo. Por exemplo, na mesma página em que ele argumenta que a expiação de Cristo não tinha referência aos pecados de um homem mais do que de outro, ele escreve que seus sofrimentos "fizeram uma genuína satisfação por todos os que realmente os abraçam pela fé".[77]

Essas passagens mostram que, enquanto Fuller e Dabney insistem numa satisfação que é internamente indefinida, tentam fazer isso de um modo

---

75 Andrew Fuller, *Reply to the Observations of Philanthropos*, § 4, in *Works*, 2:491.
76 Fuller, *Three Conversations*, in *Works*, 2:690 (ênfase original).
77 Ibid.

consistente. Sua posição, de qualquer maneira, fica numa posição difícil, dada a natureza da punição. Se negam a especificidade, então o verdadeiro caráter penal da expiação é prejudicado. Se a afirmam com pleno vigor, descrevendo um sacrifício que tenha em sua oferta um decreto especial e designado e uma verdadeira satisfação pelos eleitos, então o argumento da dupla punição *redivivus* alcança seu objetivo: o pecado foi respondido, e não pode com justiça ser respondido outra vez.

Uma dificuldade semelhante se aplica à posição universalista hipotética. Em sua analogia amplamente citada de um rei que perdoa a um devedor ou criminoso com a justificativa de seu filho tomar para si a punição, John Davenant rejeita o argumento do duplo pagamento, apelando para a aplicação condicional da obra de Cristo: "a duração da punição foi ordenada para obter a remissão para alguém sob a condição de obediência, e não de outro modo".[78] Disso podemos concluir que Davenant visualiza algum tipo de restrição na punição que recai sobre si, mas na verdade ele não postula tal reserva: a condicionalidade está toda na aplicação. Ele não incorre em equívoco: Cristo "suportou a punição devida não só aos pecados de certas pessoas individualmente, mas de toda a espécie humana".[79] Ele nega explicitamente que a oferta do Filho fosse condicional:

> Deus deu seu Filho ao mundo, e o Filho se deu ao Pai como resgate para remover os pecados do mundo, gratuita e absolutamente. Uma condição de fato está ligada à pregação do evangelho: não à doação, mas à vida eterna, a qual é seguida da benéfica aplicação da coisa dada.[80]

E assim a obra do Filho de suportar a punição, de resgatar e de se doar foi absoluta. Davenant está disposto a não atenuar o caráter penal da expiação. Contudo, ele limita a própria morte de Cristo como um ato de obtenção

---

78 John Davenant, *A Dissertation on the Death of Christ*, trad. Josiah Allport (Oswestry, UK: Quinta, 2006), 52.
79 Ibid., 40.
80 Ibid., 58.

somente para os eleitos. A morte de Cristo não adquiriu as condições de aplicação para os perdidos, mas somente para os predestinados à vida:

> Ele quis que de tal modo ela pertencesse exclusivamente aos eleitos, que, pelo mérito dela, todas as coisas que se relacionam com a obtenção da salvação lhes fosse infalivelmente dada. E neste sentido confessamos que a oblação de Cristo é da mesma extensão que a predestinação de Deus.[81]

Mas esse argumento reduz somente a expiação como obtenção, não a expiação como substituição penal. Se a substituição penal, o resgate e a autodoação de fato são absolutos, então o argumento da dupla punição se aplica, a despeito de qualquer condicionalidade: Deus respondeu aos pecados específicos de qualquer indivíduo. A criação, visível e invisível, testemunhou o sofrimento que responde ao pecado. Ninguém pode responder outra vez por aquilo que já foi respondido.

QUEM REALMENTE ESTENDE A SIMILITUDE?

Estando treinados a pensar que a expiação definida recorre a uma concepção comercial do pecado, podemos ficar surpresos ao descobrir um escritor que a defende precisamente por manter que a expiação *não* deve ser considerada como pagamento. Em conformidade com esse argumento, são os oponentes da expiação definida que realmente estendem a similitude da satisfação como pagamento. Ele defende a expiação definida, tomando posição contra uma concepção comercial da satisfação. Qual é seu nome? *Mirabile dictu* — é John Owen.

Owen considera a alegação de que se fez satisfação "em tal condição que dependeria *absolutamente* do evento". Ele explica que esse tipo de condição "se tornaria incerto se invariavelmente fosse ou não para nós". Os universalistas

---

81 Ibid., 54. Estranhamente, essa porção do ensino de Davenant sobre a extensão limitada para a cruz como obtenção pode significar que ele tem um relato mais definido da expiação do que os defensores de uma expiação definida, tais como Dabney e Fuller, que localizam a especificidade exclusivamente na aplicação da obra de Cristo.

hipotéticos postulam esse tipo de condicionalidade quando alegam que a incredulidade pode impedir a expiação de beneficiar aquele por quem ela foi feita. Eis a resposta de Owen a esta noção, e com o *coup de grâce* em que ele salienta que é o próprio universalista hipotético que, ao fazer a expiação recusável, a identifica com um pagamento financeiro:

> Tal constituição pode ser justa em soluções pecuniárias. Um homem pode depositar uma grande soma de dinheiro pela libertação de outro, numa condição tal que nunca pode ser cumprida; pois, no absoluto fracasso da condição, seu dinheiro nunca pode ser-lhe restaurado, à vista do que ele não recebeu injúria ou dano. Mas no sofrimento penal para crimes e pecados, não pode haver constituição justa que faça o evento e a eficácia dele depender de uma condição absolutamente incerta, e a qual não pode suceder ou ser cumprida; pois, se a condição falha, não se pode fazer-lhe aquilo pelo que sofreu. Portanto, a forma da aplicação da satisfação que Cristo fez por aqueles por quem ela foi feita é *segura e firme* no propósito de Deus.[82]

Owen traça um incisivo contraste entre pagamento (*solutio*) pecuniário e sofrimento penal: dinheiro pode ser simplesmente rejeitado e substituído, mas sofrimento penal jamais pode ser desfeito. A ironia é palpável: *não é o defensor da expiação definida que recorre com tanta tenacidade à similitude do pagamento, e sim seu oponente*. O oponente alega que a morte de Cristo pode falhar em efetuar a salvação, significando que sua intenção pode ser recusada, e recusa sem injustiça é uma característica de pagamentos pecuniários. O sofrimento pessoal, físico e espiritual de Cristo não pode ser desfeito. Porque o sofrimento foi suportado e não pode ser substituído, ele deve entrar em vigor. Cristo *já* morreu. O argumento de Owen, o qual deixaria seus críticos horrorizados, é que a expiação definida *não* é mais bem servida por recorrer-se à metáfora pecuniária, já que um pagamento feito em dinheiro pode ser recusado e substituído. Ao contrário, é a linguagem do

---

82 John Owen, *The Doctrine of Justification by Faith*, in Works, 5:217.

sofrimento penal completado que expressa mais claramente por que Deus não punirá o pecado duas vezes e assim estabelece a definitude da expiação.

Se Owen rejeita absolutamente suspender a expiação sob condições, como evita ele a acusação sociniana, notada no início deste capítulo, e substitui Owen por Richard Baxter, que a satisfação teria de ser aplicada imediatamente ao ser feita? Onde fica a necessidade de arrependimento e fé?[83] Para Owen, o dom da fé, em si mesmo, é um resultado certo da obra de Cristo, produzido por *ipso facto*, todavia "não em uma imediação de tempo, e sim de causalidade".[84] Owen articula a compatibilidade da satisfação idêntica e da aplicação prorrogada sobre a base da aliança da redenção. É a intenção de Deus na aliança que constitui o sofrimento de Cristo como satisfação, e daí a aliança poder também estipular como a satisfação será aplicada. Enquanto Owen insiste que Cristo sofre a mesma pena devida aos pecadores sem relaxamento (o *solutio ejusdem* sem *relaxatio*), ele admite que a pessoa que suporta a pena é convertida num relaxamento da lei.[85] Essa mudança cria o espaço para uma aplicação prorrogada que seria perdida se o próprio pecador fizesse satisfação. Em suma, tanto a natureza do sofrimento de Cristo como satisfação quanto a duração de sua aplicação são pactualmente constituídas.[86]

É digno de nota que Owen também usa a constituição pactual e a mudança de pessoa em resposta à acusação sociniana e baxteriana de que a satisfação idêntica e a graciosa remissão são incompatíveis. Deus não recebeu satisfação do pecador, mas ele mesmo a proveu graciosamente em Cristo e graciosamente relaxou a lei que exigia isso do pecador.[87] Nesse sentido, o perdão é real, porque Deus mesmo quis graciosamente bancar o custo do pecado.

---

83 Carl R. Trueman aborda esse dilema em "Atonement and the Covenant of Redemption: John Owen on the Nature of Christ's Satisfaction", capítulo 8 neste volume.

84 John Owen, *Of the Death of Christ, the Price He Paid, and the Purchase He Made*, in Works, 10:450 (ênfase original). Note que o termo *ipso facto* pode confundir porque ele tem diferentes sentidos em diferentes autores. Charles Hodge, por exemplo, o rejeita em relação à satisfação, mas é evidente que ele o iguala a imediação *temporal*. Veja seu *Systematic Theology*, 3 vols. (1871-1873); reimp., Grand Rapids, MI: Eerdmans, 1954, 1986), 2:472, 557.

85 Owen nega o relaxamento da pena em *Death of Death*, in Works, 10:269, e a afirma da pessoa em ibid., 273.

86 Veja John Owen, *Of the Death of Christ*, in Works, 10:458.

87 Ibid., 444-46.

A OBJEÇÃO LUTERANA

Por último, passo a considerar uma réplica ao argumento do duplo pagamento — em minha mente, menos substancial — que se origina dos luteranos do final do século XVI. Diferentemente do caso contra recorrer à metáfora financeira montada por Ussher e Allen, entre outros, essa objeção poderia ser usada em grande medida contra uma dupla punição como um argumento de um duplo pagamento.

Em 1586, Teodoro Beza e Jacobus Andreae apresentaram, respectivamente, as posições reformadas e luteranas diante do Duque Frederick de Württemberg, o qual estava engajado numa tentativa controversa de impor a Fórmula Luterana de Concórdia em seu território de Montbéliard. Beza e Andreae argumentaram sobre 1 João 2.2: "e ele é a propiciação pelos nossos pecados, e não somente pelos nossos próprios, mas ainda pelos do mundo inteiro". No registro da disputa, Beza propõe que o versículo enfatiza a abertura da nova aliança aos gentios, e não a intenção universal da expiação: "João não enfeixa os eleitos com os condenados, porém distingue entre judeus e gentios, de modo que ele entende pelo nome "mundo" os gentios com os judeus, mas somente os eleitos de ambos os povos".[88] Ele prossegue argumentando que "uma gota do sangue de Cristo seria suficiente para os pecados do mundo inteiro, inclusive dos condenados. Mas Cristo não morreu pelos pecados dos condenados, do contrário os condenados seriam salvos".[89] Veja como o argumento de Beza lança mão da lógica do duplo pagamento: se Cristo morreu por todos, ninguém poderia ser condenado. Após expressar sua súbita resolução nessa limitação da expiação, Andreae produz o que se tornaria uma réplica padrão luterana:

> Os designados à destruição eterna não são condenados porque pecaram; de outro modo todos os eleitos também seriam condenados, uma vez que todos pecaram e estão destituídos da glória de Deus. Mas são condenados por esta razão: porque se recusam a abraçar Jesus Cristo com

---

88 Jacobus Andreae, *Acta Colloquij Montisbelligartensis* (Wittenberg: Myliander, 1613), 446 (traduções minhas).
89 Ibid., 447.

verdadeira fé, o qual sofreu, foi crucificado e morreu não menos por seus pecados do que pelos pecados de Pedro, Paulo e todos os santos. Essa é a eterna e imutável verdade, contra a qual os portões do inferno não prevalecerão. Como Cristo claramente testifica quando diz: "Este é o julgamento: que a luz veio ao mundo, e o mundo amou mais as trevas do que a luz". Igualmente, "O Espírito Santo convenceu o mundo a respeito do pecado, porque não creem em mim".[90]

A noção de que os perdidos serão punidos pelo pecado de incredulidade, e não pelo pecado geral, permite a Andreae manter que Jesus morreu por todo pecado geral de cada indivíduo, e, no entanto, nem todos seriam salvos, porque os incrédulos ainda podem ser justamente condenados por sua incredulidade, uma vez que Cristo não morreu por ela. Essa réplica concede a tese sobre a justiça, porém lhe responde limitando os pecados pelos quais Cristo morreu.

Trata-se de uma inovação radical na escatologia, como Beza salienta a Andreae:

> A mim, o que você diz é de fato claramente novo, e anteriormente não se ouviu — que os homens não são condenados porque têm pecado — visto que o pecado é a única causa da condenação eterna, razão por que os rebeldes são abandonados à sua própria perversidade, e condenados.[91]

Vários argumentos servem para reprovar a posição de Andreae. Primeiro, embora haja textos que falam da punição por incredulidade (por exemplo, 2 Tessalonicenses 1.8), há outros que indicam que os perdidos serão punidos por todos os seus feitos, não apenas por sua incredulidade. Paulo escreve que "todos nós compareceremos diante do tribunal de Cristo, a fim de que cada um receba o que é devido pelo que fez no corpo, seja o bem, seja o mal" (2 Coríntios 5.10). E em Apocalipse, os mortos são julgados "segundo o que fizeram"

---

90 Ibid., 447-48. Andreae está citando João 3.19 e 16.8-9.
91 Ibid., 448.

(20.13). Aliás, é difícil imaginar como o pecado de incredulidade pode ser isolado como o único pecado pelo qual Cristo não morreu; antes, ela é a raiz dos demais pecados, os quais são todos praticados na esfera da incredulidade: sem fé é impossível agradar a Deus (Hebreus 11.6). Quando em Mateus 25 Cristo explica por que os bodes são despachados, ele identifica seus pecados individuais: "tive fome e me destes de comer, tive sede e me destes de beber" (v. 42). Esses pecados eram devidos à rejeição de Cristo, mas foram cometidos como pecados de omissão contra os seus ("ao menos destes"; v. 45). Eram pecados gerais, mas eram também pecados de incredulidade. Segundo o ponto de vista de Andreae, Cristo teria feito expiação por eles?

Segundo, a posição de Andreae gera um grave problema moral, porque implica que os que nunca ouviram o evangelho estão condenados por não crerem nele. Andreae admite que todos os demais pecados deles foram tomados por Cristo. Por que, pois, não são salvos? Só pode ser por causa de sua incredulidade de rejeitar o evangelho. Mas não têm ouvido o evangelho e, assim, não têm tido a oportunidade de aceitá-lo ou de rejeitá-lo. Andreae enfrenta um dilema: ou os que não têm ouvido são condenados por seus pecados gerais, e há a injustiça no duplo pagamento, ou são condenados por sua incredulidade, e há a injustiça de punição além dos limites da responsabilidade.

Terceiro, a posição de Andreae, ainda que em parte levado pelo desejo de explicar textos bíblicos universais, realmente cria um problema diferente com a linguagem universal da Escritura. A dificuldade não é com respeito a textos que descrevem as pessoas por quem Cristo morreu, mas os relativos aos pecados pelos quais Cristo morreu. Cada afirmação bíblica de que os pecados foram tomados por Cristo agora devem ser entendidos como a conter uma tácita restrição: *exceto o pecado da incredulidade*. Essa é uma restrição difícil de sustentar.

Por último, a posição luterana não pode ser mantida se cremos que Deus pune todo pecado. Imagine um não cristão que viveu cometendo o pecado de incredulidade. Pela graça de Deus, ele se converte com quarenta anos de idade, e agora crê. A posição de Andreae declara que Cristo não morreu pelo pecado de incredulidade, significando que ele não morreu pelo pecado de incredulidade que esse homem cometeu ao longo de quarenta anos. Tampouco esse homem, que agora é cristão, será punido por ela. Entretanto, se Deus pune todo pecado, e se o homem é perdoado por sua incredulidade anterior, então Cristo teria de morrer por ela. Com certeza este é o caso, se a punição do pecado é necessária em virtude da natureza santa de Deus, mas ainda que Deus não tivesse que punir o pecado, todavia revelou que fará isso. Por isso Owen, mesmo antes de crer no tipo mais forte de necessidade de punição, rejeitou a alegação de que Cristo só poderia ter morrido por alguns pecados. Ele cita o Salmo 130.3 para mostrar que, se Cristo morreu somente por alguns dos pecados de todos os homens, então nenhum pode ser salvo, "pois se Deus entrar em juízo conosco, ainda que fosse com toda a humanidade por um só pecado, nenhuma carne seria justificada diante dele".[92] Se Deus pune todo pecado, então Cristo teria morrido pelo pecado de incredulidade, e se ele fez isso por todos, sem exceção, então todos, sem exceção, seriam salvos. As alternativas de Beza permanecem: ou universalismo, ou expiação definida.

CONCLUSÃO

A descrição de punição como o reembolso de uma dívida a Deus como credor é uma metáfora bíblica. Como toda a linguagem bíblica, deve-se entendê-la criteriosamente dentro da amplitude e profundidade da Escritura. Não se deve entendê-la como um modo de identificar punição como simples restauração, como restituição ou como uma substituição idêntica pelo pecado. Nem deve ser tomada para implicar que o sofrimento penal substitutivo de Cristo é quantificável. Parte de glória de sua morte, que devemos proclamar a todos os homens, mulheres e crianças, é seu poder ilimitado. Devemos pregar aos perdidos que o sangue de Cristo é incomensuravelmente poderoso para purificar a todos quantos vão a ele, sem importar o que têm feito.

---

92 Owen, *Death of Death*, in *Works*, 10:173. Para seu ponto de vista posterior de que ao ser santo de Deus se faz necessário que haja punição, veja seu *Disertation on Divine Justice*, in *Works*, 10:481-624. Turretini fornece uma forma mais breve e simples essencialmente da mesma posição em seu *Institutes*.

Positivamente, a metáfora expressa a relação pessoal da punição com o santo ser de Deus, e a correspondência de pecado com a punição como uma resposta adequada que a substitui. Essas verdades poderiam ser expressas sem qualquer linguagem comercial, demonstrando que o argumento da dupla *punição* não depende de sua força na metáfora do pagamento. Aliás, Owen mostra que é o oponente da expiação definida que depende da metáfora hiperextensa, implicando o caráter recusável da satisfação. Não obstante, não devemos continuar removendo as metáforas bíblicas, mas entendê-las corretamente. A natureza da punição, refletida na ideia de pagamento, requer que, para o sofrimento *ser* punição, tem de ser uma resposta voltada para pecados específicos cometidos por pessoas específicas. A expiação por si só tem de ser definida. A natureza da punição como resposta também estabelece o argumento da dupla punição: quando Deus deu sua resposta a um pecado, então ela foi dada. O pagamento a Deus não pode ser exigido duas vezes; a punição de Deus não pode ser infligida duas vezes. O sangue de Cristo já deu uma resposta aos pecados de seu povo, inclusive seus pecados de incredulidade. Nada mais resta a ser feito.

CAPÍTULO 19

A NOVA ALIANÇA OBRA DE CRISTO

SACERDÓCIO, EXPIAÇÃO E INTERCESSÃO

Stephen J. Wellum

INTRODUÇÃO

Uma questão crucial bíblico-teológica no centro da doutrina da expiação definida é a obra sacerdotal de Cristo. A maioria concordaria com John Murray que a obra de nosso Senhor é apresentada na Escritura como sacerdotal: "A expiação deve ser mais amplamente submetida à obra medianeira de Cristo, e mais especificamente sob o ofício sacerdotal. Mas há um só Mediador, e somente Cristo foi chamado sumo sacerdote segundo a ordem de Melquisedeque".[1] Ou, como Hugh Martin habilmente declarou mais de um século atrás: "Não basta defender que o sacerdócio de Cristo é um ofício real e autêntico; ele tem de ser considerado e apresentado como *o* ofício eminente — o ofício fundamental — o qual Cristo, como Redentor, exerce".[2] Todavia,

---

1   John Murray, "The Atonement" in *Collected Writings of John Murray: Volume 2: Lectures in Systematic Theology* (Carlisle, PA: Banner of Truth, 1977), 148.
2   Hugh Martin, *The Atonement: In Its Relations to the Covenant, the Priesthood, the Intercession of Our Lord*

muitos dos quais afirmam que a obra de Cristo é de caráter sacerdotal, inclusive os defensores da expiação universal, negam o argumento reiterado daqueles que defendem a expiação definida de que o sumo sacerdócio de Cristo necessariamente acarreta uma redenção particular. Robert Letham capta bem o argumento sacerdotal:

> O papel de Cristo como sumo sacerdote é um todo. É um só movimento unificado da graça para com a humanidade pelo qual ele assume nosso lugar em obediência ao Pai, no ato de fazer expiação por nossos pecados e conduzir-nos a Deus. Ele deixa bem claro que ora por nós, além de morrer por nós. Esse é um tema dominante em sua oração como sumo sacerdote ao Pai em João 17. Nessa oração, ele diz ao Pai que não ora pelo mundo, mas por aqueles a quem o Pai lhe deu. ... sua intercessão é limitada. Ele ora pelos seus, e não pelo mundo. Segue-se que sua morte expiatória visa aos que o Pai lhe deu, e não a todos de forma indiscriminada. Se vemos a intercessão como particular e a cruz como universal, estamos postulando uma ruptura no coração da obra de sumo sacerdote de Cristo.[3]

Vamos dar mais substância ao argumento. Nosso Senhor, como o Grande Sumo Sacerdote da nova aliança, disposta e alegremente se ofereceu como nosso substituto em determinada obediência à vontade de seu Pai. Ao fazer isso, a intenção era não só efetuar a redenção de um povo particular mas também garantir tudo o que fosse necessário para conduzir esse mesmo povo ao fim pelo que sua morte foi designada, a saber, o pleno perdão de pecado e todas as bênçãos da nova aliança, inclusive o dom do

---

(Edimburgo: James Gemmell, 1882), 53. Não significa subestimar o fato de que Cristo também cumpriu o papel de Profeta e Rei — daí o famoso *munus triples* — além disso, como Martin argumenta: "Seu sacerdócio é um ofício mais fundamental do que estes — sua necessidade, seus deveres e o cumprimento desses deveres jazem intimamente no coração de sua interposição para nossa salvação do que algo que pertença aos demais ofícios que ele exerce" (54).

3   Robert Letham, *The Work of Christ* (Downers Grove, IL: InterVarsity Press, 236-37).

Espírito que eficazmente aplica sua obra àqueles a quem o Filho representa. Além do mais, devido à sua poderosa ressurreição e ascensão, a obra de nosso Senhor, como o grande Sacerdote-Rei, continua enquanto ele governa à direita do Pai e intercede pelos eleitos, garantindo assim a salvação eterna. Além disso, como o argumento prossegue, todos os pontos de vista da expiação universal dividiriam a obra sacerdotal unificada de Cristo, redefinindo a relação de Cristo como Sacerdote para seu povo e, finalmente, fazendo ineficiente sua obra como a Cabeça da nova aliança — todos os pontos que a Escritura não admite.

O argumento sacerdotal em prol da expiação definida nada tem de novo. Quase toda defesa da redenção particular a inclui.[4] Todavia, raramente é tratada por seus críticos ou, se porventura de fato é abordada, apenas aspectos separados de sua plena apresentação bíblico-teológica são mencionados.[5] O objetivo deste capítulo é novamente explicar esse argumento como uma peça bíblico-teológica crucial na defesa global da expiação definida. Darei sequência em três passos. Discutirei (1) duas questões metodológico-hermenêuticas cruciais que são centrais ao argumento; (2) demonstrarei que o sacerdote do AT realizava uma obra particular e unificada, a saber, aqueles a quem ele representava são também por quem intercede e instrui; e (3) estabelecerei que nosso Senhor, como Cabeça e Mediador da nova aliança, de modo muito mais grandioso do que os sacerdotes do AT, efetua uma obra particular e completamente eficaz por seu povo da aliança.

---

4 Veja John Owen, *The Death of Death in the Death of Christ* (1648; repr., Carlisle, UK: Banner of Truth, 1983). De muitos modos, todo o tratado de Owen desenreda esse argumento. Veja também François Turretini, *Institutes of Elenctic Theology*, ed. James T. Dennison, Jr., trad. George Musgrave Giger, 3 vols. (Phillipsburg, NJ: P&R, 1993), 2:403-86; Herman Bavinck, *Sin and Salvation in Christ*, vol. 3 de *Reformed Dogmatics*, ed. John Bolt, trad. John Vriend, 4 vols. (Grand Rapids, MI: Baker, 2006), 455-75; Louis Berkhof, *Systematic Theology* (Grand Rapids, MI: Eerdmans, 1941), 361-405; Barnes, *Atonement Matters: A Call to Declare the Biblical View of the Atonement* (Darlington, UK: Evangelical Press, 2008); e Michael S. Horton, *The Christian Faith* (Grand Rapids, MI: Zondervan, 2011), 486-520.

5 Veja, por exemplo, Donald M. Lake, "He Died for All", in *Grace Unlimited*, ed. Clark H. Pinnock (Minneapolis: Bethany, 1975), 31-50; Terry L. Miethe, "The Universal Power of the Atonement", in *The Grace of God and the Will of Man*, ed. Clark H. Pinnock (Mineápolis: Bethany, 1995), 71-96; e Bruce A. Demarest, *The Cross and Salvation, Foundations of Evangelical Theology* (Wheaton, IL: Crossway), 189-93.

I. EMBASAMENTO BÍBLICO: DUAS QUESTÕES METODOLÓGICAS/HERMENÊUTICAS CRUCIAIS

Cada um deseja ter embasamento bíblico em discussões relativas à extensão da expiação, mas isso simplesmente dá origem a uma questão maior sobre como tê-lo. Obviamente, essa é uma área imensa, e não posso discuti-la em profundidade. Todavia, para dizer o mínimo, ninguém pode ter embasamento bíblico a menos que faça uma exegese dos textos e extraia conclusões teológicas, seguindo a própria linha histórica bíblica com suas próprias categorias intrassistemáticas.[6] Para os nossos propósitos, se desejamos fazer avanço neste debate, toda a discussão deve ser colocada dentro das duas categorias intrassistemáticas da Escritura: (1) o padrão tipológico de "sacerdócio" e (2) o sacerdócio colocado dentro das "alianças" bíblicas, especialmente a antiga e a nova aliança. Discutamos brevemente cada uma delas separadamente.

(1) Sacerdócio e tipologia

Dizer que Cristo é o nosso "Grande Sumo Sacerdote" não só nos leva a situar sua obra no contexto do AT mas também introduz a discussão da tipologia, uma vez que ela é apresentada como o cumprimento antitípico dos sacerdotes do AT. Mas, o que exatamente é tipologia bíblica, especialmente dadas as diversas compreensões dela? Aqui não posso fazer uma exposição completa, mas outros têm apontado na direção certa.[7] Para os nossos propósitos, quero catalogar três aspectos de tipologia que são importantes para nossa discussão.

Primeiro, tipologia é um simbolismo com raízes em realidades *histórico-textuais*. Como tal, envolve uma relação *orgânica* entre "pessoas, eventos e

---

6   Veja Michael S. Horton, *Covenant and Eschatology* (Louisville: Westminster John Knox, 2002), cf. Richard Lints, *The Fabric of Theology* (Grand Rapids, MI: Eerdmans, 1993).

7   Para uma definição de tipologia, veja Graham A. Cole, *He Who Gives Life: The Doctrine of the Holy Spirit*, Foundations of Evangelical Theology (Wheaton, IL: Gossway, 2007), 289: "A ideia de que pessoas (por exemplo, Moisés), eventos (por exemplo, êxodo) e instituições (por exemplo, o templo) podem — no plano de Deus — prefigurar um estágio posterior nesse plano e prover a conceitualidade necessária para se compreender a intenção divina (por exemplo, a vinda de Cristo para ser o novo Moisés, para efetuar o novo êxodo e para ser o novo templo)". Para uma proveitosa discussão de tipologia, veja Paul M. Hoskins, *Jesus as the Fulfillment of the Temple in the Gospel of John* (Eugene, OR: Wipf & Stock, 2006), 18-37, e Richard M. Davidson, *Typology in Scripture* (Berrien Springs, MI: Andrews University Press, 1981).

instituições" (por exemplo, o tipo) em uma época de história redentora e suas contrapartes em épocas posteriores (por exemplo, o antítipo). Segundo, tipologia é profética e, assim, divinamente dada e tencionada. A intenção de Deus era que o "tipo" apontasse para além de si mesmo para seu cumprimento ou "antítipo". Tipologias não são meras "analogias", mas estão atadas a padrões recorrentes apontando para uma repetição culminante de um padrão que, finalmente, acha seu cumprimento em Cristo. Por meio desses padrões, Deus está provendo as categorias interpretativo-conceituais para instruir-nos sobre a obra de Cristo, e tentar compreender a obra de Cristo à parte deles levará inevitavelmente a conclusões *antibíblicas*. Terceiro, quando alguém muda do tipo para o antítipo, o cumprimento em Cristo sempre envolve uma escalação *a fortiori*. Por exemplo, quando alguém muda de Adão, Davi ou dos sacerdotes do Antigo Testamento para Cristo, sempre conduz a uma realidade *maior*. Eis por que nosso Senhor é apresentado no NT não meramente como outro Adão, Davi ou sacerdote, mas o Último Adão, o Filho *maior* de Davi e nosso *grande sumo sacerdote*, o qual transcende e completa o primeiro tipo de quase todas as formas imagináveis.

Como essas observações se relacionam com nossa discussão? De várias maneiras. Estruturas tipológicas são uma das formas essenciais pelas quais a Escritura traz à tona a cristologia que permeia a linha do tempo bíblica e fundamenta a singularidade do tempo de sua realização associada com a criação da nova aliança. Por meio da tipologia, a Escritura desvenda tanto a unidade quanto a *descontinuidade* do plano de Deus, principalmente em relação a cada um dos sacerdotes da aliança. Quando o antítipo finalmente chega, os tipos são levados para seu *telos* quando as realidades maiores do cumprimento são criadas e os tipos dão passagem à obra superior de Cristo. Assim, por exemplo, no caso do sacerdote do AT, aprendemos por que e como ele atua representando o povo diante de Deus (Hebreus 5.1). Descobrimos a particularidade desse ofício em relação ao povo da aliança e como o sacerdote se identifica, expia e intercede em favor de um povo *particular* e o instrui. Em todos esses casos, nosso Senhor Jesus cumpre esse ofício/papel, muito embora seja maior. Em Cristo, não temos um sacerdote limitado a um tempo e lugar particulares, alguém que primeiro trata de seus próprios pecados antes de tratar dos nossos. Ao contrário, ele é perfeito em todas as formas. Deus, o Filho encarnado, que se identifica conosco em sua encarnação, que é a cabeça e mediador da nova aliança, e como tal é o nosso grande sumo sacerdote que representa um povo *particular* e *eficientemente* realiza por esse povo tudo o que está vinculado à nova aliança. Diferentemente dos sacerdotes do AT, nosso Senhor realiza uma obra sacerdotal que, nas palavras de Hebreus, pode salvar completamente o seu povo (Hebreus 7.25, NVI). Note-se, porém, que a Escritura nada sabe de uma obra sacerdotal que não é também uma obra unificada de provisão *e* intercessão por um povo específico. Ver Cristo como nosso sacerdote *maior* equivale que a obra dele, especialmente sob a nova aliança, é efetiva, provê e assegura tudo o que é necessário para a salvação dos que participam dessa aliança.

(2) Sacerdócio e alianças

Deve-se também pensar na obra sacerdotal de Cristo, inclusive seu desígnio, em relação às alianças bíblicas, uma que os conceitos de "sacerdote" e "aliança" são inseparáveis. Esse é precisamente o argumento de Hebreus 7.11, onde o crucial parêntese nos ajuda a entender a relação entre o sacerdócio e a aliança: "pois, com nele baseado [o sacerdócio levítico] o povo recebeu a lei [aliança antiga]" (AT). Aqui o autor polemiza que a antiga aliança se funda no sacerdócio levítico. Eis por que, dada essa relação, o autor argumenta, no versículo 12, que o AT, ao anunciar a vinda de um *novo* sacerdote (Salmos 110; cf. Hebreus 7), também antecipa a chegada de uma *nova* aliança (Jeremias 31.31-34; cf. Hebreus 7-8), posto que uma mudança no sacerdócio requer necessariamente uma mudança de aliança.[8]

Por quê? A resposta é direta: no coração da aliança está a realidade de que Deus habita com seu povo. Mas, dada a descrição bíblica de Deus como sendo pessoal, santo e justo, de que forma pode ele habitar entre seu povo sem, por fim, trazer seu juízo sobre eles? Como pode o Senhor viver entre seu povo sem destruí-lo pela chama de sua santidade? Essas questões são enfrentadas e

---

8 Veja Peter T. O'Brien, *The Letter to the Hebrews*, PNTC (Grand Rapids, MI: Eerdmans, 2010), 258.

respondidas em Êxodo 31-34. No incidente do bezerro de ouro e na reinstituição da aliança, a resposta é esta: Deus só pode ser nosso Deus da aliança pela provisão do sacerdócio, tabernáculo e todo o sistema sacrificial (veja Levítico 17.11). Deus pode estabelecer sua aliança, dado nosso pecado, somente pelo sangue da aliança, a provisão de sua graça (Êxodo 24.6-8).

Que sentido isso faz para nossa discussão? Todo. A fim de entender a natureza da obra sacerdotal de Cristo, incluindo sua intenção/desígnio, ela deve ser vista à luz das estruturas pactuais, particularmente a nova aliança. Como Sam Waldron e Richard Barcellos notam corretamente,

> Evidentemente, a nova aliança é o contexto ou a estrutura da obra de Jesus Cristo. A obra dele não tem poder salvífico separada da nova aliança. ... toda a obra de Jesus foi uma obra pactual; seu sangue, sangue pactual, seu sacerdócio, sacerdócio pactual, seu ofício como mediador, um ofício pactual. A questão sobre o escopo, extensão ou desígnio da morte de Cristo não deve, portanto, ser respondido sem referência a essa aliança.[9]

Portanto, a pergunta a ser feita é esta: "Qual é o intuito, a extensão e o desígnio da nova aliança? É uma aliança geral, feita com todos, que torna possível a salvação de todos, caso a recebam? Ou é uma aliança limitada feita somente com certas pessoas e assegurando salvação eterna delas?".[10] Ou, colocando de outra maneira: a quem nosso Senhor, como o Sumo Sacerdote da nova aliança, representa em sua morte e oferece os frutos dessa aliança? Ele representa todas as pessoas, sem exceção, ou representa um povo particular que é eficazmente conduzido à salvação e recebe todos os benefícios dessa aliança? Como argumentaremos a seguir, chegar a qualquer outra conclusão, além da última, é tirar a obra de Cristo de seu contexto da nova aliança, que é precisamente o problema com todos os pontos de vista da expiação universal. A obra expiatória

---

9   Samuel E. Waldron com Richard C. Barcellos, *A Reformed Baptist Manifesto* (Palmdale, CA: Reformed Baptist Academic Press, 2004), 59-60.
10 Ibid., 60.

de Cristo não pode ser estendida a todas as pessoas sem também se estender a todos os benefícios e privilégios da nova aliança, o que no mínimo inclui a regeneração, o perdão dos pecados e o dom do Espírito. Todos os pontos de vista da expiação universal devem redefinir a natureza da nova aliança ou argumentar que Cristo morre como a Cabeça pactual de outra aliança, não importa qual seja. Além disso, se a morte sacerdotal de Cristo for entendida *biblicamente*, então tal ponto de vista é insustentável.

É importante se notar que, com muita frequência, os defensores da expiação universal separam sua posição das categorias bíblicas intrassistemáticas. Eles discutem extensamente os textos que falam sobre "mundo" e "todos", bem como sobre o chamado universal do Evangelho, e assim por diante, mas há pouca discussão sobre o desígnio da cruz nas próprias categorias da Bíblia sobre "sacerdote" ou "aliança". Por exemplo, Paige Patterson acusa os defensores da expiação definida de seguirem "um sistema lógico",[11] em vez de seguirem a Escritura, mas seu ponto de vista nada discute sobre a morte sacerdotal de Cristo em seu contexto da nova aliança. Ou, David Nelson começa bem dizendo que deseja "pôr a doutrina da expiação na grande narrativa redentora da Escritura. Isso inclui a trajetória estabelecida com a aliança abraâmica, a davídica e a nova, e os contínuos chamados à confiança em Iavé, que formam a base da justificação diante de um Deus justo (Gênesis 15.6; Habacuque 2.4)".[12] No entanto, ele não faz nada disso quando discute a extensão da expiação.[13] Na discussão de

---

11 Paige Patterson, "The Work of Christ", in *A Theology for the Church*, ed. Daniel L. Akin (Nashville: B&H Academic, 2007), 585-86. Cf. I. Howard Marshall, "Universal Grace and Atonement in the Pastoral Epistles", in *Grace of God and the Will of Man*, 52, diz algo similar, contudo falha em trabalhar com essas categorias bíblicas.

12 David P. Nelson, "The Design, Nature, and Extent of the Atonement", in *Calvinism: A Southern Baptist Dialogue*, ed. E. Ray Clendenen e Brad J. Waggoner (Nashville: B&H Academic, 2008), 127.

13 Veja também Millard J. Erickson, *Christian Theology*, 2ª ed. (Grand Rapids, MI: Baker, 1998), 829; David L. Allen, "The Atonement: Limited or Universal?", in *Whosoever Will: A Biblical-Critique of Five-Point Calvinism*, ed. David L. Allen e Steve W. Lemke (Nashville: B&H Academic, 2010), 68-109; Gary L. Shultz, Jr., "A Biblical and Theological Defense of a Multi-Intentional View of the Extent of the Atonement" (Ph.D. diss., The Southern Baptist Theological Seminary, 2008); cf. idem, "Why a Genuine Universal Gospel Call Requires an Atonement That Paid for the Sins of All People", *EQ* 82.2 (2010); 111-23; idem, "The Reconciliation of All Things in Christ", *BSac* 167 (October-December 2010): 442-59; e idem, "God's Purpose in the Atonement for the Nonelect", *BSac* 165 (April-June 2008): 145-63; Robert P. Lightner, *The Death Christ Died: A Case for Unlimited Atonement*, 2ª ed. Grand Rapids, MI: Kregel, 1998), 118-23, discute as alianças, porém de uma

Bruce Demarest, ele cobre territórios familiares e conclui dizendo: "em termos da *provisão* da expiação, Cristo morreu não só pelos eleitos mas por todos os pecadores em todos os tempos e lugares",[14] sem jamais lutar com o contexto da morte nessa nova aliança. Todavia, antes de desenvolver um pouco mais este argumento, quero voltar à discussão do sacerdote do AT, que serve como o padrão para a obra sacerdotal de Cristo e demonstra como a obra dele é particular e unificada em termos de provisão e intercessão.

II. A OBRA UNIFICADA DO SACERDOTE DA ANTIGA ALIANÇA[15]

Hebreus 5.1 é um resumo útil da obra do sumo sacerdote do AT — "Porque todo sumo sacerdote escolhido dentre os homens é designado a agir a favor dos homens na relação com Deus para oferecer a ele dons e sacrifícios pelos pecados". Aqui se enfatizam três pontos. Primeiro, cada sumo sacerdote do AT era *selecionado* dentre o povo e, assim, era solidário àqueles a quem representava. De fato, em Israel, não era qualquer israelita que poderia servir no ofício de sacerdote, nem mesmo todo levita. O ofício do sacerdote era reservado para Arão e seus descendentes diretos, inclusive os membros da tribo de Levi eram excluídos do ofício sacerdotal (Êxodo 29.9, 44; Números 3.10; 18.1-7), com base até mesmo em certos defeitos físicos (Levítico 21.16-23). Em outras palavras, o sacerdote era um indivíduo cuidadosamente escolhido que vinha dentre o povo da aliança de Israel.

Segundo, a designação do sumo sacerdote tinha como objetivo *representar* um povo específico diante de Deus, a saber, todos os que estavam sob a antiga aliança. Essa obra representativa é lindamente retratada no vestuário do sumo

---

maneira mais desdenhosa. Norman F. Douty, *Did Christ Die Only for the Elect? A Treatise on the Extent of Christ's Atonement* (1978; reimp. Eugene, OR: Wipt & Stock, 1998), 19-21, discute sucintamente as alianças, contudo nunca discute sobre a relação entre a aliança antiga e a nova, sua natureza e os temas de cada aliança.

14   Demarest, *Cross and Salvation*, 191.

15   Limitarei minha discussão do sacerdote às alianças, antiga e nova. Entretanto, uma teologia bíblica completa dos sacerdotes nos remeteria de volta a Adão como "um arquétipo levita". Veja Ken A. Mathews, *Genesis 1-11:26* (Nashville: B&H Academic, 1996), 52; e G. K. Beale, *The Temple and the Church's Mission*, NSBT (Downers Grove, IL: InterVarsity Press, 2004), 29-121.

sacerdote — que não servia simplesmente para estética mas era também instrutivo sobre a obra do sacerdote.[16] Da cabeça aos pés, essas vestimentas se destinavam a ensinar a Israel e às gerações posteriores algo sobre a obra do sacerdote como representante do povo. Por exemplo, o peitoral continha doze pedras preciosas com os nomes das doze tribos de Israel escritas nelas (Êxodo 28.17-21). Cada vez que entrava na presença de Deus, "ele levava consigo as pedras preciosas (Êxodo 28,29), indicando que estava ali a favor do povo com o qual Iavé firmara aliança".[17] Jamais o sacerdote representou e mediou qualquer outro além do povo da aliança de Deus. Hugh Martin argumenta este ponto com vigor: "O sacerdócio repousa sobre relação pessoal",[18] e, no caso dos sacerdotes do AT, "Agiam em prol de indivíduos; e, além de tal ação, não tinham nenhuma outra ação sacerdotal, nenhum outro dever sacerdotal a cumprir. ... Indefinição, generalidade, vagueza, ilimitação, universalidade são ideias com as quais nenhuma teoria de seu ofício possivelmente coexiste".[19]

Terceiro, o sumo sacerdote representa o povo nas questões relativas a Deus, especialmente "para oferecer a ele dons e sacrifícios pelos pecados". Assim, o sacerdote serve como o mediador representativo do povo diante de Deus devido aos pecados, enfatizando que a obra do sacerdote, em sua essência, é propiciação e expiação.[20] Envolvidas nessa obra medianeira estão seis verdades.

---

16 Veja Carol Meyers, *Exodus* (Nova York: Cambridge University Press, 2005), 240, que nota corretamente que o "ofício sacerdotal e a veste sacerdotal se relacionam intrinsecamente".
17 Letham, *Work of Christ*, 106.
18 Martin, *Atonement*, 58.
19 Ibid., 65. O papel representativo *particular* dos sacerdotes é reforçado ainda mais em Números, onde os levitas servem como representantes dos primogênitos israelitas (3.11-13). De fato, o Senhor instrui Moisés a contar os israelitas (3.14-39) e todos os primogênitos do sexo masculino em Israel (3.40-45) com o propósito de substituir os levitas pelos primogênitos do sexo masculino. Isso salienta não só a natureza substitutiva da obra dos sacerdotes, mas também seu escopo: o AT entende a representação e a substituição em termos particulares.
20 Alguns têm argumentado que "dons" se referem meramente às ofertas pacíficas e de cereais, enquanto "sacrifícios" se referem aos sacrifícios de animais. Entretanto, O'Brien, *Hebrews*, 190, nota que "os termos provavelmente estejam sendo usados como sinônimos, ou mesmo como uma frase fixa, sacrifícios em geral. ... Assim, a frase preposicional, *pelos pecados*, qualifica a todo, não simplesmente o último termo". A essência da obra sacerdotal tratava dos pecados do povo diante de Deus. Não equivale dizer que o sacerdote não servia em outras ocupações, visto que tinha também uma função profética, como evidenciado pelo Urim e Tumim (Êxodo 28.30; Levítico 8.8). Eles eram também mestres da aliança (Levítico 10.10,11; Deuteronômio 33.10; cf. 2 Crônicas 35.3; Ezequiel 22.26; Ageu 2.11-13; Malaquias 2.5-9), visto que instruíam o povo de Deus com

(1) Os sacerdotes do AT cumpriam sua tarefa em um lugar particular (tabernáculo, templo) e a favor de um povo específico (Números 3.7,8). Em parte alguma no AT o sacerdote faz expiação por todas as nações ou funciona como um mediador universal. As bênçãos pactuais da expiação são providas somente por aqueles dentro da comunidade da aliança.[21]

(2) Como os sacerdotes oferecem sacrifícios pelos pecados diante de Deus, não havia separação entre a provisão da expiação e sua aplicação ao povo. Por a expiação ser primeiramente aplicada no altar a fim de apaziguar Deus, o sacrifício não removia apenas uma barreira; também afetava alguma coisa na própria casa de Deus.[22] Por essa ação, o sacerdote tornava o povo aceitável a Deus, aplicando o sangue sacrificial no altar. Isso é também visto no Dia da Expiação, quando o sumo sacerdote purificava o povo e o santuário de qualquer mácula diante de Deus (Levítico 16.15-19). Dessa forma, não havia divisão entre a provisão da expiação e sua aplicação ao povo.[23] Nenhum sacerdote, sob a antiga aliança, oferecia um sacrifício sem aplicar simultaneamente seu sangue no altar. Como isso é levado ao cumprimento em Cristo e, como Hebreus tão habilmente proclama, a natureza ineficaz da antiga aliança não se devia à bifurcação entre provisão e aplicação, mas à natureza inferior dos sacrifícios (Hebreus 10.4, 11). Contudo, temos em Cristo o Sacerdote e o sacrifício perfeitos. Sua morte efetua uma expiação *e* aplicação completas ao povo de sua nova aliança.

(3) Na oferenda sacerdotal de sacrifícios, havia sempre uma separação entre o povo da aliança e as nações. Isso é primeiramente visto na Páscoa, quando, como Paul Hoskins nota, o sacrifício pascal efetuava uma "separação entre o

---

respeito à santidade (cf. Levítico 11-15). Veja Gordon J. Wenham, *The Book of Leviticus*, NICOT (Grand Rapids, MI: Eerdmans, 1979), 159. Note: em sua capacidade didática, faz-se também uma obra particular. Um sacerdote do AT não instruía o povo de uma maneira geral. Cf. R. K. Duke, "Priests, Priesthood", in *Dictionary of the Old Testament: Pentateuch*, ed. T. Desmond Alexander e David W. Baker (Downers Grove, IL: InterVarsity Press, 2003), 651.

21 David T. Williams, *The Office of Christ and Its Expression in the Church* (Lewiston: Mellen, 1997), 14, nota: "De fato, o sistema sacrificial, embora abarcasse os que tinham se identificado com Israel por peregrinar em seu meio, obviamente não se aplicava aos de fora da aliança. A aliança era, portanto, essencial à relação com Deus. Há, contudo, conjeturas de que, no devido curso, se estenderia às nações (por exemplo, Isaías 19.21)".

22 Veja Richard D. Nelson, *Raising Up a Faithful Priest* (Louisville: Westminster John Knox, 1993), 76-78.

23 Veja Geerhardus Vos, *Biblical Theology* (Carlisle, UK: Banner of Truth, 1975), 164, o qual nota a natureza entrelaçada da provisão e aplicação da expiação.

povo de Deus e o povo do Faraó",[24] de modo que o propósito planejado de Deus era redimir Israel, e não o Egito (Êxodo 12.43-49). Essa verdade é também vista em todo o sistema sacrificial, o qual funcionava como uma barreira dada por Deus entre Israel e as nações.

(4) Sob a antiga aliança, os sacrifícios oferecidos eram "relativamente" eficazes para o povo no sentido de que a intenção de Deus nunca foi que um sistema sacrificial fizesse a salvação última; eles funcionavam como tipos/sombras de um sacerdote e sacrifícios maiores por vir (Hebreus 10.1-18). Todavia, com isso dito, a Páscoa e os sacrifícios posteriores eram eficazes porque preservaram a vida do primogênito no êxodo e, mais tarde, purificavam o povo, o sacerdote e a casa de Deus. Sob as provisões da antiga aliança, quando combinadas com a fé nas promessas de Deus, e reconhecendo seu *status* tipológico, Hugh Martin nota corretamente: "Não importa por quem o sacerdote levítico tenha cumprido seu papel, ele foi completamente bem-sucedido — em prevenir o mal ou conquistar o privilégio que sua função oficial contemplava".[25] Quando alguém se move da antiga para a nova aliança, torna-se ainda mais nítido como a obra sacerdotal de Cristo provê e é efetivamente aplicada a todos aqueles a quem ele representa como a nova Cabeça da aliança. Mas em parte alguma o sacerdote do AT oferece sacrifícios que não efetuem eficientemente seu propósito pretendido (sob as limitações da antiga aliança) para os que confiam nas promessas de Deus e agem em obediência a ele.

(5) O papel do sacerdote do AT é sempre aplicar seu ofício àquilo que ele representa, especificamente em termos de oferta e intercessão. Primeiro, em termos de oferta, é significativo que o sacerdote do AT não mate, ele mesmo, o animal.[26] Em vez disso, o adorador é quem o faz (Levítico 1.1-5; 1.11; 3.2, 8; 4.15, 24, 29, 33), e o sacerdote aplica o sangue uniformemente. Assim, o sacerdote aplica o sangue sacrificial por cada um que lhe traz sua oferta, e não há um único sacrifício em que o sangue não seja aplicado ao adorador (ver Levítico 1.5, 11;

---

24 Paul M. Hoskins, *That Scripture Might Be Fulfilled* (Longwood, FL: Xulon, 2009), 93.
25 Martin, *Atonement*, 65.
26 A única exceção é uma oferta pelo pecado feita por um sacerdote culpado (Levítico 4.4), no caso, de rolas e pombos (Levítico 1.14-16).

3.2, 8, 13; 4.16, 25, 30, 34; 5.9; 7.14). É razoável pressupor que o mesmo padrão continua com Cristo, o Sacerdote antitípico. Ele não só se oferece por nós para assegurar a nossa perfeita redenção; ele também a aplica a nós efetivamente, razão pela qual é também o maior sacerdote. Segundo, o sacerdote do AT intercede por todos aqueles a quem representa. Em Números 6.22-27, o Senhor instrui Moisés a falar com Arão sobre como este e os sacerdotes deveriam pronunciar as bênçãos sobre Israel, declarando a bênção da aliança do Senhor. Isso é também instrutivo sobre a obra do sacerdote, visto que a bênção pronunciada por ele é "mais do que um desejo justo e piedoso, mas uma fórmula efetiva e saturada de poder".[27] Anterior ao estabelecimento do sacerdócio levítico, Moisés age como o mediador e intercessor da aliança (Êxodo 32-34). Mais tarde, na antecipação profética de nosso Senhor, Isaías apresenta o servo sofredor tanto como a oferta quanto como o intercessor (Isaías 53.12). Eis por que Owen declarou tão enfaticamente:

> Ofertar e interceder, sacrificar e orar, ambos são atos do mesmo ofício sacerdotal e requeridos daquele que é um *sacerdote*; de modo que, se omitidos ambos, ele não pode ser um *sacerdote* fiel: se o sacerdote não faz oferta, ou não intercede pelo sucesso da oblação em favor deles, é faltoso no cumprimento de seu ofício por ele empreendido. Encontramos ambos conjugados (como antes) em Jesus Cristo.[28]

Todavia, os defensores da expiação universal, especialmente amiraldianos e universalistas hipotéticos, postulam uma disfunção na obra sacerdotal de Cristo neste ponto: Cristo morre por todos, sem exceção, porém só intercede pelos eleitos — um ponto que só é plausível se a obra de Cristo for despida de sua especificidade *sacerdotal* e *pactual*.

(6) O sacerdote do AT serviu como guardião do santo lugar (tabernáculo, templo), o qual mantém a pureza e santidade de Israel.[29] O dever sacerdotal, pois,

---

27 Nelson, *Raising Up a Faithful Priest*, 45.
28 Owen, *Death of Death*, 71.
29 Veja Richard C. Gamble, *The Whole Counsel of God. Volume 1: God's Mighty Acts in the Old Testament* (Phillipsburg, NJ: P&R, 2009), 444-45; Nelson, *Raising Up a Faithful Priest*, 25-31; e Beale, *Temple*, 66-121.

incluía uma postura defensiva contra quem tentasse adentrar a casa de Deus de forma não prescrita (Números 3.5-10; cf. 18.1-7; 25.1-9; Êxodo 32.26-29). Isso era também parte do desígnio do sacerdócio: mediar a presença de Deus ao povo, proteger o povo da ira de Deus e vingar os inimigos de Deus, começando com a causa de Israel. Nessa postura defensiva, é difícil pensar que o sacerdote representa aqueles contra quem ele se põe em juízo. De fato, esse tema é fortemente enfatizado na obra de Cristo: nosso Senhor é zeloso pela casa de Deus (João 2.17), ele dá sua vida pelas ovelhas (João 10.11) e pelos amigos (João 15.13) e, simultaneamente, esmaga a cabeça de Satanás e de todos que lhe pertencem (João 12.31; Colossenses 2.13-15; Hebreus 2.14-18). Como nosso Grande Sumo Sacerdote, Jesus traz redenção ao seu povo e juízo sobre seus inimigos, mas, se age assim, então a expiação é um ato de salvação e juízo, não meramente uma expiação universal.[30]

III. A OBRA UNIFICADA DE CRISTO, NOSSO NOVO SACERDOTE PACTUAL

O NT deixa claro que nosso Senhor é o cumprimento do sacerdote do AT em toda sua obra unificada. Sem paralelo, o livro de Hebreus desvenda essa gloriosa verdade duplamente, relacionando-a com as estruturas tipológicas.[31] Visualizemos ambas as formas e vejamos como nosso Senhor, como o sumo sacerdote da nova aliança, oferece uma expiação por um povo específico e assegura efetivamente tudo o que é necessário para conduzir essas pessoas à salvação eterna.

CRISTO CUMPRE O OFÍCIO E A OBRA DO SACERDOTE DO AT

A primeira forma como o sacerdócio supremo de Cristo é defendido em Hebreus é comparando e contrastando as qualificações do sacerdote levítico

---

30 David Schrock me tem sugerido que esse é o lugar próprio para o *Christus Victor* e uma expiação multi--intencional. Todavia, nosso Senhor, neste conceito não provê um sacrifício substitutivo pelos não eleitos.
31 Hebreus, como nenhum outro livro do NT, apresenta Cristo como nosso Grande Sumo Sacerdote. Alguns estudiosos têm argumentado que Hebreus impõe a Jesus esse conceito de sacerdote uma vez que nos Evangelhos Jesus nunca reivindicou para si esse ofício. Para uma resposta a essa acusação, veja Letham, *Work of Christ*, 110-12.

com Jesus, estabelecendo, assim, o fato de que Jesus tem toda e qualquer qualificação para esse ofício, porém supremamente maior (5.1-10; 8.1-10.18). Enfatizam-se cinco pontos de similaridade e diferença.

(1) Precisamente, como o sacerdote do AT deveria preencher certas qualificações e ser selecionado para esse papel, assim Cristo deveria ser *divinamente chamado* pelo Pai e *designado* para esse ofício e obra (5.4-6; cf. Salmos 2; 110) — uma designação finalmente radicada no eterno plano de Deus.

(2) Precisamente como o sacerdote do AT *representava* um povo particular diante de Deus, assim Cristo, como a cabeça e o mediador da nova aliança, representa todos os que estão sob essa aliança e faz isso efetivamente. Voltarei a esse ponto adiante.

(3) Precisamente como o sacerdote do AT oferecia sacrifícios pelos pecados (5.1; 8.3), inclusive os seus próprios (algo que jamais poderia, em última análise, remover pecados; 10.4, 11), assim Cristo ofereceu a si mesmo. Todavia, sua obra obteve uma expiação definitiva, uma vez para todo o sempre (7.27; 9.12; 10.15-18), de modo que, diferentemente do sacerdote do AT, "Ele é apto a salvar completamente os que se aproximam de Deus por meio dele" (7.25, NVI).

(4) Padronizado de acordo com o sacerdote do AT, embora superior, Cristo provê e aplica sua obra ao seu povo. Hebreus ilustra esse ponto de duas maneiras. Primeiro, como Jesus penetra o santuário celestial (8.4,5; 9.24), aplica seu sangue ao altar e inaugura uma nova aliança completa e eficaz. Dado esses padrões do AT, é improvável que ele esteja fazendo isso pelos não eleitos. Em vez disso, nosso Senhor adentra a sala do trono como o representante de seu novo povo da aliança. Segundo, o elo entre a realização de nosso Senhor e seus efeitos sobre seu povo está destacado em Hebreus 9.11-15. Como William Lane nota, a primeira parte do versículo 15, "Por essa razão" (καὶ διὰ τοῦτο), estabelece uma forte razão causal entre o empreendimento da obra sacerdotal de Cristo (vv. 11-14) e os efeitos dessa obra em seu novo povo da aliança (v. 15).[32] Em outras palavras, a obra sacerdotal de Jesus empreende *e* aplica novas

---

32 William L. Lane, *Hebrews 9-13*, WBC 47 (Waco, TX: Word, 1991), 241.

realidades pactuais a *todos* aqueles que se encontram nessa aliança, o que requer uma redenção particular. As alternativas são o universalismo ou a conclusão de que Cristo falhou em seu ofício sacerdotal, opções que são antibíblicas.[33]

(5) Enquanto a obra dos sacerdotes do AT era unificada, porém imperfeita, a obra de Cristo é, respectivamente, unificada e perfeita em provisão, intercessão, instrução e proteção.[34] Com respeito à intercessão, nosso Senhor, como sacerdote, ora efetivamente por seu povo *antes* da cruz (Lucas 22.31,32; João 17.6-26) e *depois* de sua ascensão (Romanos 8.32-34; Hebreus 7.24,25; 1 João 2.1,2), garantindo que todas as bênçãos da nova aliança lhes sejam aplicadas. Não há evidência de que ele interceda salvificamente pelos não eleitos, como se pode ver claramente em várias passagens do AT.

Em João 17.6-19, nosso Senhor ora efetivamente por seus discípulos, aqueles a quem o Pai lhe dera, mas *não* pelo mundo (vv. 9,10). Nos versículos 20-26, Jesus ora por todos os crentes futuros, uma vez mais dados pelo Pai (v. 24; cf. 6.37-44). Essa intercessão é consistente com o ensino prévio de Jesus: ele é o Bom Pastor que morre pelas ovelhas (10.11-15); ele tem outras ovelhas que trará no futuro (10.16); todas as suas ovelhas lhe são dadas por seu Pai (10.29); suas ovelhas recebem a vida eterna em virtude de sua morte; mas *nem* todas as pessoas são suas ovelhas (10.26,27). Tudo isso é condizente com seu ofício como Sacerdote, no qual ele se oferece em prol de um povo específico e intercede por este.

A mesma verdade é ensinada em Romanos 8.28-39. Aqui, a obra unificada de Cristo como sacerdote é desenvolvida com a intenção de fundamentar nossa confiança no Deus da graça soberana. Aqueles a quem Deus escolheu, efetivamente chamados, justificados e que serão glorificados (vv. 28-30) são confiantes, porque, na morte do Filho por "todos" nós, o Pai nos dá *todas* as

---

33 Veja Owen, *Death of Death*, 110-24, o qual formula o mesmo argumento.
34 O espaço impossibilita o desenvolvimento de como Cristo é o Instrutor e Guardião de seu povo, todavia João desenvolve estes pontos. Aqueles a quem o Pai deu ao Filho, este morre por e salva efetivamente (6.37-40; 10.11, 14); essas mesmas pessoas ouvem sua voz e recebem sua instrução (10.16, 26-30; 17.17), mas aqueles que não pertencem ao seu povo não ouvem sua voz e rejeitam sua palavra (5.46-47; 8.42-47; 10.26-27). Como Sacerdote e Guardião, Jesus dá a vida pelas ovelhas, contudo se mantém em juízo contra os que não são suas ovelhas (10.11-30).

coisas, as quais, nesse contexto, incluem a inteira aplicação da salvação de nos chamar para a glorificação. Ninguém, pois, pode lançar acusação contra os eleitos de Deus, porque Jesus é quem morreu e intercede *por nós*. Em seu ofício sacerdotal, Jesus se oferece e intercede por nós com um resultado garantido: uma redenção efetiva.

Hebreus 7.23-28 estabelece a mesma tese. A razão pela qual Jesus é infinitamente melhor que o sacerdote do AT é porque ele é quem ele é. Em seu auto-oferecimento e em sua gloriosa ressurreição, ele empreende um sacerdócio permanente, o qual garante uma aliança superior (veja Hebreus 8-10). Como resultado, Jesus salva completamente os que se aproximam dele, *pois* vive para interceder por eles. Como Lane comenta, "A perfeição e eternidade da salvação que ele media são garantidas pelo caráter inexpugnável de seu sacerdócio. ... O resultado direto de sua atividade intercessória é o sustentáculo do povo e a segurança de tudo o que se faz necessário para a salvação escatológica...".[35]

Um problema dos conceitos de expiação universal

Um problema crucial de todos os conceitos da expiação universal é que são fragmentos da obra sacerdotal de Cristo de oferecimento e intercessão. Eles deveriam ver a obra de Cristo à parte desses padrões tipológicos, sem discutir a expiação dentro das coerções das categorias bíblicas, ou deveriam separar a intercessão de Cristo de sua morte, dividindo sua obra sacerdotal. Por exemplo, Robert Lightner reconhece acertadamente que a intercessão de Cristo é salvificamente somente para os eleitos, mas então afirma que isso não ocorre até que os eleitos creiam, limitando a intercessão de Cristo à sua intercessão *celestial*.[36]

---

35 Lane, *Hebrews 9-11*, 189-90. Para uma discussão quanto à natureza de sua intercessão, veja O'Brien, *Hebrews*, 275-78. O argumento de O'Brien é que, dado o sacrifício definitivo de Cristo, sua intercessão é mais em termos da aplicação dos benefícios de seu sacrifício do que em prover as bases para o perdão de pecados (o que já foi concretizado). Ele conclui: "Seja qual for a forma precisa que assumem as intercessões do Senhor ascendido por seu povo, podemos assumir que elas cobrem qualquer e cada coisa que nos impede de receber a salvação final que ele conquistou para nós na cruz" (278). Eis outra maneira de destacar o fato de que a obra sacerdotal de Cristo envolve, respectivamente, provisão e aplicação àqueles a quem ele representa. Isso requer uma expiação definida ou a falsa conclusão de que Cristo falhou em seu papel intercessório, se ocorreu uma expiação universal.

36 Lightner, *Death Christ Died*, 102-104. Douty, *Did Christ Die Only for the Elect?*, 32-38, elabora um argumento

Esse argumento falha ao menos sobre três questões. Primeiro, ele falha em ver a obra sacerdotal de Cristo como unificada — aqueles a quem ele representa em sua morte expiatória, por esses também intercede efetivamente. Segundo, ele falha em reconhecer que Cristo intercede pelos seus, inclusive os que mais tarde creriam, durante seu ministério terreno — uma intercessão que não falha, já que Cristo não perde nenhum dos seus (João 6.39; 10.14-18, 26-30; 17.20-24). Terceiro, ele separa a obra sacerdotal de Cristo de seu novo contexto de aliança e, assim, o tem morrendo pelas pessoas que não podem ser descritas como membros da nova aliança, um ponto ao qual retornarei adiante.

Em contrapartida, Gary L. Shultz Jr. argumenta que a intercessão de Cristo pode ser vista como salvífica pelos não eleitos. Seu apelo mais forte é a Lucas 23.34, onde Jesus ora pelo perdão daqueles que o crucificaram. Shultz, com base nesse texto, afirma que "intercessão para a salvação é algo disponível a todos, porém só é eficaz aos que são de Cristo".[37] Além disso, ele só pode sustentar esse argumento removendo a intercessão de Cristo das categorias *bíblicas*. Tudo o que sabemos dos sacerdotes é que intercedem pelos que eles representam na aliança. O que dizer de Lucas 23.34? Acaso não é prova de que Cristo intercede salvificamente pelos não eleitos? Não, e por cinco razões.

Primeiro, tal intercessão vai contra toda a apresentação bíblica da intercessão do sacerdote. Segundo, como Owen observou corretamente, não se pode concluir de uma oração específica por um pequeno grupo de pessoas que essa é uma oração "por todos e cada pessoa que já existiu, existe ou existirá".[38] Terceiro, como o Filho obediente, Jesus não só cumpre a lei, orando por seus perseguidores, ele efetivamente suplica por prorrogação do juízo ou decréscimo da punição

---

similar. Ele concorda que a expiação-intercessão de Cristo é inseparável devido ao seu ofício sacerdotal e que Cristo intercede somente pelos crentes (eleitos), mas incisivamente distingue a obra provisional/hipotética de Cristo por todos, sem exceção, de sua aplicação aos eleitos. Ele declara: "A intercessão atual de Cristo não deve ser correlacionada com sua expiação provisional, mas somente com sua expiação como aplicada através da fé. Ele ora não por todos por quem fez expiação, mas somente pelos que a têm recebido" (35). Sobre esse ponto, minha crítica contra Lightner também se aplica a Douty.

37 Shultz, "Defense of a Multi-Intentional View", 155 n. 195.
38 Owen, *Death of Death*, 83. D. A. Carson, *Love in Hard Places* (Wheaton, IL: Crossway, 2002), 78, afirma corretamente que não se deve aplicar essa oração a todos os que estavam envolvidos na traição e execução de Jesus, por exemplo, Judas Iscariotes (veja Marcos 14.21).

baseado *na relativa ignorância das pessoas*. O ato de crucifixão demandava o juízo de Deus (Atos 2.23,24), mas a oração de Cristo é respondida pelo Pai, exibindo sua paciência e perdão, deixando de trazer pleno juízo nesse ponto, permitindo, assim, que a história prossiga e o objetivo principal de Deus de salvar seus eleitos seja concretizado.[39] Quarto, há boa evidência de que, como uma oração geral pelos que o puseram na cruz, ela foi respondida quando o centurião, o ladrão na cruz e muitos dos judeus que o crucificaram se converteram (Lucas 23.40-43, 47; Atos 2.37-41), destacando que Cristo, como o Grande Sumo Sacerdote, intercedeu efetivamente pelos que vieram a ser seus.[40] Quinto, em atenção ao argumento, se Shultz está certo, ele é não só falho em levar a sério que o centurião, o ladrão na cruz e aqueles de Atos 2 realmente se converteram, mas também acarreta que Cristo falhou em sua obra sacerdotal, isto é, aqueles por quem ele morreu e intercedeu salvificamente não foram redimidos. Mas essa conclusão vai contra tudo o que a Escritura afirma sobre a obra sacerdotal de Cristo como perfeita e eficaz.

Resposta e contracrítica da expiação universal

Como os defensores da expiação universal respondem ao argumento anterior? Ao menos de duas maneiras. Primeiro, em termos de representação, eles admitem, é verdade, que o sacerdote do AT representava um povo específico, mas agora, em Cristo, essa representação é expandida a toda a humanidade vinculada à encarnação de Cristo.[41] Segundo, alguns apelam para o fato de que o sacerdote do AT oferecia sacrifícios por Israel como um grupo "misto" (por exemplo, crentes e não crentes), daí justificar uma expiação universal.[42] Ofereço três contrapontos.

---

39 Carson, *Love in Hard Places*, 78, admite que a maneira como o Pai responde à oração de Jesus não é transparente. Uma forma possível é que "o Pai exibiu sua paciência e perdão não os tirando imediatamente". Veja também Klaas Schilder, *Christ Crucified* (Grand Rapids, MI: Eerdmans, 1940), 129-47.
40 Veja Carson, *Love in Hard Places*, 78, que também sugere essa possibilidade.
41 Veja A. H. Strong, *Outlines of Systematic Theology* (Valley Forge, PA: Judson, 1907), 771-76; Douty, *Did Christ Die Only for the Elect?*, 21-29.
42 Veja Mark Driscoll e Gerry Breshars, *Death by Love: Letters from the Cross* (Wheaton, IL: Crossway, 2008), 179; cf. Nelson, "Design, Nature, and Extent of the Atonement", 129-30.

(1) O que dizer sobre o apelo à encarnação? Hebreus 2.5-18 é crucial aqui. Nesse texto, o Filho é apresentado como sendo maior que os anjos, porque realiza uma obra que nenhum anjo poderia realizar, a saber, assumir nossa humanidade, desfazer a obra de Adão e restaurar-nos ao propósito de nossa criação por meio de sua obra expiatória. Na superfície, é como se esse texto levasse a uma expiação universal — "para que ... provasse a morte por todo homem" (2.9); mas, como a expiação desvenda, fica claro que sua obra na cruz não pode ser separada de seu papel como o Sacerdote e Mediador da nova aliança (2.17-18; cf. Hebreus 5-10). Além do mais, como a Cabeça da aliança, sua morte não deixa de "conduzir muitos filhos à glória" (2.10), o que então é identificado com o povo de Deus (v. 17), os quais são referidos como *descendentes de Abraão* (v. 16). O resultado da cruz de Cristo, pois, tem um foco efetivo e particular, estendendo-se aos que não são meramente da linhagem étnica de Abraão, aos filhos espirituais de Abraão (*judeus e gentios*), mas não todos, sem exceção.[43] De outro modo, toda a obra sacerdotal e a supremacia representativa de Cristo não efetuariam o que se destinavam: a reversão do pecado, a morte e a introdução de uma nova criação, a derrota do Maligno e a garantia de conduzir muitos filhos à glória.

Não se pode concluir, com base na encarnação e morte de Cristo, que ele vem como o Último Adão para prover a salvação por todos, sem exceção. Em vez disso, a Escritura ensina que nosso Senhor assume nossa humanidade para conquistar para nós uma nova criação e redimir a linhagem de Abraão, filhos e filhas da fé, de cada tribo, nação e língua. Eis por que Donald Macleod está certo ao lembrar-nos de que, mesmo que a humanidade de Cristo fosse a "*de todo homem*", "ele não é todo homem".[44] A humanidade de Cristo é a dos seus; "embora a encarnação una Cristo à natureza humana, ela não o une a *mim*".[45]

---

43 Veja Barnes, *Atonement Matters*, 214-17. Cristo como Cabeça pactual está intimamente associado à união com Cristo. Entretanto, nossa união com ele não é *de facto* devida à sua encarnação. Mesmo que Cristo partilhe uma natureza comum conosco, ele não partilha as bênçãos da nova aliança de perdão de pecados com cada um através de sua carne. Isso só vem por meio do renascimento operado pelo Espírito e pela fé. Em contraste com Adão, aqueles a quem Cristo representa são crentes, nascidos do Espírito.
44 Donald Macleod, *The Person of Christ* (Downers Grove, IL: InterVarsity Press, 1998), 202.
45 Ibid., 203.

Além do mais, os indivíduos são apenas unidos a Cristo, e ele só serve como seu Mediador pactual mediante "aliança-eleição-chamado-fé-arrependimento-selagem",[46] estando tudo isso fundado na obra expiatória dele. Não temos bases bíblicas, especialmente quando se fala de Cristo como nossa nova Cabeça pactual para dizer que ele age por todos, sem exceção, a menos que queiramos separar sua obra sacerdotal e fazer a cruz ineficaz para conduzir seu novo povo da aliança à salvação.

(3) O que dizer do sacerdote do AT oferecendo sacrifícios por um povo "misto"? Isso justifica uma expiação universal? Não, e por três razões. Primeiro, sob a antiga aliança, o sacerdote só fazia expiação pelos pecados do povo que fazia parte dela, o que vai numa direção particular, não universal. Segundo, a obra do sacerdote era tipológica e, assim, *em última hipótese*, ineficaz por desígnio (veja Hebreus 10.4). Sem dúvida, sob a antiga aliança, o sacerdote e o sacrifício serviam a uma série de propósitos, radicados nos propósitos de Deus para Israel como uma nação física posta à parte para produzir o Messias e servir como o tutor de gerações posteriores (1 Coríntios 10.6, 11), mas é preciso mover cuidadosamente do tipo para o antítipo, especialmente ante a questão da extensão da expiação. Como Tom Barnes nota corretamente:

> A amplitude dessa obra tipológica para toda a nação nunca teve como objetivo definir a extensão da expiação por meio de Jesus Cristo. Como Paulo esclarece em Romanos 4 e 9, quando o propósito de Deus corresponde à sua soberana e graciosa salvação dos indivíduos, sempre foi mais particular do que o propósito tipológico concretizado em todo o Israel.[47]

Terceiro, esse argumento não consegue ver a *descontinuidade* entre a antiga e a nova aliança, e, além de quão *melhor* (por exemplo, efetiva) é a nova aliança, o que se deve inteiramente à obra superior de nosso Senhor Jesus

---

46 Ibid.
47 Barnes, *Atonement Matters*, 82.

Cristo. Em outras palavras, focando o argumento, admitamos que esse raciocínio a favor da expiação universal seja correto: que, precisamente como os sacerdotes do AT faziam expiação pelos variados povos de Israel, assim agora Cristo faz expiação por toda a humanidade, sem exceção. O problema com esse argumento tem três estágios. Primeiro, no nível mais básico, que justificativa se dá para mudança do foco *particular* da comunidade pactual mista para *toda* a humanidade (uma estrutura universal não pactual), dado o contexto da obra de Cristo? Além do mais, se é consistente, os defensores da expiação universal afirmariam a intercessão de Cristo por um grupo misto no NT — eleitos e não eleitos —, mas o NT ensina que a intercessão de Cristo visa somente aos eleitos. Segundo, e mais significativo, ele faz a nova aliança não mais efetiva do que a antiga foi para Israel. Se a promessa de perdão, a qual está no cerne da nova aliança (1 Jeremias 31.34), é feita a toda a humanidade, porém nem todos são salvos, então, como a nova aliança é mais eficaz do que a antiga? Paralelo à antiga, há membros pactuais dentro da nova aliança que falham em receber o que a aliança pretendia efetuar, a saber, a salvação eterna. Todavia, isso contraria todo o argumento de Hebreus relativo à obra eficaz de nosso Senhor e, assim, à nova aliança; pois todos aqueles pelos quais Cristo morreu infalivelmente ele conduz ao eterno descanso de Deus, diferentemente dos mediadores antes dele.[48] Terceiro, ele falha em reconhecer que os participantes da nova aliança não são os mesmos que os da antiga, uma vez mais devido à obra superior de nosso Senhor. É este último ponto que quero desenvolver agora, retornando à segunda maneira como Hebreus desvenda a supremacia da obra sacerdotal de nosso Senhor.

---

48   Com respeito à natureza e estrutura da nova aliança, minha interpretação é ligeiramente diferente da teologia reformada da aliança, a qual faz uma importante distinção entre os que estão *na* aliança e os que são *da* aliança. As duas categorias necessariamente se sobrepõem, mas não são necessariamente idênticas. A primeira pode ser de adultos que entram na aliança pela profissão de fé, ou filhos dos crentes que entram na aliança mediante o nascimento, mas em ambos os casos há reconhecimento de que nem a profissão externa nem o nascimento são em si mesmos suficientes para garantir a experiência da aliança como uma comunhão de vida. A última consiste nos que são eternamente eleitos e que exercem a fé salvífica em Cristo (veja Berkhof, *Systematic Theology*, 284-89). Por essa importante distinção, a teologia reformada é apta a argumentar que a morte de Cristo é especificamente por sua igreja e completamente efetiva em salvar os eleitos (*da* aliança), enquanto provê simultaneamente outras bênçãos breves de salvação por aqueles *na* aliança.

CRISTO TRANSCENDE O SACERDOTE DO AT
E INAUGURA A NOVA ALIANÇA

A segunda maneira como o sacerdócio de Cristo em Hebreus se mostra ser *mais excelente* é demonstrando como ele *transcende* a ordem levítica completamente: Cristo vem em uma *nova* ordem, isto é, segundo a ordem de Melquisedeque. Como observado previamente, esse fato demanda uma modificação nas alianças, visto que uma mudança no sacerdócio *necessariamente* requer tal modificação (Hebreus 7.11,12). Muitas implicações dessa verdade incrível puderam ser desvendadas, mas para nossos propósitos devemos formular uma pergunta crucial: quem são os sujeitos da nova aliança? Sob a antiga, seus sujeitos eram primariamente a nação de Israel como uma entidade "mista", mas e a nova? Cristo, como a Cabeça da nova aliança, representa todas as pessoas, sem exceção (um grupo "misto") e lhes proporciona a salvação possível, ou ele representa um povo particular que é conduzido efetivamente à salvação e recebe todos os benefícios dessa aliança, inclusive a obra de aplicação do Espírito?[49] A Escritura afirma a segunda alternativa, e não a primeira. Três pontos desenvolverão esse argumento.

(1) O NT é claro em dizer que a obra sacerdotal de Cristo é uma nova obra pactual (Lucas 22.2; 1 Coríntios 11.25; Hebreus 5-10). Ele é o único Mediador dessa aliança, nenhum outro o é.

(2) O que é "novo" na nova aliança? Primeiro e acima de tudo, o novo é Cristo cumprir as alianças anteriores e os mediadores pactuais; ele é melhor e maior! Mas, com isso dito, para nossos propósitos podemos também pensar no novo como *novidade* da aliança em termos de mudanças em *estrutura* e *natureza* da antiga. Estruturalmente, sob a antiga aliança, Deus tratou com seu povo de uma forma mediada ou "representativamente tribal".[50] Apesar dos

---

49 Teólogos reformados não formulariam a pergunta precisamente dessa forma, visto que veem a nova igreja pactual como um grupo "misto" dos que se encontram *na* aliança, porém não *da* aliança, daí a distinção entre a igreja visível e invisível. Estou formulando a pergunta, não com tal distinção em mente, mas em termos daqueles que defendem um conceito geral da expiação. A Escritura ensina que a nova aliança inclui em si "todos, sem exceção", ou ela ensina, em vez disso, que a nova aliança inclui um povo específico conhecido como a igreja?

50 Veja D. A. Carson, *Showing the Spirit* (Grand Rapids, MI: Baker, 1987), 150-58; cf. D. A. Carson, "1-3 John", in *Commentary on the New Testament Use of the Old Testament*, ed. G. K. Beale e D. A. Carson (Grand Rapids,

temas remanescentes e da ênfase sobre crentes individuais, os quadros do AT de Deus interagindo com seu povo numa estrutura "representativamente tribal" cujo conhecimento de Deus e cujas relações com ele dependiam única e especialmente de líderes capacitados. Daí a ênfase sobre o Espírito de Deus sendo derramado não sobre cada crente, mas distintamente sobre os profetas, sacerdotes e reis. Dada a estrutura hierárquica da comunidade pactual, quando esses líderes faziam o que era certo, toda a nação se beneficiava, mas o contrário também, infelizmente, acontecia. Mas Jeremias antecipa um dia quando esta estrutura tribal mudaria (Jeremias 31.29,30). Como D. A. Carson observa,

> Em suma, Jeremias entendia que a nova aliança traria algumas mudanças dramáticas. A natureza tribal do povo de Deus terminaria, e a nova aliança traria consigo uma nova ênfase sobre a distribuição do conhecimento de Deus descendo ao nível de cada membro da comunidade pactual. O conhecimento de Deus não mais seria mediado especialmente por líderes capacitados, pois *todo* o povo da aliança de Deus o conheceria, do menor ao maior.[51]

Essa antecipação é relacionada com a promessa do AT do dom do Espírito e sua obra singular na nova aliança (Ezequiel 11.19,20; 36.25-27; Joel 2.28-32; cf. Números 11.27-29). O que os profetas antecipam é que na nova aliança haveria uma distribuição universal do Espírito sobre *toda* carne, a saber, *todos* os membros da aliança.[52] Assim, todos os que se encontram sob a nova aliança desfrutam do dom prometido do Espírito escatológico (Efésios 1.13-14). No NT, o Espírito é apresentado como o agente que nos dá vida e nos capacita a seguir os decretos de Deus, e todos aqueles que se encontram na nova

---

MI: 2007), 1065.
51 Carson, *Showing the Spirit*, 152.
52 Uma vez mais, teólogos reformados da aliança diferem ligeiramente de minha interpretação e argumentam que *todos* devem ser entendidos não como todos os de dentro da comunidade pactual, mas "todos, sem exceção" dentro da comunidade pactual, preservando, assim, a distinção entre pessoas *na* e *da* aliança. Entretanto, ainda mantêm que o *todos* da nova aliança não incluem "todos, sem exceção", como alega o conceito da expiação universal.

aliança possuem o Espírito. O NT é claro: a obra do Espírito está fundada na obra-cruz de Cristo (João 7.39; 16.7; Atos 2.33). Como resultado da obra de Cristo na nova aliança, o Espírito é enviado a todos os que se encontram nela; o Espírito é um dos benditos dons da nova aliança adquiridos para nós pela morte expiatória de Cristo (cf. Tito 3.5). Ele é o precioso selo, o pagamento e a garantia da herança prometida. Estar "em Cristo" é estar no Espírito, porque, como Paulo nos lembra, "se alguém não tem o Espírito de Cristo, esse não pertence a Cristo" (Romanos 8.9, NVI).

Junto às mudanças estruturais há também mudança na *natureza* do povo pactual. A nova aliança *não* é como a antiga precisamente porque todos os que se encontram nela conhecem o Senhor, não de forma indireta, mas direta, e todos têm a lei escrita em seus corações (por exemplo, regeneração) e experimentam o pleno perdão de pecado (Jeremias 31.34). Isso não quer dizer que ninguém no AT jamais experimentou a regeneração; antes, demonstra que *cada* membro da nova aliança é uma pessoa regenerada, diferente da natureza "mista" da antiga. Sob a antiga aliança houve distinção entre a linhagem física e a linhagem espiritual de Abraão; entretanto, sob a nova aliança esse não é o caso. Em outras palavras, na nova aliança não há "remanescente": todos os que estão nela conhecem a Deus e experimentam a regeneração e justificação. Eis por que a nova aliança é tão melhor que a antiga: ela é efetiva e não falhará, está diretamente vinculada ao sacerdócio superior de Cristo. Assim, devido à obra sacerdotal de Cristo, temos uma salvação plena, efetiva e completa, diferentemente dos tipos e das sombras da antiga.[53]

Por que isso é importante? Dado que Jesus é o Mediador da nova aliança, e esta é uma aliança completamente efetiva em termos de provisão *e* aplicação, é difícil negar, a menos que queiramos afirmar o universalismo, que a obra sacerdotal de Cristo é particular e efetiva. Em outras palavras, *todos* os que se encontram na nova aliança — de quem Jesus agiu como o Mediador pactual — são, a tempo, regenerados, justificados e conduzidos à glória. Nem um deles se perderá, uma vez que nosso Senhor, como o Sacerdote mais excelente, não

---

[53] Ver William L. Lane, *Hebrews 1-8*, WBC 47a (Waco, TX: Word, 1991), 200-211.

falha. Pois àqueles por quem ele morreu como Cabeça da aliança, sua obra é efetivamente aplicada pelo Espírito, o mesmo cuja nova obra pactual é efetivamente garantida pela morte expiatória de Cristo.

(3) Se esta análise é correta, há ao menos dois problemas para os defensores da expiação universal. Primeiro, o que a aliança faz Cristo mediar? Biblicamente, Jesus é a Cabeça da nova aliança; mas, se é assim, então, contrários à Escritura, os defensores da expiação universal veriam a nova aliança como não sendo mais efetiva do que a antiga, já que muitas pessoas, naquela aliança, nunca desfrutaram das bênçãos da nova aliança a elas aplicada — por exemplo, a regeneração, a justificação, a doação do Espírito e assim por diante. Mas a Escritura não só parece não sugerir essa compreensão "mista" dos sujeitos da nova aliança; também parece sugerir que nosso Senhor, como o sacerdote *mais excelente*, não falha em aplicar sua obra a *todos* os que se encontram nessa aliança. Enfim, os defensores da expiação universal ou têm de redefinir as pessoas da nova aliança e o lugar da fé e do arrependimento (vinculados à obra do Espírito) fora da obra sacerdotal de Cristo, ou argumentar que Cristo é a Cabeça de outra aliança — mas, que aliança é essa precisamente?[54]

Segundo, os defensores da expiação universal respondem, separando abruptamente a provisão da salvação de sua aplicação.[55] Sem dúvida, todos distinguem entre a obra objetiva de Cristo e sua aplicação subjetiva; simplesmente não é verdade que os defensores da expiação definida acabam com a distinção. A questão real é que os defensores da expiação universal falham em reconhecer que provisão e aplicação são centrais à obra de Cristo na nova aliança. Como o grande sumo sacerdote, nosso Senhor não só morre por aqueles que pertencem à nova aliança; também garante todos os benefícios

---

54 Um defensor da expiação universal que discute o contexto pactual é Douty, *Did Christ Die Only for the Elect?*, 19-38. Sua discussão, contudo, falha em digladiar-se com a obra de Cristo em termos de nova aliança, a saber, como a Cabeça de um povo particular pelo qual ele efetivamente empreende a salvação e assegura toda bênção da nova aliança, inclusive a obra do Espírito. Douty faz o que fazem todos os defensores da expiação universal: ele estende a bênção da nova aliança do perdão a toda a humanidade, mas então lesa a nova aliança de sua particularidade, perfeição, permanência e segurança.

55 Veja Strong, *Outline*, 773; Demarest, *Cross and Salvation*, 189-93; Douty, *Did Christ Die Only for the Elect?*, 58-60; e Lightner, *Death Christ Died*, 124-35.

da nova aliança, os quais incluem a obra de aplicação do Espírito.[56] Nosso Senhor tanto provê como aplica, em razão de sua obra ser *mais excelente*. Sim, a obra do Espírito toma espaço em toda a história quando os eleitos são conduzidos à fé salvífica, mas a certeza dessa obra está radicada no plano do trino Deus da graça soberana: a eleição do Pai de um povo; a realização do Filho e a garantia de tudo que é necessário para a salvação dos eleitos; e a obra do Espírito, enviado pelo Pai e pelo Filho, para aplicar os benefícios da obra do Filho a *cada* sujeito da nova aliança.[57]

REFLEXÃO CONCLUSIVA

Tenho buscado desembrulhar um argumento bíblico-teológico crucial em prol da expiação definida da obra unificada de Cristo como nosso grande sumo sacerdote. Esse não é um argumento novo, porém é muito importante. Ele busca defender que os defensores da expiação universal falham em localizar a obra

---

56 Lightner, *Death Christ Died*, 130-35, argumenta que o Espírito é dado a todas as pessoas universalmente; contudo, biblicamente, a obra dele está organicamente vinculada à nova aliança. Os defensores da expiação universal confirmariam dois tipos de pessoas na nova aliança: (1) aqueles cujos pecados são quitados por eles e os quais recebem o Espírito; (2) aqueles cujos pecados são quitados por eles e os quais não possuem o Espírito. Mas isso não só reduz a nova aliança a uma companhia "mista", como a antiga, mas também não explica por que alguns sujeitos da nova aliança recebem o Espírito e outros não; especialmente porque a Escritura apresenta o Espírito como o *dom efetivo* da nova aliança.

57 Como observado em diversos lugares por todo este capítulo, o leitor atento pode indagar se há uma consequência não intencional de meu argumento em prol da expiação definida da natureza e dos sujeitos da nova aliança, ou seja, não se empenhar por uma defesa pactual reformada da redenção particular, em face do conceito da igreja da nova aliança consistir em um povo "misto". Tenho duas respostas: (1) minha convicção é que minha compreensão da nova aliança provê um sólido embasamento bíblico-teológico em prol da expiação definida. Para uma defesa mais detalhada, veja Peter J. Gentry e Stephen J. Wellum, *Kingdom through Covenant: A Biblical-Theological Understanding of the Covenants* (Wheaton, IL: Crossway, 2012). (2) Penso ainda que os teólogos pactuais reformados que diferem de mim sobre esse ponto podem legitimamente manter a expiação definida, posto que afirmam que Cristo é a Cabeça e o Mediador da nova aliança, o qual morreu somente por aqueles que se encontram sob essa aliança (por exemplo, a igreja, visível e invisível), não pelos não eleitos, os quais não são a igreja, contra o conceito da expiação universal. Além do mais, também afirmam que Cristo morreu efetivamente só pelos eleitos (por exemplo, a igreja invisível), até mesmo quando existem muitas bênçãos não salvíficas que a cruz conquistou para os não eleitos na igreja visível, pela virtude do princípio genealógico dado na aliança abraâmica e prosseguindo na nova aliança. Deve-se reconhecer que um argumento muito importante em defesa de uma "comunidade pactual mista", contra meu ponto de vista, é o apelo às passagens de advertência da Escritura (por exemplo, Hebreus 6.4-6; 10.26-29). Para como eu manusearia esses textos em resposta, veja Thomas R. Shreiner e Ardel B. Caneday, *The Race Set Before Us: A Biblical Theology of Perseverance and Assurance* (Downers Grove, IL: InterVarsity Press, 2001).

sacerdotal de nosso Senhor em seu contexto *pactual*. Se o fizessem, defenderiam um conceito particular da cruz. Não quebrariam o elo crucial entre Cristo e seu povo. Veriam corretamente que Cristo, como o *Grande* Sacerdote, age como Representante, Substituto, Instrutor, Guardião e Intercessor de seu povo, não só pagando por seus pecados mas assegurando tudo o que se faz necessário, inclusive a obra do Espírito, para aplicar-lhes sua obra e conduzi-los ao repouso eterno. Finalmente, o que está em foco no debate sobre a extensão da expiação é um Salvador que salva, uma cruz que efetivamente consuma e assegura todas as graciosas promessas da nova aliança, bem como uma redenção que não falha.

CAPÍTULO 20

JESUS CRISTO O HOMEM

PARA UMA TEOLOGIA SISTEMÁTICA DA EXPIAÇÃO DEFINIDA

Henri A. G. Blocher

In necessariis, unitas; in non necessariis (ou *dubiis*), *libertas; in omnibus, caritas* (em artigos de fé que são necessários, unidade; nos não necessários [ou duvidosos], liberdade; em tudo, caridade) — a máxima, muito conhecida, cunhada por Martinho Lutero é sempre relevante.[1] Pode-se acrescentar ainda outra sentença: *in secundariis seu subtilibus, benigna sed exacta diligentia* (em questões secundárias [não indiferentes] ou sutis, uma graciosa atenção combinada com exatidão). "Por quem Cristo morreu e fez expiação?" pertence à quarta categoria, como assinalado por discordância entre os doutores de outro modo em comunhão.

Fora, pois, com todo espírito partidário, não importa quais sejam suas máscaras! Temos de tentar ouvir a convicção do outro, com seus pontos fortes

---

1   Muitas vezes atribuída a Rupertus Meldenius, cuja *Parænesis votiva* de 1626 termina com palavras similares, porém vem do sermão de Lutero pregado em 10 de março de 1522 (Luther's *Werke*, Weimar Ausgabe, vol. X [terceiro tomo], 14).

e suas preocupações subjacentes. Andrew Fuller deu um excelente exemplo de "cristão tolerante"[2] nesse aspecto e advertiu contra ambos: "idolatrar um sentimento" e indolência negligente ou "ceticismo".[3]

Começando por esse caminho, passamos a explicar os princípios diretivos de nossa investigação. Este ensaio contém cinco seções. Primeiro, uma seção *prolegomena* declarará, embora sucintamente, qual concepção da teologia sistemática é posta em ação.[4] Segundo, veremos de relance as substituições passadas, que irão ressaltar os motivos e argumentos. Uma seção central, a terceira, revisitará questões que parecem ser primordiais em debate, e as seções quarta e quinta oferecerão sugestões que podem contribuir com um progresso na compreensão mútua.

I. PROLEGOMENO: INTRODUÇÃO À TEOLOGIA SISTEMÁTICA

Uma definição breve da teologia sistemática poderia ser a de que ela é "um discurso ordenado sobre Deus e suas obras" ou a de Anselmo *"fides quærens intellectum"* (a fé buscando compreensão). Uma afirmação mais completa seria a de D. A. Carson:

> ... o ramo da teologia que busca elaborar o todo e as partes da Escritura, demonstrando suas conexões lógicas (mais que meramente históricas) e tomando pleno reconhecimento da história da doutrina o ambiente, as categorias e as indagações intelectuais contemporâneos enquanto encontra sua autoridade única e última nas próprias Escrituras, interpretadas corretamente. A teologia sistemática trata da Bíblia como um produto concluído.[5]

---

2   Andrew Fuller, *Reply to the Observantions of Philanthropos*, in *The Complete Workes of the Rev. Andrew Fuller* (Londres: Henry G. Bohn, 1848), 225, colunas a e b. "Philanthropos" foi o pseudônimo de Daniel Taylor, um general e teólogo batista que criticara a explanação que Fuller havia feito da expiação de Cristo como definida.

3   Ibid., 233b. Como em todas as citações neste capítulo, as ênfases são originais dos autores, a menos que sejam descritas de outro modo.

4   Um desenvolvimento um pouco mais completo, o qual teve de ser eliminado deste capítulo, deve aparecer depois em forma de artigo.

5   D. A. Carson, "Unity and Diversity in the New Testament", in *Scripture and Truth*, ed. D. A. Carson e John D. Woodbridge (Grand Rapids, MI: Zondervan, 1983), 69-70.

Falamos de Deus porque ele nos falou primeiro. A teologia sistemática está localizada num meio-termo entre o dom fundamental da Palavra de Deus e sua aplicação por seus ministros às necessidades humanas; ela reúne e "condensa" o conteúdo para facilitar a comunicação. Ambas as tarefas, positiva e especulativa, estão envolvidas no estudo da expiação.

O "cordão tríplice" de Escritura, Razão e Tradição, no dizer dos anglicanos, poderia ser chamado o cordão umbilical da teologia sistemática, pois essas três bases fornecem alimento e forma. Eu me tranquilizo contente com a tríade, muito embora o ensaio de Richard Bauckham ofereça um atraente "Novo Modelo: Escritura, Tradição e Contexto".[6]

Tradição

O condicionamento da teologia sistemática pela tradição é inescapável: devemos agradecer por isso. Sentamo-nos sobre os ombros de gigantes. Sonhar em solucionar de um golpe uma questão que tem causado divisões por séculos é loucura. Todavia, a tradição pode servir ministerialmente como *norma normata* (uma regra que é regida), não como a *norma normans* (a regra que rege). Carson adverte: "Cristandade genuína, por mais que seja tendenciosa, unida à cultura, defeituosa ou frágil em qualquer expressão específica, deve abraçar algum tipo de comprometimento que deseja ser 're-formado' pela Escritura, sempre que tal reducionismo for salientado".[7] "Reforma" não é uma palavra vazia. Em um tópico como a extensão da expiação, se alguém evoca a autoridade da "melhor" tradição, essa convicção acolhe com prazer correções; ela anseia por noções e procedimentos aguçados. Não ocultarei minhas raízes tradicionais: partilho adesão com J. I. Packer ao que ele chama

---

6   Richard Bauckham, "Tradition in Relation to Scripture and Reason", in *Scripture, Tradition, and Reason: A Study in the Criteria of Christian Doctrine*, ed. Richard Bauckham e Benjamin Drewery (Edimburgo: T. & T. Clark, 1988), 140-45 (citado: título, 140, diagramas, 141). Esse é o ensaio mais inteligente que já li sobre o tópico.

7   D. A. Carson, "The Role of Exegesis in Systematic Theology", in *Doing Theology in Today's World. Essays in Honor of Kenneth S. Kanizer*, ed. John D. Woodbridge e Thomas E. McComiskey (Grand Rapids, MI: Zondervan, 1991), 61.

de "agostinianismo reformado" e continua sendo "Cristandade em sua forma mais pura"[8] — mas ainda falível e reformável.

Com Bauckham, devemos ver que "a persistência de fatores da tradição que se originaram para satisfazer as necessidades de contextos substituídos algumas vezes podem provar inesperadamente úteis em novos contextos".[9] Isso acarreta a habilidade de cada indivíduo, *coram Deo*, de transcender condicionamentos e avaliar tradições para a Verdade[10] — e, portanto, as tradições de John Owen, John Davenant, Moïse Amyraut, Andrew Fuller, entre outros, sobre a natureza da expiação!

Razão

Razão é a sensibilidade dada por Deus para conexões necessárias: se [existe] A, então [existe] B. Ainda que essencialmente receptiva, ela funciona ativamente: a mente reconstrói dentro de si mesma os elos pelos quais ela busca em seus objetos, e "descobre" — daí os dois significados de invenção (achar na natureza e produzir algo novo); daí também a ilusão idealista de que a mente cria a ordem que exibe. A percepção de elos implica tanto relacionar itens (compreensão) como discernir entre eles (inteligência).[11] A necessidade que relaciona A e B é a chave da coerência racional, da consistência, do caráter sistemático: tais palavras significam que os vários elementos "se mantêm juntos".

Que a teologia deva ser sistemática,[12] e, portanto, usar a razão, está de acordo com a Escritura. John M. Frame resume essa evidência mostrando que os escritores bíblicos se valeram de referências racionais e extraíram consequências

---

8 J. I. Packer, "Is Systematic Theology a Mirage?", in *Doing Theology in Today's World*, 28.
9 Bauckham, "Tradition in Relation", 143. Cf. 135, 144, 145.
10 Ibid., 133-34, Bauckham oportunamente mantém que "podemos transcender nossa tradição" (ainda que "somente na dependência de nossa radicalidade nela"). J. I. Packer, "Infallible Scripture and the Role of Hermeneutics", in *Scripture and Truth*, 331, diz da tese que realmente não podemos entrar no significado do que pessoas de outras culturas expressaram, e isso "parece ser, falando com clareza, tolice".
11 A etimologia de *intelligere* é, como somos informados, *inter-legere*, "escolher entre"; na Bíblia hebraica, *bînâ*, "inteligência", é cognato de *bén*, "entre". No NT, *sumesis*, com seu prefixo, corresponde ao aspecto sintético.
12 Carson, "Unity and Diversity", 69, relembra: "Warfield salientou, há muito tempo, que, em um nível, 'teologia sistemática' é 'uma teologia impertinente'".

lógicas.¹³ Então, de onde vem a consistência? Do monoteísmo trinitário, com o Deus da unidade absoluta se expressando em seu *Logos*.

Todavia, o uso da razão na teologia sistemática sofre de sérias limitações.¹⁴ Conhecemos em parte, "vemos como em espelho, obscuramente" (1 Coríntios 13.12, AT). Muito embora a ênfase apofática encontre pouco estímulo na Escritura (cf. 1 João 5.20, *dianoia*!), curvo-me diante do mistério do ser divino e dos caminhos divinos. É incompreensível. Antagonismo pode ser saudável, e sem contradição "real".¹⁵ Além do mais, a razão não é um juiz neutro e autônomo. Os teólogos não veem contradição no mesmo lugar — inclusive os teólogos reformados sobre a extensão da expiação de Cristo!

Sobre *mistério*, sugiro uma distinção entre os mistérios da luz e aquele mistério opaco. Trindade, encarnação, criação (como o poder do Deus infinito, que possui todo ser, de levantar diante dele um ser dependente que ainda permanece distinto, em quem Deus põe um preço elevado) — essas verdades permanecem incompreensíveis, aproximamo-nos delas com temor e tremor, contudo traz deleite à mente regenerada, harmonia à nossa inteligência. Todavia, a soberana permissão do mal, do pecado e suas consequências permanece opaca. A razão tem de humilhar-se e reconhecer seu fracasso até mesmo para apreender o mistério, o qual demarca o mal como mal, a realidade como estranha. Ora, isso tem relevância para nosso debate: o mal de pessoas rejeitando a oferta da salvação em Cristo está incluso na permissão soberana, esse mistério opaco.

A evidência cumulativa dissipa a dúvida racional; a clareza da Escritura imprime a certeza selada em nossos corações pelo Espírito. Mas, em questões menos centrais, não podemos fazê-lo sem *lógica tendenciosa*. Sem pressão: ela traz a lume afinidades, preferências, melhor harmonia com os dados; a tendência da teoria conduz nessa direção. *Pode também enganar*.¹⁶ Todavia, essa lógica justifica

---

13 John M. Frame, "Logic", in *Dictionary for Theological Interpretation of the Bible*, 462b.
14 Das quais ibid., 462a-463a, é notavelmente cônscio.
15 Yves Congar, *Vraie et fausse réforme dans l'Eglise* (Unam Sanctam 20, Paris : Cerf, 1950), 238-44, aplica a distinção de J. A. Möhler de *Gegensatz and Widerspruch* lado a lado com essas linhas.
16 Cf. Raymond Boudon, *L'Art de se persuader des idées douteuses, fragile ou fausses*, Points/Essais 242 (Paris:

escolhas, contanto que se permaneça pronto para reformá-las. A única lógica que se aplica à extensão da expiação é do tipo "tendencioso". Jonathan D. Moore provê uma ilustração da diferença com a lógica estrita: ele mostra como o vocabulário da Confissão de Westminster (depois dos Cânones de Dort) permitiu aos universalistas hipotéticos ingleses considerar que seu conceito, *com toda estreiteza*, não foi excluído, e se submeter a ele. Todavia, "toda a abordagem exegética e estruturas sistemáticas da teologia de Westminster finalmente codificadas lhe são inimigas". Estruturalmente falando, isso requeria "uma leitura distorcida da Confissão",[17] mas isso não era impossível. A tendência do calvinismo de Westminster conduz a uma redenção particular, porém não com rigor matemático.

Por mais que a graça comum assegure que a razão ainda funciona, especialmente em empreendimentos terrenos (Lucas 16.8b), a dependência da razão à "fé", as pressuposições e o condicionamento contextual advertem contra esposar sem crítica o que conta como "racional" no "mundo". Sem fazer qualquer concessão ao irracionalismo, adoto a seguinte diretriz, no vocabulário de Frame. Enquanto consistência persiste como sendo um valor: (1) "O alvo primário da exegese [adiciono: e da teologia sistemática] não é consistência lógica, mas fidelidade ao texto"; (2) "Não devemos simplesmente empurrar nossa lógica inflexivelmente a ponto de ignorar ou negar um ensino bíblico genuíno"; (3) "Se não se pode obter nenhuma consistência lógica explícita sem conflitar com outro ensino bíblico, então devemos persistir satisfeitos com o paradoxo".[18]

Escritura

Sem a Palavra de Deus, qualquer tentativa em teologia sistemática seria fútil. Esta Palavra chega a nós na forma de Escritura canônica. Nenhuma

---

Fayard, 1990), esp. 72-102, 187-97.
17 Jonathan D. Moore, "The Extent of the Atonement: English Hypothetical Universalism versus Particular Redemption", in *Drawn into Controversie: Reformed Theological Diversity and Debates within Seventeenth-Century British Puritanism*, ed. Michael A. G. Haykin e Mark Jones (Göttingen, Germany: Vandenhoeck & Ruprecht, 2011), 149 e 151. Admiro essa magnificente obra da erudição — um modelo.
18 John M. Frame, "The Problem of Theological Paradox", in *Foundation of Christian Scholarship: Essays in the Van Til Perspective*, A Chalcedon Study, ed. Gary North (Vallecito, CA: Ross, 1976), 325; as sentenças citadas estão em itálico no texto de Frame.

objeção moderna ou reinterpretação deveria prevalecer sobre a elevada bibliologia da cristandade ortodoxa. Profetas e apóstolos proclamaram as palavras registradas nos livros sacros de ambas as alianças, a antiga e a nova, sob tal superintendência divina, que o resultado é um discurso humano e divino, respectivamente, plenamente um e plenamente o outro. Relatos satisfatórios da natureza e do papel da Escritura se encontram alinhados a João Calvino, François Turretini[19] e Benjamin B. Warfield, e os dois volumes editados por Carson e Woodbridge.[20] Recorrer aos recursos da teoria linguagem-ato e focalizando a diversidade da Escritura (gêneros, modos e níveis), conforme associada ao nome de Kevin J. Vanhoozer,[21] tem enriquecido e aprofundado nossa compreensão — aliás, a minha.

A *norma normans* é suprema, e realmente ouvimos a Palavra de Deus na Escritura quando a interpretamos corretamente. O axioma da boa hermenêutica — "a Escritura é sua própria intérprete" — resulta que a própria Escritura deve determinar nossa interpretação. Isso implica que o caráter da Escritura deve governar nosso método de lê-la. Envolve uma busca pelo "sentido natural" (Calvino), "pela qual", Packer escreve, "o exegeta busca, em relação aos pontos linguísticos, culturais, históricos e religiosos, se colocar no lugar do escritor".[22]

Como a palavra é usada, a "exegese" se concentra no significado de passagens particulares, o que os escritores *tinham em mente*, enquanto que a teologia sistemática consiste em expor o que Deus *tem em mente* pela inteireza da Escritura hoje. A fiel transição de *significou* para *significa* é possível por causa da unidade da história se revelando sob o controle de Deus. A questão surge do como alguém vai da exegese para a teologia sistemática. Packer recomenda o que ele chama de

---

19 Ainda que Turretini faça concessões marginais sobre inerrância (a exceção entre os doutores ortodoxos do século dezessete), isso provavelmente nasceu de seu desejo manter uma frente unida entre os reformados.
20 Carson e Woodbridge, *Scripture and Truth*, e então D. A. Carson e John D. Woodbridge, eds., *Hermeneutics, Authority, and Canon* (Grand Rapids, MI: Zondervan, 1986). Veja também *"But My Words Will Never Pass Away": The Enduring Authority of the Christian Scriptures*, ed. D. A. Carson, 2 vols. (Grand Rapids, MI: Eerdmans, no prelo).
21 Começando com seu notável ensaio, Kevin J. Vanhoozer, "The Semantics of Biblical Literature: Truth and Scripture's Diverse Literary Forms", in *Hermeneutics, Authority, and Canon*, 53-104.
22 Packer, "Infallibre Scripture and the Role of Hermeneutics", 345.

"retrodução";²³ uma complexa interação de parte e todo, análise e síntese, formulando hipóteses e as testando, examinando as ofertas antigas e novas, com um mútuo controle da exegese e da teologia sistemática em progresso espiral.

A disciplina da teologia bíblica trata de conjuntos parciais (se este oximoro for aceito!) e afeta as sínteses de primeiro escalão. "Idealmente, portanto, a teologia bíblica se posiciona como um tipo de ponte da disciplina".²⁴ A teologia sistemática permaneceria tão próxima quanto possível, simbolicamente, da teologia bíblica — ser escolada nas formas bíblicas de pensar. A diferença repousa não só na escala e grau: a teologia sistemática cuida do legado da tradição e satisfaz o pensamento contemporâneo.

A teologia bíblica, como disciplina, segue o fluxo da história da salvação. Devemos aceitar o contraste de Carson: "As categorias da teologia sistemática são lógicas e hierárquicas, não temporais?".²⁵ Sinto-me impactado, ao contrário, pela persistência de uma sequência basicamente cronológica como plano de fundo da dogmática tradicional. Em nossos comentários finais abaixo, sobre o debate em torno da expiação, deixaremos em realce o valor da sucessão histórica.

Embora a teologia sistemática não abandone a trama bíblica, não se nega a tendência para a ordem lógica. Ela acolhe o perigo de um encanto excessivo na diversidade concreta. Sua tentação é desrespeitar todos os antagonismos saudáveis que a Escritura contém. Pensar nessas coisas requer o exercício da humildade e a aceitação de problemas envolvidos. Um desses antagonismos, relevante ao nosso debate é de dois temas amplamente atestados na Escritura: da *paz* e da *espada* (em alusão a Mateus 10.34). As boas novas de paz, reconciliação, plenitude, todos em unidade, são centrais; porém não menos que eleição, separação, juízo, decisão necessária (uma "incisão"). A teologia, guiada pela máxima dupla *sola Scriptura* e *tota Scriptura*, leva a pensar através de ambas.

---

23 Packer, "Is Systematic Theology a Mirage?", 32.
24 D. A. Carson, "Systematic Theology and Biblical Theology", in *New Dictionary of Biblical Theology*, ed. T. Desmond Alexander e Brian S. Rosner (Leicester, UK: InterVarsity Press, 2000), 94b.
25 Carson, "Systematic Theology and Biblical Theology", 102b, e, "seus princípios organizadores não encorajam a exploração da trama, exceto incidentalmente". Semelhantemente, em Carson, "Role of Exegesis", 45: "ela é organizada em princípios atemporais de lógica, ordem e necessidade".

II. TEOLOGIA HISTÓRICA: UM RÁPIDO OLHAR NAS MUDANÇAS PRETÉRITAS

Pelo bem da clareza, a diferença decisiva na expiação deve ser identificada primeiro. Entre os defensores da expiação definida e do universalismo hipotético, na tradição reformada,[26] essa diferença não tem sido a aceitação ou a rejeição do *dictum* de Pedro Lombardo, "suficiente para todos, eficiente para os eleitos", embora leves críticas fossem ouvidas.[27] Os defensores da expiação definida, como regra, ratificaram esse uso das palavras. A diferença não tem sido apreciações discordantes do valor intrínseco da oferta redentora de Cristo; os teólogos da expiação definida afirmaram um valor *infinito*, em virtude da deidade de Cristo, a qual não teria requerido qualquer adição fosse o preço pago por todos os indivíduos humanos. Deixando de lado os assim chamados hipercalvinistas, os quais permaneceram à margem,[28] a diferença não tem sido sobre a oferta universal da salvação, a saber, que todo aquele que responde com fé receberá o fruto da expiação.[29] Não tem sido a aceitação ou a rejeição de proposições tais como "Cristo morreu pela humanidade" e "Ele suportou os pecados do mundo", *se* todos os sentidos forem considerados; muitos campeões da expiação definida estavam prontos para se submeter a essas afirmações em algum sentido.[30] Não tem sido sobre a existência de benefícios fluindo da

---

26   Estou usando "Universalismo Hipotético" como um termo "protetor", tanto para a forma inglesa como para a de Amyraut (eles diferem sobre a ordem dentro do decreto). *Universalismo*: a satisfação vicária foi feita por cada ser humano individual que já viveu; *hipotético*: a hipótese de que este indivíduo irá crer tem de ser validada pela salvação que virá. Lee Gatius oferece um relato esclarecedor de seus dogmas e diferenças em sua recente monografia, *For Us and for Our Salvation: "Limited Atonement" in the Bible, Doctrine, History, and Ministry* (Londres: Latimer Trust, 2012), 90-99.

27   Desde Teodoro de Beza, primeiro (porém preocupado com precisão latina), veja Pieter L. Rouwendal, "Calvin's Forgotten Classical Position on the Extent of the Atonement: About Sufficiency, Efficiency, and Anachronism", *WTJ* 70 (2008): 319-20. Rouwendal escreve: "Beza observou que isso, se entendido corretamente, era verdadeiro, mas foi algo dito 'muito rude e ambiguamente, tanto quanto barbaramente'" (319).

28   Roger R. Nicole, "Covenant, Universal Call, and Definite Atonement" *JETS* 38.3 (setembro de 1995): 407, cataloga os principais campeões dessa desditosa escolha, que "nenhum chamado pode ser corretamente oferecido senão aos eleitos": J. Hussey, J. Gill, J. Brine, Kl. Schilder, H. Hoeksema.

29   Por exemplo, Donald Macleod, "*Amyraldus redivivus*: A Review Article", *EQ* 81.3 (2009): 220, "Fé na plena, livre e indiscriminada oferta do evangelho tem sido um dogma essencial da ortodoxia reformada desde o início. Não tem sido meramente concedido, tem-se insistido, como um dogma de tal importância que qualquer doutrina inconsistente com ela teria de ser instantaneamente jogada fora.

30   Rouwendal, "Calvin's Forgotten", 323, sob a autoridade de Voetius, distingue o conceito "particular" e o que

obra da redenção feita por Cristo, inclusive de vantagens religiosas (também a livre oferta da salvação), advindo a todas as pessoas humanas, quer eleitas ou não; os defensores da expiação definida os têm afirmado e os têm atribuído aos propósitos universais de Deus na morte de Cristo, expressão de seu amor para com todos. John Murray, por exemplo, pôde afirmar:

> Os incrédulos e réprobos neste mundo desfrutam de numerosos benefícios que fluem do fato de que Cristo morreu e ressuscitou ..., os inumeráveis benefícios que são desfrutados por todos os homens, indiscriminadamente se relacionam com a morte de Cristo e pode-se dizer que advêm dela de um modo ou de outro.[31]

Herman Bavinck enfatiza a significação universal da redenção particular e resume: "De fato a graça comum é subserviente à graça especial". Ele lembra o pensamento de Pascal de que, sem Cristo, o mundo seria destruído ou ser um inferno.[32] Alguém pode questionar a *consistência* daqueles acordos entre os teólogos da expiação definida e do universalismo hipotético, porém não se pode negar que eles têm existido por muitas gerações.

Onde, pois, repousa a diferença decisiva? Na relação com a eleição. O propósito da expiação é idêntico para todos, eleitos e réprobos? O universalismo hipotético responde que sim; a expiação definida responde que não.[33] Ou, na

---

ele chama de "clássico", e a diferença é esta: "Cristo morreu ou não, em qualquer sentido, por todos os homens? Clássico: sim; Particular: não". A distinção é tão útil? À parte de Voetius, o próprio Rouwendal escreve que "Beza [Particular] não deu um grande passo" quando foi além de Calvino [Clássico, para Rouwendal] (325). William Cuningham, *Historical Theology: A Review of the Principal Doctrinal Discussions in the Christian Church since the Apostolic Age*, Volume 2 (1862; reimp. Londres: Banner of Truth, 1960), 333, 335, atribui essa linguagem vaga aos calvinistas particulares.

31   John Murray, *Redemption Accomplished and Applied* (Grand Rapids, MI: Eerdmans, 1955), 61-62. Esse ensino é comum, como Turretini: François Turretini, *Institutio Theologiae Elencticae*, pars secunda (Nova York e Pittsburgh: Robert Carter, 1847), locus XIV, qu. 14,11 (p. 403).

32   Herman Bavinck, *Sin and Salvation in Christ*, vol. 3 de *Reformed Dogmatics*, ed. John Bolt, trad. John Vriend, 4 vols. (Grand Rapids, MI: Baker Academic, 2006), 470-71 (§ 407). Bavinck não dá uma referência do pensamento de Pascal; é o § 556 na ordem do *Pensées* de Brunschvicg.

33   Adoto o modo de Rouwendal de indicar a diferença, em sua apresentação, entre o universalismo hipotético e a posição "clássica" ("Calvin's Forgotten", 323).

transação que ocorreu na cruz, que é descrita por frases como "suportar os pecados", "satisfazer a justiça divina", "pagar o preço do resgate", os réprobos estão incluídos com os eleitos? O universalismo hipotético diz que sim; a expiação definida diz que não. Ou, a expiação assegura a vida eterna de tal modo que aqueles por quem ela foi realizada segundo seu principal propósito e operação a receberão infalivelmente no fim? A expiação definida diz que sim; o universalismo hipotético diz que não.

Agostinho

Antes de Agostinho, dificilmente alguém encontra uma afirmação clara sobre alguma dessas posições. A despeito da ênfase sobre o livre-arbítrio entre os Pais da Igreja, é possível encontrar na exegese dos Pais, em textos favoritos dos que defendem o universalimo hipotético, interpretações que abrem caminho para a expiação definida. Turretini, sobre 1 Timóteo 4.10, reivindica para seu lado Crisóstomo, Œcumenius, Ambrósio: explicaram que Cristo é o Salvador de todos para essa presente vida, porém somente dos crentes para a vida eterna;[34] ele cita o próprio Jerônimo sobre Mateus 20.28: o Senhor "não disse que estava dando sua vida por todos, mas por muitos, isto é, pelos que teriam de crer (*credere voluerint*)".[35] O caso de Agostinho é complexo, e nenhuma doutrina unificada da expiação se sobressai claramente em seus escritos. Sua ênfase sobre o desejo divino de que todos sejam salvos é repetitiva, mas outras linhas conduziriam à expiação definida. Sobre 1 João 2.2, ele difere do universalismo hipotético: ele explica "o mundo inteiro" em termos da igreja dispersa entre todas as nações (*in omnibus gentibus*).[36] Raymond A. Blacketer aponta para diversas outras passagens com a mesma significação.[37] As críticas de Marseilles dirigidas a Agostinho o atacaram porque ele mantinha uma doutrina similar à

---

34 Turretini, *Institutio Theologicae Elencticae*, locus XIV, qu. 14,14 (p. 405).
35 Ibid., qu. 14,17 (p. 406), com o comentário adicional da *Glossa ordinaria*, "não todos, mas os predestinados".
36 Augustine, *In Epistolam Ioannis Tractatus*, 1.8.
37 Raymond A. Blacketer, "Definite Atonement in Historical Perspective", in *The Glory of the Atonement Biblical, Historical, and Practical Perspectives*, ed. Charles E. Hill e Franck A. James III (Downers Grove, IL: InterVarsity Press, 2004), 308-10. Bavinck, *Sin and Salvation in Christ*, 457 (§ 404) oferece referências, porém confesso minha frustração quando tentei checá-las.

expiação definida; e assim Próspero de Aquitânia lhe escreve,[38] e Agostinho não respondeu afirmando o universalismo hipotético. Os que mais tarde ardorosamente reivindicaram Agostinho como seu patrono defenderam uma posição pela expiação definida.[39] Assim fizeram os jansenistas, que foram condenados sobre esse artigo.[40] A lógica tendenciosa dos conceitos de Agostinho sobre a predestinação e a graça estava conduzindo na direção da expiação definida.

João Calvino

O que Calvino realmente pensava e ensinava sobre o assunto é uma questão calorosamente disputada. Após o exame feito por Roger Nicole,[41] devemos contentar-nos com umas poucas linhas que possam suplementar as discussões no presente volume. São ricas as afirmações de que Cristo morreu por "nós", por nós, míseros pecadores (umas poucas vezes: "por todos os míseros pecadores"), pelo mundo, pela espécie humana (latim, *genus*; francês, *genre*); Calvino regularmente acrescenta que a fé é a condição necessária para a participação nos benefícios da expiação: os incrédulos se privam dos benefícios salvíficos que são oferecidos a todos. A seguinte passagem resume o ensino comum de Calvino:

> ... se todos participam do bem que nosso Senhor Jesus Cristo nos assegurou? Não: pois os incrédulos não têm parte nele nem porção. Portanto, é um privilégio especial para aqueles a quem Cristo atrai a si. E também São Paulo mostra que se requer fé, ou, do contrário, Cristo não nos trará

---

38 Próspero de Aquitânia, *Epistula Prosperi ad Augustinum*, 6, in Œuvres *de saint Augustin* 24: *Aux moines d'Adrumète et de Provence*, texto latino e trad. J. Chéné, Bibliothèque augustinenne (n.p.: Desclée de Brouwer, 1962), 404.
39 Blacketer, "Definite Atonement in Historical Perspective", 310-11, Bavinck, *Sin and Salvation in Christ*, 457 (§ 404), que basicamente recorre a Petavius (Denis Pétau).
40 Jansenius pode ser creditado com uma forma de doutrina da expiação definida. Mas o que dizer de Pascal? Roger R. Nicole, em seu artigo magisterial, "John Calvin's View of the Extent of the Atonement", *WTJ* 47 (1985): 209, protesta contra J. B. Torrance por este colocar Pascal entre os adversários da expiação definida: "infelizmente ele anexa o nome do jansenista Pascal". A posição de Pascal é controversa. Em seu *Pensées*, § 781 (Brunschvieg) aparentemente separa em pensamento entre a redenção do Cordeiro (por todos) e a aplicação do Senhor (aos eleitos).
41 Nicole, "John Calvin's View of the Extent of the Atonement", 209.

nenhum benefício. Portanto, ainda que Cristo, em geral, seja o Redentor do mundo, sua morte e paixão não trazem fruto senão aos que recebem o que São Paulo aqui demonstra.[42]

E o universalismo hipotético? A história mostra resolutos apoiadores da expiação definida usando termos similares, e rigorosos estudiosos têm concluído que Calvino era bastante espontâneo em admitir uma expiação definida — significado compatível![43] Argumentos pesados lançam dúvida sobre a leitura do universalismo hipotético.

Calvino, ao comentar as passagens evocadas pelos sustentadores do universalismo hipotético (1 João 2.2), não as interpreta à maneira deles; ele relaciona expiação e intercessão e lembra que Cristo não orou pelo mundo (João 17.9); havia defensores da expiação definida em torno de Calvino, e o mais restrito de todos, seu assistente e herdeiro, Teodoro Beza — e não ouvimos o mais tênue eco de qualquer discordância. Em seu livro contra Tilemann Heshusius, Calvino diz do sangue de Cristo que "não foi derramado para expiar os pecados" dos incrédulos, mas a interpretação não é direta. William Cunningham, que primeiro apontou para a passagem, permaneceu cauteloso: a afirmação é isolada; "não descobrimos muito sobre ela".[44]

Uma centena de vezes, enquanto divago através dos escritos de Calvino, tenho sentido a mesma frustração: eis uma magnificente oportunidade para ele esclarecer sua posição — e ele a passa adiante. Como *que* intencionalmente! Não é possível imaginarmos que a questão não lhe emergisse; ele teria tido conhecimento das controvérsias.[45] Se deliberadamente ele evitou assumir uma posição, podemos imaginar os motivos. Sua preocupação pela unidade protestante era

---

42 Quarto sermão sobre a Epístola aos Efésios, sobre 1.7-10 (João Calvino, *Ioannis Calvini Opera quae supersunt omnia*, ed. J. W. Baum, A. E. Cunitz e. Reuss, 59 vols. [Braunschweig, Alemanha: Schwetschke, 1963-1900], citado como CO, 51:287-88.
43 Veja especialmente Nicole, "John Calvin's View of the Extent of the Atonement", 215-20.
44 William Cunningham, *Historical Theology: A Review of the Principal Doctrinal Discussions in the Christian Church since the Apostolic Age*, Volume 2 (1862; reimp. Edimburgo: Banner of Truth, 1960), 396.
45 Em sua discussão matizada, "The Quest for the Historical Calvin", *EQ* 55 (1983): 101, Tony [A. N. S.] Lane considera que Calvino "não teve uma posição plenamente desenvolvida sobre essa matéria. Talvez Calvino se *refreou* de desenvolver uma.

suprema; talvez temesse que a questão fosse divisória. Talvez concluísse que a evidência bíblica não era bem delineada (ele se esquivava de especulação). Talvez sentisse que o ponto preciso em debate não *preconizasse* bem. Podemos inclusive mencionar a propensão "existencial" na teologia de Calvino.[46] Tais motivos poderiam ter prevenido a lógica tendenciosa de sua doutrina, o que às vezes precavia os argumentos em prol da expiação definida de saírem a público.

Obras recentes aspirando reabilitar o universalismo hipotético entre os reformados (pedobatistas e batistas) põem em realce o argumento histórico. Um exemplo poderia ser o copioso argumento de defesa de David Allen.[47] Ele lista muitos valores entre os críticos da "expiação limitada/redenção particular". Muitas citações falham em convencer, porque a flexibilidade da linguagem usada pelos sustentadores da expiação definida não é reconhecida, mas suas observações são tidas como provocantes. Dois nomes prestigiosos serão considerados aqui, um batista e um presbiteriano: Andrew Fuller e, sucintamente, Charles Hodge.

Andrew Fuller

Andrew Fuller, teólogo do William Carey, é uma figura de destaque do calvinismo batista. Allen o relega à posição que ele mesmo defende e então descreve a postura de Fuller:

> ... quando Andrew Fuller modificou seus conceitos como resultado de sua interação com o general batista Dan Taylor, diz explicitamente que concordava com ele sobre "a extensão universal da morte de Cristo" (*The Complete Works...*, 550). Além disso, na discussão de Fuller sobre a substituição em seu *Six Letters to Dr. Ryland*, ele buscar responder às

---

46 Calvino se interessava mais pelos efeitos subjetivos, por exemplo, o conforto das consciências angustiadas. O terceiro sermão sobre as profecias de Isaías 53.4-6, CO 35:625, explica a necessidade da morte judicial de Cristo em termos de nossa atitude para com nossos pecados.

47 David L. Allen, "The Atonement: Limited or Universal?", in *Whosoever Will: A Biblical-Theological Critique of Five-Point Calvinism*, ed. David L. Allen e Steve W. Lemke (Nashville: B&R Academic, 2010), 61-107. "Historical Considerations" percorre as páginas 67-78, e a história já está muito envolvida nas páginas 62-66.

perguntas de "As pessoas por quem Cristo foi substituto; se *somente os eleitos* ou a humanidade em geral". Seu argumento é que Cristo substituiu a humanidade em geral, porém mantinha isso em conjunção com sua convicção de que Cristo fez isso com o expresso propósito de salvar somente os eleitos (*Works*, 2:706-709).[48]

Em contraste com a "suficiência intrínseca", isso implica "suficiência extrínseca", o que "fala da capacidade infinita atual da expiação de salvar a todos e a cada humano, e isso porque Deus, deveras, quer que seja assim, de modo que Cristo, *de fato*, pagou pelos pecados por todo o gênero humano".[49] Uma detida releitura das passagens relevantes,[50] contudo, sugere que alguns complementos são necessários para efetuar um equilíbrio próprio.

Fuller, na última carta ao Dr. Ryland, enfatiza suas discordâncias com Richard Baxter e escreve: "Considero a redenção como conectada inseparavelmente com a vida eterna e, portanto, como aplicável a ninguém mais senão aos eleitos, que são redimidos *dentre* os homens".[51] Fuller extraiu a particularidade da redenção, distinta da suficiência da expiação, de Gálatas 3.13; Romanos 3.24; Apocalipse 5.9 e 14.3-4.[52] Ele explica: "Se é uma definição própria da substituição de Cristo que morreu *por* ou *no lugar de outros, para que não morressem*, isto, como compreendendo o fim designado para ser respondido por sua morte, é estritamente aplicável a nenhum outro, senão aos eleitos".[53]

---

48 Ibid., 62-63 n. 2. Em minha edição dos *Works* de Fuller de 1848 (n. 2 acima), as referências de Allen são 248a e 320b -322a.

49 Ibid., 64: "*A suficiência intrínseca* fala da capacidade interna ou infinita abstrata da expiação de salvar a todos os homens (se Deus assim o quisesse), de tal maneira que ela não faz referência direta à extensão real da expiação". As categorias não são adequadas: "a suficiência intrínseca" é definida corretamente, mas *extrínseca* normalmente significa que o atributo *não pertence à própria coisa*, e "suficiência extrínseca" privaria a expiação de seu próprio valor como a morte do Filho-Substituto, isto se adequaria à teoria escocesa do *acceptatio*, não à ortodoxia reformada!

50 Elas são: (1) seção IV do "Reply to Philanthropos [alcunha Daniel Taylor]" de Fuller, 223b-233b; (2) cartas IX-XIII de Agnostos (alcunha Andrew Fuller) sobre a mesma controvérsia, 247a-255b; (3) cartas III-VI do "Six Letters to Dr. Ryland", 320b-325b; (4) controvérsias II e III do "Three Conversations on Imputation, Substitution, and Particular Redemption", 312a- 317b, entre Pedro, Tiago (falando por Fuller) e João.

51 Fuller, *Works*, 324b.

52 Ibid., 250a e b.

53 Ibid., 321a.

E, reiterando,

> ... como Cristo não deu sua vida senão mediante uma *aliança* — como os eleitos lhe foram dados para serem, por assim dizer, *as dores do parto de sua alma, ao preço de seu sangue* —, ele deu atenção a tudo o que fez e sofreu para essa recompensa de galardão. Foi para a cobertura das transgressões deles que ele se tornou obediente até a morte.[54]

Ele segue àqueles "homens dignos" que têm "admitido que de Cristo se pode dizer, em algum sentido, que morreu pelo mundo inteiro";[55] a linguagem da Escritura é "indefinida".[56] Ele deseja excluir "aquela noção de eleição ou da extensão limitada da morte de Cristo, de modo que será em vão para qualquer dos filhos dos homens ir *sinceramente* à procura de Deus. Se porventura querem ser salvos *no caminho de Deus*, nada obstruirá a sua salvação".[57] Não há falta de provisão para o perdão.[58] Não consigo discernir, nos desenvolvimentos de Fuller, a ênfase de Allen sobre uma transação real fazendo a satisfação precisamente para os pecados dos não eleitos.[59] Ele apresenta um resumo balanceado:

> ... Se falo da morte de Cristo *independentemente do propósito do Pai e do Filho, quanto aos objetos que seriam salvos por ela*, me referindo meramente ao que ela é, em si mesma, suficiente para, e **declarada** no evangelho como sendo adaptada a, eu pensaria que respondi à pergunta de uma

---

54 Ibid., 321b.
55 Ibid., 249a (carta X).
56 Ibid., 251a (carta XI).
57 Ibid., 249a (carta X).
58 Ibid., 248a (carta X).
59 Os "calvinistas moderados", assim Fuller diz para Allen, "entendem o termo *suficiente* não só no sentido de que a morte de Cristo *poderia* ter satisfeito os pecados de todos os incrédulos fosse essa a intenção de Cristo, mas que sua morte de fato *satisfez* os pecados de toda a humanidade", contra os "hipercalvinistas" que dizem que "Jesus só satisfez os pecados dos eleitos" ("The Atonement: Limite dor Universal?", 90-91). Incidentalmente, me desgosta esse uso do verbo "satisfazer". A expiação satisfaz *as demandas da justiça*, a qual requer a *punição* dos pecados.

maneira bíblica, dizendo: ela foi para *pecadores enquanto pecadores*; mas se levo em conta o propósito do Pai em dar seu Filho para morrer, e ao desígnio de Cristo em dar sua vida, eu responderia: ela foi *somente para os eleitos*.[60]

Esse esquema é mais parecido com a "suficiência intrínseca" de Allen — e, de fato, Fuller cita de John Owen, três vezes mais, a perfeita suficiência da expiação de Cristo[61] — do que sua "suficiência extrínseca".

"João" conclui a discussão entre "Pedro", o calvinista mais conservador de seu tempo, e "Tiago", o porta-voz pela contribuição de Fuller, minimizando sua discordância.[62] A conversação, entretanto, trouxe à luz uma questão excelente: pode alguém separar, no pensamento, a *natureza* da expiação e sua *intenção*, na intenção de Deus e de Cristo? Eis o argumento de "Pedro": "A intenção penetra a natureza da expiação",[63] e "Tiago" contesta a alegação. A teologia sistemática deve escrutinar o ponto. E um problema relacionado se sobressai das pesquisas de Fuller: deve-se conceber o modo da suficiência.[64] Allen observa corretamente: "O debate sobre a natureza desta suficiência é *o debate-chave* na questão da extensão".[65]

Charles Hodge

Charles Hodge pertence à mesma categoria na apresentação de Allen.[66] E, de fato, o encontramos bem próximo de Fuller. Ele propõe a mesma disjunção: "O propósito secreto de Deus em prover para o homem tal substituto não tem nada a ver com a natureza de sua obra ou com sua peculiaridade".[67] Hodge

---

60 Fuller, *Works*, 321a.

61 Ibid., nota de rodapé 223 (com Witsius), 315a (Conversation III), e nota de rodapé 321 (cf. 314a).

62 Ibid., 317a e b.

63 Ibid., 315a.

64 Thomas J. Nettles, *By His Grace and for His Glory: A Historical, Theological, and Practical Study of the Doctrines of Grace in Baptist Life* (Grand Rapids, MI: Baker, 1986), 302-304, representa acuradamente os conceitos de Fuller entre outros batistas.

65 Allen, "Atonement: Limited or Universal?", 66.

66 Ibid., 63 n. 4 e 85.

67 Charles Hodge, *Systematic Theology*, 3 vols. (1871-1873; reimp., Grand Rapids, ML: Eerdmans, 1986),

argumenta contra a objeção ao "duplo pagamento" feita à combinação "agostiniana" da redenção particular e chamada universal: ela só seria válida com uma satisfação *pecuniária*, e Hodge nega que "a satisfação de Cristo foi, em todos os aspectos, análoga ao pagamento de uma dívida, uma satisfação à justiça comutativa ou comercial".[68] Ele não exclui o duplo pagamento *judicial*: "Se as reivindicações da justiça são satisfeitas, elas não podem ser outra vez impostas. ... O que a razão pode ser para a aplicação da pena pela qual a satisfação foi retribuída?",[69] ainda que sua explicação careça de clareza e dê margem para nutrir dúvidas em relação a suas metáforas.[70]

Hodge mantém uma "referência especial aos eleitos";[71] "há um sentido em que ele morreu por todos, e há um sentido em que ele morreu somente pelos eleitos";[72] "ele não veio meramente para tornar possível a sua salvação, mas realmente libertá-los da maldição da lei e do poder do pecado";[73] "ela garantiu a salvação concreta daqueles por quem ele trabalhou".[74] Essa é a principal preocupação dos defensores da expiação definida; contraste com a palavra-chave de Allen, "salvável".[75] As afirmações universalistas de Hodge almejam justificar a oferta universal, o que ele baseia na "relação de Cristo com o homem, com toda a família humana",[76] sob a provisão de Deus de "um substituto para o homem".[77] Note a forma singular, *não* por cada e todo indivíduo: ele pode ter em vista a dimensão *coletiva*, à qual retornaremos. Sua exegese se inclina para as leituras da expiação definida,[78] e alcança a afirmação balanceada, "portanto, Cristo não morreu igualmente por todos os homens. Ele deu sua vida por suas ovelhas; ele

---

2:555.
68 Ibid., 554 (cf. 557). Fuller, *Works*, 312b, 316b, abrira o caminho.
69 Hodge, *Systematic Theology*, 2:472.
70 Ibid., 555-56.
71 Ibid., 544.
72 Ibid., 546.
73 Ibid., 548.
74 Ibid., 552.
75 Allen, "Atonement: Limited or Universal?", 64 (os autores escrevem "saveable", como aqui, ou "savable"). A expiação cria a *possibilidade* de salvação. Naturalmente, este é o significado de universalismo "hipotético".
76 Hodge, *Systematic Theology*, 2:545.
77 Ibid., 554.
78 Ibid., 558-61.

se deu por sua Igreja. Mas, em perfeita consistência com tudo isso, ele fez tudo quanto era necessário, no que diz respeito a uma satisfação à justiça, tudo o que se requer para a salvação de todos os homens".[79] Allen, de modo demasiado rápido, traz Hodge para seu lado.

Karl Barth e Bruce L. McCormack

O século XX testemunhou a emergência de uma forma original de teologia reformada cuja voz merece ser ouvida em nosso debate. Karl Barth e seus seguidores partilham com os esteios reformados uma herança comum, e, no entanto, com um modo radicalmente diferente de fazer teologia.[80] Uma renascença bartiana tem ocorrido em países de língua inglesa, envolvendo estudiosos com uma formação evangélica — uma razão a mais para devotarmos algum espaço a uma possível contribuição bartiana nas discussões sobre expiação definida/universalismo hipotético. O próprio Barth não investiu muito nesse campo. Mais que estudar o próprio Barth, servirá melhor ao nosso propósito[81] focalizar um intérprete destacado e contemporâneo de Barth, e esse profundamente interessado na relação com a teologia evangélica: Bruce L. McCormack, professor de Princeton.

McCormack suscitou controvérsia sobre uma questão central da interpretação bartiana, e isso tem algo a ver com nosso tema. Sua "tese criativa", cuja semente foi semeada por Eberhard Jüngel,[82] atribui a Barth uma teologia radicalmente nova, cristologicamente determinada. Deus não só escolheu, desde toda a eternidade, transformar um homem em Jesus Cristo, mas com isso

---

79 Ibid., 556-57.
80 Sobre a relação um tanto paradoxal, podem-se mencionar dois recentes simpósios: Sung Wook Chung, ed., *Karl Barth and Evangelical Theology: Convergences and Divergences* (Grand Rapids, MI/Milton Keynes, UK: Baker Academic/Paternoster, 2006); e David Gibson e Daniel Strange, eds., *Engaging with Barth: Contemporary Evangelical Critiques* (Nottingham, UK: Apollos, 2008).
81 Garry J. Williams, "Karl Barth and the Doctrine of the Atonement", in *Engaging with Barth*, 249-70, discute criticamente a extensão da reconciliação (*Versöhnung*) na teologia de Barth.
82 McCormack paga tributo ao teólogo de Tübingen em seu ensaio, "Karl Barth's Historicized Christology: Just How 'Chalcedonian' Is It?", como publicado em seu *Orthodox and Modern: Studies in the Theology of Karl Barth* (Grand Rapids, MI: Baker Academic, 2008), 221 n. 49: "Talvez este seja o lugar apropriado para notar — com gratidão — o impacto que o livrinho de Jüngel [*Gottes Sein ist im Werden*] causou em meu pensamento (tanto como leitor de Barth como com respeito às questões sistemáticas envolvidas)".

livremente constituiu seu próprio ser: "O evento eterno no qual Deus decidiu ser 'Deus para nós' é, ao mesmo tempo, o evento eterno no qual Deus deu (e continua a dar) a si mesmo seu próprio ser — e vice-versa".[83] Não *Logos asarkos*, exceto como *incarnandus*, "rejeição do boato livremente flutuante do 'Filho eterno' como uma abstração mitológica..."[84] McCormack fala de Deus dando a si seu próprio ser;[85] essa doutrina "faz Deus tanto o Senhor que ele é e até mesmo o Senhor sobre sua própria 'essência'".[86] A base humana ontológica é a mesma: "É uma decisão eterna em que tanto *o ser de Deus* como *o ser humano* são constituídos como forma de antecipação".[87]

Essa interpretação de Barth, que também incorpora a convicção de McCormack, tem sido desafiada. McCormack tem replicado com um esquema cronológico — antes de 1939-1942, ainda que novos *insights* estivessem abrindo caminho, Barth era o prisioneiro da metafísica mais antiga — e, mesmo depois, ele nem sempre foi consistente.[88] Inclino-me a concordar com ele quanto ao fato de que tal leitura tem extraído o que é mais bartiano no bartianismo.[89]

Tudo flui do princípio cristológico: não há conhecimento que não proceda exclusivamente desse centro, o qual é também todo-inclusivo, Jesus Cristo, Deus e o homem. Não podemos conceber de Deus (e da humanidade), na mais leve medida, outro além deste Evento — devemos requerer outra fonte de

---

83   Bruce L. McCormack, "The Actuality of God: Karl Barth in Conversation with Open Theism", in *Engaging the Doctrine of God: Contemporary Protestant Perspectives*, ed. Bruce L. McCormack (Grand Rapids, MI/Edimburgo: Baker Academic/Rutherford, 2008), 210.

84   Bruce L. McCormack, "Grace and Being: The Role of God's Gracious Election in Karl Barth's Theological Ontology", como republicado "numa forma levemente diferente", in *Orthodox and Modern*, 193-94. Esse ensaio (2000) foi o mais importante manifesto da leitura de McCormack.

85   Por exemplo, McCormack, "Actuality of God", 210 (duas vezes).

86   McCormack, "Historicized Christology", 216.

87   Bruce L. McCormack, "*Justitia aliena*: Karl Barth in Conversation with the Evangelical Doctrine of imputed Righteousness", in *Justification in Perspective: Historical Developments and Contemporary Challenges*, ed. Bruce L. McCormack (Grand Rapids, MI/Edimburgo: Baker Academic/Rutherford, 2006), 191.

88   Apenas para tomarmos aqui comparativamente um artigo recente, "The Actuality of God": "Eu não estou sugerindo que Barth sempre fosse absolutamente consistente" (211 n. 57); "Barth às vezes parece contradizer isso" (215); Barth usou "ambiguidades"; "instabilidade" in CD II/1, e Barth numa "situação desagradável" (237, 238); "as confusões que jazem no coração da doutrina de Barth relativa a Deus em *Church Dogmatics*, II/1" (239).

89   Para uma breve averiguação, veja Henri A. G. Blocher, "Karl Barth's Christocentric Method", in *Engaging with Barth*, 46-47 n. 172.

conhecimento! Não pode haver outra ontologia senão a determinada pela encarnação. Posto que Barth e McCormack ainda trabalhem com uma dualidade de tempo e eternidade, falam da eterna decisão ou eleição de Deus, mas é idêntica com o Evento. Em uma versão mais antiga de sua tese, McCormack pôde escrever: "as ações e relações do Filho eterno, no tempo (na encarnação), são 'edificar para' o ser de Deus na eternidade através da eleição".[90] Agora fica ainda mais claro: não existe existência antecedente de Deus.[91] Barth e McCormack, assim, recuam à doutrina aristotélica de Deus como *actus purus, purissimus, et singularis*.[92] Então a unidade prevaleceria: criação e redenção não podem ser *realmente* obras diferentes. Se, em *Church Dogmatics* II/1, Barth foi "apto a falar da obra de reconciliação e redenção como uma 'obra fundamentalmente nova' em comparação com a obra da criação", isso veio a ser "uma coisa impossível" em seu pensamento maduro.[93] Dualidades são condenadas: ontologia e história, criação e reconciliação, a pessoa e obra de Cristo — "Jesus Cristo é sua história"[94] — "reconciliação" e "redenção" (apropriadas ao Espírito em Barth). McCormack afirma lucidamente: "O que Barth tem feito é transferir o conceito de graça irresistível da esfera da obra do Espírito Santo em chamar, justificar e regenerar o indivíduo para a esfera da obra de Cristo".[95] Participação em Cristo não é do Espírito, e sim da obra do Deus-Homem.[96]

Quais são as consequências para a extensão da expiação? A natureza da expiação é reinterpretada: não mais como a satisfação das demandas da justiça ou da ira divina,[97] mas como a destruição do velho pecador seguida da

---

90 Bruce L. McCormack, *For Us and Our Salvation: Incarnation and Atonement in the Reformed Tradition*, Studies in Reformed Theology and History (Princeton, NJ: Princeton Theological Seminary, 1993), 34.
91 Em "The Actuality of God", 239 n. 133, McCormack cita o esforço (insatisfatório) de Barth em correlação do ser e vontade: Barth não concede prioridade a ambos, e escreve: "Ao contrário, é como Deus quer que ele é Deus, e como ele é Deus que ele quer". McCormack agrega: "Eu diria, ao contrário, 'é como Deus quer que ele é Deus,' e fica nisso".
92 Ibid., 214-15.
93 McCormack, "*Justitia aliena*", 234.
94 McCormack, "Actuality of God", 222; um sintoma da compreensão ontológica da reconciliação, a despeito do uso de linguagem forense.
95 Ibid., 230 (todos os itálicos são do texto de McCormack).
96 McCormack, "*Justitita aliena*", 191.
97 Já em *For Us and Our Salvation*, 30, McCormack percebera a mudança. Em *Kirchliche Dogmatik* (a partir

ressurreição.⁹⁸ Visto que a criação é, em última análise, um só ato com a reconciliação, "em Jesus Cristo, o Deus homem", e fundada na aliança da graça, e posto que a participação nele não seja uma obra nova, cada indivíduo humano está "em Cristo". A eleição não separa "dois grupos distintos de pessoas": "Na verdade ... a divisão que é descrita pelo 'homem do pecado' à esquerda e os eleitos de Deus à direita é uma divisão que penetra a existência de cada indivíduo humano em sua própria raiz".⁹⁹ Em Cristo, *cada um e todo ser humano* é julgado (destruído) e reconciliado com Deus. A dualidade não simétrica do Sim e Não de Deus dentro do Evento substitui a dualidade dos destinos finais. O resultado pareceria ser universalismo real, *apokatastasis*, mas Barth se abstém de uma afirmação sem ambiguidade do mesmo; tipicamente, ele se confiou a Jüngel, "não o ensino, porém não digo também que não o ensino".¹⁰⁰

O bartianismo, na versão de McCormack, partilha da preocupação dos que endossam tanto a expiação definida como o universalismo hipotético. Com o universalismo hipotético, ele culpa Calvino e a ortodoxia reformada de uma ênfase exagerada sobre a justiça de Deus e sua separação da misericórdia: "fazem a misericórdia de Deus a prisioneira, por assim dizer, de sua justiça, até o tempo em que essa justiça tenha sido satisfeita".¹⁰¹ "Tenho tentado mostrar", ele escreve, "que uma doutrina cristologicamente fundada na vontade de Deus realiza tudo o que é importante e legítimo no programa teísta aberto, a saber, a substituição do Deus vivo da Bíblia por uma deidade atemporal e impassível".¹⁰² Para ele, "Deus não decreta especificamente um terremoto aqui, um tsunami

---

daqui abreviado como *KD*) II/1, ele viu "uma fragilidade potencialmente desastrosa. Em um ponto crucial, ele [Barth] repetiu o erro dos teólogos reformados dos séculos dezesseis e dezessete, e fez da morte de Cristo uma satisfação oferecida à justiça divina". Mas em *KD* IV/1, Barth pôde "retificar" esse erro, e a substituição penal "foi posta em uma posição mais claramente subordinada" (a importante citação se encontra na próxima página, de *KD* IV/1, 279 [inglês 253]; Barth diz da satisfação oferecida à ira de Deus: "A ideia posterior é muito estranha ao Novo Testamento". Cf. Williams, "Karl Barth and the Doctrine of the Atonement", 257.

98 McCormack, *"Justitia aliena"*, 187.
99 Ibid., 188.
100 Eberhard Jüngel, "La Vie et l'oeuvre de Karl Barth", in Pierre Gisel, ed., *Karl Barth. Genèse et réception de sa théologie* (Genebra: Labor et Fides, 1987), 56.
101 McCormack, *For Us and Our Salvation*, 27.
102 McCormack, "Actuality of God", 240.

ali, como eventos particulares".[103] Em contrapartida, o desejo de engrandecer a obra de Cristo de reconciliação, *ephapax* ("uma vez por todas"), à qual nada pode ser acrescentado, é partilhado pela ortodoxia reformada da expiação definida e do bartianismo. O último enfatiza que "o que Jesus Cristo realiza não é meramente a possibilidade de reconciliação, e sim a realidade dela"[104] — os defensores da veracidade da expiação definida veem risco no universalismo hipotético. McCormack continua: "Não é só o caso de que a obra do Espírito Santo não completa uma obra de Jesus Cristo que estava incompleta sem ela; a obra do Espírito Santo nem mesmo faz efetiva uma obra de Jesus Cristo, que é ineficiente sem ela!".[105] Dependendo da interpretação de "efetivo", a proposição é ou compatível ou incompatível com a expiação definida.[106]

A contribuição de McCormack chama a atenção para dois fatores importantes. Primeiro, sobre o papel da Escritura: lado a lado com as proclamações da autoridade bíblica, Barth e os bartianos partem do "significado óbvio" de passagens sobre a eleição e o estado final. Não consigo imaginar Barth atribuindo a Paulo, historicamente, como significado que Paulo tencionava, como conteúdo do pensamento de Paulo, a tese teológica que Barth expandia.[107] Ele apelaria para o *Objeto* do testemunho bíblico, além das palavras humanas. "Para Barth", Garry Williams escreve, "o movimento-chave não é exegético, e sim hermenêutico".[108] Isso é correto se incluirmos a posição dogmática sobre a Escritura e a Palavra de Deus. McCormack nega serenamente a doutrina clássica da inspiração: ele descarta "uma compreensão da inspiração bíblica que requereria que todas as afirmações bíblicas, em última análise, encontrem sua fonte em um

---

103 Ibid., 225.
104 McCormack, "*Justitia aliena*", 179 (todos os itálicos são do texto de McCormack).
105 McCormack, "Actuality of God", 229.
106 Se a proposição acarreta a rejeição de "aplicação" como uma obra distinta, como McCormack rejeita expressamente em "*Justitia aliena*", 192 ("aplicação" traduz *Zueignung*), a ortodoxia reformada não pode se submeter a isso. Se "efetivo" significa que o efeito salvífico é certo, tendo sido garantido pela cruz, este é o ensino da expiação definida.
107 Aqui é possível recordar, naturalmente, a incisiva disjunção de Barth entre *paulus dixit* e *Deus dixit*, e sua afirmação de que a Bíblia é vulnerável (falível, errática) também em suas estruturas teológicas.
108 Williams, "Karl Barth and the Doctrine of the Atonement", 269.

único Autor",[109] enquanto esboça uma caricatura do ponto de vista evangélico clássico.[110] O segundo fator é o ponto de vista de tempo e eternidade. Muito embora McCormack alegue que a proposição "estamos 'em Cristo' muito antes da manifestação de Jesus no tempo... não significa ... que a história se tornou insignificante",[111] a questão seria suscitada. A história ontologizada e a ontologia historicizada poderiam equivaler à perda de ambas, da ontologia e da história! Para Barth, o tempo é eternizado em Jesus Cristo, e sua diversidade é condensada em algo uno: visto que seu tempo "é apenas movido e o movedor do tempo ... deveras significa suspensão, a total relativização de todo o outro tempo e de seu conteúdo aparentemente movido e movedor".[112] A tendência é alheia à ortodoxia? Ela pode afetar a extensão da expiação.

Pesando Barth e McCormack

A proposta bartiana é original demais para ser abraçada na mesma medida que as outras. É também poderosa demais para algum tratamento adequado aqui e requereria uma discussão de todo o sistema ou antissistema. Simplesmente ofereço uns poucos pensamentos para explicar por que não posso recomendá-la, globalmente, como uma opção para a teologia evangélica.

A concentração cristológica é uma simplificação pomposa, uma remodelação de todo o edifício que alcança uma simetria impositiva. O atraente poder da oferta de Barth procede do prestígio daquele empreendimento, do rigor do desenvolvimento de um ponto de partida único, e de sua habilidade em honrar a Escritura. Mas, nos três cálculos, é possível suscitar objeções.

---

109 McCormack, "Actuality of God", 195.
110 Ibid. Ele prossegue contra a ideia de harmonização: "Mas a teologia evangélica [como definida por McCormack] se rendeu à noção de um ditado mecânico há muito tempo, e é difícil imaginar qualquer outra explicação do processo de inspiração que permitisse e requeresse a teoria de um único Autor. Hoje, a maioria se contenta plenamente com o reconhecimento de que inspiração é erroneamente construída onde a autoria divina exclui ou mesmo apenas suprime a atividade humana na produção dos escritos bíblicos". A teologia evangélica (em nosso sentido), como representada por escritores tais como J. I. Packer ou Edmund Clowney, *ambos* mantém o singular Autor "primário" e negam que isso acarreta não apenas "ditado mecânico" (aquele velho chapéu!), mas qualquer supressão da atividade humana.
111 Ibid., 192, ele argumenta que, visto que o ser de Deus "é constituído de eternidade, em e para si mesmo, por aquilo que Deus suportará como humano no tempo".
112 Barth, CD I/1, 116 [KD I/1, 119]; "suspensão" traduz *Stillstand*.

A beleza da concentração pode esconder uma identificação forçada de coisas que devem ser mantidas distintas. Como "punição" e "reprovação". Em parte alguma na Escritura (e tradição) Cristo é chamado de "réprobo". Em parte alguma se diz que ele *se arrependeu* em nosso lugar.[113] A fusão sob o rótulo *das Nichtige* de "nulidade" ontológica e mal moral/relacional/dramático desliza de volta pelas ladeiras do mito — é contra a unicidade bíblica. Permanecendo, a diversidade cai presa da dialética: ontologicamente, a incredulidade é impossível e, no entanto, real; somos participantes em Cristo, o Cristo-Evento é todo-inclusivo e, no entanto: "Por mais que seja verdadeiro que 'em Cristo' já não sou o 'homem do pecado', todavia, em mim mesmo, descubro que sou".[114] "Evidentemente, Barth estendeu a relação de nosso verdadeiro estar em Jesus Cristo e nossa existência vivida até o ponto interveniente".[115] O problema com tais paradoxos não é apenas de consistência da dimensão "em mim mesmo", mas do valor das afirmações. As ambiguidades sobre *apokatastasis* podem ser pertinentes aqui.[116]

O método é rigoroso? Ao encarar o único Evento todo-inclusivo, como Barth pode discernir o que pode dizer da deidade de Cristo e de sua humanidade? *De fato*, ele extrai de outras fontes: "todos os teólogos, inclusive Barth, mantêm algum tipo de critério implícito ou explícito para distinguir as características que devem ser predicadas da deidade de Cristo sobre a base de sua humanidade daquelas que não devem ser".[117] O apelo de Barth ao tema *actus purus* é um legado da teologia filosófica e faltam raízes no cristianismo original.[118] Em termos concretos, ele confia no testemunho da Escritura e na tradição teológica e filosófica, mas, posto que todas são falíveis à sua vista, falta

---

113 McCormack ecoa essa linguagem de Barth em *For Us and Our Salvation*, 21.
114 McCormack, "*Justitia aliena*", 193.
115 Ibid., 194.
116 Uma razão possível por que Barth se refreia de afirmar a *apokatastasis* (raramente mencionada) é que as afirmações que ele escreveu excluem qualquer sobrevivência ou pós-existência depois da morte, e interpretou vida eterna como a eternização desta vida (ainda que outras afirmações comuniquem outra impressão), a diferença entre crentes e incrédulos é final.
117 Williams, "Karl Barth and the Doctrine of the Atonement", 255.
118 Deixo de lado a questão de se falar da decisão de Deus de constituir seu ser representa profundidade insondável ou simples tolice. Suspeito que nenhum mortal possa dizer.

rigor a esse recurso. O Cristo encarnado é o centro ou culminação, não o ponto de partida da revelação. Deus preparou sua vinda para permitir que pessoas santas interpretassem corretamente o Evento. *Primeiro*, Deus falou através dos profetas antes de falar, finalmente, "em (no) Filho". O discurso de Deus através dos profetas e do Filho (confiado aos seus apóstolos) é a Palavra infalível pela qual o Cristo-Evento deve ser interpretado. (Pela graça de Deus, Barth também recebeu da Escritura preciosos lampejos da verdade divina.).

O terceiro critério, precisamente, é a conformidade para com o ensino escriturístico. Parece impossível reconciliar a doutrina da eleição de Barth e tudo quanto flua dela, com o senso "natural" dos autores bíblicos. Nosso *prolegomena* descarta isso. Os "vislumbres preciosos", contudo, devem incluir de forma definitiva a plenitude da obra de Cristo. As citações de Barth, que possuem um ar universalista, carecem de uma abordagem contextual (Romanos 11.32; 1 Coríntios 15.22). Mas eles possuem algo bíblico a nos ensinar quando magnificam o âmbito cósmico da reconciliação, como o hino cristológico de Colossenses 1.15-20, quando destacam o tema de "todos" e "paz".

III. EXPIAÇÃO DEFINIDA E UNIVERSALISMO HIPOTÉTICO

(1) Sobre o uso da escritura

se agora restringirmos nosso foco sobre as discussões entre os amigos de Beza e Owen de um lado e de Amyraut e Baxter do outro, os argumentos bíblicos (exegéticos) pareceriam ser os primeiros que deveriam passar por nosso exame. O veredito da Escritura é decisivo. Embora este ensaio não seja devotado à exegese, algumas reflexões são pertinentes.

Os que apoiam a expiação definida e o universalismo hipotético têm partilhado das mesmas pressuposições e procedimentos com respeito à Escritura. Contrário a estereótipos, o grau de "escolasticismo" era mais ou menos o mesmo de ambos os lados; e, por exemplo, "Owen era um teólogo supremamente bíblico, profundamente engajado com os dados bíblicos e a vontade de mudar e desenvolver sua posição quando considerações exegéticas tinham de ser enfrentadas".[119] Tem havido suspeita comum de que os particularistas estavam impondo uma lógica oriunda de temas dogmáticos (eleição) nos textos bíblicos. Reciprocamente, os defensores do universalismo hipotético são tidos por seus críticos como que lendo no texto bíblico ideias "modernas" de amor e responsabilidade. Somente um exame esmerado das passagens envolvidas e dos comentários oferecidos poderia estabelecer a questão. A confrontação nunca foi simplesmente a do sistema dogmático *versus* Bíblia, lógica *versus* exegese. Alguns estudiosos independentes têm concluído, por exemplo, em favor de uma leitura "particular". Um exemplo eficaz seria o do arquiliberal Albert Schweitzer. Sua reconstrução das intenções de Jesus o levou à conclusão de que Jesus estava pensando em morrer somente por uma comunidade específica, não por todos.[120] Schweitzer escreveu antes das descobertas de Qumran, e um elemento nos documentos do Mar Morto traz algum suporte para a tese. Os "muitos" (πολλοί) de Marcos 10.45 (e paralelos) ecoam o *rabbîm* (רבים) de Isaías 53, quase um termo técnico ali para os beneficiários do sacrifício do Servo. Ora, os dissidentes de Qumran, através de seu *pèšèr*, se apropriaram da palavra da profecia e a encerraram para a autoidentificação: os membros são os *rabbîm* (*Governo da Comunidade*, 1 QS). A comunidade de Qumran, a qual se intitulava a comunidade da nova aliança (tomando posse de Jeremias 31), cujos "filhos da luz" estavam para deflagrar guerra contra os filhos das trevas, era pouco inclinada ao universalismo! Se a palavra "muitos" (em relação com Isaías 53) teve conotações *particulares* no judaísmo do primeiro século, ela estaria no *logion* de Jesus.

Passagens de maior abrangência são numerosas, e os particularistas puderam admitir que se sentiram embaraçados com algumas delas: a tendência lógica de tais textos favorecem uma leitura universalista. Mas os defensores do universalismo hipotético iriam além do alvo se sugerissem que essa é a única leitura possível, e que a matéria é com isso estabelecida. Não raro, os defensores do universalismo hipotético examinam bem os critérios naturais.

---

119 Moore, "Extent of the Atonement", 132.
120 Albert Schweitzer, *La Mystique de l'apôtre Paul*, trad. M. Gueritot (Paris: Albin Michel, 1962), 57.

Allen, por exemplo, culpa os particularistas de ignorarem Hebreus 2.9: Jesus provou da morte por todos os homens.[121] Mas "homem" não é parte do original. Indicações no contexto sugerem um significado específico: os beneficiários são os filhos a quem Deus conduzirá à glória, os "santificados", a quem Cristo denomina de "meus irmãos" na *ekklèsia* (ἐκκλησία); no versículo 16, o escritor distingue expressamente categorias por quem Cristo interveio ou não: não pelos anjos, mas *pela semente de Abraão* — o equivalente para "os eleitos". Allen menciona ainda 2 Coríntios 5.14, e Gary L. Shultz, Jr. desenvolve o argumento: "Que a palavra 'todos' se refere a todas as pessoas, e não apenas aos crentes, é evidente à luz de como Paulo distingue o 'todos' de 'os que vivem' em 2 Coríntios 5.15".[122] Deixando de lado outras observações, é surpreendente que Shultz não veja uma solução simples, a qual Fuller havia fornecido tempo atrás: "Minha resposta é que, sobre *minha* hipótese [expiação definida], Cristo morreu por mais [pessoas] do que realmente vivem em qualquer período de tempo; parte delas vivendo, em cada período, em estado sem regeneração".[123] Nem todos os que viviam enquanto Paulo estava escrevendo eram os crentes por quem Paulo morreu. O teor dos versículos que parecem provar que Cristo morreu pelos réprobos, 2 Pedro 2.1 e Hebreus 10.29, é relativizado pelo fato de que uma linguagem tão precisa só é usada para *apóstatas*. Isso abre a possibilidade: "como alegavam" ou "como implícito pelo *status* oficial que desfrutaram como membros batizados da igreja". Finalmente, uma observação enfraquece a vantagem que o universalismo hipotético extrai de textos sobre a "plenitude": a nota do "todos" é tangida com a mesma força e frequência em afirmações acerca da cruz e em afirmações acerca da aplicação, vida conferida e, finalmente, o destino. Romanos 5.18, por exemplo, fala da justificação realmente atingindo a todos, não uma mera oferta ou disponibilidade. O universalismo hipotético leva alguém a esperar outro esquema: todos na cruz; na aplicação, apenas alguns.

---

121 Allen, "Atonement: Limited or Universal?", 97 n. 110.
122 Gary L. Shultz, Jr., "Why a Genuine Universal Gospel Call Requires an Atonement That Paid for the Sins of All People", *EQ* 82.2 (2010): 116 n. 21.
123 Fuller, *Works*, 252b (carta XII).

Com respeito a passagens que mencionam uma categoria específica de beneficiários — Cristo se deu por sua igreja etc. — Allen adverte contra "a falácia em inferência negativa".[124] Bastante justo. Não obstante, a lógica tendenciosa que provém daí favorece mais a expiação definida. "Por nós" é vago, e dificilmente decide o ponto. Mas alguns textos fornecem elos interessantes. A alegoria do Bom Pastor (João 10) não só alude que ele dá sua vida por suas ovelhas (vs. 11, 15). Quase polemicamente, delimita a categoria dessas ovelhas: são dele (ἴδια, repetido), as quais ele chama individualmente pelo nome (v. 3), e que se distinguem dos outros por responder à sua voz (v. 5), as quais são também encontradas no outro "aprisco", as nações (v. 16) e em relação às quais ele informa severamente aos líderes judaicos "vós não sois... minhas ovelhas" (v. 26) — com essa ênfase em todo o discurso, a declaração "dou minha vida pelas ovelhas" assume uma ressonância particular.

Uma exegese fragmentada não produz uma resposta bem delineada à escolha entre expiação definida e universalismo hipotético. A evidência deve ser "assimilada" por reflexão *teológica*. A Escritura permanece *norma normans*, mas tem de ser tomada inteligentemente como um todo estruturado.

(2) O AMOR DO DEUS TRINO E O CONVITE QUE ELE ESTENDE

Entre os motivos do universalismo hipotético, o desejo de engrandecer o amor de Deus por todas as suas criaturas é proeminente. É refletido no chamado universal: "Invoca-me e serás salvo". O amor por todos foi expresso pelo dom de Cristo para todos e, assim, o pagamento, tendo sido feito por todos, a oferta pode ser levada a todos. A expiação definida parece ser uma negação dessa generosidade máxima. Se o dom não visava a todos, então Deus não ama a todos; e já que o pagamento não foi feito por todos, como é possível que a oferta seja sincera?

É como se alguns dos reformados negassem o amor universal de Deus. Muito embora possam citar versículos tais como Salmo 5.5, e "aborreci a Esaú" (Malaquias 1.3), sua negação de tal modo se opõe o curso da Escritura e a

---

124 Allen, "Atonement: Limited or Universal", 93.

"analogia da fé", que a excluo como improcedente. A vasta maioria dos teólogos da expiação definida tem defendido firmemente a doutrina do amor de Deus estendido a todos os não eleitos, como um belo artigo de Andrew Swanson expõe (baseado em R. L. Dabney, W. T. Shedd e John Howe).[125] A questão real é se Deus ama a todos os indivíduos com amor idêntico, em cujo caso se poderia esperar que a expiação visasse indiscriminadamente a cada um e a todos. Paul Helm resume a lógica de John McLeod Campbell e J. B. Torrance sobre o tópico (aos quais ele critica): "Qualquer atributo necessário a Deus é necessariamente exercido por Deus igualmente sobre todos aos quais é logicamente possível exercê-lo".[126] Isso priva Deus de sua liberdade. Amor igualitário tem laivos de humanismo. Bavinck já denunciava "um amor pequeno-burguês, contra o qual Nietzsche corretamente fulminou suas críticas".[127] A graciosa eleição divina implica uma diferença entre o amor para com uns e o amor para com outros. Donald Macleod nota que "a teologia reformada nunca excluiu essa linguagem: Cristo morreu por todos os homens ou que Deus amou todos os homens. Mas sempre insistiu que há um amor especial, o qual não só 'redimiu todos homens sob a condição de que creiam' mas também resolveu outorgar a própria fé".[128] Packer cunha aforismos memoráveis: "Deus ama a todos de algumas maneiras" e "Deus ama a alguns de todas as maneiras".[129] Não se pode negar isso mesmo sobre bases arminianas.

Entretanto, devemos afiar a questão. Podemos falar de uma vontade salvífica universal? E se podemos, ela não requer uma extensão, *pro omnibus et singulis*, da expiação? O amor de Deus para com todos também se refere à salvação última deles. Afirmações tais como Ezequiel 18.32 e 2 Pedro 3.9 (uma restrição implícita aos eleitos é pouco provável) declaram tal vontade. Todavia, outros textos parecem dizer o oposto (1 Samuel 2.25 em um velho livro e 1

---

125 Andrew Swanson, "The Love of God for the Non-Elect", *Reformation Today* 51 (maio/junho de 1976): 2-13.
126 Paul Helm, "The Logic of Limited Atonement", *SBET* 3.2 (Autumn 1985): 53.
127 Bavinck, *Sin and Salvation in Christ*, 469 n. 144.
128 Macleod, "*Amyraldus redivivus*", 218.
129 J. I. Packer, "The Love of God: Universal and Particular", in *The Grace of God and the Bondage of the Will. Volume 2: Historical and Theological Perspectives on Calvinism*, ed. Thomas R. Schreiner e Bruce A. Ware (Grand Rapids, MI: Baker Books, 1995), 419.

Pedro 2.8 em uma epístola que fala de fundação). Já que Deus, o *auctor primarius*, não se contradiz, devemos distinguir dois sentidos de "vontade". Eu prefiro falar da *vontade* ou *desejo* de Deus (o qual também gera seus preceitos) e a vontade *decretiva* de Deus. Eis o ensino inescapável da Escritura: Deus "deseja" que todos tomem posse da Vida, porém "decreta" que alguns não. Esse decreto é *permissivo*: Deus (em cuja mão está o coração até de reis; Provérbios 21.1) não move nenhuma criatura a disposições anti-Deus; a criatura usa mal a liberdade criada contra a fonte de toda bondade, e leva a culpa; todavia, Deus permanece soberano (Efésios 1.11) e, portanto, a recusa da criatura de arrepender-se é (permissivamente) parte do desígnio divino.

"Esse é um duro ensino. Quem o pode aceitar?" O caráter permissivo da soberana decisão sobre os "vasos de ira" torna possível sua coexistência com o "desejo" salvífico e o amor universal. Todavia, essa não é uma solução racional. Não podemos entender por que o Senhor dos senhores decida assim sobre homens e mulheres a quem ele ama. Em outro lugar já argumentei que esse mistério deve permanecer opaco, um espinho na carne de nossa razão, *a* ocasião para a humilde confiança. A peneira é o crivo do mal, e os adeptos de ambos, expiação definida e universalismo hipotético, devem encará-lo com humilde confiança.

Se a vontade divina é dupla, qual é a consequência para a expiação? Uma dualidade similar a afeta? Objetivamente, Shultz enfatiza a pluralidade das intenções. Eis seu argumento: "O evangelho que Paulo ministra certamente pode ser motivado tanto pelas intenções gerais de Deus na expiação por todas as pessoas e também por suas intenções salvíficas particulares pelos eleitos".[130] Para ele, a intenção universal, e a transação atual, requeriam o "pagamento da pena por todos os pecados de cada pessoa que já viveu".[131] Mas isso não é óbvio. O texto de 1 Timóteo 4.10, *o* versículo que expressamente aponta para a dupla função salvífica da obra salvífica de Deus, *não* distingue entre a provisão "hipotética" para todos e comunicação "real" somente para os crentes, mas entre dois tipos, ou níveis, de

---

130 Shultz, "Why a Genuine Universal Gospel Call", 118 n. 28 (suas dissertações de Ph.D. foram escritas em defesa de um ponto de vista "multi-intencional" da extensão da expiação").
131 Gary L. Shultz, Jr., "God's Purposes in the Atonement for the Nonelect", *BSac* 165.658 (abril/junho de 2008): 147; cf. "Why a Genuine Universal Gospel Call", 122.

benefícios. O contexto imediato, do versículo 7b, introduz a dualidade: exercício físico traz algum benefício — poderíamos falar de uma "salvação" temporal —, mas o exercício da piedade é frutífero em ambos os níveis, terreno e (Paulo poderia ter dito) pavlista, celestial. Paulo não restringe os benefícios da piedade ao nível mais elevado, já que alguns afetam também a vida no corpo. A dualidade obtém a obra salvífica junto a Deus, o Pai: ela assegura os bens da presente vida *para todos* (graça comum radicada na cruz) e a vida da era por vir *somente para os crentes*.[132] O advérbio pavlista não pode significar a diferença entre potencial e concreto.[133] O versículo não exclui a proposição do universalismo hipotético nem a endossa.

(3) Três "nós" no debate sobre a expiação definida

Vejo três "nós" neste debate. O primeiro se relaciona com a harmonia trinitária dentro da economia da salvação, do desígnio do Pai à obra do Espírito entre a humanidade. O segundo focaliza as condições requeridas para uma oferta da salvação genuinamente universal. O terceiro, discutido com menos frequência, trata da possibilidade desta certeza pessoal: "Cristo morreu por *mim*" (ver Gálatas 2.20).

Harmonia Trinitária

O argumento da harmonia trinitária tem sido apresentado em favor da expiação definida. O Pai decidiu salvar somente os eleitos; o Espírito regenera somente os eleitos; a consistência leva alguém a esperar que Cristo morreu redentoramente só pelos eleitos. No entanto, os defensores do universalismo hipotético recentemente têm usado o argumento, na forma bumerangue, contra

---

[132] Turretini, *Institutio theologicae elencticae*, II², locus XIV, qu. 14,14 (p. 405), se refere a Atos 17.28 e Salmo 36.6 para o significado mais amplo e inferior de "salvação" por todos, e cita Crisóstomo, Œcumenius, Primasius, Ambrósio e Tomás de Aquino em favor dessa interpretação. Thomas R. Schreiner, no presente volume, segue outro caminho. Seu argumento de que "Salvador" (etc.) sempre se refere à salvação eterna nas Epístolas Pastorais leva peso, mas não decisivo: obviamente, o NT focaliza a vida eterna (a predominância do sentido mais elevado é *temática*, mais que *lexical*). Não exclui o significado mais fraco, que pertencia ao uso contemporâneo, se as pistas se encontram no contexto que o favorece. Minha conclusão é que este é o caso.

[133] Veja Vern S. Poythress, "The Meaning of πάλιστα in 2 Timothy 4.13 and Related Verses", *JTS* 53 (2002): 523-32.

a expiação definida, enfatizando a vontade salvífica universal do Pai. Shultz alega que o Espírito, ao alcançar os incrédulos e convencer o *mundo* (João 16.7-11), mostra que a referência é a todos.[134] Ele cita de Robert P. Lightner: "A obra do Espírito Santo não poderia alcançar além dos eleitos se a morte de Cristo não tivesse esse escopo universal, uma vez que o ministério do Espírito foi conquistado na cruz e através dela".[135] Todavia, essa dependência é mais clara para a obra regeneradora do Espírito do que no caso dos incrédulos impenitentes. A "convicção" (ἐλέγχειν, convencer) de João 16.8-11 é a demonstração judicial da culpa do mundo (NEB: "refutar"), não a persuasão que leva à fé.

Todos poderiam concordar que a dualidade afeta harmoniosamente as funções de Pai, Filho e Espírito. O Pai, em sua benevolência, deseja a salvação de todos, porém decreta a salvação apenas de alguns. (Por quê? O mistério opaco de sua permissão do mal, neste caso do mal da impenitência final.) O Espírito se move entre todos os seres humanos e exerce pressão sobre suas consciências (por exemplo, através dos milagres, Mateus 12.28-32); ele só regenera os eleitos do Pai. O Filho encarnado morre, "em algum sentido", por todos, e assegura que a oferta da salvação se estenda a todos; a conexão feita na Escritura entre sua morte e sua igreja, ou suas ovelhas, vale dizer que ele morre, em um sentido particular, pelos seus; só desfrutam a vida que ele conquista para eles, como o Pai decretara e como o Espírito aplica. A questão decisiva é se o sentido ("algum sentido") em que Cristo morreu por todos requer o "pagamento da pena por todos os pecados de cada pessoa que já viveu".[136] Esse tema do universalismo hipotético reduz a diferença entre o sentido "por todos" e o sentido "particular" no caso do Filho, enquanto não pode fazer isso pela vontade do Pai e a obra do Espírito.

Oferta Universal

O último [nó], chamado fraqueza, não provará ser embaraçoso demais se o cerne da proposição recebe justificação adequada: oferta universal requer

---

134 Shultz, "Why a Genuine Universal Gospel Call", 118-19.
135 Ibid., 120 (a referência dada é a Robert P. Lightner, *The Death Christ Died: A Biblical Case for Unlimited Atonement*, 2ª ed. [Grand Rapids, MI: Kregel, 1998], 130).
136 Palavras de Shultz, "God's Purposes", 147.

um pagamento *pro omnibus et singulis*. Para nós, a oferta universal não está em disputa.[137] Proclamar que se deve evitá-la sem tal pagamento pode ser intimidante, mas certamente carece de prova.[138] Roger Nicole já mostrou que nas atividades humanas, por exemplo, quando uma empresa anuncia uma oferta, a provisão necessária não deve ser igual ao montante a ser distribuído, se *todos* procurassem pela coisa. Provisão coextensiva não é obrigação, nem assistência para tornar as pessoas capazes de aceitar — com a incapacidade de "autoindução".[139] Há um "pré-requisito essencial": que a coisa oferecida realmente seja concedida se os termos forem observados.[140] É assim com a expiação definida: todo aquele que vier será salvo — sem qualquer exceção.

A dificuldade dos defensores do universalismo hipotético parece mais psicológica do que analítica. Alguém sente que Deus não pode oferecer "sinceramente" a Judas ou a Jezabel um cancelamento de suas dívidas como um benefício da cruz se o preço não foi pago por eles na cruz. Mas a mesma dificuldade surge quando alguém pensa que Deus oferece a Judas ou a Jezabel (nomes simbólicos para quaisquer indivíduos não eleitos) algo que são incapazes de obter, uma vez que são incapazes de se arrepender. Deus decidiu não operar o arrependimento em seus corações — uma verdade que os teólogos reformados que sustentam o universalismo hipotético reconhecem. (E Deus sabia de antemão, com absoluta certeza, que Judas ou Jezabel não se arrependeriam.[141])

Ao mesmo tempo, os defensores da expiação definida, quando enfatizam, como Fuller fez, que a cruz faz toda a provisão requerida para a oferta universal, dificilmente têm elucidado o *como*.[142] É suficiente apelar para nossa ignorância sobre quem é eleito para justificar um chamado indiscriminado? Pois o Deus que conhece convida a todos.

---

137 Note com Cunningham, *Historical Theology: Volume II*, 344, que o "hipercalvinismo" não refutou o chamado universal por causa da "expiação limitada".
138 Norman F. Douty, *The Death of Christ: A Treatise Which Answers the Question: "Did Christ Die Only for the Elect?"* (Swengel, PA: Reiner, 1972), 35-37, o expressa com força mordaz (citando Ussher e Davenant).
139 Nicole, "Covenant, Universal Call", 408-409.
140 Ibid., 409-10.
141 Fuller, *Works*, 229b, 248a, 249b, focalizou a importância da presciência divina.
142 Veja a crítica mordaz de Nettles, *By His Grace and for His Glory*, 305-307.

O que dizer da morte de Cristo e *deste* indivíduo? Dizer a alguém "que Cristo morreu por seus pecados", Nicole especifica com franqueza, "não é estritamente legítimo, a menos que haja alguma certeza de que as pessoas envolvidas de fato estejam entre os eleitos".[143] Shultz se mostra indignado: "parte do evangelho está informando a um incrédulo que 'Cristo morreu por você'".[144] Ele argumenta que Paulo inclui "Cristo morreu por nossos pecados" no resumo que ele pregou aos coríntios quando incrédulos".[145] Isso tem pouca importância, já que Paulo não reproduz o discurso, palavra por palavra, que usava no evangelismo; e se ele disse "por nós", então pode significar seu grupo e qualquer outro que se unia a eles. Os críticos não podem avançar mais que isto: como *eu* posso buscar refúgio em Cristo se não estou certo de que ele morreu por mim? A conexão direta era preciosa para o apóstolo (Gálatas 2.20), ou para Pascal, que pôde ouvir Jesus dizer-lhe: "Em minha agonia, estou pensando em você; derramo essas gotas de meu sangue por você".[146] E, assim, alguém necessita do universalismo hipotético para unir um dado indivíduo ao Salvador?[147]

Duas considerações podem acalmar os ânimos com respeito ao modo de anunciar o evangelho. No sentido mais espontâneo, muitos defensores da expiação definida têm aceitado que "Cristo morreu por todos"; e, assim, *por você*. Em contrapartida, em parte alguma vemos os apóstolos usarem essa forma de palavras quando se dirigem aos incrédulos. Sobre bases rigorosas da expiação definida, é adequado dizer a alguém: "Cristo o convida: 'Venha a mim'; se você fizer isso, então descobrirá que na cruz ele já pagou por seus pecados, e assim retirou sua condenação para sempre". Não é um afastamento tão terrível! É possível alguém legitimar "Cristo morreu por você" através da ideia de eleição pressuposta? Na verdade, Pascal articulou tal tese:

---

143 Nicole, "Covenant, Universal Call", 410.
144 Shultz, "Why a Genuine Universal Gospel Call", 115 n. 18.
145 Ibid., 114-15.
146 Em "le Mystère de Jésus", *Pensées* (Brunschvicg § 553).
147 Naturalmente, no caso de Pascal, a afirmação poderia ser interpretada como uma referência *particular* de um jansenista sobre a morte expiatória de Cristo.

Todos os homens do mundo se acham sob obrigação... de crer que pertencem ao pequeno número dos Eleitos por cuja salvação Jesus Cristo morreu e pensar o mesmo de cada um dos homens que vivem sobre a terra, por mais perversos e ímpios que sejam eles, enquanto restar neles um fragmento de vida — deixando ao inescrutável segredo de Deus o discernimento entre Eleitos e réprobos.[148]

Certeza Pessoal

Como atingir a certeza pessoal é uma questão delicada. Isso não está relacionado à extensão da expiação. Como os reformadores advertiam, tão logo alguém passa a especular sobre a eleição de outro, já se encontra à beira de um terrível abismo. Não existe ponto fixo à parte da fé em Cristo. Somente olhando para ele podemos vencer a "tentação da predestinação". Certeza é consubstancial a cada movimento da fé, lançando-nos nos braços de sua misericórdia. Isso é válido para Amyraut como é para Owen (e para Armínio). Com respeito ao elo com a expiação, a análise de Turretini é digna de observação para clareza e precisão. A fé se mostra em dois estágios, e "Cristo não é revelado e prometido no evangelho como tendo morrido por mim em particular, mas somente de um modo geral [*tantum in genere*] pelos que creem e se arrependem".[149] No primeiro momento, a fé em Cristo como uma resposta ao seu convite (*refugio ad Christum*) não inclui já a certeza de que ele morreu *por mim*; isso surge no próximo estágio, como um ato reflexivo da fé (*actu fidei reflexo et secundário*).[150] Tal consideração procede da verdade de que "Cristo morreu por todos os que creem e se arrependem [*pro omnibus credentibus et poenentibus mortuus est*]" e a aplica.[151]

Indagar da cruz sobre o "por mim" chama a atenção para o ponto conclusivo: a *intenção* do ato ou sacrifício é uma parte do ato ou sacrifício? Nos estágios da "Conversation" de Fuller sobre a redenção particular (Conversação

---

148 Em Lucien Goldmann, *Le Dieu caché: Etude sue la vision tragique dans les Pensées de Pascal et dans le théâtre de Racine* (Paris: NRF, 1955), 324, de *Deux pièces imparfaites sur la Grâce et le concile de Trente* (Paris: Vrin, 1947), 31.
149 Turretini, *Institutio theologiae elencticae*, II², locus XIV, qu. 14,46 (p. 419).
150 Ibid., qu. 14,50 et 49 (pp. 421 e 420).
151 Ibid., qu. 14.51 (p. 421).

III), "Pedro" inclui a intenção (*por quem* precisamente Cristo morreu?) dentro da *natureza* da expiação, enquanto "James" localiza a intenção de tornar a expiação eficaz a alguns na *aplicação*, no desígnio de Deus quanto à aplicação.[152] Como regra, devemos separar a intenção *sobre* uma ação da intenção *da* dita ação. Quando algo é realizado e nenhum objeto preciso é especificado, o uso que se pode (ou não) fazer de seu fruto não pertence à sua natureza. Mas a intenção de *fazer* o que alguém faz constitui a própria alma do ato, sem a qual já não seria um ato. Entre esses dois polos, o que dizer da expiação de Cristo? O autossacrifício de Cristo é implícito para o benefício de outros; levar os pecados como um substituto parece implicar a referência aos beneficiários como essencial ao ato. Fuller prefere uma relação menos direta e, ainda que mantenha a "redenção particular", vê a intenção da expiação como tal uma aplicação aos eleitos.[153] Isso explica a linguagem da Escritura? A questão envolve nossos próximos dois tópicos: argumentos sobre o "duplo pagamento" e a "suficiência".

(4) O universalismo hipotético envolve o inaceitável "duplo pagamento"?

Os que apoiam a expiação definida têm feito objeção ao universalismo hipotético, seja o amiraldiano, seja o "inglês", o qual implica *duplo pagamento* no caso dos réprobos, algo indigno da justiça divina. Se Cristo quitou o débito legal de Judas/Jezabel, e Deus, no juízo final, o demanda deles, e os envia à punição que pagariam por seus pecados — isso não é correto. A "Fé Vivificante" de Augustus M. Toplady expressa o argumento em termos poéticos:

> Tu fizeste expiação completa
> E pagou tudo em moeda corrente
> Tudo o que o Teu povo devia.
>
> A ira de Deus não pode me atingir

---

152 Fuller, *Works*, 314b, 315a, 316b.
153 Semelhantemente, Hodge, *Systematic Theology*, 2:555: "O propósito secreto de Deus em prover tal substituto para o homem nada tem a ver com a natureza de sua obra".

Quando protegido sob a Tua justiça
E coberto por Teu sangue.

Se já me garantiste o Teu perdão
E suportou gratuitamente em meu lugar
Toda a ira divina,
Deus não pode demandar pagamento duas vezes,
Primeiro da mão sangrenta de meu Fiador
E, então, *novamente* da minha.[154]

O argumento tem sido alvo de veementes críticas. Allen traz contra ele uma tríplice acusação: "Ele confunde uma dívida pecuniária (comercial) e satisfação penal pelo pecado"; ignora que "os eleitos estão ainda sob a ira de Deus até que creiam (Efésios 2.4)"; e "nega o princípio da graça na aplicação da expiação — a aplicação não é *devida* a ninguém".[155] Em sua opinião, "John Owen entendia falsamente a redenção para envolver pagamento literal a Deus, de modo que a própria expiação garante sua própria aplicação. ... Ele distorceu e, assim, contradisse a Escritura...."[156]

A segunda e terceira objeções de Allen atacam uma caricatura do argumento do "duplo pagamento": o pagamento de Cristo, em si, sendo da graça, faz a graça reinar! Não obstante, dentro de uma estrutura owênica, podem ser associadas ao "pagamento" outras dimensões da reconciliação e suspender o desfruto de seus benefícios; isso não suscita nenhum problema lógico se, no final, todas as dimensões (legais e pessoais) concordam. Mas há um problema sério se não concordarem: se a dívida de Judas foi paga e, contudo, ele recusa a reconciliação (universalismo hipotético). Visto que o fruto da expiação de Cristo se encontra *nele*, o Mediador e Líder e seu povo, nada existe de incongruente se a união com ele é a condição do desfrute, e "os eleitos se acham ainda sob a

---

154 Citado por J. I. Packer, "Sacrifice and Satisfaction", in *Our Savior God: Studies on Man, Christ, and the Atonement*, ed. James M. Boice (Grand Rapids, MI: Baker, 1980), 137 (ênfase adicionada).
155 Allen, "Atonement: Limited or Universal?", 83.
156 Ibid., 89.

ira de Deus até que creiam". Aquele que pagou seu "devido" à aplicação: *Ele* tem o direito de ressuscitar da morte espiritual aos que lhe foram dados pelo Pai (João 6.37, 39; 17.6, 9, 12); a aplicação é *sua* recompensa, o fruto do "trabalho de sua alma", e pode reivindicar a "satisfação" de graciosamente justificá-los (Isaías 53.11) — essa perspectiva é mais clara na lógica da expiação definida.

É o esquema pecuniário, devedor-credor, inadequado? Essa queixa é partilhada por Fuller e por Hodge em palavras mordazes: "todo um equívoco ou deturpação do atributo da justiça, à qual, segundo os agostinianos, a satisfação de Cristo é apresentada".[157]

Note o *locus* da divergência. Os teólogos da linha de Owen (o próprio Owen, citado três vezes por Fuller, como vimos) têm repudiado uma interpretação literal do pagamento feito; o valor intrínseco da oferta de Cristo explode qualquer tentativa do tipo contabilista. A questão real é a implicação da metáfora do pagamento, e se ela cria um problema para o universalismo hipotético no caso de "Judas/Jezabel". Acho doloroso que uma linguagem primordial da Escritura para a culpa e expiação seja sumariamente descartada. Metáforas não devem ser impostas indevidamente, porém não devem ser desprezadas; cognitivamente, elas orientam a interpretação. Essa linguagem "se traduz" facilmente nas linguagens sacrificiais e judiciais.[158] Podemos aplicar uma separação entre linguagem "comercial" e judicial na Escritura? Os devedores incorrem em condenação; se inaptos a satisfazer as demandas de seus credores, se tornam escravos e enfrentam prisão — a condição de pecadores sob a lei (Gálatas 3.23; cf. Mateus 18.30). Reciprocamente, multas são infligidas como penalidades. "Resgate" evoca, respectivamente, imagens pecuniárias e judiciais. O argumento do duplo pagamento pode ser declarado em termos judiciais, e é assim para Cunningham.[159] Um juiz justo não aplicará duas vezes a pena que dado crime pode merecer.

---

157 Hodge, *Systematic Theology*, 2:554. Cf. 557: o equívoco "surge de confundir uma satisfação pecuniária com uma judicial".
158 Trabalhei metáforas sobre a expiação em meu "Biblical Metaphors and the Doctrine of the Atonement", *JETS* 47.4 (dezembro de 2004): 629-45.
159 Cunningham, *Historical Theology. Volume II*, 352-57.

Como os defensores do universalismo hipotético tratam o argumento, resolvendo-o no plano judicial? Eles seguem John Davenant, o qual afirmava que estava no poder de Deus "reunir condições", e ilustrava seu pensamento com a parábola do rei cujo filho cobra a dívida dos traidores; ele estipularia "que nenhum seria absolvido ou liberado senão somente aqueles que reconhecessem o Filho do Rei como seu Senhor e o servissem"; ninguém objetaria que os rebeldes devem ser punidos, "porque o pagamento ... foi ordenado para obter remissão para cada um sob a condição de obediência, e não de outro modo".[160] Turretini replicou que esse era um argumento insatisfatório, porque um "príncipe humano, mesmo que nutra o mais ardente desejo, não pode dar ao prisioneiro a vontade de aplicar a si o resgate — e isso Cristo pode fazer".[161] As "condições anexas" de Davenant soam atrativas, porque correspondem ao caminho que as coisas seguem entre a humanidade: entre os homens, a decisão dos beneficiários ocorre fora da graça propiciada, mas não é assim com a graça *de Deus*!

É concebível que Deus/Cristo pague pelos pecados de Judas e Jezabel e, no entanto, os deixe entregues à sua incapacidade (autoinduzida) de satisfazer a condição de fé, enquanto ele poderia criar fé neles? Pode ser, embora seja mais difícil do que simplesmente oferecer-lhes o perdão. Mas, então, três questões devem ser exploradas. A primeira, sob as condições para a substituição, consideraremos mais adiante. A segunda é se os dados bíblicos sobre a expiação, e o papel da fé, justificam o conceito de "condições anexas". A terceira é se alguém ainda pode dizer que Cristo pagou judicialmente por todos os pecados dos finalmente perdidos.

Cristo é o Autor, através de sua morte, de uma salvação perfeita. Sua obra consumada remove o pecado do mundo, um mundo "reconciliado". A redenção objetiva de nada carece. As "condições anexas" nada removem da plenitude? Algo mais tem de ser feito, além do que Cristo já fez, para que a pessoa seja salva. Isso permanece mesmo que a condição seja satisfeita por um dom divino, já que tal dom não é garantido pela própria expiação. Chamá-la "aplicação" é

---

160 Citado por Allen, "Atonement: Limited or Universal", 84-85.
161 Turretini, *Institutio theologiae elencticae*, II^a, locus XIV, qu. 14,33 (p. 413).

ligeiramente enganoso: ela é a contribuição subjetiva, acrescida à de Cristo, que causa a aplicação dos benefícios salvíficos. Alguém, os defensores do universalismo hipotético perguntarão, negará a condição de fé?[162] Os que endossam a expiação definida afirmam a condição de fé, mas, visto que ela está segura, e assim é certificada (não imediata) pela morte de Cristo, não é acrescida como outra condição e nada detrai da completude. A fé não é causa eficiente adicional (requerida por condições anexas), mas estritamente instrumental. A aplicação é apenas aplicação.

Pode o universalismo hipotético manter que Cristo pagou por *todos* os pecados de todos os humanos? O endurecimento final de Judas e Jezabel não está incluído, sendo a base de sua condenação. Na ilustração de Davenant, os rebeldes são punidos principalmente por causa de sua desobediência posterior, pela qual o filho do rei *não* pagou o preço. Allen rejeita veementemente a acusação, e cita de Neil Chambers: Owen é culpado de "reducionismo polêmico", "pois a incredulidade é não só uma ofensa como qualquer outra, é também um estado, o qual deve ser tratado não apenas pelo perdão, mas também pela regeneração", e a última só mantém relação indireta com a cruz.[163] É esse o ponto? Na medida em que a incredulidade é também pecado, não importa o que venha a ser, sua condenação implica ou o problema legal do duplo pagamento (penalidade), ou que na cruz não se fez nenhum pagamento por ela. Os amiraldianos dão a impressão de que concebem do pagamento pelos pecados deste ou daquele indivíduo como algo "suspenso" no ar, até que o dom da fé o torne efetivamente "para" este indivíduo; todavia, dizem, em concordância com a Escritura, que na cruz realmente se fez pagamento pelos pecadores. A tensão é séria, bem junto ao coração do universalismo hipotético.

Shultz interpreta corretamente "reconciliar" em Colossenses 1 (NVI): "Os do inferno serão reconciliados de modo que não mais serão capazes de se rebelar contra Deus e porque reconhecerão Jesus, por quem ele existe".[164] E

---

162 Os bartianos, naturalmente, tendem a fazer assim (com algumas ambiguidades), posto que desejam manter a plenitude da reconciliação.
163 Allen, "Atonement: Limited or Universal?", 88.
164 Shultz, "God's Purposes", 157.

então ele declara: "Para que, por meio de Cristo, reconciliasse todas as coisas com o Pai, ele teve de pagar por todo pecado, inclusive os pecados dos não eleitos. De outro modo, algum pecado estaria fora de sua obra expiatória e, assim, fora de seu triunfo cósmico".[165] Presumivelmente, Shultz não ousaria dizer que Jesus Cristo tomou os pecados dos anjos apóstatas (principados etc.) e, portanto, seu triunfo cósmico não requer seu pagamento pelos pecados de todos os seus inimigos. Em Colossenses 1, reconciliação (restauração da ordem, pacificação) envolve satisfação da justiça, pagamento pelo pecado, porém Shultz esquece que a punição eterna dos pecadores impenitentes é a satisfação da justiça; em Mateus 5.25-26, Jesus adverte sobre isso em termos de pagamento: "até o último centavo".

(5) A "SUFICIÊNCIA" É SUFICIENTE?

"Suficiência", desde Pedro Lombardo, tem sido usada por todos os partidos; mas isso tem ajudado a torná-la mais clara? Allen, como já citado, está certo: "O debate sobre a natureza dessa suficiência é *o debate-chave* na questão da extensão".[166] Ela tem sido combinada com conceitos ardilosos tais como "possibilidade" e "capacidade". A lógica displicente algumas vezes tem enlameado as águas. Por exemplo, Lewis Sperry Chafer escreve sobre a expiação: "Ela é *real* quanto à sua *disponibilidade*, mas *potencial* quanto à sua *aplicação*".[167] Este leitor se encontra no país das maravilhas, pois aplicação significa que um benefício se torna *real* na experiência, e a disponibilidade, como o sufixo *-bilidade* indica, com respeito ao que é virtual ou *potencial*! Uma análise dispersaria a indolência enganosa.

A expiação de Cristo é suficiente para todos? "Satisfazer" alguma coisa significa fazer provisão numa situação em que todos os fatores redundarão em "alguma coisa". Se A é suficiente para B, quando A, então B. Se, com A presente, B não ocorre, dizemos que A não foi suficiente para B. A expiação

---

165 Ibid.
166 Allen, "Atonement: Limited or Universal?", 66.
167 Lewis Sperry Chafer, "For Whom Did Christ Die?", *BSac* 137.548 (outubro/dezembro de 1980 [reimpressão de artigo de 1948]): 316.

de Cristo é suficiente para a salvação de todos? Allen se queixa de que, para Carson, "suficiência" significa apenas "que a morte de Cristo *poderia* ter satisfeito os pecados [*sic*] de todos os incrédulos se fosse a intenção de Deus".[168] Sim, devemos distinguir mais incisivamente entre *valor intrínseco* e *suficiência própria*. Mas a suficiência é mais bem-estabelecida com o universalismo hipotético? Dificilmente. A está ali, e B não segue: somos informados que se fez expiação por Judas e Jezabel (A), e, no entanto, não são salvos (B não segue). Mesmo para João e Priscila, que são salvos, a "condição anexa" de fé teve de ser acrescida: A não foi inteiramente suficiente.[169] Aproximamo-nos daquela "suficiência insuficiente" da qual Pascal moteja em sua segunda carta provincial, o híbrido conceito tomista havia se esquecido de distanciar-se dos jansenistas e agradar os jesuítas.[170]

Os defensores da expiação definida se preocuparam mais com a falta de provisão suficiente no esquema do universalismo hipotético — "provisão" sendo um misto de realidade e possibilidade. Nicole relembra o símile de Loraine Boetner: a ponte da expiação definida é mais estreita, mas nos leva a cruzar o rio; a ponte do universalismo hipotético é muito ampla, mas não bastante (suficiente) para alcançar o outro lado. Nicole, com deleitoso humor, comparou a ponte mais larga a uma famosa ponte na França: "a única coisa para a qual ela é boa é dançar".[171] Sua alusão é à ponte Saint-Bénézet em Avignon, que vai até a metade do trajeto sobre o rio Ródano, e ao antigo cântico folclórico: "Sur le pont d'Avignon on y danse, on y danse" [Sobre a ponte de Avignon, a gente dança, a gente dança]. O que os réprobos perdem com a expiação definida comparado com o universalismo hipotético? Quanto aos eleitos, a vantagem da expiação definida é muito clara. A expiação é suficiente para a salvação deles, já que ela torna infalível o dom da fé.

---

168 Allen, "The Atonement: Limited or Universal?", 90.
169 Nettles, *By His Grace and for His Glory*, 311, escreve: "O terceiro equívoco sobre 'suficiente' consiste de uma aparente necessidade de separar objetividade de eficiência a fim de manter o conceito de suficiência para o mundo inteiro".
170 Pascal, *Lettres écrites à un Provincial* (Paris: Librairie de Paris, 1933), esp. 13 (toda a carta 12-23.
171 Roger R. Nicole, "Particular Redemption", in *Our Savior God*, 168-69. Cf. Bavinck, *Sin and Salvation in Christ*, 467 (§ 405): "Na lógica há a regra: 'quanto maior é sua extensão, mais fraco é o alcance'".

O mesmo se obtém com categorias paralelas. O discurso do universalismo hipotético declara que a morte de Cristo fez a salvação *possível* ou *disponível*: "Todas as pessoas vivas se encontram em um estado salvável, porque ali está o sangue suficientemente derramado por eles (Hebreus 9.22)".[172] Os que apoiam a expiação definida acham que essa linguagem está muito abaixo do objetivo bíblico. Cristo não é o Autor da possibilidade de salvação, mas da salvação de fato! Hodge partilhou sua preocupação: "Assim a justiça de Cristo não tornou a salvação dos homens meramente possível; ela assegurou a salvação real daqueles pelos quais ele a concretizou".[173] "O refrão de Owen", Macleod discerne, "não é que a cruz vale somente para uns poucos, mas que a cruz realmente salva, no pleno sentido da palavra".[174] Contrário aos rótulos correntes, a intenção da expiação definida equivale a uma defesa da expiação *indefinida* — indefinida em sua implicação e eficácia!

Falar de "possibilidade" não é algo inocente. Possibilidade não é uma noção autoevidente, e ela alimenta o sofisma. Tomada absolutamente, segundo a genealogia aristotélica, ela é pagã; incompatível com o monoteísmo bíblico. Há um modo bíblico de construir e manusear a categoria, porém quão delicado isso é! Em que sentido algum evento é "possível" se Deus não o decretou? Em que sentido a salvação dos não eleitos é "possível" se foi absolutamente certo desde a fundação do mundo que eles não se salvariam? Eis questões para reflexão.

Depois de reexaminar debates sobre o "duplo pagamento" e a "suficiência", reconheço quão sábio é manter a natureza e a intenção da expiação fortemente conectadas: não se deve conceber o valor e a eficácia da expiação como abstração da dimensão "por quem" no designío de Deus.

IV. CRISTO, O CORDEIRO REDENTOR, COMO O HOMEM

As objeções lançadas contra o universalismo hipotético poderiam deixar incólume o sentimento de que uma expiação particular é um dúbio fundamento

---

172 Allen, "Atonement: Limited or Universal?", 64; "possível" (65), "salvável" (66).
173 Hodge, *Systematic Theology*, 2:552.
174 Macleod, "Amyraldus redivivus", 219.

para a oferta universal. A articulação entre os dois deve ser trazida à luz se a expiação definida acarreta plena convicção.

Jesus Cristo morreu como o Substituto. Mas *como* poderia ele substituir *com validade* em aquiescência com os princípios da justiça que expressa a própria justiça de Deus? Não é autoevidente. Na ilustração de Davenant, o filho do rei paga pelos traidores. Não devemos aceitar esse elemento com demasiada facilidade, como se ele não suscitasse problema. *O caráter voluntário do pagamento vicário não autoriza a pôr de lado o problema — precisamente porque a questão não é pecuniária, e sim judicial.* O problema é com o Juiz: "Longe de ti o fazeres tal coisa, matares o justo com o ímpio, como se o justo fosse igual ao ímpio; longe de ti. Não fará justiça o Juiz de toda a terra?" (Gênesis 18.25). Em parte alguma a Escritura ensina que qualquer indivíduo pode substituir algum outro indivíduo sob condenação. A Escritura exclui tal violação da justiça (Deuteronômio 24.16; Jeremias 31.29-30; Ezequiel 18). A objeção sociniana à substituição penal não é destituída de força.

Jesus *não* morreu como qualquer outro indivíduo no lugar de outros indivíduos. A Escritura afirma a responsabilidade individual, mas também uma dimensão *comunitária* da vida humana, com consequências para a justiça. A Escritura revela uma estrutura específica entre a humanidade que foi inadequadamente descrita como "personalidade coletiva" e à qual eu chamo de *liderança* comunitária.[175] Indivíduos são membros uns dos outros; seu viver em comunidade produz entidades que desfrutam de um significativo grau de unidade orgânica: um indivíduo, não *mero* indivíduo, expressa essa unidade e atos para o corpo. A *Cabeça* assume a responsabilidade pelo grupo. Isso fundamenta uma legítima transferência judicial. A cabeça assume a responsabilidade pelo corpo. A estrutura se encontra em vários níveis, com o vínculo orgânico mais forte ou mais fraco, e por isso as prerrogativas de liderança mais ou menos conspícuas. A lei leva em conta a substituição. Na comunidade, o casamento, Números 30.15[16] declara que o esposo, a cada cabeça da comunidade, pode levar *o*

---

[175] Cf. meu esboço de Henri A. G. Blecher, *Original Sin: Illuminating the Riddle.* NSBT (Leicester, UK: Apollos 1997), 96-99.

pecado de sua esposa, frase para se submeter à pena; semelhantemente, os pais pelos filhos, o rei pelo povo. Cristo fez substituição válida pelos pecadores, porque essa é uma estrutura que a torna válida.

Os testemunhos enchem a Bíblia. Cristo se ofereceu como o Pastor por *suas* ovelhas, o Rei por seu povo, o Senhor por seus amigos, a Cabeça por seu corpo, o Noivo por *sua* noiva, o Novo e Último Adão por *sua* nova criação e nova humanidade. Turretini ressaltou que Cristo agiu, respectivamente, como nosso Fiador (*Vas*) e nossa Cabeça (*Caput*), e esses não devem ser separados; e nem sua morte de sua ressurreição: ele tinha de morrer como nosso Fiador e ressurgir como nossa Cabeça.[176] Tomás de Aquino, muito embora sua ideia de satisfação seja diferente, já respondeu à dificuldade "aquele que pecou deve satisfazer" (não transferir) pela proposição, "a Cabeça e os membros são assimilados [*sunt quasi*] em uma pessoa mística. Portanto, a satisfação de Cristo pertence a todos os crentes como seus membros".[177]

Esse *insight* é difícil de perfilar com o universalismo hipotético, e pode-se assinalar uma tensão com a insistência de Fuller de que a morte de Cristo, considerada de modo independente "da designação de Deus, com respeito à sua aplicação", foi feita "por homens, não como eleitos ou não eleitos, mas como *pecadores*",[178] e, enquanto Cristo "suportou toda a maldição da lei, e a ira de Deus devida ao pecado", só foi "feito um *preço* por eles" no desígnio ulterior de Deus.[179] Se a liderança de Cristo é constitutiva de seu papel, como pode a suficiência de sua obra ser abstraída dela? O que é esse "pecado" na frase de Fuller contra o qual a ira de Deus foi descarregada? A Escritura diz que Cristo carregou *nossos* pecados e *nossas* iniquidades tomou sobre si. A metáfora do "preço pago" se refere à própria transação, não aplicação posterior. No rastro de Witsius, Cunningham, de uma forma perspicaz, observou que a substituição sob a punição capital, *pro aliquo mori* (morrendo por alguém mais), é "debilitada" se

---

176 Turretini, *Institutio theologiae elencticae*, II^a, locus XIV, qu. 14,20 (p. 407).
177 Tomás de Aquino, *Summa Theologiae*, III^a, qu. 48, art. 2, primeira dificuldade e solução *ad primum* (tradução minha).
178 Fuller, *Works*, 313a (Conversation II).
179 Ibid., 315a (Conversation III).

nenhuma classe precisa estiver em vista.[180] Ainda que Fuller não ensinasse a teoria "reitoral" que Grotius adotou sobre a expiação, ele deu um passo nessa direção fatal? A doutrina reitoral oferece uma abordagem equivocada do pecado sendo punido, posto que ela nega a transferência de nossos pecados para Cristo — não havia no Crucificado pecado para punir. Deus fixou na cruz uma demonstração pedagógica, *contra* a justiça. A teologia evangélica deve evitar as associações "reitorais" e focar-se em Cristo, o legítimo Substituto, visto que ele é o Pastor, o Rei, o Senhor, a Cabeça, o Noivo, o Novo Adão.

Nesta conjuntura, uma nova aurora de compreensão se rompe em nosso horizonte e revela aspectos que realmente sanam as preocupações entre os que endossam o universalismo hipotético. Cristo morreu como a Cabeça da nova humanidade — "humanidade pressupõe um escopo mais universal. Considerando a comunidade maior na qual a estrutura da liderança é estabelecida, e com implicação mais radical — o *genus* humano — podemos afirmar tanto a expiação definida como uma referência universal. Agostinho escreveu sobre os eleitos: "Toda a espécie humana [*genus*] está neles".[181] A liderança de Cristo como o Novo Adão fundamenta proposições como estas: O "Homem" no sentido genérico (*anthrôpos, homo*) foi redimido na cruz; o *mundo* foi reconciliado (2 Coríntios 5.19); cada ser humano está envolvido. Pois Cristo assumiu a humanidade. Como sua nova Cabeça, ele estava em sua morte, como Pilatos, contra sua vontade, profetizou, *o Homem* (João 19.5).

Como a humanidade está envolvida? Evitamos a armadilha do hiper-realismo platônico e não devemos ver a humanidade como uma "essência" existindo além, à parte dos indivíduos concretos. Não obstante, uma solidariedade como essa obtém um laço de unidade orgânica entre homens e mulheres, sob sua Cabeça, que a "humanidade" singular, "a espécie humana", ou "Homem" (sentido genérico) responde a uma dimensão da realidade. *Isso é apropriado por Jesus Cristo como a nova Cabeça e Redentor*. Ele cria em si judeus e gentios "em um novo a]nqrwpo"" (Efésios 2.15; cf. 4.13). Considerando

---

180 Cunningham, *Historical Theology, Volume II*, 351-52.
181 Agostinho, *De Correptione et Gratiâ, NPNF*[1] 5:489. Ele discorre sobre 1 Timóteo 2.4.

a dimensão da unidade do gênero humano, ele merece ser chamado "o Salvador do mundo" (João 4.42).

As condições da liderança de Cristo devem ser escrutinizadas. São complexas: a nova humanidade não é outro gênero humano criado *ex nihilo*; Deus *recria* em Cristo o antigo. Daí discernirmos dois movimentos ou estágios principais. Encarnação: o Filho entrou na solidariedade da carne e sangue (Hebreus 2.14), ele se uniu à espécie adâmica e nasceu de uma mulher para resgatar os "filhos" que Deus lhe dera (Hebreus 2.13; cf. João 6.37, 39). Mas não nasceu "em Adão", sob a liderança de Adão. O milagre do Espírito em sua concepção o marcou como um *novo princípio*, uma nova Cabeça, um novo Adão — muito embora a nova criação estivesse começando nesse estágio. Em parte alguma a Escritura insinua qualquer mudança ontológica afetando o corpo do gênero humano como um efeito da encarnação; os seres humanos ainda não estão "em Cristo" neste estágio (cf. Romanos 16.7), e todos morrem "em Adão". A nova humanidade emerge no dia da Páscoa — segundo estágio. O primogênito de Maria se torna o primogênito dentre os mortos, as primícias da nova criação. Todos os crentes nele se unem a ele como sua cabeça, pela agência de seu Espírito: "em Cristo" partilham da nova criação (2 Coríntios 5.17). A humanidade nova e recriada herda os títulos, a vocação e a unidade orgânica que pertenceram ao *genus* adâmico.[182]

O que dizer daqueles que *não* creem? Não estão "em Cristo", não se obrigam à nova Cabeça. Morrem em Adão. Todavia, o vínculo da solidariedade humana acarreta essa obra de Cristo, visto que ele é a Cabeça do *genus*, concerne a eles: são chamados a ele para se unirem a ele na transição da antiga morte adâmica para a vida da nova criação. A menos que esposem o movimento da recriação da humanidade como recapitulado em Cristo, se excluem da

---

182 Esse *insight* que vejo faltando no rigoroso argumento de Nettles em By His Grace and for His Glory. Sua ênfase sobre um "elemento ... quantitativo na expiação" (320), significando que Cristo fez satisfação pela exata quantidade dos pecados dos eleitos (excluindo os pecados dos réprobos), visto que a Escritura atesta uma *gradação* nas punições (318), não autoriza uma correspondência um a um, através da simples adição, entre pecados e punições. A justiça de Deus é exata, mas como Deus determina que punição é adequada para "o pecado do mundo" como portado pelo Substituto, não reivindico a forma. (Nettles reconhece uma diferença: a punição de Cristo não incluiu o remorso [319].)

humanidade como um *genus*: confirmam para si a condenação adâmica. Em razão da complexidade, duas perspectivas complementares são justificadas. De um ponto vantajoso, os crentes parecem ser indivíduos escapando, através da fé pessoal, à solidariedade da velha espécie (Atos 2.40: "Salvai-vos dessa geração perversa"). Do outro, os crentes parecem ser indivíduos que rejeitam a nova solidariedade de salvação na Cabeça, Cristo. Abraham Kuyper captou o segundo em uma alegoria pictórica:

> Se equipararmos a humanidade, assim como saiu de Adão, a uma árvore, então os eleitos não são folhas que foram arrancadas da árvore e que se poderia trançar com elas um diadema para a glória de Deus, enquanto a própria árvore seria derrubada, erradicada e lançada ao fogo; mas, precisamente ao contrário, os perdidos são como ramos, galhos e folhas que se soltaram do caule da humanidade, enquanto os eleitos são os únicos que permanecessem fixos a ela. ... o que está perdido é arrancado do caule e perde sua conexão orgânica.[183]

Essa imagem botânica é bíblica: Israel representa toda a espécie humana, tanto em graça como em juízo — sua figura é precisamente a oliveira da qual os incrédulos são arrancados individualmente (Romanos 11.17-21). Israel, a videira, é assumido em Cristo — "Eu sou a videira" — e os ramos infrutíferos devem ser também cortados (João 15.2, 6).

Ressaltar a dimensão orgânica, o caráter coletivo da humanidade, ilumina o fundamento no convite universal da expiação, e o motivo de a fé ser requerida para o desfrute. A visão nos capacita a render maior justiça ao tema bíblico da "paz", o tema da reconciliação de todas as coisas — sem esquecer a "espada". Além das considerações quantitativas e estatísticas,[184] a "paz" é a restauração

---

183 Abraham Kuyper, *E Voto dordraceno II*, 178, como citado (e muito provavelmente traduzido) por B. B. Warfield, "Are They Few That Be Saved?", in *Biblical and Theological Studies*, ed. Samuel G. Craig (reimp. Phillipsburg, NJ: P&R, 1952), 336.

184 Não somos *obrigados* a crer que finalmente os salvos serão poucos, ou mesmo a minoria. Tal restrição como se encontra em Mateus 7.14 pode aplicar-se somente à geração dos israelitas contemporâneos (cf. Romanos 11).

qualitativa, uma expressão das Boas Notícias. A vitória de Deus sobre o mal é completa, através do sangue da cruz — *Agnus Victor*!

V. PRESERVANDO A VERDADE DO TEMPO

A proposição de Turretini é digna de nota uma vez mais: "Cristo não é revelado e prometido no Evangelho como tendo morrido por mim em particular, mas somente *in genere* pelos que creem e se arrependem".[185] A afirmação diz respeito à sequência histórica. Suspeito que o entretecimento prematuro de perspectivas eternas e temporais tenha ofuscado o significado de expiação definida; fazer a distinção entre elas ajuda a remover as pedras de tropeço no caminho de sua recepção.

A teologia ortodoxa tem corrido o risco de minar a significação, a "consistência", dos eventos sucessivos que realizam a salvação no tempo. A lógica tendenciosa desse tipo prosperou quando uma ênfase sobre a soberania de Deus foi combinada com uma noção platônica de eternidade ("presente puro", "para Deus" não há sucessão, nem passada nem futura).[186] Enquanto a Escritura revela a antecedência do propósito de Deus para reforçar a significação dos eventos temporais, protegê-los da dissolução niilista, então prevaleceu a impressão de que nada se computou senão a decisão celestial. A história foi mera manifestação, secundária. Um sintoma era a doutrina da justificação eterna, esposada pela minoria. Essa lógica tendenciosa foi refreada pela adesão bíblica e os efeitos deletérios foram mínimos,[187] mas mesmo assim a apresentação de algumas doutrinas foi enfraquecida. Sem nos rendermos ao "processo" da superioridade da duração divina, mantemos a veracidade de tempo sob Deus: diferenças entre passado e futuro,

---

Cf. Warfield, ibid.
185 Turretini, *Institutio theologiae elencticae*, II², locus XIV, qu. 14,46 (p. 419).
186 Cf. Henri A. G. Blocher, "Yesterday, Today, Forever: Time, Times, Eternity in Biblical Perspective", *Tyndale Bulletin* 52.2 (2001): 183-202.
187 Barth afirma em *KD* III/2, § 47, a presença de passado e do futuro na eternidade de Deus, mas totalmente simultânea, sem sucessão! Cf. Klaas Runia, *De Theologische Tijd bij Karl Barth, met name in zijn anthropologie* (Franeker, Netherlands: T. Wever, 1955), esp. 29-30 e 44-70. Runia mostra que Abraham Kuyper se contradisse sobre a sucessão na eternidade (237-38 n. 124); o próprio Runia por fim renuncia inclusive a sucessão, porém confessa fazer isso "hesitantemente" (254).

promessa e cumprimento, o ainda-não-concretizado e o que de fato foi concretizado vale para Deus.

Se apoiarmos a validade da sequência histórica, afirmamos a história da expiação e evitamos o surgimento de restrição. O Filho encarnado, *o Homem*, se dá em resgate como a cabeça, a cabeça dos "muitos" que o reconhecerão e se unirão a ele pela fé. Nesse estágio, a referência de sua substituição não é indefinida, pois a qualificação é bem definida, mas historicamente é aberta, justamente como é o chamado do evangelho. Todo aquele que vier e pode se tornar membro da nova comunidade pela qual Cristo pagou plenamente o preço. *Sub specie æternitatis*, a lista é conhecida de Deus, os nomes dos "primogênitos" estavam escritos nas tábuas celestiais desde a fundação do mundo (Hebreus 12.23; Apocalipse 13.8; 17.8), mas isso não enfraquece a veracidade da história humana[188] — todos os agostinianos reconhecem isso para o chamado do evangelho; por que não da substituição expiatória?

CONCLUSÃO

Sutil demais? Antes, em questões sutis, essa característica é relevante — a esperança deve produzir uma comunhão mais íntima entre as mentes desejosas de honrar o Senhor e Salvador do mundo. Que o Deus da paz, que através do sangue da eterna aliança trouxe de volta, dentre os mortos, o grande pastor das ovelhas, use essas frágeis considerações para conduzir seus servos juntos pelos bons caminhos que lhe agradam.

---

188 O exercício de Deus de sua soberania não deve ser concebido segundo o modelo da causação criativa. Deus inclui em seu plano, em avanço, a atuação da liberdade criada. Isso é tão verdadeiro que o Pai estabeleceu os tempos e as datas (Atos 1.7) e que devemos apressar a vinda do Dia (2 Pedro 3.12).

EXPIAÇÃO DEFINIDA NA PRÁTICA PASTORAL

CAPÍTULO 21

MORTO PELO MUNDO?

O "DESCONFORTO" DOS "NÃO EVANGELIZADOS" PARA UMA EXPIAÇÃO DEFINIDA

Daniel Strange

"Digno és de tomar o livro e de abrir-lhe os selos, porque foste morto e com o teu sangue compraste para Deus os que procedem de toda tribo, língua, povo e nação e para o nosso Deus os constituíste reino e sacerdotes; e reinarão sobre a terra." Apocalipse 5.9-11

INTRODUÇÃO

Nenhuma doutrina é uma ilha. Com a questão da intenção e extensão da expiação, não estamos tratando de um ponto doutrinal atomista ou isolado que não tem nenhuma relação com outro foco doutrinal. Antes, é uma questão que faz parte de "um todo" teologicamente interconectado, orgânico e sistêmico, hierarquicamente ordenado em várias proposições hermenêuticas e teológicas. Há crenças "básicas" que são profundamente tomadas com estima. Dado que essas pressuposições hermenêuticas fazem a interpretação das evidências antes de nós, inclusive as evidências bíblicas que cremos ser tão cegamente "óbvias", o perigo da incomensurabilidade entre posições divergentes está sempre à mão, bem como a possibilidade de persuasão remota e decepcionante. Em um cenário como esse, talvez uma nova estratégia seja necessária para sair desse beco sem saída e oferecer a possibilidade de abrir caminho para as defesas aparentemente inexpugnáveis da posição rival.

Os que estão familiarizados com o método apologético conhecido como "pressuposicionalismo" saberão que neste cenário de posições competitivas hermeneuticamente seladas, as quais podem ser equiparadas a "cosmovisões", a "verdade" de uma posição pode ser demonstrada não por argumentos "diretos" que apontam para a própria cosmovisão de alguém, mas, antes, por meio de argumentos "indiretos" que demonstram a veracidade de determinada posição ao tempo em que aponta para as falhas fundamentais na cosmovisão competitiva. Isso costuma ser chamado de argumento com um impulso "transcendental", ou, alternativamente, um argumento em prol da "impossibilidade do contrário". Neste capítulo, desejo tomar a abordagem um tanto nova de aplicar esse método não a um embate *inter*cristão/não cristão, mas ao debate *intra*evangélico sobre a intenção e a extensão da expiação. Buscarei defender uma expiação definida, demonstrando não a "impossibilidade" de uma expiação universal, mas, talvez menos dramaticamente, o "desconforto" de uma expiação universal. Dizendo de modo mais coloquial, desejo pôr uma "pedra no sapato"[1] dos que fazem uso da expiação universal com o objetivo de se tornarem, epistemologicamente, mais cônscios das implicações sistêmicas dessa doutrina e assim reexaminar seu comprometimento com ela.

A "pedra" particular que desejo usar vem na forma de uma pergunta arremessada aos cristãos ortodoxos ao longo da história, mais famosamente por Porfírio no terceiro século e por John Hick no vigésimo.[2] Mas é também uma pergunta formulada vezes sem conta e a incontáveis cristãos "comuns" e em incontáveis contextos apologéticos no meio. Diz respeito ao destino dos que

---

1 Tomo essa frase do livro de Greg Koukl, *Tactics* (Grand Rapids, MI: Zondervan, 2009), 38.
2 Porfírio, citado por Agostinho em uma carta a Deogratias, NPNF[1] 1.416; John Hick, *God and the Universe of Faiths* (Oxford: Oneworld, 1993), 122-23.

nunca ouvem falar de Cristo e sem que isso se dê por causa de sua aparente culpa pessoal — os assim chamados "não evangelizados". Se bem que essa questão poderia ser chamada de o problema do mal em sua forma soteriológica. O "peso" dessa pedra, particularmente em um nível emocional e pastoral, tem sido demasiado grande para alguns carregarem, especialmente quando aparentemente ela ganhou ainda mais peso ao longo do último século com a crescente proximidade e o conhecimento de outras culturas e religiões. É desta pedra que de fato Hick nos informa que foi o ponto culminante para sua mudança paradigmática na "teologia das religiões", levando-o do particularismo para o pluralismo, uma "revolução copérnica", a qual ele convoca todos os cristãos a fazer.[3]

De modo algum desejando diminuir as dificuldades pastorais e emocionais que fazem parte da questão dos não evangelizados, desejo usar essa questão para nos ajudar a responder outra: a questão da intenção e extensão da expiação. Enquanto a categoria dos não evangelizados não apresenta respostas "fáceis" para os que mantêm a expiação definida, para os que mantêm a expiação universal, a questão dos "não evangelizados" apresenta dificuldades teológicas peculiares e, para minha mente, intransponíveis.

Minha contenda é que, a menos que os proponentes da expiação universal neguem a *fides ex auditu* (a fé vem pelo ouvir) e abracem alguma forma de inclusivismo soteriológico (com suas ramificações profundamente problemáticas para a exegese, doutrina e missão evangélicas), a expiação universal é, na realidade, uma expiação "limitada", não simplesmente em sua "qualidade" (em oferecer somente a "possibilidade" de salvação), mas também em sua "quantidade" ou "escopo". Para dizer de modo um pouco mais provocativo, para os que nunca ouvem o evangelho, a expiação universal ou "ilimitada" é não só suscetível à alegação de *não* apresentar uma oferta sincera ou "bem-intencionada" do evangelho mas, na verdade, para esta categoria da humanidade, ela não faz absolutamente nenhuma oferta, e assim a torna "limitada". Como resultado, podem-se suscitar dúvidas adicionais quanto a essa natureza qualitativa e objetiva

---

3   Hick, *God and the Universe of Faiths*, 120-23.

da expiação[4] (especialmente se a teoria "penal", em vez da "governamental", for esposada) e, em última análise, do caráter e da soberania de Deus. Cristo proveu uma salvação *de jure* para todos, mas *de facto* ela não é acessível a todos e é limitada em seu escopo.

Reapropriando-me da famosa analogia de Hick, com os proponentes da expiação universal, desejo argumentar que a categoria dos não evangelizados é um epiciclo extenso demais em seu sistema ptolomaico, e o que se exige é uma "revolução copérnica", uma mudança paradigmática que abrace uma expiação definida.

Este capítulo será dividido em duas partes, refletindo minha metodologia apologética escolhida. Primeiro, apresentarei um argumento "de ataque", descrevendo e analisando a questão dos não evangelizados dentro da esfera da expiação universal; e então, na segunda parte, apresentarei um argumento "defensivo", examinando a mesma questão dentro da esfera da expiação definida.

(1) A QUESTÃO DOS NÃO EVANGELIZADOS EM RELAÇÃO A UMA EXPIAÇÃO UNIVERSAL

Que a categoria dos não evangelizados é uma apologética "pedra no sapato" para os que mantêm a expiação universal, de modo algum é um argumento original. De dezesseis, esse é o segundo argumento de John Owen contra a ideia de "resgate geral" em *The Death of Death in the Death of Christ*: "Do fato de que o evangelho, o qual revela que a fé em Cristo é o único caminho da salvação, não é promulgado a todos os homens."[5] Vale a pena citar sua objeção por extenso aqui:

> Se a intenção do Senhor fosse, por sua morte, obter o perdão do pecado e a reconciliação com Deus para todos e cada um que realmente viessem a desfrutar de uma condição que os fizesse crer, então deveria essa aprovação e intenção de Deus e essa aquisição por Jesus Cristo em favor deles ser conhecidos pela palavra, para que cressem, "pois a fé vem pela

---

4   Isto é, faz a obra plena de Cristo *realmente* obter a salvação, em vez de apenas buscar *potencialmente* a salvação.
5   John Owen, *The Death of Death in the Death of Christ* (1684; reimp., Edimburgo: Banner of Truth, 1959), 28.

pregação, e a pregação pela palavra de Cristo" (Romanos 10.17). Pois se essas coisas se fizessem conhecidas e reveladas a todos e a cada um que se preocupa com elas, a saber, aqueles de quem o Senhor se preocupa e por quem ele obteve tão grande bem, então uma dessas coisas se seguirá: primeiro, ou que podem ser salvos sem fé em Cristo e sem o conhecimento dele (o que não podem fazer, a menos que lhes seja revelado), é falso e se pode prová-lo; ou, ao contrário, que essa boa vontade de Deus, e essa aquisição feita por Jesus Cristo, evidentemente são vãs, e frustrada em relação a eles; sim, uma clara zombaria deles, que não lhes fará qualquer bem para tirá-los da miséria, nem serve à justiça de Deus deixá-los inescusáveis; pois, que culpa pode reverter o que fizeram se não abraçam nem usam bem um benefício que do qual jamais ouviram em suas vidas? Que sabedoria de Deus é essa de enviar Cristo para morrer para que os homens fossem salvos, e nunca os leva a ouvirem algo sobre isto; e ainda propor e declarar que, a menos que ouçam e creiam, jamais serão salvos? Que homem sábio pagaria um resgate pela libertação daqueles cativos dos quais se assegura que jamais chegarão ao conhecimento de tal pagamento feito, e assim é melhor para ele? Devemos responder a isso recorrendo à bondade de Deus por tratar assim suas míseras criaturas? Manter para com todos eles, pretensamente, o mais intenso amor imaginável, além de toda comparação e ilustração — como o envio de seu Filho apresenta ser — e, no entanto, nunca os deixar conhecer tal coisa, mas no fim os condena por não crerem nela? Devemos responder a isso recorrendo ao amor e à bondade de Cristo para conosco, consignar-lhe, em sua morte, uma resolução como esta: "Agora, pela oblação de mim mesmo, obterei para todos e cada um, paz e reconciliação com Deus, redenção e salvação eterna, glória eterna nos mais elevados céus, inclusive para todos os pobres miseráveis, vermes asquerosos, condenados vis, que a cada hora devem esperar a sentença de condenação; e tudo isso verdadeira e realmente deve ser-lhes comunicado se crerem. Mas também ordenarei de tal modo as coisas que inumeráveis almas jamais ouvirão sequer uma palavra de tudo o que tenho feito por elas, nunca serão persuadidas a crer, nem terão o objeto da fé no qual lhes é proposto que creiam, para que, de fato, pudessem ser participantes dessas coisas"? Acaso esse desígnio e propósito estavam na mente e vontade de nosso misericordioso sumo sacerdote? Que Deus nos proíba de pensar tal coisa!6

No argumento de Owen, uma série de possibilidades potenciais gira em torno da relação entre a provisão universal da expiação e a questão do acesso a essa provisão. Se alguém crê que Cristo morreu por todos, mas outro alguém também reconhece que alguns não têm acesso a esse conhecimento, então há uma tensão criada que só pode ser resolvida, teologicamente, de duas maneiras, ambas as quais, ao menos para Owen, são inimagináveis. De um lado, ou as pessoas realmente podem ser salvas sem ouvir de Cristo (o que ele nem mesmo cogita como uma possibilidade), ou, do outro lado, a expiação seria construída de tal modo que tanto o caráter de Deus quanto a unidade da economia da Deidade seriam questionados — "que essa boa vontade de Deus, e essa aquisição feita por Jesus Cristo, evidentemente são sem valor". Explorarei ambas essas consequências, começando com a segunda como a primeira.

A) A IMPORTÂNCIA DE DEMONSTRAR A ACESSIBILIDADE UNIVERSAL NA DEFESA DA EXPIAÇÃO UNIVERSAL

A segunda consequência que Owen descreve pertence ao "desígnio e propósito de nosso misericordioso sumo sacerdote".7 Ilustrando seu argumento, Owen imagina um príncipe que tem "um rico tesouro" e pretende redimir todos os seus cativos, porém não tira tempo para informar a todos os cativos que eles já foram redimidos, deixando-os assim em seu estado de servidão. Ele indaga: "Acaso isso não seria concebido como um vão e ostentoso esplendor, sem

---

6   Ibid., 126-27.
7   Ibid., 127.

qualquer boa intenção para com os pobres cativos?".⁸ Herman Bavinck nota que em tal situação a justiça de Deus é potencialmente denegrida "por dizer que ele faz com que o perdão e a vida fossem adquiridos para todos e então falham em distribuí-los [a todos]".⁹ A conclusão de Robert Reymond é semelhante em não querer postular o que ele crê que seria uma divergência dentro da economia de Deus entre sua soberana "providência" e sua soberana "provisão":

> Evidentemente, a questão de quem ouve o evangelho está sob o governo providencial do Deus soberano, e ele de tal modo dispôs a história evangélica que muitas pessoas jamais ouvirão acerca de Cristo. É inimaginável presumir então que Deus enviou seu Filho para salvar pessoas que, pela ordenação de sua própria providência, jamais ouvem o evangelho a fim de crerem e serem salvas.¹⁰

Mas esse dilema é evitável? Dentro de um contexto arminiano mais amplo, aqui a resposta é sim, pois uma resposta imediata a essa possibilidade pode ser a alegação de que teólogos como Owen e Reymond estão ainda operando dentro da estrutura reformada determinista que, em termos das doutrinas da soberania e providência, decretivamente preordena que alguns não terão acesso ao evangelho. E assim, dentro de tal estrutura, inevitavelmente surge o problema de um conflito ao estilo de Janus dentro da economia divina, o qual esconde uma provisão universal ordenada contra uma acessibilidade limitada ordenada. Que escritores reformados como Owen e Reymond rejeitariam tal posição e "resolveriam" o dilema propondo uma provisão limitada é óbvio.¹¹

Entretanto, dentro de uma estrutura soteriológica arminiana, pode-se alegar que, justamente como a vontade salvífica universal de Deus pode

---

8   Ibid.
9   Herman Bavinck, *Sin and Salvation in Christ*, vol. 3 de *Reformed Dogmatics*, ed. John Bolt, trad. John Vriend, 4 vols. (Grand Rapids, MI: Baker, 2006), 469-70.
10 Robert L. Reymond, *A New Systematic Theology of the Christian Faith* (Nashville: Thomas Nelson, 1998), 676-77.
11 Embora pareça menos óbvio aos amiraldianos ou universalistas hipotéticos.

ser frustrada pela liberdade arbitrária humana, assim o mesmo se pode dizer com respeito a uma "acessibilidade universal" soteriológica: Deus pode desejar que alguém ouça o evangelho, mas esse desejo de que alguém o ouça pode ser frustrado. Levar o evangelho a essas pessoas é tarefa *nossa*, e essa tarefa missionária pode ter sucesso ou fracassar. Poder-se-ia argumentar que uma das motivações primárias para dois mil anos de missão cristã e sua urgência tem sido a convicção de que homens e mulheres cristãos são o meio pelo qual os não evangelizados ouvem o evangelho, e o fato de que muitos não têm ouvido é responsabilidade *nossa*? Portanto, enquanto tanto para Deus como para os cristãos a acessibilidade universal à salvação pode ser desejada, não é uma vinculação lógica da expiação universal. Assim, bem que se poderia sugerir que o dilema que Owen e Reymond criam em seu argumento demonstra-se ser algo de uma falsa dicotomia, e uma que pode ser evitada.

Essa possível resolução arminiana se mantém? Numa inspeção mais detida, creio que não, e que o dilema original de Owen permanece especialmente para os que desejam manter uma substituição "penal". Enquanto houver, obviamente, uma estreita conexão entre a vontade salvífica universal de Deus e a expiação universal (como a vontade salvífica de Deus é revelada na obra de Cristo na cruz), parece haver algumas diferenças cruciais entre os dois conceitos. Na doutrina da expiação universal, não estamos tratando de um "desejo" abstrato que pode ser frustrado, e sim do produto real desse desejo concretizado, uma realidade objetiva que já ocorreu na história: Cristo morreu por todos. Reiterando a questão: há um elo necessário entre Cristo morrendo por todos e todos ouvindo sobre Cristo morrendo por todos? A questão não é se uma provisão redentora universal é universal em sua eficácia, pois os arminianos admitem que a liberdade do homem de resistir à graça limita sua eficácia. Ao contrário, a questão é se uma provisão redentora universal pode ser limitada em seu escopo, de uma ou de outra maneira (por exemplo, o fracasso da missão cristã de levar o evangelho a certas partes do mundo). Eu gostaria, em poucas linhas, de oferecer o que penso ser a resposta aqui, delineando os contornos da expiação universal particularmente em sua forma arminiana, mas também aplicável, eu argumentaria, nas formas amiraldianas e universalistas hipotéticas.[12]

No cerne da doutrina da expiação universal e dentro de uma estrutura soteriológica arminiana sinergística[13] estão dois conjuntos de ideias associadas: realização objetiva e aplicação subjetiva, e possibilidade universal e realidade particular. O que quer que a morte de Jesus realizou, somente ele poderia realizar, mas cada indivíduo ainda deve aceitar esse dom gratuito: "É claro ... que a morte de Cristo é universal em sua suficiência e intenção, mas é limitada em sua aplicação. Essa limitação é imposta não por Deus, mas pelo homem. O ser humano individual, criado à imagem de Deus com livre-arbítrio, deve aceitar os benefícios da expiação".[14] Portanto, na soteriologia arminiana, pode-se ver uma simbiose entre lados objetivos e subjetivos: uma resposta positiva subjetiva é requerida para fazer uma realização efetiva ou objetiva, mas não poderia haver a possibilidade de uma resposta subjetiva sem a provisão objetiva. Porque há um grau de condicionalidade neste esquema, assim evita-se um universalismo objetivo, pois a expiação universal só conduz a um universalismo se "a soberania de Deus significa que cada ato de Deus tem de ser 'eficaz' e 'não pode ser frustrado pelo homem', com isso negando qualquer liberdade humana possível como sendo consistente com a soberania divina".[15] Há bastante evidência bíblica para pressupor que nem todos têm aceitado o dom gracioso de Deus em Cristo. Inversamente, enquanto há a possibilidade de que ninguém aceite a livre oferta da graça de

---

12   Por exemplo, Lewis Sperry Chafer, *Systematic Theology: Volume III* (Dallas: Dallas Seminary Press, 1948), 196, argumentou que a obra consumada de Cristo é *"real* em sua disponibilidade, mas *potencial* em sua aplicação". E John Davenant, "Uma Dissertação sobre a Morte de Cristo, quanto à sua Extensão e Benefícios especiais: contendo uma breve História do Pelagianismo e mostrando a Concordância das Doutrinas da Igreja da Inglaterra sobre a Redenção geral, Eleição e Predestinação, com os Pais Primitivos da Igreja Cristã, e acima de tudo com as Santas Escrituras", in *An Exposition of the Epistle of St. Paul to the Colossians*, trad. Josiah Allport, 2 vols. (Londres: Hamilton, Adams, 1832 [tradução inglesa da ed. latina de 1650]), 2:384, mantém tanto uma satisfação universal e uma incondicional e absoluta, mas uma [satisfação] que só poderia ser proveitosa às pessoas "condicionalmente ... se crerem".
13   Como contrastada com a estrutura reformada monergística.
14   Terry L. Miethe, "The Universal Power of the Atonement", in *Grace of God and the Will of Man*, ed. Clark H. Pinnock (Grand Rapids, MI: Zondervan, 1989), 75.
15   Ibid.

Cristo, isso é apenas uma possibilidade lógica, visto que a Bíblia pressupõe que muitos de fato aceitam essa oferta.

É o estreito elo entre os lados objetivos e subjetivos da soteriologia arminiana que parece atar a expiação universal à acessibilidade universal. Pois embora a morte de Cristo tenha efetuado algo objetivamente independente do crente (ou seja, a possibilidade de salvação que não existia antes da morte de Cristo), em termos de seu potencial salvífico a oferta subjetiva desse empreendimento objetivo pareceria ser necessária para tornar a provisão verdadeiramente "universal". Pareceria que para se fazer uma oferta universal "genuína" seria necessário que todo recipiente esteja em posição ou de aceitar ou de rejeitar essa oferta. Mas pode uma oferta universal ser genuína e ainda ser frustrada? Pode em termos de sua eficácia, pois pode ser aceita ou rejeitada. Mas pode ser também apenas potencial em escopo? Afirmar isso parece violentar o equilíbrio delicado entre objetivo e subjetivo, com o subjetivo totalmente definindo e, portanto, submetendo o objetivo. Em minha compreensão da expiação universal, ainda que particularmente em sua visão penal substitutiva, não creio que seja isso o que os teólogos arminianos têm em vista quando alegam que a morte de Cristo é objetivamente universal e "ilimitada". Expressando-o de outra maneira, sem a possibilidade universal de aceitar ou rejeitar Cristo, sua morte é agora expiação "ilimitada" ou "universal", a qual declara que "Cristo morreu por todos", chamado propriamente assim quando há efetivamente termos e condições em "letra minúscula" que lê: "... subjetivo para quem o ouve"? Os proponentes da expiação universal muitas vezes criticam a posição da expiação definida por não ser capaz de manter, respectivamente, a expiação definida e um chamado universal do evangelho aos "bem-intencionados".[16] Não obstante, em relação aos não evangelizados, pareceria que eles mesmos se encontram na mesma posição "limítrofe", pois os não evangelizados não têm nenhuma oferta.

---

16 Roger R. Nicole tanto recita como responde a essa objeção em "Covenant, Universal Call, and Definite Atonement", in *Standing Forth: Collected Writings of Roger Nicole* (Ross-shire, UK: Mentor, 2002), 335-36.

Isto não é tudo, pois aí surge outra objeção em Cristo morrer por pessoas que nunca têm acesso à possibilidade de aceitar ou rejeitar essa provisão. Essa objeção é uma variante de outro "tema" clássico contra a expiação universal: que ela "desarticula a obra de Cristo na cruz de seu valor intrínseco, salvífico e infinito"[17] e mantém obscura a natureza precisa da obtenção objetiva de Cristo. Quanto a essa objeção, Reymond nota que uma expiação de extensão universal "deve esclarecer precisamente o que Cristo fez na cruz, se realmente ele não propiciou, reconciliou e redimiu",[18] e o que realmente temos nessa construção doutrinal particular é uma obra que granjeou "nada que garanta a salvação de alguém, mas apenas fez alguém salvável de alguma maneira inexplicável".[19] Nessa crítica, os arminianos, defendendo uma "substituição penal", são acusados de ser inconsistentes, enquanto os que defendem alguma forma de teoria "governamental" ou "reitoral" da expiação, enquanto se mostram mais consistentes, são acusados de confundir a natureza fundamental da obra "penal" substitutiva de Cristo.[20]

Em termos dos não evangelizados, essa crítica é vista de uma forma penetrante, pois se a acusação usual é a de opacidade concernente à objetividade da expiação numa provisão universal, então os não evangelizados intensificam a "inexplicabilidade" ulterior. De que maneira essa categoria de pessoas é ainda salvável, se não tem a oportunidade de responder ao que foi feito por elas? Seguramente, para Deus "salvá-las" imediatamente seria uma violação e invasão da liberdade libertária que todos os homens e mulheres têm de aceitar ou rejeitar a oferta de Deus de salvação em Cristo. Reiterando, a natureza precisa da provisão objetiva de Cristo na expiação universal é posta em dúvida.

Nesse ponto da história, e no que classificaríamos como um dos casos mais improváveis na cobeligerância doutrinal, as implicações do argumento de

---

17 Reymond, *Systematic Theology*, 682.
18 Ibid., 681-82.
19 Ibid., 682.
20 Veja ibid., 473-78, 681-83; Robert Letham, *The Work of Christ* (Leicester, UK: InterVarsity, 1993), 167-69, 229-33. Roger E. Olson, *Arminian Theology: Myths and Realities* (Downers Grove, IL: InterVarsity Press, 2006), 221-41, nota que, historicamente, o arminianismo não teve "nenhuma" teoria da expiação, e que se podem encontrar defensores de ambas as teorias, "substituição penal" e "governamental" (as quais Olson pensa que são "substitutivas").

Owen com respeito à necessidade de acessibilidade recebem reforço de um bom número de defensores da expiação universal que argumentam precisamente em prol da conexão *necessária* entre expiação universal e acessibilidade universal. Mais recentemente, Clark Pinnock é um desses exemplos. Embora, em última análise, alguém possa perguntar se realmente ele protege um modelo conclusivo de expiação,[21] sua linguagem pressagia objetividade:

> Em sua morte e ressurreição, a humanidade *de jure* passou da morte para a vida, porque Deus a incluiu no evento. Seu destino foi objetivamente decidido em Cristo — o que resta ser feito é uma resposta humana e salvação *de fato*. ... devemos apenas aceitar o que foi feito e permitir que o Espírito conforme nossas vidas a Cristo.[22]

É o próprio Pinnock que faz a mudança da expiação universal em direção à acessibilidade universal. "Se Cristo morreu por todos, deve-se dar a oportunidade a todos de registrar uma decisão sobre o que foi feito por eles. Não podem deixar escapar a oportunidade meramente porque alguém deixou de levar-lhes o evangelho de Cristo".[23] Aqui ele cita favoravelmente o apologista Stuart Hackett, que articula a questão com minúcia:

> Se cada ser humano, em todos os tempos e épocas, foi objetivamente provido da única redenção em Jesus, e se essa tencionada provisão é de fato tencionada por Deus como para cada ser humano como tal, então deve ser possível a cada indivíduo humano que se torne pessoalmente elegível para receber tal provisão — sem levar em conta sua história, cultura ou circunstâncias e situação pessoais, e completamente à parte de qualquer

---

21 Veja minha obra anterior, *The Possibility of Salvation among the Unevangelized: An Analysis of Inclusivism in Recent Evangelical Theology* (Carlisle, UK: Paternoster, 2001), esp. capítulos 3 e 7, sobre a cristologia de Pinnock.
22 Clark H. Pinnock, *Flame of Love: A Theology of the Holy Spirit* (Downers Grove, IL: IVP Academic, 1996), 95-96.
23 Clark H. Pinnock, *A Wideness in God's Mercy: The Finality of Jesus Christ in a World of Religions* (Grand Rapids, MI: Zondervan, 1992), 157.

informação histórica particular ou mesmo conceituação teológica historicamente formulada — visto que uma provisão redentora universalmente tencionada não é genuinamente universal no sentido requerido, a menos que ela seja também, e por essa razão, universalmente acessível.[24]

Dado o que eu já disse, creio que Pinnock e Hackett são internamente consistentes em fazer essa conexão necessária entre expiação universal e acessibilidade universal.[25] Mas a acessibilidade universal pode ser defendida teológica e biblicamente?

B) OS PROBLEMAS DE DEMONSTRAR A ACESSIBILIDADE UNIVERSAL NUMA DEFESA DA EXPIAÇÃO UNIVERSAL

Se o segundo cenário de Owen é um fim morto — "que essa boa vontade de Deus, e essa aquisição feita por Jesus Cristo, evidentemente são vãs, e surja disso uma contrariedade em relação a eles" — então os defensores da expiação universal têm de refazer seus passos e recuar ao primeiro cenário de Owen: "Que podem ser salvos sem fé em Cristo e sem conhecimento dele". Como já mencionei, Owen declara isso como sendo outro beco sem saída, sem investigação necessária. Todavia, com as opções disponíveis, os defensores da expiação universal podem querer explorar essa abordagem um pouco mais. Aliás, desejo argumentar que devem, pois dado o elo necessário entre expiação universal e acessibilidade universal, e dada a realidade de que há pessoas na história humana que não têm ouvido a proclamação do evangelho através de um mensageiro humano nessa vida, essa opção se torna a única disponível a eles. Em suas respectivas defesas da expiação definida, William Cunningham e Herman Bavinck notam isto:

---

24 Stuart Hackett, *The Reconstruction of the Christian Revelation Claim* (Grand Rapids, MI: Baker, 1984), 244.
25 Portanto, discordo de outro defensor da expiação universal, Gary L. Shultz, Jr., "Why a Genuine Universal Gospel Call Requires an Atonement That Paid for the Sins of All People", *EQ* 82.2 abril (2010): 113 n. 8, o qual descarta Pinnock, fazendo esta conexão: "O pagamento da expiação por todo pecado não obteve uma oportunidade para todos serem salvos sem ouvir o evangelho, o que é parte da razão de o evangelho ter de ser proclamado a todas as pessoas". Sem mais explicações da parte de Shultz, a qual ele não dá neste artigo particular, não vejo como ele evita as implicações que temos provocado sobre o segundo cenário de Owen em relação à justiça de Deus, a divisão potencial da economia divina e a natureza precisa da provisão objetiva de Cristo.

> A ideia muito naturalmente ocorre aos homens: se Cristo morreu por toda a humanidade, então alguma provisão teria sido feita para que todos os homens tivessem alcance, e tornar acessíveis a eles os privilégios ou as oportunidades que lhes têm sido obtidas. E como uma grande porção da humanidade é, indubitavelmente, deixada na ignorância de Cristo e de tudo o que ele tem feito por eles, alguns universalistas têm se deixado levar, muito naturalmente, a manter a posição — para que os homens sejam, e que muitos têm sido salvos através de Cristo, ou com base em sua expiação, os quais nunca ouviram [falar] dele, aos quais o evangelho nunca foi feito conhecido.[26]

> [A expiação universal] conduz à doutrina, como os Quakers corretamente observaram, que, se Cristo morreu por todos, então a todos se daria a oportunidade, neste mundo ou no próximo, de aceitá-lo ou rejeitá-lo, pois seria grosseiramente injusto condenar e punir aqueles cujos pecados foram todos expiados, unicamente porque lhes faltou a oportunidade de aceitar Cristo pela fé.[27]

Os que estão familiarizados com sua obra saberão que um teólogo como Pinnock, tendo lançado os fundamentos para a acessibilidade universal, tem poucos escrúpulos em desrespeitar a placa de acesso proibido de Owen e ousadamente ir atrás de Owen, embora imediatamente reconheça ser necessária uma obra de construção teológica:

> Isso suscita uma questão difícil. Como a salvação se acha ao alcance dos não evangelizados? Como pode alguém ser salvo sem conhecer a Cristo?

---

26 William Cunningham, *Historical Theology: A Review of the Principal Doctrine Discussions in the Christian Church since the Apostolic Age: Volume 2* (1862; reimp., Edimburgo: Banner of Truth, 1960), 367.

27 Bavinck, *Sin and Salvation in Christ*, 470. Aqui, Bavinck cita a tradução holandesa da defesa que Robert Barclay faz do quakerismo, *An Apology for the True Christian Divinity* (1678). A quinta e a sexta proposições de Barclay, "Concernente à Redenção Universal feita por Cristo, e também a Luz Salvífica e Espiritual pela qual cada homem é iluminado", constituem uma forte defesa dos benefícios da expiação de Cristo como a "luz" e "semente" do evangelho que é pregado *em* cada criatura, mesmo naqueles que não ouvem externamente o evangelho.

A ideia da acessibilidade universal, ainda que não seja uma teoria nova, necessita ser provada. Está longe de ser autoevidente, ao menos biblicamente falando. Como pode ela ser mais bem defendida?[28]

Antes de discutir os méritos e deméritos das várias defesas da acessibilidade universal, desejo uma pausa neste ponto a fim de reiterar minha contenda de que, para os que mantêm a expiação universal, uma teoria concernente à acessibilidade universal não é um luxo ou "extra" teológico especulativo, mas, antes, uma necessidade teológica que está inextricavelmente associada a alguma defesa da expiação universal. Isso precisa ser reconhecido pelos defensores da doutrina. Deve-se lembrar que o que estamos falando aqui não é de um "gnosticismo" otimista ou pessimista de que alguns ou ainda muitos que nunca ouviram o evangelho serão salvos, mas, ao contrário, um crucial mecanismo teológico pelo qual *todas* as pessoas que já viveram são aptas a responder livremente ao que Cristo tem feito por elas. Dada a significação de tal mecanismo, o gnosticismo pareceria teologicamente insatisfatório.

Não obstante, o problema com respeito à acessibilidade universal é que ela é, nas próprias palavras de Pinnock, "longe de ser autoevidente, ao menos biblicamente falando". Várias teorias têm sido apresentadas a fim de demonstrar a acessibilidade universal, mas em cada caso são especulativas e parecem suscitar mais problemas do que solucioná-los. Aqui, Donald Lake é um bom exemplo em sua defesa da expiação universal. Em sua seção final sobre missões mundiais, ele escreve:

> À humanidade se tem feito uma oferta válida da graça, mas sua implicação é limitada pela resposta humana em vez da seleção arbitrária de Deus. Deus sabe quem, sob circunstâncias reais, creria no evangelho e, com base em sua presciência, aplica esse evangelho até mesmo se a pessoa nunca ouve o evangelho durante sua vida.[29]

---

28 Pinnock, *Wideness*, 157.
29 Donald M. Lake, "He Died For All: The Universal Dimensions of the Atonement", in *Grace Unlimited*, ed.

Aqui, a brevidade explicativa de Lake, bem como sua substância de seu argumento, simplesmente suscita questões adicionais quanto à natureza destas "circunstâncias ideais". De modo semelhante, um bom número de teólogos evangélicos wesleyanos crê que lançaram um sólido fundamento teológico associando os benefícios universais da expiação a uma graça "capacitante universal" ou "preveniente", com base em um número de textos (o *locus classicus* sendo João 1.9: "a verdadeira luz, que, vinda ao mundo, ilumina a todo homem"). Entretanto, como se dá com Lake, a natureza precisa de como essa graça "preveniente" pode ser respondida não pode ser detalhada. Aqui se faz necessário muito mais rigor bíblico e teológico.[30]

São estudiosos como Clark Pinnock e John Sanders que têm visto o elo necessário entre a expiação universal e a acessibilidade universal e os quais têm também apresentado argumentos mais detalhados para demonstrar a acessibilidade universal. Suas posições "inclusivistas" argumentam que as pessoas podem ser ontologicamente salvas por Cristo mesmo sendo epistemologicamente inconscientes dele. Combinando seu próprio comprometimento com o "teísmo aberto", uma forte versão da graça "preveniente" wesleyana e uma protestantização do "supernatural existencial" do católico-romano Karl Rahner, o "inclusivismo pneumatológico"[31] de Pinnock baseia a acessibilidade universal no que ele chama uma "aliança cósmica", uma formulação que ele crê que combina axiomas bíblicos fundamentais de ambos, universalismo e particularismo. Do lado divino, a obra onipresente do Espírito apresenta oportunidades para todos os homens e mulheres responderem a Deus. Do lado humano, essa resposta é inferida através do que Pinnock chama de "princípio de fé". Extraindo exemplos bíblicos da natureza da fé no AT e também a categoria de "pagãos santos", Pinnock extrai uma analogia entre a fé dos que foram cronologicamente pré-messiânicos e a fé dos que são informativamente pré-messiânicos. Sua controvérsia é que através da "revelação geral" as pessoas têm informação o

---

Clark H. Pinnock (Minneapolis: Bethany, 1975), 43.
30 Para uma discussão da graça preveniente, veja Strange, *Possibility of Salvation*, 93-96.
31 Meu próprio nome para sua posição e o tema de minha monografia, *Possibility of Salvation*.

suficiente sobre Deus para responder livremente às propostas do Espírito. Em escrito posterior, ele estende mais esse "princípio de fé" falando de um princípio "ético" pelo qual as boas obras podem sinalizar uma resposta positiva às inclinações do Espírito em um nível não cognitivo mesmo que as crenças cognitivas realmente sejam "falsas". "Fé autêntica e ação santa podem fluir de pessoas que vivem numa cultura religiosa e doutrinal sem compromisso. Alguém pode ser ateu em razão de não entender quem é Deus, e ainda assim ter fé."[32]

Em minha monografia, descrevo e critico o inclusivismo de Pinnock com bastante detalhe, argumentando que ele significativamente redefine a interpretação ortodoxa dos quatro *solas* da Reforma (*solus Christus*, *sola fide*, *sola gratia* e *sola Scriptura*), bem como reconfigura ilegitimamente a relação entre a segunda e a terceira pessoas da Trindade.[33] Como resultado, minha conclusão ali foi que a versão de Pinnock do inclusivismo não pode ser considerada como argumento evangélico viável em prol, respectivamente, dos reformados e dos arminianos evangélicos.

Embora eu não esteja insistindo que todos os defensores da expiação universal se submetam a uma construção teológica tão "radical" como a de Pinnock, aí permanece uma série de dificuldades mais gerais em demonstrar o princípio da acessibilidade universal.

Primeiro, a Bíblia consistentemente enfatiza não só a necessidade do novo nascimento pelo Espírito mas também a necessidade de receber isso através da audição e da aceitação do evangelho proclamado. Por mais que alguém deseje interpretar os "tempos de ignorância" (Atos 17.30-31) e o "mistério de Cristo" (Efésios 3.4-10), a ênfase esmagadora no NT, seja exegeticamente (em termos de textos específicos), seja histórico-redentivamente (em termos de temas e trajetórias mais amplos), a necessidade nessa época de história redentora é que alguém expresse fé em Jesus Cristo como ouvida pela mediação do mensageiro humano. Há no NT poucas evidências explícitas de alguma outra versão de

---

32 Clark H. Pinnock, "An Inclusivist View", in *More Than One Way? Fours Views of Salvation in a Pluralistic World*, ed. Dennis L. Okholm e Timothy R. Philips (Grand Rapids, MI: Zondervan, 1995), 118.
33 Strange, *Possibility of Salvation*, esp. capítulos 6-9.

fé salvífica à parte da fé cônscia em Cristo, nem há evidência explícita de que esse conhecimento de Cristo possa ser obtido via algum outro meio além da "palavra de Cristo".[34] A acessibilidade universal, portanto, permanece na arena da especulação teológica, mas uma especulação que é "imposta" aos defensores da expiação universal quando buscam mostrar como cada um que já viveu *teria* a chance de responder à obra salvífica de Cristo.[35]

Segundo, a base teológica que necessita de algum mecanismo para que a acessibilidade universal possa ser questionada. Como já notei, muitos teólogos wesleyanos usam textos como João 1.9 como evidência exegética para alguma forma de "capacitação universal" interior dada por Cristo. Entretanto, não creio que tais textos possam suportar o peso posto sobre eles. Por exemplo, um dos estudos históricos e léxicos mais detalhados de João 1.9 é o de E. L. Miller.[36] Após examinar as opções possíveis, Miller argumenta exegeticamente que "é com toda probabilidade que a luz é que estava vindo ao mundo (não cada pessoa), e que o versículo assim porta um claro ensino encarnacional".[37] Além do mais, intratextualmente, "a ideia de uma revelação universal pela qual pessoas em geral são iluminadas com respeito a algum conhecimento básico de Deus, ou verdades espirituais, é ao mesmo tempo totalmente hostil à literatura joanina".[38] A conclusão de Miller é a de uma interpretação restritiva e "externa", o que é plenamente consistente com a literatura joanina: "a 'luz' de 1.9 deve ser concebida como uma revelação *especial*, irradiando especificamente do Logos encarnado e mantendo consequências e benefícios somente para aqueles cujas

---

34 Para mais evidências que corroboram essa alegação, veja John Piper, *Let the Nations Be Glad: The Supremacy of God in Missions* (Leicester, UK: InterVarsity Press, 1993), 115-67. Em termos da salvação dos crentes do AT e sua relação não análoga com os não evangelizados, veja Strange, *The Possibility of Salvation*, capítulo 6; e Adam Sparks, *One of a Kind: The Relationship between Old and New Covenant as the Hermeneutical Key for Christian Theology of Religions* (Eugene, OR: Pickwick, 2010).

35 Interessantemente, o erudito wesleyano Randy Maddox, *Responsible Grace: John Wesley's Practical Theology* (Nashville: Kingswood, 1994), 33-34, nota que Wesley mesmo, em seu pensamento posterior, indicava que os não evangelizados poderiam ser salvos com base em sua resposta (possibilitada pela graça "preveniente") à revelação que receberam.

36 E. L. Miller, "The True Light Which Illumines Every Person", in *Good News in History*, ed. E. L. Miller (Atlanta: Scholars Press, 1993), 63-82.

37 Ibid., 79.

38 Ibid.

vidas são tocadas por ela".³⁹ Essa graciosa "capacitação universal" parece, biblicamente, muito escassa.⁴⁰

A terceira dificuldade geral é a motivação para missão e evangelismo se todos têm acesso para responder a Cristo sem o mensageiro humano. Os defensores da acessibilidade universal têm sido insistentes em dizer que o fio da agência missionária não foi cortado, e, dado o excesso de motivações para a atividade missionária, eu não gostaria de exagerar meu caso aqui.⁴¹ Para John Piper, o fio para a motivação missionária é de grande importância e jamais deve ser cortado:

> Há uma diferença sensível na urgência quando se crê que a pregação do evangelho é absolutamente a única esperança que alguém tem de escapar à pena do pecado e viver para sempre na felicidade da glória da graça de Deus. Para mim não soa bem quando William Crockett e James Sigountos argumentam que a existência de 'cristãos implícitos' (salvos através da revelação geral, sem ouvir de Cristo) realmente "aumentaria a motivação" para missões. Dizem que esses conversos não evangelizados estão "esperando avidamente ouvir mais sobre Deus". Se os alcançarmos, "uma forte igreja nasceria para a vida, dando glória a Deus e evangelizando seus vizinhos pagãos". Não posso escapar à impressão de que essa é uma fútil tentativa de fazer com que uma fraqueza se pareça com uma força. Ao contrário, o senso comum nos impõe outra verdade: o mais provável é que as pessoas podem ser salvas sem missão com menos urgência que há para missões.⁴²

---

39   Ibid., 80.
40   Para mais sobre isso, veja Thomas R. Schreiner, "Does Scripture Teach Prevenient Grace in the Wesleyan Sense?", in *The Grace of God, the Bondage of the Will: Volume 2: Historical and Theological Perspectives on Calvinism*, ed. Thomas R. Schreiner e Bruce A. Ware (Grand Rapids, MI: Baker, 1995), 365-82, e Strange, *Possibility of Salvation*, 93-105.
41   Por exemplo, veja John D. Ellenberger, "Is Hell a Proper Motivation for Missions?", in *Through No Fault of Their Own*, ed. William V. Crockett e James G. Sigountos (Grand Rapids, MI: Baker, 1991), 217-28. Para uma versão do acessibilismo reformado sobre esse tema, veja Terrance L. Tiessen, *Who Can Be Saved? Reassessing Salvation in Christ and World Religions* (Leicester, UK: InterVarsity Press, 259-94.
42   Piper, *Let the Nations Be Glad*, 118, citando Crockett e Sigountos, *Through No Fault of Their Own*, 260.

Em um cenário similar à questão da oferta aos "bem-intencionados", como discutido previamente, enquanto um desincentivo para a missão costuma ser um argumento lançado contra os proponentes da expiação definida,[43] realmente é a acessibilidade universal que provê um desincentivo para a missão.

Resumo
Resumindo, na categoria dos não evangelizados, os proponentes da expiação universal são apanhados entre Cila e Caríbdis, com nenhuma rota aparente através da qual navegar. De um lado, se aceitam a *fides ex auditu*, de que as pessoas só podem ser salvas *ouvindo* de Cristo através de um mensageiro evangélico, então sua definição de expiação "universal" é posta em dúvida, especialmente se desejam manter seu caráter objetivo. Do outro lado, se aceitam que todas as pessoas devem ter a oportunidade de responder ao que Cristo fez por causa de sua expiação universal objetiva, então devem negar que é somente por meio da proclamação do evangelho, pela instrumentalidade de mensageiros humanos, que a salvação vem, e aprovam alguma outra teoria da acessibilidade universal, teorias que parecem contrariar o testemunho bíblico e que levam a algumas problemáticas conclusões teológicas e pastorais para os evangélicos. Encarado com essas alternativas desconfortáveis, eu os encorajaria a olhar uma vez mais para a doutrina da expiação definida, já que não creio que ela acarrete estes dilemas.

(2) A QUESTÃO DOS NÃO EVANGELIZADOS EM RELAÇÃO A UMA EXPIAÇÃO DEFINIDA

Um simples resumo de como a doutrina da expiação definida se relaciona com a questão dos não evangelizados mostra uma consistência intersistemática muito maior e, ainda mais importante, uma vontade e um propósito intratrinitários unificados. Deus ordenou e providencialmente dispôs que os pecadores por quem Cristo morreu e adquiriu salvação sempre ouvirão o evangelho de

---

43 Igualmente D. Broughton Knox, "Alguns Aspectos da Expiação", in *The Doctrine of God*, vol. 1 de *D. Broughton Knox. Selected Works* (3 vols.), ed. Tony Payne (Kingsford, NSW: Matthias Media, 2000), 261, 266.

Cristo e irresistivelmente virão com arrependimento e fé, através da obra regeneradora do Espírito. Comumente, como esse evangelho é ouvido através de um mensageiro humano, os que permanecem fora desse canal redentor ficam fora da intenção salvífica da expiação. Além do mais, ainda quando alguém quisesse ceder à tentação de especular (e noto outra vez aqui, aparentemente *contrariando* a evidência do NT) que Deus empregou e ainda agora emprega, ocasional ou mais frequentemente, meios "extraordinários" para comunicar e aplicar os benefícios da obra de Cristo na cruz (sonhos, visões, anjos, teofanias) aos seus eleitos que *nunca* tiveram contato com um mensageiro humano, Deus não é constrangido nem obrigado a conceder acesso à salvação *universalmente*, como pensam ser Deus aqueles que defendem a expiação universal.[44]

O resumo acima tem como objetivo ser uma descrição mais que uma defesa apologética. Reconheço que, enquanto os defensores de uma expiação universal podem concordar com a consistência lógica da posição, ainda questionarão as pressuposições exegéticas e teológicas sobre as quais repousa essa afirmação. Para completar um pouco mais o quadro aqui, termino com dois pontos relativos à expiação definida para os aspectos da "universalidade", e espero que reforce e convença um pouco mais quanto à sua veracidade.

A) A UNIVERSALIDADE DO PECADO E A PARTICULARIDADE DA GRAÇA NUMA DEFESA DA EXPIAÇÃO DEFINIDA

Primeiro, desejo notar que a expiação definida ressoa, respectivamente, tanto a universalidade do pecado quanto a particularidade da graça salvífica. Algumas construções da expiação universal e da acessibilidade universal podem aparecer numa chave diferente daquela da Escritura. Como Carson observa:

> A tonalidade da Bíblia ... é que, se nós, seres humanos, estamos perdidos, é em decorrência de nosso pecado. Nossa culpa diante de Deus busca

---

44 Exemplos dos que postulam mais de uma modalidade de revelação especial incluem Tiessen, *Who Can Be Saved?*, e Christopher R. Little, *The Revelation of God among the Unevangelized: An Evangelical Appraisal and Missiological Contribution to the Debate* (Pasadena, CA: William Carey Library, 2000).

justamente sua ira. Se não somos consumidos, isso provém da mercê do Senhor. ... O amor de Deus é apresentado como surpreendente, imerecido, profuso, generoso ... a condenação dos rebeldes, que parece tão transparentemente óbvia na história bíblica, não é transmutada em um tipo diferente de história, uma história que "tem pena do perpetrador": podem ser culpados, mas se não têm acesso a uma via de escape, seria de fato injusto condená-los?[45]

A antropologia bíblica apresenta os efeitos da queda como sendo tão severos que a única coisa universal que merecemos é o juízo:

> A justiça de Deus é questionada por alguns críticos que protestam que o amor eletivo é discriminatório e, portanto, uma violação da justiça. Mas todo o amor é preferencial ou não seria amor. ... O moderno juízo errôneo sobre Deus flui facilmente da ocupação da teologia contemporânea com o amor como sendo a essência do ser de Deus, enquanto a justiça é subordinada e sua igualdade com o amor na natureza de Deus é negada.[46]

J. I. Packer não é "injusto" quando comenta que esses argumentos acessibilistas parecem mais influenciados por princípios arminianos de imparcialidade do que por algo mais.[47]

A universalidade do pecado e a particularidade da graça são vistas claramente na história da revelação e na revelação da história. A despeito dos protestos quanto à estreiteza dos que estão dentro da revelação especial, e dos que não estão, "não por sua culpa pessoal", a gênese da história revela um tempo em que a revelação especial de fato era universalmente

---

45 D. A. Carson, *The Gagging of God: Christianity Confronts Pluralism* (Leicester, UK: Apollos, 1996), 289-90.
46 Carl Henry, "Is It Fair", in *Through No Fault*, 253-54.
47 Palavras ditas por Packer na conferência "Evangelical Affirmations", Trinity Evangelical Divinity School, 1989, e citadas por John Sanders em seu *No Other Name: Can Only Christians Be Saved* (Londres: SPCK, 1994), 136 n. 6.

conhecida e tão acessível quanto a revelação geral. Aliás, como já argumentei em outro lugar, a revelação geral e a revelação especial foram e ainda são propriamente designadas para serem inseparáveis: as obras de Deus necessitando de ser interpretadas pelas palavras de Deus.[48] A entrada do pecado teve consequências para a acessibilidade da revelação salvífica. Enquanto todas as pessoas que são culpadas de suprimir a revelação que receberam, pelo que serão julgadas,[49] na soberana providência de Deus, ele tem graciosamente preservado e sustentado o conhecimento redentor de si mesmo dentro de algumas vertentes da humanidade e não dentro de outras. Owen e Reymond dão exemplos exegéticos de tal discriminação histórica, com cada um se referindo a Atos 16.6-8, onde o Espírito Santo proibiu Paulo e seus companheiros de falar a palavra na Ásia.[50] Se essa discriminação for reconhecida, não é legítimo manter uma discriminação também na expiação? Aliás, fazer isso significa que a particularidade da revelação e redenção é coextensiva e remove o problema dos não evangelizados.

Não obstante, uma convicção na particularidade da revelação, graça e expiação não produz um desincentivo para a missão?

B) A UNIVERSALIDADE E A MOTIVAÇÃO PARA A MISSÃO CRISTÃ NUMA DEFESA DA EXPIAÇÃO DEFINIDA

A conexão entre expiação definida e missão cristã é, creio eu, bem forte. Uma série de questões necessita ser distinguida aqui.

Primeiro, podemos falar de expiação definida e de proclamação universal do evangelho. Mesmo os defensores mais leais da expiação definida têm expressado seu comprometimento com a disseminação universal e indiscriminada do evangelho:

---

48 Veja Strange, "General Revelation: Sufficient or Insufficient?", in *Faith Comes by Hearing: A Response to Inclusivism*, ed. Christopher W. Morgan e Robert A. Peterson (Nothingham, UK: Apollos, 2008), 40-47.
49 Veja, por exemplo, o juízo sobre Tiro e Sidom sendo "mais suportável" do que o de Corazim e Betsaida, em Lucas 10.13-14, e os "poucos açoites e muitos açoites" de Lucas 12.48.
50 Owen, *Death of Death*, 128; Reymond, *Systematic Theology*, 676.

Deus ordenou que o evangelho fosse pregado a toda criatura; ele exigiu de nós que proclamemos ao nosso próximo, de qualquer caráter, e em todas as variadas circunstâncias, as boas novas de grande alegria — estender a eles, em seu nome, o perdão e a aceitação através do sangue da expiação —, convidá-los a irem a Cristo e a receberem-no —, e acompanhar tudo isso com a certeza de que, "quem quer que vá a ele, ele não o lançará fora".[51]

1. A publicação geral do evangelho a "todas as nações", com o direito de ser pregado a "cada criatura" (Mateus 28.19; Marcos 16.15); porque o caminho da salvação que ele declara é bastante amplo para que todos caminhem por ele. Há bastante no remédio que ele traz à luz para curar todas as suas doenças, para libertá-los de todos os seus males. Se houvesse mil mundos, o evangelho de Cristo poderia, sobre essa base, ser pregado a todos eles, havendo bastante em Cristo para a salvação de todos eles, se assim fosse, derivariam virtude dele, tocando-o com fé; o único modo de extrair um novo ânimo dessa fonte de salvação.[52]

Segundo, a expiação definida é compatível com questões de responsabilidade, urgência e privilégio, que podem ser chamados as harmoniosas pedras de toque que acompanham o divino chamado a proclamar o evangelho a todas as pessoas. Caricaturas de expiação definida costumam afirmar que Cristo morreu somente por alguns e que Deus vai salvar somente seus eleitos, então não há para todos nenhuma chance na pregação do evangelho. Não obstante, como Helm notou: "A Escritura não nos convida a romper o nexo causal de eventos como revelados e especular sobre cada elo da corrente".[53] Lake está equivocado a respeito de uma teologia biblicamente reformada quando diz que "a doutrina da eleição tem servido para resolver o problema dos que morreram sem jamais

---

51 Cunningham, *Historical Theology*, Volume II, 345.
52 Owen, *Death to Death*, 185.
53 Paul Helm, "Are They Few that Be Saved?", in *Universalism and the Doctrine of Hell*, ed. Nigel M. De S. Cameron (Carlisle, UK: Paternoster, 1993), 280.

ouvir o evangelho: se eram parte dos eleitos, foram salvos sem ouvir; se não do número dos eleitos, ouvir não teve qualquer consequência".[54] Como os servos do rei na parábola de Jesus do banquete nupcial, todos têm de sair "às esquinas e convidar para o banquete todos os que vocês encontrarem" (Mateus 22.9, NVI). Essa é a nossa responsabilidade. Além do mais, a necessidade dos cristãos de levarem o evangelho a povos e nações que jamais ouviram o evangelho permanece urgente. Do mesmo modo, que Deus escolheu chamar seu povo através da instrumentalidade de mensageiro humano é não só uma maravilhosa responsabilidade mas também um "inaudito privilégio".[55]

Finalmente, numa expiação definida temos as bases tanto para a motivação missionária quanto para a confiança. Historicamente, para os missionários pioneiros, como William Carey, tal doutrina servia como um estímulo e não como um freio em sua motivação e visão.[56] O livro do Apocalipse apresenta um quadro maravilhosamente definido de um povo objetivamente resgatado pelo sangue de Cristo, "de toda tribo, língua, povo e nação" (5.9), "uma grande multidão que ninguém podia enumerar, de todas as nações, tribos, povos e línguas" (7.9), e que todos davam glória a Deus em sua rica diversidade.

Longe de tirar a motivação para a missão, a expiação definida provê grande confiança para a missão cristã. A mensagem que proclamamos não é a de uma oferta do evangelho que constrói a expiação como que provendo meramente a possibilidade de salvação ou a oportunidade de salvação, pois "o que se oferece nela não é a oportunidade de salvação; é a própria salvação. E é salvação porque Cristo é oferecido e Cristo não nos convida a uma mera oportunidade, e sim a ele mesmo".[57] Além do mais, no espírito das palavras do Senhor a Paulo — "pois tenho muito povo nesta cidade" (Atos 18.10) — estamos confiantes na unidade da soberana economia da salvação do Deus trino, pois sabemos que,

---

54 Lake, "He Died for All", 43.
55 Piper, *Let the Nations Be Glad*, 159.
56 Diz-se que Apocalipse 5.7-9, citado na abertura deste capítulo, foi a passagem que enviou Carey para a Índia, pois ele sabia que ali havia pessoas ordenadas para a vida eterna.
57 John Murray, "A Expiação e a Oferta do Evangelho", in *Collected Writings of John Murray. Volume 1: The Claims of Truth* (Edimburgo: Banner of Truth, 1976), 83.

sempre que proclamarmos o evangelho, o Espírito de Deus já seguiu adiante, relatando a todos pessoalmente através da revelação sempre presente de si mesmo, quer externamente na criação, quer internamente no *imago Dei*. Enquanto essa revelação é, respectivamente, pecaminosamente suprimida e substituída, ela nunca é totalmente obliterada, para que todos conheçam a Deus e fiquem "sem desculpa". Ainda mais, na espantosa graça e misericórdia de Deus, e numa miríade de formas, estamos confiantes de que ele tem preparado seu próprio povo, aqueles por quem Cristo morreu, para receber a mensagem evangélica que proclamamos com arrependimento e fé salvíficos.

CAPÍTULO 22

"BENDITA CERTEZA, JESUS É MEU"?

EXPIAÇÃO DEFINIDA E A CURA DAS ALMAS

Sinclair B. Ferguson

Jesus ensinou a expiação definida. Ele fala de si mesmo como o "bom pastor [que] dá sua vida pelas ovelhas" (João 10.11-15). Ele conhece e é conhecido por suas "próprias" ovelhas, assim como o Pai o conhece e ele conhece o Pai (João 10.14,15). As ovelhas de Jesus ouvem sua voz e o seguem (João 10.27). Ele lhes dá a vida eterna, e elas jamais perecerão; ninguém pode arrebatá-las de sua mão (João 10.28). O Pai as deu; ninguém pode arrebatá-las da mão do Pai (João 10.29).

Aqui, expiação *definida* é expiação *eficaz*: antes de tudo, as ovelhas são do Pai; são dadas ao Filho; ele deu sua vida *por suas próprias ovelhas*; são guardadas nas mãos do Filho e do Pai; nenhuma ovelha, por quem Cristo deu sua vida, jamais perecerá (João 10.28). Mas, além disso, Jesus faz do implícito explícito: os que não abraçam a fé nunca foram suas "próprias ovelhas": "Mas vós não credes, porque não sois das minhas ovelhas" (João 10.26, AT). A lógica de nosso Senhor, aqui, é notável. Ele não diz: "Vós não credes *e por isso* não sois parte de meu rebanho". Mas sim: "Vós não credes *porque* não sois parte do rebanho pelo qual eu dou minha vida". Assim, lado a lado com a expiação *eficaz*, Jesus fala de uma *discriminação divina* entre as ovelhas (aquelas dadas, pelas quais morreu, chamadas, atraídas e guardadas) e as que não parte de seu rebanho.

Os ministros do Evangelho servem como subpastores e bispos assistentes de Cristo, o "Pastor e Supervisor" (1 Pedro 2.25). Deles é uma vocação profundamente teológica. Como Calvino, buscam se tornar teólogos mais bem aparelhados a fim de serem pastores melhores. Dois comentários estão em ordem aqui.

Primeiro, e na natureza do caso, o ministro é um profissional prático geral em teologia, não um especialista acadêmico. O pastor é construtor de igreja, não um arquiteto. Mas, para servir bem no edifício local da igreja, ele necessita de um pleno e operante conhecimento da arquitetura do Evangelho. Em particular, visto que sua vocação é pregar a Escritura à luz de sua utilidade (2 Timóteo 3.16-4.5), ele deve estar familiarizado com tudo o que é "proveitoso" e não deve "deixar de vos anunciar ... todo o desígnio de Deus" (Atos 20.20-27). Ele deve ainda ser equipado não só para pregar a verdade mas para discernir e refutar o erro (Tito 1.9), de modo que possa proteger o rebanho de Deus dos lobos vorazes (Atos 20.29-31).

Segundo, em qualquer ministério que seja necessária firmeza na sucessão apostólica, a exposição e aplicação do ensino bíblico sobre a expiação demandam um lugar central. Paulo nos dá a visão em afirmações resumidas: "Porque decidi nada saber entre vós senão a Jesus Cristo e este crucificado" (1 Coríntios 2.2); "Mas longe esteja de mim gloriar-me, senão na cruz de nosso Senhor Jesus Cristo" (Gálatas 6.14). Como subpastor, ele deve expor o que o Principal Pastor fez, dando sua vida por suas ovelhas.

Mas, seguramente, a expiação *definida* é um ponto sofisticado e controverso da teologia e, portanto, improvável para impactar o ministério pastoral?

O NT enfatiza que a expiação não conhece limitações étnicas (Gálatas 3.26-28), no entanto, é também "definida". Em sua morte, Cristo realmente faz expiação pelos pecados de seu povo; reconciliação é a obra finalizada. Isso é inserido no enredo e na trama do ensino do NT em grande medida da mesma maneira que a obra da Trindade condimenta e colore sua mensagem. E, de uma maneira similar, talvez menos óbvia, como se pensa sobre a natureza, os efeitos e a extensão da expiação, tem um impacto inevitável, direta ou indiretamente, na pregação, ensino e aconselhamento pastoral. Se parte da tarefa do ministro é ajudar sua congregação a entoar com jubilosa admiração em resposta ao Evangelho,

> Glorioso amor! Como é possível
> Que tu, meu Deus, tenhas morrido por mim?[1]

então o significado de seu morrer "por mim" não pode ser ignorado.

A posição adotada por todo este volume é que Cristo morreu pelos eleitos, e que a expiação feita por ele, *sejam quais forem suas ramificações mais amplas*, foi "definida", isto é, destinada a indivíduos específicos e essencialmente eficaz. Seu propósito não era fazer a salvação possível a todos (e logicamente, portanto, potencialmente eficaz a ninguém), mas fazer uma expiação particular e efetiva: o Pastor deu sua vida por suas ovelhas; todas as suas ovelhas serão chamadas, justificadas e glorificadas (Romanos 8.30).

CRISTO E A EXPIAÇÃO

A dinâmica interior de expor "Cristo e esse crucificado" envolve a identidade de Jesus como o Filho de Deus, a realidade de sua encarnação e humilhação, sua vida de obediência e, especialmente, o caráter multivalente de sua morte e ressurreição. Essa é uma afirmação destacada no comunicado de Paulo em Romanos 3.21-25. Aqui, as grandes palavras do Evangelho — redenção, propiciação, justificação — não devem ser tidas como teorias ou metáforas da expiação; elas descrevem o que a expiação realmente é e identificam Cristo em termos de sua obra. Ele é a propiciação por nossos pecados, e a redenção está *nele*. O benfeitor e as bênçãos do Evangelho nunca podem ser separados um do

---

1 Do hino de Charles Wesley, "And Can It Be That I Should Gain?".

outro. Assim, para possuí-los é preciso possuir ou estar "nele"; para recebê-los é preciso "receber" Cristo. John Murray o expressa com requinte:

> O apóstolo concebe a redenção como algo que tem sua permanente e perdurável posse em Cristo; ela é "a redenção que está em Cristo Jesus". A redenção não é simplesmente aquilo que temos em Cristo (Efésios 1.17), mas é a redenção da qual Cristo é a incorporação. Ela foi não só operada por Cristo mas no Redentor reside em sua virtude e eficácia infinitas. E é a redenção assim concebida que provê a mediação através da qual se aplica a justificação por meio da livre graça de Deus.[2]

Essa "redenção" em Cristo tem quatro implicações: *da culpa do pecado* (assegurando a justificação); *da ira de Deus* (assegurando a reconciliação); *do domínio do pecado* (assegurando o livramento do reinado do pecado, porém ainda não de sua presença); e *da opressão dos poderes das trevas*.[3]

O foco da "propiciação" em pauta é em direção a Deus (Romanos 3.25). É o contraponto da extensa exposição de Paulo sobre a ira de Deus sendo revelada contra toda injustiça e impiedade (Romanos 1.18-3, 20). Por natureza, todos pecaram, estão condenados e enfrentam a ira de Deus. Em Cristo como propiciação, nós (com Saulo/Paulo), que "éramos, por natureza, filhos da ira, como também os demais" (Efésios 2.3), descobrimos que ele "nos livra da ira vindoura" (1 Tessalonicenses 1.10).[4]

Essa propiciação é essencial a todos os demais aspectos da obra expiatória de Cristo. Nem em termos régios, nem proféticos, os ministros podem ser efetivos sem o sacrifício sacerdotal.[5] Visto que a salvação está incorporada em

---

2 John Murray, *Romanos* (São José dos Campos, SP: 2004) 1-16.
3 Cf. Romanos 8.31, onde o uso que Paulo faz do pronome pessoal interrogativos "quem" seguramente inclui tanto os oponentes celestiais quanto os terrenos (cf. Romanos 16.20; Colossenses 2.15; Hebreus 2.14,15).
4 O comentário frequentemente repetido de que no NT o verbo καταλλάσσω ("reconciliar") nunca tem Deus como seu objeto tão frequentemente contém a esquivada sugestão de que, portanto, a *expiação* não termina em Deus. Mas a propiciação, em sua própria natureza, terminaria em Deus, não no homem.
5 Veja Sinclair B. Ferguson, "Christus Victor et Propitiator: The Death of Christ, Substitute and Conqueror", in *For the Fame of God Name: Essays in Honor of John Piper*, ed. Sam Storms e Justin Taylor (Wheaton, IL: Crossway, 2010), 171-89.

Cristo, ela se torna nossa através da doação do Espírito e a união de fé com ele.⁶ Na conceituação singular do NT, cremos não só "em" ou "sobre" Cristo mas realmente "para" (πιστεύειν εἰς) Cristo (cf. João 14.1).⁷

Dentro desse contexto, o foco da proclamação feita pelo ministro é o próprio Cristo, fornecido no evangelho.⁸ Como Calvino nunca se cansou de dizer, a salvação é nossa não só "por meio de" Cristo mas realmente "em" Cristo.⁹ Tudo de que necessitamos para a salvação está nele. Unidos a ele, tudo o que está nele para nós se torna nosso.

Se, em termos do próprio ensino de Jesus, efetivamente ele realizou isso para indivíduos definidos, quais são as implicações do ministério pastoral dia a dia? Há várias. Aqui, porém, nosso foco está no tópico da certeza cristã, não menos porque se tem discutido vigorosamente que a expiação definida milita contra ela, quer teológica, quer existencialmente.

O que segue é uma discussão da expiação definida e a certeza cristã na conversação com John McLeod Campbell, o pastor-teólogo presbiteriano escocês dos séculos XIX a XX. McLeod Campbell (como é mais conhecido) argumentou que a limitação da expiação "remove a garantia que a universalidade da expiação dá a cada pessoa que ouve o Evangelho para contemplar Cristo com a apropriação pessoal das palavras do apóstolo, 'que me amou e se deu por mim'".¹⁰

JOHN MCLEOD CAMPBELL

Campbell nasceu nas proximidades de Oban em 1800, filho de um ministro da Igreja da Escócia. Veio a ser ministro da Paróquia de Row (Rhu) em 1825. Cinco anos depois, foi acusado de ensinar de forma contrária aos

---

6   Cf. a notável afirmação de Calvino de que "enquanto Cristo permanece fora de nós, e vivemos separados dele, tudo o que ele sofreu e fez para a salvação da espécie humana permanece inútil e de nenhum valor para nós" (*Institutes of the Christian Religion*, ed. John T. McNeil, trad. Ford Lewis Battles [Londres: SCM, 1960], 3.1.1).
7   Segundo Rudolph Bultmann, "πιστεύω κλτ", *TDNT*, 6:203, esse uso não é "nem grego nem da LXX [por exemplo, encontrado na LXX]".
8   Calvino, *Institutes*, 3.2.6.
9   Veja, por exemplo, comentários de Calvino em seus apontamentos sobre Romanos 6.11; 1 Coríntios 1.5.
10 John McLeod Campbell, *The Nature of the Atonement* (Edimburgo: Handsel, 1856; reimp. Grand Rapids, MI: Eerdmans, 1996), 71.

padrões doutrinais subordinados de sua igreja, a Confissão de Fé de Westminster (CFW): primeiro, que Cristo morreu por toda a humanidade; e, segundo, que a certeza era da essência da fé e necessária para a salvação.[11] Em 1831, a Assembleia Geral o depôs (por uma votação de 119 a 6). Muito do resto de sua vida foi gasto servindo a uma congregação independente em Glasgow.

Em 1855, Campbell publicou *The Nature of the Atonement*. Seguiu-se uma segunda edição em 1867, desde então com reimpressões.[12] Sua reputação como pensador foi suficientemente reabilitada pela Universidade de Glasgow (sua *alma mater*), compensando-o como doutor honorário de divindade, em 1868, quatro anos antes de sua morte em 1872. Seus conceitos parecem ter pouca influência contemporânea na Escócia,[13] mas são mais amplamente apreciados na Inglaterra.[14]

Os pontos de vista de Campbell ressurgiram na Escócia, entre outros lugares, em meados do século XX, muito pela influência dos irmãos T. F. Torrance e J. B. Torrance. Muitos escritos publicados formam um suporte sustentado pela teologia de Campbell e partilham sua profunda antipatia pelo "calvinismo

---

11   Contra a CFW, 8.7; 10.1; 18.3. Para uma breve visão autobiográfica sobre essas duas questões, veja John McLeod Campbell, *Reminiscences and Reflections: Referring to His Early Ministry in the Parish of Row, 1825-31*, ed. D. Campbell (Londres: Macmillan, 1873), 152-57. Para detalhes de seu julgamento, veja John McLeod Campbell, *The Whole Proceedings before the Presbytery of Dumbarton and Synod of Glasgow and Ayr: in the case of the Rev. John McLeod Campbell, Minister of Row, including the libel: answers to the libel, evidence, and speeches* (Greenock: R. B. Lusk, 1831).

12   A edição mais recente é a já citada na nota 10.

13   A maioria dos que escrevem sobre a expiação, na Escócia, tais como William Cunningham, George Smeaton e Hugh Martin, parece tê-lo ignorado. Cunningham foi testemunha de acusação do tribunal em seu presbitério (Robert Rainy e James Mackenzie, *The Life of William Cunningham* [Nelson: Londres, 1871], 152-57; também Campbell, *Whole Proceedings*, 17-19). George Smeaton descreveu o ponto de vista de Campbell como "extravagante e estranhamente constituído... destituído de autoridade ou fundamento na Escritura, cuja fraseologia só pode falar ao nosso pensamento teológico" (*Christ's Doctrine of the Atonement* [Edimburgo: T. & T. Clark, 1871], 494). Hugh Martin deu muita atenção a essa doutrina, mas de fato foi criticado por ignorar Campbell. Na geração seguinte, T. J. Crawford, embora considere a obra de Campbell como "válida e interessante", concluiu que "se acha envolta em dificuldades que parecem insuperáveis" (*The Doctrine of Holy Scripture Respecting the Atonement* [Edimburgo: Blackwood & Sons, 1871], 323; veja 316-31 para sua extensa discussão). A. B. Bruce considerou Campbell como introdutor de "algo muito absurdo" (*The Humiliation of Christ* [Edimburgo: T. & T. Clark, 1881], 318). James Denney, embora não totalmente sem crítica, argumentou posteriormente com a negação de Campbell da expiação como uma substituição *penal* (*The Christian Doctrine of Reconciliation* [Londres: Hodder & Stoughton, 1917], 262).

14   Notavelmente na influente obra de R. C. Moberly, *Atonement and Personality* (Londres: John Murray, 1901), 396-410.

federal". Aliás, a obra posterior de T. F. Torrance, *Scottish Theology*,[15] levou o subtítulo "From John Knox to John McLeod Campbell", e devotou quase um décimo de uma obra que cobre quatro séculos — e a seção mais importante de todo o livro — a Campbell.[16]

The Nature of the Atonement [A Natureza da Expiação] é uma crítica sustentada à doutrina da substituição penal, motivada pela atenta observação de Campbell de que a substituição penal e a expiação definida são dois lados da mesma moeda. Ainda que Campbell possa ser bem pouco conhecido hoje além daqueles que se interessam pela teologia escocesa, J. I. Packer está certo em comentar que "potencialmente, a crítica mais danosa à substituição penal veio não de Socino, mas de McLeod Campbell".[17] Por extensão, pois, sua obra é também "potencialmente a crítica mais danosa" da expiação definida. Aliás, ela foi projetada para ser assim.

CONTEXTO PARA *A NATUREZA DA EXPIAÇÃO*

A preocupação de Campbell em relação à a natureza da expiação surgiu não tanto da torre de marfim da academia, mas pelo ministério da vida real e pelo fardo da incerteza do próprio rebanho.[18] No início de seu ministério, descobriu que sua pregação do Evangelho estava sendo ouvida como se fosse uma demanda por maior (auto)justiça.[19] Depois de um tempo, ele se convenceu de que a conversão da graça em uma demanda, bem como a falta de segurança em Cristo experienciada por seus paroquianos, era fruto da (como ele via) dupla ênfase da teologia federal sobre a expiação particular (nesse

---

15 T. F. Torrance, *Scottish Theology* (Edimburgo: T. & T. Clark, 1996).
16 É notável no contexto que o reverenciado mestre do próprio T. F. Torrance, H. R. Mackintosh, parece ter considerado a crítica que Ronald A. Knox faz do conceito de "arrependimento vicário" como irresponsível (*Some Loose Stones: Being a Consideration of Certain Tendencies in Modern Theology, Illustrated by Reference to the Book Called "Foundations"* [Londres: Longmans, Green, 1914], 160-73). Knox tem em vista particularmente esse ensino de R. C. Moberly. Para uma referência a Mackintosh, veja J. K. Mozley, *The Doctrine of the Atonement* (Duckworth: Londres 1915), 196 n. 1.
17 J. I. Packer, "What Did the Cross Achieve? The Logic of Penal Substitution", *Tyndale Bulletin* 25 (1974): 42.
18 Somente mais tarde se desenvolveu sua hostilidade específica ao assim chamado calvinismo federal como um sistema teológico.
19 Veja seu *Memorials of John McLeod Campbell, D. D.*, ed. Donald Campbell, 3 vols. (Londres: Macmillan, 1877), 1:145.

sentido, "limitada") e que a certeza era o fruto de evidências reconhecedoras da graça como marcas de que alguém estava entre os eleitos. Assim, como o próprio Campbell notou, em torno de 1828, a expiação universal se tornou mais proeminente em sua pregação, acompanhada de uma ênfase sobre a certeza do amor de Cristo por todos.[20]

O filho de Campbell, Donald, registra dois notáveis estágios no desenvolvimento de suas opiniões:

> Sua ansiosa meditação sobre o estado religioso de seu povo e sua experiência do pouco efeito na pregação inicial levaram-no a esta conclusão: para que pudessem estar livres para servir a Deus, com amor puro e desinteressado por ele, "seu primeiro passo na religião requereria descansar seguros de seu amor em Cristo por eles como indivíduos e de sua individualidade tendo a vida eterna lhes dada em Cristo". Esta era a essência da doutrina da "Certeza de Fé", que despertou oposição em Glasgow no final de 1827. E a controvérsia em que se viu envolvido o levou a mais um passo. A "certeza", vista como necessária para se iniciar a verdadeira vida religiosa, deve repousar sobre algo fora dos modos e sentimentos do indivíduo; deve ter seu fundamento no registro de Deus que o Evangelho contém. Então, ele foi levado a uma consideração mais estrita da extensão da expiação; e chegou à conclusão de que, a menos que Cristo *morresse por todos*, a menos que fosse deveras o dom de Deus para cada ser humano, não havia justificativa suficiente para chamar os homens a nutrirem a certeza do amor de Deus por eles.[21]

A narrativa da provação e disposição de Campbell favorece uma leitura infeliz. No início do conflito, ele argumentou que seu ensino não era inconsistente com os padrões subordinados de sua igreja, a Confissão de Fé de

---

20 Ibid., 1:50.
21 Ibid.

Westminster.²² Mas alguns que tinham uma profunda afeição por ele, e uma real simpatia pela sua preocupação pastoral com a livre oferta do Evangelho e o desfruto de plena certeza pelo povo do Senhor, consideravam, no entanto, sua linguagem "temerária".²³ Além disso, em um notável intercâmbio que ocorreu depois de sua deposição, seu amigo Alexander Scott lhe perguntou: "Você poderia assinar nossa Confissão agora?". Ele respondeu: "Não, a Assembleia estava certa. Nossa doutrina e a Confissão eram incompatíveis".²⁴

CRÍTICA DE CAMPBELL

Há aspectos em Campbell que repercutem poderosa e atrativamente. Por um lado, ele reconheceu uma questão pastoral real — a profunda incerteza da salvação em muitas pessoas no seio de sua igreja. Isso é um fardo pastoral duradouro e muito difuso. Ele nunca se esquivou do problema. Por outro lado, buscava responder teologicamente. Nunca separou a teologia da prática. Essa é, seguramente, uma grande *qualidade* em um ministro do Evangelho. Dito isso, um exame mais detido da obra de Campbell, entretanto, expõe uma série de falhas maiores.

A crítica que Campbell faz à expiação definida por si só confessa não ser exegética (embora ele defendesse que era exegeticamente sustentável). Ela procura ser lógica e teológica. Mas a argumentação raramente prossegue sobre as

---

22 Veja Campbell, *Whole Proceedings*, 50-56.
23 O comentário é o de Thomas Chalmers, que (além de Edward Irving) foi o primeiro consultado por Campbell, em 1828, "na esperança de que as bases de minhas convicções lhes fossem recomendadas" (ver *Memorials* 1:52). Chalmers, que não era antipático às preocupações de Campbell, e ele mesmo se deixou comprometer profundamente com a oferta universal do Evangelho, pareceu ter uma profunda preocupação pessoal por ele. O interessante é que sua perspectiva sobre Campbell não se diferenciava tanto da de Robert H. Story: "Ele [Campbell] deveria ter feito o que pedi dia após dia: rejeitar imediatamente as expressões e expressar sua resolução de nunca as usar, assim como a Escritura autorizava..." (*Memoir of the Life of Rev. Robert Story* [Londres: Macmillan, 1862], 190). Dentro de um mês da deposição de Campbell, Chalmers escreveu à condessa de Elgin: "Lamento pelo pobre Campbell, que provavelmente estava certo em sua *ideia*, mas, se obstinadamente persistir em expressar suas ideias certas numa construção equivocada, pode ser que não corra o menor perigo como expositor da verdade. O homem cujos conceitos sólidos se salvem, ainda pode, abandonando a forma das sãs palavras, desencaminhar outros. Todavia, não posso ajudar estando em grande aflição por sua conta" (William Hannah, ed. *Letters of Thomas Chalmers* [1853, reimp. Edimburgo: Banner of Truth, 2007], 349).
24 Veja James L. Goodloe IV, *John McLeod Campbell: The Extent and Nature of the Atonement*, Studies in Reformed Theology and History 3 (Princeton, NJ: Princeton Theological Seminary, 1997), 35.

bases de cuidadosa ou substancial exegese, e um pressuposto teológico parece reduzir a manipulação de textos em contextos.²⁵

A objeção primária de Campbell é à expiação *limitada*. Sua maior motivação é que uma doutrina de amor igual e universal é um necessário pressuposto do Evangelho da expiação: "*Essa não pode ser a verdadeira concepção da natureza da expiação que implique que Cristo morreu para uma eleição dentre os homens*".²⁶ De um modo bastante significativo, ele reconhece que, se a expiação for interpretada em termos de substituição penal, então se segue a expiação definida ("limitada").²⁷ A substituição *penal* deve ser excluída de qualquer doutrina correta da expiação.²⁸ A crítica que Campbell faz da substituição penal (e, portanto, por extensão, da expiação "definida") inclui o seguinte:

(1) *A expiação penal, substitutiva, definida faz justiça a um atributo necessário de Deus, mas o amor é um [atributo] arbitrário*. Na teologia federal, Campbell defende que Deus "deve" ser justo com todos. Portanto, a justiça é "necessária", enquanto que o amor é "arbitrário". Além disso, Deus não ama arbitrariamente. Deus é amor. Numa palavra, por trás do conceito "calvinista" ortodoxo ("federal") da expiação há um conceito distorcido de Deus. Pois, nas palavras de

---

25 Assim, por exemplo, sem qualquer cuidadosa reflexão exegética ou contextual, palavras como as de Hebreus 10.19-21, claramente dirigidas aos crentes, são lidas como que dirigidas igualmente aos *incrédulos* (veja Campbell, *Memorials*, 1:65).

26 Campbell, *Nature of the Atonement*, 71 (grifo do autor).

27 Ibid. Cf. também 68.

28 T. F. Torrance parece buscar redimir Campbell neste ponto: "*O elemento penal como imposição sob a ira de Deus, da qual Cristo, como Mediador, experimentou plenamente, de modo algum foi rejeitada, mas discernida na mais profunda dimensão*" (*Scottish Theology*, 301-302; grifo do autor). Mas isso dificilmente é o que o próprio Campbell tem em mente. A alegação anterior de Torrance de que "Campbell, inquestionavelmente, manteve a doutrina católica e reformada da expiação" (295) seguramente surpreende, com devida permissão a Torrance, Campbell não pode tão facilmente converter-se em um devoto de Atanásio, de Calvino e, possivelmente, de um Barth. Da forma insustentável é a alegação de que o *supra* "calvinista federal" Samuel Rutherford fala "com antecipação de Campbell" e via Cristo como que "arrepender-se por nós em sua obediência passiva" (305; cf. ibid., 100). Jason Goroncy, "'Tha mi a' toirt fainear dur gearan': J. Mcleod Campbell e P. T. Forsyth on the Extent of the Atonement", in *Evangelical Calvinism: Essays Resourcing the Continuing Reformation of the Church*, ef. Myk Habets e Bobby Grow (Eugene, OR: Wipf & Stock, 2012), 255 n. 6, aceita essa leitura de Rutherford sobre as bases da obra de Torrance. O que faz a alegação de Torrance particularmente causar espanto é que as palavras por ele citadas como de Rutherford (de *Cristo morrendo e atraindo pecadores para si*) não são palavras deste, absolutamente, mas de John Towne, a quem Rutherford está em vias de contradizer! E assim Rutherford é obrigado a afirmar a própria negação.

Campbell, "Nada me pode ser mais claro do que *um ato arbitrário não poder revelar o caráter*".[29] Este ponto é mais incisivo do apelo que Jesus impõe ao amor pelos nossos inimigos (Mateus 5.44).[30] Mas, se devemos amar a todos os nossos inimigos, isso não sugeriria o amor universal (e igual) de Deus? A expiação que ele provê deve ser, portanto, universal.

Embora esse argumento tenha seu charme, seus defeitos são substanciais. Por um lado, o uso do termo "arbitrário" empresta ao argumento poder emocional, não lógico. "Arbitrário" sugere "por uma decisão da vontade". No contexto da "escola" de Campbell, "arbitrário" parece sempre acarretar o emotivo, o secundário e o sinistro senso de "capricho".

Aqui, Campbell é culpado por confundir *caráter* e *relação*. O primeiro existe independentemente do segundo, mas manifesta-se de modo variado no contexto do segundo. Uma pessoa justa e amorosa nunca expressa esses atributos sem referência mútua ou independente do contexto. Assim, segundo a Escritura, é justo que o Deus *amoroso* odeie o pecado, inclusive revele que odeia os pecadores. Nenhuma interpretação inteligente de Malaquias 1.2,3 ("tenho amado a Jacó e odiado a Esaú") pode levar essas palavras a significarem que Deus ama a Jacó e a Esaú no mesmo sentido e da mesma maneira (independentemente de esses nomes próprios representarem indivíduos ou nações). Além disso, esse ponto permanece válido seja qual for o uso específico que Paulo faz desse texto em Romanos 9.13.

Assim, o Jesus que em Mateus 5.44 ordena que amemos o inimigo também em 7.23 diz a alguém: "Nunca vos conheci; apartai-vos de mim, os que praticais a iniquidade". O Deus amoroso revelou na Escritura que expulsa pessoas de sua presença "para fora, nas trevas" (Mateus 8.12) e exibe sua ira, muito embora continue sendo o Deus de (santo) amor.[31]

---

29 Campbell, *Nature of the Atonement*, 73 (grifo do autor). A estranheza a tal pensamento, o qual Campbell (com outros) considera tão profundamente significativo, é sua implicação: que uma mulher escolha casar-se com um homem específico (um ato "arbitrário", não "necessário") nada nos diz de seu caráter. Além disso, a lógica também implicaria que, se seu critério fosse amor, ela amaria todos os homens igualmente! Veja n. 31 a seguir.
30 Ibid., 45.
31 Note a linguagem ainda mais estranha em Mateus 25.41.

Nesse contexto geral, Campbell e sua "escola" são culpados de confundir "justiça" com "justiça punitiva". As duas não são as mesmas. A primeira é um atributo essencial (Deus é eternamente justo dentro da eterna comunhão da Trindade); a segunda é uma resposta relacional (Deus exerce justamente justiça punitiva somente dentro do contexto do pecado).[32] Assim, ao dar ao "amor" prioridade absoluta com base em 1 João 4.8, exibe-se desrespeito pela estrutura da Escritura. Pois 1 João 1.5 já enfatizou previamente que "Deus é luz". As Escrituras nunca abstraem o amor da santidade. Aqui, ao menos nos defensores de Campbell mais recentes, um tema oculto (bartiano?) ("Deus é aquele que *ama com liberdade*"[33]) negligencia o tema joanino e bíblico ("Deus é aquele que *ama em santidade*").

Com raiz em Campbell e num aspecto recorrente em sua "escola", há extrapolação ilegítima de uma afirmação bíblica particular a uma posição teológica geral, sem referência a considerações exegéticas e bíblico-teológicas mais amplas. Nesse caso, o Cristo que nos chama a amarmos nossos inimigos é o Cordeiro que se ira de os reis irados, os grandiosos e generais fogem (Apocalipse 6.12-17). Esse amor distinto está longe de ser um aspecto idiossincrático dos teólogos federais do século XVII, ele se radica na Escritura e na ortodoxia histórica da igreja. É expresso de forma excelente no resumo que Aquino faz do "Tratado CX" de Agostinho sobre João 17.21-23: "Deus ama todas as coisas que criou, entre elas especialmente as criaturas racionais, e dentre estas especialmente aquelas que são membros de seu Filho unigênito; e ainda mais do que todos seu próprio Filho unigênito".[34]

Do que Campbell discorda não é apenas, como erroneamente assume, dos "calvinistas federais", e sim de toda uma tradição cristã.

---

32 Deus é eterna e trinitariamente justo, mas não há uma justiça punitiva inerente ao ser de Deus. Justiça é um atributo essencial, apto para o exercício entre os membros da Trindade; a justiça punitiva é esse atributo em ação sobre o pecado e o mal.

33 Karl Barth, *Church Dogmatics*, ed. G. W. Bromiley e T. F. Torrance, 14 vols. (Edimburgo: T. & T. Clark, 1956-1975), II/1, 257 (título § 28).

34 Tomás de Aquino, *Summa Theologiae*, trad. Fathers of the English Dominican Province, 5 vols. (Notre Dame, IN: Ave Maria, 1948), 1.20.3.

(2) *Mais estreitamente conectado com a queixa de Campbell de que o "calvinismo mais antigo" dava prioridade à justiça sobre o amor, é sua crítica que também fez a relação divino-humana essencialmente legal em vez de filial.* Comentando Gálatas 4.5,6, ele escreveu:

> Portanto, quando contemplamos o Filho de Deus, em nossa natureza, lidando a nosso favor com a condenação do pecado e a demanda pela justiça, os quais estão na lei, devemos entender que ele não está assim honrando na humanidade a lei de Deus com o propósito de dar-nos uma perfeita posição legal sob a lei, mas com o propósito de tirar-nos de debaixo da lei e colocar-nos sob a graça — redimindo-nos para que possamos receber a adoção como filhos. Para que nenhuma posição legal, por mais elevada e perfeita que seja, mas por uma posição filial que nos é dada em Cristo.[35]

Em sua visão, a teologia da expiação clássica é permeada por um tipo de legalidade da qual sua própria doutrina trouxe livramento. No "calvinismo mais antigo" a justificação se torna uma condição mais forense do que real; mas a verdadeira condição na qual fomos criados não é legal, e sim filial, a saber, filiação.[36]

Aqui parece que Campbell fez alusão que na Escritura a relação filial é em si mesma uma condição *legal* ("adoção", categoria exclusivamente paulina, é quase certamente emprestada do sistema legal romano).[37] Mas, muito mais que isso, essa crítica falha em explicar a extensão a que a relação filial, tão dominante em Calvino (como seu frequente uso de *adoptio* deixa claro), é também recorrente na literatura de "o calvinismo [federal] mais antigo" do século XVII.[38] De fato, a Confissão de Fé de Westminster mantém um

---

35 Campbell, *Nature of the Atonement*, 76.
36 Ibid.
37 Veja, entre outras coisas, Francis Lyall, *Slaves. Citizens and Sons: Legal Metaphors in the Epistles* (Grand Rapids, MI: Zondervan, 1984), 67-99, esp. 81-88.
38 Veja, por exemplo, William Ames, *The Marrow of Sacred Divinity* (Leyden, 1623), cap. 37, John Owen, *The*

lugar de distinção em ser a primeira exposição sistemática da fé cristã com todo um capítulo sobre a adoção.[39]

Além do mais, é igualmente questionável a noção de que o "calvinismo mais antigo" via consistentemente a relação edênica como fundamentalmente legal, porém não graciosa. John Owen, cujo conceito da expiação é especificamente atacado por Campbell, mantinha o ponto de vista contrário, como fizeram outros.[40] Aliás, os doutores de Westminster deixaram claro que a relação divino-humana original foi constituída da "condescendência" de Deus, de modo que mesmo a, assim chamada, aliança das obras foi um arranjo gracioso. Ela era, afinal, uma aliança implicitamente promissora. Campbell simplesmente não leu exaustivamente as fontes.[41]

(3) Campbell argumenta que, ao "calvinismo mais antigo", o perdão é anterior ao arrependimento. Aliás, é até mesmo anterior à própria expiação.[42] Essa crítica entra em pauta como uma maciça afirmação sobre a precedência da graça. Se o arrependimento antecede o perdão e é uma condição para recebê-lo, então não é possível ser "livre". Aliás, argumenta-se que foi por

---

Doctrine of Justification by Faith, in The Works of John Owen, ed. W. H. Goold, 24 vols. (Edimburgo: Johnstone & Hunter, 1850-1853; repr., Edimburgo: Banner of Truth, 1965), 5:205-23. Cf. Joel Beeke, Heirs with Christ: The Puritans on Adoption (Grand Rapids, MI: Heritage Reformed Publishing, 2010).

39 CFW, 14. O último, talvez sob a influência do uso que François Turretini faz em Institutes of Elenctic Theology, ed. James T. Dennison, trad. George Musgrave Giger, 3 vols. (Phillipsburg, NJ: P&R, 1992-1997), como um apanhado teológico (especialmente seu tratado em seu décimo sexto tópico, a Justificação), a adoção tendia a ser tratada por teólogos sistemáticos como simplesmente um aspecto da justificação. Sendo assim, Turretini o expõe, em alguma extensão, nas Institutes, 2:666-69. Além disso, ele estava entre os teólogos federais no século XIX que cujo interesse considerável chamou a atenção para a filiação cristã.

40 Owen, Justification, in Works, 5:277: "A graça é a fonte original e a causa de toda nossa aceitação diante de Deus na nova aliança. Ans. Foi assim também na antiga. A criação do homem em retidão original foi um efeito da graça divina e da bondade, e a recompensa da vida eterna no desfruto de Deus foi da mera e soberana graça, todavia o que era então das obras não veio da graça — não mais que no presente". Veja também Samuel Rutherford, The Covenant of Life Opened (Edimburgo, 1655), 35, 194.

41 CFW, 7.1. Para uma discussão extensa, veja Andrew A. Woolsey, Unity and Continuity in Covenantal Thought: A Study in the Reformed Tradition to the Westminster Assembly (tese de doutorado não publicada, University of Glasgow, 1988), 1: 54, 83-86; 2:263-64, 299. Para uma introdução acessível, veja Philip G. Ryken, Thomas Baston as Preacher of the Fourfold State (Carlisle, UK: Paternoster, 1999), 104-108.

42 Campbell, Nature of the Atonement, 44-46.

essa razão que Calvino ensinou que o arrependimento *segue* o perdão, em vez de *precedê-lo*.[43]

Embora possa soar engraçado, isso de fato é uma pegadinha. É isso, ou Jesus e os apóstolos demandam correção. Pois eles fazem ecoar o Evangelho com a proclamação de "arrependimento para remissão dos pecados" (Lucas 24.47); "Arrependei-vos, e cada um de vós seja batizado em nome de Jesus Cristo *para remissão dos vossos pecados*" (Atos 2.38); "*Se confessarmos os nossos pecados, ele é fiel e justo para nos perdoar os pecados*" (1 João 1.9).[44] Aqui está a cláusula apostólica condicional à qual Campbell e sua "escola" parecem ser tão avessos.

Além do mais, se o perdão precede o arrependimento, seguramente já estou perdoado. Que necessidade há, pois, de uma expiação — ou, para esta questão, da fé? Por contraste, no ensino apostólico, embora haja graça no coração de Deus para os pecadores, é somente *em Cristo* que há perdão e remissão (Efésios 1.7).[45] E somente quando estamos unidos a Cristo isso nos pertence. Pois fora de Cristo permanecemos "por natureza, filhos da ira, como também os demais" (Efésios 2.3). Essa união se dá dentro do contexto da fé e arrependimento (os dois lados da mesma moeda da graça outorgada correspondendo à palavra do Evangelho). O Evangelho nunca coloca a justificação ou perdão *anterior* à união com Cristo. Fazer isso seria confundir a graciosa disposição de Deus com seu justo perdão.

Campbell apela para o próprio Calvino para corroborar este contexto:

> João Calvino, nas *Institutas* (Livro III, cap. 3) ... extraiu uma distinção entre arrependimento legal e arrependimento evangélico. O arrependimento legal diz: "Arrependei-vos; e, se vos arrependerdes, sereis perdoados. Isso fez o imperativo anterior ao indicativo, e fez o perdão condicionado a um arrependimento adequado..."[46]

---

43 Cf. o argumento de J. B. Torrance na "Introdução" de *Nature of the Atonement*, 13-15.
44 Grifo nosso.
45 Cf. os sábios comentários pastorais de John Owen, *Communion with God the Father, the Son, and the Holy Ghost*, in *Works*, 2:32.
46 Torrance, "Introduction" to *Nature of the Atonement*, 11-12.

Em outras palavras, Campbell argumentou que, fazer o arrependimento anterior ao perdão invertia a ordem evangélica da graça, enquanto no NT o *perdão é logicamente anterior ao* arrependimento.[47]

Mas isso é outra vez um passo em falso. Por um lado, essa é uma exposição defeituosa de Calvino. Para ele, arrependimento significa a "regeneração" de todas as nossas vidas — um processo de *longa vida* radicado no (e, portanto, subsequente ao) perdão com o qual a vida cristã tem início.[48] Nenhum "calvinista federal" tentaria escapar disso. Mas, quando Calvino está pensando sobre a maneira como a vida cristã *começa* e o perdão é recebido, ele nota: "O arrependimento vem de um sincero temor a Deus. *Antes que a mente do pecador se incline para o arrependimento, ele deve elevar seu pensamento ao tribunal de Deus*".[49] Esta é uma perspectiva muito diferente do argumento que o perdão *precede* o arrependimento.

Para outros, isso deixa de explicar a ordem do Evangelho no Pentecostes: "Arrependei-vos, e cada um de vós seja batizado em nome de Jesus Cristo para remissão dos vossos pecados, e recebereis o dom do Espírito Santo" (Atos 2.38); e do apóstolo João: "Se confessarmos os nossos pecados, ele é fiel e justo *para perdoar os pecados* e nos purificar de toda injustiça" (1 João 1.9).

Além disso, se o perdão não é condicional à expiação, o perdão de pecados, por implicação, é possível para Deus sem uma expiação.[50] Reiterando, porém, isso não se fará, especialmente porque "sem derramamento de sangue, não há remissão" (Hebreus 9.22). Aqui Campbell (e seus seguidores) confunde uma *disposição* divina de graça com um *ato* divino de perdão. Mas na Escritura perdão não é um atributo, e sim um ato inerente de justificação.[51]

---

47 Ibid. Veja seu sermão "Confissão" em *Responsibility for the Gift of Eternal Life*, compilado com a permissão do recente Rev. John Campbell, D. D., dos sermões pregados principalmente em Row, nos anos 1829-31 (Londres, 1873), 61, onde ele fala de "um perdão substancial real, independentemente de toda e qualquer retribuição.

48 A definição real que Calvino dá de arrependimento não credencia a perspectiva de Campbell-Torrance nesse ponto. Ela se encontra nas *Institutas* 3.3.5: "Uma conversão real de nossa vida a Deus, prosseguindo do temor sincero e sério para com Deus; e consistindo na mortificação de nossa carne e do velho homem, bem como na vivificação do Espírito". De fato, enquanto Calvino não nega o valor da distinção legal/evangélica à qual J. B. Torrance se refere, imediatamente declara: "todavia, o termo arrependimento (até onde posso averiguar na Escritura) deve ser tomado diferentemente!".

49 Calvino, *Institutas*, 3.3.7 (grifo nosso). Cf. o grifo em 3.3.5.

50 Cf. Campbell, *Nature of the Atonement*, 20-21, onde ele discute isso.

51 Deve-se, ainda, notar que na teologia "federal", entende-se que (i) o amor de Deus não é condicionado pela

Isso nos conduz à reestruturação peculiar de Campbell da própria natureza da expiação.

(4) *Para Campbell, a expiação não é uma obra de substituição penal que se baseia justamente no perdão, mas, antes, numa confissão perfeita de nossos pecados.* A "expiação" é efetuada por Cristo como o Deus-Homem que possui unicidade perfeita com ambos, Deus e homem. Como tal, ele entra plenamente na dor e a absorve da atitude de Deus em relação ao nosso pecado e o que este merece. Em razão de sua unicidade de mente com o Pai, ele prova plenamente o horror e, assim, efetua "uma perfeita confissão de nossos pecados. Essa confissão, quanto à sua própria natureza, teria sido *um perfeito Amém em humanidade ao juízo de Deus ao pecado do homem...*". Em essência, pois, Jesus experimenta

> a plena apreensão e realização dessa ira, tanto quanto do pecado contra o qual ela se manifesta em sua alma e espírito, no seio da humanidade divina, e, assim recebendo-a, lhe responde com uma resposta perfeita — uma resposta das profundezas dessa humanidade divina — e *nessa resposta perfeita ele a absorve*. Para que a resposta tenha todos os elementos de um arrependimento perfeito na humanidade, por todo o pecado do homem — uma dor perfeita, uma contrição perfeita —, todos os elementos desse arrependimento, e isso em absoluta perfeição, tudo — excetuando a consciência pessoal do pecado — e por essa perfeita resposta em Amém à mente de Deus em relação ao pecado é a ira de Deus corretamente satisfeita, e isso está de acordo com a justiça divina de que é seu dever, e só poderia satisfazê-la.[52]

---

morte de Cristo; (ii) as condições para o perdão (arrependimento e fé) são dadas por Deus em graça; e (iii) o que "guarda" os esquemas da graça não é que não haja "se" na proclamação do Evangelho, mas, antes, que a fé e o arrependimento não são contraditórios à salvação. Isso é destacado pela notável inversão da frase de Paulo em Romanos 4.16: "Essa é a razão por que provém da fé, para que seja segundo a graça". A lógica nesse contexto particular é que, em vez de distorcer a graça, a necessidade de fé (e arrependimento, por implicação) preserva a graça; não a obscurece nem a distorce.

52 Campbell, *Nature of the Atonement*, 118 (grifos do autor). Torrance, *Scottish Theology*, 305-307, argumenta "que o 'arrependimento' de Campbell pode ser captado pela palavra latina *poenitentia*, uma imposição penal interna que ele suportou em sua alma". Mas, a questão é "quem impõe o caráter penal da imposição?" Para mais,

Esse é um arrependimento perfeito, embora esteja ausente qualquer consciência de pecado pessoal.⁵³ Cristo é verdadeiramente um salvador profundamente sofredor. O que ele fez foi vicário; Campbell alega que foi um ato de expiação. E que *não* foi uma substituição penal.⁵⁴

O próprio Campbell sugere que sua perspectiva de "arrependimento vicário" pode ter sido antes de tudo estimulada por um comentário especulativo feito por Jonathan Edwards, com o propósito de que somente "uma punição equivalente ou uma dor e um arrependimento equivalente" poderia expiar o pecado.⁵⁵ Edwards não foi além na última possibilidade. Mas Campbell a desenvolveu. Ele acreditava, de fato, que ela foi justificada pelo fato de que a primeira coisa que um pecador desperto busca fazer para que tenha paz com Deus é arrepender-se e fazer isso com perfeição. Arrependimento perfeito, diz ele, seria "a verdadeira e própria satisfação à justiça ofendida".⁵⁶ Ele defende que Cristo fez essa provisão. Portanto, não existe imputação de nossa culpa e punição como tais a Cristo; somente sua compaixão pela disposição do Pai em relação ao nosso pecado. Como um de nós, portanto, Cristo se arrepende perfeitamente por nós. Assim, ele oferece uma intercessão perfeita e pura.

O problema é, naturalmente, que o NT nada sabe sobre a categoria do arrependimento perfeito e vicário de Cristo. Falar do "arrependimento" de Cristo pode ou não ser um constructo teológico útil,⁵⁷ mas ver um conceito do qual a

---

veja o capítulo de Campbell "Repentance", in *Responsibility*, 46-65.

53 Campbell, *Nature of the Atonement*, 118. Um ponto sobre o qual o ponto de vista de Campbell foi virtual e universalmente criticado no século XIX. Campbell vê uma ilustração de tal expiação no zelo de Fineias, em Números 25.10-13. Mas a expiação feita naquele contexto não foi o zelo de Fineias, e sim a morte penal dos autores da impiedade (108-110, 115).

54 Elegantemente afirmado por John R. W. Stott, *The Cross of Christ* (Downers Grove, IL: InterVarsity Press, 1986), 142. "Desta maneira, 'levar o pecado' dissolveu-se em compaixão, 'satisfação' em dor pelo pecado e 'substituição' em penitência vicária, em vez de punição vicária."

55 Campbell cita e discute Edwards em *Nature of the Atonement*, 119. Para o texto completo de Edwards, no contexto, veja Jonathan Edwards, "The Miscellanies" 501-832, in *The Works of Jonathan Edwards*, ed. Ava Chamberlain, 26 vols. (New Haven, CT: Yale University Press, 2000)., Misc. 779, 18-439. A. B. Bruce, *The Humiliation of Christ*, 4ª ed. (Edimburgo: T. & T. Clark, 1900), 318, 438-39, especulou que a fonte última da especulação de Edwards poderia ser Rupert of Duytz (1075-1129).

56 Campbell, *Nature of the Atonement*, 124.

57 O consenso é que um arrependimento sem a consciência de pecado pessoal é uma noção incoerente. No entanto, veja Geerhardus Vos, *Biblical Theology: Old and New Testament* (Grand Rapids, MI: Eerdmans, 1948),

própria Bíblia nunca fala como a chave principal é, seguramente, arrogante. É deixar de fazer teologia a partir de um ponto no texto real da Escritura e ignorar os impulsos centrais do ensino bíblico. O trecho: "O Senhor fez cair sobre ele a iniquidade de nós todos" (Isaías 53.6) seguramente não deve ser interpretado no sentido de que, por nossos pecados, Cristo caiu compassivamente na hostilidade do Pai;[58] tampouco diz, com a perspectiva de Gálatas 3.13, que Cristo se fez "maldição" por nós; nem explica a linguagem fortemente judicial usada, respectivamente, na narrativa da paixão e por Paulo em Romanos 8.32, que o Pai "entregou" ou "abandonou" o Filho a um processo *judicial*. Ele "provou a morte" (ver Hebreus 2.9) especificamente como o "salário do pecado" (Romanos 6.23).[59] Em particular, a teologia de Campbell dificilmente faz justiça ao clamor do *abandonado por Deus* — o teste decisivo, como R. C. Moberly notou, de qualquer perspectiva da expiação.[60] Para Campbell, as palavras vieram a ser um grito de horror partilhando a resposta divina ao pecado, e não um grito mais longo do abandonado por Deus.

A crítica — que tem reemergido em nosso tempo — é que a substituição penal é indigna de Deus. Mas isso é ignorar o acordo na Trindade. Pois o próprio Senhor Jesus responde ao problema percebido da desarmonia ou antagonismo trinitário. Não existe tal coisa. Ele "dá" sua vida[61] "pelas ovelhas". E, "por isso, o Pai me ama" (João 10.17). Nele, simultaneamente, "se encontram o amor do céu e a justiça da terra."[62]

344.

58 As palavras "aflito, ferido e oprimido... o Senhor fez cair sobre ele a iniquidade de nós todos... ao Senhor agradou moê-lo" (Isaías 53.4, 6, 10), "ferirei o pastor, e as ovelhas do rebanho ficarão dispersas" (Mateus 26.31; citando Zacarias 13.7) dificilmente podem ser reduzidas a Cristo absorvendo a disposição do Pai para com o pecado, mas não se tornando o objeto de sua ira contra o pecado. A Escritura não nos alivia da dupla perspectiva pela qual Campbell sentia tanta antipatia.

59 O NT não foca em Cristo o arrependimento, nem em sua realização da ira divina, e sim na morte que ele sofreu (João 10.7-18; Romanos 5.9,10; 1 Coríntios 15.3; 2 Coríntios 5.21; Hebreus 2.9, 14, 17; 9.11, 14; 10.19; 1 Pedro 1.18-19; 2.24; 3.18). É o derramamento do sangue — Cristo dando sua vida na morte como propiciação, como um substituto penal (Apocalipse 1.5; 5.9) — em pé diante e no centro dos apóstolos (1 Coríntios 15.3).

60 Moberly, *Atonement and Personality*, 407. Para a explicação de Campbell, veja *Nature of the Atonement*, 200-207.

61 Reiterando, evidentemente a referência é à morte, não a um conceito compassivo do horror do pecado.

62 Do hino de Elizabeth C. Clephane, "Beneath the Cross of Jesus".

No sistema de Campbell parece não haver racionalidade para a cruz *como tal*. Pode ser que o Getsêmani seja necessário, mas, por que a morte na cruz? Contrário a Calvino, Campbell se recusa a ver a cruz como uma expressão do santo juízo de Deus sobre seu Filho, quando Cristo comparece perante o Pai no caráter de um pecador, mas também como o próprio momento em que o Pai ama o Filho. Há, na cruz, agonia e êxtase. De modo algum podemos — como Campbell pretende — evitar a profunda dupla dimensionalidade. Aqui o Pai "vira seu rosto"[63] quando seu Filho compareceu perante ele ao "fazer-se pecado" por meio dele (2 Coríntios 5.21). Aqui, porém, o Pai também pode ser ouvido cantando tranquilamente "Se sempre te amei, meu Jesus, também agora".[64]

O tão familiar dito de Gregório de Nazianzo, "aquilo que ele não assumiu ele não restaurou" (originalmente no contexto do debate sobre as *naturezas* de Cristo),[65] é também pertinente, por extensão, ao contexto da *obra* de Cristo: o não assumido permanece não restaurado e não redimido. Se Cristo não experimentou o que merecemos experimentar por nosso pecado — a saber, a ira de Deus (Romanos 1.18) e a maldição divina (Gálatas 3.13)[66] — não há expiação para ele. Nosso problema mais profundo não é que não participamos do horror que o Pai sente pelo pecado, ou sua compreensão de que o merecemos. Antes, merecemos o que realmente o pecado merece. A não ser que Cristo suporte isso por mim, ele não pode me redimir. Não basta que em algum sentido ele absorva a ira de Deus, porém não a suporte. Para ser nosso Salvador, ele deveria suportar a ira à qual somos passíveis e "livrar-nos da ira por vir" (1 Tessalonicenses 1.10). Além do mais, alguém se vê obrigado a indagar: por que o arrependimento vicário teria algum efeito sobre o Maligno, tal como libertar seus prisioneiros?

Em suma, para Campbell, a cruz não é substituição *penal*. Ela é o "Amém" vicário de Cristo ao juízo de Deus sobre o pecado. A cruz não é o sofrimento

---

63 Do hino de Stuart Townend, "How Deep the Father's Love for Us".
64 Do hino de William R. Featherstone, "My Jesus, I Love Thee".
65 Gregório de Nazianzo, *Select Letters of Saint Gregory Nazianzus*, NPHF² 7:51. A carta, escrita ao colega de sacerdócio Cledônio, é uma crítica feita à cristologia de Apolinário.
66 O último texto é posto no contexto da aliança: note os temas duais de (i) cumprimento da aliança abraâmica e (ii) uso dos termos bênção/maldição, que virtualmente é definitivo nas operações pactuais (isto é, federais).

que o santo Pai traz sobre seu Filho, mas, antes, o sofrimento de uma participação no que Deus sente pelo pecado. Em certo sentido, é Deus sentindo seus próprios sentimentos no homem. A interpretação que nosso Senhor faz de sua paixão, como o dito de seu Pai, "Ferirei o pastor..." (Marcos 14.27, KJV; cf. Zacarias 13.7), se torna destituída de qualquer importância, *pois no sistema de Campbell não há qualquer ferida feita pelo Pai.*

Em tudo isso, Campbell confessa achar um duplo alívio. Intelectualmente, é um alívio não ver uma dupla consciência no Pai e no Filho, respectivamente.[67] Moral e espiritualmente, é um alívio não ser obrigado a ver uma ficção jurídica ocorrendo no Calvário.[68] Mas, infelizmente, o Cristo empático de Campbell não me livra da ira por vir, porque, enquanto não sentiu seu terror, ele nunca a suportou em meu lugar.

Mas, se Cristo não suportou minha condenação e somente oferece uma visão empática do que o pecado merece, como posso ter confiança de que "já nenhuma condenação há para os que estão em Cristo Jesus" (Romanos 8.1)? Anuência com a condenação, sentir quão justa ela ainda é, não é o mesmo que suportá-la. Aqui há uma recorrente pegadinha na teologia de Campbell. Ela alega livrar sem o necessário capital teológico para compra e provisão.

Isso leva a um quinto ponto.

(5) *A contenda de Campbell, declarada (se possível) mais vigorosamente por seus seguidores mais recentes, é que somente sua visão da expiação nos livra para desfrutar a certeza da salvação. A expiação definida milita contra a certeza que caracterizou o início da teologia reformada:* "Isto ocorre porque ela acaba com a justificativa que a universalidade da expiação dá a cada pessoa que ouve o Evangelho de contemplar Cristo com a apropriação pessoal das palavras do apóstolo, 'que me amou e a si mesmo se deu por mim'".[69] Aqui, está em vista a questão que Campbell e seus seguidores consideram como a sentença de

---

67 Aqui, Campbell é posto em oposição a Calvino (*Institutes*, 2.16.2).
68 Campbell, *Nature of the Atonement*, 222.
69 Ibid., 71.

morte do esquema federal: "Como posso ter certeza da salvação se não sei que Cristo morreu por mim?".

No nível pastoral, ocasionalmente alguém encontra essa questão em indivíduos que exibem uma patologia espiritual a qual não se rende facilmente à medicina do Evangelho. Todavia, em geral essa é em grande medida uma questão suscitada na academia, e não na vida da igreja, e tende a ser um espantalho. Mas é também indicativo de alguma confusão teológica e pastoral. Pois (a) o fundamento para a fé e a certeza que ela traz em seu exercício não é o conhecimento de que Cristo morreu por nós, mas a promessa de que ele salvará até o fim os que vão a Deus por meio dele (Hebreus 7.25); e (b) a certeza da salvação não se radica no conhecimento da eleição ou da identidade daqueles por quem Cristo morreu; vem exclusivamente pela fé em Cristo como ele se ofereceu no Evangelho e pode salvar todos que vão a ele. Como construído, em grande medida o problema é falso. A certeza de fé não é atingível antes do exercício objetivo da fé. E essa certeza não vem por eu saber que Cristo morreu por mim, mas por confiar que ele me salvará.[70]

Aqui, a teologia federal com sua doutrina da expiação definida tem sido injustamente vista como o "bode expiatório" por falta de segurança. Mas isso com certeza não passa de mito.[71] A verdade é que a certeza da salvação foi ativamente desencorajada na igreja pelo menos desde o tempo de Gregório, o Grande (540-604), que, no limiar da Idade Média, a considerou basicamente impossível para o crente comum, inclusive indesejável. A teologia medieval desenvolveria uma *ordo salutis* terminando na ideia da justificação do homem que foi *feito justo* (daí, *justi-ficação*) pela operação da graça. Mas como se poderia saber que alguém era plenamente *justo* e, portanto, justificável? O Concílio de Trento (1545-1563)

---

70 Daí a relevância da convicção de Samuel Rutherford de que os réprobos têm o mesmo direito de crer em Cristo que os eleitos. Nessa conexão, frequentemente se ignora que em nenhuma ocasião se registrou no NT que os apóstolos pregassem o Evangelho em termos de "Cristo morreu por vós, portanto crede". A afirmação de Paulo "no Filho de Deus, que me amou e a si mesmo se entregou por mim" (Gálatas 2.20) é uma expressão de fé e não surge à parte da fé.

71 Nem de longe, visto que o comprometimento de Martin Bucer com a expiação limitada — diferentemente de Calvino — nunca parece ser posto em dúvida nem visto como o *bête noire* da certeza. Veja Jonathan H. Rainbow, *The Will of God and the Cross: An Historical and Theological Study of John Calvin's Doctrine of Limited Redemption* (Allison Park, PA: Pickwick, 1990), 49-63.

concordou, quando especificamente decretou: "Ninguém é capaz de saber com certeza de fé, sem possibilidade de erro de sua parte, que ele mesmo obteve a graça de Deus".[72] O formidável teólogo católico-romano Cardeal Robert Bellarmine (1542-1632)[73] pôde então escrever com toda a autoridade da Igreja de Roma que "A principal heresia dos protestantes é que os santos podem alcançar certa certeza de seu gracioso e perdoado estado diante de Deus".[74]

Contra isso, e longe de serem culpados como acusados por Campbell e sua "escola", os teólogos federais realmente puseram grande ênfase sobre o fato de que os cristãos podem experimentar "certeza infalível" através do uso dos meios ordinários da graça. Essa foi sua posição confessional.[75]

Muitos jovens (e velhos!) ministros podem ter empatia pelo desafios pastorais encontrados por Campbell: falta de jubilosa certeza da salvação entre seu povo; homens e mulheres que sentem não ser "suficientemente bons" para Deus. Mas, longe de ser o resultado específico da teologia federal, esse é um fenômeno muito difuso. Na verdade, a propensão natural dos homens e mulheres caídos é ter o coração legalista[76] e, portanto, ver o caminho da salvação em termos de seus esforços em cumprir as demandas da lei e alcançar a dignidade celestial em suas vidas. Quem poderia sentir-se "suficientemente bom" baseado nisso? Essa foi a raiz do problema de todo o sistema medieval da graça. Se esse fosse o fruto da teologia especificamente federal, da substituição penal e da expiação definida, dificilmente teria sido tão abrangente na Europa medieval, nem teria continuado a prevalecer em contextos em que a teologia federal é desconhecida (e poderia inclusive ser repudiada).

Campbell e seus seguidores, caracteristicamente, argumentam que, embora Calvino defendesse que a certeza é da essência da fé, o "calvinismo mais antigo" ensinava que a certeza não é da essência da fé. As duas afirmações seguintes são vistas como um resumo do contraste:

---

72 *Nullus scive valeat certitudine fidei, cui non potest subsesse falsum, se gratiam Dei esse consecutum* (*Canons and Decrees of the Council of Trent*, session 6, chapter 9).
73 Bellarmine foi proclamado um *Doctor Ecclesiae* em 1931.
74 Cardeal Robert Bellarmine, *De Justificatione*, 3.2.3.
75 WCF, 18; *The Larger Catechism*, qu. 80.
76 Como notavelmente a maioria dos antinomianos, na tradição protestante se confessava ter sido.

> Calvino: Portanto, podemos obter uma definição perfeita de fé se dissermos que ela é o firme e seguro conhecimento da benevolência divina para conosco, fundado sobre a veracidade da promessa graciosa feita em Cristo, não só revelado à nossa mente mas também selado em nosso coração por meio do Espírito Santo.[77]

> *Confissão de Fé Westminster*: Esta segurança infalível não pertence de tal modo à essência da fé, que um verdadeiro crente, antes de possuí-la, não tenha de esperar muito e lutar com muitas dificuldades.[78]

A conclusão extraída é que o afirmado tão claramente por Calvino foi negado pelo "calvinismo federal". Mas essa leitura presta pouca atenção à natureza ou ao contexto das duas afirmações. Aqui devemos notar cuidadosamente uma importante distinção: Calvino está fornecendo uma *definição de fé*; os doutores de Westminster estão descrevendo a *experiência da certeza*.[79] Portanto, a diferença apontada é metodologicamente defeituosa, pois compara maçãs com laranjas. De fato, os doutores de Westminster definiram fé em termos calvinistas como "aceitação, recepção e descanso unicamente em Cristo para a justificação, santificação e vida eterna, por virtude da aliança da graça".[80] Pacientemente, pois, sua discussão de certeza descreve como a fé age na experiência. *Isso*, como o próprio Calvino esclarece em *Institutas*, 3.2, apresenta um quadro muito diferente. Pois fé não é uma abstração que se enquadra perfeitamente em sua definição. Calvino, como ninguém, tem palavras ainda mais fortes do que as dos teólogos federais da Assembleia de Westminster:

> Nós, de fato, embora ensinemos que a fé deve ser certa e segura, não imaginamos uma certeza que jamais possa ser atingida por alguma dúvida,

---

77 Calvino, *Institutas*, 3.2.7.
78 CFW, 18.3.
79 Contrariando a maneira como suas palavras tão frequentemente têm sido lidas, os doutores de Westminster trataram a certeza como *normal* e a incerteza como *exceção*. Portanto, é uma condição *anormal*, embora uma questão real e algumas vezes insistentemente pastoral.
80 CFW, 14.2.

> nem uma segurança que não possa ser atingida por alguma inquietude; senão que, antes, dizemos que os fiéis têm perpétuo conflito com sua própria desconfiança. Tão longe está de que coloquemos sua consciência em algum plácido repouso, o qual não seja absolutamente importunado por nenhuma perturbação![81]

Além disso, "a incredulidade é, em todos os homens [que são crentes], sempre misturada com a fé".[82] Assim, "Aquele que de verdade, lutando com a fraqueza pessoal, em suas ansiedades, insiste com a fé, em larga medida já é vencedor".[83] Repetindo, "Aliás, não me esqueço do que disse antes, cuja lembrança a experiência renova constantemente, isto é, que a fé é assaltada por variadas dúvidas, de sorte que raramente as mentes dos piedosos estão sossegadas, ou pelo menos não desfrutam sempre de tranquilidade".[84]

A explanação que Calvino dá está em plena harmonia com os teólogos federais que vieram depois. Significativamente, ocorre um pouco antes de sua definição de fé: "E a experiência ensina expressamente que, até sermos separados da carne, não conseguimos entender o quanto desejamos".[85] O fato de o cristão estar num conflito entre carne e espírito (e Espírito) fornece a Calvino a resolução do paradoxo: "Para que se compreenda, faz-se necessário retornar àquela distinção de carne e espírito a que fizemos menção em outro lugar, a qual se patenteia muito lucidamente neste ponto".[86] O cristão experimenta a fé no estado de "ainda-não" da salvação plena e final.[87] Em Cristo não mais somos dominados pela carne, e sim pelo espírito. Mas ainda não estamos libertos da carne. Enquanto essa tensão escatológica existir para o crente, haverá, à vista de Cristo, uma possível lacuna entre a definição de fé e a experiência concreta do crente:

---

81 Calvino, *Institutas*, 3.2.17 (grifo nosso).
82 Ibid., 3.2.4.
83 Ibid., 3.2.17.
84 Ibid., 3.2.37.
85 Ibid., 3.2.4.
86 Ibid., 3.2.18.
87 Cf. ibid., 3.2.18-21.

Em nossa volumosa ignorância, é inevitável que ao mesmo tempo nos vejamos muitíssimo enrolados por dúvida e vacilação, uma vez que nosso coração, como que por um instinto natural, se inclina de modo especial à incredulidade. Aqui sucedem tentações que, não só infinitas em número mas variadas em natureza, de quando em quando nos assaltam com grande ímpeto. Acima de tudo, a própria consciência, oprimida pela gigantesca massa dos pecados, ora deplora e geme em seu íntimo, ora se acusa, ora murmura em silêncio, ora irrompe em franco tumulto. Portanto, quer as coisas adversas manifestem a ira de Deus, quer em si mesmas achem a consciência, o argumento e a matéria, daí a incredulidade saca armas e apetrechos para destroçar a fé.[88]

Todavia, Calvino insiste que a fé triunfa, por uma razão simples: a fé não é uma abstração; é confiança pessoal em Jesus Cristo — ela é *certeza*. Aqui Calvino e os teólogos federais falam em meio a muita difamação a uma só voz: a fé mínima e fraquíssima recebe o mesmo Cristo forte. Ele salva completamente os que vão a Deus por seu intermédio. Assim,

jamais se pode arrancar a raiz da fé do coração piedoso; antes, cravada na sua parte mais íntima, aí se apega, por mais que pareça inclinar-se sacudida para cá e para lá: sua luz a tal ponto jamais se extingue ou se deixa sufocar, que não se deixa esconder nem mesmo debaixo de cinza. ... ainda que seja assaltada mil vezes, ela prevalecerá sobre o mundo inteiro.[89]

Compare estas palavras: "Esta fé é de diferentes graus: é fraca ou forte, pode ser muitas vezes e de muitos modos assaltada e enfraquecida, mas sempre alcança a vitória, desenvolvendo-se em muitos até a plena segurança em Cristo, que é tanto o Autor como o Consumador da fé."[90]

---

88 Ibid., 3.2.20.
89 Ibid., 3.2.21.
90 CFW, 14.3. Reiterando, contrário ao que às vezes se insinua, Calvino também dá algum lugar ao assim chamado silogismo prático (Calvino, *Institutas*, 3.14.18). Cf. Richard A. Muller, "Calvin, Beza and the Later

A primeira afirmação vem de Calvino, e a última, da teologia federal da Confissão de Fé de Westminster. Longe de contradizerem-se, estão em harmonia, indistinguível uma da outra na maneira que equilibram a definição de fé com a experiência atual do crente.[91] Pois a certeza é tanto o fruto singular do Evangelho como o direito nato de cada cristão.

EXPIAÇÃO DEFINIDA E CERTEZA CRISTÃ

Em breves pinceladas se pode concluir que a doutrina da expiação definida, entendida em termos cristocêntricos, é bastante apta a sustentar a certeza do crente.

Primeiro, a abordagem deste livro, como um todo, é que a expiação definida é não só apta a sustentar a doutrina da certeza cristã mas, na verdade, ela a *fundamenta*. A propiciação que Cristo fez da ira de Deus no Calvário (Romanos 3.25) garante que não receberemos — ou não podemos receber! — a ira de Deus no último dia (Romanos 5.9-11). Como Calvino observou, comentando Romanos 8.32,

> visto que Cristo, ao expiar seus pecados, *antecipou* o juízo de Deus, e por sua intercessão não só livra da morte mas também envolve nossos pecados no esquecimento, de modo que deles já não faz nenhuma conta ... *e assim já não resta nenhuma condenação*, quando as leis tiverem sido satisfeitas e a penalidade, *já quitada*.[92]

O ponto é bem captado por Toplady, em seu hino, "From Whence This Fear and Unbelief?" [De Onde Vem Este Temor e Incredulidade?].

Reformed on Assurance of Salvation and the 'Practical Syllogism'", em seu *Calvin and the Reformed Tradition: On the Work of Christ and the Order of Salvation* (Grand Rapids, MI: Baker Academic, 2012), 244-76.

91 Com essa evidência, a erudição que tem tão vigorosamente contrastado as duas pareceria estar aberta à acusação de uma busca prejudicial para encontrar "textos-prova" em sua leitura tanto de Calvino como o "calvinismo" tardio.

92 John Calvin, *Romans and Thessalonians*, Calvin's New Testament Commentaries (1539, repr., Grand Rapids, MI: Eerdmans, 1960), 184-85 (grifos nossos).

> Se já conquistaste minha isenção,
> E já suportaste em meu lugar
> Toda a ira divina;
> Não se pode exigir pagamento a Deus duas vezes,
> Primeiramente da mão sangrada de meu Fiador,
> E então, outra vez, da minha.

As *boas-novas* do Evangelho têm por base a premissa da ilegitimidade de um "duplo pagamento". Estamos tão justificados diante de Deus como Cristo está — porque é tão somente em sua justificação que nós mesmos somos justificados. É precisamente disso que vem nossa certeza. Além do mais, é o que nos mune com um toque pessoal de sua graça quando participamos da Ceia do Senhor — "meu corpo, meu sangue, dado por *vós*" (Mateus 26.26-29; Marcos 14.22-26; Lucas 22.17-20).

Segue-se uma segunda implicação quando entendemos que "a redenção que está em Cristo Jesus" está naquele "a quem Deus propôs, no seu sangue, como propiciação, mediante a fé" (Romanos 3.24-25). Aqui, o Deus que apresenta é Deus, o Pai; o sangue é do Deus Filho encarnado; a fé é o fruto do ministério de Deus, o Espírito. A unidade e harmonia das três pessoas da Trindade tanto em realizar como em aplicar a redenção são evidentes. Nessa complexa atividade não se pode abrir nenhuma fenda entre o propósito do Pai, a obra expiatória do Filho e os propósitos efetivos do Espírito sem comprometer a coerência da Trindade. Por contraste, *qualquer* forma de expiação indefinida (universal), em suma, de universalismo absoluto, limita a eficácia da obra do Filho e debilita o poder do ministério do Espírito.

Este pode parecer simplesmente um ponto de negação. Mas implica uma profunda disfunção trinitária com implicações deletérias para nossa doutrina de Deus. Pois, com uma expiação indefinida e universal, a ineficiência da intenção do Pai, e/ou da propiciação do Filho, e/ou do ministério do Espírito é o resultado inevitável — e a implicação inevitável é uma ausência de harmonia nos propósitos ou nas atividades dos membros da Trindade. Em rude contraste, muitas passagens no NT destacam o harmonioso e combinado ministério das três pessoas da Trindade.[93] A doutrina patrística das apropriações permanece verdadeira (cada pessoa exercendo um papel distintivo na obtenção da salvação). Mas também vale a máxima *opera ad extra trinitatis indivisa sunt* — todas as três pessoas da Trindade, em plena comunhão, se engajam na obra de cada pessoa na Trindade.[94]

Aqui, naturalmente, está em perigo a confiança do cristão na profunda harmonia das três pessoas da Trindade. Qualquer desarmonia de intenção, função ou realização mina a certeza da salvação. E destrói uma jubilosa confiança que a disposição de cada pessoa da Trindade partilha absolutamente na determinação das outras duas pessoas em redimir-nos. Declarado positivamente, o conhecimento da harmonia absoluta de propósito, sacrifício e aplicação na *opera ad extra trinitatis* leva à comunhão confiante do crente com cada pessoa da Trindade em termos daquela apropriação de pessoa, bem como em termos da intimidade com o Deus Trino.[95]

CONCLUSÃO

A título de observação conclusiva, uma das peculiaridades da discussão é que o "calvinismo federal" é a causa-raiz de (i) ouvir o Evangelho como

---

93 Por exemplo, Romanos 8.3,4, 9-17; 14.17,18; 1 Coríntios 6.17-20; Gálatas 4.4-6; Efésios 1.3-14; 5.18-20; Filipenses 3.3; 2 Tessalonicenses 2.13,14; Tito 3.4-7; 1 Pedro 1.2.

94 Pode parecer que o universalismo hipotético pode sustentar a unidade trinitária. Nesse esquema, o decreto trinitário de *impetração* envolve o Filho morrendo por todos "caso creiam", mas o decreto de *aplicação* da redenção se limita aos eleitos. Assim, em ambos os decretos, os membros da Trindade estão em unidade. Mas enquanto a cláusula condicional ("caso creiam") aparece para garantir a harmonia absoluta da Trindade (visto que a condição está no homem, não em Deus), seu efeito concreto deixa uma ruptura na unidade do Pai e do Filho. Pois dentro do esquema o Pai apresenta seu Filho como uma propiciação real pelos pecados de alguns a quem essa propiciação nunca atinge realmente. Esta permanece sendo uma propiciação que não propicia, a qual cria um duplo prejuízo. A unidade alegada no nível de decreto se torna ilusória no nível das ações do Pai e do Filho. A expiação feita por Cristo aparentemente nunca fará expiação diante do Pai. A expiação ocorre dentro das relações na Trindade (é a obra da pessoa do Filho divino — embora em sua humanidade — em relação ao Pai divino). Assim, no esquema do universalismo hipotético, há uma ação do Filho (expiação realizada por todos) que não recebe a correspondente ação responsiva do Pai (sendo expiado). Assim, a unidade no nível do decreto causa uma desunidade inerente no nível da ação do Filho encarnado em relação ao Pai. Caso se responda que o Filho fez expiação só condicionalmente ("caso creiam"), então a incoerência da expiação que não expia ainda deixa a mesma impressão de uma atividade incoerente da Trindade que está presente nos outros conceitos não particularistas.

95 Um tema ao qual John Owen (seguramente o maior teólogo entre os "calvinistas federais" de língua inglesa) dá expressão clássica em seu *Of Communion with God the Father, Son, and Holy Spirit, Each Person Distinctly, in Love, Grace, and Consolation, or, The Saints Fellowship with the Father, Son, and Holy Ghost Unfolded* (Londres, 1657).

demanda, e não como um dom, e (ii) faltar certeza, cujos proponentes desse ponto de vista parecem nunca considerar que os fenômenos de modo algum foram e são isolados na Escócia! Assim, por exemplo, os ministros evangélicos anglicanos, servindo-se de um contexto formado pelos *Trinta e Nove Artigos* (não federais!), regularmente têm encontrado as mesmas questões no ministério pastoral, como fazem os ministros do Evangelho ao redor do mundo, desde a Coreia do Sul até a América Latina. Se há um vilão histórico aqui, é muito mais provável que seja a prolongada influência da teologia *medieval* com sua máxima *"facere quod in se est"* ("faça o que está dentro de você") — ou, em sua forma popular, "o céu ajuda os que se ajudam".[96] Tampouco se deve esquecer quão profundamente mergulhada no pensamento posterior ao século XVII é a influência do deísmo inglês (e seu "pai", Lord Herbert de Cherbury [1583-1648], irmão mais velho do grande poeta metafísico George Herbert), em que o arrependimento merece perdão. Por trás de tudo, naturalmente, está a fundamental propensão do coração humano decaído. Acima de tudo, mesmo o teólogo Nicodemos ouviu as palavras de Jesus sobre o *dom* do nascimento do alto como uma *demanda* para a ação contributiva do homem na redenção: "Como é possível que um homem *faça* isso? Acaso pode ele entrar no ventre de sua mãe...?" Tal cegueira à graça não é "federal", e sim natural.

Discordando da contestação de Campbell e sua "escola", a expiação definida não despe o cristão ou a cristã de sua certeza. A expiação definida focaliza a ilegitimidade de um duplo pagamento por nosso pecado e focaliza a harmonia trinitária exibida no Evangelho. Ambos servem para fundamentar a certeza do crente: todos aqueles por quem Cristo morreu virão à fé e jamais serão arrancados da mão de seu Pai, sendo guardados pelo poder (ou Espírito) de Deus para a salvação no último dia. De fato, uma bendita certeza — e uma genuína cura para as almas.

---

96 Veja Heiko A. Oberman, *The Harvest of Medieval Theology* (Cambridge, MA: Harvard University Press, 1983), 129-45.

CAPÍTULO 23

"MINHA GLÓRIA NÃO DAREI A OUTREM"

PREGANDO A PLENITUDE DA EXPIAÇÃO DEFINIDA PARA A GLÓRIA DE DEUS

John Piper

A GLÓRIA DA CRUZ

Se o fim para o qual Deus criou o mundo é a exibição de sua glória, e se o ápice de sua glória é o esplendor de sua graça, e se a façanha de Cristo na cruz é o ápice da exibição dessa graça esplêndida, e se John Murray está certo de que "a glória da cruz está ligada de modo inseparável com a eficiência de sua realização",[1] então o título deste capítulo aponta para a natureza última do tópico diante de nós. Quando não proclamamos o pleno efeito expiatório da cruz — quando essa plenitude não corrobora nossa livre oferta do Evangelho a todos os pecadores e nossa aplicação das promessas de Deus adquiridas com sangue, para todos os seus filhos —, diminuímos a glória da cruz e o objetivo de Deus na criação.

Não quero dizer que essa diminuição necessariamente cancela a fé de uma pessoa, ou mesmo remove a bênção de Deus do ministério de alguém.

---

1   John Murray, *Redemption Accomplished and Applied* (Grand Rapids, MI: Eerdmans, 1955), 75.

Deus é compassivo em usar-nos embora tenhamos muitas falhas. Estou certo de que, de muitas formas, empobreço o propósito de Deus em glorificar a si mesmo na cruz. O ponto não é a anulação ou o empobrecimento da fé ou ministério de alguém. O ponto é chamar todos nós a engrandecer mais plenamente a majestade da glória da graça de Deus na cruz de Cristo — e fazer com que creiamos e proclamemos a plena glória da morte de Cristo, na aquisição efetiva de seus eleitos, expiando sua culpa e propiciando a ira de Deus contra eles. Murray *está* certo: "a glória da cruz está vinculada solidamente à eficácia de sua concretização".

O FIM PARA O QUAL DEUS CRIOU O MUNDO

Ler a *Dissertação Sobre o Fim para o Qual Deus Criou o Mundo*, de Jonathan Edwards, foi uma experiência transformadora muito grande para mim quando tinha meus vinte anos. Achei o livro — com sua saturação incomparável com a Escritura — totalmente convincente e tenho gasto boa parte de minha vida tentando proclamar sua mensagem principal.[2] Essa mensagem é clara: "Tudo o que já foi dito na Escritura sobre o principal objetivo das obras de Deus está incluso nesta única frase: 'a glória de Deus'; que é o nome pelo qual o objetivo das obras de Deus é mais comumente chamado na Escritura".[3] Deus nada faz sem isso como seu objetivo principal. As palavras dele em Isaías 48.11 se hasteiam como uma bandeira sobre cada feito divino: "Por amor de mim, por amor de mim, é que faço isto; porque como seria profanado o meu nome? A minha glória não a dou a outrem".

---

2 Veja, por exemplo, a tese sobre essa mensagem em John Piper, *God's Passion for His Glory: Living the Vision of Jonathan Edwards* (Wheaton, IL: Crossway, 1998); "The of God in Redemptive history", appendix 2 in *Desiring God: Meditations of a Christian Hedonist*, ed. 25º aniversário (Colorado Springs Multnomah, 2011), 313-26; e *Let the Nations Be Glad: The Supremacy of God in Missions*, 3ª ed. (Grand Rapids, MI: Baker, 2010), 11-40.

3 Jonathan Edwards, *Dissertation Concerning the End for Which God Created the World*, ed. Paul Ramsey, in *The Works of Jonathan Edwards*, general ed. Harry S. Stout, 26 vols. (New Haven, CT: Yale University Press, 1989), 8:526. A obra exegética mais completa recente que define o ponto de vista de Edwards é James M. Hamilton, *God's Glory in Salvation through Judgment: A Biblical Theology* (Wheaton, IL: Crossway, 2010). De modo semelhante, Thomas R. Schreiner tem desenvolvido sua teologia do NT em torno do tema unificador de "Magnifying God in Christ": *A New Testament Theology: Magnifying God in Christ* (Grand Rapids, MI: Baker Academic, 2008).

A glória de Deus está no coração do Evangelho. A fé vê e saboreia "a luz do Evangelho da glória de Cristo, o qual é a imagem de Deus" (2 Coríntios 4.4). Esta é uma frase notável: "o Evangelho da glória de Cristo" — ou, como Paulo diz outra vez dois versículos depois, "para iluminação do conhecimento da glória de Deus, na face de Cristo". Se ele fala de "a glória de Cristo, o qual é a imagem de Deus" ou "a glória de Deus, na face de Cristo", a realidade é a mesma. A glória de Deus revelada em Cristo e sua obra, em essência, são o que o Evangelho é. Quando passamos a tratar da glória de Deus, estamos falando de uma realidade que é não só o ápice na meta da história mas também central ao Evangelho.

A TAREFA PRINCIPAL DO MINISTÉRIO E O ALVO DA PREGAÇÃO

Tudo isso significa que a tarefa principal do ministério cristão é o engrandecimento da glória de Deus. O objetivo é a plenitude da revelação da glória de Deus ser exibida pelo seu povo e que eles sejam ajudados a responder com alegria e a máxima admiração possível.

Isso significa que a pregação, essencial à vida da igreja, busca em cada sermão ampliar a glória de Deus em Jesus e satisfazer a mais profunda necessidade do povo de conhecer e admirar Deus. Tudo que precisamos saber sobre Deus se encontra com clareza e segurança somente em um lugar: a Bíblia. Portanto, cada sermão será expositivo no sentido de que tentará trazer à luz a revelação da glória de Deus através do significado dos textos bíblicos. E no coração de todos esses textos está a suprema revelação da glória de Deus pela manifestação de sua graça na obra de Jesus Cristo na cruz. Esta nos conduz à grande realidade da expiação em relação à glória de Deus na pregação.

A MORTE DE CRISTO COMO O ÁPICE DA GLÓRIA DA GRAÇA DE DEUS

Agora posso ser mais específico do que tenho sido até então. Tenho dito que Deus faz tudo o que faz para manter, engrandecer e exibir sua glória. Agora posso avançar mais e dizer que todas as suas obras existem para exibir a glória de sua *graça*, e a cruz de Cristo é a revelação máxima da glória de sua graça, a qual é o ápice da glória de Deus.

O que veremos da Escritura é que a revelação da glória da graça de Deus foi planejada desde a criação e veio ao seu ápice *na morte de Cristo pelos pecadores*. Ao conceber um universo onde exibir a glória de sua graça, Deus não escolheu o "Plano B". A morte de Cristo não foi uma ideia posterior ou acomodação. O universo foi planejado para isso. Tudo conduzindo a ele, e tudo fluindo dele, é explicado por ele. Para apoiar essa alegação, consideremos textos-chave.

Comecemos com Apocalipse 13.8. João escreve: "adorá-la-ão [a besta] todos os que habitam sobre a terra, aqueles cujos nomes não foram escritos no Livro da Vida do Cordeiro que foi morto desde a fundação do mundo". Antes que o mundo fosse criado, havia um livro denominado "o livro da vida do Cordeiro que foi morto". O Cordeiro é Jesus Cristo, o crucificado. O livro é, então, o livro de Jesus Cristo crucificado. Portanto, antes que Deus fizesse o mundo, ele tinha em vista Jesus Cristo morto, e tinha em vista um povo comprado com seu sangue, cujos nomes foram escritos no livro.

A seguir, consideremos 2 Timóteo 1.9. Paulo retrocede à eternidade antes que as eras tivessem início e diz que Deus "nos salvou e nos chamou com santa vocação; não segundo as nossas obras, mas conforme a sua própria determinação e graça que nos foi dada [isto é, ele nos deu essa *graça*] em Cristo Jesus, antes dos tempos eternos". Deus nos deu *graça* — favor não merecido pelos pecadores — em Cristo Jesus antes que as eras tivessem início. Ainda não tínhamos sido criados. Ainda não tínhamos existido para que pudéssemos pecar. Mas Deus já tinha decretado essa graça — um tipo de graça "em Cristo", comprada com sangue, vencendo o pecado — viria a nós em Cristo Jesus. Ele planejou tudo isso antes da criação do mundo.

E assim existe um "livro da vida do Cordeiro que foi morto", e há "graça" fluindo para os pecadores que não a merecem, os quais ainda nem tinham sido criados. Esse é o plano. Por que esse é o plano é respondido por Paulo em Efésios 1.4-6 e por João em Apocalipse 5.9-12. Antes de examinar esses textos, a resposta pode ser resumida assim: este é o plano porque *a meta da criação é a mais plena exibição da grandeza da glória da graça de Deus. E essa exibição seria a morte do ser mais excelente do universo — Jesus Cristo — por incontáveis milhões de pecadores sem qualquer mérito.*

Em Efésios 1.4-6, Paulo diz:

> [Deus] assim como nos escolheu nele antes da fundação do mundo, para sermos santos e irrepreensíveis perante ele; e em amor nos predestinou para ele, para a adoção de filhos, por meio de Jesus Cristo, segundo o beneplácito de sua vontade, *para louvor da glória de sua graça*, que ele nos concedeu gratuitamente no amado.

Da eternidade para a eternidade, a meta de Deus na história da redenção é produzir o louvor da glória de sua graça. Mas é mais relevante nesse ponto notar que esse plano se concretizou "em Cristo" (v. 4) ou "por meio de Jesus Cristo" (v. 5), antes da fundação do mundo.

O que significa que "em Cristo" fomos escolhidos e que nossa adoção deveria dar-se "por meio de Jesus Cristo"? Sabemos que, na mente de Paulo, Cristo sofreu e morreu como Redentor para que fôssemos adotados como filhos de Deus (Gálatas 4.5). Nossa adoção não podia se concretizar à parte da morte de Cristo. Portanto, o que Paulo tem em mente que escolher-nos "em Cristo" e planejar adotar-nos "por meio de Jesus Cristo" significava planejar (antes da fundação do mundo) o sofrimento e a morte de seu Filho por pecadores. E isso tinha como propósito o louvor da glória da graça de Deus (ver Efésios 1.6, 12, 14). Significando que a morte de Jesus por pecadores é o ápice da revelação da glória da graça de Deus.

Então consideremos a confirmação disso em Apocalipse 5.9-12. Aqui as hostes celestiais estão adorando o Cordeiro justamente porque ele foi morto:

> e entoavam novo cântico, dizendo: Digno és de tomar o livro e de abrir-lhe os selos, *porque foste morto* e com o teu sangue compraste

para Deus os que procedem de toda tribo, língua, povo e nação. ... Vi e ouvi uma voz de muitos anjos ao redor do trono, dos seres viventes e dos anciãos, cujo número era de milhões de milhões e milhares de milhares, proclamando em grande voz: Digno é o Cordeiro *que foi morto* de receber o poder, e riqueza, e sabedoria, e força, e honra, e glória, e louvor.

As hostes celestiais focalizam seu culto não simplesmente no Cordeiro, mas no "Cordeiro *que foi morto*". E continuam cantando em Apocalipse 15.3: "E entoavam ... o cântico do Cordeiro". Portanto, podemos concluir que o centro do culto celestial, por toda a eternidade, será a exibição da glória da graça de Deus no Cordeiro morto e ressurreto.

A EXPIAÇÃO DEFINIDA COMO UMA SIGNIFICATIVA PARTE DA GLÓRIA DO EMPREENDIMENTO DE CRISTO

A questão diante de nós, neste capítulo, é se a expiação definida é uma parte significativa da glória da graça de Deus, a qual ele propôs exibir na obra expiatória de seu Filho. Caso isso seja confirmado, como ela afeta nossa pregação para a evangelização do mundo e edificação do corpo de Cristo para a glória de Deus?

Minha resposta é que, sim, a obra expiatória definida de Cristo é uma parte significativa da glória da graça de Deus. E ter ciência disso, pela operação do Espírito de Deus, estimula a causa das missões mundiais e nos capacita a pregar de tal modo que nosso povo experimente a mais profunda gratidão, a maior segurança, a mais doce comunhão com Deus, os mais fortes afetos no culto, mais amor pelas pessoas e maior coragem e sacrifício no testemunho e no serviço. A pregação que almeja essas coisas para a glória de Deus falará da cruz em sua plenitude, sem negar nenhuma de suas implicações universais, mas também sem negar seu precioso, definido, efetivo e invencível poder de salvar os eleitos de Deus.

Dois textos-chave que já vimos (Efésios 1.4-6 e Apocalipse 6.9)[4] apontam nesta direção — que uma parte significativa da glória do empreendimento de Cristo é que assegura não a salvação potencial, mas a salvação real, total e eterna dos eleitos de Deus. À luz de Efésios 1.4-6, vimos que a meta última de Deus de glorificar a si mesmo na criação alcançou seu ponto máximo na exibição de sua graça "por meio de Jesus Cristo" (v. 5), isto é, "no amado" (v. 6). Então podemos seguir um pouco mais o pensamento de Paulo na definição da obra salvífica de Cristo que exibe a glória da graça de Deus.

A partir do versículo 5, vemos que Deus predestinou *pecadores* para a adoção de filhos: "nos predestinou para ele, para a adoção de filhos, por meio de Jesus Cristo". Eu mostrei previamente que as palavras "por meio de Jesus Cristo" significam por meio da obra redentora de Jesus Cristo (cf. v. 7). Foi assim que soubemos que Deus tinha em vista os *pecadores* quando predestinou seus escolhidos para a adoção. Eles precisavam ser redimidos. O que significa, pois, que a obra redentora de Cristo na cruz é o que garante a passagem de uma pessoa de pecadora perdida para filha adotada; de filha da ira (2.3), passa a ser filha de Deus. E assim a glória da graça de Deus, exibida no empreendimento da cruz, é também exibida na passagem do sangue que adquiriu uma pessoa perdida da morte para a vida.

O que está envolvido nessa passagem é explicado por Paulo em Efésios 2.4,5. Vemos ali que é a graça de Deus que dá vida aos mortos. "Mas Deus, sendo rico em misericórdia, por causa do grande amor com que nos amou, e estando nós mortos em nossos delitos, nos deu vida juntamente com Cristo, — pela graça sois salvos." Paulo interrompe o fluxo de sua sentença para não deixar dúvida que compreendemos que o ato de fazer os espiritualmente mortos viverem é a obra da graça de Deus. É isso que

---

4   O espaço não permite uma discussão detalhada sobre Apocalipse 5.9, mas observe ligeiramente que o vocabulário aponta para a expiação definida, e o contexto mostra que a obra expiatória definida dá origem à glorificação de Cristo: "Digno é o Cordeiro que foi morte de receber... glória!" (5.12). O que sua "morte" realizou? Os seres celestiais cantam a Cristo: "Foste morto e com teu sangue resgataste pessoas para Deus *dentre* cada tribo". A frase "dentre cada tribo" (ἐκ πάσης φυλῆς) aponta para a obra seletiva do resgate. Não diz que ele resgatou cada tribo, mas "resgatou pessoas para Deus *dentre* cada tribo". O resgate os distinguiu.

está envolvido na transição de ser filho da ira para ser filho de Deus. Alguém precisa ser espiritualmente vivificado. E Paulo diz que essa é uma obra da graça de Deus. Eis por que às vezes é chamada de graça soberana: ela ressuscita mortos. Os mortos não ressuscitam a si mesmos. [Quem faz isso é] Deus, por sua graça. E é essa "gloriosa graça" que será louvada por toda a eternidade.

Deus não ressuscitar todos da morte espiritual é o que torna a expiação definida tão relevante. Ele ressuscita aqueles a quem "predestinou para a adoção de filhos" (1.5). E já que a graça pela qual ele faz isso é "por intermédio de Jesus Cristo" (isto é, por meio de sua obra expiatória), a vivificação que experimentam lhes é assegurada pela morte de Cristo em seu favor. Isso significa que na expiação Deus designou e assegurou vida espiritual, bem como sua resultante fé, para aqueles a quem ele predestinou para a filiação.[5] A expiação não torna possível a vivificação espiritual de todas as pessoas; ela faz certa e efetiva a vivificação espiritual dos eleitos. Essa é a conclusão do ensino de Paulo sobre a graça em Efésios 1.4-6 e 2.4,5.

Assim, em resposta à questão, a expiação definida é uma parte significativa da glória da graça de Deus que ele se dignou a exibir na obra expiatória de seu Filho? Podemos dizer que sim. E nossa primeira razão para essa resposta é que a maneira como Deus planejou engrandecer a glória de sua graça foi predestinando pecadores para a filiação através da graça adquirida com sangue (1.5,6). E a maneira como ele planejou conduzir pecadores à filiação foi pelo poder dessa graça, ressuscitando-os espiritualmente dentre os mortos e fazendo-os vivos em Cristo (2.5).

Assim, a "glória de sua graça", a qual foi a meta de Deus desde toda a eternidade, inclui o glorioso desígnio e poder da expiação em assegurar a fé e a salvação de seus eleitos. A graça de Deus adquirida com sangue torna vivos os mortos, trazendo-os à união com Cristo, desperta a fé e salva os seus ao

---

5   Para um argumento mais extenso sobre a suposição de que a vivificação espiritual ou o "novo nascimento", referido em Efésios 2.5, é a maneira como Deus efetua a fé salvífica, veja John Piper, *Finalmente Vivos: O que acontece quando nascemos de novo* (São José dos Campos, SP: Editora Fiel, 2011) 97-106

máximo. Em outras palavras, a redenção consumada na cruz não só redunda na glória de Deus mas a redenção consumada e *aplicada* ao crente que é "para louvor da glória de sua graça" (Efésios 1.6).

O AMOR DE DEUS E A EXPIAÇÃO DEFINIDA

Antes de voltar a uma discussão da nova aliança e sua relação com a expiação definida e a glória de Cristo, este é um lugar próprio para suscitar a questão de como a expiação definida se relaciona com o amor de Deus. É o lugar próprio, porque o texto que trabalhei (Efésios 2.4,5) fala que, quando Deus nos vivifica, nos apropriamos de seu "grande amor": "Deus ... por causa do grande amor com que nos amou ... nos deu vida juntamente com Cristo." Discutir o amor de Deus neste ponto não equivale a um intervalo no argumento, e sim a uma extensão dele. A compreensão que Paulo tinha do singular amor de Deus para com seus eleitos, expresso na obra efetiva da expiação por eles em particular, mostra como a expiação definida essencial está na glória da cruz, a qual é o maior ato do amor divino (Romanos 5.8).

De certa forma, estive falando do amor de Deus desde o princípio deste capítulo, porque a *graça* de Deus é uma expressão de seu *amor*. É a forma que o amor assume quando se depara com pessoas culpadas. Porém, em Efésios 2.4, Paulo mostra que a operação da graça em vivificar mortos espiritualmente é uma expressão do "grande amor" de Deus. Esta é uma expressão única na Bíblia. O *grande amor* de Deus "com que ele nos amou" o moveu a vivificar-nos quando estávamos mortos.

Isso significa que há um singular amor de Deus por seus eleitos que explica o singular efeito da expiação definida em salvá-los. Já vimos que a graça soberana que vivifica os mortos é adquirida com sangue que flui para os eleitos do divino propósito da cruz. Somos vivificados porque a expiação a assegura para nós. Então adicionamos este *insight*: o propósito divino da cruz é uma expressão do "grande amor" de Deus por seus eleitos. Outros não são revividos. Portanto, esse amor é distintivo. Não é dado a todos. É dado a pecadores que são predestinados à filiação.

Vemos isso outra vez em Efésios 5.25: "Maridos, amai vossa mulher, como também Cristo amou a igreja e a si mesmo se entregou por ela". Um esposo ama sua esposa de uma maneira diferente da maneira que ama outras mulheres. E Cristo ama sua esposa, a igreja, de uma maneira diferente de como ama outras pessoas. "A si mesmo se entregou por ela." Em minha pregação, essa foi uma das maneiras mais efetivas de ajudar meu povo a sentir a preciosidade da expiação definida como uma expressão do distintivo amor de Deus por eles. Quão agradável seria para uma esposa, pergunto-lhes, pensar que seu esposo apenas a ama como ama a todas as demais mulheres? Seria desencorajador. Ele a escolheu. Ele a cortejou. Ele tomou a iniciativa porque pôs seu favorecimento acima de todas as demais. Ele sente um amor distintivo por ela — um grande amor — que é singular. Ela é seu próprio tesouro amado como nenhuma outra mulher. E assim os eleitos de Deus são seus amados e pessoas adquiridas com sangue como ninguém mais.

Eu digo ao meu povo: vocês nunca saberão o quanto Deus os ama se continuarem a pensar que o amor dele por vocês é apenas um exemplo do amor dele pelo mundo inteiro. Sem a menor dúvida, Deus ama o mundo (João 3.16), mas há um "grande amor" pelos filhos que ele não sente pelo mundo. Tampouco alguém diria (mudando a metáfora de esposa para filhos) que ele nutre esse amor pelos seus filhos porque estes creem nele. Isso é inverter a ordem. Antes, os filhos da ira espiritualmente mortos foram vivificados e conduzidos à fé *porque* ele nutriu amor especial para com eles (Efésios 2.4). Esta é a beleza deste ensino. Deus pôs sobre nós seu amor eletivo e expiatório *antes* que fôssemos capazes de fazer algo para nos recomendarmos a ele.

Quando pregamos, nosso anseio é que as pessoas se sintam amadas com a plenitude do amor de Deus para com elas. As formas arminianas e amiraldianas de pensar tornam essa experiência difícil, se não impossível. Obscurecem a verdade que era precisamente o "grande amor" distintivo de Deus (Efésios 2.4), expresso na morte de Cristo, pela qual Deus conduz seus eleitos à vida e lhes outorga fé.

Ambos os conceitos tornam mais difícil para os filhos de Deus lerem Gálatas 2.20 com a doçura pessoal do propósito de Deus de que "já não sou eu quem vive, mas Cristo vive em mim; e esse viver que, agora, tenho na carne, vivo pela fé no Filho de Deus, que *me amou e a si mesmo se entregou por mim*". Ele *me* amou. E a si mesmo se entregou por *mim*. A preciosidade desse amor pessoal é emudecida onde é vista como um exemplo do mesmo amor que Cristo tem por aqueles que finalmente perecem. Ele não é o mesmo.

Quando João disse que Jesus, "tendo amado *os seus* que estavam no mundo, amou-os até o fim" (João 13.1), este não tinha em mente que esse amor pessoal pelos "seus" era o mesmo amor que nutria por todos e cada um. Ele nutria um "grande amor" pelos seus. Não existia nada maior. "Ninguém tem maior amor do que este: de dar alguém a própria vida *em favor dos seus amigos*" (João 15.13). Sejam quais forem as bênçãos que fluam para o mundo da cruz de Cristo, e são muitas, havia em seu desígnio um "grande amor" especificamente planejado para resgatar "os seus".

O Pai escolheu os seus dentre o mundo e os deu ao Filho. "Eram teus, tu mos confiaste, e eles têm guardado a tua palavra" (João 17.6). Ele os amou até o fim e os guardou, para que nenhum se perdesse. "E a vontade de quem me enviou é esta: que nenhum eu perca de todos os que me deu" (João 6.39). Para esse fim, ele santificou a si mesmo na noite anterior à sua morte: "E a favor deles eu me santifico a mim mesmo, para que eles também sejam santificados na verdade" (João 17.19). E então orou por eles — somente por eles, não pelo mundo —, já que esta era parte do "grande amor que ele nutria pelos 'os seus'": "É por eles que eu rogo; não rogo pelo mundo, mas por aqueles que me deste, porque são teus" (João 17.9). E então morreu *por eles*. "Eu sou o bom pastor; conheço minhas ovelhas, e elas me conhecem a mim, assim como o Pai me conhece a mim, e eu conheço o Pai; e dou minha vida pelas ovelhas" (João 10.14, 15). Ele "[deu] sua própria vida por seus amigos" (João 15.13). É isto que significa "amou os seus ... e os amou até o fim" (João 13.1).

E, na mente de Cristo, esse empreendimento pelos "seus" não foi uma pequena parte da glória que ele estava levando ao Pai em sua obra salvífica. "Eu te *glorifiquei* na terra, consumando a obra que me confiaste para fazer" (João 17.4). Era a salvação perfeita e completa dos "seus" que o levou a dizer ao Pai: "todas as minhas coisas são tuas, e as tuas coisas são minhas; e, neles, eu sou *glorificado*" (João 17.10). Essa glória não era a glória de uma salvação *disponível*, e sim uma salvação *real* e *efetiva* nas vidas dos "seus". O amor de Deus pelos eleitos é maior do que o amor que ele nutre pelo o mundo. Como Geerhardus Vos comenta: "O amor divino pelos eleitos é diferente não só em grau mas especificamente de todas as demais formas de amor, porque ele envolve um propósito de salvar, o qual falta a todas as outras formas".[6] Portanto, a grandeza desse amor especial — expresso na eficácia definida da expiação — é uma parte significativa da glória de Deus em salvar seu povo por meio da morte de Cristo.

A NOVA ALIANÇA E A EXPIAÇÃO DEFINIDA

Tendo discutido o amor de Deus pelos seus em relação à expiação definida,[7] foco agora no tema que me foi mais encorajador em relação à expiação definida e às suas implicações pessoais e pastorais. Esta é uma parte do argumento de que a expiação definida é de fato uma peça significativa da glória do empreendimento de Cristo na cruz.

Em minha peregrinação para entender a expiação definida nas Escrituras, a verdade que mais me tem encorajado é o ensino do NT sobre a nova aliança. Especificamente, tenho sido ajudado pela verdade de que o sangue de Cristo obteve as promessas da nova aliança, as quais incluem a obra regeneradora de Cristo que conduz à fé e à salvação. Em outras palavras, o que Cristo garantiu quando morreu foi não só a possibilidade de que todos os que creem sejam salvos mas também — e isto é o que faz a expiação ser definida — que todos os que são "chamados" crerão (Romanos 8.30; 1 Coríntios 1.24). O sangue de Cristo não adquiriu só possibilidades; ele adquiriu realidades. A fé dos escolhidos e chamados de Deus foi adquirida pelo "sangue da aliança" (Mateus 26.28).

---

6 Geerhardus Vos, "The Biblical Doctrine of the Love of God", in *Redemptive History and Biblical Interpretation: The Shorter Writings of Geerhardus Vos*, ed. Richard B. Gaffin (Phillipsburg, NJ: P&R, 1980), 456. Uma das mais proveitosas discussões sobre o amor de Deus é a de D. A. Carson, *The Difficult Doctrine of the Love of God* (Wheaton, IL: Crossway, 2000).

7 Quando discutir a livre oferta do Evangelho, voltarei ao tema do amor de Deus pelo mundo incrédulo.

A promessa da nova aliança, de que um coração incrédulo seria substituído por um coração de fé (Ezequiel 11.19; 36.26), foi invencivelmente obtida pela morte de Jesus. O termo *expiação definida* se reporta a essa verdade — quando Deus enviou seu Filho para morrer, teve em vista a aquisição definida de um grupo de pecadores sem merecimento, cuja fé e arrependimento obteve pelo sangue de seu Filho. Esse é o propósito definido na cruz — adquirir e criar a fé salvífica em um grupo definido de pecadores graciosamente escolhido, indigno e rebelde. Essa é a forma mais gloriosa de salvar pecadores do que se Cristo morresse somente para oferecer aos pecadores a possibilidade de efetuar a salvação por meio de uma fé que provém decisivamente da autodeterminação humana. Certamente, o ponto de vista arminiano retrata os pecadores como carentes da assistência divina a fim de que creiam — graça preveniente. Nesse ponto de vista, porém, o pecador é que fornece o impulso decisivo, não Deus. Deus simplesmente assiste; o pecador decide. Assim, o sangue da aliança não assegura decisivamente a fé. A causa decisiva da fé é a autodeterminação humana. A obra expiatória de Cristo, dizem, fixa essa possibilidade. Todavia, não assegura o resultado. Mas, se a fé salvífica é decisivamente um dom de Deus (Efésios 2.8[8]; Filipenses 1.29), então a obra expiatória de Cristo é vista por um prisma diferente.

O dom da fé nos é livre, porém custa a Cristo sua vida. E o que ele trouxe foi não só a possibilidade da fé mas a produção dela pela obra do Espírito Santo como prometida na nova aliança (Tito 3.5). A glória desse empreendimento se perde quando substituímos a causalidade decisiva da morte de Cristo por nossa decisão (se a fé for de iniciativa humana como no arminianismo, ou se for fé que elege a Deus como no amiraldianismo).[9] "E que tens tu que não tenhas re-

---

8   Admitidamente, o pronome τοῦτο ("isto"), no versículo 8b, é neutro, enquanto πίστις ("fé"), no versículo 8a, é feminino. O pronome neutro remete à totalidade da "salvação pela graça mediante a fé", significando que a fé está inclusa no "dom de Deus" (Peter T. O'Brien, *The Letter to the Ephesians* [Leicester, UK: Apollos, 1999], 175).

9   Embora os amiraldianos não pretendam dizer que a autodeterminação humana final é o fator decisivo na salvação de uma pessoa, sua apresentação da expiação é similar à do arminianismo: algo "fora" da expiação é o fator decisivo que assegura a salvação de uma pessoa, mesmo que seja uma fé que Deus mesmo efetuou.

cebido? E, se o recebeste, por que te vanglorias, como se o não tiveras recebido?" (1 Coríntios 4.7). Nossa fé salvífica foi "recebida". É um dom de Deus. Foi-nos comprada por Cristo; mais especificamente, pelo sangue da aliança. Portanto, se alguém se gloria, que se glorie no Senhor (1 Coríntios 1.31). Assim, nossa glória em sua glória repousa, em medida significativa, na sua aquisição expiatória de nossa fé.

Uma razão pela qual esse discernimento da expiação definida me ajudou tanto é que a nova aliança é todo-abrangente. Toda a graça e todo o dom e toda a promessa que a igreja desfruta agora e para sempre lhe vem de sua participação na nova aliança. *Se o sangue de Cristo adquiriu a fé pela qual a igreja toma posse dessa aliança, então cada bênção que ela desfruta dessa aliança se deve àquele propósito particular de Deus na cruz.* Em outras palavras, o efeito definido, invencível e expiatório da cruz de assegurar a fé dos eleitos de Deus é o fundamento de nosso eterno desfruto de cada bênção da nova aliança.

Essa é a espantosa verdade que Paulo expressou em 2 Coríntios 1.20: "Porque quantas são as promessas de Deus, tantas têm nele o sim; porquanto também por ele é o amém para glória de Deus". Em virtude de nossa união com Cristo — porque nós, gentios e judeus, estamos "nele", a semente de Abraão (Gálatas 3.16) —, todas as promessas feitas ao povo de Deus são nossas. Veremos que isso é possível porque Cristo é o ministro de uma nova aliança. E ele o é em virtude de seu sangue ser o "sangue da aliança" (Mateus 26.28; Marcos 14.24; Lucas 22.20). Em outras palavras, a obra expiatória de Cristo na cruz assegura para o povo de Deus todas as bênçãos da nova aliança, inclusive um novo coração de fé.

A última metade de 2 Coríntios 1.20 conecta o empreendimento da cruz com à glória de Deus: "porquanto também *por ele é o amém para glória de Deus*". A glória de Deus consiste grandemente na exibição da realização de Cristo na obtenção de todas as promessas de Deus para seu povo. Olhemos agora mais detalhadamente para a nova aliança.

Em ambos os esquemas, a morte expiatória de Cristo apenas provê a possibilidade de salvação; a fé é o fator decisivo que "ativa" a expiação.

UMA VISÃO MAIS DETALHADA DA NOVA ALIANÇA
Deus falou por Jeremias que

> Eis aí vêm dias, diz o Senhor, em que firmarei nova aliança com a casa de Israel e com a casa de Judá. Não conforme a aliança que fiz com seus pais, no dia em que os tomei pela mão, para os tirar da terra do Egito; porquanto eles anularam minha aliança, não obstante eu os haver desposado, diz o Senhor. Porque esta é a aliança que firmarei com a casa de Israel, depois daqueles dias, diz o Senhor: Na mente, lhes imprimirei minhas leis, também no coração lhas inscreverei; eu serei o seu Deus, e eles serão o meu povo. Não ensinará jamais cada um ao seu próximo, nem cada um ao seu irmão, dizendo: Conhece ao Senhor, porque todos me conhecerão, desde o menor até ao maior deles, diz o Senhor. Pois perdoarei suas iniquidades e dos seus pecados jamais me lembrarei (Jeremias 31.31-34).

Uma diferença fundamental entre a nova aliança prometida e a antiga, "feita com seus pais", é que anularam a antiga, mas, na nova aliança, Deus "porá neles [sua] lei" e "a escreverá em seus corações", de modo que as condições da aliança são asseguradas pela soberana iniciativa de Deus. A nova aliança não será anulada. Essa é a parte de seu desígnio. Ela mantém domínio sobre seus participantes, garante-lhes e guarda-os.

Deus deixa isso mais claro no próximo capítulo de Jeremias:

> Dar-lhes-ei um só coração e um só caminho, para que me temam todos os dias, para seu bem e bem de seus filhos. Farei com eles aliança eterna, segundo a qual não deixarei de lhes fazer o bem; e porei meu temor no seu coração, para que nunca se apartem de mim. Alegrar-me-ei por causa deles e lhes farei bem; plantá-los-ei firmemente nesta terra, de todo o meu coração de toda a minha alma (Jeremias 32.39-41).

Nesse texto, Deus faz ao menos seis promessas: (1) farei com eles uma aliança eterna; (2) darei a eles o tipo de coração que garanta que me temam para sempre;

(3) jamais deixarei de lhes fazer o bem; (4) porei meu temor em seus corações; (5) não os deixarei afastar-se de mim; e (6) eu me alegrarei em fazer-lhes o bem.

Em Jeremias 32, torna-se ainda mais evidente que Deus está tomando a soberana iniciativa de garantir o êxito da aliança. Deus não permitirá que, finalmente, a obtenção ou o sustento da participação na nova aliança dependa da vontade humana caída. Ele dará um novo coração — um coração que tema o Senhor. Decisivamente, esse será um feito de Deus, não do homem. E ele agirá na aliança, "para que nunca se apartem de mim" (v. 40). Assim comenta John Owen: "Esta, é a principal diferença das duas alianças — que o Senhor, na antiga, apenas requer a condição; agora, na nova, também a efetuará em todos os federados, aos quais essa aliança se estende".[10] As profecias de Ezequiel têm os mesmos moldes: Deus tomará a iniciativa e dará um novo coração e um novo espírito:

> Dar-lhes-ei um só coração, espírito novo porei dentro deles; tirarei de sua carne o coração de pedra e lhes darei coração de carne (Ezequiel 11.19).

> Dar-vos-ei coração novo e porei dentro de vós espírito novo; tirarei de vós o coração de pedra e vos darei coração de carne. Porei dentro de vós o meu Espírito e farei que andeis em meus estatutos, guardeis meus juízos e os observeis (Ezequiel 36.26,27).

Um coração de pedra, não regenerado, é a profunda razão por que Israel não confia nas promessas de Deus, ou o ama de todo o seu coração, e alma, e mente, e força. Se a nova aliança há de ser mais bem-sucedida do que a antiga, Deus terá de tirar o coração de pedra e dar a seu povo um coração que o ame. Em outras palavras, ele terá que tomar a iniciativa para assegurar a fé e o amor de seu povo. É isso exatamente o que Moisés diz que Deus fará:

---

10   John Owen, *Salus Electorum, Sanguis Jesu: Or The Death of Death in the Death of Christ*, in *The Works of John Owen*, ed. W. H. Goold, 24 vols. (Edimburgo: Johnstone & Hunter, 1850-1853; reimp. Edimburgo: Banner of Truth, 1967), 10:237.

> O Senhor, teu Deus, circuncidará o teu coração e o coração de tua descendência, para amares o Senhor, teu Deus, de todo o coração e de toda a tua alma, para que vivas. (Deuteronômio 30.6)

Em outras palavras, Deus promete na nova aliança que tomará a iniciativa e criará um novo coração, de modo que pessoas sejam feitas membros da nova aliança pela iniciativa dele, não deles. Se alguém desfruta da participação na nova aliança com todas as suas bênçãos, é porque Deus perdoou a sua iniquidade, removeu seu coração de pedra, deu-lhe um terno coração de carne que tema e ame a Deus e o fez andar em suas regras. Em outras palavras, a nova aliança promete regeneração. Ela promete criar fé, e amor, e obediência onde antes só havia dureza.

O SANGUE DE JESUS OBTÉM AS PROMESSAS DA NOVA ALIANÇA

Quando nos aproximamos do NT, descobrimos que Jesus é o Mediador da nova aliança e que ele a garantiu com seu próprio sangue. Essa é a conexão entre a expiação e a nova aliança: o sangue de Jesus é o sangue da aliança. O desígnio de sua morte foi estabelecer essa aliança com todos os termos que já vimos.

Em conformidade com Lucas 22.20, na última Ceia, Jesus tomou o cálice, depois de cear, e disse: "Este é o cálice da nova aliança no meu sangue derramado em favor de vós". Paulo relembra isso em 1 Coríntios 11.25: "depois de haver ceado, tomou também o cálice, dizendo: "Este cálice é a nova aliança no meu sangue". Entendo com isso que as promessas da nova aliança são adquiridas pelo sangue de Cristo. Ou, para usar a linguagem de Hebreus, "por isso mesmo, Jesus tem se tornado fiador de superior aliança" (Hebreus 7.22). "Por isso mesmo, ele é o Mediador da nova aliança, a fim de que, intervindo a morte para remissão das transgressões que havia sob a primeira aliança, recebam a promessa da eterna herança aqueles que têm sido chamados" (Hebreus 9.15).

A linguagem da graça soberana e capacitadora que vimos em Jeremias 32.40,41, como parte da nova aliança, ecoa em Hebreus 13.20,21:

> Ora, o Deus da paz, que tornou a trazer dentre os mortos a Jesus, nosso Senhor, o grande Pastor das ovelhas, pelo sangue da eterna aliança, vos aperfeiçoe em todo o bem, para cumprirdes sua vontade, operando em vós o que é agradável diante dele, por Jesus Cristo, a quem seja a glória para todo o sempre. Amém!

Em sua proteção da nova aliança, e em seu compromisso de honrar o sangue da aliança de Cristo, Deus nos equipa com todo o bem e opera em nós o que é agradável a seus olhos. Ele o faz através de Jesus "a quem seja a glória para todo o sempre". Em outras palavras, "todo o bem" que a igreja recebe de Deus, e cada bem que somos capacitados a realizar em nome dele, se deve às promessas adquiridas pelo sangue da nova aliança. Portanto, Jesus obtém eterna glória como aquele que nos proporcionou essas promessas.

Reiterando, para que a última sentença não transcorra tão depressa, notemos (como em 2 Coríntios 1.20) como Hebreus 13.20,21 aponta para o foco deste capítulo ("Minha Glória Não a Darei a Outrem"). Note bem por que o escritor diz "por intermédio de Jesus Cristo, a quem seja a glória para todo o sempre". A expressão "por intermédio de" mostra que Deus, "ao operar em nós aquilo que é agradável à sua vista", está assegurando, por meio de Jesus Cristo, na capacidade de quem derramou "o sangue da eterna aliança" (v. 20). Portanto, a base imediata para se glorificar a Cristo está no sangue que comprou, nas mudanças que Deus opera na alma humana que agrada a Deus. Em outras palavras, uma parte significativa da glória de Cristo é a glória da eficiência de sua obra expiatória em prover o que não podemos fazer nós mesmos para agradar a Deus — por exemplo, a fé (veja Hebreus 11.6).

A tese que estou elaborando é que nem todas as promessas da nova aliança dependem da condição da fé. Antes, uma das promessas feitas na nova aliança é que a condição da *própria* fé será dada por Deus. Isso significa que o povo da nova aliança é criado e preservado por Deus. "Porei o meu temor no seu coração, para que nunca se apartem de mim" (Jeremias 32.40). Deus pôs seu temor em nós em primeiro lugar. E ele evita que nos afastarmos dele. Ele cria seu novo povo e o guarda. E faz isso pelo sangue da aliança, o qual Jesus disse ser seu próprio sangue (Lucas 22.20).

O desfecho dessa compreensão da nova aliança é que há para o povo da nova aliança uma expiação definida. Na morte de Cristo, Deus assegura um grupo definido de pecadores indignos como seu próprio povo, adquirindo as condições que viriam a ser parte deste. O sangue da aliança — o sangue de Cristo — adquire e garante o novo coração de fé e arrependimento. Deus não fez isso por todos. Ele o fez por um grupo "definido" ou "particular", que nada devia a si mesmo. E uma vez que ele fez isso por meio de Jesus Cristo, o Grande Pastor, cuja vida foi dada pelas ovelhas, dizemos, "a ele seja a glória para todo o sempre". Esse empreendimento é uma parte significativa da glória da cruz de Cristo.

O SURGIMENTO MODERNO DE UM ERRO ANTIGO

Antes de voltar mais especificamente à pregação que flui da glória de Deus, expressa na expiação definida, discutirei uma apresentação comum do que algumas vezes é chamado de "quatro pontos do calvinismo", popularizado por um pregador bem conhecido, Mark Driscoll,[11] e por um mestre dos pregadores, Bruce Ware,[12] bem como por um de seus alunos de doutorado, Gary L. Shultz Jr.[13]

Ware e Shultz denominam sua posição de "conceito das intenções múltiplas" e Driscoll denomina seu conceito de "ilimitada expiação limitada". Driscoll expressa claramente sua dependência de Ware quando define seu conceito — a linguagem usada por ambos é semelhante — e assim, nesses três homens dos

---

11 Mark Driscoll, foi pastor na Mars Hill Church, em Seattle, e Gerry Breshears, professor de Teologia Sistemática no Western Seminary em Portland, Oregon, articulam seu ponto de vista em *Death by Love: Letters from the Cross* (Wheaton, IL: Crossway, 2008), 163-81.
12 Bruce Ware, que ensina teologia em The Southern Baptist Theological Seminary, em Louisville, Kentucky, me deu permissão para citar documentos não publicados, escritos por ele, inclusive "Extent of the Atonement: Outline of the Issue, Positions, Key Texts, and Key Theological Arguments".
13 Sob a diretriz de Ware, Shultz, Jr., escreveu sua tese de doutorado: "A Biblical and Theological Defense of a Multi-Intentional View of the Extent of the Atonement" (Ph.D. diss., The Southern Baptist Theological Seminary, 2008), in *Dissertations and Theses: Full Text* [database on-line]; publicação número AAT 3356774. Ele escreveu um artigo sobre este tema: "Why a Genuine Universal Gospel Call Requires an Atonement That Paid for the Sins of All People", *EQ* 82.2 (2010), 111-23. Não li a tese de Shultz, somente o artigo.

quais estou tratando, essencialmente é como se o conceito fosse um só. Em minha investigação, o esforço de Ware e Driscoll em manter um tipo de "expiação definida (indefinida)" obscurece o ensino bíblico sobre essa doutrina.

O problema com seu ponto de vista não é o conceito de intenções múltiplas, mas, antes, o que realmente reivindicam sobre essas intenções. Por exemplo, Ware alega que "os que estão no inferno, os quais nunca depositaram sua fé em Cristo, por isso nunca foram salvos, estão sob o juízo de Deus em razão de seu pecado, mesmo que *Cristo tenha pago a penalidade de seu pecado*".[14] E Driscoll alega que "todos os que estão no inferno permanecerão reconciliados com Deus, porém não de uma maneira salvífica como o universalismo falsamente ensina".[15] Essas são alegações extraordinárias — dizer que a penalidade dos condenados é (em algum sentido) paga pela morte de Cristo, e os condenados no inferno estão (em algum sentido) reconciliados com Deus.

CRISTO PAGOU A PENALIDADE PELO PECADO DOS QUE ESTÃO NO INFERNO?

Para defender que os pecados de todas as pessoas foram pagos, alguém precisaria crer que as pessoas que estão no inferno também tiveram seus pecados pagos. Ware explica em qual sentido ele crê que Jesus pagou a penalidade pelos pecados dos que estão no inferno por rejeitarem Jesus:

> Os que estão no inferno, que nunca puseram sua fé em Cristo e, assim, nunca foram salvos, estão sob o justo juízo de Deus por seus pecados, ainda quando *Cristo tenha quitado a penalidade por seu pecado* (2 Pedro 2.1; 1 João 2.2), justamente como os eleitos, antes que pusessem sua fé em Cristo e, assim, são "filhos da ira" (Efésios 2.3), estão sob o justo juízo ou "maldição" de Deus por seu pecado (Gálatas 3.10), mesmo quando Cristo quitasse a penalidade por seu pecado (João 10.11, 15; Gálatas 3.13; Efésios 5.25).[16]

---

14 Bruce Ware, correspondência pessoal, 5 de março de 2011, citado com permissão.
15 Driscoll e Breshears, *Death by Love*, 174.
16 Bruce Ware, correspondência pessoal, 5 de março de 2011, citado com permissão.

Muito embora Ware diga que Cristo "quitou a penalidade" pelo pecado dos que estão no inferno, ele também crê que eles estão quitando a penalidade por seu pecado pessoal para sempre:

> Visto que os não eleitos nunca creram em Cristo e, assim, não são salvos, eles retêm sua culpa somente diante do Deus santo com a obrigação que têm, pela justiça divina, de pagar a penalidade por seu próprio pecado — o que fazem eternamente, visto que a culpa do pecado nunca pode ser quitada plenamente por eles.[17]

Como isso pode acontecer? Como pode haver um "duplo pagamento" pelo pecado? A resposta de Ware está na analogia entre os eleitos antes que se convertam e os não eleitos no inferno. O argumento de Ware é que Cristo clara e particularmente pagou a penalidade pelos eleitos, porém ainda são "filhos da ira" antes de depositarem sua fé em Cristo. Assim, se os eleitos podem estar sob a ira de Deus, quando essa ira já foi propiciada na cruz, então os não eleitos podem estar sob a ira de Deus no inferno, ainda que Cristo já tenha propiciado a ira de Deus pelo pecado deles. Mas quando você examina essa analogia, ela falha no exato ponto onde precisa socorrer o argumento de Ware.

SENTENÇA *VERSUS* EXECUÇÃO

Em primeiro lugar, o fato de os eleitos nascerem "filhos da ira" (Efésios 2.3) e já estarem condenados (João 3.18) antes da conversão não significa que eles estivessem *suportando* a ira *real* de Deus, que é equivalente ao que os não eleitos experimentam no inferno. Significa que a *sentença* da ira de Deus ainda pendia sobre eles. Até que viessem à fé, estavam encaminhados ao inferno, onde a ira de Deus então seria *executada* sobre eles. Assim, não há "dois pagamentos" para os pecados dos eleitos: a ira de Deus pelos pecados que Cristo propiciou na cruz e a ira permanente de Deus em seu estado pré-conversão. O último [estado] se refere à *sentença* de juízo que foi fixada sobre eles antes de

---

17 Ibid.

sua conversão, uma sentença que foi executada sobre Cristo quando a ira de Deus foi derramada na cruz. A ira que pairava sobre nós em nosso estado de pré-conversão e que teria quebrado o inferno real após o dia escatológico do juízo, se não tivéssemos crido em Cristo, lançada sobre Cristo há dois mil anos. Assim, não há dois juízos para nosso pecado, somente um. Ware não conseguiu distinguir entre uma sentença penal e a execução real dessa sentença.

Mas por que a sentença da ira de Deus ainda pendia sobre os eleitos em seu estado de pré-conversão se Cristo já propiciou a ira de Deus? Isso leva ao segundo ponto.

A NATUREZA JUDICIAL DA MORTE DE CRISTO

Se mantivermos em mente a natureza judicial (em vez de pecuniária) da morte de Cristo ao tratarmos da ira de Deus, podemos conceituar uma lacuna de tempo entre o ato judicial que trata de sua ira (na cruz) e a aplicação concreta dessa realização aos eleitos (na conversão). Nessa interpretação, não há nenhum "duplo pagamento" desde o ponto da concepção de uma pessoa até a conversão dela. Há somente um pagamento (a punição) pelos pecados de tal pessoa: a ira de Deus. Essa ira, que lhes é devida e que permanece sobre eles antes da conversão, foi propiciada quando Cristo morreu, *mas a aplicação dessa propiciação é prorrogada*. Porém a única penalidade pelos pecados do eleito foi paga judicialmente por Cristo quando ele propiciou a ira de Deus na cruz; mas a *aplicação* desse evento que remove a ira não é concretizada imediatamente, e sim somente no ponto da fé salvífica. Até então, o juízo sob o qual a pessoa se encontra — a ira de Deus — permanece no lugar até que se aproprie da morte de Cristo que reverte a ira por meio da fé.

Em que sentido, pois, os eleitos se acham sob a ira de Deus entre a concepção e a conversão? Não é diferente de um prisioneiro na fila da morte que, aguardando sua sentença, permanece sob o julgamento do estado. Alguém que lhe é desconhecido se ofereceu para morrer em seu lugar na semana passada e foi executado logo depois, mas o documento de sua soltura levou uma semana até o processo. Mesmo que a penalidade fosse cumprida uma semana depois, o prisioneiro não foi solto imediatamente, mas somente em um último estágio quando a morte substitutiva pôde ser processada e aplicada. Esse cenário não qualifica um "duplo pagamento"; apenas demonstra um prazo entre a quitação e sua aplicação.[18]

O MESMO PAGAMENTO VALE PARA OS ELEITOS AINDA NÃO CONVERTIDOS E OS NÃO ELEITOS NO INFERNO?

Terceiro, há uma profunda diferença entre o modo como a expiação se relaciona com a ira de Deus pelos não eleitos no inferno e o modo como a expiação se relaciona com a ira de Deus pelos eleitos antes da conversão. Quando dizemos que Cristo quitou a penalidade pelos eleitos, temos em mente que ele garantiu a própria providência e a própria graça necessárias para conduzir a si os eleitos. Elimina-se o futuro resultado condenatório de sua ira. Isso não significa que devemos negar que a sentença da ira de Deus "permanece" (μένει; João 3.36) sobre os eleitos antes que sejam unidos a Cristo pela fé, como já notamos antes.

Mas, lado a lado com essa ira que "permanece" sobre os eleitos antes de sua conversão, há outras realidades maciças limitando a futura execução dessa ira. Há um amor que chama e um amor que regenera, os quais foram obtidos pelo sangue de Cristo quando foi quitada a penalidade pelo pecado dos eleitos. Nada disso se pode dizer dos não eleitos no inferno. Experimentarão a ira de Deus no inferno para todo o sempre. Portanto, a analogia no argumento de Ware entre o significado de "paga a penalidade" pelos não eleitos no inferno e "a penalidade paga" pelos eleitos antes da conversão não vigora. Para os eleitos, o pagamento de Cristo, motivado pelo amor eletivo, desencadeia o amor que chama e o amor que regenera, os quais irrevogavelmente perseguem os eleitos incrédulos e vencem sua incredulidade. Mas se isso não é o que "pago por" significa para os não eleitos, então o que significa?

---

18 Ver John Owen, *Of the Death of Christ*, in *Works*, 10:458: "Por isso a isenção da dívida não segue imediatamente à quitação feita por Cristo, não porque tal quitação fosse recusável, mas porque nessa mesma aliança e pacto da qual a morte de Cristo é uma quitação, Deus reserva para si o direito e a liberdade de isentar o devedor quando e como lhe apraz".

UM "PAGAMENTO PLENAMENTE SATISFATÓRIO" PELOS NÃO ELEITOS?

Resumindo, o fato de os eleitos serem "filhos da ira" entre a concepção e a conversão, mesmo que Cristo já tenha propiciado a ira de Deus na cruz, não fornece uma analogia por haver "dois pagamentos" pelo pecado dos não eleitos — como Ware deseja reivindicar. A analogia que ele faz dos eleitos em seu estado ainda não convertido estando sob a ira de Deus não resolve o dilema de um "duplo pagamento". Questões evidentes permanecem sem resposta: o que Ware quer dizer quando afirma que Cristo *quitou a penalidade* pelos pecados dos não eleitos? E como Deus *pode* requerer um duplo pagamento pelo mesmo pecado? Não creio que Ware leve tão a sério o problema de dizer que Cristo quitou a penalidade dos não eleitos *e ainda* eles mesmos quitam a penalidade. Um ou o outro dessas duas quitações perde seu significado comum. Dada a insistência de Ware sobre a realidade da quitação que Cristo fez da penalidade pelos pecados dos condenados, o resultado inevitável para o leitor é a minimização do significado da obra substitutiva de Cristo em tomar sobre si o pecado.

QUEM AGORA JAZ NO INFERNO ESTÁ RECONCILIADO COM DEUS ATRAVÉS DE CRISTO?

Outra alegação que Ware e Driscoll fazem é que as pessoas no inferno estão agora reconciliadas com Deus através de Cristo. Ambos chamam a atenção para o efeito do sangue de Cristo em "reconciliar" com Deus os que se encontram no inferno. Estão se referindo a Colossenses 1.18-20:

> Ele é a cabeça do corpo, da igreja. Ele é o princípio, o primogênito de entre os mortos, para em todas as coisas ter a primazia, porque aprouve a Deus que, nele, residisse toda a plenitude e que, havendo feito a paz pelo sangue da cruz, por meio dele, reconciliasse consigo mesmo todas as coisas, quer sobre a terra, quer nos céus.

Ware e Driscoll dizem que esse texto ensina a "reconciliação" de absolutamente todas as coisas, inclusive os demônios e os humanos no inferno, e que a obra pacificadora de Cristo se dá "pelo sangue de sua cruz". Portanto, é uma das "intenções múltiplas" de Deus na expiação, que é válida não só pelos eleitos mas por todos.

Nem Ware nem Driscoll são universalistas. A reconciliação de todas as coisas, como eles a veem, não significa a salvação final de todas as pessoas. Mas tal "reconciliação", dizem, é genuína mesmo em relação às pessoas que estão no inferno. São "reconciliadas" com Deus. O que isso significa? As respostas a essa indagação, parece-me, envolvem Ware e Driscoll em uma malha de improbabilidade linguística pior do que ambos estão tentando evitar. Driscoll escreve:

> Deus vencerá toda rebelião por meio do sangue de Jesus, e o triunfo do Cordeiro que é o Leão. Nesse sentido, todos os que estão no inferno permanecerão reconciliados com Deus, mas não de uma maneira salvífica como falsamente ensinam os universalistas. No inferno, os pecadores não arrependidos e não perdoados já não são rebeldes, e sua pecaminosa desconsideração por Deus já foi esmagada e extinta.[19]

Esta última sentença leva a linguagem ao ponto de interrupção. De um lado, somos informados que o inferno tem em si "pecadores não arrependidos". Então somos informados que estes já não são rebeldes. Mas que sentido existe em "não arrependidos", senão que as pessoas são rebeldes contra o mandamento de arrepender-se? Em adição, Driscoll, sobre essas pessoas "não arrependidas", diz que seu "pecaminoso desrespeito por Deus foi ... extinto". É possível imaginarmos outro tipo, além de pecaminoso, de desrespeito por Deus? Um desrespeito que não tenha em si nenhuma pecaminosidade? Ou devemos entender que *todos* os desrespeitos por Deus foram extintos? O desrespeito dos "não arrependidos" seguramente significa respeito indisposto, isto é, não sentir

---

19 Driscoll and Breshears, *Death by Love*, 174.

nenhuma reverência humilde ou estima própria por Deus. Mas esse tipo de pecado não foi extinto se há no inferno pessoas *não arrependidas*.

Ware expressa sua compreensão da reconciliação universal com base em Colossenses 1.18-20 como segue:

> Esta reconciliação incluiria um sentido de que quem está fora de Cristo, consignado à eterna punição no inferno, está em paz com Deus. Já que não está salvo e não tem o direito de permanecer diante de Deus, a paz que carrega é simplesmente esta: agora já viu Deus como ele é e Cristo como o único Salvador e Senhor; já curvou seus joelhos diante de Deus e já confessou com sua boca que Jesus Cristo é (o único!) Senhor (Filipenses 2.10-11); e, por meio dessa obra feita no juízo de Deus no fim, a decepção é removida, a rebelião já passou e agora conhece e aceita a verdade do que rejeitou ao longo de sua vida: Deus é Deus, Cristo é o Senhor; e ele é justamente responsável pelo pecado de sua vida. Como resultado, há paz — não mais rebelião, não mais engano, não mais mentira. A verdade é conhecida e aceita por esses pecadores presos no inferno, que vão para o inferno sabendo agora que Deus é santo e estava certo; eles são pecadores e estavam errados, e seu julgamento é plenamente justo.[20]

Há dois tipos de problemas com essa notável interpretação de "reconciliação". Um é que a palavra *reconciliação* não contém esses significados. E o outro é que nem todas essas descrições dos que estão no inferno são procedentes.

Primeiro, dizer que os que se encontram no inferno estão "em paz com Deus", nesse contexto ("fazendo a paz pelo sangue de sua cruz"), é surpreendentemente inapropriado. A linguagem em Efésios mostra quão preciosa é a paz adquirida com sangue:

> Porque ele é a nossa paz, o qual de ambos fez um; e, tendo derribado a parede da separação que estava no meio, a inimizade, aboliu, na sua

---

20 Correspondência pessoal de Bruce Ware, datada de 5 de março de 2011, citada com permissão.

carne, a lei dos mandamentos na forma de ordenanças, para que dos dois criasse, em si mesmo, um novo homem, fazendo a paz (Efésios 2.14,15).

Dizer que a paz adquirida com sangue descreve a relação entre Deus e os que se encontram no inferno segura e eventualmente faz do inferno um céu ou priva o céu da paz.

Segundo, a paz que quem se acha no inferno tem, segundo Ware, é esta: "Agora já viu Deus como ele é e Cristo como o único Salvador e Senhor". Os demônios, durante a vida terrena de Jesus, viam-no pelo que ele era. Isso foi antes da cruz e não teve sobre eles nenhum efeito que desfizesse a inimizade: "Ah! Que temos nós contigo, Jesus Nazareno? Vieste para perder-nos? Bem sei quem és: o Santo de Deus!" (Lucas 4.34). Não há razão para se pensar que no inferno o reconhecimento de Jesus como Salvador e Senhor diminuirá a inimizade. E não há autoridade linguística que chame tal reconhecimento da *paz* de Jesus como aumento da inimizade.

Terceiro, a paz dos condenados, diz Ware, é que "encurvaram seus joelhos diante de Deus e já confessaram com suas bocas que Jesus Cristo é (o único!) Senhor (Filipenses 2.10,11)". Os demônios já confessaram Jesus como Senhor (veja previamente). Essa não é a única obra do sangue de Cristo. E não há razão para se crer que, quando todos os não arrependidos se unem aos demônios na confissão do mau grado, haja menos intensificação da inimizade e do ódio. Isso não é o que *reconciliação* significa, especialmente nesse contexto centrado na cruz.

Quarto, as alegações de Ware sobre o que acontecerá no dia do juízo são, na melhor hipótese, equivocadas. "O engano é removido?" Isso faz sentido somente da forma mais superficial. Da forma que realmente conta (ver Cristo como glorioso em virtude de sua obra expiatória; 2 Coríntios 4.4), não é verdadeiro. As pessoas que realmente deixam de crer que Jesus é Deus e Senhor compreenderão que estavam erradas. É verdade. Mas há um engodo mais profundo que não será removido. E a essência do que é removido dos pecadores é onde há reconciliação adquirida com sangue.

"A rebelião já passou"? Não há sentido em que isso seja procedente, que corresponda ao significado da palavra *reconciliação*. Se não existe, a rebelião aumenta quando a pessoa vê Cristo mais nitidamente, se não com o reconhecimento espiritual de sua beleza. A rebelião acaba no sentido de que as pessoas e os demônios, no inferno, já não têm acesso aos santos. Sua rebelião está contida. São removidos da nova criação de Deus. Isso não é reconciliação. Em última análise, é banimento e alienação. Essa não é a paz que Jesus adquiriu com seu sangue. Essa é a remoção dos que não têm paz com Deus.

OUTRO PONTO DE VISTA SOBRE A RECONCILIAÇÃO DE TODAS AS COISAS

Nessas últimas colocações, tenho assinalado qual é meu ponto de vista sobre Colossenses 1.20. Paulo disse que a meta de Deus era "que, havendo feito a paz pelo sangue da sua cruz, por meio dele, reconciliasse consigo mesmo todas as coisas, quer sobre a terra, quer nos céus". Concordo com Ware e Driscoll que isso não implica salvação universal.[21] Minha discordância é que Paulo quer dizer que "todas as coisas" serão reconciliadas com Deus *neste* céu e terra onde vivemos agora, com todos os seus demônios e humanos rebelados.

Ao contrário, penso que para ele o sangue de Cristo assegurou a vitória de Deus sobre o universo, de modo que virá o dia em que "todas as coisas" existentes no *novo* céu e na *nova* terra serão inteiramente reconciliadas com Deus sem restar nenhum rebelde. Antes que chegue esse dia, todos os que se recusam receber a reconciliação proveniente de seu sangue serão lançados nas "trevas exteriores" (Mateus 8.12), de modo que já não são contados como parte do novo céu e da nova terra. Os rebeldes no inferno simplesmente não serão parte de "todas as coisas" que enchem o novo céu e a nova terra. Estão "fora" da nova realidade, nas "trevas". Heinrich Meyer argumentou de forma parecida sobre Colossenses 1.20:

---

21 Tal salvação não se enquadraria nos ensinos da Escritura. Jesus diz que há alguns que "irão estes para o castigo eterno, porém os justos, para a vida eterna" (Mateus 25.46). Paulo disse que há alguns que "sofrerão penalidade de eterna destruição, banidos da face do Senhor" (2 Tessalonicenses 1.9). João diz desses que "A fumaça do seu tormento sobe pelos séculos dos séculos" (Apocalipse 14.11).

... através da Parousia, a reconciliação de tudo o que foi efetuado em Cristo atingirá sua consumação, quando a porção incrédula do gênero humano for separada e enviada ao Geena, toda a criação, em virtude da Palingenesia [nova criação] (Mateus 19.28) será transformada em sua perfeição original, e o novo céu e a nova terra serão constituídos como a habitação da δικαιοσύνη [justiça] (2 Pedro 3.13) e a δόξα [glória] dos filhos de Deus (Romanos 8.21); enquanto a porção demoníaca do mundo angelical será removida da esfera do novo mundo e lançada no inferno. Consequentemente, em toda a criação já não haverá qualquer coisa cedida de Deus e objeto de sua hostilidade, mas τὰ πάντα [todas as coisas] estarão em harmonia e reconciliadas com ele.[22]

Talvez haja uma boa razão para Paulo omitir o termo καταχθονίων ("debaixo da terra") quando diz que Cristo "reconciliasse consigo mesmo todas as coisas, quer sobre a terra, quer nos céus". Ele não diz "quer sobre a terra, quer nos céus ou *debaixo da terra*", como faz em Filipenses 2.10. Aliás, há uma boa razão para ele não dizer isso. A razão poderia ser que haverá "trevas exteriores" — "debaixo da terra" — onde os *não reconciliados* de fato se encontram. Mas isso não impede que "todas as coisas" sejam *reconciliadas* no céu e na terra na era por vir. No novo universo de Deus (o novo céu e a nova terra) não haverá o menor vestígio de rebelião. Tudo isso está em outra dimensão. "Fora", "nas trevas". É isso mesmo. Mas não faz parte da *nova* realidade. Na nova realidade, todas as coisas estão reconciliadas com Cristo por meio de seu sangue.

RESUMINDO O PROBLEMA DO PONTO DE VISTA DE WARE E DRISCOLL

Em suma, a posição que Ware e Driscoll tomam envolve um afastamento significativo do uso ordinário da linguagem bíblica e um emaranhado de improbabilidades linguísticas. Com certeza os textos que Ware e Driscoll creem

---

22 H. A. W. Meyer, *Critical and Exegetical Hand-Book to the Epistles to the Philippians and Colossians and to Philemon* (1883; repr., Winona Lake, IN: Alpha, 1980), 241-42.

induzi-los ao conceito tradicional reformado da expiação definida (Colossenses 1.20; 2 Pedro 2.1; 1 João 2.2; etc.) devem ser explicados de modos biblicamente fiéis. Em parte, é a isso que este livro se destina. O propósito deste capítulo não é apresentar todas as explicações (muito embora eu seja tentado a fazer isso e tenha muitos pensamentos sobre esses textos).

É NECESSÁRIO REVISAR O CONCEITO HISTÓRICO REFORMADO DA EXPIAÇÃO DEFINIDA?

O que precisa ser explicado neste capítulo é a crença de que as intenções múltiplas de Deus na expiação, como Ware, Driscoll e Shultz as desenvolvem, demanda uma revisão do conceito reformado da expiação, e que esse conceito torna mais consistente e impositiva a livre e sincera oferta do Evangelho a todos os homens. Creio que ambos os aspectos dessa persuasão estão equivocados.

John Murray, falecido professor de teologia sistemática no Westminster Theological Seminary, Filadélfia, representa o conceito tradicional reformado da expiação definida. Além disso, observa cuidadosamente que Deus tem nela intenções múltiplas, porém não de forma que prejudique a expiação definida. Sua cuidadosa análise mostra que não há necessidade de abandonar a expiação definida para abraçar os benefícios intencionais que vêm aos não eleitos em virtude dela. Murray escreve:

> O desígnio da morte de Cristo é mais inclusivo do que as bênçaos pertencentes especificamente à expiação. Isso quer dizer que, mesmo os não eleitos são incluídos no projeto da expiação em matéria de bênçãos decorrentes da salvação que eles desfrutam nesta vida.[23]

Quando Murray diz que "os não eleitos são incluídos no projeto da expiação", ele não quer dizer que os não eleitos são expiados, mas sim que a expiação definida pelos eleitos produz benefícios para outros. Para os nossos propósitos

---

23 John Murray, "The Atonement and the Free Offer of the Gospel", in *Collected Writings of John Murray: Volume 1: The Claims of Truth* (Carlisle, PA: Banner of Truth, 1976), 64.

neste capítulo, é especialmente importante notar que um dos benefícios que vêm a todos, inclusive aos não eleitos, é a livre oferta do Evangelho, ou o que Murray denomina "a irrestrita oferta da graça".

> Muitos benefícios são dados aos não eleitos a partir da obra redentora de Cristo. ... é pelo que Cristo fez que existe um Evangelho da salvação proclamado a todos, sem distinção. Queremos dizer que a irrestrita oferta da graça não é graça para os que se dirigem a ela?[24]

O DESAFIO LANÇADO

Este é um tipo de alegação que Shultz discorda em seu artigo, "Why a Genuine Universal Gospel Call Requires an Atonement That Paid for the Sins of All People" [Por que um genuíno chamado universal do Evangelho requer uma expiação que foi paga pelos pecados de todas as pessoas], e ajuda a focalizar uma das questões mais cruciais em relação à pregação e à expiação definida. Shultz, como tantos antes dele, diz simplesmente que não se pode pregar o Evangelho livre e sinceramente onde não se assume que Cristo morreu para pagar pelos pecados de todas as pessoas. Em outras palavras, ele diria que o conceito reformado da expiação definida defendido neste livro é inimigo da fiel pregação do Evangelho. Shultz escreve:

> A Bíblia deixa claro que o pagamento que Jesus fez pelos pecados de todas as pessoas, eleitas e não eleitas, foi necessário para o Evangelho universal se concretizar. Uma das intenções primárias de Deus ao enviar seu Filho para morrer pelos pecados de todas as pessoas foi tornar o Evangelho genuína e corretamente oferecido a todas as pessoas. Ainda que nem todas as pessoas sejam salvas, Cristo morreu para prover as bases pelas quais todas pudessem ser salvas se confiassem nele. A redenção [isto é, a expiação definida], ao limitar a expiação somente aos eleitos, não consegue explicar o chamado

---

24   Ibid., 63-64.

universal do Evangelho. Portanto, a verdade do chamado universal do Evangelho oferece forte apoio para se compreender a expiação como ilimitada em sua extensão.[25]

E assim o desafio é lançado: "A redenção particular", diz Shultz, "ao limitar a expiação somente aos eleitos, não consegue explicar o chamado universal do Evangelho". Isso não procede. De fato, meu argumento é que *somente* a redenção particular pode explicar uma oferta plenamente bíblica e universal do Evangelho. A plenitude do empreendimento de Cristo na cruz só pode ser oferecida se for completamente concretizada. E apenas a expiação definida expressa a plenitude dessa realização. Shultz continua: "Se Cristo não pagou pelos pecados dos não eleitos, então é impossível oferecer genuinamente a salvação aos não eleitos, já que não há salvação disponível a oferecer-lhes".[26]

Shultz realmente apresenta dois desafios. Um deles é: a expiação definida pode prover as bases para uma oferta *válida* do Evangelho a *todos*? A outra é: a expiação definida pode prover as bases para uma *sincera* oferta do Evangelho a *todos*? A resposta bíblica a ambas é sim. Mas o método para demonstrar nossa resposta a esses desafios deve ser diferente. Tratemos primeiramente da questão da validade. A expiação definida pode prover as bases para uma oferta *válida* do Evangelho a *todos* — mesmo aqueles cujos pecados não são pagos e por quem Deus não foi propiciado?

EXPIAÇÃO DEFINIDA E UMA OFERTA VÁLIDA DO EVANGELHO A TODOS

O que é essencial para uma oferta válida da salvação? Eis a resposta de Roger Nicole: "Simplesmente isto: que, *se os termos da oferta forem observados, aquilo que é oferecido realmente é concedido*. Em conexão com a oferta do Evangelho, os termos são que uma pessoa se arrependa e creia. Sempre que

---

25 Shultz, "Why a Genuine Universal Gospel Call", 114. Esse não é o único argumento que Shultz formula em seu artigo, mas os outros foram respondidos nos capítulos anteriores deste livro. Nossa preocupação é com a legitimidade da pregação do Evangelho livremente a todas as pessoas da perspectiva da expiação definida.
26 Ibid., 122.

ocorre, a salvação é realmente concedida".[27] Uma oferta é válida se aquele que oferece sempre e sem falha dá o que é oferecido àquele que satisfaz os termos da oferta. Deus faz isso sem falha. Ninguém nunca creu em Jesus e então pereceu (João 3.16).

Mas Shultz alega que "é impossível oferecer a salvação genuinamente aos não eleitos, uma vez que não existe nenhuma salvação disponível a oferecer-lhes". Isso é verdade? Eu argumentaria que não. Há uma salvação séria, completa, efetiva e gloriosa, consumada definitivamente. E ela deve ser oferecida livremente e ser abraçada por todos os que a tiverem como seu tesouro. Se seguirmos a reveladora linha de pensamento de John Murray, veremos não só o que realmente há a oferecer mas também qual é a única base de uma oferta plenamente bíblica.

Murray indaga: "Qual é a oferta do Evangelho?". E responde:

> Cristo é oferecido. Mais estritamente, *ele* se oferece. Toda a gama da graça redentora está incluída. A salvação, em todos os seus aspectos e nas mais profundas riquezas da glória comunicada, é a oferta. Pois Cristo é a incorporação de tudo. Os que são seus estão completos nele e lhes é dada sabedoria de Deus, e justiça, e santificação, e redenção. Quando Cristo nos convida a si, é para a posse dele mesmo e, portanto, de tudo o que define sua identidade como Senhor e Salvador.[28]

Isso é crucial. Cristo é aquele que se ofereceu no Evangelho. Todas as demais bênçãos estão nele. Se o recebemos, nós as temos. Ele é oferecido livremente a todos. Ele se dá a todos os que vêm. A oferta é válida porque ele realmente é a incorporação de tudo o que é prometido. Ele é oferecido livremente e nunca se nega a qualquer um que porventura satisfaça os termos da oferta — "a todos quantos o receberam, deu-lhes o poder de serem feitos filhos de Deus, a saber, aos que creem no seu nome" (João 1.12).

---

27 Roger R. Nicole, "Covenant, Universal Call, and Definite Atonement", *JETS* 38.3 (September 1995), 409-10 (grifos nossos).
28 Murray, "Atonement and the Free Offer of the Gospel", 82.

Então passamos à parte realmente espantosa. O que é oferecido ao mundo, a cada um que ouve o Evangelho, não é um amor ou uma realização salvífica designada a todos e, portanto, especificamente a ninguém; mas, antes, a oferta é a plenitude absoluta de tudo o que Cristo realizou por seus eleitos. A mais completa de todas as realizações possíveis é oferecida a todos — porque *Cristo* é oferecido a todos. E assim a expiação definida acaba sendo a única base de uma oferta plenamente bíblica do Evangelho. Murray reitera:

> Se Cristo — e, portanto, a salvação em sua plenitude e perfeição — é oferecido, a única doutrina da expiação que servirá de base e justificará essa oferta é a da salvação operada e redenção consumada. E a única expiação que se enquadra em tais condições é a expiação definida. Em outras palavras, uma expiação construída provendo a possibilidade ou a oportunidade de salvação não fornece a base requerida para o que constitui a oferta do Evangelho. Não é a *oportunidade* de salvação que é oferecida; é a salvação. E é salvação porque Cristo é oferecido e ele não nos convida a uma mera oportunidade, e sim a si mesmo.[29]

No Evangelho, não oferecemos às pessoas uma *possibilidade* de salvação; oferecemos Cristo e nele a realização infinita que ele consumou por seu povo por meio de sua morte e ressurreição.

A base da *validade* dessa oferta, portanto, é (1) que Cristo é aquele que oferecemos; (2) que ele realmente realizou e assegurou todas as bençãos que oferecemos, incluindo ele mesmo como o tesouro supremo; e (3) que a promessa é verdadeira: que tantos quantos o recebem o terão e todas as suas bençãos adquiridas com sangue.

A expiação definida preenche essas condições para uma oferta *válida* do Evangelho. Ela diz (1) que Cristo é realmente o todo-poderoso, sapientíssimo, que fez plena satisfação e é o divino Filho de Deus oferecido no Evangelho; (2) que, por sua morte e ressurreição, exerceu um amor divino discriminador,

---
29 Ibid., 82-83 (grifo do autor).

definido, eletivo, regenerador, gerador da fé, garantindo cada promessa e a nova aliança, assim adquiriu e assegurou, irreversivelmente, para os eleitos, tudo que se fazia necessário para conduzi-los da morte no pecado à vida eterna, glorificada, e ao desfruto da presença de Deus; e (3) que todos, sem *nenhuma* exceção, os quais recebem a Cristo como tesouro supremo — que creem em seu nome — serão unidos a Cristo no abraço desse amor eletivo, bem como o desfruto dele e de todos os seus dons, para todo o sempre.

Portanto, sobre a base dessa expiação definida, pregamos Cristo ao mundo. Oferecemos Cristo livremente a todos. Dizemos: "Crê no Senhor Jesus e serás salvo" (Atos 16.31). E dizemos também: "Se alguém tem sede, venha a mim e beba. Quem crer em mim, como diz a Escritura, do seu interior fluirão rios de água viva" (ver João 7.37,38). E ainda: "Porque Deus amou ao mundo de tal maneira que deu o seu Filho unigênito, para que todo o que nele crê não pereça, mas tenha a vida eterna" (João 3.16).

Em outras palavras, oferecemos Cristo em toda sua glória pessoal e com todas as suas bênçãos salvíficas a todos os que crerem. Não fazemos distinção. Não tentamos discernir quem são os eleitos. Não olhamos para as evidências do chamado de Deus. Essa é a diferença histórica entre a teologia bíblica reformada e o hipercalvinismo.[30] Pregamos indiscriminadamente a todos: "Recebam Cristo e seus pecados serão cobertos. Recebam Cristo e sua condenação será removida".

A EXPIAÇÃO DEFINIDA E UMA SINCERA OFERTA DO EVANGELHO A TODOS

Agora, porém, Shultz (entre outros) suscita seu segundo desafio. Essa oferta universal pode não só ser válida mas também ser *sincera*? A expiação definida pode prover a base para uma oferta *sincera* do Evangelho a todos? A resposta é sim. A oferta do Evangelho baseada na expiação definida é totalmente

---

30 Iain Murray escreve em *O Spurgeon que foi Esquecido* (São Paulo, SP: PES, 2004) *passim*: "O hipercalvinismo, em sua tentativa de enquadrar toda a verdade com o propósito de Deus para salvar os eleitos, nega que haja um mandamento universal de arrependimento e fé, bem como afirma que só têm o direito de convidar a Cristo os que são *cientes* do senso do pecado e necessidade".

sincera e sem qualquer engano. Tem plena integridade. Falamos ao mundo com completa franqueza: "Cristo adquiriu para si um povo. Ele os convida a ser parte dele. Ele lhes estende suas mãos. Se vierem, serão satisfeitos nele para todo o sempre. Se receberem Cristo, vocês terão Cristo! Tudo o que ele fez lhes será posto em conta. Ele deseja que vocês venham. Então, venham!".

Alguém dirá: "Essa não pode ser uma oferta sincera, porque Cristo sabe quais pessoas, ouvindo este sermão, virão ou não virão". Essa objeção se aplica a todo aquele que crê na presciência de Deus, não importa o que creiam sobre a expiação. Se a presciência de Deus cancela a sinceridade de seus convites, então absolutamente não há convites sinceros. Em outras palavras, mesmo o universalista amiraldiano e hipotético deve tratar da questão de que Deus ordena a todos e em todos os lugares que se arrependam e creiam no Evangelho (Atos 17.30,31), embora também conceda arrependimento e fé somente a alguns (Filipenses 1.29; 2 Timóteo 2.25).

Mas, no fundo, a objeção à sinceridade da oferta evangélica, para os que creem na expiação definida, não é o que Deus *sabe*, e sim o que *deseja*. Ele deseja que todos venham? A resposta é sim. Mas, a fim de vermos isso biblicamente, devemos notar que Deus é capaz de desejar algo sinceramente e, por razões sábias e santas, decide que o que deseja não se concretizará.

Por exemplo, Jesus diz: "Jerusalém, Jerusalém, que matas os profetas e apedrejas os que te foram enviados! Quantas vezes quis eu reunir teus filhos como a galinha ajunta os do seu próprio ninho debaixo das asas, e vós não o quisestes" (Lucas 13.34). Todavia, Jesus também diz acerca do seu ministério que o despertar dos pecadores para o conhecimento do Pai e do Filho está decisivamente em suas mãos: "Tudo me foi entregue por meu Pai. Ninguém conhece o Filho, senão o Pai; e ninguém conhece o Pai, senão o Filho e aquele *a quem o Filho o quiser revelar*" (Mateus 11.27). Assim Jesus deseja a salvação dos perdidos, mas nem sempre usa o poder à sua disposição para abrir os olhos deles. De modo semelhante, Deus diz em Ezequiel 33.11: "Tão certo como eu vivo, diz o Senhor Deus, não tenho prazer na morte do perverso, mas que o perverso se converta do seu caminho e viva". E, no entanto, com Paulo aprendemos que o poder de conceder arrependimento está na mão de Deus. "Na expectativa de que Deus lhes conceda não só o arrependimento para conhecerem plenamente a verdade" (2 Timóteo 2.25). Deus não se deleita na morte do perverso, no dizer de Ezequiel, porém, por razões sábias e santas, ele subtrai a operação de seu poder de "conceder-lhes arrependimento".

O significado de tudo isso é que a oferta sincera do Evangelho e a expiação definida não são contraditórias. Deus deseja a salvação dos perdidos, mas ele não salva todos eles. Outra forma de dizer isso é que há o que parece ser "níveis" na vontade de Deus. Em um nível, sinceramente ele *deseja* que todos sejam salvos.[31] E, em outro nível mais profundo, sua sabedoria aconselha de outro modo: salvar apenas alguns.

Vemos isso claramente em Lamentações 3.31-33: "O Senhor não rejeitará para sempre; pois, ainda que entristeça a alguém, usará de compaixão segundo a grandeza de suas misericórdias; porque não aflige, nem entristece de bom grado os filhos dos homens". Em outras palavras, em um nível, Deus de fato decide "afligir ... ou entristecer os filhos dos homens"; mas, em outro nível ("de seu coração"), não deseja. Em outro lugar, tenho tentado mostrar mais plenamente a complexidade da vontade de Deus, e o amor de Deus como nos aparece.[32] Deus deseja, e quer, e ama, de diferentes maneiras em diferentes épocas e em diferentes relações.[33]

João Calvino viu isso com toda a nitidez — "que, de uma maneira prodigiosa e inefável, nada se faz fora da vontade de Deus, nem mesmo aquilo que é contra essa vontade"[34] — e acautelou seus críticos que suas objeções eram "lançadas não contra mim, mas contra o Espírito Santo". Ele apresentou diversos

---

31   Murray, "Atonement and the Free Offer of the Gospel", 70 n.1, diz assim: "Este amor universal deve ser sempre concebido de maneira que deixe lugar para o fato de que Deus, por razões soberanas, não decidiu conceder aos seus objetos *amor mais elevado* que mero desejo, mas propõe e age para a salvação de alguns" (grifo nosso).

32   John Piper, *Are There Two Wills in God? Divine Election and God's Desire for All to Be Saved* (Wheaton, IL: Crossway, 2013).

33   Para um tratado completo das diversas formas de amor divino, veja Geerhardus Vos, "The Biblical Doctrine of the Love of God", in *Redemption History and Biblical Interpretation: The Shorter Writings of Geerhardus Vos*, ed. Richard B. Gaffin (Phillipsburgh, NJ: P&R, 1980), 425-57.

34   João Calvino, *Institutas da Religião Cristã*, ed. John T. McNeil, trad. Ford Lewis Battles (Filadélfia, Westminster, 1960), 1.18.3.

exemplos bíblicos, tais como os filhos de Eli não obedecerem a seu pai porque "porque o Senhor os queria matar" (1 Samuel 2.25), e Amós 3.6, que indaga "Sucederá algum mal à cidade, sem que o Senhor o tenha feito?" Mas Calvino ainda alerta que

> nem por isso a vontade de Deus está em guerra contra si mesma, nem muda, nem pretende não querer o que quer. Ainda quando sua vontade seja em si una e simples, a nós parece múltipla porque, em virtude de nossa incapacidade mental, não entendemos como de diversas maneiras ela quer e não quer que algo aconteça.[35]

Eis o ponto: Jesus realmente pode e sinceramente convida todas as pessoas que vão a ele, embora saiba que na infinita sabedoria de Deus foi determinado que alguns não queiram ir [a ele]. Deus os ignorará e não lhes dará o dom do arrependimento. Isso parece claramente implícito nas palavras de Jesus às cidades de Corazim e Betsaida: "Ai de ti, Corazim! Ai de ti, Betsaida! Porque, se em Tiro e em Sidom se tivessem operado os milagres que em vós se fizeram, há muito que elas teriam se arrependido com pano de saco e cinza" (Mateus 11.21). Em outras palavras, Jesus sabia quais feitos miraculosos as levariam ao arrependimento e não os realizou. Ele sinceramente deseja que todos fossem salvos, contudo nem sempre age com o intuito de levar todos à salvação. Há razões sábias e santas para que o seu desejo não suba ao nível da vontade efetiva.

A razão última, sábia e santa para Jesus e o Pai fazerem o que fazem é sempre a mesma — agem com o intuito de exibir a plenitude da glória de Deus. Se o Evangelho se oculta de alguns e se revela a outros, Deus sabe como isso engrandecerá a glória de sua justiça e a glória de sua graça. Deus deseja "mostrar a sua ira e dar a conhecer o seu poder ... a fim de que também desse a conhecer as riquezas da sua glória em vasos de misericórdia" (Romanos 9.22,23). Finalmente sua ira serve à glória de sua misericórdia — que, como vimos no início deste capítulo, é a meta principal de Deus na criação (Efésios 1.6).

---

35 Ibid.

Concluo, pois, que Shultz está equivocado: uma oferta universal do Evangelho baseada na expiação definida é não só válida mas também sincera. E concluo ainda que a expiação definida provê a única base para o tipo de oferta do Evangelho que é plenamente bíblica. De fato, Murray mostra que, a menos que ofereçamos a mais plena realização do supremo amor de Deus, nossas ofertas aos pecadores são empobrecidas:

> Não é o amor geral de Deus para com todo o gênero humano, o amor manifestado nos dons da providência geral, que é oferecido aos homens no Evangelho. ... Quando Cristo nos convida a irmos a ele, nos convida a abraçar seu amor no nível mais elevado de seu exercício e, portanto, ao amor com que ele amou a igreja e a si mesmo se deu por ela. ... Assim vemos quão empobrecida seria nossa concepção da livre oferta de Cristo no Evangelho, se o apelo fosse simplesmente ao amor indiscriminado e geral de Deus.[36]

A difusão do Evangelho a todas as pessoas, inclusive aos não eleitos, é uma expressão do amor geral de Deus pelo mundo inteiro. Mas esse amor geral não é o que é oferecido ao mundo no Evangelho. A oferta do Evangelho é a mais plena e mais gloriosa realização do amor de Deus aos seus eleitos. Isso é oferecido no Evangelho porque Cristo é oferecido no Evangelho. J. I. Packer o expressa assim: "A base sobre a qual o NT convida pecadores a depositarem fé em Cristo é simplesmente que necessitam dele e que Jesus se oferece a eles, e que aos que o recebem são prometidas todas as bênçãos que sua morte assegurou ao seu povo".[37]

Sim. Todas elas. Todas as bênçãos que sua morte assegurou ao seu povo. A experiência segura e plenamente satisfatória do amor eletivo, regenerador, gerador da fé, justificador, santificador e glorificador de Deus. Cada bênção nos lugares celestiais (Efésios 1.3). Todas as promessas de Deus (2 Coríntios 1.20).

---

36 Murray, "Atonement and the Free Offer of the Gospel", 83.
37 J. I. Packer, *Evangelism and the Sovereignty of God* (Downers Grove, IL: InterVarsity Press, 1961), 68.

Todas as coisas que cooperam juntamente para seu bem (Romanos 8.28). Não se subtrai nenhuma coisa boa (Salmos 84.11). E, no fim, comunhão impecável e plenamente satisfatória com Deus (1 Pedro 3.18). Essa é a oferta do Evangelho. E não pode ser oferecida nesses termos onde não se crê em sua realização definida e irreversível para o povo de Deus. A glória de nossa oferta humana na pregação é a glória da plena realização de Cristo em morrer.

EXPIAÇÃO DEFINIDA E MISSÕES

O que segue é óbvio, mas tornarei explícito: essa visão da expiação e a livre oferta do Evangelho nos impelem rumo à obra global de missões com compaixão e confiança: compaixão, porque nós mesmos temos sido tão amados, e porque Deus depositou em nosso interior um anseio para que outros se juntem a nós nessa grande salvação; confiança, porque contido na própria expiação está o poder do Evangelho de ressuscitar espiritualmente mortos e conduzir pessoas à fé.[38] Em nossa paixão pelas nações, somos arrebatados pela espetacular pessoa de Cristo e o estupendo empreendimento de sua cruz. Não hesitamos em dizer a cada pessoa, em cada grupo de pessoas, que Deus os ama e lhes oferece em Cristo a mais plena redenção possível em comunhão eterna e plenamente satisfatória com ele mesmo. Essa mensagem é válida, e essa oferta é sincera, para cada pessoa no planeta. E é indescritivelmente gloriosa. Como é possível não querermos levar essas notícias a cada pessoa e a cada grupo de pessoas no mundo?!

PREGANDO A EXPIAÇÃO DEFINIDA
AO CORPO DE CRISTO

Cristo ter morrido e ressuscitado para consumar a expiação definida, plena e irreversível por seu povo é a glória de sua *cruz*, que é o ápice da glória da *graça*, que é o ápice da glória de *Deus*. Assim eu comecei este capítulo. E ali eu disse que essa visão da obra expiatória de Cristo não só inflama as missões mundiais mas também nos capacita a pregar de modo tal que o nosso povo experimente a mais

---

38 Recordemos o comentado no início do capítulo sobre a conexão entre o poder vivificante da graça em Efésios 2.3,4 e sua relação com a obra expiatória de Cristo em 1.4-7.

profunda gratidão, a mais profunda certeza, a mais doce comunhão com Deus, os mais fortes afetos no culto, mais amor pelas pessoas e maior coragem e sacrifício no testemunho e serviço. Reiteremos isso sucintamente.

Com a visão do empreendimento de Cristo exibida e defendida neste livro, buscaremos, em toda nossa pregação, magnificar a glória de Cristo, ajudando nosso povo a assimilar as bençãos indescritivelmente grandes que lhes são dadas em virtude desta obra. Nossa meta é ajudar nosso povo a conhecer e experimentar a realidade de uma expiação definida e irreversível. Se Deus nos der êxito, aqui está um pouco do que isso significará para nós e para o nosso povo.

Conhecer e experimentar a realidade da expiação definida nos afeta com uma gratidão mais profunda. Sentimos gratidão por uma dádiva que nos é dada em particular, em vez de sentirmos como se fosse dada a nenhuma pessoa específica e aconteceu casualmente que a adquirimos. O mundo deve ser grato por Deus tê-lo amado de tal maneira que deu seu Filho para que todo que nele crer não pereça, mas tenha a vida eterna. Contudo os que pertencem a Cristo devem ser muito mais gratos porque a própria fé é assegurada pelo sangue do novo pacto.

Conhecer e experimentar a realidade da expiação definida nos afeta com maior segurança. Sentimo-nos mais seguros nas mãos de Deus quando sabemos que, antes de que crêssemos ou mesmo que existíssemos, Deus nos tinha diante de seus olhos quando planejou pagar com seu sangue, não só por uma livre oferta de salvação mas também por nossa regeneração, e chamamento, e fé, e justificação, e santificação, e glorificação real — tudo isso nos é eternamente assegurado em particular. A sólida rocha da certeza em Romanos 8.32-39 ("Quem intentará acusação contra os eleitos de Deus? ... Quem nos separará do amor de Cristo? ...") está radicada no inquebrável elo entre a expiação definida que Cristo fez ("Aquele que não poupou o seu próprio Filho, antes, por todos nós o entregou") e as promessas adquiridas para aqueles por quem morreu ("não nos dará graciosamente com ele todas as coisas?").

Conhecer e experimentar a realidade da expiação definida nos afeta com a mais doce comunhão com Deus. Um pastor pode amar todas as mulheres de sua igreja. Mas sua esposa sente por ele um afeto mais doce porque ele a escolheu particularmente entre todas as demais mulheres e fez grandes sacrifícios para se certificar que a teria — não porque ele se ofereceu a todas as mulheres e ela o aceitou, mas porque a buscou em particular e se sacrificou por ela. Se não sabemos que Deus nos escolheu como a "esposa" de seu Filho, e fez grandes sacrifícios por nós em particular, e nos conquistou, e nos quis de uma maneira particular, nossa experiência da doçura pessoal de seu amor não será a mesma.

Conhecer e experimentar a realidade da expiação definida nos atinge com afetos mais fortes na adoração. Ser amado com amor eterno, antes da criação e nas eras futuras, equivale a ter nossos afetos despertados para Deus, o que intensificará a adoração e a fará mais pessoal do que se crêssemos que fomos amados apenas com o mesmo amor que Deus sente por aqueles que nunca irão a ele. Olhar para a cruz e saber que esse amor se deu não apenas em virtude de uma oferta de salvação dirigida a todos (que realmente é), porém, muito mais que isso, era a extensão rumo à qual Deus iria, a fim de que *eu*, em particular, fosse atraído a uma nova aliança — que é o alicerce do júbilo na adoração.

Quando é dito no Salmo 115.1: "Não a nós, Senhor, não a nós, mas ao teu nome dá glória, por amor da tua misericórdia e da tua fidelidade", ele deixa claro que o culto de Deus — a glorificação dele — flui do senso vital de seu "amor firme e fidelidade". Quando uma igreja é fiel e regularmente instruída de que todos ali são os objetos definidos e particulares do "grande amor" de Deus (Efésios 2.4), sem haver nada neles que o mereça, a intensidade de seu culto se tornará ainda mais profunda.

Conhecer e experimentar a realidade da expiação definida nos afeta com mais amor pelas pessoas e maior coragem e sacrifício no testemunho e serviço. Quando um profundo senso de amor expiatório, não merecido e particular da parte de Deus se combina com a inabalável segurança de que foi comprado — da eternidade para a eternidade —, nos sentimos mais profundamente libertos da egoísta avidez e do medo que destroçam o amor. O amor se sacrifica pelos interesses de alguém, inclusive pela vida desse alguém, pelo bem do outro, especialmente por seu bem eterno. Quanto mais sem mérito somos seguros, mais nos humilharemos por conta de outros mais importantes que nós e mais destemidos seremos em arriscar nossas vidas pelo bem maior deles. A expiação definida é uma verdade solidamente corroborada pela humilde segurança e pelo ousado destemor do crente. Dessa forma, o amor libera e capacita.

PREGANDO A PLENITUDE DA EXPIAÇÃO DEFINIDA

A lista de bênçãos poderia seguir em frente, mas a implicação para a pregação é óbvia. A pregação que almeja a evangelização do mundo e serve para fortalecer o povo de Deus nas formas que temos visto deve falar do empreendimento da cruz em sua plenitude. A meta dessa pregação é associar Deus, em seu objetivo principal, a todas as coisas — exibir a plenitude de sua glória. Já vimos que o ápice da glória de Deus é o esplendor de sua graça quando ela atinge seu clímax na glória da cruz. E a glória da cruz é a plenitude de seu empreendimento definido. Portanto, diminuímos a glória da cruz, e a glória da graça, e a glória de Deus, quando diminuímos a expiação definida. Mas, quando é proclamada e a abraçamos em sua plenitude bíblica, a glória da obra de Cristo, a glória da liberdade, o poder da graça e a glória do ser do próprio Deus são maravilhosamente magnificados.

RECONHECIMENTO

Depois de mais de seis anos de preparação, este livro não teria se concretizado sem as diversas pessoas que ajudaram a cultivar o projeto da ideia à realidade. Temos para com elas uma incalculável dívida de gratidão.

Em Crossway, Justin Taylor foi nosso primeiro ponto de contato quando indagamos se o projeto poderia ser realizado. Ele açucarou nosso imenso entusiasmo para um empreendimento muito mais realista do que o que você ora segura em suas mãos. Nossa dívida com Justin é grande em cada passo no caminho, bem como para com Jill Carter e Allan Fisher por suas supervisões. Foi deleitoso trabalhar com a equipe Crossway. Nossa gratidão visa ainda a Angie Cheatham, Amy Kruis, Janni Fierestone, Maureen Magnussen e, especialmente, a Bill Deckard pela paciência e pelas habilidades editoriais.

Garry Williams concordou em atuar como leitor teológico, então veio a ser um precioso colaborador; cada ensaio fica ainda melhor por seus muitos anos de reflexão sobre a expiação em todos os seus aspectos. Tom Schreiner nos estimulou em grande medida com sua ajuda nos primeiros estágios, e somos gratos também a Raymond Blacketer, Henri Blocher, Jonathan Moore, Lee Gatiss, Michael Horton, Peter Orr e Ian Hamilton, cada um oferecendo ajuda essencial. Kylie Thomas bondosamente checou referências de palavras francesas do século dezessete na Cambridge University Library, propiciando, ainda, excelente ajuda editorial. Tom McCall e Mark Thompson interagiram criticamente com partes do material de uma maneira mui graciosa. Agradecemos também a Aaron Denlinger, Mark Earngey, John Ferguson, Will Lind, Peter Matthess, Richard Muller, Paul Reed, David Schrock e Edwin Tay.

Mais próximo de casa, Peter Kickson, da Trinity Church, Aberdeen, tem sido um exemplo tão excelente e amigo quanto se poderia esperar. Em vários estágios, ele de bom grado assumiu trabalho adicional para permitir que David tivesse tempo de ler, escrever e editar. Jonathan está em dívida para com seu mentor e amigo, Charles De Kiewit, Pastor da Igreja Batista Central de Pretoria, África do Sul, por introduzi-lo na teologia reformada.

Nossas esposas, Angela e Jacqueline, têm sido uma constante fonte de encorajamento. Elas toleraram nossas altas noites e renunciaram nossas frequentes conversações, e o livro finalizado se deve em grande medida à paciência, à graça e ao bom humor, como tudo mais, delas. Somos-lhes gratos além das palavras.

Dedicamos nossos trabalhos, com este volume, aos nossos filhos — Archie, Ella, Samuel, Lily e Benjamin, respectivamente. Como escrevemos, eles compreendem muito pouco de todas as gloriosas profundezas da morte expiatória de Cristo. Mas, congraçados pela promessa pactual, eles têm tido sua beleza proclamada em seus batismos, e nossa oração é para que nunca se lembrem do dia em que não conheciam o amor do Salvador.

> É por vocês, filhinhos, que Jesus Cristo veio, lutou e sofreu. Por vocês ele penetrou as sombras do Getsêmani e o horror do Calvário. Por vocês ele deu o grande grito: "Está consumado!". Por vocês ele ressuscitou dentre os mortos, subiu ao céu e de lá intercede — por vocês, filhinhos, ainda que não o saibam. Mas, desta maneira, a palavra do evangelho se torna verdadeira: "Nós o amamos, porque ele nos amou primeiro".
>
> — Liturgia Batismal Reformada Francesa

BIBLIOGRAFIA SELECIONADA

Allen, David L. "The Atonement: Limited ouor Universal?" Em *Whosoever Will: A Biblical-Theological Critique of Five-Point Calvinism*. Editado por David L. Allen e Steve W. Lemke, 61-107. Nashville: B&H Academic, 2010.

Amyraut, Moïse, *Brief Traitté de la Predestination et de ses principales dependances*. Saumur, França: Jean Lesnier & Isaac Debordes, 1634; 2ª ed., 1658.

Anderson, James W. "The Grace of God and the Non-Elect in Calvin's Commentaries and Sermons." Ph.D. diss., New Orleans Baptist Theological Seminary, 1976.

Armstrong, Brian G. *Calvinism and the Amyraut Heresy: Protestant Scholasticism and Humanism in Seventeenth-Century France*. Madison: University of Wisconsin Press, 1969.

Barnes, Tom. *Atonement Matters: A Call to Declare the Biblical View of the Atonement*. Darlington, UK: Evangelical Press, 2008.

Baugh, Steven M. "'Savior of All People': 1 Tim 4:10 in Context." *WTJ* 54 (1992): 331-40.

Bell, Charles M. "Calvin and the Extent of the Atonement." *EQ* 55.2 (1983): 115-23.

Bell, Richard H. "Rom 5:18-19 and Universal Salvation." *NTS* 48 (2002): 417-32.

Blackener, Raymond A. "Definite Atonement in Historical Perspective." In *The Glory of the Atonement: Biblical, HistóricalHistorical and Practical Perspectives. Essays in Honor of Roger Nicole*. Edited byEditado por Charles E. Hill and Frank A. James III, 304-23. Downers Grove, IL: InterVarsity Press, 2004.

Blocher, Henri A. G. "Biblical Metaphors and the Doctrine of the Atonement." *JETS* 47.4 (December 2004): 629-45.

_____. "The Scope of Redemption and Modern Theology." *SBET* 9.2 (1991): 80-103.

Boersma, Hans. "Calvin and the Extent of the Atonement." *EQ* 64.4 (1992): 333-55.

Boring, M. Eugene. "The Language of Universal Salvation in Paul." *JBL* 105.2 (1986): 269-92.

Campbell, John McLeod. *The Nature of the Atonement*, com uma nova introdução por de J. B. Torrance. EdinburghEdimburgo: Handsel, 1856. ReprintReimpresso, Grand Rapids, MI: Eerdmans, 1996.

Carson, D. A. *The Difficult Doctrine of the Love of God*. Leicester, UK: InterVarsity Press, 2000.

Chafer, Lewis Spery. "For Whom Did Christ Die?" *BSac* 137.548 (October-December 1980 [reprintreimpresso of do artigo de 1948 article]): 310-26.

Chang, Andrew D. "Second Peter 2:1 and the Extent of the Atonement." *BSac* 142 (1985): 52-63.

Clendenen, E. Ray, and Brad J. Waggoner, eds. *Calvinism: A Southern Baptist Dialogue*. Nashville: B&H Academic, 2008.

Clifford, Alan C. *Amyraut Affirmed: Or, "Owenism, a Caricature of Calvinism."* Norwich, UK: Charenton Reformed, 2004.

_____. *Atonement and Justification: English Evangelical Theology 1640-1790: An Evaluation*. Oxford: Clarendon, 1990.

_____. *Calvinus: Authentic Calvinism, a Clarification*. Norwich, UK: Charenton Reformed, 1996.

Daniel, Curt, *The History and Theology of Calvinism*. N.p.: Good Books, 2003.

Davenant, John. "Dissertação sobre a Morte de Cristo quanto à sua Extensão e Benefícios especiais: contendo uma breve História do Pelagianismo e mostrando a Concordância das Doutrinas da Igreja da Inglaterra sobre a Redenção geral, a Eleição e a Predestinação, com os Pais Primitivos da Igreja Cristã, e, acima de tudo, com as Santas Escrituras." Em *An Exposition of the Epistles of St. Paul to the Colossians*. Traduzida para o inglês por Josiah Allport. Londres: Hamilton, Adams, 1832.

Douty, Norman F. *The Death of Christ: A Treatise Which Answers the Question: "Did Christ Die Only for the Elect?"* Swengel, PA: Reiner, 1972.

_____. *Did Christ Die Only for the Elect? A Treatise on the Extent of Christ's Atonement*. 1978. Reimpresso, Eugene, OR: Wipf & Stock, 1998.

Driscoll, Mark, e Gerry Breshears. *Death by Love: Letters from the Cross*. Wheaton, IL: Crossway, 2008.

Ferguson, Sinclair B. "Christus Victor et Propitiator: The Death of Christ, Substitute and Conqueror." Em *For the Fame of God's Name: Essays in Honor of John Piper*. Editado por Sam Storms e Justin Taylor, 171-89. Wheaton, IL: Crossway, 2010.

Foord, Martin. "God Wills All People to Be Saved — Or Does He? Calvin's Reading of 1 Timothy 2:4." Em *Engaging with Calvin: Aspects of the Reformer's Legacy for Today*. Editado por Mark D. Thompson, 179-203. Nottingham, UK: Apollos, 2009.

Gatiss, Lee. "A Deceptive Clarity? Particular Redemption in the Westminster Standards." *RTR* 69.3 (2010): 180-96.

_____. *For Us and for Our Salvation: "Limited Atonement" in the Bible, Doctrine, History, and Ministry*. Londres: Latimer Trust, 2012.

_____. "'Shades of Opinion within a Generic Calvinism': The Particular Redemption Debate at the Westminster Assembly." *RTR* 69.2 (2010): 101-18.

Godfrey, W. Robert, "Reformed Thought on the Extent of the Atonement to 1618." *WTJ* 37 (1975-1976): 133-71.

_____. "Tensions within International Calvinism: The Debate on the Atonement at the Synod of Dort, 1618-1619." Ph.D. diss., Universidade de Stanford University, 1974.

Gomes, Alan W. "*De Jesu Christo Servatore*: Faustus Socinus on the Satisfaction of Christ." *WTJ* 55 (1993): 209-31.

Goodloe, James L., IV. *John McLeod Campbell: The Extent and Nature of the Atonement*. Studies in Reformed Theology and History 3. Princeton, NJ: Seminário Teológico de PrincetonPrinceton Theological Seminary, 1997.

Guy, Fritz. "The Universality of God's Love." Em *The Grace of God and the Will of Man*. Editado por Clark H. Pinnock, 31-49. MinneapolisMineápolis: Bethany, 1995.

Habets, Myk, e Bobby Grow, eds. *Evangelical Calvinism: Essays Resourcing the Continuing Reformation of the Church*. Eugene, OR: Wipf & Stock, 2012.

Hall, Basil. "Calvin against the Calvinists." Em *John Calvin*. Editado por G. E. Duffield, 19-37. Grand Rapids, MI: Eerdmans, 1966.

Hartog, Paul. *A Word for the World: Calvin on the Extent of the Atonement*. Schaumburg, IL: Regular Baptist Press, 2009.

Helm, Paul. *Calvin and the Calvinists*. EdinburghEdimburgo: Banner of Truth, 1982.

_____. "The Logic of Limited Atonement." *SBET* 3.2 (1985): 47-54.

Hodge, A. A. *The Atonement*. 1867. ReprintReimpresso, Londres: Evangelical Press, 1974.

Kendall, R. T. *Calvin and English Calvinism to 1649*. Studies in Christian History and Thought. Nova York: Oxford University Press, 1979.

Kennard, D. W. "Petrine Redemption: Its Meaning and Extent." *JETS* 39 (1987): 399-405.

Kennedy, Kevin D. "Hermenutical Discontinuity between Calvin and Later Calvinism." *SJT* 64.3 (2011): 299-312.

_____. *Union with Christ and the Extent of the Atonement in Calvin*. Nova York: Peter Lang, 2002.

Knox, D. Broughton. "Some Aspects of the Atonement." Em *The Doctrine of God*. Vol. 1 de *D. Broughton Knox: Selected Works*. Editado por Tony Payne. 3 vols., 260-66. Kingsford, NSW: Matthias Media, 2000.

Kuiper, R. B. *For Whom Did Christ Die?* Grand Rapids, MI: Eerdmans, 1959.

Lake, Donald M. "He Died for All: The Universal Dimensions of the Atonement." Em *Grace Unlimited*. Editado por Clark H. Pinnock, 31-50. MinneapolisMineápolis: Bethany Fellowship, 1975.

Leahy, Fredrick S. "Calvin and the Extent of the Atonement." *Reformed Theological Journal* 8 (1992): 54-64.

Letham, Robert. *The Work of Christ*. Leicester, UK: InterVarsity Press, 1993.

Lightner, Robert P. *The Death Christ Died: A Biblical Case for Unlimited Atonement*. 2nd 2ª ed. Grand Rapids, MI: Kregel, 1998 (1967).

Long, Gary D. *Definite Atonement*. Phillipsburg, NJ: P&R, 1977.

Macleod, Donald. "*Amyraldus redivivus*: A Review Article." *EQ* 81.3 (2009): 210-29.

Marshall, I. Howard. "Predestination in the New Testament." Em *Grace Unlimited*. Editado por Clark H. Pinnock, 127-43. MinneapolisMineápolis: Bethany Fellowship, 1975.

_____. "Universal Grace and Atonement in the Pastoral Epistles." Em *The Grace of God and the Will of Man*. Editado por Clark H. Pinnock, 51-69. (MinneapolisMineápolis: Bethany, 1995).

Martin, Hugh. *The Atonement: In Its Relations to the Covenant, the Priesthood, the Intercession of Our Lord*. EdinburghEdimburgo: James Gemmell, 1882.

McCormack, Bruce L. *For Us and Our Salvation: Incarnation and Atonement in the Reformed Tradition*. Studies in Reformed Theology and History.

Princeton, NJ: Seminário Teológico de Princeton Theological Seminary, 1993.

―――――. "So That He Might Be MecifullMerciful to All: Karl Barth and the Problem of Universalism." Em *Karl Barth and American Evangelicalism*. Editado por Bruce L. McCormack e Clifford B. Anderson, 227-49. Grand Rapids, MI: Eerdmans, 2011.

Miethe, Terry L. "The Universal Power of the Atonement." Em *The Grace of God and the Will of Man*. Editado por Clark H. Pinnock, 71-96. (MinneapolisMineápolis: Bethany, 1995).

Moore, Jonathan D. *English Hypothetical Universalism: John Preston and the Softening of Reformed Theology*. Grand Rapids, MI: Eerdmans, 2007.

―――――. "The Extent of the Atonement: English Hypothetical Universalism versus Particular Redemption." Em *Drawn into Controversie: Reformed Theological Diversity and Debates within Seventeenth-Century British Puritanism*. Editado por Michael A. G. Haykin e Mark Jones, 124-61. Göttingen, GermanyAlemanha: Vandenhoeck & Ruprecht, 2011.

Morey, R. A. *Studies in the Atonement*. Southbridge, MA: Crowne, 1989.

Muller, Richard A. "Arminius and the Reformed Tradition." *WTJ* 70.1 (2008): 19-48.

―――――. "Calvin and the 'Calvinists': AsssessingAssessing Continuities and Discontinuities between the Reformation and Orthodoxy." Partes I and e II. Em *CTJ* 30.2 (1995): 345-74 e 312.1 (1996): 125-60.

―――――. "Calvin on Chrsit'sChrist's Satisfaction and Its Efficacy: The Issue of 'Limited Atonement'." Em seu *Calvin and the Reformed Tradition: On the Work of Christ and the Order of Salvation*, 70-106. Grand Rapids, MI: Baker Academic, 2012.

―――――. "How Many Points?" *CTJ* 28 (1993): 425-33.

―――――. "A Tale of Two Wills? Calvin and Amyraut on Ezekiel 18:23." *CTJ* 44.2 (2009): 211-25.

―――――. "Toward the *Pactum Salutis*: Locating the Origins of a Concept." *Mid-American Journal of Theology* 18 (2007): 11-65.

_____. "Was Calvin a Calvinist?" Em seu *Calvin and the Reformed Tradition: On the Work of Christ and the Order of Salvation*, 51-69. Grand Rapids, MI: Baker Academic, 2012.

Murray, John. *The Atonement*. Filadélfia: P&R, 1962.

_____. "The Atonement." Em *Collected Writings of John Murray. Volume 2: Lectures in Systematic Theology*, 142-50. Carlisle, PA/EdinburghEdimburgo: Banner of Truth, 1977.

_____. "The Atonement and the Free Offer of the Gospel." Em *Collected Writings of John Murray. Volume 1: The Claims of Truth*, 59-85. Carlisle, PA/EdinburghEdimburgo: Banner of Truth, 1976.

_____. "The Free Offer of the Gospel." Em *Collected Writings of John Murray. Volume 4: Studies in Theology*, 113-32. Carlisle, PA/EdinburghEdimburgo: Banner of Truth, 1982.

_____. *Redemption Accomplished and Applied*. Grand Rapids, MI: Eerdmans, 1955.

Nettles, Thomas J. *By His Grace and for His Glory: A Historical, Theological, and Practical Study of the Doctrines of Grace in Baptist Life*. Grand Rapids, MI: Baker, 1986.

Nicole, Roger R. "Covenant, Universal Call, and Definite Atonement." *JETS* 38 (1995): 405-11.

_____. "The Doctrine of Definite Atonement in the Heidelberg Catechism." *Gordon Review* 3 (1964): 138-45.

_____. "John Calvin's View of the Extent of the Atonement." *WTJ* 47 (1985): 197-225.

_____. "Moyse Amyraut (1596-1664) and the Controversy on Universal Grace, First Phase (1634-1637)." Ph.D. diss., Harvard UniversityUniversidade de Harvard, 1966.

_____. "The Nature of Redemption." Em seu *Standing Forth: Collected Writings of Roger Nicole*, 245-82. Ross-shire, UK: Mentor, 2002.

_____. "Particular Redemption." Em *Our Savior God: Man, Christ, and the Atonement*. Editado por James Montgomery Boice, 165-78. Grand Rapids, MI: Baker, 1980.

Owen, John. Of the Death of Christ, the Price He Paid, and the Purchase He Made. Em *The Works of John Owen*. Editado por W. H. Goold, 24 vols. 10:430-79. EdinburghEdimburgo: Johnstone & Hunter, 1850-1855. ReprintReimpresso, EdinburghEdimburgo: Banner of Truth, 1967.

_____. *Salus Electorum, Sanguis Jesu: Or The Death of Death in the Death of Christ*. Em *The Works of John Owen*. Editado por W. H. Goold, 24 vols., 10:139-428. EdinburghEdimburgo: Johnstone & Hunter, 1850-1855. ReprintReimpresso, EdinburghEdimburgo: Banner of Truth, 1967.

Packer, J. I. "Introduction Essay." Em John Owen, *The Death of Death in the Death of Christ*, 1-25. Londres: Banner of Truth, 1959.

_____. "The Love of God: Universal and Particular." Em *The Grace of God, the Bondage of the Will. Volume 2: Historical and Theological Perspectives on Calvinism*. Editado por Thomas R. Schreiner e Bruce A. Ware. 2 vols., 413-28. Grand Rapids, MI: Baker Books, 1995.

_____. "What Did the Cross Achieve? The Logic of Penal Substitution." Em *Celebrating the Saving Work of God Collected Shorter Writings of J. I. Packer: Volume 1*, 85-123. Carlisle, UK: Paternoster, 2000.

Peterson, Robert A. "To Reconcile to Himself All Things: Colossians 1:20." *Presbyterian* 36.1 (Spring 2010): 37-46.

Rainbow, Jonathan H. *The Will of God and the Cross: An Historical and Theological Study of John Calvin's Doctrine of Limited Redemption*. Allison Park, PA: Pickwick, 1990.

Rouwendal, P. L. "Calvin's Forgotten Classical Position on the Extent of the Atonement: About Sufficiency, Efficiency, and Anachronism." *WTJ* 70.2 (2008): 317-35.

Scaer, David P. "The Nature and Extent of the Atonement in Lutheran Theology." *Bulletin of the Evangelical Theological Society* 10.4 (1967): 179-87.

Schrock, David. "Jesus Saves, No Asterisk Needed: Why Preaching the Gospel as Good News Requires Definite Atonement." Em *Whomever He*

Wills: A Surprising Display of Sovereign Mercy. Editado por Matthew M. Barrett e Thomas J. Nettles, 77-119. Cape Coral, FL: Founders Press, 2012.

Shultz, Gary L., Jr. "A Biblical and Theological Defense of a Multi-Intentional View of the Extent of the Atonement." Ph.D. diss., The Southern Baptist Theological Seminary, 2008.

_____. "God's Purpose in the Atonement for the Nonelect." *BSac* 165 (April-June 2008): 442-63.

_____. "The Reconciliation of All Things in Christ." *BSac* 167 (October--December, 2010): 442-59.

_____. "Why a Genuine Universal Gospel Call Requires an Atonement That Paid for the Sins of All People." *EQ* 82.2 (2010): 111-23.

Smeaton, George M. *The Apostles' Doctrine of the Atonement; with Historical Appendix*. 1870. ReprintReimpresso, Grand Rapids, MI: Zondervan, 1957.

Stewart, Kenneth J. "The Five Points of CalvinsimCalvinism: Retrospect and Prospect." *SBET* 51.1 (1989): 1-23.

Strehle, Stephen. "The Extent of the Atonement and the Synod of Dort." *WTJ* 51.1 (1989): 1-23.

Swanson, Andrew. "The Love of God for the Non-Elect." *Reformation Today* 51 (May-June 1976): 2-13.

Thomas, G. Michael. *The ExtgentExtent of the Atonement: A Dilemma for Reformed Theology from Calvin to the Consensus*. Carlisle, UK: Paternoster, 1997.

Torrance, J. B. "The Incarnation and 'Limited Atonement.'" *EQ* 55 (1983): 82-94.

Torrance, T. F. *The Atonement: The Person and Work of Christ*. Downers Grove, IL: IVP Academic, 2009.

Trueman, Carl R. "Calvin and Calvinism." Em *The Cambridge Companion to John Calvin*. Editado por Donald K. McKim, 225.44. Cambridge: Cambridge University Press, 2004.

Ussher, James. *The Judgement of the Late Arch-BischopBishop of Armagh, and Primate of Ireland*. Londres: John Crook, 1658.

Vail, William H. "The Five Points of Calvinism Historical Considered." *The New Outlook* 104 (1913): 394.

Van Buren, Paul M. *Christ in Our Place: The Substitutionary Character of Calvin's DocrtineDoctrine of Reconciliation*. EdinburghEdimburgo: Oliver Boyd, 1957.

Vanhoozer, Kevin J. "Atonement." Em *Mapping Modern Theology: A Thematic and Historical Introduction*. Editado por Kelly M. Kapic e Bruce L. McCormack, 175-202. Grand Rapids, MI: Baker Academic, 2012.

Vos, Geerhardus. "The Biblical Doctrine of the Love of God." Em *Redemptive History and Biblical Interpretation: The Shorter Writings of Geerhardus Vos*. Editado por Richard B. Gaffin, 425-57. Phillipsburgh, NJ: P&R, 1980.

Warfield, B. B. "Are They Few That Be Saved?" Em *Biblical and Theological Studies*. Editado por Samuel G. Craig, 334-50. ReprintReimpresso, Filadélfia: P&R, 1952.

_____. *The Plano of Salvation*. Grand Rapids, MI: Eerdmans, 1935.

Webster, John B. "'It Was the Will of the Lord to Bruise Him': Soteriology and the Doctrine of God." Em *God of Salvation: Soteriology in Theological Perspective*. Editado por Ivor J. Davidson e Murray A. Rae, 15-34. Farnham, Surrey, UK: Ashgate, 2011.

Williams Garry J. "A Critical Exposition of Hugo Grotius' Doctrine of the Atonement in *De Satisfactione Christi*." Tese de doutorado, University of Oxford, 1999.

_____. "Karl Barth and the Doctrine of the Atonement." Em *Engaging with Barth: Contemporary Evangelical Critiques*. Editado por David Gibson e Daniel Strange, 249-70. Nottingham, UK: Apollos, 2008.

Williams, Jarvis J. *For Whom Did Christ Die? The Extent of the Atonement in Paul's Theology*. Milton Keynes, UK: Paternoster, 2012.

O Ministério Fiel visa apoiar a igreja de Deus, fornecendo conteúdo fiel às Escrituras através de conferências, cursos teológicos, literatura, ministério Adote um Pastor e conteúdo online gratuito.

Disponibilizamos em nosso site centenas de recursos, como vídeos de pregações e conferências, artigos, e-books, audiolivros, blog e muito mais. Lá também é possível assinar nosso informativo e se tornar parte da comunidade Fiel, recebendo acesso a esses e outros mate- riais, além de promoções exclusivas.

Visite nosso site

www.ministeriofiel.com.br